JN417105

언어논어

言語論語

혼자 공부하는 사람들을 위한

언어논어

言語論語

공자 지음 · 김형주 역해

한학과 고대 중국어를 공부하는 독자가

가장 원했던 지점을 포착한 책!

원문의 모든 글자에 대한 주석!

한·중 학자들의 견해와 풍부한 예문까지!

HU:iNE

서평 書評

『논어論語』는 공자孔子가 제자와 당시의 인물들과 대화한 내용의 언사를 기록한 저서로 공자孔子의 제자와 그 제자의 제자들이 기록하여 편찬한 것으로 당시 전국戰國시대에 백가쟁명百家爭鳴하던 학술 중의 유가儒家 경전의 대표작이다.

한漢나라 무제武帝때에는 "罷黜百家, 獨尊儒術(파출백가, 독존유술)"(여러 백가 사상을 몰아내고, 오로지 유가사상만을 존중하다)하게 되면서 『논어論語』는 날로 더욱 숭고한 위치에 서게 되었다. 『논어論語』가 편집되어 책으로 이루어진 것은 전국戰國시대 초기였으며, 한漢나라로 전래되면서 『노논어魯論語』, 『제논어齊論語』, 『고문논어古文論語』의 세가지 판본이 있었다. 당시에 『논어論語』를 주석하고 가르쳤던 학자들이 매우 많았으며, 그중 장우張禹, 포함包咸, 마융馬融, 정현鄭玄은 가장 유명한 대가였다. 위魏나라 때는 하안何晏의 『논어집해論語集解』가 있었으며, 지금까지 한대漢代와 위대魏代의 주석 자료들이 보존되고 있다.

북송北宋시대에 이르러 형병邢昺이 왕명을 받들어 『논어論語』의 옛 주소본注疏本을 개정한 『논어주소論語注疏』와 황간皇侃의 『논어의소論語義疏』는 함께 중시되어 지금까지 전해지고 있다. 남송南宋때 주희朱熹의 『논어집주論語集注』는 송명이학가宋明理學家들의 학설을 대표하고 있으며, 경전의 의미에 대해 견강부회한 면이 있었다. 조선시대朝鮮時代에는 송명이학宋明理學의 영향을 받아 조선시대朝鮮時代의 학자들의 『논어論語』에 대한 이해에 적지 않은 파급효과가 있었다. 『논어집주論語集注』의 내용이 견강부회한 면이 있었지만, 명청明清시기의 과거시험에서는 주희朱熹의 『논어집주論語集注』로 관리를 선발하였기 때문에 주희朱熹 주석본注釋本의 영향력은 매우 컸다.

청淸나라 조정에서는 송명이학宋明理學을 제창하였으나, 민간에서는 오히려 한학漢學을 표방하여 그에 반기를 들면서 많은 학자學者들이 한대漢代의 고문경학古文經學의 소박한 정신과 고증을 통한 연구방식을 계승하면서 고적의 정리와 언어문자 연구에 큰 업적을 이루게 된다.

근대에 들어서 중국中國에서는 '오사五四'신문화 운동이 시작되면서 언어학적인 분석을 통해 백화문으로 주석을 하기 시작하였는데 그러한 대표저작으로 양백준楊伯峻의 『논어역주論語譯注』가 있다.

한국에서는 『논어論語』의 한글번역본 저서가 나오기 시작하는 초창기에는 주로 한학자漢學者나 철학전공자哲學專攻者등에 의해 이루어졌다. 초기의 한글본 번역본은 주로 훈고학적인 접근을 통한 번역이 대부분이어서 언어학적인 분석이 부족한 면이 있었다.

김형주 선생의 『언어 논어』는 이러한 새로운 논어 주석의 필요성에 따라 언어학적인 분석을 시도한 저작으로 높이 평가할만하다. 특히 1000페이지에 달하는 방대한 분량은 하루아침에 이룰 수 없는 작업량이다.

『논어論語』의 매 구절은 역대로 이견이 많이 존재한다. 예를 들면, "孟武伯問孝, 子曰; '父母唯其疾之憂.'"의 해석에서 크게 '부모는 오직 자식의 질병만을 걱정한다.'와 '부모에 대해서는 부모의 질병만을 걱정한다'의 두 가지 이견이 있다. 이를 해결하기 위해서는 훈고학적인 고증과 어법적인 분석이 잘 어울러져서 해결해야 한다. 이러한 부분의 부족이 김형주 선생의 『언어 논어』가 가지는 옥의 티라고 할 수 있겠지만, 향후에 계속 수정보완이 된다면 새로운 『논어論語』 주석의 지평을 열어 갈 수 있으리라 생각된다.

2019年6月18日

변형우邊瀅雨(성균관대학교 교수)

서문 序文

『논어論語』는 공자[BC551-BC479(72세)]와 관련된 에피소드를 적은 기록으로 공자 본인의 말, 공자와 제자들 간의 대화, 제자들 사이의 대화, 당대 사람들에 관한 언급 등을 기록한 유가儒家 경전을 대표하는 저서다. 『논어』는 공자 사후死後에 저술됐다.

현재까지 전하는 가장 오래된 주석서註釋書는 위魏나라 하안何晏(?-249년)의 『논어집해論語集解』이고 이후 유명한 주석서註釋書로 북송北宋시대의 형병邢昺(932-1010(78세))의 『논어주소論語注疏』, 남북조 시기 남조南朝의 황간皇侃(488-545(57세))의 『논어의소論語義疏』, 남송南宋때 주희朱熹[1130—1200(70세)]의 『논어집주論語集注』, 청대淸代 유보남劉寶楠[(1791-1855(64세)]의 『논어정의論語正義』 그리고 근대에 들어 양백준楊伯峻[1909-1992(83세)]의 『논어역주論語譯注』 등이 있다. 한국에서는 주로 한학자漢學者나 철학 전공자哲學專攻者 등에 의해 주석서가 쓰였고 주로 훈고학訓詁學(유학의 경전을 문자나 어구를 해석하는 방법으로 연구하는 학문)적 접근을 통한 번역이었다(변형우 서평 中). 순수 언어학적 견해로 출간된 최근 저서로는 류종목의 『논어의 문법적 이해』(2000)를 꼽을 수 있다.

고대한어는 현대한어와 비교하여 말하면 5·4운동 이전까지 역대 한漢민족이 사용하던 언어를 가리킨다. 지금의 '문언문文言文'이란 중국 고대의 서면어로 구성된 문장이다. 주로 선진先秦시기의 구어口語에 기초하여 형성된 서면어이다. 역사의 변화로 인해 문언문과 구어의 차이는 점차 확대되었고 문언문은 지식인들의 전용물이 되었다. 문언문은 신문화 운동 이후의 현재의 '백화문白話文'의 상대적 개념으로 말하는 것으로 고대에는 '문언문'이란 말 자체가 없었다(baidu百科).

문언문은 신문화 운동 이후의 '백화문'의 상대적 개념으로 쓰인 것이니 20세기에 새롭게 만들어진 개념어로 봐야 한다. 문언문은 역사적으로 동일한 어휘와 문법을 유지해 온 언어로 춘추 말엽부터 한나라에 걸쳐 표준화된 언어로 정부 공식 언어로 사용되었고 이 언어는 청나라 멸망까지 언어적으로 큰 변화가 없었다고 말할 수 있다.

한학漢學은 일반적으로 전통시대 중국학을 지칭한다. 좁은 의미로는 송학(宋學, 주자학)과 구분되는, 즉 경전의 훈고訓詁와 고증을 중심으로 한 한대漢代의 학문이라고 해석할 수도 있지만, 대체적으로는 전근대 시기 중국학을 의미하는 말로 사용한다. 한학漢學 또는 중국학中國學은 중국 밖의 학자들이 중국과 관련 있는 여러 방면에 대해 연구하는 학과로 중국 역사, 정치, 사회, 문학, 철학, 음운학, 역사학, 경제, 서법 등을 포함한다.

정리하면 문언문은 정부 공식 문서 작성 등에 사용되는 지식인들의 언어로 언어적 측면에서 정의한 것이고, 한학은 특히 훈고학에 바탕을 두어 공부하는 학문의 개념이다. 물론 한학의 텍스트 역시 문언문임을 알 수 있다. 중국 고대 정부와 소통해야 했던 고려, 조선 정부 역시 중국과 동일한 문언문을 정부 공식 문서에 사용하였다.

본서本書는 본인이 논어, 맹자 등 유학 경전을 공부를 하면서 알고 싶었던 언어학적 내용을 최대한 세세하게 근거를 제시하여 설명하였다. 번역의 타당성을 얻기 위해서 중국 공구서를 중심으로 설명하였고 필요한 부분에 대해선 최대한 예문을 제시하고자 하였다. 예문이 많으면 더 많은 설명을 할 수 있고 설득력을 높일 수 있다. 이제 자료를 하나씩 쌓아 가고 있으니 시간이 쌓이고 자료량이 쌓이면 언어적으로 완성도 높은 설명을 할 수 있을 거라 믿는다.

이 책의 주요한 특징은 단어를 포함한 모든 글자를 설명하여 한국어 번역 타당성을 높인 점이다. 본 저서처럼 논어에 등장하는 모든 글자에 대해 용도를 설명하고 가급적 많은 예문을 제시한 주석서는 한국, 중국에서 발견하기 어렵다. 사실 한학(문언문)을 공부하는 독자들이 가장 원했던 바가 이 대목이 아닌가 싶다. 본 저서는 주로 중국 공구서를 참조하여 주석하였고 특히 중국에서 권위를 가진 『한어대자전漢語大字典』, 『한어대사전漢語大詞典』 등에 기반을 두어 의미를 설명하였다. 중점적으로 설명하려는 대목에서는 한국학자 김학주(2017), 이기동(2011), 김용옥(2008), 류종목(2000) 네 분과 중국학자 진소분陳曉芬(2016), 모자수毛子水(2009), 양백준楊伯峻(2006) 세 분의 주석서 내용을 제시하여 차이를 보여 주고 견해를 제시했다.

이 책을 고등 영어 독해 공부하듯 하나하나 따라가면 한학(문언문) 실력을 분명히 높일 수 있다. 저자 역시 새로운 한학 텍스트를 그러한 방식으로 마주하며 쌓아 가고 있다. 영어를 10년 이상 가르치면서 확인한 것은 '분명한 관계 파악'이다. 언어적 관계를 분명하게 이해하고 쌓아 가면 시간의 차이는 있지만 모든 학생이 실력이 높아지고 그 실력이 흔들리지 않는다. 빨리 가고, 모호하게 가면 결국 실력은 잘 쌓이지 않게 된다. 모든 언어 공부가 그러하다고 생각한다. 한학(문언문) 공부 역시 분명한 관계 파악에 중점을 두어 쌓아 가면 훌륭한 수준을 갖출 수 있을 것이다.

처음 논어 공부를 시작했을 때 그 강렬함은 잊기 어렵다. 어느 순간 경서 등 한학(문언문)에 대한 언어 자료 제공이 소명감召命感으로 다가왔다. 그 의식으로 처음 나오는 책이 본 저서이다. 많이 부족하지만 앞으로 본인에게 허락된 시간 동안 선배들이 남긴 저서를 충실하게 번역하여 최대한 많은 언어적 자료를 남기고 싶다. 이것이 가능하면 한학을 공부하는 또는 공부하고 싶은 분들에게 좋은 실력 배양 교재를 제공할 수 있을 것이다. 이 과정에서 학습자들은 독학으로도 수준 높은 실력을 갖출 수 있을 것이고, 한학과 고대중국어 연구에 귀중한 결과물을 생산할 수 있을 것이다. 이 책의 목적은 모든 한학 학습자가 각자의 공간에서 독학으로도 탄탄한 한학(문언문) 실력을 갖추도록 바탕을 제공해 주는 데 있다. 이러한 자료로 공부하여 한학 실력자들이 늘어나게 되면 우리나라 몇몇 기관에 수북이 쌓여 있는 고문서 번역도 조속히 이루어지리라 믿는다.

"금액으로 환산할 수 없는 가치를 지닌 기록유산들이 '국학진흥원'에 가득하다. 9월 말 기준으로 48만 2475점이다. 국내 최다 기록유산 보유량이다. 매년 2만여 점이 늘어나는 추세로 미뤄 내년이면 50만 점을 넘어설 전망이다. 서애 유성룡(1542~1607)이 임진왜란 당시 상황을 기록한 국보 제132호 징비록懲毖錄, 지난 6월 유네스코 아시아·태평양지역 기록유산 후보에 오른 만인소萬人疏도 국학진흥원 소장 자료다. 하지만 50만 점에 육박하는 국학자료 중 '완벽히 국역된 자료는 1%에 불과하다'는 것이 국학진흥원의 설명이다. '나머지 99% 자료가 제목만 정리된 채로 여전히 베일에 싸여 있다'는 말이 된다. 이 중에서 국보급 기록유산이 발견될 수도 있다."[1]

2020년 3월

김형주

1 김정석, "퇴계문집, 석봉 글씨…… 99%가 베일에 싸인 '기록유산 천국", 《중앙일보》, 2017.12.22.

감사의 글

먼저 이 책이 출판될 수 있도록 저의 부탁을 모두 들어 주신 한국외대 중어중문학과 김태성 교수님께 각별한 고마움을 전합니다. 교수님께서 신경 써 주시지 않았다면 이 책이 세상에 나오는 데 시간이 많이 걸렸을 겁니다. 무엇보다 서평을 써 주실 선생님을 부탁했을 때 이리저리 알아봐 주신 점에 대해 깊이 감사드립니다.

2019년 6월 초 성균관대 중어중문과 변형우 교수님과 논어와 고대중국어에 대해 말씀을 나눈 시간이 매우 소중하고 감사합니다. 부족한 제 책에 서평을 써 주신다는 소식에 크게 들떴던 기억이 납니다. 평가에 대해 걱정과 기대가 교차했는데 큰 칭찬을 해 주셨습니다. 변형우 교수님 말씀대로 지속적으로 수정, 보완하여 더 완성된 책을 만들겠습니다.

출판 과정에서 적극적으로 도움을 주시고 출판 방향에 대해서도 신선하고 진지하게 결과물 완성을 위해 애써 주신 한국외대 지식출판콘텐츠원 신선호 팀장님께 감사의 말씀 전합니다. 더불어 이 책의 편집 방향, 교정 작업, 출판 과정 의사소통에 있어 친절하게 도움을 주신 이병철 선생님께도 고마운 말씀을 전합니다.

대학 졸업 후 중국으로 넘어가 직장을 다니고 곧 사업을 시작하여 지금까지 내실 있게 운영하고 있는 친구가 자랑스럽습니다. 이창훈 친구가 중국에서 그 많은 책을 가져다주지 않았다면 이 책을 쓰는 데 훨씬 더 많은 시간이 필요했을 겁니다. 박사 과정 때도 부탁한 책 모두 보내 주어서 정말 고마웠습니다.

힘들었던 시기마다 제 곁에서 저를 위로해 주신 저의 형 김춘식 선생님께 감사드립니다. 저의 발전을 편견 없이 지켜봐 주시고 넘치면 자제시키고 모라자면 용기를 주어 나아가게 하셨습니다. 형님이 말씀하신대로 '발끝을 보고 오르는 시간'이 있었기 때문에 이 결과물이 생긴 것 같습니다.

부모님의 성실함, 알뜰함, 용기, 자존심 등을 보고 자랐지만 그 깊이를 온전히 인식한 시간이 너무 많이 늦었습니다. 부모님께서 지켜 오신 가치관과 훌륭한 습관을 상기하며 이제 저도 향기 나는 삶을 살도록 노력하겠습니다. 부모님께서 특별히 자식들 공부에 신경을 써 주신 마음이 이 책을 쓴 바탕이 되었습니다.

사람의 소질과 기질에 대해 새삼스레 관심을 가진 시간이 있었습니다. 그 퀄리티가 비교적 좋다고 생각되니 고맙게 생각합니다. 그대가 가진 장점이 시간이 지날수록 더 크게 빛날 수 있도록 애쓰겠습니다. 이 책을 쓰면서 이 책과 관련된 나의 이야기를 잘 들어 주었던 김윤서에게 고맙습니다. 사랑합니다. 아빠 딸로 태어나 주어 고맙습니다.

2009년 봄부터 '김형주 영어'를 운영하고 있습니다. 지난 11년의 영어 공부 역시 저의 한계를 발견하고 극복했던 시간의 연속이었습니다. 11년이 지난 지금 전보다 영어가 더 재미있고, 풍요롭고, 의미 있고, 소중하고, 고맙습니다. 방법론과 디테일에 영감을 주고, 효과적인 교수법에 확신을 주고, 집필에 동기를 준 영어 teaching 기회에 고마움을 전합니다.

어느 순간 지은이 아래 그의 생몰 연도를 적고 나이를 적습니다. '이분은 위나라 시대에 20대 초반으로 요절하셨지만 이렇게 대단한 책을 남기셨구나! 이 분은 고려시대에 80세 가까운 나이에 대기록을 남기셨구나!' 우리 사회에서 나이는 중요합니다. 나이는 정신적 성숙함과 병행되어야 하는데 일찍부터 그 성숙함을 키워 나가는 것이 저는 중요하다고 생각합니다. 성숙한 정신을 키워 가고 습관의 퀄리티가 좋으면 삶의 질이 크게 높아져 보다 행복한 삶을 살 수 있습니다. 가끔 제게 남은 시간이 얼마인가를 생각합니다. 보다 더 내실을 갖추고 생활하면 아직 많은 시간이 제게 주어져 있습니다. 앞으로 남은 시간 동안 선배들의 발자취를 따라가며 제 영역에서 우리 공동체에 도움이 되는 결과물을 남기고 싶습니다. 이 책은 선배들의 기록물이 있었기 때문에 세상에 나올 수 있었습니다. 우리 공동체를 위해 기록을 남긴 선배들께 진심으로 존경심을 보내고 고마움을 전합니다.

2020년 3월

김형주

차례

제 1 편

학이

1-1. 子曰:"學而時習之, 不亦說乎? 有朋自遠方來, 不亦樂乎? 人不知而不慍, 不亦君子乎?"

<table>
<tr><th>子</th><th>曰:</th><th>"學</th><th>而</th><th>時</th><th>習</th></tr>
<tr><td>(인명)공자</td><td>(동)말하다</td><td>(동)배우다.
공부하다(15-31)</td><td>(접)점층.
'게다가,또한'(1-14)</td><td>(형)시의적절하다
[형→부]</td><td>(동)복습하다</td></tr>
<tr><td colspan="2">공자가 말했다.</td><td colspan="4">"배우고 게다가 시의적절하게 복습한(다면)
[조건가정절][時:품사활용은 (3-20)를 참조하면 된다]</td></tr>
<tr><th>之,</th><th>不</th><th>亦</th><th>說</th><th>乎?</th><th>有</th></tr>
<tr><td>(접사)동사강조·보충,음절모으기(13-1)</td><td>(부)아니다</td><td>(부)역시</td><td>(형)기쁘다,좋다</td><td>(어기)반문</td><td>(무특정한정어)
한,어떤</td></tr>
<tr><td></td><td colspan="4">역시 기쁘지 않겠는가?</td><td>한</td></tr>
<tr><th>朋</th><th>自</th><th>遠方</th><th>來,</th><th>不</th><th>亦</th></tr>
<tr><td>(명)친구</td><td>(전)~에서,~로부터</td><td>먼 곳 (遠處)</td><td>(동)오다</td><td>(부)아니다</td><td>(부사)역시</td></tr>
<tr><td colspan="4">친구가 먼 곳에서 온(다면) [조건가정절]</td><td colspan="2">역시 기쁘지 않겠는가?</td></tr>
<tr><th>樂</th><th>乎?</th><th>人</th><th>不(己)知</th><th>而</th><th>不慍,</th></tr>
<tr><td>(형)기쁘다</td><td>(어기)반문</td><td>(명)타인,
다른 사람(7-30)</td><td>(나를)모르다</td><td>(접)그러나</td><td>화내지 않다
[慍:(5-19)]</td></tr>
<tr><td colspan="2"></td><td colspan="4">타인이 (나를) 몰라주지만 화내지 않(는다면) [조건가정절]</td></tr>
<tr><th>不</th><th>亦</th><th>君子</th><th>乎?"</th><td colspan="2" rowspan="3"></td></tr>
<tr><td>(부)아니다</td><td>(부)역시</td><td>군자</td><td>반문 어기조사</td></tr>
<tr><td colspan="4">역시 군자가 아니겠는가?"</td></tr>
</table>

번역 공자가 말했다. "배우고 게다가 시의적절하게 복습한다면 역시 기쁘지 않겠는가? 한 친구가 먼 곳에서 온다면 역시 기쁘지 않겠는가? 타인이 (나를) 몰라줘도 화내지 않는다면 역시 군자가 아니겠는가?"

語法과 語彙

子曰 (공자가 말하다)

孔子(B.C.551~B.C.479)는 중국 춘추 시대의 사상가이자 학자로 이름은 구(丘). 자는 중니(仲尼). 노나라 사람으로 여러 나라를 두루 돌아다니면서 인(仁)을 정치와 윤리의 이상으로 하는 도덕주의를 설파하여 덕치 정치를 강조하였다. 만년에는 교육에 전념하여 3,000여 명의 제자를 길러 내고,『시경』과『서경』등의 중국 고전을 정리하였다. 제자들이 엮은 『논어』에 그의 언행과 사상이 잘 나타나 있다.

子曰이라는 표현은 '논어'에서 모두 예외 없이 "공자님께서 말씀하신다"는 뜻이다. 이때 子라는 것은 제자들이 '선생님'을 높여 부른 말이다. 제자들이 아닌 타인들이 말할 때는 '공자왈(孔子曰)'처럼 보다 객관화된 표현을 썼다. 子라는 것은 매우 특이한 용법으로 아마도 공자 이전에는 子라는 것이 성씨나 특별한 작위, 신분을 나타내는 말이었을 것이다. 공자의 제자들의 자(字)의 첫 글자가 子로 시작하는 예가 많은데 아마 그것도 과거의 신분적 유습이 보편화된 특수한 상황으로 여겨진다. 공자학단으로부터 본격적으로 子의 의미가 오늘날의 master, teacher의 뜻을 갖는 맥락으로 통용되게 되었다고 생각된다. 그러니 子가 신분과 관계없이 유덕자(有德者)에 대한 존칭적인 사용은 '공자학단'의 용례로 보편화되었다. (김용옥, 2008)

學而時習之, 不亦說乎? (배우고 게다가 시의적절하게 복습한다면 역시 기쁘지 않겠는가?)

(접속사) 단문을 연결시키고 한층 올라가는(進層) 관계를 나타낸다. '게다가, 또한'으로 번역된다.(連接分句, 表示進層關係. 而且)

→ 就有道而正焉 『論語·學而』
도가 있는 곳(有道)에 나아가(就…而) 그것(焉=도 있음, 有道)을 바로잡다(正).

→ 餘不滿百而皆扶病 (漢·李陵 『答蘇武書』)
남은 사람(餘)은 백 명이 안 되(不滿百)고 게다가 '모두 병에 걸리다(皆扶病)'.

→ 溫故而知新 『論語·爲政』
옛것을 복습하(溫故)고 게다가 '새 것을 알다(知新)'.

(접속사) 단어, 구, 문장을 연결시켜 병렬 관계를 보여준다. (連接詞、詞組或分句, 表示并列關係)

→ 天道賞善而罰淫 (先秦·『單子知陳必亡』)
하늘의 준칙(天道)은 착한 것에 상을 주(賞善)고(而) 사악한 것에 벌을 준다(罰淫).

→ 信而好古 『論語·述而』
옛것(古)을 믿고 좋아하다(信而好).

學而時習之, 不亦說乎? (배우고 시의적절하게 복습한다면 역시 기쁘지 않겠는가?)

(형용사. 명사) 시의적절하다. 시기적절. (時宜, 適時)

→ 制度時, 則國俗可化而民從制 『商君書·壹言』
제도(制度)가 시의적절하면(時, 則) 국가의 풍속(國俗)이 변할 수 있고(可化而) 백성(民)은 제도를 따른다(從制).

學而時習之, 不亦說乎? (배우고 게다가 시의적절하게 복습한다면 역시 기쁘지 않겠는가?)

(동사) 복습하다. (溫習, 復習)

學而時習之, 不亦說乎? (배우고 게다가 시의적절하게 복습한다면 역시 기쁘지 않겠는가?)

(고정형식) (=不以…乎 = 不已…乎) 이러한 부정형 반문 형식으로 긍정과 정도의 강화를 보여준다. '역시 ~아닌가?' 등으로 번역될 수 있다. 현대중국어의 의미는 '不(是)(很)也…嗎?' 또는 '不也(很)…嗎?'가 될 수 있다.

→ 居敬而行簡, 以臨其民, 不亦可乎? 『論語·雍也』
공경하게 처신하고(居敬) 게다가(而) 간단하고 쉽게 일을 처리하여(行簡) 그것으로 '그의 백성을 통치하면(臨其民)' 역시 적절하지 않은가?

學而時習之, 不亦說乎? (배우고 게다가 시의적절하게 복습한다면 역시 기쁘지 않겠는가?)

(형용사) 좋다, 기쁘다. (喜悅, 高興) (=悅<열,yuè>)
(동사) 좋아하다. (喜歡)

→ 夫有功而見知, 則說矣, 此人之情也 (宋·王安石『乘制王欽等轉官』)
공로가 있(有功)어 '대접을 받는 것(見知:受到知遇)'은 '좋은 것/기쁜 것'으로 '이것(此)'은 '인지상정(人之情)'이다(也).

→ 非不說子之道 『論語·雍也』
선생님의 '학설, 주장(子之道)' 좋아하지 않(不說)는 것이 아닙니다(非).

學而時習之, 不亦說乎? (배우고 게다가 시의적절하게 복습한다면 역시 기쁘지 않겠는가?)

(어기사) 反問반문의 어기를 돕는다. (助反詰語氣. 呢, 嗎)

→ 王侯將相寧有種乎? 『史記·陳涉世家』
왕후장상(王侯將相:제왕·제후·장수·재상)에 어찌(寧) 종자가 있(有種)겠는가(乎)?

→ 楚王遺弓, 楚人得之, 又何求乎? 『公孫龍子·迹付』
초나라 왕(楚王)이 활을 잃어버리(遺弓)고, 초나라 사람이 그걸 주었(得之)는데 또(又) 무엇을 찾(何求)겠는가(乎)?

有朋自遠方來 (한 친구가 먼 곳에서 오다)

(한정어) 특정하여 가리키는 것이 없음을 나타낸다. '어떤, 한' 등으로 번역된다. (表示無定指)

→ 暮投石壕村, 有吏夜捉人 (唐·杜甫『石壕吏』)
저녁(暮)에 석호촌(石壕村)에 투숙하(投)니 한 관리(有吏)가 밤(夜)에 사람을 체포한다(捉人).

→ 遥聞深巷中犬吠, 便有婦人惊覺欠伸 『清·林嗣環·口技』
멀리(遥)서 깊은 골목 안(深巷中) 개 짖는 소리가 들리고(聞…犬吠) 한 부인이(便有婦人)이 놀라 깨어 하품을 하고 몸을 곧게 편다(惊覺欠伸).

有朋自遠方來 (한 친구가 먼 곳에서 오다)

(장소전치사) 목적어를 가지며 대부분 동사서술어 앞에 위치하지만 소수가 동사서술어 다음에 위치하기도 한다. 동작행위가 시작, 발생, 존재하는 장소를 이끈다. '~로부터', '~에서' 등으로 번역될 수 있다. (從, 在)

→ 吾自衛反魯, 然後樂正, 雅頌各得其所 『論語·子罕』
내(吾)가 위나라에서(自衛) 노나라로 돌아온(反魯) 다음(然後) 음악이 바로잡히(樂正)고 「雅아」, 「頌송」이 각각 그 자리를 얻(各得其所)었다.

→ 自牖執其手 『論語·雍也』
창문에서(自牖) 그의 손(其手)을 잡다(執).

→ 君自故鄉來, 應知故鄉事 (唐·王維『雜詩之二』)
그대(君)는 고향에서(自故鄉) 오(來)니 분명(應) 고향의 일(故鄉事)을 안다(知).

人不知而不慍, 不亦君子乎? (타인이 나를 몰라줘도 화내지 않는다면 역시 군자가 아니겠는가?)

(접속사) 단어와 단어를 연결시키는데 주로 동사, 형용사, 비교적 적게 명사, 구 , 단문을 연결시키며 '전환'을 보여준다. 연결되는 두 부분의 의미는 상대적이거나 상반된다. '그러나, 오히려' 등으로 번역된다. 대체적으로 전환접속사 이(而)를 동반한 'A而B' 구조에서 A와 B는 거의 동일한 등가를 이루는 것처럼 보인다. 즉 '동사+而+동사', '형용사+而+형용사', '구+而+구', '단문+而+단문' 등. 하지만 예외 사항이 있는지, 있다면 예외의 정도는 어떠한지 등은 관련 논문 혹은 더 많은 텍스트로 확인해야 한다.

→ 青取之於藍而青於藍 『荀子·勸學』
청색(青)은 그것을 남색에게 가져왔(取之於藍)지만(而) 남색보다 푸르다(青於藍).

→ 志大而智小, 色厲而膽薄 『三國志·魏書·武帝紀』
뜻은 크(志大)지만(而) 지혜는 작(智小)고 기색은 매섭(色厲)지만(而) 배짱은 없다(膽薄).

보충

복문(複文;復句(中))

단문(分句, simple sentence)이란 동사가 하나밖에 없는 문장을 의미한다. 이와 달리 둘 이상의 동사가 있는 문장을 복문(複句, complex sentence)이라고 한다. (Charles N.Li, Sandra A. Tompson 저술. 박정구 등 옮김, 2011)

복문은 둘 혹은 둘 이상의 것이 '논리의미 또는 구조'에서 밀접한 관계의 단문 구성을 가진 문장이다. 복문을 구성하는 단위는 단문(分句, simple sentence:복문을 구성하는 단문으로, 자신의 구조로 말이 되는 단문<單句>와 구별됨)이다. (張鈺金, 2010)

— 복문(複文) 구성 세 가지 조건

복문 구성에는 다음의 세 가지 조건이 있어야 한다. 먼저, 단문(分句) 사이에는 서로 상대방의 성분이 되어서는 안 된다. 두 번째로, 복문을 구성하는 단문은 논리적 의미에서 모두 밀접하게 관련이 있다. 세 번째로, 복문을 구성하는 몇 개의 단문은 반드시 전체 문장을 관통시키는 어조를 가지고 있어야(예를 들어 휴지<停頓>, 악센트<重音>, 승강<升降>) 한다. (張鈺金, 2010)

— 의합법(意合法(中))

복문 내에 있는 단문 사이의 관계는 자주 단문의 직접적인 조합에 달려 있고, '관련 단어(=표지<標記, marker>)'가 없다. 이러한 단문들의 연결 방식을 '의합법(意合法)'이라 하기로 한다. 고대중국어에서 이러한 복문은 매우 자주 보인다(張鈺金, 2010). 일부 고대중국어 복문에서 단문 사이의 관계가 '관련 단어(=표지<標記, marker>)'로 표시되는 경우가 있다. 관련 단어는 단문 사이의 논리 관계를 나타내는 '접속사(連詞)' 관련 역할을 하는 '부사(副詞)' 그리고 소수로 관련 작용이 있는 '구(短語; 句; phrase)' 등이 있다.

— 복문의 대별(大別)

단문 사이의 관계에 따라 복문은 두 가지 기본 유형으로 나뉘는데 하나는 수식복문(修飾複文;偏正複句:영어에서는 부사절<副詞節, adverbial clause>로 불리며 '종속절'과 '주절'로 구성된다)이고 하나는 연합복문(聯合複文;聯合複句(中))이다.

수식복문(修飾複文;偏正複句(中))

수식복문은 단문 사이의 관계가 '주종 혹은 수식'인 복문이다. 고대중국어에서는 빈번하게 앞의 단문은 '수식문(偏句) 또는 종속절(從句)'이 되고 뒤의 단문은 '주문(主句) 또는 주절(主句)'이 된다.

1. 가정복문(假定複文;假設複句(中))

가정복문의 종속절(偏句=從句)은 가정을 나타내고 주절(正句=主句)은 이러한 가정이 실현된 다음 만들어지는 결과를 미루어 판단한다. 이러한 가정복문의 앞의 단문은 보통 '구苟, 여如, 약若' 등의 어구로 가정의 조건을 나타낸다.

→ 飯疏食飲水, 曲肱而枕之, 樂亦在其中矣 『論語·述而』
현미밥을 먹(飯疏食)고 물을 마시(飲水)고(而) 팔뚝을 구부려(曲肱) 그것을 베개로 여긴다(枕之)면 즐거움(樂)은 오직(亦) 그 가운데 있을 것이다(在其中矣).

→ 苟富貴, 無相忘　『史記·陳涉世家』
만약(苟) 부유해지고 지위가 높아지(富貴)면 서로 잊(相忘)지 말아라(無).

→ 王如知此, 則無望民之多於鄰國也　『孟子·梁惠王上』
왕께서 만약 이것을 아신다면(王如知此, 則) 백성이 이웃 나라보다 많(民之多於鄰國)기를 '바라지 마십시오(無望)'.

→ 若志之所之, 則口與心誓, 守死無貳　(三國魏嵇康『家誡』)
만약(若) 뜻이(志之) '가는 곳(所之)'이(則) 입과 마음이 맹세하(口與心誓)는 것이라면 죽을 때까지 견지하고 변하지 않(守死)으며 '다른 마음이 없다(無貳)'.

→ 若屢爲之, 則殺人者皆不死　(宋·歐陽修·『縱囚論』)
만약 '여러 번(屢)' '그것을 하(爲之)'면 '사람을 죽인 사람 모두(殺人者皆)' '목숨으로 대가를 치르지 않을 것이다(=죽지 않을 것이다)

2. 조건복문(條件複文;條件複句(中))

조건복문에서 앞뒤 두 단문은 자주 앞의 단문(=종속절<偏句=從句>)이 조건을 제기하고 뒤의 단문(=주절<正句=主句>)은 조건을 만족시키는 상황에서 만들어지는 결과를 설명한다. 두 단문 사이에는 '칙則'을 빈번하게 사용하여 연결시키고 번역은 '~면 바로(就)' 등이 될 수 있다.

→ 以五十步笑百步, 則何如?　『孟子·梁惠王上』
오십 보로(以五十步) 백 보를 비웃는다면(笑百步, 則) 어떠한가(何如)?

→ 今雖死乎此, 比吾鄰之死, 則己後矣　(唐·柳宗元『捕蛇者說』)
지금(今) 비록(雖) 여기서 죽(死乎此)지만 나의 이웃의 죽음과 비교하면(比吾鄰之死, 則) 이미 늦었다(己後矣).

→ 學而不思則罔, 思而不學則殆　『論語·爲政』
배우지만 생각하지 않으면(學而不思則) 맹목적이 되(罔)고, 생각하지만 배우지 않으면(思而不學則) 위태롭다(殆).

→ 思則得之, 不思則不得也　『孟子·告子』
생각하면(思則) 얻(得之)고 생각하지 않으면(不思則) 얻지 못한다(不得也).

→ 是故財聚則民散, 財散則民聚　『禮記·大學』
이 때문에(是故) 재물이 모이면(財聚則) 백성이 흩어지(民散)고 재물이 흩어지면 백성이 모인다.

3. 전환복문(轉換複文;轉折複句(中))

전환복문은 앞의 단문(=종속절<偏句=從句>)과 뒤의 단문(=주절<正句=主句>)의 의미가 상반되거나 상대적인 복문이다. 이러한 단문 사이에서의 전환 관계는 보통 '而, 然(而), 則, 以'으로 표시한다.

→ 青取之於藍而青於藍　『荀子·勸學』
청색(青)은 그것을 남색에게 가져왔(取之於藍)지만(而) 남색보다 푸르다(青於藍).

→ 志大而智小, 色厲而膽薄　『三國志·魏書·武帝紀』
뜻은 크(志大)지만(而) 지혜는 작(智小)고 기색은 매섭(色厲)지만(而) 배짱은 없다(膽薄).

→ 學則不固　『論語·學而』
배우지만(學則) 견고함이 없다(不固).

→ 滕, 小國也.竭力以事大國, 則不得免焉.如之何則可?　『孟子·梁惠王下』
등(滕)은 작은 나라(小國)입니다(也). 힘을 다하여(竭力以) 대국을 섬긴다 하더라도(事大國, 則) (압박을) 면할 수가 없습니다(不得免焉). 어찌하면(如之何則) 괜찮(可)겠습니까?

→ 桀克有緡以喪其國　『左傳·昭公十一年』
걸(桀)은 유민(有緡, 나라이름)을 (전쟁에서) 이겼(克)지만(以) 그 나라를 잃어버렸다(喪其國)

4. 인과복문(因果複文;因果複句(中))

인과복문에서 단문과 단문 사이가 원인과 결과를 구성하는 관계이다. 보통 '故, 以故, 以' 등으로 이러한 관계를 표시한다. 어떤 인과복문은 '원인+결과'이고 어떤 인과복문은 '결과+원인'이다.

→ 陽貨欲見孔子, 孔子不見, 歸孔子豚 『論語·陽貨』
양화(陽貨)가 공자를 만나길 원했(欲見孔子)지만 공자는 보기가 쉽지 않(孔子不見)아 '공자에게 새끼 돼지를 선물로 주다(歸孔子豚)'.

→ 若季氏, 則吾不能, 以季孟之間待之 『論語·微子』
만약(若) 계손씨라면(季氏, 則) 나는 할 수 없(吾不能)기 때문에 '계손씨와 맹손씨의 중간으로(以季孟之間)' 그대를 대우하(待之)겠다.

→ 彼竭我盈, 故克之 『左傳·莊公十年』
저들은 '힘을 다 쓰고(竭)' 우리는 '힘이 충만하(盈)'기 때문에 그들을 물리친다.

→ 子皮認爲忠, 故委政焉 『左傳·襄公三十一年』
자피子皮는 충성스럽다고 여기(認爲忠)어 그래서(故) 그에게 정사를 맡게 했다(委政'焉<=於之>')(= 정부 관련 업무를 '주었다(委)').

→ 常在於險遠, 而人之所罕至焉, 故非有志者不能至也 (宋·王安石『游褒禪山記』)
자주 '위험하고 먼 곳(險遠)'에 있어 사람이 '드물게 가는 곳(所罕至)'이기 때문에 '뜻이 없는 사람(非有志者)'은 갈 수 없다.

→ 中丞匿於溷藩以免 (明·張溥『五人墓碑記』)
중승(中丞)은 뒷간(溷藩)에 숨었기에 도망칠(免) 수 있었다.

→ 老吾老以及人之老, 幼吾幼以及人之幼 『孟子·梁惠王上』
나의 노인을 부양하기에 타인의 노인에 이르고 나의 아이를 아끼기에 타인의 아이에까지 이르다.

→ 江海所以能爲百谷王者, 以其善下之, 故能爲百谷王 『老子·十六章』
강과 바다가 '많은 물(百谷:많은 계곡물)'의 왕이 될 수 있는 이유(所以)는 왜냐하면(以) 그것(其:강과 바다)이 아래로 가는 것을 잘하여 많은 물의 왕이 될 수 있기 때문이다.

→ 楚人既咎子蘭, 以勸懷王入秦而不返也 『史記·屈原賈生列傳』
초나라 사람이 자란(子蘭)를 이미 '나무랐는데(咎<구, jiù>)' 왜냐하면(以) 회왕(懷王)에게 진나라에 들어가기를 권고했는데 '돌아오지 않았(不返)'기 때문이다.

→ 吾所以爲此者, 以先國家之急而後私仇也 『史記·廉頗藺相如列傳』
내가 이것을 하는 이유(所以)는 왜냐하면(以) 국가의 위급함(國家之急)을 우선으로 하고 개인적인 복수(私仇)를 뒤로하기 때문이다.

5. 양보복문(讓步複文;讓步複句(中))

양보복문의 앞의 단문(=종속절<偏句=從句>)은 한 발 양보하는 것을 보여주고, 뒤의 단문(=주절<正句=主句>)은 '본래의 의미/주된 의미'로 나타낸다. 앞의 단문(=종속절<偏句=從句>)은 접속사 '縱, 雖, 即, 總' 등을 보통 사용한다.

→ 雖欲勿用, 山川其舍諸? 『論語·雍也』
비록 쓰고 싶지 않아도 명산대전의 신(神)이 어떻게 그 송아지를 버리겠는가?

→ 小大之獄, 雖不能察, 必以情 『左傳·莊公十年』
작고 큰 '범죄사건(獄:罪案)'을 비록 면밀하게 살필 수는 없지만 반드시 도리(情:情理)를 따라야 한다.

→ 莫言塞北無春到, 總有春來何處知? (唐·李益『度破訥沙』)
새북(塞北:북쪽 변경지방)에 봄이 오지 않았다고 말하지 마라. 설령 봄이 왔더라도 어디서 알겠는가?

→ 先即制人, 後則爲人所制 『史記·項羽本紀』

먼저(先) 사람을 지배하(制人)지만(即) 나중에(後則) 사람에 의해(爲人) 지배당하다(所制).

6. 목적복문(目的複文;目的複句(中))

목적복문의 앞의 단문(=종속절<偏句=從句>)은 행위를 나타내고 뒤의 단문(=주절<正句=主句>)은 행위의 목적을 보여준다. 혹은 목적을 나타내는 표지 없이(意合法) 앞의 단문이 목적을 나타내고 뒤의 단문을 목적을 실행하기 위한 구성요소를 나타낼 수도 있다.

→ 要靡事商賈, 爲技藝, 皆以避農戰 『商君書·農戰』

→ 要靡事商賈, 爲技藝[목적실행 구성요소], 皆以避農戰[목적]

사회적 지위가 낮은 평범한 사람(要靡:社會地位低微的人, 平庸的人)은 상인(商賈)에 종사하고 기예를 '하는(爲)'데 모두 농업과 전쟁(農戰:상앙 등 선진 제자의 경제, 군사 사상과 정책이다. 농업과 전쟁을 중시하고 두 가지의 결합을 주장한다. 商鞅等先秦諸子的經濟、軍事思想和政策. 重視農業和戰争, 主張兩者結合)을 '피하기 위해서(以避)'이다.

→ 道千乘之國, 敬事而信; 節用而愛人; 使民以時 『論語·學而』

→ 道千乘之國[목적], 敬事而信; 節用而愛人; 使民以時[목적실행 구성요소]

전차 천 대의 제후나 왕의 봉지(=국가)(千乘之國)를 통치하(道)기 위해서 공손하고 조심스럽게 일을 처리하(敬事)고(而) 믿게 하(信)며 비용을 절약하(節用)고(而) 사람을 사랑하(愛人)고 백성을 부릴(使民) 때 적절한 시기를 생각해(以時)야 한다.

7. 시간복문(時間複文;時間複句(中))

시간복문의 종속절(偏句=從句)은 일반적으로 주절(正句=主句)이 보여주는 동작행위발생의 시간을 나타내고, 종속절이 보여주는 갑(甲)의 일로 주절이 나타내는 을(乙)의 일이 발생한 시간을 보여준다.

→ 由也問聞斯行諸, 子曰'有父兄在' 『論語·先進』

자로가(由也) '들으면(聞斯) 그것을 실행하(行諸)느냐'고 물었을 때, 선생님은 '부친과 형님이 있다'고 말씀하신다(有父兄在).'

→ 子夏爲莒父宰, 問政 『論語·子路』

자하(子夏)가 거보(莒父)의 가신을 맡았을 때 정치에 대해 묻다.

8. 배경상황설명복문(背景狀況說明複文;按斷複文(中))

보통 두 가지 부분으로 구성되는데 앞의 단문은 상황을 서술하는 것으로 '안(按)'으로 불리고, 뒤의 단문은 앞의 서술에 대해서 평가하고 판단하는 것으로 '단(斷)'이라고 하고, '안(按)' 부분은 때로는 하나의 단문에 그치지 않고, '단(斷)' 부분 역시 그렇다. 하지만 이 둘 사이에는 분명한 경계선이 있다. 배경상황설명복문의 종속절(偏句=從句)은 문맥의 전개에서 결론에 도달할 수 있는 판단의 근거를 제시하는 것으로 '경험, 사실' 등을 묘사하고 주절은 이에 따른 판단과 결론을 기술한다.

→ 臧文仲居蔡, 山節藻梲, 何如其知也? 『論語·公冶長』

장문중(臧文仲)은 점을 치는데 쓰는 큰 거북이를 살게 하고 거처가 호화로운 사치스러우니 어떻게 지혜롭겠는가?

→ 子曰: "觚不觚, 觚哉? 觚哉?" 『論語·雍也』

공자가 말했다. "(제례에 쓰이는 술잔) 고(觚)는 고(觚)가 아니니 고(觚)이겠는가?! 고(觚)이겠는가?"

→ 吾不能早用子, 今急而求子, 是寡人之過也 『左傳·僖公三十年』

내가(吾) 일찍이(早) 선생을 쓸 수 없었(不能…用子)고 지금(今) 급하게(急而) 선생에게 요청하(求子)니 이것은(是) 나의 잘못(寡人之過)이다(也).

→ 天帝使我長百獸, 今子食我, 是逆天帝命也 『戰國策·楚策一』

하느님(天帝)께서 내게 많은 짐승의 우두머리가 되게(使我長百獸) 하였고 지금(今) 네가 나를 먹(子食我)으려 하니 이것(是)은 하늘의 명(天帝命)을 어기는 것이다(逆…也).

연합복문(聯合複文;聯合複句(中))

연합복문의 단문 사이는 평등한 관계이고 주종의 나뉨이 없다. 이것은 현대중국어와 동일하다.

1. 병렬복문(竝列複文;竝列複句(中))

병렬복문은 몇 개의 단문이 관련된 몇 가지 일, 몇 가지 상황, 동일한 사물의 몇 가지 측면을 각각 설명하거나 묘사하는 복문이다. 단문 사이는 일반적으로 접속사를 등장시켜 연결하지 않는다.

→ 日月逝於上, 體貌衰於下 (曹丕·『典論·論文』)
해와 달(日月)은 위로 가(逝於上)고 신체와 용모(體貌) 아래로 쇠락한다(衰於下).

→ 故木受繩則直, 金就礪則利 『荀子·勸學』
때문에(故) 나무(木)는 술을 만나면(受繩則) 곧아지(直)고, 쇠붙이(金)는 숫돌에 다가가면(就礪則) 날카로워진다(利).

→ 覺今是而昨非 (晉·陶渊明『歸去来兮辭』)
지금은 맞(今是)지만(而) 과거는 틀리다(昨非)고 여기다(覺).

2. 순접복문(順接複文;順承複句=承接複句=連貫複句(中))

몇 개의 단문 사이가 시간상 선후로 이어져 연결된 것으로 의미적으로 밀접한 관계가 있다. 이러한 복문 사이에는 일반적으로 연결시키는 어구가 없지만 '而'와 같은 접속사를 써서 연결시키는 경우도 빈번하다.

→ 及郡下, 詣太守, 說如此 (陶淵明·『桃花源記』)
군수의 소재지(郡下:郡守所在地)에 도착하(及)여 태수(太守)를 찾아뵙(詣<예,yì>)고 이와 같이(如此) 말하다(說).

→ 見兔而顧犬, 未爲晚也; 亡羊而補牢, 未爲遲也 『戰國策·楚策四』
토끼를 본 다음 개를 기다리는(顧:等待) 건 '아직 늦은 것이 아니('未(=尙不)'爲晩)'고 양을 잃고 나서 '외양간을 수리하(補牢)'는 건 아직 늦은 것이 아니다.

3. 점층복문(漸層複文;遞進複句(中))

점층복문에서 뒤의 단문이 나타내는 의미가 앞의 단문이 나타내는 의미보다 한층 더 나아간 것을 보여준다. 앞의 단문과 뒤의 단문 사이에는 보통 '况, 且' 등 관련 단어를 사용하여 연결된다.

→ 蔓草猶不可除, 况君之寵弟乎! 『左傳·隱公元年』
우거진 들판의 잡초(蔓草)도 여전히(猶) 제거할 수 없(不可除)는데 하물며(况) 그대의(君之) 사랑하는 동생(寵弟)은(乎)?!

→ 公語之故, 且告之悔 『左傳·隱公元年』
공公은 그에게 이유를 말하(語之故)고 게다가(且) 그에게 후회도 말했다(告之悔).

4. 선택복문(選擇複文;選擇複文(中))

고대중국어에서 선택복문은 보통 의문문의 형식으로 나타나고 몇 개의 단문이 나타내는 사물 가운데서 하나를 선택하는 것이다. 단문 사이에는 빈번하게 '抑, 且' 등으로 연결시킨다.

→ 子路問强. 子曰: "南方之强與? 北方之强與? 抑而强與?" 『中庸』
자로가 강함에 대해 묻자 공자가 말했다. "남방의 강함(南方之强)이냐(與)? 북방의 강함(北方之强)이냐(與)? 아니면(抑) 너(而)의 강함(强)이냐(與)?"

→ 王以天下事秦乎? 且事齊乎? 『戰國策·齊策一』
왕(王)은 천하로(以天下) 진나라를 섬기는가(事秦乎)? 아니면(且) 제나라를 섬기는가(事齊乎)?

→ 富貴者驕人乎? 且貧賤者驕人乎?" 『史記·魏世家』
부귀한 사람(富貴者)이 사람을 무시하는가(驕人乎)? 아니면(且) 빈천한 사람(貧賤者)이 사람을 무시하는가(驕人乎)?

5. 해설복문(解說複文;解說複文(中))

해설복문의 단문 사이에는 해설 혹은 설명의 관계가 있다. 고대중국어의 언어자료에서 보이는 해설복문은 기본적으로 모두 뒤의 단문으로 앞의 단문을 해설, 설명하고 있다. 이러한 복문은 '관련단어(=표지<標記(中), marker>)'를 사용하지 않고, 모두 의합법(意合法)를 사용한다.

→ 魚麗于罶, 鱨鯊. 君子有酒, 旨且多 『詩經·小雅·魚麗』
물고기(魚)가 통발에(于罶) 걸렸(麗)는데 자가사리(鱨)와 모래무지(鯊)이다. 군자(君子)가 술을 내온(有酒) 것이 달콤하(旨)고(且) 많다(多). [『漢語大詞典』에서 '유주(有酒)'를 '술에 취하다(喝醉酒)'라고 정의했는데 뒤의 단문을 고려하면(달콤하고 많다) '이상진 外(1994)'의 의미가 더 적합하다고 본다.]

→ 司土南宮乎作大林協種, 玆種名曰無射 『南宮乎種銘』
사토(司土: 관직 이름) 남궁호(南宮乎: 인명)는 대림협종(大林協種)을 만들었(作)는데 이(玆) 종(種)의 이름(名)이 무사(無射)다(曰).

1-2. 有子曰: "其爲人也孝弟而好犯上者鮮矣. 不好犯上而好作亂者未之有也. 君子務本, 本立而道生. 孝弟也者, 其爲仁之本與!"

有子	曰:	"其	爲人	也	孝弟
유자	말하다	(대)그의…'복수可'(1-7)	(명)처세하고 교제하기. 사람됨.	(어기)주어+也. '멈춤,완만,제시'	(동)효도하고 친구·선배를 존경하다
유자(有子)가 말했다.		그의 사람됨이… 효도하고 친구선배를 존경하…			
而	**好**	**犯**	**上**	**者**	**鮮**
(접)전환. '그러나'(1-1)	(동)좋아하다(7-11) [호,hào]	(동)무례한 짓을 하다(8-5)	윗사람	(접)~한 사람, ~한 것.	(형)적다
…지만 손윗사람에게 무례한 짓하는 것을 좋아하는 사람은 적다. [전환복문(1-1)]					
矣.	**不好**	**犯**	**上**	**而**	**好**
(어기)'이미 그렇다'(3-24)	좋아하지 않다(7-11)	(동)무례한 짓을 하다(8-5)	(명)손윗사람, 윗사람(13-4)	(접)전환.'그러나'(1-1)	(동)좋아하다(7-11) [호,hào]
	손윗사람에게 무례한 짓하는 것을 좋아하지 않지만				
作亂		**者**	**未**	**之**	**有**
(동사)반란을 만들다. 폭동을 일으키다		(조사)~한 사람, ~한 것(1-2)	(부사)아직 ~하지 않다(3-25)	(대)재지시. '그것,그사람,그곳'(2-1)	(동)있다
반란을 일으키는 것을 좋아하는 사람은 아직 그런 사람이 없었다. [미지유(未之有)는 '부정부사(未)+목적어 전치(之)+타동사(有)'의 통사이다] [전환복문(1-1)]					
也.	**君子**	**務**	**本,**	**本**	**立**
(어기)판단 (동사,형용사술어끝) (11-15)	(명)군자(君子) (11-1)	(동) 있는 힘을 다하다	(명)사물의 근원 (19-12)	(명)사물의 근원 (19-12)	(동)서다(17-10)
	군자가 사물의 근원에 있는 힘을 '다하면/다할 때/…' [시간조건절]			사물의 근원이 서…	
而	**道**	**生.**	**孝弟**	**也者,**	**其**
(접)병렬. '그리고'(7-1)	(명)규율, 도리(3-16)	(동)생기다. 발생하다. 만들어지다	(동)효도하고 친구·선배를 존경하다	(어기사)제시	(대)그가,그것은. 주어(명사+之)(2-22)
…고 규율/도리(道)가 만들어진다.			효도하고 친구·선배를 존경하는 것…		그것은
爲	**仁**	**之**	**本**	**與!"**	
(판단동사)~이다 (1-2)	(명)인(仁)	(조사) 수식,종속관계. '~의'(3-2)	(넝)사물의 근원 (19-12)	(어기)감탄	
仁의 근원이다!"					

번역 유자가 말했다. "그의 사람됨이 부모에게 효도하고 친구선배를 존경하지만 손윗사람에게 무례한 짓하는 것을 좋아하는 사람은 적다. 손윗사람에게 무례한 짓하는 것을 좋아하지 않지만 반란 일으키는 것을 좋아하는 사람은 아직 없었다. 군자가 사물의 근원에 있는 힘을 다하면 사물의 근원이 서고 도리가 만들어진다. 효도하고 친구·선배를 존경하는 것, 그것은 仁의 근원이다!"

語法과 語彙

有子(=有若)

유약은 공자보다 13세 연하, 33세 연하, 36세 연하(『공자가어』), 43세 연하(『중니제자열전』)라는 제설이 분분하다. 공자 사후 그를 연장자로서 대접하려 했다는 고사로 볼 때는 13세 연하라는 설도 설득력이 있지만 그가 말년 제자라는 것을 생각하면 그렇게 나이를 올려 잡기도 힘들다. 36세 연하라는 『가어』의 설이 가장 적합한 것 같다. 유약은 노나라 출신 무인이었다. 유약은 BC487년 오吳나라가 노魯나라를 침공했을 때 노나라의 결사대 300명 중 한 사람으로 치열하게 싸웠다. 그러나 유약은 이때만 해도 공자를 만나지 못했고 제자가 아니었다. 유약은 증자보다 나이가 훨씬 많았으며 '자장, 자하, 자유' 그룹과 함께 공문을 이끌었다. 그러나 '자장, 자하, 자유'가 노나라를 떠나면서 유약은 헤게모니를 상실했다. (김용옥, 2008)

其爲人也孝弟而好犯上 (그의 사람됨이 부모에게 효도하고 친구선배를 존경하지만 손윗사람에게 무례한 짓하는 것을 좋아하는 사람은 적다)

(동사) 사람으로 처세하고 타인과 교제하다. (做人處世接物)
(명사) 처세하고 교제하기. 사람됨. (做人處世接物)

→ 將軍龐萌, 爲人遜順, 帝信愛之, 常稱曰: '可以托六尺之孤, 寄百里之命者, 龐萌是也 『資治通鑑·漢光武帝建武五年』
장군 방맹(龐萌)은 사람됨(爲人)이 겸손하고 유순하여(遜順) 황제가 정말로(信) 그를 좋아하여 자주 칭찬하였다고(常稱) 말한다. "6척의 고아를 맡길 수 있고 백리의 정령을 맡길 수 있는 사람은 방맹(龐萌), 이 사람이다."

→ 是其爲人也, 有粮者亦食, 無粮者亦食 『戰國策·齊策四』
이(是) (사람의) 사람됨(爲人)은(也) 양식이 있으면(有粮者) 역시(亦) 먹고(食), 양식이 없어도(無粮者) 역시(亦) 먹는다(食).

其爲人也, 孝弟而好犯上者, 鮮矣. (그의 사람됨이 부모에게 효도하고 친구선배를 존경하지만 손윗사람에게 무례한 짓하는 것을 좋아하는 사람은 적다)

(문중 어기사) 주어 다음에 쓰여 어기를 멈추거나 완만하게 하게하고 동시에 제시해주는 역할을 한다. 也 다음 문장은 '也가 제시하는 대상(=주어)'에 대한 해석이나 서술을 담당한다. 문장의 의미에 따라 융통성 있게 해석된다.

→ 賜也, 始可與言詩已矣 『論語·學而』
사(賜)가 비로소(始) '시경'을 말하는데 참여할 수가 있구나!

→ 回也不愚 『論語·爲政』
안회는 어리석지 않다.

孝弟而好犯上者 (부모에게 효도하고 친구선배를 존경하지만 손윗사람에게 무례한 짓하는 것을 좋아하는 사람)

(동사) (=孝悌<제, tì>=弟<제, tì>). 부모에게 효도하고 나이가 엇비슷한 친구를 존경하고 사랑하다.

孝弟而好犯上者 (부모에게 효도하고 친구선배를 존경하지만 손윗사람에게 무례한 짓하는 것을 좋아하는 사람)

(구조조사) 특수한 지시대명사로 단독으로 사용될 수 없고 반드시 다른 단어나 구 등과 어울려 명사구를 만들어야

비로소 대명사의 역할을 할 수 있다. 동사, 형용사 또는 각종 구와 결합하여 사람, 사물을 가리키며 '~사람, ~한 것' 등으로 번역된다.

→ 然而至此極者, 命也夫! 『莊子』
그럼에도(然而) 이 지경에 이른(至此極) 것은 운명이다!

→ 知之者不如好之者, 好之者不如樂之者 『論語·雍也』
아는 사람(知之者)은 좋아하는 사람(好之者)보다 못하(不如)고 좋아하는 사람은 즐기는 사람보다 못하다.

孝弟而好犯上者, 鮮矣 (부모에게 효도하고 친구선배를 존경하지만 손윗사람에게 무례한 짓하는 것을 좋아하는 사람은 적다)

(형용사) 적다. (少)[xiǎn]

→ 巧言令色, 鮮矣仁! 『論語·學而』
듣기 좋게 꾸민 교묘한 말과 아양을 떠는 모습과 거짓 감정으로 타인을 현혹시키고 타인의 환심을 사는 '행위·모습(에는)/사람(에게는)/…' 적다(鮮矣)! 仁이!

→ 天下之國, 帶甲十萬者不鮮矣 『管子·大匡』
세상의 나라에서 무장한 병력(甲:披甲得士兵, 也泛指士兵, 軍隊) 10만 명을 가진 나라는 적지 않다.

不好犯上而好作亂者, 未之有也. (손윗사람에게 무례한 짓하는 것을 좋아하지 않지만 반란 일으키는 것을 좋아하는 사람은 아직 없었다)

(동사) 반란을 만들다. 폭동을 일으키다. (制造叛亂 ; 暴亂)

不好犯上而好作亂者, 未之有也 (손윗사람에게 무례한 짓하는 것을 좋아하지 않지만 반란 일으키는 것을 좋아하는 사람은 아직 없었다)

[부정부사 + 목적어(대명사) + 타동사] 고대중국어 '문장의 구성방식(통사론, syntax, 句法)'의 부정문에서 만약 목적어가 대명사인 경우 보통 동사 앞에 놓이는 규칙이 있다.[2] 목적어의 전치는 두 가지 조건을 필요로 한다. 첫째, 목적어는 반드시 대체사(=대명사)이다. 둘째, 전체 문장은 반드시 부정문이어야 한다.[3] [목적어 전치(前置)(9-14) 참조]

→ 吾愛之, 不吾叛也 『左傳·襄公三十一年』
내가 그를 아끼니(吾愛之) 나를 배신하지 않(不吾叛)을 것이다.

→ 鄰國未吾親也 『國語·齊語』
이웃 국가들(鄰國)이 우리를 친하게 여기지 않(未吾親)는다.

→ 我無爾詐, 爾無我虞 『左傳·宣公十五年』
내(我)가 너를 속이지 않(無爾詐)을 테니 너(爾)도 나를 속이지마라(無我虞).

君子務本 (군자가 사물의 근원에 있는 힘을 다하다)

(동사) 진력하다(=있는 힘을 다하다), 애쓰다. 일을 하다. (致力, 從事)

→ 務民之義 『論語·雍也』

---

2 楊伯峻(2006), 『論語譯註』, 中華書局

3 학이사(學而思) 譯, 『고대중국어』, 역락

백성이 의(義)로 가(民之義)도록 있는 힘을 다하다.

→ 當是時也, 商君佐之, 內立法度, 務耕織. 修守戰之具. 外連橫而鬪諸侯 (漢・賈誼『過秦論』)
이때(當是時也) 상앙(商君:商鞅)은 그를 보좌하(佐之)면서 안(內)으로는 법과 제도를 만들(立法度)고 농경과 방직에 전력하(務耕織)고 전쟁을 수비하기 위한 기구(戰之具)를 수리 제조하(修守)고 밖(外)으로는 연횡하(連橫)여(而) 제후들을 '싸우게 한(鬪諸侯)다(鬪:'전투하게 하다'로 사동용법)'.

本立而道生 (사물의 근원이 서고 도리가 만들어지다)

(동사) 생기다. 발생하다. 만들어지다. (産生, 發生)

孝弟也者, 其爲仁之本與! (효도하고 친구 · 선배를 존경하는 것, 그것은 仁의 근원이다!)

1. 어기조사. '제시'를 보여준다. (語氣助詞. 表提示)

→ 夫道也者 ; 性也, 三皇之治也. (宋蘇舜欽『上孫冲諫議書』)
道는(夫道也者) 性이고 삼황의 다스림(三皇之治)이다(也).

→ 夫達也者, 質直而好義, 察言而觀色, 慮以下人 『論語・顔淵』
통달은(=통탈했다는 것은)(夫達也者) 질박하고 정직하(質直)고(而) 정의로움을 좋아하(好義)는 것이고 (타인의) 말을 살피(察言)고(而) 안색을 보(觀色)고 아래 사람을 생각하는 것이다(慮以下人).

2. 어기조사. '의문'을 보여준다 (語氣助詞.表疑問)

→ 安見方六七十如五六十而非邦也者?」 『論語・先進』
사방(方) 육칠십 리 '혹은(如)' 오륙십 리인데 '나라가 아닌(非邦)' 것을 '어떻게 볼 수 있겠는가?(安見)'

孝弟也者, 其爲仁之本與! (부모에게 효도하고 형을 공경하는 것, 이것이 인의 기초이다.)

(계사[4]; 판단동사) 판단동사는 '연계동사(連繫動詞), 계동사(繫動詞), 계사(繫辭)'라고 불린다. 이러한 동사는 비록 동작동사처럼 분명한 동작성은 없지만 타동사의 특징을 갖고 있고 목적어를 가질 수 있다. 그리고 목적어와 함께 주어에 대한 판단을 보여주고 이때는 어기사 也를 문미에 쓸 필요가 없다. 고대중국어 판단동사는 크게 是, 爲 두 가지이다.

爲는 용법이 매우 넓은 동사로 '만능동사(萬能動詞)'로 불린다. 때로는 서술문과 의문문에서 판단을 긍정하여 '是(~이다)'로 번역할 수 있다. 하지만 엄격하게 말하면 爲는 진정한 판단사가 아니라 다만 판단을 도와주는 기능이 있을 뿐이다.[5] (爲字是個用法寬泛的動詞, 人們稱其爲萬能動詞.有時用在叙述句和疑問句中表示肯定判斷, 可用"是"來對譯.但嚴格一點講, "爲"并不是真正的判斷詞, 只是它有幫助判斷的作用)

→ 克己復禮爲仁 『論語・顔淵』

---

4 명사는 술어로도 쓰일 수 있다. 명사를 술어로 사용하기 위해서는 계사(copular verb)의 도움이 필요하다. 한국어에서 '나는 대통령이다'의 '~이다', 영어에서 'I am a president(나는 대통령이다)'에서 'be동사' 등이 계사이다. 중국어에서 명사 술어를 유도하는 계사는 '是'이다. 그러나 중국어에서는 명사가 계사의 도움 없이 곧바로 문장의 술어로 쓰일 수 있는데, 이는 다른 언어에서는 잘 보이지 않는 특이한 현상이다. '他香港人(그는 홍콩사람이다)' '今天星期三(오늘은 수요일이다)'에서 '香港人', '星期三'은 명사구가 문장의 술어로 사용된 '명사 술어문'이다. (박종한 외(2012), 『중국어의 비밀』)
계사는 코퓰러(copula)라고 하며 명제(命題)의 주어와 목적어를 연결하여 긍정이나 부정의 뜻을 나타내는 말로 '雪是白的(눈이 하얗다)' 중의 '是', '鯨魚不是魚(고래는 물고기가 아니다)' 중의 '不是' 같은 것이다.(네이버 중국어사전)

5 楊啓國(2016), 『古代漢語語法』, 經濟科學出版社

극기복례(克己復禮)가 인이다(爲仁).

→ 子路曰: "爲孔丘 『論語·微子』
자로가 말했다. "공구(=공자)입니다."

→ 此爲何若人? 『墨子·公輸』
이 사람은 '어떤 사람인가(何若人)'?

→ 桀溺曰 : "子爲誰?" 曰 : "爲仲由." 『論語·微子』
걸닉이 말했다. : "당신(子)은 누구시오(爲誰)?" 말했다. : "중유입니다."

→ 孰爲夫子? 『論語·微子』
누가 '선생(夫子)'인가?

孝弟也者, 其爲仁之本與! (효도하고 친구 · 선배를 존경하는 것, 그것은 仁의 근원이다!)

仁은 공자의 최고 도덕의 명칭이다. 仁은 곧 人이다. 고대 서적에서 仁과 人 이 두 글자는 매우 많이 섞여서 쓰였다. 여기에서는 '孝悌'가 사람됨의 근본이라고 말하는 것이다.[6]

其爲仁之本與(=歟)! (그것은 仁의 근원이다!)

(감탄어기사) 감탄문 문미에 쓰여 문장의 의미와 어울려 감탄의 어기를 나타낸다(啊, 呀) [yú]. 발음은 전치사, 접속사, 부사로 쓰이는 [yǔ]와 구별된다.

— [보충]

어기사 '여歟'는 선진(先秦:일반적으로 춘추 전국 시대(春秋戰國時代))시기에 많이 '여與'로 쓰였고, 한(漢:유방<劉邦>이 세운 나라, B.C. 206~A.D.220), 위(魏:삼국<三國>의 하나. A.D220~265) 이후에 점차 '여歟'가 되었다.

→ 論者之言, 一似管窺虎與(=歟)! (漢·曹操『論吏士行能令』)
비평가들의 말(論者之言)은 한결같이(一) 관(管)으로 호랑이를 보(窺虎)는 것 같(似)구나!

---

6 楊伯峻(2006), 『論語譯註』, 中華書局

1-3. 子曰: "巧言令色, 鮮矣仁!"

子	曰:	"巧	言	令	色,
공자	(동)말하다	(형)교묘하다. 민첩하다	(명)말, 언사, 한 마디(2-2)	(형)좋다. 훌륭하다	(명)안색, 표정(2-8)
공자가 말(했다).		"교묘한 말(과)		(응대, 사교를 잘하는) 좋은 '표정/태도'(는)	
鮮	矣	仁!"			
(형)적다(1-2)[xiǎn]	(어기)감탄	인(仁)			
적다! 仁!"					

번역 공자가 말했다. "교묘한 말과 (응대, 교제를 잘하는) 좋은 표정은 적다! 仁이!"

語法과 語彙

巧言令色 (교묘한 말과 좋은 표정)

(형용사) 민첩하다, 교묘하다. (靈巧 巧妙)

→ 貧富之道, 莫之奪予, 而巧者有餘, 拙者不足 『史記·貨殖列傳序』
빈부의 길(貧富之道)은 무얼 '빼앗아 줄(奪予)' 것이 없으니 '민첩한/교묘한' 자(巧者)는 여유롭(有餘)고 우둔한 자(拙者)는 부족하다(不足).

巧言令色 (교묘한 말과 좋은 표정)

(형용사) 좋다, 훌륭하다. (善, 美)

→ 年始十八九, 便言多令才 (古樂府·『孔雀東南飛』)
나이가 이제(始:剛才) 열여덟, 아홉인데 걸출한(令:傑出) 인재라고 칭찬한(多:稱讚, 讚美)다.

巧言令色, 鮮矣仁! (교묘한 말과 좋은 표정은 인이 드물다.)

(어기사) 감탄문의 문미에 쓰여서 '어떤 감동이나 느낌이 마음 깊은 곳에서 배어나옴, 찬송, 풍자, 탄식' 등의 어기를 돕는다.

→ 子曰 : 甚矣吾衰也! 久矣吾不復夢見周公! 『論語·述而』
or(구두점) 甚矣, 吾衰也! 久矣, 吾不復夢見周公!
공자가 말했다. "심하구나! 나의 노쇠함이! 오래되었다! 내(吾)가 '다시(復)' 꿈속에서(夢) '주공을 못 본(不…見周公)' 것이!

→ 美哉禹功, 明德遠矣! 『左傳·昭公元年』
훌륭하구나(美哉) 우(禹)의 공적이! 밝은 덕(明德)은 심오하다(遠矣)!

→ 幸矣! 子之先生遇我也 『莊子·應帝王』
다행이다(幸矣)! 너의 스승(子之先生)이 나를 만(遇我)난 건!

巧言令色, 鮮矣仁! (교묘한 말과 좋은 표정은 인이 드물다.)

— [견해]

문두에 장소를 한정하는 '동작 발생 장소 전치사'나 장소의 일환이 '범위'를 나타내는 '범위 한정 전치사'는 빈번하게 생략되는 것으로 보인다.

→ 子曰: "詩三百, 一言以蔽之, 曰:'(於)思無邪.'" 『論語·爲政』
공자가 말했다. "『시경』의 詩 삼백 편을 '한 마디·한 문장'으로 (그것을) 개괄하면 생각에 사악함이 없다."

→ "由也, (於)千乘之國, 可使治其賦也, 不知其仁也" 『論語·公冶長』
"자로는 작은 제후국에서 군대를 훈련시키게 할 수 있지만 그가 인(仁)한지는 모른다."

→ (於)朽木不可雕也, (於)糞土之牆不可杇也, 於予與何誅? 『論語·公冶長』
썩은 나무에는 새길 수 없고, 더러운 벽에는 칠할 수 없으니 재여에 대해 무엇을 비난할까?

1-4. 曾子曰: "吾日三省吾身. 爲人謀而不忠乎? 與朋友交而不信乎? 傳不習乎?"

曾子	曰:	"吾	日	三	省
(인명)증자=증삼 =삼(參)(1-4)	(동)말하다	(대)나,우리 '주어,목적어…' (13-18)	(부)매일. 하루하루(19-5)	(수사)셋	(동)성찰하다. 살펴보다
증자가 말했다.		"나는 매일 세 번			
吾	**身.**	**爲**	**人**	**謀**	**而**
(대)나,우리(13-18)	(명.대)자기자신. 자신.본인(17-7)	(전)목적. '~을 위하여'(3-22) [wèi]	(명)타인, 다른사람(7-30)	(동)강구하다, 모색하다(7-10)	(접)주+而+술. '가정,강조…'(2-13)
나 자신을 성찰한다.[오신(吾身)사이 수식 표지 없고(之), '한정어+중심어'관계]		타인을 위하여 모색한 것이			
不忠	**乎?**	**與**	**朋友**	**交**	**而**
충성스럽지 않다 [忠:(12-14)]	(어기)의문(2-7)	(전)동작 대상. '~와'(5-8)	(명)친구	(동)사귀다. 교제하다(5-17)	(접)주+而+술. '가정,강조…'(2-13)
충성스럽지 않았는가?		친구와 사귀는 것이			
不信	**乎?**	**傳(而)**	**不**	**習**	**乎?"**
진실하지 못하다 [信:(14-13)]	(어기)의문(2-7)	(동)전수하다. 가르치다(19-12) [동→명사화]	(부)동사술어 앞. '~하지 않다'(7-14)	(동)잘 이해하다. 충분히 알다 [동→피동]	(어기)의문(2-7)
진실하지 못했는가?		가르친 것이 잘 이해되지 않았는가?" [품사활용(3-20)참조] [견해] 호응(parallelism)을 고려하면 '습(習)' 역시 '형용사'가 되어야 하고 이때 '충실하다.진실하다'의 의미가 가장 적합한데(전수한 것이 충실하지 않았는가?) '한어대자전'과 다른 고대중국어 공구서에는 그러한 의미가 없다. 또한 '목적어 도치' 통사에도 해당되지 않는다('不+목적어+타동사'이어야 함(9-14참조)). 때문에 '동사'로 적고 상기의 용도(피동)로 보았다.				

번역 증자가 말했다. "나는 매일 세 번 나 자신을 성찰한다. 타인을 위하여 모색한 것이 충성스럽지 않았는가? 친구와 사귀는 것이 충성스럽지 않았는가? '가르치는 것이 잘 이해되지 않았는가?"이다.

語法과 語彙

曾子(=曾參)

증자는 『중니제자열전』에 의하면 공자보다 46세 연하의 사람이다. 공자 말년의 어린 제자였다. 노魯나라 무성武城사람이다. 그의 아버지 증석曾晳이 공자의 제자였다면 그러한 인연으로 자연스럽게 제자가 되었을 것이지만 안연이 그의 부친 안로顔路와의 인연으로 공자와 사제지정을 맺은 것과는 전혀 차원을 달리한다.

증석曾晳은 그 실존성이 의문시되는 인물이다. 증자는 결코 공자에게 있어서 중요한 인물이 아니었다. 그는 공자에 의해 중요하게 언급된 바가 없다. 공자가 말년에 잠깐 가르쳤던 인물이었을 것이다. 「先進」 편에서 공자가 꼽은 사과십철四科十哲의 명단에도 끼어있지 않다. 그럼에도 불구하고 증자는 『論語』 속에서 매우 중요한 위치를 차지하고 있을 뿐만 아니라, 『孝經』의 저자로서 유교학사에서 매우 중요한 인물로 다루어지고 있다. 이러한 모순적 현상의 배면에는 공자 사후에 전개된 공문집단의 유전流轉의 역사가 숨어있을 것이다.

「泰伯」편 3장에서 7장까지 증자에 대한 기술이 본격적으로 이루어지고 있는데 여기서 우리가 받는 증자에 대한 성스러운 느낌은 전혀 공자와는 무관한 사태라는 것을 알 수 있다. 그것은 공자가 죽고 난 멀고 먼 훗날에(백 년 정도의 시간 경과) 증자의 제자들이 증자를 추념하여 쓴 것으로 『論語』에 삽입된 것일 뿐이다. 증자의 제자들은 증자를 공자 이상의 중후한 인물로서 다루고 있고 『論語』를 읽는 사람들은 부지불식간에 증자가 성인인 것처럼 인식을 강요당한다. 「泰伯」 3~7에서 우리가 확인할 수 있는 사실은 공자의 사후 어느 일정 기간 동안 증자가 노나라의 공자교단을 확고하게 리드했다는 사실이며, 그 공자-증자 교단 속에서 자사子思가 교육되었고 또 자사子思의 문하에서 맹자가 배출되었다는 사실이다.

맹자는 곡부에서 남쪽으로 멀리 떨어져 있지 않은 추현鄒縣 지방의 사람이다. 맹자는 청년 시절 한때 공자의 고향인 곡부로 유학을 갔다. 그러나 그때는 子思도 이미 죽고 없었다. 맹자는 자사의 문하생에게 배웠던 것이다. 자유子游, 자하子夏 학파의 사람들이 예의 형식적 측면을 강조하였다면 증자는 비교적 예의 내면성을 강조하였다고 전하여진다. 그러한 내성적 정신주의에서 자사가 나왔고 맹자가 나온 것이다. 따라서 맹자의 증자에 대한 존경심은 절대적이었다. 그리고 그러한 권위 때문에 후대에 증자는 『효경孝敬』의 저자로서 추앙되었을 것이다. (김용옥, 2008)

吾日三省吾身 (나는 매일 세 번 나 자신을 성찰한다)

(동사) 검사하다, 살펴보다, 성찰하다(檢查, 省察)

→ 君子博學而日參省乎己 『荀子·勸學』
군자는 '광범위하게 배우(博學)'고 하루에(日) 세 번(參) 성찰한다(省乎己).

爲人謀而不忠乎? (타인을 위하여 모색한 것이 충성스럽지 않았는가?)

(접속사, 주어+而+서술어) 복문에서 앞의 단문 주어와 서술어 사이에 쓰여 '주어와 서술어'를 연결시키어 '가정(설정), 강조, 전환'의 의미를 나타내고 보통 '~이/가 만약 ~하면'인 가정의 뜻으로 번역된다.

→ 子産而死, 誰其嗣之? 『左傳·襄公三十年』
자산(子産)이(而) 죽(死)으면(而) 누가(誰其) 그것을 이을(嗣之)까?

→ 管氏而知禮, 孰不知禮? 『論語·八佾』
관씨(管氏)가(而) 예를 안다(知禮)면(而) 누가(孰) 예를 모르(不知禮)겠는가?

(접속사) 한편, '부사어 + 而 + 서술어'의 형식으로 쓰이는 접속사로써 而의 앞부분은 동작, 행위의 방식, 상태, 시간 등을 보여주고, 而 뒤는 동작, 행위를 나타낸다. 'A而B'의 구조에서 A는 주로 형용사이고 而를 만나서(=A而)가 부사어가 된다고 볼 수 있다.

→ 罔之生也幸而免 『論語·雍也』
부정직한 생활(罔之生)은(也) 다행히(幸而) 모면한다(免).

→ 子路率爾而對曰 『論語·先進』
자로(子路)가 갑작스럽게(率爾而) 대납하여 말하나(對曰).

→ 啓窗而觀 『核舟記』
창문을 열어(啓窗而) 보다(觀). [이 문장은 접속사로 앞뒤 두 부분을 이어주어 동작, 행위 발생의 선후 순서를 보여주는 용법으로 보아도 될 것 같다. (6-15)참조]

傳不習乎? (가르치는 것이 잘 이해되지 않았는가?)

이 문장의 '전(傳)'의 의미를 대부분의 학자들이 '전수하다'로 보았다. '전달하다. 전수하다'의 주체는 학자들마다 이견이 있고, '전달 주체'는 '공자'와 '증자'로 나뉜다.

- "스승에게서 배운 것을 익히지 않은 것은 없는가?" (김학주, 2017)
- "전수받은 것을 익히지 않았는가?" (이기동, 2011)
- "가르침 받은 것을 익히지 못하지 않았나?" (김용옥, 2008)
- "제자들에게 지식을 전수하면서 스스로 익숙하지 않았는지?" (류종목, 2000)
- "선생님이 전수하신 학업에 대해 열심히 복습했는지 안 했는지?(對老師傳授的學業是否認真復習了?)" (陳曉芬, 2016)
- "내가 학업을 전수하는데 능숙하지 못한 곳이 있었는지?(我傳授學業, 有没有不純熟的地方?)" (毛子水, 2009)
- "선생님이 나에게 전수해주신 학업을 복습하지는 않았는가?(老師傳授我的學業是否復習了呢?)" (楊伯峻, 2006)

'전달. 전수' 주체가 증자로 본 학자는 '류종목, 毛子水' 두 분이고, 이외 다섯 학자는 전달 주체가 공자이다. 통사와 의미는 위 박스 안 '견해' 참조.

傳不習乎? (가르치는 것이 잘 이해되지 않았는가?)

(동사) 잘 이해하다. 충분히 알다. (了解, 熟悉)

→ 習地形, 知民心 (漢·晁錯『言守邊備塞疏』)
지형(地形)을 충분히 알(習)고 민심(民心)을 알다(知).

1-5. 子曰: “道千乘之國, 敬事而信; 節用而愛人; 使民以時.”

子	曰:	“道	千乘	之
공자	(동)말하다	(동)통치하다. 다스리다	(명사)전차 천 대(5-8) [참조:(명사)작은 제후국(5-8)]	(조사) 수식,종속관계. '~의'(3-2)
공자가 말했다.		“전차 천 대의 제후나 왕의 봉지(=국가)를 통치하(기 위해선) [목적복문(1-1)]		

國,	敬事	而	信;	節
(명)고대 왕이나 제후의 봉지	(동사) 공손하고 조심스럽게 일을 처리하다	(접)병렬. '그리고'(7-1)	(동)믿다(19-10) [동→사동]	(동)절약하다
	공손하고 조심스럽게 일을 처리하고 믿게 하며,			비용을 절약하…

用	而	愛	人;	使	民
(명)비용	(접)병렬. '그리고'(7-1)	(동)사랑하다. 아끼다.	(명)인간,사람(4-3)	(동)부리다, 다루다(3-19)	(명)서민·평민·백성·민중(15-25)
…고 사람을 사랑하고,				백성을 부(릴 때)	

以	時.”
(동)생각하다. 여기다	(명)적절한 시기 (1-1)
적절한 시기를 생각해(야 한다) [시간긴축복문(11-14)]	

번역 공자가 말했다. “전차 천 대의 제후나 왕의 봉지(=국가)를 통치하기 위해선, 공손하고 조심스럽게 일을 처리하고 믿게 하며, 비용을 절약하고 사람을 사랑하고, 백성을 부릴 때 적절한 시기를 생각해야 한다.”

語法과 語彙

道千乘之國 (전차 천 대의 제후나 왕의 봉지(=국가)를 통치하다)

(동사) 통치하다. 다스리다. (治理)[도, dǎo]

→ 道, 治也 『廣雅·釋詁三』
도(道)는 통치하다(治)이다(也).

道千乘之國 (전차 천 대의 제후나 왕의 봉지(=국가)를 통치하다)

(명사) 고대 왕이나 제후의 봉지(封地). (古代王、侯地封地)

→ 國, 邦也 『說文·口部』
국(國)은 나라(邦)이다(也).

(명사) 국가. (國家)

敬事而信 (공손하고 조심스럽게 일을 처리하고 믿게 하다)

(동사) 공손하고 조심스럽게 일을 처리하다. (敬愼處事)

節用而愛人 (비용을 절약하고 사람을 사랑하다)

(동사) 절약하다. (儉省 ; 節約)

節用而愛人 (비용을 절약하고 사람을 사랑하다)

(명사) 비용. (費用)

→ 年饑, 用不足 『論語・顔淵』
해(年)가 흉년이 되어(年饑:年成荒歉) 비용(用)이 부족하다(不足).

使民以時 (적절한 시기를 생각하다)

(동사) 여기다. 생각하다. (認爲)

→ 皆以美於徐公 『全國策・齊策一』
모두(皆) 서공(徐公)보다(於) 아름답다고 생각한다(以美).

使民以時 (적절한 시기를 생각하다)

- "때에 따라서 백성을 부리다." (류종목, 2000)
以를 행동의 기준이나 근거를 표시하는 전치사로 보았다.
- "백성을 부리는 건 농한기이어야 한다.(役使老百姓要在農閑時間)" (楊伯峻, 2006)
'시(時)'는 '농한기'로 보았고 '이(以)'를 '~이어야 한다'라는 당위를 나타내는 동사로 본 것 같다.
- "백성을 부리기를 알맞은 때로써 한다." (이기동, 2011)
'~로써 하다'라는 '동사'로 보았다.
- "백성을 부리는 데는 반드시 때에 맞추어 해야 한다."(김용옥, 2008)
'맞추다'라는 '동사'로 보았다.
'이(以)'를 동사로 보는 학자가 많았지만 그 의미는 다소 모호하게 처리되었다고 볼 수 있다(~이어야 한다 / ~로써 하다 / 맞추다).

1-6. 子曰: "弟子, 入則孝, 出則弟(悌), 謹而信, 汎愛衆而親仁. 行有餘力, 則以學文."

子曰:	"弟子,	入	則	孝,	出
공자가 말하다	(명)어린 사람(2-8)	(동)들어가다	(접)조건+則+결과	(동)효도하다	(동)나오다
공자가 말했다. "어린 사람이 들어가면 효도하(고)					나오…
則	**弟(悌),**	**謹**	**而**	**信,**	**汎**
(접)조건+則+결과	(동)선배를 공경하고 따르다(13-20)	(동사)신중하다. 조심하다	(접)병렬. '그리고'(7-1)	(동)믿다(19-10) [동사→사동]	(형)폭넓다. 광범위하다 [형→부]
…면 선배를 공경하고 따르(며) [弟(悌)<제, tì>]		조심하고 믿게 하(며)			폭넓게
愛	**衆**	**而**	**親**	**仁.**	**行**
(동)사랑하다	(대)모두. 많은 사람(15-28)	(접)병렬. '그리고'(7-1)	(형)가깝다. 친밀하다 [형→동]	(명)인(仁)	(명)행위. 행동(18-8)
많은 사람을 사랑하고 仁과 친밀(해져야 한다). [당위를 나타내는 부사 등이 없다]					행위가
有	**餘力,**	**則**	**以**	**學**	**文."**
(동)있다	남은 힘	(접)조건+則+결과	(전)以뒤 재지시 之 생략(7-16)	(동)배우다. 공부하다(15-31)	(명)문헌,책,서적(6-27)
남은 힘이 있으…	…면 그것으로(=남는 힘으로) 문헌을 공부한다."				

번역 공자가 말했다. "어린 사람이 들어가면 효도하고, 나오면 선배를 공경하고 따르며, 조심하고 믿게 하며, 폭넓게 많은 사람을 사랑하고 仁과 친밀해져야 한다. 행위가 남은 힘이 있으면 그것으로 문헌을 공부한다."

語法과 語彙

弟子, 入<u>則</u>孝 (어린 사람이 들어가면 효도한다)

(접속사) 'A則B', 'A, 則B' 구조에서 A는 조건절이고 B는 주절이다. Polleyblank(1995)에 따르면 '則'은 주절을 유도하고 조건문을 표시하는 기능을 한다. '則'의 함의는 명사를 화제[7]로 표시해주는 기능과 밀접하게 관련되어 있다. 다시 말해 가정절은 주절의 진술이 적용되는 환경을 정의해주며, 이를 다른 상황과 대조하는 함의를 가진다. 따라서 가정절은 주절의 화제 기능을 한다.

고대중국어 허사 사전의 정의는 다음과 같다. 인과 접속사로서 앞의 문장은 조건을 나타내고 뒷부분은 결과를 나타낸다. 때로 조건과 원인은 분명하게 구분하는 것이 쉽지 않아 지나치게 구애되는 것은 불필요하다.

---

7 1. 화제(話題, topic)는 문장의 맨 앞에 위치하며, 그 문장이 진술하는 대상으로서, 그 뒤의 진술 부분에 대하여 공간적, 시간적 또는 그 밖의 특정한 틀을 설정하는 기능을 한다. 다음 예문에서 밑줄 친 부분이 화제이다. '<u>영희는</u> 수미에게 인형을 주었다. <u>수미는</u> 영희가 인형을 주었다. <u>動物</u>, 老虎最害怕(동물은 호랑이가 제일 사납다), <u>蔬菜</u>, 黃瓜和茄子比較便宜(야채는 오이와 가지가 비교적 싸다)'(박종한 외(2012), 『중국어의 비밀』)
2. 화제(話題, topic)란 문장의 맨 앞에 위치하여 문장의 진술대상이 되는 성분으로 좁은 의미에서 비행위자 명사구를 지칭한다. → <u>書</u>已經買來了 (책은 이미 사왔다) → <u>這本書</u>大學生們都很歡迎 (이 책은 대학생들이 모두 환영한다) (김종호, 2011) ['화제' 추가 설명에 대해서 '16-14'참조]

→ 以五十步笑百步, 則何如? 『孟子·梁惠王上』
오십 보로(以五十步) 백 보를 비웃는다면(笑百步, 則) 어떠한가(何如)?

→ 內河凶, 則移其民於河東 『孟子·梁惠王上』
하내 지방(內河)에 흉년이 들면(凶, 則) 그 백성(其民)을 '하동(河東)지역으로 이시시킨다(移…於河東)'.

→ 學而不思則罔, 思而不學則殆 『論語·爲政』
배우지만 생각하지 않으면(學而不思則) 맹목적이 되(罔)고, 생각하지만 배우지 않으면(思而不學則) 위태롭다(殆).

→ 思則得之, 不思則不得也 『孟子·告子』
생각하면(思則) 얻(得之)고 생각하지 않으면(不思則) 얻지 못한다(不得也).

→ 是故財聚則民散, 財散則民聚 『禮記·大學』
이 때문에(是故) 재물이 모이면(財聚則) 백성이 흩어지(民散)고 재물이 흩어지면 백성이 모인다.

→ 今雖死乎此, 比吾鄰之死, 則已後矣 (唐·柳宗元『捕蛇者說』)
지금(今) 비록(雖) 여기서 죽(死乎此)지만 나의 이웃의 죽음과 비교하면(比吾鄰之死, 則) 이미 늦었다(已後矣).

— [보충]

노출된 명사구를 대비시키는 역할을 담당하는 표지로 사용할 수 있다. 노출된 성분은 대부분(모두 다는 아니지만) 주어이다. (Polleyblank, 1995)

하락사(何樂士, 2006) 선생은 『古代漢語虛詞詞典』에서 이 용법을 '판단부사'로 분류하고 "보통 주어와 서술어 사이에 놓여 부사어가 되어 서술어에 대한 판단을 나타내고 강조의 의미를 갖는다. 칙則 다음은 명사서술어, 동사서술어, 절 등이고 '바로 ~이다', '~이다'로 번역할 수 있다(就是, 是)"라고 정의했다. 본 책은 하락사(何樂士, 2006) 선생의 견해를 따랐다.

→ 此則寡人之罪也 『國語·越語上』
이것은(此則) 나의 잘못이다(寡人之罪也).

→ 士則玆不悅 『孟子·公孫丑下』
윤사(尹士)는 이것(玆<자, zī>)이 즐겁지 않다.

→ 是則可憂也 『孟子·離婁下』
이것은(是則) 걱정할만하다(可憂也).

→ 孔子曰, "聖人則吾不能" 『孟子·公孫丑上』
공자가 말했다 : "성인은(聖人則) 내가(吾) 할 수 없다(不能)."

→ 鳥則擇木, 木豈能擇鳥 『左傳·哀公』
새가(鳥則) 나무를 택한다(擇木). 나무(木)가 어떻게(豈) 새를 택할 수 있(能擇鳥)겠는가?

出則弟(悌), 謹而信 (나오면 선배를 공경하고 따르며 조심하고 미덥게 한다)

(동사) 신중하다. 조심하다. (愼重 ; 小心)

→ 載歡載笑, 欲罷不能, 謹韞櫝玩耽 (漢·陳琳『答東阿王箋』)
유쾌해하면서(~하면서 ~하다. 載…載…) 웃(笑)지만 그만두려고 해(欲罷)도 '그만둘 수 없어(不能)'서 '각인된 것(玩耽:몰두하여 마음에 깊이 새기다 潛心玩味))'을 조심스(謹)럽게 귀중히 보관하다(韞櫝).

出則弟(悌), 謹而信 (나오면 선배를 공경하고 따르며 조심하고 미덥게 한다)

(동사) 신용을 지키다. (守信用)

汎愛衆而親仁 (폭넓게 많은 사람을 사랑하고 仁과 친밀해지다)

(형용사) 폭넓다. 광범위하다. (廣泛) [범, fàn]

汎愛衆而親仁 (폭넓게 많은 사람을 사랑하고 仁과 친밀해지다)

(형용사) 가깝다. 친밀하다. (近, 親密)

汎愛衆而親仁 (폭넓게 많은 사람을 사랑하고 仁과 친밀해지다)

(명사) 고대 유가의 함의가 지극히 넓은 도덕규범. 공자가 말한 인은 '공恭, 관寬, 신信, 민敏, 혜惠 지智, 용勇, 충忠, 서恕, 효孝, 제悌' 등이 있다. 仁은 공자의 최고 도덕의 명칭이다. 仁은 곧 人이다. 고대 서적에서 仁과 人 이 두 글자는 매우 많이 섞여서 쓰였다. 여기에서는 '효제孝悌'가 사람됨의 근본이라고 말하는 것이다.

1-7. 子夏曰: "賢賢易色. 事父母, 能竭其力; 事君, 能致其身; 與朋友交, 言而有信. 雖曰未學, 吾必謂之學矣."

<table>
<tr><th>子夏</th><th>曰:</th><th>"賢</th><th>賢</th><th>易</th><th>色.</th></tr>
<tr><td>(인명)자하</td><td>(동)말하다</td><td>(동)존중하다. 숭상하다</td><td>(명)재능·덕행이 있는 사람(4-17)</td><td>(동)경시하다</td><td>(명)여자의 아름다운 용모(16-7)</td></tr>
<tr><td colspan="2">자하가 말했다.</td><td colspan="4">"재능과 덕행이 있는 사람을 존중하고 여자의 아름다운 용모를 경시해야 한다.</td></tr>
<tr><th>事</th><th>父母,</th><th>能</th><th>竭</th><th>其</th><th>力;</th></tr>
<tr><td>(동)섬기다(3-18)</td><td>(명)부모</td><td>(조동사) ~할 수 있다</td><td>(동)끝까지 파헤치다, 다하다(9-8)</td><td>(대)그의</td><td>(명)힘</td></tr>
<tr><td colspan="2">부모를 섬길(때) [시간복문(1-1)]</td><td colspan="4">그의 힘을 다할 수 있(고)</td></tr>
<tr><th>事</th><th>君,</th><th>能</th><th>致</th><th>其</th><th>身;</th></tr>
<tr><td>(동)섬기다(3-18)</td><td>(명)제왕.왕.임금(15-38)</td><td>(조동)할 수 있다</td><td>(동)힘을 다하다</td><td>(대)其+명사(이,저)(한정어)(4-5)</td><td>(명.대)자기자신. 자신.본인(17-7)</td></tr>
<tr><td colspan="2">왕을 섬길(때) [시간복문(1-1)]</td><td colspan="4">그 자신을 다 할 수 있(고)</td></tr>
<tr><th>與</th><th>朋友</th><th>交,</th><th>言</th><th>而</th><th>有</th></tr>
<tr><td>(전)동작 대상. '~와'(5-8)</td><td>(명)친구</td><td>(동)사귀다. 교제하다(5-17)</td><td>(명)말, 언사, 한 마디(2-2)</td><td>(접)주어+而 +서술어</td><td>(동)있다</td></tr>
<tr><td colspan="3">친구와 교제할 (때) [시간복문(1-1)]</td><td colspan="3">말이 믿음이 있(다면) [여기까지가 조건가정복문. 따라서 앞의 세 가지 시간복문은 조건가정복문 안에 포함되는 복문이 된다]</td></tr>
<tr><th>信.</th><th>雖</th><th>曰</th><th>未</th><th>學,</th><th>吾</th></tr>
<tr><td>(명)믿음</td><td>(접)비록~지만(5-1)</td><td>(동)말하다</td><td>(부)서술어앞. 사실상태부정(5-19)</td><td>(동)배우다. 공부하다(15-31)</td><td>(대)나,우리 '주어,한정어…'(13-18)</td></tr>
<tr><td></td><td colspan="4">비록 배우지 않았다고 말하(지만)</td><td>나는</td></tr>
<tr><th>必</th><th>謂</th><th>之</th><th>學</th><th>矣."</th><td rowspan="3"></td></tr>
<tr><td>(부)꼭,반드시, 분명히(6-30)</td><td>(동)~에게 말하다. 말하다</td><td>(대)123인칭,사람. 사물.장소(3-24)</td><td>(동)배우다. 공부하다(15-31)</td><td>(어기)미래상황에 대한 확신(1-7)</td></tr>
<tr><td colspan="5">반드시 그가 배웠다고 말할 수 있을 것이다."</td></tr>
</table>

번역 자하가 말했다. "재능과 덕행이 있는 사람을 존중하고 여자의 아름다운 용모를 경시해야 한다. 부모를 섬길 때 그의 힘을 다할 수 있고, 왕을 섬길 때 그 자신을 다 할 수 있고, 친구와 교제할 때 말이 믿음이 있다면 비록 배우지 않았다고 말하지만 나는 반드시 그가 배웠다고 말할 수 있을 것이다."

語法과 語彙

子夏 (자하)

공자의 제자로써 공자보다 44세 적었다. 자하는 공자와 같은 魯나라 사람이 아니었다. 공자가 자하를 특별이 지목하여 소인유小人儒가 되자 말고 군자유君子儒가 되라고 말했다(雍也 11). 공자는 그의 제자 중에서 문학으로는 '자유'와 '자하' 두 사람을 꼽았다. 자하가 사과십철四科十哲에 거명될 뿐만 아니라 공자와의 직접 대화에도 중요한 위치를 차지하고 있다. 그는 증자나 유자와 나이가 비슷한 신예의 젊은 학도였지만 그들에 비하면 훨씬 더 공자 생전의 고단

속에서 중요한 위치를 차지하고 있었다.

'순자荀子' '비십이자非十二子'편에 보면 천유賤儒로서 '자장', '자하', '자유' 삼씨를 따르는 사람들이 함께 거론되고 있는데, 아마도 공자의 가장 나중 제자로서 교단 내에서 헤게모니 각축을 벌인 정예들이 바로 이 세 사람이었을 것이다. 그리고 각기 학파를 형성하였는데 이들은 모두 노나라에 머물지 않았다. 그 이유는 아마도 이 세 사람이 모두 노나라 사람들이 아니었다는 사실에서 찾을 수 있을 것이다. 자장은 진陳나라 사람이었고 자유는 吳나라 사람이었다. 증자와 유자는 둘 다 노魯나라 토박이들로서 곡부에 남은 사람들이었다. 그러니 자장, 자하, 자유가 한 그룹에 속하고, 증자, 유자가 또 한 그룹에 속한다고 볼 수 있다. 유자(=유약)은 증자보다 나이가 훨씬 많았으며 '자장, 자하, 자유' 그룹과 함께 공문을 이끌었다. 그러나 '자장, 자하, 자유'가 노나라를 떠나면서 유약은 헤게모니를 상실했다. 그리고 노나라 토박이로서 아버지 대로부터 공자의 훈도를 받고 노나라에서 공문의 전통을 지켜야 한다는 철저한 사명감과 책임감을 가지고 있으면서, 정치적 야심이 없고 돈후한 성격의 소유자였던 '증삼(=증자)'이 결국 공문의 주축세력을 형성했던 것이다. (김용옥, 2008)

賢賢易色 (재능과 덕행이 있는 사람을 존중하고 여자의 아름다운 용모를 경시하다)

이 부분에 대해서 학자들의 견해 차이는 다소 크다.

- 어진이를 어질게 여기되 색을 좋아하는 마음과 바꾸다. (이기동, 2011)
- 어진이를 어진이로서 대하기를 아리따운 여인을 좋아하듯 해라. (김용옥, 2008)
- 아내를 대함에 있어 현덕을 중시하고 미색을 경시하다. (류종목, 2000)
- 아내에 대해서는 인품과 덕성을 중시하고 외모는 중요하게 여기지 마라. (對妻子, 重品德, 不重容貌)(楊伯峻, 2006)

— [견해]

賢賢(재능과 덕행이 있는 사람을 존중하다)에서 서술어의 대상인 '아내'는 명시되어 있지 않다. 뒤에 나오는 易色(여자의 아름다운 용모를 경시하다)로 미루어 보아, 현현賢賢에서 뒤 賢이 재능과 덕행이 있는 사람(有德行有才能的人)인 아내임을 유추할 수 있다. 앞의 賢은 '존중하다. 숭상하다'의 의미이고, 易는 '가볍게 여기다(輕視)'이고 色은 '아름다운 외모를 가진 사람(美色. 多指女子的美貌)'의 의미이다. 혹은 '賢, 色'를 '사람'이 아닌 '자질의 상태'로 보아도 무방하다(덕행과 재능을 좋아하고, 아름다운 외모를 가볍게 여기다).

— [참조]

현현이색賢賢易色은 본래 아내에 대해 품성과 덕을 중요해야 하고 외모를 중시하지 말아야 한다는 말이다. 후에 대개 현명한 덕을 가진 사람을 중시하고 여색을 중시하지 않는다는 것을 가리키게 되었다. (本謂對妻子要重品德, 不重容貌.後多指尊重賢德的人, 不看重女色) 『漢語大詞典』

賢賢易色 (재능과 덕행이 있는 사람을 존중하고 여자의 아름다운 용모를 경시하다)

(동사) 숭상하다. 존중하다. 현명하다고 생각하다. (崇尙 ; 以爲賢)

賢賢易色 (재능과 덕행이 있는 사람을 존중하고 여자의 아름다운 용모를 경시하다)

(동사) 경시하다. 얕보다. (輕賤 ; 輕視)

事父母, 能竭其力 (부모를 섬기는 것에 있어 그의 힘을 다할 수 있다)

(조동사) 동사 앞에 놓여 동작, 행위의 가능성을 나타낸다. 또한 부정부사 '不, 弗'의 수식을 받아 동작, 행위의 불가

능한 사실을 보여 준다. 구체적으로는 세 가지 기능으로 나눌 수 있는데 먼저, '어떤 일을 할 수 있는 능력이 있거나 조건이 있음'을 보여 준다. '~할 수 있다(能够, 可以)'로 번역된다. 다음으로, '어떤 장점을 가지고 있거나 어떤 일을 잘 한다'는 의미를 보여 준다. '~을 잘 할 수 있다(善, 會)'로 번역된다. 그리고 의문사나 반문에서 사용되어 어떤 행위의 가능성 의심을 보여 준다. '어떻게 할 수 있는가?(怎能, 能…嗎)'로 번역된다.

한편 polleyblank(1995)는 欲(바라다), 望(멀리서 바라보다) 등의 동사는 손쉽게 타동사로 해석될 수 있으며 다른 주어를 가진 절을 목적어로 취할 수 있다고 했다. 그는 또한 '절 목적어'를 취하는 동사에는 能(할 수 있다), 肯(기꺼이 ~하다), 敢(감히 ~하다) 등도 포함된다고 했으며 이 동사들은 의미적으로 영어의 'can/be willing to/ dare'등의 조동사에 대응된다고 했다.

→ 吾惛, 不能進於是矣! 『孟子・梁惠王上』
나는 총명하지 않(吾惛)아 여기서(於是) 나아갈 수 없다(不能進…矣)!

→ 彼惡敢當我哉? 『孟子・梁惠王下』
그(彼)가 어찌(惡) 감히(敢) 나를 상대하(當我)겠는가(哉)?

→ 雖有天下易生之物也, 一日暴之, 十日寒之, 未有能生者也 『孟子・告子上』
비록(雖) 세상에(天下) 쉽게 자라는 생물(易生之物)이 있더라도(有…也) 하루 동안(一日) 햇볕을 쬐어주(暴之)고 열흘 동안(十日) 차갑게 했(寒之)을 때 자랄 수 있는 것(能生者)은 없었다(未有…也).

— [보충]

能 뒤에는 일반적으로 동사가 오지만 명사나 대명사를 목적어로 취할 수 있다. 이때는 '조동사'가 아니라 '동사'가 된다.

→ 不能三年之喪 『孟子・盡心上』
삼년상(三年之喪)을 할 수 없다(不能).

→ 不賢而能之與? 『孟子・萬章上』
뛰어나지 않(不賢)은데 그것을 할 수 있(能之)었을까(與)?

事父母, 能竭其力 (부모를 섬기는 것에 있어 그의 힘을 다할 수 있다)

(대명사) 其는 其手(그의 손)과 같이 '명사 + 之'의 대명사 대용어로 쓰인다. 명사 혹은 명사화된 단어 앞에서 사용되며 3인칭 소유격 관계를 보여 준다. 통상적으로 '그의, 그녀의, 그것의' (表示他的, 她的, 它的)처럼 3인칭을 보여주지만 때로는 제1인칭, 제2인칭을 보여 준다. '그의, 그것의, 나의 너의…' 등으로 번역된다. 참고로 吾手(내 손)와 같이 인칭 대명사 뒤의 '之' 역시 일반적으로 생략된다.

→ 居其所而衆星共之 『論語・爲政』
그 장소에 머물(居其所)지만(而) 많은 별(衆星)이 그것의 둘레를 돈다(共之).

→ 萬乘之國, 弑其君者, 必千乘之家 『孟子・梁惠王上』
전차 만 대의 나라(萬乘之國)에서 그 만 대의 전차를 가진 나라의 임금(其君)을 죽이(弑)는 자(者)는 반드시(必) 전차 천 대를 가진 경대부의 통치 지역이다(千乘之家).

→ 未有義而後其君者也 『孟子・梁惠王上』
의로우(義)면서(而) 그의 임금을 뒤로하는 사람(後其君者)은 없었다(未有…也).

→ 工欲善其事, 必先利其器 『論語・衛靈公』
기술자(工)가 그의 일을 잘하려고 하(欲善其事)면 꼭 먼저(必先) 그의 기구를 예리하게 해(利其器)야 한다.

事君, 能致其身 (부모를 섬기는 것에 있어 그의 몸을 다할 수 있다)

(동사) 힘을 다하다. (致力)

→ 尤致思于天文陰陽曆算 『後漢書·張衡列傳』
특별히(尤) 천문, 음양, 역법, 산술(天文陰陽曆算)에 대하여(于) 힘을 다하여 생각하다(致思).

與朋友交, 言而有信 (친구와 사귀는 것에 있어 말이 믿음이 있다)

(접속사) '주어+서술어' 구조에서 '주어와 서술어'를 연결시키어 '가정(설정), 강조, 전환'의 의미를 나타내고 보통 '~이/가 만약 ~하면'인 가정의 뜻으로 번역된다. 여기서는 가정의 뜻이 아니고 '강조'의 의미가 담겼다고 볼 수 있을 것 같다.

→ 子產而死, 誰其嗣之? 『左傳·襄公三十年』
자산(子產)이(而) 죽(死)으면(而) 누가(誰其) 그것을 이을(嗣之)까?

→ 管氏而知禮, 孰不知禮? 『論語·八佾』
관씨(管氏)가(而) 예를 안다(知禮)면(而) 누가(孰) 예를 모르(不知禮)겠는가?

→ 人而無信, 不知其可也 『論語·爲政』
사람(人)이(而) 신의가 없(無信)는데 그것이 옳(其可)은지 모르겠다(不知…也).

雖曰未學, 吾必謂之學矣 (비록 배우지 않았다고 말하지만 나는 그가 배웠다고 꼭 말해야 한다)

(동사) 말하다. (說)

→ 子謂伯魚曰 『論語·陽貨』
공자가 '백어(=공자의 아들)에게 말하(謂伯魚)'며 말했다(曰).

→ 何謂惠而不費? 『論語·堯曰』
무엇(何)을 '사람에게 은혜를 베풀지만 낭비하는 것이 없다(惠而不費)' 라고 말하(謂)는가?

→ 太后明謂左右 『戰國策·越策四』
태후가 분명하게(明) 가까이 있는 신하들에게 말하다.

(동사) 알려주다, ~에게 말하다. (告訴, 對…說)

雖曰未學, 吾必謂之學矣." (비록 배우지 않았다고 말하지만 나는 그가 배웠다고 꼭 말해야 한다)

(대명사) 3인칭 대명사. '그, 그녀, 그것' [(3-24)참조]

→ 邦無道, 則可卷而懷之 『論語·衛靈公』
나라에 道가 없으면(邦無道, 則) 그를 숨기(卷…之)어 감출 수 있나(可…懷).

雖曰未學, 吾必謂之學矣" (비록 배우지 않았다고 말하지만 나는 그가 배웠다고 꼭 말해야 한다)

(어기사) 일, 상황이 분명히 어떻게 될 것임을 보여 준다. 일의 이치에 대한 판단 어기를 동반하여 이론적 '추단(推斷=미루어 판단함)'이나 사태의 발전에서 보아 이렇게 할 것이다 혹은 분명히 발생할 결과를 보여 준다. 서술어 앞에 '必, 可' 등의 단어와 어울릴 수 있고 그렇지 않을 수도 있다.

→ 以天下之所順, 攻親戚之所畔; 故君子有不戰, 戰必勝矣 『孟子·公孫丑下』
천하의 따르는 사람으로(以天下之所順) 친인척의 배반한 사람(親戚之所畔)을 공격하(攻)는 것이기에 그래서(故) 군자는 전쟁을 하지 않지만 전쟁을 하(戰)면 반드시(必) 승리할 것이다(勝矣).

→ 雖曰未學, 吾必謂之學矣" 『論語·學而』
비록(雖) 배우지 않았다고 말하(曰未學)지만 나(吾)는 분명히(必) 그가 배웠다고 말할(謂之學) 수 있을 것이다(謂…矣).

1-8. 子曰："君子不重, 則不威, 學, 則不固. 主忠信, 無友不如己者, 過, 則勿憚改."

子曰:	"君子	不	重,	則	不
공자가 말했다.	(명)군자 (君子)(11-1)	(부)성질,상태의 부정(5-5)	(형)단정하고 장중하다	(접)조건+則+결과 (1-6)	(동)없다
공자가 말했다.	"군자가 단정하고 장중하지 않으면 위엄이 없(고) [불위(不威)를 '부정부사(不)+형용사(威)'로 보아도 된다(위엄 있지 않다=위엄 없다)]				
威,	**學,**	**則**	**不**	**固.**	**主**
(명)위엄	(동)공부하다. 배우다	(접)전환관계. '그러나, 오히려'	(동)없다	(형)견고하다 [형용사→명사]	(동)중시하다
	배우지만 견고함이 없다. [불고(不固)를 '부정부사(不)+형용사(固)'로 보아도 된다(견고하지 않다)]				
忠	**信,**	**無**	**友**	**不如**	
(명)충성	(명)신의	(부)금지,충고, 명령(6-13)	(동)친구하다	(동)不如A: 'A만 못하다;A가 낫다'(3-5)	
충성과 신의를 중시하(고)		자기 자신보다 못한 사람과 친구하지 말(며)			
己	**者,**	**過,**	**則**	**勿**	**憚**
(대)자신(1-16)	(조사)~한 사람, ~한 것(1-2)	(명)잘못.실수(6-3) [명→동]	(접)조건+則+결과 (1-6)	(부)금지. '~하지마라'(6-6)	두려워하다
		잘못을 하면 고치는 것을 두려워하지 마라."			
改."					
고치다					

번역 공자가 말했다. "군자가 단정하고 장중하지 않으면 위엄이 없고, 배우지만 견고함이 없다. 충성과 신의를 중시하고 자기 자신보다 못한 사람과 친구하지 말고 잘못을 하면 고치는 것을 두려워하지 마라."

語法과 語彙

君子不重, 則不威 (군자가 단정하고 장중하지 않으면 위엄이 없다)

(형용사) 단정하고 장중하다. (端莊)

→ 其爲人也, 小心精潔而大志重 『國語·晉語』
그의 사람됨(其爲人)은 두려워하고(小心) 세심하고(精) 청결하(潔)지만 큰 뜻(大志)은 단정하고 장중하다.

君子不重, 則不威 (군자가 단정하고 장중하지 않으면 위엄이 없다)

(접속사) 단문을 연결시켜주어 '연관 관계'를 보여 준다. '~면, 그러면' 등으로 번역된다.(連接分句, 表示連貫關係.那麼, 就.)

→ 學而不思則罔, 思而不學則殆. 『論語·爲政』

배우지만 생각하지 않으면 맹목적이 되고, 생각하지만 배우지 않으면 위태롭다.

學, 則不固 (배우지만 견고함이 없다)

(접속사) 전환의 관계를 보여 준다. '그러나, 오히려'의 의미와 상응된다.(表示轉折關係. 相當於"然而"、"反倒".)

→ 滕, 小國也.竭力以事大國, 則不得免焉.如之何則可? 『孟子·梁惠王下』
등(滕)은 작은 나라(小國)입니다(也). 힘을 다하여(竭力以) 대국을 섬긴다 하더라도(事大國, 則) (압박을) 면할 수가 없습니다(不得免焉). 어찌하면(如之何則) 괜찮(可)겠습니까?

君子不重, 則不威 (군자는 단정하고 장중하지 않으면 위험이 없다)

(동사) 없다. (無, 没有)

→ 臣實不才, 又誰敢怨? 『左傳·成公二年』
신(=저)은 정말로 재능이 없는데 또 누굴 감히 원망하겠습니까?

君子不重, 則不威 (군자는 단정하고 장중하지 않으면 위험이 없다)

(명사) 위엄. 존엄. (尊嚴, 威嚴)
(형용사) 위엄 있는. 존엄 있는. (尊嚴, 威嚴)

→ 天威不違顔咫尺 『左傳·僖公九年』
천자의 위엄(天威)이 눈앞(顔咫尺)에서 떠나지 않는다(不違).

主忠信 (충성과 신의를 중시하다)

(동사) 중시하다. (注重)

→ 兵之情主速 『孫子·九地』
용병(兵)의 본래 성질(情:本性)은 속도(速)를 중시한다.

無友不如己者 (자기보다 못한 사람과 친구하지 않다)

(동사) 친구하다. 친분을 맺다. (結交, 交爲朋友)

→ 匿怨而友其人 『論語·公冶長』
원망을 숨기고 그 사람과 친구하다.

過, 則勿憚改 (잘못을 하면 고치는 것을 두려워하지 마라)

(동사) 두려워하다. (怕, 畏懼) [탄, dàn]

1-9. 曾子曰: "愼終追遠, 民德歸厚矣."

曾子曰:	"愼終	追遠,	民
증자가 말하다 [증자(1-4)]	(동사)장례에 그 슬픔을 다하다	(동사)앞 사람의 앞의 일을 추념하다	(명)서민·평민·백성·민중(15-25)
증자가 말했다.	"장례에 그 슬픔을 다하(고) 앞 사람의 앞의 일을 추념하(면) [조건가정절]		백성(의)

德	歸厚	矣."
(명)마음	(동사)진실 되고 온화함으로 돌아가다	(어기)긍정진술
마음은 진실 되고 온화함으로 돌아간다."		

번역 증자가 말했다. "장례에 그 슬픔을 다하고 '앞 사람의 앞의 일을 추념하면(=선배들이 한 일을 추념하면)' 백성의 마음은 진실 되고 온화함으로 돌아간다."

語法과 語彙

愼終追遠 (장례에 그 슬픔을 다하고 앞 사람의 앞의 일을 추념하다)

(동사) 장례에 그 슬픔을 다하다. 부모의 장례를 의식에 맞춰 슬픔을 다하는 것을 가리킨다. (喪盡其哀. 指對父母的喪事要依禮盡哀).

愼終追遠 (장례에 그 슬픔을 다하고 앞 사람의 앞의 일을 추념하다)

(동사) 앞 사람의 앞의 일을 추념하다 ; 선배들이 한 일을 추념하다. (追念前人前事).

民德歸厚矣 (백성의 마음이 진실 되고 온화함으로 돌아가다)

(명사) 마음. (心意)

→ 士也罔極, 二三其德 『詩經·衛風·氓』
남자(士)는(也) 확실히 정하지 못하고 수시로 변하니(罔極) 이리저리 흔들리(二三)는 그의 마음(其德)
(명사) 도덕. 품행. (道德. 品行)

民德歸厚矣 (백성의 마음이 진실 되고 온화함으로 돌아가다)

(동사) 진실 되고 온화함으로 돌아가다. (歸於忠厚)

民德歸厚矣 (백성의 마음이 진실 되고 온화함으로 돌아가다)

(어기사) 矣는 어기사로만 쓰인다. 여기서는. 긍정의 어기(=진술어기)를 돕는다.

→ 余病矣 『左轉·宣公二年』
나(余)는 병이 났다(病矣).

1-10. 子禽問於子貢曰: "夫子至於是邦也, 必聞其政. 求之與? 抑與之與?" 子貢曰: "夫子溫良恭儉讓以得之. 夫子之求之也, 其諸異乎人之求之與?"

子禽	問	於	子貢	曰:	"夫子
(인명)자금	(동)묻다(12-10)	(대상.전) 동작의 직접대상	(인명)자공	(동)말하다	(명)선생님;공자
자금(子禽)이 자공(子貢)에게 물으며 말했다.					"선생님은
至	**於**	**是**	**邦**	**也,**	**必**
(동)오다, 도착하다(3-24)	(전)동작도달장소 '~로,~에'	(대)어떠한 ~라도, 모두	(명)제후의 나라 (12-2)	(어기)멈춤. '완만,제시'(3-1)	(부)꼭,반드시, 분명히(6-30)
모든 나라에 도착하시면…					반드시
聞	**其**	**政.**	**(夫子)求**	**之**	**與?**
(동)듣다	(대)그것의…'복수 可'(1-7)	(명)정치. 정사(13-5)	(동)요구하다. 부탁하다(14-14)	(대)사람,사건,사물. 123인칭	(어기)문미의문 (8-6)
그 나라의 정사를 들었습니다.			(선생님께서) 그것을 요구했습니까?		
抑	**(是邦)與**	**之**	**與?"**	**子貢曰:**	**"夫子**
(접)선택문. '~이 아니면'	(동)주다(5-24) [여,yǔ]	(대)사람,사건,사물	(어기)문미의문 (8-6)	자공이 말하다	(명)선생님;공자
아니면 (모든 나라가) 그것을 준 것입니까?"				자공이 말했다.	"선생님은
溫	**良**	**恭**	**儉**	**讓**	**以**
(형)부드럽다(7-37) [형→명]	(형)선량하다. 착하다[형→명]	(형)겸손하다(5-16) [형→명]	(형)검소하다 [형→명]	(형)겸양하다(4-13) [형→명]	(전)행위도구. '~로'(2-1)
부드러움, 선량함, 겸손함, 검소함, 겸양함으로					
得	**之.**	**夫子**	**之**	**求**	**之**
(동)얻다(10-8)	(대)사람,사건,사물	(명)선생님;공자	(접)주어+之 +서술어	(동)요구하다. 부탁하다(14-14)	(대)사람,사건,사물
그것을 얻었다 (=그 나라의 정사를 들을 수 있었다).		선생님이 그것을 요구한 것은…			
也,	**其諸**	**異**	**乎**	**人**	**之**
(어기)멈춤. '완만,제시'(3-1)	(부사)아마도	(형)다르다	(전)비교대상, '~보다/~과'	(명)타인, 다른사람(7-30)	(접)주어+之 +서술어
	아마도 다른 사람이				
求	**之**	**與?"**			
(동)요구하다. 부탁하다(14-14)	(대)사람,사건,사물	(어기)반문(12-21)			
그것을 요구한 것과 다르지 않겠느냐?"					

번역 자금(子禽)이 자공(子貢)에게 물으며 말했다. "선생님은 모든 나라에 도착하시면 반드시 그 나라의 정사를 들었습니다. 선생님께서 그것을 요구했습니까? 아니면 모든 나라가 그것을 준 겁니까?" 자공이 말했다. "선생님은 부드러움, 선량함, 겸손함, 검소함, 겸양함으로 그 나라의 정사를 들을 수 있었다. 선생님이 그것을 요구한 것은 아마도 다른 사람이 그것을 요구한 것과 다르지 않겠느냐?"

語法과 語彙

子禽 (자금)

자금(子禽)은 「열전」에 공자의 제자로서 기록되어 있지 않다. 그러나 「가어」에는 실려 있다. "진항(陳亢)은 진나라 사람이다. 자를 자항(子亢)이라고도 하고 자금(子禽)이라고도 한다. 공자보다 40세 어리다." 그에 대한 추론은 대부분 『논어』 자료에 의존할 수밖에 없다. 혹자는 자금은 자공의 제자였기 때문에 「열전」에 안 올랐다고 한다. 자금이 자공에게 묻는 장면이 『논어』에 두 번 등장한다. 자금은 공자 사후에도 공자교단에 오래 머물러 있었다. 노나라에서 자라서 공단의 분위기를 잘 알고 공자의 문하에 입문하였으면서도 센터에 들어오지 않고 주위를 맴맴 돌면서 공자를 삐딱하게 보는 매우 부정적인 인간이었을 수도 있다. 본장에서도 자금이 공자를 보는 시각은 매우 냉소적이다. (김용옥, 2008)

問於子貢 (자공에게 묻다)

(전치사, 동작의 직접대상) 동작, 행위가 직접적으로 미치는 대상을 끌어들인다. 於가 있는 '전치사+목적어' 구조는 동사 혹은 서술어 다음에 쓰여 보어가 된다. 일반적으로 번역할 필요가 없다.

→ 施於有政 『論語·爲政』
정치(有政)를 행하다(施於).

→ 多識於鳥獸草木之名 『論語·陽貨』
날짐(鳥)승, 길짐승(기어 다니는 짐승)(獸), 풀(草), 나무(木)의 이름(之名)을 많이 알다(多識).

→ 舜明於庶物, 察於人倫 『孟子·離婁章下』
순임금(舜)은 많은 일을 이해(明於庶物)했으며 '사람과 사람 사이의 윤리 관계(人倫)'를 살폈다(察於)'.

→ 子曰: "君子喩於義, 小人喩於利" 『論語·里仁』
공자가 말했다. "군자는 의를 알(喩於義)고 소인은 이익을 안다(喩於利)."

子貢 (자공)

성(姓)은 단목(端木)이고 이름은 사(賜)이고 자(字)는 자공(子貢)이다. 위(衛)나라 사람으로 공자보다 31세 연하이다. 「열전」의 기록으로 보면 안회보다 한 살 어리다. 「사기열전」의 나이기록이 정확하다고만 볼 수 없지만 여하간 자공과 안회는 같은 또래의 제자로 공자의 초기제자그룹에 속하는 사람들이다. 그래서 「공야장」 8에는 공자가 자공 보고 "너와 안회 중에 누가 더 낫다고 할 수 있겠나?"라고 물었던 것이다. 자공과 안회는 같이 생활하면서 같이 비견되었던 인물이었음을 생생하게 전해주는 대화의 초기 파편이다. (김용옥, 2008)

夫子至於是邦也 (선생님께서 모든 나라에 도착하다)

(대명사) 공자 문하에서 공자를 존칭하여 부자(夫子)로 불렀기 때문에 후에 이로 인해서 특별히 공자를 가리켰다. (孔門尊稱孔子爲夫子, 後因以特指孔子)

夫子至於是邦也, 必聞其政 (선생님께서 모든 나라에 도착하시면 반드시 그 나라의 정사를 들었습니다)

(전치사) 동작, 행위가 도달하는 장소를 끌어들인다. 於가 있는 '於+목적어'구조는 자주 동사 다음에 쓰여 부사어를 만든다.

→ 上世嘗有不葬其親者. 其親死, 則擧而委之於壑 『孟子·藤文公上』

상고시대(上世) 일찍이(嘗) 자기 부모(其親) 장사를 지내지 않은 사람(不葬…者)이 있었다(有). 그의 부모(其親)가 죽자(死, 則) 부모(之)를 들쳐 업고(擧而) 골짜기에 버렸다(委…於壑).

→ 知其說者之於天下也 『論語·八佾』
그 견해(其說)를 아는 것(知…者)은 하늘 아래로(於天下) 가(之)는 것이다(也).

夫子至於是邦也 (선생님께서 모든 나라에 도착하다)

(대명사) 어떠한 ~라도, 모두. (無論甚麽; 随便甚麽; whichever; whatever)

→ 古風無手敵, 新語是人知 (唐代·姚合「贈張籍太祝」詩)
고체시(古風)는 대적할만한 사람이 없(無手敵)지만 새로운 어구/신선한 화제(新語)는 모든 사람(是人)이 안다(知).

夫子之求之也 (선생님이 그것을 요구하다)

(인칭대명사) 용법은 매우 융통성이 있어 사람, 사건, 사물을 대신할 수 있다. 사람을 대신하는 것이 가장 많고, 그 다음으로 사물을 대신하고, 사건을 대신하는 것이 가장 적다. 단수를 나타낼 수도 있고 복수를 나타낼 수도 있다. 3인칭이 가장 많고, 1인칭과 2인칭도 있다. 문장에서는 동사나 전치사의 목적만 될 수 있고 겸어문에서는 겸어가 될 수 있지만(앞의 동사의 목적어가 되고 뒤에 나오는 동사의 주어가 되는 것) 주어가되는 것은 매우 보기 어렵다.

→ 虎見之, 龐然大物也 (唐·柳宗元『黔之驢』)
호랑이(虎)가 그것을 보(見之)니 (버리가) 거대한(龐然) 큰 물건(大物)이다(也).

抑與之與? (아니면 그것을 준 것인가?)

(접속사) 선택문에 쓴다. 의미는 '~이 아니면'

→ 子路問强. 子曰 : "南方之强與? 北方之强與? 抑而强與?" 『中庸』
자로가 강함에 대해 묻자 공자가 말했다. "남방의 강함(南方之强)이냐(與)? 북방의 강함(北方之强)이냐(與)? 아니면(抑) 너(而)의 강함(强)이냐(與)?"

夫子溫良恭儉讓以得之 (선생님은 부드러움, 선량함, 겸손함, 검소함, 겸양함으로 그 나라의 정사를 들을 수 있었다)

(형용사) 착하다. 선량하다. (善良) [량, liáng]

夫子溫良恭儉讓以得之 (선생님은 부드러움, 선량함, 겸손함, 검소함, 겸양함으로 그 나라의 정사를 들을 수 있었다)

(형용사) 간결하고 소박하다. 검소하다. (節省 ; 簡朴) [검, jiǎn]

→ 管氏有三歸, 官事不攝, 焉得儉? 『論語·學而』
관씨(=관중)는 '세 성씨의 여자와 결혼했(三歸)'고 공적인 일(官事)을 겸임하지 않(不攝)았는데 어떻게 검소할 수 있었겠는가(焉得儉)?

(동사) 절약하다. 아끼다. (節省 ; 簡朴)
(형용사) 행위가 제약이 있고 절제가 있다. (行爲約束而有節制)

夫子之求之也 (선생님은 그것을 요구하다)

[순접접속사 '之' (何樂士, 2006)]

주어와 서술어 사이에 쓰여 이 둘을 연결시키는 역할을 한다. 주어와 서술어 사이에는 본래 접속사가 필요하지 않고 이미 자체로 문장이 만들어지는데 왜 '지(之)'를 주어와 서술어 사이에 넣어 이 둘을 연결시킬까? 주요 목적은 '주어+之+서술어'를 자신보다 더 큰 언어단위와 긴밀하게 연결시키기 위한 것이다. 이 더 큰 언어단위는 하나의 문단(一個語段), 하나의 복문(一個復句) 또는 하나의 문장(一個句子)이 될 수 있다. 즉, '주어+之+서술어'가 문단 내의 하나의 문장, 복문 내의 하나의 단문(一個分句) 그리고 문장 내의 하나의 성분(주어 또는 목적어) 등이 될 수 있다.

1. '주어+之+서술어'가 문장 안에서 주어, 목적어, 서술어가 된다.

'주어+之+서술어'가 문장 안에서 하나의 성분이 될 때 '之'의 주요 역할은 '주어와 서술어'를 함께 연결시키는 것이고, 표지(標志)이고, '주어+之+서술어'가 문장 내의 하나의 성분을 담당하는 것을 강조하는 것이다. '之'는 번역을 하지 않아도 되고, 혹은 '~은/는/이/가'로 번역되기도 한다.

1.1 '주어+之+서술어'가 문장 안에서 주어가 된다. 일반적으로 모두 '주제주어(主題主語)'이고 '之'는 표지가 되고, '주어+之+서술어'가 한 단위로 주어를 맡고, 뒤에 나오는 서술어의 '서술 대상(評述的對象)'이 된다.

→ 鄭之有原圃, 猶秦之有具囿也 『左傳·僖公三十三年』
정나라(鄭)가(之) 원포(原圃:중국 고대 정나라가 가축과 짐승을 길러 수렵으로 쓰던 장소. 中國古代鄭國畜禽獸用來狩猎的地方)를 가지고 있(有)는 것은 진나라(秦)가(之) 구유(具囿:진나라가 수렵용으로 가축과 짐승을 사육하던 장소. 秦國畜養禽獸的猎場)를 가지고 있(有)는 것'과 같다(猶…也)'.
[이 문장에서 '鄭之有原圃'은 '주제주어(主題主語)'가 되고 서술어의 '서술 대상(評述的對象)'이다. 서술어 안에 있는 '秦之有具囿' 역시 '주어+之+서술어'이고 동사 '유(猶)'의 목적어가 된다.]

→ 將軍之擧武昌, 若摧枯拉朽 『晉書·甘卓傳』
장군(將軍)이(之) 무창(武昌)을 공격하여 함락시키(擧)는 것은 마른 풀을 꺾(摧枯)고 썩은 것을 자르(拉朽)는 것'과 같다(若).

→ [師道之不傳]也久矣 (唐·韓愈『師說』)
스승님의 도(師道)가(之) 전해지지 않은 지가(不傳也) 오래 되었다(久矣).

→ 天之放商久矣. 『左傳·子魚論戰』
하늘이 상나라를 버린 것이 오래되었다.

→ 吾妻之美我也者, 私我也 『戰國策·齊策一』
나의 아내가 나를 아름답다고 여기는 것은 나를 편애하는 것이다.

1.2 '주어+之+서술어'가 문장 안에서 동사의 목적어가 된다.

→ 故不登高山, 不知[天之高]也 『荀子·勸學』
그러므로(故) 높은 산을 오르지 않(不登高山)으면 하늘이 높다(天之高)는 것을 모른다(不知…也).

→ 孤有孔明, 猶魚之有水也. 『三國志·蜀書·諸葛亮傳』
나에게 제갈공명이 있는 것은 물고기가 물이 있는 것과 같다.

→ 王如知此, 則無望民之多於鄰國也 『孟子·梁惠王上』
왕께서 만약 이것을 아신다면 백성들이 이웃나라 보다 많기를 바라지 마십시오.

1.3 '주어+之+서술어'가 문장 안에서 전치사의 목적어가 된다.

→ 無以[一人之不敏]使上帝鬼神傷民之命 『論衡·感虛』
한 사람(一人)이(之) 영민하지 않(不敏)은 것 때문에(以) 하느님의 정기(上帝鬼神)가 백성의 생명(民之命)을 상처입히(使…傷)지 않도록 하다(無).

1.4 '주어+之+서술어'가 문장 안에서 서술어가 된다.

→ 樂郊樂郊, [誰之永號]? 『詩經·魏風·碩鼠』
악교악교(樂郊樂郊. 의성어) 누가(誰之) 계속(永) 소리치(號)지?

— 2. '주어+之+서술어'가 복문 안에서 단문이 되고 일반적으로 수식복문(1-1참조)에서 수식단문(=종속절)이 된다.

2.1. '주어+之+서술어'가 시간을 나타내는 종속절이 되고 문맥을 참작하여 번역하면 된다.

→ [宋殤公之即位]也, 公子馮出奔鄭 『左傳·隱公四年』
송상공(宋殤公<?-BC710年>)이(之) 즉위할 때(即位也) 공자풍(公子馮)이 정나라(鄭)로 도망가다(出奔).

2.2 '주어+之+서술어'가 조건 or 가정의 종속절이 된다.

→ [我之不德], 民將棄我, 豈唯鄭? 『左傳·襄公九年』
우리가(我) 부덕하면(不德) 백성이 '우리를 버릴(棄我)' 텐데 어찌(豈) 정(鄭)나라만이겠는가?

→ [皮之不存], 毛將焉附? 『左傳·僖公十四年』
가죽이 없으면 털이 어디에(焉) 붙겠(附)는가?

→ [日月之行], 則有冬有夏 『論衡·感虛』
날과 달(日月)이(之) 가면(行, 則) 겨울이 있(有冬)고 여름이 있다(有夏).

→ [君子之至於斯也], 吾未嘗不得見也 『論語·八佾』
군자가 이곳에 오면 나는 아직 만나지 못한 적이 없다.

2.3 '주어+之+서술어'가 양보의 종속절이 된다.

→ 雖[我之死], 有子存焉 『列子·湯問』
비록(雖) 내(我)가(之) 죽어(死)도 아들(子)이 존재하다(存焉).

2.4 '주어+之+서술어'가 원인의 종속절이 된다.

→ [諸侯之見項王], 遷逐義帝置江南 『史記·淮陰侯列傳』
제후(諸侯)가(之) 항왕을 만났(見項王)기 때문에 의제(義帝)를 배척하고 추방하(遷逐)여 강남에 놓았다(置江南).

— 3. '주어+之+서술어'가 단독으로 문장이 된다.

→ 宰我出, 子曰: "[予之不仁]也!" 『論語·陽貨』
재아(宰我)가 나가(出)고 공자가 말했다(子曰). "재아(予)는(之) 仁하지 않다(不仁也)!"

[구조조사, 명사화 표지 之 (『古漢語常用字字典』 第1版, 2011)]

'주어+之+서술어'의 구조로 쓰여 문장의 독립성을 없앤다. 이로 인해 원래 '주술구조'를 '수식구조'로 바꾸어준다. 문장 내에서 하나의 성분 역할을 하거나 복문에서 단문의 역할을 한다. 실질적인 의미는 없으며 번역하지 않아도 된다.

[구조조사, 명사화 표지 之 (pulley blank, 1995; 양세욱 번역 2005)]

일반적으로 연속된 두 동사 사이에 의존 관계가 성립하는 경우가 많다. 가령 王欲殺人(왕은 사람을 죽이기를 바란다)과 같이 王을 기저구조의 주어로 하는 동사구(殺人)가 앞 동사(欲)의 목적어이다. 명사 목적어와 마찬가지로 이 동사구 역시 王欲之(왕은 그것을 바란다), 王所欲(왕이 바라는 것)과 같이 대명사로 대체할 수 있다.

목적어(殺人)의 주어가 본동사의 주어와 동일할 경우 王欲殺人(왕은 사람을 죽이기를 바란다)과 같이 주어는 생략된다. 주어가 다를 경우에는 목적어 절의 주어와 동사 사이에 종속조사 之를 삽입하여 목적어 절을 명사화시키거나(王欲之殺人 왕이 바라는 것은 사람을 죽이는 것이다) 주어를 소유격 대명사 其로 대체한다(其欲殺人 그의 바람은 사람을 죽이는 것이다).

동사구는 일반적으로 주어(만약 있다면)와 동사 사이에 之를 삽입하여 명사화가 된다. 가령 王來(왕이 오다, king comes)는 王之來(왕이 오는 것, king's coming)로 명사화 된다. 중국어는 동사 자체의 형태 변화가 없다는 점을 제외하면 이 구조는 영어의 동명사와 유사하다. 其는 其來(그가 오는 것, his coming)처럼 명사 앞에서와 마찬가지로 동사 앞에서도 '명사+之'의 대체어로 사용된다. 또 吾來(내가 오는 것, my coming)처럼 인칭 대명사 뒤에서 之는 일반적으로 생략된다.
王之來(왕이 오는 것, king's coming)처럼 고전중국어와 영어에서 명사화된 내포문의 주어가 소유격의 형태를 띠고 있는 것과 달리 한국어에서는 '왕이 오는 것'처럼 주격 조사가 사용된다. 그러나 중세 국어에서는 명사화된 내포문의 주어로 주격조사가 아니라 소유격 조사가 쓰였다는 사실이 흥미롭다. 즉 '비가 온다'가 母文에 내포될 경우 '비가 오는 소리'가 아니라 '비의 오는 소리'가 된다는 것이다. '내가 살던 고향'이 아니라 '나의 살던 고향'이 동요 가사로 쓰이는 것도 마찬가지 원리이다.

其諸異乎人之求之與? (아마도 다른 사람이 정치 상황을 들으려 한 것과는 다르지 않겠느냐?)

(부사) 추측, 짐작을 나타낸다. '아마도(大概)'의 의미이다.

→ "寡人束帶聽朝三十餘年, 曾無聞焉. 其諸寡人之不及與?" 『漢書·燕剌王劉旦傳』
과인이 띠를 매(寡人束帶)고 조정에 가서 정사를 듣(聽朝:臨朝聽政)는 것이 삼십여 년(三十餘年)인데 일찍이 이것에 대해 들어 본 적이 없(曾無聞焉)으니 아마도(其諸) 과인이(寡人之) 모자라서인 건가(不及與)?

(접속사) 단문을 연결시키어 선택의 관계를 보여 준다. '아니면(還是)'의 의미이다.

→ 寢不安與? 其諸侍御有不在側者與? 『公羊傳·僖公二年』
주무시(寢)는 게 불편해서입니까(不安與)? 아니면(其諸) 시중드는 사람(侍御:왕을 시중드는 사람. 侍奉君王的人)이 '옆에 없어(不在側)'서입니까(有…者與)?

其諸異乎人之求之與? (아마도 다른 사람이 정치 상황을 들으려 한 것과는 다르지 않겠느냐?)

(전치사) 비교의 대상을 이끈다. '~보다', '~과' 등으로 번역될 수 있다.

→ 子張曰, "異乎吾所聞, 君子尊賢而容衆, 嘉善而矜不能" 『論語·子張』
자장이 말했다. "내가 들은 것과(乎吾所聞)는 다르다(異). 군자는 현인들을 존중하지만(君子尊賢而) 일반 대중도 포용하(容衆)고 훌륭한 사람을 칭찬하지만(嘉善而) 능력이 없는 사람도 불쌍하게 여긴다(矜不能)."

→ 行無高乎此矣 『呂氏春秋·至忠』
행위가 이것 보다(乎此) 높은 것은 없다(無高…矣).

1-11. 子曰：“父在, 觀其志; 父没, 觀其行. 三年無改於父之道, 可謂孝矣.”

子曰:	“父	在,	觀	其	志;
공자가 말하다	(명)아버지(父親) (17-9)[부,fù]	(동)존재하다, 생존하다(4-19)	(동)자세히 보다. 관찰하다	(대)그의…'복수可' (1-7)	(명)생각, 포부(5-26)
공자가 말했다.	“아버지께서 생존하(실 때엔) [시간복문(1-1)]		그의(=자식의) 생각을 자세히 보(고)		
父	**没,**	**觀**	**其**	**行.**	**三**
(명)아버지(父親) (17-9)[부,fù]	(동)사망하다. [몰,mò]	(동)자세히 보다. 관찰하다	(대)그의…'복수可' (1-7)	(명)행위. 행동(18-8)	(수사)셋.삼
아버지께서 돌아가(셨을 때엔) [시간복문(1-1)]		그의(=자식의) 행동을 자세히 보아라.			
年	**無**	**改**	**於**	**父**	**之**
(명)해.년	(부)진술사실부정 (=不)(1-15)	(동)고치다(15-30)	(전)동작의 직접대 상(1-10)	(명)아버지(父親) (17-9)[부,fù]	(조사) 수식,종속관계. '~의'(3-2)
3년 (동안) 아버지의 도리(道理)를 고치지 않(는다면) [조건복문(1-1)]					
道,	**可謂**		**孝**	**矣.”**	
(명)규율, 도리(3-16)	(동사)~라고 부를 수 있다, 그렇다고(=낮다고) 말할 수 있다		(동)효도하다	(어기)긍정진술 (1-9)	
	효도한다고 말할 수 있다.”				

번역 공자가 말했다. “아버지께서 생존하실 때엔 그의(=자식의) 생각을 자세히 보고, 아버지께서 돌아가셨을 때엔 그의(=자식의) 행동을 자세히 보아라. 3년 동안 아버지의 도리(道理)를 고치지 않는다면 효도한다고 말할 수 있다.”

語法과 語彙

父在, 觀其志 (아버지께서 생존하실 때엔 그의(=자식의) 생각을 자세히 보다)

(동사) 자세히 보다. 관찰하다. 보다. (仔纖看, 觀看)

→ 必有可觀者焉 『論語・子張』
꼭(必) 그 안에(焉) 볼만한 것이 있다(有…可觀者).

父没觀其行 (아버지께서 돌아가셨을 때엔 그의(=자식의) 행동을 자세히 보다)

(동사) 사망하다. 천수를 다하고 죽다(死亡, 壽終). [몰,mò]

→ 昔者孔子没, 三年之外, 門人治任將歸, 入揖于子貢, 相嚮(向)而哭, 皆失聲, 然後歸 『孟子・滕文公上』
옛날(昔者) 공자가 세상을 떠나(孔子没)고 3년 후(三年之外) 제자들이 짐을 꾸려(門人治任)서 (집으로) 돌아가려(將歸)고 할 때 들어(入)와 자공에게 절을 하(揖于子貢)고 서로(相) 마주보고 울어(嚮(向)而哭) 모두(皆) 목이 쉰(失聲) 다음(然後) 돌아갔다(歸).

→ 始皇既没, 餘威震于殊俗 (漢·賈誼『過秦論』)
진시황(始皇)은 이미 죽었(既没)지만 남아 있는(餘) 위세(威)는 '풍속이 다른 먼 곳(殊俗)'에서(于) 진동한다(震).

三年無改於父之道 (3년 동안 아버지의 도리(道理)를 고치지 않다)

(명사) 지구가 태양을 한 번 도는 시간. 해. 년. (地球繞太陽一周的時間)

三年無改於父之道, 可謂孝矣 (3년 동안 아버지의 도리(道理)를 고치지 않는다면 효도한다고 말할 수 있다)

(동사) ~라고 부를 수 있다, 그렇다고(=맞다고) 말할 수 있다, (可以稱爲 ; 可以說是)

→ 誨人不倦則可謂云爾已矣 『論語·述而』
사람을 가르치(誨人)는 것을 게을리 하지 않는 것은(不倦則) 그렇다고 말할 수 있을 뿐이다.

三年無改於父之道, 可謂孝矣 (3년 동안 아버지의 도리(道理)를 고치지 않는다면 효도한다고 말할 수 있다)

1. 『古代漢語詞典』(2012)에서는 아래의 예문을 제시하면서 이 의미항은 '동사'로서 '가치가 있다. ~할 만하다(值得)'라고 정의하였다.

→ 其文理皆有可觀者 (宋·王安石 『傷仲永』)
그것의 문채와 도리(其文理)가 모두(皆) 감상할만한 부분(可觀者)이 있다. (它的文采和道理都有值得欣賞的地方)

2. 한편 polleyblank(양세욱 옮김, 2005)는 동사가 아니라 '술어 형용사'라고 했다. 그는 다음과 같이 말한다. "동사구를 보어로 취할 수 있는 술어 형용사로 '可(가능하다; 해도 된다), 足(충분하다; 가치 있다), 難(어렵다), 易(쉽다)' 등이 대표적이다. 이런 술어 형용사 뒤에 나오는 타동사는 수동으로 해석되어야 한다. 즉 술어 형용사의 주어는 보어 기능을 하는 동사의 피행위자가 된다. (→ 王可殺 왕은 살해될 수 있다)

→ 天下可運於掌 『孟子·梁惠王上』
천하(天下)가 손바닥에서 움직일 수 있다(可運於掌).

→ 文王不足法與? 『孟子·公孫丑上』
문왕은 '본받기에 부족합(不足法)'니까? (문왕이 본받아지다)

→ 久則難變也 『孟子·公孫丑上』
오래되면(久則) 변하기가 어렵(難變)다.

→ 三年學, 不至於穀, 不易得也 『論語·泰伯』
삼년 배우(三年學)고 녹봉에 나아가지 않(不至於穀,)는(=벼슬을 하려 하지 않다) 것이 쉽지 않(不易得)다.

— [견해]

하지만 술어형용사 可를 사용하더라도 '수동의미'로 풀이되는 것은 아닌 것 같다(→ 子張問: "十世可知也?" 자장이 물었다. "300년 후를 알 수 있나요?" 『論語·爲政』). 이 문장의 경우 주어인 '十世'가 '알아지게 되다'로 풀이될 수도 있지만 부자연스럽고 오히려 '목적어'로 취급하는 것이 자연스럽다(可知十世, 300년 후를 알다). 이러한 해석은 '알 수 있다'의 주어가 생략되었기에 가능하다. 생략된 주어가 '사람' 등의 유정명사일 때 '능동'으로 쓰이고(우리는 300년 후를 알 수 있다), 유정명사 주어가 없는 경우는 '피동'(300년 후가 알아지다;300년 후가 드러나다) 또는 '목적어'(300년 후를 알다) 역할을 한다고 볼 수 있다.

3. (조동사) 동사 앞에 쓰여 '가능'을 나타낸다. '~이 가능하다, ~을 할 수 있다' 등으로 번역된다. (加以, 可能)

→ 求也爲之, 比及三年, 可使足民 『論語·先進』

구(求=염유)가(也) 그것을 다스리(爲之)고 3년이 되(比及三年)면 백성을 풍족하게 만들 수 있다(可使足民).

→ 始可與言詩已矣

사(賜)가 비로소(始) '시경'을 말하(言詩)는데 참여(與)할 수가 있구나!

— [견해]

'1~3'를 정리하면 수동의 의미가 되는 상황이 있고, 능동의 의미가 되는 상황이 있다. 그리고 품사 역시 '동사', '술어 형용사', '조동사'로 제각각이다. 공구서와 학자들이 주장으로 들고 있는 예문을 모두 나열하면 다음과 같다.

→ 其文理皆有可觀者 (그 문채와 도리가 모두 감상할만한 부분이 있다)

→ 天下可運於掌 (천하가 손바닥에서 움직일 수 있다)

→ (其)可謂孝矣 ((그는) 효도한다고 말할 수 있다)

→ (吾)十世可知也? ((우리는) 300년 후를 알 수 있나요?)

→ (爾)始可與言詩已矣 ((너는) 비로소 '시경'을 말하는데 참여할 수가 있구나!)

상기 예문을 보면 '가능'을 나타내는 '조동사'의 역할이 가장 적합한 것 같다. polleyblank의 '→ 王可殺' (왕은 살해될 수 있다) / → 王可以殺人(왕은 사람을 죽일 수 있다)'라는 견해는 의미가 완전히 상반되기 때문에 더 구체적인 논의가 필요하다.

한편, polleyblank(1995)는 타동사든, 자동사든 능동의 의미로 사용된 동사가 이 형용사들의 보어로 사용되면 王可以殺人(왕은 사람을 죽일 수 있다), 王可以來(왕은 올 수 있다)와 같이 '以'를 삽입해야 한다고 했다.

三年無改於父之道, 可謂孝矣 (3년 동안 아버지의 도리(道理)를 고치지 않는나면 효도안다고 밀힐 수 있다)

(동사.명사) 효도(하다). 부모를 잘 모시는 것으로 옛날에는 부모를 진심으로 봉양하고 절대적으로 복종하는 것을 孝라고 여겼다. (孝順.善事父母, 舊時以盡心奉養和絶對服從父母爲孝)

→ 孟莊子之孝 『論語・子張』

맹장자(孟莊子)의 효도.

1-12. 有子曰 : "禮之用和爲貴. 先王之道, 斯爲美, 小大由之. 有所不行知, 和而和, 不以禮節之, 亦不可行也."

有子曰:	"(於)禮	之	用	和	爲
유자가 말하다 (1-2)	(명)고대 사회규범과 도덕규범(9-3)	(조사) 수식,종속관계. '~의'(3-2)	(명)사용.운용 (16-1)	(동)협조하다. 조화하다	(판단동사) ~이다(1-2)
유자가 말했다	사회규범과 도덕규범(=禮)의 운용(에서) 조화하는 것이 중요하다. [동작이 발생하는 범위, 장소의 전치사구 또는 판단의 범위를 제한하는 전치사구가 문두에 있는 경우 전치사가 생략하는 것으로 보았다] [和는 동사 '조화하다'에서 '조화하기'로 명사화되었다고 보았다]				
貴.	**(於)先王之道,**			**斯**	**爲**
(형)중요하다	선왕의 도(道). 인간사회의 질서를 유지시키는 모든 의례(儀禮)를 총칭하는 것으로 초기 중국문명의 제도			(대)주어. '이것이.이것은…'	(판단동사) ~이다(1-2)
	선왕의 도(道)(에서)			이것이(=사회규범과 도덕규범(=禮)의 운용에서 조화하는 것)	
美,	**小**	**大**	**(皆)由**	**之.**	**有**
(형)매우 훌륭하다. 완벽하다(13-8)	(형)작다 [형용사→명사]	(형)크다 [형용사→명사]	(동)따르다(8-9)	(대)재지시. '그것,그사람,그곳' (2-1)	(동)있다
매우 훌륭하(고)	작은 것, 큰 것 (모두) 그것(=사회규범과 도덕규범(=禮)의 운용에서 조화하는 것)을 따른다.				
所	**不**	**行**	**知,**	**和**	**而**
(조사)~것	(부)동사술어 앞. '~하지 않다'(7-14)	(동)통용하다. 실행될 수 있다 (15-6)	(동)이해하다, 알다(8-16)	(동)협조하다. 조화하다	(접)병렬. '그리고'(7-1)
실행되지 않는 것이 있다는 것을 알 (때) [시간절]				협조하고 협조(해도) [양보절]	
和,	**不**	**以**	**禮**	**節**	**之,**
(동)협조하다. 조화하다	(부)'~하지 않다' (7-14)	(전)행위도구. '~로'(2-1)	(명)고대 사회규범과 도덕규범(9-3)	(동)통제하다. 제한하다	(대)재지시. '그것,그사람,그곳' (2-1)
	예(禮)로 그것(=사회규범과 도덕규범(=禮)의 운용에서 조화하는 것)을 제한하지 않으… ['시간절+양보절+조건절+주절'의 통사로 보았다. 골간은 '조건절+주절'이고, '시간절'은 '양보절'을 수식하고, '시간절과 양보절'이 '조건절'을 수식하고 있다]				
亦	**不**	**可**	**行**	**也."**	
(부)~면~하다(1-12)	(부)'~하지 않다' (7-14)	(조동)가능. '~할 수 있다'(1-11)	(동)통용하다. 실행될 수 있다 (15-6)	(어기)판단 (동사,형용사술어끝) (11-15)	
…면 [조건절]	실행될 수 없을 것이다."				

번역 유자가 말했다. "사회규범과 도덕규범(=禮)의 운용에서 조화하는 것이 중요하다. 선왕의 도(道)에서 이것이(=사회규범과 도덕규범(=禮)의 운용에서 조화하는 것) 매우 훌륭하고, 작은 것, 큰 것 모두 그것(=사회규범과 도덕규범(=禮)의 운용에서 조화하는 것)을 따른다. 실행되지 않는 것이 있다는 것을 알 때, 협조하고 협조해도, 예(禮)로 그것(=사회규범과 도덕규범(=禮)의 운용에서 조화하는 것)을 제한하지 않으면 실행될 수 없을 것이다."

語法과 語彙

禮之用和爲貴 (사회규범과 도덕규범(=禮)의 운용에서 조화하는 것이 중요하다)

(형용사) 조화롭다. 잘 어울리다(和谐).

→ 其聲和以柔 『禮記·樂記』
그 성조(其聲)가 조화롭(和)고(以) 부드럽다(柔).
(동사,형용사)조화롭다. 잘 어울리다. 협조하다. 조화하다. (和諧;協調)

→ 抑不知天將和其聲 (唐·韓愈『送孟東野序』
그러나(抑) 하늘(天)이 장차(將) 그들의 소리를 조화롭게 할(和其聲)지는 모른다(不知).

→ 身或不和則藥石之, 針灸之 (唐·李華『國之興亡解』)
몸(身)이 또(或:又) '조화롭지 않으면/협조하지 않으면(不和則)' 약제를 쓰고(藥石之) 침과 뜸을 쓴다(針灸之).

和爲貴 (조화하는 것이 중요하다)

(계사) polleyblank(1995)는 계사 '爲가 형용사와 함께 사용되어 최상급의 의미를 표현할 수도 있다고 했다.

→ 物皆然, 心爲甚 『孟子·梁惠王上』
사물이 다 그렇(物皆然)지만 마음(心)이 가장 심하다(爲甚).

禮之用和爲貴 (사회규범과 도덕규범(=禮)의 운용에서 조화하는 것이 중요하다)

(형용사) 중요하다. (重要)

先王之道, 斯爲美 (선왕의 도(道)에서 이것이(=사회규범과 도덕규범(=禮)의 운용에서 조화하는 것) 매우 훌륭하다)

선왕지도(先王之道)는 인간사회의 질서를 유지시키는 모든 의례(儀禮)를 총칭하는 것으로 초기 중국문명의 제도를 말하는 것이다. 여기서 '선왕'은 그러한 의례를 제작한 최초의 모델(paragon, 모범이 되는 사람들)을 가리킨다. 이 예(禮)야말로 문명의 본질이며, 끊임없는 문화의 생성이다. 그래서 선왕을 '문명의 영웅(cultural hero)'라고 말할 수 있고 '사회질서(social order)'라는 개념으로도 대치할 수 있다. 그리고 이 선왕지도는 구체적으로 『의례』와 『주례』에 가장 선명하게 기술되어 있다. (김용옥, 2008)

先王之道, 斯爲美 (선왕의 도(道)에서 이것이(=사회규범과 도덕규범(=禮)의 운용에서 조화하는 것) 매우 훌륭하다)

(대명사) 가까운 것을 가리키며 보통 앞 문장에서 이미 출현한 사람, 사건, 사물, 장소, 시간, 상태 등을 가리킨다. 문장에서 주어, 목적어, 한정어가 되며 문장에서 대신하는 대상에 근거해서 알맞게 번역하면 된다. 여기서는 주어로 쓰였다. '이것', '이것들', '여기', '지금' 등으로 번역된다.

1. 주어

→ 聖人, 吾不得而見之矣, 得見君子者, 斯可矣 『論語·述而』
성인(聖人)은 내(吾)가 그를 볼 수 없(不得而見之)지만 군자를 볼 수 있(得見君子)는 거, 이것(斯)은 가능하다.

2. 목적어

동사, 전치사의 목적어가 된다.

→ 君子之至於斯也 『論語·八佾』
군자가 여기에 오다.

→ 子使漆彫開仕.對曰: "吾斯之未能信." 子說. 『論語·公冶長』
공자가 칠조개(漆彫開)에게 벼슬을 하라고 했다. 칠조개가 대구하여 말했다. "저는 이것(=벼슬하는 것)을 자신할 수가 없습니다." 공자가 기뻐했다.

3. 한정어

→ 當斯時也, 披圖一觀, 如獲重寶矣! 『天工開物·卷序』
이때 그림을 펴서 한 번 보는 건 귀중한 보배를 얻는 것과 같았다.

4. 서술어

→ 謂柳下惠、少連, 降志辱身矣, 言中倫, 行中慮, 其斯而已矣 『論語·微子』
유하혜와 소련을 평론하자면 생각을 낮추고 지위에 모욕을 주었지만 말은 준칙에 부합하고 행위는 생각에 부합하였으니 그들은 이러했을 뿐이다.

小大由之 (작은 것, 큰 것 모두 그것(=사회규범과 도덕규범(=禮)의 운용에서 조화하는 것)을 따르다.)

(동사) 순순히 따르다, (타인의 의견을) 받아들여 따르다. (随顺, 聽衆)

→ 揚州城下, 進退不由, 殆例送死
양주성 아래에서 진퇴(進退)를 따르지 않(不由)으니 아마도(殆) 스스로 죽을 길을 찾아야(送死:自尋死路) 할 것 같다(例)
(동사) 거치다, 경유한다. 지나가다(經過, 走過)

→ 舍正路不由, 哀哉 『孟子·離婁上』
정도(正路=바른 길)을 버리(舍)고 가지 않(不由)으니, 슬프구나(哀哉)!

有所不行 (실행되지 않는 것이 있다)

(조사) 일반적으로 '所+동사' 혹은 '所+전치사+동사'를 '所자 구조'라고 부른다.

1. 所와 동사가 결합하여 명사구를 만들어 문장에서 동사의 행위와 관련 있는 각각의 방면을 나타낸다. 예를 들어 '사람, 사물, 사건, 장소'등이다. 所자 구조는 '(所)동사 + 的 + 명사'의 형식으로 대응하여 번역된다. 예를 들면, '所想'은 문맥에 따라 '생각하는 사람 (所)想念的人, 생각하는 일 (所)想念的事情, 생각하는 것 (所)想念的東西, 생각하는 곳 (所)想念的地方' 등으로 번역된다.

→ 己所不欲, 勿施於人 『論語·衛靈公』
내(己)가 원하지 않는 것(所不欲)을 타인에게(於人) 하지 마라(勿施).

→ 曾西之所不爲也, 而子爲我愿之乎? 『孟子·公孫丑上』
증서(曾西)가(之) 배우지 않은 사람(所不爲)인데 그대(子)는 내가 그를 흠모한다(我愿之)고 생각하(爲)는 건가?

2. 所자는 먼저 전치사와 결합한 다음 다시 동사를 만나(所+전치사+동사) 명사구를 만들어 문장에서 동사와 관련 있는 '원인, 장소, 시간 및 동사 행위가 의존하여 행해지는 수단이나 관련된 대상' 등을 보여 준다. 문맥의 의미에 따라 번역하면 된다.

→ 曹劌問所以戰於莊公 『國語・魯語上』

조귀(曹劌, cáoguì)가 '장공(莊公)과 전쟁한(戰於莊公)' '이유를 묻다(問所以)'

→ 此嬰之所爲不敢受也 『晏子春秋・內篇硒下』

이것(此)이 안영晏嬰이(嬰之) 감히 받아들이지 못(不敢受)한 이유(所爲)이다.

→ 是吾劍之所從墜 『呂氏春秋・察今』

이곳(是)이 내 칼(吾劍)이(之) 빠진 곳(所從墜)이다.

→ 蒙問所從來 『史記・西南夷列傳』

당몽唐蒙(蒙)이 '온 곳(所從來)'을 묻다(問).

→ 夫水所以載舟, 亦所以覆舟 『文選・張衡:東京賦』

물(水)은 배를 뜨게 하(載舟)는 수단(所以)이고 역시(亦) 배를 가라앉게 하(覆舟)는 수단(所以)이다.

→ 所與游皆當世名人 『韓昌黎集・柳子厚墓志銘』

함께 교류(與游)한 대상(所)은 모두(皆) 당대(當世)의 이름 있는 사람(名人)이다.

不以禮節之, 亦不可行也 (예(禮)로 그것(=사회규범과 도덕규범(=禮)의 운용에서 조화하는 것)을 제한하지 않으면 실행될 수 없을 것이다)

(동사) 통제하다. 제한하다. (控制; 制限)

不以禮節之, 亦不可行也 (예(禮)로 그것(=사회규범과 도덕규범(=禮)의 운용에서 조화하는 것)을 제한하지 않으면 실행될 수 없을 것이다)

(부사) 동작, 행위가 일정한 조건을 갖추거나 어떠한 상황에서 자연스럽게 어떻게 된다는 것을 강조한다. '~면 ~하다, 어떠한 상황에서 어떠하다' 등으로 번역될 수 있다. (就, 則)

→ 因不失其親, 亦可宗也 『論語・學而』

옆에 있(因)지만 그 친밀함(其親)을 잃지 않으면(不失, 亦) 존경받을만하다(可宗也).

→ 水之性, 不雜則淸, 莫動則平; 郁閉而不流, 亦不能淸 『莊子・刻意』

물의 성질(水之性)이란 섞이지 않으면(不雜則) 맑고 움직이지 않으면(莫動則) 잔잔하고 가로막(郁閉)아 흐르지 않으면(不流, 亦) 맑을 수가 없다.

1-13. 有子曰: "信近於義, 言可復也. 恭近於禮, 遠耻辱也. 因不失其親, 亦可宗也."

有子曰:	"信	近	於	義,	言
유자가 말하다 (1-2)	(명)신용(17-6)	(형)가깝다	(전)장소와의 상태	(명)정의로움	(명)말, 언사, 한 마디(2-2)
유자가 말했다.	"신용이 정의로움에 가까(우면) [조건절(1-1)]				말은
可	**復**	**也.**	**恭**	**近**	**於**
(조동)가능. '~할 수 있다'(1-11)	(동)실행하다. 이행되다	(어기)판단 (동사,형용사술어끝) (11-15)	겸손하고 예의있다 (5-16)[형→명]	(형)가깝다	(전)장소와의 상태
이행될 수 있다.			겸손과 예의가 예(禮)에 가까(우면) [조건절(1-1)]		
禮,	**(可)遠**	**耻辱.**	**因(之而)**		**不**
(명)고대 사회규범과 도덕규범(9-3)	(형)멀다 [형용사→동사]	(명)명성에 받는 타격	그것에 기반을 두어 [之는 재지시로 앞의 문구 모두를 나타내고, 而는 점층접속사]		(부)동사술어 앞. '~하지 않다'(7-14)
	명성에 받는 타격을 멀리할 수 있다.		(그것에) 기반을 두고 게다가		
矢	**其**	**親,**	**亦**	**可**	**宗**
(동)잃다(15-33)	(대)그의…'복수可' (1-7)	(명)가까운 사람	(부사)~면 ~하다 (1-12)	(조동)가능. '~할 수 있다'(1-1 1)	(동)존경하다
그의 가까운 사람을 잃지 않으…			…면 존경할만하다."		
也."					
(어기)판단 (동사,형용사술어끝) (11-15)					

번역 유자가 말했다. "신용이 정의로움에 가까우면 말은 이행될 수 있다. 겸손과 예의가 예(禮)에 가까우면 명성에 받는 타격을 멀리할 수 있다. 그것에 기반을 두고 게다가 그의 가까운 사람을 잃지 않으면 존경할만하다."

語法과 語彙

信近於義 (신용이 정의로움에 가깝다)

(전치사) 전치사 '於'는 동작과는 관계가 없고 '장소(추상적 장소 포함)와의 상태'를 나타내는 전치사 용례로 보는 것이 적절하다고 본다. '~로부터, ~에서, ~와/과' 등으로 번역될 수 있다. ('16-1' 참조)

→ 今夫顓臾固而近於費 『論語·季氏』
지금(今) 저(夫, that) 전유(顓臾)는 견고하(固)고(而) 비읍(費邑)'에서/과/으로부터' 가깝다(近於費).

— [보충]

중국 고대중국어 전문 서적에서 이 항목을 '~방면에서, ~ 안에서(在…方面, 在…中, 從…之中)'로 분류하며 이러한 예문을 제시하였지만(→ 君子食無求飽, 居無求安, 敏於事而愼於言 군자는 먹을 때 배부름을 추구하지 않고, 거주할 때 편안함을 추구하지 않으며, 일에 대하여 민첩하고 말에 대하여 삼가한다) 이 예문은 '동작의 대상'인 전치사로

도 볼 수 있는 것 같다. (→ 問於子貢 자공에게 묻다. → 己所不欲, 勿施於人 내가 하기 싫은 것을 타인에게 강요하지 마라. → 舜明於庶物, 察於人倫 순임금은 많은 일을 이해했으며 사람과 사람 사이의 윤리 관계를 살폈다.)

信近於義 (신용이 정의로움에 가깝다)

(명사) 정의. 공정하고 합리적인 행위와 도덕(正義, 公正合理地行爲道德).

言可復也 (말이 이행될 수 있다)

(동사) 이행하다; 이행되다(履行). 실천하다(實踐)

→ 衆人雖貳, 聖人之復恭敬, 盡手足之禮也不衰 『韓非子·解老』
민중(衆人)이 비록(雖) 서로 다른 마음을 먹(貳)을지라도 성인이(聖人之) 공경을 실천하(復恭敬)고 관계가 밀접한 예(手足之禮)를 다하(盡)면 약해지지 않는다(=쇠락하지 않는다)(不衰).

恭近於禮, 遠恥辱也 (겸손과 예의가 예(禮)에 가까우면 명성에 받는 타격을 멀리할 수 있다)

(형용사) 멀다. 요원하다. 공간적 거리가 크다. (遥遠. 指空間距離大)

恭近於禮, 遠恥辱也 (겸손과 예의가 예(禮)에 가까우면 명성에 받는 타격을 멀리할 수 있다)

(명사) 명성에 받는 타격. (謂聲譽上所受的損害) [치욕, chǐrǔ]
(명사) 모욕. (侮辱)

因(之而)不失其親, 亦可宗也 (그것에 기반을 두고 게다가 그의 가까운 사람을 잃지 않으면 존경할만하다)

(동사) 의지하다. 기반으로 하다. (依靠, 憑借)

→ 高祖因之以成帝業 『三國蜀·蜀書·諸葛亮傳』
시조(高祖)께서 그것을 기반으로 하여(因之以) 왕조 건립의 사업(帝業)을 이루다(成).

— [견해]

이 문구에 나오는 인(因) 대한 학자들의 해석은 대체로 '의지하다' 또는 '가까이하다' 등이고, 친(親)에 대한 해석은 '친한 사람' 또는 '친밀함' 등인데, 이 해석에 따라 통사구조를 분석하면 만족스러운 결론에 도달하기 어렵다. 먼저 학자들의 견해를 보면 다음과 같다.

- "그가 의지하는 사람에게 그의 친근함을 잃지 않는다면 그로부터 존경을 받게 될 것이다" (김학주, 2017)
- "(원로와의 관계에서) 의탁함이 그 친함을 잃지 아니하면 또한 받들어 모실 수 있는 것이다" (이기동, 2011)
- "그렇게 함으로써 가까운 사람들을 잃지 아니 하면 또한 본받을 만하다" (김용옥, 2008)
- "가까이 지내면서도 친밀함을 잃지 않고 계속 친근한 관계를 유지한다면 그 사람도 역시 본받을 만하다" (류종목, 2000)
- "의지하는 사람은 모두 가까이 할 수 있는 사람이고 이것 역시 존경받을만하다(所依靠的都是可親之人, 這也就可尊敬了) (陳曉芬, 2016).
- "만약 한 사람이 가까운 사람에게 의지할 수 있다면 이것 역시 우리가 본받는 것이 될 수 있다(如果一個人能够依靠可親的人, 這也是可以爲我們所效法的) (毛子水, 2009).
- "관계가 깊은 사람에게 의지하는 것은 역시 믿을만하다(依靠關係深的人, 也就可靠了) (楊伯峻, 2006).

因을 '의지하다, 가까이하다' 동사로 보는 경우 목적어가 '不失其親(그(의) '가까운 사람/친함'을 잃지 않다)'가 된다. 이로 인해 해석은 '가까이 지내면서 친함을 잃지 않다 / 의지하는 것이 친함을 잃지 않다' 등으로 되며, 동사로 처리하지 않은 경우 해석이 더 안 맞아 보이고 문맥상 어색하고 의미상 충돌이 일어나기 때문에 해석에 인위성이 많이 간여될 수밖에 없는 것 같다.

이 문장에서 因은 동사(의지하다, 기반으로 하다)가 맞지만 因과 不失其親에서 의미 연결이 완만하지 않기 때문에 다른 각도에서 문맥을 완성해야 한다. 여기서는 因과 不失其親에 생략된 문구가 있다고 생각한다. 즉 재지시 之(그것 : 신용이 의로움에 가까우면 말은 이행될 수 있고, 공손함이 예에 가까우면 부끄러움을 멀리할 수 있다)와 '점층관계'을 나타내는 접속사 而이 생략되었다고 본다. 이 경우 의미는 매우 부드럽게 이어지고 문법적으로도 과오가 없게 된다. 따라서 '因(之而)不失其親, 亦可宗也'의 해석은 '그것(신용이 의로움에 가까우면 말을 이행될 수 있고, 공손함이 예에 가까우면 부끄러움을 멀리할 수 있음)을 기반으로 하고 게다가 그의 가까운 사람을 잃지 않으면 존경받을 만하다'가 된다.

因不失其<u>親</u>, 亦可宗也 (그것에 기반을 두고 게다가 그의 가까운 사람을 잃지 않으면 존경할만하다)

(명사) 가까운 사람. (親近的人)

→ 國君不可以輕, 輕則失<u>親</u> 『左傳·嘻公五年』
국왕(國君)은 가벼워서는 안 된다(不可以輕). 가벼우면(輕則) 가까운 사람을 잃는다(失親).

因(之而)不失其親, 亦可<u>宗</u>也 (그것에 기반을 두고 게다가 그의 가까운 사람을 잃지 않으면 존경할만하다)

(동사) 우러러 존경하다(尊奉), 존경하여 받들다(尊崇)의 의미이다.

→ 孔子布衣, 傳十餘世, 學者<u>宗</u>之 『史記·孔子世家』
공자(孔子)는 평민으로 태어났(布衣)지만 (그의 학설은) 십 수대에까지 전해(傳十餘世)져 학자들(學者)은 그를 우러러 존경했다(宗之).

1-14. 子曰:"君子食無求飽, 居無求安, 敏於事而愼於言, 就有道而正焉, 可謂好學也已."

子曰:	"君子	食	無	求	飽,
공자가 말했다	(명)군자(君子)(11-1)	(동)먹다(7-9)	(부)진술사실부정(=不)(1-15)	(동)추구하다, 찾다(7-11)	(동)배부르게 먹다(7-9)
공자가 말했다.	"군자는 먹을 때 배부르게 먹는 것을 추구하지 않(고), [시간복문(1-1)]				
居	**無**	**求**	**安,**	**敏**	**於**
(동)살다, 거주하다(5-18)	(부)진술사실부정(=不)(1-15)	(동)추구하다, 찾다(7-11)	(동)편안하다(5-26)	(형)민첩하다	(전)동작대상 '~에 대하여'(2-5)
거주할 때 편안하게 있는 것을 추구하지 않(으며) [시간복문(1-1)]				일에 대하여 민첩하…	
事	**而**	**愼**	**於**	**言,**	**就**
(명)일	(접)병렬. '그리고'(7-1)	(형.동)신중하다. 조심하다(7-12)	(전)동작대상 '~에 대하여'(2-5)	(명)말, 언사, 한 마디(2-2)	나아가다
…고 말에 대하여 조심하(며)					
有道		**而**	**正**	**焉,**	**可**
(동)재능과 기예가 있거나 도덕이 있다 [동사→명사(3-20)]		(접)점층. '게다가,또한'	(동)정돈하다. 바로잡다	(대)그것	(조동)가능. '~할 수 있다'(1-11)
재능, 기예 또는 도덕 구비로 나아가 거기에 더해(=게다가) 그것을 바로잡(는다면) [여기까지가 조건절]					
謂	**好**	**學**	**也已."**		
(동)말하다(1-7)	(동)좋아하다(7-11) [호,hào]	(동)배우다. 공부하다(15-31)	(어기,관용구)긍정		
배우는 것을 좋아한다고 말할 수 있다."					

번역 공자가 말했다. "군자는 먹을 때 배부르게 먹는 것을 추구하지 않고, 거주할 때는 편안하게 있는 것을 추구하지 않으며, 일에 대해서 민첩하고 말에 대하여 조심하며, 재능, 기예 또는 도덕 구비로 나아가 거기에 더해 그것을 바로잡는다면, 배우는 것을 좋아한다고 말할 수 있다."

語法과 語彙

敏於事而愼於言 (일에 대해서 민첩하고 말에 대하여 조심하다)

(형용사) 민첩하다. (敏捷)

→ 好古敏以求之者也 『論語·述而』
옛날의 것을 좋아하(好古)고 민첩하게(敏以) 추구하는 사람(求之者)이다(也).

就有道而正焉 (재능, 기예 또는 도덕 구비로 나아가 거기에 더해 그것을 바로잡다)

(동사) 앞으로 가다, 나아가다. (前往)

→ 去故鄕而就遠兮, 遵江、夏以流亡 『楚辭·九章·哀郢』

고향을 떠나(去故鄕而) 먼 곳으로 가(就遠)서 장강長江과 하수夏水를 따라(遵江、夏以) 떠돈다(流亡). (여기서 去와 就는 서로 대립된다)

就<u>有道</u>而正焉 (재능, 기예 또는 도덕 구비로 나아가 거기에 더해 그것을 바로잡다)

(동사) 재능과 기예가 있거나 도덕이 있다(有才藝或有道德)

→ 凡<u>有道</u>者, 有德者, 使(之)教焉 『周禮·春官·大司樂』
보통(凡) 재능과 기예가 있는 사람(有道者)은 덕이 있는 사람(有德者)이며 그에게(使(之)) 가르치게 할 수 있다(教焉).

就有道<u>而</u>正焉 (재능, 기예 또는 도덕 구비로 나아가 거기에 더해 그것을 바로잡다)

(접속사) 단문을 연결시키고 한층 올라가는(進層) 관계를 나타낸다. '게다가, 또한'으로 번역된다.

→ 餘不滿百<u>而</u>皆扶病 (漢·李陵 『答蘇武書』)
남은 사람(餘)은 백 명이 안 되(不滿百)고 게다가(而) 모두(皆) 병에 걸리다(扶病).

→ 溫故<u>而</u>知新 『論語·爲政』
옛것을 복습하(溫故)고 게다가(而) '새 것을 알다(知新)'.

就有道而<u>正</u>焉 (재능, 기예 또는 도덕 구비로 나아가 거기에 더해 그것을 바로잡다)

(동사) 정돈하다. 바로잡다. (整飭, 糾正)

→ 君子<u>正</u>其衣冠 『論語·堯曰』
군자가 '그의 옷과 갓(其衣冠)'을 정돈하다(正).

就有道而正<u>焉</u> (재능, 기예 또는 도덕 구비로 나아가 거기에 더해 그것을 바로잡다)

(대명사) '지(之)'에 대응되며 보통 동사 다음에 쓰여 목적어가 된다. 제 3인칭의 사람이나 사물을 가리킨다. '그', '그것' 등으로 번역된다. (他, 它)

— [견해]

여러 책에서 이 단어를 '자기 자신'이라는 1인칭 대명사로 해석하지만(김용옥, 류종목, 楊伯峻) 여러 고대중국어 공구서를 보면 1인칭으로 쓰이는 항목을 찾아볼 수가 없다. 인칭을 대상으로 할 경우 1인칭, 2인칭은 제외되었고 모두 3인칭으로만 사용되었다. (他, 它)

→ 甚無謂, 朕弗取<u>焉</u> 『史記·秦始皇本紀』
정말(甚) 의미가 없(無謂)구나, 나(朕)는 그것을 채택하지 않(弗取焉)겠다.

→ 太祖由是笑而惡<u>焉</u> 『三國志·魏書·武帝紀』
태조(太祖)는 이 때문에(由是) 웃고(笑而) 그를 몹시 싫어한다(惡焉).

可謂好學<u>也已</u> (배우는 것을 좋아한다고 말할 수 있다)

(어기사, 관용구) 어기사 也와 어기사 已를 이어 만들어졌다. 也는 확정이나 긍정의 어기를 나타내고, 已는 '장차 그럴 것이다(將然)', '이미 그러하다(已然)'의 나타내는 어기이다. 也已는 이어서 쓰여 주로 긍정의 어기를 나타내고 동시에 감탄의 어기도 나타낸다.

→ 臣之壯也, 猶不如人; 今老矣, 無能爲也已 『左傳·僖公三十年』

저의 힘(臣之壯)이 다른 사람만 못 한(不如人) 것 같습니다(猶); 이제(今) 이미 늙어(老矣)서 할 수가 없(無能爲)습니다.

→ 攻乎異端, 斯害也已 『論語·爲政』

유가 외 학설, 학파(異端)를(乎) 깊이 연구하(攻)는 것, 이것(斯)은 해롭다(害).

1-15. 子貢曰: "貧而無諂, 富而無驕, 何如?" 子曰: "可也, 未若貧而樂, 富而好禮者也." 子貢曰: "詩云: '如切如磋, 如琢如磨', 其斯之謂與?" 子曰: "賜也始可與言詩已矣! 告諸往而知來者!"

子貢曰:	"貧	而	無	諂,	富
자공이 말하다	(형)가난하다. 빈궁하다(15-32)	(접)전환. '그러나'(1-1)	(부)진술사실부정(=不)	(동)아첨하다	(형)부유하다
자공이 말했다. "가난하지만 아첨하지 않(고)					부유하지만
而	**無**	**驕,**	**何如?"**		**子曰:**
(접)전환. '그러나'(1-1)	(부)진술사실부정(=不)	(형)오만하다(13-26)	(관용구)어떠한가? 상황을 묻거나 방법을 상의함(5-4)		공자가 말하다
오만하지 않으(면) [조건절(1-1)]			어떻습니까?"		공자가 말했다.
"可	**也,**	**(抑)未若**		**貧**	**而**
(형)적절하다. 괜찮다	(어기)판단 (동사,형용사술어끝) (11-15)	(동사구) ~만 못하다, ~와 비교가 안 된다. (不如, 比不上)		(형)가난하다. 빈궁하다(15-32)	(접)전환. '그러나'(1-1)
"괜찮다(적절하다)		(그러나) 가난하지만 즐겁게 여기(고)			
樂,	**富**	**而**	**好**	**禮**	**者**
(동)즐겁게 여기다, 좋아하다(6-20)	(형)부유하다	(접)전환. '그러나'(1-1)	(동)좋아하다(7-11) [호,hào]	(명)예(禮). 고대 사회 도덕규범 (9-3)	(조사)~한 사람, ~한 것(1-2)
	부유하지만 예(禮)를 좋아하는 것만 못하다." [미약(未若)이 문두에 놓여 문장 전체를 부정했다]				
也."	**子貢**	**曰:**	**"詩**	**云:**	**'如**
(어기)판단 (동사,형용사술어끝) (11-15)	(인명)자공=사(賜) (1-10)	(동)말하다	『시경 詩經』	(동)말하다(2-21)	(동)~와 같다(2-1)
	자공이 말했다.		"『시경 詩經』에서(=이)		
切	**如**	**磋,**	**如**	**琢**	**如**
(명)진주 등 가공하여 완성품을 만드는 방법	(동)~와 같다(2-1)	(명)상아를 갈아서 만든 물건[방법]	(동)~와 같다(2-1)	(명)옥석가공 [방법]	(동)~와 같다(2-1)
'진주 등 가공하여 완성품을 만드는 방법과 같고, 상아를 갈아서 만드는 방법과 같(으며),			옥석을 가공하는 방법과 같고, 돌 등을 갈아서 손질하는 방법과 같다'고 말하(는데)		
'如切如磋, 如琢如磨'는 네 개의 '동사(如)+목적어(切, 磋, 琢, 磨)'의 병렬이다. 여기서 목적어는 '방법'을 나타내는 '명사'가 가능하고 또는 '행위'를 나타내는 '동사'도 가능하다. 명사로 볼 때 '한어대자전'의 의미항이 '방법'으로 활용될 수 있다는 전제에서 상기처럼 번역하였고, 동사 역시 '품사활용'되거나 약간의 의미변환이 있어야 한다. (진주 등을 가공하는 것과 같고, 상아 등을 가는 것과 같고, 옥석을 가공하는 것과 같고 석기를 갈아서 손질하는 것과 같다)					
磨',	**其**	**斯**	**之**	**謂**	**與?"**
(동)돌 등을 갈아서 손질하다[방법]	(대)그가,그것은. 주어(명사+之) (2-22)	(대)동·전 목적어. '이것.여기'(3-11)	(조)목적어전치 표지	(동)말하다(1-7)	(어기)문미의문 (8-6)
	그것은 이것을 말하는 것입니까?" [斯(이것)는 '未若貧而樂, 富而好禮者也(가난하지만 즐겁게 여기고, 부유하지만 禮를 좋아하는 것만 못하다)'를 나타내는 '재지시'로 쓰였다고 봐야 한다]				

子曰:	"賜	也	始	可	與
공자가 말하다	(인명)자공=사(賜) (1-10)	(어기)주어+也. '멈춤,완만,제시' (1-2)	(부)비로소,겨우	(조동)가능. '~할 수 있다'(1-11)	(동)참여하다, 참가하다(3-12) [yù]
공자가 말했다. "자공(子貢=사<賜>)은 비로소					
言	**詩**	**已矣!**		**告**	**諸**
(동)말하다(7-17)	『시경 詩經』	(어기)已는 也, 矣 앞뒤에 쓰여 也已, 已矣가 되어 서술이나 감탄		(동)알려주다 (15-42)	(대)3인칭. '그,그들,그녀…
『시경 詩經』을 말하는데 참여할 수 있구나! [여(與)의 '참여하다'에 대해서는 (9-30) 참조]				그에게 과거의 일을…	
往	**而**	**知**	**來者!"**		
(명)과거의 일 (7-28)	(접)가정,조건. '만약~하면'(5-17)	(동)알다	(명)장래의 일 (18-5)		
… 알려주면 장래의 일을 안다!"					

번역 공자가 말했다. "가난하지만 아첨하지 않고, 부유하지만 오만하지 않으면 어떻습니까?" 공자가 말했다. "적절하다. 그러나 가난하지만 즐겁게 여기고, 부유하지만 禮를 좋아하는 것만 못하다." 자공이 말했다. "『시경 詩經』에서(=이) '진주 등 가공하여 완성품을 만드는 방법과 같고, 상아를 갈아서 만드는 방법과 같으며, 옥석을 가공하는 방법과 같고, 돌 등을 갈아서 손질하는 방법과 같다'고 말하는데, 그것은 이것을 말하는 것입니까?" 공자가 말했다. "자공은 비로소 『시경 詩經』을 말하는데 참여할 수 있구나! 그에게 과거의 일을 알려주면 장래의 일을 안다!"

語法과 語彙

貧而無諂, 富而無驕 (가난하지만 아첨하지 않고, 부유하지만 오만하지 않다)

(부사) 동사, 형용사 술어 앞에 사용하여 진술하는 사실에 대한 부정을 나타낸다. 不과 통한다.

→ 無偏無黨, 王道蕩蕩 『尚書·洪範』
치우치지 않고 편애하지 않(無偏無黨)으면 왕도는 '넓고 크다(蕩蕩)'.

→ 民以此爲教, 則粟焉得無少, 而兵焉得無弱也? 『商君書·農戰』
백성을 '이것으로(以此)' '가르치면(爲教, 則)' 식량(粟)이 어떻게(焉) 줄지 않을 수 있고(無少, 而) 병력(兵)이 어떻게(焉) 약해지지 않을 수 있(得無弱)겠는가(也)?

貧而無諂, 富而無驕 (가난하지만 아첨하지 않고, 부유하지만 오만하지 않다)

(동사) 아첨하다. (諂媚, 巴結, 奉承) [첨, chǎn]

→ 非其鬼而祭之, 諂也 『論語·爲政』
나의 조상(其鬼)이 아닌데(非…而) 제사지내(祭之)면 아첨하는 것이다(諂也).

子曰: "可也, 未若貧而樂" (공자가 말했다. "적절하다. 그러나 가난하지만 즐겁게 여기고, 부유하지만 禮를 좋아하는 것만 못하다.")

(형용사) 적절하다, 적당하다, 적합하다, 괜찮다.(適當, 正當)

→ 其味相反, 而皆可于口 『莊子·天運』
그 맛(其味)은 서로 반대이지만(相反, 而) 모두(皆) 입에 괜찮다(可于口).

→ 何由知吾可? 『孟子·梁惠王上』
무엇에 의거하(何由)여 내가 적합하다는 걸 아(知吾可)는가?

→ 季文子三思而後行.子聞之, 日:"再, 斯可矣 『論語·公冶長』
계문자(季文子)는 세 번 생각한 다음 행동합니다(三思而後行). 공자가 그것을 듣(子聞之)고 말했다. "두 번이면(再, 斯) 적당하다(可矣)."

未若貧而樂, 富而好禮者也 (가난하지만 즐겁게 여기고, 부유하지만 禮를 좋아하는 것만 못하다)

(동사구) ~만 못하다, ~와 비교가 안 된다. (不如, 比不上)

→ 未若楚漢在滎陽、成皋閑也 『後漢書·荀彧傳』
楚나라, 漢나라가 滎陽[형양, Xíngyáng], 成皋[성고, chéng gāo]에서 '평안한 것만 못하다(未若…閑也)'.

如切如磋 (진주 등 가공하여 완성품을 만드는 방법과 같고, 상아를 갈아서 만드는 방법과 같다)

(명사) 고대 진주, 보석류의 물건을 가공하여 완성품을 만드는 방법. (古代加工珠寶器物的工藝名稱) [절, qiē]

如切如磋 (진주 등 가공하여 완성품을 만드는 방법과 같고, 상아를 갈아서 만드는 방법과 같다)

(명사) 상아를 갈아서 만든 물건. (以象牙磨制成器物) [차, cuō]

如琢如磨 (옥석을 가공하는 방법과 같고, 돌 등을 갈아서 손질하는 방법과 같다)

(명사) 옥석 가공. (玉石加工) [탁, zhuó]

如琢如磨 (옥석을 가공하는 방법과 같고, 돌 등을 갈아서 손질하는 방법과 같다)

(동사) 동 등을 갈아서 손질하다. (磨治石器) [마, mó]

其斯之謂與? (그것은 이것을 말하는 것인가?)

(조사) 목적어 전치 표지이다. 목적어를 동사 앞에 놓을 수 있도록 도우면서 목적어를 강조한다. 즉 '목적어 + 之 + 타동사'의 형식을 만드는 구조조사이다.(標志賓語前置)

→ 姜氏何厭之有! 『左傳·隱公元年』
강씨(姜氏)가 무슨 만족이 있겠는가(何厭之有)!

→ 惟怪之欲聞 (唐·韓愈『原道』)
다만(惟) 신기한 것을 듣고 싶다(怪之欲聞).

→ 寡君其罪之恐, 敢與知魯國之難? 『左傳·昭公三十一年』
우리 왕(寡君)은 자신의 죄를 두려워하(其罪之恐)는데(=왕 자신이 죄를 범할까 두려워하다) 감히(敢) 노나라의 재난(魯國之難)을 모두(與) 알(知)까요?

→ 前事之不忘, 後事之師 『戰國策·趙策一』
과거의 일을 잊지 않(前事之不忘)는 것이 미래의 일의 거울(後事之師)이다.

賜也, 始可與言詩已矣 (자공은 비로소 『시경 詩經』을 말하는데 참여할 수 있구나!)

(부사) 비로소 (才, 方才)

→ 寒暑易節, 始一反焉 『列子·湯問』
겨울과 여름(寒暑) 계절이 바뀌(易節)는 동안 비로소(始) 한 번 오간다(一反焉).

賜也, 始可與言詩已矣 (자공은 비로소 『시경 詩經』을 말하는데 참여할 수 있구나!)

(어기사) 已는 也, 矣 앞뒤에 쓰여 也已, 已矣가 되어 서술이나 감탄의 어기를 나타낸다.("也"、"矣"前後作"也已"、"已矣", 表示叙述或感嘆語氣)

→ 吴楚擧大事而不求孟, 吾知其無能爲已矣! 『史記·游俠列傳』
吴와 楚가 반란을 일으키(擧大事)려 하지만(而) 먼저 나서려 하지 않으니 나(吾)는 그들(其)이 할 수 있(爲)는 능력이 없다(無能)는 걸 '알겠구나(知…已矣)'!

告諸往而知來者 (그에게 과거의 일을 알려주면 장래의 일을 안다)

(대명사) 3인칭을 대신한다. '그, 그녀, 그들'

→ 潘崇曰: "能事諸乎?" 『左傳·文公元年』
반숭潘崇이 말했다. "그(諸)를 모실 수 있(能事)는가(乎)?"

1-16. 子曰: “不患人之不己知, 患不知人也!”

<table>
<tr><th>子曰:</th><th>“不</th><th>患</th><th>人</th><th>之</th><th>不</th></tr>
<tr><td>공자가 말하다</td><td>(부)금지.
‘~하지마라’</td><td>(동)걱정하다
(14-31)</td><td>(명)타인,
다른사람(7-30)</td><td>(접)주어+之
+서술어(1-10)</td><td>(부)동사술어 앞.
‘~하지 않다’(7-14)</td></tr>
<tr><td colspan="6">공자가 말했다. “다른 사람이 나를 이해하지 못하는 것을 걱정하지 말(고)</td></tr>
<tr><th>己</th><th>知,</th><th>患</th><th>(躬)不</th><th>知</th><th>人</th></tr>
<tr><td>(대)자신(1-16)</td><td>(동)이해하다,
알다(8-16)</td><td>(동)걱정하다
(14-31)</td><td>(부)‘~하지 않다’
(7-14)</td><td>(동)이해하다,
알다(8-16)</td><td>(명)타인,
다른사람(7-30)</td></tr>
<tr><td colspan="2"></td><td colspan="4">(본인이) 다른 사람을 이해하지 못하는 것을 걱정해라!”</td></tr>
<tr><th>也!”</th><td colspan="5" rowspan="3">목적어 전치(不患人之‘不+己+知’, 다른 사람이 나를 이해하지 못하는 것을 걱정하지마라)에 대한 설명 (9-14) 참조.</td></tr>
<tr><td>(어기) 명령</td></tr>
<tr><td></td></tr>
</table>

번역 공자가 말했다. “다른 사람이 나를 이해하지 못하는 것을 걱정하지 말고, 본인이 다른 사람을 이해하지 못하는 것을 걱정해라!”

語法과 語彙

不患人之不己知 (다른 사람이 나를 이해하지 못하는 것을 걱정하지마라)

(부사) 그만두게 말리거나 금지를 나타낸다.(表示勸阻、禁止. 不要, 不必.)

→ 病愈, 我且往見, 夷子不來 『孟子·藤文公上』
병이 좋아지(病愈)면 내(我)가 또한(且) 가서 볼(往見) 테니 이자(夷子)는 오지마라(不來).

→ 道不同, 不相爲謀 『史記·伯夷列傳』
정치주장(道)이 다르(不同)니 서로 상의하(相爲謀)지마라(不).

不患人之不己知 (다른 사람이 나를 이해하지 못하는 것을 걱정하지마라)

(대명사) 자기, 자신, 자기들, 우리 편(한국어에서 ‘자기’, ‘자신’은 모두 명사이다) (自身, 我方)

→ 君子博學而日參省乎己 『荀子·勸學』
군자는 ‘광범위하게 배우고(博學而)’ 하루(日)에 세 번(參) 자신을 성찰한다(省乎己).

→ 今燕虐其民, 王往而征之.民以爲將拯己於水火之中也, 簞食壺漿, 以迎王師 『孟子·梁惠王下』
지금(今) 연나라가 자신의 백성을 학대하(燕虐其民)니 왕께서 가시어(王往而) 그들을 정벌하(征之)십시오. 백성은 ‘물불 속에서(於水火之中)’ ‘자신들을 분명히 구조(將拯己)’해줄 거라고 여기(以爲)고 먹을 것과 마실 것(簞食壺漿)으로(以) 왕의 군대를 맞이(迎王師)할 겁니다.

→ 知己知彼, 百戰不殆 『荀子·謀功』
우리 편을 알(知己)고 저쪽 편을 알(知彼)면 백 번의 전쟁(百戰)에도 위태롭지 않다(不殆).

不患人之不己知 (다른 사람이 나를 이해하지 못하는 것을 걱정하지마라)

(목적어 전치) 목적어는 동사 술어 뒤에 놓이고 이것은 한대부터 지금까지 중국어가 공유하고 있는 정상적인 어순이다. 하지만 갑골문 어순은 그다지 고정적이지 않아서 목적어의 위치는 매우 탄력성이 있어 자주 동사 앞에 놓일 수 있다. 특히 대명사가 목적어인 경우 그렇고 선진先秦(=진秦나라 이전) 중국어는 일정 정도에서 이러한 점을 계승하고 있다. 이러한 상황은 한 대 이후 목적어가 동사 다음에 위치한 것에서 보자면 '목적어 전치'라 부를 수 있다. (楊啓國, 2016)

患不知人也! (다른 사람을 이해하지 못하는 것을 걱정해라!)

(어기) 명령어기를 도와준다. (啊, 呀)

제 2 편

위정

2-1. 子曰: “爲政以德, 譬如北辰. 居其所而衆星共之.”

子曰:	“爲	政	以	德,	譬
공자가 말하다	(동)하다,행하다	(명)정치.정사(13-5)	(전)행위도구.‘~로’	(명)덕(德)	(동)비유하다
공자가 말했다.	“덕(德)으로 정치를 하는 것은				비유하(면) [조건절(1-1)]
如	**北辰.**	**居**	**其**	**所**	**而**
(동)~와 같다	(명)북극성	(동)머물다(7-4)	(대)그것의… ‘복수可’(1-7)	(명)장소	(접)동작+而+동작 ‘조건,가정’(4-17)
북극성과 같다. [譬如:(동)비유하면~와 같다(9-19)]		북극성의 장소에 머물면			
衆	**星**	**共**	**之.”**		
(형)많다	(명)별	(동)둘러싸다. 둘레를 돌다	(대)재지시. ‘그것,그사람,그곳’ (=북극성)		
많은 별이 그의 둘레를 돈다.”					

번역 공자가 말했다. “덕(德)으로 정치를 하는 것은 비유하면 북극성과 같다. 북극성의 장소에 머물면 많은 별이 그의 둘레를 돈다.”

語法과 語彙

爲政以德 (덕으로 정치를 하다)

(동사) 하다. (做, 幹)

→ 故王之不王, 不爲也, 非不能也 『孟子·梁惠王上』

때문에(故) 왕이(王之) 임금노릇을 못하(不王)는 것은 하지 않(不爲)는 것이지 할 수 없(不能)는 것이 아니다(非…也).

→ 苟栗多而財有餘, 何爲而不成! (漢·賈誼『論積貯疏』)

만약(苟) 양식이 많고(栗多而) 재산이 여유가 있다(財有餘)면 무엇을 해도(何爲而) 성공하지 못한다(不成).

爲政以德 (덕으로 정치를 하다)

(전치사) 빌려온 사물이나 따르는 준칙을 소개한다. ‘~로, ~을 이용하여, ~에 따라’ (拿, 用, 按照, 依照)

행위의 도구를 지칭하는데 사용된 ‘以’는 ‘쓰다’라는 동사로서의 의미를 단순 확장한 것이다. ‘以’가 유도한 구는 본동사 앞에 올 수도 있고, 뒤에 놓일 수도 있다. 현대중국어에서는 이러한 전치사구의 자유로운 어순은 상실되었다. 본동사의 보어로 사용되는 특별한 경우를 제외하면 일반적인 수식어와 마찬가지로 전치사구는 언제나 동사 앞에 위치한다(Pulleyblank, 1995).

→ 殺人以挺 『孟子·梁惠王上』

몽둥이로(以挺) 사람을 죽이다(殺人).

→ 醒, 以戈逐子犯 『左傳·僖公二十三』
잠에서 깨(醒)어 창으로(以戈) 자범(子犯)을 추적하다(逐子犯).

→ 許子以釜甑爨, 以鐵耕乎? 『孟子·藤文公上』
허자(許子)는 솥과 시루(甑, 쪄서 먹는 용도의 그릇)로(以釜甑) 음식을 하고(爨) 철제 농기구로(以鐵) 밭을 가는가(耕乎)?

譬如北辰 (비유하면 북극성과 같다)

(동사) 비유하다. (比喩)

→ 譬道之在天下, 猶川谷之于江海 『老子·道德經三十二』
도가(道之) 천하에 있(在天下)는 것을 비유하(譬)자면 물줄기가(川谷) 강과 바다로 가(之于江海)는 것과 같다(猶).

譬如北辰 (비유하면 북극성과 같다)

(동사) ~와 같다. (像, 如同)

→ 子在川上曰: "逝者如斯夫! 不舍晝夜" 『論語·子罕』
공자가 '흐르는 물줄기 위에서(在川上)' 말했다. "(시간이) 지나가는 것(逝者)이 이와 같(如斯)구나! 밤낮(晝夜)으로 쉬지 않는다(不舍)."

譬如北辰 (비유하면 북극성과 같다)

(동사) 북극성. (指北極星) [북진, běichén]

→ 北極謂之北辰 『爾雅·釋天』
북극(北極)은 그것을(之) 북진(北辰)이라고 말한다(謂).

居其所而衆星共之 (북극성의 장소에 머물면 많은 별이 그의 둘레를 돈다)

(명사) '장소'를 보여 준다. (處所, 地方)

→ 後人來至蛇所, 有一老嫗夜哭 『漢書·高帝紀上』
뒤따라온 사람(後人)이 뱀이 있는 장소(蛇所)에 이르(來至)니 밤에 울고(夜哭) 있는 '한 노파(一老嫗)'가 있었다(有).

居其所而衆星共之 (북극성의 장소에 머물면 많은 별이 그의 둘레를 돈다)

(형용사) 많다. (許多)

居其所而衆星共之 (북극성의 장소에 머물면 많은 별이 그의 둘레를 돈다)

(동사) 둘러싸다. 둘레를 돌다. (環繞)(–拱) [공, gòng]

居其所而衆星共之 (북극성의 장소에 머물면 많은 별이 그의 둘레를 돈다)

— [보충, 대칭재지시]

(대명사, 재지시<復指>) 재지시는 '동격어'를 가리킨다. 지시대명사를 사용하여 문중에 이미 출현한 성분을 반복하

여 대신 가리킨다. 재지시는 대칭재지시(稱代復指)와 중첩재지시(重疊復指) 두 가지가 있는데 여기서는 대칭재지시(稱代復指)만 보기로 한다.[8] [중첩재지시는 (8-1)참조]

대칭재지시는 내용이 나타내는 것에서 문장 안의 주어, 한정어, 목적어 등 어떤 부분을 강조하거나 돌출시키기 위해서 그것을 문장의 앞부분에서 제시하여 그것의 본래의 위치에서 하나의 대명사를 이용하여 재지시한다. 통사구조를 간결하고 명쾌하게 해주는 효과를 얻을 수 있다.

1. 之

→ 子之十三篇, 吾盡觀之矣, 可以小試勒兵乎? 『史記·孫子吳起列傳』
너의 13편(子之十三篇) (병법)을 나는 모두 그것을 보았(吾盡觀之矣)으니 작은 시험으로(以小試) 군대를 지휘할 수 있(可…勒兵)을까(乎)?

→ 板印書籍, 唐人尚未盛行之 『夢溪笔談·技藝』
판목에 새긴(板印) 서적(書籍)을 당나라 사람들(唐人)은 '아직/여전히(尚)' 그것(之)을 광범위하게 유행시키(盛行: 廣泛流行)지 못했다.

위 첫째 예문의 '子之十三篇'는 본래 동사 觀 다음에 놓여 목적어가 되어야 하지만 목적어를 강조하기 위해서 이것을 문두에 놓았고 대명사 之를 원래의 목적어 자리에 놓아 대칭재지시를 만들었다. 두 번째 예문에서 '주어+서술어' 구조인 '板印書籍(판목에 새긴 서적)'는 동사 行의 목적어이다. 이 문장에서는 이 목적어(板印書籍)'를 문두에 놓고 원래의 목적어 자리에 대칭재지시사(稱代復指詞) 之를 넣었다.

2. 其

→ 男女同姓, 其生不蕃 『左傳·僖公二十三』
남녀 같은 성(男女同姓)이면 그 자손(其生)은 번성하지 못한다(不蕃).

→ 齊, 晉, 秦, 楚, 其在成周微甚 『史記·二十諸侯年表』
齊, 晉, 秦, 楚 이들 나라(其)는 강성한 周나라에서(在成周) 세력이 매우 약했다(微甚).

첫째 예문에서 주술구조인 '男女同姓'는 동사가 활용된(=품사의 활용, 詞類活用) '명사 生'을 수식하는 한정어가 되어야 하는데 이 한정어를 강조하기 위해서 문두에 놓고 그것의 원래 자리에 대명사 其를 넣어 재지시구를 만들었다. 두 번째 예문에서는 주어를 강조하기 위해서 대명사 其를 사용하여 연결구(聯合詞組) '齊, 晉, 秦, 楚'를 재지시했고, 이 '재지시구'가 전체 문장에서 주어를 담당한다.

3. 是

→ 吾不能早用子, 今急而求子, 是寡人之罪也 『左傳·僖公三十年』
내가 '일찍(早)' 너를 기용할 수 없었(不能…用子)는데 지금 급해서(今急而) 너를 찾(求子)으니 이것(是)은 나의 잘못이다(寡人之罪也).

→ 天地使我長百獸, 今子食我, 是逆天地命也 『戰國策·楚策一』
천지신령(天地:天地神靈)이 나더러(使我) 모든 짐승의 리더가 되(長百獸)라고 했는데 지금(今) 네가 나를 먹(子食我)으려 한다면 이건(是) 하느님의 명령을 거역하(逆天地命)는 거다.

지시대명사 是는 각각 吾不能早用, 今急而求子(내가 '일찍(早)' 너를 기용할 수 없었(不能…用子)는데 지금 급해서(今急而) 너를 찾다), 子天地使我長百獸(천지신령(天地:天地神靈)이 나더러(使我) 모든 짐승의 리더가 되(長百獸)라고 했는데 지금(今) 네가 나를 먹(子食我)으려 하다)의 재지시구를 나타내고, 각각의 문장에서 주어를 담당한다.

---

8 대칭재지시(稱代復指), 중첩재지시(重疊復指)의 한국어 술어는 아직 국내에서 찾지 못하여 본인이 이렇게 명명하였다. '중첩재지시'는 문제가 없을 것 같고, '대칭재지시'는 이견이 있을 수 있다.

4. 此

→ 今公子有急, 此乃臣效命的秋也 『史記·魏公子列傳』
지금 공자(公子)가 급한 어려움이 있(有急)는데 이것(此)은 내(臣)가 힘써야 할 시간(效命的秋)이다.

→ 匹夫見辱, 拔劍而起, 挺身而斗, 此不足爲勇也 (蘇軾 『留侯論』)
보통사람(匹夫)은 모욕을 당하(見辱)면 칼을 빼들고 일어나(拔劍而起)고 몸과 머리를 치켜드(挺身而斗)는데 이것(此)은 용감하다(勇)고 말하기 어렵다(不足爲).

지시대명사 此는 각각 今公子有急(지금 공자(公子)가 급한 어려움이 있(有急)다), 匹夫見辱, 拔劍而起, 挺身而斗(보통사람(匹夫)은 모욕을 당하(見辱)면 칼을 빼들고 일어나(拔劍而起)고 몸과 머리를 치켜든(挺身而斗)다)의 재지시구를 나타내고, 각각의 문장에서 주어를 담당한다.

2-2. 子曰: "詩三百, 一言以蔽之, 曰: '思無邪.'"

子曰:	"詩三百,	一言	以	蔽	之,
공자가 말하다	『시경詩經』의 시 300편	(명) 말 한 마디	(전)행위도구. '~로'(2-1)	(동)개괄하다	시 300편詩三百 [(대)재지시(2-1)]
공자가 말했다.	"『시경詩經』의 시 300편(을)	말 한 마디로 그것을 개괄하(면) [조건절]			
(子)曰:	"'(於)思	無	邪.'"		
(공자가) 말하다	(동)생각하다 (15-31)[동→명]	(동)없다	사악함 [형용사→명사]		
생각에 사악함이 없다."					

번역 공자가 말했다. "『시경』의 詩 삼백 편을 '한 마디·한 문장'으로 (그것을) 개괄하면 생각에 사악함이 없다."

語法과 語彙

詩<u>三百</u> (시 삼백 편)

『詩經』은 실제로 305편이다. 여기서 '300'이라고 말하는 것은 단지 '정수'를 말하기 위함이다다. (楊伯峻, 2006)

<u>一言</u>以蔽之 (한 마디로 그것을 개괄하다)

(명사) 말 한 마디. 한 번 하는 말. (一句話；一番話)

→ 君子<u>一言</u>以爲知, <u>一言</u>以爲不知 『論語・子張』
군자는 '한 마디 때문에(一言以)' 현명하다(知)고 생각되(爲)고 한 마디 때문에 현명하지 않다고 생각된다.

(명사) 말, 언사, 한 마디 (一句話爲一言)

→ 軍中無戲言 『三國演義・第四六回』
군대 내(軍中)에는 웃기는 한 마디(戲言) 없다(無). (분위기가 엄중하고 무거워 부담이 되었다)
→ 法語之<u>言</u>, 能無從乎? 『論語・子罕』
예법에 맞는 말(法語之言)을 따르지 않(無從)을 수 있(能)는가(乎)?

一言以<u>蔽</u>之 (한 마디로 그것을 개괄하다)

(동사) 개괄하다. (概括)

<u>思</u>無邪

원래는 『시경詩經・노송魯頌』에 나오는 글인데 공자가 이 말을 빌려 모든 시편을 평론하였다. 思는 본래 『경편駉篇』에서 의미가 없는 문두에 놓이는 글자였는데 공자가 이것을 인용하여 '생각(하다)'으로 이해하였다. 당연히 단장취의이다. (楊伯峻, 2006) ("思無邪"一語本是《詩經・魯頌》之文, 孔子借它來評論所有詩篇. 思在《駉篇》本是無義的語首詞, 孔子引用它當思想解, 自是斷章取義)

2-3. 子曰: “道之以政, 齊之以刑, 民免而無恥, 道之以德, 齊之以禮, 有恥且格.”

子曰:	“道	之	以	政,	齊
공자가 말하다	(동)안내하다. 인도하다.	(접사)동사강조·보충,음절모으기(13-1)	(전)행위도구. ~로'(2-1)	(명)정부 관련 업무 (=政事)	(동)훈계하여 타이르다
공자가 말했다. “정부 업무로 인도하(고)					
之	**以**	**刑,**	**民**	**免**	**而**
(접사)동사강조·보충,음절모으기(13-1)	(전)행위도구. ‘~로’(2-1)	(명)형벌	(명)서민·평민·백성·민중(15-25)	(동)사면하다. 석방하다 [동→피동]	(접)전환. ‘그러나’(1-1)
형벌로 훈계하여 타이르(면) [조건가정절]			백성은 사면되지만		
無	**恥,**	**道**	**之**	**以**	**德,**
(동)없다(9-2)	(명)부끄러운 마음 (14-1)	(동)안내하다. 인도하다.	(접사)동사강조·보충,음절모으기(13-1)	(전)행위도구. ‘~로’(2-1)	(명)덕(德)
부끄러운 마음이 없(고)		덕(德)으로 인도하(고)			
齊	**之**	**以**	**禮,**	**有**	**恥**
(동)훈계하여 타이르다	(접사)동사강조·보충,음절모으기(13-1)	(전)행위도구. ‘~로’(2-1)	(명)예(禮)	(동)있다	(명)부끄러운 마음 (14-1)
예(禮)로 훈계하여 타이르(면) [조건가정절]				부끄러운 마음이 있(고)	
且	**格.”**				
(접)게다가,또한	(동)바로 잡다. 고치다 [동→피동]				
게다가 바로 잡힌다.”					

번역 공자가 말했다. “정부 업무로 인도하고 형벌로 훈계하여 타이르면 백성은 사면되지만 부끄러운 마음이 없고, 덕(德)으로 인도하고 예(禮)로 훈계하고 타이르면 부끄러운 마음이 있고 게다가 바로 잡힌다.”

語法과 語彙

道之以政 (정부 업무로 그들을 인도하다)

(동사) 導와 같다(同導). 안내하다, 인도하다(導引), 물을 터서 통하게 하다(疏導).

→ 不如小決使道 『左傳·襄公三十一年』
작게 터지게 하여(小決) 물을 통하게(使道) 하는 게 ‘더 낫다(不如)’.

道之以政 (정부 업무로 그들을 인도하다)

(명사) 정부 관련 업무 (政事:與政府相關的事務)

→ 子皮認爲忠, 故委政焉 『左傳·襄公三十一年』

子皮는 충성스럽다고 여기(認爲忠)어 그래서(故) 그에게 정사를 맡게 했다(委政'焉<=於之>')(= 정부 관련 업무를 '주었다(委)').

齊之以刑 (형벌로 훈계하여 타이르다)

(동사) 훈계하여 타이르다. (戒敕)

→ 予齊百工, 伻從王於周 『尚書·洛诰』
내(予)가 모든 관리들을 훈계하고 타일러(齊百工) 왕을 따라(從王) 주(周)에(於周) 가'도록 했다(伻)'.

齊之以刑 (형벌로 훈계하여 타이르다)

(명사) 형벌. (刑罰)

→ 刑罰不中, 則民無所措手足 『論語·子路』
형벌(刑罰)이 부적절하면(不中, 則) 백성(民)은 손발(手足)을 둘 곳이 없다(無所措).

民免而無恥 (백성은 사면되지만 부끄러운 마음이 없다)

(동사) 사면하다. 죄과를 없애주다. 석방하다. (赦免, 免除罪過, 釋放)

→ 赦之, 以勸事君者. 乃免之 『左傳·成公二年』
그를 사면하(赦之)면, 그 사면 받음으로(以) 왕을 섬기는데 힘(勸事君者)쓸 것이다. 그러니(乃) 그를 사면해(免之)줘라.

有恥且格 (부끄러운 마음이 있고 게다가 바로 잡히다)

(접속사) 단문을 연결시켜주고 '점차적 전진'을 보여 준다. '게다가, 또한'. (連接分句, 表示遞進. 況且, 而且)

→ 公語之故, 且告之悔 『左傳·隱公元年』
公은 그에게 이유를 말하(語之故)고 게다가(且) 그에게 후회도 말했다(告之悔).

有恥且格 (부끄러운 마음이 있고 게다가 바로 잡히다)

(동사) 바로잡다. 고치다. (糾正)

→ 惟大人爲能格君心之非 『孟子·離婁上』
오직(惟) 큰 사람(大人)만 왕 마음의 잘못 된 것(君心之非)을 바로잡을 수 있(能格)도록 '도와준다(爲)'.

2-4. 子曰: "吾十有五而志於學; 三十而立; 四十而不惑; 五十而知天命; 六十而耳順; 七十而從心所欲, 不踰矩."

子曰:	"吾	十	有	五	而
공자가 말하다	(대)나,우리 '주어,한정어…' (13-18)	(수사)열.십.10	(접)그리고(=又)	(수사)다섯.오.5	(접)부사어+而 +서술어(1-4)
공자가 말했다. "나는 열다섯 살에					
志	**於**	**學;**	**三十**	**而**	**立;**
(동)뜻을 세우다. 뜻이 생기다.	(전)동작발생, 출현범위.'~에' (1-14)	(명)학문.학식 (11-25)	(수)서른.삼십.30	(접)부사어+而 +서술어(1-4)	(동)성취하다. 실적을 쌓다
학문에 뜻을 세웠(고)			서른 살에 실적을 쌓았(으며)		
四十	**而**	**不**	**惑;**	**五十**	**而**
(수)마흔.사십.40	(접)부사어+而 +서술어(1-4)	(동)없다(1-8)	(동)의심.의혹	(수)쉰.오십.50	(접)부사어+而 +서술어(1-4)
마흔 살에 의혹이 없었고,				쉰 살에	
知	**天命;**	**六十**	**而**	**耳順;**	
(동)알다	(명)하늘의 '의도/의향/의지'	(수)예순.육십.60	(접)부사어+而 +서술어(1-4)	(동)그 말을 들으면 그 말의 함축된 뜻을 안다	
하늘의 의도를 알았고		예순 살에 말을 들으면 그 말의 함축된 뜻을 알았고			
七十	**而**	**從**	**心**	**所**	**欲;**
(수)일흔.칠십.70	(접)부사어+而 +서술어(1-4)	(동)따르다, 따라가다(3-23)	(명)마음	(조사)'~사람·것· 사건·곳'(1-12)	(동사)원하다
일흔 살에 마음이 원하는 것을 따라가도 [양보절]					
不	**踰**	**矩."**			
(부)동사술어 앞. '~하지 않다'(7-14)	(동)넘어서다. 극복하다 (19-24)(=逾)	(명)법도.준칙			
법도를 넘지 않았다."					

번역 공자가 말했다. "나는 열다섯 살에 학문에 뜻을 세웠고, 서른 살에 실적을 쌓았으며, 마흔 살에 의혹이 없었고, 쉰 살에 하늘의 의도를 알았고, 예순 살에 말을 들으면 그 말의 함축된 뜻을 알았고, 일흔 살에 마음이 원하는 것을 따라가도 법도를 넘지 않았다."

語法과 語彙

吾十有五而志於學 (나는 열다섯 살에 학문에 뜻을 세웠다)

(접속사) 그리고(又)와 같다. 整數(정수)와 우수리(일정한 계산단위, 포장 단위에 모자라는 자잘한 수량이나 부분) 사이에 쓰인다.

→ 爾來二十有一年矣 『諸葛亮·前出師表』
네가 온(爾來) 것이 이미 21년(二十有一年)이다.

三十而立 (서른 살에 실적을 쌓았다)

(동사) 성취하다. 실적을 쌓다. (建樹；成就)

— [보충]

- 배운 도리로 자신을 세우고 행할 수 있다.(立, 是能够運用所學的道理以立身行己)(毛子水, 2009)
- '일어설 수 있다'의 의미로 문맥의 원활함을 위해서, 번역은 (일을 만나면) '모두 파악이 된다'로 된다.("站得住"的意思, 爲求上下文的流暢, 意譯爲遇事"都有把握")(楊伯峻, 2006)

五十而知天命 (쉰 살에 하늘의 의도를 알았다)

(명사) 따라야 하는 하늘의 '의도/의향/의지'

→ 周德雖衰, 天命未改 『左傳·宣公三年』
주나라의 덕행(周德)이 비록 보잘것없(雖衰)게 되었지만 하늘의 의도(天命)은 아직 바뀌지 않았다(未改).

六十而耳順 (예순 살에 말을 들으면 그 말의 함축된 뜻을 알았다)

- '耳順' 이 두 글자는 설명하기 매우 어렵다. 이 글자를 잘 전달하려고 한 사람은 매우 많았지만 모두 견강부회하다.("耳順"這兩個字很難講, 企圖把它講通的也有很多人, 但都覺牽强)(楊伯峻, 2006)
- 何晏(~249년)[hé yàn; 하안]이 '여러 注를 모으면서(=集解하면서)' 鄭玄(127년~200년)의 말을 인용하여 "耳順은 그 말을 들으면 그 말의 함축된 뜻을 안다."라고 하였다.(何晏集解引鄭玄曰:"耳順, 聞其言而知其微旨也.")(『漢語大詞典』)

七十而從心所欲 (일흔 살에 마음이 원하는 것을 따라가도 법도를 넘지 않았다)

(동사) 희망하다, 원하다. (想要, 希望)

→ 仁遠乎哉? 我欲仁, 斯仁至矣 『論語·述而』
인(仁)이 멀리 있는가(遠乎哉)? 내가 인(仁)을 원하면(欲, 斯) 인(仁)은 온다(至矣).

(동사) ~하려 하다. (想要, 打算)

→ 愛共叔段, 欲立之 『左傳·隱公元年』
애공숙단(愛共叔段)이 그(之)를 옹립하려 하다(欲立).

→ 豫州今欲何至? 『資治通鑑·漢紀·獻帝建安十三年』
예주(豫州)는 지금(今) 어디를 가(何至)려고 하(欲)는가?

七十而從心所欲, 不踰矩 (일흔 살에 마음이 원하는 것을 따라가도 법도를 넘지 않았다)

(명)법도. 준칙. (法度. 準則) [구, jǔ]

2-5. 孟懿子問孝, 子曰: “無違.” 樊遲御, 子告之曰: “孟孫問孝於我, 我對曰: ‘無違.’” 樊遲曰: “何謂也?” 子曰: “生事之以禮; 死葬之以禮, 祭之以禮.”

孟懿子	問	孝,	子曰:	“無	違.”
(인명)맹의자	(동)問A: A에 대해 묻다 (12-10)	(명)효(孝)	공자가 말했다.	(부)진술사실부정 (=不)(1-15)	(동)거역하다. 위배하다
맹의자(孟懿子)가 효(孝)에 대해 물었(을 때) [시간절]			공자가 말했다. “거역하지 않는 것입니다.”		
樊遲	**御,**	**子**	**告**	**之**	**曰:**
(인명)번지	(동)(말,전차…)몰다	(인명)공자	(동)알려주다 (15-42)	(대)사람,사건,사물. 123인칭(1-10)	(동)말하다
번지(樊遲)가 마차를 몰고 있(었을 때) [시간절]		공자가 그에게(=번지에게) 알려주며 말했다.			
“孟孫	**問孝**		**於**	**我,**	**我**
(인명)맹손=맹의자	효(孝)에 대해 묻다 [(동)問A於B:A에 대해 묻다 B에게(12-10)]		(전) ~에게	(대)나	(대)나
“맹손(孟孫=맹의자)이 나에게 효(孝)에 대해 물(었을 때) [시간절]					나는
對	**曰:**	**‘無**	**違.’”**	**樊遲**	**曰:**
(동)대답하다	(동)말하다	(부)진술사실부정 (=不)(1-15)	(동)거역하다. 위배하다	(인명)번지	(동)말하다
대답하며 말했다.		“‘거역하지 않는 것입니다.’”		번지(樊遲)가 말했다.	
“何謂		**也?”**	**子曰:**	**“生**	**事**
(관용구)무엇을 말하는 것인가?		(어기)의문	공자가 말하다	(동)생존하다. 살게하다(7-22)	(동)섬기다(3-18)
“무엇을 말씀하시는 건가요?”			공자가 말했다.	“생존하시면 [조건·가정긴축복문(11-14)]	
之	**以**	**禮;**	**死**	**葬**	**之**
(대)사람,사건,사물. 123인칭(1-10)	(전)행위도구. ‘~로(2-1)	(명)예(禮)	(동)죽다	(명.동) 장례(지내다)	(대)사람,사건,사물. 123인칭(1-10)
부모님을 예(豫)로 섬기(고)			돌아가시면 예(豫)로 부모님 장례를 지내(며) [조건·가정긴축복문(11-14)] [‘부모님의 장례를 지내다’를 ‘장지(葬之)’로 표현]		
以	**禮,**	**祭**	**之**	**以**	**禮.”**
(전)행위도구. ‘~로(2-1)	(명)예(禮)	(동)제사지내다 (3-12)	(대)사람,사건,사물 (1-10)	(전)행위도구. ‘~로(2-1)	(명)예(禮)
		예(禮)로 부모님께 제사지내는 것이다.”			

번역 맹의자(孟懿子)가 효(孝)에 대해 물었을 때 공자가 말했다. “거역하지 않는 것입니다.” 번지(樊遲)가 마차를 몰고 있었을 때 공자가 번지에게 알려주며 말했다. “맹손(=맹의자)이 나에게 孝에 대해 물었을 때, 나는 대답하며 말했다. ‘“거역하지 않는 것입니다.’” 번지(樊遲)가 말했다. “무엇을 말씀하시는 건지요?” 공자가 말했다. “생존하시면 禮로 부모님을 모시고, 돌아가시면 禮로 부모님 장례를 지내며, 禮로 부모님께 제사지내는 것이다.”

語法과 語彙

孟懿子問孝 (맹의자(孟懿子)가 효(孝)에 대해 묻다)

姓(성)은 仲孫(중손)이고 이름은 何忌(하기)이고 諡號(시호:제왕, 재상, 현명한 유학자가 죽은 뒤에 그들의 공덕을 칭송하여 붙인 이름)가 懿(의)이다. 孟孫(맹손)과 같다. 孟懿子(맹의자)라는 인물을 이해하기 위해서는 三桓(삼환)을 이해해야 하고, 삼환을 이해하기 위해서는 노나라의 역사서인 『春秋』의 배경을 알아야 할 것 같다. 『春秋』는 노나라 隱公(은공) 원년(BC722)의 기사로부터 시작하고 있다. 그리고 哀公(애공) 14년(BC481) "春, 西狩獲麟(봄, 서쪽지방에서 사냥하여 기린을 잡았다)"로 끝나고 있다. 12대 242년간의 편년체 역사다. 상서로운 동물인 기린을 잡아 죽인 사건은 매우 불길한 사건이다. 공자는 獲麟(획린)과 더불어 절필했다. 죽기 2년 전의 일이다. 춘추라는 '봄, 가을'로 이어지는 시간의 무대 위에 등장하는 노나라의 역사는 매우 슬프다. 인간의 욕망과 죽음과 사랑이 원칙 없이 뒤얽힌 비극의 역사다. 이러한 비극의 역사를 배경으로 삼환이라는 세 권세가문이 國君 위로 군림하는 권력자로서 등장하고 있는 것이다. 삼환은 '桓公(환공)의 세 아들'이라는 뜻에서 유래한 것이다. 이 세 아들 慶父(경부), 叔牙(숙아), 季友(계우)의 자손들을 각기 맹손씨(孟孫氏:경부의 자손들), 숙손씨(叔孫氏:숙아의 자손들), 계손씨(季孫氏:계우의 자손들)라고 부르게 된다. 이 세 집단을 三桓(삼환)이라 부른다. 이 三桓(삼환) 중 季氏 집안이 가장 막강했으므로 上卿(상경)이라 특칭하기도 한다. 莊公(장공) 말년 삼환의 국정 농정(國政弄政)의 추태는 대단했다. (김용옥, 2008)

子曰: 無違 (공자가 말했다 : 거역하지 않는 것이다)

(동사) 거역하다(違抗), 위배하다(違背). 그리고 無違는 특히 예법, 천도(=하늘의 뜻)를 어기지 말아야 함을 가리킨다.(特指不要違反禮法、天道)

→ 縱敵患生, 違天不祥 『左傳·僖公三十二年』
적을 놓아주(縱敵)면 걱정이 생기(患生)고 하늘을 거역하(違天)면 불길하다(不祥).

樊遲御 (번지가 마차를 몰다)

(동사) (말, 전차, 수레 등을) 몰다(駕), (물건 등을) 싣다(載)

→ 梁弘御戎, 萊駒右衛 『左傳·僖公三十三年』
양홍(梁弘)은 전차를 몰(御戎)고 채구(萊駒)는 오른쪽을 방어하다(右衛).

孟孫問孝於我 (맹손이 나에게 효에 대해 묻다)

(전치사) '於+목적어'의 형태로 동작, 행위나 상황과 관계있는 대상이나 방면을 보여 준다. 서술어 뒤에서 보어가 되어 동작, 행위가 아우르는 대상을 끌어들인다. 또는 서술어 앞에서 부사어가 되어 대체로 관련 있는 대상이나 방면의 강조를 보여 준다. '~에 대하여', '~에게', '~에 있어서' 등으로 번역된다. (對, 對於, 在對, 跟, 給, 向)

→ 愛其子, 擇師而教之; 於其身也, 則耻師焉, 惑矣 (唐·韓愈『師說』)
그의 자식을 사랑하(愛其子)여 선생을 골라 자식을 가르치(擇師而教之)는데 그 자신에 대해서는(於其身也) 오히려(則) 선생을 부끄럽게 여기(耻師)니 이해가 안 간다(惑矣).

→ 己所不欲, 勿施於人 『論語·衛靈公』
자신(己)이 하기 싫은 것(所不欲)을 타인에게(於人) 강요하지 마라(勿施).

→ 葉公問孔子於子路, 子路不對 『論語·述而』

엽공(葉公)이 자로에게(於子路) 공자에 대해서 물(問孔子)으나 자로는 대답하지 않다.

→ 逄蒙學射於羿, 盡羿之道, 思天下惟羿爲愈己, 於是殺羿 『孟子·離婁下』

방몽(逄蒙)이 예(羿)에게(於羿) 활쏘기를 배(學射)웠고 예(羿)의 기술을 다 배우(盡羿之道)고 천하에(天下) 예(羿)만(惟羿)이 자기보다 낫다(爲愈己)고 생각하(思)여 이 때문에(於是) 예(羿)을 죽였다.

我對曰: "無違" (내가 대답하며 말한다 : "거역하지 않는 것이다")

(동사) 대답하다(回答)

→ 大夫文種進對曰 『國語·越語』

대부(大夫) 문종(文種)이 나아가(進) 대답하며 말하다(對曰).

何謂也? (무엇을 말하는 것인가?)

1. (관용구) 동사 위(謂)와 의문대명사 하(何)로 구성된 '동목구'로 경전의 뜻을 물을 때 그리고 어떤 함의를 담고 있는지를 물을 때 사용된다. '무엇을 가리키는가? 무슨 뜻인가?'로 번역된다. ('甚麼意思', '甚麼而言)

→ 迂叟曰: "世之人不以耳視而目食者鮮矣!" 聞者駭曰: "何謂也?" (宋·司馬光『官失』

우수(迂叟)가 말했다. "세상 사람 중(世之人)에 귀로 보지 않고(不以耳視而) 눈으로 먹지 않는 사람(不…目食者)은 분명히 드물 것이다(鮮矣)!" 말을 들은 사람(聞者)이 놀라서 말했다(駭曰). "무슨 뜻인가?(何謂也)"

— [보충, 何]

(대명사) 何는 謂之何(그것을 무엇이라 일컫는가?), 如之何(그것은 무엇과 같은가?)와 같이 두 개의 목적어를 취하는 동사의 두 번째 목적어일 경우에도 뒤에 위치한다. 謂之何(그것을 무엇이라 일컫는가?)는 何謂(무엇을 말하는가?)와 대비되며, 如之何(그것은 무엇과 같은가?)는 何如로 축약되기도 한다. 何는 何人(어떤 사람)과 같이 명사의 수식어로 사용되기도 한다. 자주 사용되는 관용 표현으로 何故(무슨 이유로; 왜)가 있다.(polleyblank, 1995)

何謂也? (무엇을 말하는 것인가?)

(어기사) 의문을 도와주는 어기 조사이다. '嗎, 呢'에 해당된다.

→ 子張曰: "十世可知也?" 『論語·爲政』

자장(子張)이 말했다. "10대(代)(=300년) 이후를 '알 수 있(可知)'습니까(也)?"

→ 是其故何也? 『墨子·尙賢上』

이것(是)은(其) 무슨 이유인가(故何也)?

2-6. 孟武伯問孝, 子曰: "父母唯其疾之憂."

<table>
<tr><th>孟武伯</th><th>問</th><th>孝,</th><th>子曰:</th><th>"父母</th><th>唯</th></tr>
<tr><td>(인명)맹무백</td><td>(동)問A:
A에 대해 묻다
(12-10)</td><td>(명)효(孝)</td><td>공자가 말하다.</td><td>(명)부모</td><td>(부사)오직~만(=惟)</td></tr>
<tr><td colspan="3">맹무백(孟武伯)이 효(孝)에 대해 물었다.</td><td colspan="3">공자가 말했다. "부모는 오직</td></tr>
<tr><th>其</th><th>疾</th><th>之</th><th>憂."</th><td colspan="2" rowspan="3"></td></tr>
<tr><td>(대)그의(=자식의)</td><td>(명)질병(8-3)</td><td>(구조조사)
'唯+목적어+之
+타동사'</td><td>(동)걱정하다,
근심하다(7-3)</td></tr>
<tr><td colspan="4">자식의(=그의) 질병만을 걱정한다." [목적어 전치(前置)는 (9-14)참조]</td></tr>
</table>

번역 [번역] 맹무백(孟武伯)이 효(孝)에 대해 물었다. 공자가 말했다. "부모는 오직 자식의 질병만을 걱정한다."

語法과 語彙

孟武伯問孝 (맹무백(孟武伯)이 효(孝)에 대해 묻다)

맹무백(孟武伯)은 맹의자(孟懿子, 2-5)의 아들이다. 武는 시호(謚號)이고 伯은 맏아들을 뜻한다. 성은 중손(仲孫)이고 이름은 체(彘)이다. 애공(哀公) 11년(BC484, 공자 68세) 제나라가, 노나라가 식(鄎, 제나라 땅)을 친 것에 대한 보복으로, 노나라를 침공했다. 이때 좌사(左師, 왼쪽 군대)를 이끈 장수는 염구(冉求)였고, 우사(右師, 오른쪽 군대)를 이끈 것이 맹무백이다. 어려서부터 무용에 뛰어났다. 애공(哀公) 13년(BC481, 공자 71세) 그의 아버지 맹의자가 세상을 뜨자 그 뒤를 이어 맹손씨(孟孫氏)의 가로(家老)가 되었다. 맹무백은 공자의 입장에서 보면 라이벌이면서 제자이기도 한 맹의자라는 친구의 어린 아들이었다. 이 장면은 아버지 같은 대 철학자가 전도가 창창한 아이에게 따사로운 온정과 충심으로 타이르는 내용으로 해석되어야 한다. (김용옥, 2008)

父母<u>唯</u>其疾之憂 (부모는 오직 자식의 질병만을 걱정한다)

(부사) 이체자는 惟이다. 어떤 범위에 국한되는 것을 나타낸다. '오직'의 의미. (表示僅限于某一範圍.只)

→ 無恒產而有恒心者, <u>惟</u>士爲能 『孟子·梁惠王上』
일정한 재산(恒產)이 없지만(無…而) 일정한 마음이 있는 사람(有恒心者)은 오직(惟) 선비만 그럴 수 있다(士爲能).

→ 知其罪者<u>唯</u>孔距心 『孟子·公孫丑下』
자신의 죄를 아는 사람(知其罪者)은 오직 공거심(孔距心)뿐이다.

父母唯<u>其</u>疾之憂 (부모는 오직 자식의 질병만을 걱정한다)

(대명사) 其는 其手(그의 손)과 같이 '명사 + 之'의 대명사 대용어로 쓰인다. 3인칭 소유격 관계를 보여 준다. (1-7)

→ 事父母, 能竭<u>其</u>力 『論語·學而』
부모를 섬길(事父母) 때 그의 힘(其力)을 다할 수 있다(能竭).

父母唯其疾之憂 (부모는 오직 자식의 질병만을 걱정한다)

(구조조사) 목적어의 유일함을 강조한다. 목적어 앞에 부사 '唯(惟)'를 더하여 '唯(惟) + 목적어 + 之 + 타동사' 구조를 만든다. '唯(惟)'는 융통성을 갖고 해석할 수 있다. (1-16)

→ 富而不驕者鮮, 吾唯子之見 『左傳·定公十三年』
부유하지만(富而) 교만하지 않은 사람(不驕者)은 드문(鮮)데 나(吾)는 오직(唯) 너만 본다(子之見). (=너만은 그렇지 않은 사람이다)

2-7. 子游問孝, 子曰: "今之孝者, 是謂能養. 至於犬馬皆能有養, 不敬, 何以別乎?"

子游	問	孝,	子曰:	"今	之
(인명)자유	(동)問A: A에 대해 묻다 (12-10)	(명)효(孝)	공자가 말하다.	(명.부)현재, 지금(6-12)	(조사) 수식,종속관계. '~의'(3-2)
자유(子游)가 효(孝)에 대해 물었다.			공자가 말했다. "지금의 효(孝)…		
孝	**者,**	**是**	**謂**	**能**	**養.**
(명)효(孝)	(어기)잠시 멈춤	(대.재지시)이것 (2-1)	(동)의미하다 (13-30)	(조동사) ~할 수 있다(1-7)	(동)먹여살리다. 사육하다(5-16)
		이것은 먹여 살릴 수 있음을 의미한다.			
至於	**犬**	**馬,**	**皆**	**能**	**有**
(접)비록~지만/라도	(명)개	(명)말	(부사)모두	(동사)할 수 있다	(동)있다
비록 개, 말이지만 [양보절]			모두 보살핌이 있을 수 있(는데)		
養,	**不**	**敬,**	**何以**	**別**	**乎?"**
(동)보살피다. 먹여 살리다 [동→명]	(동)없다(1-8)	(형)공손하다, 공경하다(5-16) [동→명]	(의.대)어떻게	(동)구별하다 (19-12)[동→피동]	(어기)의문
	공경이 없(다면) [조건가정절]		어떻게 구별되겠는가?"		

번역 자유(子游)가 효(孝)에 대해 물었다. 공자가 말했다. "지금의 효... 이것은 '먹여 살릴 수 있음'을 의미한다. 비록 개, 말이지만 모두 보살핌이 있을 수 있는데, 공경이 없다면 어떻게 구별되겠는가?"

語法과 語彙

子游問孝 (자유(子游)가 효(孝)에 대해 묻다)

자유는 '선진'편에서 언급한 사과십철(四科十哲)에 자하(子夏)와 함께 문학에 능한 인물로 공문(孔門)에서 비교적 중후한 위치를 차지하는 제자이다. 나이는 35세 연하, 45세 연하 두 설이 있으나 사마천의 기록대로 보통 45세 연하로 설정하고 있다. 子游는 字이다. 그의 姓은 言이고 이름은 언(偃)이다. 후대의 『맹자』, 『순자』 같은 문헌에서는 공자사후 공문에서 가장 유력한 제자로 항상 '자하(子夏), 자장(子張), 자유(子游)' 세 사람을 꼽는다. 『논어』의 '자장'편은 이들에 관한 이야기를 집약적으로 취급하고 있다. (김용옥, 2008)

今之孝者, 是謂能養 (지금의 효… 이것은 '먹여 살릴 수 있음'을 의미한다)

(어기사) 잠시 멈춤을 보여 준다.(表示提頓)

→ 北山愚公者, 年且九十 『列子·湯問』
북산(北山)의 우공(愚公)은 나이(年)가 곧 90에 가까워진다(且:將近).

今之孝者, 是謂能養 (지금의 효… 이것은 '먹여 살릴 수 있음'을 의미한다)

(대명사) 가까운 것을 가리키고 보통 앞 문장에 출현했던 '사람, 일, 사물, 장소, 논술' 등을 가리킨다. 문중에서 주어, 목적어, 서술어, 한정어가 될 수 있다. 이것이 문중에서 나타내는 대상에 따라 융통성 있게 '이, 이것, 이것들, 그, 저, 그 사람(그녀), 여기' 등으로 번역하면 된다. (這, 這個, 這些, 它, 那, 他(她), 這里)

1. 주어

→ 十二年矣, 是謂一終 『左傳·襄公九年』
12년이 되었(十二年矣)을 때, 이것(是)은 일종(一終(=12년))을 의미한다(謂).

→ 其恒舞于宮, 是謂巫風 『墨子·非樂上』
그(其)는 항상(恒) 궁중에서 춤을 추(舞于宮)는데 이것(是)은 무풍(巫風:노래와 춤으로 즐거움을 갖는 풍속 or 무당이 노래와 춤으로 신을 모시는 일)을 의미한다(謂).

→ 是知其不可而爲之者與? 『論語·憲問』
그 사람(是)은 그것이 불가능할 것을 알지만(知其不可而) 그것을 하는 사람 아닌가(爲之者與)?

→ 吾不能早用子, 今急而求子, 是寡人之罪也 『左傳·僖公三十年』
내가 '일찍(早)' 너를 기용할 수 없었(不能…用子)는데 지금 급해서(今急而) 너를 찾(求子)으니 이것(是)은 나의 잘못이다(寡人之罪也).

→ 天地使我長百獸, 今子食我, 是逆天地命也 『戰國策·楚策一』
천지신령(天地:天地神靈)이 나더러(使我) 모든 짐승의 리더가 되(長百獸)라고 했는데 지금(今) 네가 나를 먹(子食我)으려 한다면 이건(是) 하느님의 명령을 거역하(逆天地命)는 거다.

2. 목적어

동사나 전치사 다음에 놓여 목적어가 된다.

→ 魏武子有嬖妾, 無子. 武子疾, 命顆曰: "必嫁是" 『左傳·宣公十二年』
위나라 무자(魏武子)는 사랑하는 첩이 있었(有嬖妾)는데 아들이 없었다(無子). 무자가 병이 나서 과에게 명령하(命顆)며 말했다. "꼭 이 아이를 시집보내라(嫁是)."

3. 서술어

앞 문장에서 나온 상황이나 일의 도리 등을 재지시하고, 주어가 나타내는 대상이 바로 이러한 상황이 속하거나 이러한 일의 도리에 부합하다는 것을 긍정할 때 쓰인다. '바로 이와 같다, 바로 이거다' 등으로 번역될 수 있다. (就是這, 就是這樣)

→ 終而復始, 日月是也
내려가면(終而) 다시 시작하니(復始) 태양과 달이 이와 같다(日月是也).

4. 한정어

보통 명사 앞에 쓰여 수식어가 되고 지시 역할을 한다. '이…, 이러한…' 등으로 번역될 수 있다. (這, 這種)

→ 必死是間, 余收爾骨焉 『左傳·僖公三十年』
분명히(必) 이 사이(是間)에서 죽었으니 내가 너(너희들)의 '뼈를 수습하(收骨)'겠다.

→ 誠哉, 是言也! 『論語·子路』
사실이다! 이 말은!

至於犬馬, 皆能有養 (비록 개, 말이지만 모두 보살핌이 있을 수 있다)

(접속사) 비록 ~하지만; although, even though, even if (猶即使是, 即便是)

→ 還似平寧征賦税, 未嘗州县略安存.至于鷄犬皆星散, 日落前山獨倚門 (唐杜荀鶴『亂後逢村叟』詩)
안정적으로(平寧) 세금을 징수한 것 같(似…征賦税)지만 일찍이(嘗) 주현(州县)은 모두(略) 편안하지 않았다(未…安存). 비록(至于) 닭과 개(鷄犬)가 모두(皆) 뿔뿔이 흩어(星散)졌지만 해 떨어지(日落)면 앞산만 홀로 문에 의지한다(前山獨倚門).

至於犬馬, 皆能有養 (비록 개, 말이지만 모두 보살핌이 있을 수 있다)

(동사) '없다'와 서로 대립된다. 있다. (與"無"相對)

→ 君安與項伯有故? 『史記·項羽本紀』
선생(君)은 어떻게(安) 항백(項伯)과(與項伯) 인연이 있(有故)습니까?

(부사) 서술어 앞에 놓여 의미가 한층 더 나아감을 나타낸다. '또, 역시'(=又)

→ 我將勞君, 君有何勞於我? 『莊子·徐無鬼』
나(我)는 그대를 위로하려고 하(將勞君)는데 그대(君)는 또(有) 어떻게(何) 나를 위로(勞於我)할 건가?

不敬, 何以別乎?" (공경이 없다면 어떻게 구별되겠는가?)

(관용구) 고대중국어 하이(何以)의 의미는 크게 두 가지이다. 하나는 방법을 나타내는 것으로 '어떻게'로 번역되고 하나는 원인을 묻는 것으로 '왜'로 번역된다. 그리고 용법은 두 가지 의미 모두에서 단독으로 문장을 이루거나 서술어로 사용되거나 부사어로 쓰인다. 여기서는 '방법의 부사어'로 사용되었다.

→ 吾何以觀之哉?
나는 무엇으로(吾何以) 그를 관찰(觀之)할 수 있겠는가(哉)? 『論語·八佾』

→ 周公始封, 太公問: '何以治魯? 『漢書·地理志』
주공(周公:주 왕조를 세운 무왕의 동생)이 막 봉해졌(始封)을 때 태공(太公)이 물었다. "어떻게(何以) 노나라를 다스리(治魯)실 겁니까?"

→ 誰謂雀無角? 何以穿我屋? 『詩·召南·行露』
누가(誰) 참새는 부리가 없다(雀無角)고 말했나(謂)? 어떻게(何以=무엇으로) 내 집을 뚫(穿我屋)었나?

不敬, 何以別乎?" (공경이 없다면 어떻게 구별되겠는가?)

(어기사) '의문'을 나타낸다.

→ 子見夫子乎? 『論語·微子』
당신(子)은 선생님을 보(見夫子)았는가(乎)?

2-8. 子夏問孝, 子曰: “色難. 有事, 弟子服其勞; 有酒食, 先生饌, 曾是以爲孝乎?”

<table>
<tr><th>子夏</th><th>問</th><th>孝,</th><th>子曰:</th><th>“色</th><th>難.</th></tr>
<tr><td>(인명)자하(1-7)</td><td>(동)問A:
A에 대해 묻다
(12-10)</td><td>(명)효(孝)</td><td>공자가 말하다.</td><td>(명)안색, 표정</td><td>(형)어렵다</td></tr>
<tr><td colspan="3">자하(子夏)가 효(孝)에 대해 물었(을 때) [시간절]</td><td colspan="3">공자가 말했다. “표정이 어렵다.</td></tr>
<tr><th>有</th><th>事,</th><th>弟子</th><th>服</th><th>其</th><th>勞;</th></tr>
<tr><td>(동)있다(2-7)</td><td>(명)일</td><td>(명)어린사람(1-6)</td><td>(동)종사하다.
일을하다</td><td>(대)其+명사(이,저)
(한정어)</td><td>(명)노동.일</td></tr>
<tr><td colspan="2">일이 있(을 때) [시간조건절]</td><td colspan="4">어린 사람이 그 일을 하(고)</td></tr>
<tr><th>有</th><th>酒</th><th>食,</th><th>先生</th><th>饌,</th><th>曾</th></tr>
<tr><td>(동)있다(2-7)</td><td>(명)술</td><td>(명)음식물,양식.
먹을 것(6-11)</td><td>(명)연장자</td><td>(동)먹고 마시다</td><td>(의문대명사)
어떻게</td></tr>
<tr><td colspan="3">술과 먹을 것이 있(을 때) [시간조건절]</td><td colspan="2">연장자가 먹고 마시(면) [조건가정절]</td><td>어떻게</td></tr>
<tr><th>是</th><th>以爲</th><th>孝</th><th>乎?”</th><td rowspan="3" colspan="2"></td></tr>
<tr><td>(대)재지시.
‘이것.이(들)…(2-7)</td><td>(전+동)여기다
(3-24)</td><td>(명)효(孝)</td><td>(어기)반문(1-1)</td></tr>
<tr><td colspan="4">이것을 효(孝)라고 여기겠느냐?” [曾‘是以爲孝’乎?에서 ‘是以爲孝’를 ‘是(목적어)+以爲(동사)+孝(목적어보어)’의 통사로 보았다]</td></tr>
</table>

번역 자하(子夏)가 효(孝)를 물었을 때 공자가 말했다. “표정이 어렵다. 일이 있을 때, 어린 사람이 그 일을 하고, 술과 먹을 것이 있을 때, 연장자가 먹고 마시면 어떻게 이것을 효(孝)라고 여기겠느냐?

語法과 語彙

色難 (표정이 어렵다 ; 표정 관리하는 것이 어렵다 ; 부드러운 표정을 하는 것이 어렵다)

(명사) 안색, 표정 (臉色, 表情)

→ 卒無怨色 『左傳·襄公二十一年』
결국(卒) 원망하는 표정이 없다(無怨色).

→ 太后之色少解 『戰國策·楚策四』
태후의 안색(太后之色)이 약간 풀렸다(少解).

有事, 弟子服其勞 (일이 있을 때, 어린 사람이 그 일을 하다)

(명사) 노동. 일. (事情)

→ 此事應由你處辦理 『漢語大字典』
이 일(此事)은 마땅히(應) 네가 처리하(你處辦理)도록 귀속되(由)어야 한다.

有事, 弟子服其勞 (일이 있을 때, 어린 사람이 그 일을 하다)

(동사) 종사하다. 일을 하다. (從事)

有事, 弟子服其勞 (일이 있을 때, 어린 사람이 그 일을 하다)

(명사) 노동(勞動)

→ 擇可勞而勞之 『論語·堯曰』
할 수 있는 노동(可勞)을 선택하여(擇…而) 일을 시키다(勞之).

(동사) 부지런히 일하다(指一般勤勞工作)

弟子服其勞 (어린 사람이 그 일을 하다)

1. (명사) 어린 사람.

→ 弟子入則孝, 出則弟(悌) 『論語·學而』
나이가 어린 사람이 (집에) 들어가면(弟子入則) 효도하(孝)고 나오면(出則) 선배나 동년배를 공경해(弟(悌))야 한다.

2. (명사) 학생, 제자.

→ 師不必賢於弟子 (唐·韓愈『師說』)
스승(師)이 반드시(必) 학생보다 현명한(賢於弟子) '것은 아니다(不必)'.

— [보충]

劉臺拱(1751-1805)은 『論語騈枝』에서 "'논어'에는 '弟子'라는 말이 일곱 번 나오는데 그중 두 번은 '나이가 어린 사람'이란 뜻이고, 다섯 번은 '문하의 사람'을 가리킨다. 그리고 '先生'이라는 말은 두 번 나오는데 모두 나이가 많은 사람을 나타낸다."고 했다.(楊伯峻, 2006)

弟子服其勞 (어린 사람이 그 일을 하다))

(대명사) 명사 앞에 놓여 대신 지칭하는 역할을 한다. '이, 저' 등으로 번역된다.(用于名詞前起指代作用. 可譯爲"這"、"那"等)

→ 其巫, 老女子也 『史記·滑稽列傳』
그 무당(其巫)은 늙은 여자이다(老女子也).

有酒食, 先生饌 (술과 먹을 것이 있을 때, 연장자가 먹고 마시다)

1. 아버지와 형(父兄)의 의미에서 확장되어 '연장자'로 쓰였다.

→ 見其與先生並行也 『論語·憲問』
그(其)가 연장자들과(與先生) 나란히 걸어가(並行)는 것을 보다(見…也).

2. 스승

→ 今吾事先生久矣 『墨子·公孟』
지금(今) 제(吾)가 스승님을 모신(事先生) 지가 오래되었습니다(久矣).

→ 嘻! 子之先生死矣 『莊子·應帝王』
아(嘻)! 그대의 스승(子之先生)이 돌아가셨다(死矣).

3. 사람에 대한 존칭

→ 先生, 是何言也?! 『戰國策·秦策三』
선생(先生), 이(是)게 무슨 말씀이오(何言也)?!

→ 先生休矣! 『戰國策·齊策四』
선생(先生), 그만두시게(休矣)!

有酒食, 先生饌 (술과 먹을 것이 있을 때, 연장자가 먹고 마시다)

(동사) 먹고 마시다. (吃喝) [찬, zhuàn]

曾是以爲孝乎? (어떻게 이것을 효(孝)라고 여기겠는가?)

(대명사) 의문대명사로 '어떻게'의 의미를 갖는다.(表示疑問. 相當於"何", "怎")

→ 子曰 : "嗚呼! 曾謂泰山不如林放乎?" 『論語·八佾』
공자가 말했다 : "아(嗚呼)! 어떻게(曾) 태산이 임방만 못하다(泰山不如林放)고 말하겠는가(謂…乎)?"

曾是以爲孝乎? (어떻게 이것을 효(孝)라고 여기겠는가?)

以는 爲와 함께 사용되어 '以A 爲B(A를 B라고 여기다)'라는 특별한 관용어를 형성하고, 以 뒤에 목적어 대명사가 생략되면 以와 爲가 결합하여 합성어 以爲를 만든다. 그러나 고대중국어에서 以爲는 여전히 以와 爲를 각각 따로 해석해야 한다(polleyblank, 1995). 以의 목적어는 以 앞에 놓여 '목적어+以爲'가 되거나 생략되어 以爲로 사용된다.

→ 百姓皆以王爲愛也 『孟子·梁惠王上』
백성들이 모두(百姓皆) 왕을(以王) 인색하다고 여긴다(爲愛也).

→ 民猶以爲小也 『孟子·梁惠王下』
사람들(民)은 여전히(猶) (그것을) 작다고 생각한다(以爲小也).

→ 君子義以爲上 『論語·陽貨』
군자(君子)는 의로움을(義以) 최상으로 여긴다(爲上).

曾是以爲孝乎? (어떻게 이것을 효(孝)라고 여기겠는가?)

(어기사) 반무의 어기를 도와준다. 현대중국어 嗎, 呢의 어기. (助反詰語氣. 嗎, 呢)

→ 學而時習之, 不亦說乎? 『論語·學而』
배우고 게다가 시의적절하게 복습한(學而時習之)다면 역시 기쁘지 않겠는가(不亦說乎)?

→ 王侯將相寧有種乎? 『史記·陳涉世家』
왕후장상에(王侯將相) 어찌(寧) 종자가 있겠는가(有種乎)?

→ 楚王遺弓, 楚人得之, 又何求乎? 『公孫龍子·迹付』
초나라 왕(楚王)이 활을 잃어(遺弓)버리고 초나라 사람이 '그걸 주었(得之)'는데 또(又) 무엇을 찾겠는가(何求乎)?

2-9. 子曰: "吾與回言終日, 不違如愚. 退而省其私, 亦足以發, 回也不愚."

子曰:	"吾	與	回	言	終日,
공자가 말하다	(대)나,우리 '주어,한정어…' (13-18)	(전)동작 대상. '~와'(5-8)	(인명)안연(顔淵) =안회(顔回)	(동)말하다(7-17)	(명)하루종일 (15-17)[명→부]
공자가 말했다.	"내가 안회(顔回)와 하루 종일 말했(을 때) [시간절] [與回言終日에서 '言(동사)+終日(부사)'로 '부사'가 '동사' 뒤에 온 것이 특별하다. 아니면 '言(동사)+終日(명사)'로 볼 수도 있는데 이 경우가 가능한지는 더 많은 용례를 찾아봐야 한다]				
(回)不	違	如	愚.	退	而
(부)동사술어 앞. '~하지 않다'(7-14)	(동)거역하다(2-5)	(동)~와 같다(2-1)	(명)바보. 어리석은 사람	(동)떠나다. 떠나게 하다	(접속사)동작의 시간상 선후관계
(안회가) 거역하지 않은 것이 바보 같았다.				떠난 다음	
省	其	私,	(回)亦	足以	發,
(동)살펴보다. 성찰하다(1-4)	(대)그의…'복수可' (1-7)	(명)개인적인 생활과 언행	(부사)역시, 또한(3-22)	(조동사;복합허사) ~할 수 있다	(동)계발하다. 분명히 나타내다
그의 개인적인 생활과 언행을 살펴보(니)			(안회는) 역시 계발할 수 있(으니)		
回	也	不	愚."		
(인명)안연(顔淵) =안회(顔回)	(어기)주어+也. 어기 멈춤(1-2)	(부)형용사앞.성질, 상태의 부정(5-5)	(형)어리석다. 우둔하다		
안회는 어리석지 않다."					

번역 공자가 말했다. "내가 안회(顔回)와 하루 종일 말했을 때 안회가 거역하지 않는 것이 바보 같았다. 떠난 다음 그의 개인적인 생활과 언행을 살펴보니 안회는 역시 계발할 수 있었다. 안회는 어리석지 않다."

語法과 語彙

吾與回言終日 (내가 안회(顔回)와 하루 종일 말하다)

『공자가어 孔子家語』의 「弟子解 제자해」에는 다음과 같은 말이 나온다.

年二十九而發白, 三十一早死. 孔子曰: "自吾有回,門人日益親."
안회는 나이 스물아홉이 되어 이미 머리가 백발이 되었다. 31세로 요절하였다. 공자는 말하였다. "내가 회를 얻게 된 후로는 제자들과 날로 친밀해졌다."

안회는 공자의 데미안[9]이었고 그가 仁하다고 수긍할 수 있었던 유일한 인물이었다. 수제자 안회의 요절에 대한 안타까움과 안회에 대한 사랑의 생각은 '논어' 곳곳에 스며있다. 그 안회에 대한 공자의 최초의 탄성이 바로 이 구절이다. 안회(顔回)는 성(姓)이 안(顔)이고, 이름이 회(回)이고, 자(字)는 자연(子淵)이다. 안연(顔淵)이라고도 부른다.

退而省其私 (떠난 다음 그의 개인적인 생활과 언행을 살펴보다)

9 데미안(Demian) : 독일 작가 헤세가 지은 장편 소설. 징클레어라는 소년이 데미안을 만나 자아를 발견하는 과정을 그렸다. 1919년에 발표하였다.

(동사) 떠나다, 떠나게 하다(離去, 使之離去)

사역동사 '떠나게 하다'는 退 다음에 그 대상이 나오는 것으로 보아(→誰能退敵?누가 적을 떠나게 할 수 있는가? 『國語·晉語一』), 여기서의 退는 '안회를 가게 한 것'이 아니라 '안회가 떠나는 것'이라고 볼 수 있을 것 같다.

→ 賦『青蠅』而退 『左傳·襄公十四年』
『青蠅』을 큰소리로 읽고 나서(賦…而) 떠나다(退).

退而省其私 (떠난 다음 그의 개인적인 생활과 언행을 살펴보다)

(접속사) 단문 속의 단어나 구를 연결시키며 '자연스럽게 이어받는 관계(順承關係)'를 나타내는 범주로, 而가 연결시키는 앞뒤의 동작, 행위가 시간상 앞뒤로 서로 이어지는 것을 보여 준다.

→ 孔子登東山而小魯, 登泰山而小天下 『孟子·盡心上』
공자는 동산에 올라(孔子登東山而) 노나라를 작게 여겼(小魯)고, 태산에 올라(登泰山而) 천하를 작게 여겼다(小天下).

→ 告諸往而知來者 『論語·學而』
그에게 과거의 일을 알려주(告諸往而)면 미래의 일을 안다(知來者).

→ 亡羊而補牢, 未爲遲也 『戰國策·楚策四』
양을 잃고(亡羊而) 외양간을 수리하(補牢)는 건 늦은(爲遲) 것이 아니다(未…也).

退而省其私 (떠난 다음 그의 개인적인 생활과 언행을 살펴보다)

(동사) 검사하다, 살펴보다, 성찰하다. (檢查, 省察)

→ 君子博學而日參省乎己 『荀子·勸學』
군자는 광범위하게 배우(君子博學而)고 하루(日)에 세 번(參) 자신을 성찰한다(省乎己).

→ 吾日三省吾身 『論語·學而』
나(吾)는 '하루에 세 번(日三)' 내 자신(吾身)을 성찰한다(省).

退而省其私 (떠난 다음 그의 개인적인 생활과 언행을 살펴보다)

(명사) 개인적인 생활과 언행. (私下的生活言行)

退而省其私, 亦足以發 (떠난 다음 그의 개인적인 생활과 언행을 살펴보니 역시 계발할 수 있다)

(조동사;복합허사) 조동사 足과 접속사 以로 구성되었다. 고대중국어 조동사와 동사 사이에는 때로 접속사 以가 들어가 '연결 성분(係接成分)' 역할을 하였다. 이후 이 구조는 '중국어 어휘의 2음절화(漢語詞彙雙音節化)' 때문에 '연결성분'인 以는 이미 '후첨성분(後附成分)'으로 허화되었다. 동사 앞에 쓰여 어떤 일을 할 수 있는 조건을 갖추고 있거나, 할 수 있는 능력이 있음을 보여 준다. '~할 수 있다'로 번역된다.

→ 吾力足以舉百鈞而不足以舉一羽 『孟子·梁惠王上』
내 힘(吾力)은 3천 근(斤)을 들 수 있으나(足以舉百鈞而) 한 개의 깃털(一羽)은 들 수 없다(不足以舉).

→ 今恩足以及禽獸而功不至於百姓者, 獨何與? 『孟子·梁惠王上』
지금(今) 은혜(恩)가 금수에게 미칠 수 있지만(足以及禽獸而) 공로(功)가 백성에게 미치지 못하는 것(不至於百姓者)은 유독(獨) 무엇 때문인가(何與)?

亦足以發 (역시 계발할 수 있다)

(동사) 계발하다. 분명히 나타내다. (啓發 ; 闡明)

→ 不憤不啓, 不悱不發 『論語·述而』
분발하지 않(不憤)으면 계도하지 않(不啓)고 답답해하지 않(不悱)으면 일깨워주지 않는다(不發).

— [보충]

이 부분 '발發(깨닫다, 발양하다, 발휘하다)'에 대한 주체 관점은 학자들 간 이견이 있다.

- "내 뜻을 발양하기에 충분했다" (류종목, 2000)
- "충분히 그 내용을 나타내고 있다" (이기동, 2011)
- "그의 뜻은 타인을 깨닫게 해주는 면이 매우 크다" (他的意思很有可以啓發人的地方)(毛子水, 2009))
- "오히려 발휘할 수 있다"(却也能發揮)(楊伯峻, 2006)
- "배운 내용을 완전히 발휘할 수 있다" (完全能發揮所學的內容)(陳曉芬, 2016)
- "나를 깨우치기에 충분했다" (김용옥, 2005)

견해를 보면 '깨닫다, 발양하다, 발휘하다"로 해석되는 發의 주체는 김용옥 선생을 제외하고 모두 안회이다. 본인도 안회라고 생각한다.

回也不愚 (안회는 어리석지 않다)

(문중 어기사) 주어 다음에 쓰여 어기를 멈추거나, 완만하게 하게하고 동시에 제시해주는 역할을 한다. 也 다음 문장은 '也가 제시하는 대상(=주어)'에 대한 해석이나 서술을 담당한다. 문장의 의미에 따라 융통성 있게 해석된다.

→ 賜也, 始可與言詩已矣 『論語·學而』
사(賜)가 비로소(始) '시경'을 말하는데 참여할 수가 있구나!

→ 其爲人也, 孝弟而好犯上者, 鮮矣 『論語·學而』
그의 사람 됨됨(其爲人)이 '부모에게 효도하고 형·선배를 공경하고 따르(孝弟)'면서 '윗사람에게 무례하게 대하는 것을 좋아하는 사람(好犯上者)'은 드물다(鮮矣).

2-10. 子曰 : “視其所以, 觀其所由, 察其所安, 人焉廋哉? 人焉廋哉?”

子曰:	“視	其	所	以,	觀
공자가 말하다	(동)보다	(대)그가.주어 (명사+之)(2-22)	(조사) ‘~사람·것·사건·곳’ (1-12)	(동)하다(從事, 做)	(동)자세히 보다. 관찰하다(19-4)
공자가 말했다. “그가 하는 것을 보(고)					
其	**所**	**由,**	**察**	**其**	**所**
대)주어 (명사+之)(2-22)	(조사) ‘~사람·것·사건·곳’ (1-12)	(동)거치다. 지나가다. 지나오다	(동)자세히 살피다 (15-28)	(대)그가,그것은. 주어(명사+之)	(조사) ‘~사람·것·사건·곳’ (1-12)
그가 지나온 것을 보(고)			그가 편하게 생각하는 것을 보(면) [여기까지가 조건가정절]		
安,	**人**	**焉**	**廋**	**哉?**	**人**
(의동동사) 편하게 생각하다 (4-2)	(명)사람 됨됨이. 인품	(의문부사)반문. ‘어떻게’	(동)숨기다	(어기)반문	(명사)인품
	사람 됨됨이(를) 어떻게 숨기겠는가? [‘人(목적어)+焉+(의문부사)+廋(동사)+哉(어기조사)’인 ‘목적어 전치’의 통사]				
焉	**廋**	**哉?”**			
(의문부사)반문. ‘어떻게’	(동)숨기다	(어기)반문			
사람 됨됨이(를) 어떻게 숨기겠는가?”					

번역 공자가 말했다. “그가 하는 것을 보고, 그가 지나온 것을 보고, 그가 편하게 생각하는 것을 살펴보면 사람 됨됨이를 어떻게 숨기겠는가? 사람 됨됨이를 어떻게 숨기겠는가?”

語法과 語彙

視其所以, 觀其所由, 察其所安 (그가 하는 것을 보고, 그가 지나온 것을 보고, 그가 편하게 생각하는 것을 살펴보다)

시視, 관觀, 찰察이 세 글자는 여기서 깊이의 차례로 순서를 매긴 것 같다. ‘視 < 觀 < 察’의 순서이다. (王子水, 2009)

視其所以 (그가 인식하는 것을 보고, 그가 지나온 것을 보고, 그가 편안해하는 것을 살펴보다)

(동사) 보다. (看)

→ 視, 瞻也 『說文·見部』
시(視)는 ‘보다’이다(瞻也).

視其所以, 觀其所由, 察其所安 (그가 하는 것을 보고, 그가 지나온 것을 보고, 그가 편하게 생각하는 것을 살펴보다)

以는 ‘쓰다, 사용하다(用)의 의미인데 이럴 경우 다음에 나오는 由(쓰다, 用)의 의미와 중복되기 때문에 다른 의미로 설명해야 한다고 말한다(毛子水, 楊伯峻). 이 문장에 대한 학자들의 해석을 보면 다음과 같다.

- "한 사람이 사귀는 친구를 살피고, 그가 일정한 목적을 달성하기 위해서 택하는 방식과 방법을 살피고, 그의 마음이 무엇에 편하고 무엇에 편하지 않는 것을 이해하다"(考察一個人所結交的朋友, 觀察他爲達到一定目的所采用的方式方法, 了解他的心情, 安於甚麼, 不安於甚麼) (楊伯峻, 2006)
- "우리가 한 사람에 대해 만약 그가 하는 일의 동기, 방법, 견식과 도량에서 관찰할 수 있다면 그가 우리를 속일 수 있는 부분이 있겠는가?"(如果能從他做一件事的動機、方法和識度來觀察, 他還有甚麼地方可以瞞得過我們呢!) (毛子水, 2009))
- "그의 행위를 살피고 그가 하는 일의 동기와 근거를 살피고 그의 마음이 편안하고 즐거워하는 여부를 이해하다"(觀察他的所作所爲, 考察他做事的動機依據, 了解他的心情安樂與否)(陳曉芬, 2016)
- "그 사람이 하는 짓을 보고, 그 사람이 걸어 온 길을 살피고, 그 사람이 어떤 것에 만족을 느끼는지를 관찰하다" (류종목, 2000)
- "그 행하는 바를 보고, 그 말미암은 바를 따지며, 그 지향하는 바를 살피다"(김용옥, 2005)
- "그 하는 바를 보며, 그 말미암은 바를 살피며, 그 편안하게 여기는 바를 관찰하다"(이기동, 2011)

— [견해]

원문의 의미를 전달할 때, 주변어가 많으면 오히려 원문이 전달하려는 의미의 농도를 낮추는 부작용을 만드는 것 같다. 그런 면에서 이 문장에선 '김용옥, 이기동'의 주석 방식이 더 바람직하다고 생각한다. 以는 주로 '하다'로 설명했고, 由는 조사'所'의 의미를 더욱 부각시키어 '하는 동기'로 설명하거나 '말미암다', '걷다' 등으로 설명했다. 安은 '편안해하다'라는 뜻이라는 것에 대해선 이견이 없는 것 같다.

觀其所由 (그가 지나온 것을 보다)

(동사) 거치다. 경유하다. 지나가다. 지나오다. (經過, 走過)

→ 小大由之 『論語·學而』
작은 것, 큰 것(小大)이 그것을 경유한다(由之).

→ 舍正路不由, 哀哉! 『孟子·離婁上』
정도(=바른 길)을 버리(舍正路)고 가지 않(不由)으니, 슬프구나(哀哉)!

人焉廋哉? (사람 됨됨이를 어떻게 숨기겠는가?)

(명사) 사람 됨됨이. 인품. (爲人的)

→ 頌其詩, 讀其書, 不知其人, 可乎? 『孟子·萬章下』
그의 시를 낭독하(頌其詩)고, 그의 책을 읽(讀其書)고, 그의 인품(其人)을 모른다(不知)는 게 가능한가(可乎)?

人焉廋哉? (사람 됨됨이를 어떻게 숨기겠는가?)

(의문부사) 동사서술어 앞에 쓰여 부사어가 되어 반문을 나타낸다. 뒤에 자주 조동사 '得, 敢, 可, 加以, 能, 足, 足以' 등과 연이어 사용되어 동사서술어 앞에서 부사어가 되고 반문의 의미를 더욱 분명하게 해준다. '어떻게, 어째서' 등으로 해석된다. (怎, 哪, 何)

→ 晉、楚無信, 我焉得有信? 『左傳·宣公十一年』
진나라, 초나라는 신뢰가 없(晉、楚無信)는데 내가 어떻게(我焉) 믿음이 있을 수 있(得有信)겠는가?

→ 宣公曰:”嗟乎! 君子焉可悔哉?“ 『戰國策·齊策四』

宣公이 말했다 : “아! 왕께서(君子) 어찌(焉) 후회할 수 있습니까(可悔哉)?”

→ 其身之不能容, 焉能容人? 『莊子·庚桑楚』

자기 자신이(其身之) 포용할 수 없(不能容)는데 어떻게(焉) 남을 포용할 수 있(能容人)겠는가?

人焉廋哉? (사람 됨됨이를 어떻게 숨기겠는가?)

(동사) 숨기다. (隱匿) [수, sōu]

人焉廋哉? (사람 됨됨이를 어떻게 숨기겠는가?)

(어기조사) 반문의 어기를 도와준다.

→ 相如雖駑, 獨畏廉將軍哉? 『史記·廉頗藺相如列傳』

상여(相如)가 비록 재능이 낮(雖駑)지만 설마(獨) ‘염장군(廉將軍)을 두려워하겠는가(畏廉將軍哉)?’

2-11. 子曰 : "溫故而知新, 可以爲師矣."

子曰:	"溫	故	而	知	新,
공자가 말하다	(동)복습하다	(명)오래된것. 과거의것	(접)점층. '게다가,또한'(1-14)	(동)알다	(명)새로운 것
공자가 말했다. "과거의 것을 복습하고 게다가 새로운 것을 알(면) [조건가정절(1-1)]					
可以	**爲**	**師**	**矣."**		
(조동)~할 수 있다, ~가능하다	(동사)맡다	(명)선생.스승 (15-36)	(어기)미래상황에 대한 확신(1-7)		
스승을 맡을 수 있을 것이다."					

번역 공자가 말했다. "과거의 것을 복습하고 게다가 새로운 것을 알면 스승을 맡을 수 있을 것이다."

語法과 語彙

溫故而知新 (과거의 것을 복습하고 게다가 새로운 것을 알다)

(동사) 복습하다(溫習)

→ 足下方溫經, 猥不敢相煩 (王維·『山中與裴迪秀才書』)
그대(足下)가 지금(方) 경서를 복습하(溫經)니 내(猥:1인칭 겸어)가 감히(敢) 번거롭게 할(相煩:麻煩) 수가 없다.

→ 溫『緇衣』一章 (袁枚·『祭妹文』)
『緇衣치의』 한 장(一章)을 복습하다(溫).

溫故而知新 (과거의 것을 복습하고 게다가 새로운 것을 알다)

(동사) 오래된 것이나 과거의 사물. (指舊的、過去的事物)

溫故而知新 (과거의 것을 복습하고 게다가 새로운 것을 알다)

(명사) 사용하지 않은 것. 새로운 것. (沒有用過的)

可以爲師矣 (스승을 맡을 수 있을 것이다)

1. (조동사; 복합허사) 조동사 可와 접속사 以로 만들어졌다. 고대중국어 조동사와 동사 사이를 때로 접속사 以로 연결시킬 수 있었다. 이는 '중국어 어휘 2음절화(漢語詞彙雙音節化)'의 영향으로 以는 可 다음에 붙게 되었고 可以는 이미 2음절 허사로 고착화되었다. 문법적으로는 '조동사'로 분류되고, 동사 앞에 놓여 '가능'을 나타낸다. '~가능하다, ~할 수 있다'로 번역된다.

→ 吾先君與陳有盟, 不可以不救 『左傳·哀公六年』
나의 전대 군왕(吾先君)께서 진과 동맹을 맺(與陳有盟)었으니 돕지 않을 수 없다(不可以不救).

→ 吾何修而可以比于先王觀也? 『孟子·梁惠王下』

내(吾)가 어떻게 해야(何修而) 선왕의 유람에 견줄 수 있(可以比于先王觀)겠는가(也)?

可以爲師矣 (스승을 맡을 수 있을 것이다)

(동사) 맡다, 역임하다(擔任, 充當)

→ 孔子爲魯司寇 『孟子·告子下』
공자가 노(魯)나라 사구(司寇) 벼슬을 맡다(爲).

→ 拜相如爲上大夫 『史記·廉頗藺相如列傳』
상여(相如)가 상대부(上大夫) 벼슬 맡(爲)는 것에 대해 의식을 갖춰 축하하다(拜).

2-12. 子曰 : “君子不器.”

子曰:	“君子	不器.”
공자가 말하다	(명)군자(君子)(11-1)	그릇이 아니다; 용도가 한 가지에 국한되어 있지 않다
공자가 말했다. “군자는 그릇이 아니다(=용도가 한 가지에 국한되어 있지 않다).”		

번역 공자가 말했다. “군자는 그릇이 아니다(=용도가 한 가지에 국한되어 있지 않다).”

語法과 語彙

君子不器 (군자는 그릇이 아니다=용도가 한 가지에 국한되어 있지 않다)

(동사) 그릇이 아니다(=그릇과 닮지 않았다; 그릇 같지 않다) ; 용도가 한 가지에 국한되어 있지 않다. (不像器皿一般. 意謂用途不局限于一個方面)

→ 大道不器 『禮記·學記』
최고의 치세 원칙(大道:정도. 당연한 도리. 최고의 치세 원칙으로 윤리와 삼강오륜 등을 포함한다. 正道;常理. 指最高的治世原則, 包括倫理綱常等)은 용도가 한 가지에 국한되어 있지 않다.

2-13. 子貢問君子. 子曰: "先行, 其言而後從之."

子貢	問	君子.	子曰:	"先	行,
(인명)자공=사(賜)(1-10)	問A: A에 대해 묻다(12-10)	(명)군자(君子)(11-1)	공자가 말하다	(형)먼저이다(13-1)[형→부]	(동)실행하다, 밀고나가다(5-14)
자공(子貢)이 군자에 대해 물었다.			공자가 말했다.	"먼저 실행하(고)['~이후에(after)'의 시간절로 본다]	
其	**言**	**而**	**後**	**從**	**之."**
(대)그의(1-7)	(명)말	(접)주어+而+서술어(1-17)	(형)시간이 약간 늦은[형→부]	(동)따라가다. 뒤따르다(3-23)	(대)재지시. 그것(2-1)
그의 말은 뒤에 그것을(=먼저 실행한 것을) 뒤따른다."					

번역 자공이 군자에 대해 물었다. 공자가 말했다. "먼저 실행하고 그의 말은 뒤에 그것을(=먼저 실행한 것을) 뒤따른다."

語法과 語彙

先行, 其言而後從之 (먼저 실행하고 그의 말은 뒤에 그것을(=먼저 실행한 것을) 뒤따르다)

1. 이 문장 해석과 이에 따른 구두점 위치에 대한 견해는 학자들에서 차이가 있다. 먼저 해석에선 이기동(2011), 류종목(2000)의 견해가 같고, 김용옥(2008), 陳曉芬(2016), 毛子水(2009), 楊伯峻(2006)가 같다.

- "먼저 그 말을 행하고 그 뒤 이를 따른다." (이기동, 2011)
- "먼저 자신의 말을 스스로 실행하고 그 다음에 다른 사람으로 하여금 자기를 따르게 하는 것이다." (류종목, 2000)
- "먼저 실행하라. 말은 실행한 후 그 행동을 따르게 하라." (김용옥, 2008)
- "말하고 싶은 말에 대해 먼저 행동으로 옮기고 나서야 '말하다(=말해야 한다)'." (對於想說的話首先要付諸行動, 然後才說出來)" (陳曉芬, 2016)
- "먼저 일을 잘하고 나서 다시 '말하다(=말해야 한다)'." (先把事做好, 然後再來說)" (毛子水, 2009)
- "네가 말하고 싶은 것에 대해 먼저 실행하고 다시 '말하다(=말해야 한다)'." (對於你要說的話, 先實行了, 再說出來)" (楊伯峻, 2006)

2. 구두점 위치는 김용옥(2008), 毛子水(2009)가 같고, 이기동(2011), 류종목(2000)이 같고, 陳曉芬(2016), 楊伯峻(2006)이 같다.

- 先行, 其言而後從之 (김용옥, 2008), (毛子水, 2009)
- 先行其言, 而後從之 (이기동, 2011), (류종목, 2000)
- 先行其言而後從之 (陳曉芬, 2016), (楊伯峻, 2006)

先行, 其言而後從之 (먼저 실행하고 그의 말은 뒤에 그것을(=먼저 실행한 것을) 뒤따르다)

(접속사; 주어+而+서술어) 복문에서 앞의 단문 주어와 서술어 사이에 쓰여 '주어와 서술어'를 연결시키어 '가정(설정), 강조, 전환'의 의미를 나타내고 보통 '~이/가 만약 ~하면'인 가정의 뜻으로 번역된다. 여기서는 가정의 뜻이 아니고 '전환'의 의미가 담겼다고 볼 수 있을 것 같다.

→ 子産而死, 誰其嗣之? 『左轉·襄公三十年』
자산(子産)이(而) 죽(死)으면(而) 누가(誰其) 그것을 이을(嗣之)까?

→ 管氏而知禮, 孰不知禮? 『論語·八佾』
관씨(管氏)가(而) 예를 안다(知禮)면(而) 누가(孰) 예를 모르(不知禮)겠는가?

→ 人而無信, 不知其可也 『論語·爲政』
사람(人)이(而) 신의가 없(無信)는데 그것이 옳(其可)은지 모르겠다(不知…也).

→ 子與人歌而善, 必使反之 『論語·述而』
공자가 다른 사람을 참여시켜 노래한 것이(子與人歌而) 뛰어나(善)면 반드시(必) 그것을 다시하게 한다(使反之).

先行, 其言而後從之 (먼저 행동하고, 그의 말은 나중에 먼저 행동한 것을 따르다)

(형용사) 시간이 약간 늦은. '선(先), 전(前)'과 반대되는 말이다. (時間較晩. 與"先"、"前"相對)

— **[견해]**

여기서 後는 '先行, 其言而後從之'에서의 先과 대응된다. 先이 부사로 쓰였기 때문에 後 역시 부사이고, 더욱이 而은 '주어+서술어' 구조에서 '주어와 서술어'를 연결시키어 '가정(설정), 강조, 전환'의 의미를 나타내는[→ 子産而死, 誰其嗣之? 『左傳』 자산이 죽으면('子産而死'로만 볼 때는 '자산이 죽다') 누가 그것을 이을까?] 역할을 하는 접속사이기 때문에 後는 '부사'가 되어야 한다. 而後를 접속사로 생각할 수도 있다. 하지만 접속사로 쓰이는 경우 'A而後B'에서 A와 B의 문법 요소는 주로 동사(구)이며 등가를 이루어야 하는데(아래 예문 참조), 其言而後從之에서 A(其言: 그(의) 말)와 B(從之: 그것을 따르다)는 문법상 대등하지 않으므로 접속사 而後의 사용이라고 보기가 어렵다.

— **[보충, 而後]**

1. (접속사; 관용구) 접속사 而과 시간사 後로 만들어졌다. 일의 관계에서 조건 관계를 갖춘 앞뒤의 두 사건을 연결시켜, 뒤의 일의 발생이나 출현이 앞의 것이 조건이 된다는 것을 보여 준다. 즉 먼저 앞의 사건이 있어야 비로소 뒤의 일이 있을 수 있다는 것을 보여 준다. '~다음 비로소, 그러고 나서야…(然後才, 之後才)' 등으로 번역된다.

→ 將軍文子之喪, 既除喪, 而後越人來弔文 『禮記·檀弓上』
장군 문자(文子)의 장례(將軍文子之喪)는 이미(既) 상복을 평상복으로 갈아입(除喪)은 다음에(而後) 월나라 사람들이 와서 조문한다(越人來弔文).

→ 死而後已, 不亦遠乎? 『論語·泰伯』
죽은 다음(死而後)에야 끝나(已)니 역시(亦) 멀지 않은가(不…遠乎)?

2-14. 子曰: "君子周而不比, 小人比而不周."

子曰:	"君子	周	而	不	比,
공자가 말하다	(명)군자(君子) (11-1)	(동)단결하다. 결합하다	(접)전환. '그러나'(1-1)	(부)동사술어 앞 (7-14)	(동)공모하다
공자가 말했다.	"군자는 단결하지만 공모하지 않(고)(=나쁜 일을 하기 위해서 서로 결합하지 않고)				
小人	比	而	不	周."	
(명)소인	(동)공모하다	(접)전환. '그러나'(1-1)	(부)'~하지 않다' (7-14)	(동)단결하다. 결합하다	
소인은 공모하(지만)(=나쁜 일을 하기 위해서 서로 결합하지만) 단결하지 않는다."					

번역 공자가 말했다. "군자는 단결하지만 공모하지 않고(=나쁜 일을 하기 위해서 서로 결합하지 않고) 소인은 공모하지만(=나쁜 일을 하기 위해서 서로 결합하지만) 단결하지 않는다."

語法과 語彙

君子周而不比 (군자는 단결하지만 공모하지 않는다)

(동사) 합치다, 결합하다, 단결하다(結合, 團結, 合)

→ 雖不周於今之人兮, 愿依彭咸之遺則 『楚辭·離騷』
비록(雖) 지금의 사람들과는 결합하지는 못하(不周於今之人)지만 팽함(彭咸)이 남겨준 법칙(彭咸之遺則)을 따르길 원한다(愿依). (遺則:이전 세대가 남겨준 법칙. 前代留傳下來的法則)

君子周而不比 (군자는 단결하지만 공모하지 않는다)

(동사) 공모하다; 나쁜 일을 하기 위해서 서로 결합하다. 의지하다. (빌)붙다. (勾結:爲了做壞事而互相串通, 結合)

→ 親而不比 『荀子·不苟』
친하지만(親而) 공모하지 않는다(不比).

2-15. 子曰: “學而不思則罔, 思而不學則殆.”

子曰:	“學	而	不	思
공자가 말하다	(동)배우다. 공부하다(15-31)	(접)전환. ‘그러나’(1-1)	(부)동사술어 앞. ‘~하지 않다’(7-14)	(동)생각하다(15-31)
공자가 말했다.	“배우지만 생각하지 않으…			
則	**罔,**	**思**	**而**	**不**
(접)조건+則+결과(1-6)	(동)어떻게 할지 모르다	(동)생각하다(15-31)	(접)전환. ‘그러나’(1-1)	(부)동사술어 앞. ‘~하지 않다’(7-14)
…면 어떻게 할지 모르(고)		생각하지만		
學	**則**	**殆.”**		
(동)배우다. 공부하다(15-31)	(접)조건+則+결과(1-6)	(형)위태롭다		
배우지 않으면 위태롭다.”				

번역 공자가 말했다. “배우지만 생각하지 않으면 어떻게 해야 하는지 모르고, 생각하지만 배우지 않으면 위태롭다.”

語法과 語彙

學而不思則罔 (배우지만 생각하지 않으면 어떻게 해야 하는지 모른다)

(동사.형용사) 분간을 못하여 어떠한 조치를 취할지 모르다, 어쩔 줄을 모르다, 미혹되다(迷惘, 迷惑)

→ 衣服在躬而不知其名爲罔 『禮記·少儀』
옷(衣)을 몸에 입었지만(服在躬而) 그 이름을 몰(不知其名)라 당황스럽다(爲罔).

思而不學則殆 (생각하지만 배우지 않으면 위태롭다)

(형용사) 위험하다, 위태롭다. (危亡 ; 危險)

→ 於斯時也, 天下殆哉, 岌岌乎! 『孟子·萬章上』
이때…(於斯時也) 천하가 위태롭(天下殆)고 위험했다(岌岌乎)!

→ 知己知彼, 百戰不殆 『荀子·謀功』
우리 편을 알고 저쪽 편을 알(知己知彼)면 백 번 전쟁을 하(百戰)여도 위태롭지 않다(不殆).

2-16. 子曰: "攻乎異端, 斯害也已."

子曰:	"功	乎	異端,	斯
공자가 말하다	(동)깊이 연구하다	(전)대상.'~에 대해'	(명)유가(儒家) 외 학설과 학파	(접)유연한이어짐 '~면~하다'(4-7)
공자가 말했다.	"유가(儒家) 외 학설과 학파에 대해 깊이 연구하…			…면
害	**也已."**			
(형)해롭다	(어기) 긍정(1-14)			
해롭다."				

번역 공자가 말했다. "유가 외 학설과 학파에 대해 깊이 연구하면 해롭다."

語法과 語彙

攻乎異端 (유가 외 학설과 학파에 대해 깊이 연구하다)

(동사) 깊이 연구하다(研究;鑽研探求事物的本質、發展規律等. 사물의 본질이나 발전 규칙을 깊이 연구하고 탐구하다).

→ 學術有專攻 (唐·韓愈『師說』)
학술에 대하여(學術) 전문적으로 연구하는 것이 있다(有專攻).

攻乎異端 (유가 외 학설과 학파에 대해 깊이 연구하다)

(전치사) 乎는 일반적인 전치사와 다르다. 乎와 乎의 목적어가 구성한 '전치사(乎)+목적어' 구조는 문중에서 동사나 형용사 다음에만 놓일 수 있고 보어로 사용되고, 행위와 사람, 사물 사이의 대응관계를 보여주어 대상을 끌어들인다. '~에 대해, ~에 대하여(對, 對於)'로 해석된다.

→ 四海之內, 皆兄弟也, 君子何患乎無兄弟也? 『論語·顏淵』
사해 안(四海之內)이 모두 형제인데(皆兄弟也) 군자가 왜(何) 형제가 없는 것에 대해 걱정하(患乎無兄弟)겠는가?
→ "苛政猛於虎也" 吾嘗疑乎是 (唐·柳宗元『捕蛇者說』)
"가혹한 정치(苛政)는 호랑이보다 무섭다(猛於虎也)" 나는 일찍이(吾嘗) 이것에 대해 의심했다(疑乎是).

攻乎異端 (유가 외 학설과 학파에 대해 깊이 연구하다)

(명사) 고대 유가에서 유가 외 학설과 학파를 '이단'이라 했다. (古代儒家稱其他學說、學派爲異端)

→ 抵排異端 (唐·韓愈『講學解』)
유가 外 학설과 학파를 배척하다(抵排).

攻乎異端, 斯害也已 (유가 외 학설과 학파에 대해 깊이 연구하면 해롭다)

(접속사) 복문 중 뒤의 단문의 문두나 주어와 서술어 사이에 쓰여 앞뒤 두 부분이 '일의 이치(事理)'에서 부드럽게 이어지는 관계라는 것을 보여 준다. '~면~이다' 등으로 번역된다. ('就', '則', '那麽') [(1-12)참조]

→ 王無罪歲, 斯天下之民至焉　『孟子·梁惠王上』
왕이 '시대의 재난으로 탓을 돌리'지 않으면(無罪歲, 斯) 천하의 사람들(天下之民)이 여기로 온다(至焉).

→ 四十五十而無聞焉, 斯亦不足畏也已　『論語·子罕』
40, 50세에(四十五十而) 명성이 없다면(無聞焉, 斯) 역시(亦) 두려워하기에 부족하다(不足畏也已).

(대명사) 문중에서 주어가 되어 앞 문장의 사람, 사태를 재지시하고 그것에 대해서 좋고 나쁨을 평가한다. '이것은 ~하다'로 해석된다.

→ 聖人, 吾不得而見之矣, 得見君子者, 斯可矣　『論語·述而』
성인은 내가 (그를) 볼 수 없지만 군자를 볼 수 있는 거, 이것은 가능하다.

攻乎異端, 斯害也已 (유가 외 학설과 학파에 대해 깊이 연구하면 해롭다)

(형용사) 해롭다. 이롭다(益)의 반대말. (有害的, 與"益"相對)

2-17. 子曰: “由, 誨女知之乎! 知之爲知之, 不知爲不知, 是知也.”

子曰:	“由,	誨	女	知	之
공자가 말하다	(인명)자로(子路) =중유(仲由)	(동)가르치다	(대)너,너희들 (3-6)[rǔ]=汝	(동)이해하다. 알다(8-16)	(접사)보충, 음절모으기(13-1)
공자가 말했다.	“자로야!	너에게 안다는 것을 가르쳐주겠다! ['지(之)'는 접사'로 '동사강조·보충·음절모으기(13-1)'로 '지(知)'가 '명사화'된 것으로(아는 것;knowing) 보거나, '한정어 표지 조사'로 뒤에 '자(者)'가 생략된 것으로 볼 수 있다. 여기서는 전자로 보았다]			
乎!	**知**	**之**	**爲**	**知**	**之,**
(어기)감탄,비분, 찬송(3-14)	(동)이해하다. 알다(8-16)	(접)조건,가정 종속절(12-10)	(동)말하다	(동)이해하다. 알다(8-16)	(접사)보충, 음절모으기(13-1)
	알면 안다고 말하(고)				
不知(之)	**爲**	**不知,**	**是**	**知**	**也.”**
(동)모르다	(동)말하다	(동)모르다	(대)재지시. 주어(2-7)	(동)이해하다.알다 (8-16)[동→명]	(어기)진술 강조
모르면 모른다고 말하(는 것) ['知之爲知之, 不知爲不知'가 '주어'이다]			이것이 아는 것이다.”		

번역 공자가 말했다. “자로야! 내가 너에게 안다는 것을 가르쳐주마. 알면 안다고 말하고 모르면 모른다고 말하는 것, 이것이 아는 것이다.”

語法과 語彙

由! 誨女知之乎! (자로야! 너에게 안다는 것을 가르쳐주마)

성이 중(仲)이고 이름이 유(由)이다. 성명은 '중유(仲由)'이다. 字가 '자로(子路)' 또는 계로(季路)이다. 자로는 본래 용맹스러움을 좋아하는 인간이었다. 由라는 것은 공자가 자로의 실명을 부른 것이다. 즉 사랑하는 제자에 대한 매우 사적인 호칭이다. 이런 표현에는 자로에 대한 공자의 인간적 애정이 듬뿍 담겨 있는 것이다. 공자의 말씀 중에서 그 말씀이 구체적 대상을 향해 발설되었을 때, 우리는 그 대상과의 관계에서 발생하는 구체적, 역사적 맥락을 일차적으로 고려하지 않을 수 없다. 이 문장의 대학는 '논어' 중에서 일평생 공자의 공자다움을 지켜준 애제자 자로와의 애증어린 관계에서 발생된 최초의 기록이다. 우리는 이 말이 자로라는 인격체를 전제로 하는 맥락에서 일차적으로 해석될 수밖에 없다는 사실을 새인식해야 한다. (김용옥, 2008)

由! 誨女知之乎! (자로야! 너에게 안다는 것을 가르쳐주마)

(동사) 가르치다, 일깨워주다 (教導, 教誨) [회, huì]

→ 學而不厭, 誨人不倦 『論語·述而』
배우지만 물리지 않(學而不厭)고 사람을 가르(誨人)칠 때 지치지 않는다(不倦).

由! 誨女知之乎! (자로야! 너에게 안다는 것을 가르쳐주마)

(대명사) 여(汝[rǔ])와 같고 발음은 [rǔ]이다. 너, 너희들. (你, 你們)

→ 女弗能救與? 『論語·八佾』
너(女)는 막을 수(能救) 없는가(弗…與)?

→ 三歲貫女, 莫我肯顧 『詩經·魏風·碩鼠』
오랜 세월(三歲) 너를 키워주(貫女)었는데 나를 돌봐주려 하지 않는다(莫我肯顧).

由! 誨女知之乎! (자로야! 너에게 안다는 것을 가르쳐주마)

(동사) 이해하다, 알다. (了解)

→ 知我者鮑子也 『史記·管晏列傳』
나를 이해하는 사람(知我者)은 포숙아(鮑子:鮑叔牙)이다.

(명사) 지식, 견해, 아는 것. (知識, 見解, 知道的事)

→ 子曰 : "吾有知乎哉? 無知也" 『論語·子罕』
공자가 말했다. "내(吾)가 아는 것이 있(有知)는가(乎哉)? 아는 것이 없다(無知也)."

→ 兩小兒笑曰: "孰爲汝多知乎?" 『列子·湯問』
두 명의 아이(兩小兒)가 웃으며 말(笑曰)했다. "누가(孰) 네(汝)가 많이 안다(多知)고 말하니(爲…乎)?"

— [보충]

예문 중에서 '孰爲汝多知乎?' 이 예문은 『漢語大字典』이외 다수의 고대중국어사전과 자전에서 명사로써 이 의미 항목(지식, 견해, 안다는 것)에 출현하였다. 하지만 통사적으로 볼 때, 명사(지식)가 아니라 '동사(알다)'라고 생각한다. 아니면 '多知'가 한 단어의 동사로 사용되어야 하는데, 고대중국어에는 '多知'가 한 단어로 사용된 용례를 찾을 수 없다. 동사일 경우 번역은 '누가 네가 많이 안다고 말하니?'가 된다.

由! 誨女知之乎! (자로야! 너에게 안다는 것을 가르쳐주마)

(어기사) 문미에 사용되어 감탄, 비분(悲憤:슬프고 분함), 찬송 등의 어기를 보여 준다.

→ 嗚呼! 孰知賦斂之毒, 有甚是蛇者乎! (唐·柳宗元『捕蛇者說』)
아(嗚呼)! 누가(孰) 세금 징수의 해로움(賦斂之毒)을 알까(知), 심한 것이(有甚) 이건(是) 독사(蛇者)다(乎)!

知之爲知之, 不知爲不知 (알면 안다고 말하고 모르면 모른다고 말하다)

(동사) 말하다. 謂와 같다.

→ 從命利君爲之順, 從命病君爲之諛 『說苑·臣術』
명을 따(從命)라 왕을 이롭게 하(利君)는 그것을 순종이라 말하(爲之順)고 명령을 따(從命)라 왕을 걱정시키(病君)는 그것을 아첨이라 말한다(爲之諛).

→ 奚其爲爲政? 『論語·爲政』
왜(奚其) 정치를 하(爲政)라고 말하(爲)는 것인가?

知之爲知之, 不知爲不知, 是知也 (알면 안다고 말하고 모르면 모른다고 말하는 것, 이것이 아는 것이다)

(어기사) 진술문의 문미에 쓰여 진술어기를 강조하고, 진술된 내용을 강조하고 어떤 일이나 상태의 진실성을 확인한다.

→ 甯武子, 邦有道則知, 邦無道則愚.其知可及也, 其愚不可及也 『論語·公冶長』
영무자(甯武子)는 나라에 도가 있으면(邦有道則) 지혜로(知)웠고 나라에 도가 없으면(邦無道則) 어리석(愚)었다. 그의 지혜로움(其知)은 따라갈 수 있(可及也)지만 그의 어리석음(其愚)은 따라갈 수가 없다(不可及也).

→ 令人有大功而擊之, 不義也 『史記·項羽本紀』
사람에게 큰 공을 세우게 한 다음(令人有大功而) 그를 공격하(擊之)는 것은 정의롭지 못하다(不義也).

2-18. 子張學幹祿, 子曰: “多聞闕疑, 愼言其餘, 則寡尤, 多見闕殆, 愼行其餘, 則寡悔. 言寡尤, 行寡悔, 祿在其中矣.”

子張	學	幹	祿,	子曰:	“多
(인명)자장	(동)배우다. 공부하다(15-31)	(동)찾다, 구하다	(명)관리의 봉급(15-32)	공자가 말하다	(형)많다[형용사→부사(3-20)]
자장(子張)이 관리의 봉급을 찾는 것을 배(울 때)				공자가 말했다. “많이	
聞	**闕**	**疑,**	**愼**	**言**	**其**
(동)듣다	(동)비우다. 비워두다	(명)판단할 수 없는 것.	(부사)확실히	(동)말하다	(대)其+명사(이,저)(한정어)(4-5)
듣고 판단할 수 없는 것을 비워두(고)			그 나머지를 확실하게 말하…		
餘,	**則**	**寡**	**尤,**	**多**	**見**
(명)나머지	(접)조건+則+결과(1-6)	(동)줄이다. 감소시키다	(명)잘못	(형)많다[형용사→부사(3-20)]	(동)보다
…면 잘못을 줄(일 수 있고)				많이 보(고)	
闕	**殆,**	**愼**	**行**	**其**	**餘,**
(동)비우다. 비워두다	(명)의혹	(부사)확실히	(동)실행하다, 밀고나가다(5-14)	(대)其+명사(이,저)(한정어)(4-5)	(명)나머지
의혹을 비워두(고)	그 나머지를 확실하게 실행하…				
則	**寡**	**悔.**	**言**	**寡**	**尤,**
(접)조건+則+결과(1-6)	(동)줄이다. 감소시키다	(명)후회	(명)말	(동)줄이다. 감소시키다	(명)잘못
…면 후회를 줄일 수 있다.			말이 잘못을 줄이(고)		
行	**寡**	**悔,**	**祿**	**在**	**其**
(명)행위.행동(18-8)	(동)줄이다. 감소시키다	(명)후회	(명)관리의 봉급(15-32)	(동)~에 있다(5-1)	(대)其+명사(이,저)(한정어)(4-5)
행동이 후회를 줄(이면) [가정조건절(1-1)]			관리의 봉급은 분명히 그…		
中	**矣.”**				
(명)내부.안(15-32)	(어기)미래확신. ‘가정+결과’(7-15)				
…안에 있을 것이다.”					

번역 자장(子張)이 관리의 봉급을 찾는 것을 배울 때 공자가 말했다. “많이 듣고 판단할 수 없는 것을 비워두고, 그 나머지를 확실하게 말하면 잘못을 줄일 수 있고, 많이 보고 의혹을 비워두고 그 나머지를 확실하게 실행하면 후회를 줄일 수 있다. 말이 잘못을 줄이고 행동이 후회를 줄이면 관리의 봉급은 분명히 그 안에 있을 것이다.”

語法과 語彙

子張學幹祿 (자장(子張)이 관리의 봉급을 찾는 것을 배우다)

자장(子張)은 성(姓)이 전손(顓孫)이고 이름이 사(師)로 성명은 전손사(顓孫師)이다. 자장(子張)은 자(字)이다. 공자보다 48세 연하로 자하(子夏), 자유(子游)와 함께 공자 말년 교단의 가장 강력한 인물이었다. 그러나 이 세 사람 중에서 가장 아웃사이더적인 성격의 인물이었던 것 같다. 그렇지만 『한비자』「현학」편에서 유가 8파 중 으뜸으로 꼽힐 정도로 그 성세가 있었다. 『論語·先進』 사과십철(四科十哲) 속에도 자장은 없다. 논어 제 19편이 자장의 이름을 따서 명명되었지만, 「자장」편에서도 그의 위치는 자하나 자유에 비해 미미하다. 「자장3」에는 '친구사귐'에 대한 자하와 자장의 견해차이가 소개되어 있다. 그런데 이 장 속에서 자장은 자하가 인간을 단순하게 평가하여 시비(是非), 가불가(可不可)를 적절하게 가리는 것과는 대조적으로 보다 포용적인 관용과 자성의 자세를 요구하는 매우 어른스러운 인간의 모습으로 그려지고 있다. 역사적으로 보면 자장은 충성과 신의를 강조를 인물로 그려지며, 실천을 통하여 품덕을 수양할 것을 중시한 것으로 평가되고 있다. 순자는 자장학파를 겉을 꾸미는데 너무 치중하고 있다고 비판하지만 실제로 자장은 소절(小節:대의에 뜻을 두지 아니한 작은 절조)에 구애됨이 없었고 외관에 신경을 쓰지 않았으며 절용(節用:아껴 씀)의 정신이 오히려 묵가와 상통한다고 본다. (김용옥, 2008)

子張學幹祿 (자장(子張)이 관리의 봉급을 찾는 것을 배우다)

(동사) 찾다, 구하다(謀求)

→ 時墨者東郭先生將北適中山以幹仕 (明·馬中錫『中山狼傳』)
이때(時) 묵가를 믿는 사람(墨者) 동곽선생(東郭先生)이 북쪽에서(將北) 중산(中山)으로 가서(適中山以) 관직을 구한다(幹仕).

多聞闕疑 (많이 듣고 판단할 수 없는 것을 비워두다)

(동사) 비우다. 비워두다(空下)

→ 懷疑者闕之 『史記·高祖功臣侯者年表』
의심되면(懷疑者) 그것을 비우다(闕之).

多聞闕疑 (많이 듣고 판단할 수 없는 것을 비워두다)

(명사) 해결할 수 없는 것. 판단할 수 없는 것. (不能解决的, 不能斷定的)

多聞闕疑, 愼言其餘 (많이 듣고 판단할 수 없는 것을 비워두고, 그 나머지를 확실하게 말하다)

(부사) 확실히(確實)

→ 昊天已威, 予愼無罪 『詩經·小雅·巧言』
하늘(昊天)은 정말(已) 두렵다(威). 나(予)는 확실히(愼) 죄가 없다(無罪).

愼言其餘 (그 나머지를 확실하게 말하다)

(명사.동사) 나머지. 잔존. (殘餘) [여, yú]
(형용사) 분산되어 있다. (零散)

多聞闕疑, 愼言其餘, 則寡尤 (많이 듣고 판단할 수 없는 것을 비워두고, 그 나머지를 확실하게 말하면 잘못을 줄일 수 있다)

(동사) 줄이다, 감소시키다. (減少) [과, guǎ]

→ 夫子欲寡其過而未能也 『墨子·節用上』

선생님(夫子)은 그의 과오(其過)를 줄이기를 원했지만(欲寡…而) 할 수 없었다(未能也).

多聞闕疑, 愼言其餘, 則寡尤 (많이 듣고 판단할 수 없는 것을 비워두고, 그 나머지를 확실하게 말하면 잘못을 줄일 수 있다)

(명사) 잘못(錯誤, 罪過).

→ 廢爲殘賊, 莫知其尤 『詩經·小雅·四月』
파괴와 상해(殘賊)를 크게(廢) 입(爲)고도 그 잘못(其尤)을 모른다(莫知).

多見闕殆 (많이 보고 의혹을 비워두다)

(명사) 의혹(疑惑)

→ 良工取之, 拙者疑殆 『史記·扁鵲倉公列傳』
기예(技藝:예술로 승화될 정도로 갈고닦은 기술이나 재주)가 훌륭한 사람(良工)은 그것을 택하(取之)지만 아둔한 사람(拙者)은 의혹을 풀지 못한다(疑殆:疑惑不解).

2-19. 哀公問曰: "何爲則民服?" 孔子對曰 : "舉直錯諸枉, 則民服, 舉枉錯諸直, 則民不服."

哀公	問	曰:	"何	爲	則
(인명)애공	(동)묻다	(동)말하다	(의.대)무엇을, 무슨…(11-26)	(동)하다, 행하다(2-1)	(접)조건+則+결과(1-6)
애공이 물으(며) 말했다.			"무엇(을) 하면 [何(목적어)+爲(동사)]		
民	**服?"**	**孔子**	**對**	**曰:**	**"舉**
(명)서민·평민·백성·민중(15-25)	(동)복종하다. 순종하다	(인명)공자(1-1)	(동)대답하다(2-5)	(동)말하다	(동)들다
백성(이) 복종합니까?"		공자가 대답하(며) 말했다.			
直	**錯**	**諸**	**枉,**	**則**	**民**
(형)정직하다 [형용사→명사]	(동)놓다.두다	(겸사)之와 於의 합음사	(형)정직하지 않다 [형→명]	(접)조건+則+결과(1-6)	(명)서민·평민·백성·민중(15-25)
"정직을 들어 그것을 부정직에 놓으…				…면 백성은	
服,	**舉**	**枉**	**錯**	**諸**	**直,**
(동)복종하다. 순종하다	(동)들다	(형)정직하지 않다 [형→명]	(동)놓다.두다	(겸사)之와 於의 합음사	(형)정직하다 [형용사→명사]
복종히(지만)	부정직을 들어 정직에 놓으…				
則	**民**	**不**	**服."**		
(접)조건+則+결과(1-6)	(명)서민·평민·백성·민중(15-25)	(부)'~하지 않다'(7-14)	(동)복종하다. 순종하다		
…면 백성은 복종하지 않는다."					

번역 애공이 물으며 말했다. "무엇을 하면 백성이 복종합니까?" 공자가 대답하며 말했다. "정직을 들어 그것을 부정직에 놓으면 백성은 복종하지만, 부정직을 들어 그것을 정직에 놓으면 백성은 복종하지 않습니다."

語法과 語彙

哀公問曰 (애공이 물으며 말하다)

애공(哀公)은 문자 그대로 슬픈 군주다. 공자의 조국 노나라 마지막 군주이다. 아버지 定公(정공)이 죽고 왕위를 계승한 해가 BC 494년(공자의 나이 58세)이었다. 이때 애공은 10세 전후의 어린아이였다. 그의 재위 16년에 공자는 세상을 떠났다. 이 대화가 이루어진 시기를 공자 말년으로 본다면 애공은 스물 갓 넘은 아직도 어린 군주였다. (김용옥, 2008)

何爲則民服? (무엇을 하면 백성이 복종하는가?)

(의문대명사) 何는 동사의 목적어가 되며 선진시기에는 대부분 동사 앞에 있었다. 가끔 동사 뒤에 있는 경우가 있는데 云, 言, 謂 그리고 계사[10]성 동사 爲의 목적어가 될 때에는 이들 동사 뒤에 위치한다. '무엇'으로 번역된다.

→ 景公問於晏子曰:"爲政何患?" 『晏子春秋·内篇問上』
경공(景公)이 '안자(晏子)에 대해 물(問於晏子)'으며 말했다. "정치를 할(爲政) 때 무엇을 걱정하는가(何患)?"

→ 管子曰:"然則君將何求?" 『公羊傳·莊公十三年』
관자(管子)가 말했다. "그렇다면(然則) 왕(君)께서는 장차 무엇을 찾으십니까(將何求)?"

→ 子夏之門人問交於子張. 子張曰, "子夏云何?" 『論語·子張』
자하(子夏)의 문인들(子夏之門人)이 '자장(子張)에게 '사귐'에 대해 묻(問交於子張)'자 자장이 말했다. "자하(子夏)는 무어라 말하던가(云何)?"

何爲則民服? (무엇을 하면 백성이 복종하는가?)

(동사) 복종하다. 순종하다. (服從;順從)

擧直錯諸枉 (정직을 들어 그것을 부정직에 놓다)

(형용사) 정직하다(正直). '곧다(直)'로 '굽다(曲)'와 반대.

→ 今朝廷不聞直聲 『漢書·張敞傳』
지금(今) 조정(朝廷)은 정직한 소리(直聲)를 듣지 않는다(不聞).

擧直錯諸枉 (정직을 들어 그것을 부정직에 놓다)

(동사) 놓다, 두다, 잘 놓다, 잘 두다. (置, 安放)

→ 投迹微子之踪, 錯身陳平之軌 『三國志·魏書·種會傳』
미자(微子)의 종적(微子之踪)에 발을 내딛(投迹)고 진평(陳平)의 궤적(陳平之軌)에 몸을 두다(錯身).

擧直錯諸枉 (정직을 들어 그것을 부정직에 놓다)

(겸사兼詞) 대명사 '之'와 전치사 '於'의 합음사(合音詞)이다. '제(諸)' 앞에는 반드시 동사가 오고, 뒤에는 반드시 명사나 명사성 성분이 와야 한다. '지(之)'는 앞의 동사의 목적어 되고, '어(於)'가 수반하는 뒤의 명사성 성분은 전치사의 목적어가 된다. '於+목적어'는 앞의 '동사+목적어'의 부사어가 되고 동작, 행위와 관련 있는 '장소, 인물' 등을 나타낸다. 대명사 '지(之)'가 대신하는 대상은 장소와 인물 크게 두 가지이다. 대상을 대신하는 것은 일반적으로 앞의 문장에서 이미 출현한 것이다.

'제(諸)' 다음의 명사가 장소를 보여주는 경우.

→ 投諸渤海之尾, 隱土之北 『列子·湯問』
발해(渤海)의 가(=주변)(渤海之尾)와 은토(隱土)의 북쪽(隱土之北)에 그것을 던지다(投諸).

→ 有諸内, 必形諸外 『孟子·告子下』
그것을 안에 가지고 있(有諸内)으면 반드시(必) 그것을 밖으로 드러낸다(形諸外).

다음의 예문을 보면 겸사(兼詞) '제(諸)' 속의 전치사 '於'가 '동작의 발생지점, 동작의 출처'의 의미를 갖는 경우도 있다. 이는 허사 사전 등에서 찾을 수 없었다. '~로부터(from)' 등으로 번역될 수 있다.

---

10 1-2 참조. 명사는 술어로도 쓰일 수 있다. 명사를 술어로 사용하기 위해서는 계사(copular verb)의 도움이 필요하다.

→ 昔者由也聞諸夫子 『論語·陽貨』

이전(昔者)에 저, 자로는(由也) '그것을 선생님(=공자)으로부터 들었습니다(聞諸夫子)'.

→ 曾子曰: "吾聞諸夫子" 『論語·子張』

증자(曾子)가 말했다. "나(吾)는 그것을 선생님으로부터 들었다(聞諸夫子)."

擧直錯諸枉 (정직을 들어 그것을 부정직에 놓다)

(형용사) 정직하지 않다(不正直, 不正派) [왕, wǎng]

→ 言直而行之枉 (漢·桓寬 『鹽鐵論·相刺』

말은 정직하지만(言直而) 행동은 '정직하지 않다(行之枉).

2-20. 季康子問'使民敬忠以勸, 如之何'. 子曰: "臨之以莊則敬, 孝慈則忠, 擧善而教不能則勸."

季康子	問	'使	民	敬	忠
(인명)季康子	(동)問A: A에 대해 묻다 (12-10)	(사역동사) ~하게 하다	(명)서민·평민·백성·민중(15-25)	(동)공경하다	(동)충성하다
계강자(季康子)가 '백성을 공경하게 하고 충성하게 하고 노력하게 하려면 [조건가정절(1-1)]					
以	**勸,**	**如之何?'.**		**子曰:**	**"臨**
(접속사) ~와.그리고	(동)노력하다	(관용구) 어떻게 해야 하는가?		공자가 말하다	(동)만나다. 마주하다
어떻게 해야 합니까?'에 대해 물었다. [개별의미이고 문법적 등가를 가진 어휘 나열을 '敬(A)+忠(B)+以(and)+勸(C)'처럼 보여주었다]				공자가 말했다.	
之	**以**	**莊**		**則**	**敬,**
(접)~할 때.시간의 종속절(12-10)	(동사)있다	(형)존경할만한 모습과 무게가 있다 (=장중하다)[형용사→명사]		(접)조건+則+결과 (1-6)	(동)공경하다
"만날 때 장중함이 있으면 공경하(고)					
孝慈		**則**	**忠,**	**擧善**	
(동사)윗사람을 잘 섬기고 공경하며 아랫사람에게 도타운 사랑을 베풀다		(접)조건+則+결과 (1-6)	(동)충성하다	덕과 재능을 모두 갖춘 사람을 추천하다	
윗사람을 잘 섬기고 공경하며 아랫사람에게 도타운 사랑을 베풀면 충성하(고)				덕(德)과 재능을 모두 갖춘 사람을 추천하고	
而	**教**	**不能**	**則**	**勸."**	
(접속사)게다가(1-1)	(동)가르치다	(명)능력이 없는 사람(8-5)	(접)조건+則+결과 (1-6)	(동)노력하다	
게다가 능력이 없는 사람을 가르치면 노력합니다."					

번역 계강자(季康子)가 '백성을 공경하게 하고 충성하게 하고 노력하게 하려면 어떻게 해야 하는지'에 대해 물었다. 공자가 말했다. "만날 때 장중함이 있으면 공경하고, 윗사람을 잘 섬기고 공경하며 아랫사람에게 도타운 사랑을 베풀면 충성하고, 덕(德)과 재능을 모두 갖춘 사람을 추천하고 게다가 능력이 없는 사람을 가르치면 노력합니다."

語法과 語彙

季康子 (계강자)

대부 계씨가문의 7대 영주로 이름은 비(肥), 강(康)은 추증(追贈:나라에 공로가 있는 벼슬아치가 죽은 뒤에 품계가 높아지는 것)된 이름이다. 그의 아버지 6대 영주 계환자(季桓子)는 공자가 노나라 내각에 있을 때 공자의 동료였다. 계환자가 죽고 그 뒤를 이은 것이 애공 3년 가을로 BC 492년, 공자 나이 60세였다. 공자의 문인(門人) '염구(冉求), 자공(子貢), 자로(子路), 번지(樊遲)' 등을 임용한 것도 바로 이 계강자였고, 염구의 주선으로 유랑에 종지부를 찍고 공자를 노나라에 돌아오게 만든 장본인도 바로 계장자였다. (김용옥, 2008)

使民敬忠以勸 (백성을 공경하게 하고 충성하게 하고 노력하게 하다)

(동사) 사역 동사로 쓰인다. 讓(양), 叫(규), 令(영)의 의미이다. '~하게 하다'

→ 皆使衣食百用出入相揜 (揜:掩의 이체자) 『荀子』
모두(皆) 옷과 음식 등 모든 용품의 출납(衣食百用出入)을 '서로 맞게 하다(덮게 하다)(使…相揜)'.

→ 天其或者欲使衛討邢乎? 『左傳·僖公』
하늘은(天) 아마도(其或) '위(衛)로 하여금 형(邢)을 토벌하게 하(使衛討邢)'고 싶은 것인가?

使民敬忠以勸 (백성을 공경하게 하고 충성하게 하고 노력하게 하다)

(접속사) 두 개의 병렬 성분을 연결시켜준다. '~와(和)', '그리고 또(而又)'로 해석된다.

→ 賈佗公族也, 而多識以恭敬 『國語·晉語四』
가타(賈佗) 동족(公族:同族:제후나 군주와 동족)이고, 그들(而)은 많이 알고(多識以) 사람에 대하여 겸손하고 예의가 바르다(恭敬).

使民敬忠以勸 (백성을 공경하게 하고 충성하게 하고 노력하게 하다)

(동사) 노력하다. (努力) [권, quàn]

→ 赦之, 以勸事君者. 乃免之 『左傳·成公二年』
그를 사면하(赦之)면, 그 사면 받음으로(以) 왕을 섬기는데 노력할(勸事君者) 것이다. 그러니(乃) 그를 사면해(免之)줘라.

— [참조] 勤 [근, qín]

(동사) 힘을 다하다, 힘을 내다. (竭力, 出力)

→ 勤而不德, 非禹, 其誰能修之? 『左傳·襄公二十九年』
힘을 다했지만(勤而) 덕이 없(不德)으니 '우(禹)가 아니(非禹)'면 장차(其) 누가(誰) 그를 성장시킬(能修之) 수 있겠는가?

使民敬忠以勸, 如之何? (백성을 공경하게 하고 충성하게 하고 노력하게 하려면 어떻게 해야 하는가?)

(관용구) 동사 '如(~와 같다)'와 의문대명사 '何' 사이에 대명사 '之'를 더하여 만들어졌다. 방법, 방식을 묻는데 쓰인다. '之'는 앞 문장에서 제기한 '사람, 사물, 상황'을 가리킨다. 서술어, 부사어 혹은 단독으로 쓰인다. 여기서는 '서술어'로 사용되었다. '어떻게 해야 하나? 어떡해야 좋은가?' 등으로 해석된다.

→ 哀公問於有若曰 : "年饑, 用不足, 如之何?" 『論語·顔淵』
애공(哀公)이 유약(有若)에게 물으며 말했다. "올해 흉작이 들(年饑)어 용품이 부족하(用不足)니 어떡해야 하는가(如之何)?"

→ 公曰 : "敢問爲政如之何?" 『孔子家語·大婚解』
공(公)이 말했다. "여쭙겠습니다(敢問). 정치는 어떻게 하는 것입니까(爲政如之何)?"

臨之以莊則敬 (만날 때 장중함이 있으면 공경한다)

(동사) 만나다, 마주하다. (遭遇, 碰到, 面對)

→ 必也, 臨事而懼, 好謀而成者也 『論語·述而』

확보해야 하는 것은(必也) 일을 만나면(臨事而) 두려워하(懼)고 잘 계획해서 이루는 사람(好謀而成者)이다.

→ 把酒臨風, 其喜洋洋者矣 (宋·範仲淹『岳陽樓記』)
'술(잔)을 '잡고(把)' 바람을 마주하(把酒臨風)'는 '그것은(其)' 매우 기분이 좋은(喜洋洋: 形容非常得意或異常歡樂的樣子, 매우 만족스럽거나 이상할 정도로 즐거운 모양) 것이다.

臨之以莊則敬 (만날 때 장중함이 있으면 공경한다)

(동사) 있다. (有)

→ 農民以鬻子者 『管子·治國』
농민(農民) 중에 자식을 파는 사람이 있다(以鬻子者).

孝慈則忠 (윗사람을 잘 섬기고 공경하며 아랫사람에게 도타운 사랑을 베풀면 충성한다)

(동사, 명사) 윗사람을 잘 섬기고 공경하며 아랫사람에게 도타운 사람을 베풀다. (對尊長孝敬, 對下屬或後輩慈愛)

→ 父子之間, 觀其孝慈; 兄弟之間, 觀其和友 『逸周書·官人』
아버지와 자식 사이(父子之間)에서 그들의 孝慈를 보고(觀其孝慈), 형제 사이(兄弟之間)에서는 그들의 화목과 친함(和友:和睦友愛)를 본다(觀其和友).

擧善而敎不能則勸 (덕(德)과 재능을 모두 갖춘 사람을 추천하고 게다가 능력이 없는 사람을 가르치면 노력한다)

(동사) 추천하다, 선발하다. (推薦, 選拔)

→ 是以衆議擧寵爲督 (三國蜀·諸葛亮『前出師表』)
이 때문에(是以) 모두(衆)들 '향총(向寵)이 중부독(中部督)을 맡(寵爲督)'을 것을 논의하여 추천했다(議擧).

擧善而敎不能則勸 (덕(德)과 재능을 모두 갖춘 사람을 추천하고 게다가 능력이 없는 사람을 가르치면 노력한다)

(동사) 덕과 재능을 모두 갖춘 사람을 추천하다. (推荐德才兼優的人)

→ 禁奸擧善, 興化之本 『後漢書·桓帝紀』
'간사한 사람을 처벌하고(禁奸:惩治奸邪)' 덕과 재능을 모두 갖춘 사람을 추천하(擧善)는 것이 흥성과 교화(敎化: 가르치고 이끌어서 좋은 방향으로 나아가게 함)의 근본(興化之本)이다.

2-21. 或謂孔子曰: "子奚不爲政?" 子曰: "書云, '孝乎惟孝, 友于兄弟, 施於有政.' 是亦爲政, 奚其爲爲政?"

或	謂孔子	曰:	"子	奚	不
(대)어떤 사람	공자에게 말하다 (1-7)	(동)말하다	(대)공자(1-1) 선생님(11-24)	(부사)왜, 어째서	(부)동사술어 앞. '~하지 않다'(7-14)
어떤 사람이 공자에게 말했다.			"선생님은 왜		
爲	**政?"**	**子曰:**	**"書**	**云,**	**'孝**
(동사)하다(2-1)	(명)정치	공자가 말하다	『書經(서경)』	(동)말하다	(명)효(孝)
정치를 하시지 않습니까?"		공자가 말했다.	"『書經(서경)』에서 다음처럼 말했습니다.		'효(孝)는…
乎	**惟**	**孝,**	**友**	**于**	**兄弟,**
(어기)문중.강조,음성장단조력(13-13)	(부사)오직~만(=唯) (2-6)	(동)효도하다 (19-18)	(동)친해지다	(전)행위발생·존재장소(16-12)	(명)형제
… 오직 효도하(고)			형제 사이가 친해지(어) (←형제 사이에서 친하게 지내다) [이 두 개의 절이 종속절로 '시간절(1-1)'인 '~할 때, ~한 다음'의 의미]		
施	**於**	**有政.'**	**是**	**亦**	**爲**
(동) 실천으로 옮기다	(전)발생장소, 방향(3-13)	(명사)징치.정사	(대)재지시. 주어(2-7)	(부사)역시, 또한(3-22)	(판단동사) ~이다(1-2)
정치에서 실천으로 옮긴다.' [주절]			이것 역시		
政,	**奚其**	**爲**	**爲政?"**		
(명)정치	(부사)왜.어째서	(동)말하다(2-17)	(동)정치하다		
정치인(데)	왜 정치를 하라고 말하십니까?"				

번역 어떤 사람이 공자에게 말했다. "선생님은 왜 정치를 하시지 않습니까?" 공자가 말했다. "『서경』에서 다음처럼 말했습니다. '효(孝)란 오직 효도하고, 형제 사이가 친해지어, 정치에서 실천으로 옮긴다.' 이것 역시 정치인데 왜 정치를 하라고 말하십니까?"

語法과 語彙

或謂孔子曰 (어떤 사람이 공자에게 말했다)

(대명사) 어떤 사람, 누군가. (有人)

→ 或告元濟曰: "官軍至矣" 『資治通鑑·唐紀·憲宗元和十二年』
어떤 사람이 원제(元濟)에게 알려주며 말(告…曰)했다. "관군(옛날 정부 군대, 舊稱政府的軍隊)이 도착했다(至矣)."

子奚不爲政? (선생님은 왜 정치를 하시지 않습니까?)

(부사) 동사 앞에 쓰여 원인에 대한 질문을 나타낸다. 奚는 뒤에 나오는 동사 사이에 접속사 '而'를 더할 수 있다. '어떻게', '왜'로 해석된다.

→ 子言衛靈公之無道也, 康子曰: "夫如是, 奚而不喪?" 『論語·憲問』

공자가 위령공의 무도를 말하(言衛靈公之無道)자 계강자(季康子)가 말했다. "이와 같다(如是)면 왜(奚而) 패망하지 않(不喪)습니까?"

→ 曰: "奚而不知也? 象憂亦憂, 象喜亦喜" 『孟子·萬章上』
말했다. "왜 모르겠는가? 상(象)이 걱정하면 역시 걱정하고, 상(象)이 기뻐하면 역시 기뻐했다."

書云 (『서경』에서 말하다)

(동사) 말하다. (說)

→ 孔子云: "何陋之有?" (唐·劉禹錫『陋室銘』)
공자가 말했다. "어떤 초라함(何陋)이 있(有)는가?"
[목적어 전치 구조이고 '之(지)'는 목적어 전치 표지]

友于兄弟 (형제 사이가 친해지다)

(동사) 우애(友愛)하다(=형제간 또는 친구 간에 서로 사랑하다), 친해지다(親近)

→ 窈窕淑女, 寤寐友之 『詩經·關雎』
얌전하고 고운 숙녀(窈窕淑女)는 자나 깨나(寤寐) 그와 친해지려 한다(友之).

友于兄弟 (형제 사이가 친해지다)

(장소전치사) '于+목적어'의 구조로 동사서술어 뒤에 쓰여 보어가 되어 동작행위의 발생 장소 혹은 존재 장소를 나타낸다. '~에서' 등으로 번역된다. (在…, 于…)

→ 黃鳥黃鳥, 無集于桑 『詩經·小雅·黃鳴』
꾀꼬리야 꾀꼬리야(黃鳥:黃鸝<황리, huánglí>) '뽕나무에 모이(集于桑)'지마라.

→ 五月丙午, 晉侯及鄭伯盟于衡雍 『左傳·僖公二十八年』
5월 9일(丙午) 진후(晉侯)와 정백(鄭伯)이 형옹(衡雍)에서 맹약하다.

→ 龐涓死于此樹之下 『史記·孫子吳起列傳』
방연(龐涓<pángjuān>)이 이 나무 아래에서 죽다.

(전치사; 직접대상) 동작, 행위가 직접적으로 미치는 대상을 끌어들인다. 於가 있는 '전치사+목적어' 구조는 동사 혹은 서술어 다음에 쓰여 보어가 된다. 일반적으로 번역할 필요가 없다.

→ 維德菲薄, 不明于禮樂 『史記·孝武本紀』
덕이 좋지 않(德菲薄)고 '예악을 알지 못하다(不明于禮樂)'.

施於有政 (정치에서 실천으로 옮기다)

(동사) 행하다, 실행하다(실천으로 옮기다). (施行)

→ 仁義不施, 攻守之勢異也 (漢·賈誼『過秦論』)
인의(仁義)가 실행되지 않(不施)으면 공격과 수비의 형세(攻守之勢)가 다르다(異也).

施於有政 (정치에서 실천으로 옮기다)

(명사) 정치, 정사. 有는 조사이다. (政事; 政治. 有, 助詞)

→ 惟孝, 友于兄弟, 克施有政　『書·君陳』

오직(惟) 효성스럽(孝)고 형제사이가 친(友于兄弟)해야 '정사(有政)를 실행할 수 있다(克施<克:能够>)'.

孝乎, 惟孝, 友于兄弟, 施於有政 (효(孝)란 오직 효도하고, 형제 사이가 친해지어, 정치에서 실천으로 옮긴다)

『書經』에 나온 이 구절에 대해 이견이 많다. 그리고 '孝乎' 문구를 감탄사로 많이 풀었다. 먼저 학자들의 견해를 보면 다음과 같다.

- "효로다. 오직 효하며 형제간에 우애하여 정사에 베푼다." (이기동, 2011)
- "효성스럽도다! 효성스러워야만 형제에게 우애가 있고 나아가 정치를 한다." (류종목, 2000)
- "효성스럽다, 효성스럽도다. 형제간에 우애가 깊도다. 이를 정치에 베풀도다." (김용옥, 2008)
- "효성스럽다. 오직 부모에게 효도하고, 또 형제를 우애가 있게 하고 정치를 실행한다(孝啊, 只有孝順父母, 又友愛兄弟, 并施行于政治)." (陳曉芬, 2016)
- "'사람은 보모에게 효도해야 하고, 형제를 우애 있게 한다.' 효도와 우애의 도리를 정치하는 사람에게 전파하(는 것 역시 정치를 하는 것이다.) ('一個人要孝順父母, 友愛于兄弟' 把孝友的道理傳布到當政者, 亦就是幹政治)" (毛子水, 2009) [毛子水은 서경의 인용문을 앞 두 구절에서 끊어 다른 다섯 명의 학자들과 다르다]
- "효성스럽다. 오직 부모에게 효도하고, 또 형제에 우애가 있게 하고 이러한 풍토를 정치에 영향 준다(孝呀, 只有孝順父母, 友愛兄弟, 把這種風氣影响到政治上去)." (楊伯峻, 2006)

— [견해]

먼저 언급해야 하는 부분은 '서경'의 인용 문구를 어디까지 보느냐이다. 毛子水을 제외하고 모두 세 개의 절(孝乎惟孝, 友于兄弟, 施於有政)을 '서경'의 문구로 보았다. 두 절(孝乎惟孝, 友于兄弟)을 인용문구로 보면 뒤에 나오는 문구는 견해에 따라 해석이 다르겠지만, 문법적으로 보면 '施於有政, 是亦爲政 (정치를 하다, 이것 역시 정치하는 것이다)으로써 의미가 겹치고 어색하기 때문에 세 개의 절을 '서경'의 인용문으로 봐야 한다.

奚其爲爲政? (왜 정치를 하라고 말하는 것인가?)

(부사; 복합허사) 부사 '奚(해)'와 조사 '其(기)'가 합쳐져 생겼다. 其는 어기를 강조하는 역할을 한다. 서술어 앞에 사용되어 반문이나 감탄을 나타낸다. '왜, 어째서, 어떻게 (怎麽, 幹嗎) / 얼마나 (多麽)'로 번역된다.

→ 夫如是, 奚其喪?　『論語·憲問』

이와 같(夫如是)은데 왜(어떻게)(奚其) 패망하(喪)겠는가?

→ 子曰: "必也正名乎! " 子路曰: "有是哉, 子之迂也! 奚其正?"　『論語·子路』

공자가 말했다. "확보해야 하는 것(必也)은 이름과 명분을 바로 잡(正名)는 것이다!" 자로가 말했다. "이리하시군요(有是哉)! 선생님께서 진부하(子之迂)신 게! 어째서(왜)(奚其) 바로잡(正)습니까?"

奚其爲爲政? (왜 정치를 하라고 말하는 것인가?)

(동사) 말하다. 謂와 같다.

→ 知之爲知之, 不知爲不知　『論語·爲政』

알면(知之) 안다고 말하(爲知之)고 모르면(不知) 모른다고 말하다(爲不知).

→ 從命利君爲之順, 從命病君爲之諛　『說苑·臣術』

명을 따(從命)라 왕을 이롭게 하(利君)는 그것을 순종이라 말하(爲之順)고 명령을 따(從命)라 왕을 걱정시키(病君)는 그것을 아첨이라 말한다(爲之諛).

2-22. 子曰: "人而無信, 不知其可也. 大車無輗, 小車無軏, 其何以行之哉?"

子曰:	"人	而		無信,	不
공자가 말하다	(명)인간,사람(4-3)	(접속사) '주어+而+서술어' (가정)(1-4)		(동)믿음이 없다	(부)동사술어 앞. '~하지 않다'(7-14)
공자가 말했다. "사람이 믿음이 없다면 [조건가정절]					
知	**其**	**可**	**也.**	**大車**	
(동)이해하다.알다(8-16)	(대명사)그것이	(형)적절하다. 괜찮다(1-15)	(어기사)판단	(명)고대 사람이 타고 소가 끌던 차. 특히 대부가 타던 차.	
그것이 적절한지 모르겠다.				소달구지에	
無	**輗,**	**小車**		**無**	**軏,**
(동)없다(9-2)	(명)쐐기	(명)말이 끌던 가벼운 차. 소가 끌던 大車와 대응된다.		(동)없다(9-2)	(명)핀(pin)
쐐기가 없(고)		마차에 핀이 없다(면) [조건가정절]			
其	**何以**	**行**	**之**	**哉?"**	
(대)그것들이 [복수로 쓰였다]	(관용구)방법,원인 '어떻게,왜'(2-7)	(동)운행하다. 가다	(접사)동사강조·보충,음절모으기(13-1)	(어기)반문(2-10)	
그것들이(=소달구지와 마차) 어떻게 운행하겠는가?"					

번역 공자가 말했다. "사람이 믿음이 없다면 그것이 적절한지 모르겠다. 소달구지에 쐐기가 없고, 마차에 핀이 없다면 그것들이(=소달구지와 마차) 어떻게 운행하겠는가?"

語法과 語彙

人而無信, 不知其可也 (사람이 믿음이 없다면 그것이 적절한지 모르겠다)

(대명사) 절(clause)의 주어가 되며 '명사+之'와 같고 이때 지(之)는 절의 독립성을 없애준다. 절의 서술어는 동사, 명사나, 명사구가 될 수 있다. 其 앞에 非를 쓸 수도 있다. [(1-10)참조]

→ 操蛇之神聞之, 懼其不已也, 告之于帝 『列子·湯問』
조사지신(操蛇之神:신화 속 인물 또는 산신령)은 그것을 듣고 '그것이 끝나지 않(其不已)'을까 두려워 그것을 왕에게 알린다.

→ 帝視而問, 知其戚夫人, 乃大哭 『漢書·高祖呂皇后傳』
왕(帝)이 '보고 물어(視而問)' 그가(其) 척부인(戚夫人:한나라 유방의 첩)인 것을 알고 '통곡하다(大哭)'.

人而無信, 不知其可也 (사람이 믿음이 없다면 그것이 적절한지 모르겠다)

(어기사) 진술문의 문미에 쓰여 판단 어기를 도와준다. 주어와 서술어의 관계가 동일하다는 것을 긍정하는 것을 보여주며 번역할 때 일반적으로 서술어 앞에 판단사 '이다(是)'를 넣고, 글의 뜻에 따라 융통성 있게 번역하거나 번역하지 않아도 된다.

→ 麟者, 仁獸也. 有王者則至, 無王者則不至 『公羊傳·哀公十四年』

기린(麒麟:상서로움을 상징하는 고대 전설 속의 동물)은 인수(仁獸:麒麟의 다른 이름)이다. 왕이 있을 때는 오고 왕이 없을 때에는 오지 않는다.

大車無輗, 小車無軏 (소달구지에 쐐기가 없고, 마차에 핀이 없다)

(명사) 고대 사람이 타고 소가 끌던 수레. 특히 대부가 타던 수레를 가리킨다. (古代乘用的牛車.亦特指大夫所乘之車)

大車無輗, 小車無軏 (소달구지에 쐐기가 없고, 마차에 핀이 없다)

(옛날) 고대 소달구지의 끌채 앞부분과 차의 횡목을 서로 이어주는 부분으로 쐐기를 말함. (古代大車車轅前端與車衡相銜接的部分)

大車無輗, 小車無軏 (소달구지에 쐐기가 없고, 마차에 핀이 없다)

말이 끌던 가벼운 차로 소가 끌던 소달구지(大車)와 대응된다. (馬拉的輕車.與牛拉的「大車」對言)

大車無輗, 小車無軏 (소달구지에 쐐기가 없고, 마차에 핀이 없다)

고대 끌채 앞부분과 횡목을 연결시켜주는 부분에 놓는 핀. (古代車上置于轅前端與車橫木銜接處的銷釘)

其何以行之哉? (그것들이(=소달구지와 마차) 어떻게 운행하겠는가?)

(동사) 운행하다, 가다. (運行, 行走)

→ 舟已行矣 『呂氏春秋·察今』
배(舟)가 이미(已) 갔다(行).

→ 行不由徑 『論語·雍也』
갈(行) 때에는 '좁은 길을 지나가(由徑)'지 않는다.

2-23. 子張問: "十世可知也?" 子曰: "殷因於夏禮, 所損益可知也, 周因於殷禮, 所損益可知也. 其或繼周者, 雖百世, 可知也."

子張	問:	"十	世	可	知
(인명)자장(2-18)	(동)묻다	(수사)열.십.10	(명)30년	(조동)가능. '~할 수 있다'(1-11)	(동)이해하다. 알다(8-16)
자장(子張)이 물었다.		"300년 (후를)을 알 수 있습니까?" [목적어 문두 전치]			
也?"	**子曰:**	**"殷**	**因**	**於**	**夏**
(어기)의문(2-5)	공자가 말하다	(명사)은나라	(동)그대로 좇다	(전)동작의 직접대상(1-10)	(명)하나라 (=상<商>나라)
	공자가 말했다.	"은(殷)나라가 하(夏)나라의 예(禮)를 그대로 좇(았기 때문에) [이유원인절(1-1)]			
禮,	**所**	**損益**	**可**	**知**	**也,**
(명)예(禮)	(조사)'~사람·것·사건·곳'(1-12)	(동)증가하고 감소하다	(조동)가능. '~할 수 있다'(1-11)	(동)이해하다. 알다(8-16)	(어기)멈춤.완만. 제시.강조(3-1)
	증가하고 감소하는 것을 알 수 있었고				
周	**因**	**於**	**殷**	**禮,**	**所**
(명)주나라	(동)그대로 좇다	(전)동작의 직접대상(1-10)	(명)은나라	(명)예(禮)	(조사)'~사람·것·사건·곳'(1-12)
주(周)나라가 은(殷)나라의 예(禮)를 그대로 좇(았기 때문에) [이유원인절(1-1)]					
損益	**可**	**知**	**也.**	**其或**	**繼**
(동)증가하고 감소하다	(조동)가능. '~할 수 있다'(1-11)	(동)이해하다. 알다(8-16)	(어기)판단 (동사,형용사술어끝)(11-15)	(부사)아마도	(동)이어받다. 계승하다
증가하고 감소하는 것을 알 수 있었다.				아마	
周	**者,**	**雖**	**百世,**	**可知**	**也."**
(명)주나라	(조사)가정'~하면'	(접)비록~지만(5-1)	3,000년	(동)알 수 있다	(어기)판단 (동사,형용사술어끝)(11-15)
주(周)나라를 계승한다면 [조건가정절]		비록 3,000년 (후라도) [양보절]		알 수 있을 것이다." [주절]	

번역 자장(子張)이 물었다. "300년 후를 알 수 있습니까?" 공자가 말했다. "은(殷)나라가 하(夏)나라의 예(禮)를 그대로 좇았기 때문에 증가하고 감소하는 것을 알 수 있었고, 주(周)나라가 은(殷)나라의 예(禮)를 그대로 좇았기 때문에 증가하고 감소하는 것을 알 수 있었다. 아마 주(周)나라를 계승한다면 비록 3,000년 후라도 알 수 있을 것이다."

語法과 語彙

十世可知也? (300년 이후를 알 수 있습니까?)

(명사) 고대 30년이 1世이었다. (古代三十年爲一世)

→ 如有王者, 必世而後仁 『論語·子路』

설령(如) 왕자(王者:왕도로 천하를 통치하는 군주. 謂以王道治天下之君主)가 있더라도 반드시 30년 후(必世而後)에야 仁하다.

殷因於夏禮 (은나라가 하나라의 예를 그대로 좇다)

(동사) (방법, 제도 등을) 그대로 좇다, 답습하다. (因襲, 沿襲)

→ 因秦宮室, 據其府庫 『文選·張衡「東京賦」』
진나라의 방을 그대로 좇(因秦宮室)고 진나라의(其) 창고(府庫: 과거 국가의 재물, 무기와 갑옷 등을 저장하던 곳. 舊指國家貯藏財物、兵甲的處所)를 따르다(據).

殷因於夏禮, 所損益, 可知也 (은나라가 하나라의 예를 그대로 좇았으니 증가하고 감소하는 것을 알 수 있다)

(동사) 증가하고 감소하다. 달이 차고 달이 기울다. (增減; 盈虧)

→ 王者必因前王之禮, 順時施宜, 有所損益, 即民之心 『漢書·禮樂志』
왕(王者)은 반드시(必) 이전 왕의 예를 좇(因前王之禮)아야 하고 시대의 세태에 맞(順時)게 조치를 취(施宜)해야 하고 '증감이 있는 것(有所損益)'이 곧(即) 백성의 마음(民之心)이다.

其或繼周者 (아마도 주나라를 계승한다면)

(부사; 복합허사) 의미가 가까운 두 개의 부사 其와 或가 합쳐져 만들어졌다. 서술어나 절 앞에 사용되어 진술되는 사실에 대해 과감하게 긍정하지 못하는 것을 나타낸다. '아마, 어쩌면…(或許, 大概)' 등으로 번역된다.

→ 賞而去之, 其或難焉 『左傳·襄公二十一年』
상을 줬다가 그 상을 철회하(賞而去之)는 것은 어쩌면 어려울 것이다.

→ 其或元慶之父, 不免於罪 『柳宗元集·駁復仇議』
아마도 서원경(徐元慶)의 아버지는 '죄를 면할 수 없(不免於罪)'을 것 같다.

其或繼周者 (아마도 주나라를 계승한다면)

(동사) 계승하다. 이어받다. (繼承)

其或繼周者, 雖百世, 可知也 (아마도 주나라를 계승한다면 비록 3,000년 이후라도 알 수 있을 것이다)

(조사) 복문에서 앞의 단문 문미에 쓰여 앞뒤 두 문장이 가정의 관계가 있다는 것을 보여 준다.

→ 民衆而不用者, 與無民同 『商君書·算地』
백성이 많아도 이용하지 않으면(民衆而不用者) 참여하(與)여도 백성을 동참시키지 못한다(無民同).

→ 使其主有大失于上, 臣有大罪于下, 索國之不亡者, 不可得也 『韓非子·孤憤』
그 군주(其主)가 하늘로부터(于上) 큰 과오를 갖게 하(使…有大失)고 신하(臣)가 백성으로부터(于下) 큰 죄가 있(有大罪)을 때 나라가 망하지 않는 경우를 찾으면(索國之不亡者) 찾을 수 없다(不可得也).

→ 陳力就列, 不能者止 『論語·季氏』
맡은 직위에서 온 힘을 다해 직무를 수행하(陳力就列)고 할 수 없으면(不能者) 그만둔다(止).

2-24. 子曰: “非其鬼而祭之, 諂也. 見義不爲, 無勇也.”

<table>
<tr><th>子曰:</th><th>“非</th><th>其</th><th>鬼</th><th>而</th><th>祭</th></tr>
<tr><td>공자가 말하다</td><td>(부사)아니다</td><td>(대)나의,그의,
너의(1-7)</td><td>(명)조상(祖先)</td><td>(접)그러나(1-1)</td><td>(동)제사지내다</td></tr>
<tr><td colspan="6">공자가 말했다. “나·너·그의 조상이 아닌데 그를 제사지내(는 것은) [주어절]</td></tr>
<tr><th>之,</th><th>諂</th><th>也.</th><th>見</th><th>義</th><th>不</th></tr>
<tr><td>(대)재지시.
‘그것,그사람,그곳’
(2-1)</td><td>(동)아첨하다(1-15)
[동→명]</td><td>(어기)진술강조
(2-17)</td><td>(동)보다</td><td>(명)정의로움.
올바름</td><td>(부)동사술어 앞.
‘~하지 않다’(7-14)</td></tr>
<tr><td></td><td colspan="2">아첨이다.</td><td colspan="3">정의로움을 보(지만) 행동하지 않(는 것은) [주어절]</td></tr>
<tr><th>爲,</th><th>無</th><th>勇</th><th>也.”</th><td colspan="2" rowspan="3"></td></tr>
<tr><td>(동)행동하다(2-1)</td><td>(부)진술사실부정
(=不)(1-15)</td><td>(형)용감하다</td><td>(어기)진술강조
(2-17)</td></tr>
<tr><td></td><td colspan="3">용감하지 않다.”</td></tr>
</table>

번역 공자가 말했다. “나·너·그의 조상이 아닌데 그를 제사지내는 것은 아첨이다. 정의로움을 보지만 행동하지 않는 것은 용감하지 않다.”

語法과 語彙

非其鬼而祭之 (나·너·그의 조상이 아닌데 그를 제사지내다)

(부정부사) 명사 서술어 앞이나 판단문의 기타 서술어 앞에 쓰여 사물 등에 대한 부정을 보여주거나 서술어나 주어 관계의 부정을 보여 준다. 또한 형용사가 서술어가 되는 판단문의 문중에 사용되기도 한다.

→ 此庸夫之怒也, 非士之怒也 『戰國策·魏策四』
이것(此)은 ‘평범한 사람의 분노(庸夫之怒)’이지 선비의 분노(士之怒)가 아니다(非).

(부사; 진술내용강조) 동사, 형용사 성분과 함께 사용되어 서술어를 만들고 어떤 성질이나 상태, 어떤 행동의 존재 혹은 발생을 부정하는 것을 나타낸다. ‘아니다, 그렇지 않을 것이다, 그럴 필요가 없다’ 등으로 번역된다. (不, 不是, 不會, 不需要)

→ 非誅之, 事恐敗 『史記·陳涉世家』
그를 죽(誅之)일 필요 없다! 일이 실패할까 두렵다(事恐敗).

→ 人非生而知之者, 孰能無惑? (唐·韓愈『師說』)
사람이 ‘태어나서 아는 자가 아(非生而知之者)닌데 누가(孰) 미혹함이 없을 수 있겠는가(能無惑)?

→ 城非不高也, 池非不深也 『孟子·公孫丑下』
성(城)은 높지 않(非不高)고 못(池)은 깊지 않(非不深)다.

非其鬼而祭之 (나·너·그의 조상이 아닌데 그를 제사지내다)

(명사) 조상. (祖先)

非其鬼而祭之, 諂也 (나·너·그의 조상이 아닌데 그를 제사지내는 것은 아첨이다)

(어기사) 진술문의 문미에 쓰여 진술어기를 강조하고, 진술된 내용을 강조하고 어떤 일이나 상태의 진실성을 확인한다.

→ 甯武子, 邦有道則知, 邦無道則愚.其知可及也, 其愚不可及也 『論語·公冶長』
영무자(甯武子)는 나라에 도가 있으면(邦有道則) 지혜로웠고 '나라에 도가 없으면(邦無道則)' 어리석었다. 그의 지혜로움(其知)은 따라갈 수 있(可及)지만 그의 어리석음(其愚)은 따라갈 수가 없다.

→ 令人有大功而擊之, 不義也 『史記·項羽本紀』
사람에게 큰 공을 세우게 한 다음(令人有大功而) 그를 공격하(擊之)는 것은 정의롭지 못하다(不義也).

제 3 편

팔일

3-1. 孔子謂季氏: “八佾舞於庭, 是可忍也, 孰不可忍也?”

孔子	謂	季氏:	“八	佾	舞
(인명)공자	(동)평론하다	(인명)계씨.계손씨 내 인물	(수사)여덟.팔.8	(명)춤추는 사람의 줄.1佾은 8명	(동)춤추다
공자가 계씨(季氏)를 평론했다.			“8일(佾)의 64명이		
於	**庭,**	**是**	**可**	**忍**	**也,**
(전)발생장소. ‘~에서’(3-13)	(명)정원	(대)재지시. ‘이것’(2-7)	(조동)가능. ‘~할 수 있다’(1-11)	(동)받아들이다. 용인하다	(문중어기사) 멈춤.완만
정원에서 춤을 추(었는데)		이것을 용인한다면… [조건가정절(1-1)][목적어 전치(是)]			
孰	**不**	**可**	**忍**	**也?”**	
(의문대명사)무엇	(부)동사술어앞. ‘~하지 않다’(7-14)	(조동)가능. ‘~할 수 있다’(1-11)	(동)받아들이다. 용인하다	(어기사)반문	
무엇을 용인할 수 없겠는가?”					

번역 공자가 계손씨를 평론했다. “8일(佾)의 64명이 정원에서 춤을 추었는데, 이것을 용인한다면 무엇을 용인할 수 없겠는가?”

語法과 語彙

孔子謂季氏 (공자가 계손씨를 평론하다)

(동사) 평론하다. 개인의 견해를 표현하다. (評論, 議論)

→ 子謂子産, “有君子之道四焉” 『論語·公冶長』
공자가 자산을 평론했다. “군자의 도 네 가지를 갖고 있다.”

孔子謂季氏 (공자가 계손씨를 평론하다)

계손씨(季孫氏)는 맹손씨(猛孫氏), 숙손씨(叔孫氏)와 더불어 춘추시대 후기에 노나라의 정치를 전횡한 세도가인 이른바 삼가(三家)의 하나로 삼가 가운데에서도 세도가 가장 컸던 집안이다. 맹손씨, 숙손씨, 계손씨는 각각 노나라 환공(桓公, BC711~BC694)의 아들인 중경보(仲慶父), 숙아(叔牙), 계우(季友)의 집안이기 때문에 삼환(三桓)이라고도 한다. (류종목, 2000)

고주(古註)[11] 나 신주(新註) 모두 이 ‘계씨(季氏)’의 주인공을 공자 47세에 계씨 가문의 영주가 된 계환자(季桓子)로 보고 있으나, 나는 역사적 정황으로 보아 그 이전의 영주 계평자(季平子)로 간주하는 것이 정당하다고 생각한다. ‘좌씨전’의 기록으로 볼 때, 계평자야말로 포악하고 분수에 넘쳐 행동하는 것을 좋아하는 인간이었으며 공자의 개탄을 자아내기에 충분한 인물이었다. 따라서 이 언급은 계평자의 집권기간인 BC532~BC505년 사이, 공자 나이 20세부터 47세 사이에 이루어진 것으로 보아야 할 것이다. 공자가 학문에 뜻을 두고 예(禮)를 공부하던 30,40대의 왕성한 의욕의 시기의 탄성으로 간주되어야 한다. (김용옥, 2008)

11 고주(古註):중국에서 송나라 때의 정주학파가 붙인 경서의 주석에 상대하여 한(漢)나라, 당나라 때의 학자들이 붙인 주석을 이르는 말.

八佾舞於庭 (8일(佾)의 64명이 정원에서 춤을 추다)

(명사) 고대 '음악이 있는 춤(樂舞)'의 줄(行列)로 한 열의 8명을 1佾로 불렀다. 춤을 출 때 사용된 佾의 숫자로 크기로 등급의 차이를 나타냈다. 제후는 6佾, 대부는 4佾, 士는 2佾를 사용했다. [일, yì]

→ 八佾者何謂? 佾者列也, 以八人爲行列, 八八六十四人也 『白虎通·禮樂』
8일(佾)은 '무엇을 말하는가(何謂)'? 일(佾)은 열(列)이다. 8명을 열로 삼는 것으로 8열의 8명으로 64명이다.

是可忍也 (이것을 용인하다)

(동사) 참다, 용인하다. (忍耐, 容忍)

→ 吾不忍爲之民也! 『戰國策·楚策三』
나는 '그의 백성이 되(爲之民)'는 것을 참을 수가 없다.

是可忍也, 孰不可忍也? (이것을 용인한다면 무엇을 용인할 수 없겠는가?)

(문중 어기사) 복문 중 앞 문장의 끝에 쓰여서 '어기 멈춤, 제시'를 나타내는 동시에 어기를 강조하는 역할을 한다.

→ 聽其言也, 可以知其所好矣 『孟子·離婁下』
그의 말을 들(聽其言)으면 '그의 좋은 점(其所好)'을 알 수 있다.

→ 當是時也, 禹八年於外, 三過其門而不入 『孟子·藤文公上』
이때(當是時) 禹는 '8년 동안 밖에 있었(八年於外)'고 '세 번 그의 집 문을 지나갔(三過其門)'지만 '들어가지 않(不入)'았나.

是可忍也, 孰不可忍也? (이것을 용인한다면 무엇을 용인할 수 없겠는가?)

(대명사) 의문대명사로 문장에서 주어, 목적어, 명사의 수식어, 겸어 등으로 쓰이는 것이다. 여기서 孰(숙)은 주어로 사용되어 사람, 사물을 묻는데 사용되기도 한다. 의문, 반문을 나타내기도 한다. '누가, 무엇이' 등으로 번역된다.

→ "孰能一之?" 對曰: "不嗜殺人者能一之" "孰能與之?" 對曰: "天下莫不與也" 『孟子·梁惠王上』
누가 그것을 '통일할 수 있(能一)'는가? 대구하여 말했다. "사람 죽이는 것을 싫어하는 사람이 그것을 통일할 수 있다." "누가 그를 따를 수 있는가?" 대구하여 말했다. "천하에 따르지 않는 사람은 없다."

→ 名與身孰親? 『老子·四十四章』
명예와 신체(名與身) 중에서 무엇이 가까운가?

→ 孰謂鄹人之子知禮乎? 『論語·八佾』
누가 '추읍 사람이 아들(鄹人之子)'이 예를 안다고 말하는 건가?

是可忍也, 孰不可忍也? (이것을 용인한다면 무엇을 용인할 수 없겠는가?)

(어기사) 반문의 의문사 문미에 사용하여 반문의 어기를 돕는다. 자주 반문을 나타내는 어구인 '豈(기), 胡(호), 安(안), 得不(득불), 得無(득무)'와 호응한다.

→ 齊人無以仁義與王言者, 豈以仁義爲不美也? 『孟子·公孫丑下』
제나라 사람 중에서 어짊과 의로움(仁義)으로 왕과 말할 사람이 없는 것이 어찌 '인의를 훌륭하지 않다고 여기(以仁義爲不美)'기 때문이겠는가?

3-2. 三家者以《雍》徹. 子曰: "'相維辟公, 天子穆穆.' 奚取於三家之堂?"

三家	者	以	《雍》	撤.	子曰:
(명)삼가(三家) (맹손,숙손,계손)	(어기사)멈춤	(전)행위도구. '~로'(2-1)	(명)시경 편명(篇名) 《雍.옹》	(동)(제사상을) 치우다	공자가 말하다
삼가(三家)인 맹손씨, 숙손씨, 계손씨가 《雍<옹,yōng>》으로 [=《雍》에 나오는 노래를 부르며] 제사상을 치웠다.					공자가 말했다.
"'相	**維**	**辟公,**	**天子**	**穆穆.'**	**奚**
(명)의식(儀式) 진행자	(판단동사)~이다	(명)제후	(명)천자	(형)용모나 말이 정답다	(부사)왜(2-21)
'의식(儀式) 진행자는 제후이고 천자는 정답다'					왜
取(之)	**於**	**三家**	**之**	**堂?"**	
(동)선택하다. 채택하다	(전)발생장소,방향. '~에서'(3-13)	(명)삼가(三家) (맹손,숙손,계손)	(조사) 수식,종속관계. '~의'	(명)사당(祠堂)	
(《雍》에 나오는 이 노래를) 삼가의 사당에서 채택하(는가?)"					

번역 삼가(三家)인 맹손씨, 숙손씨, 계손씨는 《雍》으로 [=《雍》에 나오는 노래를 부르며] 제사상을 치웠다. 공자가 말했다. "'의식(儀式)의 진행자는 제후이고 천자는 정답다.' 왜 《雍》에 나오는 노래를 삼가의 사당에서 채택하는가?"

語法과 語彙

三家者以《雍》徹 (삼가(三家)인 맹손씨, 숙손씨, 계손씨가 《雍》으로 제사상을 치우다)

(어기사) 잠시 멈춤을 보여 준다.(表示提頓)

者를 복수의 수사 뒤에 붙는 구조조사로 보는 경우도 있는데 수사 뒤에 者를 쓰는 경우에는 '수사+명사+者'의 형식에 쓰이지 않고 '수사+者'의 형식에서 쓰인다(→ 請君抉於斯二者 『孟子・梁惠王下』 왕께서 이 둘에서 고르십시오) / → 農、商、官三者, 國之常官也 『商君書・去强』 농업, 상업, 관리 셋은 국가의 정상적인 직업이다).

→ 北山愚公者, 年且九十 『列子・湯問』
북산(北山)의 우공(愚公)은 나이(年)가 곧 90에 가까워진다(且:將近).

→ 今之孝者, 是謂能養 『論語・爲政』
지금의 효, 이것은 '보살필 수 있다는 걸 말한다(謂能養)'.

→ 吾二臣者皆不欲也 『論語・季氏』
저희 두 신하는 모두 원하지 않습니다.

三家者以《雍》徹 (삼가(三家)인 맹손씨, 숙손씨, 계손씨가 《雍》으로 제사상을 치우다)

『詩經(시경)・周頌(주송)』의 편명(篇名)인 옹(《雍》)을 가리킨다. 천자가 종묘에 제사를 지낼 때 제사가 끝나고 상을 치울 때 《雍》을 연주했다. [옹, yōng]

三家者以《雍》徹 (삼가(三家)인 맹손씨, 숙손씨, 계손씨가 《雍》으로 제사상을 치우다)

(동사) 치우다. (撤去)

→ 損肉撤酒 『晏子春秋·內篇諫上』
고기를 줄이(損肉)고 술을 치우다(撤酒).

相維辟公, 天子穆穆 (의식의 진행자는 제후이고 천자는 정답다)

시경(詩經) 주송(周頌)에 나오는 《雍》의 3,4장이다.

相維辟公, 天子穆穆 (의식의 진행자는 제후이고 천자는 정답다)

(명사, [xiàng]) 고대 관혼상제 때 의식(儀式)의 절차를 낭독하고 진행을 맡아 보던 사람. (古代贊禮的人)

→ 宗廟之事, 如會同, 端章甫, 愿爲小相焉 『論語·先進』
종묘(제후가 조상에게 제사지내는 사당. 諸侯祭祀祖宗的廟宇)의 일은 회동하는 것과 같다. '현단(玄端:검은색 예복)'과 '장보관(章甫冠:유학자의 예모)'을 입고 쓴 후 의식의 진행을 맡는 작은 사람(=보좌관)이 되고 싶다.

相維辟公, 天子穆穆 (의식의 진행자는 제후이고 천자는 정답다)

(판단동사) ~이다. (是, 爲)

→ 時維九月, 序屬三秋 (唐·王勃『滕王閣序』)
당시(時)는 9월이(維九月)었고 계절은 가을이었다.

相維辟公, 天子穆穆 (의식의 진행자는 제후이고 천자는 정답다)

(명사) 제후. (指諸侯) [벽공, pìgōng]

→ 辟公, 諸侯也 -朱熹集傳-
벽공(辟公)은 제후이다.

相維辟公, 天子穆穆 (의식의 진행자는 제후이고 천자는 정답다)

(형용사) 용모나 말이 정답다. (儀容或言語和美)[목목, mùmù]

→ 穆穆文王, 于緝熙敬止 『詩·大雅·文王』
용모가 단정하고 말이 정다운 문왕(穆穆文王)은 밝고(緝熙:光明) 존경받는다(敬止:敬仰).

奚取(之)於三家之堂? (왜 삼가의 사당에서 채택하는가?)

— [견해]

여기서는 재지시 '之'가 생략되었다고 봐야 할 것 같다. 재지시'之'가 지칭하는 것은 《雍》에 나오는 문구 '相維辟公, 天子穆穆 (의식의 진행자는 제후이고 천자는 정답다)'이다.

奚取於三家之堂? (왜 삼가의 사당에서 채택하는가?)

(조사) 수식, 종속 관계의 표지. (標志修飾、領屬關係)

→ 蔓草猶不可除, 况君之寵弟乎! 『左傳·隱公元年』
우거진 들판의 잡초(蔓草)도 여전히(猶) 제거할 수 없(不可除)는데 하물며(况) 그대의(君之) 사랑하는 동생(寵弟)은(乎)?!

奚取於三家之堂? (왜 삼가의 사당에서 채택하는가?)

(명사) 사당(祠堂:신주를 모신 집), 본당(本堂:신을 모신 집). (大殿, 公堂)

→ 王坐於堂上 『孟子·梁惠王上』
왕이 '사당 위에 앉다(坐於堂上)'.

3-3. 子曰: "人而不仁, 如禮何? 人而不仁, 如樂何?"

<table>
<tr><th>子曰:</th><th>"人</th><th>而</th><th>不</th><th>仁,</th></tr>
<tr><td>공자가 말하다</td><td>(명)인간,사람(4-3)</td><td>(접)주어+而+서술어
(1-4)</td><td>(부)형용사앞.성질,
상태의 부정(5-5)</td><td>(형)인(仁)하다</td></tr>
<tr><td>공자가 말했다.</td><td colspan="4">"사람이 인(仁)하지 않(으면) [조건가정절(1-1)]</td></tr>
<tr><th colspan="3">如禮何?</th><th>人</th><th>而</th></tr>
<tr><td colspan="3">예(禮)를 어떻게 할 것인가? (=禮는 어떻게 할 방법이 없다)</td><td>(명)인간,사람(4-3)</td><td>(접)주어+而+서술어
(1-4)</td></tr>
<tr><td colspan="3">禮는 어떻게 할 것인가? ['如A何'의 형태로 'A는 어떻게 해야 하나?, A는 어떡해야 좋은가?' 등으로 해석된다. 원래는 방식, 방법을 묻는 것이지만 여기서는 '반문'의 의미가 더해졌다]</td><td colspan="2">사람이</td></tr>
<tr><th>不</th><th>仁,</th><th colspan="2">如樂何?"</th><td rowspan="3"></td></tr>
<tr><td>(부)형용사앞.성질,
상태의 부정(5-5)</td><td>仁하다</td><td colspan="2">樂를 어떻게 할 것인가?
(=樂는 어떻게 할 방법이 없다)</td></tr>
<tr><td colspan="2">인(仁)하지 않(으면) [조건가정절(1-1)]</td><td colspan="2">악(樂)은 어떻게 할 것인가?"</td></tr>
</table>

번역 공자가 말했다. "사람이 인(仁)하지 않으면 예(禮)는 어떻게 할 것인가? 사람이 인(仁)하지 않으면 악(樂)은 어떻게 할 것인가?

語法과 語彙

人而不仁 (사람이 仁하지 않다)

(형용사) 도덕 규범의 하나로 친구간, 형제간 서로 사랑하고, 서로 돕고, 서로의 처지를 공감하는 것. (一種道德範疇, 指人與人相互友愛、互助、同情等)

人而不仁, 如禮何? (사람이 仁하지 않으면 禮는 어떻게 할 것인가?)

(관용구) 동사 '如(~와 같다)'와 의문대명사 '何' 사이에 대명사 '之'를 넣어 방법, 방식을 묻는데 '之' 대신 '如禮何', '如樂何'처럼 여러 단어가 들어갈 수 있다. '如A何'의 형태로 'A는 어떻게 해야 하나?, A는 어떡해야 좋은가?' 등으로 해석된다. 원래는 방식, 방법을 묻는 것이지만 여기서는 '반문'의 의미가 더해졌다고 볼 수 있을 것 같다. 따라서 'A는 어떻게 할 방법이 없다'의 의미가 된다.

→ 使民敬忠以勸, 如之何? 『論語·爲政』
백성이 공경하고 충성하고 힘을 다하게 하(使民敬忠以勸)려면 어떻게 해야 하는가?

→ 哀公問於有若曰 : "年饑, 用不足, 如之何?" 『論語·顔淵』
애공(哀公)이 유약(有若)에게 물으며 말했다. "올해 흉작이 들(年饑)어 용품이 부족하(用不足)니 어떡해야 하는가(如之何)?"

→ 公曰 : "敢問爲政如之何?" 『孔子家語·大婚解』
공(公)이 말했다. "여쭙겠습니다(敢問). 정치는 어떻게 하는 것입니까(爲政如之何)?"

3-4. 林放問禮之本. 子曰: “大哉問! 禮, 與其奢也, 寧儉; 喪, 與其易也, 寧戚.”

林放	問	禮之本.	子曰:	“大	哉
(인명)임방(林放)	(동)問A: A에 대해 묻다 (12-10)	예의 근본	공자가 말하다	(형)크다	(어기)감탄
임방(林放)이 예(禮)의 근본에 대해 물었(을 때)			공자가 말했다.	“크군요!	
問!	**禮,**	**與其…(寧)**	**奢**	**也,**	**(與其)…寧**
(동)묻다(12-10) [동→명(3-20)]	(명)예(禮)	(선택접속사.관용구) ~보다	(형)사치스럽다	(문중어기)멈춤. 완만(3-1)	(관용구) 차라리 ~낫다
질문이!	예(禮)(는)	사치스러운 것보다…			차라리
儉;	**喪,**	**與其…(寧)**	**易**	**也,**	**(與其)…寧**
(형)검소하다	(명)상(喪). 장의(葬儀)(10-6)	(선택접속사.관용구) ~보다	(동)부족함이 없게 하다	(문중어기)멈춤. 완만(3-1)	(관용구) 차라리 ~낫다
검소한 것이 낫(고)	장의(葬儀)(는)	부족함이 없게 하는 것보다…			차라리
戚.”					
(동)몹시 슬퍼하다					
몹시 슬퍼하는 것이 낫습니다.”					

번역 임방(林放)이 예의 근본을 물었다. 공자가 말했다. “크군요! 물음이! 예는 사치스러운 것보다는 차라리 검소한 것이 낫고, 장례는 부족함이 없게 하는 것보다 차라리 몹시 슬퍼하는 것이 낫습니다.”

語法과 語彙

林放問禮之本 (임방(林放)이 예의 근본을 묻다)

(인명) 임방(林放)이라는 인물은 이 편의 4장과 6장에 그 이름이 올라있을 뿐 어떤 인물인지 전혀 알 길이 없다. 임방은 공자의 교단에 속한 인물이 아니었다. 이러한 사실은 공자의 대화가 결코 교단 내의 좁은 울타리에만 머문 것이 아니며 공자는 당시 노나라의 군주나 일반 교단 외의 사회인으로부터 자문을 주고받는 위치에 있었음을 방증하는 것이다. 임방이 6장에서는 태산의 신(神)과 비교되고 있는 것으로 보아 결코 사회적으로 가벼운 위치에 있었던 사람으로 보이지 않는다. 그는 아마도 공자의 교단에 속해있지는 않지만 예(禮)에 정통한 사람으로서 노나라 사람들로부터 존경을 받는 위치에 있었던 사람이었을 것이다. (김용옥, 2008)

大哉問! (크군요! 물음이!)

(어기사) 감탄을 나타내는 어기로 문중에 쓰여 ‘칭송, 비통, 분노, 놀라움, 의아함, 감개’ 등의 감정을 보여 준다.

→ 大哉乾元 『易‧乾』

크다! ‘하늘의 큰 덕(德)(乾元:形容天子之大德)’이!

→ 美哉禹功, 明德遠矣! 『左傳‧昭公元年』

훌륭하구나 우(禹)의 공적이! 밝은 덕은 '심오하다(遠矣)'!

與其奢也, 寧儉 (사치스러운 것보다는 차라리 검소한 것이 낫다)

(선택접속사) '與'는 선택관계를 나타내는 것으로 주로 단문과 단문을 연결시켜주고 기타 허사와 어울리어 선택의 복문을 구성한다. 자주 보이는 형식은 [與…無寧…] [與…不如…] [與…寧…] [與其…不如…] [與其…無寧/毋寧…] [與其…孰若…] [與其…岂若…] 등이다. 이러한 형식의 공통점은 이것들이 모두 비교성의 선택 관계를 나타낸다는 것이고 두 개 중에서 하나를 선택하는 것이다. 일반적으로 모두 앞의 것을 버리고 뒤의 것을 선택하게 된다.

→ 與其害於民, 寧我獨死 『左傳·定公十三年』
백성을 해치(害於民)는 것보다 차라리 '나 혼자 죽(我獨死)'는 게 낫다.

與其易也, 寧戚 (부족함이 없게 하는 것보다 차라리 몹시 슬퍼하는 것이 낫다)

(동사) 정돈, 정비를 통하여 전혀 부족함이 없게 하다. (整治:通過整頓使完好) [여기서는 부족함이 없이 장례를 잘 치른다는 의미]

→ 國富則田肥以易, 田肥以易, 則出實百倍 『荀子·富國』
나라가 부유하면 '논밭이 비옥해지고 부족함이 없게 되(田肥以易)'고 논밭이 비옥해지고 부족함이 없게 되면 '생산되는 양식이 '백 배가 된다(出實百倍)'.

與其易也, 寧戚 (부족함이 없게 하는 것보다 차라리 몹시 슬퍼하는 것이 낫다)

(동사) 몹시 슬퍼하다. (悲傷)

→ 蔣氏大戚 (唐·柳宗元『捕蛇者說』)
장(蔣)씨가 크게 슬퍼하다.

3-5. 子曰: "夷狄之有君, 不如諸夏之亡也."

子曰:	"夷狄	之	有	君,	不如
공자가 말하다	(명)동쪽과 북쪽의 부족	(접속사)주어+之 +서술어(1-10)	(동)있다	(명)제왕.왕.임금 (15-38)	(동)不如A: A만 못하다; A가 낫다
공자가 말했다. "동쪽과 북쪽의 부족이 왕을 갖고 있(지만) [양보절(1-1)]					
諸夏	**之**	**亡**(君)	**也."**		
(명)중원지역 각 제후국	(접속사)주어+之 +서술어(1-10)	(동)없다	(어기)판단(2-22)		
중원지역 각 제후국이 (왕을) 갖고 있지 않는 것만 못하다."					

번역 공자가 말했다. "동쪽과 북쪽의 부족이 왕을 갖고 있지만, 중원지역 각 제후국이 왕을 갖고 있지 않는 것만 못하다."

語法과 語彙

夷狄之有君 (동쪽과 북쪽의 부족이 왕을 갖고 있다)

(명사) 고대 동방의 부족을 이(夷)라 불렀고, 북방의 부족을 적(狄)이라 불렀다. 중화민족(華夏族;chinese nation) 이외의 각 부족을 총칭하여 자주 사용되었다. (古稱東方部族爲夷, 北方部族爲狄. 常用以泛稱除華夏族以外的各族)

→ 聖王之制, 施德行禮, 先京師而後諸夏, 先諸夏而後夷狄 『漢書·蕭望之傳』
성왕의 제도(법규)는 덕을 시행하고 예를 실행하는데 '수도를 먼저하고 각 제후국을 나중으로 하(先京師而後諸夏)'며, 각 제후국을 먼저하고 동방의 부족과 북방의 부족을 나중으로 한다.

不如諸夏之亡也 (중원지역 각 제후국이 왕을 갖고 있지 않는 것만 못하다)

(동사) 비교할 수 없다. 비교가 되지 않는다, 미치지 못하다(比不上, 不及). 구조를 不如A라고 볼 때 해석은 'A만 못하다;A가 낫다'로 보면 된다.

→ 明日, 徐公來, 孰視之, 自以爲不如 『戰國策·齊策一』
다음날(明日) 서공(徐公)이 와서 그를 '매우 자세히 보(孰視<孰=熟:정도가 심함>)'고 자신이 그 사람만 못하다고 생각하다.

→ 積財千萬, 不如薄技在身 『顔氏家訓·勉學』
재산을 천만금 쌓(積財千萬)는 것이 작은 기술이 몸에 있는 것만 못하다(=작은 기술이 몸에 있는 것이 더 낫다).

不如諸夏之亡也 (중원지역 각 제후국이 왕을 갖고 있지 않는 것만 못하다)

(명사) 주나라 시대 분봉(分封:천자가 일정 정도의 땅을 주고 영주로 삼다)된 중원의 각 제후국. 일반적으로 중원지역을 가리킨다. (周代分封的中原各個諸侯國. 泛指中原地區)

→ 聖王之制, 施德行禮, 先京師而後諸夏, 先諸夏而後夷狄 『漢書·蕭望之傳』
성왕의 제도(법규)는 덕을 시행하고 예를 실행하는데 '수도를 먼저하고 각 제후국을 나중으로 하(先京師而後諸

夏)'며, 각 제후국을 먼저하고 동방의 부족과 북방의 부족을 나중으로 한다.

不如諸夏之亡也 (중원지역 각 제후국이 왕을 갖고 있지 않는 것만 못하다)

(동사) 없다. (没有)[망, wú][망, wáng: 도망가다. 잃다. 죽다…]

→ 生之有時而用之亡度, 則物力必屈 (漢·賈誼『論積貯疏』)
생산(生)은 정해진 시간이 있지(有時)만 사용(用)은 제한이 없으(亡度)니 '제공하여 사용할 수 있는 물자(物力:可供使用的物資)'는 반드시 모자란다(屈).

(동사) 부재하다. 문밖을 나가 밖에 있다. (不在, 出門在外)

→ 孔子時其亡也, 而往拜之 『論語·陽貨』
공자가 그가 '부재한 것을 살펴보고(=부재한 틈을 이용하여)' 가서 그를 예방하다.

3-6. 季氏旅於泰山, 子謂冉有曰: “女弗能救與?” 對曰: “不能.” 子曰: “嗚呼! 曾謂泰山不如林放乎?”

季氏	旅	於	泰山,	子	謂…(曰)
(인명)계씨.계손씨 내 인물(3-1)	(동)제사지내다	(전)발생장소. ~에서(3-13)	태산	(인명)공자	(동)~에게 말하다 (1-7)
계씨(季氏)가 태산(泰山)에서 제사지냈(을 때) [시간절(1-1)]				공자가	
冉有	**(謂)…曰:**	**“女**	**弗**	**能**	**救**
(인명)염유=염구 =염자=구	말하다	(대)너,너희들 (2-17)(3-6)[rǔ]	(부)弗+능원동사. ‘不’의 의미(3-6)	(조동사) ~할 수 있다(1-7)	(동)막다. 저지하다
염유에게 말했다.		“너는 막을 수 없었느냐?”			
與?”	**(冉有)對曰:**	**“不能”**	**子曰**	**“嗚呼!**	**曾謂…(乎?)**
(어기)의문	대구하여 말하다	(동)할 수 없다	공자가 말하다	아!	(관용)정말~라고 말하는 것인가?
	(염유가)대구하여 말했다.	“할 수 없었습니다.”	공자가 말했다.	“아!	정말
泰山	**不如**	**林放**	**乎?”**		
(명)태산	(동)~만 못하다 (3-5)	(인명)임방(林放)	(어기)반문(1-1)		
태산이 임방만 못하단 말인가?” (⇦태산이 임방만 못하다고 말하는 건가?)					

번역 계씨(季氏)가 태산(泰山)에서 제사지냈을 때 공자가 염구에게 말했다. “너는 막을 수 없었느냐?” 염구가 대구하여 말했다. “할 수 없었습니다.” 공자가 말했다. “아! 정말 태산(泰山)이 임방(林放)만 못하단 말인가?”

語法과 語彙

季氏旅於泰山 (계씨가 태산에서 제사를 지내다)

(동사) 제사지내다. (祭祀)

→ 及後陪臣執政, 季氏旅於泰山, 仲尼譏之 『史記·封禪書』
나중 가신(陪臣:家臣)이 국가의 일을 맡아보고 계씨(季氏)가 ‘태산에서 제사를 지냈(旅於泰山)’을 때 공자가 ‘이것을 비난하다(譏之<기, jī>)’.

子謂冉有曰 (공자가 염구에게 말하다)

(인명) 염구의 성(姓)은 염(冉), 이름은 구(求), 자(字)는 자유(子有)다. 논어에서는 그와 관련된 장이 16장에 이르고 있는데 그의 호칭으로는 ‘염유(冉有), 염구(冉求), 염자(冉子), 구(求)’ 네 가지가 나온다. 공자 초기제자로서 공자에게 가장 중요했던 제가 4명을 꼽으라면 ‘자로(子路), 안회(顔回), 염구(冉求), 자공(子貢)’ 이 네 사람의 이름이 거론되지 않을 수 없다. 이 네 사람이야말로 공자의 14년 유랑길을 지켜주었던 심복 중의 심복이었기 때문이다.

공자의 삶에서 염구의 위치는 매우 중요하다. 염구가 아니었다면 공자는 오늘날의 위대한 교육자로서 역사에 남을 수 있는 기회를 유실한 유혼이 되어 오늘도 중원의 하늘을 맴돌고 있을 것이다. 공자는 노나라에 돌아왔기에 위대한 공자가 된 것이다. 공자를 위대하게 만든 것은 그 기나긴 생애의 마지막 4,5년간 노나라에서의 삶이었다. 공자가 노나라에 돌아왔다는 그 사실 자체가 중요한 것이 아니라 어떻게 돌아왔느냐가 더 중요하다. 다시 말하면 노나라의 군주와 백성들이 모두 갈망하는 인물로서 영예롭게 귀향했다는데 그 마지막 피날레의 위대함이 보장될 수 있었던 것이다. 이러한 공자의 영예로운 귀로(歸魯)의 계기를 만든 것이 바로 염구이다. 염구의 성실한 자세로 공자는 영예로운 귀로(歸魯)의 꿈을 달성했지만 공자는 염구에 대한 비판의 화살을 늦추지 않았다. (김용옥, 2008)

女弗能救與? (너는 막을 수 없는가?)

(부사) 능원동사(or 조동사)와 함께 쓰여 '할 수 있음, 바람, 의향, 태도'에 대한 부정을 나타낸다. 不의 의미. [능원동사(7-14)참조]

→ 朕既不敏, 弗能勝識 『漢書・景帝紀』
내(朕)가 많이 알지 못하(不敏:不明達)여 모두(勝) 알 수 없다.

女弗能救與? (너는 막을 수 없는가?)

(동사) 막다, 저지하다. (阻止)

→ 將順其美, 匡救其惡 『史記・管晏列傳』
그의(=군주의) 미덕을 따르(順其美)고 그의 과실을 '바로잡고 막(匡救)'을 것이다.

女弗能救與? (너는 막을 수 없는가?)

(어기사) 의문의 어기를 돕는다.

→ 是誰之過與? 『論語・季氏』
이것은 '누구의 잘못(誰之過)'인가?

→ 生之謂性也, 猶白之謂白與? 『孟子・告子上』
타고나면(生之) 성(性)이라고 부르는데 이것은 희면(白之) 백(白)이라고 부르는 것과 같은가?

子曰: "嗚呼!" (아!)

(감탄사; 복합허사) 탄식하는 소리 오(嗚)와 탄식하는 소리 호(呼)가 이어서 쓰여 만들어졌다. 『尙書』[12]에 이미 용례가 있고 이후로 계속 사용되었다.

→ 嗚呼曷歸, 予懷之悲 『書・五子之歌』
아! 언제 돌아가나(曷歸)! 내(予)가 품은 슬픔.

曾謂泰山不如林放乎 (정말 태산(泰山)이 임방(林放)만 못하단 말인가?)

— [견해]

증(曾)은 '부사'로 놀라움을 나타내는 '의외로, 뜻밖에'의 의미이고 위(謂)는 '말하다'의 뜻이다. 보통 주석서에서는 증위

12 서경(書經)과 같은 말이다. BC 600년경에 만들어진 책으로, 성왕(聖王) · 명군(名君) · 현신(賢臣)이 남긴 어록이자 선언집(善言集:교훈이 될 만한 좋은 말을 모은 책)이다. 오경(五經)에 속하며, 중국 정치의 규범이 되는 책이다.

(曾謂)를 관용어로 취급했는데 이를 정리한 공구서는 찾을 수는 없었다. 하지만 의미상으로 관용어로 보아도 무리는 없다고 생각한다. '曾謂A乎?'의 형식으로 문미에 '반문의 어조사 乎'와 함께 쓰임을 볼 수 있다. 의미는 '정말/설마/… A라고 말하는 건가?' 등으로 번역된다고 본다.

→ 誰謂河廣, 曾不容刀 『詩經·衛風·河廣』
누가 강이 넓다고 말하는 건가, 의외로(曾) 작은 배도 수용하지 못하(不容刀)는 걸.

曾謂泰山不如林放乎? (정말 태산(泰山)이 임방(林放)만 못하단 말인가?)

보통의 발상 같으면 제사 지내는 주체를 꾸짖었을 것이다. '그 계씨 놈은 임방만도 못한 놈이란 말인가?' 그런데 이 문장의 묘미와 강력함은 바로 제사의 대상인 태산을 주체로 부각시켰다는 데 있다. '그래 제사를 받고 있는 태산의 하느님이 임방만도 못할 것 같으냐?' 태산이야말로 계씨의 분수 넘치는 행동을 처음부터 꿰뚫고 있었을 것이라고 외치는 공자의 탄성은 계씨와 그것을 막지 못한 제자 염구에 대한 강렬한 저주의 일갈이었던 것이다. (김용옥, 2008)

— [보충]

태산과 임방을 나란히 놓고 비교하여 태산이 우월하여 비교될 수 없다는 것을 말하여 계씨를 비판하고 있으므로 이 문장과 '3-4' 편을 놓고 본다면 계씨와 임방은 서로 관계 지어질 만큼 동일 범주의 것을 공유하고 있는 것 같다. 따라서 임방을 비교의 대상으로 등장시켜 계씨를 비판한 것으로 본다.

3-7. 子曰: "君子無所爭. 必也射乎! 揖讓而升, 下而飮. 其爭也君子."

子曰:	"君子	無	所	爭.	必
공자가 말하다	(명)군자(君子) (11-1)	(동)없다(9-2)	(조사)'~사람·것· 사건·곳'(1-12)	다투다	(동)확보하다. 담보하다 [동→명]
공자가 말했다.	"군자는 다투는 것이 없다.				확보해야 하는 것은
也	**射**	**乎!**	**揖讓**		**而**
(어기)주어+也. '멈춤,완만,제시' (1-2)	(동)활쏘다 [동→명]	(어기)감탄	(동사)주인과 손님이 서로 보며 예절을 취하다		(접)동작의 선후. '~다음'(6-15)
활쏘기이다!			주인과 손님이 서로 보며 예절을 취한 다음		
升,	**下**	**而**	**飮.**	**其**	**爭**
(동)오르다	(동)내려오다(18-5)	(접)동작의 선후. '~다음'(6-15)	(동)마시다	(대)그.한정어(1-12)	(명)다툼 [동사→명사]
오르(고)	내려온 다음 마신다.			그 다툼이	
也	**君子(之爭)."**				
(어기)주어+也. '멈춤,완만,제시' (1-2)	군자				
군자(의 다툼이다)."					

번역 공자가 말했다. "군자는 다투는 것이 없다. 확보해야 하는 것은 활쏘기이다! 주인과 손님이 서로 보며 예절을 취한 다음 오르고, 내려온 다음 마신다. 그 다툼이 군자의 다툼이다."

語法과 語彙

必也射乎 (확보해야 하는 것은 활쏘기이다)

(동사) 확보하다. 담보하다. (保證；确保)

→ 殺戮無時, 臣下懔然莫必其命 『荀子·議兵』
살육(殺戮)이 언제일지 몰(無時:不知何時)라 관리(臣下:君主制時代的官吏)는 두려워(懔然) 그의 목숨(其命)을 담보하지 못한다(莫必).

必也射乎 (확보해야 하는 것은 활쏘기이다)

(문중 어기사) 주어 다음에 쓰여 어기를 멈추거나, 완만하게 하고 동시에 제시해주는 역할을 한다. 也 다음 문장은 '也가 제시하는 대상(=주어)'에 대한 해석이나 서술을 담당한다. 문장의 의미에 따라 융통성 있게 해석된다.

→ 賜也, 始可與言詩已矣 『論語·學而』
사(賜)가 비로소(始) '시경'을 말하는데 참여할 수가 있구나!

→ 子曰, "聽訟, 吾猶人也. 必也, 使無訟乎!" 『論語· 顔淵』

공자가 말했다. "송사를 심리하(聽訟)는데 있어, 나는 다른 사람들과 마찬가지이다. 확보해야 하는 것은 '소송이 없게 하(使無訟)'는 것이다!

(문중 어기사) 시간의 단어나 기타 부사어 다음에 쓰여 어기를 멈추거나, 완만하게 한다. 그리고 다음 문장을 제시해주는 역할을 한다.

→ 聽其言也, 可以知其所好矣　『孟子・離婁下』
그의 말을 들(聽其言)으면 '그의 좋은 점(其所好)'을 알 수 있다.

必也射乎 (확보해야 하는 것은 활쏘기이다)

(어기사) 문미에 사용되어 감탄, 비분(悲憤:슬프고 분함), 찬송 등의 어기를 보여 준다.

→ 嗚呼! 孰知賦斂之毒, 有甚是蛇者乎 (唐・柳宗元『捕蛇者說』)
아(嗚呼)! 누가(孰) 세금 징수의 해로움(賦斂之毒)을 알까(知), 심한 것이(有甚) 이건(是) 독사(蛇者)다(乎)!

揖讓而升 (주인과 손님이 서로 보며 예절을 취하여 堂에 오르다)

(동사) 주인과 손님이 서로 보며 예절을 취하다. 읍(揖)은 공수(拱手:두 손을 앞으로 포개어 잡은 손)한 손을 얼굴 앞으로 들고 허리를 앞으로 공손히 구부렸다 펴면서 손을 내리는 인사이고 랑(讓)은 양보하는 모습을 말한다.

→ 簡子問揖讓、周旋之禮焉, 對曰: "是儀也, 非禮也"　『左傳・昭公二十五年』
간자(簡子)가 읍랑(揖讓)과 주선(周旋:고대 예를 행할 때 앞뒤로 움직이며 읍랑하는 동작. 古代行禮時進退揖讓的動作)을 묻자 대답하여 말했다. "이것은 예식이지 예절이 아니다."

揖讓而升(堂), 下(堂)而飮 (주인과 손님이 서로 보며 예절을 취하여 堂에 오르고 내려와서 술을 마시다)

(명사) 당(堂)은 특정한 목적을 위한 건물이다. (專爲某種活動用的房屋. building for a specific purpose)

其爭也君子 (그 다툼이 군자의 다툼이다)

(대명사) 명사 앞에 놓여 대신 지칭하는 역할을 한다. '이, 저' 등으로 번역된다. (用于名詞前起指代作用. 可譯爲"這"、"那"等.)

→ 其巫, 老女子也　『史記・滑稽列傳』
그 무당(其巫)은 늙은 여자이다(老女子也).

3-8. 子夏問曰: "'巧笑倩兮, 美目盼兮, 素以爲絢兮.' 何謂也?" 子曰: "繪事後素." 曰: "禮後乎?" 子曰: "起予者商也! 始可與言詩已矣."

子夏	問	曰:	"'巧笑	倩	兮,
(인명)자하(1-7)	(동)묻다(12-10)	(동)말하다	(명)아름다운 웃음(美好的笑)	(형)(웃는 모습이) 아름답다	(어기)멈춤. 완만
자하(子夏)가 물으며 말했다.			"'웃음이 아름답(고)…		
美	**目**	**盼**	**兮,**	**素**	**以**
(형)아름답다	(명)눈	(형)눈의 검은 부분과 흰 부분이 분명하다	(어기)멈춤. 완만	(명.형)흰색. 희다	(전치사)~때문에
아름다운 눈은 검은 부분과 흰 부분이 분명하(고)…				흰색 때문에['전치사 목적어(素)+전치사(以)'로 목적어 전치]	
爲	**絢**	**兮.'**	**何**	**謂**	**也?"**
(동)변하다,~되다	(형)화려하다. 찬란하다	(어기)멈춤. 완만	(의.대)동사목적어. '무엇'(2-19)	(동)말하다	(어기)의문(2-5)
화려해진다.'			무엇을 말하는 것입니까?"		
子曰:	**"繪事**		**後**	**素."**	**(子夏)曰:**
공자가 말하다	(동)그림을 그리다		(동)뒤에 놓다	(명.형)흰색.희다	(동)말하다
공자가 말했다.	"그림을 그(릴 때에는) 흰색을 뒤에 놓는다." [시간긴축복문(11-14)]				(자하가) 말했다.
"禮	**後**	**乎?"**	**子曰:**	**"起**	**予**
(명)예(禮)	(동)뒤에 놓다	(어기)의문(2-7)	공자가 말하다	(동)일깨우다. 계몽하다	(대)나.저(6-28)
"예(禮)를 뒤에 놓습니까?" ['목적어(禮)+타동사(後)+어조사(乎)'인 목적어 전치 구조]			공자가 말했다.	"나를 일깨워주는	
者	**商**	**也!**	**始**	**可**	**與(商)**
(조사)~한 사람, ~한 것(1-2)	(인명)자하(1-7)	(어기)진술내용 강조(2-17)	(부사)비로소(1-15)	(조동)가능. '~할 수 있다'(1-11)	(전)동작 대상. '~와'(5-8)
사람은 자하구나!			비로소 (자하와)		
言	**詩**	**已矣!"**			
(동)말하다	(명)『시경』	(어기)서술,감탄(1-15)			
『詩經,시경』을 말할 수 있구나!"					

번역 자하(子夏)가 물으며 말했다. "'웃음이 아름답고, 아름다운 눈은 검은 부분과 흰 부분이 분명하고, 흰색 때문에 화려해진다.' 무엇을 말하는 것입니까?" 공자가 말했다. "그림을 그릴 때에는 흰색을 뒤에 놓는다." 자하가 말했다. "예(禮)를 뒤에 놓습니까?" 공자가 말했다. "나를 일깨워주는 사람은 자하구나! 비로소 자하와 『詩經(시경)』을 말할 수 있구나!"

語法과 語彙

巧笑倩兮, 美目盼兮 (웃음이 아름답고, 아름다운 눈은 검은 부분과 흰 부분이 분명하다)

(어기사) 진술문, 감탄문의 문중이나 문미에 사용되어 '어기 멈춤', '어기 완만'의 역할을 나타내면 동시에 감정을 토로하는 역할을 갖고 있다.

→ 禍兮福之所倚, 福兮禍之所伏 『老子·道德經五十八』
재앙이란 '복이 기대는 곳(福之所倚)'이고, 복이란 '재앙이 숨어 있는 곳(禍之所伏)'이다.

素以爲絢兮 (흰색 때문에 화려해지다)

(명사) 흰색.
(형용사) 하얗다

→ 羔羊之皮, 素絲五'紽' 『詩·召南·羔羊』
새끼 양의 가죽과 하얀 실로 꿰맨 다섯 개의 단추

素以爲絢兮 (흰색 때문에 화려해지다)

(전치사) 동작 행위의 원인을 보여 준다. '~때문에'로 번역된다. 전치사로 쓰이는 以의 목적어는 빈번하게 以 앞에 있는데 '원인'으로 사용되는 경우에는 빈번하게 뒤에 놓인다.

→ 晉侯以我喪故, 未之見 『左傳·襄公三十一年』
진후(晉侯:춘추시대 진나라 왕)는 나의 장례의 일 때문에 그것을 보지 못했다.

素以爲絢兮 (흰색 때문에 화려해지다)

(동사) 변하다, 되다. (變成, 成爲)

→ 冰, 水爲之而寒於水 『荀子·勸學』
얼음은 물이 그것(=얼음)으로 변하지만 물보다 차갑다.

繪事後素 (그림을 그릴 때에는 흰색을 뒤에 놓는다)

(동사) 그림을 그리다. 그림을 그리는 일. (繪畫 ; 繪畫之事).
(명사) 그림. 도화. (圖畫)

繪事後素 (그림을 그릴 때에는 흰색을 뒤에 놓는다)

(동사) 뒤에 두다, 뒤에 남다. (落在後邊)

→ 非敢後也, 馬不進也 『論語·雍也』
감히 뒤에 남으려고 한 것이 아니라 말이 가지 않는다.

→ 其自處不敢後於恒人 (唐·韓愈 ·與於襄陽書』)
그는 자기 자신을 둘 때(自處) 일반 사람들의 뒤에 놓으려 하지 않다.

起予者商也! (나를 일깨워주는 사람은 자하구나!)

(동사) 일깨우다. 계몽하다. (啓發, 開導)

3-9. 子曰: "夏禮, 吾能言之, 杞不足徵也; 殷禮, 吾能言之, 宋不足徵也. 文獻不足故也.足, 則吾能徵之矣."

子曰:	"夏	禮,	吾	能	言
공자가 말하다	(지명)하나라	(명)예(禮)	(대)나,우리 '주어,한정어…' (13-18)	(조동사) ~할 수 있다(1-7)	(동)말하다
공자가 말했다.	"하(夏)나라의 예(禮)는 [화제,topic(1-6)(16-14)]		나는 그것을 말할 수 있(지만)		
之,	**杞**	**不足**	**徵(=征)**	**也;**	**殷**
(대)예(禮). 재지시(2-1)	(지명)기(杞)나라	(동)부족하다	(동)검증하다. 실증하다	(어기)진술강조 (2-17)	(지명)은(殷)나라 =상(商)나라
	기(杞)나라는 검증하기가 부족하(고)				은(殷)나라의
禮,	**吾**	**能**	**言**	**之,**	**宋**
(명)예(禮)	(대)나,우리 '주어,한정어…' (13-18)	(조동사) ~할 수 있다(1-7)	(동)말하다	(대)예(禮). 재지시(2-1)	(지명)송(宋)나라
예(禮)는[화제 (1 6)(16-14)]	나는 그것을 말할 수 있(지만)				송(宋)나라는
不足	**徵(=征)**	**也.**	**文獻**	**不足**	**故**
(동)부족하다	(동)검증하다. 실증하다	(어기)진술강조 (2-17)	(명)문헌과 당대 현인	(동)부족하다	~하기 때문이다
검증하기가 부족하다.			문헌과 당대의 현인이 부족하기 때문이다.		
也.	**足,**	**則**	**吾**	**能**	**徵(=征)**
(어기)판단 (동사,형용사술어끝) (11-15)	충분하다	(접) ~면 (1-6)	(대)나,우리 '주어,한정어…' (13-18)	(조동사) ~할 수 있다(1-7)	(동)검증하다. 실증하다
	충분하다…	…면 나는 그것을 분명히 검증할 수			
之	**矣."**				
(대명사)재지시(2-1)	(어기)상당한 긍정 (2-11)				
있을 것이다."					

번역 공자가 말했다. 하나라의 예(禮)는 나는 그것을 말할 수 있지만, 기(杞)나라는 검증하기가 부족하고, 은(殷)나라의 예(禮)는 나는 그것을 말할 수 있지만, 송(宋)나라는 검증하기가 부족하다. 문헌과 당대의 현인이 부족하기 때문이다. 충분하다면 나는 그것을 분명히 검증할 수 있을 것이다.

語法과 語彙

杞不足徵也 (기(杞)나라는 검증하기가 부족하다)

(지명) 하나라 우왕(禹王)의 후대. 주나라 무왕 때의 옛날 성이 지금의 하남(河南)의 기현(杞縣)이다. 그 후 국가가 약소해서 다른 나라의 힘에 의존하여 연명했고 자주 이전했다. [기, qǐ]

杞不足徵也 (기(杞)나라는 검증하기가 부족하다)

(동사) 徵[zhēng]의 간체자는 '征'이다. 검증하다. 실증하다. (證驗)

→ 京師學者咸怪其無徵 『後漢書·張衡列傳』
수도(京師:首都)에 있는 학자들은 모두(咸) 그가 검증할 수 없는 것에 의아해했다.

宋不足徵也 (송나라는 검증하기가 부족하다)

(지명) 은나라 탕왕의 후대로 옛날 성이 지금의 하남(河南) 상구현(商丘縣) 남쪽에 있다. 국토가 가장 클 때에는 현재 하남 상구(商丘) 동쪽이었고 강소성(江蘇省) 서주(徐州) 서쪽 지대였다. 전국시대 때 제(齊)나라, 위(魏)나라, 초(楚)나라 삼국에 의해서 멸망했다.

文獻不足故也 (문헌과 당대의 현인이 부족하기 때문이다)

(명사) 법령, 제도와 관련 있는 문자로 된 자료와 들은 것이 많고 전고(典故:전례典例)와 고사(故事:규칙이나 법칙으로 삼는 근거와 옛날부터 전해 오는 규칙이나 정례定例)를 매우 잘 아는 사람(有關典章制度的文字資料和多聞熟悉掌故的人). [현대 주석에는 거의 모두 문(文)은 '역사 문헌'으로 헌(獻)은 '당대의 현명한 사람'으로 설명하고 있다]

文獻不足故也 (문헌과 당대의 현인이 부족하기 때문이다)

'왜냐하면 ~한 까닭이다(因爲…的緣故)'로 풀이 되는데 이러한 어법은 대부분 불교 경전에 많이 나타난다. (許威漢 지음, 최영준 옮김, 2013)

許威漢(허위한)의 어법책 이외 여러 고대중국어 어법책과 권위 사전에서 이 용례를 찾지 못했다. A가 서술어일 때 'A故'의 형식으로 'A이기 때문이다'로 해석된다.

→ 財物喪失, 貪無厭故 (출처 못 찾음)
재물을 잃는 것은 탐욕에 만족이 없기 때문이다.

보충, 故

고대중국어 '고(故)'는 크게 부사 용법과 접속사 용법 두 가지가 있다. 부사적 용법으로는 '시간부사, 상태부사, 판단부사'가 있고, 접속사 용법으로는 '인과 접속사'가 있다.

부사적 용법

1. 시간부사(時間副詞)

동사서술어 앞에 쓰여 부사어가 되며 동작행위가 과거에 발생했거나 혹은 원래 이렇거나 보통 이렇다는 것을 나타낸다.

1.1 동작행위가 과거에 발생했음을 보여 준다. 보통 과거의 상황을 술회를 통하여 뒤의 서술과 서로 관련이 있음을 나타낸다. '이전에, 옛날에,..' 등으로 번역된다.

→ 長史欣者, 故爲櫟陽獄掾 『史記·項羽本紀』

장사(長史) 흔(欣:사마흔<司馬欣>)은 옛날에(故) 약양(櫟陽)의 옥관(獄掾)를 담당했다(爲).

1.2 사실이나 상태가 본래부터 줄곧 그렇다는 것을 나타내며 '본래, 원래' 등으로 해석된다.

→ 凡禮義者, 是生於聖人之僞, 非故生於人之性也 『荀子・性惡』
대체로(凡) 예의라는 것(禮義者) 이것은(是) 성인의 모방에서 생기(生於聖人之僞)는 것이지 본래(故) 사람의 천성에서 생기는 것이 아니다(非…生於人之性也).

2. 상태부사(狀態副詞)

동사나 형용사 서술어 뒤에 쓰여 부사어가 되어 동작행위의 관련 상태를 나타내고 '일부러' 등으로 번역된다.

→ 侯生下, 見其客朱亥, 俾倪故久立, 與其客語 『史記・魏公子列傳』
후생(侯生)은 마차에 내려(下) 그의 손님(其客) 주해(朱亥)를 보(見…朱亥)고 곁눈질 하(俾倪)고 일부러(故) 오랫동안 서서(久立) 그 손님과 얘기하다(與其客語).

3. 판단부사(判斷副詞)

'고(固)'와 같다. 동사 서술어 앞에서 상황어가 되며 동작행위나 상태에 대한 긍정적 판단 또는 추측을 나타낸다. '확실히, 꼭' 등으로 번역된다.

→ 謝奉故是奇士 『世說新語・雅量』
사봉(謝奉)은 확실히(故是) 걸출한 인재(奇士)이다.

접속사 용법

1. 인과 접속사(因果連詞)

보통 인과 복문에서 뒤의 단문 문두에 쓰이며 앞의 원인이 있기 때문에 뒤의 결과가 있다는 것을 나타낸다. '그래서' 등으로 번역된다.

→ 彼竭我盈, 故克之 『左傳・莊公十年』
저들은 '힘을 다 쓰고(竭)' 우리는 '힘이 충만하(盈)'기 때문에 그들을 물리친다.

→ 子皮認爲忠, 故委政焉 『左傳・襄公三十一年』
자피(子皮)는 충성스럽다고 여기(認爲忠)어 그래서(故) 그에게 정사를 맡게 했다(委政'焉<=於之>')(= 정부 관련 업무를 '주었다(委)').

3-10. 子曰: "禘, 自旣灌而往者, 吾不欲觀之矣!"

<table>
<tr><th>子曰:</th><th>"禘,</th><th>自</th><th>旣</th><th colspan="2">灌</th></tr>
<tr><td>공자가 말하다</td><td>(명)큰 제사 체(禘)
[명사→동사]</td><td>(시간전치사)
~로부터,~이래로</td><td>(동)끝나다.
다하다</td><td colspan="2">(동)술을 따르고 땅에 뿌리어 신을 맞이하다</td></tr>
<tr><td>공자가 말했다.</td><td>"큰 제사 체(禘)를 지낼(때)[시간절]</td><td colspan="4">술을 따르고 땅에 뿌리어 신을 맞이하는 것이 끝난 [自+旣灌+而往+者에서 '旣灌'이 명사 '而往'를 수식하는 형용사구가 되고, '旣灌+而往'은 구조조사 '者'를 역시 수식하는 형용사구가 된다]</td></tr>
<tr><th>而往</th><th>者,</th><th>吾</th><th>不</th><th>欲</th><th>觀</th></tr>
<tr><td>(명)이후(=以後)</td><td>(조사)~한 사람,
~한 것(1-2)</td><td>(대)나,우리
'주어,한정어…'
(13-18)</td><td>(부)동사술어 앞.
'~하지 않다'(7-14)</td><td>(동)원하다</td><td>(동)보다</td></tr>
<tr><td colspan="2">이후의 것부터(는) [주어]</td><td colspan="4">나는 그것을 보길 원하지 않는다!"</td></tr>
<tr><th>之</th><th>矣!"</th><td colspan="4" rowspan="3"></td></tr>
<tr><td>(대)재지시.'그것,
그사람,그곳'(2-1)</td><td>(어기사) 감탄(1-3)</td></tr>
<tr><td colspan="2"></td></tr>
</table>

번역 공자가 말했다. "큰 제사 체(禘)를 지낼 때, 술을 따르고 땅에 뿌리어 신을 맞이하는 것이 끝난 이후의 것부터는 나는 그것을 보길 원하지 않는다."

語法과 語彙

禘, 自旣灌而往者 (큰 제사 체(禘)를 지낼 때, 술을 따르고 땅에 뿌리어 신을 맞이하는 것이 끝난 이후의 것부터)

(명사) 고대 제왕, 제후가 거행하던 각종 큰 제사의 총칭이다. 보통 하늘, 종묘시제(宗廟時祭)와 종묘대제(宗廟大祭)에 제사지내는 것을 모두 체(禘)라고 부른다. [체, dì]

→ 天子諸侯宗廟之祭, 春曰礿, 夏曰禘, 秋曰嘗, 冬曰烝 『禮記·王制』
천자, 제후 종묘의 제사는 봄에는 약(礿<yuè>)이라 하고, 여름에는 체(禘)라고, 가을에는 상(嘗)이라 하고 겨울에는 증(烝)이라 한다.

禘, 自旣灌而往者 (큰 제사 체(禘)를 지낼 때, 술을 따르고 땅에 뿌리어 신을 맞이하는 것이 끝난 이후의 것부터)

(시간전치사) 동사서술어 앞에 쓰여 동작행위가 시작된 시간을 나타내고 '~로부터, ~이래로, ~부터' 등으로 번역된다. (從, 自從)

→ 民不足而可治者, 自古及今, 未之嘗聞 (漢·賈誼『論積貯疏』)
백성이 먹을 것이 부족한(民不足)데 통치할 수 있다는 것(而可治者)을 '예부터 지금까지(自古及今)' 들어본 적이 없다.

→ 自吾氏三世居是鄕. 積于今六十歲矣 (唐·柳宗元『捕蛇者說』)
우리 집(=우리 성씨. 吾氏) 3대(三世)가 이 마을에 산 이래로(自…居是鄕) 지금까지(于今) 이미 60년이 되었다(積…六十歲矣).

禘, 自既灌而往者 **(큰 제사 체(禘)를 지낼 때, 술을 따르고 땅에 뿌리어 신을 맞이하는 것이 끝난 이후의 것부터)**

(동사) 끝나다, 다하다. (完, 盡)

→ 言未既, 有笑於列者 (唐・韓愈『進學解』)
말이 끝나지 않았는데 대열에 있는 사람 속에서 웃음소리가 나왔다.

禘, 自既灌而往者 **(큰 제사 체(禘)를 지낼 때, 술을 따르고 땅에 뿌리어 신을 맞이하는 것이 끝난 이후의 것부터)**

(동사) 고대 일종의 제사 의식으로 '술을 따라서 땅에 붓고 신을 맞이한다.'의 의미이다. (古代一種祭祀儀式. 斟酒澆地降神)

→ 灌用郁鬯 『禮記・樂記』
관(灌:술을 따라서 땅에 붓고 신을 맞이한다)할 때는 울창주(郁鬯:鬱鬯酒:튤립을 넣어서 빚은, 향기 나는 술. 제사의 강신(降神)에 쓴다)를 사용한다.

禘, 自既灌而往者 **(큰 제사 체(禘)를 지낼 때, 술을 따르고 땅에 뿌리어 신을 맞이하는 것이 끝난 이후의 것부터)**

(명사) 이후. (以後)

3-11. 或問禘之說. 子曰: “不知也. 知其說者之於天下也, 其如示諸斯乎!” 指其掌.

或	問	禘	之	說.	子曰:
(대)어떤 사람(2-21)	(동)問A:A에 대해 묻다(12-10)	(명)큰 제사 체(禘) (3-10)	(조사)수식,종속관계.‘~의’(3-2)	(명)견해.논조. 주장.학설	공자가 말하다
어떤 사람이 큰 제사 체(禘)의 견해에 대해 물었다.					공자가 말했다.
“不知	也.	知	其	說	者
(동)모른다	(어기)판단(2-22)	(동)알다	(대)其+명사(이,저) (한정어)(4-5)	(명)견해.논조. 주장.학설	(조사)~한 사람, ~한 것(1-2)
“모릅니다.		그 견해를 아는 것은			
之	於	天下	也,	其	如
(동)가다	(전)행위 도달장소	(명)하늘 아래	(어기)판단(2-22)	(대)그가,그것은. 주어(명사+之)(2-22)	(동)~와 같다 (2-1)
하늘 아래로 가는 것입니다.				그것은	
示	諸	斯	乎!”	指	其
(동)놓다	(겸사)그것을~에 (2-19)	(대)이곳.이것	(어기)감탄(3-7)	(동)가리키다	(대)그의(1-7)
그것(=하늘 아래로 가는 것)을 이곳에 놓는 것과 같습니다!”				그의 손바닥을 가리켰다.	
掌.					
(명)손바닥					

번역 어떤 사람이 큰 제사 체(禘)에 대한 견해를 물었다. 공자가 말했다. “모릅니다. 그 견해를 아는 것은 하늘 아래로 가는 것입니다. 그것은 하늘 아래로 가는 것을 이곳에 놓는 것과 같습니다.” 그의 손바닥을 가리켰다.

語法과 語彙

或問禘之說 (어떤 사람이 큰 제사 체(禘)에 대한 견해를 묻다)

(명사) 견해, 논조, 주장, 학설. (說法, 提法, 主張, 學說)

→ 陽泉君避席, 請聞其說 『戰國策·秦策』
양천군(陽泉君)은 자리를 뜨면서 그의 견해 듣기를 부탁했다.

知其說者之於天下也 (그 견해를 아는 것은 하늘 아래로 가는 것이다)

(동사) 가다. (往, 到)

→ 張良是時從沛公, 項伯乃夜馳之沛公軍, 私見張良 『史記·項羽本紀』
장량(張良)은 이때 패공(沛公)을 따라 갔고 항백(項伯)은 밤에도 말을 몰아 패공(沛公)의 군영에 가서 장량(張良)을 몰래 보았다.

知其說者之於天下也 (그 견해를 아는 것은 하늘 아래로 가는 것이다)

(전치사) 동작, 행위가 도달하는 장소를 끌어들인다. 於가 있는 '於+목적어' 구조는 자주 동사 다음에 쓰여 부사어를 만든다.

→ 上世嘗有不葬其親者.其親死, 則擧而委之於壑 『孟子·藤文公上』
상고시대(上世) 일찍이(嘗) 자기 부모(其親) 장사를 지내지 않은 사람(不葬…者)이 있었다(有). 그의 부모(其親)가 죽자(死, 則) 부모(之)를 들쳐 업고(擧而) 골짜기에 버렸다(委…於壑).

→ 夫子至於是邦也, 必聞其政 『論語·學而』
선생님(夫子)이 모든 나라에(是邦) 도착해서(至…也) 반드시(必) 그 나라의 정치(其政)를 듣다(聞).

知其說者之於天下也 (그 견해를 아는 것은 하늘 아래로 가는 것이다)

— [견해]

'之於天下' 문구는 지(之)의 용도는 '동사'로 '가다'로 보인다(하늘 아래로 가다 or 천하 속으로 들어가다). 이러한 표현은 관용구로 어떤 철학적 의미를 담고 있는 것처럼 보인다. '知其說者之於天下也' 이 문구에 대한 학자들의 견해는 서로 조금씩 다르며 '之於天下'의 의미를 '천하를 통치하다/다스리다/대하다'로 주석한 학자들이 많다(이기동, 김학주, 김용옥, 陳曉芬, 毛子水, 楊伯峻). 류종목 선생만 '천하에서 살아가다'로 주석하였다.

- "그 뜻을 아는 사람은 천하를 다스리는 일이" (김학수, 2017)
- 之는 주격조사. "그 내용에 관하여 아는 자가 천하를 다스린다면" (이기동, 2011)
- "그 설을 아는 사람은 천하를 대함에 있어서" (김용옥, 2008)
- 之는 주어와 술어 사이에 쓰여 주술구조로 하여금 독립성을 잃고 명사구 또는 절이 되게 하는 구조조사. "그 이치를 아는 사람이 천하에서 살아가는 것은" (류종목, 2000)
- "만약 이 도리를 아는 사람이 천하를 통치한다면. 如果知道這個道理的人治理天下" (陳曉芬, 2016)
- "이 도리를 아는 사람이 천하를 다스리는 일에 대해서. 知道這個道理的人, 對於治天下的事情" (毛子水, 2009)
- "(이론을) 아는 사람이 천하를 통치하는 것에 대하여. 知道的對於治理天下" (楊伯峻, 2006)

其如示諸斯乎! (그것은 하늘 아래로 가는 것을 이곳에 놓는 것과 같다!)

(동사) 놓다(置. 이체자는 寘).

→ 人之好我, 示我周行 『詩經·小雅·鹿鳴』
사람들이 나를 좋아하여 나에게 큰 도리를 '놓는다('위덕한다'의 의미와 같다).'

其如示諸斯乎 (그것은 하늘 아래로 가는 것을 이곳에 놓는 것과 같다!)

(대명사) 가까운 것을 가리키며 보통 앞 문장에서 이미 출현한 사람, 사건, 사물, 장소, 시간, 상태 등을 가리킨다. 문장에서 주어, 목적어, 한정어가 되며 문장에서 대신하는 대상에 근거해서 알맞게 번역하면 된다. 여기서는 전치사이 목적어로 쓰였다. '이것', '이것들', '여기', '지금' 등으로 번역된다.

→ 漁父見而問之曰: "子非三閭大夫歟? 何故而至於斯?" 『楚辭·漁父』
어부는 그를 보고 물으며 말했다. "당신은 삼려대부(三閭大夫=굴원屈原)가 아닙니까? 무엇 때문에 여기에 왔습니까?"

→ 子使漆彫開仕.對曰: "吾斯之未能信." 子說 『論語·公冶長』
공자가 칠조개(漆彫開)에게 벼슬을 하라고 했다. 칠조개가 대구하여 말했다. "저는 이것(=벼슬하는 것)을 자신할 수가 없습니다." 공자가 기뻐했다.

3-12. 祭如在; 祭神如神在. 子曰: “吾不與祭, 如不祭.”

<table>
<tr><th>祭</th><th>如</th><th>在;</th><th>祭</th><th>神</th><th>如</th></tr>
<tr><td>(동)제사지내다</td><td>(동)~와 같다(2-1)
[동→의동]</td><td>(동)~에 있다(5-1)</td><td>(동)제사지내다</td><td>(명)천신, 신령</td><td>(동)~와 같다(2-1)
[동→의동]</td></tr>
<tr><td colspan="3">제사지낼 때 있는 것같이 여기(고) [시간긴축복문(11-14)]</td><td colspan="3">천신에게 제사지낼 때</td></tr>
<tr><th>神</th><th>在.</th><th>子曰:</th><th>“吾</th><th>不</th><th>與</th></tr>
<tr><td>(명)천신, 신령</td><td>(동)~에 있다(5-1)</td><td>공자가 말하다</td><td>(대)나,우리
‘주어,한정어…’
(13-18)</td><td>(부)동사술어 앞.
‘~하지 않다’(7-14)</td><td>(동)참여하다.
참가하다[여, yù]</td></tr>
<tr><td colspan="2">천신이 있는 것처럼 여긴다. [시간긴축복문(11-14)][의동용법은 (3-20)]참조]</td><td>공자가 말했다.</td><td colspan="3">“내가 제사에 참여하지 않(으면) [시간조건복문(1-1)]</td></tr>
<tr><th>祭,</th><th>如</th><th>不祭.”</th><td></td><td></td><td></td></tr>
<tr><td>(동)제사지내다
[동사→명사]</td><td>(동)~와 같다(2-1)</td><td>(동)
제사지내지 않다</td><td></td><td></td><td></td></tr>
<tr><td></td><td colspan="2">제사지내지 않은 것 같다.”</td><td></td><td></td><td></td></tr>
</table>

번역 제사지낼 때 있는 것같이 여기고, 천신에게 제사지낼 때 천신이 있는 것같이 여긴다. 공자가 말했다. “내가 제사에 참여하지 않으면 제사지내지 않은 것 같다.”

語法과 語彙

祭如在 (제사지낼 때 있는 것같이 여기다)

(동사) 제사지내다.

— [견해]

고대중국어에서의 ‘제(祭)’는 동사로만 쓰인 것 같다. 명사적 용례를 찾지 못했다.

→ 非其鬼而祭之 『論語·爲政』
나의 조상이 아닌데 그에게 제사지내다.

→ 生事之以禮, 死葬之以禮, 祭之以禮 『論語·爲政』
태어나면 예(禮)로 부모를 섬기고, 돌아가시면 예(禮)로 부모를 장례지내고, 예(禮)로 부모에게 제사지내는 것이다.

吾不與祭 (내가 제사에 참여하지 않다)

(동사) 참여하다, 참가하다. (參與, 參加). [여, yù]

→ 無適也, 無莫也, 義之與比 『論語·里仁』
독단하지 않고 외로워하지 않고 다만 정의로움을 참여시키어 비교한다.

→ 蹇叔之子與師 『左傳·僖公三十二年』
건숙(蹇叔)의 아들이 군대에 참가하다.

→ 吾賤且辱, 不得與考績幽明之說 (唐·柳宗元『送薛存義序』)
나는 지위가 낮고 좌천되었으니 공적이 우수한지 그렇지 아니한지 살피는 사무에 참여할 수 없다.

3-13. 王孫賈問曰: "與其媚於奧, 寧媚於竈, 何謂也?" 子曰: "不然. 獲罪於天, 無所禱也."

王孫賈	問曰:	"與其…(寧)	媚	於	奧,
(인명)왕손가 (王孫賈)	(동)물으며 말하다	(선택접속사) ~보다(3-4)	(동)아첨하다	(대상.전) 동작의 직접대상 (1-10)	(명)아랫목 신
왕손가(王孫賈)가 물으며 말했다.		"'아랫목 신에게 아첨하는 것보다			
(與其)…寧	媚	於	竈',	何	謂
(부)차라리 ~이 낫다(3-4)	(동)아첨하다	(대상.전) 동작의 직접대상 (1-10)	(명)부뚜막 신	(의.대)무엇	(동)말하다
차라리 부뚜막 신에게 아첨하는 것이 낫다'(라고 하는데)				무엇을 말하는 것입니까?"	
也?"	子曰:	"不然.	獲	罪	於
(어기)의문	공자가 말하다	(형)그렇지 않다	(동)얻다	(명)죄	(전)시작장소. 출처.~로부터
	공자가 말했다.	"그렇지 않습니다.	하늘로부터 죄를 얻(으면) [조건가정절(1-1)]		
天,	無	所	禱	也."	
(명)하늘	(동)없다(9-2)	(조사) '~사람·것·사건·곳' (1-12)	(동)기도하다, 빌다	(어기)진술 강조 (2-17)	
	빌 곳이 없습니다."				

번역 왕손가(王孫賈)가 물으며 말했다. "'아랫목 신에게 아첨하는 것보다 차라리 부뚜막 신에게 아첨하는 것이 낫다.'라고 하는데 무엇을 말하는 것입니까?" 공자가 말했다. "그렇지 않습니다. 하늘로부터 죄를 얻으면 빌 곳이 없습니다."

語法과 語彙

王孫賈問曰 (왕손가(王孫賈)가 물으며 말하다)

(인명) 왕손가(王孫賈)는 「憲問」편 20장 공자 자신의 말 속에 해설되어 있다. 위(衛)나라의 현명한 신하 세 사람 중 한 사람이었고 위나라의 내부였다. 어둡고 어리석은 군주 '위령공'의 패정에도 불구하고 위나라가 망하지 않은 것은 중숙어(仲叔圉)가 빈객(賓客)을 잘 다스리고(외교), 축타(祝鮀)가 종묘를 잘 다스리고(종교, 문화), 왕손가(王孫賈)가 군대를 잘 다스리어(군사) 적재적소에서 재능을 발휘했기 때문이다. (김용옥, 2008)

與其媚於奧, 寧媚於竈 (아랫목 신에게 아첨하는 것보다 차라리 부뚜막 신에게 아첨하는 것이 낫다)

(동사) 아첨하다, 영합하다, 비위를 맞추다. (諂媚, 討好, 巴結)

→ 其後以不能媚權貴, 失御史 (唐·韓愈『柳子厚墓志銘』)
그 후로 권세 있고 지위 높은 사람에게 아첨할 수 없어서 어사(御使) 직위를 잃었다.

與其媚於奧, 寧媚於竈 (아랫목 신에게 아첨하는 것보다 차라리 부뚜막 신에게 아첨하는 것이 낫다)

(명사) 안방의 서남쪽으로 신에게 제사지내는 곳이다. 여기서는 '방의 서남쪽에 있는 신'인 '아랫목 신'으로 확장되었다. (內室西南角, 也是祭神之方位)

與其媚於奧, 寧媚於竈 (아랫목 신에게 아첨하는 것보다 차라리 부뚜막 신에게 아첨하는 것이 낫다)

(명사) 부뚜막 신(竈神)의 약칭이다. (竈神的略稱)

獲罪於天 (하늘로부터 죄를 얻다)

(전치사)'전치사+목적어'로 서술어 앞뒤에 쓰여 보어가 되어 동작, 행위가 발생하는 장소, 동작의 방향을 나타낸다. '~로부터, ~에서' 등으로 번역된다.

→ 且予縱不得大葬, 予死於道路乎?" 『論語·子罕』
또 내가 비록 큰 장례식을 얻지는 못하겠지만 내가 도로에서 죽겠는가?

→ 王坐於堂上, 有牽牛而過堂下者 『孟子·梁惠王上』
왕이 대청 위에 앉아 있을 때 소를 끌고 대청 아래를 지나가는 사람이 있다.

→ 千里之行, 始於足下 『老子·六十四章』
천리 걷기(行走)도 발아래에서 시작된다. 천리의 여정도 발아래에서 첫걸음이 시작된다.

→ 救民於水火之中, 取其殘而已矣 『孟子·藤文公下』
백성을 물불의 가운데에서 구하고 그 흉포한 사람을 체포할 뿐이다.

3-14. 子曰: “周監於二代, 郁郁乎! 文哉! 吾從周.”

子曰:	“周	監	於	二	代,
공자가 말하다	(지명)주나라	(동)거울로 삼다. 참고로 하다	(대상.전) 동작의 직접대상 (1-10)	(수사)둘.이.2	(명)왕조
공자가 말했다. “주(周)나라는 두 왕조를 거울로 삼았(기 때문에) [인과복문(1-1)]					
郁郁	**乎!**	**文**	**哉!**	**吾**	**從**
(형)풍부하고 다채롭다	(어기)감탄	(명)예악(禮樂)제도	(어기)감탄(3-4)	(대)나,우리 ‘주어,한정어…’ (13-18)	(동)따르다
풍부하고 다채롭다!		예악(禮樂)제도가!		나는 주(周)나라를 따른다.”	
周.”					
(지명)주나라					

번역 공자가 말했다. “주(周)나라는 두 왕조를 거울로 삼았기 때문에 풍부하고 다채롭구나! 주나라의 예악제도는! 나는 주(周)나라를 따른다.”

語法과 語彙

周監於二代 (주나라가 두 왕조를 거울로 삼다)

(동사) 참고로 하다. 거울로 삼다. (借鑑) [감, jiàn].

→ 人無於水監, 當於民監 『尚書·酒诰』
사람은 물로(부터) 거울로 삼지 말고 마땅히 사람으로부터 거울로 삼아야 한다.

→ 成湯監於夏桀 『荀子·解蔽』
성탕(成湯)이 하걸(夏桀)을 거울로 삼다.

周監於二代 (주나라가 두 왕조를 거울로 삼다)

(명사) 왕조. (朝代)

→ 其亦幸而出于三代之後 (唐·韓愈『原道』)
그(들) 역시 다행히 세 번의 왕조(夏, 商, 周) 이후에 나타나다

郁郁乎! 文哉! (풍부하고 다채롭구나! 주나라의 예악제도는!)

(형용사) 풍부하고 다채롭다. (豊富多彩)

→ 郁郁乎! 焕哉! 天下之事盛矣 (漢揚雄『剧秦美新』)
풍부하고 다채롭고 밝다! 천하의 일이 흥성한다.

郁郁乎! 文哉! (풍부하고 다채롭구나! 주나라의 예악제도는!)

(어기사) 문미에 사용되어 감탄, 비분(悲憤:슬프고 분함), 찬송 등의 어기를 보여 준다.

— [견해]

대개의 주석서는 이 문장을 분리하지 않고 연이어 표기하였다(郁郁乎文哉!). 본 문장은 '감탄어기사'가 두 번 쓰였기 때문에 개별적인 감탄문으로 보아도 무리가 없어 보인다. 현대의 모든 논어 주석서에서는 붙여서 기재하였다. 같은 통사구조인 논어의 '태백(8-15)의 洋洋乎盈耳哉!'를 참조할 수 있다.

→ 嗚呼 ! 孰知賦斂之毒, 有甚是蛇者乎 (唐 • 柳宗元『捕蛇者說』)
아! 누가 세금 징수의 해로움을 알까, 이 독사보다 심하다!

→ 必也射乎 『論語 • 八佾』
확보해야 하는 것(必也)은 단정하자면 활쏘기이다.

郁郁乎文哉! (풍부하고 다채롭구나! 주나라의 예악제도는!)

(명사) 예악제도. (禮樂制度)

→ 文王旣沒, 文不在玆乎? 『論語 • 子罕』
문왕이 이미 죽었지만 문왕의 예악제도(or 문화)는 여기에 있지 않는가?

3-15. 子入太廟, 每事問. 或曰: "孰謂鄹人之子知禮乎? 入太廟, 每事問." 子聞之曰: "是禮也."

子	入	太廟,	每	事	問.
(인명)공자	(동)들어가다	(명)태묘	(대)하나하나	(명)일	(동)묻다(12-10)
공자가 태묘에 들어가면 [시간조건절]			하나하나(의) 일을 물었다. [목적어(每事)+동사(問)]		
或	曰:	"孰	謂	鄹	人
(대)어떤 사람(2-21)	(동)말하다	(의문대)누가, 무엇이(3-1)	(동)말하다	(지명)추읍	(명)인간,사람(4-3)
어떤 사람이 말했다.		"누가 추읍 사람…			
之	子	知	禮	乎?	入
(조사) 수식,종속관계. '~의'(3-2)	(명)아들	(동)알다	(명)예(禮)	(어기사)의문	(동)들어가다
…의 아들이 예(禮)를 안다고 말하는 건가?					
太廟,	每	事	問."	子	聞
(명)태묘	(대)하나하나	(명)일	(동)묻다(12-10)	(인명)공자	(동)듣다
태묘에 들어가면 [시간조건절]	하나하나의 일을 묻는다."			공자가	
之	曰:	"是	禮	也."	
(대)재지시(2-1)	(동)말하다	(대)재지시(2-7)	(명)예(禮)	(어기사)진술 강조 (2-17)	
그것을 듣고 말했다.		"이것이 예(禮)이다."			

번역 공자가 태묘에 들어가면 하나하나의 일을 물었다. 어떤 사람이 말했다. "누가 추읍 사람의 아들이 예(禮)를 안다고 말하는 건가? 태묘에 들어가면 하나하나의 일을 묻는다." 공자가 그것을 듣고 말했다. "이것이 예(禮)이다."

語法과 語彙

子入太廟 (공자가 태묘에 들어가다)

(명사) 제왕(=군주)이 조상에 제사하는 '사당/종묘'. (帝王祭祀祖先的廟堂)

→ 其祭儀祭器, 一如太廟之制 (清·昭槤『嘯亭雜錄·內務府定制』)
그 '제사의식(祭儀:祭祀儀式)과 제사 그릇은 태묘의 제도와 '완전히 같다(一如:完全相同).'

子入太廟, 每事問 (공자가 태묘에 들어가면 하나하나의 일을 묻는다)

(대명사) 좇아가며 가리킨다는 뜻으로 '하나하나, 매, 각.' (表示逐指. 每一, 每個)

→ 每字爲一印 (宋·沈括『夢溪笔談·技藝』)
하나하나의 글자가 인형(印形:도장 찍은 자국)을 만들다.

→ 每歲致數百金 (清·方苞『獄中雜記』)
매년 수백 량의 금을 손에 넣다.

孰謂鄹人之子知禮乎? (누가 추읍 사람의 아들이 예(禮)를 안다고 말하는 건가?)

(지명) 추(鄹)는 노나라의 지명이다. 지금의 산동성 곡부(曲阜)동남쪽에 있다. 공자의 아버지 숙량흘(叔梁紇)이 추읍(鄹邑)에서 대부를 한 적이 있었기 때문에 여기서 '추인(鄹人)'은 공자의 아버지 숙량흘(叔梁紇)을 가리키고 '鄹人之子'는 공자를 가리킨다.

3-16. 子曰: "射不主皮, 爲力不同科. 古之道也."

子曰:	"射	不	主皮,	爲	力
공자가 말하다	(명.동)활쏘기. 활쏘다	(부)동사술어 앞. '~하지 않다'(7-14)	(동)가죽 과녁 명중을 중심으로 삼다	(접속사)원인.이유	(명)힘
공자가 말했다.	"활을 쏠 때엔 가죽 과녁 명중을 중심으로 하지 않(은 것은) [시간긴축복문][여기까지가 주어]			힘이	
不	**同科.**	**(此,是)古**	**之**	**道**	**也."**
(부)형용사앞.성질, 상태의 부정(5-5)	(형)같다.동등하다	(명)과거.옛날	(조사)수식,종속관계.'~의'(3 2)	(명)규율.도리	(어기사)진술 강조(2-17)
같지 않았기 때문이다.		(이것이) 과거의 규율이었다."			

번역 공자가 말했다. "활을 쏠 때 가죽 과녁 명중을 중심으로 삼지 않은 것은 힘이 같지 않았기 때문이다. 이것이 과거의 규율이었다."

語法과 語彙

射不主皮 (활을 쏠 때 가죽 과녁 명중을 중심으로 삼지 않다)

(동사) 고대 활쏘기 예(禮)에서 모두 세 차례 쏘는데 두 번째 활쏘기는 가죽으로 된 과녁을 명중시키는 것을 중심으로 삼았기 때문에 '주피(主皮)'라고 부른다. (古代鄉射禮共射三次, 第二次以射中皮質的箭靶爲主, 故稱'主皮')

爲力不同科 (힘이 같지 않기 때문이다)

(접속사) 복문에서 뒤의 단문 문두에 쓰여 앞의 단문이 이루어진, 즉 결과가 된 이유를 보여준다(복문에서 앞의 단문에 올 수도 있으니 찾아봐야 한다). 원인이유를 보여주는 접속사로서의 이 문형은 '고대중국어 허사 사전' 등에서 찾지 못했지만 爲(위) 다음에 '주어(力)+서술어(不同科)'의 절이 있기 때문에 '접속사'로 보아야 할 것 같다. 예문을 더 제시해야 한다.

(전치사) 동작, 행위의 원인, 이유를 보여준다. '~때문에'로 번역된다. [위, wèi]

→ 昔孔子爲何作『春秋』哉? 『漢書·司馬遷傳』
옛날(昔) 공자는 '무엇 때문에(爲何)' 춘추를 지었는가?

→ 斫頭便斫頭, 何爲怒邪! 『三國志·蜀書·張飛傳』
머리를 찍(斫頭 [작, zhuó])으면 머리를 찍는 거지 '무엇 때문에(何爲)' 화를 내는 건지!

爲力不同科 (힘이 같지 않기 때문이다)

(형용사) 같다, 동등하다. (同等)

→ 賦稅齊等, 無輕重之殊; 力役同科, 無衆寡之別 『魏書·食貨志』
세금은 모두 같고 경중의 특별함이 없고; 노역은 같아서 많고 적음의 차이가 없다.

古之道也 (과거의 규율이다)

(명사) 규율, 도리. (規律, 道理)

→ 臣之所好者, 道也, 進乎技矣　『莊子·養生主』
제가 좋아하는 것은 '규율/도리'이고, 일반적인 기예를 넘었습니다.

3-17. 子貢欲去告朔之餼羊. 子曰: “賜也! 爾愛其羊, 我愛其禮!”

子貢	欲	去	告朔	餼羊.	子曰:
(인명)자공(1-10)	(동)~하려 하다 (2-4)	(동)없애다.빼다. 제(除)하다	(명)'곡삭(告朔)' 이라는 예식	(명)제사에 바치는 양	공자가 말하다
자공(子貢)이 곡삭(告朔)이라는 예식(禮式)(에 바치는) 양을 빼려고 했다.					공자가 말했다.
“賜	也!	爾	愛	其	羊,
(인명)사(賜)=자공	(어조사)감탄	(대)너.너희들.당신 (5-12)	(동)소중히 여기다. 동정하여 아끼다	(대)其+명사(이,저) (한정어)(4-5)	(명)양(sheep)
“자공아!	너는 그 양을 소중히 여기(고)				
我	愛	其	禮!”		
(대)나	(동)소중히 여기다. 동정하여 아끼다	(대)其+명사(이,저) (한정어)(4-5)	(명)예(禮)		
나는 그 예(禮)를 소중히 여기는구나!”					

번역 자공이 곡삭(告朔)'이라는 예식에 바치는 양을 빼려고 했다. 공자가 말했다. “자공아! 너는 그 양을 아끼고, 나는 그 예를 사랑하는구나!”

語法과 語彙

子貢欲去告朔之餼羊 (자공이 곡삭(告朔)'이라는 예식에 바치는 양을 빼려고 하다)

(동사) 제거하다. 없애다. 빼다. 제(除)하다. (除去, 抛棄)

→ 俗之所否, 因而去之 『史記·管晏列傳』
백성들이 반대하는 것은 그런 까닭에 없앤다.

→ 爲漢家除殘去穢 『資治通鑑·漢紀·獻帝建安十三年』
한나라 왕조를 위해서 화근을 없애고 더러운 것을 제거하다.

— [견해]

'欲去告朔之餼羊'에서 去의 의미를 보면 대체로 '없애다'의 의미이고 나머지로는 '쓰지 않다(이기동, 楊伯峻)'로 보았고 특히 김용옥은 구체적인 당시 상황을 거론하며 '제도를 없애다'로 해석하였다. 김용옥 선생의 견해는 다음과 같다.

노나라의 곡삭 행사는 군주가 친히 참석하는 행사였다. 하지만 공자보다 1세기 앞선 문공(文公, BC626-BC609 재위)의 시절부터 군주가 참석하지 않고 단지 형식적으로 희생양을 바치는 의식만 존속되었다. 자공이 폐지하려는 것이 양을 죽여 바치는 번거로운 제식절차만인지 아니면 형식적으로 존속하였던 '곡삭제도'인지 확증 지을 수가 없다. 그러나 아마도 자공은 곡삭이 이미 시대적으로 의미를 잃었으며 군주도 등한시하는 제식이 되었을 뿐 아니라, 백성들에게 주는 영향도 전과 않다고 판단했을 것이며, 형식적으로 남아있는 양을 제물로 바치는 제도를 폐지하면 자연스럽게 곡삭의 제도도 폐지될 것이라고 판단했을 것이다. (김용옥, 2008)

子貢欲去告朔之餼羊 (자공이 곡삭(告朔)'이라는 예식에 바치는 양을 빼려고 하다)

1. 제후가 매달 음력 초하루에 '일어난 일들을 사당에 가서 선조의 혼령에 알리고(告廟)' 정사를 듣는 예식. (指諸侯於每月朔日(陰曆初一)行告廟聽政之禮)

2. 주나라 제도로 천자가 매년 겨울 다음 해의 역서(달력)을 제후에게 하달하는 것을 고삭(告朔)이라고 부른다. (周制, 天子於每年季冬把第二年的曆書頒發給諸侯, 叫'告朔')

子貢欲去告朔之餼羊 (자공이 곡삭(告朔)'이라는 예식에 바치는 양을 빼려고 하다)

(명사) 고대 제사의 물건으로 사용한 양. (古代用為祭品的羊)[희양, xìyáng]

賜也! 爾愛其羊! (자공아! 너는 그 양을 아끼는구나!)

(어기사) 감탄문에서 복문의 경우 앞 문장의 문미에서 또는 뒤 문장 문미에 쓰여서 '찬송, 비통, 놀라움, 탄식' 등의 어기를 도와준다.

→ 勇士曰：嘻！ 子誠仁人也! 『公羊傳·宣公六年』
용감한 사병이 말했다. "아! 너는 정말로 인자한 사람이구나!"

→ 苛政猛于虎也! 『禮記·檀弓上』
가혹한 정치는 호랑이보다 매섭다.

賜也! 爾愛其羊! (자공아! 너는 그 양을 아끼는구나!)

(동사) 소중하게 여기다. 불쌍히 여기다. 동정하여 아끼다. (愛惜；怜惜)

3-18. 子曰: "事君盡禮, 人以爲諂也."

<table>
<tr><th>子曰:</th><th>"事</th><th>君</th><th>盡</th><th>禮,</th><th>人</th></tr>
<tr><td>공자가 말하다</td><td>(동)섬기다</td><td>(명)군주.임금.왕</td><td>(동)다하다</td><td>(명)예(禮)</td><td>(명)인간.사람(4-3)</td></tr>
<tr><td>공자가 말했다.</td><td colspan="4">"군주를 섬(길 때) 예(禮)를 다하(면)
[시간긴축복문(11-14)이면서 복문에서 조건가정복문(1-1)이 된다]</td><td>사람들은</td></tr>
<tr><th>以爲</th><th>諂</th><th>也."</th><td colspan="3" rowspan="3"></td></tr>
<tr><td>(동)여기다.
생각하다 (2-8)</td><td>(동)아첨하다(1-15)</td><td>(어기)진술강조
(2-17)</td></tr>
<tr><td colspan="3">아첨한다고 생각한다."</td></tr>
</table>

번역 공자가 말했다. "군주를 섬길 때 예(禮)를 다하면 사람들은 아첨한다고 생각한다."

語法과 語彙

事君盡禮 (군주를 섬길 때 예(禮)를 다하다)

(동사) 부모를(윗사람을) 섬기다(모시다). (侍奉, 事奉)

→ 吾得兄事之 『史記·項羽本紀』
나는 형님을 얻어(吾得兄) 그를 섬긴다.

人以爲諂也 (사람들이 아첨한다고 생각하다)

以는 爲와 함께 사용되어 '以A 爲B(A를 B라고 여기다)'라는 특별한 관용어를 형성하고, 以 뒤에 목적어인 대명사가 생략되면 以와 爲가 결합하여 합성어 以爲를 만든다. 그러나 고대중국어에서 以爲는 여전히 以와 爲를 각각 따로 해석해야 한다(polleyblank, 1995). 以의 목적어는 以 앞에 놓여 '목적어+以爲'가 되거나 생략되어 以爲로 사용된다.

→ 百姓皆以王爲愛也 『孟子·梁惠王上』
백성들이 모두(百姓皆) 왕을(以王) 인색하다고 여기다(爲愛也).

→ 民猶以爲小也 『孟子·梁惠王下』
사람들(民)은 여전히(猶) (그것을) 작다고 생각하다(以爲小也).

→ 君子義以爲上 『論語·陽貨』
군자(君子)는 의로움을(義以) 최상으로 여긴다(爲上).

– [보충, 以爲]

현대 중국어에 동사 以爲(여기다) 다음에는 명사(→ 我以爲機器人 난 로봇인 줄 알았다), 형용사(→ 她自以爲漂亮 그녀는 자신이 예쁘다고 여긴다), 동사구(→ 自以爲搞得不錯 스스로 잘했다고 생각했다 / → 我以爲會進 나는 들어갈 수 있다고 생각해), '주어+동사…'의 절(→ 我本以爲他不來了 나는 본래 그가 오지 않을 줄 알았다 / → 他以爲我是傻瓜 그는 나를 바보로 생각한다), '동사+목적어'의 구(→ 我以爲出了甚麽事 나는 무슨 일이 일어난 줄 알았다) 등의 문형이 올 수 있다.

3-19. 定公問: "君使臣, 臣事君, 如之何?" 孔子對曰: "君使臣以禮, 臣事君以忠."

定公	問:	"君	使	臣,	臣
(인명)정공	(동)묻다(12-10)	(명)군주.임금.왕	(동)일을 시키다. 부리다	(명)신하	(명)신하
정공(定公)이 물었다.		"군주가 신하에게 일을 시키(고)			신하가
事	**君,**	**如之何?"**		**孔子**	**對曰:**
(동)섬기다	(명)군주.임금.왕	(관용구)그것을 어떻게 해야 하는가?(3-3)		(인명)공자	대구하여 말하다
군주를 섬기(는 것은) [여기까지가 주어]		그것을 어떻게 해야 합니까?"		공자가 대구하여 말했다.	
"君	**使**	**臣**	**以**	**禮,**	**臣**
(명)군주.임금.왕	(동)일을 시키다. 부리다	(명)신하	(동)사용하다. 쓰다	(명)예(禮)	(명)신하
"군주가 신하에게 일을 시(킬 때에는) 예(禮)를 사용하(고) [시간긴축복문(11-14)]					신하가
事	**君**	**以**	**忠."**		
(동)섬기다	(명)군주.임금.왕	(동)사용하다. 쓰다	(명)충		
군주를 섬(길 때에는) 충(忠)를 사용합니다." [시간긴축복문(11-14)]					

번역 정공(定公)이 물었다. "군주가 신하에게 일을 시키고, 신하가 군주를 섬기는 것은 어떻게 해야 합니까?" 공자가 대구하여 말했다. "군주가 신하에게 일을 시킬 때에는 예(禮)를 사용하고, 신하가 군주를 섬길 때에는 충(忠)을 사용합니다."

語法과 語彙

定公問 (정공이 묻다)

(인명) 정공은 노나라의 군주였다. 형 소공(昭公)이 삼가(三家)의 대부들의 연합세력에 의하여 추방되어 국외에서 객사한 다음 권신들에 의하여 옹립되어 BC509~BC495까지 15년간 재위하였다. 양공(襄公)의 아들이며 이름은 송(宋)이다. 정공의 재위기간을 공자의 나이로 말하면 43세~57세의 기간이다. 공자가 노나라에서 '대사구'의 자리까지 중용된 것은 모두 이 정공이라는 인물과 관계가 있다. 정공은 여린 성격의 인물이었다. 공자에 대한 애증이 항상 엇갈리는 인물이었다. 누구보다도 공자를 사랑하고 존경하면서도 공자의 말을 실천하기를 두려워하는 분열적 인간상이었다. 우리나라 선조(宣祖)와 비슷한 성격의 인물인 것 같다. 공자가 수상(首相)과도 같은 실권자의 지위에 오른 것도, 또 삼환(三桓)의 무장해제시도나 개혁정치의 단행을 계기로 실각의 고배를 마시고 기약 없는 유랑의 슬픈 여정을 떠나게 된 것도 모두 이 정공이라는 인물이 계기가 된 사건들이었다. (김용옥, 2008)

君使臣 (군주가 신하에게 일을 시키다)

(동사) 일을 시키다. 부리다(=마소 또는 사람을 시켜 일을 하게 하다), 다루다. (使喚 驅使)

→ 故輕法不可以使之 『商君書·外內』
때문에 가벼운 법은 그들을 부릴 수 없다.

君使臣以禮, 臣事君以忠 (군주가 신하에게 일을 시킬 때에는 예(禮)를 사용하고, 신하가 군주를 섬길 때에는 충(忠)을 사용한다)

(동사) 쓰다. 사용하다. 이용하다. 등용하다. 임용하다. (使用, 用)

→ 我辭禮矣, 彼則以之 『左傳·襄公十年』
나는 예에게 작별을 고하는데(=예를 받아들이지 않는데, 辭禮) 그는 그것을(=예를, 以之) 사용한다.

→ 忠不必用兮, 賢不必以 (屈原 『九章·涉江』)
충신이 '꼭 쓰이는 것도 아니(不必用)'고 현명한 사람이 '꼭 쓰이는 것도 아니다(不必以)'.

— [보충과 견해]

3-19에 등장하는 以의 용도에 대한 학자들의 견해는 모두 유사하다. 첫 번째 以에 대한 견해는 전치사 '~으로써'의 용도로 모두 동일하고, 두 번째 以에 대해서는 첫 번째와 동일하게 전치사로 보거나 부사어로 해석하였다.

- "임금은 신하를 예(禮)로써 부리고, 신하는 임금을 충성스럽게 섬기면 됩니다." (김학주, 2017)
- "임금은 신하를 부리기를 예(禮)로써 하고 신하는 임금 섬기기를 진실한 마음으로 해야 합니다." (이기동, 2011)
- "임금은 신하를 부리기를 예(禮)로써 하고, 신하는 임금 섬기기를 충으로써 해야 합니다." (김용옥, 2008)
- "임금은 예(禮)로써 신하를 부리고 신하는 충성으로써 임금을 섬깁니다. (류종목, 2000)
- "군주는 예절에 근거하여 신하를 부리고, 신하는 충심이 가득하게 군주를 섬깁니다. (君主按照禮節使用臣子, 臣子忠心地耿耿侍奉君主)" (陳曉芬, 2016)
- "군주가 신하를 부릴 때는 반드시 예(禮)에 의거해야 하고, 신하가 군주를 섬길 때 반드시 충심이 필요합니다. (君使臣須依着禮, 臣事君須要忠心)" (毛子水, 2009)
- "군주는 마땅히 예(禮)의 의거하여 신하를 부려야 하고, 신하는 마땅히 충심으로 군주를 섬겨야 합니다. (君主應該依禮來使用臣子, 臣子應該忠心地服事君主)" (楊伯峻, 2006)

'君使臣以禮, 臣事君以忠' 문형은 두 개의 단문이 동일한 통사구조를 갖고 있으므로 동일하게 번역되어야 한다. 동일한 통사에서 전치사를 쓰고 하나는 부사어를 사용하지 않았다고 본다. 이 문장은 '시간긴축복문'의 병렬 문장으로 본다.

3-20. 子曰: “「關雎」, 樂而不淫, 哀而不傷.”

子曰:	“「關雎」,		樂	而	不
공자가 말하다	(명)『詩經·國風·周南』의 첫 번째 작품		(동)즐겁게 하다	(접)전환. ‘그러나’(1-1)	(부)동사술어 앞. ‘~하지 않다’(7-14)
공자가 말했다.	“『詩經·國風·周南』의 첫 번째 작품은 [「관저(關雎)」는 화제,topic(1-6)(16-14)]		즐겁게 하지만 넘치지 않(고)		
淫,	**哀**	**而**	**不**	**傷.”**	
(동)넘치다, 지나치다	(형)몹시슬프다 (19-1)[동→사동]	(접)전환. ‘그러나’(1-1)	(부)‘~하지 않다’ (7-14)	(동)상처주다	
	몹시 슬프게 하지만 상처주지 않는다.”				

번역 공자가 말했다. “『詩經』의 「關雎」는 즐겁게 하지만 넘치지 않고 몹시 슬프게 하지만 상처주지 않는다.”

語法과 語彙

樂而不淫 (즐겁게 하지만 넘치지 않다)

(동사) ~를 기쁘게 하다. 기쁨을 느끼다. (使…愉快. 感到高興) [악, lè]

— [보충]

‘즐거워하다(류종목, 2000)’, ‘사람을 즐겁게 하다(使人快樂)(毛子水, 2009)’인 동사로 보았고, 이 책에서 다섯 학자들의 주석서(류종목, 모자수 외)는 모두 형용사(기쁘다, 즐겁다)로 보았다. 이 책을 쓰기 위해 참고하는 몇 권의 고대 중국어사전에서는 동사로 분류하였다.

→ 銜觴賦詩, 以樂其志 (晉·陶渊明『五柳先生傳』)
술을 마시고 시를 지어 그 마음을(or 그의 마음을) 기쁘게 하다.

樂而不淫 (즐겁게 하지만 넘치지 않다)

(접속사) 단어와 단어를 연결시키는데 주로 동사, 형용사, 비교적 적게 명사, 구 , 단문을 연결시키며 ‘전환’을 보여 준다. 연결되는 두 부분의 의미는 상대적이거나 상반된다. ‘그러나, 오히려’ 등으로 번역된다.

— [견해]

대체적으로 ‘A而B’ 구조에서 A와 B는 거의 동일한 등가를 이루는 것처럼 보인다. 즉 ‘동사+而+동사’, ‘형용사+而+형용사’, ‘구+而+구’, ‘단문+而+단문’ 등. 하지만 예(禮)외 사항이 있는지, 있다면 예(禮)외의 정도는 어떠한지 등은 관련 논문 혹은 더 많은 텍스트로 확인해야 한다.

→ 青取之於藍而青於藍 『荀子·勸學』
청색은 그것을 남색에게 가져왔지만 남색보다 푸르다.

→ 志大而智小, 色厲而膽薄 『三國志·魏書·武帝紀』
뜻은 크지만 지혜는 작고 기색은 매섭지만 배짱은 (자신이) 없다.

樂而不淫 (즐겁게 하지만 넘치지 않다)

(동사) 넘치다, 지나치다. (過分, 過度) [음, yín]

→ 不如止淫用 『戰國策·韓策三』
지나치게 사용하는 걸 그만두는 것이 낫다.
(여기서 淫은 부사로 품사활용되었다<지나치게>)

품사의 활용(詞類活用)

1. 한 단어가 모든 품사가 되지 않는다.

다른 언어에서와 마찬가지로 단어들은 한 문법 범주에서 다른 범주로 전환될 수 있다. 명사에서 동사를 파생시키거나 동사에서 명사를 파생시키는 규칙, 또는 자동사에서 타동사를 파생시키거나 타동사에서 형용사나 사역동사를 파생시키는 규칙 등이 있다. 하지만 중국어의 단어들이 아무렇게나 어떤 문법 범주로도 사용될 수 있다는 주장은 사실이 아니다.(polleyblank, 1995)

2. 품사의 문장성분

고대중국어 품사는 상고시기에 이미 그 기초가 완성되었다. 실사(實詞)는 명사, 동사, 형용사, 수사 등으로 분류된다. 어떤 단어가 어떤 품사에 속하는지는 고정되어 있었고, 각 품사가 문장에서 어떤 문장 성분으로 사용되는지도 어느 정도 정해져 있었다. 예를 들어 명사는 주어·목적어·관형어로, 동사는 서술어로, 형용사는 서술어, 관형어, 부사어로, 수사는 관형어로 주로 사용되었다. 이처럼 기본적인 기능은 예나 지금이나 변함이 없다. (學而思 譯, 2016)

3. 품사활용이란

고대중국어 일부 단어들은 당시의 언어 습관에 따라 유연하게 운용될 수 있었고, 기본적인 기능을 문장 내에서 임시로 바꾸어 사용하는 것이 가능했다. 명사를 동사로 썼고, 형용사를 명사로 쓰기도 했다. 이것이 품사의 활용이다. 현대중국어에도 이처럼 활용되는 경우가 있으나 고대중국어만큼 많지 않으며 특히 상고중국어만큼 보편적이지 않다. 고대중국어 품사활용에서 가장 주목해야 할 것은 사동(使動)용법[13]과 의동(意動)용법[14]이다. (學而思 譯, 2016)

4. 품사활용 종류

4.1 명사를 부사이로

→ 朝聞道, 夕死可矣 『論語·里仁』
아침에 도를 들으면 저녁에 죽어도 괜찮다

13 사동(使動)용법은 동사가 목적어에 대해 '그것으로 하여 어떻게 한다'는 뜻으로 목적어가 객관적으로 어떤 행위, 동작을 일으키게 하는 것이다.

14 의동(意動)용법이란 술어동사가 '목적어를 어떻다고 생각하다'의 뜻을 나타내는 것을 가리킨다. 의동(意動)용법은 형용사나 명사의 활용에만 국한되며 동사에는 의동(意動)용법이 없다. 사동용법은 '목적어로 하여금 어떻게 하도록 만드는 것'인 반면에 의동(意動)용법은 '목적어를 어떻다고 생각하다'는 것으로 주관적인 견해를 나타내는 것이지 객관적으로 반드시 꼭 그러한 것은 아니다.

→ 始吾於人也, 聽其言而信其行, 今吾於人也, 聽其言而觀其行 『論語·公冶長』
처음에 나는 사람에 대해서 그의 말을 듣고 그의 행동을 믿었고 지금은 사람에 대해서 그의 말을 듣고 그의 행동을 본다.

→ 蓋世所傳詩者, 多出於古窮人之辭也 (歐陽修『梅聖俞詩集序』)
대체로(蓋:대략 그렇다는 것을 보여준다. 表大概如此) 세상에(世) 전해지는 시는(所傳詩者) 대부분(多) 옛날(古) '뜻을 이루지 못한 사람(窮人:不得志的人)'의 말(之辭)에서(於) 나온 것이다(出…也).

→ 宰予晝寢 『論語·公冶長』
재여가 낮에 잠자다.

→ 未見能見其過而內自訟者 『論語·公冶長』
그의(=자신의) 잘못을 보고 속으로 자신을 탓하는 사람을 본 적이 없다.

4.2 명사를 형용사로

→ 女爲君子儒! 無爲小人儒! 『論語·雍也』
너는 군자 같은 선비가 되어라! 소인 같은 선비가 되지 마라!

→ 文質彬彬, 然後君子 『論語·雍也』
외재적 형식과 실질적 내용이 겸비된 다음에야 군자답다.

4.3 명사를 일반동사로

→ 非能水也, 而絶江河 『荀子·勸學』
수영을 할 수 없지만 큰 강을 건너다.

4.4 명사를 사동용법으로

→ 吾見申叔夫子, 所謂生死而肉骨也 『左傳·襄公二十二年』
나는 신숙(申叔) 선생을 보고 말하자면 죽은 이를 살리게 하고 뼈에 살점이 생기게 했다.

→ 爾欲吳王我乎? 『左傳·定公十年』
당신은 나를 오왕(吳王)이 되게 하도록 만들고 싶은가?

4.5 명사를 의동용법으로

→ 扁鵲過齊, 齊桓公客之 『史記·扁鵲倉公列傳』
편작(扁鵲) 제나라를 지나갈 때 제나라 환공(桓公)이 편작(扁鵲)을 손님으로 여겼다.

→ 生乎吾前, 其聞道也固先乎吾, 吾從而師之 (韓愈『師說』)
내 앞에 태어나 그가 도를 이해한 것이 본래 나보다 앞서니 나는 그를 따르고 그를 스승으로 여긴다.

4.6 동사를 사동(使動)용법으로

→ 其意蓋將死我于囊而獨竊其利也 『中山狼傳』
그의 뜻은 아마도 자루에서 나를 죽이게 하고 혼자 그 이윤을 훔치려는 것일 게다. (死我=使我死, 내가 죽도록 하다)

→ 日中爲市, 致天下之民, 聚天下之貨, 交易而退, 各得其所 『易經·係辭下』
낮 열두 시(日中)에 시장을 열어(爲市) 세상 사람들을 오게 하고(致) 세상의 물건을 모아서 서로 바꾸고 물려 각자가 모두 그가 (원하는) 것을 얻다.

→ 瞻望弗及 ,實勞我心 『詩經·邶風·燕燕』
멀리 보아도(瞻望) 미치지 않으니 정말로 나의 마음을 걱정스럽게 한다.

→ 當是時也, 商君佐之, 內立法度, 務耕織. 修守戰之具. 外連横而鬭諸侯 (漢·賈誼『過秦論』)
이때 상앙(商君:商鞅)은 그를 보좌하면서 안으로는 법과 제도를 만들고, 농경과 방직에 전력하고, 전쟁을 수비하기 위한 기구를 수리 제조하고, 밖으로는 연횡하여 제후들을 싸우게 한다.

4.7 동사를 피동용법으로

→ 道之將廢也與? 命也 『論語・憲問』
道가 버려지고 돌봐지지 않을 것인가는 운명이다.

4.8 동사를 위동(爲動)용법[15]으로

→ 恭移病出, 後復視事, 天陰雨雪 『漢書・劉向傳』
환관 홍공(弘恭)은 병이 나서(=병이 났기 때문에) 이동했는데 나중에 다시 그 일을 보니 하늘이 어두워지고 비가 내리고 눈이 내렸다.

4.9 동사를 부사어로

→ 操軍吏士皆出營立觀 『資治通鑑・漢紀・五十七』
조조(曹操)의 관리 모두 병영을 나와 서서 본다.

→ 不幸短命死矣 『論語・雍也』
불행히도 단명하여 죽었다.

4.10 동사를 형용사로(서술어, 한정어)

→ 雍也仁而不佞 『論語・公冶長』
옹은 인자하지만 말을 잘 못한다.

→ 凡有血气, 皆有争心 『左傳・昭公十年』
일반적으로 혈기가 있는 것은 모두 싸우려는 마음이 있다.

4.11 동사를 명사로

→ 敏而好學, 不恥下問 『論語・公冶長』
똑똑하고 게다가 배우는 것을 좋아하고 자신보다 지위가 낮은 사람에게 묻는 것을 부끄러워하지 않았다.

→ 伯夷叔齊不念舊惡 『論語・公冶長』
백이, 숙제는 이전의 증오[wù]를 생각하지 않는다.

4.12 동사구를 명사구로

→ 巧言、令色、足恭, 左丘明恥之 『論語・公冶長』
교묘한 말, 좋은 표정, 지나친 겸손으로 아첨하는 것, 좌구명은 그것을 부끄러워했고 공자 역시 그것을 부끄러워하다.

4.13 동사를 접속사로

→ 譬如爲山, 未成一簣, 止, 吾止也 『論語・子罕』
예를 들어 산을 만들 때 한 삼태기를 완성하지 못하여 그만둔다면 그건 내가 그만두는 것이다.

→ 譬如北辰 『論語・爲政』
비유하면 북극성과 같다.

→ 譬如使豺狼逐群羊也 『左傳・襄公三十一年』
비유하면 '승냥이와 이리(豺狼)'가 '양 무리(群羊)'를 쫓게 하는(逐) 것과 같다.

---

15 위동(爲動 wèi)용법 : 주어가 목적어 때문에, 목적어를 위하여 또는 목적어를 향하여 동사가 보여주는 동작을 실행하는 것이다. 즉 목적어는 동작의 대상이 아니고, 동작의 주체도 아니고 바로 동작의 원인, 목적, 대상이 된다.

— [견해]

고대중국어에서 '비여(譬如)'는 주로 동사로 쓰이는데(상기 예문 참조) 본문의 문장을 동사로 보는 경우 譬如爲山, 未成一簣, 止 문장은 '비유하면 산을 만들 때 한 삼태기를 이루지 못해 멈추면 내가 멈추는 것과 같다'가 되고, '접속사(예를 들어, 예컨대, 가령, 비유하면…)'로 볼 경우에 의미는 '예를 들어 산을 만들 때 한 삼태기를 이루지 못해 멈춘다면 내가 멈추는 것이다'가 된다. 의미의 관점에서 보면 후자가 더 자연스럽다고 생각한다. 만약 이것이 용인된다면 이것은 '동사'를 '접속사'로 '품사활용'했다고 볼 수 있을 것이다.

4.14 동사를 전치사로

→ 回也, 視予猶父也, 予不得視猶子也 『論語・先進』
안연은 나를 아버지같이 대했지만, 나는 아들같이 안연을 대할 수 없다.

4.15 형용사를 일반동사로

→ 上官大夫短屈原於頃襄王 『史記・屈原列傳』
대부(관직 이름)인 상관(上官:姓)은 경양왕(頃襄王)에게 굴원을 험담했다.

→ 欲居之以爲利而高其值, 亦無售者 『促織』 (일반동사)
거기에 있으려고 하면서 이윤을 도모하고 그 가격을 올리면 사는 사람이 없다.

4.16 형용사를 동사로 사동용법으로

→ 强本而節用, 則天不能貧 『荀子・天倫』
근본을 강화하고 절약하면 하늘은 (사람을, 나라를…) 가난하게 할 수 없다.

→ 博我以文 『論語・子罕』
(문)文으로 나를 풍부하게 하다.

4.17 형용사를 동사로 의동용법으로

→ 吾妻之美我者, 私我也, 妾之美我者, 畏我也 『戰國策・齊策』
내 처가 나를 멋있다고 여기는 것은 나를 사랑하기 때문이고, 첩이 나를 멋있다고 여기는 것은 나를 두려워하기 때문이다.

→ 何賢乎季子? 讓國也 『公羊傳・襄公二十九年』
왜 계자(季子)를 현명하게 여기는가? 왕의 자리를 사양했다.

→ 齊君弱吾君, 歸弗來矣 『左傳・昭公十二年』
제나라 왕은 우리 왕을 약하게 여기니 돌아가서는 오지 않을 것이다.

4.18 형용사를 동사로 위동용법으로

→ 諸侯之驕我者, 吾不爲臣; 大夫之驕我者, 吾不復見 『荀子・大略』
제후가 나에게 거만하게 구는 것은 내가 신하가 아니기 때문이고 대부가 나에게 거만하게 구는 것은 내가 다시는 보지 않을 것이기 때문이다. [驕我 = 向(我)顯示驕傲 나에게 거만함을 보여주다]

4.19 형용사를 명사로

→ 將軍身被堅執銳 『史記・陳涉世家』
장군이 몸에 갑옷을 입고 무기를 들다.

→ 仁者先難而後獲 『論語・雍也』
인(仁)이란 것은 곤란함을 우선으로 하고, 성과를 나중으로 한다.

4.20 형용사를 부사로

→ 不幸短命死矣　『論語·雍也』
불행하게 단명하여 죽었다.

4.21 수사를 동사로

→ 夫金鼓旌旗者, 所以一人之耳目　『孫子兵法·軍政』
징, 북, 깃발은 사람의 눈과 귀를 통일시키기 위해 사용하는 것이다.

4.22 대명사를 동사로

→ 見公卿不爲禮, 無貴賤, 皆汝之　『隋書·楊伯丑傳』
삼공구경(三公九卿:높은 관리)을 보고도 예를 행하지 않고 귀천을 구분하지 않고 그들을 모두 '여(汝)'라 했다.

4.23 대명사를 부사로

→ 自經於溝瀆而莫之知　『論語·憲問』
스스로 도랑에서 목매달아 죽은 다음 아무도 그 사실을 모르다.

— [견해]

'스스로'의 의미로 대명사(자기 자신, 自己)가 부사(스스로, 自己)로 품사활용된 것으로 본다.

4.24 어기사를 동사로

→ 秦王與群臣相視而嘻　『史記·廉頗藺相如列傳』
진나라 왕과 여러 신하가 서로 보며 놀랍고 화나는 소리를 내다.

4.25 전치사를 동사로

→ 古之學者爲己, 今之學者爲人　『論語·憲問』
옛날의 공부는 자신을 위하고 지금의 공부는 타인을 위한다.

5. 품사의 판별

단어가 다른 품사로 활용되었는지의 여부를 판단하기 위해서는 해당 단어가 문장 내에서 차지하는 위치, 앞뒤로 결합하는 단어의 품사, 단어들 간의 통사 관계, 문법적 특징 등을 주로 살펴보아야 한다. 고서를 읽을 때에는 품사 활용에 대해 보다 유연한 접근이 필요하다. 각 품사의 문법적 특징에 근거하고, 앞뒤 문맥의 의미와 연관 지어 판단해야 한다. 품사의 활용이란 본래 어떤 하나의 품사에 속하던 단어가 문장 내에서 임시로 다른 품사의 성질을 지니게 되었음을 의미하는 것일 뿐, 이 단어가 두 가지 품사에 속한다는 뜻이 아니다. (學而思 譯, 2016)

3-21. 哀公問社於宰我. 宰我對曰: "夏后氏以松, 殷人以栢, 周人以栗, 曰使民戰栗." 子聞之曰: "成事不說, 遂事不諫, 旣往不咎."

哀公	問	社	於	宰我.	宰我
(인명)애공(2-19)	(동)問A於B:묻다 (12-10)	(명)토지신의 신주	(전)동작발생대상. '~에게'(2-5)	(인명)재아	(인명)재아
애공(哀公)이 토지신의 신주에 대해서 재아(宰我)에게 물었다. [問A於B:A에 대해 묻다 B에게(12-10)]					재아가
對曰:	**"夏后氏**	**以**	**松,**	**殷人**	**以**
(동)대구하여 말하다	(인명)하왕조	(동)사용하다(3-19)	(명)소나무	(명)은나라 사람	(동)사용하다(3-19)
대구하여 말했다.	"하왕조는 소나무를 사용했(고)			은나라 사람은 측백나무를 사용했(으며)	
柏(=栢),	**周人**	**以**	**栗,**	**曰**	**使**
(명)측백나무	(명)주나라 사람	(동)사용하다(3-19)	(명)밤나무	(판단동사)~이다	(동)~하게 하다 (2-20)
	주나라 사람은 밤나무를 사용(한 것은) [여기까지 주어]			백성을 벌벌 떨게 하려는 것이었습니다."	
民	**戰栗."**	**子**	**聞**	**之**	**曰:**
(명)서민·평민·백성·민중(15-25)	(동)벌벌 떨다. 전율하다	(인명)공자	(동)듣다	(대)재지시. '그것,그사람,그곳' (2-1)	(동)말하다
		공자가 그것을 듣고 말했다.			
"成事	**不說,**	**遂事**	**不諫,**	**旣往**	**不咎."**
(명)이미 이루어진 일	(동)말하지 않다	(명)이미 끝난 일	(동)간언하지 않다	(명)이미 지난 일	(동)나무라지 않다. 원망하지 않다
"이미 이루어진 일은 말하지 않(고)		이미 끝난 일은 간언하지 않(으며)		이미 지난 일은 원망하지 않는다."	

번역 애공(哀公)이 토지신의 신주에 대해서 재아(宰我)에게 물었다. 재아가 대구하여 말했다. "하왕조는 소나무를 사용했고, 은나라 사람은 측백나무를 사용했으며, 주나라 사람이 밤나무를 사용한 것은 백성을 벌벌 떨게 하려는 것이었습니다." 공자가 그 말을 듣고 말했다. "이미 이루어진 일은 말하지 않고, 이미 끝난 일은 간언하지 않으며, 이미 지난 일은 원망하지 않는다."

語法과 語彙

哀公問社於宰我 (애공(哀公)이 토지신의 신주에 대해서 재아(宰我)에게 묻다)

(명사) 사(社)는 토지신(土地神)으로 여기서는 사주(社主)로써 토지신의 신주(神主:죽은 사람의 위패)를 가리킨다.

哀公問社於宰我 (애공(哀公)이 토지신의 신주에 대해서 재아(宰我)에게 묻다)

(인명) 자(字)가 자아(子我)이고 여(予)는 그의 이름이다. 재여(宰予)로도 불린다. 공자의 말년 어린 제사들보다는 한 급 중후한 위치를 차지한 인물이었으며, 공자말년 학단에 있어서도 매우 중요한 위치를 차지한 문제아였다. 그가 자공과 함께 사과십철(四科十哲)의 한 명으로 꼽힌 것은 그의 위치가 결코 가벼운 것이 아니었음을 입증한다. 재아는

자공과 함께 언변의 천재로 꼽히는 인물이었다(言語, 宰我子貢 「선진(先進)」). 재아는 말을 잘했을 뿐만 아니라 머리가 몹시 좋고 영악한 인물이었다. 그는 사태의 추이를 앞질러 파악하는 능력이 있었으나 말이 빠르고 실천력이 부족했다. 영리한 만큼 그는 나태했다. 그 유명한 '재여주침(宰予晝寢)'의 고사(5-9)도 여러 가지 학설이 난무하지만 결국 그의 나태함이 준엄하게 지적되는 장면으로 해석되어야 할 것이다. (김용옥, 2008)

夏后氏以松 (하왕조가 소나무를 사용하다)

(인명) 우왕이 순임금의 왕위를 물려받아 세운 하왕조를 가리킨다. 하후씨(夏后氏)라고 부른다. 하씨(夏氏), 하후(夏后)라고 부르기도 한다. (指禹受舜禪而建立的夏王朝. 稱夏后氏. 亦稱「夏氏」、「夏后」)

夏后氏以松, 殷人以栢, 周人以栗, 曰使民戰栗 (하왕조는 소나무를 사용했고, 은나라 사람은 측백나무를 사용했으며, 주나라 사람이 밤나무를 사용한 것은 백성을 벌벌 떨게 하려는 것이다)

(동) ~이다. (爲, 是)

→ 一曰水, 二曰火, 三曰木 ,四曰金, 五曰土 『尙書·洪範』
1은 물이고 2는 불이고 3은 나무고 4는 금이고 5는 흙이다.

成事不說 (이미 이루어진 일은 말하지 않다)

(명사) 이미 이루어진 일. (已成之事)

→ 愚者闇(=暗)於成事, 知者見於未萌 『史記·商君列傳』
어리석은 사람은 이루어진 일도 못 보고, 지혜로운 사람은 일이 일어나기 이전을 본다.

遂事不諫 (이미 끝난 일은 간언하지 않다)

(명사) 예전의 일, 이미 끝난 일. (往事 ; 已經完成的事)

→ 攬掇遂事之蹤, 追觀往古之迹 『淮南子·要略』
이미 끝난 일의 종적을 채집하고 고대의 흔적을 좇으며 보다.

既往不咎 (이미 지난 일은 원망하지 않다)

(동사) 나무라다. 원망하다. (責備, 抱怨) [구, jiù]

→ 或咎其欲出者 (宋·王安石『游褒禪山記』)
어떤 사람이 그 나오려고 하는 사람을 '나무라다/원망하다.'

3-22. 子曰: “管仲之器小哉!” 或曰: “管仲儉乎?” 曰: “管氏有三歸, 官事不攝, 焉得儉?” “然則管仲知禮乎?” 曰: “邦君樹塞門, 管氏亦樹塞門. 邦君爲兩君之好有反坫, 管氏亦有反坫. 管氏而知禮, 孰不知禮?”

子曰:	“管仲	之	器	小	哉!”
공자가 말하다	(인명)관중	(조사)수식,종속관계.~의'(3-2)	(명사)도량	(형)작다	(어기)감탄(3-4)
공자가 말했다. “관중(管仲)의 도량이 작구나!”					
或	曰:	“管仲	儉	乎?”	(子)曰:
(대)어떤사람(2-21)	(동)말하다	(인명)관중	(형)검소하다(1-10)	(어기)의문(2-7)	(동)말하다
어떤 사람이 말했다.		“관중은 검소했습니까?”			(공자가) 말했다.
“管氏	有	三歸,	官事	不攝,	焉
(인명)관중	(동)있다	(동)세 성씨의 여자와 결혼하다[동→명]	(명)공적인 일, 공사	(동)겸임하지 않다	(부사)반문. ‘어떻게’(2-10)
관씨(=관중)은 세 성씨의 여자와 결혼이 있(었고) [삼귀(三歸)는 ‘동사에서 명사로 품사활용’]			공적인 일을 겸임하지 않았(는데)		어떻게
得	儉?”	“然則	管仲	知	禮
(조동사)焉得..? (반문)	검소하다	(접)그렇다면 (의문문)	(명)관중	(동)알다	(명)예(禮)
검소할 수 있었겠는가?”		“그렇다면 관중은 예(禮)를 알았습니까?”			
乎?”	(子)曰:	“邦君	樹	塞門,	管氏
(어기)의문(2-7)	(동)말하다	(명)고대 제후국의 군주	(동)세우다. 건립하다	(명)가림벽	(인명)관중
	(공자가) 말했다.	“제후국 군주가 가림벽을 세우(면) [조건가정절(1-1)]			관중
亦	樹	塞門.	邦君	爲	兩
(부)역시	(동)세우다. 건립하다	(명)가림벽	(명)고대 제후국의 군주	(전)~을 위하여	(수사)둘.이.2
역시 가림벽을 세웠다.			제후국 군주가 두		
君	之	好	有	反坫,	管氏
(명)제왕.왕.임금(15-38)	(조사)수식,종속관계.~의'(3-2)	(명)우호	(동)구비하다. 소유하다	(명)술잔을 엎어놓는 잔대	(인명)관중
왕의 우호를 위해서 술잔을 엎어놓는 잔대를 구비하(면) [조건가정절(1-1)]					관중
亦	有	反坫.	管氏	而	知
(부)역시	(동)구비하다. 소유하다	(명)술잔을 엎어놓는 잔대	(인명)관중	(접)주어+而+서술어(1-17)	(동)알다
역시 술잔을 엎어놓는 잔대를 구비했다.			관중이 예를 안(다면) [조건가정절(1-1)]		
禮,	孰	不知	禮?”		
(명)예(禮)	(의.대)누가, 무엇이(3-1)	(동)모른다	(명)예(禮)		
누가 예(禮)를 모르겠는가?”					

번역 공자가 말했다. “관중(管仲)의 도량이 작구나!” 어떤 사람이 말했다. “관중은 검소했습니까?” 공자가 말했다. “관중은 세 성씨의 여자와 결혼이 있었고, 공적인 일을 겸임하지 않았는데 어떻게 검소할 수 있었겠는가?” “그렇다면 관중은 예(禮)를 알았습니까?” 공자가 말했다. “제후국 군주가 가림벽을 세우면 관중 역시 가림벽을 세웠다. 제후국 군주가 두 왕의 우호를 위해서 술잔을 엎어놓는 잔대를 구비하면 관중 역시 술잔을 엎어놓는 잔대를 구비하였다. 관중이 예(禮)를 안다면 누가 예(禮)를 모르겠는가?”

語法과 語彙

管仲之器小哉! (관중은 도량이 작구나!)

(인명) 관중(管仲, ?~BC654)은 우리에게 관포지교(管鮑之交)의 주인공으로 친숙한 인물이다. 어릴 때부터 친구인 포숙아(鮑叔牙)의 헌신적인 천거로 제환공(齊桓公)을 보좌하여 환공을 천하의 패자로 만든 대지략가이다. (김용옥, 2008)

管仲之器小哉! (관중은 도량이 작구나!)

(명사) 도량(= 사물을 너그럽게 용납하여 처리할 수 있는 넓은 마음과 깊은 생각). (器量, 度量)

→ 孔子鄙其小器 (司馬光『訓儉示康』)
공자는 그가 도량이 작아서 부시한나.

→ 及其使人也, 器之 『論語·子路』
그러나(及) 그가(=군자)가 사람을 부릴 때는 그를(=사람) 잰다(or 도량을 잰다).

管氏有三歸 (관중이 세 성씨의 여자와 결혼이 있다)

(명사) 몇 가지 견해가 있다.

1. 세 성씨의 여자와 결혼하다(娶三姓女子), 세 가정(三處家庭). 『한어대자전』에서 예문으로 여기 나오는 팔일(八佾)의 문구를 거론하였다.

→ 三歸, 娶三姓女也. 婦人謂嫁曰歸 (何晏集解引包咸曰)
삼귀(三歸)는 세 성씨의 여자와 결혼하는 것이다. 성년의 여자가 가(嫁:시집가다)로 불리면 귀(歸)라고 말했다.

→ 管仲身在陪臣而取三歸 『漢書·地理志下』
관중 자신(身)은 제후의 경대부(陪臣)에 있었고 세 성씨의 여자와 결혼했다.

2. 지명으로 관중의 채읍(地名. 指管仲之‘采邑(고대 봉건 제후의 봉토(封土). 영지(領地)
3. 넓고 편평한 것(무대)의 이름. (臺名)
4. 관례에 따라 국가나 공공기관에 납부하는 물품세. (指按常例繳納給公家的市租)

— [견해]
‘有三歸’ 또는 ‘取三歸’를 같은 동사구 ‘세 번 결혼하다’라고 보아도 무방하다고 본다.

官事不攝, 焉得儉? (공적인 일을 겸임하지 않는데 어떻게 검소할 수 있겠는가?)

(명사) 관청의 일, 공적인 일. (官府的事; 公事)

官事不攝, 焉得儉? (공적인 일을 겸임하지 않는데 어떻게 검소할 수 있겠는가?)

(동사) 겸직하다. 겸임하여 처리하다. (兼任, 兼理)

→ 羊舌鮒攝兼司馬 『左傳·昭公十三年』
양설부(羊舌鮒)는 관직 사마(司馬)를 겸직한다.

焉得儉? (어떻게 검소할 수 있겠는가?)

(조동사) 의문사 '安', '焉', '何', '那' 등과 함께 쓰여 반문을 만들어 제시되는 서술어가 불가능하다는 것을 보여 준다. '어떻게 ~할 수 있는가?' 등으로 해석된다.

→ 是焉得爲大丈夫乎? 『孟子·藤文公下』
이것을 어떻게 대장부라고 부를 수 있겠는가?

然則管仲知禮乎? (그렇다면 관중은 예(禮)를 아는가?)

(접속사) 문장과 문장을 연결시켜준다. 앞의 말을 잇는 순접의 관계를 보여 준다. '그렇다면' 등으로 해석된다. 然則에 이어지는 부분이 의문문인 경우가 있다.

→ 子曰: "書不盡言, 言不盡意" "然則聖人之意, 其不可見乎?" 『周易·係辭上』
선생이 말했다. "책은 말을 다 전달할 수 없고, 말은 뜻을 다 전달할 수 없다." "그렇다면 성인의 뜻, 그것은 볼 수 없는 것인가요?"

邦君樹塞門 (고대 제후국의 군주가 가림벽을 세우다)

(명사) 고대 제후국의 군주. (古代指諸侯國君主)

邦君樹塞門 (고대 제후국의 군주가 가림벽을 세우다)

(동사) 세우다, 건립하다. (建立, 竪立)

→ 樹幟曰謝莊團練馮 (徐珂『青稗類鈔·馮婉真』)
깃발을 세워 사장단연빙(謝莊團練馮)이라고 말했다.

邦君樹塞門 (고대 제후국의 군주가 가림벽을 세우다)

(명사)병풍, 문병(門屛:옛날, 밖에서 대문 안이 들여다보이지 않도록 대문을 가린 벽). (屛, 影壁)

管氏亦樹塞門 (관중 역시 가림벽을 세우다)

(부사) 사람과 사람, 사물과 사물 사이에서의 유사한 관계를 보여 준다. '역시'로 번역될 수 있다.

→ 其人舍然大喜, 曉之者亦舍然大喜 『列子·天端』
그 사람은 의문과 염려가 풀려 크게 기뻐하고 그것을 알게 된 사람 역시 의문과 염려가 풀려 크게 기뻐하다.

邦君<u>爲</u>兩君之好, 有反坫 (고대 제후국의 군주가 두 왕의 우호를 위하여 반점(反坫)을 구비하다)

(전치사) 동작, 행위의 목적을 소개한다. '~을 위하여'로 해석될 수 있다. [위, wèi]

→ 天下熙熙, 皆<u>爲</u>利來 ; 天下攘攘, 皆爲利往 『史記·貨殖列傳』
세상이 어지러운(熙熙:紛紜) 것은 모두 이익을 위해서 오고 세상이 '뒤섞여 어지러운(攘攘:紛亂)' 것은 모두 이익을 위해서 온다.

→ 始知文章合爲時而著, 歌詩合爲事而作 (唐·白居易『與元九書』)
문장(文章)은 마땅히(合) 시대를 위하여(爲時而) 지어(著)야 하고, 시가(歌詩)는 마땅히(合) 세상일을 위하여(爲事而) 지어(作)야 한다는 걸 '비로소 안다(始知).'

邦君爲兩君之好, <u>有</u>反坫 (고대 제후국의 군주가 두 왕의 우호를 위하여 반점(反坫)을 구비하다)

(동사) 구비하다. 가지다. 소유하다. (具有 ; 專有 ; 擁有)

邦君爲兩君之好, 有<u>反坫</u> (고대 제후국의 군주가 두 왕의 우호를 위하여 반점(反坫)을 구비하다)

(명사) 술잔을 엎어 놓는 잔대로 흙으로 만들어진 편평한 물건. 서로 술잔을 들어 공손하게 술을 권한 후 빈 술잔을 점(坫) 위에 다시 갖다 놓는 것으로 주나라 시대 제후들이 연회를 할 때의 예절의 한 종류이다. (土築的平臺. 互相敬酒後, 把空酒杯放還在坫上, 爲周代諸侯宴會時的一種禮節)

3-23. 子語魯大師樂曰: "樂其可知也.始作, 翕如也, 從之, 純如也, 皦如也, 繹如也, 以成."

子	語	魯	大師	樂	曰:
(인명)공자	(동)알려주다[yù]	(지명)노나라	(명)악관의 長	(명)음악	(동)말하다
공자가 노(魯)나라 악관의 우두머리에게 음악을 알려주며 말했다.					
"樂	**其**	**可**	**知**	**也.**	**始**
(명)음악	(부사)곧~하다	(조동)가능. '~할 수 있다'(1-11)	(동)알다	(어기)진술강조 (2-17)	(부)처음
"음악은 곧 알 수 있습니다.					처음
作,	**翕**	**如**	**也;**	**從**	**之,**
(동)시작하다	(동)모으다. 모아지다	(조)상태기술. 형·부·동+如	(어기)병렬관계	(동)따라가다. 따르다	(대)재지시(2-1)
시작할 (때에는) [시간절]	모아지고			그것을 따라가서	
純	**如**	**也,**	**皦**	**如**	**也,**
(동)잘어울리다. 조화하다	(조)상태기술. 형·부·동+如	(어기)병렬관계	(형)분명하다. 뚜렷하다	(조)상태기술. 형·부·동+如	(어기)병렬관계
잘 어울리고			분명해지고		
繹	**如**	**也,**	**以(之)**	**成."**	
(동)연속하여 끊어지지 않다	(조사)사물, 동작 상태	(어기)병렬관계	(전)~으로(1-6)	(동)완성되다. 완성하다	
끊이지 않고			그것으로 완성됩니다."		

번역 공자가 노(魯)나라 악관의 우두머리에게 음악을 알려주며 말했다. "음악은 곧 알 수 있습니다. 처음 시작할 때에는 모아지고, 그것을 따라가서 잘 어울리고, 분명해지고 끊이지 않고 그것으로 완성됩니다."

語法과 語彙

子語魯大師樂 (공자가 노(魯)나라 악관의 우두머리에게 음악을 알려주다)

1. (동사) 알려주다. (告訴) [yù]

→ 居, 吾語汝 『論語·陽貨』
앉아라! 내가 '너에게 알려주(語汝)'겠다!

2. 말하다, 혼잣말하다, 다른 사람과 말하다. (說, 談論, 談話, 自言, 與人談論) [yǔ]

→ 食不語, 寢不言 『論語·鄕黨』
밥 먹을 때 말하지 않고 잠들 때 말하지 않다.

— **[보충과 견해]**

子語魯大師樂 이 문장에서 '어(語)'는 '간접목적어와 직접목적어'를 취하는 '수여동사'로 쓰였다. 한편 語(알려주다, 말하다) 다음에 사람이 나와서 '語A'가 되면 'A에게 말하다/A에게 알려주다'의 의미를 갖는다.

子語魯大師樂 (공자가 노(魯)나라 악관의 우두머리에게 음악을 알려주다)

1. (명사) 고대 벼슬이름으로 악관의 우두머리로 大는 太와 같다. (古代官名, 樂官之長, 大同太)[(18-9) 참조]

→ 大師, 樂官之長. 大讀太 -'楊倞(唐나라 시대 인물)'注-
대사(大師)는 악관의 우두머리(樂官之長)이고 대(大)는 태(太)로 읽는다.

2. (명사) 학자나 전문가에 대한 존칭. (學者、專家的尊稱)

樂其可知也 (음악은 곧 알 수 있다)

(부사) 서술어 앞에 쓰여 동작이나 상황이 곧 출현하거나 발생한다는 것을 보여 준다. '~곧 ~하다, 곧 ~할 것이다' 등으로 번역될 수 있다. (將要, 就要)

→ 今殷其淪喪 『尚書·微子』
지금의 은나라는 곧 멸망할 것이다.

→ 教訓不善, 政事其不治 『管子·小匡』
교육이 좋지 않으면 정사는 다스려지지 않을 것이다.

— [견해]

기(其)에 대한 쓰임이 많다. 이 문장에 나오는 기(其)에 대하여 분명하게 의견을 제시한 학자는 류종목 선생이 유일하다. 선생은 기(其)의 용도를 '음절을 조정하고 어세를 강하게 하는 어기조사'로 보았다. 그리고 예문으로 '위정'에 나오는 '是亦爲政, 奚其爲爲政?(이것 역시 정치를 하는 것이지 어떻게 하는 것이 정치를 하는 것입니까?)(2-21)' 문구를 예로 제시했다(이 문구에 대해서 본인은 '奚其爲爲政?(왜 정치를 하라고 말하는 것인가?)'의 '奚其'에 대해서 '복합허사'라고 보았다). 류종목 선생 이외 양백준 선생이 '그것(那)'으로 주석하였고 다른 학자들은 특별한 언급이 없는 것 같다. 고대중국어 여러 허사 사전에 '기(其)'를 '어기사(語氣詞)'로 분류한 곳은 거의 없어 보이고, 한 가지 언급한 용도는 문장 안 어떤 수식어 다음과 중심 서술어 앞에 쓰여서 '조사(語中助詞)'가 되는 것이다[수식어(형용사, 동사)+其+중심서술어 → 路曼曼其修遠兮, 吾將上下而求索『戰國策·屈原·離騷』길이 천천히(曼曼:漫漫) 멀어지는구나. 나는 위아래로 가서(上下) 찾을 것이다(求索)(9-31참조)]. 허사 사전에 기재한 조사의 용도에서 이 문장에 적합한 항목은 없는 것 같고, 대신 부사의 용도로 볼 때는 가능할 수 있다고 보았다. 부사 용도로는 '가까운 미래 발생(곧…)', '추측(어쩌면, 아마도)', '반문(어떻게)' 등이 있는데 여기서는 '가까운 미래 발생'으로 보았다.

始作, 翕如也 (처음 시작할 때에는 모아진다)

(부사) 동사 서술어 앞이나 문두에 사용하여 시작하는 시점을 보여 준다. '처음에는, 처음으로, 맨 먼저' 등으로 해석될 수 있다.

→ 始聞其語, 今見其真 『韓愈·賀羽表』
처음에는 그의 말을 듣고 지금은 그의 '본성/본질'을 본다.

→ 桃始華 『禮記·月令』
복숭아는 처음에는 꽃이 핀다.

始作, 翕如也 (처음 시작할 때에는 모아진다)

(동사) 시작하다. (開始)

→ 天下大事, 必作於纖 『老子·六十三章』
천하의 큰일은 반드시 작은 것에서 시작한다.

始作, 翕如也 (처음 시작할 때에는 모아진다)

(동사) 모으다, 모아지다. (合, 聚)

始作, 翕如也 (처음 시작할 때에는 모아진다)

(조사) 형용사, 부사 다음에 쓰이거나 동사 다음에 쓰이는 경우도 있다. 사물이나 동작의 상태를 보여 준다. 'A如'의 형식으로 볼 때 'A의 모습이다, A같다' 등으로 번역되거나 앞뒤 문맥에 따라서 유통성있게 번역하면 된다.

→ 朝, 與下大夫言, 侃侃如也, 與上大夫言, 誾誾如也 『論語·鄉黨』
조정에서 하대부와 말할 때는 '화목하고 즐거웠고(侃侃:和樂貌)' 상대부와 말할 때는 '유쾌하고 시비를 판단할 수 있는 모습(誾誾:說話和悅而又能辯明是非之貌)'이다.

→ 孔子三月無君, 則皇皇如也, 出疆必載質 『孟子·藤文公下』
공자는 삼 개월 동안 왕이 없으면 불안해하고 국경을 나갈 때는 반드시 처음 보는 윗사람에게 줄 선물을 싣는다.

始作, 翕如也; 從之 (처음 시작할 때에는 모아지고, 그것을 따라간다)

(동사) 뒤따르다, 따르다, 따라가다. (跟隨)

→ 先行, 其言而後從之 『論語·爲政』
먼저 실행하(先行)고 그의 말이(其言而) 뒤에(後) 따라가다(從之).

純如也, 皦如也, 繹如也 (잘 어울리고, 분명해지고 끊이지 않는다)

(어기사) 병렬의 문장 성분 다음에 쓰여 구두법에서(=문장 부호를 쓰는 방법에서) 멈춤, 상호 관계의 병렬관계가 있다는 것을 보여 준다.

→ 野馬也, 塵埃也, 生物之以息相吹也 『莊子·逍遥游』
들판에서 뿜어 나오는 아지랑이(野外蒸騰的水氣)와 흩날리는 먼지(飛揚的灰土), (이것은) 생물이 호흡을 연이어서 뿜어내는 것이다. (호흡을 뿜어내어 만들어진 것이다)

→ 天地之道, 博也, 厚也, 高也, 明也, 悠也, 久(也) 『禮記·中庸』
천지의 도는 광범위하고, 두텁고, 높고, 밝고, 아득하고, 오래 되었다.

純如也, 皦如也, 繹如也 (잘 어울리고, 분명해지고 끊이지 않는다)

(형용사) (배합·가락 따위가) 잘 어울리다. 조화하다. (和諧)

純如也, 皦如也, 繹如也 (잘 어울리고, 분명해지고 끊이지 않는다)

(형용사) 분명하다, 뚜렷하다. (分明, 清晰)

純如也, 皦如也, 繹如也 (잘 어울리고, 분명해지고 끊이지 않는다)

(동사) 연속하여 끊어지지 않다. (連續不斷)

純如也, 皦如也, 繹如也, 以成 (잘 어울리고, 분명해지고 끊이지 않고 그것으로 완성되다)

(전치사) 목적어 之가 생략된 대용어(代用語). 以 뒤의 목적어 대명사 '之'는 언제나 생략되며, 이때 以는 본동사 앞에 위치한다.

→ 行有餘力, 則以學文 『論語·學而』
행위가 여력이 있으면 그 여력으로 글을 배우다.

→ 時子因陳子而以告孟子 『孟子·公孫丑章句下』
時子는 陳子를 통하여 이것을 맹자에게 알리게 했다.

→ 無求生以害仁, 有殺身以威仁 『論語·衛靈公』
자신의 삶을 추구하는 것, 이것으로 인을 해치는 일은 없고 자신을 죽이는 것, 이것으로 인을 이루는 일은 있다.

3-24. 儀封人請見曰: "君子之至於斯也, 吾未嘗不得見也." 從者見之. 出曰: "二三子何患於喪乎? 天下之無道也久矣, 天將以夫子爲木鐸."

儀	封人	請	見(孔子)	曰:	"君子
(지명)의.위(衛)나라 읍(邑)이름	(명)국경 관리 공무원(官員)	(동)청하다. 부탁하다	(동)보다.만나다	(동)말하다	(명)군자(君子)(11-1)
위(衛)나라 의읍(儀邑)의 국경 관리가 (공자를) 만나길 부탁하며 말했다.					"군자가
之	**至**	**於**	**斯**	**也,**	**吾**
(접)주어+之+서술어(1-10)	(동)오다.도착하다	(전)동작의 도달장소(1-10)	(대)목적어.'이…'(3-11)	(어기)멈춤. 완만(3-1)	(대)나,우리 '주어,한정어…'(13-18)
이곳에 오(면)…					나는
未嘗	**不得**	**見**	**也."**	**從者**	**見**
(관용) ~한 적이 없었다	(조)~할 수 없다	(동)보다.만나다	(어기) 진술강조(2-17)	(명)수행원	(동)보다.만나다
만날 수 없었던 적이 없었습니다."				수행원이 그를 (선생님께) 보여주었다. [從者見之 통사 설명 아래]	
之(夫子).	**(封人)出曰:**	**"二三子**	**何**	**患**	**於**
(대)재지시. '그것,그사람,그곳'(2-1)	(동)나오며 말하다	(명)제군.너희들. 몇 명.여러분	(대)왜	(동)걱정하다	(전)~에 대해
	(국경관리인이) 나오며 말했다.	"여러분은 왜 잃는 것에 대해 걱정합니까?			
喪	**乎?**	**天下**	**之**	**舞道**	**也**
(동)잃다 [동사→명사]	(어기)의문(2-7)	(명)천하	(조사) 수식,종속관계. '~의'(3-2)	(동.명)도가 없다. 무도(無道)	(어기)주어+也. 어기멈춤(1-2)
		천하의 무도(無道)가			
久	**矣,**	**天**	**將**	**以**	**夫子**
(형)오래되다	(어기)문미. '이미 그렇다'(3-24)	(명)하늘	(부사)주어가 ~할 것이다	(전)동작직접대상. '~를'(5-1)	(명)선생님(=공자)
이미 오래되었(으니)		하늘이 장차 선생님을			
爲	**木鐸."**				
(동) ~로 삼다·여기다)	(명)교화를 널리 퍼뜨리는 사람				
교화를 널리 퍼뜨리는 사람(=木鐸)으로 삼으실 겁니다."					

번역 위(衛)나라 의읍(儀邑)의 국경 관리가 공자를 만나길 부탁하며 말했다. "군자가 이곳에 오면 나는 만날 수 없었던 적이 없었습니다." 수행원이 그를 선생님께 보여주었다. 국경 관리가 나오며 말했다. "여러분은 왜 잃는 것에 대해서 걱정합니까? 천하의 무도(無道)가 이미 오래 되었으니 하늘이 장차 선생님을 '교화를 널리 퍼뜨리는 사람(=목탁<木鐸>)'으로 삼으실 겁니다."

語法과 語彙

君子之至於斯也 (군자가 이곳에 오다)

(동사) 오다, 도착하다. (到, 到達)

→ 未嘗至於偃之室也 『論語·雍也』
언(偃:子游 자유)의 집에 온 적이 없다.

→ 因賓客至藺相如門謝罪 『史記·廉頗藺相如列傳』
손님이 인상여(藺相如) 문에 와서 '죄를 용서해달라고 하다(謝罪: 向人認錯, 請求原谅 사람에게 죄를 인정하고 용서를 구하다)'.

吾未嘗不得見也 (나는 만날 수 없는 적이 없었다)

(관용구) 부사 未와 嘗으로 이루어진 부사성 수식구이다. 동사 서술어 앞에 쓰여서 서술어가 진술하는 것이 과거에 한 번도 '해본 적이 없거나/실행해 본적이 없거나/실시된 적이 없다'는 것을 나타낸다.

→ 子食於有喪者之側, 未嘗飽也 『論語·先進』
공자가 상을 치르는 사람 옆에서 식사를 할 때 배부른 적이 없었다.

→ 自古至今, 未嘗聞也 『荀子·王制』
예부터 지금까지 들어본 적이 없다.

吾未嘗不得見也 (나는 만날 수 없었던 적이 없었다)

(조동사) 동사 앞에 쓰여서 동작, 행위의 실현 가능성을 보여주고 부정부사 不을 더할 수 있다. '~할 수 있다' 로 번역된다. (能, 能够, 可能)

→ 回也視予猶父也, 予不得視猶子也. 非我也, 夫二三子也 『論語·述而』
안회는 나 보기를 아버지처럼 했으나 나는 그를 아들처럼 볼 수 없다. (이렇게 만든 것은) 내가 아니라 너희들이다.

從者見之(夫子) (수행원이 그를 선생님께 보여주다)

(명사) 수행원. (随從人員)

→ 在陳絶粮, 從者病, 莫能興 『論語·衛靈公』
(공자가) 진(陳)나라에 있을 때 양식이 떨어졌고 수행원이 병이나 '일어날 수 없었다(莫能興)'.

從者見之(夫子) (수행원이 그를 선생님께 보여주다)

(동사) 보다, 만나다.

— [견해]

이 문형에서 '견지(見之)'에 대한 해석은 '그를 뵙도록 하다(김학주)', '그를 공자에게 소개하다(류종목)', '그를 데리고 가 공자를 뵙다(帶他見了孔子<陳曉芬>)', '공자에게 그를 만나보시라고 부탁하다(請求孔子接見了他<楊伯峻>)' 등으로 주석하였는데 여기서 보다(見)의 대상(之)은 공자인 경우가 있고(陳曉芬), 국경관리인 경우도 있다(김학주, 류종목, 楊伯峻). 즉 見의 용도를 정확하게 주석하지 않은 것으로부터 나오는 결과인 듯하다.

1. 우선 見은 조동사로 쓰여 피동의 용법이 될 수 있다.

→ 愛人者必見愛也, 而惡人者必見惡也 『墨子·兼愛下』
타인을 사랑하는 사람은 반드시 사랑을 받지만 사람을 미워하는 사람은 반드시 미움을 받는다.

→ 吾長見笑于大方之家 『莊子·秋水』
나는 오랫동안 학식이 깊은 사람들에게 '비웃어지게 될 것이다(=비웃음을 사게 될 것이다)'.

하지만 피동의미의 조동사로 쓰이는 경우는 예문에서 보듯이 '見' 다음에 '동사'가 나온다. 하지만 설명대상 예문은 동사가 아니라 대명사(之)가 나오므로 이런 피동의 의미는 아닌 것 같다.

2. 이 문장은 見견, 言언 등과 같은 동사를 써서 간접목적어와 직접목적어목적어를 취하고 특히 직접목적어를 간접목적어 앞에 취한다(見, 言…+직접목적어+간접목적어). 이 통사 경우 간접목적어 앞에 '전치사'를 쓰지 않는 것에 주목해야 할 것 같다.

→ 吾既已言之王 『墨子·公輸』
나는 이미 그것을 왕께 얘기했다.

從者見之(夫子) (수행원이 그를 선생님께 보여주다)

(대명사) 대명사의 쓰임으로 다음과 같은 것이 있다. 1인칭 대명사로 '나, 우리(我, 我們)', 2인칭 대명사로 '너, 존칭의 너(你, 您)', 3인칭 대명사로 '그, 그들, 그것(他, 他們, 它)', 가까이에 있는 것을 가리키는 것으로 '이, 이것들(這, 這些)', 멀리 있는 것을 가리키는 것으로 '거기, 저(那里, 那)' 등

→ 邦無道, 則可卷而懷之 『論語·衛靈公』
나라에 道가 없으면 그를 숨기어 감출 수 있다.

二三子何患於喪乎? (여러분은 왜 잃는 것에 대해서 걱정합니까?)

(명사) 제군, 너희들, 여러분, 몇 명. (諸君, 幾個人)

→ 子曰 : "二三子以我爲隱乎?" 『論語·述而』
공자가 말했다. "너희들은 내가 숨김이 있다고 생각하는가?"

→ 回也視予猶父也, 予不得視猶子也.非我也, 夫二三子也 『論語·述而』
안회는 나 보기를 아버지처럼 했으나 나는 그를 아들처럼 볼 수 없다. (이렇게 만든 것은) 내가 아니라 너희들이다.

二三子何患於喪乎? (여러분은 왜 잃는 것에 대해서 걱정합니까?)

(대명사) 이유, 원인을 나타낸다. 일반적으로 주어 다음에 쓰이고 가끔 주어 앞에서 도치구문으로 쓰이는 것이 있으며 '왜'로 번역이 된다.

→ 公曰 : "將見孟子" 曰 : "何哉? 君所爲輕身以先于匹夫者, 以爲賢乎? 『孟子·梁惠王下』
평공이 말했다. "맹자를 만날 거네." 말했다. "왜인가요? 왕께서 자신을 가벼이 여기고 평범한 사람에게 안부를 전하는 것을 현명하다고 여기십니까?"

→ 親人見寡人常掩鼻, 何也? 『韓非子·內儲說下』
집안사람들이 나를 보면 자주 코를 가리는데 왜 그런가?

二三子何患於喪乎? (여러분은 왜 잃는 것에 대해서 걱정합니까?)

(전치사) 동작, 행위와 관련 있는 사람이나 사물을 끌어들여 사람, 사물과 행위 사이의 대응 관계를 보여 준다. 於가 있는 '전치사+목적어' 구조는 동사 혹은 서술어 다음에 쓰일 수 있고 동사 혹은 서술어 앞에서도 쓰일 수 있다. '~에 대해, ~에 대하여'로 번역되고 부사어가 된다.

→ 子貢倦於學, 告仲尼曰: "愿有所息" 『列子·天瑞』
자공이 학문에 대해서 싫증이 나서 공자(仲尼)에게 말했다. "쉬고 싶습니다."

→ 忠言逆耳利於行, 毒藥苦口利於病 『史記·留侯世家』
바른말(=충언)은 기에 거슬리지만 실천에는 유리하고 좋은 약은 입에 쓰지만 병에는 좋다.

二三子何患於喪乎? (여러분은 왜 잃는 것에 대해서 걱정합니까?)

(동사) 잃다, 상실하다. (喪失)

— [보충]

여기서는 품사의 활용으로 동사가 명사로 사용되었다. '상실'은 여러 주석서에서 보듯 '나라에서 관리로 쓰이지 않음'을 나타낸다. 그리고 동사로 쓰일 때는 [상, sàng]으로 '잃어버리다', '멸망하다', '장례를 치르다', '기를 꺾다' 등이다. 명사와 형용사로 쓰일 때는 [상, sāng]이고 의미는 '장례', '죽은 이의 시체' 등이며 형용사로는 '슬프다' 등이다.

天下之無道也久矣 (천하의 무도(無道)가 오래 되었다)

(어기사) 평서문의 문미에 쓰여 '이미 그렇다'라는 어기를 돕는다. 어떤 일, 어떤 상황이 이미 출현하거나 형성되었다는 것을 보여주거나 어떤 동작, 행위가 이미 완성되고 실현되었음을 설명한다. 문중에서 때때로 기(旣), 이(已) 등의 부사가 있고 이것들과 어울려 사용된다.

→ 有顔回者好學, 不遷怒, 不貳過, 不幸短命死矣 『論語·雍也』
(애공이 묻자 공자가 답한다) 안회가 배우기를 좋아했습니다. 노여움을 옮기지 않았고 과오를 두 번 되풀이하지 않았는데 불행히도 단명으로 죽었습니다.

天將以夫子爲木鐸 (하늘이 장차 선생님을 '교화를 널리 퍼뜨리는 사람(=목탁<木鐸>)'으로 삼으실 겁니다)

(시간부사) 동사 서술어 앞에서 부사어가 되어 어떤 행위나 동작이 곧 발생하거나 상황이 곧 출현한다는 것을 나타낸다. '곧~하다', '막~하다' 등으로 번역될 수 있다. (很快就會, 即將, 快要, 快)

→ 其爲人也, 發憤忘食, 樂以忘憂, 不知老之將至云爾 『論語·述而』
그의 사람됨은 분발하면 밥 먹기를 잊고 즐거움을 느끼면 걱정을 잊으며 늙음이 곧 올 것을 모른다.

→ 不速死, 大刑將至 『左傳·昭公二年』
빨리 죽지 않으면 큰 형벌이 곧 온다.

→ 將入門 『論語·雍也』
성문으로 들어가려 하다.

天將以夫子爲木鐸 (하늘이 장차 선생님을 '교화를 널리 퍼뜨리는 사람(=목탁<木鐸>)'으로 삼으실 겁니다)

(전치사+동사) 以는 爲와 함께 사용되어 '以A 爲B(A를 B라고 '여기다/삼다')'라는 특별한 관용어를 형성하고, 以 뒤

에 목적어 대명사가 생략되면 以와 爲가 결합하여 합성어 以爲를 만든다. 그러나 고대중국어에서 以爲는 여전히 以와 爲를 각각 따로 해석해야 한다(polleyblank, 1995). 以의 목적어는 以 앞에 놓여 '목적어+以爲'가 되거나 생략되어 以爲로 사용된다.

→ 百姓皆以王爲愛也 『孟子·梁惠王上』
백성들이 모두(百姓皆) 왕을(以王) 인색하다고 여기다(爲愛也).

→ 民猶以爲小也 『孟子·梁惠王下』
사람들(民)은 여전히(猶) (그것을) 작다고 생각하다(以爲小也).

→ 君子義以爲上 『論語·陽貨』
군자(君子)는 의로움을(義以) 최상으로 여긴다(爲上).

→ 人以爲諂也 『論語·鄕黨』
사람들(人)은 아첨이라고 생각한다(以爲諂也).

天將以夫子爲木鐸 (하늘이 장차 선생님을 '교화를 널리 퍼뜨리는 사람(=목탁<木鐸>)'으로 삼으실 겁니다)

(명사) 나무를 추로 만든 큰 방울로 동(銅)의 재질이다. 고대 정치와 종교의 법령을 선포할 때 돌아다니며 울림소리를 내어 많은 사람들의 주의를 주목시켰다. 교화를 널리 퍼뜨리는 사람을 비유하여 말한다. (以木爲舌的大鈴, 銅質. 古代宣布政教法令時, 巡行振鳴以引起衆人注意 以喩宣揚教化的人) [목탁, mùduó]

3-25. 子謂『韶』: "盡美矣, 又盡善也." 謂『武』: "盡美矣, 未盡善也."

子謂	『韶』:	"盡	美	矣,	又
공자가 평론하다 (3-1)	(명)순(舜)임금 시대의 악곡명	(동)모두 사용하다	(형)아름답다 [형용사→명사]	(어기)문미. '이미 그렇다'(3-24)	(부사)또한
공자가 순(舜)임금 시대 악곡 소(韶)에 대해 평론했다.		"이미 아름다움을 모두 사용했(고)			또한
盡	**善**	**也."**	**謂**	**『武』:**	**"盡**
(동)모두 사용하다	(형)뛰어나다 [형용사→명사]	(어기)진술강조 (2-17)	평론하다(3-1)	(명)주(周)나라 시대의 악곡명	(동)모두 사용하다
뛰어남을 모두 사용했다."			주(周)나라 무왕(武王) 시대의 악곡 무(武)에 대 평론했다.		
美	**矣,**	**未**	**盡**	**善**	**也."**
(형)아름답다 [형용사→명사]	(어기)문미. '이미 그렇다'(3-24)	(부사)미도달	(동)모두 사용하다	(형)뛰어나다 [형용사→명사]	(어기)진술강조 (2-17)
"아름다움을 모두 사용했(지만)		뛰어남을 모두 사용하지는 못했다."			

번역 공자가 순(舜)임금 시대의 악곡 『韶소』에 대해 평론했다. "이미 아름다움을 모두 사용했고, 또한 뛰어남을 모두 사용했다." 주나라 무왕 시대의 악곡 『武무』에 대해서(도) 평론했다. "아름다움을 모두 사용했지만 뛰어남을 모두 사용하지는 못했다."

語法과 語彙

盡美矣, 又盡善也 (아름다움을 모두 사용하고, 또한 뛰어남을 모두 사용하다)

(동사) 모두 사용하다, 극한까지 가다. (用盡全部, 達到極限)

→ 屈平正道直行, 竭忠盡智, 以事其君 (司馬遷『史記·屈原列傳』)
굴평(굴평=굴원)은 바른 길로 곧장 갔고 충성을 다하고 지혜를 모두 사용하여 자신의 왕을 모셨다.

盡美矣, 又盡善也 (아름다움을 모두 사용하고, 또한 뛰어남을 모두 사용하다)

(부사) 몇 가지 동작이 동시에 행해지거나 몇 가지 상황이 동시에 존재하는 것을 나타낸다. 여전히 '또한, 또' 등으로 번역된다.

→ 既欲其生, 又欲其死, 是惑也 『論語·顔淵』
그가 살기를 매우 바라고 또 그가 죽기를 매우 바라는 거, 이것은 '사기다, 속임수다'.

盡美矣, 又盡善也 (아름다움을 모두 사용하고, 또한 뛰어남을 모두 사용하다)

(형용사) 뛰어나다, 재주가 있다. (高明的, 有本領的)

— [보충]

고대중국어에서 선(善)의 형용사 의미는 크게 보았을 때 '좋다, 아름답다(好的, 美好的)'의 의미이고 세부적으로 보면 '착하다, 덕이 있다(善良的, 有道德)', '정확히 하는(做得正确)', '응답의 말로 동의를 보여줌(應答之詞, 表示同意)', '만족스러운(令人满意的, 完善的)', '뛰어난, 재주가 있는(高明的, 有本領的)', '관계가 좋은, 화목한, 사이가 좋은(人際關係較好, 友好, 和睦, 親善)' 등의 의미가 있다. 명사로는 '좋은 일, 좋은 행위(善事, 好的行爲)로 유일하고, 동사로는 '좋아하다, 좋게 여기다(認爲…美好, 好)', '잘해내다, 그것을 잘하다(使之善, 搞好)', '뛰어나다(擅長)' 등의 의미가 있다.

→ 三人行, 必有我師焉, 擇其善者而從之, 其不善者而改之 『論語·述而』
세 사람이 가면 반드시 나의 스승이 거기에 있으니 그 덕이 있는 사람을 골라서 그를 따르고 덕이 없는 사람을 골라 그것을 고친다.

— [견해]

여기에서의 의미는 포괄적으로 '좋다'라는 의미보다 '덕이 있는' 같은 보다 섬세한 해석이 좋다고 생각한다. 고대중국어 사전에서 이 예문을 '좋다'의 의미항목에 두었다.

→ 弈秋, 通國之善弈者也 『孟子·告子上』
혁추(弈秋)는 나라 전체에서 바둑에 뛰어난 사람이다.

謂『武』 (주나라 무왕 시대의 악곡 『武무』에 대해서 평론하다)

(명사) 주(周)나라 무왕(武王) 시대의 악곡명이다. 주(周) 무왕(武王)은 기원전 1046년에 600년간 지속된 상(商)나라(=은(殷)나라)를 멸망시켰다.

盡美矣, 未盡善也 (아름다움을 모두 사용했지만 뛰어남을 모두 사용하지는 못했다)

(부정부사) 동사서술어, 명사나 수사서술어, 형용사서술어 앞에 쓰여 부사어가 되며 동작, 행위, 상태가 발생할 수 있는데 아직 발생하지 않았거나 아직 완성되지 않은 것을 나타낸다. '아직~않다' 등으로 번역된다. 여기서는 동사서술어 앞에 쓰였다.

→ 秋, 大熟, 未穫 『尙書·金縢』
가을에 (곡식이) 잘 익었는데 아직 수확하지 않았다.

→ 宋人既成列, 楚人未既濟 『左傳·僖公二十二年』
송나라 사람들은 이미 대열을 이뤘는데 초나라 사람들은 아직 강을 건너지 못했다.

→ 見兔而顧犬, 未爲晩也; 亡羊而補牢, 未爲遲也 『戰國策·楚策四』
토끼를 본 다음 개를 기다리는(顧:等待) 건 '아직 늦은 것이 아니(未<=尙不>爲晩)'고, 양을 잃고 나서 '외양간을 수리하(補牢)'는 건 아직 늦은 것이 아니다.

3-26. 子曰: "居上不寬, 爲禮不敬, 臨喪不哀, 吾何以觀之哉?"

子曰:	"居	上	不寬,	爲禮	不敬,
공자가 말하다	(동)어떠한 위치에 있다	(명)높은 자리	(형)관대하지 않다	(동)예(禮)를 행하다	(동)공경하지 않다
공자가 말했다.	"높은 자리에 있(을 때) 관대하지 않(고) [시간긴축복문(11-14)]			예(禮)를 행(할 때) 공경하지 않(고) [시간긴축복문(11-14)]	
臨	**喪**	**不哀,**	**吾**	**何以**	**觀**
(동)가다	(명)장례	(형)슬퍼하지 않다	(대)나,우리 '주어,한정어…' (13-18)	(관용구)어떻게(2-7)	(동)자세히 보다. 관찰하다
장례에 갔(을 때) 슬퍼하지 않(는다면) [시간긴축복문(11-14)이면서 여기까지가 조건가정절(1-1)]			내가 어떻게 그를 관찰하겠는가?"		
之	**哉?"**				
(대)3인칭.그. 그것.그들	(어기)반문(2-10)				

번역 공자가 말했다. "높은 자리에 있을 때 관대하지 않고, 예(禮)를 행할 때 공경하지 않고, 장례에 갔을 때 슬퍼하지 않는다면 내가 어떻게 그를 관찰할 수 있겠는가?"

語法과 語彙

居上不寬 (높은 자리에 있을 때 관대하지 않다)

(명사) 높은 곳. 높은 자리. (高處)

臨喪不哀 (장례에 갔을 때 슬퍼하지 않다)

(동사) 가다. (到)

→ 秦興師臨周而求九鼎, 周君患之 『戰國策·東周策』
진(秦)나라는 군사를 일으켜 주(周)나라에 가서 구정(九鼎:국가의 정권을 상징하는 보배)을 요구하고, 주(周)나라 왕은 그것을 걱정한다.

吾何以觀之哉? (내가 어떻게 그를 관찰할 수 있겠는가?)

(동사) 관찰하다. (觀察)

→ 臣觀大王無意償趙王城邑 『史記·廉頗藺相如列傳』
제가 보기에는 대왕은 조나라 왕의 성과 읍을 반환할 생각이 없습니다.

吾何以觀之哉? (내가 어떻게 그를 관찰할 수 있겠는가?)

(대명사) 3인칭 대명사로 보통 목적어로 쓰이고 사람, 사물, 사건 등을 대신한다. '그, 그들, 그것' 등으로 번역된다. (他, 他們, 它)

→ 桓侯故使人問之 『韓非子·喩老』
환후(桓侯)는 일부러 사람을 파견하여 그(=편작扁鵲)에게 묻게 한다.

제 4 편

이인

4-1. 子曰: “里仁爲美. 擇不處仁, 焉得知?”

<table>
<tr><th>子曰:</th><th>“里仁</th><th>爲</th><th>美.</th><th>擇</th><th>不處</th></tr>
<tr><td>공자가 말하다</td><td>(동)어진사람들과 이웃되다[동→명]</td><td>(판단동사) ~이다(1-2)</td><td>(형)아름답다. 좋다</td><td>(동)선택하다</td><td>(동)살지 않다</td></tr>
<tr><td>공자가 말했다.</td><td colspan="3">“어진 사람들과 이웃이 되(는 것이) 좋다.</td><td colspan="2">仁(에) 살지 않(는 것을) 선택(하면) [조건가정절(1-1)]</td></tr>
<tr><th>仁,</th><th colspan="3">焉得</th><th>知(之)?”</th><th></th></tr>
<tr><td>인(仁)</td><td colspan="3">(부사)반문.‘어떻게’(2-10). ‘焉得A’의 형식으로 ‘어떻게 A할 수 있는가?’</td><td>(그를) 알다</td><td></td></tr>
<tr><td></td><td colspan="4">어떻게 (그 사람을) 알 수 있겠는가?”</td><td></td></tr>
</table>

번역 공자가 말했다. “어진 사람들과 이웃이 되는 것이 좋다. 인에 살지 않는 것을 선택하면 어떻게 그 사람을 알 수 있겠는가?”

語法과 語彙

里仁爲美 (어진 사람들과 이웃이 되는 것이 좋다)

(명사. 동사) 어진 사람들이 거주하는 마을을 가리키거나 어진 사람들과 이웃이 된다는 것을 말한다. (謂居住在仁者所居之里 ; 與仁人爲鄰)

擇不處仁 (인에 살지 않는 것을 선택하다)

(동사) ‘~에 살다, ~에 놓이다’.

— [견해]

처(處)가 동사로 ‘거주하다, 살다, 처하다, 놓이다(居住, 處在, 外在)’의 의미를 가지는 경우에는 ‘處+(於)+목적어(장소)’의 의미형식으로 쓰이는 양상을 보인다.

→ 君處北海, 寡人處南海 『左傳·僖公四年』
왕께서는 북해(고대 북방쪽 가장 멀고 궁벽한 곳)에 사시고 저는 남해(고대 최남단 지역)에 삽니다.

→ 處江湖之遠則憂其君 (宋·範仲淹『岳陽樓記』)
강호의 먼 곳에 살면서 그의 왕을 걱정하다.

焉得知? (어떻게 알 수 있겠는가?)

— [견해]

언(焉)은 반문을 나타내는 부사로써, 뒤에 자주 조동사 ‘得, 敢, 可, 加以, 能, 足, 足以’ 등과 연이어 사용된다. 지(知)에 대한 견해를 일곱 가지 주석서 모두(김학주, 이기동, 김용옥, 류종목, 陳曉芬, 毛子水, 楊伯峻) ‘현명하다, 똑똑하다, 지혜롭다’로 보았는데 그렇지 않는 것 같다.

왜냐하면 아래의 예문에서 보듯이 焉 다음에는 조동사가 나오고 다음 동사, 목적어가 나오는 형식이기 때문이다[焉+(조동사)+동사+(목적어)]. 焉得知? 역시 반문을 나타내는 동일한 구조이기 때문에 '동사'로 보아야 한다. 만약 '지혜롭다' 등의 의미인 경우에는 焉得'謂'知?(어떻게 지혜롭다고 말할 수 있겠는가?)로 표현해야 할 것 같다. 여기서는 텍스트 내에서 해석해도 큰 무리가 없다고 생각하고 다만 생략된 문구는 대명사 '그 사람' 정도가 될 수 있을 것 같다. 그렇다면 '焉得知(之)?(어떻게 그 사람을 알 수 있겠는가?)'가 될 것이다.

→ 晉、楚無信, 我焉得有信？ 『左傳·宣公十一年』
진나라, 초나라는 신뢰가 없는데 내가 어떻게 믿음이 있을 수 있겠는가?

→ 宣公曰：”嗟乎！君子焉可悔哉？“ 『戰國策·齊策四』
宣公이 말했다 : "아! 왕께서는 어찌 후회하십니까?"

→ 其身之不能容, 焉能容人？ 『莊子·庚桑楚』
자기 자신도 포용할 수 없는데 어떻게 남을 포용할 수 있겠는가?

→ 鄙人也, 焉足以問？ 『呂氏春秋·知分』
제가 어찌 묻을 수 있겠습니까?

→ 人焉廋哉? 『論語·爲政』
인품을 어떻게 숨기겠는가?

→ 割鷄焉用牛刀? 『論語·陽貨』
닭을 잡는데 어째서 소 잡는 칼을 쓰는가?

4-2. 子曰: “不仁者不可以久處約, 不可以長處樂. 仁者安仁, 知者利仁.”

子曰:	“不仁	者	不可以	久	處
공자가 말하다	(형)어질지 않다	(조사)~한 사람, ~한 것(1-2)	(조동사) ~할 수 없다 (2-10)	(형)오래되다 [형→부(3-20)]	(동사)~에 살다, ~에 놓이다(4-1)
공자가 말했다. “어질지 않(은) 사람은 빈곤함에서 오래 살 수 없(고)					
約,	不可以	長	處	樂.	仁者
(형)빈곤하다 [형→명(3-20)]	(조동사) ~할 수 없다 (2-10)	(형)오래되다 [형→부(3-20)]	(동사)~에 살다, ~에 놓이다(4-1)	(형)즐겁다 [형→명(3-20)]	(명)어진 사람
	즐거움에서 오래 살 수 없다.				
安	仁,	知者	利	仁.”	
(형)편안하게 생각하다 [형→의동]	(명)인(仁)	(명)지혜로운 사람	(형)이롭게 생각하다 [형→의동]	(명)인(仁)	
어진 사람은 仁을 편안하게 생각하(고)		지혜로운 사람은 仁을 이롭게 생각한다.”			

번역 공자가 말했다. “어질지 않은 사람은 빈곤함에서 오래 살 수 없고, 즐거움에서 오래 살 수 없다. 어진 사람은 인(仁)을 편안하게 생각하고 지혜로운 사람은 인(仁)을 이롭게 생각한다.”

語法과 語彙

不仁者不可以久處約 (어질지 않은 사람은 빈곤함에서 오래 살 수 없다)

(형용사) 빈곤하다. (貧困)

→ 不歉於約, 不矜於盈 (唐·韓愈『卢府君夫人苗氏墓志銘』)
빈곤함에 대해서 원망하지 않고 풍족함에 대해서 자만하지 않다.

仁者安仁, 知者利仁 (어진 사람은 仁을 편안하게 생각하고 지혜로운 사람은 仁을 이롭게 생각한다)

(의동동사) 편하게 생각하다(安), 이롭게 생각하다(利)

— [견해]

‘안(安)과 이(利)’를 의동용법(意動用法, ‘3-20’에서 기술)으로 본 학자는 이기동(2011), 류종목(2000) 두 분인데 원문에 충실한 해석은 이기동 선생이다. 참조하는 모든 학자들의 견해를 보면 다음과 같다.

- “어진 사람은 어짊에 편안히 몸을 맡기고, 지혜로운 사람은 어짊을 이롭게 여기는 것이다.”(김학주, 2017)
- “仁한 자는 인을 편안하게 여기고 지혜로운 자는 인을 이롭게 여긴다.” (이기동, 2011)
- “인자(仁者)는 인에서 편안할 줄 안다. 지자(知者)는 인에서 의로움을 취한다.” (김용옥, 2008)
- “어진 사람은 인을 편안하게 여겨서 그것을 실행하고 지혜로운 사람은 인을 이롭게 여겨서 그것을 실행한다.” (류종목, 2000)

- “어짊과 덕이 있는 사람은 인애(仁愛)의 도(道)에서 편안해하고 똑똑한 사람은 인애(仁愛)의 도(道)를 행하는 것이 자신에게 이익이 된다는 것을 안다(有仁德的人安于仁道, 聰明的人知道行仁道有利于己).” (陳曉芬, 2016)
- “천성적으로 도덕이 있는 사람은 도덕을 그의 생활에서 가장 큰 즐거움으로 삼고, 똑똑한 사람은 도덕을 가장 안정된 생활 규범으로 삼는다(一個天生有道德的人, 以道德爲他生活中最大的快樂.一個聰明的人, 把道德當作最安稳的生活規範).” (毛子水, 2009)
- “어짊과 덕이 있는 사람은 인에서 편안해하고, 똑똑한 사람은 어짊을 이용한다(有仁道的人安于仁, 聰明人利用仁).” (楊伯峻, 2006)

의동(意動)용법이란 술어동사가 ‘목적어를 어떻다고 생각하다’의 뜻을 나타내는 것을 가리킨다. 의동(意動)용법은 형용사나 명사의 활용에만 국한되며 동사에는 의동(意動)용법이 없다. 의동(意動)용법은 ‘목적어를 어떻다고 생각하다’는 것으로 주관적인 견해를 나타내는 것이다.

→ 吾妻之美我者, 私我也, 妾之美我者, 畏我也, 客之美我者, 欲有求于我也 『戰國策·齊策』
내 처가 나를 멋있다고 여기는 것은 나를 사랑하기 때문이고, 첩이 나를 멋있다고 여기는 것은 나를 두려워하기 때문이고, 객이 나를 멋있다고 여기는 것은 나에게 바라는 것이 있기 때문이다.

4-3. 子曰: "唯仁者能好人, 能惡人."

子曰:	"唯	仁者	能	好	人,
공자가 말하다	(부사)오직 ~만 (=惟)(2-6)	(명)어진 사람	(조동사) ~할 수 있다(1-7)	(동)좋아하다 [호,hào]	(명)인간,사람(4-3)
공자가 말했다. "오직 어진 사람만이 사람을 좋아할 수 있(고)					
能	**惡**	**人."**			
(조동사) ~할 수 있다(1-7)	(동)미워하다. 싫어하다[오,wù]	(명)인간,사람(4-3)			
사람을 싫어할 수 있다."					

번역 공자가 말했다. "오직 어진 사람만이 사람을 좋아할 수 있고 사람을 미워할 수 있다."

語法과 語彙

唯仁者能好人 (오직 어진 사람만이 사람을 좋아할 수 있다)

(명사) 인간, 인류(人類)

– [보충]

고대중국어 인(人)의 의미로 '인간, 인류(人類)', '타인, 다른 사람(別人, 他人)', '인민, 백성(人民, 百姓)', '인재(人才)', '사람의 일(人事)', '한 사람 한 사람(人人, 每人)', '인품(人品)' 등이 있다.

能惡人 (사람을 미워할 수 있다)

(동사) 싫어하다, 미워하다, 증오하다, 질투하다. (討厭, 憎恨, 嫉妬(妬의 이체자는 妒))

→ 表惡其能而不能用也 『資治通鑑·漢紀·獻帝建安十三年』
유표(表:劉表)는 그의 재능(其能)을 미워하여(惡) 임용할 수 없다(不能用也).

→ 嘗問衡天下所疾惡者 『後漢書·張衡傳』
장형(張衡)에게 천하가 싫어하는 것을 물어본 적이 있다.

4-4. 子曰: “苟志於仁矣, 無惡也.”

子曰:	“苟	志	於	仁	矣,
공자가 말하다	(접)만약	(동사)뜻을 세우다 (2-4)	(전)동작발생장소 ‘~에’(2-4)	(명)인(仁)	(어기)멈춤.고름
공자가 말했다. “만약 인(仁)에 뜻을 세우면					
無	**惡**	**也.”**			
(동)없다	(명)나쁜 행동 [악,è]	(어기)진술강조 (2-17)			
나쁜 행동이 없다.”					

번역 공자가 말했다. “만약에 인(仁)에 뜻을 세우면 나쁜 행동이 없게 된다.”

語法과 語彙

苟志於仁矣, 無惡也 (만약에 인(仁)에 뜻을 세우면 나쁜 행동이 없게 된다)

(접속사) 복문의 앞 문장에서 쓰이고 가정이나 조건을 나타낸다. ‘만약’으로 번역된다.

→ 季康子患盜, 問於孔子.孔子對曰: “苟子之不欲, 雖賞之不竊” 『論語·顏淵』
계강자(季康子)가 도둑질을 걱정하여 공자에게 물었다. 공자가 대구하여 말했다. “만약 선생이 욕심내지 않으면 비록 그에게 상을 주어도 훔치지 않습니다.”

→ 苟不出兵, 愿請死 『新五代史·劉處讓轉』
만약 출병하지 않으면 (저를) 죽여주십시오.

→ 苟富貴, 無相忘 『史記·陳涉世家』
만약 부귀해지면 서로 잊지 마라.

苟志於仁矣, 無惡也 (만약에 인(仁)에 뜻을 세우면 나쁜 행동이 없게 된다)

(어기사) 문장이나 복문의 앞 문장의 문미에서 어기를 멈추고 고르는 역할을 한다.

→ 惡不仁者, 其爲仁矣, 不使不仁者加乎其身 『論語·里仁』
불인(不仁)을 싫어하는 사람은 그가 인(仁)을 행할 때 불인한 것이 그의 몸에 더하지 않게 한다.

苟志於仁矣, 無惡也 (만약에 인(仁)에 뜻을 세우면 미움이 없게 된다)

— [견해]

무오(無惡)에 대한 견해는 다음과 같다.

- “악한 것은 없다” (김학주, 2017)
- “나쁠 것이 없다” (이기동, 2011)
- “사람들이 싫어하는 행동은 하지 않다” (김용옥, 2008)

- "악한 짓을 하지 않다" (류종목, 2000)
- "악행이 없게 되다(没有惡行了)" (陳曉芬, 2016)
- "무슨 나쁜 행위가 없게 되다(不會有甚麽壞的行爲了)" (毛子水, 2009)
- "나쁜 점이 없다(没有壞處)" (楊伯峻, 2006)

김용옥, 류종목 선생은 부정부사 '不(아니다)'의 의미로 보고 이외의 학자들은 '없다'의 의미로 보았다. 그리고 오(惡)의 의미에 대해선 대다수의 학자들이 '나쁜 것, 나쁜 행동'으로 악(惡)의 의미로 보았다.

고대중국어에서 '악(惡)'의 의미 중에서 본문과 관련 있는 항목은 '나쁜 행동(罪過、不良的行為)', '나쁜 것(不善的、壞的)'이 있고, '오(惡)'와 관련 있는 항목은 '미워하다(憎恨、討厭)'가 있다. 고대중국어 악(惡)과 오(惡) 중 '오(惡:미워하다)'가 명사로 쓰인 용례를 찾을 수가 없었다. 무오(無惡)의 의미는 '나쁜 행동이 없다'가 가장 적합하다고 본다.

4-5. 子曰: "富與貴, 是人之所欲也, 不以其道得之, 不處也. 貧與賤, 是人之所惡也, 不以其道得之, 不去也. 君子去仁, 惡乎成名? 君子無終食之間違仁, 造次必於是, 顚沛必於是."

子曰	"富	與	貴,	是	人
공자가 말하다	(형)부유하다 [형→명(2-20)]	(접속사)~와	(형)귀하다 [형→명(2-20)]	(대)재지시. '이것'(2-7)	(명)인간,사람(4-3)
공자가 말했다. "부유함과 귀함				이것은 사람이	
之	**所**	**欲**	**也,**	**不**	**以**
(접)주어+之+서술어(1-10)	(조사)'~사람·것·사건·곳'(1-12)	(동)원하다(2-4)	(어기)멈춤.완만.제시.강조(3-1)	(부)동사술어 앞. '~하지 않다'(7-14)	(전)행위도구. '~로'(2-1)
원하는 것이(고)				그 도(道)로	
其	**道**	**得**	**之,**	**不處**	**也.**
(대)이,저	도(道)	얻다	(대)재지시.'부유함과 귀함'(2-1)	(동)살지 못하다, 살지 않다	(어기)진술강조(2-17)
그것을(=부유함과 귀함) 얻지 않(으면) [조건가정절(1-1)]				살지 못한다.	
貧	**與**	**賤,**	**是**	**人**	**之**
가난하다 [형→명(2-20)]	(접속사)~와	천하다 [형→명(2-20)]	(대)재지시. '이것'(2-7)	(명)인간,사람(4-3)	(접)주어+之+서술어(1-10)
가난함과 천함			이것은 사람이		
所	**惡**	**也,**	**不**	**以**	**其**
(조사)'~사람·것·사건·곳'(1-12)	(동)싫어하다(4-3)	(어기)멈춤.완만.제시.강조(3-1)	(부)'~하지 않다'(7-14)	(전)행위도구. '~로'(2-1)	(대)이,저
싫어하는 것이(고)			그 도(道)로		
道	**得**	**之,**	**不去(之)**	**也.**	**君子**
(명)도(道)	(동)얻다	(대)재지시. '그것'(2-1)	(동)없애지 않다(3-17)	(어기)진술강조(2-17)	(명)군자(君子)(11-1)
그것을(=가난함과 천함) 얻지 않(으면) [조건가정절(1-1)]			(가난함과 천함을) 없앨 수 없다.		군자가
去	**仁,**	**惡**	**乎**	**成名?**	**君子**
(동)버리다.없애다	(명)인(仁)	(부사)어떻게	(어기)반문	(동)명성을 얻다	(명)군자(君子)(11-1)
인(仁)을 버리면 [조건가정절(1-1)]		어떻게 명성을 얻겠는가?			군자는
無	**終**	**食**	**之**	**間**	**違**
(부)'=不'(1-15)	(동)끝내다	먹다(吃)	(소사)수식,종속관계.~의'(3-2)	(명)사이.중간.가운데(18-3)	(동)어기다.위배하다
밥 먹기를 끝내는 사이(에도) 인(仁)을 어기지 않(고)					
仁,	**造次**	**必**	**於**	**是,**	**顚沛**
(명)인(仁)	(형)갑작스럽다. 매우 바쁘다	(부)꼭,반드시, 분명히(6-30)	(동)~에 있다	(대)재지시. '이것'(2-7)	(형)(생계, 형편)곤란하고 고통스럽다
	매우 바쁠 때에도 반드시 여기(=仁)에 있(고) [시간긴축복문(11-14)]				
必	**於**	**是."**			
(부)꼭,반드시, 분명히(6-30)	(동)~에 있다	(대)재지시. '이것'(2-7)			
형편이 곤란할 때에도 반드시 여기(=仁)에 있다." [시간긴축복문(11-14)]					

번역 공자가 말했다. "부유함과 귀함, 이것은 사람이 원하는 것이고 그 도(道)로 부유함과 귀함을 얻지 않으면 살 수 없다. 가난함과 천함, 이것은 사람이 싫어하는 것이고 그 道로 가난함과 천함을 얻지 않으면 가난함과 천함을 없앨 수 없다. 군자가 仁을 버리면 어떻게 명성을 얻겠는가? 군자는 밥 먹기를 끝내는 사이에도 仁을 어기지 않고, 매우 바쁠 때에도 반드시 仁에 있고, 곤란하고 고통스러울 때에도 반드시 仁에 있다."

語法과 語彙

富與貴 (부유함과 귀함)

(접속사) 단어와 단어, 구와 구를 연결시켜서 병렬을 나타낸다. '~와'고 해석된다. (和, 與)

→ 子曰: "吾以子爲異之問, 曾由與求之問" 『論語·先進』
공자가 말했다. "나는 선생께서 특이한 것을 물을 거라 생각했는데 그런데 중유와 염구를 묻는군요."

不以其道得之 (그 道로 그것을 얻지 않다)

(대명사) 명사 앞에 놓여 대신 지칭하는 한정어 역할을 한다. '이, 저' 등으로 번역된다. (用于名詞前起指代作用. 可譯爲"這"、"那"等)

→ 其巫, 老女子也. 『史記·滑稽列傳』
그 무당(其巫)은 늙은 여자이다(老女子也).

君子去仁, 惡乎成名? (군자가 仁을 버리면 어떻게 명성을 얻겠는가?)

(부사) '어떻게, 어디(怎, 哪里)'로 번역되며 의문을 나타낼 수 있다.

→ 天下惡乎定? 『孟子·梁惠王上』
천하가 어떻게 해야 안정이 되는가?

→ 先生飮一斗而醉, 惡能飮一石哉! 『史記·滑稽列傳』
선생은 한 두(斗)를 마시고 취했는데 어떻게 한 석(石)을 마실 수 있겠는가!

君子去仁, 惡乎成名? (군자가 仁을 버리면 어떻게 명성을 얻겠는가?)

(어기사) 반문의 문미에 쓰여 반문어기를 도와준다. 일반적으로 문장에는 반문을 나타내는 의문대명사나 어기 부사 '何 ,孰, 誰, 獨, 不亦, 豈, 其, 其庸, 寧' 등과 어울린다. 때때로 '호(乎)'는 문장에서 점층을 나타내는 접속사 '而況, 況, 又況' 등과 서로 호응하여 반문을 구성한다.

— [견해]

어기사로 쓰이는 '호(乎)'는 '시비(是非)의 의문', '의문', '선택', '반문', '추측', '명령·요구·경고·금지', '감탄·비분·찬송', '어기멈춤' 등을 돕는 용도로 쓰이며 거의 대부분은 문미(文末)에 위치하고 있다. 하지만 여기서는 문미에 사용되지 않았지만 부사 '오(惡)' 다음에 사용되었고 '반문'의 어기를 돕는 부류로 볼 수 있다.

→ 學而時習之, 不亦說乎? 有朋自遠方來, 不亦樂乎? 人不知而不慍, 不亦君子乎? 『論語·學而』
배우고 그것을 제때에 복습하니 역시 기쁘지 않겠는가? 먼 곳에서 오는 친구가 있으니 역시 기쁘지 않겠는가? 타인이 몰라줘도 화내지 않으니 역시 군자가 아니겠는가?

→ 沛公不先破關, 公豈敢入乎? 『史記·項羽本紀』
패공(沛公:항우)이 먼저 관문을 쳐부수지 않으면 패공은 어떻게 들어갈 수 있겠는가?

君子去仁, 惡乎成名? (군자가 仁을 버리면 어떻게 명성을 얻겠는가?)

(동사) 명성을 세우다, 명성을 얻다; 세상에서 이름을 얻다(출세하다). (樹立名聲; 得名於世)

→ 達巷黨人曰: "大哉孔子, 博學而無所成名" 『論語·子罕』
달항(達巷) 마을 사람이 말했다. "대단하구나, 공자는! 넓게 배웠지만 명성을 세운 분야가 없다."

君子無終食之間違仁 (군자가 밥 먹기를 끝내는 사이에도 仁을 어기지 않다)

— [견해]

이 문장에서 부정부사(無)와 동사구(違仁)의 위치가 매우 멀리 떨어져 있다. 언뜻 보기에는 부정부사가 부정하는 것이 終(끝내다)으로 보이지만 그렇지 않다. 여기서 終食之間(식사를 끝내는 사이)는 명사구이지만 여기서는 부사구(식사를 끝내는 사이에)로 활용되었다고 보아야 하고 이것을 한 묶음으로 보고 'A'로 치환하면 '無A違仁' 'A사이에도 仁을 어기지 않는다'가 될 수 있다. 고대중국어에서 이러한 통사가 통용되었는지 더 많은 예문을 찾아봐야 한다.

造次必於是, 顚沛必於是 (매우 바쁠 때에도 반드시 여기에 있고, 곤란하고 고통스러울 때에도 반드시 여기에 있다)

(형용사) 매우 바쁘다, 갑작스럽다. (倉猝, 匆忙)

→ 漢爲人質厚少文, 造次不能以辭自達 『後漢書·吳漢傳』
한나라 사람들은 소박하고 정이 두텁(지만) 문재(文才:글을 짓거나 글씨를 쓰는 재능)가 부족하여 갑작스(런 경우에는) 말로 자신을 표현할 수 없다.

造次必於是, 顚沛必於是 (매우 바쁠 때에도 반드시 여기에 있고, 곤란하고 고통스러울 때에도 반드시 여기에 있다)

(동사) 있다, 존재하다. (在, 存在)

→ 義者軒冕在前, 非義弗受; 斧鉞於後, 義死不避 (劉向『說苑·立節』)
정의… 옷과 수레는 앞에 있지만 정의롭지 않(으면) 받아들이지 않고, 형벌은 뒤에 있지만 정의로움이 죽(으면) 회피하지 않는다

造次必於是, 顚沛必於是 (매우 바쁠 때에도 반드시 여기에 있고, 곤란하고 고통스러울 때에도 반드시 여기에 있다)

(형용사) (생계, 형편이) 매우 곤궁하다, 곤란하고 고통스럽다. (困頓, 困苦)

→ 顚沛生於不測 (明·劉基『苦齋記』)
매우 곤궁하여 '심각한 사정(=재난)' 속에 살다. [불측(不測): 예상할 수 없는 '일/사정, 진상'으로 보통 재난, 화를 가리킨다. 料想不到的事情. 多指禍患]

4-6. 子曰: “我未見好仁者, 惡不仁者. 好仁者, 無以尙之; 惡不仁者, 其爲仁矣, 不使不仁者加乎其身. 有能一日用其力於仁矣乎? 我未見力不足者. 蓋有之矣, 我未之見也.”

子曰:	“我	未見	好仁	者,	惡
공자가 말하다	(대)나	본 적이 없다 [未:(부)(3-25)]	仁을 좋아하다	(조사)~한 사람, ~한 것(1-2)	(동)싫어하다(4-3)
공자가 말했다. “나는 본 적이 없다… 인(仁)을 좋아하는 사람(과)					
不仁	**者.**	**好仁**	**者,**	**無以**	**尙**
(형)不仁하다	(조사)~한 사람, ~한 것(1-2)	仁을 좋아하다	(조사)~한 사람, ~한 것(1-2)	(동)~할 방법이 없다. ~할 수 없다	(동)넘어서다
불인(不仁)을 싫어하는 사람을.		仁을 좋아하는 사람(은)		仁을 넘어 설 수 없다.	
之;	**惡**	**不仁**	**者,**	**其**	**爲**
仁.(대)재지시. ‘그것(2-1)	(동)싫어하다(4-3)	(형)不仁하다	(조사)~한 사람, ~한 것(1-2)	(대)그가,그것은. 주어(명사+之)(2-22)	(동)하다, 행하다(2-1)
	불인(不仁)을 싫어하는 사람은			그가 인(仁)을	
仁	**矣,**	**不**	**使**	**不仁者**	**加**
(명)인(仁)	(접)어기멈춤, 고름(4-4)	(부)동사술어 앞. ‘~하지않다’(7-14)	(동사)~하게 하다 (2-20)	不仁한 것	(동)물건을 다른 물건 위에 놓다
행(할 때…) [조건가정절(1-1)]		불인(不仁)한 것이			
乎	**其身.**	**有**	**能**	**一日**	**用**
(전)동작대상. ~에,~에게	그의 몸[其:(1-7)]	(동사)있다	(조동사) ~할 수 있다(1-7)	(부)하루	(동)사용하다. 쓰다
그의 몸에 놓이지 않게 한다.		하루			
其力	**於**	**仁**	**矣乎?**	**我**	**未見**
그의 힘 [其:(1-7)]	(전)동작발생대상. ‘~에게’(2-5)	(명)인(仁)	(어기)이미 그런가? 그럴 것인가?	(대)나	(동)본 적이 없다
그의 힘을 인(仁)에 사용할 수 있(는 사람이) 있겠는가?				나는	
力不足	**者.**	**蓋**	**有**	**之**	**矣,**
힘이 부족하다	(조사)~한 사람, ~한 것(1-2)	(부)아마도, 대체로,대략(7-27)	(동)있다	(대)재지시. ‘그 사람’(2-1)	(어기)문미. ‘이미 그렇다’(3-24)
힘이 부족한 사람을 본 적이 없다.		아마도 그런 사람이 있었(겠지만)			
我	**未**	**之**	**見**	**也.”**	
(대)나	(부사)아직 ~하지 않다.	부정문 목적어 (=재지시) 전치	(동)보다	(어기)진술강조 (2-17)	
나는 아직 그런 사람을 본 적이 없다.”					

번역 공자가 말했다. “나는 인(仁)을 좋아하는 사람과 불인(不仁)을 싫어하는 사람을 본 적이 없다. 인(仁)을 좋아하는 사람은 인(仁)을 넘어설 수 없다. 불인(不仁)을 싫어하는 사람은 그가 인(仁)을 행할 때 불인(不仁)한 것이 그의 몸에 놓이지 않게 한다. 하루 그의 힘을 인(仁)에 사용할 수 있는 사람이 있겠는가? 나는 힘이 부족한 사람을 본 적이 없다. 아마도 그런 사람이 있었겠지만 나는 아직 그와 같은 사람은 본 적이 없다.”

語法과 語彙

好仁者, 無以尙之 (인을 좋아하는 사람은 인을 넘어설 수 없다)

(동사) 동사 '無'와 전치사 '以'로 구성된 것이다. 無는 부정을 나타내고 以는 생략된 목적어와 함께 사용되어 '어떤 사물에 근거하다/의지하다'를 나타낸다. '無以'는 동사 서술어 앞에 사용되어 '행위를 실행할 근거, 구실, 의지, 가능' 등이 없음을 나타낸다. '방법이 없다', '사용하지 않았다', '~할 수 없다' 등으로 번역된다.

→ 故推恩足以保四海, 不推恩無以保妻子 『孟子·梁惠王上』
그러므로 은혜를 널리 확산하면(推:推廣) 천하를 보호할 수 있지만 은혜를 널리 확산하지 않으면 아내와 자식을 '보호할 방법이 없다/ 보호할 수 없다.'

→ 富者不得自保, 貧者無以自存 『漢書·食貨志下』
부유한 사람은 자신을 보호하기 어렵고 가난한 사람은 자신을 '살게 할 방법이 없다 or 살게 할 수 없다 or 스스로 존립할 방법이 없다 or 스스로 존립할 수 없다'.

好仁者, 無以尙之 (인을 좋아하는 사람은 인을 넘어설 수 없다)

(동사) 넘다, 넘어서다, 높다, 빼어나다. (超過, 高出)

→ 浩大之福, 莫尙於此 『後漢書·馬援傳』
지극히 큰 복이라도 이것을 넘어서는 것은 없다.

惡不仁者, 其爲仁矣, 不使不仁者加乎其身 (불인을 싫어하는 사람은 그가 인을 행할 때 불인한 것이 그의 몸에 놓이지 않게 한다)

1. (대명사) 절(clause)의 주어가 되며 '명사+之'와 같고 이때 之는 다음 나오는 서술어와 주어를 연결시키는 '접속사'가 된다. 절의 서술어는 동사, 명사나, 명사구가 될 수 있다. 其 앞에 非를 쓸 수도 있다.

→ 操蛇之神聞之, 懼其不已也, 告之於帝 『列子·湯問』
操蛇之神(조사지신 : 신화 속 인물 또는 산신령)은 그것을 듣고 그것이 끝나지 않은 것이 두려워 그것을 왕에게 알리다.

→ 帝視而問, 知其戚夫人, 乃大哭 『漢書·高祖呂皇后傳』
왕이 보고 물어 그 사람이(=그녀가) 척부인(戚夫人:한나라 유방의 첩)인 것을 알고 통곡하다.

2. (접속사) 가설의 복문이나 양보의 복문 앞 문장에서 가정이나 양보를 나타낸다. '만약~하면', '~조차도 ~하는데' 등으로 번역된다.

→ 天其弗識, 人胡能覺? 『列子·力命』
하늘이 만약 모른다면 사람이 어떻게 알 수 있겠는가?

— [견해]

기(其)에 대한 학자들의 견해는 대체로 3인칭 대명사 '그 사람'으로 귀결되었다(김학주, 류종목, 陳曉芬, 毛子水, 楊伯峻). 이기동, 김용옥 선생은 좀 다르게 보았다.

- "어질지 않음을 미워하는 사람은 그가 어짊을 행함에 있어, 어질지 않은 것들이 그 자신을 범하지 못하도록 할 것이다." (김학주, 2017)
- "불인을 미워하는 자도 仁을 하게 될 것이니 不仁한 것으로 하여금 자기 몸에 가해지지 못하게 하기 때문이다." (이기동, 2011)

- "그런데 불인을 미워하는 자는 그 인을 행함에 있어 불인한 것이 자기 몸에 물들지 않게 하려고 노력하는 자들이다." (김용옥, 2008)
- "불인을 싫어하는 사람은 그가 인을 행함에 있어서 불인한 것이 자신의 몸에 달라붙도록 놓아두지 않는다." (류종목, 2000)
- "불인을 싫어하는 사람, 그가 인을 실행하는 것은 모든 不仁한 '일, 상황, 것'이 자기 몸에 나타나지 않게 하는 것이다. (討厭不仁的人, 他實行仁, 是不使任何不仁的事情出現在自己身上)" (陳曉芬, 2016)
- "그 불인을 싫어하는 사람, 그의 '행동, 처세/사람됨'은 결코 불인한 사람을 그에게 가까이 오지 않게 한다. (那惡不仁的人呢, 他的做人, 决不讓不仁的人靠近他)" (毛子水, 2009)
- "인덕(仁德)하지 않음을 싫어하는 사람, 인덕(仁德)을 행하는 것은 '단지, 오직' 인덕(仁德)하지 않은 것이 자신의 몸에 달라붙게 하지 않(기 위해서다). (討厭不仁德的人, 他行仁德, 只是(爲了)不使不仁德的東西加在自己身上)" (楊伯峻, 2006)

기(其)가 '주어(명사+之)'의 용도(2-22)로 쓰였다고 보았다(→ 帝視而問, 知其戚夫人, 乃大哭 『漢書·高祖呂皇后傳』 왕이 보고 물어 그 사람이(=그녀가) 戚夫人(한나라 유방의 첩)인 것을 알고 통곡하다).

혹은 기(其)는 접속사로 쓰여 '가정'을 나타내는 용도가 있다(天其弗識, 人胡能覺? 『列子·力命』 하늘이 만약 모른다면 사람이 어떻게 알 수 있겠는가?). 만약 '가정'의 의미로 본다면 '惡不仁者, 其爲仁矣, 不使不仁者加乎其身'이 문장은 '不仁을 싫어하는 사람이 만약 인을 행한다면 不仁한 것이 그의 몸에 더하지 않게 한다'로 번역되고 통사적으로도 문제가 없어 보인다. 하지만 이렇게 주석을 한 책은 없는 것 같다.

不使不仁者加乎其身 (불인한 것이 그의 몸에 놓이지 않게 한다)

(동사) 물건을 다른 물건 위에 놓다, 입는 것을 몸에 더하다. (把一物放在另一物的上面, 衣物加在身上)

→ 朝服雖敝, 必加於上; 弁冕雖舊, 必加於首 『史記·儒林列傳』
조복(朝服: 조정에 나아가 임금에게 하례(賀禮)할 때 입던 옷)이 비록 낡았지만 반드시 몸에 걸쳐야 하고, 관(冠)이 비록 오래되었지만 반드시 머리에 써야 한다.

不使不仁者加乎其身 (불인한 것이 그의 몸에 놓이지 않게 한다)

(전치사) 동작이 미치는 대상을 끌어들이고 그 동작의 대상은 주로 '사람'이 된다. '~에게, ~에, ~로' 등으로 번역된다.

→ 天子嫁女乎諸侯 『公羊傳·莊公元年』
천자는 제후에게 딸을 시집보낸다.

→ 或問乎曾西曰 『孟子·公孫丑上』
어떤 사람이 증사(曾西)에게 물으며 말한다.

有能一日用其力於仁矣乎? (하루 그의 힘을 인에 사용할 수 있는 사람이 있는가?)

(관용구) 어기사 '의(矣)'와 '호(乎)'가 연용되어 구성된 것으로 시비문(是非文) 문미에 쓰이거나 감탄을 나타낸다. '의(矣)'는 '이미 그렇다', '앞으로 그럴 것이다'의 의미를 나타내고 '호(乎)'는 의문을 나타낸다. '~했습니까?' 또는 문맥에 따라 융통성 있게 번역된다. (了嗎)

→ 子曰: "由也! 女聞六言六蔽矣乎?"
공자가 말했다. "유야! 너는 여섯 개의 말과 여섯 개의 폐단을 들었느냐?"

→ 呂不韋其智矣乎? 以人易貨. 『資治通鑑·秦紀·始皇帝十二年』
여불위(呂不韋) 그는 지혜로웠는가? 사람을 물건과 바꿨다.

→ 子謂伯魚曰: "女爲『周南』, 『召南』 矣乎? 『論語·陽貨』
공자가 (아들) 백어에게 말한다. "너는 『周南주남』과 『召南소남』을 공부했느냐?"

→ 中庸之爲德也, 其至矣乎! 『論語·雍也』
중용이 덕을 만드는 것, 그것은 대단하다!

我未之見也 (나는 그를 본 적이 없다)

(부정문에서 반복되는 목적어(=재지시) 전치) 동사가 부정될 경우 강조되지 않는 인칭 대명사는 부정사와 동사 사이에 위치한다. '시경'이나 비교적 이른 고전 시기의 문헌들은('좌전', '국어' 등)에서 전치된 목적어는 규칙적으로 '지(之)'나 '시(是)' 등의 대명사에 의해 반복되며, 이들 대명사는 동사 앞에 위치한다. 후대에는 이전의 어순을 보전하고 있는 몇 가지 고정된 표현을 제외하고는 반복되는 대명사는 동사 뒤 정상적인 위치에 놓이는 것이 일반화된다. (polleyblank, 1995)

→ 晉侯以我喪故, 未之見 『左傳·襄公三十一年』
진후(晉侯:춘추시대 진나라 왕)는 나의 장례의 일 때문에 그것을 보지 못했다.

→ 民不足而可治者, 自古及今, 未之嘗聞 (漢·賈誼 『論積貯疏』)
백성이 먹을 것이 부족한(民不足)데 통치할 수 있다는 것(而可治者)을 '예부터 지금까지(自古及今)' 들어본 적이 없다.

4-7. 子曰: “人之過也, 各於其黨. 觀過, 斯知仁矣.”

子曰:	“人	之	過	也,	各
공자가 말하다	(명)인간,사람(4-3)	(조사) 수식,종속관계. ~의’ (3-2)	(명)잘못.과오	(어기)주어+也. 멈춤(1-2)	(명)하나하나 모두
공자가 말했다.	“사람의 잘못은				하나하나 모두 [주어]
於	**其**	**黨.**	**觀**	**過,**	**斯**
(동)~에 있다(4-5)	(대)‘其+명사’, ‘이,저’	(명)같은 부류	(동)보다	(명)잘못.과오	(접)유연한 이어짐 ‘~면~하다’
그 같은 부류에 있다.			잘못을 보…		…면
知	**仁**	**矣.”**			
(동)알다	(명)인(仁)	(어기)상당한 긍정 (1-7)			
인(仁)을 알 수 있다.”					

번역 공자가 말했다. “사람의 잘못은 하나하나 모두 그 같은 부류에 있다. 잘못을 보면 仁을 알 수 있다.”

語法과 語彙

人之過也, 各於其黨 (사람의 잘못은 하나하나 모두 그 같은 부류에 있다)

(명사, 부사) 서술어 앞에 쓰여서 동작이 두 개 혹은 두 개 이상의 동작주(動作主;agent:동작의 주체)[16]에 의해서 함께 일어나는 것을 보여주거나 두 개 혹은 두 개 이상의 동작주가 함께 어떤 속성을 갖고 있음을 보여 준다. ‘각자가 모두, 하나하나의 일이 모두, 하나하나의 물건이 모두’ 등으로 번역된다. [每人(事、物)…都]

→ 日中爲市, 致天下之民, 聚天下之貨, 交易而退, 各得其所 『易經·係辭下』
낮 열두 시(日中)에 시장을 열어(爲市) 세상 사람들을 ‘오게 하고(致)’ 세상의 물건을 모아서 서로 바꾸고 물려 각자가 모두 그가 (원하는) 것을 얻다.

人之過也, 各於其黨 (사람의 잘못은 하나하나 모두 그 같은 부류에 있다)

(명사) 개인의 이해관계로 만들어진 집단, 친구, 한패 ; 같은 부류. (同類)

→ 鳥菟之族, 犀兕之黨 (左思 『吴都賦』)
새와 호랑이는 ‘같은 기원(族)’이고 코뿔소(=무소)와 외뿔소는 같은 부류이다.

16 agent[동작주(한국); 施動者, 施事(중국)] : 어떤 문법에서 동작의 행위를 하는 사람이나 동물을 언급하는 명사, 명사구이다. 예를 들면, 영어에서, → Anthea cut the grass. (Anthea가 풀을 깎았다) → The grass was cut by Anthea. (그 풀은 Anthea에 의해 깎였다)에서 Anthea가 agent가 된다. Agent라는 용어는 때로는 수동문에서 비록 그것이 행위자를 언급하지 않아도 by 다음에 오는 명사나 명사구를 위해서만 사용된다. 예를 들면 → She was admired by everyone. (그녀는 모든 사람들에 의해 존경받았다)에서 everyone이다.

觀過, 斯知仁矣 (잘못을 보면 仁을 안다)

(접속사) 복문 중 뒤의 단문의 문두나 주어와 서술어 사이에 쓰여 앞뒤 두 부분이 '일의 이치(事理)'에서 부드럽게 이어지는 관계라는 것을 보여 준다. '~면~이다' 등으로 번역된다. ('就', '則', '那麼')

→ 攻乎異端, 斯害也已 『論語·爲政』
유가 외 학설, 학파(異端)를(乎) 깊이 연구하면(攻, 斯) 해롭다(害也已).

→ 王無罪歲, 斯天下之民至焉 『孟子·梁惠王上』
왕이 '시대의 재난으로 탓을 돌리'지 않으면(無罪歲, 斯) 천하의 사람들(天下之民)이 여기로 온다(至焉).

→ 四十五十而無聞焉, 斯亦不足畏也已 『論語·子罕』
40, 50세에(四十五十而) 명성이 없다면(無聞焉, 斯) 역시(亦) 두려워하기에 부족하다(不足畏也已).

→ 天下皆知美之為美, 斯惡已. 皆知善之為善, 斯不善已 『老子·二章』
세상 사람들(天下)이 모두(皆) 아름다운 것이 아름답다는 것을 알면(知美之為美, 斯) 아름답지 않다(惡已). (세상 사람들이) 모두 좋은 것이 좋은 것이라는 것을 알면(皆知善之為善, 斯) 좋지 않은 것이다(善已).

4-8. 子曰: "朝聞道, 夕死可矣."

<table>
<tr><th>子曰:</th><th>"朝</th><th>聞</th><th>道,</th><th>夕</th><th>死</th></tr>
<tr><td>공자가 말하다</td><td>(명)아침
[명사→부사(3-20)]</td><td>(동)이해하다</td><td>(명)도(道)</td><td>(명)저녁
[명사→부사(3-20)]</td><td>(동)죽다</td></tr>
<tr><td colspan="4">공자가 말했다. "아침(에) 도(道)를 이해하(면) [조건가정절(1-1)]</td><td colspan="2">저녁에 죽어도</td></tr>
<tr><th>可</th><th>矣."</th><td colspan="4" rowspan="3"></td></tr>
<tr><td>(동)가치가 있다</td><td>(어기)미래확신.'가정+결과'(7-15)</td></tr>
<tr><td colspan="2">가치가 있을 것이다."</td></tr>
</table>

번역 공자가 말했다. "아침에 도(道)를 이해하면 저녁에 죽어도 가치가 있을 것이다."

語法과 語彙

朝聞道 (아침에 도를 이해하다)

(명사) 아침. (早晨)

→ 一朝之忿, 忘其身以及其親, 非惑與? 『論語·顏淵』
하루아침의 분노로 자신의 신분과 자신의 부모까지 잊으니 의심스럽지 않겠는가?

— [보충]
본문의 '조(朝)'는 '명사가 부사'로 품사활용 되는 경우이다. (3-20참조)

→ 始吾於人也, 聽其言而信其行, 今吾於人也, 聽其言而觀其行 『論語·公冶長』
처음에 나는 사람에 대해서 그의 말을 듣고 그의 행동을 믿었고 지금은 사람에 대해서 그의 말을 듣고 그의 행동을 본다.

朝聞道 (아침에 도를 이해하다)

(동사) 이해하다. (懂得, 理解)

→ 生乎吾前, 其聞道也固先乎吾, 吾從而師之 (韓愈『師說』)
내 앞에 태어나 그가 도를 이해한 것이 본래 나보다 앞서니 나는 그를 따르고 그를 스승으로 여긴다.

夕死可矣 (저녁에 죽어도 가치가 있을 것이다)

(동사) 가치가 있다. (值得)

→ 其文理皆由可觀者 (宋·王安石『傷仲永』)
그것의 문채와 이치는 모두 볼만한 가치가 있는 부분이 있다.

4-9. 子曰: "士志於道而恥惡衣惡食者, 未足與議也."

子曰:	"士	志	於	道	而
공자가 말하다	(명)지식인. 선비(8-7)	(동)뜻을 '세우다/두다'(2-4)	(전)동작발생장소 '~에'(2-4)	(명)도(道)	(접)전환. '그러나'(1-1)
공자가 말했다. "지식인이 도(道)에 뜻을 세우지만					
恥	惡	衣	惡	食	者,
(동)부끄러워하다	(형)나쁘다. 좋지 않다	(명)옷	(명)나쁘다. 좋지 않다	(명)음식	(조)복문內앞문장 문미.'가정'(2-23)
좋지 않은 옷(과) 좋지 않은 음식을 부끄러워하면					
未足		與(之)	議	也."	
(동)부족하다.할 수 없다		(전)~와 함께	(동)시비를 논하다	(어기)진술강조 (2-17)	
(그와) 함께 시비를 논할 수 없다."					

번역 공자가 말했다. "지식인이 도(道)에 뜻을 세웠지만 좋지 않은 옷과 좋지 않은 음식을 부끄러워하면 그와 함께 시비를 논할 수 없다."

語法과 語彙

恥惡衣惡食 (좋지 않은 옷과 좋지 않은 음식을 부끄러워하다)

(형용사) 좋지 않다. 나쁘다. (壞, 不好) [악, è]

→ 不明臣之所言, 雖節儉勤勞, 布衣惡食, 國猶自亡也 『韓非子·說疑』
신하가 말한 것을 이해하지 못하면 비록 절약하고(節儉) 부지런히 일하고(勤勞) 검소한 옷을 입고(布衣) 좋지 않은 음식을 먹어(惡食)도 나라는 자연스레 망한다.

→ 今有利劍於此, 以刺不中, 以擊則不及, 與惡劍無擇, 爲是鬪因用惡劍則不可 『吕氏春秋·簡閱』
지금 여기에 예리한 검이 있는데 이것으로 찔러도 맞추지 못하고, 이것으로 공격하면 미치지 않으니, 예리하지 못한(=좋지 않은) 검과 '구별이 없다(無擇).' 이 전투를 위하여 예리하지 못한 검을 사용하면 안 된다.

未足與議也 (그와 함께 시비를 논할 수 없다)

(동사) 부족하다, 할 수 없다. (不足, 不能)

→ 舂陵去宛三百里耳, 未足爲功 『後漢書·齊武王縯傳』
용릉(舂陵)은 완(宛)에서 300리 떨어져 있으니 이동시킬 수 있다. (功:힘으로 물체를 이동시키는 일. 指用力使物體移動的工作)

未足與議也 (그와 함께 시비를 논할 수 없다)

(전치사) 행위자가 동작을 일으킬 때 '관련되는/미치는' 대상을 나타내는 것으로 '~와'로 번역된다. (和, 跟, 同)

→ 朝, 與下大夫言, 侃侃如也, 與上大夫言 ,誾誾如也 『論語·鄕黨』

조정에서 하대부와 말할 때는 '화목하고 즐거웠고(侃侃:和樂貌)' 상대부와 말할 때는 '유쾌하고 시비를 판단할 수 있는 모습(誾誾:說話和悅而又能辯明是非之貌)'이다.

→ 旦日, 客從外來, 與坐談 『戰國策·鄒忌諷齊王納諫』

다음날 손님이 밖에서 왔을 때 (그와) 함께 앉아 얘기하다.

未足與議也 (그와 함께 시비를 논할 수 없다)

(동사) 비평하다, 왈가왈부하다, 시비를 평론하다(대체로 비난을 가리킨다). (議論, 評論是非, 多指非議)

→ 君亟定變法之慮, 殆無顧天下之議之也 『商君書·更法』

선생은 즉각(亟:急切) 변법에 대한 생각을 정하시고 '반드시, 꼭(殆:必定)' 세상 사람들이 선생에 대해 왈가왈부하는 걸 신경 쓰지 마시오.

4-10. 子曰: "君子之於天下也, 無適也, 無莫也, 義之與比."

子曰:	"君子	之	於	天下	也,
공자가 말하다	(명)군자(君子)(11-1)	(접)주어+之+서술어(1-10)	(동)~에 있다(4-5)	(명)천하.세상	(어기)어기멈춤, 완만(3-1)
공자가 말했다. "군자가 세상에 있(을 때)…					
無適也, 無莫也,					
1. 규정이 꼭 어떠해야 한다는 것이 없고, 규정이 꼭 어떠해서는 안 된다는 것이 없다. 일정한 목표를 견지하면서 융통적인 수단을 충분히 활용한다는 것을 나타낸다. (無適無莫:沒規定該如何, 也沒規定不該如何, 多指在堅持一定目標下, 善用靈活權宜手段)(漢語大詞典) 2. 독단하지 않고 외로워하지 않는다. [適, 專主也. (朱熹) / 專主는 독단(獨斷)의 의미가 있다.(漢語大詞典)][莫에 외롭다, 쓸쓸하다(寂寞)의 의미가 있다. (漢語大字典)]					
1. 규정이 꼭 어떠해야 한다는 것이 없고, 규정이 꼭 어떠해서는 안 된다는 것이 없(고) 2. 독단하지 않고 외로워하지 않(고)					
義	**之**	**與**	**比."**		
(명)의(義). 정의로움(1-13)	(조)목적어전치(1-15)	(동)참여하다(3-12) [동→사동]	(동)비교하다		
1. 정의로움을 참여시키어 비교한다. 2. 정의로움이 참여하여 비교한다. [之:(접)주어+之+서술어(1-10) / 與:(동)참여하다] [견해] 군자의 주체적인 결정과 행보를 고려하면 '2'보다는 '1'의 의미가 더 적절하게 보인다.					

번역 1. 공자가 말했다. "군자가 세상에 있을 때 규정이 꼭 어떠해야 한다는 것이 없고, 규정이 꼭 어떠해서는 안 된다는 것이 없고, 정의로움을 참여시키어 비교한다."

2. 공자가 말했다. "군자가 세상에 있을 때 독단하지 않고 외로워하지 않고 정의로움을 참여시키어 비교한다."

語法과 語彙

無適也, 無莫也, 義之與比 (독단하지 않고 외로워하지 않고 정의로움을 참여시키어 비교한다)

— [보충과 견해]

이 문장에 대한 학자들의 해석은 대체로 유사하고 지금까지 연구된 결과(사전상의 정의)도 학자들의 해석과 다르지 않다. 하지만 이 해석들을 통사적으로 볼 때 의문이 생긴다. 먼저 학자들의 견해를 보자.

- "꼭 해야겠다는 것도 없고 절대로 안 된다는 것도 없으며, 이로움만을 따른다." (김학주, 2017)
- "해야만 한다는 것도 없고, 하면 안 된다는 것도 없으며, 의에 더불고 따른다." (이기동, 2011)
- "가까이 할 것도 없고 멀리 할 것도 없다. 오로지 의로움에 따를 뿐이다." (김용옥, 2008)
- "꼭 이래야 한다고 고집하는 것도 없고 이래서는 안 된다고 고집하는 것도 없으며 의로움과 친할 뿐이다." (류종목, 2000)
- "꼭 이렇게 해야 한다는 것이 없고, 꼭 이렇게 해서는 안 된다는 것도 없으며, 행하고 추구하는 것이 의로움에 맞을 뿐이다. (沒有必定要這樣做的, 也沒有必定不這樣做的, 所做唯求合乎義)" (陳曉芬, 2016)
- "좋아하고 싫어하는 편견이 없고 다만 의로움을 종국의 갈 곳으로 삼는다. (沒有好惡的偏心, 只以義爲歸)" (毛子水, 2009)
- "규정을 어떻게 해야 한다는 것이 없고 규정이 어떻게 해서는 안 된다는 것도 없으며, 다만 어떻게 하는 것이 합리적이고 타당하면 어떻게 한다(沒規定要怎樣幹, 也沒規定不要怎樣幹, 只要怎樣幹合理恰當, 便怎樣幹)." (楊伯峻, 2006)

특히 여기서 의문이 생기는 부분은 '義之與比' 이 부분이다. 이 문형은 '義之與'+'比'로 볼 수 있다. 이때 '義之與(정의로움을 참여시켜)'는 다음에 나오는 동사 '比(비교하다)'를 수식하는 것으로 볼 수 있다. (3-20참조)

→ 操軍吏士皆出營立觀 『資治通鑑·漢紀·五十七』
조조(曹操)의 군대 '장병(吏士:官兵. 정부군, 장병)' 모두 병영을 나와 서서 본다.

無適也, 無莫也, 義之與比 (독단하지 않고 외로워하지 않고 정의로움을 참여시키어 비교한다)

1. (동사) 참여하다, 참가하다 [yù]. (參與, 參加)

→ 蹇叔之子與師 『左傳·僖公三十二年』
건숙(蹇叔)의 아들이 군대에 참가하다.

→ 吾賤且辱, 不得與考績幽明之說 (唐·柳宗元『送薛存義序』)
나는 지위가 낮고 좌천되었으니 공적이 우수한지 그렇지 아니한지 살피는 사무에 참여할 수 없다.

2. 품사의 활용 중 동사를 사동(使動)용법으로(3-20참조) 사용하는 항목에 들어간다고 볼 수 있다. '여의(與義)'는 '使義與(정의가 참여하게 하다)'의 의미가 되는 것이고 이때 목적어인 '義를 전치하기 위해서 구조조사 목적어 전치 구조조사 之를 사용하여 '義之與'로 표현하였다고 본다.

→ 項伯殺人, 臣活之 『史記·項羽本紀』
항백(項伯)은 사람을 죽였으나 내가 그를 살려 놓았다. (活之=使之活, 그가 살도록 하다)

→ 其意蓋將死我于囊而獨竊其利也 『中山狼傳』
그의 뜻은 아마도 자루 안에서 나를 죽게 하고 혼자 그 이윤을 훔치려는 것일 게다. (死我=使我死, 내가 죽도록 하다)

4-11. 子曰: “君子懷德, 小人懷土; 君子懷刑, 小人懷惠.”

子曰:	“君子	懷	德,	小人	懷
공자가 말하다	(명)군자(君子)(11-1)	(동)생각하다	(명)덕(德)	(명)소인	(동)생각하다
공자가 말했다. “군자는 덕을 생각하(고)				소인은 토지 신을 생각한다.	
土;	君子	懷	刑,	小人	懷惠.”
(명)토지 신	(명)군자(君子)(11-1)	(동)생각하다	(명)법률	(명)소인	(동)혜택을 생각하다
	군자는 법률을 생각하(고)			소인은 혜택을 생각한다.”	

번역 공자가 말했다. “군자는 덕을 생각하고 소인은 토지 신을 생각한다. 군자는 법률을 생각하고 소인은 혜택을 생각한다.”

語法과 語彙

君子懷德 (군자는 덕을 생각한다)

(동사) 생각하다. (想念)

→ 既死而人懷之也 (明·王守仁『象祠記』)
이미 죽었는데 사람들은 (여전히) 그를 생각한다.

小人懷土 (소인은 토지 신을 생각한다)

(명사) 토지 신. (社神)

— [견해]

土에 대한 학자들의 견해는 ‘땅 또는 땅과 관련 있는 공간’이며 대체로 ‘안온한 삶의 터’, ‘편히 살 곳’, ‘땅’, ‘살아온 정든 땅’, ‘고향 땅’, ‘생활이 편한 곳’, ‘고향’ 등이다. 여기서는 德과 비교되는 추상적인 개념으로 ‘토지 신’으로 보았다. 고대에 사람들이 토지 신을 숭배하는 목적은 궁극적으로 ‘그들의 평온한 삶’이므로 해석에 큰 문제가 없다고 생각한다.

→ 諸侯祭土 『公羊傳·僖公三十一年』
제후가 토지 신에게 제사지내다.

君子懷刑 (군자는 법률을 생각한다)

(명사) 법률, 조문. (法律, 條文)

→ 鄭人鑄刑書 『左傳·昭公六年』
정나라 사람이 법률문을 주조(鑄造:금속을 열에 가하여 녹인 후에 모래 주형이나 거푸집 속에 부어 냉각시킨 다음 응고시켜 만들다)하다. (=삼발의 솥을 주조하여 법률문을 새기다)

小人懷惠 (소인은 혜택을 생각한다)

(명사) 은혜, 혜택. (恩惠)

→ 小惠未遍 『左傳·莊公十年』
작은 혜택이 두루 퍼지지 않았다.

4-12. 子曰: "放於利而行, 多怨."

子曰:	"放	於	利	而	行,
공자가 말하다	(동)기준으로 하다. 의거하다	(전)발생장소, 출현범위. '~범위내에서' (1-14)	(명)이익	(접)부사어+而 +서술어(1-4)	(동)행동하다
공자가 말했다. "이익을 기준으로 하여 행동하(면)					
多	**怨."**				
(부)대체로. 대부분	(동)원망하다				
대부분 원망한다."					

번역 공자가 말했다. "이익을 기준으로 하여 행동하면 대부분 원망한다."

語法과 語彙

放於利而行 (이익을 기준으로 하여 행동하다)

(동사) 근거나 기준이 되다; 근거나 기준으로 삼다. [fǎng] (依循, 依據)

→ 賓之禮事, 放上而動 『國語·周語下』
손님의 예(손님이 예를 행하는 일)는 지위의 높음을 기준으로 하여 움직인다.

放於利而行, 多怨 (이익을 기준으로 하여 행동하면 대부분 원망한다)

(부사) 대체로, 대부분. (大都, 大部分)

→ 蓋世所傳詩者, 多出於古窮人之辭也 (歐陽修『梅聖俞詩集序』)
대체로(蓋:대략 그렇다는 것을 보여준다. 表大概如此) 세상에(世) 전해지는 시는(所傳詩者) 대부분(多) 옛날(古) '뜻을 이루지 못한 사람(窮人:不得志的人)'의 말(之辭)에서(於) 나온 것이다(出…也).

4-13. 子曰: “能以禮讓爲國乎何有? 不能以禮讓爲國, 如禮何?”

<table>
<tr><th>子曰:</th><th>“能</th><th>以</th><th colspan="2">禮讓</th><th>爲</th><th>國</th></tr>
<tr><td>공자가 말하다</td><td>(조동사)
~할 수 있다(1-7)</td><td>(전)행위도구.
‘~로’(2-1)</td><td colspan="2">(명)예(禮)와 겸양
(謙讓:겸손하게 사양하다)</td><td>(동)다스리다.
통치하다</td><td>(명)나라</td></tr>
<tr><td colspan="7">공자가 말했다. “예(禮)와 겸양으로 나라를 다스릴 수 있(다면)</td></tr>
<tr><th>乎</th><th colspan="2">何有?</th><th>不能</th><th>以</th><th colspan="2">禮讓</th></tr>
<tr><td>(어기)문중.강조,
음성장단조력
(13-13)</td><td colspan="2">(관용)반문.
‘무슨 어려움이 있는가?’</td><td>(조동)
~할 수 없다</td><td>(전)행위도구.
‘~로’(2-1)</td><td colspan="2">(명)예(禮)와 겸양
(謙讓:겸손하게 사양하다)</td></tr>
<tr><td colspan="3">무슨 어려움이 있겠는가?</td><td colspan="4">예(禮)와 겸양으로 나라를 다스릴 수 없다(면)</td></tr>
<tr><th colspan="2">爲國,</th><th colspan="3">如禮何?”</th><td colspan="2" rowspan="3"></td></tr>
<tr><td colspan="2">(동)나라를 다스리다</td><td colspan="3">(관용구)‘如A何’형식으로 ‘A는 어떻게 해야 하나?, A는 어떡해야 좋은가?’ (3-3)</td></tr>
<tr><td colspan="5">예(禮)는 어떻게 해야 하는가(=예는 어떻게 할 방법이 없다; 그런 경우 예는 소용이 없다).”</td></tr>
</table>

번역 공자가 말했다. “예(禮)와 겸양으로 나라를 다스릴 수 있다면 무슨 어려움이 있겠는가? 예(禮)와 겸양으로 나라를 다스릴 수 없다면 ‘예(禮)는 어떻게 해야 하는가?(=예(禮)는 어떻게 할 방법이 없다; 그런 경우 예(禮)는 소용이 없다)’.”

語法과 語彙

能以禮讓爲國乎何有? (예(禮)와 겸양으로 나라를 다스릴 수 있다면 무슨 어려움이 있겠는가?)

(명사, 동사, 형용사) 사양(하다), 겸양(하다), 사양하는, 겸양하는 (辭讓, 謙讓)

→ 何賢乎季子? 讓國也 『公羊傳·襄公二十九年』
왜 계자(季子)를 현명하게 여기는가? 왕의 자리를 사양했다.

— **[예문 보충 설명]**

何는 ‘부사’로 서술어 앞에 쓰여서 ‘원인’을 물어 본다. 때로는 何 뒤의 동사와 그 목적어 사이에 乎를 더하여 ‘何+동사+乎+목적어’의 형식을 만들 수 있고 ‘왜’ 등으로 번역된다(爲甚麽, 幹嗎). 이 문형 설명에 따라 ‘何賢乎季子?’를 보면 賢는 목적어를 수반하는 동사가 되며(賢季子, 계자를 현명하게 생각하다) 여기서는 형용사가 동사로 활용하는 ‘의동용법’으로 사용되었다. 호(乎)는 행위와 사람, 사물 사이의 대응관계를 보여주어 대상을 끌어들이는(‘~에 대해, ~에 대하여, 對, 對於) 전치사로 사용되었다.

能以禮讓爲國乎何有? (예(禮)와 겸양으로 나라를 다스릴 수 있다면 무슨 어려움이 있겠는가?)

(동사) 다스리다, 통치하다. (治理)

→ 爲國者無使爲積威之所劫 (宋·蘇洵『六國論』)
나라를 통치하는 사람(爲國者)이 강대한 위세가 주는 겁(積威之所劫. 積威:强大的威勢 강대한 위세)을 사용하지 못하게 한다(無使爲).

能以禮讓爲國乎何有? (예(禮)와 겸양으로 나라를 다스릴 수 있다면 무슨 어려움이 있겠는가?)

(관용구) 동사 '有'와 의문대명사 '何'로 구성된 '동목구(動目句)'로 서술어로 쓰이고 반문을 보여 준다. 문맥에 따라서 '무슨 관계가 있겠는가? / 무슨 어려움이 있겠는가? / 무슨 '냉정하게, 모질게' 할 마음이 있겠는가? 등으로 번역될 수 있다(有甚麽關係, 有甚麽困難, 有甚麽不忍心的). 그리고 '전치사목적어+전치사+何有' 문형의 경우는 '何有+전치사+전치사목적어'의 도치로 볼 수 있을 것이다.

→ 學而不厭, 誨人不倦, 何有於我哉? 『論語·述而』
배우지만 싫증내지 않고 사람을 가르치는데 게으르지 않는 것이 나에게 무슨 어려움이 있겠는가?

→ 人實有國, 我何愛焉? 入而能民, 土於何有(=何有於土?) 『左傳·僖公九年』
사람이 실제로 나라가 생기면 나는 무엇을 중시해야 할까? 세상 속으로 들어가 백성을 사이좋게 해야지(能:和睦/親善) 땅은(← 땅에겐) 무슨 어려움이 있겠는가?

4-14. 子曰: "不患無位, 患所以立. 不患莫己知, 求爲可知也."

子曰:	"不患	無位,	患	所以	
공자가 말하다	(동)걱정하지마라 [不:금지(1-16)]	(동)직위가 없다 (9-2)	(동)걱정하다 (14-31)	A(타동사) + 所以 + B(동사구) : A하다, B하는 방법을.	
공자가 말했다.	"직위가 없(음을) 걱정하지 말(고)		성취할 수 있는 방법을 걱정(해라).		
立.	**不患**	**莫**	**己知,**		**求(所以)**
(동)성취하다	(동)걱정하지마라 [不:금지(1-16)]	(대)행위주체 없음. '아무도 ~않다'	(동)자신을 알다[己:(대)자신(1-16)]		(동)추구하다.찾다
	아무도 자신을 알지 못하는 것을 걱정하지 말(고)				
爲	**可知."**				
(동)되다(3-8)	(동)알 수 있다				
알 수 있게 되는 (방법을) 찾아라."					

번역 공자가 말했다. "직위가 없음을 걱정하지 말고 성취할 수 있는 방법을 걱정해라. 아무도 '나를 알지 못하는(←자신을 알지 못하는)' 것을 걱정하지 말고 알 수 있게 되는 방법을 찾아라."

語法과 語彙

患所以立 (성취할 수 있는 방법을 걱정하다)

一 [보충, 所以+동사 or 동사구]

이러한 유형의 '所'字句에서 所는 전치사 以가 소개하는 대상을 대신하여 동작행위의 근거, 방법, 조건, 도구, 수단, 목적, 이유, 원인 등을 보여 준다. 크게 두 가지 형식이 보이는데 형식과 의미를 정리하면 다음과 같다.

1. A(之)(,) + 所以 + B(동사, 동사구) : A는 B하는 (근거, 방법, 조건, 도구, 수단, 목적, 이유…)이다.
2. A(타동사) + 所以 + B(동사, 동사구) : A하다, B하는 (근거, 방법, 조건, 도구, 수단, 목적, 이유…)'을/를'.

1. 夫水所以載舟, 亦所以覆舟 『張衡·東京賦』
물은 배를 띄우는 조건(근거, 도구)이고 또한 배를 뒤집는 조건(근거, 도구)이다.

→ 凡吾所以來, 爲父老除害, 非有所侵害, 無恐! 『史記·高祖本紀』
어쨌든 내가 온 '목적, 이유'는 노인들을 위해서 해로움을 없애고 침해하는 것을 없게 하는 것이니 두려워마라!

→ 大王知胶西王所以爲無道亡乎? 『漢書·龔遂傳』
대왕께서는 교사왕(胶西王)이 무도(無道)를 행하여 멸망한 이유를 아십니까?

→ 親賢臣, 遠小人, 此先漢所以興隆也 『三國蜀·蜀書·諸葛亮傳』
현명한 신하를 가까이하고 소인을 멀리하는 이것이 전한(前漢)이 흥성한 원인이다.

→ 孔子說 "人之所以立, 信、智、勇也" 『左傳·成公十七年』
공자가 말했다. "사람이 설 수 있는 조건은 신의, 지혜, 용기이다.

→ 師者, 所以傳道授業解惑也 (韓愈·『師說』)
선생(스승)은 '도리(道)를 전하(傳道)'고 '학업을 주며(受業)' '의혹을 해소해주는(解惑)' '사람이다(=근거이다, 도구이다)'.

→ 曹劌諫曰: "不可. 夫禮, 所以整民也" 『左傳·莊公二十三年』

조귀(曹劌)가 간언하며 말했다. "안 됩니다. 예(禮)는 백성을 질서 있게 만드는 도구입니다."

2. 長勺之役, 曹劌問所以戰於莊公 『國語·魯語上』
장작(長勺)의 '전쟁과 관련한 일(役:戰事)'에 대해 조귀(曹劌)는 장공(莊公)과 전쟁하는 근거(목적, 이유…)를 묻는다.

患所以立 (성취할 수 있는 방법을 걱정하다)

(동사) 성취하다. (成就)

→ 兵精粮足, 足以立事 『資治通鑑·漢紀·獻帝建安十三年』
군사는 강하고 양식은 충분하니 사업을 성취할 수 있다.

— [보충]

동사로 '직위에 오르다'의 의미도 있다. 그리고 이 의미의 경우에는 '왕이나 제후의 자리에 오르다'라고 구체적으로 사용된다고 해설하고 있다. (登上帝王或諸侯之位)

→ 吾聞二世少子也, 不當立, 當立者乃公子扶蘇 『史記·陳涉世家』
나는 이세(二世)가 어린 아들이라 들었는데 즉위해서는 안 된다. 즉위해야만 하는 사람은 공자(公子:제후의 서자 혹은 아들) 부소(扶蘇)이다.

不患莫己知 (아무도 자신을 알지 못하는 것을 걱정하지 않다)

(지시대명사) 대명사를 내포하여 문장 안에서 부정을 나타내고 보통 동사 앞에 놓인다. 동사 서술어 앞에 쓰여 동작, 행위의 주체가 없다는 것을 보여 준다. '아무도 없다, 아무도 ~할 수 없다, 아무도 ~않다' 등으로 번역된다. (没有誰(能), 没人)

→ 莫我知也夫! 『論語·憲問』
아무도 나를 몰라준다.
[여기서는 '무지시 부정대명사' 莫 때문에 다음에 나오는 '동사+목적어' 어순이 도치되었다(莫+목적어+동사). 하지만 아래처럼 그렇지 않을 수도 있다]

→ 何爲其莫知子也? 『論語·憲問』
왜 아무도 그대를 몰라주는가?
[이 문장은 바로 위 '莫+목적어+동사'와 달리 '莫+동사+목적어'의 통사이다. 이를 보면 '무지시 부정대명사'가 앞에 나오고 뒤에 '동사, 목적어'가 나올 때는 '동사, 목적어'의 어순이 서로 바뀔 수도 있다는 것을 알 수 있다]

→ 魯人從君戰, 三戰三北. 仲尼問其故, 對曰: "吾有老父, 身死, 莫之養也" 『韓非子·五蠹』
노나라 사람이 왕을 따라 전쟁을 했지만 세 번 싸워서 세 번 패했다. 공자(仲尼)가 그 이유를 묻자 대구하여 말했다. "저는 늙은 아비가 있어 제가(身) 죽으면 아무도 아비를 봉양할 수 없습니다."

求爲可知也 (알 수 있게 되는 걸 찾다)

(동사) 찾다, 추구하다. (尋找, 追求)

→ 女爲惠公來求殺余 『左傳·僖公二十四年』
너는 혜공을 위하여 와서 나를 죽이려고 한다. (←나를 죽이기를 추구하다)

求爲可知也 (알 수 있게 되는 걸 찾다)

— [견해]

여기서는 선행한 문장의 의미와 형식이 생략되었다고 볼 수 있다. 본래의 의미는 '求(<u>所以</u>)爲可知也 (알 수 있게 되는 방법을 찾다)'라고 본다.

4-15. 子曰: "參乎! 吾道一以貫之." 曾子曰: "唯." 子出, 門人問曰: "何謂也?" 曾子曰: "夫子之道, 忠恕而已矣."

子曰:	"參	乎!	吾道	一以貫之."	
공자가 말하다	(인명)증자(1-4)	(어기)주의 환기	나의 도(道)	충서(忠恕)의 도가 모든 사물을 관통하다	
공자가 말했다.	"증자야!		나의 도(道)는 충서(忠恕)가 모든 사물을 관통하는 것이다."		
曾子曰:	**"唯."**	**子出,**	**門人**	**問曰:**	**"何謂**
증자가 말하다	(부)알겠습니다 (들었다는 의미)	공자가 나가다	(명)문인들	물으며 말하다	(관용구) '무슨 뜻인가?'(2-5)
증자가 말했다.	"알겠습니다."	공자가 나간 (다음) [시간절]	문인들이 물으며 말했다.		"무슨 뜻입니까?"
也?"	**曾子曰:**	**"夫子**	**之**	**道,**	**忠恕**
(어기)의문(2-5)	증자가 말하다	(명)선생님. 공자(1-10)	(조사)수식관계. ~의' (3-2)	(명)도(道)	(명)충서(忠恕)
	증자가 말했다.	"선생님의 도(道)는 [주어구]			충서(忠恕)
而已矣."					
(어기)제한'~할 뿐이다'(4-15)					
일 뿐입니다."					

번역 공자가 말했다. "증자야! 나의 도(道)는 충서가 모든 사물을 관통하는 것이다." 증자가 말했다. "알겠습니다." 공자가 나간 다음 문인들이 증자에게 물으며 말했다. "무슨 뜻입니까?" 증자가 말했다. "선생님의 도(道)는 충서일 뿐입니다."

語法과 語彙

參乎! 吾道一以貫之 (증자야! 나의 도는 충서가 모든 사물을 관통하는 것이다)

(어기사) 여기서는 '증삼아!'하고 공자가 부르는 모습이다. 때문에 호(乎)는 '주의를 집중시키는(=주의 환기注意喚起)' 어기로 보아야 한다. 주요 공구서에서 이 용도로 구별해 놓은 항목은 찾을 수가 없는데 가까운 쓰임으로는 '어기 번춤' 정도가 될 수 있을 것 같다.

吾道一以貫之 (나의 도는 충서가 모든 사물을 관통하는 것이다)

(동사) 원래는 공자의 충서(忠恕)의 도(道)가 모든 사물의 안에 관통되는 것을 가리켰는데 나중에는 보통 하나의 생각이나 이론이 처음부터 끝까지 관통되는 것을 가리켰다. (原指孔子的忠恕之道貫穿在一切事物中. 後亦泛指一種思想或理論貫通始終)

→ 曰: "非也. 予一以貫之" 『論語·衛靈公』
말하다. "아니다. 나는 하나의 생각이 처음부터 끝까지 관통된다."

曾子曰: "唯" (증자가 말했다. "알겠습니다.")

(부사) 대화에서 '들었거나(聽到)' 상대방의 말에 동의를 나타내는 것으로 연속하여 '유유(唯唯)'로 쓸 수 있다. '네', '맞습니다' 등으로 번역할 수 있다. (是, 對, 嗯)

→ 老子曰: "子自楚之所來乎?" 南榮趎曰: "唯" 『莊子·庚桑楚』
노자가 말했다. "그대는 초나라에서 오는 겁니까?" 남영주(南榮趎)가 말했다. "네."

忠恕而已矣 (충서일 뿐이다)

(명사) 유가의 일종의 도덕 규범으로 충(忠)은 '마음을 다하여 타인과 잘 어울린다'는 것을 말하고 서(恕)는 '입장을 바꾸어 생각하는 것'을 말한다. (儒家的一種道德規範. 忠, 謂盡心爲人 ; 恕, 謂推己及人)

→ 體之以忠恕, 文之以禮樂 『後漢書·章帝紀』
충서(忠恕)로 그것을 실현하고 예악(禮樂)으로 그것을 덮다.

忠恕而已矣 (충서일 뿐이다)

(관용구) 이이(而已)와 어기사 의(矣)가 연이어 쓰여 만들어졌다. 이이(而已)는 제한(制限)의 어기를 나타내고, 의(矣)는 긍정의 어기를 나타낸다. 문장의 의미에 근거하여 '~할 뿐이다. ~할 따름이다, ~면 된다' 등으로 번역된다. (罢了, 就行了)

→ 子曰: "回也, 其心三月不違仁, 其餘則日月至焉而已矣 『論語·雍也』
공자가 말했다. "안회는 그 마음이 석 달 동안 인을 어기지 않았지만 그 나머지 사람들은 하루, 한 달 인(仁)에 갈 뿐이다.

→ 救民於水火之中, 取其殘而已矣 『孟子·藤文公下』
백성을 물불의 가운데에서 구하고 그 흉포한 사람을 체포할 뿐이다.

4-16. 子曰: "君子喩於義, 小人喩於利."

子曰:	"君子	喩	於	義,	小人
공자가 말하다	(명)군자(君子)(11-1)	(동)알다	(전)동작의 직접대상(1-10)	(명)정의로움(1-13)	(명)소인
공자가 말했다. "군자는 정의로움을 알(고)					

喩	於	利."
(동)알다	(전)동작의 직접대상(1-10)	(명)이익
소인은 이익을 안다."		

번역 공자가 말했다. "군자는 정의로움을 알고 소인은 이익을 안다."

語法과 語彙

君子喩於義 (군자는 정의로움을 안다)

(동사) 알다. (知道, 了解)[유,yù]

→ 單足以喩則單, 單不足以喩則兼 『荀子·正名』
외자(-字)이름이 알기 충분하면 '외자하고(= 이름을 한 글자로 하고)' 외자 이름이 알기 충분하지 않으면 '兼한다(= 이름을 두 글자로 한다)'.

4-17. 子曰: “見賢思齊焉, 見不賢而內自省也.”

子曰:	“見	賢	思	齊	焉,
공자가 말하다	(동)보다	(명)재능,덕행이 좋은 사람	(동)생각하다	(동)같다. 일치하다	(겸사)~에게. ~에 대해서 등
공자가 말했다. “덕행이 좋은 사람을 보면 그‘와(←에게)’ 같아지는 것을 생각하(고)					
見	不賢	而	內	自	省
(동)보다	(명)재능, 덕행이 좋지 않은 사람	(접)동작+而+동작(가정, 조건)	(명)안 [명사→부사(3-20)]	(대)자기	(동)성찰하다. 살펴보다(1-4.2-9)
덕행이 좋지 않은 사람을 보면 안으로(=속으로) 자기를 성찰한다.”					
也.”					
(어기)진술강조 (2-17)					

번역 공자가 말했다. “덕행이 좋은 사람을 보면 그와 같아지는 것을 생각하고, 덕행이 좋지 않은 사람을 보면 속으로 자기를 반성한다.”

語法과 語彙

見賢思齊焉 (덕행이 좋은 사람을 보면 그와 같아지는 것을 생각한다)

(명사) 재능, 덕행이 좋은 사람. (才能, 德行好的人)

→ 尙賢使能 『荀子·王制』
덕행이 좋은 사람을 존중하고 능력이 있는 사람을 ‘(사용, 기용)’하다.

見賢思齊焉 (덕행이 좋은 사람을 보면 그와 같아지는 것을 생각한다)

(형용사) 같다, 일치하다. (同, 一致)

→ 民齊者强 『荀子·議兵』
백성이 일치하면 강해진다.

→ 强本而節用, 則天不能貧 『荀子·天倫』
근본을 강화하고 절약하면 하늘은 (사람을, 나라를…) 가난하게 할 수 없다.
[‘貧(빈)’은 형용사를 사동용법으로 품사활용하였다]

見賢思齊焉 (덕행이 좋은 사람을 보면 그와 같아지는 것을 생각한다)

(겸사) 동사서술어 뒤에 쓰여 동작행위가 연루되는 대상이나 사물을 끌어들인다. ‘그·그들에게, 이것·이 일에 대해’ 등으로 번역될 수 있다. (向他, 向他們, 對他, 對這, 對這事)

→ 使子路問津焉 『論語·顔淵』

자로(子路)더러 그에게 나루터에 대해 묻게 하다.

→ 俟其欣悅, 則又請焉 (明·宋濂 『送東陽馬生序』)
그가 즐거워하(其欣悅)는 걸 기다린 다음(俟…則) 또(又) 그에게 부탁하다(請焉).

(어기사) 문중에 사용되어 멈춤을 나타내고 다음 문장을 제기하는 어기를 담고 있다. 번역하지 않아도 된다.

→ 子路曰: "有民人焉, 有社稷焉, 何必讀書, 然後爲學?" 『論語·先進』
자로가 말했다. "백성이 있고 사직이 있는데 왜 꼭 책을 읽은 다음에야 공부가 되는가?"

見不賢而內自省也 (덕행이 좋지 않은 사람을 보면 속으로 자기를 반성한다)

(접속사) '동작+而+동작'의 형식으로 '시간의 순차'로 동작이 발생하였고 여기서 而는 단문 내에서 '조건, 가정'의 의미로 쓰였다고 볼 수 있다.

— [보충, 접속사 而가 '조건, 가정'의 의미를 가지는 경우]

1. '주어+而+서술어' 구조에서 나타난다.

→ 子產而死, 誰其嗣之? 『左傳·襄公三十年』
자산이 죽으면 누가 그것을 이을까?

→ 管氏而知禮, 孰不知禮? 『論語·八佾』
관씨가 예(禮)를 안다면 누구 예(禮)를 모르겠는가?

2. 보통 복문 중 앞의 단문 문두에 쓰인다.

→ 客, 衛人也. 衛之去齊不遠, 君不若使人問之. 而固賢者也, 用之未晚也 『吕氏春秋·擧亂』
손님은 위나라 사람입니다. 위나라는 제나라에서 멀지 않으니 왕께서 사람을 파견하여 그것을 물어보는 게 낫습니다. 만약 (그가) 확실하게 현명한 사람이면 그를 써도 늦지 않습니다.

3. 단문 내에서 사용

→ 見不賢而內自省也 『論語·里仁』
덕행이 좋지 않은 사람을 보면 자기를 반성한다.

→ 晏平仲善與人交, 久而敬之 『論語·公冶長』
안평중은 사람과 교제하는 것을 잘하여 오래 되면 그를(안평중 자신을) '존경하게/존중하게(敬)' 만든다.

見不賢而內自省也 (덕행이 좋지 않은 사람을 보면 속으로 자기를 반성한다)

(대명사) 자기. (自己)

→ 遂自投汨羅以死 『史記·屈原賈生列傳』
마침내(遂) 자신을 멱라수[汨羅水:중국 후난(湖南)성을 흐르는 멱수(汨水)와 라수(羅水)가 합쳐진다 하여 이렇게 부름. 전국(戰國) 시대, 굴원(屈原)이 투신했다고 전함]에 던져 죽다.

4-18. 子曰: "事父母幾諫, 見志不從, 又敬不違, 勞而不怨."

子曰:	"事	父母	幾	諫,	見
공자가 말하다	(동)섬기다	(명)부모	(형)은미하다. 어렴풋하다	(동)솔직하게 권고하다(18-1)	(동)보다
공자가 말했다. "부모를 섬길 (때) 은미하게(=완곡하게) 권고하(고)					
(爾)志	**不從,**	**又**	**敬**	**不違,**	**勞(爾)**
(명)뜻	(동)듣지 않다. 따르지 않다	(부)전환. '그러나.오히려'	(동)공경하다	(동)거역하지 않다 (2-5)	(동)걱정하게 하다
(너의) 뜻(이) 받아들여지지 않는 것을 보아도 [양보절(1-10)]		공경하고 거역하지 말(고)			(너를) 걱정하게 해(도)[양보절]
而	**不怨."**				
(접)전환. '그러나'(1-1)	(동)원망하지 마라 (不:금지)				
(그러나) 원망하지마라."					

번역 공자가 말했다. "부모를 섬길 때 완곡하게 권고하고 너의 뜻이 받아들여지지 않는 것을 보아도 공경하고 거역하지 말고 너를 걱정하게 해도 원망하지마라."

語法과 語彙

事父母<u>幾</u>諫 (부모를 섬길 때 완곡하게 권고하다)

(형용사) 은미하다, 어렴풋하다. (隱微) [기,jī]

→ 夫《易》, 聖人之所以極深而研<u>幾</u>也 『周易·係辭上』
주역(『周易』)은 성인(聖人)이 지극히 깊어지고 아주 작게 은미해지는 수단이다.

見志不<u>從</u> (뜻이 받아들여지지 않는 것을 보다)

(동사) 순종하다, 따르다, 남의 말을 듣다. (依順, 聽從)

→ 小惠未遍, 民弗<u>從</u>也 『左傳·莊公十年』
작은 혜택이 두루 퍼지지 않으면 백성은 순종하지 않는다.

見志不從, <u>又</u>敬不違 (뜻이 받아들여지지 않는 것을 보아도 공경하고 거역하지 않다)

(부사) 가볍고 작게(=경미(輕微)) 전환되는 것을 보여주며 '오히려' 또는 여전히 '또한, 또' 등으로 번역된다.

→ 我欲乘風歸去, <u>又</u>恐瓊樓玉宇, 高處不勝寒 (蘇軾『水調歌頭·丙辰中秋』)
나는 바람을 타고 (하늘로) 돌아가고 싶지만 달나라 궁전(瓊樓玉宇) (그) 높은 곳에서 추위를 참지 못할까 걱정이다.

見志不從, 又敬不違, <u>勞</u>而不怨 (뜻이 받아들여지지 않는 것을 보아도 공경하고 거역하지 말고 너를 걱정하게 해도 원망하지마라)

(동사) 걱정하게 하다. (使…憂愁)

→ 瞻望弗及, 實<u>勞</u>我心 『詩經·邶風·燕燕』
멀리 보아도(瞻望) 미치지 않으니 정말로 나의 마음을 걱정스럽게 한다.

4-19. 子曰: “父母在, 不遠遊, 遊必有方.”

子曰:	“父母	在,	不	遠	遊,
공자가 말하다	(명)부모	(동)생존하다	(부)금지. ‘~하지마라’(1-16)	(형)멀다[형용사→ 부사(3-20)]	(동)가다. 두루 돌아다니다
공자가 말했다.	“부모가 생존할 (때) [시간복문(1-1)]		멀(리) 가지말(고)		
遊	必	有方.”			
(동)가다. 두루 돌아다니다	(부)꼭,반드시, 분명히(6-30)	(동)일정한 방향이나 장소가 있다.			
가(야할 때는) 꼭 일정한 방향이나 장소가 있어야 한다.” [시간조건긴축복문(11-14)]					

번역 공자가 말했다. “부모가 생존하실 때에는 멀리 가지 말고 가야 할 때에는 꼭 일정한 방향이나 장소가 있어야 한다.”

語法과 語彙

父母在, 不遠遊 (부모가 생존하실 때에는 멀리 가지‘마라/않다’)

(동사) 생존하다, 존재하다. (存在, 生存)

→ 先帝在時, 每與臣論此事 (諸葛亮『前出師表』)
선왕께서 생존해 계실 때 ‘자주, 여러 번(每:經常, 屢次)’ 저와 이 일을 논의했습니다.

父母在, 不遠遊 (부모가 생존하실 때에는 멀리 가지‘마라/않다’)

1. (동사) 걷다, 가다. (行走)

→ 鳳凰翔于庭, 麒麟遊于郊 『淮南子·覽冥訓』
봉황은 몸채 앞 마당에서 ‘하늘을 빙빙 돌며 날(翔<상, xiáng>)’고 ‘기린(麒麟. qílín)’은 교외에서 ‘걷는다(遊:行走)’.

2. (동사) 두루 돌아다니다, 유학하다. (遊曆, 遊學)

→ 衡少善屬文, 遊於三輔 『後漢書·張衡列傳』
장형(張衡)은 어릴 때 ‘글쓰기(屬文)’를 잘 했고 삼보(三輔)에서 유학했다.

— [견해]

공교롭게도 ‘가다’, ‘두루 돌아다니다’에 적용되는 예문이 없고 같은 의미 항목에 있는 ‘걷다’, ‘유학하다’에 해당하는 예문만 기재하였다. 중국어의 특징 중 하나는 이렇게 비교적 다른 의미를 동일 의미항목(‘두루 돌아다니다, 유람하다’와 ‘유학하다’ 등)으로 분류한다는 것이다. 때문에 결국 여러 예문을 통해서 그 단어가 관통하는 의미를 파악하는 것이 중요하다고 생각한다.

遊必有方 (가야할 때에는 꼭 일정한 방향이나 장소가 있어야 한다)

(동사) 일정한 ‘방향(=가는 곳)’이나 장소가 있다. (有一定的去向、處所)

4-20. 子曰: "三年無改於父之道, 可謂孝矣."

子曰:	"三年	無改	於	父	之
공자가 말하다	3년 [명사→부사]	(동)고치지 않다	(전)동작의 직접대상(1-10)	(명)아버지	(조사) 수식,종속관계. ~의' (3-2)
공자가 말했다. "3년 동안 아버지의 길을 고치지 않(으면) [조건가정절(1-1)]					
道,	可		謂	孝	矣."
(명)길	(조동사)가능.'~할 수 있다'(1-11)		(동)말하다	(동)효도(하다)	(어기)'이미 그렇다' (3-24)
	효도했다고 말할 수 있다."				

번역 공자가 말했다. "3년 동안 아버지의 길을 고치지 않으면 효도했다고 말할 수 있다."

語法과 語彙

『論語·學而』 편 11장과 동일.

4-21. 子曰: "父母之年, 不可不知也.一則以喜, 一則以懼."

子曰:	"父母	之	年,	不可	不知
공자가 말하다	(명)부모	(조사) 수식,종속관계. ~의' (3-2)	(명)나이(17-26)	(조동)~하면 안 된다	(동)모르다
공자가 말했다. 부모의 나이는				모르면 안 된다.	
也.	一	則	以	喜(不可不知),	
(어기)진술강조 (2-17)	(수사)하나.일.one	(판단부사)(바로) ~이다	(전)~때문에	(형)기쁘다 [형용사→명사]	
	하나는 기쁨 때문이고 (기쁨 때문에 모르면 안 되고)				
一	則	以	懼(不可不知也)."		
(수사)하나.일.one	(판단부사)(바로) ~이다	(전)~때문에	(형)두렵다 [형용사→명사]		
하나는 두려움 때문이다." (두려움 때문에 모르면 안 된다) [기쁘고 두려운 이유에 대해선 학자들이 기술한 대로 보모님이 장수하시고 늙어가기 때문이라고 볼 수 있다]					

번역 공자가 말했다. "부모의 나이는 모르면 안 된다. 하나는 기쁨 때문이고, 하나는 두려움 때문이다."

語法과 語彙

父母之年, <u>不可</u>不知也 (부모의 나이는 모르면 안 된다)

(조동사) ~하면 안 된다, ~할 수 없다, ~이 불가능하다 등. (不可以, 不可能)

→ 緣民臣之心, <u>不可</u>一日無君 『公羊傳·文公九年』
백성과 저의 마음 때문에 하루라도 왕이 없으면 안 됩니다.

— [보충, 不+조동사]

不은 부정부사로 조동사와 함께 연이어 쓰여 '능원(能願:바람, 주관적 판단, 가능성. 要, 想, 愿意, 肯, 敢, 應該, 應當, 應, 該, 得[děi] , 能, 能够, 可以, 可, 準, 許, 得[dé], 配, 值得, 可能, 會), 희망, 의향, 태도' 등의 부정을 나타내어 일반적으로 서술어가 된다.

→ 我心匪石, <u>不可</u>轉也 『詩經·邶風·柏舟』
내 마음은 저(匪:彼) 돌과 같으니 옮겨 다니지 않는다. (의향으로 보는 것이 좋은 것 같다)

一<u>則</u>以喜, 一<u>則</u>以懼 (하나는 기쁨 때문이고, 하나는 두려움 때문이다)

(판단부사) 보통 주어와 서술어 사이에 쓰여 부사어가 되며 서술어에 대한 판단을 나타내고 또한 강조의 의미도 갖고 있다. (就是, 是)

→ 此<u>則</u>寡人之罪也 『國語·越語上』
이것은 나의 잘못이다.

一則以喜 (하나는 기쁨 때문이다)

(전치사) 목적어를 수반하여 동사 앞에 쓰여 부사어가 되며 동작, 행위가 발생한 원인을 끌어들인다. '~때문에'로 번역된다.

→ 君子不以言擧人, 不以人廢言 『論語·衛靈公』
군자(君子)는 말 때문에(以言) 사람을 발탁하지 않(不…擧人)고 사람 때문에(以人) 말을 폐기하지 않는다(以…廢言).

→ 不以物喜, 不以己悲 (宋·範仲淹『岳陽樓記』)
사물(환경) 때문에 기뻐하지 않고 자신 때문에 슬퍼하지 않다.

4-22. 子曰: "古者言之不出, 恥躬之不逮也."

子曰:	"古	者	言	之	不出,
공자가 말하다	(부)옛날	(접미사) 시간부사+者	(명)말	(접)주어+之+서술어(1-10)	(동)넘지 않다, 초과하지 않다
공자가 말했다. "옛날(에는) 말이 넘치지 않았(고)					
耻	**躬**	**之**	**不逮(於言)**	**也."**	
(동)부끄러워하다	(명)자신.본인	(접)주어+之+서술어(1-10)	(동)미치지 않다. 다다르지 못하다	(어기사)진술강조 (2-17)	
자신이 (말에) 미치지 못하(는 것을) 부끄러워했다."					

번역 공자가 말했다. "옛날에는 말이 넘치지 않았고 자신이 말에 미치지 못하는 것을 부끄러워했다."

語法과 語彙

古者言之不出 (옛날에는 말이 넘치지 않았다)

(조사, 접미사) 今, 昔, 向 등의 시간부사 다음에 쓰여 부사 용법을 강화시키거나 쌍음절이 되도록 도와주며 문맥을 고려하여 번역하면 된다. (起强化作用或凑足雙音節)

→ 昔者吾舅死於虎, 吾夫又死焉, 今吾子又死焉 『史記·檀弓下』
옛날에 나의 시아버지가 호랑이에 의해서 죽고 나의 남편이 또 호랑이에 의해서 죽었고 지금 나의 아들이 또 호랑이에 의해서 죽는다.
[여기서 焉은 '겸사'로써 동사나 형용사 서술어 다음에 쓰여 보어가 되며 동작행위자를 유도한다(6-7). '被(by)+행위주체'의 형식이고 번역은 '~의 의하여' 등이 된다]

古者言之不出 (옛날에는 말이 넘치지 않았다)

(동사) (수량·정도·한도를) 넘다. 초과하다. (超出, 超過)

→ 古之聖人, 其出人也遠矣 (唐·韓愈『師說』)
옛날의 성인, 그들은 일반 사람을 훨씬 초과했다. (능력 등에서)

恥躬之不逮也 (자신이 말에 미치지 못하는 것을 부끄러워한다)

(명사) 자신, 본인 (自身). 신체, 몸(身子).

→ 萬方有罪, 罪在朕躬 『論語·堯曰』
세상 모든 곳에 죄가 있다면 죄는 내 자신에게 있다.

恥躬之不逮也 (자신이 말에 미치지 못하는 것을 부끄러워한다)

(동사) 미치다, 다다르다. (及, 到) [태, dài]

→ 材之不逮至遠也 (漢·賈誼『治安策』)
재능이 많이 미치지 못한다.

4-23. 子曰: "以約失之者鮮矣."

子曰:	"以	約	失	之	者
공자가 말하다	(전)원인. '~때문에.~로'(4-21)	(동)제약하다. 절제하다 [동→명사화]	(동)잃다	(조사)한정어+之+ 중심어.'~는'	(조사)~한 사람, ~한 것(1-2)
공자가 말했다. "절제로(←절제하는 것 때문에) 잃는 것은					
鮮	矣."				
적다(1-2)	(어기)상당한 긍정 (1-7)				
적다."					

번역 공자가 말했다. "절제로 잃는 것은 적다."

語法과 語彙

以約失之者鮮矣 (절제로 잃는 것은 적다)

(동사) 제약하다, 절제하다. (約束, 束縛, 節制)

→ 博我以文, 約我以禮 『論語·子罕』
문헌(文:文獻)으로 나를 넓게 하고 예로 나를 제약하다.

以約失之者鮮矣 (절제로 잃는 것은 적다)

— [보충, 명사화(nominalization)]

모든 언어에는 동사(구)나 문장 또는 동사가 포함된 문장의 일부가 명사구로 쓰일 수 있도록 하는 문법적 과정이 있다. 이 문법적 과정을 '명사화(nominalizatiopn)'라고 한다. 언어가 다르면 물론 이러한 명사화의 방법도 달라진다. 현대중국어에서는 동사(구)나 문장 또는 동사가 포함된 문장의 일부 뒤에 조사 '的'를 첨가함으로써 명사화가 이루어진다. (Charles N.Li, Sandra A. Tompson 저술. 박정구 등 옮김, 2011)

형태론에서는 기타 품사(특히 동사)에서 파생하여 명사가 되는 과정을 가리킨다. 예를 들어 'arrive'에서 'arrival', 'respond'에서 'response', 'swim'에서 'swimming'으로 파생되는 것이다. 통사론에서는 기타 범주(특히 동사구나 동사 문장)에서 명사구로 파생되는 과정을 가리킨다. 예를 들면, 'Mary's going topless upset her father(메리가 상반신을 드러내 가는 것이 그녀의 아빠를 화나게 했다)', 'To quit your job would be a mistake(네 직업을 그만두는 것은 실수가 될 거야)', 'That she smokes surprises me(그녀가 담배피우는 것이 나를 놀라게 한다)' 등이다. (A new English-Chinese Dictionary of linguistics, 2005.)

다른 품사(보통 동사, 형용사)를 명사를 만드는 문법적 과정이다. 예를 들어 영어에서 동사 'write'에서 명사로 명사화된 형태는 'His writing is illegal', 'Her mother is a writer'에서 'writing, writer'이다. 『Longman Dictionary of Language Teaching and Applied Linguistics, 2005.

명사화는 동사에서 명사로 변형되어 쓰이는 것으로 동사(verb word), 동사구(verb phrase), 동사절(verb sentence; verb clause)이 명사(noun), 명사구(noun phrase), 명사절(noun sentence; noun clause)로 변형되는 것을 가리킨다고 볼 수 있다. 고대중국어에서도 아래의 예문처럼 이러한 규칙이 적용된다.

→ 君子欲訥於言而敏於行 『論語‧里仁』
군자는 말하는데 굼뜨려 하지만 행동하는데 민첩하고자 한다.

→ 樊遲請學稼 『論語‧子路』
번지(樊遲)가 오곡 파종을 배우길 요청하다.

→ 菲飮食而致孝乎鬼神 『論語‧泰伯』
마시는 것, 먹는 것을 작게(=소박하게) 만들고 게다가 죽은 선조에 대해 효도를 다하다.

→ 德之不脩, 學之不講, 聞義不能徙, 不善不能改, 是吾憂也 『論語‧述而』
德을 배양하지 않는 것, 배움을 중시하지 않는 것, 정의로움을 들어도 변할 수 없는 것, 나쁜 일을 고칠 수 없는 것, 나는 이것을 걱정한다.

→ 吾未見好德如好色者也 『論語‧子罕』
나는 덕을 좋아하는 것이 여자의 아름다움을 좋아하는 것과 같은 사람을 아직 보지 못했다.

→ 大德不踰閑, 小德出入可也 『論語‧子張』
일의 핵심이 규범을 넘지 않으면 작은 덕행과 도덕규범이 나가고 들어오는 것은 괜찮다.

以約失之者鮮矣 (절제로 잃는 것은 적다)

(구조조사) '지(之)' 앞은 수식을 보여주는 한정어이고 '형용사, 명사, 동사, 수량사' 등 많은 성분이 될 수 있다. '지(之)' 다음은 중심어로 대부분 명사나 명사성구이다. '지(之)'의 앞뒤는 수식과 피수식의 관계가 된다.

→ 據億丈之城, 臨不測之淵, 以爲固 (漢‧賈誼 『過秦論』)
억장(億丈) 높이의 성에 기반하고 잴 수 없는 깊은 물(淵:深水)을 마주하여 공고하다고 여기다.

4-24. 子曰: “君子欲訥於言而敏於行.”

子曰:	“君子	欲	訥	於	言
공자가 말하다	(명)군자(君子)(11-1)	(동)~하려 하다 (1-14)	(형)굼뜨다 [형→동]	(전)동작대상 ‘~에 대하여’(2-5)	(동)말하다 [동→명사화(4-23)]
공자가 말했다. “군자는 말하는데 굼뜨려고 하지만					
而	**敏**	**於**	**行.”**		
(접)전환. ‘그러나’(1-1)	(형)민첩하다 [형→동]	(전)동작대상 ‘~에 대하여’(2-5)	(동)행동하다 [동→명사화(4-23)]		
행동하는데 민첩하고자 한다.”					

번역 공자가 말했다. “군자는 말하는데 굼뜨려 하지만 행동하는데 민첩하고자 한다.”

語法과 語彙

君子欲訥於言 (군자는 말하는데 굼뜨려 한다)

(형용사) 굼뜨다, 둔하다, 더듬거리다. (遲鈍, 口吃)

→ 廣訥口少言 『漢書·李廣傳』
이광(李廣)은 굼뜨게 말하고 적게 말한다.

君子欲訥於言而敏於行 (군자는 말하는데 굼뜨려 하지만 행동하는데 민첩하고자 한다)

(형용사) 민첩하다. (敏捷)

→ 好古敏以求之者也 『論語·述而』
옛날의 것을 좋아하(好古)고 민첩하게(敏以) 추구하는 사람(求之者)이다(也).

4-25. 子曰: “德不孤, 必有鄰.”

子曰:	“德	不孤,	必	有鄰.”
공자가 말하다	(명)도덕(道德)이 있는 현명한 사람	(형)외롭지 않(고)	(부)꼭,반드시, 분명히(6-30)	(동)가까운 사람이 있다
공자가 말했다.	“도덕(道德)이 있는 현명한 사람은 외롭지 않고		반드시 가까운 사람이 있다.”	

번역 공자가 말했다. “도덕이 있는 현명한 사람은 외롭지 않고 반드시 가까운 사람이 있다.”

語法과 語彙

德不孤

(명사) 도덕이 있는 현명한 사람. (有道德的賢明的人)

→ 其無乃非德類乎! 『左傳·成公二年』
그가 설마 비도덕한 사람의 부류는 아니겠지?!

必有鄰 (반드시 가까운 사람이 있다)

(명사) 가까운 사람. 군주의 가까운 신하를 가리키기도 한다. (親近的人. 指君主的近臣)

→ 欽四鄰 『尚書·益稷』
왕의 사방에는 가까운 신하가 있다.

— **[보충, 흠(欽)]**

흠(欽: 봉건시대 친히 한 것을 가리키는 것으로 황제에 대한 존경을 나타내어 황제와 관련된 것에 붙이는 말. 封建時代指皇帝親自所做)

(동사) 이웃하다, 가까이하다. (鄰近)

→ 削株掘根, 無與禍鄰, 禍乃不存 『戰國策·秦策一』
‘풀, 나무’ 아랫동아리를 깎고 뿌리를 파내고(=나쁜 것을 전부 쓸어버림) 재난과 가까이 하지 않으면 재난은 존재하지 않는다.

4-26. 子游曰: "事君數, 斯辱矣; 朋友數, 斯疏矣."

子游曰:	"事	君	數(諫),	斯	辱
자유(2-7)가 말하다	(동)섬기다	(명)제왕.왕.임금 (15-38)	(부)자주[부→동] [삭,shuò]	(접)유연한이어짐 '~면~하다'(4-7)	(동)모욕주다 [동→피동]
자유가 말했다.	"왕을 섬길 (때) 자주 (솔직하게 권고)하면 모욕을 당하(고) [시간의 종속절(1-1)]				
矣;	**朋友**	**數(諫),**	**斯**	**疏**	**矣."**
(어기)상당한 긍정 (1-7)	(명)친구 [화제(16-14)]	(부)자주[부→동] [삭,shuò]	(접)바로~이다(4-7)	(동)사이가 멀어지다	(어기)상당한 긍정 (1-7)
	친구는 자주 (솔직하게 권고)하면 사이가 멀어진다."				

번역 자유가 말했다. "왕을 섬길 때 자주 솔직하게 권고하면 모욕을 당하고, 친구는 자주 솔직하게 권고하면 사이가 멀어진다."

語法과 語彙

事君數(諫) (왕을 섬길 때 자주 솔직하게 권고하다)

(부사) 자주, 여러 번, 누차. (表示經常或多次. 屢次) [삭,shuò]

→ 扶蘇以數諫故, 上使外將兵 『史記·陳涉世家』
부소(扶蘇)가 자주 간언했기 때문에 왕(上)은 그를 밖에서 병사를 '인솔하게(將:帶領)' 했다.

(형용사) 여러 차례인. (多次) [shuò, 삭]

→ 幾死者數矣 (唐·柳宗元『捕蛇者說』)
거의 죽을 뻔한 것이 여러 번이다.

事君數, 斯辱矣 (왕을 섬길 때 자주 솔직하게 권고하면 모욕을 당한다)

(동사) 모욕주다, 치욕주다. (侮辱, 羞辱)

— [견해, 피동문]

이 문장은 의미적으로 '능동'의 문장이 될 수 없고 피동 의미가 되어야 한다. 고대중국어에서는 능동의 동사 서술어가 피동표지 없이 피동의 역할을 했다. 고대중국어 피동문을 보면 '표지'가 있는 것과 없는 것 두 가지로 구분된다.

1. 피동관계가 완전히 언어 환경과 상식에 의거해서 드러나고 언어 형식의 표지를 빌리지 않는다.

→ 昔者龍逢斬, 比幹剖, 萇弘胣, 子胥靡, 故四子之賢而身不免乎戮 『莊子·胠篋』
옛날에 용봉(龍逢)은 머리가 베이고(斬<참,zhǎn>), 비간(比幹)은 칼로 잘리고(剖<부,pōu>), 장홍(萇弘)은 배가 갈리고(胣<치,chǐ>), 자서(子胥)는 없어졌다(靡<미,mǐ>). 그러니 네 명이 현명하였지만 몸은 죽음을 모면할 수 없었다.
→ 邦有道, 不廢 『論語·公冶長』
나라(邦)가 도(道)를 가지고 있(有道)을 때 파면되지 않다(不廢).

2. 피동관계가 언어형식의 표지에 의거해서 나타나는데 이러한 언어형식의 표지는 주로 6가지 종류가 있다.

1) 동사+于, 於, 乎+행위자

→ 郤克傷於失 『左傳·成公二年』
극극(郤克)은 화살에 부상당했다.

2) 爲+행위자+동사

→ 身客死於秦, 爲天下笑 『史記·屈原賈生列傳』
몸은 진나라에서 객사하고 세상 사람들에게 비웃음을 사다.

3) 爲, 被, 見+동사

→ 不聽語言, 身死, 妻子爲戮 『國語·越語』
말을 듣지 않아 몸은 자신은 죽고 아내와 자식은 죽임을 당하다.

→ 盆成括仕於齊, 孟子曰: "死矣盆成括!" 盆成括見殺 『孟子·盡心下』
분성괄(盆成括)이 제나라에서 관리를 할 때 맹자가 말했다. "죽을 것이다, 분성괄(盆成括)은!" 분성괄(盆成括)은 살해당했다.

4) 爲, 見+동사+于, 於, 乎+행위자

→ 吾長見笑于大方之家 『莊子·秋水』
나는 오랫동안 학식이 깊은 사람들에게 비웃음을 산다.

5) 爲+행위자+所+동사

→ 先即制人, 後則爲人所制 『史記·項羽本紀』
먼저 사람을 지배하지만 나중에 사람에 의해 지배당하다.

6) 爲+所+동사

→ 不者, 若屬皆且爲所虜 『史記·項羽本紀』
그렇지 않으면 너희들(若屬) 모두 역시 포로가 될 것이다.

朋友數, 斯疏矣 (친구는 자주 솔직하게 권고하면 사이가 멀어진다)

(동사) 사이가 멀어지다(=소원해지다). (疏遠)

→ 王怒而疏屈原 『史記·屈原賈生列傳』
왕은 화가 났고 굴원과 사이가 멀어졌다.

제 5 편

공야장

5-1. 子謂公冶長, “可妻也. 雖在縲絏之中, 非其罪也.” 以其子妻之.

子謂公冶長,		“可	妻(公冶長)	也.	雖
공자가 공야장을 '평론하다(3-1)'		(조동)가능. ~할 수 있다(1-11)	(동)시집보내다	(어기)진술강조 (2-17)	(접속사)비록 ~지만
공자가 공야장을 평론했다.		“(공야장에게) 시집보낼 수 있다.			
在	**縲絏**	**之**	**中,**	**非**	**其**
(동)~에 처하다	(명)감옥(←밧줄)	(조사) 수식,종속관계. '~의' (3-2)	(명)내부.안(15-32)	(부)명사술어앞. '~아니다'	(대)그의(1-7)
비록 감옥 안에 있었지만				그의 잘못이 아니다.”	
罪	**也.”**	**以**	**其子**	**妻**	**之.**
(명)죄.잘못	(어기)진술강조 (2-17)	(대상전치사)~을/를	그의 자식	(동)시집보내다	(대)재지시. '그것,그 사람'(2-1)
		그의 자식을 그에게 시집보냈다.			

번역 공자가 공야장을 평론했다. “공야장에게 시집보낼 수 있다. 비록 감옥 안에 있었지만 그의 잘못이 아니다.” 그의 자식을 공야장에게 시집보냈다.

語法과 語彙

子謂公冶長 (공자가 공야장을 평론하다)

(인명) 공야(公冶長)라는 성(姓)으로 보아 공야장(公冶長)은 공가(孔家, 궁정)에서 야금술에 관계된 직종에 근무하는 장인집안의 사람이었을 것이다. 공야장은 특수한 재능을 가진 장인 출신이 분명하다. 당시 장인의 신분이 높을 수는 없었겠지만 조선왕조에서 생각하듯이 그렇게 천시되지는 않았을 것이다.

'공야장'편에 수록되어 있는 이러한 부류의 이야기들은 사실상 공자를 이해하는데 가장 신빙성이 높은 파편들일 수 있다. 왜냐하면 이러한 집안일, 사람이야기, 사건들은 그것의 전달과정에서 약간의 변형이 생겨나는 것은 불가피하겠지만 소문으로서 전파력이 상당한 것들이기 때문이다. (김용옥, 2008) [공야장, Gōngyěcháng]

可妻也 (시집보낼 수 있다)

(동사) 여자를 남자에게 시집보내다. (以女嫁人) [처, qì] [처, qī:남자의 배우자, 男子的配偶]

→ 虞思于是妻之以二姚 『左傳·哀公元年』
우사(虞思)는 그래서(于是) 그에게 두 딸(二姚)을 시집보낸다. (요姚<yáo>는 본래 '아름다운 모양'을 일컬음)

雖在縲絏之中 (비록 감옥 안에 있지만)

(양보접속사) 양보의 복문에서, 앞의 단문 문두나, 주어와 서술어 사이에 쓰여 어떤 사실에 대한 인정을 통하여 양보를 보여 준다. 뒤의 단문은 '전환'이나 '추론'을 보여 준다. '비록 ~지만, ~하다', '비록 ~지만, 할 수 있다' 등으로 번역될 수 있다.

→ 失火而取水于海, 海水雖多, 火必不滅矣, 遠水不救近火也 『韓非子·說林上』
불이 나서(失火:화재가 발생하다. 發生火灾) 바다에서 물을 가져온다면 바닷물이 비록 많아도 불을 분명히 끌 수 없다. 멀리 있는 물은 가까이 있는 불을 끌 수 없다.

→ 雖欲勿用, 山川其舍諸? 『論語·雍也』
비록 쓰고 싶지 않아도 명산대천의 신(神)이 어떻게 그 송아지를 버리겠는가?

→ 小大之獄, 雖不能察, 必以情 『左傳·莊公十年』
작고 큰 '범죄사건(獄:罪案)'을 비록 면밀하게 살필 수는 없지만 반드시 도리(情:情理)를 따라야 한다.

雖在縲絏之中 (비록 감옥 안에 있지만)

(동사) ~에 처하다, ~에 거주하다. (處于, 居于)

→ 在上位不凌下 『禮記·中庸』
높은 위치에 있을 때 아랫사람을 업신여기지 않다.

雖在縲絏之中 (비록 감옥 안에 있지만)

(명사) 범인을 묶는 밧줄로 감옥으로 파생된다. (捆綁犯人的繩索. 引申為牢獄) [=缧绁<누설, léixiè>]

→ 七年而太史公遭李陵之禍, 幽於縲紲 『史記·太史公自序』
7년에 태사공(太史公)이 이릉(李陵)의 난을 만나고 감옥에 '갇히다(幽: 把人關起來. 사람을 가두다).'

非其罪也 (그의 잘못이 아니다)

(부정부사) 주로 서술어 앞에 사용되고 때로는 주어 앞이나 단독으로 문장을 이룬다. 다수가 부정 판단을 보여주는 데 사용되고 동시에 각종 부정을 보여 준다.

— **[보충, 부정부사 '비(非)']**

1. 명사 서술어 앞이나 판단문의 기타 서술어 앞에 쓰여 사물 등에 대한 부정을 보여주거나 서술어나 주어관계의 부정을 보여 준다. 또한 형용사가 서술어가 되는 판단문의 문중에 사용되기도 한다.

→ 此庸夫之怒也, 非士之怒也 『戰國策·魏策四』
이것(此)은 '평범한 사람의 분노(庸夫之怒)'이지 선비의 분노(士之怒)가 아니다(非).

2. 사실이나 상태의 부정을 보여 준다. 다수가 동사나 형용사 앞에 사용된다

→ 寡人非能好先王之樂 『孟子·梁惠王下』
과인은 선왕의 음악을 좋아할 수가 없다.

→ 君子性非異也, 善假于物也 『荀子·勸學』
군자의 본성은 차이가 없고 바깥의 물건을 빌리는 것을 잘한다.

3. 앞 문장의 표현이나 방법에 대한 부정으로 非는 단독으로 서술어가 되거나 단독으로 문장을 이룬다. 때로는 어기사 '야(也)', '여(歟)' 등과 연이어 쓰인다.

→ 今曰 "性善", 然則彼皆非歟? 『孟子·告子上』
지금 "본성은 착하다"라고 말한다면 그럼 그것은 모두 틀린 것입니까?

4. 문미에 사용되어 앞 문장과 호응하여 '시비의 선택문(=맞는가 맞지 않는가?)'을 구성한다. 때때로 어기사 '사(邪)', '야(也)' 등과 연이어 쓰인다.

→ 若伯夷, 叔齊, 可謂善人者非邪? 『史記·伯夷列傳』
만약 백이와 숙제를 좋은 사람이라고 평론할 수 있다면 틀린 것인가?

以其子妻之 (그의 자식을 그에게 시집보내다)

(대상 전치사) 동작, 행위가 직접 미치는 대상을 끌어들인다. '以+목적어'는 동사 서술어 앞이나 뒤에 놓일 수 있고 '以'의 목적어는 사실상 '동사의 대상(수사受事)'이 되고 '이(以)'는 '~을/를(파把)'로 번역될 수 있다.

→ 伯楚以吕郤之謀告之 『國語·晉語四』
백추(伯楚)가 여극(吕郤)의 계략을 그에게 알리다.

5-2. 子謂南容, “邦有道, 不廢, 邦無道, 免於刑戮.” 以其兄之子妻之.

子謂南容,		“邦	有道,	不廢,	邦
공자가 남용을 '평론하다(3-1)'		(명)고대 제후국 (3-22)	(동)도가 있다	(동)파면되지 않다	(명)고대 제후국 (3-22)
공자가 남용을 평론했다.		"나라가 도(道)를 가지고 있(을 때)		파면되지 않았(고) [동→피동]	나라가
無道,	**免**	**於**	**刑戮.”**		**以**
(동)도(道)가 없다 (9-2)	(동)면하다. 당하지 않다	(전)동작의 직접대상(1-10)	(동)형벌을 받거나 사형을 당하다 [동사→명사화(4-23)]		(대상전치사)~을/를 (5-1)
도(道)를 가지고 있지 않았(을 때)	형벌을 받거나 사형 당하는 것을 면했다."				
其兄之子			**妻**	**之.**	
그(=공자)의 형의 자식			(동)시집보내다	(대)재지시. '그것,그 사람'(2-1)	
그의 형의 자식을 남용에게 시집보냈다.					

번역 공자가 남용(南容)을 평론했다. "나라가 도(道)를 가지고 있을 때 파면되지 않았고, 나라가 도(道)를 가지고 있지 않을 때 형벌을 받거나 사형 당하는 것을 면했다." 그의 형의 자식을 그(=남용)에게 시집보냈다.

語法과 語彙

子謂(南容) (공자가 남용(南容)을 평론하다)

(인명) 남용(南容)이란 인물에 대해서는 공자의 제자인 남궁도(南宮縚)라는 설과 맹손(孟孫)씨의 일족인 남궁괄(南宮适) 즉 맹의자(孟懿子)의 형인 남궁경숙(南宮敬叔)이라는 두 가지 설이 있다. 주자는 후자의 설을 취하고 고주는 전자의 설을 취하고 있다. 공자의 형이란 숙량흘의 두 번째 부인에게서 난 맹피(孟皮)라는 인물이며 그는 선천성 기형의 절름발이였다. 그렇다면 절름발이 맹피의 딸을 삼환(三桓)의 일가인 맹손(孟孫)의 대부급의 남궁경숙에게 시집보냈다는 것은 심상치 않다. 남용은 평범한 공자의 제자 중 한 사람이었을 것이다. (김용옥, 2008)

邦有道, 不廢 (나라가 도(道)를 가지고 있을 때 파면되지 않다)

(동사) 파면하다, 지위에서 쫓아내다. (廢黜, 罢免)

→ 昭王得範雎, 廢穰侯, 逐華陽 (秦·李斯 『諫逐客書』)
소왕(昭王)은 범저(範雎)를 얻고 양후(穰侯)를 파면하고 화양(華陽)을 쫓아낸다.

免於刑戮 (형벌을 받거나 사형 당하는 것을 면하다)

(동사) 형벌을 받거나 사형을 당하다. (受刑罰或被處死)

→ 室家立殘, 親戚不免乎刑戮 『荀子·榮辱』
집안 사람들(室家:일반적으로 가정 혹은 가족 구성원. 泛指家庭或家庭中的人)이 해를 입고(立殘) 친척들은 형벌이나 사형을 면하지 못한다.

5-3. 子謂子賤, "君子哉若人! 魯無君子者, 斯焉取斯?"

子謂子賤,		"君子	哉	若	人!
공자가 자천을 평론하다		(명)군자(君子)(11-1)	(어기)감탄. '문중'(3-4)	(지시대명사) 가까운 대상. '이'	(명)인간, 사람(4-3)
공자가 자천(子賤)을 평론했다.		"군자다! 이 사람! [若:한정어로 쓰였다]			
魯	無君子	者,	斯	焉	取
(지명)노나라	군자다움이 없다 [君子:명→형]	(조)복문內앞문장 문미.'가정'(2-23)	(대.재지시) 문중주어. '이 사람,이것'	(부사)반문. '어떻게'(2-10)	(동)찾다. 추출하다
노나라가 군자다움을 갖고 있지 않으면			이 사람이 어떻게 이것을(=군자다움을) 찾았겠는가?"		
斯?"					
(대)동/전+목적어. '이것, 이 사람, 여기'(3-11) (→ 군자다움)					

번역 공자가 자천(子賤)을 평론했다. "군자다! 이 사람! 노나라가 군자다움을 갖고 있지 않다면 이 사람이 어떻게 군자다움을 찾았겠는가?"

語法과 語彙

子謂子賤 (공자가 자천(子賤)을 평론하다)

(인명) 자천(子賤)은 공자가 말년에 노나라에 돌아왔을 때 목격한 노나라의 훌륭한 인물이었을 것이다. 「제자해」에는 자천에 관해 매우 간결하고 유용한 정보를 제공하고 있다.

宓不齊, 魯人, 字子賤, 少孔子四十九歲. 仕爲單父宰, 有才智, 仁愛百姓不忍欺, 孔子大之.
복부제는 노나라 사람이다. 자는 자천이다. 공자보다 49세 연하이다. 그는 벼슬하여 선보의 읍재가 되었다. 재주와 지략이 있었으며 인자하고 사람을 아끼었다. 백성을 기만하는 일이 없었다. 공자는 그를 크게 평가하였다.

『한시외전 韓詩外傳』에는 공자와 자천 사이에 이루어진 다음과 같은 대화가 있다.
所父事者三人, 所兄事者五人, 所友者十有二人, 所師者一人
제가 아버지처럼 섬기는 자는 셋이고, 형처럼 모시는 자가 다섯이고, 벗으로 사귀는 자가 열둘이고, 스승으로 삼는 자가 한 사람입니다.

결국 자천의 위대함은 '임인(任人:사람을 쓰는 것)' 한 마디에 있다. 사람을 믿고 맡길 줄 안다는 것이다. 도가적 무위의 개념보다는 보다 구체적인 용인(用人)의 묘미를 말하고 있는 것이다. 동시에 이 문장은 노나라 문화에 대한 공자의 강한 자부심을 보여주고 있다. (김용옥, 2008)

君子哉若人! (군자다! 이 사람!)

(지시대명사) 가까이 가리키는 것을 보여주며 보통 한정어가 된다. '이, 이것, 이것들, 이와 같은' 등으로 번역된다. (這, 這個, 此, 這些, 如此的)

→ 南宮适出, 子曰: "君子哉若人! 尙德哉若人!" 『論語·憲問』
남궁괄(南宮适)이 나가고 공자가 말했다. "군자다! 이 사람은! 덕을 숭상하는구나! 이 사람은!"

魯無君子者, 斯焉取斯? (노나라가 군자다움을 갖고 있지 않다면 이 사람이 어떻게 '이것=군자다움'을 찾았겠는가?)

1. (부사) 동사서술어 앞에 쓰여 부사어가 되어 반문을 나타낸다. 뒤에 자주 조동사 '得, 敢, 可, 加以, 能, 足, 足以' 등과 연이어 사용되어 동사서술어 앞에서 부사어가 되고 반문의 의미를 더욱 분명하게 해준다. '어떻게, 어째서' 등으로 해석된다. (怎, 哪, 何)

→ 晉、楚無信, 我焉得有信? 『左傳·宣公十一年』
진나라, 초나라는 신뢰가 없는데 내가 어떻게 믿음이 있을 수 있겠는가?

→ 割鷄焉用牛刀? 『論語·陽貨』
닭을 잡는데 어째서 소 잡는 칼을 쓰는가?

2. (의문대명사) 동사의 목적어가 되어 동사 앞에 놓일 때 동사 다음에는 다른 목적어가 없다. 이러한 문장은 대다수 의문을 나타내고 의문문 다음에는 자주 대답이 있고 소수로 반문을 나타내는 것도 있다. '어디, 어디서' 등으로 번역된다. (哪里, 哪兒)

→ 季孫至, 入, 哭, 而出, 曰: "秩焉在?" 公鉏曰: "羯在此矣!" 『左傳·襄公·襄公二十三年』
계손(季孫)이 와서 들어가 울고 나와서 말한다. "질(秩)은 어디에 있는가?" 공서(公鉏)가 말한다. "갈(羯)은 여기에 있다."

→ 文侯將出, 左右曰: "今日飮酒了, 天又雨, 公將焉之?" 文侯曰: "吾與虞人期猎, 雖樂, 岂可不一會期哉?" 『戰國策·魏策一』
문후(文侯)가 나가려 할 때 좌우에 있는 사람들이 말한다. "오늘 술 마시는 게 즐겁고 또 하늘에선 비가 내리는데 공(公)은 어디를 가려 하는가?" 문후가 말했다. "나는 '동물원, 산, 강을 관리하는 관리(虞人)'와 사냥하기로 약속을 했다. 비록 (술 마시는 게) 즐겁지만 어떻게 '예정시간에 만날 수(會期)' 없겠는가(=약속한 시간에 만나야 한다)?"

— [견해]

이 문장에 나오는 언(焉)에 대해서 참조하고 있는 7권 '논어' 주석서 모두 '어디에서'로 보았는데 상기한 '부사', '의문대명사'의 용법에 대한 설명을 보면 틀린 것이 된다. 언(焉)이 의문대명사 '어디'로 사용될 때에는 '焉(목적어)+동사'의 형식인 것을 볼 수 있고, 부사로 쓰는 경우 '焉+동+목적어'의 형식임을 볼 수 있다. 때문에 본 장의 언(焉)은 부사로 쓰인 반문의 의미로 보아야 할 것 같다.

斯焉取斯? (이 사람이 어떻게 '이것=군자다움'을 찾겠는가?)

(동사) 찾다, 추출하다. (提取)

→ 青取之於藍而青於藍 『荀子·勸學』
푸른색은 그것을 남색에서 추출했지만 남색보다 파랗다.

5-4. 子貢問曰: “賜也何如?” 子曰: “女, 器也.” 曰: “何器也?” 曰: “瑚璉也.”

子貢	問曰:	“賜	也	何如?”	子曰:
(인명)자공(1-10)	물으며 말하다	(인명)사(賜) =자공(子貢)	(어기)주어+也. 멈춤(1-2)	(관용구)어떠한가?	공자가 말하다
자공이 물으며 말했다.		“저는 어떻습니까?”			공자가 말했다.
“女,	**器**	**也.”**	**曰:**	**“何**	**器**
(대)너,너희들 (2-17)(3-6)[rǔ]	(명)그릇	(어기)주어,서술어 관계동일(2-22)	말하다	(대.한정어)무슨	(명)그릇
“너는 그릇이다.”			(자공이) 말했다.	“무슨 그릇입니까?”	
也?”	**曰:**	**“瑚璉**	**也.”**		
(어기)의문(2-5)	말하다	종묘의 예식 그릇으로 ‘큰 인재’ 비유	(어기)주어,서술어 관계동일(2-22)		
	(공자가) 말했다.	“종묘의 예식 그릇으로 쓰는 호련이다 (즉 큰 인재이다).”			

번역 자공이 물으며 말했다. “저는 어떻습니까?” 공자가 말했다. “너는 그릇이다.” 자공이 말했다. “무슨 그릇입니까?” 공자가 말했다. “종묘의 예식 그릇으로 쓰는 호련이다(즉 큰 인재이다).”

語法과 語彙

賜也何如? (사(賜)는 어떠한가?)

(관용구) 보통 서술어가 되며 상황을 묻거나 방법을 상의하는 것으로 사용된다. 또한 한정어, 부사어가 될 수 있다. ‘어떠한가?’, ‘어떻게 해야 하는가?’, ‘무슨(시간을 물을 때)’, ‘비교하면 어떠한가?’ 등으로 번역된다.

1. 서술어로 쓰일 때

→ 樊噲曰: “今日之事何如?” 『史記·項羽本紀』
번쾌(樊噲)가 말했다. “지금의 사태가 어떠한가?”

2. 한정어로 쓰일 때

→ 扁鵲曰: “其死何如時?” 『史記·扁鵲倉公列傳』
편작(扁鵲)이 말했다. “그가 죽은 게 ‘언제인가=무슨 시간인가’?

3. 부사어로 쓰일 때

→ 敢問: “何如斯可謂之君子矣?” 『荀子·哀公』
감히 묻습니다. “어떻게 하면 군자라고 말할 수 있습니까?”

4. 위진시대에는 비교할 때도 사용되었다.

→ 王孝伯問王大: “阮籍何如司馬相如?” 『世說新語·任誕』
왕효백(王孝伯)이 대왕에게 물었다. “원적(阮籍)은 사마상여(司馬相如)와 비교하면 어떻습니까?”

何器也? (무슨 그릇인가?)

(대명사) 문장에서 한정어가 되며 명사나 명사구 앞에 쓰여 수식의 역할을 한다. 사물, 사람의 상태나 상황에 대한 물음을 보여주며 상황이나 문맥을 고려하여 '어떤', '어느', '무슨', '언제' 등으로 번역될 수 있다.

→ 諸侯、县公皆慶寡人, 女獨不慶寡人, 何故? 『左傳·宣公十一年』
제후(諸侯), 현공(县公) 모두 나를 축하하는데 당신만 나를 축하해주지 않는데 무슨 이유인가?

→ 太子何病? 『史記·扁鵲倉公列傳』
태자는 무슨 병인가?

→ 然則何時而樂耶? (宋·範仲淹『岳陽樓記』)
그럼 언제 즐거운가?

瑚璉也 (종묘의 예식 그릇으로 쓰는 호련이다)

(명사) 호(瑚)와 련(璉)은 모두 종묘의 예식 그릇으로 나라를 다스리고 나라를 편안하게 할 수 있는 인재를 비유한다. (瑚、璉皆宗廟禮器. 用以比喻治國安邦之才) [호련, húlián]

5-5. 或曰: "雍也仁而不佞." 子曰: "焉用佞? 禦人以口給屢, 憎於人. 不知其仁, 焉用佞?"

或	曰:	"雍	也	仁	而
(대)어떤사람(2-21)	(동)말하다	(인명)염옹	(어기)주어+也. 멈춤(1-2)	(형)인(仁)하다	(접)전환. '그러나'(1-1)
어떤 사람이 말했다.		"염옹은 인(仁)하지만			
不	**佞."**	**子曰:**	**"焉**	**用**	**佞?**
(부정부사) 不+형용사,동사	(동)말을 매우 잘하다	공자가 말하다	(의문부사)반문. '어디에'	(동)쓰다.사용하다	(동)말을 매우 잘하다[동→명사화]
말을 잘하지는 못한다."		공자가 말했다. "말 잘하는 것을 어디에 쓸 것인가?			
禦	**人**	**以**	**口給,**	**屢**	**憎**
(동)막다.저지하다	(명)타인, 다른사람(7-30)	(전)행위도구. '~로'(2-1)	(동)말을 매우 잘하다	(부)여러 번 [부사→동사]	(동)매우 싫어하다 [동→피동]
말 잘하는 것으로 사람을 저지하(는 것이) [주어구]				여러 번 되면	
於	**人.**	**不知**	**其**	**仁,**	**焉**
(전)피동. '~에 의해서'	(명)타인, 다른사람(7-30)	(동)모른다	(대)재지시.'그'(2-1)	(형)인(仁)하다	(의문부사)반문. '어디에'
사람들에 의해서 미움을 받는다.		염옹이 인(仁)한지는 모르(겠지만)			어디에
用	**佞?"**				
(동)쓰다.사용하다	(동)말을 매우 잘하다[동→명]				
쓰겠는가? 말 잘하는 것을."					

번역 어떤 사람이 말했다. "염옹은 인(仁)하지만 말은 잘하지는 못한다." 공자가 말했다. "말 잘하는 것을 어디에 쓸 것인가? 말 잘하는 것으로 사람을 저지하는 것이 여러 번 되면 사람들에게 미움을 받는다. 염옹이 仁한지는 모르지만 말 잘하는 것을 어디에 쓸 것인가?"

語法과 語彙

雍也仁而不佞 (염옹은 仁하지만 말은 잘하지는 못한다)

(인명) 옹(雍)은 성(姓)이 염(冉), 이름이 옹(雍), 자(字)가 중궁(仲弓)이다. 염백우, 염옹, 염구 이 세 사람이 같은 종족의 사람들로서 노나라 사람들이며 모두 사과십철(四科十哲)에 끼었으며 염옹은 안연, 민자건, 염백우와 함께 덕행으로 꼽히었다. 공자가 중궁(=염옹冉雍)에 관하여 얘기할 때에는 항상 격정적 톤이 실려 있다. 본 장의 어조의 흐름에서도 어김없이 그러한 공자의 격정을 읽어낼 수 있다. 염옹은 비천한 출신의 인간이었다. 그래서 아마도 그러한 가정환경 덕분에 그의 언어습관이 상류사회에서 쓰는 어떤 매끄러운, 멋이 든, 그리고 논리적으로 유창한 우아함을 지니지 못한 매우 투박한 것이었을지도 모른다. 이 말재주가 모자란다는 무심코 던져진 세속적 평가는 공자에게 참을 수 없는 존재의 가벼움을 불러일으킨다. 그것은 자신의 실존적 심연에서부터 우러나오는 분노요 격분이었던 것이다. (김용옥, 2008)

雍也仁而不佞 (염옹은 仁하지만 말은 잘하지는 못한다)

(부정부사) 형용사 서술어 앞에 쓰여 부사어가 되며 성질, 상태에 대한 부정을 보여 준다. 때로는 형용사 성질에 변화를 일으키기도 한다(예, 형용사가 명사성질을 갖는 것 등). 이러한 것들은 문맥에 따라서 구별해야 한다.

→ 不義而富且貴, 於我如浮雲 『論語·述而』
정의롭지 않은데 부유하고 귀하다면 나에게는 뜬구름과 같다.

雍也仁而不佞 (염옹은 仁하지만 말은 잘하지는 못한다)

(동사) 말주변이 있다, 말을 매우 잘하다. (有口才, 能言善辯)

→ 嫣善騎射, 善佞 『史記·佞幸傳』
언(嫣)은 말 타고, 활 쏘는 것을 잘하고 말도 잘한다.

— [견해]

이 문형을 'A而B'로 볼 때 'A,B'의 문법 관계가 언제나 상응하는 것이냐에 대해서는 명시적으로 기술한 텍스트를 발견하지 못했지만 거의 등가를 이루는 것 같다. 그렇다면 이 문형에서 나타나는 인이부녕(仁而不佞)에서 인(仁)과 녕(佞)의 문법적 가치는 동일해야 하고 (仁)이 분명하게 '형용사(인자하다)'의 의미를 갖기 때문에 녕(佞) 역시 '말재주가 있는' 같은 형용사가 되어야 할 것 같다. 하지만 여러 고대중국어 사전에서는 대부분 '동사'로 적어 놓고 예문 역시 동사로 사용된 것들이다(상기 예문 참조). 때문에 이 문장은 '동사가 형용사로 품사 활용'되었다고 봐야 할 것 같다. 더불어 이 문장의 부정부사 '불(不)' 역시 '형용사 서술어 앞'에 놓이는 용도이다.

焉用佞? (말 잘하는 것을 어디에 쓸 것인가?)

(의문부사) 동사 서술어 앞에 쓰여 문장의 의미와 어울려 반문을 보여 준다. '왜, 어떻게' 등으로 번역된다. (哪, 何必)

→ 人焉廋哉? 『論語·爲政』
인품을 어떻게 숨기겠는가?

→ 割鷄焉用牛刀? 『論語·陽貨』
닭을 잡는데 왜 소 잡는 칼을 쓰는가?

— [보충, 焉]

의문부사 '언(焉)'의 의미는 '비어있고 신축성이 있고(虛而靈活)' 부사어가 된다. 동사 다음에 목적어가 있든 없든 주로 문장의 의미와 어울려 반문을 나타낸다. 焉은 '어떻게, 왜, 어디에(怎麽, 何必, 哪兒)' 등의 의미를 갖는다.

禦人以口給 (말 잘하는 것으로 사람을 저지하다)

(동사) 막다, 저지하다, 방어하다. (抵擋, 抵御)

→ 以此衆戰, 誰能御之? 『左傳·僖公四年』
이 많은 사람으로 싸우면 누가 그들을 저지할 수 있겠는가?

禦人以口給 (말 잘하는 것으로 사람을 저지하다)

(동사) 말재주가 민첩하다, 말을 매우 잘하다. (口才敏捷, 能言善辯) [kǒujǐ]

禦人以口給, 屢憎於人 (말 잘하는 것으로 사람을 저지하는 것이 여러 번 되면 사람들에게 미움을 받는다.)

(부사) 여러 번, 수차. (多次, 一再)

→ 若屢爲之, 則殺人者皆不死 (宋•歐陽修•縱囚論』
만약 '여러 번(屢)' '그것을 하(爲之)'면 '사람을 죽인 사람 모두(殺人者皆)' '목숨으로 대가를 치르지 않을 것이다(=죽지 않을 것이다)'.

憎於人 (사람들에게 미움 받다)

(전치사) 피동의 의미로 쓰여 동작, 행위의 동작주(agent, '4-7'참조)를 유도한다. '~에 의해서'로 번역할 수 있다.

→ 有備則制人, 無備則制於人 『鹽鐵論•險固』
준비가 되어 있으면(有備則) 사람을 지배하(制人)고 준비가 안 되어 있으면(無備則) 사람에게 지배당한다(制於人).

5-6. 子使漆彫開仕, 對曰: "吾斯之未能信." 子說.

子	使	漆彫開	仕,	對曰:	"吾
(인명)공자	(사역동사) ~하게 하다(2-20)	(인명)칠조개	(동)벼슬하다	(동)대구하여 말하다	(대)나,우리 '주어,한정어…' (13-18)
공자가 칠조개(漆彫開)에게 벼슬하게 했다.				(칠조개가) 대구하여 말했다.	"저는
斯	**之**	**未**	**能**	**信."**	**子說.**
(대)목적어. '이…'(3-11)	(조)목적어전치 (1-15)	(부사)아직~하지 않다(3-25)	(조동사) ~할 수 있다(1-7)	자신하다	공자가 기뻐하다 (=悅,열[yuè])
이것(=벼슬하는 것)을 아직 자신할 수 없습니다."					공자가 기뻐했다.

번역 공자가 칠조개(漆彫開)에게 벼슬하게 했다. 칠조개(漆彫開)가 대구하여 말했다. "저는 '이것=벼슬하는 것'을 아직 자신할 수 없습니다." 공자가 기뻐했다.

語法과 語彙

子使<u>漆彫開</u>仕 (공자가 칠조개(漆彫開)에게 벼슬하게 하다)

(인명)「제자해」에는 다음과 같이 기술되어 있다.

漆雕開, 蔡人, 字子若, 少孔子十一歲.習『尙書』, 不樂仕. 孔子曰: "子之齿可以仕矣.時將過." 子若報其書曰: "吾斯之未能信." 孔子悅焉.

칠조개는 채나라 사람이다. 자가 자약이고 공자보다 열한 살 연하이다. 『尙書』를 열심히 공부하였으며 벼슬하는 데는 별 관심이 없었다. 그래서 어느 날 공자께서 말씀하셨다. "너는 이제 벼슬할 만한 나이다. 기회가 자꾸 흘러가 버리고 있지 않느냐?" 자약은 공자에게 편지를 써서 말했다. "저는 벼슬하는 것에 관해서는 아직 자신이 없습니다." 공자께서 기뻐하시었다.

이 기술로부터 우리는 칠조개가 꽤 나이가 많은 사람이고 채나라 사람이라는 것을 알 수 있다. 그러나 그가 채나라 사람인지 의문이 간다. 정현은 노나라 사람이라고 보았고 나 역시 노나라 사람이라고 간주되는 것이 정당하다고 생각한다. 공자가 칠조개에게 벼슬을 권한 것은 획기적인 것이다. 우선 칠조개가 천한 장인 출신이라는 것을 생각하면 공자의 인간에 대한 보편적 사랑을 읽을 수 있다. 그리고 늦깎이로 공부하는 그이 생계나 공부를 열심히 하는 것에 대한 보상을 생각한 공자의 따뜻한 배려를 느낄 수 있다. (김용옥, 2008)

子使漆彫開<u>仕</u> (공자가 칠조개(漆彫開)에게 벼슬하게 하다)

(동사) 벼슬하다, 관리가 되다. (做官)

→ <u>仕</u>而優則學, 學而優則仕 『論語·子張』
벼슬을 하면서 여유로우면 공부하고 공부하면서 여유로우면 벼슬한다.

5-7. 子曰: “道不行, 乘桴浮於海. 從我者其由與?” 子路聞之喜. 子曰: “由也好勇過我, 無所取材.”

子曰:	“道	不行,	乘	桴	浮
공자가 말하다	(명)도(道)	(동)실행하지 않다 [능동→피동]	(동)타다	(명)작은 뗏목	(동)떠다니다
공자가 말했다.	“도가 실행되지 않으니 [이유절(1-1)]		작은 뗏목을 타고 떠다닌다		
於	**海.**	**從**	**我**	**者**	**其**
(전)동작발생장소, 방향(3-13)	(명)바다	(동)따르다	(대)나	(조사)~한 사람, ~한 것(1-2)	(부)아마도
바다에서		나를 따르는 사람은 아마도			
由	**與?”**	**子路**	**聞**	**之**	**喜.**
(인명)자로(子路)	(어기사)의문	(인명)자로	(동)듣다	(대)그것,그사람(2-1)	(형)기뻐하다
자로일까?”		자로가 그것을 듣고 기뻐했다.			
子曰:	**“由**	**也**	**好**	**勇**	**過**
공자가 말하다	(인명)자로(子路)	(어기)주어+也. 멈춤(1-2)	(동)좋아하다(7-11) [호,hào]	(형)용감하다 [형용→명(3-20)]	(동)초과하다. 넘치다
공자가 말했다. “자로가 용감함을 좋아하는 게 [由也好勇:명사절 주어]					
我,	**無所**	**取材.”**			
(대)나	(동)~라고 말할 수도 있는 사람이다	(동)자기의 생각과 판단에 따라 일을 처리하다			
나를 넘(으니) [이유절(1-1)]	재량할 수도 있는 사람이다 (=자기 생각과 판단에 따라 일을 처리할 수도 있는 사람이다).”				

번역 공자가 말했다. “도가 실행되지 않으니 작은 뗏목을 타고 바다에 떠다닌다. 나를 따르는 사람은 아마도 자로일까?” 자로가 그 말을 듣고 기뻐했다. 공자가 말했다. “자로가 용감함을 좋아하는 게 나를 넘어서니 재량할 수도 있는 사람이다.”

語法과 語彙

乘<u>桴</u>浮於海 (작은 뗏목을 타고 바다에 떠다니다)

(명사) 작은 대나무 뗏목 혹은 작은 나무 뗏목. (小竹筏或小木筏)

→ 方舟設泭, 乘<u>桴</u>濟河, 至于石枕 『國語·齊語』

‘배 두 척을 나란히 하고(方舟:兩船相并)’ ‘뗏목을 준비하여(設泭: 備置木筏)’ 뗏목에 올라 강을 건너 석침(石枕)에 가다.

從我者<u>其</u>由與? (나를 따르는 사람은 아마도 자로일까?)

(추측부사) 동사서술어 (또는 기타서술어) 앞에 놓여 부사어가 된다. 문맥과 어울려 동작, 행위, 상황에 대해 완전하

게 긍정하지 못하는 추측, 예상을 보여 준다. 문미에 자주 어기사 '호(乎)', '여(歟, 與)' 등과 함께 쓰인다. '아마도, 어쩌면, 대략, 대개' 등으로 번역된다. (大概, 可能, 也許, 大約)

→ 城上有鳥, 齊師其遁 『左傳·襄公十八年』
성벽 위에 새가 있는 걸 보니 제나라 군대가 아마 도망간 듯하다.

→ 王之好樂甚, 則齊其庶幾(…)乎 『孟子·梁惠王上』
왕이 음악을 좋아하는 것이 깊어지면 제나라는 아마 ~하게 될 것이다.

— [예문 보충 설명]

보통 다스려진다고 말하는데 서기(庶幾:(부사) 아마도) 다음에 서술어가 생략되었다고 본다.

從我者其由與? (나를 따르는 사람은 아마도 자로일까?)

(의문어기사) 의문문 문미에 쓰여 문장의 의미와 어울려 의문 어기를 나타낸다. (嗎, 呢)

→ "然則從之者與?" 子曰: "弑父與君, 亦不從也" 『論語·先進』
"그렇다면 따르는 사람들인가요?" 공자가 말했다. "아버지와 왕을 시해하는 일은 역시 따르지 않습니다."

無所取材 (재량할 수도 있는 사람이다)

(동사) 분명하게 말할 필요가 없거나 분명하게 말할 수 없는 사람이나 사물을 부정한다. (表示否定不必明言或不可明言的人或事物) → '~라고 말할 필요도 있는 사람/사물이다', '~라고 말할 수도 있는 사람/사물이다'

— [견해]

『한어대사전 漢語大詞典』에서 무소(無所)에 대해서 두 가지 정의가 나오는데 하나는 '장소가 없다(没有地方 ; 没有處所)'로 곧 '~곳이 없다, ~것이 없다'의 의미다. 다른 하나는 위에 기재한 정의인데 말이 좀 어렵다. 먼저 정의를 분석해 보면 두 가지로 볼 수 있는데 즉, '분명하게 말할 필요가 없는 사람/사물은 아니다'와 '분명하게 말할 수 없는 사람/사물은 아니다'이다. 이 말은 결국 '꼭 ~라고 말할 필요가 없는 사람은 아니다', '꼭 ~라고 할 수 없는 사람은 아니다'가 되고 더 축약을 하면 '~라고 말할 필요도 있는 사람/사물이다', '~라고 말할 수도 있는 사람/사물이다'의 의미가 될 수 있다. 다시 말하면 확신을 갖고 '아니다'라고 말하지 않고 가능성의 여지를 두는 화법이다.

→ 無所取之, 取諸圜也 『周禮·考工記·輪人』
그것을 가질 수도 있는 '사람/사물'이고 그것을 '천체/원/돈(圜)'에서 갖는다.

無所取材 (재량할 수도 있는 사람이다)

(동사) 재량하다. (裁度 : 자기의 생각과 판단에 따라 일을 처리하다)

5-8. 孟武伯問“子路仁乎?” 子曰: “不知也.” 又問.子曰: “由也, 千乘之國, 可使治其賦也, 不知其仁也.” “求也何如?” 子曰: “求也, 千室之邑, 百乘之家, 可使爲之宰也, 不知其仁也.” “赤也何如?” 子曰: “赤也, 束帶立於朝, 可使與賓客言也, 不知其仁也.”

孟武伯	問:	“子路	仁	乎?”	子曰:
(인명)맹무백(2-6)	(동)묻다(12-10)	(인명)자로=계로=중유(2-17)	(형)인(仁)하다	(어기)의문(2-7)	공자가 말하다
맹무백이 물었다.		“자로는 인(仁)한가요?”			공자가 말했다.
“不知	**也.”**	**(孟)又問.**	**子曰:**	**“由**	**也,**
(동)모른다	(어기)진술강조(2-17)	또 묻다[(又):6-13)]	공자가 말하다	(인명)자로=계로=仲由(2-17)	(어기)주어+也. 멈춤(1-2)
“모릅니다.”		(맹무백이) 또 물었다.	공자가 말했다.	“자로는…	
千乘之國,	**可**	**使**	**治**	**其**	**賦**
(명)작은 제후국	(조동)가능. ‘~할 수 있다’(1-11)	(사동)~하게 하다(2-20)	(동)훈련시키다	(대)그것의(1-7)	(명)군대
작은 제후국에서 그 작은 제후국의 군대를 훈련시키게 할 수 있(지만)					
也,	**不知**	**其**	**仁**	**也.”**	**“求**
(어기)진술강조(2-17)	(동)모른다	(대)그가,그것은. 주어(명사+之)(2-22)	(형)인(仁)하다	(어기사)진술강조(2-17)	(인명)염구,염유,자유(3-6)
	자로가 인(仁)한지는 모르겠습니다.”				“염구…
也	**何如?”**	**子曰:**	**“求**	**也,**	**千室之邑,**
(어기)주어+也. 멈춤(1-2)	(관용구)상황, 방법물음(5-4)	공자가 말하다	(인명)염구,염유,자유(3-6)	(어기)주어+也. 멈춤(1-2)	천 가구가 있는 대부가 다스리는 땅
…는 어떻습니까?”		공자가 말했다.	“염구는…		천 가구의 읍(과)
百乘之家,	**可**	**使**	**爲**	**之**	**宰**
(명)전차(戰車) 백 대 보유 제후국	(조동)가능. ‘~할 수 있다’(1-11)	(사동)~하게 하다(2-20)	(동)맡다. 역임하다(2-10)	(대)‘그것,그사람’(2-1)	(명)가신(家臣)
백 승의 전차를 가진 곳에서	그곳의 가신을 맡게 할 수 있(지만)				
也,	**不知**	**其**	**仁**	**也.”**	**“赤**
(어기)진술강조(2-17)	(동)모른다	(대)주어(명사+之)(2-22)	(형)인(仁)하다	(어기사)진술강조(2-17)	(인명)공서적(孔西赤)
	그가 인(仁)한지는 모르겠습니다.”				“공서적…
也	**何如?”**	**子曰:**	**“赤**	**也,**	**束帶**
(어기)주어+也. 멈춤(1-2)	(관용구)상황, 방법물음(5-4)	공자가 말하다	(인명)공서적(孔西赤)	(어기)주어+也. 멈춤(1-2)	(동)단정하게 꾸미다
…은	어떻습니까?”	공자가 말했다. “공서적은…			
立	**於**	**朝,**	**可**	**使**	**與**
(동)서다	(전)동작발생장소(3-13)	(명)조정(朝廷)	(조동)가능. ‘~할 수 있다’(1-11)	(사동)~하게 하다(2-20)	(전)동작 대상. ‘~와’
옷을 단정하게 꾸미어 조정에 서(서)			타국의 사자(使者)와		

賓客	言	也,	不知	其	仁
(명)타국의 사자	(동)말하다	(어기)진술강조 (2-17)	(동)모른다	(대)그가.주어 (명사+之)(2-22)	(형)인(仁)하다
말을 하게 할 수 있(지만)			그가 인(仁)한지는 모르겠습니다."		
也."					
(어기사)진술강조 (2-17)					

번역 맹무백이 물었다. "자로는 인(仁)한가요?" 공자가 말했다. "모릅니다." 맹무백이 또 물었다. 공자가 말했다. "자로는 작은 제후국에서 군대를 훈련시키게 할 수 있지만 그가 인(仁)한지는 모르겠습니다." "염구는 어떻습니까?" 공자가 말했다. "염구는 천 가구의 읍과 백 승의 전차를 가진 곳에서 가신을 맡게 할 수 있지만 그가 인(仁)한지는 모르겠습니다." "공서적은 어떻습니까?" 공자가 말했다. "공서적은 옷을 단정하게 꾸미어 조정에 서서 타국의 사자(使者)와 말을 하게 할 수 있지만 그가 인(仁)한지는 모르겠습니다."

語法과 語彙

千乘之國, 可使治其賦也 (작은 제후국에서 군대를 훈련시키게 할 수 있다)

1. 옛날의 전차(戰車) 천 대. 과거에는 마차 한 대에 있는 네 마리의 말을 승(乘)이라고 보았다. (兵車千輛. 古以一車四馬爲一乘)

→ 凡用兵之法, 馳車千駟, 革車千乘 『孫子·作戰』
일반적으로(凡) 용병의 방법(用兵之法)은 경형의 전차(馳車:古代輕型的戰車)가 천 승(千駟:猶千乘)이고, 병차의 일종인 혁차(革車:古代兵車的一種)가 천 승(千乘)이다.

2. 전국시대 제후국으로 작은 제후국은 천승(千乘)이라고 불렀고 큰 제후국은 만승(萬乘)이라고 불렀다. (戰國時期諸侯國, 小者稱千乘, 大者稱萬乘)

可使治其賦也 (그곳의 군대를 훈련시키게 할 수 있다)

(동사) 훈련시기다. 훈련히다. (訓練)

→ 劉表治水軍 『資治通鑑·漢紀·獻帝建安十三年』
유표(劉表)는 수군을 훈련시킨다.

可使治其賦也 (그곳의 군대를 훈련시키게 할 수 있다)

(명사) 군인, 군대. (兵, 軍隊)

→ 自伯、子、男, 有大夫無卿, 帥賦以從諸侯 『國語·魯語下』
백(伯), 자(子), 남(男)부터는 대부(大夫)가 있고 경(卿:옛날의 고급 관리로, 大夫 위의 서열)없고 군대를 통솔하여 제후에게 복종한다.

可使爲之宰也 (그곳의 가신을 맡게 할 수 있다)

(명사) 경대부의 가신. (卿大夫的家臣)

→ 子路爲季氏宰 『禮記·禮器』
자로는 계씨의 '가신이 된다/가신을 맡는다.'

千室之邑 (천 가구의 읍)

1. 천실(千室)은 1,000채의 집인 천호(千戶)이다. (千家, 千户)
2. 읍(邑)의 의미는 크게 세 가지인데 하나는 도시(城市, 都城)이고 하나는 옛날의 현(舊指县)이고 하나는 고대 제후가 대부에게 나누어준 봉토이다. (古代諸侯分給大夫的封地)

— [견해]

여기에서는 앞에 나오는 '천승의 나라(千乘之國)'인 '작은 제후국'에 비교되어 그것보다 훨씬 작은 대부가 다스리는 땅'인 것으로 본다.

百乘之家 (백 승의 전차가 있는 곳)

(명사구) 백 승의 전차가 있는 곳. (兵車一百輛)

→ 百乘之家, 不蓄聚斂之臣 『禮記·大學』
옛날 전차(戰車) 백 대를 가진 매우 작은 제후국은 '세금, 조세를 긁어모으는(聚斂)' 신하를 쌓아두지 않는다.

赤也何如? (공서적는 어떻습니까?)

(인명) 공서적(孔西赤). 공자의 학생으로 성(姓)은 공서(孔西)이고 이름은 적(赤)이고 자(字)는 자화(子華)이다. 『공자가어 孔子家語』「弟子解 제자해」에는 다음과 같이 적고 있다.

公西赤, 魯人, 字子華. 少孔子四十二歲, 束帶立朝, 閑賓主之事."

공서적은 노나라 사람이며 자가 자화이다. 공자보다 42세 연하이다. 관대를 두르고 조정에 서서 의례를 주관하였다. 그는 특히 빈객과 주인의 의례에 능통하였다.

공서적은 어린 나이에 급격하게 돈을 벌고 신분이 급상승된 인물이었음에 틀림이 없다. 공자는 이러한 인물에 대한 경계심이 있다. 그러나 공서적은 상당히 분수를 지킬 줄 아는 사람이었다. 그는 돈을 벌어 부유한 생활을 하면서 의례에 밝은 전문가로서 탁월한 의전담당의 외교관이 되는 것을 꿈으로 가지고 살았다.

「선진 先進」편에는 자로, 증석, 염유와 함께 공자를 시좌(侍坐)하는 영광된 자리에 앉아 있었다. 그리고 공자가 그에게 사람들이 너를 인정해 준다면 너는 무엇이 되고 싶으냐고 물었을 때, 그는 역시 일관된 관심을 노출시킨다. "저는 예를 배우는데 관심이 많습니다. 종묘의 일을 도맡거나 또는 제후들이 회동할 때 현단복(玄端服)을 입고 장보관(章甫冠)을 쓰고 작은 집례자가 되길 원합니다."라고 하였다.

공자는 애공11년(BC484) 노나라로 다시 돌아왔다. 68세의 일이었다. 그리고 바로 이 해 맹무백은 맹유자(孟孺子) 설(泄)이라는 이름으로 처음 『좌전 左傳』에 등장하고 있다. 용맹스럽게 제나라와의 전쟁에 참여하는 모습이 그려지고 있다. 공자와 맹무백이 대화하는 이 장면을 그 이듬해, 즉 애공 12년(BC483)으로 잡는다면 공자는 69세, 자로는 60세, 염구는 40세 그리고 공서적은 27세가 될 것이다. 삼환 중에서 공자는 그래도 맹손씨와 가장 친분이 두터웠고 스스럼없이 말할 수 있는 관계에 있었다. 그래서 맹무백에게 제자들의 이야기를 정직하게 말할 수 있었다. (김용옥, 2008)

束帶立於朝 (옷을 단정하게 꾸미어 조정에 서다)

1. (동사) 옷을 단정하게 꾸미는 것으로 단정함을 나타낸다. (整飾衣服. 表示端莊)

→ 寡人束帶聽朝三十餘年, 曾無聞焉 『漢書·燕剌王劉旦傳』
과인이 옷을 단정하게 하고 '조정에 나가 정무를 본 것(聽朝: 臨朝聽政)'이 30여 년인데 일찍이 들어 본 적이 없다.

2. (동사) 관복(官服)을 가리키며 파생되어 공무(公務)를 말한다. (指官服.引申謂公務)

→ 雖無束帶苦, 實憚把酒倂 (宋·司馬光『病中鮮于子駿見招不往』詩)
비록 공무의 노고는 없지만 사실 술잔을 잡고(把酒) 재촉하(倂[bìng])는 것이 힘들다(憚)

束帶立於朝 (옷을 단정하게 꾸미어 조정에 서다)

(명사) '조정(朝廷)'으로 봉건시대 제왕이 관리를 접견하고 명령을 내리어 시행하게 하는 장소로 야(野)와 반대되는 개념이다. (封建時代帝王接見官吏, 發號施令的地方, 與"野"相對)

可使與賓客言也 (타국의 사자(使者)와 말을 하게 할 수 있다)

(전치사) 전치사 여(與)는 보통 목적어를 대동하여 동사 앞에 쓰여 부사어가 되며 동작주(施事者)가 동작을 할 때 동작이 미치는 대상을 이끈다. 동작주(=주이)가 동작을 할 때 동작주와 대립되거나 서로 호응하는 대상을 이끈다. '~와' 등으로 번역된다. (跟, 和, 同)

→ 孟子曰: "鄒人與楚人戰, 則王以爲孰勝?" 『孟子·梁惠王上』
맹자가 말했다. "추나라(鄒) 사람이 초나라(楚)사람과 싸우면 왕은 누가 이길 거라고 생각하십니까?"

→ 昭帝即位, 數年, 匈奴與漢和親 『漢書·蘇武傳』
소제(昭帝)가 즉위한 다음 수 년 동안 흉노는 한과 서로 친하다.

可使與賓客言也 (타국의 사자(使者)와 말을 하게 할 수 있다)

(명사) 춘추전국시대에는 다른 나라에서 파견된 사자를 부르는데 많이 사용되었다. (春秋、戰國時多用稱他國派來的使者)

→ 出則接遇賓客, 應對諸侯 『史記·屈原賈生列傳』
나가면 타국의 사자를 접견하고 제후를 응대한다.

5-9. 子謂子貢曰: "女與回也孰愈?" 對曰: "賜也何敢望回? 回也聞一以知十, 賜也聞一以知二." 子曰: "弗如也, 吾與女弗如也."

子	謂	子貢	曰:	"女	與
공자	(동)~에게 말하다 (1-7)	(인명)자공(1-10)	(동)말하다	(대)너,너희들 (2-17)(3-6)[rǔ]	(접)병렬. '~와'(4-5)
공자가 자공(子貢)에게 말했다.				"너와	
回	**也**	**孰**	**愈?"**	**對曰:**	**"賜**
(인명)안회(2-9)	(어기사)어기멈춤, 완만(3-1)	(의문대)누구, 무엇(3-1)	(동)~보다 낫다	(동)대구하여 말하다	(인명)자공(字)의 이름.'본인, 저'
안회… 누가 나으냐?"				(자공이)대구하여 말했다.	"제…
也	**何**	**敢**	**望**	**回?**	**回**
(어기)주어+也. 멈춤,완만,제시(1-2)	(의문부사)반문. 어떻게	(조동사) 주제넘게 ~하다	(동)마주하다. 마주보다	(인명)안회(2-9)	(인명)안회(2-9)
…가 어떻게 주제넘게 안회를 마주하겠습니까?					안회…
也	**聞**	**一**	**以**	**知**	**十,**
(어기)주어+也. 멈춤,완만,제시(1-2)	(동)듣다	(수사)하나.일.one	(접)가정(13-30)	(동)알다	(수사)열.십.ten
…는 하나를 들으면 열을 알(고)					
賜	**也**	**聞**	**一**	**以**	**知**
(인명)자공(字)의 이름. '본인, 저'	(어기)주어+也. 멈춤,완만…(1-2)	(동)듣다	(수사)하나.일.one	(접)가정(13-30)	(동)알다
저는 하나를 들으면 둘을 압니다."					
二."	**子曰:**	**"弗**	**如**	**也,**	**吾**
(수사)둘.이.two	공자가 말하다	(부정부사)弗+타동사(목적어 없음)	(동)비교될 수 있다. 미치다	(어기사)진술강조(2-17)	(대)나,우리'주어,한정어…'(13-18)
	공자가 말했다. "비교될 수 없다.				
與	**女**	**弗**	**如(回)**	**也."**	
(접)병렬. '~와'(4-5)	(대)너,너희들 (2-17)(3-6)[rǔ]	(부정부사) 弗+타동사	(동)비교될 수 있다. 미치다	(어기사)진술강조(2-17)	
나와 너는 (안회에게) 비교될 수 없다."					

번역 공자가 자공에게 말했다. "너와 안회... 누가 나으냐?" 자공이 대구하여 말했다. "제가 어떻게 주제넘게 안회를 마주하겠습니까? 안회는 하나를 들으면 열을 알고 저는 하나를 들으면 둘을 압니다." 공자가 말했다. "비교될 수 없다. 나와 너는 안회에게 비교될 수 없다."

語法과 語彙

女與回也孰愈? (너와 안회… 누가 나으냐?)

(동사) ~보다 낫다. (勝過)

→ 病不猶愈於亡乎? 『左傳·襄公十年』
나라가 완전히 지쳐버린 것이 나라가 멸망하는 것보다 나은 것이 아닌가?

賜也何敢望回? (사(賜:자공 본인;저)가 어떻게 주제넘게 안회를 마주하겠습니까?)

(의문부사) 동사서술어 앞에 놓여 반문을 나타낸다.

→ 傭者笑而應曰: "若爲傭耕, 何富貴也?" 『史記·陳涉世家』
고용된 사람이 웃으며 응대하여 말한다. "당신은 '고용되어 밭을 가는데/머슴살이하는데(傭耕)' 어떻게 부귀할 수 있겠는가?"

賜也何敢望回? (사(賜:자공 본인;저)가 어떻게 주제넘게 안회를 마주하겠습니까?)

(조동사) 겸손하게 자기를 낮추고 정중함을 보여 준다. '외람되게 ~하다', '주제넘게 ~하다' 등으로 번역된다.

→ 敢問何謂浩然之氣? 『孟子·公孫丑上』
주제넘게 묻겠습니다. 무엇을 호연지기라 합니까?

賜也何敢望回? (사(賜:자공 본인;저)가 어떻게 주제넘게 안회를 마주하겠습니까?)

(동사) 마주하다, ~를 향하다. (對着)

→ 其寺東西南北, 方五百步. 前望嵩山 『洛陽伽藍記·卷三』
그 사찰은 동서남북 사방 500보 규모이다. 앞으로는 숭산(嵩山)을 마주하고 있다.

弗如也, 吾與女弗如也 (비교될 수 없다. 나와 너는 비교될 수 없다)

1. (부정부사) 타동사 앞에 쓰여 동작, 행위에 대한 부정을 보여 준다. 동사 다음에 목적어가 오지 않는 경우와 목적어를 갖는 경우 두 가지가 상황이 있다. '不'로 해석이 될 수 있다.

→ 雖有佳肴, 弗食, 不知其旨也 『禮記·學記』
비록 '좋은 요리가(佳肴)' 있어도 먹지 않으면 그 '좋은 맛(旨:美味)'을 모른다.
[弗+타동사이지만 목적어 없음]

→ 夫人情莫不愛其子, 今弗愛其子, 安能愛君? 『韓非子·亂一』
夫[발어사, 發語詞:문어문에서 일종의 허사(虛詞)로, 한 편(篇)이나 한 단락의 맨 앞에 쓰임] 사람의 성은 사신의 아들을 사랑하지 않는 사람이 없는데 지금 그의 아들을 사랑하지 않으니 어떻게 왕을 사랑할 수 있겠는가?
[弗+타동사이고 목적어 있음]

2. (부정부사) 자동사 앞에 쓰여 행위, 상태에 대한 부정을 보여 준다. (不, 沒有)

→ 齊君弱吾君, 歸弗來矣 『左傳·昭公十二年』
제나라 왕은 우리 왕을 약하게 여기니 돌아가시는 오지 않을 것이다.

弗如也, 吾與女弗如也 (비교될 수 없다. 나와 너는 비교될 수 없다)

(동사) 비교될 수 있다, 미치다. (比得上, 及)

→ 明日, 徐公來, 孰視之, 自以爲不如 『戰國策·齊策一』
다음 날 서공(徐公)이 와서 그를 자세히 보고 자신이 서공에 비교될 수 없다고 생각한다.

5-10. 宰予晝寢, 子曰: "朽木不可雕也, 糞土之牆不可杇也, 於予與何誅?" 子曰: "始吾於人也, 聽其言而信其行, 今吾於人也, 聽其言而觀其行. 於予與改是."

宰予	晝	寢,	子曰:	"朽木	不可
(인명)재여 (=재아宰我)(3-21)	(명)낮	(동)잠자다(10-10)	공자가 말하다	(명)썩은 나무	(조동사) ~할 수 없다(4-21)
재여(宰予)가 낮에 잤(을 때)			공자가 말했다. "썩은 나무에		
雕	**也,**	**糞土**	**之**	**墻**	**不可**
(동)새기다	(어기)멈춤.완만. 제시.강조(3-1)	(명)더러운 흙	(조사) 수식,종속관계. ~의' (3-2)	(명)벽	(조동사) ~할 수 없다(4-21)
새길 수 없(고)		더러운 흙벽에 칠할 수 없(으니)			
杇	**也,**	**於**	**予**	**與**	**何**
(동)칠하다	(어기)멈춤.완만. 제시.강조(3-1)	(전치사)~에 대해서	(인명)재여 (=재아宰我)(3-21)	(어기)어기 멈춤	(의.대)동사목적어. '무엇'(2-19)
		재여(宰予)에 대해서… 무엇을 비난할까?"			
誅?"	**子曰:**	**"始**	**吾**	**於**	**人**
(동)비난하다. 문책하다	공자가 말하다	(부)처음에(3-23)	(대)나,우리 '주어,한정어…' (13-18)	(전)~에 대해서	(명)타인, 다른사람(7-30)
	공자가 말했다. "처음에 나는 사람에 대해서…				
也,	**聽**	**其**	**言**	**而**	**信**
(어기)어기멈춤, 완만(3-1)	(동)듣다	(대)그의(1-7)	(명)말	(접)동작+而+ 동작.조건…(4-17)	(동)믿다
	그의 말을 들으면				
其	**行,**	**今**	**吾**	**於**	**人**
(대)그의(1-7)	(명)행동	(명.부)지금	(대)나,우리(13-18)	(전)~에 대해서	(명)타인, 다른사람(7-30)
그의 행동을 믿었(는데)		지금 나는 사람에 대하여…			
也,	**聽**	**其**	**言**	**而**	**觀**
(어기)어기멈춤, 완만(3-1)	(동)듣다	(대)그의(1-7)	(명)말	(접)동작+而+ 동작.조건…(4-17)	(동)보다
	그의 말을 들으면				
其	**行.**	**於**	**予**	**與**	**改**
(대)그의(1-7)	(명)행동	(전)~때문에	(인명)재여 (=재아宰我)(3-21)	(어기)어기 멈춤	(동)바꾸다
그의 행동을 본다.		재여 때문에… 이것을(=사람을 보는 나의 생각을) 바꾸었다."			
是."					
(대)재지시. '이것'(2-7)					

번역 재여(宰予=)가 낮에 잤을 때 공자가 말했다. "썩은 나무에 새길 수 없고, 더러운 벽에 칠할 수 없으니 재여(宰予)에 대해 무엇을 비난할까?" 공자가 말했다. "처음에 나는 사람에 대해 그의 말을 들으면 그의 행동을 믿었는데 지금 나는 사람에 대해 그의 말을 들으면 그의 행동을 본다. 재여 때문에 사람을 보는 나의 생각을(=이것을) 바꾸었다."

語法과 語彙

糞土之牆不可杇也 (더러운 벽에 칠할 수 없다)

(명사) 더러운 흙. (穢土)[분토,fèntǔ]

糞土之牆不可杇也 (더러운 벽에 칠할 수 없다)

(동사) (회칠, 흙칠, 미장 등을 한 후) 회색칠을 하거나 꽃무늬를 새기다. 칠하다. (粉刷, 涂抹)[오,wū]

→ 圬之爲技, 賤且勞者也 (韓愈·『圬者王承福傳』)
그것을 칠하는 건 기술인데 천하고 힘들다.

於予與何誅? (재여에 대해 무엇을 비난할까?)

(어기사) 문중에 사용되어 어기 멈춤을 나타내고 어기를 '느릿느릿하고 완만하게'하여 다음 문장을 유도하는 역할을 한다.

→ 我之大賢與, 於人何所不容? 我之不賢與, 人將拒我, 如之何其拒人也?" 『論語·子張』
내가 매우 어질면 사람에 대해 수용하지 못할 것이 어디에 있겠는가? 내가 어질지 못하면 사람들이 나를 거부할 것인데 어떻게 내가 사람들을 거부하겠는가?

於予與何誅? (재여에 대해 무엇을 비난할까?)

(동사) 문책하다, 비난하다. (責問, 譴責)

→ 誅名而不察實, 爲善者不必免, 而犯惡者未必刑也 (漢·董仲舒『賢良策二』)
'표면에 나타난 현상으로 시비선악을 판단해야(誅名:根據名義、表面現象而定是非善惡)' 하는데 사실을 살피지 않으니 선행을 한 사람이 꼭 면하는 것도 아니고 나쁜 일을 한 사람이 꼭 형벌을 받는 것도 아니다.

於予與改是 (재여 때문에 이것을 바꾸다)

(전치사) '어(於)+목적어'가 서술어 뒤나 앞에 놓여 보어가 되며 동작, 행위, 상황이 발생하는 이유를 보여 준다. '~때문에'로 번역이 된다.

→ 然後知生於憂患, 而死於安樂也 『孟子·告子下』
그러면(然後) 걱정 때문에 살(生於憂患)고 안락 때문에 죽는 다(死於安樂)는 걸 안다(知…也).

5-11. 子曰: "吾未見剛者." 或對曰: "申棖." 子曰: "棖也慾, 焉得剛?"

<table>
<tr><th>子曰:</th><th>"吾</th><th>未</th><th>見</th><th>剛</th><th>者."</th></tr>
<tr><td>공자가 말하다</td><td>(대)나,우리
'주어…'(13-18)</td><td>(부)아직~하지 않다(3-25)</td><td>(동)보다</td><td>(형)강직하다</td><td>(조사)~한 사람,
~한 것(1-2)</td></tr>
<tr><td colspan="6">공자가 말했다. "나는 강직한 사람을 아직 보지 못했다."</td></tr>
<tr><th>或</th><th>對曰:</th><th>"申棖."</th><th>子曰:</th><th>"棖</th><th>也</th></tr>
<tr><td>(대)어떤사람(2-21)</td><td>(동)대구하여
말하다</td><td>(인명)신장(申棖)</td><td>공자가 말하다</td><td>(인명)신장(申棖)</td><td>(어기)주어+也.
'멈춤,완만,제시'
(1-2)</td></tr>
<tr><td>어떤 사람이</td><td>대구하여
말했다.</td><td>"신장(申棖)
입니다."</td><td>공자가 말했다.</td><td colspan="2">"신장(申棖)은</td></tr>
<tr><th>慾,</th><th>焉</th><th>得</th><th>剛?"</th><td colspan="2" rowspan="3"></td></tr>
<tr><td>(동)탐욕하다.
욕망하다</td><td>(의문부사)반문.
'어떻게'(2-10)</td><td>(조동사)반문(3-22)</td><td>(형)강직하다</td></tr>
<tr><td>탐욕스러(우니)
[동→형]</td><td colspan="3">어떻게 강직하겠느냐?"</td></tr>
</table>

번역 공자가 말했다. "나는 강직한 사람을 아직 보지 못했다." 어떤 사람이 대구하여 말했다. "신장(申棖)입니다." 공자가 말했다. "신장(申棖)은 탐욕스러우니 어떻게 강직하겠느냐?"

語法과 語彙

吾未見剛者 (나는 강직한 사람을 아직 보지 못했다)

(형용사) (의지, 성격, 조직이) 굳고 강하다. 굳세다, 강직하다. (堅强, 剛强)

→ 其剛心勇氣, 消耗鈍眊 (宋・蘇軾『敎戰守策』)
(그의/ 그들의) 강한 마음과 용기가 '점차 줄고(消耗)' '쇠퇴한다(鈍眊)'.

或對曰: "申棖." (어떤 사람이 대구하여 말했다. "신장(申棖)"이다)

신장(申棖)은 『논어』에서 본 장에 단 한번 짤막하게 언급되고 있을 뿐이다. 그러나 「공야장」의 1장~13장의 성격이 공자의 가까웠던 제자들에 대한 평가의 말을 집약적으로 수록하고 있다는 맥락에서 보면 신장(申棖) 역시 가까웠던 제자그룹의 한 사람으로 추정하는 것도 큰 무리가 없을 수도 있다. (김용옥, 2008)

棖也慾 (신장(申棖)은 탐욕스럽다)

(동사) 욕(欲)의 이체자. 욕망하다, 몹시 바라다, 탐욕하다. (慾望, 欲念, 貪慾)

→ 吾何快於是? 將以求吾所大欲也 『孟子・梁惠王上』
내가 어찌 이것을 즐기겠는가? 장차 이것으로 내가 크게 욕망하는 것을 찾는다.

5-12. 子貢曰: "我不欲人之加諸我也, 吾亦欲無加諸人." 子曰: "賜也, 非爾所及也."

子貢曰:	"我	不欲	人	之	加
자공이 말하다 [자공:(1-10)]	(대)나	(동)원하지 않다 (4-5)	(명)타인, 다른사람(7-30)	(접)주어+之+서술어(1-10)	(동사)(압력,영향을) 주다
자공이 말했다. "저는 타인이					
諸	我	也,	吾	亦	欲
(겸사)'之+於(에게)' (2-19)	(대)나	(어기)주어+也. '멈춤,완만,제시' (1-2)	(대)나,우리 '주어,한정어…' (13-18)	(부사)역시(3-22)	(동)원하다(4-5)
저에게 압력을 가하는 것을 원하지 않(고…)			저 역시		
無	加	諸	人."	子曰:	"賜
(부)'=不'(1-15)	(동사)(압력,영향을) 주다	(겸사)'之+於(에게)' (2-19)	(명)타인, 다른사람(7-30)	공자가 말하다	(인명)자공
타인에게 압력을 가하지 않기를 원합니다."				공자가 말했다. "자공아!	
也,	非	爾	所	及	也."
(어기)감탄(3-17)	(부정부사)부정(5-1)	(대)너.너희들.당신	(조)所+(전)+동사. ~것'(1-12)	(동)따라잡다	(어기)진술강조 (2-17)
	네가 따라잡을 수 있는 것이 아니다!"				

번역 자공이 말했다. "저는 타인이 저에게 압력을 가하는 것을 원하지 않고, 저 역시 타인에게 압력을 가하지 않기를 원합니다." 공자가 말했다. "자공아! 네가 따라잡을 수 있는 것이 아니다!"

語法과 語彙

我不欲人之加諸我也 (나는 타인이 저에게 압력을 가하는 것을 원하지 않는다)

(동사) (압력, 영향 등을) 가하다, 주다. (施加)

→ 今陛下仁惠撫百姓, 恩澤加海內 『史記·律書』
지금 폐하의 인자함과 은혜가 백성을 어루만지고 은혜로운과 혜택은 '전국(海內)'에 가해집니다.

我不欲人之加諸我也 (나는 타인이 저에게 압력을 가하는 것을 원하지 않는다)

(겸사, 兼詞) 대명사 '之'와 전치사 '於'의 합음사(合音詞)이다. '제(諸)' 앞에는 반드시 동사가 오고, 뒤에는 반드시 명사나 명사성 성분이 와야 한다. '지(之)'는 앞의 동사의 목적어 되고, '어(於)'가 수반하는 뒤의 녕사성 성분은 전치사의 목적어가 된다. '於+목적어'는 앞의 '동사+목적어'의 부사어가 되고 동작, 행위와 관련 있는 '장소, 인물' 등을 나타낸다. 대명사 '지(之)'가 대신하는 대상은 장소와 인물 크게 두 가지이다. 대상을 대신하는 것은 일반적으로 앞의 문장에서 이미 출현한 것이다.

'제(諸)' 다음의 명사가 사람을 보여주는 경우는 '동사+제(諸)+명사(인물)'을 이루고 '어(於)'는 '~에게(向)'로 번역될 수 있고, 지(之)'가 나타내는 것은 앞에 나온 구체적인 것이나 동사의 대상이 되는 일반적인 것일 수 있다.

→ 君子求諸己, 小人求諸人 『論語・衛靈公』

군자는 그것을(之) 자신'에게(向)'[諸=之於] 요구하고, 소인은 타인'에게(向)'[諸=之於] 요구한다.

다음의 예문을 보면 겸사(兼詞) '제(諸)' 속의 전치사 '於'가 '동작의 발생지점, 동작의 출처'의 의미를 갖는 경우도 있다. '~로부터(from)' 등으로 번역될 수 있다.

→ 昔者由也聞諸夫子 『論語・陽貨』

이전(昔者)에 저, 자로는(由也) '그것을 선생님(=공자)으로부터 들었습니다(聞諸夫子)'.

→ 曾子曰: "吾聞諸夫子" 『論語・子張』

증자(曾子)가 말했다. "나(吾)는 그것을 선생님으로부터 들었다(聞諸夫子)."

賜也, 非爾所及也 (자공! 네가 따라잡을 수 있는 것이 아니다!)

(어기사) 감탄문에서 복문의 경우 앞 문장의 문미에서 또는 뒤 문장 문미에 쓰여서 '찬송, 비통, 놀라움, 탄식' 등의 어기를 도와준다.

→ 賜也! 爾愛其羊 『論語・八佾』

자공아! 너는 그 양을 아끼는구나!

→ 勇士曰 : 嘻! 子誠仁人也! 『公羊傳・宣公六年』

용감한 사병이 말했다. "아! 너는 정말로 인자한 사람이구나!"

→ 苛政猛於虎也! 『禮記・檀弓上』

가혹한 정치(苛政)는 호랑이보다 무섭다(猛於虎也)!

賜也, 非爾所及也 (자공(子貢=사,賜)! 네가 따라잡을 수 있는 것이 아니다!)

(부정부사) 명사 서술어 앞이나 판단문의 기타 서술어 앞에 쓰여 사물 등에 대한 부정을 보여주거나 서술어나 주어 관계의 부정을 보여 준다. 또한 형용사가 서술어가 되는 판단문의 문중에 사용되기도 한다.

→ 此庸夫之怒也, 非士之怒也 『戰國策・魏策四』

이것(此)은 '평범한 사람의 분노(庸夫之怒)'이지 선비의 분노(士之怒)가 아니다(非).

— [보충]

爾所及(네가 따라잡을 수 있는 것)은 '명사서술어'.

賜也, 非爾所及也 (자공(子貢=사,賜)! 네가 따라잡을 수 있는 것이 아니다!)

(인칭대명사) 주로 2인칭 대명사로 쓰인다. 사람을 대신하는 것 외에 사물, 상황도 대신할 수 있고, 주어, 목적어, 한정어, 서술어 등이 될 수 있다.

→ 我無爾詐, 爾無我虞 『左傳・宣公十五年』

내가 너를(爾, 목적어) 속이지 않을 테니 너도(爾, 주어) 나를 속여서는 안 된다.

賜也, 非爾所及也 (자공(子貢=사,賜)! 네가 따라잡을 수 있는 것이 아니다!)

(동사) 따라잡다. (赶上, 追上)

→ 懷王悔, 追張儀, 不及 『史記・屈原賈生列傳』

회왕(懷王)은 후회하고 장의(張儀)를 쫓아갔지만 따라잡지 못한다.

5-13. 子貢曰: "夫子之文章, 可得而聞也, 夫子之言性與天道, 不可得而聞也."

子貢曰:	"夫子	之	文章,	可	得而
자공이 말하다	(명)선생님;공자(1-10)	(조사)수식,종속관계. '~의'(3-2)	(명)詩,書,禮,樂,史 등	(조동)가능. '~할 수 있다'(1-11)	(관용구) ~할 수 있다
자공이 말했다.	"선생님의 문장[시(詩),서(書), 예(禮), 악(樂), 사(史) 등]은 [화제,topic]			들을 수 있었(지만)	
聞	**也,**	**夫子**	**之**	**言**	**性**
(동)듣다	(어기)멈춤.완만. 제시.강조(3-1)	(명)선생님;공자(1-10)	(접)주어+之+서술어(1-10)	(동)말하다	(명)인간의 본성
		선생님이 인간의 본성과			
與	**天道,**	**不可**	**得而**	**聞**	**也."**
(접)병렬.'~와'(4-5)	(명)하늘의 뜻	(조동)가능. '~할 수 없다'(1-11)	(관용구) ~할 수 있다	(동)듣다	(어기)진술강조(2-17)
하늘의 뜻을 말하는 것은 [화제,topic]		들을 수 없었다."			

번역 자공이 말했다. "선생님의 문장[시(詩), 서(書), 예(禮), 악(樂), 사(史) 등]은 들을 수 있었지만 선생님이 인간의 본성과 하늘의 뜻을 말하는 것은 들을 수 없었다."

語法과 語彙

夫子之文章 (선생님의 문장)

(명사) 현실에 반영되어야 하는 공자의 가르침으로 공자가 제자들에게 줄곧 언급한 시(詩), 서(書), 예(禮), 악(樂), 사(史) 등.

— [보충, 文章]

문장(文章)에 대한 학자들의 견해와 『漢語大辭典』에 나오는 정의는 다음과 같다.

- "선생님의 실천적인 예에 대한 가르침." (예에 관한 가르침과 그 밖의 공자의 현실적인 학문) (김학주, 2017)
- "부자(夫子)의 문장(文章)." (어려운 성(性)과 천도(天道)에 비하는 평범하고, 교양적이고, 어렵지 않은 문장) (이기동, 2011)
- "선생님의 문장(=예악형정(禮樂刑政)의 문화)"[17] (김용옥, 2008)
- "선생님의 학문" (주희(朱熹)는 덕이 겉으로 드러난 것으로 위의(威儀:엄숙한 얼굴과 장중한 행동)와 문사(文辭:문장의 글귀)가 모두 이에 포함된다고 했고, 형병(邢昺)은 『시경 詩經』,『서경 書經』,『禮記』,『樂記』 등을 가리킨다고 보았다) (류종목, 2000)

17 문장(文章)이란 문(文)의 장(章)이다. 즉 문(文)의 질서이다. 여기서 문이란 '예, 악, 형, 정(禮, 樂, 刑, 政)'의 문화이다. 그리고 그것은 최소한 공자에게 있어서 문자를 매개로 해서 표현되고 전달되는 성격의 것이다. 공자에게 있어서 문화란 문자를 통해서 이루어지는 전통이요 질서다. 그의 문자가 대상으로 한 것이 예악(禮樂)이요 형정(刑政)이다. 이러한 예악형정(禮樂刑政)의 근거로서 공자는 인(仁)을 말했을 뿐, 성(性)이나 천도(天道)라는 형이상학적 논란을 일삼지 않았다.

- "선생님의 문장" (일반적으로 문장은 시(詩), 서(書), 예(禮), 악(樂)으로 고대 문헌 면에서의 학설이다. 泛指詩、書、禮、樂等古代文獻方面的學說) (陳曉芬, 2016)
- "선생님이 자신을 닦아 타인을 편하게 하는 도리 老師修己安人的道理" (毛子水, 2009)
- "선생님의 문헌 방면에 대한 학문 老師關于文獻方面的學問" (공자는 고대 문화의 정리자이고 전파자이다. 여기서의 문장은 분명 고대 문헌과 관련된 학문을 가리켜야 한다. 『논어 論語』에서 검토해서 볼 수 있는 부분은 시(詩), 서(書), 사(史), 예(禮) 등이다. 孔子是古代文化整理者和傳播者, 這里的"文章"該是指有關古代文獻的學問而言.在《論語》中可以考見的有詩、書、史、禮等等) (楊伯峻, 2006)

『漢語大辭典』에 나오는 '문장(文章)'의 정의를 정리하면 다음과 같다.

1. 뒤섞인 색채 혹은 꽃무늬. (錯雜的色彩或花紋)
2. 예악제도. (禮樂制度)
3. 마차의 천과 기(旗) 등으로 고대에는 그 위에 색채를 더하여 존비와 귀천을 구별했다. (指車服旌旗等. 古代于其上加彩飾以區別尊卑貴賤)
4. 문자. (文字)
5. 글이나 독립적으로 문장을 이루는 문자. (文辭或獨立成篇的文字)
6. 특별히 문학작품을 가리킨다. (特指文學作品)
7. 재능과 학문. (才學)
8. 복잡하게 얽혀있고 분명하지 않은 함의 혹은 줄거리. (曲折隱晦的含義或情節)
9. 좋은 생각이나 방법. (指主意或點子)

정리하면 문장이란 현실에 반영되어야 하는 공자의 가르침으로 공자가 제자들에게 줄곧 언급한 시(詩), 서(書), 예(禮), 악(樂), 사(史) 등으로 집약할 수 있을 것 같다.

夫子之文章, 可得而聞也 (선생님의 문장(시詩,서書, 예禮, 악樂, 사史 등)을 들을 수 있다)

(관용구) 조동사 '득(得)'과 접속사 '이(而)'가 연이어 쓰여 구성되었다. 동사 앞에 쓰이고 '이(而)'는 조동사와 동사를 이어주는 역할을 한다. '득(得)' 앞에는 때로 '가(可)'가 있기도 한다. '~할 수 있다(能)'으로 번역될 수 있다.

→ 夫舜惡得而禁之? 『孟子·盡心上』
순임금이 어떻게 그것을 '제지하(禁)'겠는가?

夫子之言性與天道 (선생님이 인간의 본성과 하늘의 뜻을 말하다)

(명사) 인간의 본성. (人的本性) or 사람이나 사물 자체가 갖추고 있는 능력이나 작용·역할 등. (人或事物的本身所具有的能力、作用等)

— [보충, 性]

1. 성(性)에 관한 본격적인 논의는 맹자로부터 시작된 것이다. 그것은 맹자가 공자의 사상을 펼치기 위해서 그 인정(仁政)의 내용을 이루는 도덕주의의 선험적 근거를 인간성 자체 내에 발견하기 위한 노력에서부터 생겨난 것이다. 공자는 단지 "성상근(性相近. 인간의 본성은 서로 비슷하다)"을 이야기했을 뿐이다. 인간에게 보편적으로 구비된 성향이었을 뿐이다. (김용옥, 2008)
2. 인간의 본성이다. 고대에는 계급의 관념이 있을 수 없었다. 이로 인하여 인간의 계급성을 몰랐다. 하지만 사람의 자연적인 성질에 대해서는 맹자, 순자 모두 주장한 바 있지만 공자는 단지 "性相近也, 習相遠也 (인간의 본성은 서로 가까이 있고 습성은 서로 멀다)"만을 말했다. (楊伯峻, 2006)

→ 性相近也, 習相遠也　『論語·陽貨』

인간의 본성은 서로 가까이 있고 습성은 서로 멀다(=인간의 본성에 대한 차이는 없지만 익히는 것(=습성)에 따라 서로 매우 다를 수 있다).

夫子之言性與天道 (선생님이 인간의 본성과 하늘의 뜻을 말하다)

(명사) 1. 자연법칙(天理), 하늘의 뜻(天意:上天的意旨)

→ 謙亨, 天道下濟而光明　『易·謙』

겸손하고 공손하고 덕이 있어(謙亨: 謙恭有德) 하늘의 뜻이 '백성에게 미치(下濟: 군왕이 은혜를 신하와 백성에게 베풀다. 指君王施恩惠于臣下百姓)'고 밝다.

2. 자연계의 변화와 규율. (指自然界變化規律)

→ 夫春氣發而百草生, 正得秋而萬寶成. 夫春與秋, 岂無得而然哉? 天道已行矣　『莊子·庚桑楚』

봄기운이 일어나 온갖 풀이 살고 가을이 되어 온갖 보배가 결실을 맺는다. 봄과 가을이 어찌 그럴 수 없겠는가? 자연의 규율이 이미 움직이고 있었다.

— [보충, 天道]

1. 천도(天道)에 관한 논의는 장자(莊子)의 전유물이라 해도 과언이 아니다. 그가 말하는 천도는 자연과학적인 하늘의 법칙이 아니다. 천도는 천지의 기준(天地之平)이며 도덕의 지고한 경지(道德之至)다. 그것은 인정(仁政)의 남면(南面: 임금의 자리에 오르거나 임금이 되어 나라를 다스림)조차 거부하는 초윤리적인 것이나. 장자가 말하는 천도는 노자(老子)적 자연주의의 극단적 옹호(apology)이며, 현세적 가치관 집착에 대한 초월주의인 것이다. (김용옥, 2008)
2. 고대에 말한 천도는 일반적으로 자연과 인간사회의 길흉화복의 관계를 가리킨다. 공자는 천도를 말하지 않는다. 공자는 인간과 인간사회의 관계에 대해 존재하지만 말하지 않는 태도를 취한다. (楊伯峻, 2006)

5-14. 子路有聞, 未之能行, 唯恐有聞.

子路	有	聞,	未	之	能
(인명)자로	(조사.접두사)음절 조화. 어기강화	(동)듣다	(부사)아직 ~하지 않다(3-25)	(대)재지시. '그것,그사람'(2-1)	(조동사) ~할 수 있다(1-7)
자로가 듣(고)			그것(=들은 것)을 실행할 수 없었(을 때) [시간조건절(1-1)]		
行,	**唯**	**恐**	**有**	**聞.**	
(동)실행하다. 집행하다	(어기)돕는,신경쓰는,보살피는	(동)두려워하다	(부사)또. 역시(2-7)	(동)듣다	
	또 듣기(를) 두려워했다.				

번역 자로가 듣고 들은 것을 실행할 수 없었을 때 또 듣기를 두려워했다.

語法과 語彙

子路有聞, 未之能行 (자로가 듣고 들은 것을 실행할 수 없었다)

1. (조사, 접두사) 단어 앞에 놓여 '접두사(前綴)'가 된다. '단음절 형용사, 명사, 동사' 앞에 놓인다. 여기선 동사 앞에 놓여 접두사가 되어 음절을 조화롭게 하고, 어기를 강화하는 역할을 한다. 『시경 詩經』에 많이 보인다.

→ 女子有行, 遠父母兄弟 『詩經·鄘風·蝃蝀』
아가씨가 시댁으로 시집을 가 부모형제와 멀어지다.

2. (접속사) 가정의 복문에서 앞의 단문에 쓰여 가정을 나타내고 뒤의 단문은 결과, 추론을 나타낸다. '만약' 등으로 번역된다.

→ 人主有能明其德者, 天下之士, 其歸之也 『吕氏春秋·期賢』
왕(人主:人君, 君主)이 만약 그의 덕을 밝게 할 수 있는 사람이라면 천하의 선비 그들은 왕에게 온다.

子路有聞, 未之能行 (자로가 듣고 들은 것을 실행할 수 없었다)

(동사) 실행하다, 밀고 나아가다, 집행하다. (執行, 推行)

→ 余嘉其能行古道 (唐·韓愈『師說』)
나는 그가 '고대 성현의 도(古道)'를 실행한다는 걸 '인정한다(嘉:贊許)'.

唯恐有聞 (또 듣기를 두려워하다)

(어기사) 도와주는, 보살펴주는, 신경써주는 어기. (表提挈語氣)

→ 唯求則非邦也與? 『論語·先進』
구(求)(=求가 말한 것은)는 나라가 아닐까요(也與:판단, 추측의 어기와 의문 어기 겸용)?

→ 唯我鄭國之有請謁焉 『左傳·隱公十年』
우리 정나라(鄭國)가 부탁한(請謁) 것이 있다.

5-15. 子貢問曰: "孔文子, 何以謂之文也?" 子曰: "敏而好學, 不恥下問, 是以謂之文也."

子貢	問曰:	"孔文子,	何以	謂	之
(인명)자공=사(賜)(1-10)	(동)물으며 말하다	(인명)공문자	(관용구)왜	(동)~라고 부르다	(대)재지시. '그것,그사람'(2-1)
자공이 물으며 말했다.		"공문자(孔文子)는	왜 그를		
文	**也?"**	**子曰:**	**"(孔文子)敏**	**而**	**好**
(명)문(文)	(어기)의문(2-5)	공자가 말하다	(형)똑똑하다	(접)점층. '게다가,또한'(1-14)	(동)좋아하다(7-11) [호,hào]
문(文)이라고 부릅니까?"		공자가 말했다.	"(공문자는) 똑똑하고 게다가 배우는 것을 좋아하(고)		
學,	**不恥**	**下問,**	**是以**	**謂**	**之**
(동)배우다. 공부하다 (15-31)[동→명]	(동)부끄러워하지 않다	(동)지위가 낮은 이에게 묻다	(접)이 때문에, 그래서	(동)~라고 부르다	(대)재지시. '그것,그사람'(2-1)
	자신보다 지위가 낮은 사람에게 묻는 것을 부끄러워하지 않는다.		이 때문에 그를		
文	**也."**	'何以謂之文也?(왜 그를 文이라고 부르는가?)'와 '是以謂之文也(이 때문에 그를 文이라 부른다)'에서 '謂之文'는 '그를 文으로 부르다'로 '謂(동사)+之(목적어)文(목적보어)'로 사용되고 있음을 볼 수 있다.			
(명)문(文)	(어기사)진술강조(2-17)				
문(文)이라고 부른다."					

번역 자공이 물으며 말했다. "공문자(孔文子)는 왜 그를 문(文)이라고 부릅니까?" 공자가 말했다. "공문자는 똑똑하고 게다가 배우는 것을 좋아하고 자신보다 지위가 낮은 사람에게 묻는 것을 부끄러워하지 않았다. 이 때문에 그를 문(文)이라고 부른다."

語法과 語彙

孔文子, 何以謂之文也? (공문자(孔文子)는 왜 그를 문(文)이라고 부르는가?)

(인명) 공문자(孔文子)는 위령공의 맏딸 백희(伯姬)의 남편이며 위령공의 맏사위다. 공문자와 백희 사이에서 난 아들 공회(孔悝)를 자로가 섬기다가 삶의 최후를 맞이했다. 공문자는 위나라의 중신(重臣)이었다. 그의 성(姓)은 공(孔), 이름은 어(圉)였다. 문자(文子)라는 것은 그의 사후에 붙여진 시호(諡號)이다. 시호(諡號)라는 것은 한 사람의 생전의 업적을 평가하여 붙여지는 것인데 훌륭한 사람에게는 훌륭한 시호가 좋지않은 사람에게는 좋지 않은 시호가 붙여진다. 『일주서 逸周書』의 「시법해 諡法解」 제 54에는 어떤 인물에 어떤 시호가 붙여지는가에 관한 법칙이 논의되고 있는데 그중 '문(文)'이라는 시호는 최상에 속하는 것이다. (김용옥, 2008)

孔文子, 何以謂之文也? (공문자(孔文子)는 왜 그를 문(文)이라고 부르는가?)

(관용구) 원인을 묻는 것으로 '왜'로 번역된다. 단독으로 문장을 이루거나 서술어로 사용되거나 부사어로 쓰인다.

→ 天何以刺? 何神不富? 『詩·大雅·瞻卬』

하늘은 왜 벌하는가? 왜 신은 복을 주지 않는가?

→ 夫顓臾, 昔者先王以爲東蒙主, 且在邦域之中矣, 是社稷之臣也. 何以伐爲? 『論語•季氏』
전유(顓臾)는 옛날 선왕이 동몽산(東蒙)의 제사 주체로 여겼고 또한 (그 지역이) 나라(=노나라) 안에 있으니 이것은 사직의 신하이다. 왜 정벌하려고 하는가?

孔文子, 何以謂之文也? (공문자(孔文子)는 왜 그를 문(文)이라고 부르는가?)

(동사) ~라고 부르다. (稱爲, 叫做)

→ 桑生黄衣, 謂之金桑, 其木必將槁矣 『格物粗談•樹木』
뽕나무가 노란 외피를 만들면 그것을 황금뽕나무라고 부르는데 그 나무는 반드시 시든다.

敏而好學 (똑똑하고 게다가 배우는 것을 좋아하다)

(형용사) 똑똑하다, 통달하다. (聰明, 通達)

→ 我雖不敏, 請嘗試之 『孟子•梁惠王上』
나는 비록 총명하지는 않지만 그것을 '시험 삼아 해보길(嘗試: 시험 삼아 해보다; 테스트하다. 試行; 試驗)' 원한다(請).

不恥下問 (자신보다 지위가 낮은 사람에게 묻는 것을 부끄러워하지 않다)

(동사) 자신보다 지위가 낮은 사람에게 묻다. (問于在己之下者)

→ 隰朋之爲人, 好上識而下問 『管子•戒』
습붕(隰朋)의 사람됨은 '훌륭한 견해/사상(上識)'과 지위가 낮은 사람에게 묻는 걸 좋아한다.

不恥下問, 是以謂之文也 (자신보다 지위가 낮은 사람에게 묻는 것을 부끄러워하지 않는다. 이 때문에 그를 문(文)이라고 부른다)

(접속사) 인과(因果)를 나타내는 접속사로 인과(因果) 복문의 뒤 단문에 쓰이고 결과를 나타내고 또한 앞 단문과 뒤 단문 사이가 인과(因果), 부드러운 이어짐(順乘)의 관계를 보여 준다. '그래서, 이 때문에. (所以, 因此)' 등으로 번역된다.

→ 功成而弗居. 夫唯弗居, 是以不去 『老子•二章』
공로를 이루어도 자랑하지 않는다. 자랑하지 않으니 이 때문에 떠나지 않는다.

5-16. 子謂子産: "有君子之道四焉:其行己也恭, 其事上也敬, 其養民也惠, 其使民也義."

子謂	子産:	"有	君子之道	四	焉:
공자가 평론하다 [謂(3-1)]	(인명)자산	(동)있다	(명사구)군자의 도	(수사)넷.사.four	(어기)진술문. 멈춤
공자가 자산을 평론했다.		"군자의 도 넷이 있다.			
其	**行己**		**也**	**恭,**	**其**
(대)재지시. '자산'(2-1)	(동)세상살이하다(立身處世) [(동)실행하다(5-14)+(대)자신(1-16)]		(어기)부사구 (동.부.명..+也). 시간,조건,당위 (15-32)	(형)겸손하고 예의가 있다	(대)재지시. '자산'(2-1)
그는 세상살이 할 때 겸손했(고)					그는
事	**上**	**也**	**敬,**	**其**	**養**
(동)섬기다(3-18)	(명)손윗사람. 윗사람(13-4)	(어기)동·부·명사(구)+也(15-32)	(형)공손하다. 예의바르다	(대)재지시. '자산'(2-1)	(동)먹여 살리다
윗사람을 섬길때 공손했(으며)				그는	
民	**也**	**惠,**	**其**	**使**	**民**
(명)서민·평민·백성·민중(15-25)	(어기)동·부·명사(구)+也(15-32)	(형)인자하다	(대)재지시. '자산'(2-1)	(동)부리다, 다루다(3-19)	(명)서민·평민·백성·민중(15-25)
백성을 먹여 살릴 때 인자했(고)			그는	백성을 부릴…	
也	**義."**				
(어기)동·부·명사(구)+也(15-32)	(형)정의롭다 (15-18)				
…때 정의로웠다."					

번역 공자가 자산(子産)을 평론했다. "군자의 도 네 가지를 갖고 있다. 그는 세상살이 할 때 겸손했고, 그는 윗사람을 섬길 때 공손했으며, 그는 백성을 먹여 살릴 때 인자했고, 그는 백성을 부릴 때 정의로웠다."

語法과 語彙

子謂子産

(인명) 자산(子産)은 정(鄭)나라 왕족출신의 재상인 공손교(公孫僑)의 자(字)이다, 자를 자미(子美)라고도 한다. 교(僑)는 그의 이름이다. 공자보다 1세대가 빠른 명망 높은 정치가였다. 자산이 죽은 것은 노나라 소공(昭公) 20년, BC522년의 일이며 공자의 나이 30세였다. 자산이 정치를 행한 정나라는 노나라와 같은 소국이었다. 그가 집정을 하고 있었던 22년간의 시기는 진(晉)나라와 초(楚)나라 양대국이 경쟁하던 시기였다. 그 사이에 끼어 자산은 두 나라를 주선하면서 비굴하지 않았고 자만하지도 않았으며 정나라가 존경과 안전을 얻을 수 있게 했다. 자산은 농지의 구획정리를 행하여 세를 증수하였고 군사세(軍事稅)로 구부(丘賦)를 실시하여 국가경제를 재건하였다. 그리고 이러한 개혁의 불만세력을 억누르기 위하여 새로운 법률을 제정하고, 형서(刑書)를 주조하여 국내에 공포하였다. 중국역사에서 자산은 법치주의의 선구자로서 항상 거론된다. 그러나 그의 법치는 단순한 권력의 술수가 아닌 인간세의 합리적 정신에 기초한 것이다. 특히 전통적인 종교의식에 새로운 인본주의적인 해석을 가하였으며 질병이나 제사에 관하여 이성적인 새로운

해석을 내렸다. 그는 중국철학사에서 합리주의적 혁명의 전범을 세운 자로서 손꼽힌다. 그러한 그의 혁명적 조치는 현실적 치세로서 성공을 거두었을 뿐 아니라 후세에 엄청난 영향을 주었다. 우리가 공자에게서 느낄 수 있는 냉혹한 이성주의는 바로 이러한 정자산의 패러다임 속에서 구현된 것이다. (김용옥, 2008)

有君子之道四焉 (군자의 도 네 가지를 갖고 있다)

(어기사) 진술문 문미에 사용되어 문장의 뜻과 어울려 문미에서 멈춘다는 것을 보여 준다. '了'로 번역되거나 번역하지 않을 수도 있다.

→ 君子之過也, 如日月之食焉. 過也, 人皆見之; 更也, 人皆仰之 『論語・子張』
군자의 잘못은 일식, 월식과 같다. 잘못하면…사람들이 모두 그를 쳐다보고, 고치면… 사람들이 모두 그를 우러러본다.

其行己也恭 (그는 세상살이 할 때 겸손하다)

(어기사) 동사, 부사, 명사(구) 등 다음에 쓰여 시간, 조건, 당위 등을 나타내는 부사어가 된다.[어기사 也는 멈춤, 제시의 용도로 보아도 된다고 생각한다]

→ 始也吾以爲至人也, 而今非也 『莊子・養生主』
처음에 나는 성인(至人)아라고 여겼는데 지금은 아니다.

→ 是歲也, 鄭駟偃卒 『左傳・昭公十四年』
이 해에(是歲也) 정(鄭)나라 사언(駟偃)이 죽다.

其行己也恭 (그는 세상살이 할 때 겸손하다)

(형용사) 겸손하고 예의가 있다. (謙遜有禮)

→ 過客, 以觀公子, 公子愈恭 『史記・魏公子列傳』
지나가는 손님(過客)이 이것으로(以) 공자(公子:고대 제후의 서자를 일컫고 세자와 구별되며 일반적으로 제후의 아들을 말한다. 古代稱諸侯之庶子, 以別于世子, 亦泛稱諸侯之子)를 보니 공자는 더 겸손하고 예의가 있다.

→ 恭而安 『論語・述而』
겸손하고 평화롭다

其事上也敬 (그는 윗사람을 섬길 때 공손하다)

(형용사) 공손하다, 예의바르다, 정중하다. (恭敬)

→ 北雖貌敬, 實則憤怒 (宋・文天祥『「指南錄」後序』)
북(元方:원나라 같음)은 비록 모습은 공손했지만 사실은 분노한다.

其養民也惠 (그는 백성을 먹여 살릴 때 인자하다)

(동사) 먹여 살리다, 사육하다. (養活, 飼育)

→ 其詩以養父母, 收族爲意 (宋・王安石『傷仲永』)
그 시는 부모를 먹여 살리고 '지위의 높고 낮음, 사람 간 친함과 소원함으로 가족을 단결시키는(收族 : 謂以上下尊卑、親疏遠近之序團結族人)' 것을 내용으로 하고 있다.

其養民也惠 (그는 백성을 먹여 살릴 때 인자하다)

(형용사) 인자하다. (仁慈)

→ 袁有守多惠政, 民甚愛之 (明·高啓『書博鷄者事』)
원(袁:지명)은 '절조 있게(有守:有節操 원칙과 신념을 굽히지 아니하고 끝까지 지켜 나아감)' 인자한 정치를 많이 실행하여 백성은 매우 그것을 좋아한다.

5-17. 子曰: "晏平仲善與人交, 久而敬之."

子曰:	"晏平仲	善	與	人	交,
공자가 말하다	(인명)안평중	(동)뛰어나다	(전)동작 대상. '~와'(5-8)	(명)타인, 다른사람(7-30)	(동)사귀다. 교제하다
공자가 말했다.	"안평중(晏平仲)은 사람과 교제하(는 것을) 잘했(기 때문에) [善(동사)+[與人(전치사구)+交(동사):목적어]] [원인절(1-1)]				
久	而	人敬	之."		
(형)오래되다	(접)가정. '만약~면'(4-17)	(동)존중하다. 존경하다	(대)재지시. '그것,그사람'(2-1)		
오래되면 (사람들이) 안평중(晏平仲)을 존경했다."					

번역 공자가 말했다. "안평중(晏平仲)은 사람과 교제하는 것을 잘했기 때문에 오래되면 교제하는 사람들이 안평중(晏平仲)을 존경했다."

語法과 語彙

晏平仲善與人交 (안평중은 사람과 교제하는 것을 잘한다)

안평중(晏平仲)은 공자와 동시대의 인물로 공자보다 약간 선배이며, 자산보다는 약간 후배인 당시 대국 제(齊)나라의 재상 안영(晏嬰)을 말한다. 안(晏)은 성이고, 영(嬰)은 이름이고, 평(平)은 시호이며 중(仲)은 자(字)이다. 자(字)가 평중(平仲)이란 설도 있다. BC567년에 제나라에 멸망당한 내(萊)나라의 이유(夷維)사람으로 제나라의 영공(靈公), 장공(莊公), 경공(景公)을 섬겼다. 사마천의 『史記사기』는 그 열전(列傳)에 백이(伯夷)를 첫 번째 인물로 다루고 바로 뒤이어 관중(管仲)과 안영(晏嬰)을 다룬 「管晏列傳관안열전」을 배열하고 있으니 안영이 차지하는 역사적 무게가 어떠한지를 알 수 있다. 그것은 「老子韓非列傳노자한비열전」보다도 앞선 것이다. (김용옥, 2008)

晏平仲善與人交 (안평중은 사람과 교제하는 것을 잘한다)

(동사) 뛰어나다, 잘하다. (擅長)

— [보충]

'善+A'의 형식으로 'A에 뛰어나다/A를 잘하다'의 의미를 갖는다.

→ 陳康肅公堯咨善射 (宋·歐陽修 『賣油翁』)
진강숙공요자 [진요자陳堯咨(970—1034(64세)):송대 관원으로 서예가]는 활쏘기를 뛰어나다.

晏平仲善與人交 (안평중은 사람과 교제하는 것을 잘한다)

(동사) 사귀다, 교제하다, 친교(親交: 친밀하게 사귐)를 맺다. (結交, 交際)

→ 昔者三晉之交于秦, 相善也 『戰國策·趙策三』
옛날에 삼진(三晉)은 진(秦)과 친교를 맺었고 서로 사이가 좋았다.

久而敬之 (오래되면 그를 존경한다)

(형용사) 오래되다. 시간이 길다. (長久;時間長)

→ 師道之不傳也久矣 (唐·韓愈『師說』)
스승님의 도가 전하지 않은 게 오래되었다.

久而敬之 (오래되면 그를 존경한다)

1. (접속사) 단문 내에서 사용하여 '가정, 조건'을 나타낸다. '만약~하면'으로 번역된다.

→ 見不賢而內自省也 『論語·里仁』
덕행이 좋지 않은 사람을 보면 속으로 자기를 반성한다.

2. (접속사) 전환을 나타내는 접속사로 앞뒤의 두 부분이 의미적으로 서로 상대적이거나 상반되는 구를 가지고 있어 서로 협력하고 앞뒤의 전환 의미를 돌출되게 한다. '그러나, 오히려' 등으로 번역된다.

→ 擧世皆混濁而我獨清, 衆人皆醉而我獨醒 『史記·屈原賈生列傳』
온 세상은 모두 혼탁하지만 나만 맑고 많은 사람들은 모두 취해있지만 나만 깨어있다.

— [견해]

久而敬之의 문장에서 접속사 '이(而)'가 '가정' 또는 '전환'의 의미에 따라 뒤에 수반되는 대명사(재지시) 지(之)의 대상이 달라진다. 즉 가정인 경우 '오래되면 그를(=안평중을) 존경한다'가 되고 전환인 경우 '오래 되었지만 그를(=사귀는 사람을) 존경한다'가 된다고 생각한다. 참조하고 있는 학자들 대부분은 之의 지칭대상을 '안평중'이 만나는 사람이라고 보았고(이기동, 김용옥, 류종목, 陳曉芬, 毛子水, 楊伯峻), 안평중으로 본 학자는 드물다(김학주).

晏平仲善與人交, 久而敬之 이 문장을 '가정, 전환'으로 각각 해석하여 살펴보면,
[가정:안평중은 '사람과 교제하는 것을(與人交:명사구)' 잘해서 오래되면 (사귀는 사람은) 그를(=안평중을) 존경하였다]
[전환:안평중은 '사람과 교제하는 것을(與人交:명사구)' 잘해서 오래되어도 (안평중은) 그를 존경하였다]가 된다.

여기서 '晏平仲善與人交' 문장이 '원인절'이 되고 '久而敬之' 문장은 '종속절 [(與人交)久(가정)]과 주절[(人)敬之(결과)]'을 나타내는 긴축복문(11-14)이 된다. 즉 '종속절(조건절)+주절'의 형식이 되어 '사람과 교제를 잘했기 때문에 그와 오래 교제하면 그를 존경하였다'로 되고 존경의 주체는 '안평중'보다는 상대방인 경우가 맞고, 존경의 대상은 '안평중'이 된다고 생각한다.

5-18. 子曰: "臧文仲居蔡, 山節藻梲, 何如其知也?"

<table>
<tr><th>子曰:</th><th>"臧文仲</th><th>居</th><th>蔡,</th><th>山節藻梲,</th></tr>
<tr><td>공자가 말하다</td><td>(인명)장문중</td><td>(동)살다[동사→사역동사]</td><td>(명)점을 치는데 쓰는 큰 거북이</td><td>거처가 호화롭고 사치스럽다 or 본분을 넘고 분수에 지나치다(← 산 같이 큰 대들보 지지목과 문양이 있는 대들보 위 짧은 기둥)</td></tr>
<tr><td>공자가 말했다.</td><td colspan="3">"장문중(臧文仲)은 점을 치는데 쓰는 큰 거북이를 살게 하(고)</td><td>거처가 호화롭고 사치스러(웠으니) [배경상황설명복문(1-1)]</td></tr>
<tr><th>何如</th><th>其</th><th>知</th><th>也?"</th><td rowspan="3"></td></tr>
<tr><td>(관용구.부사어) 어떻게</td><td>(조사)어기부각</td><td>(형)지혜롭다 (=智)</td><td>(어기)반문(3-1)</td></tr>
<tr><td colspan="4">어떻게… 지혜롭겠는가?"</td></tr>
</table>

번역 공자가 말했다. "장문중(臧文仲)은 점을 치는데 쓰는 큰 거북이를 살게 하고, 거처가 호화로운 사치스러웠으니, 어떻게 지혜롭겠는가?"

語法과 語彙

臧文仲居蔡 (장문중(臧文仲)은 점을 치는데 쓰는 큰 거북이를 살게 한다)

(인명) 장문중(臧文仲)의 성(姓)은 장손(臧孫)이고, 이름은 진(辰)이고, 중(仲)은 자(字)이고, 문(文)은 시호(謚號)이다. 공자의 고국 노나라의 대부였다. 춘추 초기 인물로 공자가 태어나기 66전에 세상을 떠났다(BC616). 장문공은 노나라에서 지혜로운 정치가로서 사람들의 추억 속에 간직된 바 있다. 하지만 공자는 당대의 노나라 사람들의 상식을 뒤엎고 있다. 일반인의 역사적 평가에 대한 새로운 시각을 제시하고 있다. 공자는 상식이나 통념을 무비판적으로 존중하고 따르지 않았다. (김용옥, 2008)

臧文仲居蔡 (장문중(臧文仲)은 점을 치는데 쓰는 큰 거북이를 살게 한다)

(동사) 살다, 거주하다. (住, 居住)

→ 北山愚公者, 年且九十, 面山而居 『列子·湯問』
북산(北山)의 우공(愚公)이란 사람은 나이가 곧(且:將要) 90세가 되고 '산을 마주보고(面山而)' 산다.

臧文仲居蔡 (장문중(臧文仲)은 점을 치는데 쓰는 큰 거북이를 살게 한다)

1. 중국 주나라 시대 제후국. (中國周代諸侯國名)
2. 점을 치는데 쓰는 큰 거북이. (占卜用的大龜)

山節藻梲 (거처가 호화로운 사치스럽다)

고대 천자의 '묘식(廟飾:사당에서의 장식품)'으로 나중에는 거처가 호화롭고 사치스럽고, 본분을 넘고 분수에 지나침을 표현하는데 사용된다. (古代天子的廟飾. 後用以形容居處豪華奢侈, 越等僭禮)

절(節)은 기둥 위 대들보를 받치는 각진 나무를 말하여 산절(山節)은 '산 같이 큰 대들보 지지목 또는 산 모양의 대들보 지지목'으로 볼 수 있고, 藻梲는 [무늬. 문양 + 대들보 위에 있는 짧은 기둥(A short pillar on a girder)]으로 문양이 있는 대들보 위 짧은 기둥이다. 이러한 유추로 山節藻梲는 산 같이 큰 대들보 지지목과 문양이 있는 대들보 위 짧은 기둥으로 보았다.

何如其知也? (어떻게 지혜롭겠는가?)

(관용구) 상황을 묻거나 방법을 상의하는 것으로 여기서는 부사어로 쓰였다. '어떻게/어떻게 하면 ~하는가/인가?'로 번역된다.(5-4참조)

→ 敢問: "何如斯可謂之君子矣?" 『荀子·哀公』
감히 묻습니다. "어떻게 하면 군자라고 말할 수 있습니까?"

何如其知也? (어떻게 지혜롭겠는가?)

(조사) 문장 중간 '어떤 수식어 다음에, 중심어인 서술어 앞에 놓여(수식어+其+서술어)' 문중 조사가 된다. 어기에 대한 부각에 치중하거나 하나의 음절 구성을 돕는데 치중한다. 『초사楚辭』에 비교적 많이 쓰였다.

→ 路曼曼其修遠兮 『戰國策·屈原·離騷』
길은 천천히 '멀어진다(修遠:長遠, 遼遠 // 修:멀다, 길다. (長, 遠))'.

→ 昊天煥而運流, 日月翻其代序 (宋·陸機·凌宵賦』)
끝없이 넓은 하늘(昊天)은 밝게 빛나며 '돌아가고(運流)' 태양과 달은 '교대로(翻)' 교체된다(代序).

5-19. 子張問曰:"令尹子文三仕爲令尹, 無喜色, 三已之, 無慍色, 舊令尹之政, 必以告新令尹, 何如?" 子曰:"忠矣." 曰:"仁矣乎?" 曰:"未知, 焉得仁?" "崔子弑齊君, 陳文子有馬十乘, 棄而違之. 至於他邦, 則曰:'猶吾大夫崔子也.' 違之. 之一邦, 則又曰:'猶吾大夫崔子也.' 違之, 何如?" 子曰:"淸矣." 曰:"仁矣乎?" 曰:"未知, 焉得仁?"

子張	問曰:	"令尹	子文	三	仕
(인명)자장(2-8)	(동)물으며 말하다	(명)영윤(벼슬이름)	(인명)자문(子文)	(수사)셋,삼.three [부사어]	(동)벼슬하다, 관리가되다(5-6)
자장이 물으며 말했다.		"영윤 벼슬하는 자문(子文)이 세 번 관리가 되어			
爲	**令尹,**	**無**	**喜**	**色,**	**三**
(동)맡다.역임하다 (2-10)	(명)영윤(벼슬이름)	(동)없다(9-2)	(형)기쁘다	(명)기색, 안색	(수사)셋,삼.three
영윤벼슬을 맡았(지만) [양보절]		기쁜 기색이 없었(고)			세 번 [부사어]
已	**之,**	**無**	**慍**	**色,**	**舊**
(동)파면하다. 파면되다	(대)재지시. '그것,그사람'(2-1)	(동)없다(9-2)	(동)화내다. 원망하다[동→형]	(명)기색, 안색	(형)이전의. 이왕의
그(=子文)를 파면하(였지만) [양보절]		원망의 기색이 없었(고)			이전
令尹之政,	**必**	**以(之:令尹之政)**	**告**	**新令尹,**	**何如?"**
영윤의 정사(政事)	(부)꼭,반드시, 분명히(6-30)	(전)동작직접대상. '~를'(5-1)	(동)알려주다	(명사구) 새로운 영윤	(관용구)상황, 방법물음(5-4)
영윤의 정사(는)[화제(1-6)]	꼭 (그것:이전 영윤의 정사)을 새로운 영윤에게 알려주었(는데)				어떻습니까?"
子曰:	**"忠**	**矣."**	**曰:**	**"仁**	**矣乎?"**
공자가 말하다	(형)충성스럽다	(어기)상당한 긍정 (1-7)	(동)말하다	(형)인(仁)하다	(관용구)의문(4-6)
공자가 말했다. "충성스럽다"			(자장이)말했다	"인(仁)합니까?"	
曰:	**"未知,**	**焉得**	**仁?"**	**(子張曰)"崔子**	**弑**
(동)말하다	(동)모르다	(의문부사)반문. '어떻게'(2-10)	(형)인(仁)하다	(인명)최자	(동)죽이다
(공자가)말했다.	"모르겠(으나)	인(仁)하겠느냐?"		최자(崔子)가 제나라 왕을 죽였(을 때) [시간절]	
齊君,	**陳文子**	**有**	**馬十乘,**	**棄**	**而**
(명사구) 제(齊)나라 왕	(인명)진문자	(동)(가지고) 있다	말 10승(=40마리)	(동)버리다	(접)동작의 선후. '~다음'(6-15)
	진문자(陳文子)는 말 40마리를 가지고 있었(지만)			버리고	
違	**之.**	**(陳文子)至于**	**他邦,**	**則**	**曰:**
(동)떠나다	(대)재지시. '그것,그사람'(2-1)	(전)~에 도착하다	(명사구)다른 나라	(접)동작의 순차적 발생	(동)말하다
그(=최자)를 떠났습니다.		(진문자가) 다른 나라에 도착해서		말했습니다.	

'猶	吾大夫	崔子	也.'	違	之.
(동)~와 같다. 비슷하다	(명사구)나의 대부	(인명)최자	(어기)진술강조 (2-17)	(동)떠나다	(대)재지시. '그것,그사람'(2-1)
'나의 대부 최자와 비슷하다'				그를 떠났습니다.	
之	一邦,	則	又曰:	'猶	吾大夫
(동)가다(3-11)	(명사구) 한(one) 나라	(접)동작의 순차적 발생	(동사구)또 말하다	(동)비슷하다. 유사하다	(명사구)나의 대부
한(one) 나라에 가서		또 말했습니다.		'나의 대부	
崔子	也.'	違	之,	何如?"	子曰:
(인명)최자	(어기)진술강조 (2-17)	(동)떠나다	(대)재지시. '그것,그사람'(2-1)	(관용구)상황, 방법물음(5-4)	공자가 말하다
최자와 비슷하다'		그를 떠났(는데)		어떻습니까?"	공자가 말했다.
"清	矣."	曰:	"仁	矣乎?"	曰:
(형)청렴하다	(어기)상당한 긍정 (1-7)	(동)말하다	(형)인(仁)하다	(관용구)의문	(동)말하다
"청렴하다"		(자장이)말했다.	"인(仁)합니까?"		(공자가)말했다.
"未知,	焉得	仁?"			
(동)모르다	(의문부사)반문. '어떻게'(2-10)	(형)인(仁)하다			
"모르겠(으나)	인(仁)하겠느냐?"				

번역 자장이 물으며 말했다. "영윤 벼슬하는 자문(子文)이 세 번 관리가 되어 영윤벼슬을 맡았지만 기쁜 기색이 없었고, 세 번 그를 파면하였지만 원망의 기색이 없었고, 이전 영윤의 정사는 꼭 새로운 영윤에게 알려주었는데 어떻습니까?" 공자가 말했다. "충성스럽다." 자장이 말했다. "인(仁)합니까?" 공자가 말했다. "모르겠지만 인(仁)하겠느냐?" (자장이 말했다) "최자(崔子)가 제나라 왕을 죽이자 진문자(陳文子)는 말 40마리를 가지고 있었지만 (그것을) 버리고 최자(崔子)를 떠났습니다. 진문자(陳文子)는 다른 나라에 도착해서 말했습니다. '나의 대부 최자(崔子)와 비슷하다' (라고 하고) 그를 떠났습니다. 한 나라에 가서 또 말했습니다. '나의 대부 최자(崔子)와 비슷하다' (라고 하고) 그를 떠났는데 어떻습니까?" 공자가 말했다. "청렴하다" 자장이 말했다. "인(仁)합니까?" 공자가 말했다. "모르겠으나 인(仁)하겠느냐?"

語法과 語彙

令尹子文三仕爲令尹 (영윤 벼슬하는 자문(子文)이 세 번 관리가 되어 영윤벼슬을 맡다)

자문(子文)의 성(姓)은 투(鬪)이며 그 이름은 누오도(穀於菟)라 한다. 투(鬪)라는 성도 낯설고 이름도 낯선 것은 초나라의 방언의 음사(音寫)에서 유래한 것이기 때문이다. 이 사람은 춘추조기, 신(晉)의 문공(文公)이 활약하던 시대의 인물이다.

三已之, 無慍色 (세 번 그를 파면하였지만 원망의 기색이 없다)

(동사) 파면하다, 파면되다. (罷免)

→ 試不可用而已 『史記·五帝本紀』
시험하여 '기용되지 못하면(不可用)' 파면된다.

三已之無慍色 (세 번 그를 파면하였지만 원망의 기색이 없다)

(동사) 화내다, 원망하다. (惱怒, 怨恨)

→ 憂心悄悄, 慍于群小 『詩·邶風·柏舟』
걱정하는 마음이 '근심스럽고 괴롭고(悄悄)' '많은 소인(群小)'에게 원망을 받는다.

未知, 焉得仁?

(부정부사) 서술어 앞에 놓여 부사어가 되어 사실이나 상태에 대한 부정을 나타낸다. '아니다', '지금까지 ~않다' 등으로 번역된다. ('不', '沒從', '從來不曾')

→ 俎豆之事, 則嘗聞之矣; 軍旅之事, 未之學也 『論語·衛靈公』
제사(俎豆:적대와 두로 제사를 말함. 祭祀, 奉祀)의 일은 일찍이 들은 적이 있고 군사의 일은 배운 적이 없다.

→ 諸侯之禮, 吾未之學也 『孟子·藤文公上』
제후의 예에 대해 나는 배우지 않았다.

崔子弑齊君 (최자(崔子)가 제나라 왕을 죽이다)

(동사) 죽이다. 신하가 왕을 죽이고 자식이 부모를 죽이는 것을 가리킨다.

→ 臣弑其君, 子弑其父, 非一朝一夕之故, 其所由來者漸矣 『易經·坤』
신하가 자기 왕을 죽이고 자식이 자기 아비를 죽이는 건 하루아침의 '일(故: 의외의 일 意外的事情)'이 아니라 그건 '처음부터(由來)' '점차적으로 발전한(漸:漸進)' 것이다.

崔子弑齊君 (최자(崔子)가 제나라 왕을 죽이다)

제나라 대부 최저(崔杼). 그는 제나라 장공(莊公)이 자기 아내 강씨(姜氏)와 간통한 데 격분하여 장공을 죽였다. (류종목, 2000)

陳文子有馬十乘 (진문자(陳文子)는 말 40마리를 가지고 있다)

진문자는 자문보다는 공자와 가까운 시대의 사람이었다. 『左傳 좌전』에는 양공(襄公) 22년(BC551) 즉 공자가 태어난 해로부터 양공 28년까지(공자 7세) 거의 매년 이 '진문자'라는 인물에 대한 기사가 나오고 있다. 문자(文子)는 시호이며 그의 실명은 진수문(陳須文)이다. (김용옥, 2008)

有馬十乘, 棄而違之 (말 40마리를 가지고 있었지만 (그것을) 버리고 그를 떠난다)

(동사) 떠나다. (離開)

→ 天威不違顏咫尺 『左傳·僖公九年』
천자의 위엄(天威)이 눈앞(顏咫尺)에서 떠나지 않는다(不違).

至於他邦 (다른 나라에 도착하다)

(장소전치사) 주로 서술어 다음에 쓰이고 동작행위가 도달하는 장소를 이끈다. '~에, ~로' 등으로 해석된다.

→ 遂興師伐吳至於五湖 『國語·越語』
그래서 군사를 일으켜 오(吳)나라를 공격하고 오호(五湖)에 도착하다.

(시간전치사) 서술어 앞이나 문두에 쓰여 동작행위 발생의 시간이나 연속의 종점을 이끌어 낸다.

→ 至於玄月, 王召範蠡而問焉 『國語·越語下』
현월(玄月:음역 9월)에 이르러 왕은 범려(範蠡:인명)를 불러 만나 묻는다.

— [견해]

지어(至於)는 고대중국어 허사사전에서(何樂士, 2006)2음절 허사로 장소전치사와 시간전치사 두 가지로 분류하는데 모두 '~에 이르다'라는 즉 '동사+전치사' 의미와 형식으로 쓰이고 동사는 '도착하다, 이르다'의 의미를 가진 실사처럼 쓰이고 있다.

至於他邦, 則曰 (다른 나라에 도착해서 말하다)

(접속사) 부드러운 이어짐. 주로 연결되는 앞뒤 두 부분이 시간상 앞뒤로 서로 계승되는 것을 보여 준다. 칙則 앞부분 단문이 말하는 일이 먼저 발생하고 칙則이 있는 문장의 일이 나중에 발생하는 것을 보여 준다.

→ 項王曰: "壯士! 賜之卮酒." 則與之卮酒 『史記·項羽本紀』
항왕이 말한다. "장사다! 그에게 '술 한 잔(卮酒)'을 하사하라" 하고 그에게 술 한 잔을 준다.

猶吾大夫崔子也 (나의 대부 최자(崔子)와 비슷하다)

(동사) ~와 같다, 비슷하다. (好像)

→ 民之有口也, 猶土之有山川也 『國語·周語上』
백성이 입이 있는 것은 땅이 산과 하천을 갖고 있는 것과 같다.

子曰: "清矣" (공자가 말한다. "청렴하다")

(형용사) 청렴결백하다, 순결하다. (廉潔, 淸白)

→ 舉世混浊, 清士乃見 『史記·伯夷列傳』
'온 세상(舉世)'이 혼탁하니 청렴한 사람이 '분명히 나타난다(見[xiàn])'.

5-20. 季文子三思而後行. 子聞之曰: "再, 斯可矣."

季文子	三	思	而後	行.
(인명)계문자(季文子)	(수사)셋,삼.three	(동)생각하다	(접)두 사건 연결. '~다음'	(동)실행하다(5-14)
계문자(季文子)는 세 번 생각한 다음 실행했다.				
子	**聞**	**之**	**曰:**	**"再,**
(명사.인명)공자	(동)듣다	(대)재지시. '그것, 그 사람'(2-1)	(동)말하다	(수)둘.이.two
공자가 그것을 듣고 말했다.				"두 번…
斯	**可**	**矣."**		
(접)부드럽게 이어짐. '~면~다'(4-7)	(형)적절하다(1-15)	(어기)상당한 긍정 (1-7)		
…이면 적절하다."				

번역 계문자(季文子)는 세 번 생각한 다음 실행했다. 공자가 그것을 듣고 말했다. "두 번이면 적절하다."

語法과 語彙

季文子三思而後行 (계문자(季文子)는 세 번 생각한 다음 실행한다)

(인명) 계문자(季文子)는 삼환(三桓) 중의 막강한 계씨가문의 제3대 영주였다. 그는 계씨가문의 대부였지만 우리의 상식적 편견과는 달이 노나라의 현인으로서 사람들의 뇌리에 박힌 훌륭한 인물이었다. 매우 상식적인 사람으로서 현명했고 소박한 인품의 소유자였다. 그의 이름은 행보(行父)이고 문자(文子)는 시호이다. 『좌씨전』에 나오는 다음 글을 보고 우리는 계문자라는 인물의 삶의 한 단면을 볼 수 있다. (김용옥, 2008)

季文子卒, 大夫入斂, 公在位, 宰庀家器爲葬備, 無衣帛之妾, 無食粟之馬,
無藏金玉, 無重器備, 君子是以知季文子之忠於公室也, 相三君矣, 而無私積, 可不謂忠乎.

노나라 계문자가 세상을 떠나 대부들이 그의 집으로 가서 염을 했다. 그때 노나라 양공도 가서 자리를 잡고 있었다. 계문자의 가신 우두머리가 집안의 기물들을 갖추어 장례식 준비를 했다. 하지만 집안에는 명주나 비단옷을 입은 여자가 없었고, 사람이 먹는 곡식을 먹는 말이 없었다. 감추어둔 금이나 옥이 전혀 없었고, 물건은 같은 것이 전혀 없었다. 거기에 모인 군자들은 이런 것을 보고 계문자가 얼마나 공실(公室:왕실; 군주의 집)에 충성스러운 사람이었는지 알게 되었다. 선공(宣公), 성공(成公), 양공(襄公) 3대의 군주를 모시며 재상 노릇을 했는데도 자기 사익을 위하여 쌓아둔 것이 아무 것도 없었으니 충성스럽다고 말하지 않을 수 있는가?

季文子三思而後行 (계문자(季文子)는 세 번 생각한 다음 실행한다)

(접속사, 관용구) 접속사 而과 시간사 後로 만들어졌다. 시간상 앞뒤로 이어지는 두 가지 일이나 상황을 연결시켜서 뒤의 일의 발생이 앞의 것 다음에 발생한다는 것을 나타내거나, 일의 관계에서 조건 관계를 갖춘 앞뒤의 두 사건을 연결시켜, 뒤의 일의 발생이나 출현이 앞의 것이 조건이 된다는 것을 보여 준다. '~한 다음 (비로소); 그러고 나서야…(然後(才))', '~다음(之後)'으로 번역된다.

→ 將軍文子之喪, 既除喪, 而後越人來弔文 『禮記·檀弓上』

장군 문자(文子)의 장례(將軍文子之喪)는 이미(既) 상복을 평상복으로 갈아입(除喪)은 다음에(而後) 월나라 사람들이 와서 조문한다(越人來弔文).

→ 息民五年, 而後用師, 禮也 『左傳·昭公十四年』

백성을 5년 쉬게 한 다음(息民五年, 而後) 군사를 쓰(用師)는 것이 예이다.

→ 死而後已, 不亦遠乎? 『論語·泰伯』

죽은 다음(死而後)에야 끝나(已)니 역시(亦) 멀지 않은가(不…遠乎)?

→ 鞠躬盡瘁, 死而後已 『諸葛亮·後出師表』

공경하고 신중히 마음과 힘을 다하니 죽은 다음에(死而後) 끝난다(已).

5-21. 子曰: "甯武子, 邦有道, 則知; 邦無道, 則愚. 其知可及也, 其愚不可及也."

子曰:	"甯武子,	邦	有道,	則	知;
공자가 말하다	(인명)영무자	(명)고대 제후국 (3-22)	도(道)가 있다	(접)조건+則+결과 (1-6)	(형)지혜롭다
공자가 말했다.	"영무자(甯武子)는 나라가 도(道)를 가지고 있으…			…면 지혜로웠고	
邦	**無道,**	**則**	**愚.**	**其**	**知**
(명)고대 제후국 (3-22)	도(道)가 없다 [無(동)없다(9-2)]	(접)조건+則+결과	(형)어리석다	(대)그의(1-7)	(형)지혜롭다 [형→명]
나라가 도(道)를 가지고 있지 않으…		…면 어리석었다.		그의 지혜로움은	
可	**及**	**也,**	**其**	**愚**	**不可**
(조동)가능 '~할 수 있다'(1-11)	(동)따라잡다(5-12)	(어기사)멈춤.완만 (3-1)	(대)그의(1-7)	(형)어리석다 [형→명]	(조동사) '~할 수 없다'(1-11)
따라잡을 수 있(지만)…			그의 어리석음은		
及	**也."**				
(동)따라잡다(5-12)	(어기사)진술강조 (2-17)				
따라잡을 수 없다."					

번역 공자가 말했다. "영무자(甯武子)는 나라가 도(道)를 가지고 있으면 지혜로웠고 나라가 도(道)를 가지고 있지 않으면 어리석었다. 그의 지혜로움은 따라잡을 수 있지만 그의 어리석음은 따라잡을 수 없다."

語法과 語彙

甯武子, 邦有道, 則知 (영무자(甯武子)는 나라가 도를 가지고 있으면 지혜롭다)

(인명) 영무자(甯武子)의 실명은 영유(甯兪)다. 춘추 초기 공자보다 약 1세기 앞선 진문공(晉文公) 시대 위(衛)나라 가로(家老:일족一族의 장로長老)였다. 진문공(晉文公)은 제환공(齊桓公) 뒤를 이어 춘추 제2의 패자가 된 사람으로 19년의 기나긴 유랑생활 끝에 왕의 자리에 오른 그 유명한 헌공의 아들 공자 중이(重耳)이다. 이때 위(衛)나라는 북방의 진(晉)과 남방의 초(楚)가 패권을 다투는 그 사이에서 고민하던 작은 나라였다. 당시 위나라의 정치는 매우 어지러운 형국이었고 정변이 끊이지 않았다. 이러한 와중에도 분골쇄신 나라와 군주를 지킨 인물이 바로 영무자(甯武子)인 것이다. 『논어』의 이 장은 『좌전』 속의 영무자라는 위나라의 대신에 대한 공자의 평가를 적어놓은 것이지만 대체로 그 평가는 대단히 긍정적인 것이다. 나라에 도가 있을 때 지혜롭게 활약하는 것은 좋은 일이요 오히려 쉬운 일이다. 그러나 나라에 도가 없을 때 어리석을 수 있는 것은 어려운 일이다. 그 어리석음이란 우리가 소위 평상적으로 '지혜롭다'하는 것을 뛰어넘는 어리석음이다. 이 공자의 말은 소위 '대지약우(大智若愚: 큰 지혜는 어리석은 듯하다)'라는 도가철학의 일반명제의 의미구조와 실제적으로 차이가 없다. (김용옥, 2008)

5-22. 子在陳, 曰: "歸與! 歸與! 吾黨之小子狂簡, 斐然成章, 不知所以裁之."

子	在陳,	曰:	"歸	與!	歸
(명사.인명)공자	(동)진(陣)나라에 있다(5-1)	(동)말하다	(동)돌아가다	(어기)감탄(1-2)[yú]	(동)돌아가다
공자가 진나라에 있(을 때) [시간절(1-1)]		말했다.	"돌아가자!		돌아가자!
與!	**吾**	**黨**	**之**	**小子**	**狂簡,**
(어기)감탄(1-2)[yú]	(대)나,우리 '주어,한정어…' (13-18)	(명)당(黨:500가구 행정조직)	(조사) 수식,종속관계. ~의' (3-2)	(명)학생(들)	(형)포부는 크지만 일처리는 엉성하다
	나의 당(黨)의 학생들은 포부는 크지만 일처리는 엉성하(고)				
斐然成章,	**不知**	**所以**		**裁**	**之."**
(동사구)글을 화려하게 쓰다	(동)모르다	'所以+A(동)''A하는 방법, 이유, 목적, 근거, 도구, 수단 등'(4-14)		(동)통제관리하다	(대)재지시. '그것,그사람'(2-1)
글을 화려하게 쓰(지만)	그것을 통제하는 방법을 모른다."				

번역 공자가 진나라에 있을 때 말했다. "돌아가자! 돌아가자! 나의 당(黨)의 학생들은 포부는 크지만 일처리는 엉성하고 글을 화려하게 쓰지만 그것을 통제하는 방법을 모른다."

語法과 語彙

吾黨之小子狂簡 (나의 당(黨)의 학생들은 포부는 크지만 일처리는 엉성하다)

(명사) 고대 지방조직으로 500가구가 1당(黨)이었다.

→ 五家爲鄰, 五鄰爲里, 四里爲族, 五族爲黨 『漢書·食貨志上』
다섯 집이 린(鄰)이고 다섯 린(鄰) '리(里)(=25)'이고 네 리(里)가 '족(族)(=100)'이고 다섯 족(族)이 '당(黨)(=500)'이다.

吾黨之小子狂簡 (나의 당(黨)의 학생들은 포부는 크지만 일처리는 엉성하다)

(명사) 학생(들), 후배(들). (學生, 晩輩)

→ 子夏之門人小子, 當洒掃應對進退, 則可矣, 抑末也 『論語·子張』
자하의 제자와 학생들은 물 뿌리고, 쓸고, 응대하고, 진퇴할 때는 적합하지만 말엽적(=지엽적:본질적이거나 중요하지 아니하고 부차적)인 것이다.

吾黨之小子狂簡 (나의 당(黨)의 학생들은 포부는 크지만 일처리는 엉성하다)

(형용사) 포부는 크지만(=높고 넓다) 일처리는 엉성하다. (志向高遠而處事疏闊)[광간,kuángjiǎn]

斐然成章 (글을 화려하게 쓰다)

(동사구) 문채(1. 화려하고 산뜻한 색채 / 2. 문예 방면의 재능)를 풍부하게 가지고 있고 문장이 볼만하다. 즉, '문예에 재능이 뛰어나고 글을 잘 쓴다' 또는 '화려하게 글을 쓴다'의 뜻이 된다. (謂富有文彩, 文章可觀)[비연성장,fěiránchéngzhāng]

— **[보충, 斐然成章]**

비연성장(斐然成章)은 '문채가 있다(斐然:文彩貌)'와 '말(辭)을 모아 완결된 문장(篇)을 만들거나 시문을 작성하다(成章: 謂積辭成篇, 作成詩文)'로 이루어졌다.

→ 顯宗斐然成章, 甚可怪責 『魏書·韓顯宗傳』
현종은 화려하게 글을 써서 매우 나무랄 만하다.

不知所以裁之 (그것을 통제하는 방법을 모른다)

(동사) 통제관리하다, 통제하다. (節制, 控制)[재,cái]

→ 救其不足, 裁其有餘, 使貧富皆利之 『國語·吳語』
부족한 것을 구제하고 남는 것을 통제관리하여 가난한 사람, 부유한 사람 모두 그(or 그것)에 대해 이익을 보게 하다.

5-23. 子曰: “伯夷叔齊不念舊惡, 怨是用希.”

子曰:	“伯夷叔齊	不念	舊	惡,
공자가 말하다	백이와 숙제	생각하지 않다	이전의	(동)미워하다. 증오하다(동→명)
공자가 말했다.	“백이와 숙제는 이전의 증오를 생각하지 않(았기 때문에) [원인절(1-1)]			
怨	**是用**	**希.”**		
원망	(접속사)이 때문에	보기 드물다, 적다		
원망이 이 때문에 적었다.”				

번역 공자가 말했다. “백이와 숙제는 이전의 증오를 생각하지 않았기 때문에 원망이 이 때문에 적었다.”

語法과 語彙

伯夷叔齊不念舊惡 (백이와 숙제가 이전의 증오를 생각하지 않다)

(인명) 백이(伯夷), 숙제(叔齊)는 고금의 정의파의 대표로서 사마천 『史記사기』 열전(列傳) 제1권에 보이는 인물이다. 이름의 글자가 말해주듯이 백이(伯夷)는 형이고, 숙제(叔齊)가 동생이다. 백이와 숙제는 상(商)나라 말기 고죽국(孤竹國) 국왕의 두 아들이었다. 아버지는 아우 숙제를 다음 왕으로 삼으려 하였다. 하지만 아버지가 죽은 뒤 숙제는 왕위를 형에게 양보하였다. 그러자 백이는 “아버지의 명령이었다.”라고 말하면서 마침내 피해 가버렸고, 숙제도 왕위에 오르지 않고 피해 가버렸다. 이에 나라 안의 사람들은 하는 수 없이 둘째 아들(백이와 숙제의 가운데 형제)을 옹립하였다. 백이와 숙제는 주나라 무왕에게 간언을 하였고 무왕 좌우에 있던 왕의 호위자들이 그들의 목을 치려고 하였다. 이때 군사[軍師: 사령관 밑에서 군기(軍機)를 장악하고 군대를 운용하며 군사 작전을 짜던 사람]였던 강태공(姜太公)이 “이들은 의로운 사람들이다(此義人也)”라고 하며 그들을 보호하여 돌려보냈다. 그후 무왕이 은(殷)나라(=상商나라)의 난을 평정한 뒤, 천하는 주(周)왕실을 종주로 섬겼지만 백이와 숙제는 주나라의 백성이 되는 것을 치욕으로 여기고, 지조를 지켜 주나라의 양식을 먹으려 하지 않고 수양산(首陽山)에 은거하여 고사리를 꺾어 배를 채웠다. 마침내 이들은 수양산에서 굶어 죽고 말았다. (김용옥, 2008)

伯夷叔齊不念舊惡 (백이와 숙제가 이전의 증오를 생각하지 않다)

(형용사) 이전의. (以往的, 原先的)

→ 脫我戰時袍, 著我舊時裳 『樂府詩集·木蘭詩』
내 전쟁 때의 옷을 벗고 내 ‘이전의 옷(舊時‘裳<shang>’)’을 입는다.

— [보충]

『漢語大字典』에 따르면 裳이 [cháng]으로 발음될 때에는 ‘고대 하체를 가리던 치마’를 가리키(古代指遮蔽下體的衣裙)고, ‘의복’을 가리킬 때에는 [shang]으로 발음되고 성조는 없다.

怨是用希 (원망이 이 때문에 적다)

(접속사) 용법은 '시이(是以)'와 같다. 인과(因果)를 나타내는 접속사로 인과(因果) 복문의 뒤 단문에 쓰여 결과를 나타내고 또한 앞 단문과 뒤 단문 사이가 인과(因果), 부드러운 이어짐(順乘)의 관계를 보여 준다. '그래서, 이 때문에. (所以, 因此)' 등으로 번역된다.

— [견해]

본 문장에서처럼 단문 내에서 '주어+是用+서술어'처럼 쓰일 수도 있다.

→ 百姓弗能忍, 是用息肩於大漢, 而欣戴高祖 (漢・張衡 『東京賦』)
백성들은 참을 수가 없어 이 때문에 한 나라(大漢: 한 대의 사람들이 본인들의 왕조에 대한 칭호. 漢代人對本朝之稱)에서 '부담을 벗어 던지고(息肩)' 시조(高祖:始祖)를 '기쁘게 추대한다(欣戴: 欣悅擁戴).'

怨是用希 (원망이 이 때문에 적다)

(형용사) 보기 드물다, 적다. 나중에는 '희(稀)'가 됨. (罕見, 少) [희, xī]

→ 鼓瑟希, 鏗爾, 舍瑟而作 『論語・先進』
슬(瑟)을 타는 게 적어지고 땡그랑~하며 슬(瑟)을 내려놓고 일어나다.

5-24. 子曰: “孰謂微生高直? 或乞醯焉, 乞諸其鄰而與之.”

子曰:	“孰	謂	微生高	直?	或
공자가 말하다	(의문대)누가, 무엇이(3-1)	(동)평론하다(3-1)	(인명)미생고	(형)정직하다	(대)어떤사람(2-21)
공자가 말했다. “누가 미생고(微生高)를 정직하다고 평론하는가?					
乞	**醯**	**焉,**	**乞**	**諸**	**其**
(동)부탁하다. 구걸하다	(명)식초	(어기)멈춤, 문장제기(4-17)	(동)부탁하다. 구걸하다	(겸사)‘之+於’ (목+전)(2-19)	(대)그의,그것의 (1-7)
어떤 사람이 식초를 부탁했(을 때)			그것(=식초를)을 그의		
鄰	**而**	**與**	**之.”**		
(명)이웃	(접)동작의 선후. ‘~다음’(6-15)	(동)주다[yǔ]	(대)재지시. ‘그것,그사람’(2-1)		
이웃에게 부탁하여 그에게 주었다.”					

번역 공자가 말했다. “누가 미생고(微生高)를 정직하다고 말하는가(=평론하는가)? 어떤 사람이 식초를 부탁했을 때 식초를 그의 이웃에게 부탁하여 그에게 주었다.”

語法과 語彙

孰謂微生高直? (누가 미생고(微生高)를 정직하다고 말하는가?)

(인명) 미생고(微生高)라는 사람은 문맥으로 보아 공자 당대에 정직한 사람으로 평판이 높은 사람이었다. 하지만 공자는 미생고가 정직한 사람이라는 평판에 찬물을 끼얹는다. 인간은 원래 선의를 가지고 살아야 하는 존재이다. 그러나 우리의 일상적 삶에는 선의를 다 실천할 수 있는 상황만이 있는 것이 아니다. 타인에게 무엇을 부탁 받았을 때, 그 부탁이 들어주기 어려운 형편이라면 솔직하게 거절하는 것이 정도(正道)이다. 선의의 실천이라는 이유 때문에 무리하게 모든 부탁을 들어주려고 하면 ‘허위(虛僞:진실이 아닌 것을 진실인 것처럼 꾸민 것)’가 생겨나게 된다. 공자가 인간에게서 경계하는 것은 도덕성의 과불급(過不及)이 아니라 바로 허위의식(虛僞意識)에로의 함몰인 것이다. 체면(體面)만을 중시하는 유교를 빙자한 ‘선(善)의 허위(虛僞)’를 개탄하는 장면이다. (김용옥, 2008)

或乞醯焉 (어떤 사람이 식초를 부탁하다)

(동사) 부탁하다, 요구하다, 구걸하다. (求, 討)

→ 乞食于吳市 『戰國策·秦策三』
오(吳)나라 시장에서 밥을 구걸하다.

乞諸其鄰而與之 (식초를 그의 이웃에게 부탁하여 그에게 주다)

(동사) 주다. (交給) [yǔ]

→ 欲與大叔, 臣請事之 『左傳·隱公元年』
대숙(大叔:부친과 동년배나 나이가 비교적 적은 남자. 尊稱跟父親同輩而年紀較小的男子)에게 (권력을) 주고자 하면 제가 그를 모시고 싶습니다.

5-25. 子曰: "巧言、令色、足恭, 左丘明恥之, 丘亦恥之. 匿怨而友其人, 左丘明恥之, 丘亦恥之."

子曰:	"巧言、	令色、	足恭,	左丘明	恥
공자가 말하다	'민첩한/교묘한' 말(1-3)	좋은 '표정 / 태도'(1-3)	(동)지나친 겸손으로 아첨하다(동→명)	(인명)좌구명(左丘明)	(동)부끄러워하다
공자가 말했다.	"교묘한 말, 좋은 표정, 지나침 겸손으로 아첨하는 것, [화제,topic(1-6)(16-14)]			좌구명은 그것을 부끄러워했(고)	
之,	**丘**	**亦**	**恥**	**之.**	**匿**
(대)재지시. '그것,그사람'(2-1)	(인명)나,공자	(부사)역시(3-22)	(동)부끄러워하다	(대)재지시. '그것,그사람'(2-1)	(동)숨기다
	나 역시 그것을 부끄러워한다.				
怨	**而**	**友**	**其**	**人,**	**左丘明**
(동)원망(하다)	(접)부사어+而+서술어(1-4)	(동)친구하다. 친분 맺다(1-8)	(대)其+명사(이,저)(4-5)	(명)인간,사람(4-3)	(인명)좌구명(左丘明)
원망을 숨기면서 그 사람과 친분을 맺는 (것)					좌구명은
恥	**之,**	**丘**	**亦**	**恥**	**之."**
(동)부끄러워하다	(대)재지시. '그것,그사람'(2-1)	(인명)나,공자	(부사)역시(3-22)	(동)부끄러워하다	(대)재지시. '그것,그사람'(2-1)
그것을 부끄러워했(고)		나 역시 그것을 부끄러워한다."			

번역 공자가 말했다. "교묘한 말, 좋은 표정, 지나친 겸손으로 아첨하는 것, 좌구명은 그것을 부끄러워했고 나 역시 그것을 부끄러워한다. 원망을 숨기면서 그 사람과 친분을 맺는 것, 좌구명은 그것을 부끄러워했고 나 역시 그것을 부끄러워한다."

語法과 語彙

巧言、令色、足恭 (교묘한 말, 좋은 표정, 지나친 겸손으로 아첨하는 것)

(동사) 지나친 겸손으로 사람에게 아첨하다. (=足共: 過度謙敬, 以取媚于人)

— [견해]

교언(巧言:민첩한/교묘한 말)、영색(令色:좋은 표정/태도)의 명사구와 동일한 구조를 가져야 하기 때문에 주공(足恭)은 '동사구(지나치게 겸손하고 아첨하다)'가 '명사구(지나치게 겸손하고 아첨하는 것)'로 품사 활용되었다고 볼 수 있다.

→ 彭祖爲人巧佞, 卑諂足共 『漢書·趙敬肅王劉彭祖傳』

팽조(彭祖)의 사람됨은 '간사하고/기민하고/아부하고(巧佞:奸詐機巧, 阿諛奉承)', '낮은 목소리로 공손하게 말하여 아부하고(卑諂:低聲下氣, 諂媚奉承)', '지나친 겸손으로 사람에게 아첨한다(足共:過度謙敬, 以取媚于人).'

左丘明恥之 (좌구명은 그것을 부끄러워한다)

(인명) 좌구명(左丘明)은 『논어』에서도 여기 단 한 번 언급도고 있으나 그에 대한 전기적 자료는 구할 수가 없다. 우

리가 보통 좌구명(左丘明)하면 『춘추좌씨전 春秋左氏傳』이라고 하는 희대의 역사서의 저자로서 그 이름을 기억하고 있지만 『좌씨전 左氏傳』의 저자로서의 좌구명(左丘明)과 여기 언급되고 있는 좌구명(左丘明)이 동일인일 수는 없다. 『좌씨전』은 『춘추 春秋』라는 경서(經書)에 대한 후대의 전(傳)이며, 그 전(傳)은 대강 진국(戰國)의 중엽(中葉), BC320년 전후에 성립한 것이다. 그 저자는 위문후(魏文侯)를 섬긴 공자의 제자 자하(子夏)의 춘추학의 학통을 이은 위(魏)나라 사관(史官) 좌씨모(左氏某)로 추정되고 있다. (김용옥, 2008)

匿怨而友其人 (원망을 숨기면서 그 사람과 친분을 맺다)

(동사) 숨기다. (隱瞞)

→ 監試者以其身體壯大, 疑朗匿年　『三國志·魏志·司馬郎傳』
시험 감독관은 그의 신체가 장대해서 랑(朗)이 나이를 숨긴다고 의심한다.

5-26. 顏淵季路侍, 子曰: "盍各言爾志?" 子路曰: "願車馬衣輕裘, 與朋友共, 敝之而無憾." 顏淵曰: "願無伐善, 無施勞." 子路曰: "願聞子之志. 子曰: "老者安之, 朋友信之, 少者懷之."

顏淵	季路	侍,	子曰:	"盍	各
(인명)안연=안회(顏回)(2-9)	(인명)자로=중유(仲由)(2-17)	(동)시중들다. 모시다	공자가 말하다	(부)왜~하지 않는가?	(부)각자 모두(4-7)
안연, 계로가 시중들(때) [시간절(1-1)]			공자가 말했다. "왜 각자		
言	爾	志?"	子路曰:	"(吾)願	車
(동)말하다	(대)너,너희들(5-12)	(명)생각.포부	자로가 말하다	(동)원하다	(동)타다
너희들의 생각을 말하지 않느냐?"			자로가 말했다.	"(저는)	
馬	衣	輕裘,	與	朋友	共,
(명)말	(동)입다	가벼운 가죽옷	(전)동작 대상. '~와'(5-8)	(명)친구	(동)공유하다. 함께 즐기다
말을 타(고), 가벼운 가죽옷을 입(고)			친구들과 함께 즐기(고)		
敝	之	而	無憾."	顏淵曰:	"(吾)願
(형)오래 되어 낡다 [형→사동]	(대)재지시. '그것,그사람'(2-1)	(접)전환. '그러나'(1-1)	(동)원망하지 않다	안연이 말하다	(동)원하다
말과 가죽옷(=之:그것들)을 허름하게 만들어도 원망하지 않기를 원합니다."				안연이 말했다.	"(저는)
無	伐	善,	無	施	勞."
(부)=不(1-15)	(동)자랑하다. 뽐내다	(형)뛰어나다(3-25) [형→명]	(부) '=不'(1-15)	(동)퍼뜨리다	(명)공로
뛰어남을 자랑하지 않(고)			공로를 퍼뜨리지 않기를 원합니다."		
子路曰:	"願聞	子之志."	子曰:	"老者	安
자로가 말하다	(동)듣고 싶다	선생님의 생각	공자가 말하다	(명사구)늙은 사람 [화제,topic]	(형)편안하다[형용사→사역동사]
자로가 말했다.	"선생님의 생각을 듣고 싶습니다."		공자가 말했다.	"늙은 사람은	
之,	朋友	信之,	少者	懷之."	
(접사)동사강조→보충,음절모으기(13-1)	(명)친구 [화제,topic]	믿다 [동→사동]	(명사구)어린 사람 [화제,topic]	마음에 품다 [동→사동]	
편안하게 하(고)	친구는 믿게 하(고)		어린 사람은 마음에 품게 하(는 것이다)"		

번역 안연(=안회), 계로(=자로)가 시중들 때 공자가 말했다. "왜 각자 너희들의 생각을 말하지 않느냐?" 자로가 말했다. "저는 말을 타고 가벼운 가죽옷을 입고 친구들과 함께 즐기고 말과 가죽옷을 허름하게 만들어도 원망하지 않기를 원합니다." 안연이 말했다. "저는 뛰어남을 자랑하지 않고 공로를 퍼뜨리지 않기를 원합니다." 자로가 말했다. "선생님의 생각을 듣고 싶습니다." 공자가 말했다. "늙은 사람은 편안하게 하고, 친구는 믿게 하고, 어린 사람은 마음에 품게 하는 것이다."

語法과 語彙

盍各言爾志? (왜 각자 너희들의 생각을 말하지 않는가?)

(부사) 서술어 앞에서 부사어가 되고 문맥의 뜻과 어울려 반문을 나타낸다. 하불(何不)의 의미이고 '왜 ~하지 않는가?' 등으로 번역된다. (爲甚麼不, 怎麼不)

→ 民未知信, 盍伐原以示之信? 『國語·晉語四』
백성들은 믿음(信)을 모르는데 왜 원(原)나라를 토벌하여 그들에게(백성들에게) 믿음을 보여주지 않는가?

盍各言爾志? (왜 각자 너희들의 생각을 말하지 않는가?)

(명사) 생각, 포부. (心意 志向)

→ 燕雀安知鴻鵠之志哉? 『史記·陳涉世家』
'제비와 참새(=작은 새)'가 어찌 '큰고니(=큰새)'의 뜻을 알겠는가?

願車馬衣輕裘 (말을 타고 가벼운 가죽옷을 입고 싶다)

(동사) 타다. (乘車)

→ 寡人欲車通三川, 以窺周室 『戰國策·秦策二』
과인은 마차를 타고 삼천(三川)을 가로질러 주나라 왕조(周室)를 엿보고(窺) 싶다.

願車馬衣輕裘 (말을 타고 가벼운 가죽옷을 입고 싶다)

(동사) 입다. (穿戴)

→ 衣敝縕袍, 與衣狐貉者立, 而不恥者 『論語·子罕』
해어진(敝) '헝클어진 삼실과 솜으로 만든 옷(縕袍)'을 입고 여우나 담비의 모피로 만든 옷을 입은 사람과 서도 부끄러워하지 않는 사람.

願車馬衣輕裘 (말을 타고 가벼운 가죽옷을 입고 싶다)

(명사) 가볍고 따뜻한 가죽옷. (輕暖的皮衣)

→ 赤之適齊也, 乘肥馬, 衣輕裘 『論語·雍也』
적(赤=자화 子華)이 제(齊)나라에 갈 때 살찐 말을 타고 가볍고 따뜻한 가죽옷을 입다.

與朋友共 (친구들과 함께 즐기나)

(동사) 공유하다, 함께 즐기다. (共有, 共同享用)

→ 此爲長江之險已與我共之矣 『資治通鑑·漢紀·獻帝建安十三年』
이것은 장강(長江=양쯔강)의 천연 요새(險)를 이미 우리와 함께 그것을 공유하고 있다는 것을 설명한다.

敝之而無憾 (그것을 허름하게 만들어도 원망하지 않다)

(형용사) 오래 되어 낡다. 허름하다. (破舊)

— [보충]

본문의 폐(敝)는 형용사(오래되어 낡다)를 사동용법으로(오래 되어 낡게 만들다) 쓴 것이고 아래 예문은 형용사이다.

→ 黑貂之裘敝 『戰國策·秦策一』
검은 단비의 모피가 낡았다.

敝之而無憾 (그것을 허름하게 만들어도 원망하지 않다)

(동사) 원망하다. (怨恨)

→ 請君釋憾於宋 『左傳·隱公五年』
왕께서 송(宋)나라에 대해 원망하는 것을 푸시옵소서.

願無伐善 (뛰어남을 자랑하지 않다)

(동사) 자랑하다, 뽐내다. (夸耀, 自夸)

→ 每一令出, 平伐其功, 曰, "以爲非我莫能爲" 『史記·屈原賈生列傳』
매번 법령을 발포할 때 굴원(平)은 자신의 공로를 자랑하며 말한다. "나 아니면 아무도 할 수 없는 것 같구나."

無施勞 (공로를 퍼뜨리지 않다)

(동사) 퍼뜨리다. 퍼지다. (散布, 發布)

→ 雲行雨施 『周易·乾』
구름이 지나며 비가 퍼져 내린다.

老者安之 (늙은 사람은 편안하게 하다)

(동사) 편안하다. (安適, 安逸)

→ 然後知生於憂患, 而死於安樂也 『孟子·告子下』
그러면(然後) 걱정 때문에 살(生於憂患)고 안락 때문에 죽는 다(死於安樂)는 걸 안다(知…也).

少者懷之 (어린 사람은 마음에 품게 하다)

(동사) 마음에 품다, 가슴속에 감추다. (懷藏, 懷抱)

→ 乃使其從者衣褐, 懷其璧, 從徑道亡 『史記·廉頗藺相如列傳』
바로 따르는 사람에게 거친 옷을 입게 하고 그 옥을 가슴에 감추게 하여 '작은 길(徑道:小路)'을 따라 도망간다.

老者安之, 朋友信之, 少者懷之 (늙은 사람은 편안하게 하고, 친구는 믿게 하고, 어린 사람은 마음에 품게 하다)

— [견해]

이 문장에서 본래 동사로 쓰이는 安, 信, 懷는 모두 품사 활용되었고 동사를 사동용법으로 썼다고 본다. (3-20)

5-27. 子曰: "已矣乎! 吾未見能見其過而內自訟者也."

子曰:	"已	矣乎!	吾	未見	能
공자가 말하다	(동)끝나다	(관용구) 의문.감탄(4-6)	(대)나,우리 '주어,한정어…' (13-18)	아직 보지 못했다 (未,3-25)	(조동사) ~할 수 있다(1-7)
공자가 말했다. "끝났구나!			나는		
見其過	而	內	自訟	者	也."
그의 잘못을 보다 (其:1-7)	(접)동작의 선후 (6-15)	(명)속마음 [명사→부사]	자기를 탓하다 [自:(대)(4-17)]	(조사)~한 사람, ~한 것(1-2)	(어기)진술강조 (2-17)
그의 잘못을 보고 속으로 자기를 탓할 수 있는 사람을 아직 보지 못했다."					

번역 공자가 말했다. "끝났구나! 나는 그의 잘못을 보고 속으로 자기를 탓할 수 있는 사람을 아직 보지 못했다."

語法과 語彙

已矣乎! (끝났구나!)

(동사) 끝나다. (完畢)

→ 言已大笑, 先生亦笑 (明·馬中錫『中山狼傳』)
말이 끝나고 크게 웃고 선생 역시 웃다.

→ 死而後已 『論語·泰伯』
죽은 다음에 끝나다.

見其過而內自訟者 (그의 잘못을 보고 속으로 자기를 탓하는 사람)

(명사) 속 마음. (內心)

→ 今將軍外托服從之名而內懷猶豫之計 『資治通鑑·漢紀·獻帝建安十三年』
지금 장군은 겉으로는 복종의 명분에 의탁하지만 안으로는 '수서하(猶豫)'는 방법을 품다.

— [예문]
고대중국어 사전에서 '內'를 '명사'로 분류하고 의미를 '속마음(內心)'으로 규정하고 상기의 예문을 기재하였는데, 위 예문에서 '內'는 앞에 나오는 외(外:밖으로는, 표면적으로는)에 상응되는 것으로 '내심으로, 속으로'의 의미를 가진 '부사'로 보아야 할 것 같다.

見其過而內自訟者 (그의 잘못을 보고 속으로 자기를 탓하는 사람)

(동사) 탓하다, 나무라다. (責備, 埋怨)

→ 因自訟獨不得大官, 欲求試用 『漢書·東方朔傳』
혼자 큰 관직을 얻지 못한 것에 대해 자신을 탓하며 '임용되(試用)'길 '요구하다/몹시 바라다(欲求)'.

5-28. 子曰: “十室之邑, 必有忠信如丘者焉, 不如丘之好學也.”

子曰:	“十室之邑,	必有	忠信	如丘者
공자가 말하다	열 집의 읍(=현 縣) (5-8)	(부)꼭,반드시, 분명히(6-30)	충성과 신의	나(丘:공자)와 같은 사람. [如:(2-1) / 者:(1-2)]
공자가 말했다.	“열 집의 읍(에는)	충성과 신의가 나와 같은 사람을 반드시 가지고		

焉,	(其)不如	丘	之	好學	也.”
(어기)멈춤, 문장제기(4-17)	不如A: ‘A만 못하다’	나(=공자)	(접)주어+之+서술어(1-10)	배우기를 좋아하다	(어기)진술강조 (2-17)
있(지만)…	(그들은) 내가 배우기를 좋아하는 것만 못하다.”				

번역 공자가 말했다. “열 집의 읍에는 충성과 신의가 나와 같은 사람을 반드시 가지고 있지만 그들은 내가 배우기를 좋아하는 것만 못하다.”

語法과 語彙

十室之邑, 必有忠信如丘者焉, 不如丘之好學也 (열 집의 읍은 충성과 신의가 나와 같은 사람을 반드시 가지고 있지만 그들은 내가 배우기를 좋아하는 것만 못하다)

— [견해]

‘언(焉)’이 겸사로 쓰이는 경우(6-7), 대다수의 문형이 ‘동사 뒤’이고, 다음으로 쓰이는 것은 ‘형용사 술어’ 뒤이다. 따라서 여기에 쓰이는 언(焉)의 용도는 겸사보다는 ‘어기사’로 본다.

不如丘之好學也 (배우기를 좋아하는 것만 못하다)

(접속사) 단문을 연결하며 선택을 나타낸다.

— [견해]

여러 예문의 쓰임을 종합하면 ‘不如A’의 형태로 보았을 때 의미는 ‘A만 못하다’, 'A가 더 낫다'로 귀결된다.

→ 司馬錯欲伐蜀, 張儀曰: “不如伐韓” 『戰國策·秦策二』

사마(司馬)가 촉(蜀)나라를 정벌하려 잘못 생각했을 때 장의(張儀)가 말한다. “한(韓)나라를 정벌하는 게 낫다.”

제 6 편

옹야

6-1. 子曰: “雍也可使南面.”

子曰:	“雍	也	可	使(之:冉雍)	南面.”
공자가 말하다	(인명)염옹(冉雍) =중궁(仲弓)(5-5)	(어기)주어+也. '멈춤,완만,제시' (1-2)	(조동)가능. '~할 수 있다'(1-11)	(사역동사) ~하게 하다(2-20)	(동)왕의 자리에 있다;남면하다
공자가 말했다.	“염옹(冉雍)은 '남면하게 할 수 있다(=왕의 자리에 있게 할 수 있다).” [사역동사 다음에 염옹을 나타내는 재지시가 생략되었다]				

번역 공자가 말했다. “염옹(冉雍)은 '왕이 되게 할만하다(=남면하게 할만하다)'.”

語法과 語彙

雍也可使南面 (염옹(冉雍)은 '왕이 되게 할만하다(=남면하게 할만하다)')

(동사) 왕을 맡다. 고대에 북쪽에 앉아 남쪽을 향하는 것을 고귀한 위치라고 여겼다. 이 때문에 이것으로 제왕이나 제후의 위치 있다는 것을 가리켰고 왕을 일컫는다. (古代以坐北朝南爲尊位. 故以此指居帝王、諸侯之位, 稱王)

→ 夫南面而聽天下 (唐·韓愈 『送溫處士赴河陽軍序』
왕의 자리에 있으며 세상을 듣다.

6-2. 仲弓問子桑伯子. 子曰: “可也簡.” 仲弓曰: “居敬而行簡, 以臨其民, 不亦可乎? 居簡而行簡, 無乃大簡乎?” 子曰: “雍之言然.”

仲弓	問	子桑伯子.	子曰:	“可	也
(인명)염옹(冉雍)의 자(字)(5-5)	(동)問A:A에 대해 묻다(12-10)	(인명)자상백자	공자가 말하다	(형)적합하다, 괜찮다(1-15)	(어기사) 멈춤,완만(3-1)
중궁이 자상백자에 대해 물었다.			공자가 말했다. “괜찮다…		
簡.”	**仲弓曰:**	**“居敬**	**而**	**行簡,**	**以(之)**
(형)세심하지 않다. 상세하지 않다	중궁이 말하다	(동)공경하게 처신하다	(접)점층. ‘게다가,또한’(1-14)	(동)간단하고 쉽게 일처리하다	‘居敬而行簡’으로 (2-1)
세심하지 않은 것은.”	중궁이 말했다.	“공경하게 처신하며 게다가 간단하고 쉽게 일처리하(는 것)			이것으로
臨	**其民,**	**不亦可乎?**		**(抑)居簡**	**而**
(동)통치하다	그의 백성. [其(1-7)]	(=不以…乎=不已…乎)반문. ‘역시~아닌가?’(1-1)역시 적절하지 않은가?		(동)관대하고 까다롭지 않게 처신하다	(접)점층. ‘게다가,또한’(1-14)
그의 백성을 통치하는 것은 역시 적절하지 않겠습니까?				(그러니) 관대하고 까다롭지 않게 처신하고 게다가 간단하고 쉽게 일처리(한다면)	
行簡,	**無乃大簡乎?”**			**子曰: “雍之言然.”**	
(동)간단하고 쉽게 일처리하다	(고정형식)추측,의논의 어기로 반문. ‘혹시~이 아닐까?’, ‘설마~는 아니겠지?’ → 지나치게 세심하지 않지 않다			공자가 말하다 + 염옹의 말이 맞다	
[조건가정절(1-1)]	지나치게 세심하지 않은 것 아닐까요?”			공자가 말했다. “중궁(=염옹)의 말이 맞다.”	

번역 중궁(仲弓=염옹 冉雍)이 자상백자(子桑伯子)에 대해 물었다. 공자가 말했다. “괜찮다… (그가) 세심하지 않은 것은.” 중궁(仲弓=염옹 冉雍)이 말했다. “공경하게 처신하며 게다가 간단하고 쉽게 일처리 하는 것, 이것으로 그의 백성을 통치하는 것은 역시 절절하지 않겠습니까? (그러나) 관대하고 까다롭지 않게 처신하고 게다가 간단하고 쉽게 일처리 한다면 지나치게 세심하지 않은 것 아닐까요?” 공자가 말했다. “중궁(仲弓=염옹 冉雍)의 말이 맞다.”

語法과 語彙

仲弓問子桑伯子 (중궁(仲弓=염옹 冉雍)이 자상백자(子桑伯子)에 대해 묻다)

(인명) 혹자는 이 자상백자(子桑伯子)가 『장자』 「大宗師 대송사」 편에 나오는 자상호(子桑戶)와 동일인일 것이라는 추정을 하기도 하고, 또 「山木 산목」 편에 나오는 자상호(子桑雽)도 자상호(子桑戶)의 다른 표기일 뿐이며, 자상백자(子桑伯子)와 같은 사람일 것이라고 비교하여 추정한다. 공자는 자상호(子桑戶)가 죽었을 때 조문객으로 제자 자공(子貢)을 보내었고, 그를 방외지인(方外之人: 세간 밖에서 노니는 사람)이라 표현했다. 그리고 「山木 산목」 편에서는 공자가 자상호(子桑雽)에게 자기 인생의 쓰라린 경험들을 고백하면서 충고를 구한다. 자상호(子桑雽)는 공자에게 쓸데없는 인간관계에서 집착하지 말라고 충고하면서,

形莫若緣, 情莫若率 (형막약연, 장말약솔)
인간의 육체는 자연스러운 변화에 순응하는 것이 제일이고, 감정은 있는 그대로 본성을 따르는 것이 제일이다.

라는 말을 던진다. 이들 모두가 도가계열의 현인(賢人)이며 은자(隱者)인 것이다.

그러나 자상백자(子桑伯子)를 도가적 은인(隱人)으로 설정한다면 '이임기민(以臨其民)'이라는 구절과 충돌을 일으킨다. 따라서 대체적인 정황으로 보아 자상백자(子桑伯子)는 노(魯)나라 사람이며, 지배자 계급에 속하는 어떤 인물이었을 것이라는 집주(集註)의 설(說)이 타당하다고 보인다. 중궁(仲弓), 공자, 자상(子桑)이나 모두 같은 시대의 노나라 사람들이며, 이들은 서로 연관된 구조 속에서 평론(評論)을 일삼고 있는 것이다. (김용옥, 2008)

可也簡 (괜찮다… (그가) 세심하지 않은 것은)

(형용사) 세심하지 않다, 상세하지 않다. (簡單, 簡略)

→ 修之來此, 樂其地僻而事簡, 又愛其俗之安閑 (宋・蘇軾『豊樂亭記』)
그것을 복원하고 여기에 와 그 지역의 외진 곳과 일의 느슨함을 즐기고 또 그 풍속의 '안정과 여유로움(安閑)'을 좋아하다.

居敬而行簡 (공경하게 처신하며 게다가 간단하고 쉽게 일처리 하다)

(동사) 공경하게 처신하다. (持身恭敬)

→ 古人一修敬而百姓安, 一居敬而南面可, 是果魯橋之敬乎? (明・李贄『答周柳塘』)
옛날 사람이 '공경하고 예의가 있으면(修敬:恭敬有禮)' 백성이 편안하고, '공경하게 처신하면(居敬:謂持身恭敬)' 왕을 맡을 수 있었는데 이것이 정말로 노교(魯橋)의 존경스런 마음(敬:敬意)입니까?

居敬而行簡 (공경하게 처신하며 게다가 간단하고 쉽게 일처리 하다)

(동사) 간단하고 쉽게 일처리하다. (行事簡易)

居敬而行簡, 以臨其民 (공경하게 처신하며 게다가 간단하고 쉽게 일처리 하는 것, 이것으로 그의 백성을 통치하다)

(동사) 통치하다. (統治)

→ 置法出令, 臨衆用民 『管子・八觀』
법을 집행하고(置法: 立法 ; 執法) 명령하고(出令:發出命令) 군중을 통치하고 '백성을 통치하고 부린다(用民:민중을 통히하고 부리다 治理和役使民衆)'.

居簡而行簡 (관대하고 까다롭지 않게 처신하고 게다가 간단하고 쉽게 일처리 하다)

(동사) 관대하고 까다롭지 않게 처신하다. (謂持身寬略)

→ 陶為人居簡, 不脩小節 『後漢書・劉陶傳』
도(陶)의 사람됨은 관대하고 까다롭지 않게 처신하고 소절(小節:작은 예절이나 작은 뜻)에 구속되지 않는다.

居簡而行簡, 無乃大簡乎? (관대하고 까다롭지 않게 처신하고 게다가 간단하고 쉽게 일처리 한다면 지나치게 세심하지 않은 것 아닌가?)

(고정형식) 복합허사 '無乃'와 어기사 '乎'가 서로 호응하여 만들어진 형식으로 문장에서 서술어가 되고 '추측, 의논'

의 어기로 반문을 보여 준다. 선진시기에 이미 용례가 보이고 이후 문언문에서 계속 쓰였다. '혹시 ~이 아닐까?', '설마 ~는 아니겠지?' 등으로 번역될 수 있다. (莫不是…吧. 大致(恐怕)…吧)

→ 今君勝鄭而不有, 無乃失民臣之力乎? 『公羊傳·宣公十二年』
지금 왕께서 정나라를 싸워 이기고도 정나라를 차지하지 못한다면 혹시 백성과 신하의 '노력(力)'을 위배한(失:違背) 것이 아닐까요?

雍之言然 (중궁(仲弓=염옹 冉雍)의 말이 맞다)

(형용사) 맞다, 정확하다. (對, 正確)

→ 玄德猛省曰: "莫非鄭康成先生乎?" 登笑曰: "然也" 『三國演義·第二十二回』
현덕(玄德)이 '갑자기 깨닫고(猛省)' 말한다. "혹시(莫非) 정강성(鄭康成) 선생이신가요?" 등(登)은 웃으며 말한다. "맞소."

6-3. 哀公問: "弟子孰爲好學?" 孔子對曰: "有顏回者好學, 不遷怒, 不貳過. 不幸短命死矣. 今也則亡, 未聞好學者也."

哀公	問:	"弟子	孰	(可)爲	好學?"
(인명)애공(2-19)	(동)묻다(12-10)	(명)학생,제자(2-8)	(의문대)누가, 무엇이(3-1)	(동)말하다(2-17)	배우기를 좋아하다
애공이 물었다.		"제자 누가 배우기를 좋아한다고 말할 수 있습니까?" [판단동사 '~이다(1-2)'로 보면 '누가 호학(好學)인가?'가 되는데 '好學'을 '배우기 좋아하는 사람'으로 확장해서 보면 맞지만 보통 '호학자(好學者)'라고 하기 때문에 爲를 '가능'을 나타내는 '可'가 생략된 '말하다'로 보았다]			
孔子	**對曰:**	**"有**	**顏回**	**者**	**好學,**
공자	대구하여 말하다	(조)有+고유명사. '해석안함'	(인명)안연(顏淵)(2-9)	(어기)잠시멈춤(3-2)	(동)배우기를 좋아하다
공자가 대구하여 말했다.		"안회(가)… 배우기를 좋아하(는데)			
不遷怒,	**不貳**	**過.**	**不幸**	**短命**	**死**
분노를 옮기지 않다	(동)반복하지 않다	(명)잘못.실수	(형)불행하다 [형용사→부사]	(동)단명(하다)	(동)죽다
분노를 옮기지 않(고)	잘못을 반복하지 않습니다.		불행히도 단명하여 죽었습니다.		
矣.	**今**	**也**	**則**	**亡,**	**未聞**
(어기)문미. '이미 그렇다'(3-24)	(부사.명사)지금	(어기사)멈춤, 완만(3-1)	(판단부사)(주어)+則+서술어(4-21)	(동)부재하다, 없다(3-5)	(동)아직 듣지 못하다(未:3-25)
	지금은… 없(고)				
好學	**者**	**也."**			
(동)배우기를 좋아하다	(조사)~한 사람, ~한 것(1-2)	(어기)진술강조(2-17)			
배우기 좋아하는 사람을 아직 듣지 못했습니다."					

번역 애공이 물었다. "제자 누가 배우기를 좋아한다고 말할 수 있습니까?" 공자가 대구하여 말했다. "안회가 배우기를 좋아하는데 분노를 옮기지 않고 잘못을 반복하지 않습니다. 불행히도 단명하여 죽었습니다. 지금은 없고, 배우기 좋아하는 사람을 아직 듣지 못했습니다."

語法과 語彙

有顏回者好學 (안회가 배우기를 좋아하다)

(조사) 고유명사(專有名詞) 앞에 쓰인다. 보통 왕조, 부족 등의 고유명사 앞에 쓰이는데 번역을 할 때 생략해도 된다.[(11-7)에 재출현]

→ 當舜之時, 有苗不服, 禹將伐之 『韓非子·五蠹』
순(舜)의 시대에(=순임금이 통치할 때) 묘(苗)가 복종하지 않아 우(禹)가 묘(苗)를 정벌하려 한다.

不遷怒, 不貳過 (분노를 옮기지 않고 잘못을 반복하지 않다)

(동사) 중복하다. (重複)

→ 人孰無過, 過而勿貳 (宋•蘇軾『東交門箴』)
사람 중에 누가 잘못이 없겠냐만 잘못을 하면 반복하지 않는다.

不遷怒, 不貳過 (분노를 옮기지 않고 잘못을 반복하지 않다)

(명사) 잘못, 실수. (過失, 過錯)

→ 以志吾過, 且旌善人 『左傳•僖公二十四年』
(이것으로) 나의 잘못을 '적고(志)' 또한 착한 사람에게 '표창하다(旌)'.

季康子問: "弟子孰爲好學?" 孔子對曰: "有顔回者好學, 不幸短命死矣, 今也則亡."

(계강자가 물었다. "제자 누가 배우기를 좋아한다고 말할 수 있습니까?" 공자가 대구하여 말했다. "안회가 배우기를 좋아하는데 불행하게도 단명했고, 지금은 없습니다.")

— [보충]

『論語•先進(11-7)』에 동일한 문구가 출현한다.
이때는 질문의 주체가 애공(哀公)이 아니라 계강자(季康子)이다.

6-4. 子華使於齊, 冉子爲其母請粟. 子曰: "與之釜." 請益. 曰: "與之庾." 冉子與之粟五秉. 子曰: "赤之適齊也, 乘肥馬, 衣輕裘. 吾聞之也, 君子周急不繼富."

子華	使	於	齊,	冉子	爲
(인명)赤=孔西赤=子華(5-8)	(동)외교 사명을 받고 외국으로 가다	(전)동작 도달 장소.'~로'(1-10)	(지명)제(齊)나라	(인명)冉求=冉有=子有(3-6)	(전)목적. '~을 위하여'(3-22)
자화(子華) 외교 사명을 받고 제(齊)나라에 갔(을 때) [시간절(1-1)]				염자(冉子)가 자화(子華)의 어머니를 위해	
其母	**請粟.**	**子曰:**	**"與**	**之**	**釜."**
그의 어머니 [其(1-7)]	(동)양식을 요청하다	공자가 말하다	(동)주다(5-24)[yǔ]	(대)재지시(2-1) 其母:子華모친	(명)부(釜). 용량단위
양식을 요청했다.		공자가 말했다. "자화(子華)의 어머니에게 부(釜)를 주(어라)"			
請	**益.**	**曰:**	**"與之**	**庾."**	**冉子**
(동)요청하다	(동)초과하다 [동사→명사]	(동)말하다	子華모친에게 주다	(명)고대용량단위. 1유(庾)=16두(斗)	(인명)冉求=冉有=子有(3-6)
(염자가) 초과량을 요청했다.		(공자가) 말했다.	"자화(子華)의 어머니에게 유(庾)를 주(어라)"		염자가
與之粟	**五秉.**	**子曰:**	**"赤**	**之**	**適**
子華모친에게 양식을 주다	5병(秉). 고대용량단위	공자가 말하다	(인명)孔西赤=子華(5-8)	(접)주어+之+서술어(1-10)	(동)가다
자화(子華) 어머니에게 (양식) 5병(秉)을 주었다 [1병(秉)=16휘/곡(斛)]		공자가 말했다.	"자화(子華)가		
齊	**也,**	**乘**	**肥馬,**	**衣**	**輕裘.**
(지명)제(齊)나라	(어기사)멈춤, 완만(3-1)	(동)타다(ride)	살찐 말	(동사)입다(5-26)	(명)가볍고 따뜻한 가죽옷(5-26)
제(齊)나라에 갈 (때)… [시간절(1-1)]		살찐 말을 타(고)		가볍고 따뜻한 가죽옷을 입었다.	
吾	**聞**	**之**	**也,**	**'君子**	**周急**
(대)나,우리 '주어,한정어…'(13-18)	(동)듣다	(대명사)다음문장. '속담,격언' 등.	(어기사)멈춤, 완만(3-1)	(명)군자(君子)(11-1)	곤란하고 위급한 것에 물질적으로 도움을 주다
나는 옛 사람의 말을 들은 적이 있다…				'군자는 곤란하고 위급한 사람에게 물질적으로 도움을 주(지만)	
不繼	**富.'"**				
(동)증가시키지 않는다	(명)부, 재산				
부(富)를 증가시키지는 않는다.'"					

번역 자화(子華)가 외교 사명을 받고 제(齊)나라에 갔을 때, 염자(冉子)가 자화(子華)의 어머니를 위해 양식을 요청했다. 공자가 말했다. "자화(子華) 어머니에게 부(釜)를 주어라." 염자(冉子)가 초과량을 요청했다. 공자가 말했다. "자화(子華) 어머니에게 유(庾)를 주어라." 염자(冉子)가 자화(子華) 어머니에게 5병(秉)을 주었다. 공자가 말했다. "자화(子華)가 제(齊)나라에 갈 때 살찐 말을 타고, 가볍고 따뜻한 가죽옷을 입었다. 나는 옛 사람의 말을 들은 적이 있다. '군자는 곤란하고 위급한 사람에게 물질적으로 도움을 주지만, 부(富)를 증가시키는 않는다'."

語法과 語彙

子華使於齊 (자화(子華)가 외교 사명을 받고 제(齊)나라에 가다)

(동사) 외교 사명을 받고 외국으로 가다. (出使)

→ 是時屈原既疏, 不復在位, 使於齊 『史記·屈原賈生列傳』
이때 굴원은 이미 소원해졌고 다시 자리에 있지 못하고 제나라로 출사하다.

冉子爲其母請粟 (염자(冉子)가 자화(子華)의 어머니를 위해 양식을 요청하다)

(동사) 바라다, 요청하다. (請求)

→ 少師歸, 請追楚師 『左傳·桓公六年』
소사(少師: 주대(周代) 관직명)는 돌아가 초사나 군대를 좇기를 요청한다.

冉子爲其母請粟 (염자(冉子)가 자화(子華)의 어머니를 위해 양식을 요청하다)

(명사) 양식. 기장(黍), 조(稷), 수수(粱, 秫)의 총칭으로 양식의 통칭이다.

→ 苟粟多而財有餘, 何爲而不成? (漢·賈誼『論積貯疏』)
만약 양식이 많고 재산에 여유가 있으면 무엇을 한들 이루지 못하겠는가?

與之釜 (그(=자화(子華) 어머니)에게 유(庾)를 주다)

(명사) 중국 춘추전국시대 측량기 이름이기도 하고 용량의 단위이기도 하지만 기준이 일치하지 않는다. (中國春秋戰國時量器名, 亦是容量單位, 標準不一)

請益 (초과량을 요청하다)

(동사) 초과하다. (超過)

→ 臣請三言而已矣! 益一言, 臣請烹 『戰國策·齊策一』
신(臣) 세 마디만 간청할 뿐입니다! 한 마디를 넘으면 신이 팽(烹:끓는 물에 '삶다/삶아지다')을 받겠습니다.

— [보충과 견해]

익(益)의 용도가 '부사'로 '더욱더, 한층(更, 更加, 越發)'의 의미로 쓰이는 경우가 있다. 이때는 동사, 형용사 앞에 놓여 부사어가 되어 정도가 한층 증가하는 것을 보여 준다. 하지만 익(益)이 동사, 형용사 뒤에 출현하여 이들을 수식해주는 용례는 없는 것 같다. 따라서 익(益)은 '동사가 명사로 품사활용(초과하다 → 초과 超過. (3-20))' 되었나고 봐야 할 것 같다.

與之庾 (그=자화(子華) 어머니에게 유(庾)를 주다)

(명사) 고대 용량단위로 1유(庾[yǔ])는 16두(斗)와 같다. (古代容量單位, 一庾等於十六斗)

冉子與之粟五秉 (염자(冉子)가 그(=자화(子華) 어머니)에게 5병(秉)을 준다)

(명사) 고대 용량단위로 1병(秉[bǐng])은 16휘/곡(斛[hú])에 상당한다. (古代容量單位, 一秉合十六斛)

赤之適齊也 (자화(子華)가 제(齊)나라에 가다)

(동사) 가다. (往, 到)

→ 逝將去女, 適彼樂土 『詩經·魏風·碩鼠』
죽어(逝:死) 너를 떠나 저 안락한 땅으로 가다.

吾聞之也, 君子周急不繼富 (나는 옛 사람의 말을 들은 적이 있다. '군자는 곤란하고 위급한 사람에게 물질적으로 도움을 주지만, 부(富)를 증가시키는 않는다.')

(대명사) 지(之)가 대신하는 대상이 때로는 지(之) 다음에 나오는 문장에 있을 수 있다. 이러한 부류의 문장의 동사로 자주 사용되는 것은 '문(聞:듣다)', '유(有:있다)', '식(識:알다)' 등이고 '지(之)'가 대신하는 것은 보통 화자(話者)가 인용하는 속담, 가요, 명언, 고서적의 인용문 등이다. 문장의 의미에 의거하여 융통성 있게 번역하면 되고, 번역하지 않아도 된다.

→ 『商頌』 有之曰: "不僭不濫, 不敢怠皇" 『左傳·襄公二十六年』
『상송 商頌』에 이런 말이 있는데 말한다. "본분을 넘지(僭:超越本分) 않고 남용하지 않으며 '함부로 게으름을 피우지 않고 여유를 부리지 않는다(怠皇=怠遑:게으름을 필우고 여유를 부리다 懈怠而閑暇)."

→ 吾聞之, "一日縱敵, 數世之患也" 『左傳·僖公三十三年』
나는 그런 말을 들었다. 적을 하루 '내버려 두(縱:放縱)'는 건 여러 세대(世:30년)의 우환이다.

→ 夫子曰: "小子識之, '苛政猛於虎也'" 『禮記·檀弓上』
선생(=공자)이 말한다. "얘들아 이것을 알아야 한다. '가혹한 정치(苛政)는 호랑이보다 무섭다(猛於虎也)'."

君子周急不繼富 (군자는 곤란하고 위급한 사람에게 물질적으로 도움을 주지만, 부(富)를 증가시키는 않는다)

(동사) 곤란하고 위급한 것에 물질적으로 도움을 주다. (周濟困急) [周濟:(물질적으로) 구제하다. 도와주다 + 困急: 곤란하고 위급하다(困難危急)]

→ 家累千金, 隱居養志, 好施周急 『後漢書·王丹傳』
집에 천금을 쌓고 은거하면서 뜻을 키우고 '은덕 베풀기를 좋아하고(好施:喜好施舍)' '곤란하고 위급한 것에 물질적으로 도움을 준다(周急)'.

君子周急不繼富 (군자는 곤란하고 위급한 사람에게 물질적으로 도움을 주지만, 부(富)를 증가시키는 않는다)

(동사) 돕다, 더하다, 늘리다, 증기시키다. (接濟, 增益)

→ 絶長繼短, 地方百里 『墨子·非命上』
긴 것을 잘라 짧은 것을 증가시켜도 '지역(地方: 1. 어떤 지역 某一區域 / 2. 옛날 사람들의 하나의 지리적 관념으로 땅은 사각형을 보여 준다 古人的一種地理觀念. 謂地呈方形)'은 백 리이다.

6-5. 原思爲之宰, 與之粟九百, 辭. 子曰: "毋! 以與爾鄰里鄉黨乎!"

<table>
<tr><th>原思</th><th>爲</th><th>之</th><th>宰,</th><th colspan="2">與之粟</th></tr>
<tr><td>(인명)자사(子思)
=원헌(原憲)</td><td>(전)목적.'~을 위하여(3-22)[wèi]</td><td>(대)사람,사건,
사물,123인칭(1-10)</td><td>(명)경대부의 가신
(家臣)[명→동]</td><td colspan="2">그(=원사)에게 양식을 주다
[與:(5-24)][之:(대)재지시(2-1)]
[粟:양식(6-4)]</td></tr>
<tr><td colspan="4">원사(原思=子思=原憲)가 그(=공자)를 위해 가신을 맡(았을 때) [시간절(1-1)]</td><td colspan="2">그(=원사)에게 양식 900을 주었다.</td></tr>
<tr><th>九百,</th><th>(原思)辭.</th><th>子曰:</th><th>"毋(辭)!</th><th>以(之)</th><th>與</th></tr>
<tr><td>900백(단위생략.'말'로 보기도 함)</td><td>(동)사양하다</td><td>공자가 말하다</td><td>(부정부사)
~하지마라</td><td>(전)동작직접대상.
'~를'(5-1)</td><td>(동)주다(5-24)</td></tr>
<tr><td></td><td>(원사(原思)가)
사양했다.</td><td>공자가 말했다.</td><td>"(사양)하지마라!</td><td colspan="2">(그것)을</td></tr>
<tr><th>爾</th><th colspan="2">鄰里鄉黨</th><th>乎!"</th><td colspan="2" rowspan="3"></td></tr>
<tr><td>(대)너,너희들(5-12)</td><td colspan="2">'같은 마을 사람+동향,마을'이 연용되어
'같은 마을 사람들'이 되었다고 본다</td><td>(어기)명령,금지,
간청,권고(2-17)</td></tr>
<tr><td colspan="4">너의 마을 사람에게 주어라!"</td></tr>
</table>

번역 원사(原思=자사<子思>=원헌<原憲>)가 그(=공자)를 위해 가신을 맡았을 때 그(=원사)에게 양식 900을 주었다. 원사(原思=子思=原憲)가 사양했다. 공자가 말했다. "사양하지마라! 그것을 너의 마을 사람들에게 주어라!"

語法과 語彙

原思爲之宰 (원사(原思=子思=原憲)가 그를 위해 가신을 맡다)

(인명) 원사(原思)는 공자의 제자 중에서 청렴하고 청빈하고 고결하게 평생을 살았던 인물로서 기억된다. 『논어』「憲問헌문」 편의 헌(憲)이 바로 원헌(原憲), 즉 원사(原思)를 가리킨다. 성(姓)이 원(原)이고 이름이 헌(憲)이고 자(字)를 자사(子思)라 했다. 그래서 원사(原思)라고 부르기도 한 것이다. 「憲問헌문1」에서 원헌(原憲)이 공자에게 '수치(羞恥)'의 문제를 물었다는 것이 그의 청빈한 삶과 깊은 관련이 있는 것이다. (김용옥, 2008)

原思爲之宰 (원사(原思=子思=原憲)가 그를 위해 가신을 맡다)

(명사) 경대부의 가신. (卿大夫的家臣) [이외로 '고대 관리명', '지방 관리' 등의 의미가 있다]

→ 子路爲季氏宰 『禮記·禮器』
자로가 계씨(季氏)의 가신이 되다.

毋! 以與爾鄰里鄉黨乎! (그러지 마라! 그것을 너의 마을 사람들에게 주어라!)

(부정부사) 동사서술어 앞에 놓여 부사어가 되어 부정을 나타낸다. 보통 금지, 권고, 부탁 등의 부정부사를 나타낸다.

→ 梁掩其口, 曰: "毋妄言, 族矣!" 『史記·項羽本紀』
양(梁:項梁항양)이 그의 입을 막고 말한다. "함부로(妄:亂) 말하지 마라, 멸족을 당할 수 있다!"

以與爾鄰里鄉黨乎!” (그것을 너의 마을 사람들에게 주어라!)

(명사) 같은 '마을/고향(鄰里)'의 사람. (同一鄉里的人)

→ 鄰里來問事者, 填咽門戶 (清・吳騫『扶風傳信錄』)
같은 마을 사람 중에서 물으러 오는 사람이 '출입문(門戶:집 안마당으로 들어가는 출입 공간. 房屋墻院的出入處)'을 '가득 메우다(填咽:공간을 가득 메우다. 充滿空間)'.

以與爾鄰里鄉黨乎!” (그것을 너의 마을 사람들에게 주어라!)

(명사) 주(周)나라 때 만든 것으로 500가구가 당(黨)이고 12,000가구가 향(鄉)이었다. 나중에는 일반적으로 '같은 고향(同鄉), 마을/고향(鄉里)'을 가리켰다.

→ 重爲鄉黨戮笑 (漢・司馬遷『報任安書』)
심하게(重) '같은 고향 사람들(鄉黨)에 의해서(爲:被)' 모욕(戮)과 비웃음을 당하다.

以與爾鄰里鄉黨乎! (그것을 너의 마을 사람들에게 주어라!)

(어기사) 명령문(祈使句)의 문미에 쓰여 '명령, 간청, 권고하고 타이름, 금지' 등의 어기를 보여 준다. 자주 문중의 '愿', '請', '惟(維)', '其' 등의 어기 부사와 호응한다. 乎는 吧[18]로 번역할 수 있다.

→ 長鋏歸來乎, 食無魚 『戰國策・齊策四』
장검(長劍)아 돌아가자. 먹을 건 물고기도 없구나.

18 1. 문미(句末)에 쓰여 상의(相議)·제의(提議)·청구(請求)·명령·독촉의 어기(語氣)를 나타냄. → 咱們走吧! 우리 갑시다!
2. 문미(句末)에 쓰여 동의 또는 승낙의 어기를 나타냄. → 好吧, 我答應你了 좋다. 승낙한다
3. 문미(句末)에 쓰여 확언(確言)을 피하고 추측의 어기를 나타냄. [주로 문 가운데 '大約' '大概' '也許' '恐怕' 따위의 추측을 나타내는 부사가 쓰임] → 今天大約不會下雨吧 오늘은 아마 비가 오지 않을 거야
4. 상대방의 의견을 구하는 의문의 어기를 나타냄. → 他還在家吧? 그는 아직도 집에 있겠지요?
5. 문미(句末)에 쓰여 불확실한 느낌을 나타냄. → 大概是前天吧, 他到我這兒來了 아마도 그저께인가 그는 나에게 왔었다
6. 문중(句中)에 쓰여 휴지(休止)를 나타내며 가정(假定)의 어기를 지님. [흔히 두 가지 사항을 열거하여 이러지도 저러지도 못하는 상황을 나타냄] → 走吧, 不好, 不走吧, 也不好 가려니 그렇고 안 가려니 또 그렇다

6-6. 子謂仲弓曰: "犁牛之子, 騂且角, 雖欲勿用, 山川其舍諸?"

<table>
<tr><th colspan="2">子謂仲弓曰:</th><th colspan="2">"犁牛之子</th><th colspan="2">(爲)騂且(有)角,</th></tr>
<tr><td colspan="2">공자가 중궁을 평론하여 말하다
[중궁仲弓=염옹(冉雍)(5-5)]</td><td colspan="2">잡색의 송아지가 [주어]</td><td colspan="2">붉은색의 소이고 게다가 뿔을 가지고 있다[且(2-3)]</td></tr>
<tr><td colspan="2">공자가 중궁을 평론하여 말했다.</td><td colspan="4">"잡색의 송아지(가) 붉고 게다가 뿔을 가지고 있다(면)</td></tr>
<tr><th>雖欲</th><th>勿用,</th><th>山川</th><th>其</th><th>舍</th><th>諸?"</th></tr>
<tr><td>비록 원하지만
[欲(4-5)]</td><td>쓰지 않다</td><td>(명)명산대천의 신</td><td>(의.부)반문.
어떻게 ~일까?</td><td>(동)버리다</td><td>(겸사)之(그것)+乎
(반문어기)</td></tr>
<tr><td colspan="2">비록 쓰지 않고 싶지만</td><td colspan="4">명산대천의 신(神)이 어떻게 그 송아지를 버리겠는가?"</td></tr>
</table>

번역 공자가 중궁을 평론하여 말했다. "잡색의 송아지가 붉고 게다가 뿔을 가지고 있다면 비록 쓰고 싶지 않아도 명산대천의 신(神)이 어떻게 그 송아지를 버리겠는가?"

語法과 語彙

犁牛之子 (잡색의 송아지)

1. (명사) 잡색의 소. (雜色牛)

→ 其中鱅鱅之魚, 其狀如犁牛 『山海經·東山經』
그중 용용(鱅鱅: 고대 전설 속에 나오는 기이한 물고기)이란 물고기, 그 모습은 잡색의 소(犁牛(여우))와 같다.

2. (명사) 열등한 아버지. (比喻劣父)

→ 尚未知犁牛, 何知其子? (清·蒲松齡 『聊齋志異·柳生』)
열등한 아버지도 '아직(尚未:還沒有)' 모르는데 그의 아들을 어떻게 알겠는가?

(爲)騂且(有)角 (붉고 게다가 뿔을 가지고 있다)

(명사) 붉은색의 소. (指赤色的牛)[성. xīng]

(爲)騂且(有)角 (붉고 게다가 뿔을 가지고 있다)

(명사) 뿔. 소, 양, 사슴 등 동물의 머리 위에 길게 자라는 딱딱한 뼈로 일반적으로 가늘게 자라고 굽어 있으며 끝부분은 비교적 작다.

犁牛之子騂且角 (잡색의 송아지가 붉고 게다가 뿔을 가지고 있다)

— [견해]

이 문장에서 주어는 '잡색의 소의 새끼(犁牛之子)'가 되고 '성차각(騂且角)'은 서술어가 되는데 서술어를 분석해보면 접속사 '차(且)'로 앞뒤가 연결되어 있다. 그리고 그 구성 요소와 의미는 '붉은색의 소(騂)'와 '뿔(角)'이다. 그렇다면 이 전체 문장은 '잡색의 소의 새끼가 붉은색의 소이고 게다가 뿔이다'라는 뜻이 되는데 '붉은색의 소(騂)'는 명사서술어로 전혀 문제가 없지만 '뿔(角)'은 주어와 호응에 많이 어색하다. 그렇다면 방법은 '각(角)'의 의미항에 '뿔이 있는 소'의 의미가 있거나 '성(騂)'과 '각(角)' 앞에 동사가 생략되었다고 봐야 할 것 같다. 하지만 '각(角)'의 의미항에 '뿔이 있는 소'라는 의미가 없는 것 같으니, '성(騂)'과 '각(角)' 앞에 동사가 생략되었다고 보아야 할 것 같다. 이 경우 생략된 단어를 포함하여 기재하면 '犁牛之子(爲)騂且(有)角'가 될 텐데 이 경우 '잡색의 소의 새끼는 붉은색의 소이고 게다가 뿔을 가지고 있다'가 된다.

雖欲勿用, 山川其舍諸? (비록 쓰고 싶지 않아도 명산대천의 신(神)이 어떻게 그 송아지를 버리겠는가?)

(양보접속사) 양보의 복문에서, 앞의 단문 문두나, 주어와 서술어 사이에 쓰여 어떤 사실에 대한 인정을 통하여 양보를 보여 준다. 뒤의 단문은 '전환'이나 '추론'을 보여 준다. '비록 ~지만, ~하다', '비록 ~지만, 할 수 있다' 등으로 번역될 수 있다.

→ 失火而取水于海, 海水雖多, 火必不滅矣, 遠水不救近火也 『韓非子・設林上』
불이 나서(失火:화재가 발생하다. 發生火灾) 바다에서 물을 가져온다면 바닷물이 비록 많아도 불을 분명히 끌 수 없다. 멀리 있는 물은 가까이 있는 불을 끌 수 없다.

→ 小大之獄, 雖不能察, 必以情 『左傳・莊公十年』
작고 큰 '범죄사건(獄:罪案)'을 비록 면밀하게 살필 수는 없지만 반드시 도리(情:情理)를 따라야 한다.

雖欲勿用, 山川其舍諸? (비록 쓰고 싶지 않아도 명산대천의 신(神)이 어떻게 그 송아지를 버리겠는가?)

(부정부사) 동사서술어 앞에 쓰여 부사어가 되어 부정을 나타낸다.

1. 동작, 행위에 대한 금지나 '충고 후 단념(勸阻)'을 나타낸다. '~하지마라'로 번역된다. (不要, 別)

→ 己所不欲, 勿施於人 『論語・衛靈公』
자기가 원하지 않는 것을 타인에게 행하지마라.

2. 동작, 행위에 대한 부정을 나타낸다. (不)

→ 楚人來討, 能勿從乎? 『左傳・襄公八年』
초나라 사람이 정벌하러 왔을 때 복종시킬 수 없었는가?

雖欲勿用, 山川其舍諸? (비록 쓰고 싶지 않아도 명산대천의 신(神)이 어떻게 그 송아지를 버리겠는가?)

(명사) 명산대천의 신. (指名山大川之神)

→ (秦始皇)道病, 使蒙毅還禱山川, 未反 『史記・蒙恬列傳』
진시황이 도중에 병이 나서 몽의(蒙毅:?—BC210) 에게 돌아가 명산대천의 신에게 기도하라 했는데 돌아오지 않았다.

雖欲勿用, 山川其舍諸? (비록 쓰고 싶지 않아도 명산대천의 신(神)이 어떻게 그 송아지를 버리겠는가?)

(의문부사) 서술어 앞에 쓰여 부사어를 만들고 문장의 의미와 어울려 의문이나 반문을 보여 준다. 문미에는 보통 상응하는 어기사가 있고 이들과 어울린다. 반문의 의미를 나타낼 때에는 때론 문미에 어기사 '호(乎)'가 놓여 이와 호응한다. 의문부사인 경우에는 '혹시 ~할 수 있는가?', '~일까?' 등으로 번역된다. 반문의 경우 '설마 ~일까?', '어떻게 ~일까?' 등으로 번역된다.

→ 晉侯圍上陽, 問於卜偃曰: "吾其濟乎?" 對曰: "克之" 『左傳·僖公五年』

진나라 제후(晉侯)가 떠오르는 태양을 포위하여 복언(卜偃)에게 물으며 말했다. "내가 혹시 성공할까?" 복언(卜偃)이 대답하며 말했다. "점령할 것입니다."

→ 欲加之罪, 其無辭乎? 『左傳·僖公十年』

그에게 죄를 더하려고 하면 '어떻게/설마' '변명(辭:說辭)'이 없겠는가?

山川其舍諸? **(명산대천의 신(神)이 어떻게 그 송아지를 버리겠는가?)**

(동사) 버리다, 포기하다.

→ 操舍鞍馬 『資治通鑑·漢紀·獻帝建安十三年』

조조(曹操)가 '안장과 말(鞍馬)'을 버리다.

山川其舍諸? **(명산대천의 신(神)이 어떻게 그 송아지를 버리겠는가?)**

(겸사) 대명사 '지(之)'에 어기사 '호(乎)'를 더한 것과 같다. 의문문이나 반문의 문미에 쓰인다. 제(諸)는 앞의 동사의 목적어 '지(之)'를 포함하는 것 외에 의문이나 추측의 어기를 보여주고, 문중에 때로 다른 허사를 갖는다. 예를 들면 '기(其)', '무내(無乃)' 등과 어울린다. 반문으로 쓰이는 경우 문중에는 보통 다른 허사가 있다. 예를 들면 '기(其)', '합(盍)' 등의 허사와 어울린다.

→ 孟子謂戴不勝曰: "有楚大夫於此, 欲其子之齊語也, 則使齊人傅諸? 使楚人傅諸?" 『孟子·藤文公下』

맹자가 대불성(戴不勝)에게 말한다. "초나라 대부가 여기 있고 그의 아들이 제나라말을 할 수 있기를 바란다면 제나라 사람에게 아들을 가르치게 하는가? 초나라 사람에게 아들을 가르치게 하는가?"

→ 不穀不有大過, 天其夭諸? 『左傳·哀公六年』

나는 큰 잘못이 없는데 하늘이 설마 나를 요절시키겠는가?

6-7. 子曰: "回也, 其心三月不違仁, 其餘則日月至焉而已矣."

<table>
<tr><th>子曰:</th><th>"回</th><th>也,</th><th>其心</th><th>三月</th><th>不違</th></tr>
<tr><td>공자가 말하다</td><td>(인명)안연(顔淵)
=안회(2-9)</td><td>(어기)멈춤.
완만(3-1)</td><td>그의 마음
[其:(1-7)]</td><td>3개월
[명사→부사]</td><td>위배하지 않다
[違(2-5)]</td></tr>
<tr><td>공자가 말했다.</td><td colspan="2">"안회(顔回)…</td><td colspan="3">그의 마음은 3개월 인(仁)을 위배하지 않(지만)
[三月사이에 단위명사(=양사) 없다]</td></tr>
<tr><th>仁,</th><th colspan="2">其餘</th><th>則</th><th>日月</th><th>至</th></tr>
<tr><td>(명)인(仁)</td><td colspan="2">남은 사람, 나머지 사람
[其:그(4-5)]+[餘:剩下.남다,남기다]</td><td>(판단부사)(주어)+
則+서술어'(4-21)</td><td>(명)하루 한 달
[명사→부사]</td><td>(동)오다,
도착하다(3-24)</td></tr>
<tr><td></td><td colspan="5">나머지 사람은 하루나 한 달</td></tr>
<tr><th colspan="2">焉</th><th colspan="2">而已矣."</th><td colspan="2" rowspan="3"></td></tr>
<tr><td colspan="2">(겸사) 於+是/之
[至焉=至於仁:仁에 오다]</td><td colspan="2">(관용구)~할 뿐이다, ~할 따름이다(4-15)</td></tr>
<tr><td colspan="4">仁에 도달할 뿐이다."</td></tr>
</table>

번역 공자가 말했다. "안회(顔回), 그의 마음은 3개월 인(仁)을 위배하지 않지만 나머지 사람은 하루나 한 달 인(仁)에 도달할 뿐이다."

語法과 語彙

其餘則日月至焉而已矣 (나머지 사람은 하루나 한 달 인(仁)에 도달할 뿐이다)

(명사) 남은 것, 남은 사람, 기타. (下剩的 ; 其他)

→ 卒之東郭墦間之祭者, 乞其餘 『孟子·離婁下』
동쪽 외성(郭) 무덤(墦) 사이의 제사지내는 사람에게 가서 '남은 것(=남은 음식)'을 구걸하다.

其餘則日月至焉而已矣 (나머지 사람은 하루나 한 달 인(仁)에 도달할 뿐이다)

(명사) 하루 한 달; 매일 매달. (一天一月 ; 每天每月)

→ 老臣宜從, 但犬馬之疾, 日月增甚, 恐死於道路, 仰累陛下 (唐·劉餗『隋唐嘉話』卷上)
늙은 제가(老臣) 마땅히(宜) 따라야 하지만 '소인(犬馬)'의 병이 나날이 깊어져 '객사하여(死於道路)' 폐하를 번거롭게 할까 두렵습니다.

其餘則日月至焉而已矣 (나머지 사람은 하루나 한 달 인(仁)에 도달할 뿐이다)

1. (겸사) '언(焉)'은 '전치사(於)+대명사(是/之)'의 역할을 하여 '於+是/之'에 상응한다.

자주 동사 다음에 쓰여 보어가 되며 동작행위와 관련 있거나 앞 문장에서 출현한 장소, 인물, 사건, 사물 등을 나타낸다. '여기/저기에서', '여기/저기로부터', '~로/~에' 등으로 번역될 수 있다.

→ 積土成山, 風雨興焉 ; 積水成淵, 蛟龍生焉 『荀子·勸學』

흙이 쌓여 산을 이루고 바람과 비는 여기에서 일어난다; 물이 모여 연못을 이루고 교룡(蛟龍)[19]은 여기서 만들어진다.

→ 天下之民至焉 『孟子·梁惠王上』
천하의 백성이 거기로 오다

2. 동사나 형용사 서술어 다음에 쓰여 보어가 되며 동사 뒤에 놓여 동작행위의 행위자를 유도하는 경우가 있는데 이때 번역은 '~의 의하여(被)'로 번역된다.

→ 宋公及楚人戰於泓…. 公傷股, 門官歼焉 『左傳·僖公二十二』
송공(宋公)과 초나라 사람이 홍(泓:물이름)에서 싸웠다. 송공(宋公)은 다리를 부상당하고 문을 지키는 관리(門官)는 초나라 사람에 의하여 섬멸되었다.

3. 때로 형용사 술어 뒤에 놓여 비교의 대상을 이끄는 경우도 있는데 번역은 '~보다'로 된다.

→ 晉國, 天下莫强焉 『孟子·梁惠王上』
진나라는 천하에서 진나라보다 더 강한 나라가 없다.

4. 동사서술어 뒤에 쓰여 동작행위가 연루되는 대상이나 사물을 끌어들인다. '그·그들에게, 이것·이 일에 대해' 등으로 번역될 수 있다. (向他, 向他們, 對他, 對這, 對這事)

→ 見賢思齊焉 『論語·里仁』
덕행이 좋은 사람을 보면 그와(←에게) 같아지는 것을 생각한다.

→ 使子路問津焉 『論語·顔淵』
자로(子路)더러 그에게 나루터에 대해 묻게 하다.

→ 俟其欣悦, 則又請焉 (明·宋濂『送東陽馬生序》)
그가 즐거워하(其欣悦)는 걸 기다린 다음(俟…則) 또(又) 그에게 부탁하다(請焉).

---

19 교룡(蛟龍):상상 속에 등장하는 동물의 하나. 모양이 뱀과 같고 몸의 길이가 한 길이 넘으며 넓적한 네발이 있고, 가슴은 붉고 등에는 푸른 무늬가 있으며 옆구리와 배는 비단처럼 부드럽고 눈썹으로 교미하여 알을 낳는다고 한다.

6-8. 季康子問: "仲由可使從政也與?" 子曰: "由也果, 於從政乎何有?" 曰: "賜也可使從政也與?" 曰: "賜也達, 於從政乎何有?" 曰: "求也可使從政也與?" 曰: "求也藝, 於從政乎何有?"

季康子問:	"仲由	可	使(之=仲由)	從政	也與?"
계강자가 묻다 [季康子(2-20)]	(인명)중유=자로(子路)(2-17)	(조동)가능. '~할 수 있다'(1-11)	(사역동사) ~하게 하다(2-20)	(동)정사에 참여하다	(어기)의문
계강자가 물었다.	"중유(=자로)는 정사에 참여하게 할 수 있습니까?"				
子曰:	**"由**	**也**	**果,**	**於**	**從政**
공자가 말하다	(인명)중유=자로(子路)(2-17)	(어기)주어+也.'멈춤,완만,제시'(1-2)	(형)과감하다. 과단성 있다	(전)~에 대해	(동)정사에 참여하다
공자가 말했다. "중유(=자로)는… 과감하(니)				정사에 참여하(는 것)에 대해	
乎	**何有?"**	**曰:**	**"賜**	**也**	**可**
(조사)어기 잠깐 멈춤	(관용)무슨 어려움이 있겠는가?(4-13)	(계강자가)말하다	(인명)자공=사(賜)(1-10)	(어기)주어+也.'멈춤,완만,제시'(1-2)	(조동)가능. '~할 수 있다'(1-11)
무슨 어려움이 있겠습니까?"		계강자가 말했다.	"사(賜)는		
使(之)	**從政**	**也與?"**	**曰:**	**"賜**	**也**
(사역동사) ~하게 하다(2-20)	(동)정사에 참여하다	(어기)의문	(공자가) 말하다	(인명)자공=사(賜)(1-10)	(어기사)멈춤, 완만(3-1)
정사에 참여하게 할 수 있습니까?"			공자가 말했다.	"사(賜)는… 이치에 밝(으니)	
達,	**於**	**從政**	**乎**	**何有?"**	**曰:**
(형)이치에 밝다, 정통하다	(전)~에 대해	(동)정사에 참여하다	(조사)어기 잠깐 멈춤	(관용)무슨 어려움이 있겠는가?(4-13)	(계강자가)말하다
	정사에 참여하(는 것)에 대해 무슨 어려움이 있겠습니까?"				계강자가 말했다.
"求	**也**	**可**	**使(之)**	**從政**	**也與?"**
(인명)冉求=冉有=子有(3-6)	(어기)주어+也.'멈춤,완만,제시'(1-2)	(조동)가능. '~할 수 있다'(1-11)	(사역동사) ~하게 하다(2-20)	(동)정사에 참여하다	(어기)의문
"구(求=염구)는 정사에 참여하게 할 수 있습니까?"					
曰:	**"求**	**也**	**藝,**	**於**	**從政**
(공자가) 말하다	(인명)冉求=冉有=子有(3-6)	(어기사)멈춤, 완만(3-1)	(형)기예가 있다	(전)~에 대해	(동)정사에 참여하다
공자가 말했다.	"구(求=염구)는 기예가 있(으니)			정사에 참여하(는 것)에 대해	
乎	**何有?"**				
(조사)어기 잠깐 멈춤	(관용)무슨 어려움이 있겠는가?(4-13)				
무슨 어려움이 있겠습니까?"					

번역 계강자가 물었다. "중유(=자로)는 정사에 참여하게 할 수 있습니까?" 공자가 말했다. "중유(=자로)는 과감하니 정사에 참여하는 것에 대해 무슨 어려움이 있겠습니까?" 계강자가 말했다. "사(賜)는 정사에 참여하게 할 수 있습니까?" 공자가 말했다. "사(賜)는 이치에 밝으니 정사에 참여하는 것에 대해 무슨 어려움이 있겠습니까?" 계강자가 말했다. "구(求=염구)는 정사에 참여하게 할 수 있습니까?" 공자가 말했다. "구(求=염구)는 기예가 있으니 정사에 참여하는 것에 대해 무슨 어려움이 있겠습니까?"

語法과 語彙

仲由可使從政也與? (중유(=자로)는 정사에 참여하게 할 수 있는가?)

(동사) 정사에 참여하다; 정사를 처리하다. (參與政事; 處理政事)

→ 子家氏未有後, 季孫願與子從政 『左傳·定公元年』
자가씨(子家氏)는 후손(後:後繼)이 없어 계손(季孫)은 당신(子)과 함께 정사에 참여하길 원한다.

仲由可使從政也與? (중유(=자로)는 정사에 참여하게 할 수 있는가?)

(관용구) 어기사 야(也)와 어기사 여(與)가 연용되어 만들어진 것으로 의문문이나 감탄문의 문미에 쓰여 의문이나 감탄의 어기를 보여 준다.

1. 시비(是非) 의문문 문미에 쓰여 시비 의문의 어기를 돕는다.

→ 唯求則非邦也與? 『論語·先進』
염구(冉求)는(=염구가 다스리는 땅인 제후국) 나라가 아닌가?

2. 추측 의문 문미에 쓰여 비교적 긍정적인 추측 의문 어기를 보여 준다.

→ 衣敝縕袍, 與衣狐貉者立, 而不恥者, 其由也與? 『論語·子罕』
해어진(敝) '헝클어진 삼실과 솜으로 만든 옷(縕袍)'을 입고 여우나 오소리의 모피로 만든 옷을 입은 사람과 서도 부끄러워하지 않는 사람은 유(由)일까?

由也果, 於從政乎何有? (유(由=자로)는 과감하니 정사에 참여하는 것에 대해 무슨 어려움이 있겠는가?)

(형용사) 과감하다, 과단성 있다. (果敢, 果斷)

→ 形類鷂而微黑, 性果勇 『晉書·輿服志』
형체가 새매 같고 '거무스름하고(微黑)' 성질이 과감하고 용맹스럽다.

由也果, 於從政乎何有? (유(由=자로)는 과감하니 정사에 참여하는 것에 대해 무슨 어려움이 있겠는가?)

(전치사) 동작, 행위, 상황과 관계있는 대상이나 방면을 보여 준다. '於+목적어'는 동사 혹은 서술어 다음에 쓰일 수 있고 동사 혹은 서술어 앞에서도 쓰일 수 있다. '~에 대해, ~에 대하여'로 번역되고 부사어가 된다.

→ 子貢倦於學, 告仲尼曰: "愿有所息" 『列子·天瑞』
자공이 학문에 대해서 싫증이 나서 공자(仲尼)에게 말했다. "쉬고 싶습니다."

→ 忠言逆耳利於行, 毒藥苦口利於病 『史記·留侯世家』
바른말(=충언)은 귀에 거슬리지만 실천에는 유리하고 좋은 약은 입에 쓰지만 병에는 좋다.

→ 愛其子, 擇師而教之; 於其身也, 則恥師焉, 惑矣 (唐·韓愈『師說』)
그의 자식을 사랑하(愛其子)여 선생을 골라 자식을 가르치(擇師而教之)는데 그 자신에 대해서는(於其身也) 오히려(則) 선생을 부끄럽게 여기(恥師)니 이해가 안 간다(惑矣).

由也果, 於從政乎何有? (유(由=자로)는 과감하니 정사에 참여하는 것에 대해 무슨 어려움이 있겠는가?)

(조사) 문중에서 어떤 단어들 뒤에 놓여 어기가 이곳에서 잠깐 멈추는 것을 보여주고 이것 앞의 단어가 두드러지는 것을 강조한다.

→ 不有祝鮀之佞, 而有宋朝之美, 難乎免於今之世矣 『論語·雍也』
축타(祝鮀)의 뛰어난 언변이 없고, 송조(宋朝)의 아름다움이 있으면 지금의 세상에서 화를 피하기 어렵다.

→ 生乎由是, 死乎由是 『荀子·勸學』
'사는 것/삶'은 이것 때문이고(=이것으로 말미암고), '죽는 것/죽음'도 이것 때문이다.

賜也達 (사(賜)는 이치에 밝다)

(형용사) 정통하다, 이치에 밝다, 도량이 크다, 속이 넓다. (通達, 豁達)

→ 高祖不修文學, 而性明達 『漢書·高帝紀』
시조(高祖:始祖)께서 '저술과 경서(文學)' 공부하지 않았지만 성정이 밝고 크다.

(동사) 잘 알다, 통달하다, 완벽히 이해하다. (通曉 明白)

→ 且俗儒不達時宜, 好是古非今 『漢書·元帝紀』
또한 일반적인 유생은 '당시의 필요나 풍습(時宜:當時的需要或風尚)을 잘 알지 못하고 옛것을 좋아하지 지금의 것이 아니다.

求也藝 (구(求=염구)는 기예가 있다)

(형용사) 기예(=예술로 승화될 정도로 갈고닦은 기술이나 재주)가 있다.

— [견해]

고대중국어 여러 공구서에서 '명사'인 '기예'로 정의하는데 앞의 두 문장(果:과감하다. / 達:이치에 밝다)과 호응함으로 형용사여야 한다. 아래엔 '명사'로 쓰인 용례를 적었다.

→ 事商賈, 爲技藝, 皆以避農戰 『商君書·農戰』
상인(商賈:商人)에 종사하고 기예를 하는데 모두 농전(農戰:상앙 등 선진 제가의 경제, 군사 사상과 정책. 商鞅等先秦諸子的經濟、軍事思想和政策)을 피하기 위해서이다.

6-9. 季氏使閔子騫爲費宰.閔子騫曰: "善爲我辭焉! 如有復我者, 則吾必在汶上矣."

季氏	使	閔子騫	爲	費	宰.
(인명)계손씨 내 인물(3-1)	(사역동사) ~하게 하다(2-20)	(인명)민자건	(동)맡다, 역임하다(2-10)	(지명)계씨의 봉읍인 비읍(費邑)	(명)경대부의 가신(5-8)
계씨는 민자건(閔子騫)에게 비읍(費邑)의 가신을 맡도록 했다.					
閔子騫曰:	**"善**	**爲**	**我**	**辭**	**焉!**
민자건이 말하다	(부)잘.훌륭하게	(전)목적. '~을 위하여'(3-22)	(대)나	(동)사양하다	(대)3인칭. '그, 그것'(1-14)
민자건이 말했다.	"나를 위해 그것을 잘 사양해주시오.				
如有		**復**	**我**	**者,**	**則**
(접)만약~하면 (=如或)		(동)되돌아오다	(대)나	(조)복문內앞문장 문미.'가정'(2-23)	(접)조건+則+결과(1-6)[如와 호응]
만약 나에게 되돌아온다면					
吾	**必**	**在**	**汶上**		**矣."**
(대)나,우리 '주어,한정어…'(13-18)	(부)꼭,반드시, 분명히(6-30)	(동)~에 있다(5-1)	(지명)문수(汶水)의 위쪽인 제(齊)나라		(어기)미래상황에 대한 확신(1-7)
나는 분명히 문수(汶水)의 위쪽인 제(齊)나라에 있을 것이오."					

번역 계씨는 민자건(閔子騫)에게 비읍(費邑)의 가신을 맡도록 했다. 민자건(閔子騫)이 말했다. "나를 위해 그것을 잘 사양해주시오. 만약 나에게 되돌아온다면 나는 분명히 문수(汶水)의 위쪽인 제(齊)나라에 있을 것이오." → 부패한 노나라 권세가인 계손씨를 위해서 벼슬하지 않겠다는 민자건의 마음을 보여주는 글.

語法과 語彙

季氏使閔子騫爲費宰 (계씨가 민자건(閔子騫)에게 비읍(費邑)의 가신을 맡도록 하다)

(인명) 「제자해」를 보면 다음과 같은 글이 있다.

閔損, 魯人, 字閔子騫.以德行著名, 孔子稱其孝焉

민손(閔損)은 노나라 사람이다. 자(字)가 자건(子騫)이다. 덕행으로 이름이 드높았다. 공자는 그의 효성을 칭찬하였다.

민자건은 노나라 사람으로서 나이가 지긋한 것으로 보아 비교적 일찍 공문에 들어온 사람이다. 사과십철(四科十哲)에도 안연, 염백우, 중궁과 함께 덕행으로 꼽혔고, 공문 내에서 중후한 위치를 차지하는 선배 그룹의 한 사람이었을 것이다. 「제자해」의 기록에서 두드러지는 것은 그의 덕행과 효이다. 그의 덕행은 「선진 先進2」의 사과십철 기록으로 입증되고, 그의 효심에 관한 공자의 칭찬은 「선진 先進4」에 나온다.

善爲我辭焉 (나를 위해 그것을 잘 사양하다)

(부사) 동사 앞에 쓰여 부사어가 된다. 적극적으로, 완벽하게 어떤 동작행위를 보여 준다. '잘', '온전히', '훌륭하게' 등

으로 번역된다. (很好地, 好好地)

→ 善輔道太子, 毋違我意 『左傳·昭公十二年』
태자를 잘 보좌하고 인도해서 나의 뜻에 어긋나지 마라.

善爲我辭焉 (나를 위해 그것을 잘 사양하다)

(동사) 거절하다, 사양하다, 작별인사하고 떠나다, 그만두다. (拒絶, 辭去)

→ 伯夷辭之以爲名, 仲尼語之以爲博 『莊子·秋水』
백이(伯夷)는 사양하는 것을 '명예라 여기(爲名)'고 공자(仲尼)는 말하는 것을 '박식하다고 여긴다(爲博)'.

如有復我者, 則吾必在汶上矣 (만약 나에게 되돌아온다면 나는 분명히 문수(汶水)의 위쪽인 제(齊)나라에 있을 것이다)

(접속사) 가정문 복문에서 앞의 단문에 쓰여 가정의 조건이나 상황을 보여 준다. '만약~하면'으로 번역될 수 있다. (如果, 假如)

→ 如有博施於民而能濟衆, 何如? 『論語·雍也』
만약 백성에게 널리 베풀고 게다가 대중을 도울 수 있다면 어떤가?

如有復我者, 則吾必在汶上矣 (만약 나에게 되돌아온다면 나는 분명히 문수(汶水)의 위쪽인 제(齊)나라에 있을 것이다)

(동사) 되돌아오다, 되돌아가다. (返回, 還)

→ 宣子未出山而復 『左傳·宣公二年』
선자(宣子)는 '깊은 산속에서 수행을 하여 인간 세상으로 나오(出山:在深山修行後重返人世)'지 않고 되돌아갔다.

吾必在汶上矣 (나는 분명히 문수(汶水)의 위쪽인 제(齊)나라에 있을 것이다)

(명사) 문수(汶水)로 제(齊)나라와 노(魯)나라 접경(接境) 지역.

6-10. 伯牛有疾, 子問之, 自牖執其手, 曰: "亡之, 命矣夫! 斯人也而有斯疾也! 斯人也而有斯疾也!"

伯牛	有疾,	子	問	之,	自
(인명)염백우	(동)질병이 있다	공자	(동)위문하다	(대)재지시. '그것,그사람'(2-1)	(전)~에서, ~로부터(1-1)
염백우(冉伯牛)가 질병이 있었다.		공자가 그를 위문했(을 때) [시간절(1-1)]			
牖	執	其手,	曰:	"亡	之,
(명)창문	(동)잡다, 쥐다	그의 손[其:(1-7)]	(동)말하다	(동)잃다	(대)재지시. '그것,그사람'(2-1)
창문에서 그의 손을 잡(고)			말했다.	"그를 잃(게 되니)	
命	矣夫!	斯	人	也	而
(명)운명	(관용구) 감탄	(대)한정어 (기출현한 것).'이…'	(명)인간,사람(4-3)	(어기)주어+也. '멈춤,완만,제시' (1-2)	(부사)유독.다만
운명이다!		이 사람에게 유독			
有	斯	疾	也!	斯	人
(동)발생하다. 생기다. 나타나다	(대)한정어 (기출현한 것).'이…'	(명)질병	(어기)감탄(3-17)	(대)한정어 (기출현한 것)'이…'	(명)인간,사람(4-3)
이 질병(=문둥병)이 생기다니!					
也	而	有	斯	疾	也!"
(어기)주어+也. '멈춤,완만,제시' (1-2)	(부사)유독.다만	(동)발생하다. 생기다. 나타나다	(대)한정어 (기출현한 것)'이…'	(명)질병	(어기)감탄(3-17)
이 사람에게 유독 이 질병(=문둥병)이 생기다니!"					

번역 염백우(冉伯牛)가 질병이 있었다. 공자가 그를 위문했을 때 창문에서 그의 손을 잡고 말했다. "그를 잃게 되니 운명이다! 이 사람에게 유독 이 질병(=문둥병)이 생기다니! 이 사람에게 유독 이 질병이 생기다니!"

語法과 語彙

伯牛有疾 (염백우(冉伯牛)가 질병이 있다)

(인명) 염백우(冉伯牛)는 염구, 염옹과 함께 노나라 염씨의 한 사람으로서 사과십철(四科十哲)에 덕행으로 손꼽힌 공문에서 무게 있는 인물이다. 성이 염(冉), 이름이 경(耕), 자(字)가 백우(伯牛)이고 공자보다 7세 연하였다. 자로와 비슷한 나이이니 공문에서는 한참 선배이다. 염백우에 관한 것은 「先進 선진2」의 사과십철(四科十哲) 명단 외로 여기 딱 한 번 등장한다. 염백우는 불행하게도 문둥병에 걸려 죽었다. (김용옥, 2008)

子問之 (공자가 그를 위문하다)

(동사) 위문하다(=위로하기 위하여 문안하거나 방문하다), 안부를 묻다. (慰問, 問候)

→ 杜子將北征, 蒼茫問家室 (唐·杜甫『北征』詩)
두자(杜子)가 북벌하려(北征) 하여, 바쁘게(蒼茫) 집(家室)의 안부를 묻다.

自牖執其手 (창문에서 그의 손을 잡다)

(명사) 창문. (窗= 窓)[유,yǒu]

→ 蓬户瓮牖 『禮記·儒行』
'쑥으로 엮어 만든(蓬)' '문(户)'과, '깨진 항아리(瓮)'로 만든 '창문(牖)'

自牖執其手 (창문에서 그의 손을 잡다)

(동사) 쥐다, 잡다. (握, 持, 拿)

→ 太史公執遷手而泣曰 『史記·太史公自序』
태사공이 사마천(遷:司馬遷)의 손을 잡고 울면서 말하다.

亡之, 命矣夫! (그를 잃게 되니 운명이다!)

(동사) 잃다. (失去, 丢失)

→ 秦無亡失遺鏃之費 (漢·賈誼『過秦論』)
진나라는 화살(矢:弓箭)을 잃고(亡), 화살촉(鏃:箭頭)을 잃는(遺) 낭비(費:浪費)가 없다.

→ 亡之, 命矣夫! (그를 잃게 되니 운명이다!)

— **[보충과 견해]**

이 문장의 '망지(亡之)'에 대한 학자들의 설명은 다음과 같다.

- "이럴 수가 없는데!" (김학주, 2017)
- "(이 병에 걸릴 리가) 없을 터인데" (이기동, 2011)
- "맥이 없구나!" (김용옥, 2008)
- "이 사람을 잃다니" (류종목, 2000)
- "이 사람을 잃겠구나(要失去這個人了)" (陳曉芬, 2016)
- "어떻게 이런 일이 있을까(哪有這個道理)" (毛子水, 2009)
- "여기서 자(之)는 대명사가 아니며 망(亡)의 목적어도 아니다. 망(亡)은 여기서 목적어를 가지지 못하기 때문에 단지 하나의 음절을 긁어모을(凑成) 뿐이다. 고대에는 이렇게 목적어의 형태이지만 실제로는 목적어가 아닌 지(之)가 흔히 있었다" (楊伯峻, 2006)

'지(之)'에 대해서 류종목, 陳曉芬, 두 학자만 인칭대명사인 '백우(伯牛)'로 보았고, 이외 다섯 학자는 선행하지 않은 '이 도리(這個道理)'로 파악했거나 양백준(楊伯峻)선생과 비슷한 의견을 가진 것 같다. 재지시인 대명사 '之'는 주로 동사나 전치사의 목적어로 쓰이고 주어로는 거의 쓰이지 않는 것으로 보인다. 여기서 '亡(잃다)'은 목적어를 충분히 가질 수 있는 타동사이기 때문에 선행한 사람인 '염백우(之)'를 못 가질 이유가 없다고 본다.

亡之, 命矣夫! (그를 잃게 되니 운명이다!)

(관용구) 문미에 쓰여 문장의 의미와 어울려 진술문에서 감탄을 나타낸다.

→ 今日我疾作, 不可以執弓, 吾死矣夫! 『孟子·離婁下』
오늘 나의 병이 발작해서 활을 잡을 수 없으니 나는 죽겠구나!

斯人也而有斯疾也! (이 사람이 유독 이 질병(=문둥병)이 생기다니!)

(대명사) 가까운 것을 가리키며 보통 앞 문장에서 이미 출현한 사람, 사건, 사물, 장소, 시간, 상태 등을 가리킨다. 문장에서 주어, 목적어, 한정어가 되며 문장에서 대신하는 대상에 근거해서 알맞게 번역하면 된다. '이', '이것', '이것들', '여기', '지금' 등으로 번역된다.

→ 當斯時也, 披圖一觀, 如獲重寶矣! 『天工開物·卷序』
이때 그림을 펴서 한 번 보는 건 귀중한 보배를 얻는 것과 같다.

斯人也而有斯疾也! (이 사람이 유독 이 질병(=문둥병)이 생기다니!)

(부사) 범위를 나타내는 것으로 '다만, 오직, 단지, 유독' 등으로 번역될 수 있다. (表示范圍, 相當于"只"、"唯獨")

→ 不患寡而患不均, 不患貧而患不安 『論語·季氏』
적은 것을 걱정하지 않고 오직 불공평한 것을 걱정하고, 가난한 것을 걱정하지 않고 오직 편하지 않은 것을 걱정하다.

→ 不有祝鮀之佞而有宋朝之美, 難乎免於今之世矣 『論語·雍也』
만약 축타(祝鮀)의 좋은 언변이 없고 오직 송조(宋朝)의 아름다움만 있다면 지금의 시대를 피하는 것은 어렵다.

斯人也而有斯疾也! (이 사람이 유독 이 질병(=문둥병)이 생기다니!)

(동사) 발생하다. 생기다. 나타나다. (呈現 ; 產生 ; 發生)

6-11. 子曰: "賢哉, 回也! 一簞食, 一瓢飮, 在陋巷, 人不堪其憂, 回也不改其樂. 賢哉, 回也!"

子曰:	"賢	哉,	回	也!	一
공자가 말하다	(형)덕행과 재능이 있다	(어기)감탄. '문중'(3-4)	(인명)안회(顔回) =안연(2-9)	(어기)감탄(3-17)	(수사)하나.일.one
공자가 말했다. "덕행과 재능이 있구나!			안회는!		한
簞	**食,**	**一**	**瓢**	**飮,**	**在**
(명)밥을 담는 대나무 그릇	(명)음식물.양식	(수사)하나.일.one	(명)표주박으로 만든 마실 수 있는 그릇	(명)마실 것.음료	(동)~에 있다(5-1)
그릇의 음식물(과)		한 그릇의 마실 것(으로…)			
陋	**巷,**	**人**	**不堪**	**其**	**憂,**
(형)누추하다	(명)골목	(명)타인, 다른사람(7-30)	(동)견디지 못하다	(대)其+명사 (이,저)(4-5)	(명)걱정, 근심
누추한 골목에 있(다면/을 때…) [시간조건절(1-1)]		사람들은 그 근심을 견디지 못하(는데)			
回	**也**	**不改**	**其**	**樂.**	**賢**
(인명)안회(顔回) =안연(2-9)	(어기)주어+也. '멈춤,완만,제시'(1-2)	(동)바꾸지 않다	(대)其+명사 (이,저)(4-5)	(명)즐거움	(형)덕행과 재능이 있다
안회는 그 즐거움을 바꾸지 않는다.					
哉,	**回**	**也!"**			
(어기)감탄. '문중'(3-4)	(인명) 顔淵, 顔回(2-9)	(어기)감탄(3-17)			
덕행과 재능이 있구나, 안회는!"					

번역 공자가 말했다. "덕행과 재능이 있구나, 안회는! 한 그릇의 음식물과 한 그릇의 마실 것으로 누추한 골목에 있을 때 사람들은 그 근심을 견디지 못하는데 안회는 그 즐거움을 바꾸지 않는다. 덕행과 재능이 있구나, 안회는!"

語法과 語彙

賢哉, 回也! (덕행과 재능이 있구나, 안회는!)

(형용사) 덕행과 재능이 있는. (有德行有才能)

→ 群臣孰賢? 『韓非子·外儲說左下』
많은 신하 중에서 누가 덕행과 재능이 있는가?

一簞食, 一瓢飮 (한 그릇의 음식물과 한 그릇의 마실 것)

(명사) 밥을 담는데 쓰는 대나무 그릇. [단,dān]

→ 短褐穿結簞瓢屢空 (晉·陶渊明『五柳先生傳』)
거친 베로 만든 짧은 옷(短褐 : 粗布短衣)은 '구멍이 나고 수선되고(穿結:謂衣服洞穿和補綴)' '밥을 담는 대나무로 만든 그릇과 마실 것을 담는 표주박(簞瓢:盛飯食的簞和盛飲料的瓢)'은 '빈번하게(屢)' 비어있다(空).

一簞食, 一瓢飮 (한 그릇의 음식물과 한 그릇의 마실 것)

(명사) 음식물, 양식. (食物, 糧食)

→ 食者, 國之寶也 『墨子·七患』
양식(=먹을 것)은 국가의 보배(=아주 귀하고 소중한 물건)다.

一簞食, 一瓢飮 (한 그릇의 음식물과 한 그릇의 마실 것)

(명사) 표주박으로 만든 마시는데 쓰이는 그릇이나 물을 푸는 기구. [표,piáo]

→ 短褐穿結簞瓢屢空 (晉·陶渊明『五柳先生傳』
거친 베로 만든 짧은 옷(短褐 : 粗布短衣)은 '구멍이 나고 수선되고(穿結:謂衣服洞穿和補綴)' '밥을 담는 대나무로 만든 그릇과 마실 것을 담는 표주박(簞瓢:盛飯食的簞和盛飲料的瓢)'은 '빈번하게(屢)' 비어있다(空).

一簞食, 一瓢飮 (한 그릇의 음식물과 한 그릇의 마실 것)

(명사) 마실 것, 음료. (飮料)

→ 司馬子反渴而求飮 『吕氏春秋·權勳』
사마자반(司馬子反)은 목이 말라 마실 것을 요구한다.

在陋巷, 人不堪其憂 (누추한 골목에 있을 때 사람들은 그 근심을 견디지 못한다)

(형용사) 누추하다, 초라하다. [루,lòu]

→ 吾聞古之賢士, 若顔回、原憲 ,皆坐守陋室 (明·宋濂 『送天臺陳庭學序』)
나는 옛날의 현인인 안회, 원헌 모두 누추한 집을 고수했다고 들었다.

人不堪其憂 (사람들은 그 근심을 견디지 못한다)

(동사) 참다, 견디어 내다, 참아내다. (忍受, 經得起)[감,kān]

→ 民弗堪也 『左傳·襄公二十九年』
백성들이 견디지 못한다.

人不堪其憂 (사람들은 그 근심을 견디지 못한다)

(명사) 우환, 걱정, 근심, 시름. (憂患)

→ 人無遠慮, 必有近憂 『論語·衛靈公』
사람이 멀리 생각하지 않으면 반드시 가까운 걱정이 있다.

6-12. 冉求曰: “非不說子之道, 力不足也.” 子曰: “力不足者, 中道而廢. 今女畵.”

<table>
<tr><th>冉求曰:</th><th>“非</th><th>不說</th><th colspan="2">子之道,</th><th>力</th></tr>
<tr><td>염구가 말하다.
[冉求(3-6)]</td><td>(부사)사실,
상태의 부정(5-1)</td><td>(동)좋아하지 않다
(1-1)</td><td colspan="2">선생님(=공자)의 ‘주장, 학설’</td><td>(명)힘</td></tr>
<tr><td>염구가 말했다.</td><td colspan="4">“선생님의 주장을 좋아하지 않는 게 아니(라)</td><td></td></tr>
<tr><th>不足</th><th>也.”</th><th>子曰:</th><th colspan="2">“力不足者,</th><th>中道</th></tr>
<tr><td>부족하다</td><td>(어기)진술강조
(2-17)</td><td>공자가 말하다</td><td colspan="2">힘이 부족한 사람 [者:(1-2)]</td><td>(명)중도, 도중</td></tr>
<tr><td colspan="2">힘이 부족합니다.”</td><td colspan="3">공자가 말했다. “힘이 부족한 사람(은)</td><td></td></tr>
<tr><th>而</th><th>廢.</th><th>今</th><th>女</th><th>畵.”</th><td rowspan="3"></td></tr>
<tr><td>(접)부사어+而+서술어(1-4)</td><td>(동)버리고 돌보지 않다</td><td>(명사.부사)지금</td><td>(대)너,너희들
(3-6) [rǔ]</td><td>(동)중지하다,
그만두다,
마감하다</td></tr>
<tr><td colspan="2">중도에서 포기한다
(=버리고 돌보지 않는다).</td><td colspan="3">지금 너는 멈췄다.”</td></tr>
</table>

번역 염구가 말했다. “선생님의 주장을 좋아하지 않는 게 아니라 힘이 부족합니다.” 공자가 말했다. “힘이 부족한 사람은 중도에서 포기한다. 지금 너는 그만두고 있다.”

語法과 語彙

非不說子之道 (선생님의 주장을 좋아하지 않는 게 아닙니다)

(부정부사) 사실이나 상태의 부정을 보여 준다. 다수가 동사나 형용사 앞에 사용된다. (5-1참조)

→ 寡人非能好先王之樂 『孟子·梁惠王下』
과인은 선왕의 음악을 좋아할 수가 없다.

→ 君子性非異也, 善假於物也 『荀子·勸學』
군자의 본성은 차이가 없고 바깥의 물건을 빌리는 것을 잘한다.

非不說子之道 (선생님의 주장을 좋아하지 않는 게 아닙니다)

(명사) 주장, 학설. (主張, 學說)

→ 道不同, 不相爲謀 『史記·伯夷列傳』
주장이 같지 않아(=정치 주장이 달라) 서로 도모하지 못하다.

中道而廢 (중도에서 포기하다)

(명사) 중도, 도중. (中途, 半路)

→ 先帝創業未半而中道崩殂 (三國蜀·諸葛亮『前出師表』)
선황제(先帝:先皇帝)께서 창업한지 반년이 안 되어 중도에 '서거하셨다(崩殂)'.

中道而廢 (중도에서 포기하다)

(동사) 폐기하여 쓰지 않다, 버리고 돌보지 않다. (廢棄不用, 抛棄)

→ 於是廢先王之道 (漢·賈誼 『過秦論』)
이 때문에 선왕의 도를 버리고 돌보지 않는다.

今女畫 (지금 너는 그만둔다)

(명사, 부사) 현재, 지금. 눈앞의(=직면하고 있는) 일정한 시간.

→ 今京不度, 非制也 『左傳·隱公元年』
지금 수도는 '법도에 맞지 않으니; 예법을 존중하지 않으니(不度:不合法度；不遵禮度)' (선왕의) 제도가 아니다.

今女畫 (지금 너는 그만둔다)

(동사) 일단락 짓다, 그만두다, 중지하다, 마감하다. (截止, 停止)

→ 畫半涂於萬里, 棄餘日於一朝 (宋·王安石 『祭馬龍圖文』)
만리에서 절반(半涂: 길의 절반이나 중간 路途的一半或中間)'을 '멈추고/그만두고' 하루아침에(一朝:一個早晨) 남은 날을 포기하다.

6-13. 子謂子夏曰: "女爲君子儒! 無爲小人儒!"

<table>
<tr><th colspan="2">子謂子夏曰:</th><th>"女</th><th>爲</th><th>君子</th><th>儒!</th></tr>
<tr><td colspan="2">공자가 자하에게 말하다 [子夏(1-7)]</td><td>(대)너,너희들
(3-6) [rŭ]</td><td>(동)되다(3-8)</td><td>(명사)군자
[명→형]</td><td>(명사)유학자.선비</td></tr>
<tr><td colspan="2">공자가 자하에게 말했다.</td><td colspan="4">"너는 군자 같은 유학자가 되(어라)!
[비금지 명령문에서 평서문이 명령문을 대신했으며 명령어기사 없다]</td></tr>
<tr><th>無</th><th>爲</th><th colspan="2">小人儒!"</th><td colspan="2" rowspan="3"></td></tr>
<tr><td>(부정부사) ~마라</td><td>(동)되다(3-8)</td><td colspan="2">소인 같은 유학자
[小人:명사→형용사]</td></tr>
<tr><td colspan="4">소인 같은 유학자가 되지 마라!"
[금지의 명령문에 '부정부사(無)'를 사용했으며 명령어기사 없다]</td></tr>
</table>

번역 공자가 자하에게 말했다. "너는 군자 같은 유학자가 되어라! 소인 같은 유학자가 되지 마라!"

語法과 語彙

女爲君子儒! (너는 군자 같은 유학자가 되어라!)

(명사) 유학자, 선비, 전문지식과 기예를 가진 사람. (術士, 有專門知識和技藝的人)

→ 蓋儒者所争, 尤在於名實 (宋·王安石 『答司馬諫議書』)
대체로(蓋:大概) 선비들이 싸우는 것은 특히(尤) '이름과 실제(名實:名稱與實質、實際)'에 있다.

無爲小人儒! (소인 같은 유학자가 되지 마라!)

(부정부사) 동사서술어 앞에 쓰여 부사어가 된다. 금지, 충고하여 그만두게 함, 명령을 보여주어 어떤 동작, 행위를 하지 않게 한다. '~마라' 등으로 번역된다. (不要, 不許, 別)

→ 無欲速, 無見小利. 欲速, 則不達, 見小利, 則大事不成 『論語·子路』
서두르려(欲速) 하지 말(無)고 작은 이익을 보려 하지 마라(無見小利). 서두르려 하면(欲速, 則) 뜻을 이루지 못하(不達)고 작은 이익을 보려고 하면(見小利, 則) 큰일(大事)을 이루지 못한다(不成).

6-14. 子游爲武城宰. 子曰: “女得人焉爾乎?” 曰: “有澹臺滅明者, 行不由徑, 非公事, 未嘗至於偃之室也.”

子游	爲	武城	宰.	子曰:	“女
(인명)자유(子游)(2-7)	(동)맡다,역임하다(2-10)	(지명)노나라의 읍, 무성	(명)경대부의 가신(5-8)	공자가 말하다	(대)너,너희들(3-6) [rŭ]
자유가 노나라의 무성읍의 가신을 맡았다.				공자가 말했다.	
得人		焉爾	乎?”	曰:	“有
(동)덕과 재능을 겸비한 사람을 얻다		(관용구)제한 어기	(어기)의문(2-7)	(동)말하다	(동)있다
“너는 덕과 재능을 겸비한 사람을 얻었느냐?”				(자유가) 말했다.	
澹臺滅明	者,	行	不由	徑,	非
(인명)담대멸명	(조사)~한 사람, ~한 것(1-2)	(동)가다,운행하다(2-22)	(동)지나가지 않다 [由(1-12)]	(명)좁은 길	(부)부정표시.‘명사 서술어 앞(5-1)
“담대멸명이란 사람이 있(는데)		갈 (때에는) 좁은 길을 지나가지 않(으며) [시간긴축복문(11-14)]			
公事,	未嘗	至	於	偃之室	也.”
(명)공적인 일	(관용)~적이 없다(3-24)	(동)오다, 도착하다(3-24)	(전)동작의 도달장소‘~로,~에’(1-10)	저의 집 (偃:자유<子游> (2-7)	(어기)진술강조(2-17)
공적인 일이 아니(면) [조건가정절]	저의 집에 온 적이 없었습니다.”				

번역 자유(子游)가 노(魯)나라 무성읍(武城邑)의 가신을 맡았다. 공자가 말했다. “너는 덕과 재능을 겸비한 사람을 얻었느냐? (자유가) 말했다. “담대멸명(澹臺滅明)이란 사람이 있는데 갈 때에는 좁은 길을 지나가지 않으며 공적인 일이 아니면 저의 집에 온 적이 없었습니다.”

語法과 語彙

女得人焉爾乎? (너는 덕과 재능을 겸비한 사람을 얻었는가?)

(동사) 덕과 재능을 겸비한 사람을 얻다. (謂得到德才兼備的人)

→ 漢之得人, 於茲爲盛 『漢書·公孫弘傳贊』
한나라가 덕과 재능을 겸비한 사람을 얻는 것이 지금(於茲:當今, 今世) 왕성하다(爲盛).

女得人焉爾乎? (너는 덕과 재능을 겸비한 사람을 얻었는가?)

(관용구) 어기사 언(焉)과 이(爾)로 구성되었다. 감탄 어기를 나타내며, 문미에 쓰이고 감탄 안에서 제한(限止)이 어기를 보여주며 언이(焉耳)과 같다. ‘~해야 ~하다!’, ‘~하면 ~하다!’, ‘~하다!’, ‘~뿐이다’, ‘~따름이다’ 등으로 번역될 수 있다. (罢了, 而已, 了)

→ 能順木之天以致其性焉爾 (唐·柳宗元『種樹郭槖駝傳』)
나무가 타고난 성질(木之天)에 순응할 수 있어야(能順以) 나무의 성질을 발휘할(致其性) 수 있다!

→ 宋子哀者何? 無聞焉爾 『公羊傳·文公十四年』
송자(宋子)가 슬픈 것은 무엇인가? 듣지 못했다.

有澹臺滅明者 (담대멸명(澹臺滅明)이란 사람이 있다)

(인명) 「가어」에 보면 담대멸명(澹臺滅明)에 대해 다음과 같은 글이 있다. [담대멸명,dàntáimièmíng]

담대멸명(澹臺滅明)은 무성(武城) 사람이다. 자(字)가 자우(子羽)이다. 공자보다 49세 연하이다. 담대멸명(澹臺滅明)은 군자의 풍도가 느껴지는 잘생긴 모습을 하고 있었다. 그래서 공자는 일찍이 그 잘생긴 용모로서 판단하여 그의 재능을 기대했다. 그런데 그의 재능은 공자의 기대를 충족시켜 주지는 못했다. 그러나 그의 사람됨이 공정하고 사특함이 일체 없었다. 재물을 자기가 취하거나 타인에게 주거나, 어떤 지위에서 일하거나 또 그 자리를 떠나거나 이 모든 일이 자기가 약속한 대로 정확히 실천하여 세인들의 칭찬을 받았다. 그는 결국 노나라에서 벼슬하여 대부가 되었다.

하지만 사기(史記)의 「중니제자열전」에 보면 담대멸명(澹臺滅明)은 천하의 추남으로서 곰보였다는 사실을 연상하게 한다. 외모가 너무 볼품없는 것에 비하면 훌륭한 덕성을 소유한 사람이라는 소문으로 우리에게 잘 알려져 있다.

전통적으로 사기(史記)가 「가어」에 비해 권위가 높았다. 그래서 「중니제자열전」의 기술을 「제자해」보다 더 정통의 정보로 신봉해왔다. (김용옥, 2008)

6-15. 子曰: "孟之反不伐, 奔而殿, 將入門, 策其馬曰: '非敢後也, 馬不進也.'"

子曰:	"孟之反	不伐,	奔	而	殿,
공자가 말하다	(인명)맹지반	(동)자랑하지 않다 [伐(5-26)]	(동)전쟁·싸움에 져서 도망가다	(접)동작의 선후연결.'~한 후'	(동)가장 뒤에서 행군하다
공자가 말했다.	"맹자반(孟之反)은 자랑하지 않았(고)		전쟁에 져 도망간 다음 가장 뒤에서 행군하(였고)		
將	**入**	**門,**	**策**	**其馬**	**曰:**
(부사)곧~하다 (3-24)	(동)들어가다	(성)문	(동)채찍질하다	그의 말[其:(1-7)]	(동)말하다
성문에 들어가(려 할 때)			그의 말에 채찍질하며 말했다.		
'非	**敢**	**後**	**也,**	**馬不進**	**也.'"**
(부)부정표시. '동사,형용사앞'(5-1)	(조동)감히~하다. 배짱이 있음	(동)뒤에 두다, 뒤에 남다(3-8)	(어기사)멈춤, 완만(3-1)	말이 나아가지 않다	(어기)진술강조 (2-17)
'감히 뒤에 남으려고 한 것이 아니라				말이 나아가지 않았습니다'."	

번역 공자가 말했다. "맹지반(孟之反)은 자랑하지 않았고, 전쟁에 져 도망간 다음 가장 뒤에서 행군하였고, 성문으로 들어가려 할 때 그의 말에 채찍질하며 말했다. '감히 뒤에 남으려고 한 것이 아니라 말이 나아가지 않았습니다'."

→ 전쟁에 패하고 퇴각하면서 후미에 남아 행렬을 보호한 맹지반(孟之反)을 칭찬한 이야기.

語法과 語彙

孟之反不伐 (맹지반(孟之反)은 자랑하지 않는다)

(인명) 맹지반(孟之反)은 공자 당대의 인물로서 노나라의 대부라고 한다. 이름이 측(側) 또는 자측(子側)이고 자(字)는 지반(之反)인데 반(反)이라고도 쓴다. 맹자반(孟子反)이라고도 한다. (김용옥, 2008)

奔而殿 (전쟁에 져 도망간 다음 가장 뒤에서 행군하다)

(동사) '전쟁/싸움'에 져서 도망가다. (戰敗逃跑)

→ 以農爲兵, 非其習也, 守則潰, 戰則奔 (楊萬里『論兵』)
농민을 군사로 만들었지만 그들이 익숙하지 않아서 지키려면 무너지고 전쟁을 하면 패하여 도망간다.

奔而殿 (전쟁에 져 도망간 다음 가장 뒤에서 행군하다)

(접속사) 앞뒤 두 부분을 이어주어 동작, 행위 발생의 선후가 이어지는 것을 보여 준다. '~다음', '~후', '~후 바로' 등으로 번역될 수 있다. (就, 而後, 然後)

→ 見兔而顧犬, 未爲晩也; 亡羊而補牢, 未爲遲也 『戰國策·楚策四』
토끼를 본(見兔) 다음(而) 개를 기다리(顧<=等待>犬)는 건 '아직 늦은 것이 아니(未<=尙不>爲晩)'고, 양을 잃고 나서(亡羊而) '외양간을 수리하(補牢)'는 건 아직 늦은 것이 아니다.

→ 退而省其私 『論語·爲政』

떠난 다음(退而) 그의 개인 생활과 언행(其私)을 살펴보다(省).

→ 孔子登東山而小魯, 登泰山而小天下 『孟子·盡心上』

공자는 동산에 오른 다음(登東山而) 노나라를 작게 여겼(小魯)고, 태산에 오른 다음(登泰山而) 천하를 작게 여겼다(小天下).

奔而殿 (전쟁에 져 도망간 다음 가장 뒤에서 행군하다)

(동사) 가장 뒤에서 행군하다. (行軍走在最後)[전,diàn]

(명사) 행군의 맨 뒤.

→ 命李祐、李忠義帥突將三千爲前驅, 自將三千人爲中軍, 命李進誠將三千人殿其後 『資治通鑑·唐紀·憲宗元和十二年』

이우(李祐), 이충의(李忠義)에게 돌격대(突)를 이끌고(帥) 3,000명을 '선봉으로 삼으라(爲前驅)'고 명령하고, 자기가(自) 3,000명을 주력군으로 삼고(爲中軍), 이진성(李進誠)에게 명령하여 3,000명이 그 뒤에서 행군하도록 하다.

→ 晉人置諸戎車之殿 ,以爲謀主 『左傳·襄公二十六年』

진(晉)나라 사람들은 그를 전차(戎車:戰車)의 맨 뒤에 놓고 '책략가(=계획을 생각해내는 사람 謀主)'로 여긴다.

策其馬曰 (그의 말에 채찍질하며 말하다)

(동사) 채찍질하다, 몰다, 부추기다. (鞭打, 驅使)

→ 抽失策其馬 『左傳·哀公十二年』

화살을 뽑고 그의 말에 채찍질하다.

非敢後也 (감히 뒤에 남으려고 한 것이 아니다)

(조동사) 용기, 배짱이 있어 어떤 일을 할 수 있음을 보여 준다. '대담하게 ~하다', '감히~하다' 등으로 번역될 수 있다.

→ 孫文子自是不敢舍其重器於衛, 盡置諸戚, 而甚善晉大夫 『左傳·成公十四年』

손문자(孫文子)는 이때부터(自是:從此) 그의 중요한 물건을 위(衛)에 안전하게 두지(舍:安置) 못하고 적극적으로 그것을 친척(戚)에게 맡기고 진(晉)의 대부에게 매우 잘한다.

6-16. 子曰: "不有祝鮀之佞而有宋朝之美, 難乎免於今之世矣."

子曰:	"不有	祝鮀	之	佞	而
공자가 말하다	(동)없다	(인명)축타(祝鮀)	(조사) 수식,종속관계. ~의' (3-2)	(명사)좋은 언변 [(5-5)참조]	(부)범위.'오직. 단지.유독 등'(6-10)
공자가 말했다. "만약 축타(祝鮀)의 좋은 언변이 없고 오직					
(동)有	宋朝之美,		難	乎	免
있다	(송(宋)나라 공자(公子)인) 송조의 아름다움 [之:(3-2)]		(형)어렵다	(어기)감탄,비분, 찬송(3-7)	(동)피하다. 모면하다
송조(宋朝)의 아름다움이 있다(면) [조건가정절(1-1)]			어렵다!		
於	今之世		矣."		
(전)동작의 직접대상(1-10)	지금의 시대 [之:(3-2)]		(어기)미래상황에 대한 확신(1-7)		
지금의 시대를 피하는 것은."					

번역 공자가 말했다. "만약 축타(祝鮀)의 좋은 언변이 없고 오직 송조(宋朝)의 아름다움만 있다면 지금의 시대를 피하는 것은 어려울 것이다."

語法과 語彙

不有祝鮀之佞 (축타(祝鮀)의 좋은 언변이 없다)

(관용구) '없다', '만약 없다면'으로 번역된다. (没有, 如果没有)

→ 不有屈原, 豈見離騷? 『文心雕龍·辨騷』
만약 굴원(屈原)이 없다면 어떻게 『이소(離騷)』를 보겠는가?

不有祝鮀之佞 (축타(祝鮀)의 좋은 언변이 없다)

(인명) 축타(祝鮀)는 『춘추좌씨전』에는 축타(祝佗)로 그 이름이 기록되어 있는데 위(衛)나라의 대부로서 자(字)가 자어(子魚)이다. 그는 위나라의 대축(大祝)이며, 종묘의 신위와 대제를 관장하는 높은 직위에 있었으며 위나라 사람들의 존경을 받는 사람이었다. (김용옥, 2008)

不有祝鮀之佞 (축타(祝鮀)의 좋은 언변이 없다)

— [견해]

녕(佞)은 동사로 '말을 매우 잘하다, 말주변이 있다' 등으로 쓰이고 명사로는 '재능'으로 쓰인다. 여기서는 명사로 쓰였고 '말을 매우 잘하다'의 동사가 명사로 품사 활용되었다고 볼 수 있고 '좋은 언변' 정도로 번역하면 될 것 같다.

有宋朝之美 (송조(宋朝)의 아름다움이 있다)

(인명) 송나라 공자(公子:옛날 제후의 자제) 조(朝)이다. 『左傳·定公十四年』에 송자가 용모가 아름다워서 소동을 일으켰다고 기재하고 있다.

難乎免於今之世矣 (지금의 시대를 피하는 것은 어려울 것이다)

(동사) 피하다, 모면하다. (免除, 避免)

→ 縢, 小國也, 竭力以事大國, 則不得免焉, 如之何則可? 『孟子·梁惠王下』
등(縢)은 작은 나라이어서 힘을 다해 대국을 섬기는 것을 피할 수 없는데 어떻게 해야 가능한가?

難乎免於今之世矣 (지금의 시대를 피하는 것은 어려울 것이다)

(명사) 시대. (時代)

→ 殃民者, 不容於堯舜之世 『孟子·告子下』
백성이 재난을 받게 하는(殃民:使百姓受禍害) 것은 요순(堯舜)의 시대에도 용인되지 않는다.

6-17. 子曰: "誰能出不由戶? 何莫由斯道也?"

子曰:	"誰	能	出	不由	戶?
공자가 말하다	(의.대)누구[의문대명사가 주어]	(조동사) ~할 수 있다(1-7)	(동)나가다	(동)지나가지 않다 [由:(1-12)]	(명)집의 출입문
공자가 말했다. "누가 집의 출입문을 지나가지 않고 나갈 수 있는가?					
何	**莫**	**由**	**斯**	**道**	**也?"**
(대)이유,원인. '왜'(3-24)	(부)행위주체 없음 nobody(4-14)	(동)지나가다(1-12)	(대)한정어. (기출현).'이…'(6-10)	(명)길	(어기)의문(2-5)
왜 아무도 이 길을 지나가지 않는가?"					

번역 공자가 말했다. "누가 집의 출입문을 지나가지 않고 나갈 수 있는가? 왜 아무도 이 길을 지나가지 않는가?"

語法과 語彙

誰能出不由戶? (누가 집의 출입문을 지나가지 않고 나갈 수 있는가?)

(의문대명사) 문장에서 주어, 목적어, 겸어, 서술어, 한정어 등이 되고 보통 사람을 대신하고 사물도 대신할 수 있다. 문장의미에 따라 '누구', '왜' 등으로 번역될 수 있다.

1. 주어가 된다.

→ 君若以德綏諸侯, 誰敢不服? 『左傳·僖公四年』
왕께서 만약 덕으로 제후를 위로한다(綏:安撫)면 누가 감히 복종하지 않겠습니까?

2. 목적어가 된다.

선진(先秦) 시기 의문대명사가 목적일 경우 많이 동사, 전치사 앞에 놓였다. 이 때문에 수(誰)가 목적어가 될 때에도 많이 동사 앞에 놓였다. 한(漢) 이후에는 동사 뒤에 놓이는 것이 점점 많아졌고 결국에는 완전하게 동사 뒤에 놓이게 되었다.

→ 吾誰欺? 欺天乎? 『論語·子罕』
내가 누구를 속이겠는가? 하늘을 속이겠는가?

3. 겸어가 된다.

앞의 동사의 목적어가 될 뿐만 아니라 뒤 동사의 주어가 된다.

→ 堯舜不復生, 將誰使定儒墨之誠乎? 『韓非子·顯學』
요순(堯舜)이 다시 살아오지 않으면, 누구에게(誰는 앞의 동사 使의 목적이) 유가와 묵가의 진실(誠:眞實)을 인정하(誰는 뒤 동사 定의 주어)게 할 것인가?

4. 서술어가 된다.

번역할 때 수(誰) 앞에 시(是:~이다(강조))를 더할 수 있다.

→ 作亭者誰? 山之僧智仙也. 名之者誰? 太守自謂也 (宋·歐陽修 『醉翁亭記』)
정자를 지은 사람이 누구인가? 산의 스님 지선(智仙)이다. 그것을 명명한 사람은 누구인가? 태수 자신이 이름 지었다.

→ 主晉祀者, 非君而誰? 『左傳·僖公二十四年』
'진(晉)나라 제사(晉祀)'를 주관하(主)는 사람이 왕이 아니면 누구입니까?

5. 한정어가 된다.

종속(領屬) 관계를 나타내어 그것이 수식하는 명사와 종속 관계가 있다. 주로 명사의 수식어가 되며 수식하는 명사 사이에 주로 지(之)가 있지만 없는 경우도 있다.

→ 子爲元帥, 師不用命, 誰之罪也? 『左傳·宣公十二年』
당신은 '전군을 통솔하는 영수(元帥:統率全軍的首領)'가 되었는데 군대가 '명령을 따르지 않으(不用)'면 누구의 잘못인가?

→ "驂馬, 誰馬也?" 御曰: "借之" 『戰國策·宋衛策』
"곁마/참마(=네 필의 말이 끄는 마차에서 바깥의 두 말)는 누구의 말인가?" 말을 모는 사람이 말했다. "빌렸다."

誰能出不由戶? (누가 집의 출입문을 지나가지 않고 나갈 수 있는가?)

(명사) 외짝문. 일반적으로 집의 출입문을 말한다. (單扇的門)

→ 逸將排戶入, 守者不聽 『晉書·光逸傳』
일(逸)이 문을 밀고(排戶:推門) 들어 가려할 때 문지기는 듣지 못한다.

6-18. 子曰: "質勝文則野, 文勝質則史. 文質彬彬, 然後君子."

<table>
<tr><th>子曰:</th><th colspan="2">"質</th><th>勝</th><th colspan="2">文</th></tr>
<tr><td>공자가 말하다</td><td colspan="2">(명)실질적인 내용, 본질</td><td>(동)~을 능가하다.
~보다 낫다</td><td colspan="2">(명)외재적인 형식, 겉모습</td></tr>
<tr><td colspan="6">공자가 말했다. "실질적인 내용이 외재적인 형식을 능가하…</td></tr>
<tr><th>則</th><th>野,</th><th colspan="2">文勝質</th><th>則</th><th>史.</th></tr>
<tr><td>(접)조건+則+결과
(1-6)</td><td>(형)저속하다</td><td colspan="2">외재적인 형식이 실질적인 내용을 능가하다</td><td>(접)조건+則+결과
(1-6)</td><td>(형)말이 많다.
글이 길다</td></tr>
<tr><td colspan="2">…면 저속하(고)</td><td colspan="4">외재적인 형식이 실질적인 내용을 능가하면 말이 많다.</td></tr>
<tr><th colspan="3">文質彬彬,</th><th>然後</th><th>君子."</th><td rowspan="3"></td></tr>
<tr><td colspan="3">외재적인 형식과 실질적인 내용이 겸비되어 있다.</td><td>(접)조건의 계승.
'~다음'</td><td>(형)군자답다</td></tr>
<tr><td colspan="5">외재적인 형식과 실질적인 내용이 겸비된 다음에야 군자답다."</td></tr>
</table>

번역 공자가 말했다. "실질적인 내용이 외재적인 형식을 능가하면 저속하고, 외재적인 형식이 실질적인 내용을 능가하면 말이 많다. 외재적인 형식과 실질적인 내용이 겸비된 뒤에야 군자답다."

語法과 語彙

質勝文則野 (실질적인 내용이 외재적인 형식을 능가하면 저속하다)

(명사) 실질적인 내용, 본질. (本質, 性質)

— [보충과 견해]

고대중국어에서 『漢語大詞典』에 따르면 질문(質文)과 문질(文質)의 정의에는 차이가 있다.

— 질문(質文)

1. 그 자질에 문덕이 있다. (謂其資質具有文德)
2. 실질적인 내용과 외재적인 형식. (實質內容與外在形式)
3. 질박하고 아름답다. (質樸與華美)

— 문질(文質)

1. 재능이 뛰어나고(or 문재가 있고) 질박하다. (文華與質朴)
2. 문자와 속성. (文字與質地)

즉 질(質)과 문(文)이 연이어 쓰이는가와 문(文)과 질(質)이 연이어 쓰이는가에 따라 의미에 차이가 있다. 그리고 문질빈빈(文質彬彬: 문재와 소박함이 잘 어울리는 것으로 문학적 재능이 있고 또한 매우 소박하다. 文華質朴配合得宜, 既有文彩, 又很朴實)이 함께 쓰일 때에도 의미적 차이가 있다고 적고 있다.

학자들은 질(質)을 '실질', '바탕', '소박함' 등으로 풀고, 문(文)은 '겉치레', '외관', '문학적 재능' 등으로 보았는데 '실질'과 '외관'이 대응되고 '소박함'과 '문학적 재능'가 대응된다. 이 책은 실질'과 '외관'으로 보았다.

→ 人之質所以異木質者, 以其有知耳 (南朝梁·範縝『神滅論』)

사람의 본질이 나무의 본질과 다른 이유는 사람의 본질이 지각을 갖고 있기 '때문이다(以).'

質<u>勝</u>文則野 (실질적인 내용이 외재적인 형식을 능가하면 저속하다)

(동사) ~보다 낫다. ~을 능가하다. (勝過, 超過)

→ 此時無聲<u>勝</u>有聲 (唐·白居易『琵琶行』)
이때는(or 이때) 소리 없는 것이 소리 있는 것보다 낫다.

質勝<u>文</u>則野 (실질적인 내용이 외재적인 형식을 능가하면 저속하다)

(명사) 형식, 겉모습. (形式, 外表)

→ 夫服, 心之<u>文</u>也 『國語·魯語下』
옷은 마음의 겉모습이다.

質勝文則<u>野</u> (실질적인 내용이 외재적인 형식을 능가하면 저속하다)

(형용사) 저속하다, 상스럽다, 거칠다. 야만스럽다. (粗鄙, 粗魯, 野蠻)

→ <u>野</u>哉, 由也! 『論語·子路』
저속하다! 자로는!

→ 敬而不中禮謂之<u>野</u> 『禮記·仲尼燕居』
공경하지만 예(禮)에 '맞지 않으(不中)'면 그것을 '저속하다'라고 말한다(謂之野).

文勝質則<u>史</u> (외재적인 형식이 실질적인 내용을 능가하면 말이 많다)

(형용사) 문장의 글귀가 대단히 많다; 글이 길다; 말이 많다. (文辭繁多)

→ 辭多則史, 少則不達 『儀禮·聘禮』
말(辭:言詞, 文詞)이 많으면 글이 길어지고 적으면 전달할 수 없다.

文質<u>彬彬</u> (외재적인 형식과 실질적인 내용이 겸비되다)

(형용사) 문질(文質:외재적인 형식과 실질적인 내용)이 겸비되어 있다. (文質兼備貌)

文質彬彬, <u>然後</u>君子 (외재적인 형식과 실질적인 내용이 겸비된 뒤에야 군자답다)

(접속사) 연(然)은 본래 대명사이고 의미는 '이와 같다(如此)', '이렇게(這樣)'이다. 연후(然後)는 실제적으로 '이와 같은 다음에(如此以後)'의미이고 나중에 점차 하나의 단어로 고정되었다. 단문을 연결시키고 앞뒤 두 가지 사건의 계승관계를 보여 준다. 시간의 계승은 뒤의 사건이나 행위, 동작이 앞의 것 다음에 발생하는 것을 보여주고, 조건의 계승은 뒤의 사건이나 동작, 행위의 발생, 출현에서 앞의 것이 조건이 됨을 보여 준다.

→ 子貢反, 築室於場, 獨居三年, <u>然後</u>歸 『孟子·藤文公上』
자공은 돌아와 무덤이 있는 곳에 집을 짓고 혼자 3년을 산 다음에 돌아간다.

→ 權, <u>然後</u>知輕重; 度, 然後知長短 『孟子·梁惠王上』
무게를 달아본 다음에 가볍고 무거운 것을 알고; 길이 재본 다음에 길고 짧음을 안다.

6-19. 子曰: "人之生也直, 罔之生也幸而免."

子曰:	"人之生		也	(必)直,	罔
공자가 말하다	사람의 생활 [之:(조사)수식,종속관계.~의' (3-2)]		(어기)주어+也. '멈춤,완만,제시' (1-2)	정직하다	부정직하다
공자가 말했다.	"사람의 생활은 정직해야 한다. [정직하다(直) 앞에 당위 부사인 '~해야 한다'가 있으면 더 낫다고 본다]				부정직…
之	**生**	**也**	**幸**	**而**	**免(而已矣)."**
(조사)한정어+之+중심어(4-23)	생활	(어기)주어+也. 멈춤…(1-2)	운이 좋다	(접)부사어+而+서술어(1-4)	(동)피하다, 모면하다(6-16)
…한 생활은 운 좋게 모면(할 뿐이다)." [문맥상 문미에는 제한과 긍정의 어기가 합쳐져 '~일 뿐이다' 정도의 어기사가 생략되었다고 보는 것이 좋을 것 같다]					

번역 공자가 말했다. "사람의 생활은 정직해야 한다. 부정직한 생활은 운 좋게 모면할 뿐이다."

語法과 語彙

人之<u>生</u>也直 (사람의 생활이 정직하다)

(명사) 생활, 생계. (生活, 生計)

→ 而鄕鄰之<u>生</u>日蹙 (唐·柳宗元『捕蛇者說』)
그러나(而) 이웃 사람들(鄕鄰)의 생활(生)은 나날이(日) 곤궁하다(蹙:窘迫).

<u>罔</u>之生也幸而免 (부정직한 생활은 운 좋게 모면한다)

(형용사) 부정직하다, 옳지 않다. (不正直, 邪曲)[망,wǎng]

→ 一邊是認定孩提之童, 一片天良, 不肯去作<u>罔</u>人 『兒女英雄傳』
한 편 '어린(孩提:어리다. 幼小; 幼年)' 아이를 인정하고, 하늘이 준 착한 마음(天良:天賦的善心; 良心)이 있기에 부정직한 사람이 되지 않는다.

罔之生也<u>幸</u>而免 (부정직한 생활은 운 좋게 모면한다)

(형용사) 운이 좋다. (幸運)

→ 不<u>幸</u>呂世猛構惡於前 (宋·文天祥『指南錄』後序)
불행하게도 여세맹(呂世猛)은 (왕) 앞에서 '나쁜 짓을 한다(構惡:作惡)'.

6-20. 子曰: "知之者不如好之者, 好之者不如樂之者."

子曰:	"知	之	者	不如	好
공자가 말하다	(동)알다	(조사)한정어+之+중심어(4-23)	(조사)~한 사람, ~한 것(1-2)	(접)不如A: A만 못하다(5-28)	(동)좋아하다 [hào]
공자가 말했다. "아는 사람은 좋아하는 사람만 못하(고)					
之	者,	好之者	不如	樂之者."	
(조사)한정어+之+중심어(4-23)	(조사)~한 사람, ~한 것(1-2)	좋아하는 사람	(접)不如A: A가 더 낫다(5-28)	즐겁게 여기는 사람 [yào]	
		좋아하는 사람은 즐겁게 여기는 사람만 못하다."			

번역 공자가 말했다. "알고 있는 사람은 좋아하는 사람만 못하고, 좋아하는 사람은 즐겁게 여기는 사람만 못하다."

語法과 語彙

好之者不如樂之者 (좋아하는 사람은 즐겁게 여기는 사람만 못하다)

(동사) 즐겁게 여기다, 좋아하다. (樂意, 喜歡) [요, yào]

→ 百姓樂用 (秦·李斯『諫逐客書』)
백성이 '기꺼이 사력을 다해 싸우다(樂用: 樂於用命: 樂於 기꺼이 하다 + 用命 사력을 다해 싸우다(일하다) / 명령을 따르다)'.

6-21. 子曰: “中人以上, 可以語上也; 中人以下, 不可以語上也.”

子曰:	“中人	以上,	可以	語	上
공자가 말하다	(명)중등의 지식을 가진 사람	(명)이상	(조동사) ~할 수 있다(2-10)	(동)알려주다(告訴) (3-23)	(명)수준 높은 지식
공자가 말했다.	중등 이상 지식을 가진 사람(은) [화제,topic(1-6)(16-14)]		수준 높은 지식을 알려줄 수 있(지만) ;		
也;	**中人**	**以下,**	**不可以語**	**上**	**也.”**
(어기)진술강조 (2-17)	(명)중등의 지식을 가진 사람	(명)이하	알려줄 수 없다	(명)수준 높은 지식	(어기)진술강조 (2-17)
	중등 이하의 지식을 가진 사람(은) [화제,topic(1-6)(16-14)]		수준 높은 지식을 알려줄 수가 없다.”		

번역 공자가 말했다. “중등 이상의 지식을 가진 사람은 수준 높은 지식을 알려줄 수 있지만, 중등 이하의 지식을 가진 사람은 수준 높은 지식을 알려줄 수가 없다.”

語法과 語彙

中人以上 (중등 이상의 지식을 가진 사람)

(명사) 중등의 지식과 능력, 힘을 가진 사람. (有中等才能、力氣的人)

→ 才能不及中人 『史記·李將軍列傳』
지식과 능력이 중인에 미치지 못한다.

可以語上也 (수준 높은 지식을 알려줄 수 있다)

(명사) 등급과 퀄리티가 높은 것, 최상의 것 ; 여기서는 ‘높고 깊은 도리(高深的道理), 수준 높은 지식’으로 주석된다. (等級和質量高的)

→ 凡用兵之法, 全國爲上, 破國次之 『孫子·謀攻』
일반적으로 ‘용병의 법도(用兵:무력을 사용하고 전쟁을 하는 것, 즉 ’전쟁‘으로 볼 수 있을 것 같다 使用武力, 進行戰爭)’에서 ‘적국으로 하여금 싸우지 않고 항복하게 만드는 것(全國:使敵國不戰而降)’이 가장 좋은 것이고, ‘적국을 격파하는 것(破國:擊破敵國 ; 消滅敵國)’이 차선이다.

6-22. 樊遲問知.子曰: "務民之義, 敬鬼神而遠之, 可謂知矣." 問仁. 曰: "仁者先難而後獲, 可謂仁矣."

樊遲	問知.	子曰:	"務	民之(於)義,	
(인명)번지(樊遲)(2-5)	지혜에 대해 묻다	공자가 말하다	(동)있는 힘을 다하다(1-2)	백성이 의(義)로 가다 [之:가다(3-11)]	
번지(樊遲)가 지혜에 대해 물었다.		공자가 말했다. "백성이 의(義)로 가도록 있는 힘을 다하(고)			
敬	**鬼神**	**而**	**遠**	**之,**	**可**
(동)공경하다	(명)신(神)	(접)전환. '그러나'(1-1)	(형)멀다 [형→사동]	(대)재지시. '그것,그사람'(2-1)	(조동)가능. '~할 수 있다'(1-11)
신(神)을 공경하지만 신(神)을 멀리하(면) [조건가정절(1-1)]					
謂(之)知		**矣."**	**問**	**仁.**	**"仁**
(그것을) 지혜라고 말하다		(어기)미래확신. 가정+결과(7-15)	(동)묻다	인(仁)	인(仁)
(그것을) 지혜라고 말할 수 있을 것이다."			(번지가) 인(仁)에 대해 물었다.		
者	**先**	**難**	**而**	**後**	**獲,**
(조사)~한 사람, ~한 것(1-2)	(부)먼저 [부→사동]	(명)곤란함	(접)동작.행위 선후'~다음'(6-15)	(부)나중 [부→사동]	(명)성과
"인(仁)이란 것은 곤란함을 우선으로 하고, 성과를 나중으로 하(면) [조건가정절(1-1)]					
可謂(之)仁		**矣."**			
(그것을) 仁이라고 말할 수 있다.		(어기)미래확신.'가정+결과'(7-15)			
(그것을) 인(仁)이라고 말할 수 있을 것이다."					

번역 번지(樊遲)가 지혜에 대해 물었다. 공자가 말했다. "백성이 의(義)로 가도록 있는 힘을 다하고, 신(神)을 공경하지만 신(神)을 멀리하면 그것을 지혜라고 말할 수 있을 것이다." 번지(樊遲)가 인(仁)에 대하여 물었다. (공자가 대답했다.) "인(仁)이란 것은 곤란함을 우선으로 하고, 성과를 나중으로 하면 그것을 인(仁)이라고 말할 수 있을 것이다."

語法과 語彙

敬鬼神而遠之 (신(神)을 공경하지만 신(神)을 멀리하다)

1. 어떤 종교 또는 미신에서 사람들이 말하는 사후의 영혼(某些宗教或迷信的人所說的人死後的靈魂)과 미신적인 사람이 천지만물의 창조자와 숭배되는 사후의 혼령(迷信的人稱天地萬物的創造者和所崇拜的人死後的精靈)을 합친 것 → '사후의 영혼과 神(=하느님, 창조자). (鬼與神的合稱)' 두 단어의 합쳐진 의미는 '신(神)'으로 보아도 될 것 같다.

→ 鬼神害盈而福謙, 人道惡盈而好謙 『易·謙』
사후영혼과 하느님은 교만하고 자만하는 사람에게 수난을 받게 하고(害盈: 使驕傲自滿者受禍害) 겸손한 사람에게는 복을 받게 하며, '사람 됨됨이의 법칙(人道)'은 넘치는 것을 싫어하고 겸손한 것을 좋아한다.

2. 일반적으로 심령, 정기(=천지 만물을 생성하는 원천이 되는 기운)를 가리킨다. (泛指心靈、精氣)

→ 鬼之靈者曰神也. 鬼神曰山川之神也 (張守節正義)
사후 혼(鬼)의 영(靈)을 신(神)이라 한다. 귀신을 산천의 신이라고 한다.

3. 죽은 선조. (偏指鬼 ; 死去的祖先)

→ 宗廟致敬, 鬼神着矣 『孝經·感應』
종묘에서 '경의를 표하고(致敬:表示恭敬 ; 表達敬意)' 죽은 선조가 도착했다.

— [보충]

김용옥 선생을 제외한 모든 학자는 귀신(鬼神)에 대해 특별한 언급이 없다. 김용옥 선생은 귀신을 신(神)이라 정의하면서 다음과 같이 공자에 대해 말한다.

고대사회에서 인간의 지식이라고 하는 것은 종교적 차원을 배제하고 논의할 수 없는 것이다. 인간의 모든 고등한 지식은 신의 세계, 신성의 세계와 결부되어 있었기 때문이다. 이러한 제정일치적인 고대사회의 상식적 구조 속에서 공자가 귀신을 멀리할 때만이 인간의 참다운 앎이 성립할 수 있다는 말은 충격적이며 가히 혁명적이다. (김용옥, 2008)

敬鬼神而遠之, 可謂知矣 (신(神)을 공경하지만 신(神)을 멀리하면 그것을 지혜라고 말할 수 있을 것이다)

(진술어기사) 일의 사정이 분명히 어떻게 될 것임을 보여 준다. 일의 이치에 대한 판단 어기를 동반하여 이론적으로 미루어 판단하거나 사태의 발전에서 볼 때 이렇게 될 것이거나 분명히 발생할 결과를 보여 준다. 이러한 용법은 보통 가정의 복문에서 나타나는데 결과의 단문 문미에 위치하여 어떤 가정의 전제에서 또는 조건에서 어떤 결과가 있을 것이라는 것을 보여 준다.

→ 誠如是, 則霸業可成, 漢室可興矣 『三國蜀·蜀書·諸葛亮傳』
정말로(誠) 이렇다면(如是) 패업은 이룰 수 있고 한왕조(漢室)는 부흥할 수 있을 것이다.

(어기사) '사물, 사건 등이 어떻게 될 것이다'를 말해준다. 곧 일어날 것으로 예상되는 일을 새로운 상황으로 삼고 다른 사람에게 알려준다. 문맥의 의미에 따라 일이 아직 발생하지 않았다는 것을 알 수 있다.

→ 盆成括仕於齊, 孟子曰: "死矣盆成括!" 盆成括見殺 『孟子·盡心下』
분성괄(盆成括)이 제나라에서 관리를 할 때 맹자가 말했다. "죽을 것이다, 분성괄(盆成括)은!" 분성괄(盆成括)은 살해당했다.

仁者先難而後獲 (인(仁)이란 것은 곤란함을 우선으로 하고, 성과를 나중으로 한다)

(형용사) 곤란하다, 쉽지 않다, 어렵다. (困難, 不容易)

→ 夫大國, 難測也, 懼有伏焉 『左傳·莊公十年』
일반적으로 대국은 예측하기가 어렵고 매복이 있을까 두렵다.

— [보충과 견해]

여기서 '선란(先難)'은 '동사+목적어' 관계이고 목적어인 '난(難)'은 '형용사가 명사로 품사 활용(곤란함, 쉽지 않음)' 되었다고 볼 수 있다.

仁者先難而後獲 (인(仁)이란 것은 곤란함을 우선으로 하고, 성과를 나중으로 한다)

(동사) 얻다, 성과를 내다, 수확하다. (得到, 收穫)

→ 學於古訓, 乃有獲 『尙書·說命下』

고서적을 공부하는 것은 성과가 있다(=얻는 것이 있다). [乃:(부사) 앞 동작, 행위에 대한 판단. (就是)]

— **[보충과 견해]**

여기서 '후확(後獲)'은 '동사+목적어' 관계이고 목적어인 '확(收獲)'은 예문을 포함하여 본문도 '동사가 명사로 품사 활용(성과, 얻는 것)'되었다.

6-23. 子曰: "知者樂水, 仁者樂山. 知者動, 仁者靜. 知者樂, 仁者壽."

子曰:	"知者	樂水,	仁者樂山.
공자가 말하다	1. 식견이 있는 사람. 2. 지혜로운 사람 [者:(조사)~한 사람, ~한 것(1-2)]	물을 좋아하다 [요, yào]	덕행이 있는 사람은 산을 좋아한다
공자가 말했다.	"지혜로운 사람은 물을 좋아하(고)		덕행이 있는 사람은 산을 좋아한다.

知者	動,	仁者	靜.	知者	樂,
(명)지혜로운 사람	(동)움직이다	(명)덕행이 있는 사람	평온하게 있다, 안정되다	(명)지혜로운 사람	(동)즐겁게 여기다 (6-20)[요,yào]
지혜로운 사람은 움직이(고)		덕행이 있는 사람은 안정되어 있다.		지혜로운 사람은 즐겁게 여기(고)	

仁者	壽."
(명)덕행이 있는 사람	(동)장수하다
덕행이 있는 사람은 장수한다."	

번역 공자가 말했다. "지혜로운 사람은 물을 좋아하고 덕행이 있는 사람은 산을 좋아한다. 지혜로운 사람은 움직이고 덕행이 있는 사람은 안정되어 있다. 지혜로운 사람은 즐겁게 여기고 덕행이 있는 사람은 장수한다."

語法과 語彙

知者樂水 (지혜로운 사람은 물을 좋아한다)

1. 이해할 수 있는 사람, 식견이 있는 사람. (能了解的人；有見識的人)

→ 作詩銘其背, 以待知者看 (宋・蘇軾『以雙刀遺子由次其韵』
시를 지어 그것 뒤에 새기어 '식견이 있는 사람이 보기를 기다린다 or 식견이 있는 사람을 기다려 그에게 보여 준다'.

2. 지혜가 있는 사람(=지혜로운 사람). (有智慧的人)

→ 知者創物, 巧者述之 『周禮・考工記序』
지혜로운 사람은 무엇가를 만들고 기능이 좋은 사람(巧者:技能好)은 기술한다.

知者樂水 (지혜로운 사람은 물을 좋아한다)

(동사) 좋아하다. (喜愛, 喜好) [요, yào]

→ 大水, 智者樂也 (唐・柳宗元『愚溪詩序』)
물은 지혜로운 사람이 좋아한다.

仁者樂山 (덕행이 있는 사람은 산을 좋아한다)

(명사) 덕행이 있는 사람. (有德行的人)

→ 子曰: "知者不惑, 仁者不憂, 勇者不懼" 『論語・子罕』

공자가 말했다. "지혜로운 사람은 미혹되지 않고 덕행이 있는 사람은 걱정하지 않고 용감한 사람은 두려워하지 않는다."

知者動, 仁者靜 (지혜로운 사람은 움직이고 덕행이 있는 사람은 안정되어 있다)

(동사) 평온하게 있다, 안정되다. (平静, 安定)

→ 神民不違, 天下乃静 『墨子·非攻』
하늘과 백성(神民)이 서로 어긋나지 않아야 천하가 비로소(乃:才) 평온해진다.

仁者壽 (덕행이 있는 사람은 장수한다)

(동사) 장수하다. (長壽)

→ 畏其不壽 (唐·李華『吊古戰場文』)
그가 오래 살지 못할까 두렵다.

→ 賢者不必貴, 仁者不必壽 (宋·蘇軾『三槐堂銘并』)
현명한 사람이 꼭 '지위가 높고 귀한(貴:顯貴)' 것이 아니고(不必:没有一定), 지혜로운 사람이 꼭 장수하는 건 아니다.

6-24. 子曰: “齊一變, 至於魯 ; 魯一變, 至於道.”

子曰:	“齊	一變,	(可)至於	魯 ;
공자가 말하다	(지명)제(齊)나라	(동)한 번 '변화하다/번혁하다'	(복합허사)~에 도착하다, ~에 이르다(5-19)	(지명)노(魯)나라
공자가 말했다.	제(齊)나라(가) 한 번 변혁하(면) [조건가정절(1-1)]		1. 노(魯)나라에 이르(고) (원문대로) 2. 노(魯)나라에 이를 수 있(고) (조동사 可가 생략되었다고 볼 경우)	

魯	一變,	(可)至於	道(國).”
(지명)노(魯)나라	(동)한 번 '변화하나/번혁하다'	(복합허사)~에 도착하다, ~에 이르다(5-19)	(명)도덕.도의
노(魯)나라가 한 번 변혁하(면) [조건가정절(1-1)]		1 도덕·도의에 이른다.” (원문대로) 2. 도덕/도의가 있는 나라에 이를 수 있다.” (조동사 '可'와 명사 '國'이 생략되었다고 볼 경우)	

번역 공자가 말했다.

1. “제(齊)나라가 한 번 변혁하면 노(魯)나라에 이르고, 노(魯)나라가 한 번 변혁하면 '도덕/도의'에 이른다.”
2. “제(齊)나라가 한 번 변혁하면 노(魯)나라에 이를 수 있고, 노(魯)나라가 한 번 변혁하면 '도덕/도의'가 있는 나라에 이를 수 있다.”

語法과 語彙

齊一變, 至於魯 (제(齊)나라가 한 번 변혁하면 노(魯)나라에 이르다)

(동사) 한 차례 변화하다; 한 번 변혁하다, 한 번 사고 나다. (一度變化 ; 一次變故或變革)

→ 凡六樂者, 一變而致羽物, 及川澤之示 『周禮·春官·大司樂』
대체로(凡) 육악(六樂: 황제, 요, 순, 우, 탕, 무왕 6대의 옛날 음악. 黃帝、堯、舜、禹、湯、周武王六代的古樂)은 한 번 변화하면 '새와 가깝게 되게 하고(致:使達到)(羽物:鳥類)' 강과 호수(川澤:江河湖泊)의 상징적 표현(示: 자연계에서 어떤 상징적 표현 自然界某種征象的顯現)으로 간다(及:達到).

魯一變, 至於道 (노(魯)나라가 한 번 변혁하면 '도덕/도의'가 있는 나라에 이른다)

(명사) 도덕, 도의. (道德, 道義)

→ 所謂道, 忠於民而信於神 『左傳·桓公六年』
'도덕/도의'라고 말하는 것은 백성에게 충성하고 신을 믿는 것이다.

→ 得道者多助, 失道者寡助 『孟子·公孫丑下』
'도덕/도의'를 얻으'면(者)' 많이 돕고(→많은 사람이 돕고), '도덕/도의'를 잃으'면(者)' 적게 돕는다(→적은 사람이 돕는다).

— [보충]
여기서는 의미가 파생되어 '도덕/도의가 있는 나라' 혹은 '國'이 '道' 뒤에 생략되었다고(도덕/도의가 있는 나라) 볼 수 있다.

6-25. 子曰: “觚不觚, 觚哉? 觚哉?”

子曰:	“觚	不觚,	觚	哉?	觚哉?”
공자가 말하다	(명)고(觚). 술잔용 예기(禮器)	고(觚)가 아니다	(명)고(觚). 술잔용 예기(禮器)	(어기)반문(2-10)	고(觚)이겠는가?
공자가 말했다.	“(제례에 쓰이는 술잔) 고(觚)는 고(觚)가 아니(니) [배경상황설명복문(1-1)]		고(觚)이겠는가?		고(觚)이겠는가?”

번역 공자가 말했다. “(제례에 쓰이는 술잔) 고(觚)는 고(觚)가 아니니 고(觚)이겠는가?! 고(觚)이겠는가?”

語法과 語彙

觚不觚 ((제례에 쓰이는 술잔) 고(觚)는 고(觚)가 아니다)

(명사) 중국고대 술을 마시는데 사용되었던 용기(容器)로 예기(禮器)로도 쓰였다. 본래는 입을 대는 입구 부분이 4각형이었으나 나중에는 둥근 발(圈足), 열어젖힌 입(敞口), 긴 몸통(長身)으로 ‘입구 부분과 바닥 부분(口部和底部)’은 모두 ‘나팔 모양(喇叭狀)’을 보이고 있다. 고(觚)는 얼리터우 문화(二里頭文化)에서 처음으로 보이고 서주(西周) 중기에 이르러는 이미 매우 드물게 보였다. 상대(商代)와 서주(西周) 초기에 성행했다.

— [보충]

보통 주석들이 변하는 세태에 있어서 명(名)과 실(實)의 부동(不同)을 개탄한 것이라 하지만 그 ‘모남’이라는 것에 대한 심미적 감성, 그 원초성에 대한 섬세한 배려가 배어있지 않나 생각된다. 전통주의자로서 보수성의 발로라고 이 메시지를 간주하기보다는, 어떤 원초적인 모남, 문명에 의하여 닳지 않은 천연 그대로의 것에 대한 심미적 예찬이 여기 공자의 메시지에 배어있지 않을까 생각된다. (김용옥, 2008)

6-26. 宰我問曰: "仁者, 雖告之曰: '井有仁焉.' 其從之也?" 子曰: "何爲其然也?" 君子可逝也, 不可陷也; 可欺也, 不可罔也."

宰我	問曰:	"仁者,	雖	告之曰:	'井
(인명)재아=재여(宰予)(3-21)	물으며 말하다	(명)덕행이 있는 사람(6-23)[화제]	(접)과장된 가정의 승인.'설령~해도'	仁者에게 알려주며 말하다	(명)우물
재아가 물으며 말했다.		"仁者(=덕행이 있는 사람)(는) 설령 그에게			
有仁	**焉.'**	**其**	**從之**	**也?"**	**子曰:**
1.仁이 있다. 2.仁을가지고있다	(어기)문미에서 멈춤(5-16)	(대)재지시(2-1) '仁者'	그것(之=仁)을 좇아가다	(어기)의문(2-5)	공자가 말하다
'우물(에) 仁이 있다'고 알려주어도		그가 仁을 좇아갈까요?"			공자가 말했다.
"何爲	**其**	**然**	**也?**	**君子**	**可**
(의문)의문,반문. '왜'	(대)재지시(2-1) '仁者'	(대)이렇게 [대명사→동사]	(어기)반문(3-1)	(명)군자(君子)(11-1)	(조동)가능. '~할 수 있다'(1-11)
"왜 그가 이러겠느냐? [연(然)은 동사서술어로 쓰였다]				군자(는) (우물에) 가게 할 수 있(지만)	
逝	**也,**	**不可**	**陷**	**也;**	**可欺**
(동)가다 [동사→사역동사]	(어기사)멈춤,완만(3-1)	(조동)~할 수 없다	(동)빠지다 [동→사동]	(어기)진술강조(2-17)	속일 수 있다
		빠지게 할 수는 없(고)			(군자는) 속일 수는
也,	**不可**	**罔**	**也."**		
(어기사)멈춤, 완만(3-1)	(조동)~할 수 없다	(동)없는 사실을 꾸며 죄에 빠뜨리다	(어기)진술강조(2-17)		
있지만…	없는 사실을 꾸며 죄에 빠뜨릴 수는 없다."				

번역 재아(宰我)가 물으며 말했다. "인자(仁者)는 설령 그에게 '우물에 인(仁)이 있다'고 알려주어도 그가 仁을 좇아 갈까요?" 공자가 말했다. "왜 그가 그러겠느냐? 군자는 우물에 가게 할 수 있지만 빠지게 할 수는 없고, 군자를 속일 수는 있지만 없는 사실을 꾸며 죄에 빠뜨릴 수는 없다."

語法과 語彙

雖告之曰: '井有仁焉.' 其從之也? (설령 그에게 '우물에 仁이 있다'고 알려주어도 그가 仁을 좇아 가는가?)

(접속사) 양보의 복문 중 앞의 단문에 쓰여 과장된 가정, 조건의 승인을 통해서 양보를 나타낸다. '설사/설령~하더라도' 와 함께 서술문에 보통 '역시(也)'를 첨언하여 번역(설령~하더라도…역시…하다)한다.

→ 雖有天下易生之物也, 一日暴之, 十日寒之, 未有能生者也 『孟子·告子上』
비록(雖) 세상에(天下) 쉽게 자라는 생물(易生之物)이 있더라도(有…也) 하루 동안(一日) 햇볕을 쬐어주(暴<폭, pù>之)고 열흘 동안(十日) 차갑게 했(寒之)을 때 자랄 수 있는 것(能生者)은 없었다(未有…也).

→ 推此志也, 雖與日月爭光可也 『史記·屈原列傳』
이 뜻을 밀고 나가는데 있어 설령 태양, 달과 '찬란함을 경쟁하(爭光: 찬란함을 겨루다 與之比試光輝)'여도 역시 괜찮다.

何爲其然也? (왜 그가 그러겠느냐?)

(관용구. 의문부사) 보통 동사 서술어 앞에 놓여 부사어가 되어 의문이나 반문을 나타낸다. '왜', '어떻게 그렇게' 등으로 번역된다. (爲甚麽, 怎麽會)

→ 公曰: "寡人立管仲爲仲父, 令曰: '善者左, 不善者右.' 今子何爲中門而立?" 『韓非子·外儲說左下』
제나라 환공이 말한다. "나는 관중을 중부(仲父)로 세우려고 한다, 명령하며 말한다. '찬성하는 사람은 왼편에 반대하는 사람은 오른편에 서라.' 지금 너는 왜 문의 중간에 서느냐?"

何爲其然也? (왜 그가 그러겠느냐?)

(지시대명사) 문중 서술어로 쓰이는 주요 성분의 하나로 쓰여서 동사의 역할도 겸용한다. '이와 같은(如此)'의 뜻을 갖고 있다. '이렇게' 등으로 번역될 수 있다. (這樣, 如此)

→ 雖有槁暴, 不復挺者, 揉使之然也 『荀子·勸學』
설사 메마름(槁暴:枯幹, 晒幹)이 있어도 다시 똑바로 펴지는(挺:伸直) 것이 아니고, 손으로 구부려(揉:使木彎曲) 그것을 그렇게 했다.

→ 民濕寢則腰疾偏死, 鰌然乎哉? 『莊子·齊物論』
사람이 '습한 데서 자(濕寢)'면 허리에 병이나 '반신불수가 되는(偏死:半身不隨)'데 미꾸라지(鰌:鰍)도 그런가?

君子可逝也 (군자는 갈 수 있다 → 군자는 가게 할 수 있다)

(동사) 가다. (往, 去)

→ 東隅已逝 (唐·王勃『滕王閣序』)
아침(東隅:早晨)은 이미 지나갔다.

君子可逝也, 不可陷也 (군자는 갈 수 있지만 빠질 수는 없다 → 군자는 가게 할 수 있지만 빠지게 할 수는 없다)

(동사) 빠지다. (陷入)

→ 陷泥中, 死者甚衆 『資治通鑑·漢紀·獻帝建安十三年』
충적된 진흙(泥:淤泥) 안에 빠져 죽은 사람이 매우 많다.

可欺也, 不可罔也 (속일 수는 있지만 없는 사실을 꾸며 죄에 빠뜨릴 수는 없다)

(동사) 없는 사실을 꾸며 죄에 빠뜨리다. 속이다. (誣陷, 欺騙)

→ 故君子可欺以其方, 難罔以非其道 『孟子·萬章上』
그러므로 군자는 그 도리로서 그를 속일 수 있지만 도리가 아닌 것으로 그를 모함하여 죄에 빠뜨릴 수는 없다.

6-27. 子曰: “君子博學於文, 約之以禮, 亦可以弗畔矣夫!”

子曰:	“君子	博	學	於	文,
공자가 말하다	(명)군자(11-1)	(형)많다.풍부하다 [형→부]	(동)배우다	(전)동작의 직접대상(1-10)	(명)문헌.책.서적
공자가 말했다. “군자는 문헌을 많이 배우(고)					
約	**之**	**以**	**禮,**	**亦**	**可以**
(동)제약하다. 절제하다(4-23)	(대)배운 것. 재지시(2-1)	(전)행위도구. ‘~로’(2-1)	(명)예(禮)	(부)~면·~상황에서 ~하다(1-12)	(조동사) ~할 수 있다(2-10)
배운 것을 예(禮)로 절제하… [約(동사)+之(목적어)+以禮(보어.전치사구)]				…면	
弗	**畔(道…)**	**矣夫!”**			
(부)동작,행위의 부정(=不)(5-9)	(동)배반하다. 위배하다	(관용구)진술문에서 감탄(6-10)			
(道 등을) 위배하지 않을 수 있다!”					

번역 공자가 말했다. “군자는 문헌을 많이 배우고 배운 것을 禮로 절제하면 위배하지 않을 수 있다!”

語法과 語彙

君子博學於文 (군자가 문헌을 많이 배우다)

(형용사) 1. 많다, 풍부하다. (多, 豊富)

→ 博我以文 『論語·子罕』
文으로 나를 풍부하게 하다. [형용사가 사역동사로 품사 활용되었음]

(형용사) 2. 넓다, 크다, 광범위하다. (寬, 大, 廣範)

→ 思九州之博大兮 『楚辭·離騷』
천하의 (九州:고대에는 중국을 9주로 나누었다; 천하, 온 세상. 古代分中國爲九州)의 광대함(博大:廣大)을 생각하다.

君子博學於文 (군자가 문헌을 많이 배우다)

(명사) 1. 문헌, 책, 서적. (文獻, 典籍)

→ 行有餘力, 則以學文 『論語·子罕』
행위에 남은 힘이 있으면 그것으로 ‘문헌/책’을 공부하다.

(명사) 2. 예악제도. (禮樂制度)

→ 文王旣沒, 文不在玆乎? 『論語·子罕』
문왕이 이미 죽었지만 문왕의 예악제도(or 문화)는 여기에 있지 않는가?

(명사) 3. 형식, 겉모습. (形式, 外表)

→ 夫服, 心之文也 『國語·魯語下』
옷은 마음의 겉모습이다.

君子博學於文, 約之以禮 (군자가 문헌을 많이 배우고 배운 것을 禮로 절제하다)

— [보충]

박(博)과 약(約)은 변증법적 길항관계(拮抗關係:서로 버티어 대항하는 관계)에 있다. 박(博)은 넓히는 방향이고 약(約)은 집중시키는 방향이다. 문(文)은 넓히는 방향이고 예(禮)는 집약시키는 방향이다. 문(文)은 넓은 인문적 교양을 의미하는데 반하여 예(禮)는 어떤 넓은 교양을 집약시키는 핵심적 주제의식, 문제의식을 말하는 것이다. 예를 단순히 예절이나 도덕적 규범으로 생각하면 안 되고 천지의 경위(經緯)를 압축한 것으로 봐야 한다. (김용옥, 2008)

君子博學於文, 約之以禮 (군자가 문헌을 많이 배우고 배운 것을 禮로 절제하다)

1. 사회생활에서 도덕관념과 풍속 습관 때문에 만들어진 예절. (社會生活中, 由於道德觀念和風俗習慣而形成的儀節)

→ 婚禮(혼례), 喪禮(상례) (sāng)

2. 통치자의 전체 이익에 부합하는 행위나 준칙. (符合統治者整體利益的行爲準則)

→ 禮教(예교; 예법과 도덕) (jiào) , 禮治(예로 다스리다), 克己復禮(극기복례)

3. 존경하는 태도나 동작. (表示尊敬的態度和動作)

→ 禮遇(예우), 禮贊(예찬)

4. 축하, 우의, 경의를 표시하기 위해 선물하는 물건. (表示慶賀、友好或敬意所贈之物)

→ 禮物(예물), 禮金(예금)

5. 『禮記 예기』라는 고서적의 줄임말. (古書名, 《禮記》的簡稱)

可以弗畔矣夫! (위배하지 않을 수 있다!)

(동사) 배반하다, 위배하다. (背叛, 違背) [반, pàn]

→ 寡助之至, 親戚畔之 『孟子·公孫丑下』
적게 도우는 것이 고조되면 친척도 배반한다.

6-28. 子見南子, 子路不說. 夫子矢之曰: "予所否者, 天厭之! 天厭之!"

子見	南子,	子路	不說.	夫子	矢
공자가 만나다	(인명)남자(南子)	(인명)子路=季路 =仲由(2-17)	좋아하지 않다 [說(1-1)<yuè>]	(명)선생님;공자 (1-10)	(동)맹세하다
공자가 南子를 만(났을 때/만났기 때문에) [시간절 또는 원인절(1-1)]		자로가 좋아하지 않았다.		선생님이 자로에게 맹세하며	
之	**曰:**	**"予**	**所**	**否**	**者,**
(대)자로.재지시. '그것,그사람'(2-1)	(동)말하다	(대)나.저(6-28)	(접)만약	(형)나쁘다[비, pǐ]	(조)복문內앞문장 문미.'가정'(2-23)
말했다.		"내가 만약 '나쁘면(=부정한 짓이라도 저질렀다면)'			
天	**厭**	**之!**		**天厭之!"**	
(명)하늘	(동)싫어하다	(대)나.사람,사건,사물,1/2/3인칭(1-10)		하늘이 나를 싫어하다	
하늘이 나를 싫어하지!				하늘이 나를 싫어하지!"	

번역 공자가 南子를 만났을 때 자로가 좋아하지 않았다. 선생님이 자로에게 맹세하며 말했다. "내가 만약 나쁘면(=부정한 짓이라도 저질렀다면) 하늘이 나를 싫어하지! 하늘이 나를 싫어하지!"

語法과 語彙

子見南子 (공자가 南子를 만나다)

(인명) 위령공의 부인으로 소문난 음탕한 여자였다. 남편 영공을 두고 버젓이 송조와 놀아나는 南子(남자)를 당대의 지식인, 예악의 명인, 유능한 정치가인 공자가 만났다는 사실은 큰 사건이었다. 이 사건은 공자가 노나라를 떠나 두 번째 위나라로 왔을 때 벌어진 사건으로 기술되었기에 대강 공자 나이 56세 전후였다.

보통 주석가들은 이에 대한 이야기를 꺼리고 많은 사람들이 논어에서 이 장을 빼어버리려고 했다. 고주만 해도 이 장이 전체 대이가 이심스럽다고 했다. 전체가 엉터리 이야기일 수 있다는 것이다. 그런데 왜 이런 이야기가 논어에 들어갔을까? 이것이 바로 논어 편집자들의 위대함이다. 그들은 공자를 우리와 다른 특별한 인간으로 보질 않는다. 공사에 관한 모든 이야기를 편견 없이 담으려했다. (김용옥, 2008)

夫子矢之曰 (선생님이 자로에게 맹세하며 말하다)

(동사) 맹세하다 (發誓) [시, shǐ]

→ 之死矢靡它 『詩經·鄘風·柏舟』
죽음으로 가도 '다른 마음이 없다(靡它:無二心)'고 맹세한다.

予所否者 (내가 만약 나쁘면)

(대명사) 1인칭을 대신한다. '나. 저' (我) [여, yú]

→ 予觀夫巴陵勝狀, 在洞庭一湖 (宋·範仲淹『岳陽樓記』)
내가 파릉(巴陵)의 '뛰어난 경치(勝狀:勝境, 佳境)'를 보니 동정(洞庭)이 호수에 있다.

予所否者, 天厭之! (내가 만약 나쁘면(=부정한 짓이라도 저질렀다면) 하늘이 나를 싫어하지!)

(접속사) 가정의 복문 중, 앞의 단문에 쓰여 가정을 나타낸다. '만약~하면'으로 번역된다. (如果, 假如)

→ 獻子怒, 出而誓曰: "所不此報, 無能涉河." 『左傳·宣公十七年』
헌자(獻子=극극郤克=극헌자郤獻子)가 분노해 나오면서 맹세하여 말한다. "만약 이것을 보복하지 않는다면 황하를 건널 수 없을 것이다."

予所否者 (내가 만약 나쁘면(=부정한 짓이라도 저질렀다면))

(형용사) 나쁘다, 좋지 않다. (惡, 壞) [비, pǐ]

→ 不擇善否 『莊子·漁夫』
좋고 나쁨을 고르지 않는다.

天厭之! (하늘이 나를 싫어하지!)

(동사) 싫어하다, 혐오하다. (厭惡)

→ 諸公賓客多厭之 『史記·主父偃列傳』
높은 관직(諸公:衆公卿)의 많은 손님(賓客)들은 매우 그것을 싫어한다.

6-29. 子曰: “中庸之爲德也, 其至矣乎! 民鮮久矣.”

子曰:	“中庸	之	爲		德
공자가 말하다	(명)중용	(접)주어+之 +서술어(1-10)	1. (동) 만들다 2. (동)되다, 변하다(3-8)		(명)도덕, 품행
공자가 말했다. “중용이 도덕을 만드(는 것)… [화제,topic(1-6)(16-14)]					
也,	**其**	**至**	**矣乎!**	**民**	**鮮**
(어기사)멈춤, 완만(3-1)	(대)그것. ‘재지시’(2-1)	(형)최고다. 지극하다	(어기)의문. 감탄(4-6)	(명)서민·평민· 백성·민중(15-25)	(형)적다(1-2) [형→부]
	그것은 최고다!			백성은 적게	
久	**矣.”**				
(동)오래 머물다	(어기)‘이미 그렇다’(3-24)				
오래 머문다 (일반 사람이 그 과정에 오래 머무는 정도가 낮은지 오래다).”					

번역 공자가 말했다. “중용이 덕을 만드는 것, 그것은 최고다! 백성은 적게 오래 머문다(= 일반 사람은 중용이 덕을 만드는 과정에 오래 머무는 정도가 낮은지 오래다).”

語法과 語彙

中庸之爲德也 (중용이 덕을 만든다)

(명사) 공자가 주창하고 이끈 도덕 표준이며, 유가의 윤리 사상으로 일을 처리할 때 어느 한쪽으로 치우침이 없고 넘치거나 모자라지 않는 태도를 말한다. 中은 넘치지 않고 모자라지 않는 것이고, 庸은 평상이다.

→ 其大略欲相扳以至乎中庸而後已 (宋·王安石『同學一首別子固』)
그는 대체로(大略:大概 ; 大要) 서로 되돌려 놓아(扳:扭轉) 이것으로 중용에 이른 다음 멈춘다.

中庸之爲德也 (중용이 덕을 만든다)

(동사) 만들다.

→ 公輸盘爲我爲雲梯, 必取宋 『墨子·公輸』
공수반(公輸盘)이 나‘를 위해(爲)’ 높은 사다리(雲梯)를 만들었으니(爲, wèi) 반드시 송(宋)으로 가져가야 한다.

— [보충]

위덕(爲德)을 위인(爲人)에 기반을 두어 ‘덕됨, 덕 됨됨이’ 등 한 명사구로 보는 학자들(류종목, 김용옥, 이기동)이 많다. 김학주 선생은 ‘덕성’으로 보았고, 중국학자들 중에서 毛子水, 楊伯峻 선생이 ‘중용 이러한 도덕(中庸這種道德)’으로, 陳曉芬 선생이 ‘중용 이 도덕(中庸這一道德)’으로 보았다.

『漢語大詞典』에 언급된 예문을 보면 고대중국어에서도 위인(爲人)을 거의 명사구처럼 사용한 것은 맞는 것 같다. 일단 위인(爲人)의 의미항목이 적지 않다. 나열하면 다음과 같다.

1. 사람으로 사회생활하다. (做人處世接物)
2. 사람이 외모나 품성 면에서 나타나는 특징. (指人在形貌或品性方面所表現的特征)
3. 만물을 구별하고 사람이 되다. (謂區別于萬物而作爲人)
4. 체면. (猶體面)
5. 남녀가 정을 통하다. (謂男女交媾)

잘 알려진 '인간됨, 사람됨'으로 풀이되는 위인(爲人)은 『論語·述而』 편에 출현하는데 이 예문이 위에서 기술한 '1' 의미항목에 있다(→ 其爲人也, 發憤忘食, 樂以忘憂, 不知老之將至云爾 그의 사람됨은 분발하면 밥 먹기를 잊고 즐거움을 느끼면 걱정을 잊으며 늙음이 곧 올 것을 모른다). 이 예문을 『漢語大詞典』에서 규정한 정의에 맞추어 충실하게 번역한다면 문장에 나오는 '기위인(其爲人)'을 '그의 인간됨'이 아니라 '그가 사람으로 사회생활 하는 것' 등으로 바꾸어야 할 것 같기에 기(其)는 '수식'이 아니라 '주어'로 보아야 한다. 즉 '사람됨' 등의 명확한 명사로 보기에는 무리가 있다는 것이고(본 책에 나오는 '爲人'은 '사람됨'으로 보았고 '其'를 수식어로 보았다) 더욱이 위덕(爲德)을 단어로 처리하지 않았고 또한 용례도 찾을 수 없으니 '덕됨, 덕의 됨됨이' 등으로 보는 견해는 더 논의를 해볼 필요가 있을 것 같다. 때문에 본문의 '中庸之爲德也' 문장을 '중용의 덕됨이'가 아니라 '중용이 도덕을 만드는 것' 또는 '중용이 도덕으로 변하는 것'으로 보는 것이 더 적합할 수 있다고 생각한다. 그리고 '중용이 도덕으로 변한다는 것'은 '중용을 실천하여 도덕을 만드는 것'으로 볼 수 있으니 이 책은 위(爲)를 '만들다'의 의미로 보았다.

中庸之爲德也 (중용이 덕을 만든다)

(명사) 도덕, 품행. (道德, 品行)

→ 德, 國家之基也 『左傳·襄公二十四年』
도덕은 국가의 기본이다.

→ 無德不貴, 無能不官 『荀子·王制』
도덕이 없으면 귀중하지 않고 능력이 없으면 벼슬을 못한다.

其至矣乎! (그것은 최고다!)

(형용사) 최고이다, 지극하다. (到達極點)

→ 以至仁伐至不仁 『孟子·盡心下』
최고의 仁으로 지극한 不仁을 물리치다.

→ 商君治秦, 法令至行 『戰國策·秦策一』
상군(商君)이 진(秦)나라를 통치할 때 법령(法令)이 최고로 시행되다.(형용사가 부사로 품사 활용됨)

民鮮久矣 (백성은 이미 적게 오래 머문다)

(동사) 오래 머물다. (久留)

→ 秦不能久, 請深壘固軍以待之 『左傳·文公十二年』
진(秦)은 오래 머물 수 없으니 '높은 벽을 쌓고(深壘:築高墻)' 군대를 공고히 하여 그들을 기다리기를 원하다(請).

6-30. 子貢曰: “如有博施於民而能濟衆, 何如? 可謂仁乎?” 子曰: “何事於仁! 必也聖乎! 堯舜其猶病諸! 夫仁者, 己欲立而立人, 己欲達而達人. 能近取譬, 可謂仁之方也已.”

子貢曰:	“如有		博施	於	民
자공이 말하다. [子貢=賜(1-10)]	(접)만약~하면(6-9)		(동)널리 ‘베풀다/주다’	(전)동작발생대상. ‘~에게’(2-5)	(명)서민·평민·백성·민중(15-25)
자공이 말했다.	“만약 백성에게 널리 베풀고				
而	**能**	**濟**	**衆,**	**何如?**	**可謂**
(접)점층. ‘게다가,또한’(1-14)	(조동사) ~할 수 있다(1-7)	(동)돕다, 구제하다	(명)대중	(관용구)상황,방법 물음(5-4)	말할 수 있다
게다가 대중을 도울 수 있(다면)				어떻습니까?	
仁	**乎?”**	**子曰:**	**“何**	**事**	**於**
(형)仁하다	(어기)의문(2-7)	공자가 말하다	(의문부사)반문.‘何+동사서술어’(5-9)	(동)섬기다(3-18)	(전)동작의 직접대상(1-10)
인(仁)하다고 말할 수 있습니까?”		공자가 말했다.	“어찌 인(仁)을 섬길 뿐이겠냐?!		
仁!	**必**	**也**	**聖**	**乎!**	**堯舜**
(명)仁	(부)꼭,반드시, 분명히(6-30)	(어기사)멈춤, 완만(3-1)	(명)성인(聖人)	(어기)감탄,비분, 찬송(3-7)	(인명)요순(堯舜: 요임금, 순임금)
	분명히… 성인(聖人)이다!				
其	**猶**	**病**	**諸!**	**夫**	**仁者,**
(대)그들.주어 (명사+之)(2-22)	(부사)똑같이	(동)걱정하다	(대)그것	(문두조사)판단. 의견토로	(명)덕행이 있는 사람(6-23)
요순(堯舜) 그들은 똑같이 그것을(=백성에게 널리 베풀고 대중을 돕는 것) 걱정했다! [其는 ‘대칭재지시’(8-1)]				덕행이 있는 사람(은)…	
己	**欲立**	**而**	**立人,**	**己**	**欲**
(대)자신(1-16)	성취하길 원하다 [欲(4-5)]	(접)동작+而+동작. ‘조건’(4-17)	사람을 성취하게 하다[立:사동]	(대)자신(1-16)	(동)원하다(4-5)
자신이 성취하길 원하면 타인을 성취하게 하(고)				자신이	
達	**而**	**達**	**人.**	**能**	**近**
(동)지위가 높아지고 귀해지다	(접)동작+而+동작. ‘조건’(4-17)	(동)지위를 높이고 귀하게 하다[사동]	(명)타인, 다른사람(7-30)	(조동사) ~할 수 있다(1-7)	(형)가깝다 [형용사→부사]
지위가 높아지고 귀해지길 원하면 타인을 높이고 귀하게 한다.				가까이서	
取譬,	**可謂**	**仁之方**		**也已.”**	
(동)비유하다	말할 수 있다	仁의 방법 [之:(조사)수식,종속관계.‘~의’(3-2)]		(어기)긍정(1-14)	
비유할 수 있(다면)	仁의 방법이라고 말할 수 있다.”				

번역 자공이 말했다. “만약 백성에게 널리 베풀고 게다가 대중을 도울 수 있다면 어떻습니까? 仁하다고 말할 수 있습니까?” 공자가 말했다. “어찌 仁을 섬길 뿐이겠느냐! 분명히 성인(聖人)이다! 요순(堯舜) 그들도 똑같이 그것을(=백성에게 널리 베풀고 대중을 돕기를) 걱정했다. 덕행이 있는 사람은 자신이 성취하길 원하면 타인을 성취하게 하고 자신이 높아지고 귀해지길 원하면 타인을 높이고 귀하게 한다. 가까이서 비유할 수 있다면 仁의 방법이라고 말할 수 있다.”

語法과 語彙

如有博施於民而能濟衆 (만약 백성에게 널리 베풀고 게다가 대중을 도울 수 있다면)

(동사) '보편적으로/널리/많이' '베풀다/주다/시행하다.' (普遍施與; 多多給予)

→ 故愛人之禮, 先以博施; 富國之源, 必均節用 『舊唐書·代宗紀』
그러므로 사람을 사랑하는 예, 먼저 이것을 널리 시행하고, 부국의 자원은 반드시 균형 있게 절용하는 것이다.

如有博施於民而能濟衆 (만약 백성에게 널리 베풀고 게다가 대중을 도울 수 있다면)

(동사) 돕다, 원조하다. (救助, 接濟)

→ 先生豈有志於濟物哉? (明·馬中錫『中山狼傳』)
선생은 어떻게 '사람을 돕는(濟物=濟人:사람을 돕다/구하다)데' 뜻이 있습니까?

必也聖乎! (분명히 성인(聖人)이다!)

(부사) 꼭, 반드시, 분명히. (一定, 必然)

→ 是故弟子不必不如師, 師不必賢於弟子 (唐·韓愈『師說』)
이 때문에(是故) 제자(弟子)가 스승보다 반드시 못한 것이 아니(不必不如師)고 스승(師)이 반드시(必) 학생보다 현명한(賢於弟子) '것은 아니다(不必)'.

堯舜其猶病諸! (요순(堯舜) 그들은 똑같이 그것을(=백성에게 널리 베풀고 대중을 돕기를) 걱정한다)

(부사) 1. 똑같이. (同樣)

→ 天地所罰, 小大猶發;鬼神所報, 遠近猶至 (漢·王充『論衡·禍虛』)
하늘이 벌하는 것은 작든 크든 똑같이 발생하고, 귀신(=신=하느님)이 보응(報:報應 선악에 따라 대갚음)하는 것은 멀든 가깝든 똑같이 다가온다.

(부사) 2. 여전히. (依然, 仍然)

→ 三徑就荒, 松菊猶存 (晉·陶潛『歸去來辭』)
작은 길(三徑)은 점차(就:逐漸) 황폐해졌지만 소나무와 국화는 여전히 살아 있다.

堯舜其猶病諸! (요순(堯舜) 그들은 똑같이 그것을(=백성에게 널리 베풀고 대중을 돕기를) 걱정한다)

(동사) 걱정하다. (擔心)

→ 君子病無能焉, 不病人之不己知也 『論語·衛靈公』
군자는 무능한 것을 걱정하고 다른 사람들이 자신을 몰라주는 것을 걱정하지 않는다.

堯舜其猶病諸! (요순(堯舜) 그들은 똑같이 그것을(=백성에게 널리 베풀고 대중을 돕기를) 걱정한다)

(인칭대명사) 제3인칭 대명사 '之'에 상당하는데 문장에서 동사의 목적어 역할만 하고 대신하는 대상은 이미 앞의 문장에 출현한 것이다.

1. 서술문에 쓰여 동사의 목적어가 되고 '동사+諸'의 구조를 구성한다. '그, 그것'으로 번역되거나 지시하는 것을 직접 번역하면 된다.

→ 人必其自愛也, 然後人愛諸;人必其自敬也, 然後人敬諸 『法言·君子』
사람은 반드시 자신을 사랑한 다음 다른 사람이 그를(=자신을 사랑한 사람) 사랑한다; 사람은 반드시 자신을 존중해야 그 다음 다른 사람이 그를(=자신을 존중한 사람) 존중한다.

2. 의문문과 반문에 사용되어 뒤에 긴밀하게 어기사 '乎'를 이어쓰고 '동사+諸+乎'의 형식을 만든다. '그, 그것' 등으로 번역된다.

→ 仲幾曰: "縱子忘之, 山川鬼神其忘諸乎?" 『左傳·定公元年』
중기(仲幾)가 말했다. "설사 당신이 그것을 잊어도 산천의 귀신(=神)이 어떻게(其) 그것을 잊겠는가?"

夫仁者, 己欲立而立人 (덕행이 있는 사람은 자신이 성취하길 원하면 타인을 성취하게 한다)

(문두조사) 보통 문두에 쓰여 판단을 하거나 의견을 토로하는 어기의 일종이다. '夫'는 판단되거나 의론되는 대상(사람, 사건, 사물, 동작 등) 앞에 놓인다. 이 대상에 대해서 표지 작용을 하거나 이 대상의 개괄성이나 보편성을 강조하고, 그것에 대한 판단과 의론 역시 자주 규칙성과 개괄성을 가져 온다. 동시에 다음 문장의 어기와 작용을 가져 온다. 판단이나 의론을 나타낼 때에는 보통 어기사 '也, 者也'를 취한다.

→ 夫戰, 勇氣也 『左傳·莊公十年』
전쟁은 용기이다.

→ 夫民, 神之主也 『左傳·宣公六年』
백성은 신령스러운 주인이다.

→ 夫當今生民之患, 果安在哉? (宋·蘇軾『敎戰守策』)
지금(當今) 인민/백성(生民)의 걱정은 과연(果) 어디에(安) 있는가?

己欲立而立人 (자신이 성취하길 원하면 타인을 성취하게 한다)

(동사) 성취하다. (成就)

→ 兵精粮多, 足以立事 『資治通鑑·漢紀·獻帝建安十三年』
병사는 강하고 양식은 많으니 충분히 '사업을 이룰 수가 있다(立事: 공훈을 세우고 업적을 쌓다 建功立業)'.

己欲達而達人 (자신이 높아지고 귀해지길 원하면 타인을 높이고 타인을 귀하게 대한다)

(동사) 뜻을 이루다, 지위가 높고 귀하다. (得志, 顯貴)

→ 窮則獨善其身, 達則兼濟天下 『孟子·盡心下』
곤궁하면 홀로 그의 몸을 훌륭하게 하지만 지위가 높고 귀하게 되면 전하를 돕는다(兼濟: 천하의 민중과 민물이 혜택과 이익을 얻게 하다 使天下民衆、萬物感受惠益).

能近取譬, 可謂仁之方也已 (가까이서 비유할 수 있다면 仁의 방법이라고 말할 수 있다)

(동사) 비유하다. 비유를 찾아 갖다. (打比方 ; 尋取比喩)

→ 取譬不遠, 昊天不忒 『詩·大雅·抑』

비유하자면 '멀지 않고/멀리 있지 않고' 하늘(昊天)은 '착오가 없다/변경이 없다(不忒:没有變更 ; 没有差錯).

— **[예문 보충 설명]**

현대중국어에서 昊天不忒(호천불특, hàotiānbútè)은 관용구로 '하늘은 편파적이지 않다. 하늘은 공평하다'라는 의미로 쓰인다.

能近取譬, 可謂仁之方也已 (가까이서 비유할 수 있다면 仁의 방법이라고 말할 수 있다)

(명사) 인방(仁方)은 仁과 道의 방법과 길을 실행하다(施行仁道的方法與途徑)의 뜻이다.

→ 伊天皇之樹葉, 必結根於仁方 (漢·劉楨『遂志賦』)
오직(伊:唯) 하느님(天皇:天帝)의 나뭇잎이 반드시 仁과 道를 실행하는 방법과 길에 뿌리를 둔다.

제 7 편

술이

7-1. 子曰: "述而不作, 信而好古, 竊比於我老彭."

子曰:	"(吾)述	而	不作,	信	而
공자가 말하다	(동)명백히 논술하다. 말하다	(접)전환. '그러나'(1-1)	창작하지 않다	(동)믿다	(접)병렬.'그리고'
공자가 말했다. "(나는) 명백히 논술하지만 창작하지는 않(고)				옛것을 믿고	
好古,		竊	(我,吾..)比於	我	老彭."
옛것을 좋아하다 [좋아하다(好) + 옛것(古)]		(부)몰래	(관용구) ~와 비교하다	(대)나[소유격으로 쓰였다]	(인명)노팽(老彭)
좋아하(니/…)		몰래 (나를) 나의 노팽(老彭)과 비교(해본다)."['於':'대상전치사']			

번역 공자가 말했다. "나는 명백히 논술하지만 창작하지는 않고, 옛것을 믿고 좋아하니 몰래 나를 노팽(老彭)과 비교해본다."

語法과 語彙

述而不作 (명백히 논술하지만 창작하지는 않는다)

(동사) (비교적 심오한 문제를) 명백히 논술하다, 말하다. (闡述, 說)

→ 或叩以往事, 一一詳述之 〔清·方苞『獄中雜記』)
누군가(或) 옛날 일(以往事)을 물으면(叩) 하나하나 상세히 그것을 말한다.

述而不作 (명백히 논술하지만 창작하지는 않는다)

(동사) 창작하다, 쓰다. (寫作, 創作)

→ 故憂愁幽思而作『離騷』 『史記·屈原賈生列傳』
때문에 걱정스럽고(憂愁:憂慮愁苦) 깊이 생각하여(幽思:深思 ; 沉思) 『離騷』를 짓다.

信而好古 (옛것을 믿고 좋아하다)

(접속사) 단어, 구, 문장을 연결시켜 병렬 관계를 보여 준다. (連接詞、詞組或分句, 表示并列關係)

→ 天道賞善而罰淫 (先秦·『單子知陳必亡』)
하늘의 준칙(天道)은 착한 것에 상을 주(賞善)고(而) 사악한 것에 벌을 준다(罰淫).

信而好古 (옛것을 믿고 좋아하다)

(동사) 옛날의 것(=고대의 사물)을 좋아하다. (謂喜愛古代的事物)

→ 我非生而知之者, 好古敏以求之者也 『論語·述而』
나는 태어나면서 아는 사람이 아니라 옛것을 좋아하고 민첩하게 추구하는 사람이다.

竊比於我老彭 (몰래 나의 노팽(老彭)과 비교하다)

(부사) 몰래. (暗地里, 偷偷地)

→ 弟子皆竊罵 『史記·劉敬叔孫通列傳』
제자들이 모두 몰래 욕하다.

竊比於我老彭 (몰래 나의 노팽(老彭)과 비교하다)

(관용구) 비교를 나타낸다. 비교되는 대상은 동사 '比' 앞에 놓이고 비교하는 대상은 전치사 '於'(대상전치사) 다음에 놓인다. 'A比於B'의 형식으로 'A를 B와 비교하다'로 번역될 수 있다. 비교의 결과는 다음 문장에 있다.

→ 魯仲連曰: "然梁之比於秦, 若仆耶?" 『戰國策·趙策三』
노중연(魯仲連)이 말했다. "그러나 양(梁)나라는 진(秦)나라와 비교하면 하인(仆) 같은가(耶:의문어기조사)?"

竊比於我老彭 (몰래 나의 노팽(老彭)과 비교하다)

(인명) 은나라의 대부로 옛날 일을 즐겨 이야기했다는 노팽(老彭)이라는 설, 공자가 禮에 관하여 질문했다는 노담(老聃) 즉 노자(老子)라는 설, 노자와 팽조(彭祖) 두 사람을 가리킨다는 설 등이 있나. (류종목, 2010)

(인명) 노팽(老彭)은 고주의 해석대로 은나라의 현명한 대부로서 공자의 마음속에 있는 옛 술자(述者)의 한 전형(典型)일 수가 있다. 그러나 나는 공자가 20대에 만난 '노자(老子)'였을 것이라고 생각한다. 그 노자가 오늘날 『도덕경』의 작가가 아니라 할지라도 세상의 흥망성쇠를 달관한 거대한 지식인으로서(周나라 수장실(守藏室)의 사(史)였다고 한다면 주나라 황실도서관의 관장격인 역사가였다) 공자의 마음속에 깊이 있게 남아 있는 한 지적인 거인이었을 것이다. (김용옥, 2008)

7-2. 子曰: "默而識之, 學而不厭, 誨人不倦, 何有於我哉?"

子曰:	"默	而	識	之,	學
공자가 말하다	(동)침묵하다. 조용히 하다	(접)부사어+而+서술어(1-4)	(동)알다.인식하다	(대)형식적 쓰임 (2-17)	(동)배우다
공자가 말했다. "묵묵히 인식하(고)					
而	不厭,	(於)誨人		不倦,	
(접)전환. '그러나'(1-1)	싫어하지 않다 [厭:(6-28)]	(동)사람을 가르치다 [誨:(2-17)]		(동)싫증나지 않다, 물리지 않다	
배우지만 싫어하지 않(고)		1. 사람을 가르치는 것에 대해 싫증'내지/나지' 않(으니) [(於)誨人不倦] 2. 사람을 가르치지만 싫증나지 않(으니) [誨人(而)不倦] 3. 사람 가르치는 것은 싫증내지 않(으니) [誨人, 不倦]			
何有		於	我	哉?"	
(관용구)반문. '무슨 어려움이 있겠는가?…'(4-13)		(대상.전)동작대상.'~에게'(2-5)	(대)나	(어기)반문(2-10)	
나에게 무슨 어려움이 있겠는가?"					

번역 공자가 말했다. "묵묵히 인식하고 배우지만 싫어하지 않고, 사람을 가르치는 것에 대해 싫증내지 않으니 나에게 무슨 어려움이 있겠는가?"

語法과 語彙

默而識之 (묵묵히 인식하다)

(동사) 조용히 하다, 침묵하다, 말하지 않다. (静默, 不說)

→ 或默或語 『周易·係辭上』
때로는(或:有時) 침묵하고 때로는 말한다.

默而識之 (묵묵히 인식하다)

(동사) 알다, 이해하다, 인식하다. (知道, 懂得, 認識)

→ 不識有諸? 『孟子·梁惠王上』
그것이 있는지는 모른다.

誨人不倦 (사람을 가르치지는 것에 대해 싫증내지 않다)

(동사) 물리다, 싫증나다. (厭倦)
(형용사) 게으르다. 태만하다. (懈怠)

→ 長卿故倦游, 雖貧, 其人材足依也 『史記·司馬相如列傳』
장경(長卿)은 그래서 '타향에서 벼슬하는 생활이 싫증났고(倦游:厭倦游宦生涯)' 비록 가난하지만 그 '사람의 재능(人材:人的才能)'은 의지할 만하다.

誨人不倦 (사람을 가르치는 것에 대해 싫증나지 않다)

— [견해]

이 문장은 '사람을 가르치다(誨人)'와 '싫증나지 않다(不倦)'로 이루어진 문장이다. 그렇다면 이 상황에서 이 문장의 의미는 '사람을 가르치는 것(誨人)에 대해 싫증나지 않는다[(於)誨人不倦]'가 되거나 '사람을 가르치지만 싫증나지 않는다[誨人(而)不倦]'가 될 것이다. 전자는 '誨人' 앞에 대상을 나타내는 전치사 於가 생략되었다고 보는 것이고 후자는 두 동사구 사이에 전환 접속사 而(그러나)가 생략되었다고 보는 것이다. 다른 하나는 '사람을 가르치다(誨人)'가 '화제(topic, 1-6참조)'가 되어 진술대상이 되고 '싫증나지 않다(不倦)'가 진술을 나타내는 문형이다. 이 문형 중에서 특히 문두에 장소를 한정하는 '동작 발생 장소 전치사'나 장소의 일환이 '범위'를 나타내는 '범위 한정 전치사'는 빈번하게 생략되는 용도에 해당하는 것으로 보았다(1-3).

7-3. 子曰: "德之不脩, 學之不講, 聞義不能徙, 不善不能改, 是吾憂也."

子曰:	"德	之	不脩,	學	之
공자가 말하다	(명)덕(德)	(조)목적어 전치 (1-15)	(동)배양하지 않다	(동)배우다 [동사→명사]	(조)목적어 전치 (1-15)
공자가 말했다.	"德을 배양하지 않(는 것) [명사화(4-23)]			배움을 중시하지 않(는 것) [명사화(4-23)]	
不講,	**聞**	**義**	**不能**	**徙,**	**不善**
(동)중시하지 않다. 연구하지 않다	(동)듣다	(명)의(義). 정의로움(1-13)	(조동사)~할 수 없다[能:(1-7)]	(동)변하다. 변화하다	나쁜 일 [형용사→명사]
	義를 들어도 변할 수 없(는 것) [명사화]				
不能	**改,**	**是**	**吾**	**憂**	**也."**
(조동사)~할 수 없다[能:(1-7)]	(동)고치다	(대)재지시. '이것'(2-7)	(대)나,우리 '주어,한정어…' (13-18)	(동)걱정하다	(어기)진술강조 (2-17)
나쁜 일(을) 고칠 수 없(는 것) [명사화][여기까지가 다음에 나오는 재지시 '是(이것)'의 대상이 된다]	1. 이것이(화제) 내가 걱정하는 것이다." 2. 이것(을) 나는 걱정한다." [是吾憂也 → 吾是憂也. 목적어 전치에는 해당되지 않는 것으로 보인다(9-14)]				

번역 공자가 말했다. "德을 배양하지 않는 것, 배움을 중시하지 않는 것, 정의로움을 들어도 변할 수 없는 것, 나쁜 일을 고칠 수 없는 것, 이것이 내가 걱정하는 것이다."

語法과 語彙

德之不修 (德을 배양하지 않다)

(동사) 배양하다, 높이다. (培養, 提高)

→ 臣修身浩行數十年 『史記·魏公子列傳』
제가 몸을 배양하고(=닦고) '품행을 고쳐서 완전하게 한(浩行:修飭品行) 것'이 수십 년입니다.

學之不講 (배움을 중시하지 않다)

(동사) 연구하다, 중시하다, (講求, 重視)

→ 今陛下講於大禹及高皇帝之建豪英也 『漢書·晁錯傳』
지금 폐하(陛下)는 대우(大禹)와 고황제(高皇帝)가 영웅 호걸(豪英)을 만든 것을 중시합니다.

聞義不能徙 (정의로움을 들어도 변할 수 없다)

(동사) 변하다, 변화하다, 변천하다. (轉移, 變化)

→ 時已矣, 而法不徙, 以此爲治, 豈不難哉? 『呂氏春秋·察今』
시간이 이미 지났는데 법률은 변하지 않으니 이것으로 통치하면 어떻게 어렵지 않겠는가?

不善不能改 (나쁜 일을 고칠 수 없다)

(명사) 나쁜 일. (壞事)

→ 作善, 降之百祥 ; 作不善, 降之百殃 『書·伊訓』
좋은 일을 하면 '주는 것(降:給予)'은 '많은 상서로움(百祥)'이고 나쁜 일을 하면 주는 것은 '많은 재앙(百殃)'이다.

是吾憂也 (이것이 내가 걱정하는 것이다)

(동사) 걱정하다. 근심하다. (担憂, 發愁)

→ 先天下之憂而憂, 後天下之樂而樂 (宋·範仲淹『岳陽樓記』)
먼저 세상이 걱정하면 걱정하고 나중에 세상이 즐거워하면 즐거워한다.
or 세상이 걱정하면 걱정하는 것을 우선으로 하고, 세상이 즐거워하면 즐거워하는 것을 나중으로 하다.

— [견해]

이 문장은 두 가지 통사로 파악할 수 있는데 하나는, [德之不脩, 學之不講, 聞義不能徙, 不善不能改] 와 [是吾憂也]로 나눌 때, 전자를 후자의 동사 서술어 '憂(걱정하다)'의 목적어가 되는 것으로 볼 수 있는 경우로 전자를 마지막 단문에서 재지시 是(이것)로 받아 문두에 놓고 목적어 전치로 처리하고 '주어+동사'가 나열된 구조로 볼 수 있다. 다른 하나는 전자를 후자에서 재지시 '是'로 받아 화제(topic)로 처리하고 '주어+동사'가 나열된 문형이다.

결국 '시(是)'가 '목적어 전치'인지 '화제'인지로 나뉘는데, 목적어 전치에서 '목적어 + 之(是) + 타동사'이 구조가 있지만 이때 '시(是)'는 '재지시'가 아니라 목적어 전치를 나타내는 '구조조사'이다(→ 寡人其君'是'惡 나는 그 나라의 왕을 싫어한다). 다른 한 가지는 같은 통사 부정문인 '목적어 + 之(是) + 不 + 타동사'의 경우이다(→ 前事'之'不忘 과거의 일을 잊지 않다). 따라서 이 문형은 '화제'를 앞에 놓고 '주어+동사'를 나열한 통사로 보아야 할 것 같다.

7-4. 子之燕居, 申申如也, 夭夭如也.

<table>
<tr><th>子</th><th>之</th><th>燕</th><th>居,</th><th>申申</th><th>如</th></tr>
<tr><td>(명사:인명)공자</td><td>(접)주어+之+서술어(1-10)</td><td>(형)편하고 한가롭다[형→부]</td><td>(동)머물다</td><td>(형)평화롭고 편안하다</td><td>(조)상태기술. 형·부·동+如(3-23)</td></tr>
<tr><td colspan="4">공자는 편하고 한가롭게 머물(때) [시간절(1-1)]</td><td colspan="2">평화롭고 편안한 모습이(었고)</td></tr>
<tr><th>也,</th><th>夭夭</th><th>如</th><th>也.</th><td colspan="2" rowspan="3"></td></tr>
<tr><td>(어기)병렬(3-23)</td><td>(형)평화롭고 느긋하고 쾌적하다</td><td>(조)상태기술. 형·부·동+如(3-23)</td><td>(어기)진술강조(2-17)</td></tr>
<tr><td></td><td colspan="3">평화롭고 느긋하고 쾌적한 모습이었다.</td></tr>
</table>

번역 공자는 편하고 한가롭게 머물 때 평화롭고 편안한 모습이었고, 평화롭고 느긋하고 쾌적한 모습이었다.

語法과 語彙

子之燕居 (공자가 편하고 한가롭게 머물다)

(형용사) 안일(安逸:편하고 한가롭다)하다. (安逸, 安閒)

→ 雖燕居必冠 『史記·萬石君列傳』
비록 편하고 한가롭게 있지만 꼭 갓을 쓴다.

子之燕居 (공자가 편하고 한가롭게 머물다)

(동사) 머물다. (停留, 停)

→ 居十日, 扁鵲復見 『韓非子·喩老』
10일 머무를 때 편작(인명, BC407—BC310, 고대 의사)이 또 보러 오다.

申申如也 (평화롭고 편안한 모습이다)

(형용사) 평화롭고 편안하다; 화목하고 즐겁고 편안하다 → 평화롭고 편안하다. (和舒貌; 和樂舒適的樣子)

→ 憂國心情常悄悄, 閑居容止自申申 (元耶律楚材『和李世榮韵』)
나라를 걱정하는 마음(心情)은 항상(常) 조용하고(悄悄) 한가롭게 머무(閑居)는 모습(容止)은 자연스럽게(自) 평화롭고 편안하다.

夭夭如也 (평화롭고 느긋하고 쾌적한 모습이다)

(형용사) 평화롭고 느긋하다; 화목하다; 쾌적하다, 편하다 → 평화롭고 느긋하고 쾌적하다. (和舒貌 ; 和睦貌)

→ 申申夭夭, 和舒之貌 (何晏集解引馬融曰)
신신요요(申申夭夭)는 평화롭고 느긋한 모양이다(和舒:和暢舒適:화창하다, 따뜻하고 좋다(和暢) + 쾌적하다, 편하다(舒適). [하안(何晏:?—249年) 집해(集解)는 마융(馬融: 79年—166年)을 인용해 말한다]

— [견해]

신신(申申)과 요요(夭夭)의 의미는 겹치는 부분이 많고 해석도 조금씩 다른데 겹치는 부분은 '잔잔하고 평화롭다'이다. 겹치지 않는 부분으로 신신(申申)은 '편안하다' 그리고 요요(夭夭)는 '느긋하고 쾌적하다'의 의미를 가지고 있다. 이에 근거하여 이 두 단어의 의미를 각각 '평화롭고 편안하다(신신, 申申), '평화롭고 느긋하고 쾌적하다(요요, 夭夭)로 처리하였다.

7-5. 子曰: "甚矣吾衰也! 久矣吾不復夢見周公!"

子曰:	"甚	矣	吾	衰	也!
공자가 말하다	(형)심하다. 지나치다. 대단하다	(어기)감탄(1-3)	(대)나,우리 '주어,한정어…' (13-18)	(형)노쇠하다. 쇠약하다	(어기)감탄(3-17)
공자가 말했다. "심하다! 내가 쇠약해진 것이!					
久	**矣**	**吾**	**不**	**復**	**夢**
(형)오래되다(5-17)	(어기)감탄(1-3)	(대)나,우리 '주어…'(13-18)	(부정부사) 아직~하지 못하다	(부)또,다시	(명)꿈 [명사→부사]
오래되었다! 내가 꿈에서 다시					
見	**周公!"**				
(동)보다, 만나다(3-24)	주공(周公):주 왕조를 세운 무왕의 동생				
주공(周公)을 못 본 (것이)!"					

번역 공자가 말했다. "심하다! 내가 쇠약해진 것이! 오래 되었다! 내가 꿈에서 다시 周公을 못 본 것이!"

語法과 語彙

甚矣吾衰也! (심하다! 내가 쇠약해진 것이!)

(형용사) 대단하다, 지나치다, 심하다. (厲害, 過分)

→ 甚矣汝之不惠 『列子·湯問』
심하다! 네가 은혜롭지 못한 것은!

甚矣吾衰也! (심하다! 내가 쇠약해진 것이!)

(형용사) 노쇠하다, 쇠약하다. (衰老, 衰弱)

→ 年衰志憫 『淮南子·主術訓』
나이가 많이 들어(年衰) 약간(志:微小) 걱정스럽다(憫:憂愁)/ 나이가 많이 들어(年衰) 마음(志:心情)이 걱정스럽다(憫:憂愁).

久矣吾不復夢見周公! (오래되었다! 내가 꿈에서 周公을 못 본 지!)

(부정부사) 보통 동사 서술어 앞에 쓰여 부사어가 되어 각종 부정을 나타낸다. 과거 경험에 대한 부정을 나타낸다. '~하지 않다', '~하지 못하다', '~적 없다' 등으로 번역된다. (沒有, 未曾)

→ 一日不見, 如三秋兮 『詩經·王風·采葛』
하루 못 본 것이 9개월 같다.

→ 臣聞以德和民, 不聞以亂 『左傳·隱公三年』

신(臣)은 德으로(以德) '백성을 온순하게 하고 안정시킨다(和民:使民和順安定)'는 말을 들은(聞) 적이 있지만 '그것으로 혼란시킨다는 말은 들은 적이 없습니다(不聞以亂)'.

久矣吾不復夢見周公! (오래 되었다! 내가 꿈에서 다시 周公을 못 본 것이!)

(부사) 반복을 나타낸다. '또', '다시'. (表示重複. 又, 再)

→ 子玉復治兵於蔿 『左傳·僖公二十七年』
자옥(子玉)은 다시 위(蔿)에서 '병사를 훈련시킨다(治兵: 고대 가을에 진행하던 병사 훈련 의식으로 나중에 보통 병사를 훈련시키거나 군대를 지휘하는 것을 나타낸다. 古指在秋季進行的練兵儀式. 後泛指練兵或治軍).

久矣吾不復夢見周公! (오래 되었다! 내가 꿈에서 다시 周公을 못 본 것이!)

─ [보충과 견해]

이 문장의 통사구조에서 눈여겨보아야 하는 부분은 '부사'가 연용(連用) 된 것인데, 현대중국어에서는 '你[說得][太快了](너는 너무 빨리 말한다)', '他[走了][好遠](그는 아주 멀리 가버렸다)'처럼 '말하는 것이 빠르다', '간 것이 아주 멀다' 등의 형식으로 동사가 발생되는 모습과 상황을 '정도보어'로 처리하여 표현한다. 하지만 '[再次][在夢里][看見](다시 꿈속에서 보았다)'처럼 부사(구) 연용도 볼 수 있다. 부사의 연용은 한국어에서 빈번하고(→ 너는 너무 부드럽게 말한다), 영어도 그렇다(→ You speak too softly).

설명하고 있는 문장(久矣吾不復夢見周公)에서 '吾不復夢見周公' 이 부분은 [吾(나는, 주어)+復(다시, 부사)+夢(꿈에서, 부사)+見(본다, 동사)+周公(주공을, 목적어)]의 통사를 갖고 있다고 볼 수 있다.

7-6. 子曰: "志於道, 據於德, 依於仁, 遊於藝."

<table>
<tr><th>子曰:</th><th>"志</th><th>於</th><th>道,</th><th>據</th><th>於</th></tr>
<tr><td>공자가 말하다</td><td>(동사)뜻을 세우다 (2-4)</td><td>(전)발생장소,출현 범위.'~에'(1-14)</td><td>도(道)</td><td>기반을 두다, 의지하다</td><td>(전)발생장소,출현 범위.'~에'(1-14)</td></tr>
<tr><td colspan="4">공자가 말했다. "도(道) 안에서 뜻을 세우(고)</td><td colspan="2">덕(德) 안에서 기반을 두(고)</td></tr>
<tr><th>德,</th><th>依</th><th>於</th><th>仁,</th><th>遊</th><th>於藝."</th></tr>
<tr><td>덕(德)</td><td>의지하다</td><td>(전)발생장소,출현 범위.'~에'(1-14)</td><td>인(仁)</td><td>교제하다, 교유하다</td><td>육예(六藝) [於:(1-14)]</td></tr>
<tr><td></td><td colspan="3">인(仁) 안에서 의지하(고)</td><td colspan="2">육예(六藝) 안에서 교유(交遊)'해라/한다'." [명령문 표지가 없다]</td></tr>
</table>

번역 공자가 말했다. "도(道) 안에서 뜻을 세우고, 덕(德) 안에서 기반을 두고, 인(仁) 안에서 의지하고, 육예(六藝) 안에서 교유(交遊)해라."

語法과 語彙

據於德 (德 안에 기반을 두다)

(동사) 의지하다, 기반을 두다. (依靠, 憑借)

→ 秦孝公據崤函之固 (漢·賈誼『過秦論』)
진나라 효공(孝公)이 효산(崤:崤山)과 한구관(函谷關) 관문 같은 '공고함(固)'에 '기반을 두다/의지하다.'

遊於藝 (육예(六藝) 안에서 교유(交遊)하다)

(동사) 교제(交際)하다(=서로 사귀어 가까이 지내다), 교유(交遊)하다(=서로 사귀어 놀거나 왕래하다. (交遊)

→ 竊以爲與君實游處相好之日久 (宋·王安石『答司馬諫議書』)
저(竊)는 선생님과 실제로 '교유하고(游處: 交游 ; 來往)' '서로 친하게 지낸(相好:相互交好)' 날이 오래 되었다고 생각합니다.

遊於藝 (육예(六藝) 안에서 교유(交遊)하다)

(명사) 고대 통지 계급이 자제를 교육시키던 6종목의 과목인 '예(禮), 악(樂), 사(射), 어(御), 서(書), 수(數)' 혹은 유교의 경전인 육경으로 '『역易』, 『서書』, 『시詩』, 『예禮』, 『악樂』, 『춘추春秋』'를 가리킨다.

→ 孔子以詩書禮樂教, 弟子蓋三千焉, 身通六藝者七十有二人 『史記·孔子世家』
공자는 '시(詩), 서(書), 예(禮), 악(樂)'으로 가르치고 제자는 대략(蓋) 3,000명이었는데 육예(六藝)에 정통한 사람은 72명이다.

7-7. 子曰: "自行束脩以上, 吾未嘗無誨焉."

子曰:	"自	行	束脩	以上,	吾
공자가 말하다	(전)관련대상.~로 부터 시작됨 표시	(동)보내다	(명)입학 시 공경을 보이는 예물	이상[以:(접)시간, 범위,장소]	(대)나,우리 '주어,한정어…' (13-18)
공자가 말했다.	"'입학 시 공경을 보이는 예물(본래는 '열 가닥의 마른 고기'로 일반적인 작은 예물)' 이상부터				나는
未嘗	**無**	**誨**	**焉."**		
(관용)'~적이 없다' (3-24)	(부)진술사실부정 (=不)(1-15)	(동)가르치다(2-17)	1. (어기)문미에서 멈춤(5-16) 2. (대)3인칭.'그, 그것'(1-14)		
가르치지 않은 적이 없다." / 나는 그를 가르치지 않은 적이 없다."					

번역 공자가 말했다. "'입학 시 공경을 보이는 예물(='열 가닥의 마른 고기'로 작은 예물)' 이상부터 나는 가르치지 않은 적이 없다."

語法과 語彙

自行束脩以上 (입학 시 공경을 보이는 예물(='열 가닥의 마른 고기'로 작은 예물) 이상부터)

(대상전치사) 목적어를 가져서 동사서술어 앞, 뒤에 쓰이고 관련 대상을 이끌어 와서 동작, 행위가 '누구, 어디' 등으로부터 시작됨을 나타낸다.

→ 天下有道, 則禮樂征伐自天子出;天下無道, 則禮樂征伐自諸侯出　『論語·季氏』
세상에 道가 있으면 예악과 정벌이 천자로부터 시작되고, 세상에 道가 없으면 예악, 정벌이 제후로부터 시작된다.'

自行束脩以上 (입학 시 공경을 보이는 예물(='열 가닥의 마른 고기'로 작은 예물) 이상부터)

(동사) 보내다, 하사하다. (致送, 賜予)

→ 且法以有功勞行田宅　『漢書·高帝紀下』
또한(且:況且) 법으로 공로가 있으면 논밭과 집(田宅:田地和房屋)을 하사한다.

自行束脩以上 (입학 시 공경을 보이는 예물(='열 가닥의 마른 고기'로 작은 예물) 이상부터)

1. (명사) 고대 입학할 때 선생님에게 공경을 보이는 예물. (古代入學敬師的禮物) [속수, shùxiū]

→ 訓飭諸子從師問學, 束脩不足, 脱簪珥繼之　(明·宋濂『寧海林貞婦方氏墓志銘』)
제군들(諸子:諸君)이 스승을 따라가 배움을 구하도록(問學:求知 ; 求學) 가르치고 타일렀(訓飭:教訓戒勉)지만 배움을 위한 예물이 부족하여 비녀(簪)와 귀고리(珥)를 벗어 배움을 지속하다.

2. (명사) 열 가닥의 마른 고기로 옛날에 자주 선물로 사용한 일반적인 예물. (十条乾肉, 舊時常用作饋贈的一般性禮物)

自行束脩以上 (입학 시 공경을 보이는 예물(='열 가닥의 마른 고기'로 작은 예물) 이상부터)

(접속사) 연결되는 뒤의 항목은 '上, 下, 往, 來, 前, 後, 南, 北' 등이고 앞의 以와 이어 쓰여 동작의 시간, 범위, 장소 등을 나타낸다.

→ 自今以來, 敢犯此者, 輒捕'繫[jì]' 『漢書·王莽傳』
지금'부터(自:從)' 감히 이것을 저지른 사람은 즉시(輒:立卽) 체포하여 가둔다(捕繫:逮捕拘係).

吾未嘗無誨焉 (나는 가르치지 않은 적이 없다)

— [견해]

무회언(無誨焉)은 1. 가르치지 않다. 2. 그를 가르치지 않다. 두 가지 모두 될 수 있다고 본다. 다만 문맥상으로는 대명사보다 진술어기가 더 나은 것 같다.

7-8. 子曰: “不憤不啓, 不悱不發. 擧一隅, 不以三隅反, 則不復也.”

子曰:	“不…(不)	憤	(不)…不	啓,	不…(不)
공자가 말하다	~지 않으면 (가정, 조건)	(동)가슴에 맺히다	~하지 않다(결과)	(동)가르쳐서 깨우치다[동→사동]	~면 (가정, 조건)
공자가 말했다. “가슴에 맺히지 않으면 가르쳐서 깨우치게 하지 않(고)					
悱	**(不)…不發.**	**擧**	**一隅,**	**不**	**以**
(동)말하려고 하지만 말할 수 없다	(동)열어주지 않다 (열다, 해제하다)	(동)꺼내다, 제기하다, 들다	(명)한 모퉁이. 사물의 한 측면	(부)동사 부정	(전)동작직접대상. ‘~를’(5-1)
말하려고 하지만 말할 수 없지 않으면 열어주지 않는다.		사물의 한 측면을 제기(할 때) [시간절(1-1)]		사물의 세 측면을 유추하지 못하…	
三隅	**反,**	**則**	**不復**	**也.”**	
(동)세 모퉁이. 사물의 세 측면	(동)유추하다	(접)조건+則+결과 (1-6)	(동)반복하지 않다	(어기)진술강조 (2-17)	
		…면 [가정절(1-1)] 반복하지 않는다.”			

번역 공자가 말했다. “가슴에 맺히지 않으면 깨우치게 하지 않고, 말하려고 하지만 말할 수 없지 않으면 열어주지 않는다. 사물의 한 측면을 제기할 때 사물의 세 측면을 유추하지 못하면 반복하지 않는다.”

語法과 語彙

不憤不啓 (가슴에 맺히지 않으면 깨우치게 하지 않다)

(고정형식) ‘不…不…’ 이러한 형식의 문장은 대체로 두 가지 상황이 있는데 하나는 병렬이고 하나는 ‘조건/가정’과 결과’이다. 여기서는 앞의 不이 이끄는 부분이 가정, 조건을 나타내고 뒤의 不이 이끄는 부분이 결과를 나타낸다. 자주 가정의 복문을 구성한다.

→ 道雖邇, 不行不至; 事雖小, 不爲不成　『荀子·修身』
길이 비록 가깝지(邇)만 가지 않으면 도달할 수 없고, 일이 비록 작지만 하지(爲) 않으면 이룰 수 없다.

不憤不啓 (가슴에 맺히지 않으면 깨우치게 하지 않다)

(동사) 가슴에 ‘맺히다/쌓이다’. (鬱結於心)

→ 志意蘊憤, 乃隱居著書三十餘篇　『後漢書·王符傳』
의지(志意:意志)를 깊이(蘊) 가슴에 간직하고 은거하면서 책 30여권을 쓰다.

不憤不啓 (가슴에 맺히지 않으면 깨우치게 하지 않다)

(동사) 개도하다(=깨우쳐 이끌다), 계몽하다(=가르쳐서 깨우치다). (開導, 啓蒙)

→ 晉不可啓, 寇不可玩　『左傳·僖公五年』
진(晉)나라는 개도할 수 없고 ‘침략자(寇)’는 ‘업신여(玩)’길 수 없다.

不悱不發 (말하려고 하지만 말할 수 없지 않으면 열어주지 않다)

(동사) 말하려고 하지만 말할 수 없다. (想說話而未能說出來)

→ 舒蓄思之悱憤 (晉·成公綏『嘯賦』)
느리게(舒) 쌓인 생각(蓄思)은 분노를 말하려고 하지만 말할 수 없게 한다.

不悱不發 (말하려고 하지만 말할 수 없지 않으면 열어주지 않다)

(동사) 봉인을 뜯다, 열다. (啓封, 打開)

→ 書未發, 威后問使者 『戰國策·齊策四』
편지(書:信)가 개봉되지 않아 위후(威后: 황후명)가 사자(使者)에게 묻는다.

擧一隅 (사물의 한 측면을 제기하다)

(명사) 한 모퉁이, 한 구석. 일반적으로 사물의 한 방면을 가리킨다. (指一個角落. 亦泛指事物的一個方面)

→ 故火燭一隅, 則室偏無光 『吕氏春秋·士容』
그래서(故) 불이 '한 모퉁이(一隅)'를 밝히면(燭, 則<燭:照亮>) 방의 한 쪽은 빛이 없다.

不以三隅反 (사물의 세 측면을 유추하지 못하다)

(동사) 유추하다. (類推)

→ 因天之道, 反形之理, 督參鞠之, 終則有始 『韓非子·楊權』
하늘의 道'에 따라(因:依)' 사물의 이치를 유추하고 '감독하고 비교 검증하(督參:督察參驗)'고 그것을 '키우니(鞠:養育, 撫養)' 끝나면 시작이 있다.

不以三隅反, 則不復也 (사물의 세 측면을 유추하지 못하면 반복하지 않다)

(동사) 반복하다, 중복하다. (反復, 重複)

→ 遷而不淫, 復而不厭 『左傳·襄公二十九年』
직위가 변해(遷)도 '지나치(淫)'지 않고 반복해도 싫어하지 않다.

7-9. 子食於有喪者之側, 未嘗飽也. 子於是日哭, 則不歌.

子	食	於	有喪	者	之
(인명.명사) 공자.선생님	(동)먹다	(전)발생장소,방향. '~에서'(3-13)	장례가 있다	(조사)~한 사람, ~한 것(1-2)	(조사)수식,종속관계.~의' (3-2)
선생님은(=공자) 장례가 있는 사람의 옆에서 먹(을 때) [시간조건절(1-1)]					
側,	**未嘗**	**飽**	**也.**	**子**	**於**
(명)옆	(관용)'~적이 없다'(3-24)	(동)충분히 먹다	(어기)진술강조 (2-17)	공자, 선생님	(전)발생 시간, 시작 표시
	충분히 먹은 적이 없다.			선생님(=공자)은	
是日	**哭,**	**則**	**不**	**歌.**	
이날(此日=這天)	(동)조문하다	(접)조건+則+결과 (1-6)	(부)동사앞. 과거경험부정(7-5)	(동)노래하다. 읊다. 읊조리다	
이날 조문하…		…면 [가정절(1-1)] 읊조리지 않았다.			

번역 공자가 장례가 있는 사람의 옆에서 먹을 때 충분히 먹은 적이 없다. 공자는 이날 조문하면 읊조리지 않았다.

語法과 語彙

子食於有喪者之側 (공자가 장례가 있는 사람의 옆에서 먹다)

(동사) 먹다. 술을 마시는 것 역시 '食'으로 부른다. (吃, 喝酒亦叫食)

→ 碩鼠碩鼠 無食我黍 『詩經·魏風·碩鼠』
큰 쥐야! 큰 쥐야! 나의 양식을 먹지마라!

子食於有喪者之側 (공자가 장례가 있는 사람의 옆에서 먹다)

(명사) 옆. (旁邊)

→ 坎坎伐檀兮, 寘之河之側兮 『詩經·魏風·伐檀』
쿵쿵(坎坎:의성어) 박달나무(檀)를 베어 그것을 강 옆에 두다.

未嘗飽也 (충분히 먹은 적이 없다)

(동사) 먹을 것을 충분히 먹다. 배부르게 먹다. (吃足了食物)

→ 是馬也, 雖有千里之能, 食不飽, 力不足, 才美不外見 (唐·韓愈『馬說』)
이 말은 비록 천리를 달리는 재주가 있지만 밥을 충분히 먹지 못하고 힘이 부족하면 재능과 아름다움을 '밖으로 보이지 않는다(外見:顯現於外)'.

子於是日哭 (공자가 이날 조문하다)

(시간전치사) 서술어 앞에서 부사어가 되어 대다수는 동작, 행위의 발생이나 시작되는 시간을 나타낸다.

→ 是我於花之未開, 先享無窮逸致矣 (清·李漁『芙蕖』)
이렇게(是) 우리는 꽃이 피기 전에 먼저(先) 끝이 없고(無窮) 한적하고 편안한 정취(逸致)를 즐겼다(享).

→ 留待作遺施, 於今無會因 『孔雀東南飛』
남겨두어(留待) 선물로 준 돈과 물건(遺施:饋送施舍之錢物 선물로 은덕을 베푼 돈과 물건)으로 삼아라, 지금은 만날 이유가 없다.

子於是日哭 (공자가 이날 조문하다)

(명사구) 이날. (此日、這天)

→ 是日, 太傅袁隗與百官皆到 『三國演義·第三回』
이날 태부(太傅:관직명) 원외(袁隗:?~190년)와 많은 관리가 모두 도착하다.

子於是日哭 (공자가 이날 조문하다)

(동사) 조문하다, 조상하다. (吊唁)

— [보충]

한국, 중국 주석서 모두 '곡하다, 울다(哭泣)'라고 기재하였는데 『漢語大字典』 외 여러 고대중국어 사전에서 곡(哭)은 '장사 집에서 울음소리를 내다'라는 의미항목이 없고 '조문하다(吊唁)'라고 간단하게 기재되어 있다.

→ 湯使之哭之 『淮南子·說林訓』
탕(湯王)은 가게 하(之)여 그(之)를 조문하(哭)게 한다.
or 탕(湯王)은 가게 하(之)여 조문하게 한다(哭之).

子於是日哭, 則不歌 (공자는 이날 조문하면 읊조리지 않는다)

(동사) 노래하다, 읊다. (唱, 吟誦)

→ 心之憂矣, 我歌且逍遥 『詩經·魏風·園有桃』
마음이 걱정스러워 나는 읊조리며 '자유롭게 거닌다(逍遥)'.

7-10. 子謂顔淵曰: "用之則行, 舍之則藏, 唯我與爾有是夫!" 子路曰: "子行三軍, 則誰與?" 子曰: "暴虎馮河, 死而無悔者, 吾不與也. 必也, 臨事而懼, 好謀而成者也."

子謂顔淵曰:		"用	之	則	行,
공자가 안연에게 말하다		(동)임용하다. [피동(3-20)]	(대)형식적 쓰임 (2-17)	(접)조건+則+결과 (1-6)	(동)실행하다, 밀고나가다(5-14)
공자가 안연에게 말했다.		"임용되면 실행하(고)			
舍	**之**	**則**	**藏,**	**唯**	**我與爾**
(동)버리다(6-6) (피동으로 쓰임)	(대)형식적 쓰임 (2-17)	(접)조건+則+결과 (1-6)	(동)숨다,숨기다	(부사)오직~만(=惟) (2-6)	나와너 [與:~와 (4-5)]
버려지면 숨(는 것) ['用之則行, 舍之則藏'이 화제이면서 명사구]				오직 나와 너만	
有是	**夫!"**	**子路曰:**	**"子**	**行**	**三軍,**
이것이 있다 [是:재지시(2-7)]	(어기)감탄,찬탄	자로가 말하다	공자, 선생님	(동)쓰다, 사용하다	1.큰 제후국의 삼군 2. 군대
이것을 가지고 있다!"		자로가 말했다.	"선생님(은) 큰 제후국의 삼군(37,500명 규모)을 쓰(면)		
則	**誰**	**與?"**	**子曰:**	**"暴虎**	
(접)조건+則+결과 (1-6)	(의.대)목적어. '누구를'(6-17)	(동)참여하다(사동) (3-12)[yù]	공자가 말하다	(동)맨손으로 호랑이와 싸우다	
누구(를) 참여시키십니까?" [與는 사동용법이고, '목적어(의문대명사)+동사' 구조이다]			공자가 말했다.	"맨손으로 호랑이와 싸우(고)	
馮河,		**死**	**而**	**無悔**	**者,**
(동)걸어서 물을 건너 강을 건너다		(동)죽다	(접)전환. '그러나'(1-1)	(동)후회하지 않다 [無:(1-15)]	(조사)~한 사람, ~한 것(1-2)
걸어서 강을 건(너기를) [빙,píng]		죽어도 후회하지 않는 사람(은)			
吾	**不與**	**也.**	**必**	**也,**	**臨**
(대)나,우리. '주어,한정어…' (13-18)	(동)참여하지 않다 (사동용법)	(어기)진술강조 (2-17)	(동)확보하다(3-7)	(어기)주어+也. '멈춤,완만,제시' (1-2)	(동)만나다, 마주하다(2-20)
나는 참여시키지 않는다.			확보해야 하는 것은		
事	**而**	**懼,**	**好**	**謀**	**而**
(명)일	(접)동작+而+동작. '가정'(4-17)	(동)두려워하다	(동)좋아하다	(동)강구하다, 모색하다	(접)점층. '게다가,또한'(1-14)
일을 만나면 두려워하(고)			강구하고 게다가		
成	**者**	**也."**			
(동)완성하다.실현하다.이루다	(조사)~한 사람, ~한 것(1-2)	(어기)진술강조 (2-17)			
완성하기를 좋아하는 사람이(어야 한)다."					

번역 공자가 안연(顔淵)에게 말했다. "임용되면 실행하고 버려지면 숨는 것, 오직 너와 나만이 이것을 가지고 있다!" 자로가 말했다. "선생님은 큰 제후국의 삼군(37,500명 규모)을 쓴다면 누구를 참여시키십니까?" 공자가 말했다. "맨손으로 호랑이와 싸우고 걸어서 강을 건너면서 죽어도 후회하지 않는 사람, 나는 (그를) 참여시키지 않는다. 확보해야 하는 것은 일을 만나면 반드시 두려워하고 강구하고 게다가 완성하기를 좋아하는 사람이어야 한다."

語法과 語彙

用之則行 (임용되면 실행하다)

(동사) 임용하다, 임명하다, 파견하다. (任用, 差遣)

→ 表惡其能而不能用也 『資治通鑑·漢紀·獻帝建安十三年』
유표(表:劉表)는 그의 재능(其能)을 미워하여(惡) 임용할 수 없다(不能用也).

舍之則藏 (버려지면 숨다)

(동사) 숨다, 숨기다. (隱匿, 潛藏)

→ 即藏其尸, 持童抵主人所 (唐·柳宗元『童區寄傳』)
바로 그 시체를 숨기고 아이를 데리고 '주인집(主人所)'에 '도달하다(抵:到達).'

唯我與爾有是夫! (오직 너와 나만이 이것을 가지고 있다!)

(어기사) 문미에 쓰여 문장의 뜻과 어울려 감탄이나 찬탄(贊嘆:찬양과 감탄)을 나타낸다. (呀, 啊, 罢)

→ 子在川上曰:"逝者如斯夫! 『論語·子罕』
공자가 흐르는 물줄기 위에서 말했다. "(시간이) 지나가는 것이 이와 같구나!"

子行三軍 (선생님이 큰 제후국의 삼군(37,500명 규모)을 쓰다)

(동사) 쓰다, 사용하다. (用)

– [견해]

毛子水(2009) 선생 외에 한국, 중국 주석서는 모두 '이끌다, 통솔하다' 등의 의미로 사용하고 있는데 정작 『漢語大字典』 외 여러 고대중국어 사전에는 이 의미항목이 보이지 않는다. 가장 가까운 의미는 毛子水 선생이 '용병'으로 주석한 '사용하다'의 의미항목이 있다. '이끌다, 통솔하다'의 의미항목을 명시하지 않은 이유가 있을 거라 생각하며 '쓰다, 사용하다(用)'의 의미로 보기로 한다.

→ 秦行商君而富强 『韓非子·問田』
진(秦)나라는 상군(商君=商鞅상앙. 약BC395–BC338)을 써서 부강해졌다.

子行三軍 (선생님이 큰 제후국의 삼군(37,500명 규모)을 쓰다)

(명사) 1. 주나라 제도로 큰 제후의 나라의 3군이다. 중군(中軍)이 서열로 가장 높고 다음이 상군(上軍)이고 다음이 하군(下軍)이다. 1군(一軍)은 12,500명이고 삼군(三軍)은 37,500명이다. (周制, 諸侯大國三軍. 中軍最尊, 上軍次之, 下軍又次之. 一軍一萬二千五百人, 三軍合三萬七千五百人)

(명사) 2. 군대의 통칭이다. (軍隊的通稱)

子行三軍, 則誰與? (선생님이 큰 제후국의 삼군(37,500명 규모)을 쓴다면 누구를 참여시키십니까?)

— [보충]

학자들 사이에서 '수여(誰與)'에 대한 풀이는 대개 비슷한데 이 부분은 문법적으로 중요하다고 생각하여 좀 명확히 할 필요가 있을 것 같다. 먼저 학자들의 주석을 먼저 보면 다음과 같다.

- 누구와 함께 하시겠습니까? (김학주, 2017)
- 누구와 함께 하시겠습니까? (이기동, 2011)
- 누구를 데리고 가시겠습니까? (김용옥, 2008)
- 누구와 함께 하시겠습니까? (류종목, 2000)
- 누구와 함께 일하시겠습니까? (與誰共事?) (陳曉芬, 2016)
- 누구와 함께입니까? (和誰呢?) (毛子水, 2009)
- 누구를 찾아 함께 일하십니까? (找誰共事?) (楊伯峻, 2006)

김용옥 선생 이외 학자들은 수여(誰與)에서 '수(誰)'를 '누구' 의미의 의문대명사로, '여(與)'를 '~와 함께' 의미의 전치사로 보고 있는데, 이 경우 '누구와 함께'로 불완전한 의미가 되기 때문에 여(與)에 동사 의미까지 함께 부여하여 '누구와 함께 하다'로 보고 있다. 하지만 이는 잘못된 시각이라고 생각한다. 고대중국어 문헌중에서 특히 경서에는 이렇게 임으로 구성된 문형이 없고 매우 구체적인 문법구조를 갖고 있다.

'전치사+목적어' 구조는 동사의 앞이나 혹은 뒤에 나올 수 있지만 '목적어+전치사'의 구조로는 쓰이지 않는 것 같다. '목적어+전치사' 구조로 쓰이는 경우는 ['목적어+以(一言以)'蔽之 『論語·爲政』'한마디/한 문장으로(一言以)' 그것을 개괄하다] 이외에는 많아 보이지 않는다(하지만 더 찾아야 함). 이 문형은 '의문사+동사'의 구조로 보아야 한다(고대중국어에서 의문사는 동사 앞에 빈번하게 사용되고 있다). 더불어 '여(與 yù)'가 동사인 경우 의미항이 세 가지인데 '참가하다, 참여하다(參與, 參加)'와 '간여하다(幹與)', '칭찬하다(稱譽)'이다. 따라서 의미는 '참가하다, 참여하다'가 되며 여기서는 '동사의 사동용법'인 '참가시키다, 참여시키다'로 쓰였다고 보았다.

暴虎馮河 (맨손으로 호랑이와 싸우고 걸어서 강을 건너다)

(동사) 맨손으로 호랑이와 싸우다. (空手和老虎搏鬪)

→ 不敢暴虎, 不敢馮河, 人知其一, 莫知其它 『詩經·小雅·小旻』
감히 맨손으로 호랑이를 잡지 못하고 감히 걸어서 강을 건너지 못하는 것, 사람은 이 하나를 알고 다른 것을 알지 못한다.

暴虎馮河 (맨손으로 호랑이와 싸우고 걸어서 강을 건너다)

(동사) 걸어서 물을 건너 강을 건너다. 파생되어 용감하지만 책략이 없고 위험을 무릅쓰고 행동하는 것을 가리키다. (徒步涉水渡河. 引申為有勇無謀、冒險行動) [빙, píng]

→ 不敢暴虎, 不敢馮河, 人知其一, 莫知其它 『詩經·小雅·小旻』
감히 맨손으로 호랑이를 잡지 못하고 감히 걸어서 강을 건너지 못하는 것, 사람은 이 하나를 알고 '다른 것(其它)'을 '알지 못한다(莫知)'.

→ 無舟渡水, 馮陵於河, 是頑愚之人 (孔穎達(574年—648年)疏)
물을 건널 배가 없는데 강을 건너는 것(馮:걸어서 건너다 + 陵:넘다), 이 사람은 어리석은 사람이다.

好謀而成者也 (강구하고 게다가 완성하기를 좋아하는 사람이다)

(동사) 강구하다, 모색하다. (謀求)

→ 君子謀道不謀食　『論語·衛靈公』
군자는 道를 강구하고 봉록(食:俸祿)을 강구하지 않는다.

好謀而成者也 (강구하고 게다가 완성하기를 좋아하는 사람이다)

(동사) 완성하다, 실현하다, 이루다. (完成, 實現)

→ 誠如是, 則霸業可成, 漢室可興矣　『三國蜀·蜀書·諸葛亮傳』
정말로(誠) 이렇다(如是)면(則) 패업(霸業)은 이룰 수 있고 한왕조(漢室)는 부흥할 수 있다.

7-11. 子曰: "富而可求也, 雖執鞭之士, 吾亦爲之. 如不可求, 從吾所好."

子曰:	"富	而	可	求	也,
공자가 말하다	(명)재산	(접)주어+而+서술어.'가정'(2-13)	(조동)~할만하다	(동)찾다. 추구하다	(어기사)멈춤, 완만(3-1)
공자가 말했다. "재산이 추구할만하다면… [조건가정절(1-1)]					
雖	**執鞭**	**之**	**士,**	**吾**	**亦**
(접)비록~지만(5-1)	(동)채찍을 잡고 마차를 몰다	(조사)한정어+之+중심어(4-23)	(명)일반 남자	(대)나,우리 '주어,한정어…'(13-18)	(부사)역시(3-22)
비록 채찍을 잡고 마차를 모는(=비천한 하급관리) 남자지만 [양보절(1-1)]				나 역시	
爲	**之.**	**如**	**不可求,**	**從**	**吾**
(동)하다, 행하다(2-1)	(대)재지시. '그것,그사람'(2-1)	(접)만약~면	추구할만하지 않다	(동)좇다, 추구하다	(대)나,우리 '주어…'(13-18)
그것을(=재산을 추구하는 일) 하(겠다). [의지를 나타내주는 조동사 안 보인다]		만약 추구할만하지 않다면 [조건가정절(1-1)]		내가 좋아하는 것을 좇(겠다)." [의지를 나타내주는 조동사 안 보인다]	
所	**好."**				
(조)所+(전)+동사. ~것'(1-12)	(동)좋아하다				

번역 공자가 말했다. "재산이 만약 추구할만한 것이라면 비록 채찍을 잡고 마차를 모는 사람이지만 나 역시 재산 추구하는 일을 하겠다. 만약 추구할만하지 않다면 내가 좋아하는 것을 좇겠다."

語法과 語彙

富而可求也 (재산이 만약 추구할만한 하다면)

(조동사) 동사 앞에 쓰여 상황의 이치에 따라 '마땅히 이러하다'를 보여 준다. '~할만하다', '마땅히 ~하다' 등으로 번역될 수 있다.

→ 冶容不足咏, 春游良可嘆 (晉·陸機『日出東南隅行』)
아름다운 용모(冶容)는 감정을 전하기에(咏) 부족하고 봄나드리(春游)는 정말로(良) 감탄할만하다.

富而可求也 (재산이 만약 추구할만한 하다면)

(동사) 찾다, 추구하다. (尋找, 追求)

→ 女爲惠公來求殺余 『左傳·僖公二十四年』
너는 혜공을 위하여 와서 나를 죽이려고 한다. (←나를 죽이기를 추구하다)

雖執鞭之士 (비록 채찍을 잡고 마차를 모는 사람이지만)

(동사) 채찍을 잡고 마차를 몰다. 비천한 하급관리(差役)를 가리킨다. (持鞭駕車. 表示卑賤的差役)

雖執鞭之士 (비록 채찍을 잡고 마차를 모는 사람이지만)

(명사) 고대 남자의 통칭으로 일반인을 가리킨다.

→ 女曰鷄鳴, 士曰昧旦 『詩經·鄭風·女曰鷄鳴』
여자는 닭이 운다고 말하고 남자는 해가 아직 밝지 않았다고(昧旦: 하늘이 곧 밝아지고 아직은 밝지 않은 시간 天將明未明之時) 말한다.

如不可求 (만약 추구할만한 않다면)

(접속사) 보통 가정의 복문에서 앞의 단문에 쓰여 가정을 나타내며 뒤의 단문은 결과를 나타낸다. 뒤 단문은 보통 '칙則'과 함께 어울리어 쓰인다. '만약~면'으로 번역될 수 있다.

→ 王如知此, 則無望民之多於鄰國也 『孟子·梁惠王上』
왕께서 만약 이것을 아신다면(王如知此, 則) 백성이 이웃 나라보다 많(民之多於鄰國)기를 '바라지 마십시오(無望)'.

從吾所好 (내가 좋아하는 것을 쫓다)

(동사) 좇다. 추구하다. (追逐)

→ 無從晉師 『左傳·僖公二十八年』
진나라 군대를 좇지마라.

從吾所好 (내가 좋아하는 것을 쫓다)

(동사) 좋아하다. (喜愛 hào)

→ 我未見好仁者 『論語·八佾』
나는 인을 좋아하는 사람을 아직 본 적이 없다.

→ 好仁者, 無以尙之 『論語·里仁』
인을 좋아하는 사람은 인을 넘어설 수 없다.

7-12. 子之所愼, 齊、戰、疾.

子	之	所	愼,	齊、	戰、
(명사.인명)공자	(접)주어+之+서술어(1-10)	(조)所+(전)+동사. ~것'(1-12)	(동)조심하다, 신중하다	(명)재계(齋戒) [=齋<zhāi>])	(명)전쟁
공자가 조심한 것(은)				재계(齋戒), 전쟁, 질병(이었다).	
疾.	['子之所愼'이 명사구로 주어가 되었고 '齊、戰、疾'이 명사술어가 되었다]				
(명)질병					

번역 공자가 조심한 것은 재계(齋戒), 전쟁, 질병이었다.

語法과 語彙

子之所愼 (공자가 조심한 것)

(형용사, 동사) 조심하다, 신중하다. (謹愼, 小心)

→ 故言有招禍也, 行有招辱也, 君子愼其所立乎 『荀子·勸學』
때문에 말은 화를 부르고 행동은 치욕을 부르니 군자는 그가 세우는 것을 조심한다.

→ 故愼制祀以爲國典 (先秦·佚名『展禽論祀爰居』)
그래서(故) 제사를 '신중히 제정하여(愼制祀以)' '국가의 예례(國典)'로 삼다(爲).

子之所愼, 齊、戰、疾 (공자가 조심한 것은 재계(齋戒), 전쟁, 질병이다)

(명사) 재계(齋戒). 제사를 지내기 전 또는 예례를 거행하기 전 마음을 깨끗이 하고 몸을 청결히 하는 것으로 나중에는 '재(齋 zhāi)'가 되었다. (祭祀前或擧行典禮前淸心沽身)

→ 於是漢王齋戒, 設壇場, 拜信爲大將軍 『漢書·高帝紀上』
이 때문에 한(漢)나라 왕은 재계를 하고(齋戒) 단장(壇場:단으로 만든 넓은 무대)을 설치하고 한신(信:韓信)에게 절을 하고 대장군(大將軍)으로 임명한다.

7-13. 子在齊聞韶, 三月不知肉味, 曰: "不圖爲樂之至於斯也."

子	在	齊	聞	韶,	三月
(명사:인명)공자	(전)~에서	(지명)제(齊)나라	(동)듣다	순(舜)임금 때의 악곡(樂曲) 이름	3개월['단위명사=양사' 없다]
공자가 제(齊)나라에서 『소 韶』를 듣(고)					
不	**知**	**肉味,**	**曰:**	**"不**	**圖**
(부)동사앞. 과거경험부정(7-5)	(동)알다	고기 맛	(동)말하다	(부)동사앞. 과거경험부정(7-5)	(동)생각하다
3개월 간 고기 맛을 몰랐(고)			말했다.		
爲樂			**之**	**至**	**於**
음악 창작['동사+목적어'(음악을 만들다) 동사구가 명사구인 '음악을 만든 것→음악 창작'으로 쓰였다고 본다] [爲:(6-29)]			(접)주어+之+서술어(1-10)	(동)오다, 도착하다(3-24)	(전)동작도달장소.'~에'(1-10)
"음악 창작이 여기(=이 정도로 높은 수준)에 이를 줄은 몰랐다."					
斯	**也."**				
(대)(기출현한 것). '여기'(1-12)	(어기)진술강조(2-17)				

번역 공자가 제(齊)나라에서 『소 韶』를 듣고 3개월 동안 고기 맛을 몰랐고, 말했다. "음악 창작이 이 정도 수준에 이를 줄은 몰랐다."

語法과 語彙

子在齊聞韶 (공자가 제(齊)나라에서 『소 韶』를 듣다)

(장소전치사) 목적어를 수반하여 동사 서술어 앞이나 뒤에 놓여 동작, 행위가 발생하거나 지속되는 장소를 나타낸다. '~에서' 등으로 번역된다.

→ 齊女侍者在桑上聞之, 以告其主 『史記·晉世家』
제나라 시녀가 뽕나무 위에서 그것을 듣고 그것을 그녀의 주인에게 알린다.

不圖爲樂之至於斯也 (음악 창작이 이 정도 수준에 이를 줄은 몰랐다)

(동사) 생각하다. (想, 考慮)

→ 究其舊不圖其新 (唐·韓愈『原毁』)
그의 과거를 추구하고 그의 지금을 생각하지 않다.

7-14. 冉有曰: "夫子爲衛君乎?" 子貢曰: "諾, 吾將問之." 入曰: "伯夷叔齊何人也?" 曰: "古之賢人也." 曰: "怨乎?" 曰: "求仁而得仁, 又何怨?" 出曰: "夫子不爲也."

冉有曰:	"夫子	爲衛君	乎?"	子貢曰:	"諾,
(인명)염유가 말하다(3-6)	(명)선생님;공자(1-10)	(동)위나라 임금을 돕다[wèi]	(어기)의문(2-7)	자공이 말하다[자공:(1-10)]	(호응사)동의, 이해했음
염유가 말했다.	"선생님은 위나라를 도울까요?" [미래시제 표지는 빈번하게 생략된다]			자공이 말했다.	"알았다,
吾	**將**	**問**	**之."**	**入曰:**	**"伯夷**
(대)나,우리 '주어,한정어…'(13-18)	(부)~하겠다, ~할 것이다…	(동)묻다	(대)재지시. '그것,그사람'(2-1)	들어가서 말하다	(인명)백이(伯夷)(5-23)
내가 그것을 물어보겠다." [미래 의미를 가진 장(將) 사용]				(자공이) 들어가서 물었다.	"백이와
叔齊	**何人**		**也?"**	**曰:**	**"古之賢人**
(인명)숙제(叔齊)(5-23)	어떤 사람. [何(의.대):한정어. '어떤,어느,무슨,언제'(5-4)]		(어기)의문(2-5)	(동)말하다	옛날의 현인(賢人)
숙제는 어떤 사람이었습니까?"				(공자가) 말했다.	"옛날의 현인이었다."
也."	**曰:**	**"怨**	**乎?"**	**曰:**	**"求仁**
(어기)진술강조(2-17)	(동)말하다	(동)원망하다	(어기)의문(2-7)	(동)말하다	(동)仁을 추구하다.[求:(7-11)]
	(자공이) 말했다.	"원망했습니까?"		(공자가) 말했다.	"仁을 추구하여
而	**得仁,**	**又**	**何**	**怨?"**	**出曰:**
(접)행위선후. '~다음'(6-15)	仁을 얻다	(부)한층 더 나아감. '또, 다시'	(의.대)동사목적어(반문)'무엇'(2-19)	(동)원망하다	나(가며/와서/…) 말하다
仁을 얻었(는데)		또 무엇을 원망했겠느냐?"			(자공이) 나와서 말했다.
"夫子	**不**	**爲**	**也."**		
(명)선생님;공자(1-10)	(부)동사앞. 주관적 바람, 태도 부정	(동)돕다	(어기)진술강조(2-17)		
"선생님은 (위나라를) 돕지 않(을 것이다)."					

번역 염유(冉有)가 말했다. "선생님은 위(衛)나라를 도울까요?" 자공(子貢)이 말했다. "알았다, 내가 그것을 물어보겠다." 자공이 들어가서 물었다. "백이(伯夷)와 숙제(叔齊)는 어떤 사람이었습니까?" 공자가 말했다. "옛날의 현인이었다." 자공이 말했다. "원망했습니까?" 공자가 말했다. "인(仁)을 추구하여 인(仁)을 얻었는데 또 무엇을 원망했겠느냐?" 자공이 나와서 말했다. "선생님은 위나라를 돕지 않을 것이다."

語法과 語彙

夫子爲衛君乎? (생님은 위(衛)나라를 도울까요?)

(동사) 돕다. (助 幫助) [wèi]

→ 天之道利而不害, 聖人之道爲而不争　『老子・八十一章』
하늘의 도는 이롭고 해를 가하지 않고 성인(聖人)의 도는 돕고 싸우지 않는다.

夫子爲衛君乎? (선생님은 위(衛)나라를 도울까요?)

위령공(衛靈公)의 손자 괴첩(蒯輒)으로 망명중인 아버지 괴외(蒯聵)와 왕권을 놓고 싸운 사람이다. 영공이 죽은 것은 BC 493년이고 공자 나이 59세 때였고 괴외(蒯聵)가 아들 괴첩(蒯輒)을 몰아내고 쿠데타에 성공한 것은 BC480년 공자가 노나라로 돌아온 후 72세 때였다. 그러므로 아버지 괴외(蒯聵)와 아들 괴첩(蒯輒) 사이에 일어난 16년간의 지루한 싸움은 거의 공자의 망명시기와 일치한다. 공자는 망명생활을 위나라를 거점으로 했기 때문에 이 부자의 싸움은 공자 인생과 항상 걸려 있었다. 공자가 위나라에 체류하고 있을 때 유능한 지식인이며 정치가인 공자가 누구의 편을 들것인가는 많은 사람들의 관심사였을 것이다. 괴외(蒯聵)의 엄마이자 위령공의 부인인 남자(南子)를 살해하려다 사전에 발각되어 도망친 괴외는 정통성이 없다. 남자가 영공이 세상을 떠나려 할 때 괴외의 아들 괴첩의 군위계승을 영공으로부터 허락받았기 때문에 괴첩은 일단 전통성이 있는 군주였다. 하지만 아버지의 왕위계승을 막았다는 측면에서는 괴첩은 도덕성이 없다. 더욱이 그 모든 것이 음탕한 남자(南子)의 모략으로 이루어진 것이었다. (김용옥, 2008)

괴외(蒯聵)는 위령공의 부인인 남자(南子)로부터 죄를 얻어 진(晉)나라로 도망갔다. 위령공(衛靈公)이 죽자 괴첩(蒯輒)이 왕으로 즉위했다. 진나라는 괴외(蒯聵)를 위나라로 돌려보내 이를 빌미로 위나라를 침공하고자 했지만 이로 인해 衛나라는 괴외(蒯聵)의 귀국을 거절하였다. (陳曉芬, 2016)

諾, 吾將問之 (알았다, 내가 그것을 물어보겠다)

(호응사 呼應詞) 대답하는 것을 나타낸다. 보통 대화 중에 쓰이고 상대방이 말한 다음에 '낙(諾)'을 사용하여 대답으로 삼아 동의를 나타내거나 상대방의 뜻을 이해했음을 나타내지만 꼭 동의를 하는 것은 아니다. 단독으로 문장을 이룰 때에는 대부분 동의나 명령을 따르겠다는 것을 나타낸다. 하지만 단독으로 문장을 만들지 않고 끊어 읽기(成讀)를 할 때에는 일반적으로 다음 이어지는 대화로 화자가 동의하는지 그렇지 않은지를 알 수 있으며 단지 응답일 뿐이다.

→ 孟嘗君不悅, 曰: "諾, 先生休矣"　『戰國策・齊策四』
맹상군(孟嘗君)은 불쾌하여 말한다. "알았소. 선생은 '쉬시오/그만하시오'."

諾, 吾將問之 (알았다, 내가 그것을 물어보겠다)

(부사) 주관적으로 어떠한 행동을 취하겠다는 것을 보여 준다. '~하겠다', '~할 거다', '~하고 싶다' 등으로 번역된다. (打算, 將要, 想要)

→ 故天將降大任於是人也, 必先苦其心誌, 勞其筋骨, 餓其體膚　『孟子・告子下』
그러므로 하늘은 이 사람에게 큰 임무를 내려 주려고 할 때, 반드시 먼저 그 의지(心志:意志)를 고생시키고, 그의 신체(筋骨: 인대와 골격. 파생되어 신체를 가리킨다. 韧帶及骨骼. 亦引申指身體)를 힘들게 하고, 그의 신체(體膚:신체와 피부. 신체, 체구를 가리킨다. 身體和皮膚. 亦指軀體)를 굶주리게 한다.

→ 天之將喪斯文也　『論語・子罕』
하늘이 이 예악제도를 잃게 하려 하다.

→ 季氏將伐顓臾. 冉有季路見於孔子曰: "季氏將有事於顓臾."　『論語・季氏』
계씨가 전유(顓臾)를 '정벌하려 해(將伐)'서 염유(冉有)와 계로(季路)는 '공자를 만나(見於孔子)' 말한다. "계씨가 전유(顓臾)에서 '일을 일으킬 것입(將有事)'니다."

— [참조]

'장(將)' 같은 이러한 용도의 단어를 중국 고대중국어 학계에선 '능원동사(能願動詞)'라고 한다. 능원동사는 일종의 보조동사로 동사나 형용사 앞에 놓여 가능, 필요, 의도 등을 나타낸다. 고대중국어의 능원동사는 가능(可能: 能, 得, 可, 可以, 可得, 得, 足, 足以…), 의도/바람(意願: 欲, 忍, 將, 肯, 敢, 願…), 당연(應當:當, 任, 合, 應, 宜, 如…), 피동(被動:見, 被, 爲…) 네 가지로 나눌 수 있다. ('張鈺金, 2010'의 재인용)

求仁而得仁, 又何怨? (인(仁)을 추구하여 인(仁)을 얻었는데 또 무엇을 원망하겠는가?)

(관련부사) 보통 복문에서 뒤의 단문의 서술어 앞에 쓰어 부사어가 되어 의미에서 '한층 더' 나아감을 나타낸다. '또한, 또, 게다가, 더욱이, 다시' 등으로 번역될 수 있다.

→ 有術以御之, 身處佚樂之地, 又致帝王之功也 『韓非子·內儲說右下』
'방법이 있어(有術)' 이것으로 그것을 저지한다면(御:抵擋) 몸은 편안하고(佚=逸) 즐거운 처지에 놓이고 또한 제왕의 공적(功:功績)을 얻는다(致:取得).

夫子不爲也 (선생님은 돕지 않는다)

(부정부사) 보통 동사 서술어 앞에 쓰여 부사어가 되어 각종 부정을 나타낸다. 주관적인 바람이나 태도에 대한 부정을 보여 준다. '~하지 않다' 등으로 번역된다. (不肯, 不愿)

→ 敏而好學, 不恥下問 『論語·公冶長』
똑똑하고 게다가 배우는 것을 좋아하고 자신보다 지위가 낮은 사람에게 묻는 것을 부끄러워하지 않다.

7-15. 子曰: "飯疏食飮水, 曲肱而枕之, 樂亦在其中矣. 不義而富且貴, 於我如浮雲."

子曰:	"飯	疏食		飮水,	曲
공자가 말하다	(동)먹다	(명)도정을 하지 않은(=변변한 음식이 아닌) 식사, 현미밥		(동)물을 마시다	(형)굽다[형용사→동사(3-20)]
공자가 말했다. "알갱이가 굵은 양식을 먹고 물을 마시(고)					
肱	**而**	**枕**	**之,**	**樂**	**亦**
(명)팔뚝.상완(上腕)	(접)행위선후. '~다음'(6-15)	(명)베개[명사→의동(3-20)]	(대)재지시. '그것,그사람'(2-1)	(명)즐거움	(판단부사)오직(단지)~이다(하다)
팔뚝을 구부리고 그것을(=팔뚝을) 베개로 여긴(다면) [飯疏食飮水, 曲肱而枕之 조건절로 쓰였다]				즐거움은 오직	
在	**其**	**中**	**矣.**	**不義**	**而**
(동)~에 있다(5-1)	(대)其+명사(이,저)(4-5)	(명)가운데, 속	(어기)~하면 ~'할/일' 것이다.	(형)의롭지 않다	(접)점층. '게다가,또한'(1-14)
그 가운데 있을 것이다 [樂亦在其中矣 결과절로 쓰였다]				의롭지 않고 게다가	
富	**且**	**貴,**	**於**	**我**	**如**
(형)부유하다	(접)병렬. '그리고'(7-1)	(형)지위가 높다	(대상.전)동작대상. '~에게'(2-5)	(대)나	(동)~와 같다(2-1)
부유하고 지위가 높(은 것은) [不義而富且貴 명사구 주어]			나에게 뜬 구름과 같다." [於我如浮雲 서술어]		
浮	**雲."**				
(동)뜨다[동사→형용사]	(명)구름				

번역 공자가 말했다. "현미밥을 먹고 물을 마시고 팔뚝을 구부려 그것을 베개로 여긴다면 즐거움은 오직 그 가운데 있을 것이다. 의롭지 않고 게다가 부유하고 지위가 높다는 것은 나에게 뜬 구름과 같다."

語法과 語彙

飯疏食飮水 (알갱이가 굵은 양식을 먹고 물을 마시다)

(동사) 먹다. (吃飯)

→ 飯黍毋以箸 『禮記・曲禮上』

기장(黍)을 먹을 때 젓가락(箸)을 '사용하(以)지마라/사용하지 않다(毋:不要/不)'

飯疏食飮水 (알갱이가 굵은 양식을 먹고 물을 마시다)

(명사) 도정을 하지 않은(=변변한 음식이 아닌) 식사, 현미밥. (粗糲的飯食, 糙米飯)

→ 雖疏食菜羹, 瓜祭 『論語・鄕黨』

비록 현미밥과 야챗국이지만 음식을 올리고 제사지내다.

(형용사) (알갱이가) 굵다, 크다. (粗; 顆粒大的)

→ 客土疏惡, 終不可成　『漢書·成帝紀』
외부에서 옮겨온 흙(客土:外地運來的泥土)이 알갱이가 굵고(疏) 나빠서(惡) 결국엔 쓸 수 없다.

曲肱而枕之 (팔뚝을 구부려 그것을 베개로 여기다)

(형용사) 굽다, 구불구불하다.

→ 曲眉豊頰, 清聲而便體 (唐·韓愈『送李愿歸盘谷序』)
구불구불한 눈썹(曲眉)과 풍만한 볼(豊頰), 맑고 깨끗한 목소리(清聲)와 나긋나긋한 자태(便體).

樂亦在其中矣 (즐거움은 오직 그 가운데 있을 것이다)

(명사) 즐거움. (樂趣)

→ 漁歌互答, 此樂何極 (宋·範仲淹『岳陽樓記』)
어부가 노래하며 서로 대구하니 이(此) 즐거움(樂)이 어떻게 끝이 있겠는가!

樂亦在其中矣 (즐거움은 오직 그 가운데 있을 것이다)

(판단부사) 동사 서술어 앞에 놓여 부사어가 되어 동작행위나 사태에 대한 판단을 나타내고 제한을 나타내는 의미를 함께 갖기도 한다. 문미에 자주 어기사 '也', '耳'가 동반된다. '(오직, 단지)~이다(하다)', '(단지)~에 불과하다' 등으로 번역된다. (只(是), 只不過是)

→ 何傷乎? 亦各言其志也　『論語·先進』
무슨 상관이 있는가? 단지 각자 그의 지향을 말할 뿐이다.

樂亦在其中矣 (즐거움은 오직 그 가운데 있을 것이다)

(진술어기사) 일의 사정이 분명히 어떻게 될 것임을 보여 준다. 일의 이치에 대한 판단 어기를 동반하여 이론적으로 미루어 판단하거나 사태의 발전에서 볼 때 이렇게 될 것이거나 분명히 발생할 결과를 보여 준다. 이러한 용법은 보통 가정의 복문에서 나타나는데 결과의 단문 문미에 위치하여 어떤 가정의 전제에서 또는 조건에서 어떤 결과가 있을 것이라는 것을 보여 준다.

→ 誠如是, 則霸業可成, 漢室可興矣　『三國蜀·蜀書·諸葛亮傳』
정말로(誠) 이렇다면(如是) 패업은 이룰 수 있고 한왕조(漢室)는 부흥할 수 있을 것이다.

不義而富且貴 (의롭지 않고 재나가 부유하고 지위가 높다)

(형용사) 지위가 높다. (地位高)

→ 苟富貴, 無相忘　『史記·陳涉世家』
만약(苟) 부유해지고 지위가 높아지(富貴)면 서로 잊(相忘)지 말아라(無).

於我如浮雲 (나에게 뜬 구름과 같다)

(동사) 액체 표면이나 공중에 뜨다. (漂在液體表面或空中)

→ 蛟或<u>浮</u>或没 (南朝·劉義慶『世說新語』)
교룡(蛟:6-7)이 때로는(或) 물 위로 뜨고 때로는 물 아래로 입수한다.

7-16. 子曰: “加我數年, 五十以學易, 可以無大過矣.”

子曰:	加	我	數	年,	五十
공자가 말하다	(동)하사하다, 주다	(대)나	(수사)수(數),몇	(명)년, 해	50세
공자가 말했다. “나에게 수년을 주(고)					
以	**學**	**易,**	**可以**	**無**	**大過**
(전)수단.‘~로’ (재지시 之생략)	(동)배우다	『주역 周易』	(조동사)~할 수 있다(2-10)	(동)없다(9-2)	큰 잘못
나이 50세에 (나에게 주어진 수년)으로 『주역 周易』을 배운(다면) [조건가정절(1-1)]			분명 큰 잘못이 없을 수 있다.”		
矣.”	[보충] 1. 이 문장에 대해서 학자들의 주석은 대체로 본인이 기술한 대로이지만 문맥이 모호하다. 특히 역(易)을 주역(周易)이라는 책으로 보는 경우 문맥에서 매끄럽게 이어지지 않는다. 2. 혹자는 이 문장에서 역(易 yì)이 아니라 발음이 동일한 역(亦yì)의 오기(誤記)라고 보기도 한다(加我數年, 五十以學, 亦可以無大過矣). 이 경우 문장부호 위치는 바뀌고, 의미는 ‘나에게 수년이 주어지고 50세에 주어진 수년의 시간으로 공부하면 또한 큰 과오가 없을 수 있다.’가 된다.				
(어기)미래상황 확신(7-15)					

번역 공자가 말했다. “나에게 수년을 주고 50세에 나에게 주어진 수년으로 『주역 周易』을 공부할 수 있다면 분명 큰 잘못이 없을 수 있다.”

語法과 語彙

加我數年 (나에게 수년을 주다)

(동사) 하사하다, 주다, 가하다. (賜予, 施加)

→ 言舉斯心加諸彼而已 『孟子·梁惠王上』
이 마음으로 많은(諸) 상대방(彼)에게 주는 것을 말할 뿐이다.

加我數年 (나에게 수년을 주다)

(수사) 수(數), 몇. 확정되지 않은 숫자를 나타낸다. (表示不确定的數目)

→ 騎千餘, 卒數萬人 『史記·陳涉世家』
기병(騎:騎兵)이 천여 명이고 병사(卒:兵士)이 수만 명이다.

五十以學易 (50세에 나에게 주어진 수년으로 『주역 周易』을 공부하다)

(전치사) 以 뒤의 목적어 대명사 ‘之’는 언제나 생략되며, 이때 以는 본동사 앞에 위치한다.[20] 원래 수단, 방법, 원인 등을 표시하는 전치사로서 以뒤에 之가 와서 본위 목적어(本位目的語) 역할을 해야 하는데 그것이 생략됨으로써 결과적으로 전치사와 그 목적어가 도치된 형태가 되었다. 이런 성격의 以는 점점 순접관계를 표시하는 접속사 而와 같은

20 Edwin Pulleyblank 지음, 양세욱 옮김(2005), 『고전 중국어 문법 강의』, 궁리

기능을 지니게 되었다.[21]

→ 故遠人不服, 則修文德以來之. 『論語·季氏』
그러므로(故) 멀리 있는 사람이 복종하지 않으'면(則)' 문덕을 닦아 이것(=문덕을 닦은 것, 修文德)으로 그들을 오게 한다.

— [보충]

文德은 '예악으로 교화시켜 통치하다'의 의미이다. (以禮樂教化進行統治)

→ 無求生以害仁, 有殺身以成仁 『論語·衛靈公』
자신의 삶을 추구하는 것, 이것으로 인을 해치는 일은 없고 자신을 죽이는 것, 이것으로 인을 이루는 일은 있다.

21 류종목(2000), 『논어의 문법적 이해』, 문학과지성사

7-17. 子所雅言, 詩、書、執禮, 皆雅言也.

子	所	雅	言,	詩、	書、
(명사.인명)공자	(조)所+(부사)+동사.'~것'	(형)표준적이다 [형용사→부사]	(동)말하다	『시경 詩經』	『서경 書經』
공자가 표준적으로 말한 것(은)				『시경 詩經』, 『서경 書經』,	
執禮,	**皆**	**雅言**	**也.**		
(명)집례 (=예를 집행함)	(부사)모두	표준어	(어기)판단 (주어,서술어동일) (2-22)		
집례(執禮)(였고)	모두 표준어였다.				

번역 공자가 표준적으로 말한 것은 『시경 詩經』, 『서경 書經』, 집례(執禮)였고 모두 표준어였다.

語法과 語彙

子所雅言, 詩、書、執禮, 皆雅言也 (공자가 표준적으로 말한 것은 『시경 詩經』, 『서경 書經』, 집례(執禮)였고 모두 표준어다)

(구조조사) 명사구를 만드는 구조조사이다. 동사나 동사구 앞에 놓여 '所+동사' 구조로 명사구를 만들어 문장 내에서 주어, 목적어, 명사성 술어 그리고 때로는 한정어가 될 수 있다(1-12도 참조).

— [견해]

『漢語大詞典』는 아언(雅言)을 명사화된 단어(모범적인 말. 고대에는 통용어를 가리키며 방언과 대칭된다. 雅正之言..古時指通語, 同方言對稱)로 보고 상기의 예문 중에서 "《詩》、《書》、執禮, 皆雅言也"을 제시했는데 '子所雅言, 詩、書、執禮, 皆雅言也'에서 뒤의 '아언(雅言)'을 기재했지만, 앞의 '아언(雅言)'을 기재하지 않은 이유가 있을 것 같다. 즉 앞의 '아언(雅言)'은 명사화가 되기 이전인 동사구(부사+동사:표준적으로 말하다)'로 보았고, 뒤의 '아언(雅言)'은 명사(표준어)로 본 것이다. 이 문장은 '[명사구 주어(子所雅言, 공자가 표준적으로 말한 것은) + 명사 서술어(詩、書、執禮, '시', '서', '집례'였고) + 보어;부가 설명문(皆雅言也 모두 아언이었다)]'으로 구성되었다고 보았다(이러한 문형에 대한 설명은 확인이 더 필요함). 혹은 '[명사구 주어+명사서술어][(주어)+서술어]'의 문장도 될 수 있다(공자가 표준적으로 말한 것은 '시', '서', '집례'였다. 모두 아언(雅言)이었다). 하지만 이때 문장부호는 바뀌어야 할 것 같다(子所雅言, 詩、書、執禮. 皆雅言也).

→ 則秦之所大欲, 諸侯之所大患, 故不在戰矣 (宋·蘇洵『六國論』)
그럼 진(秦)이 '가장 원한 것(所大欲)' 그리고 제후가 '가장 걱정한 것(所大患)'은 그래서 전쟁에 있지 않았다.

子所雅言 (공자가 표준적으로 말한 것)

(형용사) 1. 규범에 맞다, 정확하다, 정규적이다, 표준적이다. (正規的, 標準的)

→ 法貳後王謂之不雅 『荀子·儒效』
법도(法)가 후대 왕(後王)과 차이가 있다(貳)는 것을 규범에 맞지 않다고 말한다.

(형용사) 2. 고상하다, 속되지 않다. (高尙, 不俗)

→ 才識不及預, 而雅性過之 『三國蜀·蜀書·諸葛亮傳』
재능(才)과 식견(識)은 예(預)에 미치지 못하지만 '고상한 성질(雅性)'은 그를 넘는다.

子所雅言 (공자가 표준적으로 말한 것)

(동사) 말하다. (發言, 說)

→ 魯肅獨不言 『資治通鑑·漢紀·獻帝建安十三年』
노숙(魯肅)만 말을 하지 않다.

7-18. 葉公問孔子於子路, 子路不對, 子曰: “女奚不曰, ‘其爲人也, 發憤忘食, 樂以忘憂, 不知老之將至云爾.’”

葉公		問	孔子	於	子路,
(인명)섭공(葉公)		(동)묻다	(인명)공자	(대상.전)동작대상. ‘~에게’(2-5)	(인명)자로
섭공(葉公)이 자로에게 공자에 대해 물었(을 때) [시간절(1-1)]					
子路	**不對,**	**子曰:**	**“女**	**奚**	**不曰,**
(인명)자로	(동)대답하지 않다	공자가 말하다	(대)너,너희들(3-6)	(부)원인에 대한 질문. ‘왜’(2-21)	(동)말하지 않다
자로가 대답하지 않(자/았기 때문에/…) [원인이유절(1-1)]		공자가 말했다.	“너는 왜 말하지 않(았)니?		
‘其	**爲人**	**也,**	**發憤**		**忘食,**
(대)그의,그것의(1-7)	사람됨(6-29)	(어기)주어+也. ‘멈춤,완만,제시’(1-2)	(동)부지런히 분발하다.노력을 결심하다		(동)먹는 것을 잊다.[食(7-9)]
‘그의 사람됨이…			부지런히 분발하(면) 먹는 것을 잊(고) [시간조건긴축복문(11-14)]		
樂	**以**	**忘憂,**	**不知**	**老**	**之**
(동)즐겁게 여기나, 좋아하다(6-20)	(접)가정(13-30)	(동)걱정하는 것을 잊다.[憂:(7-3)]	(동)모르다	(명)노년,만년	(접)주어+之+서술어(1-10)
좋아하(면) 걱정하는 것을 잊(으며/고/…) [시간조건긴축복문(11-14)]			노년이		
將	**至**	**云爾.’”**			
(부사)곧~하다(3-24)	(동)오다,도착하다(3-24)	이와 같을 뿐이다			
곧 온다는 걸 모를 뿐이라고’.”					

번역 섭공(葉公)이 자로에게 공자에 대해 물었을 때 자로가 대답하지 않았기 때문에 공자가 말했다. “너는 왜 말하지 않니? ‘그의 사람됨이 부지런히 분발하면 먹는 것을 잊고, 좋아하면 걱정하는 것을 잊으며, 노년이 곧 온다는 걸 모를 뿐이라고’.”

語法과 語彙

葉公問孔子於子路 (섭공(葉公)이 자로에게 공자에 대해 묻다)

(인명) 섭공(葉公)의 성(姓)은 심(沈)이고 이름은 제량(諸梁), 자(字)는 자고(子高) 혹은 지고(子羔)였다. 정현은 공자의 인품에 관하여 자로에게 물은 것이 공자에게 참으로 본받아야 할 그 무엇을 얻기를 바랐기 때문이라고 주(註)를 달고 있으나 아쉬움이 있다. 섭공(葉公)이 공자에 관하여 자로에게 물은 것은 물론 정치적인 것이다. 공자를 불러다 정치를 맡겨보고 싶은 생각이 있었기 때문이었다. (김용옥, 2008)

發憤忘食 (부지런히 분발하면 먹는 것을 잊는다)

(동사) 부지런히 분발하다; 노력을 결심하다. (勤奮; 決心努力)

→ 年二十七始發憤為學 『宋史·文苑傳五·蘇洵』
1. 나이 27세에 비로소(始) '부지런히 분발하여(發憤)' '학문을 하다(為學)'. [發憤(부사구)+為學(동사구)]
2. 나이 27세에 비로소(始) '학문을 하기로 결심하다(發憤為學)'. [發憤(동사구)+為學(동사구 목적어인 명사구)]

— **[상기 예문 견해]**

고대중국어 분(憤)의 의미는 대체로 '원망(怨望)'과 관련 있는데 이 문장에 쓰이는 발분(發憤)은 '원망'의 의미와는 거리가 먼 것 같고, 다른 의미인 '요동치다, 발산하다(發, 激動)'의 의미에 가깝다고 볼 수 있다. 그럼 발분(發憤)의 의미는 '요동치다, 발산하다, 분출하다' 등의 의미라고 볼 수 있기 때문에 여기서는 '결심하다'의 의미 범주이기보다는 '분발하다'의 의미범주로 봐야 한다고 생각한다. 때문에 '年二十七始發憤為學'는 '1'의 의미에 가깝다고 본다.

發憤忘食, 樂以忘憂 (부지런히 분발하면 먹는 것을 잊고 좋아하면 걱정하는 것을 잊는다)

(접속사) 가정을 나타낸다. '만약·만일~하면' 등으로 해석될 수 있다. (表示假設關係, 相當于"如果")

→ 五國以破秦, 必南圖楚 『戰國策·楚策一』
오국(五國)이 만약 '진나라를 물리치면(破秦=진나라와 싸워서 이기면)' 반드시 남쪽으로는 '초나라를 노려(圖楚)'야 한다.

→ 御曰: "此是螳螂也. 其爲蟲, 知進而不知退. 不量力而輕就敌." 莊公曰:"以爲人, 必爲天下之勇士矣!" 『韓詩外傳』
어(御)가 말한다. "'이것은 사마귀(此是螳螂)'이다. 그것은 곤충이고 '나아가는 것을 알지만(知進)' '물러서는 것을 모르고(不知退)' '힘을 재지 않고(不量力)' 마음대로(輕) '적에게 간다(就敌).' 장공(莊公)이 말한다. "만약 사람이라면 반드시 천하의 용사일 것이다."

(접속사) 연결하는 앞뒤 두 항의 동사에서 앞의 항은 원인이나 어떤 동작행위를 나타내고 뒤의 항은 앞의 항의 결과를 나타낸다. '~ 때문에, 그리하여, ~한 정도에 이르다, ~해서 ~할 수 있다' 등으로 번역될 수 있다. ('以至(于)', '才得以', '從而')

→ 中丞匿於溷藩以免 (明·張溥『五人墓碑記』)
중승(中丞)은 뒷간(溷藩)에 숨었(匿)기에 도망칠(免) 수 있었다.

→ 老吾老以及人之老, 幼吾幼以及人之幼 『孟子·梁惠王上』
나의 노인을 '부양하(老)'기에 타인의 노인에 이르고 나의 아이를 '아끼기(幼)'에 타인의 아이에까지 이르다.

老之將至云爾 (노년이 곧 온다는 걸 모를 뿐이다)

(명사) 노년, 만년. (老年, 晚年)

→ 使老有所終 『禮記·禮運』
노년에 마치는 것이 있게 하다. ('말년을 잘 보내다'의 의미로 보았다)

老之將至云爾 (노년이 곧 온다는 걸 모를 뿐이다)

(관용구) 보통 문미에 쓰여 뒤에 위치한 어기사 '이(爾)'의 '이이(而已 ~일뿐이다)' 의미를 중심으로 삼는다. '如此而已 이와 같을 뿐이다)'로 번역될 수 있다.

→ 時人傷之, 爲詩云爾 『孔雀東南飛』
'당시 사람들(時人)'이 '그것에 마음 아파하(傷之)'여 시를 지었을 뿐이다.

7-19. 子曰: "我非生而知之者, 好古敏以求之者也."

子曰:	"我	非	生	而	知
공자가 말하다	(대)나	(부)부정표시.'동사, 형용사앞'(5-1)	(동)태어나다	(접)부사어+而+서술어(1-4)	(동)알다
공자가 말했다. "나는 태어나(면서) 아는					
之	**者,**	**好古**		**敏**	**以**
(조사)한정어+之+중심어(4-23)	(조사)~한 사람, ~한 것(1-2)	(동)옛날의 것을 좋아하다(7-1) [好:(7-11)]		(형)민첩하다(1-14)	(접)동작방식,상태+동작행위
사람이 아니(고)		옛날의 것을 좋아하(고) 민첩하게			
求	**之**	**者**	**也."**		
(동)추구하다, 찾다(7-11)	(조사)한정어+之+중심어(4-23)	(조사)~한 사람, ~한 것(1-2)	(어기)진술강조(2-17)		
추구하는 사람이다."					

번역 공자가 말했다. "나는 태어나면서 아는 사람이 아니고 옛날의 것을 좋아하고 민첩하게 추구하는 사람이다."

語法과 語彙

好古敏以求之者也 (옛날의 것을 좋아하고 민첩하게 추구하는 사람이다)

(접속사) 연결된 앞의 항목은 동작행위의 방식이나 상태를 나타내고 뒤의 항목은 동작행위를 나타낸다.

— [견해]

설명하는 상기의 내용과 아래 등장하는 예문은 '형용사/동사(구)+以+동사'의 형식이고 '형용사/동사(구)+以'가 부사구가 되어 뒤의 동사를 수식하는 '부사구+동사'의 문형이다. 즉 'A以B'의 형식으로 'A하여/하게… B하다' 등의 의미를 갖는다.

→ 余立侍左右, 援疑質理, 俯身傾耳以請 (明·宋濂『送東陽馬生序』)
나는 서서 좌우에서 시중들고 '이문을 제기하고 이치를 질문하(援疑質理)'며 '몸을 구부리(俯身)'고 '귀를 기울이(傾耳)'어 청한다

→ 鄭人使我掌其北門之管, 若潛師以來, 國可得也 『左傳·僖公三十二年』
정(鄭)나라 사람이 나에게 정나라의 북문의 관리를 담당하라고 하니 만약(若) '비밀리에 군사를 일으키(潛師)'어 오면 나라를 얻을 수 있다.

7-20 子不語怪力亂神.

子	不語	怪力亂神
공자	(동)말하지 않다 [語:(3-23)]	기이함, 비상한 힘, 무질서, 초자연적 존재
공자는 기이함, 비상한 힘, 무질서, 초자연적 존재는 말하지 않았다.		

번역 공자는 기이함, 비상한 힘, 무질서, 초자연적 존재는 말하지 않았다.

語法과 語彙

子不語<u>怪力亂神</u> (공자는 기이함, 비상한 힘, 무질서, 초자연적 존재는 말하지 않는다.)

(명사) 괴이함(怪異:괴상怪常하고 이상異常함), 용맹과 힘, 반란, 귀신과 관련된 일을 가리킨다. (指關於怪異、勇力、叛亂、鬼神之事)

→ 《傳》敘述灾祥, 《書》說:龜筮. 應如影响, 葉子如同符契. <u>怪力亂神</u>, 撒谎時迷惑世人, 崇尚不停, 必然導致流弊『晉書·藝術傳贊』

『傳』은 재난 길흉격변의 징조(灾祥:吉凶灾變的征兆)를 서술하고 『書』는 점복(龜筮:占卜)을 소개한다(說:介紹). 응당(應如) 영향을 주고, 잎(葉子)은 부절(符契)과 같다. 괴력난신(기이함, 비상한 힘, 무질서, 초자연적 존재)은 거짓말을 하는(撒谎:說谎話) 시대에는 세상 사람들을 미혹시키고 숭상이 멈추지 않고 반드시 악습(流弊)을 초래한다.

— [견해]

본문의 괴력난신(怪力亂神)에 대한 정의는 철학적 관점에서 정리한 것이 더 설득력이 있다고 생각되어 김용옥 선생이 정의한 개념을 적었다.

— [보충]

괴(怪,Grotesqueness)는 '기괴함'이요, 그로테스크함이요, 불가사의함이다. 력(力, Extraordinary Power)은 비상한 힘의 세계이다. 차력사들의 힘 과시를 생각하면 쉽게 이해가 갈 것이다. 그것은 장미란양이 스포츠정신에 입각한 과학적 노력의 결과로서 무거운 물체를 들어 올리는 것과는 근본적으로 성격을 달리하는 것이다. 난(亂, Disorder)이란 난세의 온갖 현상이요(신하가 임금을 시해하고 아들이 아버지를 살해하고 근친상간의 모든 요상한 행동), 인과적 사유로써 분석되지 않는 어떤 혼란스러운 현상을 가리키는 것이다. 신(神, Supernatural Beings)이란 신비로운 것, 초자연적인 것, 귀신/하나님과 관련된 모든 환상이나 주장이다. 처녀잉태나 죽은 자의 물리적 부활이나 묵시론적(=하나님이 계시啓示를 내려 그의 뜻이나 진리眞理를 알게 하여 주는 일) 암시 등이 이에 속한다. (김용옥, 2008)

7-21. 子曰: "三人行, 必有我師焉. 擇其善者而從之, 其不善者而改之."

<table>
<tr><th>子曰:</th><th>"三人</th><th>行,</th><th>必有</th><th>我師</th><th>焉.</th></tr>
<tr><td>공자가 말하다</td><td>세 명
[단위명사 없음]</td><td>(동)가다,
운행하다(2-22)</td><td>반드시 있다
[必:(6-30)]</td><td>나의 스승
[我: 소유격]</td><td>(어기)진술문 문미.
멈춤(5-16)</td></tr>
<tr><td>공자가 말했다.</td><td colspan="2">"세 명이 갈(때/가면/…) [시간조건절(1-1)]</td><td colspan="3">반드시 나의 스승이 있다.</td></tr>
<tr><th>擇</th><th>其</th><th>善</th><th>者</th><th>而</th><th>從</th></tr>
<tr><td>(동)선택하다.
고르다</td><td>(대)그의,
그것의(1-7)</td><td>(형)뛰어나다(3-25)</td><td>(조사)~한 사람,
~한 것(1-2)</td><td>(접)동작의 선후.
'~다음'(6-15)</td><td>(동)따르다,
따라가다(3-23)</td></tr>
<tr><td colspan="6">그의 뛰어난 것을 선택하여 그것을(=뛰어난 것) 따르(고)</td></tr>
<tr><th>之,</th><th>(擇)其不善者</th><th>而</th><th>改之."</th><td rowspan="3" colspan="2"></td></tr>
<tr><td>(대)재지시.
'그것,그사람'(2-1)</td><td>그의 뛰어나지 않은 것</td><td>(접)동작의 선후.
'~다음'(6-15)</td><td>그것을 고치다.
[之:(2-1)]</td></tr>
<tr><td></td><td colspan="3">그의 뛰어나지 않은 것(을 골라) 그것을(=뛰어나지 않은 것) 고친다." [택(擇)이 앞에 출현하였고, 뒤에서는 생략되었다]</td></tr>
</table>

번역 공자가 말했다. "세 명이 길을 가면 반드시 나의 스승이 있다. 그의 뛰어난 것을 선택하여 그것을(=뛰어난 것) 따르고 그의 뛰어나지 않은 것은 골라 그것을(=뛰어나지 않은 것) 고친다."

語法과 語彙

擇其善者而從之 (그의 뛰어난 것을 선택하여 그것을(=뛰어난 것) 따르다)

(동사) 선택하다, 고르다. (選擇, 挑選)

→ 愛其子, 擇師而教之;於其身也, 則恥師焉, 惑矣 (唐·韓愈『師說』)
그의 자식을 사랑하(愛其子)여 선생을 골라 자식을 가르치(擇師而教之)는데 그 자신에 대해서는(於其身也) 오히려(則) 선생을 부끄럽게 여기(恥師)니 이해가 안 간다(惑矣).

→ 或擇地而蹈之 『史記·伯夷列傳』
어떤 이가 땅을 고른 후 그 땅을 밟다.

— **[부충과 견해]**

'必有我師焉'에서 '언(焉)'을 겸사(於+是/之)로 볼 수 있는가에 대한 문제는 결국 겸사의 용례로 판단해야 한다(나의 스승이 그 세 명 안에 반드시 있다?). 겸사 '焉'은 자주 동사 다음에 쓰여 보어가 되며 '동작행위와 관련 있는 또는 앞 문장에서 출현한' 장소, 인물, 사건, 사물 등을 나타낸다.

→ 天下之民至焉 『孟子·梁惠王上』
천하의 백성(天下之民)이 '이곳으로(焉:於是)' 오다.

→ 宋公及楚人戰於泓. … 公傷股, 門官殲焉 『左傳·僖公二十二』
송공(宋公)과 초나라 사람이 홍(泓:물이름)에서 싸웠다. … 송공(宋公)은 다리를 부상당하고 문을 지키는 관리(門官)는 '그들에 의하여(焉=於之: 초나라 사람에 의하여)' 섬멸되었다(殲).

→ 使子路問津焉 『論語·顏淵』

자로(子路)더러 '그들에게(焉:於之)' 나루터에 대해 묻게 하다

예문으로 보면 焉은 '동사+(목적어)+焉'의 통사를 보이는데 이때의 焉은 동작행위가 발생하고 있는 장소와 관련이 많거나 동작행위의 대상을 나타내고 있음을 볼 수 있다. 여기서(必有我師焉)는 焉의 용도를 '진술문 문미'에 쓰는 '어기사'로 보았다. 焉(=於+是/之)에서 是/之가 '세 명'을 가리킨다고 볼 때 '焉(=於+是/之)'은 '세 명에서/세 명 안에/…'의 의미가 되는데 이 역시 틀리지 않다고 본다.

7-22. 子曰: “天生德於予, 桓魋其如予何?”

子曰:	“天	生	德	於	予,
공자가 말하다	(명)하늘	(동)생존하다. 살게 하다[사동]	(명)덕(德)	(전)발생장소, 출현범위. ‘~에’(1-14)	(대)나.저(6-28)
공자가 말했다. “하늘이 덕(德)을 나에게 살게 하(는데) [나의 행동 범위 내에서]					
桓魋	其	如予何?”			
(인명)환퇴	(의문부사)반문	(관용)‘如A何’ ‘A는 어떻게 할 것인가?’, ‘A는 어떻게 할 방법이 없다.’(3-3)			
환퇴(桓魋)가 나를 어떻게 하겠느냐?”					

번역 공자가 말했다. “하늘이 德을 나에게 살게 하는데 환퇴(桓魋)가 나를 어떻게 하겠느냐?”

語法과 語彙

天生德於予 (하늘이 德을 나에게 살게 하다)

(동사) 생존하다, ~을 살게 하다. (生存, 讓…活)

→ 予我千金, 吾生若 (清·方苞『獄中雜記』)
나에게 천금을 ‘주면(予[yǔ])’ 내가 너(若)를 살게 해주겠다.

桓魋其如予何? (환퇴(桓魋)가 나를 어떻게 하겠는가?)

(인명) 이 사건은 「세가」에 기술되어 있다. 애공 3년, 공자 나이 60세 즈음, 유랑 길에서 송(宋)나라를 지날 때 당한 봉변으로 기록되어 있다. 환퇴는 송나라의 중신이었고 사마의 벼슬에 있는 사람이었는데 무슨 이유인지 공자를 죽이려 했다. 서둘러 피해야 할 상황에서 공자는 피하는 데 급급하지 않고 이 말을 하였다.

“환퇴(桓魋)는 성이 상(尙)이고 이름이 퇴(魋)이다. 송나라 환공(桓公)의 후예이기 때문에 환퇴(桓魋)라고 부르기도 한다. 공자의 제자인 사마우(司馬牛)가 바로 환퇴의 친동생이라고 하는데 어떤 주석가들은 환퇴의 친동생 사마우와 공자의 제자 사마우는 동명이인이라고 한다.” (楊伯峻, 2006)

이 사건의 내막은 알 길이 없지만 공자의 유랑이 단순한 유랑이 아니라 그것 자체가 하나의 정치적 행위(a political act)이었다는 것을 알 수 있다. 공자의 존재가 환퇴에게 실각의 위협을 가할 정도로 어떤 정치적인 의미를 지니고 있었을 것이다. (김용옥, 2008)

桓魋其如予何? (환퇴(桓魋)가 나를 어떻게 하겠는가?)

(의문부사) 반문을 나타낸다. 문미에 때로 어기사 ‘乎’ 등과 호응한다.

→ 且行千里, 其誰不知? 『左傳·僖公三十二年』
또한(且) 행군(行)이 천리인데 누가 모르겠는가?

→ 欲加之罪, 其無辭乎? 『左傳·僖公十年』

그에게 죄를 더하려 하는데 변명(辭)이 없겠는가?

— [견해]

'환퇴가 나를 어떻게 할 것인가?' 이 문장의 其를 미래표지 부사(~하려고 하다)로 보는데 우선 고대중국어에서 其의 문법적 용도는 '인칭대명사, 지시대명사, 추측부사, 판단부사, 의문부사, 명령이나 권고부사, 가정의 접속사, 선택 접속사, 1음절 형용사와 결합하는 접두사, 어조사, 의문어기사' 등 11가지로 매우 많다. 이 문장에서의 其의 용도는 '어기사', '부사' 두 가지가 가능한데 어기사는 의문어기사 한 가지만 기능하고 그 위치가 문미이라는 점에서 이 문장의 其는 어기사가 아니라 부사가 된다('어기 멈춤' 등의 용도로 언급한 학자가 아직 없다). 때문에 其의 용도는 부사 중에서 의문부사가 되며 특히 반문을 나타내는 의문부사이지만 의미는 포함하지 않고 반문 어기에 가까운 기능을 하고 있다고 볼 수 있다.

7-23. 子曰: “二三子以我爲隱乎? 吾無隱乎爾! 吾無行而不與二三子者, 是丘也.”

子曰:	“二三子	以我爲隱	乎?	吾
공자가 말하다	(명)너희들, 여러분…(3-24)	내가 숨긴다고 여기다	(어기)의문(2-7)	(대)나,우리 ‘주어,한정어…’(13-18)
공자가 말했다. “너희들은 내가 숨긴다고 여기느냐?				나는
無隱	**乎爾!**	**吾**	**無**	**行**
숨기지 않다. [無:(부)진술사실부정(=不)(1-15)]	(어기)감탄	(대)나,우리 ‘주어…’(13-18)	(동)없다(9-2)	(동)실행하다, 밀고나가다(5-14)
숨기지 않는다!		나는 실행하면		
而	**不與**	**二三子**	**者,**	**是**
(접)동작+而+동작.‘가정’(4-17)	참여시키지않다.[與:참여하다(3-12)[yù]로 ‘동사→사동용법’으로 사용]	(명)너희들, 여러분…(3-24)	(조사)~한 사람, ~한 것(1-2)	(대)재지시. ‘이것’(2-7)
너희들을 참여시키지 않은 것이 없(었으니) [배경상황설명복문(1-1)]				
丘	**也.”**			
구(丘).나(=공자)	(어기)진술강조(2-17)			
이것이 나다.”				

번역 공자가 말했다. “너희들은 내가 숨긴다고 생각하느냐? 나는 숨기지 않는다! 나는 실행하면 너희들을 참여시키지 않은 것이 없었고 이것이 나이다.”

語法과 語彙

二三子以我爲隱乎? (너희들은 내가 숨긴다고 생각하느냐?)

以는 爲와 함께 사용되어 ‘以A 爲B(A가/를 B라고 여기다)’라는 특별한 관용어를 형성하고, 以 뒤에 목적어 대명사가 생략되면 以와 爲가 결합하여 합성어 以爲를 만든다. 그러나 고대중국어에서 以爲는 여전히 以와 爲를 각각 따로 해석해야 한다(polleyblank, 1995). 以의 목적어는 以 앞에 놓여 ‘목적어+以爲’가 되거나 생략되어 ‘以爲’로 사용된다.

→ 百姓皆以王爲愛也 『孟子·梁惠王上』
백성들이 모두(百姓皆) 왕을(以王) 인색하다고 여기다(爲愛也).

→ 民猶以爲小也 『孟子·梁惠王下』
사람들(民)은 여전히(猶) (그것을) 작다고 생각하다(以爲小也).

→ 君子義以爲上 『論語·陽貨』
군자(君子)는 의로움을(義以) 최상으로 여긴다(爲上).

二三子以我爲隱乎? (너희들은 내가 숨긴다고 생각하느냐?)

(동사) 숨기고 비밀로 하다, 은폐하다, 은폐되다, 숨기다, 숨다. (隱蔽, 隱匿)

→ 大方無隅；大器晩成；大音希聲；大象無形；道隱無名　『老子·四十一章』

큰 사각형은 모서리가 없고, 큰 그릇은 늦게 채워지고, 큰 소리는 희미하게 들리며, 큰 형상은 형체가 없고 (큰) 道는 은폐되어 이름이 없다.

吾無隱乎爾! (나는 숨기지 않는다!)

(관용구) 문미에 쓰여 문장의 의미와 어울리어 감탄어기를 나타낸다.

→ 去聖人之世, 若此其未遠也；近聖人之居, 若此其甚也, 然而無有乎爾, 則亦無有乎爾!　『孟子·盡心下』

성인의 시대에서 '떨어진(去)' 것이 이렇게(若此) 멀지 않고(未遠) 성인의 집에서 가까운 것이 이렇게 대단하(甚)지만 계승하는 사람이 없으면 또한 계승한 사람이 없다.

7-24. 子以四教: 文, 行, 忠, 信.

<table>
<tr><th>子</th><th colspan="3">以</th></tr>
<tr><td>공자</td><td colspan="3">1. (전)행위도구.'~로'(2-1) [네 가지로 가르치다]
2. (전)동작직접대상.'~를'(5-1) [네 가지를 가르치다]
[중국학자들은 모두 '도구'로 보고 한국학자에서는 김용옥, 이기동선생은 '도구', 김학주, 류종목 선생은 '직접대상'으로 보았다. 공자가 가르쳤던 분야가 이 네 가지에 국한되지 않았으므로 '도구'로 보았다]</td></tr>
<tr><td colspan="4">공자는 네 가지로 가르쳤다.</td></tr>
<tr><th>四</th><th>教:</th><th>文</th><th>行</th></tr>
<tr><td>넷, 네 가지</td><td>가르치다</td><td>1. 문헌을 통한 지식 습득 (김용옥)
2. 역대 문헌 (양백준)</td><td>1. 사회적 실천 (김용옥)
2. 사회생활의 실천 (양백준)</td></tr>
<tr><td colspan="2"></td><td colspan="2">문(文), 행(行)</td></tr>
<tr><th colspan="2">忠</th><th>信.</th><td rowspan="3"></td></tr>
<tr><td colspan="2">1. 인간의 내면적 덕성의 함양 (김용옥)
2. 타인을 대하는 충심 (양백준)</td><td>1. 과학적 사유 (김용옥)
2. 인간관계에 대한 진실함 (양백준)</td></tr>
<tr><td colspan="3">충(忠), 신(信)(이었다).</td></tr>
</table>

번역 공자는 문(文), 행(行), 충(忠), 신(信) 네 가지로 가르쳤다.

語法과 語彙

子以四教: 文, 行, 忠, 信 (공자는 문(文), 행(行), 충(忠), 신(信) 네 가지로 가르쳤다)

— [보충]

문(文, philology; literature)이란 일차적으로 문자의 터득과 관련되며 문헌을 통하여 지식을 습득하는 것이다. 넓은 의미에서 문학이고 문헌학이다. 행(行, social science; social practice)이란 사회적 실천이며 사회과학적 측면이다. 충(忠, cultivation of inner virtues; earnestness)이란 인간의 내면적 덕성의 함양이며 도덕의 함양이다. 신(信, scientific thinking; empirical verification)이란 신험(信驗)이며, 입증(verification)이며 과학적 사유와 관련된 것이다. (김용옥, 2008)

공자는 네 가지 내용으로 학생을 교육했다. 역대 문헌, 사회생활의 실천, 타인을 대하는 충심, 인간관계에 대한 진실함이었다. (孔子用四種內容教育學生：曆代文獻, 社會生活的實踐, 對待別人的忠心, 與人交際的信實) (楊伯峻, 2006)

7-25. 子曰: "聖人, 吾不得而見之矣; 得見君子者, 斯可矣." 子曰: "善人, 吾不得而見之矣; 得見有恒者, 斯可矣.亡而爲有, 虛而爲盈, 約而爲泰, 難乎有恒矣."

子曰:	"聖人,	吾	不得而	見	之
공자가 말하다	(명)성인(聖人)	(대)나,우리 '주어,한정어…' (13-18)	(관용)~할 수 없다 (5-13)	(동)보다	(대)재지시. '그것,그사람'(2-1)
공자가 말했다.	"성인(聖人)(은) [화제(1-6)]	나는 그를 볼 수가 없을 것이다.			
矣;	**得**	**見**	**君子**	**者,**	**斯**
(어기)미래상황에 대한 확신(1-7)	(조동)~할 수 있다 (3-24)	(동)보다	(명)군자(君子)(11-1)	(조사)~한 사람, ~한 것(1-2)	(대)주어.'이것이.이것은.이것…'(1-12)
	군자를 볼 수 있는 것 [화제,topic(1-6)(16-14)]				이것은
可	**矣."**	**子曰:**	**"善人,**	**吾不得而見之矣;**	
(형)괜찮다, 적절하다(1-15)	미래상황확신. '가정+결과'(7-15)	공자가 말하다	도덕을 갖춘 사람. 선량한 사람	나는 그를 볼 수 없을 것이다	
괜찮을 것이다."		공자가 말했다.	"善人(도덕을 갖춘 사람)(은)[화제]	나는 그를 볼 수가 없을 것이다.	
得見	**有恒(=恆)**	**者,**	**斯可矣.**	**亡**	**而**
볼 수 있다	굳센 의지를 오래 유지하다	(조사)~한 사람, ~한 것(1-2)	이것은 괜찮을 것이다	(동)없다	(접)전환. '그러나'(1-1)
굳센 의지를 오래 유지하는 사람(= 유항자 有恒者)을 볼 수 있는 것 [화제,topic(1-6)(16-14)]			이것은 분명 괜찮을 것이다.	없는데	
爲	**有,**	**虛而爲盈,**		**約**	**而**
(동)~척하다	(동)있다	비어있는데 가득 차있는 척하다		(형)빈곤하다(4-2)	(접)전환. '그러나'(1-1)
있는 척하(고),		비어 있는데 가득 차있는 척하(고),		빈곤한데	
爲	**泰,**	**難**	**乎**	**有恒(=恆)**	**矣."**
(동)~척하다	(형)인색하지 않다	(형)어렵다. 곤란하다(6-22)	(어기)감탄,비분,찬송(3-7)	(동)굳센 의지를 오래 유지하다	미래상황확신. '가정+결과'(7-15)
인색하지 않은 척하면 [여기까지가 조건 가정절(1-1)]		굳센 의지를 오래 유지하는 것이 분명 어려울 것이다."			

번역 공자가 말했다. "성인(聖人)은 나는 그를 볼 수가 없을 것이다. 군자(君子)를 볼 수 있는 것, 이것은 괜찮을 것이다." 공자가 말했다. "도덕을 갖춘 사람은 나는 그를 볼 수가 없을 것이다. 굳센 의지를 오래 유지하는 사람을 볼 수 있는 것, 이것은 괜찮을 것이다. 없는데 있는 척하고, 비어 있는데 가득 차있는 척하고, 빈곤한데 인색하지 않은 척하면 굳센 의지를 오래 유지하는 것이 분명 어려울 것이다."

語法과 語彙

善人, 吾不得而見之矣 (도덕을 갖춘 사람, 나는 그를 볼 수가 없을 것이다)

(명사) 도덕을 갖춘 사람; 선량한 사람. (有道德的人 ; 善良的人)

→ 然則不吝其力之所及, 德施於人而身忘其憂, 足以稱善人矣夫 (宋·葉适『葉君宗儒墓志銘』)
그러나(然則) 그의 힘이(其力之) 미치는 것(所及)에 '인색하지 않고(不吝)' 덕은 '타인에게 베풀(施於人)'고 게다가(而) 자신(身)은 자신의 걱정을 잊(忘其憂)으면 도덕을 갖춘 사람(善人)이라고 부를 수 있다(足以稱…矣夫).

得見有恒者, 斯可矣 (굳센 의지를 오래 유지하는 사람을 볼 수 있는 것, 이것은 괜찮을 것이다)

(동사) 굳센 의지를 유지하고 일을 할 때 오래 지속할 수 있고 변하지 않다. (保持毅力, 行事能持久不變)

亡而爲有 (없는데 있는 척하다)

(동사) 없다. (没有)[망, wú][wáng:도망가다.잃다.죽다…]

→ 生之有時而用之亡度, 則物力必屈 (漢·賈誼『論積貯疏』)
생산(生)은 정해진 시간이 있지(有時)만 사용(用)은 제한이 없으(亡度)니 '제공하여 사용할 수 있는 물자(物力:可供使用的物資)'는 반드시 모자란다(屈).

亡而爲有 (없는데 있는 척하다)

(동사) ~척하다. (佯裝)

→ 夫子爲弗聞也者而過之 『禮記·檀弓下』
선생님은 '듣지 않은 척하(爲弗聞)'고 그를 지나간다.

約而爲泰 (빈곤한데 인색하지 않은 척하다)

(형용사) (재물 사용에) 인색하지 않다. 시원하다, (언행이) 거침없다. (大方)

→ 凡慮事欲孰, 而用財欲泰 『荀子·議兵』
대체로 일을 고려할 때는 깊게(孰) 하려 하지만 재물을 쓰려 할 때는 인색하려 하지 않는다.

7-26. 子釣而不網, 弋不射宿.

<table>
<tr><th>子</th><th>釣</th><th>而</th><th>不</th><th>網,</th><th>弋(而)</th></tr>
<tr><td>(명사.인명)공자</td><td>(동)물고기를 낚다. 낚시하다</td><td>(접)전환. '그러나'(1-1)</td><td>(부)동사술어앞. '~하지않다'(7-14)</td><td>(동)그물로 잡다</td><td>(동)줄이 달린 화살로 새를 잡다</td></tr>
<tr><td colspan="5">공자는 낚시를 하였지만 그물로 잡지는 않았(고)</td><td></td></tr>
<tr><th colspan="2">不</th><th colspan="3">射宿.</th><td rowspan="3"></td></tr>
<tr><td colspan="2">(부)동사술어 앞.'~하지 않다'(7-14)</td><td colspan="3">(동)깃들이고 있는(조류가 보금자리를 만들어 그 속에 들어 살다) 새를 쏘다.</td></tr>
<tr><td colspan="5">줄이 달린 화살로 새를 잡았(지만) 깃들이고 있는 새를 쏘지는 않았다.</td></tr>
</table>

번역 공자는 낚시를 하였지만 그물로 잡지는 않았고 줄이 달린 화살로 새를 잡았지만 머물고 있는 새를 쏘지는 않았다.

語法과 語彙

子釣而不網 (공자는 낚시를 하였지만 그물로 잡지는 않다)

(동사) 물고기를 낚다, 낚시하다. (釣魚)

→ 吾童子時所釣游也 (唐·韓愈『送楊少尹序』
내가 아이 때 '낚시하고 놀던(釣游)' '곳(所)'이다.

子釣而不網 (공자는 낚시를 하였지만 그물로 잡지는 않다)

(동사) 그물로 잡다. (用网捕捉)[망,wǎng]

→ 乃網魚百餘 (唐·段成式『酉陽雜俎』)
그래서 물고기를 백여 마리 그물로 잡다.

弋不射宿 (줄이 달린 화살로 새를 잡았지만 머물고 있는 새를 쏘지는 않다)

(동사) 줄이 달린 화살로 새를 쏘다. (以帶繩的箭射鳥)[익,yì]

→ 彈射莫及弋不得, 日暮虞人空嘆息 (唐·李紳『翡翠塢』)
탄환으로 사격해도(彈射) 미치지 않고 줄이 달린 화살로 살을 쏘아도 얻지 못하자 해질 무렵(日暮:傍晚) 옛날 산과 강 그리고 동물 기르는 곳을 관장하는 관리(虞人:古掌山澤苑囿之官)가 한가롭게(空:閑着) 탄식한다.

弋不射宿 (줄이 달린 화살로 새를 잡았지만 머물고 있는 새를 쏘지는 않다)

(동사) 깃들이고 있는 새를 쏘다. (夜射栖鳥)

— [참조와 견해]
숙(宿)은 동사로써 숙박하다, 묵다. 깃들이다(조류가 보금자리를 만들어 그 속에 들어 살다)의 의미이다. 사숙(射宿)에 대해서는 『漢語大詞典』에 언급되어 있고 예문으로 본문의 내용을 들었다. 한국, 중국 주석서는 한 단어로 취급하지 않았다. 숙(宿)에 대해서 한국 주석서는 모두 '자다'라고 보았는데 중국 주석서는 '둥지 안에서 묵다(陳曉芬)', '둥지로 돌아오다(楊伯峻)', '새둥지 안에서 머무르다(毛子水)'로 풀이하였다. 만약 한 단어 이전의 의미로 처리하면 사숙조(射宿(鳥))로 목적어인 '새(鳥)'가 생략되었다고 생각한다(자고 있는 새를 쏘다).

→ 俯而不答, 仰而笑, 呼余宿其家 (宋·蘇軾『方山子傳』)
머리를 숙여(俯) 대답하지 않고, '머리를 들어(仰)' 웃고 '나를 불러(呼余)' 그의 집에서 숙박한다.

7-27. 子曰: "蓋有不知而作之者, 我無是也. 多聞, 擇其善者而從之, 多見而識之, 知之次也."

子曰:	"蓋	有	不知	而	作
공자가 말하다	(부)아마.대체로. 대략	(동)있다	(동)모르다	(접)전환. '그러나'(1-1)	(동)창작하다, 쓰다(7-1)
공자가 말했다. "모르지만 창작하는 사람이 아마 있는 것 같(은데)					
之	**者,**	**我**	**無**	**是**	**也.**
(조사)한정어+之+ 중심어(4-23)	(조사)~한 사람, ~한 것(1-2)	(대)나	(동)없다(9-2)	(대)재지시. '이것'(2-7)	(어기)진술강조 (2-17)
		나는 이것이 없다.			
多	**聞,**	**擇**	**其**	**善**	**者**
(형)많다 [형용사→부사]	(동)듣다	(동)선택하다	(인칭.대)한정어. 그중(의)(19-22)	(형)뛰어나다(3-25)	(조사)~한 사람, ~한 것(1-2)
많이 듣(고)		그것 중(=들은 것 중) 뛰어난 것을 선택하여			
而	**從**	**之,**	**多見**	**而**	**識**
(접)동작의 선후 (6-15)	(동)좇다,추구하다 (7-11)	(대)재지시. '그것,그사람'(2-1)	많이 보다 [多:형용사→부사]	(접)동작의 선후 (6-15)	(동)알다,이해하다, 인식하다(7-2)
그것을 추구하(고)			많이 보고 그것을 이해하(는 것이)		
之,	**知**	**之**	**次**	**也."**	
(대)재지시. '그것,그사람'(2-1)	(명)지식,견해,안다는 것(2-17)	(조사) 수식,종속관계. '~의' (3-2)	(수사)두 번째	(어기)진술강조 (2-17)	
	지식의 두 번째이다."				

번역 공자가 말했다. "아마도 모르지만 창작하는 사람이 있는 것 같은데, 나는 이것이 없다. 많이 듣고 그것 중 뛰어난 것을 선택하여 그것을 추구하고 많이 보고 그것을 이해하는 것이 지식의 두 번째이다."

語法과 語彙

蓋有不知而作之者, 我無是也 (아마도 모르지만 창작하는 사람이 있는 것 같은데, 나는 이것이 없다)

(추측부사) 서술어나 주어 구조 앞에 쓰여 보통 앞에 설명한 상황과 관련된 추측이나 판단을 나타내는 것으로 '아마~ 것 같다, 대략~인 것 같다, 대체로~인 것 같다' 등으로 번역될 수 있다. 때로는 긍정의 어기가 중하고, 융통성을 갖고 번역하면 된다. 상황에 대한 추단이고, 원인에 대한 추단이 아니기 때문에 보통 '~ 때문에' 등 이유로 번역하지 않는다.

→ 晉宋以還, 得者蓋寡 (唐·白居易『與元九書』)
진(晉)나라와 송(宋)나라 이후(以還)로 이해하(得)는 사람이 대체로 적은 것 같다.

→ 蓋余所至, 比好游者尚不能十一 (宋·王安石『游褒禪山記』)
아마도 '내가 가본 곳(余所至)'은 '유람하기 좋아하는 사람(好游者)'에 비하면 여전히 10분의 1도 안 되는 것 같다.

→ 蓋文帝之時, 無鹽鐵之利而民富 『鹽鐵論·非鞅』
대체로 문왕 때에는 소금과 철의 이점이 없었지만 백성은 부유했다.

知之次也 (지식의 두 번째이다)

(수사) 서수를 나타내는 것으로 두 번째. (表示序數, 第二)

→ 列坐其次 (晉·王羲之『蘭亭集序』)
나란히 그의 두 번째에 앉다.

→ 至次日坐堂 『紅樓夢·第四回』
다음 날(둘째 날)이 되어 '공무를 보다(坐堂: 관리가 조정에 나와 안건을 심리하고 공무를 처리하다 官吏出庭審理案件、處理公務)'.

7-28. 互鄕難與言, 童子見, 門人惑.子曰: "與其進也, 不與其退也, 唯何甚? 人絜己以進, 與其絜也, 不保其往也."

<table>
<tr><th>互鄕</th><th>難</th><th>與(之=互鄕)</th><th>言,</th><th>童子</th><th>見(夫子),</th></tr>
<tr><td>(명)호향(互鄕) 사람들[화제]</td><td>(형)어렵다, 곤란하다(6-22)</td><td>(전)주어와대립/호응.'~와'(5-8)</td><td>(동)말하다(7-17)</td><td>(명)미성년의 아이</td><td>(동)보다. 만나다(3-24)</td></tr>
<tr><td colspan="4">호향(互鄕) 사람들(은) (그들과) 함께 말하는 것이 어려(운데)</td><td colspan="2">미성년의 아이가 (선생님을) 만나(자)</td></tr>
<tr><th>門人</th><th>惑.</th><th>子曰:</th><th>"與</th><th>其</th><th>進</th></tr>
<tr><td>(명)제자(들), 학생(들)</td><td>(동)의심하다</td><td>공자가 말하다</td><td>(동)칭찬하다</td><td>(대)주어(명사+之)(2-22)</td><td>나아가다, 진보하다</td></tr>
<tr><td colspan="2">제자들은 의심했다. (=이해하지 못했다)</td><td>공자가 말했다.</td><td colspan="3">"그가(=사람이) 진보하는 걸 칭찬하(고)</td></tr>
<tr><th>也,</th><th>不</th><th>與</th><th>其</th><th>退</th><th>也,</th></tr>
<tr><td>(어기)병렬(3-23)</td><td>(부)동사서술어 앞.(7-14)</td><td>(동)칭찬하다</td><td>(대)주어(명사+之)(2-22)</td><td>(동)뒤쳐지다, 퇴보하다,</td><td>(어기)병렬(3-23)</td></tr>
<tr><td></td><td colspan="5">그가(=사람이) 퇴보하는 걸 칭찬하지 않는(데)</td></tr>
<tr><th>唯</th><th>何</th><th>甚?</th><th>人</th><th colspan="2">絜己</th></tr>
<tr><td>(조)화제유도</td><td>(의문부사)반문.'何+동사서술어'(5-9)</td><td>(형)지나치다(7-5) [형→동]</td><td>(명)사람</td><td colspan="2">(동)자기 행위를 단정하고 근실하게 하고 품위를 고상하게 하다.</td></tr>
<tr><td colspan="3">무얼 지나치게 하는 것이겠느냐?</td><td colspan="3">사람이 자기를 단정하게 하고 고상하게 하는 것으로</td></tr>
<tr><th>以</th><th>進,</th><th>與</th><th>其</th><th colspan="2">絜</th></tr>
<tr><td>(전)행위도구. '~로'(2-1)</td><td>(동)나아가다. 진보하다</td><td>(동)칭찬하다</td><td>(대)주어(명사+之)(2-22)</td><td colspan="2">깨끗하게 하다→단정하고 고상해지다. 1.[타동(or 사동)→자동] 2.[絜己 가능}</td></tr>
<tr><td colspan="2">진보하(면)</td><td colspan="4">그가 단정하고 고상해지는 것을 칭찬하(지만/는 것이지/…)</td></tr>
<tr><th>也,</th><th>不保</th><th>其</th><th>往</th><th>也."</th><td rowspan="3"></td></tr>
<tr><td>(어기사)멈춤, 완만(3-1)</td><td>(동)보호하다. 보위하다</td><td>(대)그의, 그것의(1-7)</td><td>(명)과거의 일</td><td>(어기)진술강조(2-17)</td></tr>
<tr><td></td><td colspan="4">그의 과거의 일을 보호하는 건 아니다."</td></tr>
</table>

번역 호향(互鄕) 사람들은 함께 말하는 것이 어려운데 미성년의 아이가 선생님(=공자)을 만나자 제자들은 의심했다(=이해하지 못했다). 공자가 말했다. "사람이 진보하는 걸 칭찬하고 사람이 퇴보하는 걸 칭찬하지 않는데 무얼 지나치게 하는 것이겠느냐? 사람이 자기를 단정하게 하고 고상하게 하는 것으로 진보하면 그가 단정하고 고상해지는 것을 칭찬하지만 그의 과거의 일을 보호하는 건 아니다."

語法과 語彙

互鄕難與言 (호향(互鄕) 사람들은 함께 말하는 것이 어렵다)

(지명) 호향(互鄕) 사람들. 호향(互鄕)은 확실하지는 않지만 한고조 유방의 출신지인 패현(沛縣: 산동성과 강소성의 경계지역) 부근 같다. 대화로 미루어 보아 호향(互鄕)사람들은 정현의 말대로 좀 상식에 벗어난 이상한 문화를 가지고 있는, 당대에는 악명 높은 지방의 사람들이었던 것 같다. (김용옥, 2008)

門人惑 (제자들은 의심했다(=이해하지 못했다))

(명사) 제자, 학생. (弟子, 學生)

→ 與其門人賢士大夫游 (宋·蘇軾『上樞密韓太尉書』)
그의 제자들(=학생들)인 현명한 사대부와 들놀이하다(游:郊游).

門人惑 (제자들은 의심했다(=이해하지 못했다))

(동사) 의심하다; 마음이 확실하지 않다, 맞는지 틀리는지 잘 모르다. (疑惑; 心疑不定, 不明白對還是不對)

→ 僑也惑之 『左傳·襄公二十四年』
교(僑)가 그것을 의심하다.

與其進也, 不與其退也 (사람이 진보하는 걸 칭찬하고 사람이 퇴보하는 걸 칭찬하지 않다)

(동사) 칭찬하다. (贊成, 稱讚) [yǔ]

→ 朝過昔改, 君子與之 『漢書·翟方進傳』
아침에 실수를 하고 저녁에 고치는 것(= 잘못을 저지른 후 바로 고치는 것), 공자는 이것을 칭찬한다.

與其進也, 不與其退也, 唯何甚? (사람이 진보하는 걸 칭찬하고 사람이 퇴보하는 걸 칭찬하지 않는데 무얼 지나치게 하는 것이겠느냐?)

(조사) 문두에서 놓여 화제를 유도한다. 모범이 되는 말이나 문장을 말하는 시작을 나타낸다. 해석을 안 해도 된다.

→ 唯或思或縱也.勇夫重閉, 況國乎? 『左傳·成公八年』
어떤 사람은 깊이 생각하고 어떤 사람은 멋대로 한다. 용감한 사람(勇夫)도 방어하고 지키는 것이 빈틈없는데(重閉: 방어하고 지키는 것이 빈틈없다. 謂防護嚴密) 하물며 나라는 어떻겠는가?

人絜己以進 (사람이 자기를 단정하게 하고 고상하게 하는 것으로 진보하다)

(동사) 자기의 행동을 단정하고 근실하게 하고 품행을 고상하게 하다. (使自己的行爲端愼, 品行高尙)

→ 夫赦令者, 將與天下更始, 誠欲令百姓改行絜己 『漢書·平帝紀』
사면 명령은 천하와 다시 시작할 것이니(更始) 정말로 백성이 행동을 고치고(改行) 자신을 단정하고 고상하게 할 것이나.

人絜己以進 (사람이 자기를 단정하게 하고 고상하게 하는 것으로 진보하다)

(동사) 깨끗하게 하다, 빨다, 씻다, 청소하다. (使清洁, 洗滌)

→ 終洁其身而已矣 『孟子·萬章上』
결국(終) 자기 몸을 깨끗하게 할 뿐이다.

不保其往也 (그의 과거의 일을 보호하지 않다)

(동사) 보호하다, 보위하다. (保護, 保衛)

→ 益思有以保之 (宋·濂『閱江樓記明』)
그것을 보호할 '무엇이 있나(有以:有甚麼)' '더 생각하다(益思)'.

不保其往也 (그의 과거의 일을 보호하지 않다)

(명사) 과거의 일. (過去的事情)

→ 告諸往而知來者 『論語·學而』
그(=자공)에게 과거의 일을 알려주면 '미래의 것(來者:將來的事)'을 안다.

7-29. 子曰: "仁遠乎哉? 我欲仁, 斯仁至矣."

子曰:	"仁	遠	乎哉?	我	欲
공자가 말하다	(명)인(仁)	(형)멀다	(어기)의문	(대)나	(동)원하다(4-5)
공자가 말했다. "仁은 멀(리 있는/먼)가?				내가	
仁,	**斯**		**仁**	**至**	**矣."**
(명)인(仁)	(접)부드럽게이어짐.'~면~이다'(4-7)		(명)인(仁)	(동)오다,도착하다(3-24)	(어기)미래확신. '가정+결과'(7-15)
仁을 원하…	…면 仁은 올 것이다."				

번역 공자가 말했다. "仁은 멀리 있는가? 내가 仁을 원하면 仁은 올 것이다."

語法과 語彙

仁遠<u>乎哉</u>? (仁은 멀리 있는가?)

(관용구) 1. 문미에 쓰여 문장의 뜻과 어울려 의문이나 반문의 어기를 나타낸다.

→ 不識詞語誠然乎哉? 『孟子·萬章上』
문장 내 어휘(詞語: 문장의 글귀 文辭 / 문장 내의 어휘, 글자 字眼)가 '정말 그런지(誠然)' 모르겠(不識)는가?

→ 善敗由己, 而由人乎哉? 『左傳·僖公二十年』
성패(善敗:成敗)는 자신에게 달려 있는 것이지 다른 사람에게 달려 있겠는가?

(관용구) 2. 문미에 쓰여 문장의 뜻과 어울려 감탄의 어기를 나타낸다.

→ 美乎哉! 河山之固! 『史記·孫子吳起列傳』
아름답다! 하천과 강의 튼튼함(固:牢靠, 結實)이!

7-30. 陳司敗問: "昭公知禮乎?" 孔子曰: "知禮." 孔子退, 揖巫馬期而進之, 曰: "吾聞君子不黨, 君子亦黨乎?" "君取於吳爲同姓, 謂之吳孟子. 君而知禮, 孰不知禮?" 巫馬期以告. 子曰: "丘也幸, 苟有過, 人必知之."

陳司敗	問(於孔子):	"昭公	知禮乎?"	孔子曰:	"知禮."
진나라 사패 (司敗:관직명)	(동)묻다	노나라 군주 소공 (昭公)	예를 아는가? [乎:(2-7)]	공자가 말하다	예를 알다
진(陳)나라 사패(司敗)가 (공자에게) 물었다.		"(노나라 군주) 소공(昭公)은 예(禮)를 압니까?"		공자가 말했다.	"예(禮)를 알지요."
孔子退,	**揖**	**巫馬期**	**而**	**進**	**之,**
공자가 물러나다	(동)공수(拱手)하다	(인명)무마기(공자 제자)	(접)동작의 선후. '~다음'(6-15)	(동)앞으로 나아가다	(대)재지시. '그것,그사람'(2-1)
공자가 물러나(고/자/…)	(사패가) 무마기(巫馬期)에게 공수한 다음 그에게(=무마기에게) 다가가 [여기서는 '揖+(於:대상전치사)+巫馬期(무마기에게 공수하다)'+而+'進+(於:대상전치사)+之(그<=무마기>에게 다가가다)' 두 가지 행위에서 모두 '대상'을 나타내는 전치사가 생략되었다고 보았다. 한편 한국, 중국학자들 모두 사패와 무마기의 사회적 위치를 고려하여 '進'을 사역동사(다가오게 하다)로 보았다.]				
曰:	**"吾聞**	**君子不黨,**		**君子**	**亦**
(동)말하다	나는 듣다	군자는 편들지 않는다		(명)군자(君子)(11-1)	(부사)역시(3-22)
말했다.	"나는 군자는 편들지 않는다고 들었(는데)			군자 역시	
黨	**乎?**	**君**	**取**	**於**	**吳**
(동)편들다. 감싸다	(어기)의문(2-7)	노나라 군주 소공 (昭公)	아내를 얻다	(전)발생방향. '~부터'(3-13)	오(吳)나라
편을 드는가?		소공(昭公)은 오(吳)나라로부터 아내를 얻어			
爲	**同姓,**	**謂之吳孟子.**		**君**	**而**
(동)되다. 변하다(3-8)	同姓(같은 성)	그를 오맹자(吳孟子)라고 부르다. [謂:(5-15)][之:(2-1)]		노나라 군주 소공 (昭公)	(접)주어+而+서술어.'가정'(2-13)
(아내와) 같은 성씨가 되었(기 때문에)		아내를 오맹자(吳孟子)라고 불렀다.		소공(昭公)이 예를 안다(면)	
知禮,	**孰**	**不知禮?"**	**巫馬期**	**以(之)**	**告(子).**
예를 알다	(의문대)누가,무엇이.'의문,반문'(3-1)	예를 모르다	(인명)무마기 (공자 제자)	(전)동작직접대상. '~를'(5-1)	(동)알리다
	누가 예를 모르겠는가?"		무마기(巫馬期)가 (이것을) (공자에게) 알렸다.		
子曰:	**"丘**	**也**	**幸,**	**苟**	**有過,**
공자가 말하다	(인명)나, 공자	(어기)주어+也. '멈춤,완만,제시' (1-2)	(형)운이 좋다 (6-19)	(접)만약. '가정,조건'(4-4)	(동)잘못이 있다
공자가 말했다. "나는 운이 좋다.				만약 잘못이 있으면	
人	**必**	**知**	**之."**		
(명)타인,다른사람	(부)꼭,반드시, 분명히(6-30)	(동)알려주다 [동→사동]	(대)재지시. '그것,그사람'(2-1)		
다른 사람이 꼭 그것을(=잘못한 것) 알려준다."					

번역 진(陳)나라 사패(司敗)가 공자에게 물었다. "노나라 군주 소공(昭公)은 예를 압니까?" 공자가 말했다. "예를 알지요." 공자가 물러나고, (사패가) 무마기(巫馬期)에게 공수한 다음 그에게(=무마기에게) 다가가 말했다. "나는

군자는 편들지 않는다고 들었는데, 군자 역시 편을 드는가? 소공(昭公)은 오(吳)나라로부터 아내를 얻어 아내와 같은 성씨가 되었기 때문에 아내를 오맹자(吳孟子)라고 불렀다. 소공(昭公)이 예를 안다면 누가 예를 모르겠는가?" 무마기(巫馬期)가 이것을 공자에게 알렸다. 공자가 말했다. "나는 운이 좋다. 만약 잘못이 있으면 다른 사람이 꼭 그것을 알려준다."

語法과 語彙

陳司敗問 (진(陳)나라 사패(司敗)가 묻다)

(고유명사) 하(夏)나라 은(殷)나라에 이미 이것이 있었다. 주(周)나라 때 육경(六卿)의 하나로 추관대사구(秋官大司寇)라 하였다. 형벌과 죄상을 조사하는 등의 일을 담당하였다. 춘추열국 역시 많이 이 관직을 설치하였다. 공자는 일찍이 노나라 사구(司寇)를 역임하였지만 계씨와 융화되지 못하여 떠난 적이 있다. 청나라 시대에는 형부상서(刑部尚書)라는 별칭으로 대사구(大司寇)라 하였고 시랑(侍郎:명청(明淸) 시대에 정부 각 부(部)의 부장관(副長官))을 소사구(少司寇)라 하였다. (夏殷已有之. 周爲六卿之一, 曰秋官大司寇. 掌管刑獄、糾察等事. 春秋列國亦多置之. 孔子嘗爲魯司寇, 因與季氏不合而去. 清時別稱刑部尚書爲大司寇, 侍郎爲少司寇.)

孔子退, 揖巫馬期而進之 (공자가 물러나자 무마기(巫馬期)에게 공수한 다음 그에게 다가가다)

(동사) 공수하다(拱手: 두 손을 마주 잡고 팔을 가슴 위로 올려 경의나 존중을 표시하다). (拱手行禮)

→ 王揖而入 『左傳·昭公十二年』
왕이 공수(拱手)하고 들어오다.

揖巫馬期而進之 (공수한 다음 그에게 다가가다)

(인명) 무마기(巫馬期)는 공자의 제자로 논어에는 단 한 번 이 장에 등장한다. 하지만 여러 자료를 볼 때 상당히 초기부터 공자를 모신 중후한 인물인 것 같다. 공자보다 30세 연하라는 데는 「세가」와 「제자」가 일치한다. 성(姓)이 무마(巫馬)이고 이름이 시(施), 자(字)가 자기(子期) 또는 자기(子旗)로 쓴다. 그래서 무마기(巫馬期), 무마시(巫馬施)로도 불린다. 무마기는 별이 있을 때 출근하고 별이 있을 때 퇴근하며 낮밤으로 노력하는 사람이었고 착실한 인물이었다. (김용옥, 2008)

揖巫馬期而進之 (공수한 다음 그에게 다가가다)

(동사) 앞으로 이동하다, 앞으로 가다. (向前移動, 前進)

→ 九國之師遁逃而不敢進 (漢·賈誼『過秦論』)
아홉 개 국의 군사는 도망가려 하(遁逃)지 앞으로 나아가려 하지 않는다.

吾聞君子不黨 (나는 군자는 편들지 않는다고 들었다)

(동사) 비호하다, 편들다, 감싸다. (袒護, 偏袒)

→ 無偏無黨, 王道蕩蕩 『尚書·洪範』

편들지 않고 비호하지 않아(無偏無黨)야 왕도가 평탄하다(蕩蕩:평탄하다/광대하다).

君取於吳爲同姓 (소공(昭公)이 오(吳)나라로부터 아내를 얻어 아내와 같은 성씨가 되다)

(동사) (=취 娶). 아내를 얻다. (取婦)

→ 崔武子見棠姜而美之, 遂取之 『左傳·襄公二十五年』
최무자(崔武子)는 당강(棠姜)을 보고 그녀가 '아름답다고 여겨(美)서(遂:就, 於是)' 그녀를 아내로 얻는다.

丘也幸, 苟有過, 人必知之 (나는 운이 좋다. 만약 잘못이 있으면 다른 사람이 꼭 그것을 알려준다)

(명사) 타인, 다른 사람. (別人, 他人)

→ 而忌者畏人修 (唐·韓愈『原毁』)
질투하(忌:嫉妒)는 사람은 타인이 '공부하고 훈련하(修:學習和鍛鍊)'는 것을 두려워한다.

7-31. 子與人歌而善, 必使反之, 而後和之.

子	與	人	歌	而	善,
공자	(동)참여하다, 참가하다(3-12) [yù]	(명)타인, 다른사람(7-30)	(동)노래하다	(접)주+而+술. '가정,강조…'(2-13)	(형)뛰어나다(3-25)
공자가 사람을 참여시켜 노래한 것이 뛰어나면 [시간조건절(1-1)]					
必	**使**	**反**	**之,**	**而後**	**和**
(부)꼭,반드시, 분명히(6-30)	(사역동사) ~하게 하다(2-20)	(동)돌아오다 (→다시하다) [동→사동]	노래한 것[之:(2-1)]	(접)~한 다음 (비로소)(5-20)	(동)호응하다, 따라 부르다
반드시 노래한 것을 다시하게…				…한 다음 노래한 것을 따라 불렀다.	
之.					
타인과 노래한 것 [之:(2-1)]					

번역 공자가 사람을 참여시켜 노래한 것이 뛰어나면 반드시 노래한 것을 다시하게 한 다음 노래한 것을 따라 불렀다.

語法과 語彙

子與人歌而善, 必使反之 (공자가 사람을 참여시켜 노래한 것이 뛰어나면 반드시 노래한 것을 다시하게 한다)

(접속사, 주어+而+서술어) 복문에서 앞의 단문 주어와 서술어 사이에 쓰여 '주어와 서술어'를 연결시키어 '가정(설정), 강조, 전환'의 의미를 나타내고 보통 '~이/가 만약 ~하면'인 가정의 뜻으로 번역된다.

→ 子產而死, 誰其嗣之? 『左傳·襄公三十年』
자산(子產)이(而) 죽(死)으면(而) 누가(誰其) 그것을 이을(嗣之)까?

→ 管氏而知禮, 孰不知禮? 『論語·八佾』
관씨(管氏)가(而) 예를 안다(知禮)면(而) 누가(孰) 예를 모르(不知禮)겠는가?

子與人歌而善, 必使反之 (공자가 사람을 참여시켜 노래한 것이 뛰어나면 반드시 노래한 것을 다시하게 한다)

(동사) 돌다, 돌아오다. (回, 歸)

— [견해]

한국, 중국 모든 주석서에는 '다시(再)'이 이미인 '중복하다'로 보았는데 반(反)은 고대중국어에서 '중복하다'라고 명시한 의미항목은 없고 유사한 의미 범주는 '돌아오다' 정도이다. 여기서는 '동사'를 '사역동사'로 품사활용 했다고(돌아오게 하다) 봐야 할 것 같다.

→ 寒暑易節, 始一反焉 『列子·湯問』
겨울과 여름이 '계절을 바꾸면(易節)' 비로소(始) '한 번 돌아간다(一反)'.

必使反之, 而後和之 (반드시 노래한 것을 다시하게 한 다음 노래한 것을 따라 부른다)

(동사) 호응하다, 따라 부르다, 노래를 주고받다. (唱和, 和答) [hè]

→ 荆軻和而歌 『戰國策·燕策三』
형가(荆軻:?-기원전 227)가 '호응하여/따라 부르며' 노래하다.

7-32. 子曰: "文, 莫吾猶人也. 躬行君子則吾未之有得."

子曰:	"文,	莫	吾	猶	人
공자가 말하다	(명)문헌,책,서적 (6-27)	(추측부사) 아마도 ~일 것이다	(대)나,우리 '주어,한정어…' (13-18)	(동)유사하다, 비슷하다(5-19)	(명)타인, 다른사람(7-30)
공자가 말했다.	"문헌은 [화제(16-14)]	아마도 나는 다른 사람과 비슷할 것이다.			
也.	**躬**	**行君子**		**則**	**吾**
(어기)판단 (동사,형용사술어끝) (11-15)	(명)자신,본인, 신체,몸(4-22)	군자를 실천하다. [行:(5-14)]		(판단부사)(주어)+則+서술어(7-33)	(대)나,우리 '주어…'(13-18)
	(내) 자신이 군자를 실천하는 것은				나는
未之有得."					
그것을(=군자를 실천하는 것) 아직 얻지 못했다. [未:(부사)아직~하지 않다(3-25)]					
(그것을) 아직 얻지 못했다." [대명사 之가 생략된 번역이 훨씬 좋다] [선행한 화제가 서술어에서 다시 등장할 때 대명사로 다시 표현하는 고대중국어의 특징]					

번역 공자가 말했다. "문헌은 아마도 나는 다른 사람과 비슷할 것이다. 내 자신이 군자를 실천하는 것은 나는 아직 그것을 얻지 못했다."

語法과 語彙

文莫吾猶人也 (문헌에 있어서는 아마도 나는 다른 사람과 비슷할 것이다)

(추측부사) 미루어 짐작하는 의미로 '혹시/아마도 ~일 것이다, 설마~는 아니겠지?, 대체로' 등으로 번역된다.

→ 此鳥莫是妖魅 『搜身後記』
이 새가 설마 '요괴와 악마(妖魅:妖魔鬼怪)'는 아니겠지?

→ 莫是李十朗否? (唐・蔣防『霍小玉傳』)
혹시 이십랑(李十朗)이 아닌가?

吾未之有得 (나는 아직 (그것을) 얻은 것이 없다)

(대명사) 부정문 안에서 동사의 목적어가 된다. 두 가지 상황이 있는데 하나는 목적어가 동사 앞에 이동하는 것이고 하나는 목적어가 동사 다음에 있는 것이다. 진·한(秦·漢)시기에는 목적어가 동사 앞으로 이동하는 것이 다수를 차지했지만 동사 다음에 오는 것도 적지 않았다. 이 경우 형식은 [부정사 '莫, 不, 未, 弗' + 之 + 동사]이다. 진·한(秦·漢)시기 이후에는 목적어가 동사 앞으로 오는 것이 점점 줄어들었고 당·송(唐·宋) 시기에 이르러 입말(=구어)에서 목적어가 동사 앞에 나오는 표현은 이미 보기 어렵게 되었다.

→ 民不足而可治者, 自古及今, 未之嘗聞 (漢・賈誼『論積貯疏』)
백성이 먹을 것 입을 것이 부족한데 통치할 수 있다는 것은 '옛날부터 지금까지(自古及今)' 들어 본 적이 없다.

→ 行仁政而王, 莫之能御也 『孟子・公孫丑上』

인정(仁政)을 실천하여 '천하를 통치하(王:統治天下 [wàng])'면 어느 누구도 그것을 '막을 수(能御)'가 없다.

吾未之<u>有得</u> (나는 아직 (그것을) 얻은 것이 없다)

(동사) 얻은 것이 있다; 깨달은 것이 있다. (有所得；有所領悟)

→ 晝有爲, 宵<u>有得</u> (宋·張載『正蒙·有德』)
낮(晝)에 행동이 있어 밤(宵)에 얻는 것이 있다.

7-33. 子曰: "若聖與仁則吾豈敢? 抑爲之不厭, 誨人不倦則可謂云爾已矣." 公西華曰: "正唯弟子不能學也."

子曰:	"若	聖與仁			則
공자가 말하다	(접)그러나. ~에 대해서	1. 성(聖)과 인(仁). 2. 성인(聖人)과 인자(仁者). [與:(접)병렬.'~와'(4-5)]			(판단부사)(주어)+則+서술어
공자가 말했다. "그러나 성인(聖人)과 인자(仁者)는					
吾	豈	敢?	抑	爲	之
(대)나,우리 '주어,한정어…' (13-18)	(부)반문.'어떻게~ 이겠는가?	(동)용감하게 나아가 얻다.	(접)그러나	(동)되다, 변하다(3-8)	성인(聖人)과 인자(仁者)[재지시]
내가 어떻게 용감하게 나가서 얻겠느냐?			그러나 성인(聖人)과 인자(仁者)가 되는 (것을) 싫어하지 않(고)		
不厭,	誨人		不倦	則	可謂
싫어하지 않다. [厭:(6-28)]	사람을 가르치다. [誨:(2-17)]		싫증나지 않다. [倦:(7-2)]	(부)(바로)~이다	(동)그렇다고 말할 수 있다(1-11)
	사람을 가르치는 것(을) 싫증내지 않는 것은 그렇다고 말할 수 있을 뿐이다."				
云爾	已矣."	公西華曰:	"正	唯	弟子
(관용)이와 같을 뿐이다(7-18)	(어기)서술,감탄 (1-15)	공서화가 말하다. [公西華(5-8)]	(부사)바로, 마침	(부)유독, 다만	(명)학생,제자(2-8)
		공서화가 말했다.	"바로 제자들이 유독 (그것을) 배울 수가 없습니다."		
不能學(之)	也."				
배울 수 없다	(어기)진술강조 (2-17)				

번역 공자가 말했다. "그러나 성인(聖人)과 인자(仁者)는 내가 어떻게 용감하게 나가서 얻겠느냐? 그러나 성인(聖人)과 인자(仁者)가 되는 것을 싫어하지 않고, 사람을 가르치는 것을 싫증내지 않는 것은 그렇다고 말할 수 있을 뿐이다." 공서화가 말했다. "바로 유독 제자들이 (이것을) 배울 수가 없습니다."

語法과 語彙

若聖與仁則吾豈敢? (그러나 성인(聖人)과 인자(仁者)는 내가 어떻게 용감하게 나가서 얻겠는가?)

(전환접속사) 보통 한 가지 사건에 대해 말을 마친 다음 방향을 바꾸어 관련 있는 다른 화제에 대해 제기하거나 이치에 따라 말하는 경우 사용된다. '그러나/그런데/한편 ~에 대해서는' 등으로 번역될 수 있다. (至于)

→ 故學數有終, 若其義則不可須臾舍也 『荀子·勸學』
그래서 배움의 순서(數)에는 끝이 있지(有終)만 그 의미는 잠시(須臾)라도 멈출(舍) 수가 없다.

— [견해]
이 용도의 약(若)은 앞에 진술이 나오고 다음 문장에서 접속사 약(若)이 쓰여 전환의 의미를 이어나가는데 본문은 이와 다르게 약(若)이 맨 앞에 나왔다. 따라서 약(若)으로 시작하는 본문 앞에 전환 이전에 대한 공자의 진술이 있었다고 본다.

若聖與仁則吾豈敢? (그러나 성인(聖人)과 인자(仁者)는 내가 어떻게 용감하게 나가서 얻겠는가?)

(판단부사) 보통 주어와 서술어 사이에 놓여 부사어가 되어 서술어에 대한 판단을 나타내고 강조의 의미를 갖는다. 칙則 다음은 명사서술어이고 '바로 ~이다/하다', '~이다'로 번역할 수 있다(就是, 是). Polleyblank(1995)이 용법에 대해서 다음과 같이 말했다. "한편 노출된 명사구를 대비시키는 역할을 담당하는 표지로 사용할 수 있다. 노출된 성분은 대부분(모두 다는 아니지만) 주어이다."

— [견해]

상술한 설명에서는 칙則 다음이 '명사서술어'라고 했는데 명사서술어 뿐만 아니라,

→ 此則寡人之罪也 『國語・越語上』
이것은 나의 잘못이다.

동사구(조동사+동사, 동사+목적어 등)도 나올 수 있고,

→ 是則可憂也 『孟子・離婁下』
이것은(是則) 걱정할만하다(可憂也).

→ 鳥則擇木, 木豈能擇鳥 『左傳・哀公』
새가(鳥則) 나무를 택한다(擇木). 나무(木)가 어떻게(豈) 새를 택할 수 있(能擇鳥)겠는가?

주어, 서술어(동사, 형용사)가 포함된 절도 나올 수 있고,

→ 孔子曰, "聖人則吾不能" 『孟子・公孫丑上』
공자가 말했다 : "성인은(聖人則) 내가(吾) 할 수 없다(不能)."

若聖與仁則吾豈敢? (그러나 성인(聖人)과 인자(仁者)는 내가 어떻게 용감하게 나가서 얻겠는가?)

— [보충과 견해]

성(聖)과 인(仁)에 대한 학자들의 견해는 두 가지로 나뉜다. 먼저 성(聖)을 성인(聖人)으로 인(仁)을 인자(仁者)로 보는 견해(김학주, 류종목, 陳曉芬, 毛子水, 楊伯峻)와 단어가 갖는 추상적 의미로 성(聖)과 인(仁)으로 기술한 것(이기동, 김용옥)이다.

먼저 고대중국어에서 사용된 성(聖)의 용도에서는 추상적 가치로는 '통하지 않는 것이 없다(無所不通)', '신통하다(神通)', '정령(精靈:도깨비/…)', '천지신명과 관련 있는 사물' 정도이고 나머지는 모두 '사람'과 관련된 것이다. 추상적 가치로 볼만한 항목이 없고 때문에 '사람'과 관련된 것이라 생각하고, 뒤의 인(仁)도 인자(仁者)가 되는 것으로 본다.

若聖與仁則吾豈敢? (그러나 성인(聖人)과 인자(仁者)는 내가 어떻게 용감하게 나가서 얻겠는가?)

(의문부사) 반문을 나타내며 서술어나 주어+서술어 앞에 쓰여 부사어가 된다. '어떻게~하겠는가?' 등으로 번역될 수 있다.

→ 吾豈匏瓜也哉? 焉能繫而不食? 『論語・陽貨』
내가 어떻게 박이겠는가? 어떻게 매달려 먹히지 않을 수 있겠는가?

若聖與仁則吾豈敢? (그러나 성인(聖人)과 인자(仁者)는 내가 어떻게 용감하게 나가서 얻겠는가?)

(동사) 용감하게 나아가 얻다. 용기가 있다. (勇于進取, 有膽量)

→ 臣乃敢上璧 『史記·廉頗藺相如列傳』
제가(臣) 비로소(乃) '용기를 갖고(敢)' 아름다운 옥(璧)을 바칩니다(上).

若聖與仁則吾豈敢? 抑爲之不厭 **(그러나 성인(聖人)과 인자(仁者)는 내가 어떻게 용감하게 나가서 얻겠는가? 그러나 성인(聖人)과 인자(仁者)가 되는 것을 싫어하지 않는다)**

(접속사) 앞뒤의 내용이 서로 전환되는 병렬 복문에 쓰여 보통 뒤의 단문의 문두에 놓여 전환을 나타내지만 어기는 가벼운 편이다. '그러나' 로 번역될 수 있다. (不過, 可是, 但是)

→ 女自房觀之, 曰: "子皙信美矣, 抑子南夫也" 『左傳·昭公元年』
여자가 방에서 그들을 보고 말한다. "자석(子皙)은 정말로(信) 아름답지만 자남(子南)은 남자답다(夫).

正唯弟子不能學也 **(바로 유독 제자들이 (이것을) 배울 수가 없다)**

(부사) 바로, 마침. (正好, 恰好)

→ 今卿廓開大計, 正與孤同 『資治通鑑·漢紀·獻帝建安十三年』
지금 그대가(卿) 대대적으로(廓) 발표(開)한 큰 계획(大計)은 바로(正) 나와 같다.

正唯弟子不能學也 **(바로 유독 제자들이 (이것을) 배울 수가 없다)**

(범위부사) 서술어 앞에서 서술어의 범위를 한정시키어 문장에서 말하는 것이 어떤 동작행위나 상황에만 제한된다는 것을 나타낸다. '유독, 바로, 다만' 등으로 번역될 수 있다. (唯獨, 就是, 只有)

→ 三折肱知爲良醫, 唯伐君爲不可, 民弗與也 『左傳·定公十三年』
여러 차례 좌절을 한(三折肱) 지식이 '좋은 의사(良醫)'를 만드는 것인데 유독 임금이 하는 것을 안 된다고 공격하면 백성은 찬성하지 않는다.

7-34. 子疾病, 子路請禱. 子曰: "有諸?" 子路對曰: "有之, 誄曰: '禱爾于上下神祇.'" 子曰: "丘之禱久矣."

子	疾病,		子路	請	禱.
(명사.인명)공자	병이 중하다. [가벼운 병은 질(疾)이고 무거운 병은 병(病)(陳曉芬)]		(인명)자로	(동)바라다, 요청하다(6-4)	(동)기도하다
공자가 병이 중(했을 때) [시간절(1-1)]			자로가 기도하기를 요청했다.		
子曰:	**"有諸?"**	**子路對曰:**	**"有之,**	**, 誄**	**曰:**
공자가 말하다	그런 것이 있는가? [諸:(6-6)]	자로가 대구하여 말하다	그런 것이 있다. [之:(2-1)]	기도로 복을 구하다 →뇌문(誄文)	(동)말하다
공자가 말했다.	"그런 것이 있느냐?"	자로가 대구하며 말했다.	"그런 것이 있습니다.	뇌문(誄文)(에서/이) 말했습니다.	
'禱	**爾**	**于**	**上下**	**神祇.'"**	**子曰:**
(동)기도하다	(대)너,너희들(5-12)	(대상.전)동작대상. '~에게'(2-5)	(명)하늘과 땅(天地)	(명)하늘신과 지신	공자가 말하다
'하늘과 땅의 하늘신과 지신에게 너를 기도한다'." [도이(禱爾)에서 도(禱)가 타동사로 쓰여 '너를 기도한다'란 의미가 되는데 이는 '너를 위해 기도한다'란 의미로 해석할 수 있겠다.]					공자가 말했다.
"丘	**之**	**禱**	**久**	**矣."**	
공자, 나(=공자가 본인을 가리킴)	(조사) 수식,종속관계. ~의' (3-2)	(명)기도	(형)오래되다(5-17)	(어기) '이미 그렇다' (3-24)	
"나의 기도는 이미 오래 되었다."					

번역 공자가 병이 중했을 때 자로가 기도하기를 요청했다. 공자가 말했다. "그런 것이 있느냐?" 자로가 대구하며 말했다. "그런 것이 있습니다. 뇌문(誄文)에서 말했습니다. '하늘과 땅의 하늘신과 지신에게 너를 기도한다'." 공자가 말했다. "나의 기도는 이미 오래 되었다."

語法과 語彙

子疾病 (공자가 병이 중하다)

(동사) 병이 중하다, 중병에 걸리다. (病重)

— [보충]

가벼운 병은 질(疾)이고 무거운 병은 병(病)이며 여기서는 두 글자를 연이어 써서 '병이 중하다'를 나타낸다. (陳曉芬, 2016)

→ 其年八月, 亮疾病, 卒于軍, 時年五十四 『三國志·蜀志·諸葛亮傳』
그해 8월 제갈량은 중병에 걸리어 무장부대(軍:武裝部隊)에서 죽었고 향년 54세였다.

誄曰 (뇌문(誄文)에서 말하다)

1. 고대 죽은 사람의 공덕을 누차 말하면서 애도하고 이것으로 시호(謚號)를 정하다.

2. 죽은 사람의 공덕을 누차 말하면서 애도를 나타내는 문장.

3. 기도로 복을 구하다.

— [보충]

『漢語大字典』에는 위처럼 세 가지로 구분하여 세 번째 의미항에 논어의 이 문장을 예로 들었다. 이 경우 이 문장의 의미는 '복을 구하기 위해 기도하며 말하다'가 될 것이다. 하지만 많은 학자들은 '뇌문(誄文:복을 구하는 문장)'으로 보았다(김학주, 이기동, 김용옥, 毛子水). 그리고 책의 이름으로 본 학자도 있지만(楊伯峻, 陳曉芬) 서적에 대한 언급은 하지 않았다. 김용옥 선생(2008)은 뢰(誄)가 어떤 경전인지 어떠한 문헌인지 도무지 알 수가 없다고 했다.

禱爾于上下神祇 (하늘과 땅의 하늘신과 지신에게 너를 기도한다)

(명사) 하늘과 땅. (天地)

→ 又能上下說乎鬼神 『國語·楚語下』
또 하늘과 땅이 귀신을 기쁘게 할(說=悅:열 [yuè]) 수 있다.

禱爾于上下神祇 (하늘과 땅의 하늘신과 지신에게 너를 기도한다)

(명사) 하늘신과 지신. (天神和地神)

→ 足以供給神祇而已 『國語·周語中』
충분히(足以) 하늘신과 지신에게 바칠(供給) 수 있'을 뿐이다(而已)'.

7-35. 子曰: “奢則不孫, 儉則固. 與其不孫也, 寧固.”

<table>
<tr><th>子曰:</th><th>“奢</th><th>則</th><th>不孫,</th><th>儉</th></tr>
<tr><td>공자가 말하다</td><td>(형)사치스럽다.
사치스럽다</td><td>(접)조건+則+결과
(1-6)</td><td>(형)교만하다, 공경스럽지 못하다</td><td>(형)검소하다</td></tr>
<tr><td colspan="4">공자가 말했다. “사치스러우면 교만하(고)</td><td>검소하…</td></tr>
<tr><th>則</th><th>固.</th><th colspan="2">與其…(寧)</th><th>不孫</th></tr>
<tr><td>(접)조건+則+결과
(1-6)</td><td>(형)완고하다,
고집스럽다</td><td colspan="2">(관용구) '與其A, 寧B'의 형태로 ‘A보다는 차라리 B가 낫다’(3-4)</td><td>(형)교만하다,
공경스럽지 못하다</td></tr>
<tr><td colspan="2">…면 완고하다.</td><td colspan="3">교만한 것보다는</td></tr>
<tr><th>也,</th><th colspan="2">(與其)…寧固.”</th><td colspan="2" rowspan="3"></td></tr>
<tr><td>(어기사)멈춤,
완만(3-1)</td><td colspan="2">차라리 완고한 것이 낫다.
[寧B“차라리 B가 낫다”(3-4)]</td></tr>
<tr><td colspan="3">…, 차라리 완고한 것이 낫다.”</td></tr>
</table>

번역 공자가 말했다. “사치스러우면 교만하고 검소하면 완고하다. 교만한 것보다는 차라리 완고한 것이 낫다.”

語法과 語彙

奢則不孫 (사치스러우면 교만하다)

(형용사) 사치스럽다, 사치스럽고 화려하다. (奢侈, 奢華)

→ 驕、奢、淫、佚, 所自邪也 『左傳·隱公三年』
거만하고(驕) 사치스럽고(奢) ‘육욕(肉慾)에 빠져 절제하지 않고(淫)’ 방탕하는(佚=逸) 것이 사악함의 ‘근원(所自)’ 이다.

奢則不孫 (사치스러우면 교만하다)

(형용사) 교만하다, 공경스럽지 못하다. (傲慢 ; 不恭敬)

→ 惡不孫以為勇者, 惡訐以為直者 『論語·陽貨』
‘교만한/공경스럽지 못한’ 것을 용감한 것이라 여기는 것을 미워하고 남의 약점을 들추는 것을 솔직한 것으로 여기는 것을 미워하다.

儉則固 (검소하면 완고하다)

(형용사) 완고하다, 고집스럽다. (頑固, 固執)

→ 汝心之固, 固不可徹 『列子·湯問』
너의 마음은 완고하여 완고함을 없앨 수가 없다.

7-36. 子曰: "君子坦蕩蕩, 小人長戚戚."

<table>
<tr><th>子曰:</th><th>"君子</th><th>坦蕩蕩,</th><th>小人</th></tr>
<tr><td>공자가 말하다</td><td>(명)군자(君子)
(11-1)</td><td>(형)마음이 낙관적이고 깨끗하다</td><td>(명)소인</td></tr>
<tr><td colspan="3">공자가 말했다. "군자는 마음이 낙관적이고 깨끗하(지만)</td><td>소인은</td></tr>
<tr><th colspan="2">長戚戚."</th><td colspan="2" rowspan="3"></td></tr>
<tr><td colspan="2">(형)늘 근심을 품는 모양</td></tr>
<tr><td colspan="2">늘 근심을 품는 모습이다."</td></tr>
</table>

번역 공자가 말했다. "군자는 마음이 낙관적이고 깨끗하지만 소인은 늘 근심을 품는 모습이다."

語法과 語彙

君子坦蕩蕩 (군자는 마음이 낙관적이고 깨끗하다)

(형용사) 마음이 낙관적이고 깨끗하다. (胸襟開朗, 心地純潔)[탄탕,tǎndàngdàng]

— [보충]

허안(何晏:?-249)이 집해할 때(集解:여러 가지 해석을 모음) 정현(鄭玄:127-200)의 말을 인용하여 넓은 모양(寬廣貌)이라고 말했고 이후 탄탕(坦蕩)으로 마음이 낙관적이고 생각이 순결하다는 것을 나타냈다. (何晏集解引鄭玄曰:「坦蕩蕩, 寬廣貌.」後以「坦蕩」形容胸襟開朗, 心地純潔)

→ 長史體閒任, 坦蕩無外求 (南朝·梁·沈約『懷舊詩·傷王諶』)
장사(長史:관직명)는 본질적으로(體) 긴요한 것과 관계없는(閒) 임무(任)라 마음이 낙관적이고 깨끗하며(蕩無) 밖에서 찾지 않는다(無外求).

(형용사) 대범하다. (放達)

→ 其外坦蕩而內淳至, 皆此類也 『晉書·阮籍傳』
그는 겉으로는 대범하고 안으로는 '진실하니(淳至:至誠)' 안팎 모두 이런 부류이다.

小人長戚戚 (소인은 늘 근심을 품는 모습이다)

(형용사) 늘 근심을 품는 모양. (常懷憂愁)

→ 情長慼(=戚)以永慕兮, 思彌遠而逾深 (晉·潘岳『寡婦賦』)
사랑(情)은 늘 근심을 품기 때문에(長慼以) 오랫동안 생각하고(永慕) 멀고 오래(彌遠) 생각할수록 더(逾) 깊어진다.

7-37. 子溫而厲, 威而不猛, 恭而安.

子	溫	而	厲,	威	而
공자	(형)부드럽다	(접)전환. '그러나'(1-1)	(형)매섭다,호되다	(형)위엄이 있다	(접)전환. '그러나'(1-1)
공자는 부드러웠지만 매서웠(고)				위엄이 있었지만 사납지 않았(고)	
不猛,	**恭**	**而**	**安.**		
(형)사납지 않다	(형)겸손하고 예의 있다(5-16)	(접)병렬. '그리고'(7-1)	(형)조용하고 평화롭다		
	겸손하고 예의가 있었고 조용하고 평화로웠다.				

번역 공자는 부드러웠지만 매서웠고, 위엄이 있었지만 사납지 않았고, 겸손하고 평화로웠다.

語法과 語彙

子溫而厲 (공자는 부드럽지만 매섭다)

(형용사) 부드럽다, 기꺼이 주려하고 인정이 두텁다; 관대하고 돈후하다. (柔和, 寬厚)

→ 溫乎其容若加其新也; 属乎其言若閔其窮也 (韓愈·『與陳給事書』)
부드럽다(溫乎)! 그의 모습(其容)은 그의 새로움(其新)을 보태는 것 같다! ; 충분하다(属)! 그의 말은 그의 곤궁함을 '걱정하는(閔)' 것 같다!

子溫而厲 (공자는 부드럽지만 매섭다)

(형용사) 매섭다, 호되다. (嚴厲)

→ 吴之民方痛心焉, 于是乘其厲聲以呵, 則噪下相逐 (明·張溥『五人墓碑記』)
오(吴)의 백성이 비로소(方) 그를 '몹시 싫어하(痛心)'여 그가 '매서운 소리로(厲聲以)' 꾸짖(呵)는 틈을 타서 '함성을 지르며 기세를 올려(噪)' 같이 쫓아가다.

恭而安 (겸손하고 평화롭다)

(형용사) 조용하고 평화롭다. (安静; 安寧)

→ 又愛其俗之安閑 (宋·歐陽修『風樂亭記』)
또 '그 풍속의(其俗之)' 평화로움과 한적함을 좋아하다.

(형용사) (행동거지가) 조용하고 무게가 있다. (安稳)

— [보충과 견해]

본문의 마지막 문장 공이안(恭而安)에 대한 학자들의 견해도 조금씩 다르다.

- 공경스러우면서도 편안하셨다. (김학주, 2017)
- 공손하시면서도 편안하셨다. (이기동, 2011)
- 공손하시면서도 자연스러우셨다. (김용옥, 2008)
- 공손하면서도 대하기에 편안하셨다. (류종목, 2000)
- 공경스러우면서 점잖다. (恭敬而安詳) (陳曉芬, 2016)
- 외모는 공경스럽고 엄숙하면서 마음은 편하고 기분이 좋다. (外貌敬肅而心境舒泰) (毛子水, 2009)
- 장엄하고 엄숙하면서 점잖다. (莊嚴而安詳) (楊伯峻, 2006)

공(恭)은 대체로 '공손하다, 공경스럽다'로 해석하고 안(安)에 대해서는 견해가 좀 갈리는데 '편안하다, 점잖다, 자연스럽다'로 모이고 있다. 공이안(恭而安)에서 앞의 '공(恭)'의 의미는 '겸손하고 예의가 있다'로 보면 된다. 문제는 뒤의 '안(安)'인데 학자들의 의견 '편안하다, 점잖다 등' 중에서 '점잖다'가 적합하다고 생각한다. 그리고 고대중국어 사전에도 '(행동거지가) 조용하고 무게가 있다. (安稳)'라는 의미항이 있다. 하지만 예문에서는 정작 '평안하다, 편안하다(→ 今日割五城, 明日割十城, 然後得一夕安寢 오늘은 다섯 개의 성을 없애고 내일은 열 개의 성을 없애야 저녁에 편안하게 잘 수 있다 / → 謝莊遂安 사장(謝莊)은 그래서(遂) 평안해진다)'의 의미를 가진 용례를 제시했기 때문에 이 의미로 처리하기가 곤란한 것 같다. '조용하고 평화롭다'의 의미도 공자를 나타내는 모습에 어울리는 것 같아서 이 의미를 택했다.

子溫而厲, 威而不猛, 恭而安 (공자는 부드럽지만 매섭고, 위엄이 있지만 사납지 않고, 겸손하고 평화롭다)

一 [견해]

이 문장은 세 개의 구문이 병렬되어 있는데 그 내부 구조도 접속사 이(而)를 통하여 병렬되어 있다. 이 경우 접속사 이(而)는 모두 같은 의미가 되는 것이 일반적이지만, 앞의 두 문장은 '전환'으로 이루어지고 마지막 문장은 '병렬'로 이루어져 앞의 두 구문과는 다른 것 같다.

제 8 편

태백

8-1. 子曰: "泰伯其可謂至德也已矣. 三以天下讓, 民無得而稱焉."

子曰:	"泰伯	其	可謂	至德	也已矣.
공자가 말하다	(인명) 태백 [화제(1-6)]	(대)그(he) [재지시(2-1)]	(동)그렇다고 말할 수 있다(1-11)	(명)훌륭한 도덕성을 가진 인물	(어기)긍정
공자가 말했다.	"태백(泰伯),	그는 훌륭한 도덕성을 가진 인물이라고 말할 수 있다.			
三	以	天下	讓,	民	無
(수사)셋.삼.three	(전)동작직접대상. '~를'(5-1)	(명)주(周) 부락/ 통일한 주(周)	(동)사양하다. 겸양하다(4-13)	(명)서민·평민·백성·민중(15-25)	(부사)아직~않다
세 번 천하를 사양했(지만) [양보절(1-1)]				백성들은	
得而	稱	焉."			
(관용)~할 수 있다(5-13)	(동)칭찬하다	(대)3인칭. '그,그것'(1-14)			
그를 칭찬할 수 없었다." ['칭찬할 수 있는 방법이 없었다'의 의미]					

번역 공자가 말했다. "태백(泰伯), 그는 훌륭한 도덕성을 가진 인물이라고 말할 수 있다. 세 번 천하를 사양했지만 백성들은 그를 '칭찬할 수 없었다(=칭찬할 수 있는 방법이 없었다)'."

語法과 語彙

泰伯其可謂至德也已矣 (태백(泰伯), 그는 훌륭한 도덕성을 가진 인물이라고 말할 수 있다)

(인명) 태백(泰伯)은 주(周)나라 창업 전기(前期)의 현인(賢人)이다. 주왕조의 선조들은 은(殷)왕조의 치하에서 섬서성 서부의 하나의 제후로서 그리 두각을 나타내지 못했다. 이때의 군주가 주태왕(周太王) 고공단보(古公亶父)이다. 후직(后稷)의 12대손이라고 한다. 이 주태왕에게 세 아들이 있었는데 장남이 태백(泰伯), 차남이 중옹(仲雍), 막내가 계력(季歷)이었다. 계력에게는 어진 부인 태임(太任)이 있어 아들을 낳았는데 그가 창(昌)이었다. 창은 어려서부터 상서로운 길조가 있었고, 보통 인물이 아니었다. 고공담보는 손자 창의 인물됨을 간파하고 그에게 국가의 미래를 맡기기 위해서는 하는 수 없이 막내아들 계력에게 왕위를 계승시켜야만 했다. 아버지의 이러한 의중을 파악한 두 아들은 형만(荊蠻:현재 강소성 소주 지역)으로 도망가 몸에 문신을 새기고 머리카락을 잘라(文身斷髮) 임금이 될 수 없다는 것을 표시함으로써 동생 계력에게 왕위가 돌아가는 것을 부담 없게 하였다. 계력의 아들 창(昌)이 나중에 문왕(文王)이 되었고, 그의 아들 무왕(武王)이 은을 멸하고 주왕조를 세웠다. (김용옥, 2008)

泰伯其可謂至德也已矣 (태백(泰伯), 그는 훌륭한 도덕성을 가진 인물이라고 말할 수 있다)

1. (3인칭대명사) 복문에서 앞의 단문의 주어가 된다.

→ 其有功於子, 可食而食之矣 『孟子·藤文公下』
그들이 '너에 대하여(於子)' 공적이 있어 그들을 먹일 수 있(食之)으면 먹인다.

→ 子曰: 其幼也, 敏而好學; 其壯也, 有勇而不屈; 其老也, 有道而能下人 『說苑·尊賢』
공자가 말했다. "그는 어릴 때 총명하고 배우기를 좋아했고, 그가 장년일 때는 용감하여 굴복하지 않았고, 그가 노년일 때 도덕이 있어 '겸손하고 공손하게 아랫사람을 대할 수 있었다(能下人)'."

2. (중첩재지시, 重疊復指) 두 개나 두 개 이상의 단어, 구를 문장의 동일한 성분 안에 써서 다른 각도에서 동일한 사람이나 동일한 사물을 나타낸다. 사람의 신분, 관계 등을 분명하게 말하며 일의 형세나 상황을 분명하게 말하여 서로 보충하는 효과를 갖게 한다.

→ 陳良之徒 陳相, 與其弟辛, 負耒耜而自宋之滕 『孟子·藤文公上』
진량(陳良)의 제자 진상(陳相)은 그의 동생 신(辛)과 농기구(耒耜)를 메고 송(宋)나라에서 등(滕)나라로 간다.

→ 子瑜者, 亮兄 瑾也, 避亂江東, 爲孫權長史 『赤壁之戰』
자유(子瑜)는 제갈량(亮:諸葛亮)의 형 (제갈)근(諸葛瑾)이고 강동에서 피난하여 손권(孫權)의 장사(長史:진나라 시기 만든 벼슬 이름)가 된다.

3. (대칭재지시, 稱代復指) 내용이 나타내는 것에서 문장 안의 주어, 한정어, 목적어 등 어떤 부분을 강조하거나 돌출시키기 위해서 그것을 문장의 앞부분에서 제시하여 그것의 본래의 위치에서 하나의 대명사를 이용하여 재지시한다. 통사구조를 간결하고 명쾌하게 해주는 효과를 얻을 수 있다.(2-1참조)

→ 臧文仲其竊位者與! 『論語·衛靈公』
장문중(臧文仲), 그는 명성과 지위를 훔친 사람이다!

→ 齊、晉、秦、楚, 其在成周微甚 『史記·二十諸侯年表』
齊, 晉, 秦, 楚 이들 나라는 '주나라가 강성한 시기에(在成周)' 세력이 매우 약했다.

→ 男女同姓, 其生不蕃 『左傳·僖公二十三』
남녀 같은 성(男女同姓)이면 그 자손(其生)은 번성하지 못한다(不蕃).

— [보충]
여기서는 동일한 사람이나 동일한 사물 등을 다른 각도에서 나타내는 '중첩재지시(重疊復指(8-1))'가 아니라 어떤 한 성분을 강조하기 위해서 사용한 '대칭재지시(稱代復指(2-1))'이다.

泰伯其可謂至德也已矣 (태백(泰伯), 그는 훌륭한 도덕성을 가진 인물이라고 말할 수 있다)

(명사) 가장 높은 도덕; 훌륭한 도덕. 훌륭한 도덕성을 가진 인물. (最高的道德 ; 盛德)

→ 文帝永思至德 (漢·路溫舒『尚德緩刑書』)
문제(文帝)가 가장 높은 도덕을 '길게 생각하다(永思:長思)'.

泰伯其可謂至德也已矣 (태백(泰伯), 그는 훌륭한 도덕성을 가진 인물이라고 말할 수 있다)

(관용구) 문미에 쓰이고 '야이(也已, 1-14)'가 나타내는 긍정과 감탄 어기 보다 약간 더 강하다.

→ 日知其所亡, 月無忘其所能, 可謂好學也已矣 『論語·子張』
매일 그가(其) 부족한 것(所亡)을 알고 매달 그가(其) 할 수 있는 것(所能)을 '잊지 않으(無忘)'면 배우는 것을 좋아한다고 말할 수 있다.

三以天下讓 (세 번 천하를 사양하다)

(명사) 중국 전체 땅을 말하지만 당시의 주(周) 왕실은 단지 하나의 부락에 지나지 않아, 여기서 말하는 천하는 당시의 부락을 말하는 것이다. 혹자는 이후의 주(周) 부락이 중원을 통일한 천하를 예견하여 가리킨 것이라고 말한다. (楊伯峻, 2006)

民<u>無</u>得而稱焉 (백성들은 그를 칭찬할 수 없었다)

(부정부사) 동사서술어 앞에 쓰여 부사어가 되어 어떤 동작, 행위가 아직 발생하지 않았음을 나타낸다. '아직~않다' 등으로 번역될 수 있다. (沒, 沒有)

→ 自直之箭、自圓之木, 百世<u>無</u>有一 『韓非子·顯學』
본래(自) 곧은 화살과 본래(自) 둥근 나무는 백 대 동안 하나도 없었다.

民無得而<u>稱</u>焉 (백성들은 그를 칭찬할 수 없었다)

(동사) 칭찬하다. (稱讚)

→ 君子疾沒世而名不<u>稱</u>焉 『史記·伯夷列傳』
군자는 죽어서(沒世) 명성이 칭찬받지 못하는 것을 '한(恨)으로 생각한다(=몹시 싫어하다, 疾)'.

8-2. 子曰: "恭而無禮則勞, 愼而無禮則葸, 勇而無禮則亂, 直而無禮則絞. 君子篤於親, 則民興於仁, 故舊不遺, 則民不偸."

子曰:	"恭	而	無禮	則	勞,
공자가 말하다	(형)겸손하고 예의 있다(5-16)	(접)전환. '그러나'(1-1)	禮가 없다 [無(동)없다(9-2)]	(접)조건+則+결과(1-6)	(형)피로하다
공자가 말했다. "겸손하지만 禮가 없으면 피곤하(고)					
愼而無禮則	**葸,**	**勇而無禮則**	**亂,**	**直而無禮則**	**絞.**
신중하지만 禮가 없으면	(형)두렵다, 두려워하는	용감하지만 禮가 없으면	(형)난폭하다	강직하지만 禮가 없으면	(형)날카롭고 사정없다
신중하지만 禮가 없으면 두렵(고)		용감하지만 禮가 없으면 난폭하(고)		강직하지만 禮가 없으면 날카롭고 사정이 없다.	
君子	**篤**	**於**	**親,**	**則**	**民**
(명)군자(君子)(11-1)	(동)몰두하다, 전념하다	(대상.전)동작대상. '~에게'(2-5)	(명)가까운 사람	(접)조건+則+결과(1-6)	(명)서민·평민·백성·민중(15-25)
군자가 가까운 사람에게 전념하…				…면 백성은	
興	**於**	**仁,**	**故舊**	**不遺,**	**則**
(동)흥기시키다. 만들다	(대상.전)동작의 직접대상(1-10)	仁	오래된 친구	(동)버리지 않다	(접)조건+則+결과(1-6)
仁을 흥기시키(고)			오래된 친구를 버리지 않으…		…면
民	**不偸."**				
(명)서민·평민·백성·민중(15-25)	야박하지 않다.[偸:형용사→동사]				
백성은 야박해지지 않는다."					

번역 공자가 말했다. "겸손하지만 예가 없으면 피곤하고, 신중하지만 예가 없으면 두렵고, 용감하지만 예가 없으면 난폭하고, 강직하지만 예가 없으면 날카롭고 사정이 없다. 군자가 가까운 사람에게 전념하면 백성은 인을 흥기시키고, 오래된 친구를 버리지 않으면 백성은 야박해지지 않는다."

語法과 語彙

恭而無禮則勞 (겸손하지만 예가 없으면 피곤하다)

(형용사) 피로하다. (疲勞)

→ 師勞力竭, 遠主備之, 無乃不可乎? 『左傳·僖公三十二年』
군사는 피로하고(師勞) 힘은 다 썼으니(力竭) 멀리 있는 국가가 방비를 한다 해도 '아무래도(無乃)' 안 되겠지?

愼而無禮則葸 (신중하지만 예가 없으면 두렵다)

(형용사) 두렵다, 두려워하는. (膽怯, 畏懼, 害怕、畏縮的樣子)[사,xǐ]

→ 人言善而色葸焉 『大戴禮記·曾子立事』

사람이 말은 잘하지만 안색은 두려워한다.

君子篤於親 (군자가 가까운 사람에게 전념하다)

(동사) 몰두하다, 전념하다. (專心, 忠實)

→ 自是潮之士, 皆篤於文行 (宋·蘇軾『潮州韓文公廟碑』)
이 조주(潮洲)의 선비로부터 모두 문장과 품행에 몰두하다.

君子篤於親 (군자가 가까운 사람에게 전념하다)

(명사) 가까운 사람. (親近的人)

→ 國君不可以輕, 輕則失親 『左傳·僖公五年』
국왕은 가볍게 행동해서는 안 되며 가벼우면 가까운 사람을 잃는다.

君子篤於親, 則民興於仁 (군자가 가까운 사람에게 전념하면 백성은 인을 흥기시킨다)

(동사) 일으키다, 흥기시키다, 만들다, 생산하다. (興起, 生産)

→ 四時代興, 或暑或寒, 或短或長, 或柔或剛 『吕氏春秋·大樂』
사계절(四時)이 교대로(代) 일어나니 때로는(或) 덥고 때로는 춥고 때로는 짧고 때로는 길고 때로는 부드럽고 때로는 강하다.

故舊不遺 (오래된 친구를 버리지 않다)

(명사) 오래된 사귐. 오랜 친구. (舊交;舊友)

→ 故舊無大故, 則不棄也, 無求備於一人 『論語·微子』
오래된 친구(故舊)는 '큰 이유가 없으면(無大故, 則)' 버리지 않고 '한 사람에게(於一人)' 모든 것이 다 갖추어져 있기를 요구하지 않는다.

故舊不遺 (오래된 친구를 버리지 않다)

(동사) 버리다, 버리고 돌보지 않다. (舍棄, 抛棄)

→ 商君遺禮義 (漢·賈誼『治安策』)
상군이 예와 의를 버리다.

故舊不遺, 則民不偸 (오래된 친구를 버리지 않으면 백성은 야박해지지 않는다)

(형용사) 야박하다, 인정 없다, 관대하지 않다. (澆薄, 不厚道)

→ 敬愼威儀, 示民不偷 (漢·張衡『西京賦』)
공경하고 삼가고 '엄숙한 용모와 장중한 태도(威儀)'는 백성들에게 '야박하지 않음(不偷)'을 보여 준다.

8-3. 曾子有疾, 召門弟子曰: “啓予足! 啓予手! 『詩』云: ‘戰戰兢兢, 如臨深淵, 如履薄氷.’ 而今而後, 吾知免夫! 小子!”

曾子	有	疾,	召	門弟子	曰:
증자(1-4)	(동)있다	(명)질병	(동)불러 모으다	(명)문하생, 제자	(동)말하다
증자가 질병이 있(어/있었기 때문에/있었을 때) [원인시간절(1-1)]			제자들을 불러 모으고		말했다.
“啓	**予足!**	**啓予手!**	**『詩』云:**	**‘戰戰兢兢,**	**如**
(동)1.자세히 보다 (동)2.열다	나의 발 [소유격 표지 없음]	나의 손을 자세히 보다	‘시경’에서 말하다 [云:(2-21)]	(형)두려워하고 삼가하는	(동)~와 같다(2-1)
나의 발을 자세히 보아라!		나의 손을 자세히 보아라!	『시경』에서 말했다.	‘두려워하고 삼가(는 것이) [주어]	
臨	**深淵,**	**如**	**履**	**薄氷.’**	**而今而後,**
(동)만나다, 마주하다(2-20)	깊은 연못	(동)~와 같다(2-1)	(동)밟다	얇은 얼음	지금 이후
깊은 연못을 마주하는 것과 같(고)		얇은 얼음을 밟는 것과 같다.’			지금 이후, 금후
吾知	**免**	**夫!**	**小子!”**		
나는 안다	(동)벗어버리다, 없애다	(어기)문미위치. 감탄,찬탄(7-10)	(명)학생(들), 후배(들)(5-22)		
나는 (이것을) 벗어버렸음을 나는 안다!			제자들아!”		

번역 증자가 질병이 있었을 때 제자들을 불러 모으고 말했다. “나의 발을 자세히 보아라! 나의 손을 자세히 보아라! 『시경』에서 말했다. ‘두려워하고 삼가는 것이 깊은 연못을 마주하는 것과 같고, 얇은 얼음을 밟는 것과 같다.’ 금후 나는 이것을 벗어버렸음을 안다! 제자들아!”

語法과 語彙

曾子有疾 (증자가 질병이 있다)

(명사) 질병. (疾病)

→ 君有疾在腠理 『韓非子·喩老』
왕은 ‘피부의 결과 피부 아래 근육 사이의 틈(腠理)’에 병이 생기다.

召門弟子曰 (제자들을 불러 모으고 말하다)

(동사) 불러 모으다. (召集)

→ 趙王悉召群臣議 『史記·廉頗藺相如列傳』
조왕(趙王)이 많은 신하(群臣)를 모두(悉) 불러 모아 상의하다(議).

召門弟子曰 (제자들을 불러 모으고 말하다)

(명사) 문하생인 제자. (謂乃門的弟子)

→ 吾常以爲孔子之道大而能博, 門弟子不能遍觀而盡識也. (唐·韓愈『送王秀才序』)
나는 항상 공자의 도는 크고 넓을 수 있다고 생각하지만 문하생(=제자들)은 모두(遍) 볼 수 없고, 완전히(盡) 알지 못한다.

啓予足! (나의 발을 자세히 보다)

(동사)1. 자세히 보다. (省視)[계,qǐ]
(동사)2. 열다. (打開, 張開)

→ 適啓其口 (漢·賈誼『治安策』)
'막,방금(適:剛才, 方才)' 그의 입을 열다.

戰戰兢兢 (두려워하고 삼가다)

(형용사) 두려워하고 삼가는. (畏懼謹愼貌)[전전긍긍,zhànzhànjīngjīng]

→ 戰戰, 恐也. 兢兢, 戒也. 「毛傳」
전전(戰戰)은 두려워하는 것이다(恐). 긍긍(兢兢)은 경계하는 것이다(戒).

如履薄氷 (얇은 얼음을 밟는 것과 같다)

(동사) 밟다. (踩, 踏)

→ 手之所觸, 肩之所倚, 足之所履, 膝之所踦 『莊子·養生主』
손이(手之) 닿는 곳(所觸), 어깨가(肩之) 의지하는 곳(所倚), 발이(足之) 밟는 곳(所履), 무릎이(膝之) '지탱하(의, yǐ)'는 곳(所踦).

而今而後, 吾知免夫! (금후 나는 이것을 벗어버렸음을 안다)

(부사구) 지금 이후. (從今以後)

→ 而今而後, 乃知大漢之德馨, 咸在於此 (漢·張衡『東京賦』)
지금 이후 한나라(大漢)의 '덕행의 꽃향기(德馨)'가 모두(咸) 여기 있다는 걸 비로소 안다.

吾知免夫! (나는 이것을 벗어버렸음을 안다)

(동사) 벗어버리다, 벗다, 제거하다, 없애다. (脫掉 脫去)

→ 汝父免於母喪方逾年 『瀧岡阡表』
너의 아버지가 '어머니를 위해 입은 상복(母喪)'을 벗은 지가 '딱, 마침맞게(方)' '1년이 넘는다(逾年)'.

8-4. 曾子有疾, 孟敬子問之. 曾子言曰: "鳥之將死, 其鳴也哀, 人之將死, 其言也善. 君子所貴乎道者三: 動容貌, 斯遠暴慢矣; 正顔色, 斯近信矣; 出辭氣, 斯遠鄙倍矣. 籩豆之事, 則有司存."

曾子	有疾,	孟敬子	問之.	曾子(之)言曰:	
(인명)증자(1-4)	질병이 있다(8-3)	(인명)맹경자. 맹무백의 아들 (2-6)	그를 병문안하다 [之:2-1]	증자의 말은 말한다	
증자가 질병 있(을 때) [시간절(1-1)]		맹경자가 증자를 병문안했다.		증자의 말은 말했다→증자가 말했다.	
"鳥之	**將死,**	**其鳴**	**也**	**哀,**	**人之將死,**
새가[之:1-10]	곧 죽다 [將:3-24]	새의 울음소리 [其:1-7]	(어기)주어+也. '멈춤,완만,제시' (1-2)	(형)슬프다	사람이 곧 죽다
"새가 곧 죽(으면) [조건가정시간절]		새의 울음소리는 슬프(고)			사람이 곧 죽(으면)
其言也善.	**君子**	**所…(者)**	**貴**	**乎**	**道**
그의 말은 착하다	(명)군자(君子)(11-1)	(조)~것	귀중하게 여기다 [형용사→동사]	(전)~에 대해(2-16)	(명)도(道)
그의 말은 착합니다.	군자가 道에 대해서 귀중하게 여기는				
(所)…者	**三:**	**動**	**容貌,**	**斯**	**遠**
~것 [여기까지 주어]	(수사)셋.세 가지 [수사 서술어]	(동)움직이다	(명)용모	(접)'~면~하다'(4-7)	멀리하게 하다 [형→사동]
것이 세 가지입니다.		용모(모습; 몸짓)를 움직이…		…면	
暴慢	**矣;**	**正**	**顔色,**	**斯**	**近信矣;**
폭력과 태만	(어기)미래상황에 대한 확신(1-7)	(형)바르다 [형용사→동사]	(명)안색(=얼굴빛)	(접)'~면~하다'(4-7)	분명히 믿음에 가까워지다
폭력과 태만을 멀리하게 하는 것이(고)		안색을 바르게 하…		…면 믿음에 가깝게 하는 것이(고) [近: 형용사→사역동사]	
出	**辭氣,**	**斯**	**遠鄙倍矣.**		**籩豆**
(동)나오다.내뱉다. 나오게 하다	(명)말투	(접)'~면~하다'(4-7)	분명히 식견의 좁고 얕음을 멀리하게 하다.[遠:형용사→사역동사]		대나무와 나무 예기(禮器)
말투를 내뱉으…		…면 식견의 좁고 얕음을 멀리하게 하는 것입니다.			대나무와 나무 예기(禮器)
之事,	**則**	**有司存."**			
[之:3-2]	(부)판단. '(바로)~하다'(7-33)	사존(司存:관리, 벼슬아치)이 있다			
의 일은	사존(司存:관리)이 있습니다."				

번역 증자가 질병이 있을 때 맹경자(孟敬子)가 증자를 병문안했다. 증자가 말했다. "새가 곧 죽으면 새의 울음소리는 슬프고 사람이 곧 죽으면 그의 말은 착합니다. 군자가 道에 대해서 귀중하게 여기는 것이 세 가지입니다. 용모를 움직이면 폭력과 태만을 멀리하게 하는 것이고, 안색을 바르게 하면 믿음에 가깝게 하는 것이고, 말투를 내뱉으면 식견의 좁고 얕음을 멀리하게 하는 것입니다. 대나무와 나무 예기(禮器)의 일은 사존(司存)이 있습니다."

語法과 語彙

孟敬子問之 (맹경자(孟敬子)가 그를 병문안하다)

맹경자(孟敬子)는 2-6에서 공자에게 효를 묻고 5-7에서 공자의 제가들의 자질에 관하여 질문했던 맹무백(孟武伯)의 아들이다. 중손씨(仲孫氏)의 제 8세이며, 맹씨가문 제 11대 대부이다. 이름은 첩(捷), 자(字)는 의(儀), 경자(敬子)는 추증(追贈)된 이름이다. 이 고사 역시 앞의 장 '8-3'과 마찬가지로 증자가 임종할 때의 기록이다. (김용옥, 2008)

曾子言曰 (증자의 말은 말하다; 증자가 말하다)

증자의 말은 말한다.

— [보충과 견해]

논어에서 '언왈(言曰)'의 문구는 본 장을 포함해서 모두 네 번 출현한다. 이용법에 대해서 기술한 학자는 김용옥, 모자수(毛子水) 두 분인데 해설을 보면 다음과 같다.

- 증자가 말한 것을 그냥 '왈(曰)'이라 하지 않고 '언왈(言曰)'이라 말한 것은 뭔가 무게가 실려 있다. (김용옥, 2008)
- 아마도 이 사건을 기재한 사람은 증자가 임종할 때 거론한 정신에 대한 말을 중시하여 특별히 '언(言)' 글자를 넣어 독자로 하여금 힘이 쇠약해지고 목소리가 희미한 장면을 상상하게 하려고 했을 것이다. (大概是記這件事情的人, 重視曾子臨終時提起精神說話, 所以特下一"言"字, 以便讀者可以想見力衰聲微的情景) (毛子水, 2009)

'언왈(言曰)'의 용법은 고대중국어에서 단어로 분류되지 않았다. 짧게나마 논어에 네 번 출현하는 문구의 의미와 구조를 분석하면 약간의 실마리를 찾을 수 있다. '언왈(言曰)'에서 '言'은 '명사'이고 '曰'은 동사로 쓰이고 있음을 볼 수 있다(아래 예문참조). 따라서 이 구조를 '言曰A'의 형식으로 본다면, 言이 주어인 경우는 '말은 A라고 말하다'이고 言이 목적어로 사용되면 'A라고 말하는 말'로 풀이하면 될 것 같다. 그리고 본문에서는 증자(曾子)와 명사 언(言)과 사이에 '수식, 종속 관계의 표지(標志修飾、領屬關係)'인 조사 '지(之)'가 생략되었다고 볼 수 있다고 생각한다.

→ 人之言曰A 『論語·子路』
어떤 사람의 말은 A라고 말한다.

→ 南人有言曰A 『論語·子路』
남방사람(南人)에게는 A라고 말하는 말이 있다.

→ 周任有言曰A 『論語·季氏』
주임(周任)에게는 A라고 말하는 말이 있다.

君子所貴乎道者三 (군자가 道에 대해서 귀중하게 여기는 것이 세 가지이다)

(구조조사) 동사나 전치사와 만들어지는(所+동사 또는 所+전치사+동사) 명사구이고 수동형(=피동형)으로는 '爲…所….'의 형식으로 쓰인다. 동사나 동사구 앞에 놓여 '所+동사' 구조로 명사구를 만들어 문장 내에서 주어, 목적어, 명사성 술어 그리고 때로는 한정어가 될 수 있다.

— [견해]

고대중국어에서는 '所…者'의 쓰임이 빈번한데 고대중국어 허사 사전 등에는 설명이 없다. 예문을 보면 다음과 같다.

→ 平公曰: "晉其庶乎! 吾臣之所爭者大" 『左傳·襄公二十六年』
평공이 말한다. "진나라는 아마(其:大概) 거의(庶:差不多) 되었다! 내 신하가 '고집부리며 양보하지 않는(爭:爭執)'

것이 중요하다.

→ 舟止, 從其所契者入水求之 『呂氏春秋·察今』
배가 멈추고 그가 칼루 새긴(契) 곳을 따라가 입수하여(入水) 그것을 찾다.

'所…者'구조는 '(주어)+所+동사+者'의 형식으로 쓰이는 것을 볼 수 있고, '동사한 것', '동사한 곳' 등으로 번역된다. 따라서 이 예문만 본다면 者의 의미는 所를 향한다고 볼 수 있기 때문에 독자적으로 두드러지는 의미는 없는 것 같다. (1-12참조)

動容貌, 斯遠暴慢矣 (용모를 움직이면 폭력과 태만을 멀리하게 하다)

(명사) 용모. (相貌)

→ 觀其容貌之秀偉 (宋·蘇轍『上樞密韓太尉書』)
그의 용모가 '준수하고 훌륭하다(秀偉:俊秀奇偉)'는 것을 보다.

出辭氣, 斯遠鄙倍矣 (말투를 내뱉으면 식견의 좁고 얕음을 멀리하게 하다)

(명사) 말투(語氣；口氣)

→ 顔色不變, 辭氣不悖 『史記·魯仲連鄒陽列傳』
얼굴색이 변하지 않고 말투도 '서촉되지 않다;충돌하지 않다'.

出辭氣, 斯遠鄙倍矣 (말투를 내뱉으면 식견의 좁고 얕음을 멀리하게 하다)

(형용사) (식견이) 좁고 얕다; 천박하고 비루하다. [배(倍)는 배(背)와 같다] (淺陋背理. 倍, 通「背」)

→ 鄙倍不可訓者十之七 (清·惲敬『五宗語錄刪存·序』)
식견이 좁고 얕아 가르칠 수 없는 자가 열에 일곱이다.

籩豆之事, 則有司存 (대나무와 나무 예기(禮器)의 일은 사존(司存)이 있다)

(명사) 대나무와 나무 예기(禮器). (籩和豆. 古代祭祀及宴會時常用的兩種禮器. 竹製為籩, 木製為豆 고대 제사와 연회를 할 때 빈번하게 사용하던 두 종류의 예기(禮器)로 대나무로 만든 것이 '籩'이고, 나무로 만든 것이 '豆'이다) [번두,biāndòu]

→ 飲食以籩豆 『後漢書·東夷傳·濊』
대나무와 나무 예기루 마시고 먹다.

籩豆之事, 則有司存 (대나무와 나무 예기(禮器)의 일은 사존(司存)이 있다)

(명사) 관리, 벼슬아치. (有司；官吏)

→ 自餘常事, 請付司存 (唐·溫大雅『大唐創業起居注』卷二)
이외(自餘:以外；此外) 자주 있는 일(常事)은 부탁하며 사존(司存)에게 준다(付).

8-5. 曾子曰: "以能問於不能, 以多問於寡, 有若無, 實若虛, 犯而不校, 昔者吾友嘗從事於斯矣."

曾子曰:	"以	能	問	於	不能,
증자가 말하다 [曾子:(1-4)]	(조)~로써 (=~의 신분으로서)	(명)능력이 있는 사람	(동)묻다	(대상.전)동작의 직접대상(1-10)	(명)능력 없는 사람
증자가 말했다.	"능력 있는 사람으로서 능력 없는 사람에게 묻(고)				
以	**多**	**問**	**於**	**寡,**	**有(而)**
(조)~로써 (=~의 신분으로써)	(명)많이 아는 사람	(동)묻다	(대상.전)동작의 직접대상(1-10)	(명)조금 아는 사람	(동)있다
많이 아는 사람으로서 조금 아는 사람에게 묻(고)					있(지만)
若	**無,**	**實(而)**	**若**	**虛,**	**犯**
(동)~와 같다	(동)없다(9-2)	(형)가득하다, 넘치다	(동)~와 같다	(형)비어있다	(동)무례한 짓을 하다
없는 것 같(고)		가득하(지만) 비어있는 것 같(고)			무례한 짓을 해…
而	**不校,**	**昔**	**者**	**吾友**	
(접)전환. '그러나'(1-1)	(동)대결하지 않다, 대항하지 않다	(명)이전,과거	(조사,접미사) 시간부사+者(4-22)	나의 친구 (안회) [소유격 표지 없다]	
…도 대결하지 않(는 것) [처음부터 여기까지가 화제]		과거에 나의 친구(가)			
嘗	**從事**	**於**	**斯**	**矣."**	
(부)일찍이,이전에	(동)처리하다, 참여하다	(대상.전)동작의 직접대상(1-10)	(대)목적어 (기출현한것). '이…'(3-11)	(어기)'이미 그렇다' (3-24)	
일찍이 이것을 처리한 적이 있다.(or 이것에 참여한 적이 있다)"					

번역 증자가 말했다. "능력 있는 사람으로서 능력 없는 사람에게 묻고, 많이 아는 사람으로서 조금 아는 사람에게 묻고, 있지만 없는 것 같고, 가득하지만 비어있는 것 같고, 무례한 짓을 해도 대결하지 않는 것, 과거에 나의 친구가 일찍이 이것을 처리한 적이 있다."

語法과 語彙

以能問於不能 (능력 있는 사람으로서 능력 없는 사람에게 묻다)

(도구전치사) 동작, 행위가 의지하여 진행하는 조건이나 근거 또는 행위자가 동작을 할 때의 신분 등을 나타낸다. '~에 의지하여, ~의 신분으로써, ~에 따라, ~에 의거하여' 등으로 번역될 수 있다. (工具助辭:可譯爲'根據、用、按照、憑借或以身份'等)

→ 翌日, 以資政殿學士行 (宋·文天祥『指南錄·後序』)
다음 날 자정전학사(資政殿學士)로(=신분으로) 가다.

→ 有道之士, 貴以近求遠, 以今知古, 以所見知所不見 『呂氏春秋·察今』
일의 이치를 아는 사람(有道之士)은 귀중하게도 '가까운 것에 의거하여(以(=根據)近)' 먼 것을 알고 '지금에 의거하여(以今)' 옛것을 알고 '보이는 것에 의거하여(以所見)' 안 보이는 것을 안다.

→ 君子以文會友, 以友輔仁 『論語·顔淵』
군자는 책·문헌·서적으로 친구를 모으고 친구에 의지하여 인덕(仁德)을 배양하다.

以能問於不能 (능력 있는 사람으로서 능력 없는 사람에게 묻다)

(명사) 능력 있는 사람. (有能力的人)

→ 而妨功害能之臣, 盡爲萬户候 (漢·李陵 『答蘇武書』)
그러나 공적을(功) 손상시키고(妨) 능력 있는 신하를 '모함하여(害)' 모두(盡) 만호후(萬户候)가 되다.

以能問於不能 (능력 있는 사람으로서 능력 없는 사람에게 묻다)

(동사) 할 수 없다. (不可以、不能夠)

→ 當此之時, 一人不能獨盡其經 『文選·劉歆·移書讓太常博士』
이 때에(當此之時)는 한 사람(一人) 혼자서 '그 법칙/언론이나 문장의 내용과 이치(其經:義理, 法則)'를 완성할 수 없었다.

(동사) 미치지 못하다, 다다르지 못하다. (未及、不及)

→ 邱之小, 不能一畝 (唐·柳宗元『鈷鉧潭西小邱記』)
구(邱:지명)가 작을 때 1묘(一畝)에 미치지 못했다.

(명사) 재능이 낮은 사람. 무능력한 사람. (才能低下者)

→ 以能問於不能, 以多問於寡 『論語·泰伯』
능력 있는 사람으로서 능력 없는 사람에게 묻고 많이 아는 사람으로서 조금 아는 사람에게 묻다.

有若無, 實若虛 (있지만 없는 것 같고 가득하지만 비어있는 것 같다)

(동사) ~와 같다. (如, 像)

→ 門庭若市 『戰國策·齊策一』
문을 마주하고 있는 넓은 곳(門庭:迎着門的空闊的地方)이 시장과 같다.

→ 夫陽子之用心, 亦若此者 (唐·韓愈『爭臣論』)
저(夫) 양자(陽子)의 마음 씀씀이(用心)가 역시 이것과 같다.

犯而不校 (무례한 짓을 해도 대결하지 않다)

(동사) 무례한 짓을 하다. (冒犯)

→ 私汝狼以犯世卿 (唐·柳宗元『捕蛇者說』)
본래(私) 너는(汝) 흉악한 놈(狼)으로써 대대로 계승한 경대부(世卿:世代承襲爲卿大夫)에게 무례한 짓을 하다.

犯而不校 (무례한 짓을 해도 대결하지 않다)

(동사) 대항하다, 대결하다, 따지다. (對抗, 較量)

→ 足以校於秦矣 『戰國策·秦策四』

진나라에 충분히 대항할 수 있다.

→ 吾之所長, 吾出而用之, 彼將不與吾校 (宋·蘇洵『心術』)
우리의 장점은 우리가 그것을 드러나게 하고 사용하니 너희는 우리와 비교 대결할 수 없다.

昔者吾友嘗從事於斯矣 (과거에 나의 친구가 일찍이 이것을 처리한 적이 있다)

(시간부사) 동사서술어 앞에 쓰여 부사어가 되며, 동작, 행위가 과거에 발생했음을 보여 준다. '일찍이, 이전에' 등으로 번역될 수 있다.

→ 陳涉小時, 嘗與人佣耕 『史記·陳涉世家』
진섭(陳涉)은 어렸을 때 일찍이(嘗) 어떤 사람과 '토지를 간(佣耕)' 적이 있다.

昔者吾友嘗從事於斯矣 (과거에 나의 친구가 일찍이 이것을 처리한 적이 있다)

(동사) 처리하다, 참여하다. (辦理 參與)

→ 故臣愿從事於易 『戰國策·秦策一』
때문에 신은(=저는) (왕께서) 쉬운 것(易)을 처리하길 바랍니다.

→ 使從事於其間, 今已顯聞 (宋·蘇軾『方山子傳』)
만약(使) 그 사이에(於其間) 참여했더라면 지금(今) 이미(已) 명성을 드러냈을(顯聞) 것이다.

8-6. 曾子曰: "可以託六尺之孤, 可以寄百里之命, 臨大節而不可奪也. 君子人與? 君子人也."

曾子曰:	"可以	託	六尺之	孤,	可以寄
증자가 말하다 [曾子:(1-4)]	(조동사)~할 수 있다(2-10)	(동)맡기다	키가 6척인 고아	고아;유년기에 아버지를 잃은 아이	맡길 수 있다
증자가 말했다.	"키가 6척인 고아를 맡길 수 있(고)				
百里之命,		**臨**	**大節**	**而**	**不可**
왕의 정령		(동)만나다, 마주하나(2-20)	존망과 안위와 관련 있는 큰일	(접)전환. '그러나'(1-1)	(관용구) ~할 수 없다
왕의 정령을 맡길 수 있(으며/고/…)		존망과 안위와 관련 있는 큰일을 만나도 지체하지 않을 수 있다.			
奪	**也.**	**君子人**	**與?**	**君子人**	**也."**
(동)지체하다	(어기)진술강조 (2-17)	군자 같은 사람 [君子:형용사]	(어기)문미 의문	군자 같은 사람 [君子:형용사]	(어기)진술강조 (2-17)
		군자 같은 사람인가?		군자 같은 사람이다."	

번역 증자가 말했다. "키가 6척인 고아를 맡길 수 있고, 왕의 정령을 맡길 수 있으며, 존망과 안위와 관련 있는 큰일을 만나도 지체하지 않을 수 있다. 군자 같은 사람인가? 군자 같은 사람이다."

語法과 語彙

可以託六尺之孤 (키가 6척인 고아를 맡길 수 있다)

- 도량형의 단위는 시대에 따라 조금씩 차이가 있는데 당시의 여섯 자는 대략 138cm에 상당한다. (류종목, 2000)
- 六尺之孤 : 미성년의 고아를 가리킨다. 고대의 척(尺)은 짧았고 신장 6척은 보통 15세 이하의 아이를 가리킨다. (指未成年的孤兒. 古代尺短, 身長六尺一般指十五歲一下孩童) (陳曉芬, 2016)

可以託六尺之孤 (키가 6척인 고아를 맡길 수 있다)

(명사) 고아; 어린 시절 아버지를 잃은 사람. (孤兒, 幼年喪父的人)

→ 鰥寡孤獨廢疾者皆有所養 (唐·韓愈『原道』)
홀아비(鰥), 과부(寡), 고아(孤), 외로운 늙은이(獨), 장애인(廢), 아픈 사람(疾) 모두 부양을 받는 것이 있다.

可以寄百里之命 (왕의 정령을 맡길 수 있다)

(동사) 맡기다, 부탁하다. (寄托, 托付)

→ 先帝知臣謹慎, 故臨崩寄臣以大事也 (三國蜀·諸葛亮『出師表』)
선왕(先帝)께서 제가(臣) 신중한(謹慎) 것을 알아 임종할 때(臨崩) 큰일을 나에게 맡겼다.

可以寄百里之命 (왕의 정령을 맡길 수 있다)

(관용구) 왕의 정령(정치상의 법도, 규칙; 정책 강령). 백리는 제후국을 가리킨다. (指國君的政令. 百里, 指諸侯國)

→ 將軍龐萌, 爲人遜順, 帝信愛之, 常稱曰: '可以托六尺之孤, 寄百里之命者, 龐萌是也 『資治通鑑·漢光武帝建武五年』

장군 방맹(龐萌)은 사람됨(爲人)이 겸손하고 유순하여(遜順) 황제가 정말로(信) 그를 좋아하여 자주 칭찬하여(常稱) 말한다. "6척의 고아를 맡길 수 있고 백리의 정령을 맡길 수 있는 사람은 방맹(龐萌), 이 사람이다."

臨大節而不可奪也 (존망과 안위와 관련 있는 큰일을 만나도 지체하지 않을 수 있다)

(명사) 존망과 안위와 관련 있는 큰일. (關係存亡安危的大事)

→ 大節, 安國家, 定社稷 (何晏(?~249年)集解)

대절(大節: 존망과 안위와 관련 있는 큰일)은 국가를 편안하게 하는 것이고 사직을 바로 세우는 것이다.

臨大節而不可奪也 (존망과 안위와 관련 있는 큰일을 만나도 지체하지 않을 수 있다)

(관용구) 동사 앞에 쓰여 부사어가 되며 '~할 수 없다, ~할 방법이 없다' 등으로 번역된다. (不能, 不可能, 無法)

→ 不可理喻 (明·沈德符『萬曆野獲編·褐蓋』)

도리로서 사람을 이해시킬 방법이 없다는 말로 사람이 고집스럽거나 무지막지하여 합리적이 않음을 가리킨다.

→ 不可同日而語 『戰國策·趙策二』

같은 시간에 놓고 이야기할 수 없다는 말로 두 사람이나 두 가지 일을 한데 섞어 논할 수(相提并論) 없음을 가리키고 근본적으로 비교할 수 없음을 말한다.

臨大節而不可奪也 (존망과 안위와 관련 있는 큰일을 만나도 지체하지 않을 수 있다)

(동사) 지체하다, 놓치다, 일을 그르치다. (耽誤)[탐오,dān · wu]

→ 百亩之田, 勿奪其時, 數口之家可以無饑矣 『孟子·梁惠王上』

백 마지기(百亩)의 밭은 그 시기(其時)를 지체하지 않는다면 여러 입이 있는 집은 굶주리지 않을 수 있다.

→ 罕興力役, 無奪農時, 如是, 則國富矣 『荀子·富國』

적게(罕) 노역(力役)을 징집하고 농사 시간을 지체하지 않는 것, 이와 같으면(如是, 則) 국가는 부유해진다.

— [보충과 견해]

먼저 학자들이 이 문장에 대해 기술한 내용이다.

- "나라의 큰 위기를 당하여 그의 뜻을 뺏을 수 없다면" (김학주, 2017)
- "큰 절개에 임하였을 때 그것을 빼앗을 수 없다면" (이기동, 2011)
- "사직이 위태로운 생사존망의 대절에서 아무도 그 절개를 빼앗을 수 없는 사람" (김용옥, 2008)
- "생사와 존망이 걸린 중대한 일에 임하여 아무도 그의 마음을 빼앗을 수 없을 만큼 굳건한 사람이라면" (류종목, 2000)
- "긴요하고 중요한 부분을 만나 동요하거나 굴복하지 않으면 (面臨緊要關節不會動搖屈服)" (陳曉芬, 2016)
- "안위와 존망의 긴요하고 중요한 시기를 만나도 오히려 동요하거나 굴복하지 않으면 (遇到重要的關頭不會改變他的心志的)" (毛子水, 2009)

- "중요한 시기를 만나 그의 심지를 바꾸지 않는다 (面臨安危存亡的緊要關頭, 却不動搖屈服)" (楊伯峻, 2006)

  한국 학자들은 모두 '빼앗을 수 없다'로 풀이하였고 중국학자는 '동요하고 굴복하지 않다' 또는 '심지를 바꾸지 않다'로 보았다. '빼앗다'로 보는 경우 그 대싱인 '목직어'인 '지조, 절개' 등의 단어가 나와야 하는데 학자늘은 생략되었다고 본 것 같다. 하지만 이러한 문구에서 '재지시'도 아니고, 매우 중요한 몫을 차지하는 목적어가 생략되기에는 힘든 것 같다. 그리고 '동요하고 굴복하지 않다'는 말은 이해가 되긴 하지만 '고대중국어'에서 이러한 의미 항목이 보이질 않는다. 고대중국어에서 탈(奪)의 의미 항목 중에서 '지체하다'가 있는데 이 항목으로 설명해도 큰 무리는 없다고 생각한다.

君子人與? (군자 같은 사람인가?)

(의문어기사) 의문문 문미에 쓰여 문장의 의미와 어울려 의문 어기를 나타낸다. (嗎, 呢)

→ 是誰之過與? 『論語・季氏』
이것은 누구의 잘못인가?

→ 生之謂性也, 猶白之謂白與? 『孟子・告子上』
타고난 것은 性이라고 부르는데 흰색은 白이라고 부르는 것과 같은가?

→ 曰: "然則從之者與?" 子曰: "弑父與君, 亦不從也" 『論語・先進』
말한다. "그럼 따르는 사람(들)인가?" 공자가 말했다. "부모와 왕을 죽였으니 역시 따르지 않는 (사람들)이다."

8-7. 曾子曰: "士不可以不弘毅, 任重而道遠. 仁以爲己任, 不亦重乎? 死而後已, 不亦遠乎?"

曾子曰:	"士	不可以不	弘毅,	任重	而
증자가 말하다 [曾子:(1-4)]	(명)지식인. 선비(8-7)	~이지 않을 수 없다	(형)마음이 넓고 의지가 굳세다	임무가 무겁다	(접)병렬. '그리고'(7-1)
증자가 말했다.	"선비(지식인)는 마음이 넓고 의지가 굳세지 않을 수 없(으며)			임무는 무겁고	
道	遠.	仁	以爲	己任,	不亦…(乎)?
(명)길	(형)멀다	(명)인(仁) [以의 목적어]	(동)여기다	자기의 임무	(고정형식)반문. '역시~아닌가?' (1-1)
(갈) 길은 멀다.		仁을 자기의 임무로 여기(니)			역시
重	(不亦)…乎?	死	而後	已,	不亦遠乎?"
(형)어렵다	(고정형식)반문. '역시~아닌가?' (1-1)	(동)죽다	(접)~한 다음 (비로소)(5-20)	(동)끝나다(5-27)	역시 멀지 않은가?
어렵지 않겠는가?		죽은 다음에 끝나(니)			역시 멀지 않겠는가?"

번역 증자가 말했다. "선비는 마음이 넓고 의지가 굳세지 않을 수 없으며, 임무는 무겁고 갈 길은 멀다. 仁을 자기의 임무로 여기니 역시 어렵지 않겠는가? 죽은 다음에 끝나니 역시 멀지 않겠는가?"

語法과 語彙

士不可以不弘毅 (선비는 마음이 넓고 의지가 굳세지 않을 수 없다)

(명사) 재능이 있고 맡은 일을 할 수 있는 지식인

→ 尊賢而重士 (漢·賈誼『過秦論』)
현인(賢人)을 존중하고 선비(=지식인)를 중용하다(重用:중요한 자리에 임용하다)

士不可以不弘毅 (선비는 마음이 넓고 의지가 굳세지 않을 수 없다)

(형용사) 마음이 넓고 의지가 굳세다.

→ 具足千子, 智勇弘毅 ; 復有百女, 儀貌妍雅 (唐·玄奘『大唐西域記·羯若鞠闍國』)
천 명의 '남자(子)'가 있는데(具足) (모두) '지혜롭고, 용맹하고, 마음이 넓고, 의지가 굳세다(智勇弘毅)' ; 또 백 명의 여자가 있는데 용모(儀貌)가 아름답고 우아하다(妍雅).

任重而道遠 (임무는 무겁고 갈 길은 멀다)

— [견해]

중국 학자 세 분 모두 이 문장을 '원인+而+결과'로 보았다(임무가 중대하기 때문에 길이 멀다). 고대중국어에서 이(而)가 '접속사'로써 앞부분의 동작행위가 원인을 나타내고(조건의 용례는 많음) 뒷부분의 동작행위가 결과를 나타내는 예가 있다(→ 貧富之道, 莫之奪予而巧者有餘, 拙者不足 『史記·貨殖列傳序』 빈부의 길은 아무도 '그것을(=빈부의 길)' 빼앗아 주지 않기 때문에 민첩한 사람은 여유가 있고, 굼뜬 사람은 부족하다). 이 문장을 '원인결과절' 또는 '진술을 병렬한 문장'으로 볼 수 있는데 병렬 진술이 의미적으로 더 낫다고 보았다(임무는 무겁고 갈 길은 멀다).

仁以爲己任 (仁을 자기의 임무로 여기다)

— [보충]

以는 爲와 함께 사용되어 '以A 爲B(A를 B라고 '여기다/삼다')'라는 특별한 관용어를 형성하고, 以 뒤에 목적어 대명사가 생략되면 以와 爲가 결합하여 합성어 以爲를 만든다. 그러나 고대중국어에서 以爲는 여전히 以와 爲를 각각 따로 해석해야 한다(polleyblank, 1995). 以의 목적어는 以 앞에 놓여 '목적어+以爲'가 되거나 생략되어 以爲로 사용된다. (3-24 참조)

→ 君子義以爲上 『論語·陽貨』
군자는 의로움을 최상으로 여긴다.

不亦重乎? (역시 어렵지 않겠는가?)

(형용사) 어렵다, 쉽지 않다. (難, 不輕易)

→ 上重違大臣正議 『漢書·孔光傳』
왕(上)은 대신의 '올바른 의론(正議)'을 위반하기가 어렵다.

8-8. 子曰: "興於詩, 立於禮, 成於樂."

子曰:	"興	於	詩,	立於禮,
공자가 말하다	(동)발생하다	(전)동작발생 장소(3-13)	(명)시(詩)	예(禮)에서 일어나다
공자가 말했다. "시(詩)에서 발생하(고)				예(禮)에서 일어나(며)
成於樂."				
악(樂)에서 이루어지다				
악(樂)에서 이루어진다."				

번역 공자가 말했다. "시(詩)에서 발생하고, 예(禮)에서 일어나며, 악(樂)에서 이루어진다."

語法과 語彙

興於詩 (예(禮)에서 일어나다)

(동사) 발생하다.

→ 風雨興焉 『荀子·勸學』
바람과 비가 '여기에서(焉)' 발생한다.

興於詩, 立於禮, 成於樂

— [보충]

시詩, 예禮, 악樂은 인간과 문화를 발전시키고 성장하게 하는 매개라고 보는 것으로 시詩에게 시작하고 예禮에서 발전하며 악樂에서 완성된다고 말하고 있다.

'인생은 시에서 흥한다'고 말하는 것에서 흥(興)이란 단순히 감정의 흥기만을 말하는 것이 아니라 자연인에서 문화인으로 전환되는 본질적 배움의 계기에 대한 흥취를 말하는 것이다. 그것은 관심의 촉발이며 감정의 승화인 것이다. '예에서 산다'는 뜻은 사회적 관계의 모든 질서 감각이 정립되는 것을 의미한다. 과거에는 제식의 문제가 삶의 큰 과제상황이었다. 이 모든 예식을 배움으로써 한 사회적 개체로서 자립할 수 있게 되는 것이다. '악에서 이룬다'에서 악(樂)이란 것은 앞에서 말한 노래 즉 시(詩)와는 차원이 다른 것이다. 노래는 간단하게는 나의 흥만 있으면 내 목청만 가지고도 해결할 수 있는 것이다. 그리고 그것은 기존의 멜로디를 익히는 것이다. 그러나 여기서 악(樂)이란 여러 악기의 구성을 갖춘 오케스트라의 기악곡 형태이며, 공자에게서는 창작을 의미하는 것이다. '성어악(成於樂)'이란 기존의 답습이 아닌 새로운 창조이며, 단순한 술(述)이 아닌 작(作)의 단계였다. 창조가 없는 인생은 무의미한 것이다. 흥어시(興於詩)는 각성(awakening)이며 배움의 단계(learning stage)이고, 입어례(立於禮)는 사회화(socialization)이며 예법적 단계(ritual stage)이고, 성어악(成於樂)은 창작(composition)이며 창조적 단계(creative stage)이다. (김용옥, 2008)

8-9. 子曰: "民可使由之, 不可使知之."

子曰:	"民	可	使(民,之)	由	之,
공자가 말하다	(명)서민·백성·민중 (15-25)[화제]	(조동)가능. '~할 수 있다'(1-11)	(사역동사) ~하게 하다(2-20)	(동)순순히 따르다	(접사)동사강조, 보충,음절모으기 (13-1)
공자가 말했다. 백성은 (그들을) 순순히 따르게 할 수는 있(지만)					

不可使(民,之)	知之."
~하게 할 수 없다	알다[之:(13-1)]
(그들을) 알게 할 수는 없다."	

번역 공자가 말했다. "백성은 순순히 따르게 할 수는 있지만 알게 할 수는 없다."

語法과 語彙

民可使由之 (백성은 그것을 순순히 따르게 할 수는 있다)

(동사) 순순히 따르다, (타인의 의견을) 받아들여 따르다. (隨順, 聽衆)

→ 揚州城下, 進退不由, 殆例送死
양주성 아래에서 진퇴를 따르지 않으니 아마도(殆) 스스로 죽을 길을 찾아야(送死:自尋死路) 할 것 같다(例).

民可使由之, 不可使知之 (백성은 순순히 따르게 할 수는 있지만 알게 할 수는 없다)

(접사;詞綴;affix) '之'는 어떤 자동사 다음에 있는데 이때 주목할 부분은 '之'가 동사의 목적어가 아니라 '접미 조사(後綴助詞)'라는 것이다. 이것은 동사에 대해서 강조나 보충의 역할을 하고 언어의 수요에 의거해서 음절을 충분히 모으는 역할을 하기도 한다. 문맥에 위배되지 않는 전제에서 융통성 있게 번역하면 된다.

→ 永歌之不足, 不知手之舞之, 足之蹈之也 『毛詩序』
노래를 부른(永歌) 것이 불만족스러워 나도 모르게(不知) 손이 춤추고 발이 춤춘다.

→ 君子義以爲質, 禮以行之, 孫以出之, 信以成之 『論語·衛靈公』
군자가 올바른 길에 의지하여 사물의 주요한 부분을 만들고, 예(禮)에 의지하여 실행하고, 공손함에 의지하여 드러내고, 신의(信義)에 의지하여 실현한다.

8-10. 子曰: "好勇疾貧, 亂也. 人而不仁, 疾之已甚, 亂也."

子曰:	"好	勇	疾	貧,	亂
공자가 말하다	(동)좋아하다	(형)용감하다 [형용사→명사]	(동)몹시 싫어하다.증오하다	(형)빈곤하다 [형용사→명사]	(동)모반을 일으키다
공자가 말했다.	"용맹을 좋아하(고) 빈곤을 증오하(면) [조건가정절(1-1)]				모반을 일으킨다.
也.	**人**	**而**		**不仁,**	**疾**
(어기)진술강조 (2-17)	(명)사람	(접)주어+而+서술어. '가정,강조,전환'(2-13)		불인(不仁)하다	(동)증오하다
	1. 사람이 불인(不仁)하(고) 2. 사람이 불인(不仁)'할(때)'				
之		**已**	**甚,**	**亂也."**	
1. (접)주어+之+서술어(1-10) 2. (대)재지시.'그것,그사람'(2-1)		(부)너무	(형)대단하다, 지나치다, 심하다(7-5)	모반을 일으킨다	
1. 증오가 너무 지나치(면) [조건가정절(1-1)] 2. 그것을(=사람이 불인한 것을) 증오하(는 것이) 너무 지나치(면)				모반을 일으킨다."	

번역 공자가 말했다. "용맹을 좋아하고 빈곤을 증오하면 모반을 일으킨다. 사람이 불인(不仁)하고 증오가 너무 지나치면 모반을 일으킨다." or 사람이 불인(不仁)할 때, 그것을(=사람이 불인한 것을) 증오하는 것이 너무 지나치면 모반을 일으킨다."

語法과 語彙

好勇疾貧 (용맹을 좋아하고 빈곤을 증오하다)

(동사) 증오하다, 몹시 싫어하다. (痛恨, 憎恨)

→ 君子疾没世而名不稱焉 『史記·伯夷列傳』
군자는 죽어서 명성이 칭찬받지 못하는 것을 매우 싫어한다.

好勇疾貧, 亂也 (용맹을 좋아하고 빈곤을 증오하면 모반을 일으킨다)

(동사) 모반을 일으킨다. (反叛)

→ 又被申耽、申儀、李輔、鄧賢爲内應. 孟達被亂軍所殺 『三國演義·第九十五回』
또 신탐(申耽), 신의(申儀), 이부(李輔), 등현(鄧賢)에 의해 상대방을 위해 책략을 세워 응전하고 일하는 사람이(内應:指爲對方做策應工作的人)되다. 맹달(孟達)은 모반을 일으킨 군사에 의해 죽임을 당하다.

疾之已甚 (증오가 너무 지나치다)

(부사) 정도가 높음을 나타낸다. '너무, 매우' 등으로 번역될 수 있다.

→ 三年之喪, 期已久矣! 『論語·陽貨』
3년 상(喪)은 기간이 너무 길다!

人而不仁, 疾之已甚, 亂也 (사람이 불인(不仁)하고 증오가 너무 지나치면 모반을 일으킨다)

— [견해]

이 문구에 대한 학자들의 주석을 보면 다음과 같다.

- "남이 어질지 않은 것을 너무 심하게 미워해도 난동을 부리게 된다." (김학주, 2017)
- "사람이 되어 仁하지 못하고서 남을 미워함이 심하면 난(亂)이 일어나게 된다." (이기동, 2011)
- "어떤 사람이 불인하다고 해서, 그를 너무 심하게 증오하고 휘몰아치면 그 또한 반란을 일으킨다." (김용옥, 2008)
- "사람이 어질지 못하다고 해서 그것을 미워함이 너무 심하면 난동을 부린다." (류종목, 2000)
- "불인한 사람에 대해 너무 심하게 미워하면 역시 혼란이 일어난다(對於不仁之人痛恨得過分, 也會生亂)." (陳曉芬, 2016)
- "우리가 만약 그를 너무 지나치게 싫어하면 역시 재난과 변란을 불러일으킬 것이다(我們如果太過分地厭惡他, 亦會招致禍亂)." (毛子水, 2009)
- "불인한 사람에 대해 증오가 너무 심한 것은 역시 일종의 재난/화근이다(對於不仁的人, 痛恨太甚, 也是一種禍害)." (楊伯峻, 2006)

— [견해]

"人而不仁, 疾之已甚"에 대해서 학자들 모두 '사람이 불인한데다 그를 증오하다'라고 점층의 의미로 '사람이 불인하다'와 '일반 사람들이 증오하다'로 서술어 대한 주어가 다르다. 소견으로는 본인의 해석 "사람이 불인(不仁)할 때, 그것을(=사람이 불인한 것을) 증오하는 것이 너무 지나치면 모반을 일으킨다."도 문법적으로 틀리지 않는 것 같은데, 오히려 "사람이 불인(不仁)하고 (불인한 사람의) 증오가 너무 지나치면 모반을 일으킨다."가 문법적으로 문제가 없고 또한 의미적으로 서술어에 대한 주체가 동일한 것이 더 자연스럽지 않나 생각한다.

8-11. 子曰: "如有周公之才之美, 使驕且吝, 其餘不足觀也已."

子曰:	"如	有	周公	之	才
공자가 말하다	(접)만약~하면 (7-11)	(동)있다	(인명)주공(周公)	(조사) 수식,종속관계. ~의' (3-2)	(명)재능
공자가 말했다. "만약 주공(周公)의 재능…[수식 조사 之를 두 번 썼다는 것에 특이하다]					
之	**美,**	**使**	**驕**	**且**	**吝,**
(조사) 수식,종속관계. ~의' (3-2)	뛰어남 [형용사→명사] (3-25)	(동)하다,행하다	(형)오만하다 [형용사→명사]	(병렬접속사) ~와,~고	(형)인색하다 [형용사→명사]
…의 뛰어남이 있(지만) [양보절(1-1)]		오만함과 인색함을 행(한다면)			
其	**餘**	**不足**	**觀**	**也已.**	
(대)그의, 그것의(1-7)	(명)나머지	~할 가치가 없다	(동)보다	(어기)긍정, 감탄(1-14)	
그의 나머지(는) 볼 가치가 없다."					

번역 공자가 말했다. "만약 주공(周公)의 재능의 뛰어남이 있지만 오만함과 인색함을 행한다면 그의 나머지는 볼 가치가 없다."

語法과 語彙

使驕且吝 (오만함과 인색함을 행하다)

(동사) 하다, 행하다. (行)

→ 那個萬萬使不得 (『官場現形記』第五十三回)
그것은(那個) '절대/어떻게 해도(萬萬)' 할 수 없다(使不得).

使驕且吝 (오만함과 인색함을 행하다)

(병렬접속사) 1. 주로 단문 내에서 단어와 단어를 연결시켜 병렬 관계를 나타낸다. 연결되는 앞뒤 성분의 상당수가 동사이고 앞뒤의 두 가지 동작이 동시에 진행되는 것을 나타내고 '한편~하고, 한편~하다', '또한' 등으로 번역된다.

→ 宣孟曰: "子名爲誰?" 反走且對曰: "何以名爲? 臣是夫桑下之餓人也 『說苑·復恩』
선맹(宣孟)이 말한다. "당신 이름이 뭡니까?" 몸을 돌리어 가면서(反走) 대구하여 말한다. "무엇에 쓰려고(何以) 이름은 묻소? 나는(臣) 저(夫) 뽕나무 아래 배고픈 사람이오." [동사 병렬]

2. 연결되는 앞뒤의 성분이 형용사이어서 연결되는 앞뒤 상황이 동시에 존재하는 것을 보여주어 '또~하고 또~하다', '~와', '또한' 등으로 번역된다.

→ 不義而富且貴, 於我如浮雲 『論語·述而』
의롭지 않고 부유하고 지위가 높다는 것은 나에게 뜬 구름과 같다. [형용사 병렬]

3. 연결되는 앞뒤가 하나는 동사이고 하나는 형용사인 경우로 문장의 의미에 따라 적당하게 번역할 수 있다.

→ 河水清且漣漪 『詩經·魏風·伐檀』
강물이 맑고(清) 잔잔히 흐른다(漣漪). [형용사와 동사 병렬]

4. 예문이 매우 적게 보이지만 연결되는 앞뒤가 명사인 경우도 있는데 '~와' 으로 번역할 수 있다.

→ 王使榮叔來含且賵 『左傳·文公五年』
왕은 영숙(榮叔)을 파견하여 함옥(含玉: 고대 입관할 때 죽은 사람의 입안에 넣었던 옥. 古時入殮時放在死者口中的玉)과 장례용품(賵: 봉; fèng)을 '가져 오게 하다(來:使…來)'. [명사 병렬]

— [견해]

여기서는 형용사가 명사로 품사 활용되어 명사의 병렬로 보아야 할 것 같다.

其餘不足觀也已 (그의 나머지는 볼 가치가 없다)

(관용구) 동사 앞에 쓰여 부사어가 된다. '~할 수 없다', '~할 가치가 없다' 등으로 번역할 수 있다. (不能, 不值得)

→ 荊軻曰: "此國之大事, 臣駑下, 恐不足任使" 『戰國策·燕策三』
형가(荊軻 :?-기원전 227)가 말한다. "이것은 국가의 대사인데 저는(臣) 재능이 모자라니(駑下) 맡아서 처리할(任使) 수가 없을까 두렵습니다."

8-12. 子曰: “三年學, 不至於穀, 不易得也.”

子曰:	“三年	學,	不至	於	穀(之者),
공자가 말하다	(명)3년 [명사 → 부사]	(동)배우다, 공부하다	(동)도착하지 않다 [至:(3-24)]	(전)동작도달장소. ‘~로,~에’(1-10)	(명)봉록 → 관리 등용;관리 염두
공자가 말했다. “3년 동안 배우(고)			관리 등용의 생각에 도달하지 않(는 사람을)		
不易	得	也.”			
(형)쉽지 않다	(동)얻다	(어기)진술강조 (2-17)			
얻기가 쉽지 않다.”					

번역 공자가 말했다. “3년 동안 배우고 관리 등용의 생각에 도달하지 않는 사람을 얻기가 쉽지 않다.”

語法과 語彙

不至於穀 (관리 등용의 생각에 도달하지 않다 관리 등용의 생각에 도달하지 않는 사람)

(명사) 봉록(=녹봉(祿俸): 벼슬아치에게 일 년 또는 계절 단위로 나누어 주던 금품을 통틀어 이르는 말).

→ 邦有道, 穀, 邦無道, 穀, 恥也 『論語·憲問』
나라에 道가 있을 때에도 봉록을 받고, 나라에 道가 없을 때에도 봉록을 받는 것이 수치이다.

— [견해]

‘불지어곡지자(不至於穀之者)’로 ‘지자(之者)’가 생략되었다고 보는 경우에는 이 문구가 ‘불역득(不易得:얻기 쉽지 않다)’의 목적어가 되어 ‘관리 등용의 생각에 도달하지 않는 사람’을 ‘얻기가 쉽지 않다’로 보아야 하고, 본문에 기재된 문구만으로 번역을 해야 한다면 ‘不至於穀, 不易得也’는 ‘관리등용의 생각에 도달하지 않는 것은 얻기가 쉽지 않다’로 불지어곡(不至於穀)은 주어가 될 것이다.

이 장 역시 후기 학단의 사정을 반영하는 파편일 것이다. 공자 때는 그렇게 인재등용이 활발히 이루어지지는 않았다. 인간이 삼 년 공부한다고 뭘 그리 알겠는가? 그러나 삼 년만 공부하면 모두 벼슬길로 팔려나가는 상황이 된 것이다. 피상적인 배움을 가지고 사회에 나가서 지배층이 되어 설치는 것이다. 삼 년 배웠다고 자만하지 않고 지긋하게 더 공부하려는 인물이 드문 상황이 된 것이다. 학문에 있어서 3년이라는 세월은 턱없이 부족한 시간이다. (김용옥, 2008)

8-13. 子曰: "篤信好學, 守死善道.危邦不入, 亂邦不居.天下有道則見, 無道則隱. 邦有道, 貧且賤焉, 恥也; 邦無道, 富且貴焉, 恥也."

子曰:	"篤信	好學,	守死	善道.	危邦
공자가 말하다	(동)충실하게 믿다	(동)배우기를 좋아하다	(동)사수하다	훌륭한 도	위험한나라 [화제,topic;(1-6)]
공자가 말했다.	"충실하게 믿고 배우기를 좋아하(며)		훌륭한 道를 사수한다.		위험한 나라는
不入,	**亂邦**	**不居.**	**天下**	**有道**	**則**
(동)들어가지 않다	어지러운나라 [화제,topic;(1-6)]	거주하지 않다. [居:(5-18)]	(명)천하;세상	(형)정치가 맑고 깨끗하다	(접)조건+則+결과 (1-6)
들어가지 않(고)	어지러운 나라는 거주하지 않는다.		세상 정치가 맑고 깨끗하면		
見,	**無道則**	**隱.**	**邦有道,**	**貧**	**且**
(동)드러나다, 나타나다	정치가 맑고 깨끗하지 않으면	(동)숨다,숨기다 (7-23)	나라가 도를 가지고 있다	(형)가난하다	(병렬접속사) 형용사 병렬(8-11)
나타나(고)	세상 정치가 맑지 않고 깨끗하지 않으면 숨는다.		나라가 道를 가지고 있(을 때)[시간절]	가난하고	
賤	**焉,**	**恥**	**也;**	**邦無道,**	
(형)천하다; 지위가 낮다	(어기)진술강화와 다음 문장이끎	(형)부끄럽다	(어기)진술강조 (2-17)	나라 정치가 맑고 깨끗하지 않나	
지위가 낮으(면)		부끄럽다;		나라 정치가 맑고 깨끗하지 않(을 때) [시간절(1-1)]	
富且貴焉,		**恥也."**			
부유하고 지위가 높다.[貴:(7-15)]		부끄럽다			
부유하고 지위가 높으(면)[가정절(1-1)]		부끄럽다."			

번역 공자가 말했다. "충실하게 믿고 배우기를 좋아하며 훌륭한 도를 사수한다. 위험한 나라는 들어가지 않고 어지러운 나라는 거주하지 않는다. 세상 정치가 맑고 깨끗하면 나타나고 세상 정치가 맑고 깨끗하지 않으면 숨는다. 나라가 道를 가지고 있을 때 가난하고 지위가 낮으면 부끄럽다; 나라 정치가 맑고 깨끗하지 않을 때 부유하고 지위가 높으면 부끄럽다."

語法과 語彙

篤信好學, 守死善道 (충실하게 믿고 배우기를 좋아하며 훌륭한 도를 사수하다)

(동사) 충실하게 믿다. (忠實地信仰)

→ 縡篤信佛教, 從興皇寺·慧朗法師受《三論》, 盡通其學 『南史·傅縡傳』
재縡(zài, 인명)는 불교를 충실하게 믿어 흥황사의 혜랑법사(興皇寺·慧朗法師)를 추종하여 삼론『三論』을 공부하여(受) 그 학문에 모두(盡) 통달하다(通).

篤信好學, 守死善道 (충실하게 믿고 배우기를 좋아하며 훌륭한 도를 사수하다)

(동사) 죽을 때까지 견지하고 변하지 않다; 사수(死守)하다. (堅持到死而不改變)

→ 若志之所之, 則口與心誓, 守死無貳 (三國魏嵇康『家誡』)
만약(若) 뜻이(志之) '가는 곳(所之)'이(則) 입과 마음이 맹세하(口與心誓)는 것이라면 죽을 때까지 견지하고 변하지 않(守死)으며 '다른 마음이 없다(無貳)'.

天下有道則見, 無道則隱 (세상 정치가 맑고 깨끗하면 나타나고 세상 정치가 맑고 깨끗하지 않으면 숨다)

(형) 정치가 맑고 깨끗하다. (謂政治清明)

→ 如殺無道, 以就有道, 何如? 『論語·顔淵』
만약(如) 무도한 사람(無道:정도를 행하지 않는 나쁜 사람 또는 폭군)을 죽이고 그것으로(以) 맑고 깨끗한 정치(有道)로 나아가면(就) 어떠한가(何如)?

→ 天下有道, 人皆樂也 (漢·班固『白虎通·號』)
세상 정치가 맑고 깨끗하면 사람이 모두 즐겁다.

天下有道則見 (세상 정치가 맑고 깨끗하면 나타나다)

(동사) 드러나다, 나타나다. (顯現. 出現) [=現(현), xiàn]

→ 才美不外見 (唐·韓愈『馬說』)
재능(才)과 장점(美)이 밖으로 드러나지 않다.

邦有道, 貧且賤焉, 恥也 (나라 정치가 맑고 깨끗하지 않을 때 가난하고 지위가 낮으면 부끄럽다)

(진술어기사) 문중 성분이나 복문에서 앞의 단문 끝에 쓰여 진술을 강화하고 다음 문장을 이끄는 어기이다.

→ 心不使焉, 則白黑在前而目不見, 雷鼓在側而耳不聞 『荀子·解蔽』
마음을 사용하지 않으면 흰색과 검은색이 앞에 있어도 눈은 보지 못하고 천둥소리(雷鼓)가 옆에 있어(在側)도 귀는 듣지 못한다.

→ 於其出焉, 使公子彭生送之. 於其乘焉, 搚幹而殺之 『公羊傳·莊公元年』
그가 나갈 때 공자 팽성(彭生)에게 그를 배웅하게 하다. 그가 마차를 탈 때 그의 중요 부위(幹)를 절단하여(搚) 그를 죽이다.

邦有道, 貧且賤焉, 恥也 (나라 정치가 맑고 깨끗하지 않을 때 가난하고 지위가 낮으면 부끄럽다)

— [견해]

종속절(邦有道, 貧且賤焉)과 주절(恥也)이 나오는 문장인데 종속절이 하나가 아니라 두 개로 보인다. 앞의 것은 '시간절(邦有道, 나라가 도가 있을 때)'로 뒤의 종속절 보다 더 큰 전제를 나타내고, 두 번째 종속절은 '가정절(貧且賤焉, 가난하고 지위가 낮다면)'로 앞의 시간절 보다 주절과 직접 관련 있는 종속절로 볼 수 있다.

8-14. 子曰: “不在其位, 不謀其政.”

子曰:	“不…(不)	在	其	位,	(不)…不
공자가 말하다	(고정형식) '조건/가정+결과' (7-8)	(동)~에 있다(5-1)	(대)其+명사(이,저) (4-5)	(명)지위,직위	(고정형식) '조건/가정+결과' (7-8)
공자가 말했다. “그 직위에 있지 않으면					
謀	其	政.”			
(동)기획하다, 계획하다	(대)其+명사(이,저) (4-5)	(명)정부관련업무; 정사(2-3)			
그 정사를 기획하지 않는다.”					

번역 공자가 말했다. “그 직위에 있지 않으면 그 정사를 기획하지 않는다.”

語法과 語彙

不在其位 (그 직위에 있지 않다)

(명사) 지위, 직위. (地位, 職位)

→ 位卑則足羞, 官盛則近諛 (唐·韓愈『師說』)
(선생의) 지위가 낮으면 부끄러워하고(羞) (선생의) 관직이 높으면(盛) 아첨한다(諛).

不謀其政 (그 정사를 기획하지 않다)

(동사) 기획하다, 계획하다. (策劃, 謀劃)

→ 有寧越、徐尚、蘇秦、杜赫之屬爲之謀 (漢·賈誼『過秦論』)
유영월(有寧越), 서상(徐尚), 소진(蘇秦), 두혁(杜赫) '등(屬)'이 그들을 위해서(爲之) 기획/계획하다.

8-15. 子曰: "師摯之始, 關雎之亂, 洋洋乎盈耳哉!"

子曰:	"師	摯	之	始,	關雎
공자가 말하다	(명)태사(太師); 악관의 장	노나라 악사(樂師) 이름 '지'	(조사)수식,종속관계.'~의' (3-2)	(명)시작	'시경'의 첫 작품 '관저(關雎)'
공자가 말했다. "노나라 악사 태사(太師) 지(摯)의 시작(과)					
之	**亂,**	**洋洋**	**乎**	**盈**	**(吾)耳**
(조사)수식,종속관계.'~의' (3-2)	(명)악곡의 마지막 장	(성대한모양) 웅웅거린다, 넘실거린다	(어기)감탄,비분, 찬송(3-14)	(형)충분하다, 충족하다 [형용사→동사]	(명)귀
'시경'의 첫 작품 '관저(關雎)'의 마지막 장(이) [여기까지가 주어]		웅웅거린다/넘실거린다! (내) 귀를 '황홀하게 한다/가득 채운다/…!'"			
哉!"					
(어기)문미 감탄.					

번역 공자가 말했다. "노나라 악사 태사(太師) 지(摯)의 시작과 '시경'의 첫 작품 '관저(關雎)'의 마지막 장이 웅웅거리며 내 귀를 가득 채운다!"

語法과 語彙

師摯之始 (노나라 악사 태사(太師) 지(摯)의 시작)

(명사) 태사(太師)로 고대 악관의 우두머리를 가리킨다. (古代樂官之長)

關雎之亂 (시경'의 첫 작품 '관저(關雎)'의 마지막 장)

(명사) 악곡의 마지막 장 또는 사부(辭賦)의 끝에 있는 것으로 모든 편을 종결하는 요지의 것.

→ 亂曰: "已矣哉! 國無人莫我知兮, 又何懷乎故都? 『楚辭·離騷』
마지막 장이 말한다. "끝났다! 나라에는 '나를 이해하는 사람이 없는(莫我知)'데 또 무엇 때문에 '옛 수도(故都)'를 생각하겠는가?"

洋洋乎盈耳哉! (웅웅거리며 내 귀를 가득 채운다)

(형용사) 성대한 모양. (盛大的樣子)

→ 河水洋洋 『詩經·衛風·碩人』
강물(河水)이 넘실거린다.

洋洋乎盈耳哉! (웅웅거리며 내 귀를 가득 채운다)

— [견해]

호(乎)를 감탄의 어기사로 보는데 특이한 것은 구두점 느낌표를(물론 현대에 표기한 것이지만) 붙이지 않는다는 점이다.

洋洋乎盈耳哉! (웅웅거리며 내 귀를 가득 채운다)

(형용사) 충족하다, 충분하다. (充足)

→ 彼竭我盈, 故克之 『左傳·莊公十年』

저들(彼)은 기운을 다 쓰고(竭) 나는 충분하여 '그들을 이긴다(克之)'.

洋洋乎盈耳哉! (웅웅거리며 내 귀를 가득 채운다)

(어기사) 감탄을 나타내는 문미에 쓰여 어기로 '칭송, 비통, 분노, 놀라움, 의아함, 감개' 등의 감정을 보여 준다.

→ 舍正路不由, 哀哉! 『孟子·離婁上』

정도(=바른 길, 正路)을 버리고(舍) 가지 않으니(不由), 슬프구나!

→ 於斯時也, 天下殆哉, 岌岌乎! 『孟子·萬章上』

이때는(於斯時) 천하가 위태롭고 위험했다!

8-16. 子曰: "狂而不直, 侗而不愿, 悾悾而不信, 吾不知之矣."

子曰:	"狂	而	不直,	侗	而
공자가 말하다	(형)분별없다	(접)병렬. '그리고'(7-1)	(형)정직하지 않다	(형)무지하다, 유치하다	(접)병렬. '그리고'(7-1)
공자가 말했다. "분별이 없고 정직하지 않(고)				무지하고 성실하지 않(으며)	
不愿,	**悾悾**	**而**	**不信,**	**吾**	**不知**
(형)성실하지 않다	(형)진실하다	(접)전환. '그러나'(1-1)	믿음이 없다	(대)나,우리 '주어,한정어…'(13-18)	이해하지 못하다, 알지 못하다
	진실하지만 믿음이 없다(면) [여기까지 조건가정절(1-1)]			나는 그것을 이해하지 못할 것이다."	
之	**矣."**	'지(之)'를 접사(詞綴;affix)로 동사의 목적어가 아닌 '접미 조사(後綴助詞)'로 보아도 된다고 본다. 이때 접사의 역할은 동사에 대해서 강조나 보충을 하고 언어의 수요에 의거해서 음절을 충분히 모으는 역할을 하기도 한다.			
(대)재지시. '그것,그사람'(2-1)	(어기)미래상황에 대한 확신(1-7)				

번역 공자가 말했다. "분별이 없고 정직하지 않으며, 무지하고 성실하지 않으며, 진실하지만 믿음이 없다면 나는 그것을 이해하지 못할 것이다."

語法과 語彙

狂而不直, 侗而不愿, 悾悾而不信 (분별이 없고 정직하지 않으며, 무지하고 성실하지 않으며, 진실하지만 믿음이 없다)

학자	狂而不直	侗而不愿	悾悾而不信
김학주(2017)	과격하다 and 부정직하다	무지하다 and 착실하지 않다	무능하다 and 신의가 없다
이기동(2011)	미친 듯 몰두하다 and 부정직하다	뜻이 크다 but 성실하지 않다	마음이 간절하다 but 신실하지 않다
김용옥(2008)	미친 듯 정열적이다 and 부정직하다	어린아이처럼 순진하다 and 견실하지 않다	촌스러운 듯 고지식하다 and 신실하지 않다
류종목(2000)	고지식하다 and 부정직하다	미련하다 and 성실하지 않다	어리석다 and 미덥지 않다
陳曉芬(2016)	분별없다(狂妄) and 솔직하지 않다(不直率)	유치하다(幼稚) and 수수하지 않다(不朴實)	진실하다(誠懇) but 신용이 없다(没有誠信)
毛子水(2009)	분별없다(狂妄) and 솔직하지 않다(不直率)	유치하다(幼稚) and 성실하지 하다(不老實)	무능하다(無能) and 신의가 없다(不講信用)
楊伯峻(2006)	격렬하다,맹렬하다(狂) and 솔직하지 않다(不能率直)	철부지 어린이(童蒙) and 고분고분하지 않다(不能恭順)	외모가 진실하다(外貌誠懇) but 말을 믿을 수 없다(言行不可信)

– [견해]

상기한 것처럼 접속사의 쓰임에 대한 의견도 조금씩 다르다. 광이부직(狂而不直), 동이불원(侗而不愿)은 부정어들의 병렬로 보아야 하고 공공이불신(悾悾而不信)은 '긍정과 부정'의 나열이므로 '전환'의 접속사로 해석하는 것이 적절하다고 생각한다.

狂而不直 (분별이 없고 정직하지 않다)

(형용사) 분별없다, 방자하고 오만하다. (狂妄)

→ 好勇而狂 『左傳·文公十二年』
용맹을 좋아하지만 분별이 없다.

侗而不愿 (무지하고 성실하지 않다)

(형용사) 유치하다, 무지하다. (幼稚, 無知) [통, tóng]

→ 侗乎其無識 『莊子·山木』
그것에 대해(乎其) 무지하여 모르다.

侗而不愿 (무지하고 성실하지 않다)

(형용사) 성실하다, 신중하다. (老實, 謹愼)

→ 子皮曰: "愿, 吾愛之, 不吾叛也" 『左傳·襄公三十二年』
자피(子皮)가 말한다. "성실하여 나는 그를 좋아하고 나를 배반하지 않는다."

悾悾而不信 (진실하지만 믿음이 없다)

(형용사) 진실하다. (誠懇) [공, kōng]

→ 不任悾款, 悉心重謁 (南朝·梁·任昉『爲府僚勸進梁公又箋』)
진실함(悾款)을 견디어내지(不任) 못하여 온 마음(悉心)으로 다시(重) 알현하다(謁:지체가 높고 귀한 사람을 찾아가 뵙다).

吾不知之矣 (나는 그것을 이해하지 못할 것이다)

(동사) 이해하다, 알다. (了解)

→ 知我者鮑子也 『史記·管晏列傳』
나를 '이해하는/아는' 사람은 (오직) 포자(鮑子=포숙아 鮑叔牙) (뿐)이다.

8-17. 子曰: "學如不及, 猶恐失之."

子曰:	"學	如	不及,	猶	恐
공자가 말하다	(동)배우다	(동)~와 같다(2-1)	(동)미치지 못하다	(부)여전히(6-30)	(동)두려워하다
공자가 말했다.	"배울(때에는) 미치지 못하는 것 같(고) [시간긴축복문(11-14)]			여전히	
失	之."				
(동)잃다	(접사)자·타동+之.동사강조·보충,음절모으기(13-1)				
잃을까 두렵다."					

번역 공자가 말했다. "배울 때는 미치지 못하는 것 같고 여전히 잃을까 두렵다."

語法과 語彙

學如不及, 猶恐失之 (배울 때는 미치지 못하는 것 같고 여전히 잃을까 두렵다)

— [견해]

학여불급(學如不及)은 [동사1(學:종속절 동사술어) + 동사2(如:주절의 동사술어) + 동사3(不及:목적어&명사화) → 배울 때는 미치지 못하는 것 같다]의 통사구조를 갖고 있다.

8-18. 子曰: "巍巍乎, 舜禹之有天下也而不與焉!"

子曰:	"巍巍	乎!	舜禹	之	有天下
공자가 말하다	(형)뜻이 높고 훌륭하다	(어기)감탄,비분, 찬송(3-14)	(인명) 순임금과 우임금	(접)주어+之+서술어(1-10)	'천하/세상'을 가지다
공자가 말했다. "뜻이 높고 훌륭하다!			순임금과 우임금은 천하를 가지고 있었지만		
也	**而**	**不**	**與**	**焉!"**	
(어기)진술강조 (2-17)	(접)전환. '그러나'(1-1)	(부)동사 앞. 과거경험부정(7-5)	(동)참여하다(3-12) [여,yù]	(어기)감탄	
(정사에) 참여하지 않았다!"					

번역 공자가 말했다. "뜻이 높고 훌륭하다! 순임금과 우임금은 천하를 가지고 있었지만 (정사에) 참여하지 않았다!"

語法과 語彙

巍巍乎! (뜻이 높고 훌륭하다!)

(형용사) 숭고하고(=뜻이 높고 훌륭하다) 위대하다.

→ 巍巍乎! 唯天爲大, 唯堯則之 『論語·泰伯』
높고 위대하다! 오직 하늘만 크고 요임금만 '그것을 본받았다(則之)'.

舜禹之有天下也而不與焉! (순임금과 우임금은 천하를 가지고 있었지만 (정사에) 참여하지 않았다!)

(인명) 중국 신화 속 군주의 이름으로, 중국의 삼황오제(三皇五帝) 신화 가운데 오제의 마지막 군주이다. 주로 선대의 요(堯)와 함께 이른바 '요순(堯舜)'이라 하여 성군(聖君)의 대명사로 일컬어진다. 현재까지 순의 역사적 실존성은 정확히 밝혀진 바는 없고, 다만 우왕과의 관계에서 하나라 이전에도 국가 비슷한 실체가 형성되어 있음을 보여주는 자료로 사용된다. (위키백과 2018.6)

舜禹之有天下也而不與焉! (순임금과 우임금은 천하를 가지고 있었지만 (정사에) 참여하지 않았다!)

(인명) 기원전 2,070년경의 인물로 중국 고대의 전설적인 군주로 하(夏)나라의 창시자이다. 우(舜)는 인덕(仁德)을 가져 사람들에게 존경받는 인물이었다. 또 탁월한 정치 능력을 가지고 있었다. 그러나 그럼에도 불구하고 스스로를 자랑하지 않았다. 아마도 전설적인 인물이기 때문에 이러한 성인으로서 그려지는 것으로 보인다. (위키백과 2018.6)

舜禹之有天下也而不與焉! (순임금과 우임금은 천하를 가지고 있었지만 (정사에) 참여하지 않았다!)

(감탄어기사) 보통 문미에 쓰인다.

→ 使其中無可欲者, 雖無石槨, 又何戚焉! 『史記·張釋之馮唐列傳』
만약(使) 그중에(其中) 욕심낼만한 것이 없다면 비록 돌로 만든 관의 외곽(石槨)이라고 해도 무슨 걱정(戚)이겠는가!

— **[견해]**

하락사(何樂士, 2006) 선생은 언(焉)의 감탄어기사 예문으로 본문에 나오는 舜禹之有天下也而不與焉!와 상기의 예문을 거론하였다. 언(焉)의 어기로는 '진술어기', '의문어기', '감탄어기', '문중 멈춤 어기'가 있다.

8-19. 子曰: "大哉堯之爲君也! 巍巍乎! 唯天爲大, 唯堯則之. 蕩蕩乎! 民無能名焉! 巍巍乎! 其有成功也! 煥乎! 其有文章!"

子曰:	"大	哉	堯	之	爲君
공자가 말하다	(형)크다→대단한 일이다	(어기)감탄. '문중'(3-4)	(인명)요(堯); 요임금	(접)주어+之+서술어(1-10)	임금을 맡다 [爲:(2-10)]
공자가 말했다. "대단한 일이다, 요(堯)가 임금을 맡은 것은!					
也!	**巍巍**	**乎!**	**唯天**	**爲**	**大,**
(이기)감탄(3-17)	(형)뜻이 높고 훌륭하다(8-18)	(어기)감탄,비분,찬송(3-14)	오직 하늘만 [惟:(2-6)]	(계사)爲+형용사. '최상급의미'(1-12)	(형)크다
	높고 훌륭하다!		오직 하늘만이 가장 큰(데)		
唯堯	**則**	**之.**	**蕩蕩**	**乎!**	**民**
요임금이 바로~이다.[惟:(7-33)]	(동)본받다,배우다	하늘(之:재지시.'그것,그사람'(2-1)]	(형)넓고 크다, 관대하다	(어기)감탄,비분,찬송(3-14)	(명)서민·평민·백성·민중(15-25)
요임금이 바로 하늘을 본받았다.			넓고 크다!		백성이
無能		**名**	**焉!**	**巍巍**	**乎!**
~할 수 없었다. [無:동작 미발생. '아직~않다'(8-1)]		(동)말하다, 지칭하다	(대)3인칭. '그, 그것'(1-14)	(형)뜻이 높고 훌륭하다(8-18)	(어기)감탄,비분,찬송(3-14)
요임금을 말할 수 없었던 것은!				높고 훌륭하다!	
其	**有成功**	**也!**	**煥**	**乎!**	**其**
(대)주어 (명사+之)(2-22)	성취한 업적이 있다	(어기)감탄(3-17)	(형)빛나다, 선명하다	(어기)감탄,비분,찬송(3-14)	(대)주어 (명사+之)(2-22)
요임금이 성취한 업적이 있는 것은!			빛난다!		그가(=요임금이)
有文章!"					
시(詩),서(書),예(禮),악(樂),사(史) 등이 있다.[文章:(5-13)]					
문장(시, 서, 예, 악, 서)을 가지고 있(는 것은)!"					

번역 공자가 말했다. "대단한 일이다, 요(堯)가 임금을 맡은 것은! 높고 훌륭하다! 오직 하늘만이 가장 큰데 요임금이 바로 하늘을 본받았다. 넓고 크다! 백성이 요임금을 말할 수 없었던 것은! 높고 훌륭하다! 요임금이 성취한 업적이 있는 것은! 빛난다! 요임금이 문장을 가지고 있는 것은!"

語法과 語彙

大哉堯之爲君也! (대단한 일이다, 요(堯)가 임금을 맡은 것은!)

(인명) 중국 신화 속 군주이다. 중국의 삼황오제(三皇五帝) 신화 가운데 오제의 하나이다. 다음 대의 군주인 순(舜)과 함께 이른바 '요순(堯舜)'이라 하여 성군(聖君)의 대명사로 일컬어진다. 현재까지 요의 역사적 실존성은 정확히 밝혀진 바가 없고, 다만 우왕과의 관계에서 하나라 이전에도 국가 비슷한 실체가 형성되어 있음을 보여주는 자료로 사용된다. (위키백과, 2018.6)

唯堯則之 (요임금이 바로 그것을 본받다)

(동사) 본받다, 배우다. (效法, 學習)

→ 遵后稷、公劉之業, 則古公、公季之法 『史記·周本紀』
후직(后稷)과 공유(公劉)의 사업을 계승하고(遵) 고공(古公)과 공계(公季)의 법령(法)을 본받다.

蕩蕩乎! (넓고 크다!)

(형용사) 넓고 크다, 관대하다. (博大, 寬大)

→ 無偏無黨, 王道蕩蕩 『尚書·洪範』
치우치지 않고 편애하지 않(으면/아야/…) 왕도(는/가/…) 넓고 크다.

民無能名焉 (백성이 그(=요임금)를 말할 수 없다)

(동사) 말하다, 지칭하다. (指稱, 說出)

→ 不能名其一處也 (清·林嗣環『口技』)
그것의 한 면을 말할 수 없다.

其有成功也! (그가(=요임금이) 성취한 업적이 있다!)

(명사) 성취한 업적, 이미 이룬 공. (成就的功業, 既成之功)

→ 今名號不更, 無以稱成功, 傳後世, 其議帝號 『史記·秦始皇本紀』
지금 명칭(名號)을 바꾸지 못해(不更) 성취한 업적을 '칭송할 방법이 없(無以稱)'어 후세에 전해졌고 그가 '황제의 칭호(帝號:皇帝的稱號)'를 건의한다.

8-20. 舜有臣五人而天下治. 武王曰: “予有亂臣十人.” 孔子曰: “才難, 不其然乎? 唐虞之際, 於斯爲盛, 有婦人焉, 九人而已. 三分天下有其二, 以服事殷, 周之德, 其可謂至德也已矣.”

舜	有臣五人	而	天下治.		武王曰:
(인명)순임금(8-18)	신하 다섯 사람이 있다	(접)병렬. ‘그리고’(7-1)	천하가 다스려지다 [‘주어+동사’의 형태로 피동의미를 갖는다]		무왕이 말하다
순임금은 신하 다섯 사람이 있었고 천하가 다스려졌다.					무왕이 말했다.
“予	有	亂臣	十人.”	孔子曰:	“才難,
(대)나.저(6-28)	있다	국가를 잘 다스리는 신하	열 사람	공자가 말하다	인재는 얻기 어렵다
“나는 국가를 잘 다스리는 신하 열 사람이 있다.” [무왕과 공자와의 대화가 아니다. 둘은 시기적으로 차이가 있다]				공자가 말했다.	“인재는 얻기 어려(우니)
不	其…(乎)	然	(其)…乎?	唐虞	之
(부)명사,명사구, 대명사 앞	의문 어기 형식	(지시대)이러하다(6-26)	의문 어기 형식	요임금과 순임금	(조사) 수식,종속관계. ~의’ (3-2)
아마도 이러지 않았겠느냐? [주석서들은 공자 이 말에 대해 구체적 의미를 언급하고 있지 않고, 전체적으로 순임금과 무왕이 훌륭한 인재를 두어 천하를 잘 다스렸다는 말로 갈음하고 있다]				요임금과 순임금 시기	
際,	於斯	爲	盛,	有婦人	焉,
(명)시기, ~할 때	이때[於:(7-9)] [斯:(3-11)]	(계사)爲+형용사. ‘최상급의미’(1-12)	풍부하다, 무성하다	부인(婦人)이 있다	(겸사)於+是/之(6-7)
	이때 가장 풍부했(지만)			인재 속에 부인이 있었(으니)	
九人	而已.	三分天下		有其二,	
아홉 사람	묘사 범위 한정. ‘~일 뿐이다’	셋으로 천하를 나누다		그 둘을 가지다 [其:(대)그의,그것의(1-7)]	
아홉 사람뿐이었다.		셋으로 천하를 나(눌 때/누면/…) [시간조건절(1-1)]		그 둘을 가지고 있었(고)	
以(之)	服事	殷,	周之德,	其	可謂
(전)以뒤 재지시 ‘之’ 생략(7-16)	(동)조공하다;신하의 도리를 다하다	은나라(=商나라)	주나라의 덕	(대)‘그것’.재지시. 주어(명사+之)(2-22)	(동)그렇다고 말할 수 있다(1-11)
(이것으로-천하의 3분의 2를 가지고) 은나라에 조공하(였으니)			주나라의 덕,	그것은(=주나라의 덕)	
至德	也已矣.”				
지극한 덕 [至:지극하다(6-29)]	(관용구)강한 긍정, 강한 감탄(8-1)				
분명 지극한 덕이라고 말할 수 있다.”					

번역 순임금은 신하 다섯 사람이 있었고 천하가 다스려졌다. 무왕이 말했다. “나는 국가를 잘 다스리는 신하 열 사람이 있다.” (이에 대해 공자가 평론했다) 공자가 말했다. “인재는 얻기가 어려우니 아마도 이러지 않았겠느냐? 요임금과 순임금 시기, 이때 인재가 가장 풍부했지만 인재 속에 부인이 있었으니 아홉 사람뿐이었다. 셋으로 천하를 나눌 때, 그 둘을 가지고 있었고, 천하의 3분의 2를 가지고도 은나라에 조공하였으니 주나라의 덕, 그것은 분명 지극한 덕이라고 말할 수 있다.”

語法과 語彙

予有亂臣十人 (나는 국가를 잘 다스리는 신하 열 사람이 있다)

(명사) 국가를 잘 다스리는 신하. (善於治理國家的臣子)

→ 予有亂臣十人, 同心同德 『書·泰誓中』
나는 국가를 잘 다스리는 신하 열 사람이 있고 '한 마음 한 뜻이다(同心同德)'.

才難, 不其然乎? (인재는 얻기가 어려우니 아마도 이러지 않았겠느냐?)

(동사) 인재는 얻기 어렵다. (謂人才難得)

→ 臣竊謂才難之病, 古今所同 (宋·蘇軾『乞擢用林豫札子』)
신은(=저는) 개인적으로(竊:私自, 私下) 인재를 얻기 어려운 걱정(病)을 말하는 것으로 예나 지금이나 같습니다.

才難, 不其然乎? (인재는 얻기가 어려우니 아마도 이러지 않았겠느냐?)

(고정형식) 1. 추측을 나타내는 어기를 나타내며 대부분 복문이나 문단의 문미에 위치하여 추측으로 의미를 마친다는 것을 보여준다. 이러한 문장은 일종의 긍정적인 면의 진술이며 추측의 어기를 사용한다는 것에 불과하고 완전히 긍정하고 있지 않을 뿐이다. 이러한 부정은 주로 표현 방식에서의 화자話者의 완곡婉曲이지 의문이나 문의가 아니다. 이러한 문장은 답을 요구하지는 않는다.

→ 勢之生, 其生人之初乎? (唐·柳宗元『封建論』)
세력의 생성(勢之生)은 아마도(其) 살아 있는 사람(生人)의 초기가 아닐까(之初乎)?

2. 의문 어기를 보여주고 사람에게 의문을 제기한다.

→ "吾其濟乎?" 對曰: "克之" 『左傳·僖公五年』
내가 성공할 수 (濟)있는가? 대답하여 말하다. "그것을 정복할 수 있다."

3. 기원이나 명령의 어기를 나타낸다.
4. 반문의 어기를 나타낸다.

不其然乎? (아마도 이러지 않겠는가?)

(부정부사) 명사나 명사구 앞에 쓰여 사람, 사물, 행위에 대한 부정을 나타낸다. 보통 명사적 성질에 변화를 일으키어 동사나 형용사적 성질을 갖춘다.

→ 以王命討不庭 『左傳·隱公十年』
왕의 명령에 의거하여 '천자에게 참배하지 않는 사람(不庭)'을 토벌하다(討).

唐虞之際, 於斯爲盛 (요임금과 순임금 시기, 이때 인재가 가장 풍부하다)

(인명) 당요와 우순의 병칭(=한데 아울러서 칭함)이다. 역시 요와 순의 시대를 가리키고 옛날 사람들은 태평성대의 시대라고 여긴다. (唐堯與虞舜的并稱.亦指堯與舜的時代, 古人以爲太平盛世)

唐虞之際, 於斯爲盛 (요임금과 순임금 시기, 이때 인재가 가장 풍부하다)

(명사) 시기, ~할 때. (時期, 時候)

→ 受任於敗軍之際 (三國蜀·諸葛亮『出師表』)
싸움에서 질(敗軍) 때(際) 임무를 맡다(受任).

唐虞之際, 於斯爲盛 (요임금과 순임금 시기, 이때 인재가 가장 풍부하다)

(형용사) 풍부하다, 무성하다. (豐富, 茂盛)

→ 山寺桃花始盛開 (唐·白居易『大林寺桃花』)
산 속의 사찰(寺)의 복숭아꽃이 '막(始) 무성하게 피다 or 무성하게 피기 시작하다(始).'

有婦人焉, 九人而已 (그 속에 부인이 있으니 아홉 사람뿐이다)

(관용구) 보통 진술문의 문미에 쓰여 제한 어기를 나타내어, 그것 앞의 서술어가 묘사한 범위에 한정됨을 말한다.

→ 故吾不害其長而已, 非有能碩茂之也 (唐·柳宗元『種樹郭橐駝傳』)
그래서(故) 나는 그것이(其) 성장하(長)는 걸 방해하지 않을(不害) 뿐이지 그것을(之) 크게(碩) 무성하게 할 능력이 없다.

三分天下有其二, 以服事殷 (천하의 3분의 2를 가지고 은나라에 조공하다)

(동사) 다섯 대(五服)[22] 안에서 제후로 봉해진 곳에서 정기적으로 조공하는 것으로 각자는 복(服)의 숫자로 천자를 섬긴다. 일반적으로 신하의 도리를 다함을 말한다. (五服之內所封諸侯定期朝貢, 各依服數以事天子.亦泛謂盡臣道)

→ 昔我先王世后稷, 以服事虞夏 『史記·周本紀』
옛날 나의 선왕 시대 후직(后稷)은 우나라(虞)와 하나라(夏)에 조공했다.

22 오복(五服): 1. (고대 상복(喪服) 제도로, 혈연 관계에 따라서 고조부부터 증조부·조부·아버지·자신까지 다섯 가지 상복이 규정되어 있음). 2. 혈연관계의 친소(親疏). 촌수.

8-21. 子曰: "禹, 吾無間然矣. 菲飮食而致孝乎鬼神, 惡衣服而致美乎黻冕, 卑宮室而盡力乎溝洫. 禹, 吾無間然矣."

子曰:	"禹,	吾	無	間	然
공자가 말하다	우임금(8-18) [화제, topic(16-14)]	(대)나,우리 '주어,한정어…' (13-18)	(부)진술사실부정 (=不)(1-15)	(동)비난하다	(어기)긍정
공자가 말했다. "우임금(은)		나는 분명 비난하지 않을 것이다.			
矣.	**菲**	**飮**	**食**	**而**	**致孝**
(어기)미래상황에 대한 확신(1-7)	(형)가볍다.작다. [형→타동사]	(동)마시다 [동사→명사화]	(동)먹다 [동사→명사화]	(접)점층. '게다가,또한'(1-14)	(동)효도를 다하다
	마시는 것, 먹는 것을 작게(=가볍게; 화려하지 않게; 소박하게) 만들고 게다가				
乎	**鬼神,**	**惡**	**衣服**	**而**	**致美**
(전)~에 대해 (2-16)	(명)죽은 선조 (6-22)	(형)좋지않다(4-9) [형→타동사]	(명)옷	(접)점층. '게다가,또한'(1-14)	(동)아름다움을 다하다
죽은 선조에 대해 효도를 다하(였고)		의복을 허름하게 만들고 게다가 제사복장에 대해 아름다움을 다하(였고)			
乎黻冕,		**卑**	**宮室**	**而**	**盡力**
고대 제사 복장에 대해[복(黻)은 제사복장 무릎 가리개, 면(冕)은 예식 모자]		(형)품질이 낮다 [형→타동사]	(명)방	(접)점층. '게다가,또한'(1-14)	(동)힘을 다하다
		자는 방을 허름하게 만들고 게다가			
乎溝洫.	**禹,**	**吾無間然矣."**			
논밭의 수로에 대해	(인명)우임금(8-18) [화제]	나는 분명 비난하지 않을 것이다			
논밭의 수로에 대해 힘을 다했다.	우임금은	나는 분명 비난하지 않을 것이다."			

번역 공자가 말했다. "우임금을 나는 분명 비난하지 않을 것이다. 마시는 것, 먹는 것을 작게(=소박하게) 만들고 게다가 죽은 선조에 대해 효도를 다하였고, 의복을 허름하게 만들고 게다가 제사복장에 대해 아름다움을 다하였고, 자는 방을 허름하게 만들고 게다가 논밭의 수로에 대해 힘을 다했다. 우임금은 나는 분명 비난하지 않을 것이다."

語法과 語彙

吾無間然矣 (나는 분명 비난하지 않을 것이다)

— [견해와 보충]

(동사)[현, jiàn]으로 발음되는 이 단어에 대해서 대부분의 주석서들이 '비난하다, 흠잡다' 등으로 설명하고 있는데 실상 고대중국어 공구서에는 이 의미항목이 없고, '경질하다, 교체하다(更迭)', '사이가 벌어지게 하다(離間, 挑拔)', '없애다(除去)' 등이 있는데 '비난하다' 의미와는 차이가 있다. 공구서의 의미 항목으로는 설명이 부족하여 이 책 역시 여러 주석서가 언급한대로 '비난하다'로 보았다.

吾無間然矣 (나는 분명 비난하지 않을 것이다)

(진술어기사) 문미에 쓰여 일종의 긍정의 어기를 나타내고 번역되지 않을 수도 있다.

→ 若由也, 不得其死然 『論語·先進』
이(this, 若) 유(由=자로)는 '그의 죽음(其死)을 갖지 못하다(=제 명에 죽지 못하다)'.

→ 歲旱, 穆公召县子而問然 『禮記·檀弓下』
한 해(歲)가 가물어(旱) 목공(穆公)이 현자(县子)를 불러 묻다.

菲飮食而致孝乎鬼神 (마시는 것, 먹는 것을 작게(=소박하게) 만들고 게다가 죽은 선조에 대해 효도를 다하다)

(형용사) 가볍다, 작다. (輕, 微)

→ 卑宮菲食 (晉·陸機『辯亡論下』)
사는 곳을 '낮추고(卑)' 먹는 것을 '가볍게 하다(菲)'.

惡衣服而致美乎黻冕 (의복을 허름하게 만들고 게다가 제사복장에 대해 아름다움을 다하다)

(명사) 고대 제사 복장. (古時祭服)

— [보충]

불(黻)은 '옛날 예복에 푸른 실과 검은 실로 수놓은 화문(꽃무늬)' 또는 '고대 제사 복장 중에서 무릎 가리개'이고, 면(冕)은 면류관으로 옛날, 천자·제후·경·대부들이 쓰던 예모(禮帽)로 송대(宋代) 이후로는 신하들이 쓰지 못했다.

→ 夏后崇約, 猶美黻冕 『宋書·禮志五』
하후(夏后: 하후씨夏后氏로 우禹이고 순舜의 선양禪讓을 받아 왕이 되어 하왕조夏王朝를 창시한 사람)는 검소함(約)을 숭상하지만 여전히 제사 복장을 아름답게 한다.

卑宮室而盡力乎溝洫 (자는 방을 허름하게 만들고 게다가 논밭의 수로에 대해 힘을 다하다)

(형용사) 품질이 낮다.

→ 非天質之卑, 則心不若余之專耳 (明·宋濂『送東陽馬生序』)
타고난 자질(天質)이 낮은 것이 아니라 마음이 '나의 전념(余之專)'만 못하다.

卑宮室而盡力乎溝洫 (자는 방을 허름하게 만들고 게다가 논밭의 수로에 대해 힘을 다하다)

(명사) 방. (房屋的通稱)

→ 圬人以時塓館宮室 『左傳·襄公三十一年』
미장이(圬人)가 시간에 맞춰(以時) 여관의 방(館宮室)에 회칠하다.

제 9 편

자한

言語 | 論語

9-1. 子罕言利與命與仁.

子	罕	言	利	與	命
공자	(형)드물다,적다 [형→부]	(동)말하다	(명)이익,좋은 점	(접)병렬.'~와'(4-5)	(명)운명
공자는 이익과 운명과					
與	**仁.**				
(접)병렬.'~와'(4-5)	(명)인덕(仁德)				
인덕(仁德)을 적게 말했다.					

번역 공자는 이익과 운명과 仁德을 적게 말했다.

語法과 語彙

子罕言利與命與仁 (공자는 이익과 운명과 仁德을 적게 말한다)

(형용사) 드물다, 적다. (稀少, 少)

→ 常在於險遠, 而人之所罕至焉, 故非有志者不能至也 (宋·王安石『游褒禪山記』)
자주 '위험하고 먼 곳(險遠)'에 있어 사람이 '드물게 가는 곳(所罕至)'이기 때문에 '뜻이 없는 사람(非有志者)' 갈 수 없다.

利與命與仁 (이익과 운명과 仁德)

(명사) 이익, 좋은 점. (利益, 好處)

→ 有蔣氏者, 專其利三世矣 (唐·柳宗元『捕蛇者說』)
장(蔣)씨라는 사람이 있었고 '그 이익(其利)'을 3대 독점했다.

利與命與仁 (이익과 운명과 仁德)

(명사) 운명. (命運)

→ 豈非命也哉? 『史記·外戚世家序』
어찌 운명이 아니겠는가?

9-2. 達巷黨人曰: “大哉孔子! 博學而無所成名.” 子聞之, 謂門弟子曰: “吾何執? 執御乎? 執射乎? 吾執御矣.”

達巷	黨人曰:	“大	哉	孔子!
(지명)달항(達巷)	500가구 마을사람이 말하다 [黨:(5-22)]	(형)위대하다	(어기)감탄. ‘문중’(3-4)	(인명)공자
달항(達巷) 지역 마을 사람이 말했다.		“위대하다! 공자는!		

博學	而	無	所	成名.”	子
넓게 배우다	(접)전환. ‘그러나’(1-1)	(동사)없다	(조)所+(전)+동사 ‘~것/곳/…’(1-12)	(동)명성을 세우다 (4-5)	공자
넓게 배웠지만 명성을 세운 곳이 없다.”					공자는

聞之,	謂	門弟子	曰:	“吾	何
그것을 듣다. [之:지시(2-1)]	말하다	(명)문하생인 제자 (8-3)	말하다	(대)나,우리 ‘주어,한정어…’ (13-18)	(의.대)동사목적어. ‘무엇’(2-19)
그것을 듣(고)	문하생 제자들에게 말했다.			“내가 무엇을	

執?	執	御	乎?	執射乎?
(동)책임지고 집행하다, 주관하다	(동)책임지고 집행하다, 주관하다	(동)(말, 전차…) 몰다(2-5)	(어기)의문(2-7)	활 쏘는 것을 주관할까?
주관할까?	말 모는 것을 주관할까?			활 쏘는 것을 주관할까?

吾執御	矣.”
나는 말 모는 것을 주관하다	(어기)미래상황에 대한 확신(1-7)
나는 분명 말 모는 것을 주관할 것이다.”	

번역 달항(達巷) 지역 마을 사람이 말했다. “대단하다! 공자는! 넓게 배웠지만 명성을 세운 곳이 없다.” 공자는 그것을 듣고 문하생 제자들에게 다음과 같이 말했다. “내가 무엇을 주관할까? 말 모는 것을 주관할까? 활 쏘는 것을 주관할까? 나는 분명 말 모는 것을 주관할 것이다.”

語法과 語彙

大哉孔子! (대단하다! 공자는!)

(형용사) 면적, 부피, 용량, 수량, 역량, 강도, 나이, 중요성 등에서 일반적인 것을 넘거나 비교되는 대상을 넘는. (在面積、體積、容量、數量、力量、强度、年齡、重要性等方面超過一般或超過所比對象)

→ 而後知此其大夢也” 『莊子·齊物論』
그런 다음 이 큰 꿈을 알다.

→ 吾何快於是? 將以求吾所大欲也 『孟子·梁惠王上』
내가 어찌 이것을 즐기겠는가? 장차 이것으로 내가 크게 욕망하는 것을 찾는다.

博學而無所成名 (넓게 배웠지만 명성을 세운 곳이 없다)

(동사) 없다. (没有)

→ 天都雖近而無路, 蓮花可登而路遥 『徐霞客游記·游黃山日記後』
천도봉(天都:天都峰)은 비록 가깝지만(雖近) 길이 없고 연화봉(蓮花:蓮花峰)은 오를 수 있(可登)지만 길이 멀다(路遥).

吾何執? (내가 무엇을 주관할까?)

(동사) 책임지고 집행하다, 주관하다. (主持, 掌管)

→ 聖人執要, 四方來效 『韓非子·楊權』
왕(聖人)이 키포인트(要:關鍵)를 책임지고 집행하면 사방에서 와서 '충성을 다한다(效)'.

9-3. 子曰: “麻冕, 禮也. 今也純儉, 吾從衆. 拜下, 禮也. 今拜乎上, 泰也. 雖違衆, 吾從下.”

子曰:	“麻冕,	禮	也.	今	也
공자가 말하다	(명)마로 만든 면류관[冕(8-21)]	(명)예의	(어기)진술강조(2-17)	(명)현재,지금(6-12)	(어기사)멈춤, 완만(3-1)
공자는 말했다.	“마로 만든 면류관(이)	예의이다. [예(禮)는 명사서술어]		지금(은)…	
純(冕)	**儉,**	**吾從衆.**		**拜(堂)下,**	
(명)명주실(로 만든 면류관)	(형)검소하다	나는 일반성을 따른다. [衆:형용사→명사]		(사당)아래에서 절하다 [堂(3-2)]	
명주실(로 만든 면류관이)	검소하(니) [원인절(1-1)]	나는 일반성을 따른다.		사당 아래에서 절하(는 것이) [주어구]	
禮也.	**今(也)**	**拜**	**乎**	**(堂)上,**	**泰**
예의이다	(명)현재,지금(6-12)	(동)절하다	(전)~에서	(명)위	교만방자하다
예의이다.	지금… 사당 위에서 절하(니) [원인절(1-1)]				교만방자하다.
也.	**雖**	**違**	**衆,**	**吾從**	**(拜乎堂)下.”**
(어기)진술강조(2-17)	(접)비록~지만(5-1)	(동)거역하다, 위배하다(2-5)	(명)일반성	나는 따른다. [從: (3-23)]	(사당)아래(에서 절하다)
	비록 일반성을 거역하지만 [표지(雖) 있는 양보절]			나는 사당 아래에서 절하는 것을 따른다.”	

번역 공자는 말했다. “마로 만든 면류관이 예의이다. 지금은 명주실로 만든 면류관이 검소하니 나는 일반성을 따른다. 사당 아래에서 절하는 것이 예의이다. 지금은 사당 위에서 절하니 교만방자하다. 비록 일반성을 거역하지만 나는 사당 아래에서 절하는 것을 따른다.”

語法과 語彙

麻冕, 禮也 (마로 만든 면류관이 예의이다)

(명사)1. 일반적으로 고대 중국 사회 등급제의 사회규범과 도덕규범. (泛指古代社會等級制的社會規範和道德規範)

→ 禮不下庶人, 刑不上大夫 『禮記·曲禮上』
예절과 의식(禮:禮儀)이 일반 백성(庶人)에게 ‘적용되지 않고(=내려가지 않고)’ 형벌이 귀족 계급(大夫)에게 ‘적용되지 않다(=올라가지 않는다).’

(명사)2. 예의. (禮貌)

→ 色愈恭, 禮愈至, 不敢出一言以復 (明·宋濂『送東陽馬生序』)
안색이 더(愈:更加) 공경해지고 예의가 더 ‘꼼꼼해져/세밀해져(至)’ 한 마디도 감히 대답하지 않는다.

今也純, 儉 (지금은 명주실로 만든 면류관이 검소하다)

(명사) 명주실. (絲)

吾從衆 (나는 일반성을 따른다)

(형용사) 일반적이다. (一般, 普通)

→ 衆人皆醉我獨醒 『史記·屈原賈生列傳』
일반적인 사람(衆人)은 모두 '의식이 없고(=몽롱하고, 昏昏沉沉)' 나 홀로 깨어 있다.

今拜乎上 (지금은 사당 위에서 절한다)

(장소전치사) 동작, 행위나 상태 발생의 장소를 이끈다. '~에, ~에서' 등으로 번역되거나 혹은 번역하지 않아도 된다. (在, 於)

→ 楚人生乎楚, 長乎楚, 而楚言 『吕氏春秋·用衆』
초나라 사람이 '초나라에서 태어나(生乎楚)'고 초나라에서 성장하여 '초나라 말을 한다(楚言:목적어+동사)'.

→ 醉翁之意不在酒, 在乎山水之間也 (宋·歐陽修『醉翁亭記』)
'술에 취한 사람(or 구양수歐陽修 자신)(醉翁)'의 뜻은 술에 있지 않고 산과 물 사이에 있다.

今拜乎上, 泰也 (지금은 사당 위에서 절하니 교만방자하다)

(형용사) 교만방자하다. (驕縱)

→ 及桓子, 驕泰奢侈, 貪欲無藝 『國語·晉語』
환자(桓子)에 이르러 교만방자하고(驕縱) 사치스러우며 '끊임없이 추구하여(貪欲:無休止地求取)' '법도가 없다(無藝)'.

9-4. 子絶四, 毋意, 毋必, 毋固, 毋我.

子絶四,	毋意,	毋必,
공자가 '넷/네 가지' '을/를' 단절하다	주관적으로 억측하여 판단하지 않다	절대적인 태도를 갖지 않다
공자는 네 가지를 단절했다.	주관적으로 억측하여 판단하지 않았(고)	절대적인 태도를 갖지 않았(고)
毋固,	**毋我.**	
고집부리지 않다	자신만이 옳다고 생각하지 않다	
고집을 부리지 않았(고)	자신만이 옳다고 생각하지 않았다.	

번역 공자는 네 가지를 단절했다. 주관적으로 억측하여 판단하지 않았고, 절대적인 태도를 갖지 않았고, 고집을 부리지 않았고, 자신만이 옳다고 생각하지 않았다.

語法과 語彙

子絶四 (공자가 네 가지를 단절하다)

(동사) 단절하다, 끊다. (斷絶 截斷)

→ 今楚國雖小, 絶長續短, 猶以數千里 『戰國策·楚策四』
지금 초나라가 비록 작지만 '긴 곳을 자르고(絶長)' '짧은 곳을 이으면(續短)' 여전히(猶) 수천 리이다.

毋意 (주관적으로 억측하여 판단하지 않다)

(부정부사) 동작, 행위, 상태, 존재 등에 대한 부정을 나타낸다. 문장의 의미에 의거해서 '~아니다, ~하지 않다, ~아니었다, ~못했다' 등으로 해석할 수 있다. (不, 沒) [무, wú]

→ 君子安可毋敬也? 『韓非子·說林下』
군자가 어떻게(安) '공경하지 않을 수 있(可毋敬)'는가?

→ 趙王畏秦, 欲毋行 『史記·廉頗藺相如列傳』
조나라 왕은 진나라가 두려워(畏) 가려고 하지 않는다.

毋意 (주관적으로 억측하여 판단하지 않다)

(동사) 주관적으로 억측하여 판단하지 않다. (不主觀臆斷)

毋必 (절대적인 태도를 갖지 않다)

(동사) 절대적인 태도를 갖지 않다. 때에 따라서 변통할 수 있다. (不持絶對的態度. 謂能因時變通)

毋固 (고집을 부리지 않다)

(동사) 고집부리지 않다. (謂不固執拘泥)

毋我 (자신만이 옳다고 생각하지 않다)

(동사) 선입견이 없다. 자신이 옳다고 생각하지 않다. (謂無私見, 不自以爲是)

9-5. 子畏於匡, 曰: "文王旣沒, 文不在玆乎? 天之將喪斯文也, 後死者不得與於斯文也, 天之未喪斯文也, 匡人其如予何?"

子畏	於匡, 曰:		"文王	旣	沒,
공자가 두려워하다	광(匡)에서, 말하다. [於:(전)'~에서,~부터'(3-13)]		(인명)문왕	(부)이미	(동)죽다. 사망하다(1-11)
공자가 광(匡)에서 두려워하(며) 말했다.			"문왕이 이미 죽었(지만) [양보절]		
文	**不在**	**玆**	**乎?**	**天**	**之**
(명)예악제도(3-14)	~에 없다	(대)여기,지금,이렇게, 이것…	(어기)반문(1-1)	(명)하늘	(접)주어+之+서술어(1-10)
예악제도는 여기 있지 않은가?				하늘이	
將	**喪**	**斯文**	**也,**	**後死者**	**不得**
~할 것이다, ~하려 하다 (7-14)	잃게 하다(3-24) [동사→사동]	이 예악제도. [斯:(대)(1-12)]	(어기사)멈춤, 완만(3-1)	후에 죽'는/은/…' 사람	~할 수 없다. [得:(3-24)]
이 예악제도를 잃게 하려 (했다면) [가정절]				후에 죽은 사람은	
與	**於**	**斯文也,**	**天之**	**未喪**	**斯文也,**
(동)참여하다, 참가하다(4-10)	동작도달장소. '~로,~에'(1-10)	이 예악제도. [斯:(대)(1-12)]	하늘이. [之: (1-10)]	잃게 하지 않다 [未: (3-25)]	이 예악제도. [斯:(대)(1-12)]
이 예악제도에 참여할 수 없었(겠지만)			하늘이 이 예악제도를 잃게 하지 않았(기 때문에) [원인절]		
匡人	**其**	**如予何?"**			
광(匡)의 사람	(부)반문(7-22)	(관용)'如A何''A는 어떻게 할 것인가?', 'A는 어떻게 할 방법이 없다.'(3-3)			
광인(匡人)이 나를 어떻게 하겠는가?(=어떻게 할 수가 없다)"					

번역 공자가 광(匡)에서 두려워하며 말했다. "문왕이 이미 죽었지만 예악제도는 여기 있지 않은가? 하늘이 이 예악제도를 잃게 하려 했다면 후에 죽은 사람은 이 예악제도에 참여할 수 없었겠지만, 하늘이 이 예악제도를 잃게 하지 않았기 때문에 광인(匡人)이 나를 어떻게 하겠는가?"

語法과 語彙

子畏於匡 (공자가 광(匡)에서 두려워하다)

(지명) 「사기 세가」에 의하면 공자가 노나라를 떠나 위나라로 망명했을 즈음의 유랑 초기의 사건으로 본다. 열 달을 위나라에서 머문 후 그곳을 떠나 진(陳)나라로 가는 도중에 일어났다고 한다. BC497년경의 사건일 것이다. 공자가 이곳을 지나기 이전에 이미 광(匡) 땅을 양호(陽虎)가 침략하여 이 지역 사람들을 괴롭힌 적이 있었다. 이 지역 사람들이 공자를 양호로 오인하여 포위한 것이다. 공자가 패자(覇者)인 진나라로 가는 것을 막기 위한 위(衛)나라의 모략이 배경에 깔려 있는 설도 있고(카이즈카), 공자의 평생 라이벌이었던 양호(陽虎)가 실제로 이 사건의 배경에 있었으며 공자가 오인 받도록 그가 꾸민 사건이라고도 한다(시라카와), 하여튼 역사적 정황에 대한 사실적 재구성은 본질적으로 문제가 되지 않는다. 그러나 광(匡)에서 포위되어 목숨이 위태로운 상황에 처했었다는 사실만은 공자의 삶의 한 리얼리티로서 전제하지 않을 수 없다. (김용옥, 2008)

文王旣沒, 文不在玆乎? (문왕이 이미 죽었지만 예악제도는 여기 있지 않은가?)

(인명과 명사) 공자가 독백 중에서 '문왕(文王)'에 연이어 '문(文)'을 말했다는 것은 문왕이라는 이름이 시호로서 추증된 이름이기 때문에 특별한 의미를 갖는 것이다. 다시 말해서 문왕에게 주나라 문화의 담지자로서 그 모든 상징성을 부여했기 때문에 문왕에게 부여된 그 문은 문왕으로부터 시작하여 무왕을 거쳐 주공에 이르러 완성된 주나라 예악 문물제도의 총화를 지칭하는 것이며 그 문(文)이 600년이라는 세월을 거쳐 오늘 나 공자에게 담지되고 있다는 것이다. (김용옥, 2008)

文王旣沒 (문왕이 이미 죽었다)

(시간부사) 동작, 행위가 이미 완성 되었지만 문장의 의미는 완성되지 않은 것으로 다음 문장을 이끄는 역할을 한다. 보통 복문에서 앞 단문에 쓰여 동작, 행위가 완성되었음을 강조하는 동시에 뒤 단문과 의미상 연관이 여전히 있음을 나타낸다. 보통 서술어 앞에 쓰여 '이미, ~끝난 다음, ~후' 등으로 번역될 수 있다. (已經, 完畢, 之後)

→ 旣克, 公問其故 『左傳·莊公十年』
이미(旣) (제나라 군대를) 물리쳤고 공(=노나라 장공)이 그(其=물리친) 이유(故)를 묻다.

文不在玆乎? ('文:예악제도'는 여기 있지 않은가?)

(대명사) 가까이에 있는 것을 가리키고 주어, 목적어, 한정어가 되며 대신하는 대상이 대체로 이미 앞 문장에 출현한다. 문장의 의미에 따라 '이것, 여기, 이렇게, 지금, 이' 등으로 번역할 수 있다. (這個, 這里, 這樣, 現在, 這)

→ 今臣生十二歲於玆矣 『史記·樗里子甘茂列傳』
지금 저(臣)는 여기에서 12년(十二歲)을 살고 있습니다.

9-6. 大宰問於子貢曰: "夫子聖者與? 何其多能也!" 子貢曰: "固天縱之將聖, 又多能也." 子聞之曰: "大宰知我乎! 吾少也賤, 故多能鄙事. 君子多乎哉? 不多也."

大宰	問於子貢曰:		"夫子	聖者	與?
(관명)태재	자공에서 물으며 말하다. [於:(1-10)][子貢:(1-10)]		(명)선생님; 공자(1-10)	(명)성인(saint)	(어기)추측의문
태재(大宰)가 자공에게 물으며 말했다.			"선생님(=공자)은 성인(聖人)이 아닐까요?		
何其	**多能**	**也!"**	**子貢曰:**	**"固**	**天**
(정도부사)얼마나	(형)다재다능하다	(어기)감탄(3-17)	자공이 말하다	(부)확실히	(명)하늘
얼마나 다재다능하신지!"			자공이 말했다.	"확실히 하늘이	
縱	**之**	**將**	**聖,**	**又**	**多能**
(동)주다, 부여하다	공자. [之:(대)재지시(2-1)]	(동)갖다, 취하다	성인→성인의 '위치/자격'	(부)점층(7-14). 또,게다가,더욱이	(형)다재다능하다
선생님께 성인(聖人)의 자격을 갖도록 부여했(고)				게다가 다재다능하시지요."	
也."	**子聞之曰:**		**"大宰**	**知我**	**乎!**
(어기)진술강조 (2-17)	공자가 그것을 듣고 말하다. [之:(대)재지시(2-1)]		(관명)태재	나를 알다	(어기)감탄,비분,찬송(3-14)
	공자가 그것을 듣고 말했다.		"태재(大宰)가 나를 아시는군요!		
吾	**少**	**也**	**賤,**	**故**	**多能**
(대)나,우리 '주어,한정어…' (13-18)	(형)어리다	(어기사)멈춤, 완만(3-1)	(형)비천하다	(접)A,故B.A때문에그래서 B하다	(형)다재다능하다
나는 어릴 (때) 비천했기…				… 때문에 다재다능했습니다.	
(於)鄙事.	**君子**	**多(能)**	**乎哉?**	**不多(能)**	**也."**
(명)하찮은 일	(명)군자(君子) (11-1)	(형)다재다능하다	(어기)의문, 반문(7-29)	다재다능 하지 않다	(어기)진술강조 (2-17)
하찮은 일에	군자가 다재다능한가요?			다재다능하지 않습니다."	

번역 태재(大宰)가 자공에게 물으며 말했다. "선생님(=공자)은 성인(聖人)이 아닐까요? 얼마나 다재다능하신지!" 자공이 말했다. "확실히 하늘이 선생님께 성인(聖人)의 자격을 갖도록 부여했고 게다가 다재다능하시지요." 공자가 그것을 듣고 말했다. "태재(大宰)가 나를 아시는군요! 나는 어릴 때 비천했기 때문에 하찮은 일에 다재다능했습니다. 군자가 다재다능한가요? 다재다능하지 않습니다."

語法과 語彙

大宰問於子貢曰 (태재(大宰)가 자공에게 물으며 말하다)

(관명 官名) 태재(大宰)는 관명이며 수상의 지위를 나타낸다. 당시 오(吳)나라와 송(宋)나라에서 이 관명을 썼다. 유보남의 『정의』에 인용된 청나라 방관욱(方觀旭)의 설에 의하면 이 질문의 주인공은 오나라왕 부차(夫差)의 태재였던 비(嚭)를 가리킨다. 『좌전』 애공 7년과 12년에 보면 노나라와 오나라가 외교교섭을 벌리는데 자공이 노나라

의 대변인으로서 오나라 태재 비(嚭)와 대화를 나누는 장면이 있다. 새롭게 나온 당사본 정현 주(註)는 놀랍게도 이 방씨의 설을 입증하고 있다. 그리고 애공 12년 노나라와 오나라가 탁고(橐皐)에서 만났을 때 오나라의 태재 비(嚭)가 자공에게 이것을 질문한 것이라고 구체적으로 주석해놓고 있다. 그렇다면 이때 공자가 69세였고, 자공은 38세였다. (김용옥, 2008)

夫子聖者與? (선생님(=공자)은 성인(聖人)이 아닐까요?)

(추측의문어기사) 추측을 나타내는 문장의 문미에 쓰이며 문맥과 어울리어 추측 의문어기를 나타낸다. 말하는 사람(=화자 話者)이 확신할 수 없는 의문어기를 사용하여 완곡하게 자신의 견해를 보여 준다.

→ 是以侯王稱孤、寡、不穀, 是其賤之本與? 『戰國策·齊策』
그래서 후왕이 고(孤:과인:본인을 낮춤말), 과(寡:과인), 불곡(不穀:과인)이라고 부르는데 이건(是) 그가(其) 자신을 낮추는 것을(賤之) 근본으로 여기는 것이 아닐까?

何其多能也! (얼마나 다재다능하신지!)

(복합허사, 정도부사) 보통 형용사 서술어 앞에 쓰여 정도가 깊다는 것을 나타낸다. '얼마나' 등으로 번역된다. (多麼)

→ 泣下沾襟, 何其衰也! (宋·歐陽修『伶官傳序』)
눈물이 흘러(泣下) 옷깃에 스며드(沾襟)는데 얼마나 쇠미한가!

何其多能也! (얼마나 다재다능하신지!)

(형용사) 다방면의 재능을 갖추고 있다; 다재다능하다. (具有多方面的才能)

→ 吾儒不兼習, 爾學若多能 (宋『梅堯臣·緡叔邀寄永嘉僧』詩)
우리 유생들(吾儒)은 '여러 방면을 공부하(兼習:同時涉及或所具有的不只一方面)'지 않는데 당신네(爾)는 다재다능하도록 공부한다.

何其多能也! (얼마나 다재다능하신지!)

— [견해]

이 표현을 '감탄문'으로 처리한 것은 모자수(毛子水, 2009) 선생이 유일하다. 먼저 하기(何其)가 '정도 깊음'을 나타내는 '정도부사'임을 인정한다면 다능(多能)은 형용사가 되는 것이고 따라서 야(也)는 자연스럽게 '감탄의 어기'를 나타내게 된다고 볼 수 있다.

固天縱之將聖 (확실히 하늘이 선생님께 성인(聖人)의 자격을 갖도록 부여하다)

(부사) 확실히. (确實, 誠然)

→ 固不如(項羽軍)也! 且爲之奈何? 『史記·項羽本紀』
확실히 항우의 군대'만 못하다(不如)'! 앞으로(且:將要) '그것을 위해서(爲之)' '무엇을 해(奈何)'야 하지?

固天縱之將聖 (확실히 하늘이 선생님께 성인(聖人)의 자격을 갖도록 부여하다)

(동사) 주다, 부여하다. (賦與)

→ 粤惟上聖, 有縱自天 (唐·『釋奠文宣王樂章·肅和』)
덕과 지혜가 일반 사람을 뛰어넘는 사람(上聖:指德智超群的人)에 대해서는(粤:虧:於) 하늘에서 준다.

固天縱之將聖 (확실히 하늘이 선생님께 성인(聖人)의 자격을 갖도록 부여하다)

(동사) 갖다, 취하다. (取, 拿, 持)

→ 只見那個人將出一兩銀子 『水滸傳·第十回』
단지 그 사람이 한 두 백은(銀子:白銀)을 꺼내는(將出) 것을 보다.

吾少也賤, 故多能鄙事 (나는 어릴 때 비천했기 때문에 하찮은 일에 다재다능했다)

(접속사) 보통 인과의 복문에서 뒤의 단문 앞에 쓰여서 앞의 원인이 있기 때문에 뒤의 결과가 있음을 나타낸다. '그래서, 때문에' 등으로 번역된다. (所以, 因此)

→ 彼竭我盈, 故克之 『左傳·莊公十年』
저들은 '힘을 다 쓰고(竭)' 우리는 '힘이 충만하(盈)'기 때문에 그들을 물리친다.

吾少也賤, 故多能鄙事 (나는 어릴 때 비천했기 때문에 하찮은 일에 다재다능했다)

(명사) 비천한 사람이 하는 일로 옛날에는 보통 각종 기예나 밭 갈고 씨 뿌리는 육체노동을 가리켰다; 하찮은 일. (鄙人之事. 舊多指各種技藝與耕種等體力勞動)

→ 皆熟悉工藝, 多能鄙事 (康有爲·『大同書』·己部第三章』)
모두 공예(工藝)에 익숙하(熟悉)고 많은 사람이 하찮은 일을 '할 수 있다(能)'.

9-7. 牢曰: "子云, '吾不試, 故藝.'"

牢曰:	"子云,	'吾	不	試,
(인명) 금뢰(琴牢)	공자가 말하다. [云:(2-21)]	(대)나,우리 '주어,한정어…' (13-18)	(부)동사 앞. 과거경험부정(7-5)	(동)임용하다, 관직에 취임하다. [동사→피동사]
금뢰(琴牢)가 말했다.	"공자께서 말씀하셨습니다.	'나는 관직에 취임한 적이 없었기		
故	藝.'"			
(접)그래서, ~ 때문에(9-6)	(명)재능.기예 [명사→형용사]			
때문에 재능이 있다.'"				

번역 금뢰(琴牢)가 말했다. "공자께서 말씀하셨습니다. '나는 관직에 취임한 적이 없기 때문에 재능이 있다'."

語法과 語彙

牢曰 (금뢰(琴牢)가 말하다)

(인명) 뢰(牢)는 공자의 제자인데 성(姓)은 금(琴), 자(字)가 자개(子開) 또는 자장(子張, 전손사 顓孫師 자장子張과 구분하기 위해 자장字張으로도 쓴다)이다. 『논어』에 여기 한 번만 출현한다. 『사기』「제자열전」에는 그 이름이 나오지도 않는다. 그러나 『가어』에는 다음과 같이 자세하게 나온다.

琴牢, 衛人, 字子開, 一字子張.與宗魯友, 聞宗魯死, 欲往吊焉, 孔子弗許, 曰:'非義也. 《孔子家語·七十二弟子解》: 금뢰(琴牢)는 위나라 사람이다. 그 자(字)가 자개(子開), 또는 자장(字張)이다. 종로(宗魯)와 친구였고 종로(宗魯)가 죽었다는 소식을 듣고 가서 그를 조문하려고 하였는데 공자가 불허하며 말했다. "도리가 아니다."

종로(宗魯)가 누구인지, 어떠한 사건이었는지 알 수가 없다. 금뢰(琴牢)는 그래도 공단에서 무게가 있었던 인물 같다. 『맹자』, 『장자』, 『좌전』에 그 인물이 언급되고 있다. (김용옥, 2008)

吾不試 (나는 관직에 취임한 적이 없다)

(동사) 임용하다, 관직에 취임하다. (任用, 出仕)

→ 百僚是試 『詩經·小雅·大東』
백관(百僚:百官)을 임용하다. [百僚(목적어)+是(목적어 전치 표지)+試(타동사)]

吾不試, 故藝 (나는 관직에 취임한 적이 없기 때문에 재능이 있다)

(명사) 기예, 재능. (技藝, 才能)

→ 要靡事商賈, 爲技藝, 皆以避農戰 『商君書·農戰』
사회적 지위가 낮은 평범한 사람(要靡:社會地位低微的人, 平庸的人)은 상인(商賈)에 종사하고, 기예를 '하는(爲)'데 모두 농업과 전쟁(農戰:상앙 등 선진 제자의 경제, 군사 사상과 정책이다. 농업과 전쟁을 중시하고 두 가지의 결합을 주장한다. 商鞅等先秦諸子的經濟、軍事思想和政策. 重視農業和戰争, 主張兩者結合)을 '피하기 위해서(以避)'이다.

9-8. 子曰: "吾有知乎哉? 無知也. 有鄙夫問於我, 空空如也, 我叩其兩端而竭焉."

子曰:	"吾	有知		乎哉?	無知
공자가 말하다	(대)나,우리 '주어,한정어…' (13-18)	지식이 있다 [知:(명)지식, 견해, 안다는 것(2-17)]		(어기)의문, 반문(7-29)	지식이 없다 [無:(동)없다(9-2)]
공자가 말했다. "나는 지식이 있는가?					자식이 없다
也.	**有**	**鄙夫**	**問於我,**		**空空**
(어기)진술강조 (2-17)	(접)가정.'만약' (5-14)	(명)천하고 무식한 사람	나에게 묻다 [於:(대상.전)동작의 직접대상(1-10)]		(형)하나도 없다 →전혀 모르다
	만약 천하고 무식한 사람이 나에게 묻(는 것이/물을 때/…) [鄙夫問於我, 이 문장은 명사절 또는 시간절 두 가지가 될 수 있는 것 같다. 1. 명사절로 쓰이는 경우(천하고 무식한 사람이 나에게 묻는 것이) 空空如(전혀 모르는 모습이다)의 주어가 되며, 2. 시간절로 쓰이는 경우 '종속절인 조건가정절 有鄙夫問於我, 空空如也(만약 천하고 무식한 사람이 나에게 물을 때 전혀 모르는 모습이라면) 안에 쓰이는(=안기는) 종속절로 볼 수 있다]				전혀 모르는
如	**也,**	**我**	**叩**	**其**	**兩端**
(조)상태기술. 형/부/동+如(3-23)	(어기사)멈춤, 완만(3-1)	나	(동)묻다	(대)그의, 그것의(1-7)	사물의 양쪽 끝; 양 극단
모습이라면		나는 그것의(=질문의) 양 극단을 물은			
而	**竭**	**焉."**			
(접)동작의 선후. '~다음'(6-15)	(동)끝까지 파헤치다.다하다	(겸사)그것에 대하여. 於+是/之(6-7)			
다음 그것에 대하여(=질문에 대하여) '다한다/끝까지 파헤친다 → 최선을 다한다'."					

번역 공자가 말했다. "나는 지식이 있는가? 나는 지식이 없다. 만약 천하고 무식한 사람이 나에게 '묻는 것이/물을 때' 그가 전혀 모르는 모습이라면 나는 질문의 양 극단을 묻고 그 질문에 대하여 최선을 다한다."

語法과 語彙

有鄙夫問於我 (만약 천하고 무식한 사람이 나에게 묻는다면)

(명사) (신분이) 낮고 천하며(=비속하며) 식견이 낮은 사람. (庸俗淺陋的人)

→ 豈學那鄙夫失位把眉顰? (清·李漁『蜃中樓·獻壽』)
어떻게(豈, 반문) 저 천하고 무식한 사람(那鄙夫)이 (자신의) 신분도 잊고 '눈썹을 소여(把眉)' '미간을 찌푸리(顰)'는 것을 배우겠는가?

空空如也 (전혀 모르는 모습이다)

(형용사) 하나도 없다. (謂一無所有)

→ 秉燭照之, 地平如掌, 一層之下, 空空無餘 (宋·洪邁『夷堅丙志·桐川酒』)

촛불을 들고(秉燭) 그것을 밝게 비추니(照之) 땅은 '손바닥처럼 편평하(平如掌)'고 한 층 아래는 하나도 남은 것이 없다.

我叩其兩端而竭焉 (나는 질문의 양 극단을 묻고 그 질문에 대하여 최선을 다한다)

(동사) 묻다. 안부 묻다, 탐문하다. (詢問 探問)

→ 待之極恭, 叩以邊事 『明季稗史初編·僚事雜志』
그(之)를 '지극히 공손히(極恭)' 대접하고 '변경의 방어(邊事)'를 묻다.

我叩其兩端而竭焉 (나는 질문의 양 극단을 묻고 그 질문에 대하여 최선을 다한다)

(동사) 사물의 양쪽 끝. (事物的兩個頂端；兩頭)

→ 出游兵以定兩端, 握奇數而制四面 (宋·王禹偁『大閱賦』)
이동 작전의 소규모 군대(游兵:流動作戰的小股軍隊)를 내보내 양쪽의 끝을 정하고 '적이 알지 못하는 전술(奇數)'을 파악하고 '사방(四面)'을 제압하다.

我叩其兩端而竭焉 (나는 질문의 양 극단을 묻고 그 질문에 대하여 최선을 다한다)

(동사) 끝까지 파헤치다, 다하다. (窮盡, 竭盡)

→ 師勞力竭, 遠主備之, 無乃不可乎? 『左傳·僖公三十二年』
군사는 피로하고(師勞) 힘은 다 썼으니(力竭) 멀리 있는 '수령(主:首領)'이 그것을 방비를 한다면 '아무래도(無乃)' 안 되겠지?

9-9. 子曰: “鳳鳥不至, 河不出圖, 吾已矣夫!”

子曰:	“鳳鳥	不	至,	河	不
공자가 말하다	(명)봉황새	(부)동사술어 앞. ‘~하지 않다’(7-14)	(동)오다, 도착하다(3-24)	(명)황하	(부)‘~하지 않다’ (7-14)
공자가 말했다. “봉황새는 오지 않(고)				황하는	
出	圖,	吾	已	矣夫!”	
(동)나오다 [동사→사동]	(명)그림	(대)나,우리 ‘주어,한정어…’ (13-18)	(동)끝나다(5-27)	(관용구) 진술문에서 감탄 (6-10)	
그림을 나오게 하지 않(으니)		나는 끝났다!”			

번역 공자가 말했다. “봉황새는 오지 않고, 황하는 그림을 나오게 하지 않으니 나는 끝났다!”

語法과 語彙

鳳凰, 圖 (봉황새, 그림)

봉황(鳳凰)은 성왕(聖王)의 시대에 나타난다는 전설적인 새 이름으로 순(舜)과 주 문왕 때 나타났다고 한다. 도(圖)는 복희(伏羲) 때 황하에서 용마(龍馬)가 지고 나왔다는 도표(圖表)로 역시 성세(聖世)를 뜻하는 좋은 징조의 물건이다. (김학주, 2017)

子曰: “鳳鳥不至, 河不出圖, 吾已矣夫!” (공자가 말했다. “봉황새는 오지 않고, 황하는 그림을 나오게 하지 않으니 나는 끝났다!”)

최소한 70세 이후의 공자의 아름다운 탄식의 한 시구로 해석해야 할 것이다. 자신이 정치적으로 득위(得位)하지 못한 것에 대한 아쉬움이라든가, 자기의 이데아 티푸스였던 성왕(聖王)의 불출현을 끝내 아쉬워하는 탄식이라든가 하는 식의 주석은 식상하다. 보다 시적으로 보다 감성적으로 한 거인의 삶을 조망해야 할 것이다. (김용옥, 2008)

鳳鳥不至, 河不出圖 (봉황새는 오지 않고, 황하는 그림을 나오게 하지 않다)

봉조부지(鳳鳥不至) :봉황이 오지 않다. 태평성세에 대한 기대가 무망함을 뜻한다. 봉황은 순임금 때 날아온 적이 있고 문왕 때 기산(岐山)에서 울었다고 전하는 신령스러운 새로서 태평성세의 상징이다.
하불출도(河不出圖) :황하는 그림을 나오게 하지 않는다. 전설에 의하면 복희 때 황하에서 기다란 용마(龍馬)가 등에 팔괘(八卦)의 기원이 된 그림을 지고 나온 적이 있는데 이것을 하도(河圖)라고 한다. 하도는 성왕(聖王)의 출현을 상징한다 (류종목, 2000)

鳳鳥, 出圖 (봉황새, 그림을 나오게 하다)

봉조(鳳鳥)는 봉황이다. 고대 전설속의 신비로운 새이고 보통 성왕(聖王)이 하늘의 명령을 받는다는 좋은 징조로 삼았다. 河는 황하이고, 출도(出圖)는 전설 속의 복희씨 시대에 황하 안에 그림을 짊어지고 출현한 용과 말이 있었다. 후에 역시 성왕(聖王)이 하늘의 명령을 받는다는 좋은 징조로 삼았다. (鳳鳥 : 即鳳凰. 古代傳說中的神鳥, 常作爲聖王受命的瑞兆. 河 : 黄河. 出圖 : 傳說伏羲時黄河中有龍馬負圖而出, 後也作爲聖王受命的吉兆) (陳曉芬, 2016)

鳳鳥, 河圖 (봉황새, 황하의 그림)

고대 전하는 바에 따르면 봉황(鳳凰)은 신비로운 새로 상서로운 상징이고 이것이 나타난다는 것은 천하가 태평하다는 것이고 또한 성인이 하늘의 명령을 받아 황하에서 그림이 출현한다. 공자가 이 말을 한 것은 이 말을 빌려 당시 세상에 밝은 희망이 없을 뿐임을 비유한 것에 불과하다. (鳳鳥、河圖 : 古代傳說, 鳳凰是一種神鳥, 祥瑞的象征, 出現就是表示天下太平. 又說, 聖人受命, 黄河就出現圖畫. 孔子說這幾句話, 不過借此比喻當時天下無清明之望罢了) (楊伯峻, 2006)

9-10. 子見齊衰者、冕衣裳者與瞽者, 見之, 雖少, 必作, 過之, 必趨.

<table>
<tr><th>子</th><th>見</th><th>齊衰</th><th>者、</th><th>冕</th><th>衣裳</th></tr>
<tr><td>공자</td><td>(동)보다,만나다
(3-24)</td><td>(명)자최(齊衰)
[명사→동사]</td><td>(조사)~한 사람,
~한 것(1-2)</td><td>(명)면류관
[명사→동사]</td><td>(명)예복
[명사→동사]</td></tr>
<tr><td colspan="4">공자가 (만나다) 상복(喪服) 자최(齊衰)를 입은 사람과,</td><td colspan="2">면류관을 쓰고 예복을 입은</td></tr>
<tr><th>者</th><th>與</th><th>瞽者,</th><th>見之,</th><th>雖</th><th>少,</th></tr>
<tr><td>(조사)~한 사람,
~한 것(1-2)</td><td>(접)병렬.
'~와'(4-5)</td><td>앞을 못 보다.
[명사→동사]</td><td>그들을 만나다.
[之:(2-1)]</td><td>(양보접)비록
~(하)지만(6-6)</td><td>(형)나이가 어리다</td></tr>
<tr><td colspan="3">사람 그리고 앞을 못 보는 사람을 봤(을 때)</td><td>그들을 만나(면)</td><td colspan="2" rowspan="2">비록 나이가 어려도
[표지가 있는 양보절(1-1)]</td></tr>
<tr><td colspan="4">子見齊衰者、冕衣裳者與瞽者, 見之 이 문장에서 '견(見)'을 두 번 썼는데 뒤의 '見之'는 생략되어도 무방한데 사용하였다. 번역의 유려함을 고려하여 앞의 것은 '보다'로 뒤의 것은 '만나다'로 해석하였다.</td></tr>
<tr><th>必</th><th>作,</th><th>過</th><th>之,</th><th colspan="2">必趨.</th></tr>
<tr><td>(부)꼭,반드시,
분명히(6-30)</td><td>(동)일어서다,
몸을 일으키다</td><td>(동)지나가다</td><td>그들. [之:(2-1)]</td><td colspan="2">반드시 잰걸음으로 빨리 가다</td></tr>
<tr><td colspan="2">반드시 일어났(고)</td><td colspan="2">그들을 지나갈 (때는) [시간조건절(1-1)]</td><td colspan="2">반드시 잰걸음으로 빨리 가셨다.</td></tr>
</table>

번역 공자가 상복(喪服) 자최(齊衰)일 입은 사람과 면류관을 쓰고 예복을 입은 사람 그리고 앞을 못 보는 사람을 만나면 비록 그들이 나이가 어려도 반드시 일어나셨고 그들을 지나갈 때에는 반드시 잰걸음으로 빨리 가셨다.

語法과 語彙

子見齊衰者 (공자가 상복(喪服) 자최(齊衰)일 입은 사람을 만나다)

(명사) 자최(齊衰). 상복 이름으로 오복(五服)의 하나이다. 거친(굵은) 삼베(麻布)로 만들었다. (喪服名. 為五服之一. 服用粗麻布製成) [자최, zīcuī]

冕衣裳者與瞽者 (면류관을 쓰고 예복을 입은 사람 그리고 앞을 못 보는 사람)

(명사) 고대 의(衣)는 상의(上衣)를 가리키고 상(裳)은 하의(치마 모양, 下裙)를 가리켰다. 후에는 일반적으로 옷을 가리킨다. (古時衣指上衣, 裳指下裙. 後亦泛指衣服) [의상, yīcháng]

(명사) 고관과 귀인(達官貴人)이나 학문이 깊고 태도가 의젓한 선비(儒雅之士)를 대신하여 지칭한다. (代稱達官貴人或儒雅之士)

[견해]

여기서는 '예복을 입다'로 의미가 파생되었다고 볼 수 있다.

冕衣裳者與瞽者 (면류관을 쓰고 예복을 입은 사람 그리고 앞을 못 보는 사람)

(명사) 앞을 못 보는 사람; 장님. (瞎子)[고, gǔ]

→ 瞽者無以與乎文章之觀, 聾者無以與乎種鼓之聲 『莊子·逍遥游』
장님은 시(詩), 서(書), 예(禮), 악(樂), 사(史)의 모습(觀)'에 참여할(與乎)' 방법이 없(無以)고, 귀머거리는 종소리에 참여할 방법이 없다.

— [이 예문에 대한 두 가지 해석]

- "장님은 무늬의 아름다움과 상관이 없고, 귀머거리는 악기의 소리와 관계가 없다" (김학주, 2010)
- 장님, 그들과는 꽃무늬와 색채를 감상할 방법이 없고, 귀머거리, 그들과는 종소리와 북소리의 음악 소리를 주의 깊게 들을 수 있는 방법이 없다. (對於瞎子没法同他們欣賞花紋和色彩, 對於聾子没法同他們聆聽種鼓的樂聲) (遲雙明, 2014)

雖少, 必作 (비록 나이가 어려도 반드시 일어나다)

(형용사, 명사) 나이가 어리다 또는 나이가 어린 사람. (年紀輕或年輕人)[소, shào]

→ 陳涉少時, 嘗與人佣耕 『史記·陳涉世家』
진섭(陳涉)이 어릴 때 일찍이 다른 사람과 '고용되어 농사를 짓다(佣耕)'.

雖少, 必作 (비록 나이가 어려도 반드시 일어나다)

(동사) 일어서다. (站起, 起身)

→ 舍琴而作 『論語·先進』
거문고를 내려놓고(舍琴) 일어서다.

雖少, 必作, 過之, 必趨 (비록 나이가 어려도 반드시 일어나고, 그들을 지나갈 때에는 반드시 잰걸음으로 빨리 가다)

(동사) 지나가다. (經過, 走過)

→ 左史倚相趨過 『左傳·昭公十二年』
좌사(左史:관직명) 의상(倚相)이 서둘러(趨) 가다.

雖少, 必作, 過之, 必趨 (비록 나이가 어려도 반드시 일어나고, 그들을 지나갈 때에는 반드시 잰걸음으로 빨리 가다)

(동사) 잰걸음으로 빨리 가다. (小步快走)[추,qū]

→ 入而徐趨, 至而自謝 『戰國策·越策四』
들어와서는 서서히(徐) 잰걸음으로 빨리 걷고 다가와서(至) 본인이(自) 용서를 빈다(謝).

9-11. 顔淵喟然歎曰: "仰之彌高, 鑽之彌堅, 瞻之在前, 忽焉在後. 夫子循循然善誘人, 博我以文, 約我以禮, 欲罷不能. 旣竭吾才, 如有所立卓爾, 雖欲從之, 末由也已."

顔淵	喟然		歎曰:	"仰	之
안연=안회(顔回)(2-9)	아~하며 [喟:(동)탄식하다] [然:(접미사)(형용사/동사+然:~하게)]		탄식하'며/고/…' 말하다	(동)우러러보다	(접)조건,가정 종속절(12-10)
안연(=안회)이 아~ 탄식하며 말했다.				"우러러보면	
彌	**高,**	**鑽之**	**彌堅,**	**瞻之**	**在前,**
(부)더욱 더	(형)높다 [형용사→동사]	깊이 연구하면	더욱 더 견고해지다 [堅:형→동사]	보면	앞에 있다 [在:(동)있다]
더욱 더 높아지(고)		깊이 연구하면 더욱 더 견고해지(며)		보면 앞에 있(다가)	
忽	**焉**	**在後.**	**夫子**	**循循然**	
(부)갑자기	(접미)'형/부+焉' '~하게,~처럼'	뒤에 있다.	(명)선생님; 공자(1-10)	순서 있게; 하나하나씩 [然:(접미사)'형용사/동사 + 然' '~하게']	
갑자기 뒤에 있다.			선생님은 순서 있게		
善	**誘人,**	**博我**	**以文,**	**約我**	**以禮,**
(부)잘,훌륭하게(6-9)	(동)사람을 가르쳐서 이끌다	나를 넓혀주다 [형용사→동사]	문헌으로서. [文: (6-27)]	나를 절제시키다(4-23)	예로 [以:(전)행위 노구.'~로'(2-1)]
사람을 훌륭하게 가르쳐서 이끌어(주시며)		문헌으로서 나를 넓혀주(시고)		예로서 나를 절제시(키시니)	
欲	**罷**	**不能.**	**旣**	**竭**	**吾才,**
(동)~하려 하다(2-4)	(동)그만두다	할 수 없다	(부)이미, ~후(9-5)	(동)끝까지 파헤치다.다하다(9-8)	나의 재능
그만두려 (해도) 그만 둘 수가 없다.			이미 나의 재능을 끝까지 다(해도)		
如	**有**	**所**	**立**	**卓爾,**	**雖**
(동)~와 같다(2-1)	(동)있다	(조사)'~사람/것/사건/곳…'(1-12)	(동)세우다	(형)탁월하다. [형→명사]	(접)과장된가정. '설령~해도'(6-26)
탁월함을 세울 곳이 있는 것 같(으니)					설령
欲從之,		**末**	**由**	**也已."**	
그를 따라 가려하다 [之:(대)재지시.'그것, 그 사람'(2-1)]		(부)~할 방법이 없다	(동)따르다. 따라가다(8-9)	(어기)긍정, 감탄(1-14)	
선생님을 따라 가려해도		따라갈 방법이 없다."			

번역 안연(=안회)가 아~ 탄식하며 말했다. "우러러보면 더욱 더 높아지고, 깊이 연구하면 더욱 더 견고해지며, 보면 앞에 있다가 갑자기 뒤에 있다. 선생님은 순서 있게 사람을 훌륭하게 가르쳐서 이끌어주시며, 문헌으로서 나를 넓혀주시고 예로서 나를 절제시키니 그만두려 해도 그만 둘 수가 없다. 이미 나의 재능을 끝까지 다해도 내가 탁월함을 세울 곳이 있는 것 같으니 설령 내가 선생님을 따라가려 해도 따라갈 방법이 없다."

語法과 語彙

顔淵喟然歎曰 (안연이 아~ 탄식하며 말하다)

● 喟 : (동사) 탄식하다.[위, kuì]

● 然 : (접미사, 조사) '형용사/동사 + 然'의 형식으로 문장 안에서 대체로 부사어가 되어 동작, 행위, 사물의 상태를 나타낸다. '~하게, ~한 모양으로' 등으로 번역된다.

→ 天油然作雲, 沛然下雨, 則苗渤然興之矣 『孟子·梁惠王上』
하늘이(天) 뭉게뭉게(油然) 구름을 만들고(作云), 세차게(沛然) 비가 내리면 묘종(苗)는 빠르고 세차게(渤然) 성장한다.

● 喟然 : (형용사) 탄식하는 소리; 아~.

仰之彌高 (우러러보면 더욱 더 높아진다)

(동사) 머리를 들다. 얼굴이 위를 향하다, 우러러보다. (抬頭, 面向上)

→ 攀將軍仰天太息流涕 『戰國策·燕策三』
반장군(攀將軍)은 하늘을 쳐다보며(仰天) 크게 한숨을 쉬고(太息) 눈물을 흘린다(流涕).

仰之彌高 (우러러보면 더욱 더 높아진다)

(부사) 형용사 서술어나 동사 서술어 앞에 놓여 부사어가 되며 정도를 나타낸다. 이것의 앞 문장은 종종 다른 서술어를 갖고 있으며 미(彌)가 있는 문장은 앞의 상황 아래에서 미(彌)가 수식하는 동작, 행위, 상태가 한 층 엄중해진다는 것을 나타낸다. '더, 더 한층, 더욱 더, 점점' 등으로 번역될 수 있다.

→ 亡十九年, 守志彌篤 『史記·楚世家』
망명한(亡)지 19년인데 '뜻을 지키려는 마음(守志)'이 더욱 더 굳다.

鑽之彌堅 (연구하면 더욱 더 견고해진다)

(동사) 깊이 연구하다. (鑽研, 深入研究)

→ 少而習焉, 沈研鑽極, 二九載矣 (晉·郭璞『<爾雅>序』)
어려서 공부하여 '푹 빠져 연마하(沈研)'고 깊이 연구한 지가 29'년(載)'이다.

瞻之在前 (보면 앞에 있다)

(동사) 보다, 앞이나 위를 보다. (看, 向前或上看)

→ 乃瞻衡宇, 載欣載奔 (晉·陶渊明『歸去來兮辭』)
누추한 집(衡宇: 횡목이 문인 집으로 누추한 집. 橫木爲門的房屋. 指簡陋的房屋)을 보니 한편(載) 기쁘고(欣) 한편(載) (마음이) 달려간다(奔).

忽焉在後 (갑자기 뒤에 있다)

(접미사, 조사) 형용사, 부사 뒤에 쓰여 접미사(조사)가 되어 상태를 나타낸다. '~게, ~처럼, ~며' 등으로 번역될 수 있다. (地, 着, 然, 似的, 的樣子)

→ 忽焉自有, 恍爾而無 『梁書·儒林傳·範縝傳』
갑자기(忽焉) 자신이 나타나고(自有) 갑자기(恍爾 [황, huǎng]) 사라지다.

夫子循循然善誘人 (선생님은 순서 있게 사람을 훌륭하게 가르쳐서 이끌어주신다)

(형용사) 순서가 있다. (有順序貌)

→ 洒掃應對至于窮理盡性, 循循有序 (宋·張世南『游宦紀聞』卷八)
청소하는(洒掃) 대응은 '천지만물의 이치를 깊이 연구하(窮理盡性)'는 것에 이르니 하나하나 순서가 있다. (窮理盡性)

夫子循循然善誘人 (선생님은 순서 있게 사람을 훌륭하게 가르쳐서 이끌어주신다)

(동사) 사람을 가르쳐서 이끌다; 사람을 교도하다. (誘導人)

→ 其同處在誘人為善, 引人處於大公 『老殘游記·第九回』
그들 '모두(同)' 사람을 교도하는 곳'에 있게 하(處在)'는 것이 '가장 좋고(為善)' 사람을 이끌어 대공'에 있도록 하다(處於)'.

既竭吾才, 如有所立卓爾 (나의 재능을 끝까지 파헤친 다음에도 탁월함을 세울 곳이 있는 것 같다)

(형용사) 탁월하다, 뛰어나다. (무리를 뛰어넘고 출중하다, 形容超群出衆)

→ 立身卓爾青松操, 挺志鏗然白璧姿 (唐·黃崇嘏『辭蜀相妻女詩』)
처세가(立身:處世; 爲人) 탁월한 것이 푸른 소나무의 절조 같고 뜻의 지탱(挺志)이 견실한(鏗然) 것이 편평하고 둥글며 가운데 구멍이 있는 백옥(白璧)의 모양(姿) 같다.

既竭吾才, 如有所立卓爾 (나의 재능을 끝까지 파헤친 다음에도 탁월함을 세울 곳이 있는 것 같다)

(접미사, 조사) 형용사, 부사, 동사 끝에 쓰여 접미사(조사)가 되고 앞의 성분과 함께 부사어가 된다. 때로는 한정어, 서술어도 된다. 부사어가 될 때에는 그 다음에 보통 '而'가 있어 뒤의 동사와 이어진다. '~하게, ~하며' 등으로 번역될 수 있다. (的, 地, 着)

→ 子路率爾而對曰 『論語·先進』
자로가 '경솔하게(생각 없이)' 대구하여 말하다. [부사어(A+爾)+而+동사]

雖欲從之, 末由也已 (설령 내가 선생님을 따라 가려해도 따라갈 방법이 없다)

(부사) 동사 서술어 앞에 쓰여 어떤 동작, 행위를 할 수 있는 기반이 없다는 것을 나타낸다. '~할 방법이 없다' 등으로 번역된다. (没有辦法)

→ 不曰如之何, 如之何者, 吾末如之何也已矣 『論語·衛靈公』
어떡해야지(如之何), 어떡해야지라고 말하지 않는 사람은 나는 어떡해야 할 방법이 없다.

→ 雖孔子末如之何矣 『法言·問神』
비록 공자라도(雖孔子) 어떡해야 할 방법이 없다.

(부사) 동사 서술어 앞에 쓰여 사실을 진술한 것에 대한 부정을 나타낸다. '~아니다, ~하지 않다, ~하지 못하다, ~하지 않았다' 등으로 번역될 수 있다. (不, 没有)

→ 四弟曰: "吾末予子酒矣 『墨子·公孟』
넷째 동생이 말한다. : "나는 당신(子)에게 술을 '주지(予)' 않았다.[予:<여,yú>나(我) /<여,yǔ>주다(給與)]"

9-12. 子疾病, 子路使門人爲臣. 病間, 曰: "久矣哉, 由之行詐也! 無臣而爲有臣. 吾誰欺? 欺天乎? 且予與其死於臣之手也, 無寧死於二三子之手乎! 且予縱不得大葬, 予死於道路乎?"

子	疾病,	子路	使	門人	爲
(명사.인명)공자	(동사)큰 병에 걸리다(7-34)	(인명)자로	(사역동사) ~하게 하다(2-20)	(명)제자,학생(7-28)	(동)맡다, 역임하다(2-10)
공자가 큰 병에 걸렸(을 때) [시간절(1-1)]		자로가 제자에게 가신을 맡도록 했다.			
臣.	**病間,**		**曰:**	**"久**	**矣哉,**
(명)가신(家臣)	(동)병세가 약간 호전을 보이다 (病勢略見好轉)		말하다	(형)오래되다(5-17)	(관용구) 감탄
	병세가 약간 호전을 보였(을 때) [시간절(1-1)]		(공자가) 말했다.	"오래되었구나!	
由	**之**	**行詐**	**也!**	**無**	**臣**
(인명)자로(子路)	(접)주어+之+서술어(1-10)	사기를 치다; 거짓을 행하다	(어기)감탄(3-17)	(동)없다(9-2) [동→사동]	(명)가신(家臣)
자로가 거짓을 행한 것이!				(내가) 가신을 없도록 시켰는데	
而	**爲**	**有臣.**	**吾誰欺?**		**欺天**
(접)전환. '그러나'(1-1)	(동)만들다(6-29)	가신을 있게 하다 [동→사동]	내가 누구를 속이는가? [주어+의문대명사+타동사]		하늘을 속이다
가신을 있게 했다.			내가 누구를 속이느냐?		하늘을 속일까?
乎?	**且**	**予**	**與其..(無寧)**	**死於臣之手**	
(어기)반문(1-1)	(어조사)화제 제시 강조	(대)나.저(6-28)	(관용)與其A. 'A보다는…' (3-4)	가신의 손에서 죽다. [於:(전)발생장소,방향.'~에서,~부터'(3-13)]	
	나는 가신의 손에 죽는 것보다				
也,	**(與其)..無寧**	**死於二三子之手**		**乎!**	**且**
(어기사)멈춤, 완만(3-1)	無寧B.'차라리B가 낫다'(3-4)	너희들의 손에서 죽다. [二三子:(명)너희들,여러분…(3-24)]		(어기)감탄,비분,찬송(3-7)	(어조사)화제 제시 강조
	차라리 너희들의 손에서 죽는 게 낫다!				
予	**縱**	**不得大葬,**		**予**	**死於道路**
(대)나.저(6-28)	(접)설령~한다 하더라도	큰 장례를 얻지 못하다		(대)나.저(6-28)	길에서 죽다
내가 설령 큰 장례를 얻지 못하더라도				내가 길에서 죽겠느냐?"	
乎?"					
(어기)반문(1-1)					

번역 공자가 큰 병에 걸렸을 때, 자로가 제자에게 가신을 맡도록 했다. 공자의 병세가 약간 호전을 보였을 때, 공자가 말했다. "오래되었구나! 자로가 거짓을 행한지가! 내가 가신을 없도록 시켰는데 가신을 있게 했다. 내가 누구를 속이느냐? 내가 하늘을 속일까? 나는 가신의 손에 죽는 것보다 차라리 너희들 손에서 죽는 게 낫다! 내가 설령 큰 장례를 얻지 못하더라도 내가 길에서 죽겠느냐?"

語法과 語彙

子路使門人爲<u>臣</u> (자로가 제자에게 가신을 맡도록 하다)

— [견해]

이 단어를 가신(家臣:경(卿)이나 대부(大夫)의 집에 딸려 그들을 섬기고 받들던 사람)으로 풀이하는 것이 일반적이고 다른 한 부분은 '장례를 준비하다'로 설명하는데 『漢語大字典』과 다른 고대중국어 공구서에 이 둘의 의미를 찾지 못했다. 가장 유사한 항목으로는 군주시대의 관리(君子制時的官吏)가 있다. 여기서는 여러 학자들의 풀이대로 '가신(家臣)'으로 본다.

久<u>矣哉</u> (오래되었구나!)

(관용구) 문미에 쓰여서 문장의 의미와 어울려 감탄을 나타낸다.

→ 亂曰: "已<u>矣哉</u>! 國無人莫我知兮, 又何懷乎故都? 『楚辭·離騷』
마지막 장(亂:악곡의 마지막 장 또는 사부(辭賦)의 끝에 있는 것으로 모든 편을 종결하는 요지의 것)이 말한다. "끝났다! 나라에는 '나를 이해하는 사람이 없는(莫我知)'데 또 무엇 때문에 옛 수도를 생각하겠는가?"

久矣哉, 由之<u>行詐</u>也! (오래되었구나! 사로가 거짓을 행한지가!)

(동사) 사기를 치다. (做欺詐的壞事)

→ 議者不達農殖之本, 多言鑄冶之便, 或欲因緣<u>行詐</u> 『後漢書·劉陶傳』
의론을 하는 사람(議者)은 농사를 짓(農殖)는 근본을 '잘 모르고(不達)' '용해와 주조(鑄冶:冶煉與鑄造)'의 편리함을 많이 말하고 어떤 사람은 인연으로 인해 사기를 치려고 한다.

<u>且</u>予與其死於臣之手也, 無寧死於二三子之手乎! (나는 가신의 손에 죽는 것 보다 차라리 너희들 손에서 죽겠다!)

(어조사) 보통 문두에 쓰여서 말머리(語首) 조사가 되는데 문장에 일종의 어기를 부여하고 어떤 화제의 제시를 강조한다. 앞의 문장을 이어 받은 내용을 강조하고 의론이나 진술을 한 걸음 더 깊이 들어간다. 문맥에 따라 '비록 ~하지만', '~에 대하여' 또는 번역을 하지 않아도 된다. (即使, 至於)

→ 曰: 君何言之誤! <u>且</u>先人亡國, 賴高祖得復國, 德流子孫, 秋毫皆高祖力也 『史記·張耳陳餘列傳』
말한다. "그대들은 왜 틀린 말을 하는가(=왜 말을 틀리는가?!)! 죽은 아버지(先人)가 나라를 잃어 고조에 의지하여 '다시 나라를 찾고(得復國)' 은덕이 '자손에게 흐르니(流子孫)' 매우 작은 것 하나하나(秋毫) 모두 고조의 힘이다.

且予<u>縱</u>不得大葬, 予死於道路乎? (내가 설령 큰 장례를 얻지 못하더라도 내가 길에서 죽겠는가?)

(양보접속사) 보통 복문의 앞 단문에 쓰여서 양보를 나타낸다. '비록~(하)지만, 설령 ~하더라도' 등으로 번역된다. (即使, 縱使)

→ 莫言塞北無春到, <u>總</u>有春來何處知? (唐·李益『度破訥沙』)
새북(塞北:북쪽 변경지방)에 봄이 오지 않았다고 말하지 마라. 설령 봄이 왔더라도 어디서 알겠는가?

9-13. 子貢曰: "有美玉於斯, 韞匵而藏諸? 求善賈而沽諸?" 子曰: "沽之哉! 沽之哉! 我待賈者也."

子貢曰:		"有	美玉	於	斯,
자공이 말하다. [子貢:(인명)=사(賜)(1-10)]		(접)만약. '가정'(5-14)	아름다운 옥	(동)~에 있다(4-5)	(대)전치사목적어. '여기'(3-11)
자공이 말했다.		"만약 아름다운 옥이 여기에 있다면 [조건가정절(1-1)]			
韞匵		**而**	**藏**	**諸?**	**求**
귀중하게 보관하다. [韞:귀중하게 보관하다] [匵=櫝:궤, 함, 수납장]		(접)A而(부사어)+서술어(1-4)	(동)숨다,숨기다(7-10)	(겸사)'之+乎''의문, 반문'(6-6)	(동)추구하다, 찾다(7-11)
수납장에 보관하여 그 옥을 숨기겠습니까?					
善賈	**而**	**沽諸?"**	**子曰:**	**"沽之**	**哉!**
뛰어난 상인 [善:(형)(3-25)]	(접)동작의 선후. '~다음'(6-15)	그것을 팔다. [沽=賣] [諸(겸사)'之+乎']	공자가 말하다	그것을 팔다. [之:(대)(2-1)]	(어기)문미 감탄(8-15)
뛰어난 상인을 찾은 다음 그 옥을 팔겠습니까?"			공자가 말했다. "그 옥을 팔지!		
"沽之哉!	**我**	**待**	**賈**	**者**	**也."**
그것을 팔지!	(대)나	(동)기다리다	(동사)팔다/ 장사하다(做買賣)	(조사)~한 사람, ~한 것(1-2)	(어기)진술강조(2-17)
그 옥을 팔지!	나는 상인을 기다린다."				

번역 자공이 말했다. "만약 아름다운 옥이 여기에 있다면 수납장에 보관하여 그 옥을 숨기겠습니까? 뛰어난 상인을 찾은 다음 그 옥을 팔겠습니까?" 공자가 말했다. "그 옥을 팔지! 그 옥을 팔지! 나는 상인을 기다린다."

語法과 語彙

韞匵而藏諸? (수납장에 보관하여 그 옥을 숨기는가?)

(동사) 수납장 안에 보관하다; 귀중하게 보관하다. (藏在櫃子里 ; 珍藏, 收藏) [韞:[운, yùn] 귀중하게 보관하다] [匵=櫝:[궤, dú] 궤, 함, 수납장]

→ 載歡載笑, 欲罷不能, 謹韞櫝玩耽 (漢·陳琳『答東阿王箋』)
유쾌해하면서(~하다. 載…載…) 웃지만 그만두려고 해도 '그만둘 수 없어(欲罷不能)'서 '각인된 것(玩耽:몰두하여 마음에 깊이 새기다 潛心玩味)'을 조심스럽게 귀중히 보관하다.

求善賈而沽諸? (뛰어난 상인을 찾은 다음 그 옥을 파는가?)

(명사) 상인, 장사꾼. (商人)

→ 籠天下鹽鐵諸利, 以排富商大賈 (漢·桓寬『鹽鐵論·輕重』)
천하의 '소금, 철(鹽鐵)' 등의 이익을 감추어(籠:藏) 이것으로 '부유한 상인(富商)'과 '큰 장사꾼(大賈)'을 줄 세우다.

(동사1) 사다. (買)

→ 平子每歲買馬 『左傳·昭公二十九年』
평자(平子)가 매년(每歲) 말을 사다.

(동사2) 팔다. (賣)

→ 買不至千萬 『漢書·酷吏傳』
천만 전(千萬)까지는 팔지 못했다(買不至:買不到).

沽之哉! 沽之哉! (그 옥을 팔지! 그 옥을 팔지!)

(동사) 팔다. (賣)[고,gū]

9-14. 子欲居九夷, 或曰: "陋如之何? 子曰: "君子居之, 何陋之有?"

<table>
<tr><th>子</th><th colspan="2">欲居</th><th>九夷,</th><th>或曰:</th><th>"陋</th></tr>
<tr><td>공자</td><td colspan="2">거주하려고 하다[欲:(동)~하려하다(2-4)] [居(동)살다,거주하다(5-18)]</td><td>(명)동쪽의 아홉 '오랑캐/민족'</td><td>어떤 사람이 말하다.[或:(2-21)]</td><td>(형)누추하다 [형용사→명사]</td></tr>
<tr><td colspan="4">공자가 동쪽의 아홉 오랑캐 지역에 거주하려고 했(을 때) [동사 다음 장소 앞 '동사의 지향, 발생의 전치사'는 빈번하게 생략된다 (9-30)]</td><td>어떤 사람이 말했다.</td><td>"누추함은 [화제]</td></tr>
<tr><th colspan="2">如之何?"</th><th>子曰:</th><th>"君子</th><th colspan="2">居之,</th></tr>
<tr><td colspan="2">(관용)그것은 어떡해야 하나?(2-20)</td><td>공자가 말하다</td><td>(명)군자(君子)(11-1)</td><td colspan="2">거기서 살다. [之:(대)재지시.'그곳,그것,그 사람'(2-1)]</td></tr>
<tr><td colspan="2">어떻게 하시려고요?"</td><td colspan="4">공자가 말했다. "군자가 거기에 사(는데)</td></tr>
<tr><th colspan="3">何陋之有?"</th><td colspan="3" rowspan="3">[참조] '논어'에서 공자는 본인을 '군자'로 지칭할 때도 있고(9-14 외), 본인이 '군자'가 아니라고 할 때도 있다(9-6 외)</td></tr>
<tr><td colspan="3">무슨 누추함이 있는가? [何A + 之 + 타동사: '무슨/어떤' A를 동사하는가?]</td></tr>
<tr><td colspan="3">무슨 누추함이 있겠는가?"</td></tr>
</table>

번역 공자가 동쪽의 아홉 오랑캐 지역에 거주하려고 했을 때 어떤 사람이 말했다. "누추함은 어떻게 하시려고요?" 공자가 말했다. "군자가 거기에 사는데 무슨 누추함이 있겠는가?"

語法과 語彙

子欲居九夷 (공자가 동쪽의 아홉 오랑캐 지역에 거주하려 하다)

(명사) 고대 동방의 아홉 민족을 일컫는다. 또한 그들이 살던 곳을 가리킨다. (古代稱東方的九種民族.亦指其所居之地)

→ 夷有九種, 曰: "畎夷、于夷、方夷、黃夷、白夷、赤夷、玄夷、風夷、陽夷" 『後漢書·東夷傳』
오랑캐는 아홉 가지가 있다며 말한다. "견이(畎夷)、어이(于夷)、방이(方夷)、황이(黃夷)、백이(白夷)、적이(赤夷)、현이(玄夷)、풍이(風夷)、양이(陽夷)이다."

君子居之, 何陋之有? (군자가 거기에 사는데 무슨 누추함이 있겠는가?)

(목적어 전치) 전치된 목적어는 의문대명사 '何'와 다른 성분으로 구성된 수식구조가 충당하여 '何~ + 之 + 타동사' 구조를 만들어 반문이나 의문을 보여 준다. 목적어가 동사 앞에 놓이기 때문에 반문의 내용을 한층 명확하게 드러내게 한다. 之 다음의 동사는 자주 '有', '爲' 등이다.

→ 孟子曰: "王何卿之問也?" 『莊子·大宗師』
맹자가 물었다. "왕께서는 어떤 고관을 물으시는 거신지요?"

→ 子貢曰: "然則夫子何方之依?" 『莊子·大宗師』
자공이 물었다. "그러면(然則) 선생님(夫子)은 '어떤 준칙(何方)'을 따르시(依)는 건가요?"

보충, 목적어 전치(前置)

(부정문에서 반복되는 목적어(=재지시) 전치) 동사가 부정될 경우 강조되지 않는 인칭 대명사는 부정사와 동사 사이에 위치한다. '시경'이나 비교적 이른 고전 시기의 문헌들은('좌전', '국어' 등)에서 전치된 목적어는 규칙적으로 '之'나 '是' 등의 대명사에 의해 반복되며, 이들 대명사는 동사 앞에 위치한다. 후대에는 이전의 어순을 보전하고 있는 몇 가지 고정된 표현을 제외하고는 반복되는 대명사는 동사 뒤 정상적인 위치에 놓이는 것이 일반화된다. (polleyblank, 1995)

목적어는 동사 술어 뒤에 놓이고 이것은 한대부터 지금까지 중국어가 공유하고 있는 정상적인 어순이다. 하지만 갑골문 어순은 그다지 고정적이지 않아서 목적어의 위치는 매우 탄력성이 있어 자주 동사 앞에 놓일 수 있다. 특히 대명사가 목적어인 경우 그렇고 선진先秦(=진秦나라 이전) 중국어는 일정 정도에서 이러한 점을 계승하고 있다. 이러한 상황은 한대漢代 이후 목적어가 동사 다음에 위치한 것에서 보자면 '목적어 전치'라 부를 수 있다(楊啓國, 2016). 목적어 전치가 되는 경우는 다음과 같다.

1. 목적어 + 之(是) + 타동사

동사의 목적어를 강조하기 위해서 목적어를 동사 앞으로 데려오며 목적어와 동사 사이에 조사 '之'를 더하여 어순의 변화를 보여주며 '목적어+之+타동사' 구조를 만든다.

→ 惟怪之欲聞 (唐·韓愈『原道』)
다만(惟) 신기한 말을 듣고 싶다(怪之欲聞).

→ 寡人其君是惡, 其民何罪? 『國語·晉語三』
나(寡人)는 그 나라(=晉나라)의 왕을 싫어하(其君是惡)는 건데 그 나라의 백성(其民)은 무슨 죄인가(何罪)?

→ 鷄鳴而駕, 塞井夷灶, 唯余馬首是瞻 『左傳·襄公十四年』
닭이 울자(鷄鳴而) 마소에 수레를 메우(駕)고 우물을 메우(塞井)고 부뚜막을 헐어서 평평하게 했(夷灶)는데 내 말의 머리만(唯余馬首) 본(瞻) 것이다.

→ 寡君其罪之恐, 敢與知魯國之難? 『左傳·昭公三十一年』
우리 왕(寡君)은 자신의 죄를 두려워하(其罪之恐)는데(=왕 자신이 죄를 범할까 두려워하다) 감히(敢) 노나라의 재난(魯國之難)을 모두(與) 알(知)까요?

2. 不(無/莫/非) + 목적어(대명사) + 타동사

→ 不患人之不己知 『論語·學而』
다른 사람이 나를 알지 못하(人之不己知)는 것을 '걱정하지마라(不患)'.

→ 我無爾詐, 爾無我虞 『좌전(左傳)·선공 15년』
내가 너를 속이지 않(我無爾詐)을 테니 '너도 나를 속이지마라(爾無我虞)'.

→ 聞道百, 以爲莫己若 『莊子·秋水』
도리를 백 번 들(聞道百)어도 자신과 비견할만한 사람이 없다(莫己若)고 생각하다(以爲).

→ 父母之不我愛 『孟子·萬章上』
부모가(父母之) 나를 사랑하지 않는다(不我愛).

→ 吾非斯人之徒與而誰與? 『論語·微子』
내(吾)가 이 사람들의 부류(斯人之徒)에 참여하지 않(非…與)으면(而) 누구에게 참여하겠는가(誰與)?

3. 목적어 + 之(是) + 不 + 타동사

→ 前事之不忘, 後事之師 『戰國策·趙策一』
과거의 일을 잊지 않(前事之不忘)는 것이 미래의 일의 거울(後事之師)이다.

4. 未 + 목적어(之, 是) + 타동사

→ 我未之見也 『論語·里仁』
나(我)는 그를 본 적이 없다(未之見也).

5. 목적어(의문대명사) + 타동사

→ 四海之外奚有? 『列子·湯問』
사해 밖(四海之外)에는 '무엇이 있는가(奚有)'?
(四海 : 사방의 바다. 즉, 동해·서해·남해·북해. 옛날, 중국 사람들은 바다가 사방으로 중국을 둘러싸고 있다고 여긴 데서 온 명칭이다.)

→ 敢問何謂也? 『左傳·隱公元年』
감히 묻겠습니다(敢問). 무엇을 말하(何謂)는 것입니까?

→ 吾非斯人之徒與而誰與? 『論語·微子』
내(吾)가 이 사람들의 부류(斯人之徒)에 참여하지 않(非…與)으면(而) 누구에게 참여하겠는가(誰與)?

6. 목적어(의문관형어 何A) + 之(是) + 타동사

전치된 목적어는 의문대명사 '何'와 다른 성분으로 구성된 수식구조가 충당하여 '何~+之+타동사' 구조를 만들어 반문이나 의문을 보여 준다. 목적어가 동사 앞에 놓이기 때문에 반문의 내용을 한층 명확하게 드러내게 한다.

→ 姜氏何厭之有! 『左傳·隱公元年』
강씨(姜氏)가 '무슨 만족(何厭)'이 있(有)겠는가!

→ 孟子曰: "王何卿之問也?" 『孟子·萬章下』
맹자가 물었다. "왕(王)께서는 '어떤 고관(何卿)'을 물으시(問)는 거신지요?"

→ 子貢曰: "然則夫子何方之依?" 『莊子·大宗師』
자공이 물었다. "그러면(然則) 선생님(夫子)께서는 '어떤 준칙(何方)'을 따르시(依)는 건가요?"

7. 목적어 + 之 + 謂

이러한 구조의 앞부분은 대다수 '인용문'으로 화자가 인용문을 빌어 목적어가 가리키는 대상에 대해 평론한다.

→ 王說曰: 詩云: '他人有心, 子忖度之.', 夫子之謂也 『孟子·梁惠王上』
왕(=齊나라 宣王)이 기뻐서 말했다(說曰). "시경에서 말합니다(詩云). '다른 사람이 (다른) 마음(他人有心)을 나(子)는 그것을 추측할 수 있다(忖度之).' 선생님(夫子)을 말하(謂)는 것이겠죠."

→ 傳曰: "君者舟也, 庶人者水也, 水則載舟, 水則覆舟." 此之謂也 『荀子·王制』
옛 서적(傳)에서 말했습니다. "왕(君者)은 배이(舟也)고 백성(庶人者)은 물이다(水也). 물은(水則) 배를 나르(載舟)지만 물은(水則) 배를 뒤집(覆舟)는다." 이것(此)을 말하(謂)는 것이다.

8. 唯(惟) + 목적어 + 之 + 타동사

목적어의 유일함을 강조한다. 목적어 앞에 부사 '唯(惟)'를 더하여 '唯(惟)+목적어+之+타동사' 구조를 만든다. '唯(惟)'는 융통성을 갖고 해석할 수 있다.

→ 孟武伯問孝. 子曰 : "父母唯其疾之憂" 『論語·爲政』
맹무백(孟武伯)이 효도에 대해 물었다(問孝). 공자가 말했다. "부모는 '오직(唯)' 그(=자식)의 병(其疾)을 걱정한다(憂)."

→ 富而不驕者鮮, 吾唯子之見 『左傳·定公十三年』
부유하지만(富而) 교만하지 않은 사람(不驕者)은 드문(鮮)데 나(吾)는 오직(唯) 너만 본다(子之見). (=너만은 그렇지 않은 사람이다)

9. 목적어 + 之 + 전치사 + 타동사

목적어를 강조하기 위해서 전치사는 우연히 之를 빌려 목적어를 앞에 놓는다. (介詞偶然也借助"之"前置賓語)

→ 孔子曰 : "有慟乎? 非夫人之爲慟而誰爲?" 『論語·先進』
공자가 말했다. "슬퍼했(有慟)느냐(乎)? 저 사람(夫人)을 위해서(爲) 슬퍼하지 않으면(非…慟而) 누구를 위해서(誰爲) 슬퍼하겠느냐?"

→ 使謂成子曰: "大夫陳子, 陳之自出" 『左傳·哀公二十七年』
사람을 파견하여(使) 성자(成子)에게 말하다. "대부 진자(陳子)는 진나라(陳)에서(自) 나왔다(出)."

→ 昔吾先君固周室之不成子也, 故濱於東海之陂, 黿鼉魚鱉之與處, 而蛙黽之與同渚 『國語·
옛날(昔) 나의 선조(吾先君)는 본래(固) 주나라 왕실의(周室之) 성자가 아니(不成子)었기 때문에(故) 동해 물가에(於東海之陂) 가까이 있어(濱) 큰 자라, 악어(黿鼉:<원타, yuántuó>大鱉和猪婆龍), 물고기(魚), 자라(鱉)와 함께(與) 살고(處, 而) 개구리(蛙黽)와 함께(與) 같은 섬에 있었다(同渚).

10. 목적어 + 타동사

→ 大論是弘 (唐·韓愈『進學解』)
옳고 큰 의론 혹은 이론(大論:正大的議論或理論)이 이것(是)을 빛나고 성대하게 하다(弘).

9-15. 子曰: "吾自衛反魯, 然後樂正, 雅頌各得其所."

<table>
<tr><th>子曰:</th><th>"吾</th><th colspan="2">自衛</th><th>反魯,</th></tr>
<tr><td>공자가 말하다</td><td>(대)나,우리'주어,한정어…'(13-18)</td><td colspan="2">위나라'로부터/에서'[自:(전)~에서,~로부터(1-1)]</td><td>노나라로 돌아오다[反:(7-31)]['돌아오다+장소' 사이에 방향표지 전치사 없다]</td></tr>
<tr><td colspan="5">공자가 말했다. "내가 위(衛)나라에서 노(魯)나라고 돌아온</td></tr>
<tr><th>然後</th><th colspan="3">樂正,</th><th>雅頌</th></tr>
<tr><td>(접)이와 같은 다음에(6-18)</td><td colspan="3">음악이 바르게 되다.</td><td>「아악 雅樂」과「송 頌」</td></tr>
<tr><td colspan="4">다음 음악이 바르게 되었(고) [시간의 부사절 'after(~다음)'를 나타내는 접속사가 두 번째 단문 문두(然後)에 쓰였다]</td><td>「아악 雅樂」과「송 頌」은</td></tr>
<tr><th>各</th><th>得</th><th>其</th><th>所."</th><td rowspan="3"></td></tr>
<tr><td>(부)각자 모두; 하나하나(4-7)</td><td>(동)얻다</td><td>(대)그의, 그것의(1-7)]</td><td>(명)장소,자리(2-1)</td></tr>
<tr><td colspan="4">각자 모두 그것의 자리를 '얻었다/잡았다'."</td></tr>
</table>

번역 공자가 말했다. "내가 위(衛)나라에서 노(魯)나라로 돌아온 뒤, 음악이 바르게 되었고 「아악 雅樂」과「송 頌」은 각자 그것의 자리를 잡았다."

語法과 語彙

吾自衛反魯, 然後樂正 (내가 위(衛)나라에서 노(魯)나라로 돌아온 뒤, 음악이 바르게 되다)

— [견해]

고대중국어에서 피동문을 나타내는 방식은 표지의 유무가 있다(4-26참조). 이중에서 표지가 없는 피동문은 피동관계가 완전히 언어 환경과 상식에 의거해서 드러난다. 예를 들면 다음과 같다.

→ 昔者龍逢斬, 比幹剖, 萇弘胣, 子胥靡, 故四子之賢而身不免乎戮 『莊子·胠篋』
옛날에 용봉(龍逢)은 머리가 베이고(斬<참,zhǎn>), 비간(比幹)은 칼로 잘리고(剖<부,pōu>), 장홍(萇弘)은 배가 갈리고(胣<치,chǐ>), 자서(子胥)는 없어졌다(靡<미,mǐ>). 그러니 네 명이 현명하였지만 몸은 죽음을 모면할 수 없었다.

→ 事君數, 斯辱矣 『論語·里仁』
왕을 섬길 때 자주 고치도록 말하면 모욕을 당한다.

본문의 '악정(樂正)'은 '음악을 바로 잡다' 더 자연스러운데 피동문의 형식을 참조하면 이 역시 '음악이 바르게 되다'로 볼 수 있다. 여기서는 피동문으로 본다.

雅頌各得其所 (「아악 雅樂」과「송 頌」이 각자 그것의 자리를 잡다)

(명사) 『시경 詩經』의 내용과 악곡을 분류한 명칭. 아악(雅樂)은 조정의 악곡이고, 송(頌)은 종묘의 제사를 위한 악곡이다. (《詩經》內容和樂曲分類的名稱. 雅樂為朝廷的樂曲, 頌為宗廟祭祀的樂曲)

9-16. 子曰: “出則事公卿, 入則事父兄, 喪事不敢不勉, 不爲酒困, 何有於我哉?”

子曰:	“出	則	事	公卿,	入則
공자가 말하다	(동)나가다	(접)조건+則+결과(1-6)	(동)섬기다(3-18)	(명)삼공(三公)과 구경(九卿)	들어가면 [則:(1-6)]
공자가 말했다. “나가면 섬공(三公)과 구경(九卿)을 섬기(고)					들어가면
事	**父兄,**	**喪事**	**不敢**	**不勉,**	**不**
(동)섬기다(3-18)	(명)아버지와 형	장례의 일 [화제, topic]	(동)용기, 배짱이 없다	(동)최선을 다해서 하지 않다	(부)동사술어 앞. ‘~하지 않다’(7-14)
아버지와 형을 섬기(고)		장례의 일은 최선을 다해서 하지 않을 배짱이 없(고)			
爲	**酒**	**困,**	**何有**		**於**
(조동사)~에 의해 ~하게 되다(피동)	(명)술	(동)곤란하게 하다	(관용구)반문. ‘무슨 어려움이 있겠는가?…’(4-13)		(대상.전)동작대상. ‘~에게’(2-5)
술에 의해서 곤란해지지 않(으니)			나에게 무슨 어려움이 있겠는가?”		
我	**哉?”**				
(대)나	(어기)반문(2-10)				

번역 공자가 말했다. “밖에 나가면 삼공(三公)과 구경(九卿)을 섬기고, 집에 들어가면 아버지와 형을 섬기고, 장례의 일은 최선을 다해서 하지 않을 배짱이 없고, 술에 의해서 곤란해지지 않으니 나에게 무슨 어려움이 있겠느냐?”

語法과 語彙

出則事公卿 (나가면 삼공(三公)과 구경(九卿)을 섬기다)

(명사) 삼공(三公) 구경(九卿)의 줄임말. (三公九卿的簡稱)

→ 公卿大夫室老士貴臣 『儀禮·喪服』)
삼공(三公) 구경(九卿)과 내부(관식병)와 가신의 상(室老)인 선비는 큰 신하(貴臣.人臣)이다.

— [참조]

삼공(三公)은 고대 중앙의 세 가지 최고 관리명을 아울러 이르는 말(=병칭 並稱)로 주나라 시대에 태사(太師), 태백(太傅), 태보(太保)를 일컫는다(古代中央三種最高官銜的合稱.周以太師、太傅、太保爲三公). 구경(九卿)은 고대 중앙 정부의 아홉 개의 고위 관직을 말하는 것으로 주나라 시대에 소사(少師), 소부(少傅), 소보(少保), 총재(冢宰), 사도(司徒), 종백(宗伯), 사마(司馬), 사구(司寇), 사공(司空)을 구경으로 삼았다(古代中央政府的九個高級官職.周以少師、少傅、少保、冢宰、司徒、宗伯、司馬、司寇、司空爲九卿).

喪事不敢不勉 (장례의 일은 최선을 다해서 하지 않을 배짱이 없다)

(명사) 보통 사람이 죽은 다음 염하고(殮), 안치하고(奠), 출관하고(殯) 매장하는(葬) 등의 일을 가리킨다; 장례의 일. (泛指人死後殮奠殯葬等事宜)

→ 禁喪事用銅釘 『南史·宋紀上·武帝』
장례의 일에는 구리 못 사용을 금한다.

喪事不敢不勉 (장례의 일은 최선을 다해서 하지 않을 배짱이 없다)

(동사) 배짱, 용기가 없다. 어떠한 일을 할 '담력/배짱(膽量)'이 없다. (謂沒膽量, 沒勇氣. 亦表示沒有膽量做某事)

→ 我非堯舜之道, 不敢以陳于王前 『孟子·公孫丑下』
나는 요순(堯舜)의 도가 없기 때문에 왕 앞에서 그것을 진술한 용기가 없다.

喪事不敢不勉 (장례의 일은 최선을 다해서 하지 않을 배짱이 없다)

(동사) 역량이 부족하지만 최선을 다해서 하다. (力量不够而盡力做)

→ 司馬子反曰: "諾, 勉之矣! 『公羊傳·宣公十五年』
사마자반(司馬子反)이 말한다. "그래, 그것에 대해 최선을 다해서 해라!"

不爲酒困 (술에 의해서 곤란해지지 않다)

(피동조동사, 전치사) 동사 앞에 쓰여 동작주(=행위자)가 있을 때는 '爲+동작주'가 부사어가 되어 동사를 수식하고, 동작주가 생략될 경우 피동조동사로 볼 수 있다. 현대중국어에서는 '개사(=전치사)'로 규정하는데 하락사(2006) 선생은 '피동조동사'로 분류하였다. 여기서는 '爲+동사'인 경우 '피동조동사'로 '爲+동작주+동사'인 경우 '전치사'로 보았다. '(~에 의해서) ~하게 되다' 등으로 번역된다. (被) [wéi]

→ 城小而固, 勝之不武, 弗勝爲笑 『左傳·襄公十年』
성(城)이 작지만 견고한데 그들을 이겨도 '용맹한 것이 못되고(不武)' '이기지 못하(弗勝)'면 '웃음거리가 된다(爲笑)'.

→ 不聽語言, 身死, 妻子爲戮 『國語·越語』
말을 듣지 않아 본인(身:本人)은 죽고 아내와 자식은 죽임을 당하다.

→ 身客死于秦, 爲天下笑 『史記·屈原賈生列傳』
본인(身:本人)은 진나라에서 객사하고 세상 사람들에게 비웃음을 사다.

→ 先即制人, 後則爲人所制 『史記·項羽本紀』
먼저 사람을 지배하지만 '나중에(後則)' 사람에 의해 지배당하다.

→ 不者, 若屬皆且爲所虜 『史記·項羽本紀』
그렇지 않으면(不者) 너희들(若属) 모두 역시 포로가 될 것이다.

— [보충]

여기서 위(爲)를 이유를 나타내는 전치사(~때문에<위,wèi>)로 보아도 틀리지 않는다고 생각한다(술 때문에 곤혹스럽게 되다).

→ 昔孔子爲何作『春秋』哉? 『漢書·司馬遷傳』
옛날 공자는 무엇 때문에 춘추를 지었는가?

→ 斫頭便斫頭, 何爲怒邪! 『三國志·蜀書·張飛傳』
머리를 찍(斫頭<작,zhuó>)으면 머리를 찍는 거지 무엇 때문에 화를 내는 건지!

不爲酒困 (술에 의해서 곤란해지지 않다)

(동사) 곤란하게 하다. (使…困窘)

→ 文帝度丞相已困通, 使使者持節召通 『史記·張丞相列傳』
문제(文帝)는 승상(丞相)이 이미 통(通)을 곤란하게 만들었다고 생각하(度)여 사자를 파견하(使使者)여 부절을 가지고(持節) 통(通)을 만나게 하려 한다.

9-17. 子在川上曰: “逝者如斯夫! 不舍晝夜.”

子	在川上曰:		“逝	者	如
공자	흐르는 물 위에서 말하다. [在:(전)~에서(7-13)]		(동)가다(6-26)	(조사)~한 사람, ~한 것(1-2)	(동)~와 같다(2-1)
공자가 흐르는 물 위에서 말했다.			“흘러가는 것이		
斯	**夫!**	**不**	**舍**	**晝夜.”**	
(대)동사 목적어. ‘이것’(3-11)	(어기)문미위치. 감탄,찬탄(7-10)	(부)~하지않다 (7-14)	(동사)쉬다	(명)낮밤→밤낮	
이것과 같다!		1. 밤낮을 쉬게 하지 않는다.” [동사→사동용법] 2. 쉬지 않는다, 밤낮으로!” [晝夜不舍의 도치]			

번역 공자가 흐르는 물 위에서 말했다. “흘러가는 것이 이것과 같다! 밤낮을 쉬게 하지 않는다.”

語法과 語彙

子在川上曰 (공자가 흐르는 물 위에서 말하다)

(명사) 강의 흐름 → 흐르는 물. (河流)

— [견해]

대다수의 주석서에서 이 문장을 강가 옆(河邊)으로 설명하거나 냇가, 개울 등으로 해석하는데 『漢語大字典』을 비롯한 다수의 고대중국어 사전에서는 이러한 의미항목이 없고 ‘강의 흐름(河流)’이나 ‘평야, 평지(平野, 平地)’의 의미가 있을 뿐이다. 천(川)은 ‘강의 흐름’이 맞고 의미가 확장되어 ‘흐르는 물’ 정도로 보면 무리가 없을 것 같다. 따라서 ‘재천상(在川上)’을 ‘흐르는 물 위에서’의 의미로 본다.

→ 俯視地, 則綠草如茵, 川原無際 (清・薛福成『觀巴黎油畫記』)
머리를 숙여(俯) 땅을 보니 초록 풀이 ‘편평한 깔개(茵)’ 같고 ‘강의 흐름과 평야(川原)’는 끝이 없다.

不舍晝夜 (밤낮을 쉬게 하지 않는다)

(동사) 쉬다. (休息)[사,shè]

→ 爾之安行, 亦不遑舍 『詩經・小雅・何人斯』
네가(爾之) 천천히 가면 쉴(舍) ‘틈/겨를이 없다(不遑)’.

不舍晝夜 (밤낮을 쉬게 하지 않는다)

— [견해]

이 문장에 대한 학자들의 주석을 보면 다음과 같다.

- “밤낮을 쉬지 않는다.” (김학주, 2017)
- “밤낮을 그치지 않는도다.” (이기동, 2011)

- "밤낮을 그치지 않는도다." (김용옥, 2008)
- "밤낮으로 쉬지 않고 흐르는구나." (류종목, 2000)
- "밤낮으로 쉬지 않고 흘러간다. (日夜不停地流去) (陳曉芬, 2016)
- "밤낮으로 잠시도 쉬지 않는다. (晝夜一息不停) (毛子水, 2009)
- "밤낮으로 쉬지 않고 흘러간다. (日夜不停地流去) (楊伯峻, 2006)

류종목 선생을 제외한 한국학자들은 '밤낮'을 목적어로 보았지만 동사 서술어를 타동사가 아닌 자동사로 처리하여 문장이 매끄럽지 않다. 중국학자들은 '밤낮'을 부사어로 보고 '부사(不舍)'를 '쉬지 않고 흐르다, 쉬지 않는다' 등으로 보았다. 한편 일곱 학자들 모두 '사(舍)'를 '쉬다'로 보았다고 볼 수 있다. 하지만 일 일곱 가지 통사를 살펴보면 문법적으로 분석하여 주석하기 보다는 의미 서술의 편의성을 더 크게 고려한 것처럼 보인다.

이 문장은 두 가지 통사로 볼 수 있다. 하나는 '사(舍)'를 '동사에서 사역 동사'로 품사 활용되있다고 보는 경우로 '불사주야(不舍晝夜)'를 '밤낮을 쉬게 하지 않는다'로 보는 것이고, 다른 하나는 문장의 도치로 본래 '주야불사(晝夜不舍)'로 '밤낮으로 쉬지 않다'인데 강조를 위한 도치가 되어 '불사주야(不舍晝夜)'로 보는 것이다(쉬지 않는다, 밤낮으로). 이 경우 '감탄문'으로 봐야 할 것 같고 일반적으로 이러한 경우에는 문중에 감탄 어기 '호(乎)'가 기재되고 문미에 역시 감탄 어기 '재(哉)'가 표기되는 경우가 많다. (郁郁乎文哉! 풍부하고 다채롭구나! 주나라의 예악제도는!) 여기서는 '동사를 사동용법'으로 처리한 것으로 본다.

9-18. 子曰: “吾未見好德如好色者也.”

子曰:	“吾	未見	好德	如	好色
공자가 말하다	(대)나,우리 ‘주어,한정어…’ (13-18)	아직 보지 못했다. [未:(3-25)]	(동)덕을 좋아하다 [명사화(4-23)]	(동)~와 같다(2-1)	(동)여자의 아름다움을 매우 좋아하다
공자가 말했다.	“나는 덕을 좋아하(는 것이) 여자의 아름다움을 좋아하(는 것)과 같은 사람을 아직 보지 못했다.” [好色:동사를 명사화(4-23)시킴]				
者	**也.”**				
(조사)~한 사람, ~한 것(1-2)	(어기)진술강조 (2-17)				

번역 공자가 말했다. “나는 덕을 좋아하는 것이 여자의 아름다움을 좋아하는 것과 같은 사람을 아직 보지 못했다.”

語法과 語彙

吾未見好德如<u>好色</u>者也 (나는 덕을 좋아하는 것이 여자의 아름다움을 좋아하는 것과 같은 사람을 아직 보지 못했다)

(동사) 여자의 아름다움을 탐내어 사랑하다; 여자의 아름다움을 매우 좋아하다. (貪愛女色)[호,hào]

→ 自上爲太子時, 以<u>好色</u>聞 『漢書·杜欽傳』
황상(上:皇上: 재위중인 황재)이 태자였을 때부터 여색을 좋아‘하는 것으로 유명했다(以…聞)’.

9-19. 子曰: “譬如爲山, 未成一簣, 止, 吾止也. 譬如平地, 雖覆一簣, 進, 吾往也.”

子曰:	“譬如	爲山,	未成	一簣,	止,
공자가 말하다	(접)예를 들어. 가령	산을 만들다 [爲:(6-29)]	완성하지 못하다 [未:(부)(3-25)]	한 삼태기	멈추다, 그만두다
공자가 말했다.	“예를 들어 산을 만들 (때) [시간절(1-1)]		한 삼태기를 완성하지 못하(여)		그만(둔다면) [조건가정절]
吾止	**也.**	**譬如**	**平**	**地,**	**雖**
내가 그만두다	(어기)진술강조 (2-17)	(접)예를 들어. 가령	(형)편평하다 [형→사동]	(명)땅	(접)비록~지만(5-1)
내가 그만(두는 것이다) [주절]		예를 들어 땅을 편평하게 할 (때) [시간절]			비록
覆	**一簣,**	**進,**	**吾**	**往**	**也.”**
(동)덮다,가리다, 막다	한 삼태기	(동)나아가다	(대)나,우리 ‘주어,한정어…’ (13-18)	(동)(나아)가다	(어기)진술강조 (2-17)
한 삼태기를 덮(지만) [양보절]		나아(간다면) [조건가정절]	내가 나아(가는 것이다)” [주절]		

번역 공자가 말했다. “예를 들어 산을 만들 때 한 삼태기를 완성하지 못하여 그만둔다면 내가 그만둔 것이다. 예를 들어 땅을 편평하게 할 때 비록 한 삼태기를 덮어서 나아간다면 그건 내가 나아가는 것이다.”

語法과 語彙

譬如爲山, 未成一簣, 止, 吾止也 (예를 들어 산을 만들 때 한 삼태기를 완성하지 못하여 그만둔다면 내가 그만두는 것이다)

(동사) 비유하면 ~와 같다; 마치~와 같다.

→ 譬如北辰 『論語·爲政』
비유하면 북극성과 같다.

→ 譬如使豺狼逐群羊也 『左傳·襄公三十一年』
비유하면 ‘승냥이와 이리(豺狼)’가 ‘양 무리(群羊)’를 쫓게 하는(逐) 것과 같다.

— [견해]

고대중국어에서 ‘비여(譬如)’는 주로 동사로 쓰이는데(상기 예문 참조) 본문의 문장을 동사로 보는 경우 譬如爲山, 未成一簣, 止 문장은 ‘비유하면 산을 만들 때 한 삼태기를 완성하지 못하여 멈추면 내가 멈추는 것과 같다’가 되고, ‘접속사(예를 들어, 예컨대, 가령, 비유하면…)’로 볼 경우에 의미는 ‘예를 들어 산을 만들 때 한 삼태기를 완성하지 못하여 멈춘다면 내가 멈추는 것이다’가 된다. 의미의 관점에서 보면 후자가 더 자연스럽다고 생각한다. 만약 이것이 용인된다면 이것은 ‘동사’를 ‘접속사’로 ‘품사활용’했다고 볼 수 있을 것이다. 그리고 현대중국어는 이 단어를 ‘만일, 가령’ 등의 의미를 갖는 접속사로 분류하고 있다. (→ 譬如說, 我們對家庭的感情 예를 들어 말하면 우리가 가정에 대한 감정이다)

譬如爲山, 未成一簣 (예를 들어 산을 만들 때 한 삼태기를 완성하지 못하다)

(동사) 도와서 이루게 해주다; '이루다(=완성하다=성공하다)'도 가능하다고 본다. (成全)

→ 君子成人之美, 不成人之惡 『論語·顔淵』
군자는 '타인의 좋은 점(人之美)'을 도와서 이루게 해주고 '타인의 나쁜 점(人之惡)'을 이루지 못하게 한다.

未成一簣, 止 (한 삼태기를 완성하지 못하여 그만두다)

(명사) 풀, 대나무로 엮은 광주리. (草、竹編的筐) [궤, kuì]

→ 爲山九仞功虧一簣 『尚書·旅獒』
산을 아홉 길로 만드는데 '성공하는데(or 사업은, 功)' 한 광주리가 모자라다(虧一簣).

→ 有荷蕢而過孔氏之門者 『論語·憲問』
광주리를 어깨에 메고 공자집의 문을 지나가는 사람이 있다.

雖覆一簣, 進, 吾往也 (비록 한 삼태기를 덮어서 나아간다면 내가 나아가는 것이다)

(동사) 덮다, 가리다, 막다. (遮蓋, 蓋住)

→ 以錢覆其口 (歐陽修『賣油翁』)
돈으로 그의 입을 '막다/가리다.'

9-20. 子曰: "語之而不惰者, 其回也與!"

子曰:	"語	之	而
공자가 말하다	(동)알려주다(告訴)(3-23)	그것. [1.(대)사람, 사건, 사물, 1/2/3인칭(1-10) / 2.(대)재지시. '그것, 그 사람, 그곳'(2-1)]	(접)동작+而+동작 '조건,가정'(4-17)
공자가 말했다. "그것을 알려주면			

不惰	者,	其	回	也與!"
(동)게을리 하지 않다	(조사)~한 사람, ~한 것(1-2)	(부)추측'아마도'(5-7)	안연(顔淵)=안회(顔回)(2-9)	(어기)감탄
게을리 하지 않는 사람(은)		아마도 안회(顔回)일 것이다!"		

번역 공자가 말했다. "그것을 알려주면 게을리 하지 않는 사람은 아마도 안회(顔回)일 것이다!"

語法과 語彙

語之而不惰者, 其回也與! (그것을 알려주면 게을리 하지 않는 사람은 아마도 안회(顔回)일 것이다!)

— [견해]

지(之)를 재지시를 나타내는 '그것(the thing)' 또는 '사람을 나타내는 대명사(him)' 두 가지가 될 수 있다고 보았다. 먼저 '그것'으로 보는 경우의 해석은 '그것을 알려주면 게을리 하지 않는 사람은 아마 안회일 것이다!'가 되고 '그(him)'으로 보는 경우 '그에게 알려주면 게을리 하지 않는 사람은 아마 안회일 것이다!'가 된다. '알려주면 게을리 하지 않는다' 이 두 가지 서술어가 집중하는 하는 부분은 '대상인 무엇'이 된다. 따라서 '그 사람' 보다는 '그것'이 더 적합하고 이때 '그것'의 대상은 생략되었다고 보아야 할 것 같다.

語之而不惰者 (그것을 알려주면 게을리 하지 않는 사람)

(동사) 게을리 하다, 태만하게 하다. (怠惰)

→ 盡力守職不怠, 奉官從上不敢惰 『晏子春秋·內篇問下』
힘을 다하여(盡力) 직위를 지키는(守職) 것에 게을리 하지 않고 관리를 받들고 '윗사람을 따르는 것/법도를 지키는 일(從上)'을 감히 게을리 하지 않다.

其回也與! (아마도 안회(顔回)일 것이다!)

(관용구) 판단 어기 속에서 감탄 어기도 겸용한다.

→ 子謂伯魚曰 : "女爲『周南』、『召南』矣乎? 人而不爲『周南』、『召南』, 其猶正牆面而立也與?" 『論語·陽貨』
공자가 백어(伯魚)에게 말했다. "너는 『주남 周南』과 『소남 召南』을 공부하느냐? 사람이 만약 『주남 周南』과 『소남 召南』을 공부하지 않으면 그것은 바로 담을 마주하고 서 있는 것과 같다!

9-21. 子謂顏淵曰: "惜乎! 吾見其進也, 未見其止也."

子謂顏淵曰:		"惜	乎!	吾見	其
공자가 안연(顏淵)을 평가하며 말하다 [謂:(동)평론하다(3-1)]		(동)가슴 아파하다 [동사→형용사]	(어기)감탄,비분, 찬송(3-14)	나는 본다	그가.(대)주어 (명사+之)(2-22)
공자가 안연(顏淵)을 평가하며 말했다.		"가슴 아프다!		나는 그가(=안연이)	
進	**也,**	**未見**		**其止**	**也."**
(동)앞으로 가다, 발전하다(7-30)	(어기사)멈춤, 완만(3-1)	보지 못했다 [부)서술어 앞. 사실 상태 부정. '지금까지~않다'(5-19)]		그가 멈추다	(어기)진술강조 (2-17)
발전하는 것을 보았(지만…)		그가 멈춰있는 것을 보지 못했다."			

번역 공자가 안연(顏淵)을 평가하며 말했다. "가슴 아프다! 나는 그가 발전하는 것을 보았지만 그가 멈춰있는 것을 보지 못했다."

語法과 語彙

惜乎! (가슴 아프다!)

(동사) 가슴아파하다, 안타까워하다, 아쉬워하다. (痛惜, 惋惜)

→ 竊爲陛下惜之 (漢·賈誼『論積貯疏』)
저는(竊:겸사<謙辭:겸손의 단어>, 자신을 가리킨다. 謙辭, 指自己) '폐하를 대신하여(爲陛下)' '그것을 애석하게 생각합니다(惜之)'.

未見其止也 (그가 멈춰있는 것을 보지 못했다)

(동사) 멈추다, 그만두다. (停止)

→ 官知止而神欲行 『莊子·養生主』
감각기관(官:感官)과 지각(知:知覺)은 멈추었지만 정신은 움직이려 한다.

(동사) 머무르다. 남아 있다. (留, 留下)

→ 止子路宿 『論語·微子』
자로(子路)가 숙박하도록 머무르게 하다.

9-22. 子曰: "苗而不秀者有矣夫! 秀而不實者有矣夫!"

子曰:	"苗	而	不秀	者	有
공자가 말하다	(명)싹 [명사→동사]	(접)전환. '그러나'(1-1)	(동)꽃피지 않다	(조사)~한 사람, ~한 것(1-2)	(동)있다
공자가 말했다. "싹이 나지만 꽃피지 않는 사람이 있다!					
矣夫!	**秀而不實者**			**有**	**矣夫!"**
(관용구)진술문에서 감탄(6-10)	꽃이 피지만 열매 맺지 않는 '사람/것' [者:식물→사람] [實:열매→열매 맺다(명사→동사)]			(동)있다	(관용구)진술문에서 감탄(6-10)
	꽃이 피지만 열매를 맺지 않는 사람이 있다!"				

번역 공자가 말했다. "싹이 나지만 꽃피지 않는 사람이 있다! 꽃이 피지만 열매를 맺지 않는 사람이 있다!"

語法과 語彙

苗而不秀者有矣夫! (싹이 나지만 꽃피지 않는 사람이 있다!)

(명사) 이삭이 아직 나오지 않은 벼 종류의 식물; 묘, 싹. (未吐穗的禾類的植物. 即禾苗)

→ 碩鼠碩鼠, 無食我苗 『詩經·魏風·碩鼠』
큰 쥐야 큰 쥐야 나의 싹(=묘)을 먹지마라.

苗而不秀者有矣夫! (싹이 나지만 꽃피지 않는 사람이 있다!)

(동사) 벼 종류의 식물이 꽃 피다; 꽃피다. (指禾類植物開花)

→ 麦苗不秀多黃死 (唐·白居易『杜陵叟』)
보리 싹이 꽃피지 않고 많이 누렇게 시들어 죽다.

苗而不秀者有矣夫! (싹이 나지만 꽃피지 않는 사람이 있다!)

(관용구) 문미에 쓰여 문장의 의미와 어울려 진술문에서 감탄을 나타낸다.

→ 今日我疾作, 不可以執弓, 吾死矣夫! 『孟子·離婁下』
오늘 나의 병이 발작해서 활을 잡을 수 없으니 나는 죽겠구나!

→ 然則不吝其力之所及, 德施於人而身忘其憂, 足以稱善人矣夫 (宋·葉适『葉君宗儒墓志銘』)
그러나 그의 힘이 미치는 것에 '인색하지 않고(不吝)' '덕을 타인에게 베풀지(德施於人)'만 자신은 자신의 걱정을 잊으면 도덕을 갖춘 사람이라고 부를 수 있다

秀而不實者有矣夫! (꽃이 피지만 열매를 맺지 않는 사람이 있다!)

(동사) 열매를 맺다. (結果實)

→ 諸越則桃李冬實 (宋·沈括『夢溪笔談·藥議』)
월국(춘추시대 월국. 諸는 조사이다. 君春秋時越國. 諸, 助詞)은 복숭아와 오얏(桃李)이 겨울에 열매를 맺는다(冬實).

9-23. 子曰: "後生可畏. 焉知來者之不如今也? 四十五十而無聞焉, 斯亦不足畏也已."

子曰:	"後生	可畏.		焉知	來者
공자가 말하다	(명)후배,다음 세대 [화제(16-14)]	두려워해야 한다/두려워할만 하다 [加: (조동)~할 만하다. 마땅히~하다(7-11)]		어떻게 알겠는가? [焉:(2-10)]	(명)올 사람;후배
공자가 말했다. "후배는 두려워해야 한다.				후배가 지금만 못하다는 걸	
之	**不如**	**今**	**也?**	**四十五十**	**而**
(접)주어+之+서술어(1-10)	(동)不如A: 'A만 못하다'(3-5)	(부사.명사)현재, 지금(6-12)	(어기)반문(3-1)	40, 50; 40세 50세	(접)부사어+而+서술어(1-4)
어떻게 알겠는가?				사오십에	
無聞		**焉,**	**斯**	**亦**	**不足**
(동사)명성이 없다; 이름이 알려지지 않다		(어기)멈춤, 문장제기(4-17)	(접)유연한이어짐 '~면~하다'(4-7)	(부)판단.~에 불과하다,~하다(7-15)	(동)~할 가치가 없다(8-11)
명성이 없다…			…면 두려워할 가치가 없다."		
畏	**也已."**	고대중국어에서 종속절의 문두에서 쓰이는 접속사는 소수로 양보(雖), 조건(如, 若) 등이고 다른 한 가지 형태로는 복문에서 뒤의 단문 문두에 출현하여 조건(則, 斯), 시간(~후에 然後), 이유(故) 등을 나타내는 형태가 있다.			
(동)두려워하다	(어기)긍정, 감탄(1-14)				

번역 공자가 말했다. "후배는 두려워해야 한다. 후배가 지금만 못하다는 걸 어떻게 알겠는가? 나이 사오십에 명성이 없다면 두려워할 가치가 없다."

語法과 語彙

後生可畏 (후배는 두려워해야 한다)

(명사) 후배, 다음 세대. (後輩, 下一代)

— [보충]

고대중국어 후생(後生)의 다른 의미로는 '비교적 뒤에 태어나다(較後出生) / 자손, 후사(子孫, 後嗣) / 제자, 학생(弟子, 學生) / 젊다 (年輕) / 젊은 사람 (年輕人) / 비교적 늦게 깨닫다(醒悟較晚) / 내세, 저승 (來生)' 등이 있다.

→ 後生不聞義, 前輩懼為黨 (宋·梅堯臣『依韻和劉敞秀才』)
후배는 '의에 부합하는 일을 듣(聞義:聽到合乎義理的事)'지 않고 선배는 무리가 되는 것을 두려워한다.

焉知來者之不如今也? (후배가 지금만 못하다는 걸 어떻게 알겠는가?)

(명사) 미래의 사람; 후배. (將來的人 ; 後輩)

→ 此人皆意有郁結, 不得通其道, 故述往事, 思來者 『文選·司馬遷「報任少卿書」』
이 사람들 모두(此人皆) 생각이 가슴에 맺혀있고(郁結) 그 도리를 '알 수가 없어(不得通)' 옛날 일(往事)을 서술하고 후배를 생각한다.

四十五十而無聞 (나이 40~50에 명성이 없다)

(동사) 명성이 없다; 사람에게 알려지지 않다. (沒有名聲 ; 不為人知)

→ 政績無聞, 抵犯貪暴 (清·顧炎武『菰中隨筆』)
공무 성적(政績: 관리가 집정할 때 일을 한 성적 官吏在執政時辦事的成績)은 사람에게 알려지지 않고 위반하고(抵犯:觸犯) 탐욕스럽고 포악하다(貪暴).

焉知來者之不如今也? 四十五十而無聞 (후배가 지금만 못하다는 걸 어떻게 알겠는가? 나이 40~50에 명성이 없다)

— [견해]

'후배가 지금보다 못할지(不如今) 어떻게 알겠는가?'와 '사십오십에(四十五十而) 명성이 없다'는 이 표현은 한국어 뉘앙스와 매우 유사하다. 본문의 번역을 '후배가 지금 사람보다 못하다'로 충분히 표현할 수 있지만 보통 이때에는 조사 '者'가 붙는다(今者. 4-22참조).

9-24. 子曰: "法語之言, 能無從乎? 改之爲貴. 巽與之言, 能無說乎? 繹之爲貴. 說而不繹, 從而不改, 吾末如之何也已矣."

子曰:	"法語	之	言,	能無
공자가 말하다	(명)예법에 맞는 말	(조사)수식,종속관계.'~의'(3-2)	(명)말, 언사, 한 마디(2-2)	~하지 않을 수 있다
	"예법에 맞는 말을			

從	乎?	改	之	爲貴.
(동)따르다	(어기)반문(4-5)	(동)고치다, 정정하다	그것(法語之言)	매우 중요하다 [爲:(계사)爲+형용사.'최상급의미'(1-12)]
따르지 않을 수 있겠는가?		예법에 맞는 말을 정정하는 것이 매우 중요하다.		

巽與之言,	能無說乎?	繹之爲貴.
순종하는 말	좋지 않을 수 있는가? [說:(형)좋다,기쁘다(1-1)[yuè]]	그것(=순종하는 말)을 탐구하는 것이 매우 중요하다
순종하는 말이 좋지 않을 수 있겠는가?		순종하는 말을 탐구하는 것이 매우 중요하다

說	而	不繹,	從而不改,	吾
(형)좋다,기쁘다(1-1)[yuè]	(접)전환. '그러나'(1-1)	탐구하지 않다	따르지만 정정하지 않다	(대)나,우리 '주어,한정어…'(13-18)
좋지만 탐구하지 않(고)			따르지만 정정하지 않(으면) [조건가정절(1-1)]	나는

末如之何	也已矣."
(관용)어떡해야 할 방법이 없다 [末:(부)~할 방법이 없다(9-11)] [如之何(2-20)]	(관용구)강한 긍정, 강한 감탄(8-1)
그것을 어떡해야 할 방법이 없다."	

번역 공자가 말했다. "예법에 맞는 말을 따르지 않을 수 있겠는가? 예법에 맞는 말을 정정하는 것이 매우 중요하다. 순종하는 말이 좋지 않을 수 있겠는가? 순종하는 말을 탐구하는 것이 매우 중요하다. 좋지만 탐구하지 않고, 따르지만 정정하지 않으면 나는 그것을 어떡해야 할 방법이 없다."

語法과 語彙

法語之言 (예법에 맞는 말)

(명사) 예법에 맞는 말. (合乎禮法的言語)

→ 目曰法語、精語者 (宋·陳叔方『潁川語小』卷上)
예법에 맞는 말(法語)과 훌륭한 말의 것(精語者)들을 보고 말한다(目曰).

改之爲貴 (그것을 정정하는 것이 매우 중요하다)

— [견해]

1. 먼저 polleyblank 선생에 따르면 '爲'가 형용사와 함께 사용되어 최상급의 의미를 표현할 수도 있다(→ 和爲貴 조화로움이 가장 중요하다. → 物皆然, 心爲甚 사물이 다 그렇지만 마음이 가장 심하다). 하지만 최상급으로 이해할 경우 틀리지는 않으나 다소 무리가 있는 해석이라고 본다. 이 부분은 선생이 주장하는 범위 내에서 '형용사 강조'를 나타내는 용도로 본다(改之爲貴:그것을 정정하는 것이 매우 중요하다 / 繹之爲貴:그것을 탐구하는 것이 매우 중요하다).

2. '개지위귀(改之爲貴)와 역지위귀(繹之爲貴)의 위(爲)를 '~로 여기다, ~로 생각하다(以爲, 認爲)'로 볼 수 있는데 이때는 이 문장만으로는 무리가 없으나 앞에 나오는 언어 환경 때문에 이 의미 항목으로 보기 보다는 '1'번의 용도로 보는 것이 더 의미에 부합하다고 생각한다.

巽與之言 (순종하는 말)

(동사) 순종하다, 남의 말이나 행동을 따라하다. (順從, 附和) [xùn]

→ 巽言, 無所乖忤, 故必說 「朱熹集注」
손언(巽言)은 '사리에 어긋나(乖<괴,guāi>)'거나, 거역하는(忤<오, wǔ>) 것이 없기 때문에 '반드시 기쁘다(必說).'

繹之爲貴 (그것을 탐구하는 것이 매우 중요하다)

(동사) 찾다, 탐구하다; 분석하다. (尋求; 分析) [역,yì]

→ 繹, 尋繹也 「朱熹集注」
역(繹)은 되풀이 하여 음미하고 연구하(尋繹)는 것이다.

9-25. 子曰: "主忠信, 毋友不如己者, 過, 則勿憚改."

<table>
<tr><th>子曰:</th><th>"主</th><th>忠</th><th>信,</th><th>毋</th><th>友</th></tr>
<tr><td>공자가 말했다.</td><td>(동)중시하다</td><td>(명)충성</td><td>(명)신의</td><td>(금지)하지 마라</td><td>친구(하다)</td></tr>
<tr><td colspan="4">공자가 말했다. "충성과 신의를 중시하(고)</td><td colspan="2">친구하지 마라</td></tr>
<tr><th colspan="2">不如</th><th>己</th><th>者,</th><th>過,</th><th>則</th></tr>
<tr><td colspan="2">(동)不如A: 'A만 못하다;A가 낫다'(3-5)</td><td>(대)자기 자신
(1-16)</td><td>(조사)~한 사람,
~한 것(1-2)</td><td>(동)잘못하다</td><td>~하면. (접)조건+
則+결과(1-6)</td></tr>
<tr><td colspan="4">자기 자신보다 못한 사람(과),</td><td colspan="2">잘못을 하면</td></tr>
<tr><th>勿</th><th>憚</th><th>改."</th><td colspan="3" rowspan="3"></td></tr>
<tr><td>(부)금지.
'~하지마라'(6-6)</td><td>(동)두려워하다</td><td>(동)고치다</td></tr>
<tr><td colspan="3">고치는 것을 두려워하지 마라."</td></tr>
</table>

번역 공자가 말했다. "충성과 신의를 중시하고 자기 자신보다 못한 사람과 친구하지 말고 잘못을 하면 고치는 것을 두려워하지 마라."

語法과 語彙

『論語·學而』 8장에 언급되었다. 다만 「學而 8장」에서는 無友不如己者이고 이곳에서는 毋友不如己者로 금지를 나타내는 부정부사가 다를 뿐이다.

主忠信, 毋友不如己者 (충성과 신의를 중시하고 자기 자신보다 못한 사람과 친구하지 마라)

(부정부사) 동사 서술어 앞에 쓰여 부사어가 되며 부정을 나타낸다. 보통 금지, 권고, 부탁, 격려를 나타내는 부정부사로 쓰인다. '~하지 마라' 등으로 번역될 수 있다.

→ 梁掩其口, 曰: "毋妄言, 族矣!" 『史記·項羽本紀』
양(梁)은 '그의 입을 가리(掩其口)'고 말한다. "함부로 말하(妄言)지 마라. 멸족을 당할 것이다!"

9-26. 子曰: “三軍, 可奪帥也, 匹夫, 不可奪志也.”

子曰:	“三軍,	可	奪	帥
공자가 말하다	(명)큰 제후나라의 군대(37,500명)(7-10)	(조동)가능. '~할 수 있다'(1-11)	(동)빼앗다	(명)군사령관
공자가 말했다.	“큰 제후 나라의 군대(라도) [양보절(1-1)]	군사령관을 빼앗을 수 있(지만)		
也,	**匹夫,**	**不可奪**	**志**	**也.”**
(어기사)멈춤, 완만(3-1)	(명사)보통사람 [양보절]	빼앗을 수 없다	(명)뜻.마음	(어기)진술강조 (2-17)
	보통사람(이라도)	마음을 빼앗을 수 없다.”		

번역 공자가 말했다. “큰 제후 나라의 군대라도 군사령관을 빼앗을 수 있지만, 보통사람이라도 마음을 빼앗을 수 없다.”

— [견해]

“큰 제후나라의 군대 군사령관을 빼앗는다”는 말은 뒤에 등장하는 “필부의 마음을 빼앗다”와 상응하는데 '군사령관과 필부의 마음'은 각각 '군대와 필부'의 핵심으로 볼 수 있으므로 '군사령관을 빼앗는다'는 말은 '그를 물리치다' 정도로 볼 수 있다고 본다.

語法과 語彙

三軍可奪帥也 (큰 제후 나라의 군대라도 군사령관을 빼앗을 수 있다)

(동사) 빼앗다. (奪取, 搶奪)

→ 行年四歲, 舅奪母志 (晉·李密『陳情表』)
4세가 되(行年: 경과한 나이, 당시의 나이. 經曆的年歲, 指當時年齡)었을 때 외삼촌(舅)은 어머니의 뜻을 빼앗았다.

→ 奪項王天下者, 必沛公也 『史記·項羽本紀』
항왕(項王)의 천하를 빼앗을 사람은 분명 패공(沛公=유방)이다.

三軍可奪帥也 (큰 제후 나라의 군대라도 군사령관을 빼앗을 수 있다)

(명사) 군에서의 사령관. (軍中主將)

→ 爲人沉勇有大略, 少好將帥之節 『漢書·趙充國傳』
사람됨이 대단히 과감하고(沉勇:深沉果敢) 원대한 책략(大略:遠大的謀略)이 있으며 어릴 때(少) 고급장교(將帥:將領 <jiànglǐng>)의 신념[節=절개(節概):절의(節義)와 기개(氣概), 신념(信念) 등(等)을 지키어 굽히지 않는 충실한 태도]을 좋아했다.

匹夫不可奪志也 (보통사람이라도 마음을 빼앗을 수 없다)

(명사) 서민, 평민, 서인, 보통사람. (庶人, 平民, 尋常的人, 普通人)

→ 有仲, 則三子者, 三匹夫耳 (宋·蘇洵『管仲論』)

관중(仲)이 있으면 '세 사람(三子者)'은 '세 명의 보통사람(三匹夫)'일 뿐이다.

<u>三軍</u>, 可奪帥也, <u>匹夫</u>, 不可奪志也 (큰 제후 나라의 군대라도 군사령관을 빼앗을 수 있지만, 보통사람이라도 마음을 빼앗을 수 없다)

— [견해]

고대중국어에서 나타나는 양보절은 역시 접속사 표지가 있는 문장과 없는 문장이 있다(아래 참조). 그리고 이때는 주절과 구별하기 위해서 문장 부호 쉼표를 넣는 것이 일반적이다. 상기의 문장은 양보절을 이끄는 접속사가 없는 문장으로 보아야 함으로 종속절 다음에 문장 부호를 넣었다.

→ 文王旣沒, 文不在玆乎? 『論語·子罕』
문왕이 이미 죽었지만 예악제도는 여기 있지 않은가?

→ <u>雖</u>少, 必作 『論語·子罕』
비록 (그들이) 나이가 어려도 반드시 일어난다.

→ 且予<u>縱</u>不得大葬, 予死於道路乎? 『論語·子罕』
내가 설령 큰 장례를 얻지 못하더라도 내가 길에서 죽겠는가?

9-27. 子曰: “衣敝縕袍, 與衣狐貉者立, 而不恥者, 其由也與? ‘不忮不求, 何用不臧?’” 子路終身誦之. 子曰: “是道也, 何足以臧?”

子曰:	“衣	敝	縕袍,	與	衣
공자가 말하다	(동사)입다(5-26)	(형)낡다, 허름하다(5-26)	(명)헝클어진 삼을 솜으로 만든 긴 옷	(전)동작 대상. ‘~와’(5-8)	(동사)입다(5-26)
공자가 말했다. “낡은 긴 솜옷을 입(고)					
狐貉	**者**	**立,**	**而**	**不恥者,**	
(명)여우,담비로 만든 털옷	(조사)~한 사람, ~한 것(1-2)	(동)서다	(접)전환. ‘그러나’(1-1)	부끄러워하지 않는 사람	
여우담비로 만든 털옷을 입은 사람과 서…			[(서)지만/도/…] 부끄러워하지 않는 사람(은) [여기까지가 명사구 주어]		
其	**由**	**也與?**	**‘不忮**	**不求,**	**何用**
(부)추측‘아마도’(5-7)	仲由=子路=由(2-17)	(어기)판단, 추측,의문	(동)질투하지 않다	탐내서 구하지 않다(貪求)	(관용구)왜, 어째서 [반문 포함됨]
아마도 자로일까?			‘질투하지 않고 탐내서 구하지 않(으니)		왜
不臧?’”	**子路**	**終身**	**誦之.**	**子曰:**	**“是**
좋지 않다	자로=중유(仲由)=유(由)(2-17)	일생(一生)	그것을 암송하다 [之,재지시(2-1)]	공자가 말하다	(대.한정어)이…
좋지 않겠는가?’”	자로는 일생 동안 그것을 암송했다.			공자가 말했다.	“이
道	**也,**	**何**		**足以**	**臧?”**
(명)이치,도리	(어기사)멈춤, 완만(3-1)	1. (의.대)동사목적어.‘무엇’(2-19) 2.(의.부)반문.어떻게~하겠는가?’(5-9)		(조동)조건,능력구비‘~할수있다’(2-9)	(형)좋다 [형→사동]
이치가…		1. 무엇을 좋게 할 수 있지?” 2. 어떻게 좋게 할 수 있지?” [何가 반문의 의문부사 보다는 의문대명사의 쓰임이 더 적합하다는 것을 알 수 있다.]			

번역 공자가 말했다. “낡은 긴 솜옷을 입고서 여우담비로 만든 털옷을 입은 사람과 서도 부끄러워하지 않는 사람은 아마 자로일까? ‘질투하지 않고 탐내서 구하지 않으니 왜 좋지 않겠는가?’ 자로는 일생 동안 그것을 암송했다. 공자가 말했다. “이 이치가 ‘무엇을 좋게 할 수 있지?’”

語法과 語彙

衣敝縕袍 (낡은 긴 솜옷을 입다)

(명사) 엉클어진 삼을 솜으로 만든 긴 옷. (以亂麻為絮的袍子 / 고대에는 가난한 사람이 입던 것이다. 古為貧者所服) [온포,yùnpáo]

→ 原憲之縕袍, 賢於季孫之狐貉 (漢·桓寬『鹽鐵論·貧富』)

원헌(原憲)의 허름한 긴 솜옷이 계손(季孫)의 여우담비 옷보다 ‘낫다(賢:勝過, 超過)’.

不恥者, 其由也與? (부끄러워하지 않는 사람은 아마 자로일까?)

(관용구) 문미에 쓰여 판단, 추측의 어기 속에 있으며 의문 어기도 겸용한다.

→ 唯求則非邦也與? 『論語·先進』
구(求)(=求가 말한 것은)는 나라가 아닐까요?

不忮不求, 何用不臧? (질투하지 않고 탐내서 구하지 않으니 왜 좋지 않겠는가?)

(동사) 질투하다, 질투하여 미워하다. (妒忌, 嫉恨)[기,zhì]

→ 今世之爲禮者, 恭敬而忮 『淮南子·齊俗』
당대(今世:現代 ; 當代)의 예를 행하(爲禮)는 사람은 공경하지만 질투를 한다.

不忮不求, 何用不臧? (질투하지 않고 탐내서 구하지 않으니 왜 좋지 않겠는가?)

(관용구) 의문대명사 하(何)와 전치사 용(用)으로 구성된 '전치사+목적어구(介賓詞組)'로 부사로 사용하여 이유, 원인을 물으며 '왜, 무엇 때문에, 어째서' 등으로 번역된다. (爲甚麽)

→ 何用弗受也? 爲以王命絶之也 『穀梁傳·莊公六年』
왜 '받지 않는(弗受)'가? 왕께서 '그것을 거절하(絶之)'라 명령했기 때문이다.

(관용구) 의문대명사 하(何)와 전치사 용(用)으로 구성된 '전치사+목적어구(介賓詞組)'로 부사로 사용하여 방법을 물으며 '어떻게' 등으로 번역된다. (怎麽)

→ 何用見其中也? 失變而錄其時, 則夜中矣 『穀梁傳·莊公七年』
어떻게(何用) 그의 마음속(其中)을 알지? 실연하(失變)고 그 시각을 기록한 것이 한밤중이다.

不忮不求, 何用不臧? (질투하지 않고 탐내서 구하지 않으니 왜 좋지 않겠는가?)

(형용사) 좋다. (善, 好) [장, zāng]

→ 發號施令, 無有不善 『尚書·冏命』
명령을 내려서 시행하(發號施令)는 것은 나쁜 것이 없다(無有不善).

終身誦之 (일생 동안 그것을 암송하다)

(동사) 외다; 암송하다. (背誦) [송, sòng]

→ 以能誦詩書屬文稱於郡中 『漢書·賈誼傳』
시경과 서경(詩書)을 외우고 '문장을 지을(屬文)' 수 있기 '때문에(以)' '군<郡, jùn> 안에서(郡中)' 이름이 나다(稱).

是道也, 何足以臧? (이 이치가 '무엇을 좋게 할 수 있지?')

(대명사) 가까운 것을 가리키며 보통 앞 문장에 출현한 사람, 사건, 사물, 장소, 논술(=말한 것) 등을 가리키는데 사용된다. 문장 안에서 주어, 목적어, 서술어, 한정어가 될 수 있다. 시(是)는 문장 안에서 대신하는 대상에 의거하여 융통성 있게 '이것, 이것들, 그것, 그, 그(he), 그녀(she), 여기' 등으로 번역할 수 있다(這(個), 這些, 它, 那, 他, 她, 這里). 한정어가 될 때에는 보통 명사 앞에서 수식어가 되며 가리키는 역할을 한다. '이…', '이러한…' 등으로 번역될 수 있다. (這…, 這種…)

→ 必死是間, 余收爾骨焉 『左傳·僖公三十年』
분명히(必) 이 사이(是間)에서 죽었으니 내가 너(너희들)의 '뼈를 수습하(收骨)'겠다.

9-28. 子曰: "歲寒, 然後知松柏之後彫也."

子曰:	"歲寒,	然後			知
공자가 말하다	(명)한 해 매우 추운 시절 [명→동]	(접)이와 같은 다음에(6-18) [종속절 이끄는 표지가 없는 경우, 복문에서 뒤의 단문 문두에 출현 (9-23)]			(동)알다
공자가 말했다.	"한 해에서 매우 추워(진)	다음에			
松柏	**之**	**後**	**彫**	**也."**	
(명)송백 (=소나무와 잣나무)	(접)주어+之+서술어(1-10)	(명)뒤 [명사→부사]	(동)시들어 떨어지다,시들다	(어기)진술강조 (2-17)	
송백이 뒤에 시드는 것을 알게 된다."					

번역 공자가 말했다. "한 해 매우 추워진 다음에 송백이 뒤에 시는 걸 알게 된다."

語法과 語彙

歲寒, 然後知松柏之後彫也 (한 해 매우 추워진 다음에 송백이 뒤에 시는 걸 알게 된다)

(명사) 일 년 중 매우 추운 시절. (一年的嚴寒時節)

ㅡ [보충]

고대중국어 공구서『漢語大詞典』에서 명사로 출현하고 있다. 이 단어는 단어 이전의 형태에서 분석하는 것이 오히려 의미 파악에 도움이 된다(한 해에서 매우 춥다).

→ 松柏風高兮歲寒出 (唐·黃滔『秋色賦』)

송백(松柏:소나무와 잣나무)의 바람은 세니(風高:바람이 세다 風大) 몹시 추운 시절이 온다.

歲寒, 然後知松柏之後彫也 (한 해 매우 추워진 다음에 송백이 뒤에 시는 걸 알게 된다)

(동사) [=凋] 시들어 떨어지다, 시들다. (零落, 萎謝)[조,diāo]

→ 桑末寄夫根生兮, 卉既凋而已育 『文選·張衡「思玄賦」』

'뽕나무 위에 난 기생목(桑末:指桑樹上的寄生木)'은 저 뿌리에 의시하여 성장하시만 꽃(卉 <훼,huì>)은 이미(既) 시들고 성장을 끝낸다.

9-29. 子曰: "知者不惑, 仁者不憂, 勇者不懼."

子曰:	"知者	不惑,	仁者
공자가 말하다	(명)지혜로운 사람(6-23)	분명하게 판단하고 의심하지 않다;미혹되지 않다 [不:(부)동사술어 앞(7-14)]	(명)덕행이 있는 사람(6-23)
공자가 말했다.	"지혜로운 사람은 미혹되지 않(고)		덕행이 있는 사람은

不憂,	勇者	不懼."
걱정하지 않다 [憂(7-3)]	용감한 사람	두려워하지 않다 [懼:(동)(14-29)]
걱정하지 않(고)	용감한 사람은 두려워하지 않는다."	

번역 공자가 말했다. "지혜로운 사람은 미혹되지 않고, 덕행이 있는 사람은 걱정하지 않고, 용감한 사람은 두려워하지 않는다."

語法과 語彙

知者不惑 (지혜로운 사람은 미혹되지 않는다)

(동사) 일을 만날 때 분명하게 판단하고 의심하지 않다(謂遇事能明辨不疑); 미혹되지 않다.

→ 人以怒遷, 公能自克; 人以利回, 公能不惑 (宋·曾鞏『故翰林侍讀學士錢公墓志銘』)
타인이 '분노로(=분노를 갖고) 옮겨(以怒遷)'도 그대(公:남자존칭)는 극기할(自克) 수 있다; 타인이 이로움으로 보답해(回:回報)도 그대는 미혹되지 않을 수 있다.

9-30. 子曰: “可與共學, 未可與適道; 可與適道, 未可與立; 可與立, 未可與權.”

<table>
<tr><th>子曰:</th><th>“可</th><th>與</th><th>共</th><th>學,</th><th>未可</th></tr>
<tr><td>공자가 말하다</td><td>(조동)가능. ‘~할 수 있다’(1-11)</td><td>(동)참여하다(3-12) [여,yù]</td><td>(부)함께.서로</td><td>(동)배우다</td><td>(조동)반드시~할 수 있는 건 아니다</td></tr>
<tr><td colspan="5">공자가 말했다. “함께 배우는 것에 참여할 수 있(지만) [양보절]</td><td>반드시</td></tr>
<tr><th>與</th><th>適</th><th>道;</th><th colspan="2">可與適道,</th><th>未可</th></tr>
<tr><td>(동)참여하다(3-12) [여,yù]</td><td>(동)가다(6-4)</td><td>(명)도(道)</td><td colspan="2">도(道)에 가는 것에 참여할 수 있다</td><td>반드시~할 수 있는 건 아니다</td></tr>
<tr><td colspan="3">道에 가는 것에 참여할 수 있는 것은 아니(고)</td><td colspan="2">道에 가는 것에 참여할 수 있(지만) [양보절]</td><td>반드시</td></tr>
<tr><th colspan="2">與立;</th><th>可與立,</th><th>未可</th><th colspan="2">與權.”</th></tr>
<tr><td colspan="2">서는데 참여하다</td><td>서는데 참여할 수 있다[양보절]</td><td>반드시~할 수 있는 건 아니다</td><td colspan="2">변통하는 것에 참여하다</td></tr>
<tr><td colspan="2">서는데 참여할 수 있는 것이 아니(고)</td><td>서는데 참여할 수 있(지만)</td><td colspan="3">변통하는 것에 반드시 참여할 수 있는 것은 아니다.”</td></tr>
</table>

번역 공지가 말했다. “함께 배우는 것에 참여할 수 있지만 道에 가는 것에 반드시 참여할 수 있는 것은 아니고, 道에 가는 것에 참여할 수 있지만 반드시 서는데 참여할 수 있는 것이 아니고, 서는데 참여할 수 있지만 변통하는 것에 반드시 참여할 수 있는 것은 아니다.”

語法과 語彙

可與共學, 未可與適道;可與適道, 未可與立;可與立, 未可與權

— [견해]

본문에 나오는 ‘여(與)’에 대해 언급한 학자는 류종목(2000), 모자수(毛子水, 2009) 선생이다. 먼저 학자들의 해석을 보기로 하자. 편의상 세 난락 중에서 앞의 것만 보기로 한다.

- “함께 공부할 수 있는 사람이라 하더라도, 함께 바른 길로 나아갈 수는 없다.” (심학주, 2017)
- “더불어 함께 배울 수는 있어도 더불어 도(道)에 나아갈 수는 없다.” (이기동, 2011)
- “더불어 함께 배울 수는 있으나, 더불어 함께 도(道)로 나아갈 수는 없다.” (김용옥, 2008)
- “함께 공부할 수 있어도 그것만으로는 아직 함께 도를 향하여 나아갈 수 있는 것은 아니다.” (류종목, 2000)
- “같이 공부할 수 있는 사람이 꼭 도(道)로 함께 갈 수 있는 것은 아니다.” (可共同學習的人, 未必可共同走向道) (陳曉芬, 2016)
- “한 사람에게 함께 연구하라고 할 수 있지만 그가 꼭 좋은 도리를 배울 수 있는 것은 아니다.” (可以讓一個人共同講習, 他未必就可以學到好的道理) (毛子水, 2009)
- “그와 함께 공부할 수 있는 사람이 꼭 그와 함께 어떤 성취를 획득할 수 있는 것은 아니다.” (可以同他一道學習的人, 未必可以同他一道取得某種成就) (楊伯峻, 2006)

주석서에서 류종목(2000), 모자수(毛子水, 2009) 선생은 '전치사'로 명기하였고, 기술은 안 했지만 전치사로 본 학자는 '이기동, 김용옥, 楊伯峻' 세 분이고 '김학주, 陳曉芬' 선생은 '부사로(함께)' 보았다고 볼 수 있다.

류종목 선생(2000)은 '여(與)' 다음에 목적어가 생략되었다고 했으므로 이것을 전치사로 보았고 그 예문으로 "賜也, 始可與言詩已矣(사는 이제 함께 '시경'을 이야기할 수 있구나!)"를 들고 있다. 모자수(毛子水, 2009) 선생은 '여(與)'가 이(以)'와 같다고 말하며 가여(可與)가 가이(加以:~할 수 있다, ~될 수 있다…)와 같다고 말하고 있다.

사실 류종목 선생이 언급한 '학이편'에 나오는 이 구절의 '여(與)'를 모두 뒤에 '공자'가 생략된 것으로 보는데 이 구문의 통사는 본문의 것과 동일하다(조동사+전치사+동사). 하지만 전치사 여(與)는 보통 목적어를 대동하게 된다(何樂士, 2006)(5-8참조).

'여(與)'는 전치사가 아니라 동사인 '참여하다'라고 보는 것이 여러 '문법적, 통사적, 의미적' 상황을 만족시킨다. '참여하다'라고 볼 경우 '학이편'의 문장은 "賜也, 始可與言詩已矣(사(賜)가 비로소(始) '시경'을 말하는데 참여할 수가 있구나!"가 되며, 이 문장의 전후 문맥을 고려하더라도 문제는 발생하지 않는다. 또한 상기 본문의 '可與共學, 未可與適道' 구문은 '함께 공부하는데 참여할 수 있지만 도(道)로 가는데 꼭 참여할 수 있는 것은 아니다'가 되어 역시 '문법적, 통사적, 의미적' 상황을 만족시킨다. 아래는 '~와'의 의미를 가진 전치사의 예문이다.

→ 孟子曰: "鄒人與楚人戰, 則王以爲孰勝?" 『孟子·梁惠王上』
맹자가 말했다. "추나라(鄒) 사람이 초나라(楚) 사람과 싸우면 왕은 누가 이길 거라고 생각하십니까?

→ 昭帝即位, 數年, 匈奴與漢和親 『漢書·蘇武傳』
소제(昭帝)가 즉위한 다음 수 년 동안 흉노는 한과 서로 친하다.

可與共學 (함께 배우는 것에 참여할 수 있다)

(부사) 함께, 서로. (共同, 相互)

→ 共濟世業 『資治通鑑·漢紀·獻帝建安十三年』
함께 '대대로 전해온 사업(世業)'을 성공시키다(濟).

可與共學, 未可與適道 (함께 배우는 것에 참여할 수 있지만 道에 가는 것에 반드시 참여할 수 있는 것은 아니다)

(조동사) 반드시 ~할 수 있는 건 아니다. (未必可以)

可與共學, 未可與適()道 (함께 배우는 것에 참여할 수 있지만 道에 가는 것에 반드시 참여할 수 있는 것은 아니다)

— [견해]

고대중국어에서 [동사+장소]의 통사에서 '동작이 지향하는 장소', '동작이 발생하는 장소' 등 장소 앞의 전치사는 빈번하게 생략된다.

→ 根生()水底, 莖如釵股 (주희, 시경 '關雎' 주석 중에서)
뿌리는 물속에 자라고, 줄기(莖)는 '곧은 가지(釵股<채고, chāigǔ>)' 같다.

→ 當共言咏, 以寫()其懷 『世說新語·文學』
함께(共) '말로 읊(言咏:言談吟咏)'을 때 읊는 것을 '그의 가슴 속에 쓰다(寫其懷)'.

可與立, 未可與權 (서는데 참여할 수 있지만 변통하는 것에 반드시 참여할 수 있는 것은 아니다)

(동사) 변통하다, 임기응변하다. 시비와 경중을 재는 것이고 사건에 따라 적당한 조치를 취하는 것으로 고대에는 자주 '경(經:이치에 맞고 당연하거나 변하지 않는 도리)와 대조을 이뤘다. (變通, 權變. 衡量是非輕重, 因事制宜, 古代常與'經(至當不變的道理)'相對)

→ 男女授受不親, 禮也；嫂溺援之以手者, 權也 『孟子·離婁上』
남녀가 주고받을 때 직접 하지 않는 것이 예이다. 형수가 물에 빠졌을 때 손으로 형수를 돕는 것이 변통이다(權).

9-31. "唐棣之華, 偏其反而! 豈不爾思? 室是遠而!" 子曰: "未之思也, 夫何遠之有?"

"唐棣	之	華,	偏	其	反
(명)산앵두나무	(조사)수식,종속관계.'~의'(3-2)	(명)꽃	(형)나풀나풀 거리는	(어조)수식어(형,동)+其+중심서술어	(동)뒤집다
"산앵두나무 꽃이 나풀나풀 거리며 뒤집어진다!					
而!	**豈**	**不爾思?**		**室**	**是**
(감탄어기사)	(부)반문.'어떻게~하겠는가?'(7-33)	너를 생각하지 않다[不(無/莫/未)+ 목적어(대명사)+타동사 (9-14)]		(명)집	(어조사)어기 가중, 강조
	어떻게 너를 생각하지 않겠는가?			집은 (매우)	
遠	**而!"**	**子曰:**	**"未之思也,**		
(형)멀다	(감탄어기사)	공자가 말하다	그를 생각하지 않다. [不(無/莫/未)+ 목적어(대명사)+타동사 (9-14)]		
멀구나!"		공자가 말했다. "그를 생각하지 않는 것(이지)			
夫	**何遠之有?"**				
(조)문두에서 판단, 의견토로(6-30)	무슨 멂이 있는가? [何(의문대명사 한정어)+遠(형→명)+之+有(타동사)(목적어 전치 9-14 참조)]				
무슨 멂이 있는가?"					

번역 "산앵두나무 꽃이 나풀나풀 거리며 뒤집어진다! 어떻게 너를 생각하지 않겠느냐? 집은 매우 멀구나!" 공자가 말했다. "그를 생각하지 않는 것이지 무슨 멂이 있겠느냐?"

語法과 語彙

唐棣之華, 偏其反而! (산앵두나무 꽃이 나풀나풀 거리며 뒤집어진다!)

— [견해]

주어가 '명사, 명사구' 등일 때 서술어와 구별하기 위해 문장부호 쉼표를 표시한다.

→ 麻冕, 禮也… 拜下, 禮也 『論語·子罕』

마로 만든 면류관이 예의이다. … 사당 아래에서 절하는 것이 예의이다.

'唐棣之華, 偏其反而!'에서 당체(唐棣)를 주어로 볼 경우 '지(之)'는 '주어와 서술어'를 연결시키는 '접속사'로 쓰여, 화(華)를 '꽃'이 아니라 동사 '꽃피다'로 볼 수도 있다. 이때 '당체지화(唐棣之華)는 '조건절 혹은 시간절'인 종속절이 되어 '唐棣之華, 偏其反而!'의 해석은 '산앵두나무가 꽃피면 나풀나풀 거리며 뒤집어진다!'가 될 수 있다.

唐棣之華 (산앵두나무 꽃)

(명사) (=당체 棠棣) 당체; 산앵두나무; 식물이름이고 장미과이고 낙엽이 작으며 교목(喬木:줄기가 곧고 굵으며 높이가 8미터를 넘는 나무)이다. ('植物名. 薔薇科. 落葉小喬木)[당체, tángdì]

唐棣之華 (산앵두나무 꽃)

(명사) 꽃. (花, 花朵)

→ 桃之夭夭, 灼灼其華 『詩·周南·桃夭』
복숭아나무가 왕성하게 번성하(夭夭:美盛貌)고 그 꽃을 선명하게 한다(灼灼:鮮明貌).

偏其反而 (나풀나풀 거리며 뒤집어진다)

(형용사) (=翩翩<편편,piānpiān>) 훨훨(펄펄) 나는 모양. 경쾌하게 춤추는 모양. 나풀나풀 나는 모양.

偏其反而 (나풀나풀 거리며 뒤집어진다)

(어조사) 문장 안 어떤 수식어 다음과 중심 서술어 앞에 쓰여서 '조사(語中助詞)가 된다(수식어<형용사,동사>+其+중심서술어)'. 어기에 대한 두드러짐에 치중하거나 1음절을 만드는 것에 치중한다. 『초사』에 비교적 많이 사용되었다. '부사어'로 번역하게 한다. (…地)

→ 路曼曼其修遠兮, 吾將上下而求索 『戰國策·屈原·離騷』
길이 천천히(曼曼:漫漫) 멀어지는구나. 나는 위아래로 가서(上下) 찾을 것이다(求索).

→ 昊蒼煥而運流, 日月翻其代序 (宋·陸機·凌宵賦』)
푸른 하늘(昊蒼:蒼天)은 빛나고 운행하며(運流) 태양과 달(日月)은 교대로(翻其) 순서를 대신한다(.代序).

偏其反而! (나풀나풀 거리며 뒤집어진다)

(동사) 뒤집다. (翻轉)

→ 反接, 布囊其口 (唐·柳宗元『童區寄傳』)
'두 손을 등 뒤로 뒤집어 결박하고(反接)' 천으로(布) 그의 입을 가린다(囊:覆蓋).

偏其反而! (나풀나풀 거리며 뒤집어진다)

(감탄어기사) 주로 문미에 쓰여 감탄 어기를 나타낸다. '아, 와…'등으로 번역된다. (啊, 呢)

→ 已而已而! 今之從政者殆而! 『論語·微子』
그만두시게 그만두시게! 지금의 정치하는 사람은 위태롭다!

室是遠而! (집은 매우 멀구나!)

(어조사) 보통 단음절 형용사나 동사 서술어 앞에 쓰여 조사가 되며 어기를 더 무겁게 하거나 강조하는 기능을 한다. 융통성 있게 번역하거나 번역하지 않아도 된다.

→ 謔浪笑敖, 中心是悼 『詩經·邶風·終風』
농담하고 방탕하고(謔浪:戲謔放蕩) 농담하(笑敖: 농담하고 공경하지 않다 戲謔不敬)여 마음이 아프다; 나에게 농담하고 나를 공경하지 않아 마음이 아프다.

제 10 편

향당

10-1. 孔子於鄕黨, 恂恂如也, 似不能言者. 其在宗廟朝廷, 便便言, 唯謹爾.

孔子	於	鄕	黨,	恂恂	如
공자	(동)~에 있다(4-5)	(명)고향(家鄕)	(명)500가구 마을(5-22)	(형)공손하다	(조)상태기술. 형·부·동+如(3-23)
공자가 고향 마을에 있(을 때) [시간조건절(1-1)]				공손한 모습이	
也,	**似**	**不能言**		**者.**	**其**
(어기)주어+也. '멈춤,완만,제시'(1-2)	(동)비슷하다, ~와 같다	말할 수 없다[不:(7-14)] [能:~할 수 있다(1-7)] [言:(동)말하다(7-17)]		(조사)~한 사람, ~한 것(1-2)	(대)재지시. '그(He)(2-1)
[여기까지 주절의 주어]	말할 수 없는 사람 같았다.				그가
在	**宗廟朝廷,**			**便便**	**言,**
(동)~에 있다(5-1)	종묘와 사당[宗廟:제왕과 제후가 선조에 제사지내던 사당][朝廷: 신하가 입궐하여 왕을 뵙는 것을 허락하고 정무를 처리하던 곳]			(형)말이 분명하고 유창하다[형→부]	(동)말하다(7-17)
종묘와 조정에 있(을 때) [시간조건절(1-1)]				분명하고 유창하게 말하(고)	
唯	**謹**	**爾.**			
(부)'유독, 다만, 바로'(7-33)	삼가다, 조심하다	(조사)형용사, 부사, 동사+爾. 부사어, 한정어, 서술어(9-11)			
유독 조심했다.					

번역 공자가 고향 마을에 있을 때 공손한 모습이 말할 수 없는 사람 같았다. 그가 종묘와 조정에 있을 때 분명하고 유창하게 말하고 유독 조심했다.

語法과 語彙

孔子於鄕黨, 恂恂如也 (공자가 고향 마을에 있을 때에는 공손하다)

(형용사) 온순하고 예의가 바르다 → 공손하다. (溫順恭謹的樣子) [순순, xúnxún]

→ 李將軍恂恂如鄙人, 口不能出辭 『漢書·李廣蘇建傳贊』
이장군은 공손한 것이 '비천한 사람 같고(如鄙人)' 입에서 '말을 뱉을 수가 없다(不能出辭)'.

似不能言者 (말할 수 없는 사람 같다)

(동사) 비슷하다, 유사하다, 닮다, ~와 같다. (類似, 相似, 像)

→ 口似懸河, 舌如利刃 『三國演義·第四十五回』
입은 '폭포(懸河)와 같고(=거침이 없이 웅변하다)' 혀는 '예리한 칼(利刃:鋒利的刀劍)' 같다.

其在宗廟朝廷 (그가 종묘와 조정에 있다)

(명사)1. 고대 제왕과 제후가 선조에 제사지내던 사당. (古代帝王、諸侯祭祀祖宗的廟宇)

(명사)2. 조정과 국가 정권의 별칭. (朝廷和國家政權的代稱)

其在宗廟朝廷 (그가 종묘와 조정에 있다)

(명사)1. 왕이 신하가 입궐하여 왕을 뵙는 것을 허락하고 정무를 처리하던 곳. (君王接受朝見和處理政務的地方)

(명사)2. 군주를 우두머리로 하는 중앙 정부. (指以君王爲首的中央政府)

(명사)3. 제왕을 비유하여 가리킴. (借指帝王)

其在宗廟朝廷, 便便言 (그가 종묘와 조정에 있을 때에는 분명하고 유창하게 말하다)

(형용사) 말이 분명하고 유창하다. (形容言語明白流暢)[편편,piánpián]

→ 三尺童子觀演此劇, 皆能了了于心, 便便于口 (淸・李漁『閑情偶記・詞曲・減頭緖』)
삼척동자가 '이 연극을 연출한(演此劇)' 것을 봐도 모두 '마음속으로(于心)' '분명히 알고(了了)' '입에 대해선 유창하다(便便于口, 분명하고 유창하게 말할 수 있다).'

10-2. 朝, 與下大夫言, 侃侃如也; 與上大夫言, 誾誾如也. 君在, 踧踖如也, 與與如也.

朝,	與	下大夫	言,	侃侃	如
조정(10-1)	(전)동작 대상. '~와'(5-8)	(명)하대부	(동)말하다(7-17)	(형)화목하고 즐겁다	(조)상태기술. 형·부·동+如(3-23)
조정에서	하대부와 말할 때(에는) [시간절(1-1)]			화목하고 즐거운 모습이었고 [주절]	
也;	**與**	**上大夫**	**言,**	**誾誾如也.**	
(어기)진술강조(2-17)	(전)동작 대상. '~와'(5-8)	(명)상대부	(동)말하다(7-17)	상냥하면서도 분명하게 말하는 모습이다	
	상대부와 말할 때(에는) [시간절(1-1)]			상냥하면서도 분명하게 말하는 모습이었다. [주절]	
君	**在,**	**踧踖如**	**也,**	**與與如也.**	
(명)제왕.왕.임금(15-38)	(동)~에 있다(5-1)	공경하면서 조심스러워하는 모습이다	(어기)병렬(3-23)	엄숙하고 장중한 모습이다.	
왕이 있(을 때에는) [시간절(1-1)]		공경하면서 조심스러운 모습이(었고)		엄숙하고 장중한 모습이었다. [주절]	

번역 조정에서 하대부와 말할 때에는 화목하고 즐거운 모습이었고, 상대부와 말할 때에는 상냥하면서 분명하게 말하는 모습이었다. 왕이 있을 때에는 공경하면서 조심스러운 모습이었고 엄숙하고 장중한 모습이었다.

語法과 語彙

與下大夫言 (하대부와 말하다)

(명사) 하대부. 고대의 관직 이름. 주나라 왕실과 제후 각 국에서 경(卿) 아래에는 '상대부, 중대부, 하대부'가 있었다. (古代的職官名. 周王室及諸侯各國卿以下有上大夫、中大夫、下大夫)

與下大夫言, 侃侃如也 (말할 때에는 화목하고 즐거운 모습이다)

(형용사) 화목하고 즐겁다. (和樂貌) [간간, kǎnkǎn]

→ 容儀侃侃, 言辭熙熙 (明·宋濂『贈龍泉簿蔡君序』)
모습과 행동(容儀:容貌擧止)은 화목하고 즐거우며 말(言辭) 또한 '화목하고 즐겁다(熙熙:和樂).'

與上大夫言 (상대부와 말하다)

(명사) 상대부. 중국 고대의 관리 등급의 하나이다. 주나라 왕실과 각 제후국의 관리 등급은 '경(卿), 대부(大夫), 사삼(士三)' 등으로 나누어져 있었고 매 등급 안에는 또 각각 '상, 중, 하' 세 개의 계급으로 나누어져 있었다. (爲中國古代的官階之一. 周王室及各諸侯國的官階分爲卿、大夫、士三等, 每等中又各分爲上、中、下三級)

與上大夫言, <u>誾誾</u>如也 (상대부와 말할 때에는 상냥하면서 분명하게 말하는 모습이다)

(형용사) 말이 상냥하고 옳고 그름이 분명하다. (說話和悅而又能辯明是非之貌) [은은,yínyín]

→ <u>誾誾</u>談國事, 了了述邊情 (董必武『輓陳毅同志詩』)
상냥하면서도 분명하게(誾誾) 국가의 일을 말하고 분명하게(了了:明白) 변경의 상황(邊情: 邊境的形勢、情況)을 진술하다.

君在, <u>踧踖</u>如也 (왕이 있을 때에는 공경하면서 조심스러운 모습이다) 10-2

(형용사) 공경하면서 조심스러워하는. (恭敬而不安的樣子) [축적, cùjí]

→ 臣惶怖戰栗, 誠不自安, 每會見, <u>踧踖</u>無所措置 『後漢書·東平憲王蒼傳』
저는 두렵고(惶怖) 떨려서(戰栗) 정말로(誠) 편안해지지 못하여 매 번 '회동하여 왕을 뵐 때(會見:會同朝見)' 공경하면서 조심스러워하여(踧踖) 내 자신을 편안히 둘 방법이 없습니다.

君在, 踧踖如也, <u>與與</u>如也 (왕이 있을 때에는 공경하면서 조심스러운 모습이고 엄숙하고 장중한 모습이다)

(형용사) 엄숙한 모습과 장중한 태도가 잘 맞는 모습인; 엄숙하고 장중하다. (威儀合度貌)

→ 裒衣危冠, <u>與與</u>如也 (唐·韓愈『上巳日燕太學聽彈琴詩序』)
옷섶이 넓은 옷(裒<보,bāo>:衣襟寬大) 구별!<부, póu:모으다/덜다>)과 높은 관(危冠: 고대의 높은 관. 古時的高冠)은 엄숙하고 장중한 모습이다.

10-3. 君召使擯, 色勃如也, 足躩如也. 揖所與立, 左右手, 衣前後, 襜如也. 趨進, 翼如也. 賓退, 必復命曰: "賓不顧矣."

君	召	使	擯,	色	勃
(명)제왕.왕.임금 (15-38)	윗사람이 아랫사람을 불러 만나다	(동)명령하다, 파견하다	(동)접대하다, 영접하다	(명)안색, 표정(2-8)	(형)갑작스럽다, 급속하다
왕이 불러 만나 접대하도록 명령(하면) [시간조건절(1-1)]				표정은 갑작스러워	
如	**也,**	**足躩如也.**		**揖**	**(於)所**
(조)상태기술. 형·부·동+如(3-23)	(어기)진술강조 (2-17)	발이 신속한 모습이다		(동)공수(拱手)하다 (7-30)	(조사)'~사람·것·사건·곳'(1-12)
하는 모습이었(고)		발이 빨라졌다.		서 있는 모든 사람(→모두 서 있는 사람)에게 공수(할 때는) [시간절(1-1)]	
與	**立,**	**左右**	**手,**	**衣(之)前後,**	
(부사)모두.전부	(동)서다,서 있다	(명)좌우 [명사→부사]	(동)계속 들고 있다, 견지하다	옷의 앞뒤 [衣: '화제(1-6)'가능:옷은 앞뒤가 가지런하다. 衣前後襜如也]	
		좌우로 손을 계속 들고		옷의 앞뒤(는)	
襜如也.	**趨進,**	**翼如也.**	**賓退,**	**必**	**復命曰:**
단정한 모습이다	잰걸음으로 빨리 가다. [趨:(9-10)]	날개 같은 모습이다	손님이 물러나다	(부)꼭,반드시,분명히(6-30)	보고하며 말하다
단정했다.	잰걸음으로 빨리 갈(때는)[시간절]	날개 같은 모습이었다.	손님이 물러가(면) [시간조건절]	꼭 (왕에게) 보고하며 말했다.	
"賓	**不顧**	**矣."**			
(명)손님	(동)돌아보지 않다	(어기)'이미 그렇다'(3-24)			
"손님이 돌아보지 않았습니다."					

번역 왕이 불러 만나 접대하도록 명령하면 공자의 표정은 갑작스러워 하는 모습이었고 발이 빨라졌다. 서 있는 모든 사람에게 공수할 때는 좌우로 손을 계속 들고 있었고 옷의 앞뒤는 단정했다. 잰걸음으로 빨리 갈 때는 날개 같은 모습이었다. 손님이 물러나면 꼭 왕에게 보고하며 말했다. "손님이 돌아보지 않았습니다."

語法과 語彙

君召使擯 (왕이 불러 만나 접대하도록 명령하다)

(동사) 윗사람이 아랫사람을 불러 만나다. (召見) [소, zhào]

→ 大府召視兒 (唐·柳宗元『童區寄傳』)
대부(大府:관부 이름)가 시아(視兒)를 불러 만나다.

君召使擯 (왕이 불러 만나 접대하도록 명령하다)

(동사) 명령하다, 파견하다. (命令, 派遣)

→ 桓侯故使人問之 『韓非子·喻老』
환후(桓侯)는 이 때문에(故) 사람을 파견하여 그(=편작 <扁鵲>)에게 묻게 한다.

君召使擯 (왕이 불러 만나 접대하도록 명령하다)

(동사) 영접하다, 접대하다. (接引) [빈, bìn]

→ 凡四方之使者, 大客則擯 『周禮·秋官司寇·小行人』
대체로(凡) 사방의 사절(=사자 使者)이 '귀빈(大客)'이면 접대한다.

色勃如也 (표정은 갑작스러워 하는 모습이다)

(형용사, 부사) 갑작스럽다, 급속하다 / 갑자기. 급속히. (表示急遽發生, 突然)

→ 異豊沛之勃起 『隋書·薛道衡傳』
풍패(豊沛)의 갑작스러운 흥기와 다르다.

足躩如也 (발이 빨라지다)

(형용사) 신속하다, 빠르다. (迅疾的様子) [각, jué]

→ 蹇裳躩步, 執彈而留之 『莊子·山木』
손으로 옷을 걷어 올리고(蹇裳<건상, jiǎncháng>: 揭衣 ; 用手提起衣裳) 빨리 걸어 탄알을 집어 그것을 놓다.

揖所與立 (서 있는 모든 사람에게 공수하다)

(범위부사) '거(擧)'와 같다. 동사서술어 앞에 쓰여 부사어가 되어 가리키는 범위에 예외가 없다는 것을 나타낸다. '모두, 전부' 등으로 번역된다. (全, 都) [여, yǔ]

→ 安存、危殆、滅亡, 制與在我, 亡乎人 『荀子·王制』
안전하게 보존하고, 위험해지고, 멸망할 때 '관건(制)'은 모두 자신에게 있(與在我)는 것이지 '남에게 있지 않다(亡乎人)'.

→ 故天下之君子與謂之不祥者 『墨子·天志中』
때문에 세상의 군자는 모두 그를 '좋지 않은 사람(不祥者)'이라 말한다.

揖所與立, 左右手 (서 있는 모든 사람에게 공수할 때는 좌우로 손을 계속 들고 있다)

(동사) 계속 들고 있다, 견지하다, 지속하다. (執, 持)

→ 莊子升壇, 曹子手劍而從之 『公羊傳·莊公十三年』
장공(莊子)은 제단에 오르고 조자(曹子)는 '칼을 들(手劍)'고 그를 따라가다.

衣前後, 襜如也 (옷의 앞뒤는 단정한 모습이다)

(형용사) (옷이) 단정하다, 가지런하다. (衣服整齊貌) [첨, chān]

趨進, 翼如也 (잰걸음으로 빨리 갈 때는 날개 같은 모습이다)

— [견해]

여(如)가 조사로 쓰일 때 '형용사, 부사, 동사' 뒤에 쓰여 사물이나 동작의 상태를 보여 준다(3-23참조). 이 문법에 근거한다면 익(翼)은 '형용사, 부사, 동사' 용도의 범위 안에 있을 것이다. 하지만 고대중국어 공구서에는 형용사, 부사의 쓰임이 없는데 본문의 익(翼)은 명사 '날개'에서 형용사 '날개 같은' 정도로 품사 활용되었다고 볼 수 있을 것이다. 익(翼)은 고대중국어에서 명사로 '날개, 측면, 배' 등의 의미로 사용되고, 동사로 '날개로 가리다/보호하다, 돕다' 등의 의미로 쓰인다.

必<u>復命</u>曰 (꼭 왕에게 보고하며 말하다)

(동사) 보고하다. (回報)

→ 文伯<u>復命</u> 『左傳·襄公三十一年』
문백(文伯)이 보고하다.

10-4. 鞠入公門, 鞠躬如也, 如不容. 立, 不中門, 行, 不履閾. 過位, 色勃如也, 足躩如也, 其言似不足者. 攝齊升堂, 鞠躬如也, 屛氣似不息者. 出, 降一等, 逞顔色, 怡怡如也. 沒階, 趨進, 翼如也; 復其位, 踧踖如也.

鞠	入	公門,	鞠躬	如	也,
(동)구부리다	(동)들어가다	1.고대 국왕의 외문 2.관청,관공서	(형)공경하고 삼가는 [주절의 주어]	(조)상태기술. 형·부·동+如(3-23)	(어기)주어+也. '멈춤,완만,제시'(1-2)
국왕의 외문(=대문)을 구부리어 들어갈 (때에는) [시간절(1-1)]			공경하고 삼가는 모습이…		

如不容.	立,	不中門,	行,
수용하지 못하는 것 같다 → 들어갈 수 없는 것 같다; 많이 구부리다	(동)서다	문을 막지 않다[통사견해 아래 참조]	(동)가다(6-14)
(문에) 들어갈 수 없는 것 같았다.	서 있(을 때에는) [시간절]	문을 막지 않았(고)	지나갈 (때에는) [시간절]

不履	閾.	過位,	色勃如也,	足
밟지 않다 [履(동)밟다(8-3)]	문지방 [역, yù]	(동)국왕이 서 있는 위치를 지나가다	표정은 갑작스러워 하는 모습이다 (10-3)	(명)발
문지방을 밟지 않았다.		국왕이 서 있는 곳을 지나갈(때는)	갑작스러워하는 모습이었(고)	발은

躩如也,	其言似不足者.	攝齊
신속한 모습이다(10-3)	그의 말은 할 수 없는 것 같다 [其:그의(1-7)] [似:~와 같다(10-1)][者:(조사)~한 사람, ~한 것(1-2)]	(동)옷자락을 들어 올리다
신속한 모습이었(고)	그의 말을 할 수 없는 것 같았다.	옷자락을 들어 올리(어) [섭자, shèzī]

升堂,	鞠躬如也,	屛氣似不息者.	出,
(동)대청에 오르다 (登上厅堂)	공경하고 삼가는 모습이다	호흡을 억제하는 것이 숨을 쉴 수 없는 사람 같다	(동)나가다
대청에 오를 (때에는)[시간절]	공경하고 삼가는 모습(이었고)	호흡을 억제하는 것이 숨을 쉴 수 없는 사람 같았다.	나간 (다음)

降	一等,	逞	顔色,	怡怡如也.
(동)내려가다	한 등급의 섬돌 (=층계);한계단 아래	1. 보여주다 2. 만족하다	(명)안색,표정	조용하고 편안하고 만족해하는 모습이다
한 계단 아래 내려가(서) [시간절(1-1)]		보여주는 안색(은) [주어]		조용하고 편안하고 만족스러운 모습이었다.

沒階,	趨進,	翼如也;	復	其	位,
(동)섬돌/층계를 다 내려가다	잰걸음으로 빨리 가다[趨:(9-10)]	날개 같은 모습이다	(동)되돌아오다,되돌아가다(6-9)	그의, 그것의(1-7)	(명)자리
층계를 다 내려가(서) [시간절]	잰걸음으로 빨리 가(는 것이) [주어]	날개를 편 모습 같았다;	그의 자리로 되돌아(오면/와서는/…) [시간조건절(1-1)]		

踧踖如也.
공경하면서 조심스러워하는 모습이다 (10-2)
공경하면서 조심스러워하는 모습이었다.

번역 국왕의 외문(=대문)을 구부리어 들어갈 때는 공경하고 삼가는 모습이 문에 들어갈 수 없는 것 같았다. 서 있을 때에는 문을 막지 않았고, 지나갈 때에는 문지방을 밟지 않았다. 국왕이 서 있는 곳을 지나갈 때는 갑작스러워 하는 모습이었고, 발은 신속한 모습이었고, 그의 말을 할 수 없는 것 같았다. 옷자락을 들어 올리어 대청에 오를 때에는 공경하고 삼가는 모습이었고, 호흡을 억제하는 것이 숨을 쉴 수 없는 사람 같았다. 나간 다음 한 계단 내려가서 보여주는 안색은 조용하고 편안하고 만족스러운 모습이었다. 층계를 다 내려가서 잰걸음으로 빨리 가는 것이 날개를 편 모습 같았다. 그의 자리로 되돌아오면 공경하면서 조심스러워하는 모습이었다.

語法과 語彙

鞠入公門 (국왕의 외문(=대문)을 구부리어 들어가다)

(동사) 구부리다. (彎曲, 彎着)

→ 我鞠躬不敢息 (明·馬中錫『中山狼傳』)
나는 몸을 구부리어 '숨을 쉴 수가 없다(不敢息)'.

鞠入公門 (국왕의 외문(=대문)을 구부리어 들어가다)

(명사)1. 고대 국왕의 외문. (古稱國君之外門為「公門」)
(명사)2. 관청, 관공서. (官署, 衙門)

鞠躬如也 (공경하고 삼가는 모습이다)

(형용사) 공경하고 삼가는. (恭敬謹慎貌)

→ 執圭, 入門, 鞠躬焉, 如恐失之 『儀禮·聘禮』
규(圭)를 쥐고 문에 들어가 공경하고 삼가는 것이 '그것을 잃을까 두려워하는 것과 같다(如恐失之)'.

立, 不中門 (서 있을 때에는 문을 막지 않다)

(명사) 문의 중간. (門的當中)

→ 行不中道, 立不中門 『禮記·曲禮上』
다닐 때는 길을 막지 않고 서있을 때는 문의 중간을 막지 않는다.

— [견해]

고대중국어 공구서에서 중문(中門)은 명사로 명기되어 있는데 통사적으로는 '동사'가 되어야 한다. 때문에 대부분의 주석서에서 '문 중간에 서다'로 풀이하고 있는데 공구서에는 이런 의미 항목이 없다. 통사적, 의미적으로 '부중문(不中門)'은 '부정부사+타동사+목적어' 혹은 '부정부사+자동사+전치사구(생략된 장소 전치사+장소)'의 구조를 가져야 한다(고대중국어에서 '동사+장소'의 경우 '장소전치사'는 빈번하게 생략된다). 그럼 '부중문(不中門)'의 의미는 '문을 차지하지 않다(or 문을 막지 않다)'와 '문에 서지 않는다' 정도가 적합할 것이다. 하지만 『漢語大字典』을 비롯한 여러 고대중국어 공구서에는 '차지하다', '서다' 의 의미가 없다. 가장 가까운 의미로는 '가득채우다(滿, 足)'가 있다. 따라서 의미 파생을 고려한다면 '막다'가 적합할 수 있다고 본다.

過位, 色勃如也 (국왕이 서 있는 곳을 지나갈 때는 갑작스러워하는 모습이다)

(동사) 국왕이 서 있는 위치를 지나가다. (謂經過君主所立之位置)

→ 夫臣子之禮, 嚴敬斯極, 故過位必趨 (唐·韋湊『論謚節愍太子疏』)
관리(臣子)의 예(禮)는 이 준칙(斯極)을 존중해야하기 때문에 '국왕이 서 있는 곳을 지나(過位)갈 때에는 '반드시 잰걸음으로 빨리 간다(必趨).'

攝齊升堂 (옷자락을 들어 올리어 대청에 오르다)

(동사) 옷자락을 들어 올리다. 고대 관원이 당(堂)에 오를 때 옷자락을 밟거나 무언가를 밟고 넘어져 예의를 잃는 것을 삼가고 방지했다. 공경과 예의가 있음을 나타낸다. (提起衣襬. 古時官員升堂時謹防踩着衣襬, 跌倒失態. 表示恭敬有禮)[섭자, shè zī]

→ 使三子端拜攝齊, 授經於余 (清·錢謙益『歸文休墓志銘』)
세 아들에게 '몸을 바르게 하여 공수하(端拜:正身拱手)고 옷자락을 들어 올리게 한 후 내게서(於余) '경서를 강의 듣다(授經:講授經書).

屛氣似不息者 (호흡을 억제하는 것이 숨을 쉴 수 없는 사람 같다)

(동사) 억제하다, 참다. (抑制, 忍住) [병, bǐng]

→ 魏人屛息畏之 『新五代史·李存進傳』
위나라 사람(魏人)은 숨을 참으며(屛息=숨죽이면서) 그를 두려워하다.

出, 降一等 (나간 다음 한 계단 내려가다)

(명사) 한 등급의 섬돌/층계; 한 계단 아래. (一級臺階)

逞顏色 (안색을 보여주다)

(동사)1. 보여주다. 눈부시게 '비추다/빛나다'. (顯示, 炫耀)[령, chěng]

→ 故勢不便, 非所以逞能也 『韓非子·說林下』
때문에(故) 정세가 좋지 않아(勢不便) 능력을 보여줄 '방법이 없다(非所以)'.

(동사)2. 뜻대로 되다, 만족하다. (快意, 滿足)

→ 穆公是以不克逞志於我 『左傳·成公十三年』
목공(穆公)은 이 때문에(是以) 나에게서(於我) 뜻을 만족시킬 수 없다(不克逞志).

怡怡如也 (조용하고 편안하고 만족스러운 모습이다)

(형용사) 온순하다; 조용하고 편안하고 만족해하다. (和順貌; 安適自得貌) [이이, yíyí]

→ 上古之時, 其民吁吁怡怡, 莫不愛其所以生我者, 尊其所以長我者, 樂其所以與我者, 是其禮然也 『應制論·王天下有三重』

상고 시기 그 사람들은 '조용하고 편안하고 만족해하여(吁吁怡怡)' 나를 살게 하는 것을 좋아하지 않는 사람이 없었고, 나를 성장하게 하는 것을 존중하고, 나를 참여시키는 것을 좋아했으니 이것이 그 예이다.

沒階, 趨進 (층계를 다 내려가서 잰걸음으로 빨리 가다)

(동사) 섬돌/층계를 다 내려가다. (謂下盡臺階) [몰계, mòjiē]

10-5. 執圭, 鞠躬如也, 如不勝. 上, 如揖, 下, 如授. 勃, 如戰色, 足蹜蹜, 如有循. 享禮, 有容色. 私覿, 愉愉如也.

<table>
<tr><th>執</th><th>圭,</th><th>鞠躬如也,</th><th>如</th><th>不勝.</th><th>上(圭),</th></tr>
<tr><td>(동)쥐다,잡다(6-10)</td><td>(명)규(옥기,玉器)</td><td>공경하고 삼가는 모습이다(10-4)</td><td>(동)~와 같다(2-1)</td><td>(동)감당할 수 없다</td><td>(규를) 위로 올리다</td></tr>
<tr><td colspan="2">규(圭)를 쥘 (때는) [시간조건절(1-1)]</td><td>공경하고 삼가는 모습(이) [주절의 주어]</td><td colspan="2">감당할 수 없는 것 같았다.</td><td>규(圭)를 위로 올릴 (때에는) [시간절]</td></tr>
<tr><th>如揖,</th><th>下(圭),</th><th>如授.</th><th>勃,</th><th>如</th><th>戰色,</th></tr>
<tr><td>공수하는 것과 같다</td><td>(규를)아래로 내리다 [시간절]</td><td>받는 것과 같다</td><td>(형)갑작스럽다 [형용사→동사]</td><td>(동)~와 같다(2-1)</td><td>(명)경외하는 모습</td></tr>
<tr><td>공수하는 것과 같았(고)</td><td>규(圭)를 아래로 내릴 (때에는)</td><td>받는 것 같았다.</td><td>갑작스러울 (때는) [시간절]</td><td colspan="2">경외하는 하는 모습이었(고)</td></tr>
<tr><th>足</th><th>蹜蹜,</th><th>如</th><th>有</th><th>循.</th><th>享禮,</th></tr>
<tr><td>(명)발</td><td>(동)잰걸음으로 빨리 가다</td><td>(동)~와 같다(2-1)</td><td>有+1음절'형/명/동' 음절조화(5-14)</td><td>(동)따르다</td><td>(명)향례(享禮) [아래 참조]</td></tr>
<tr><td colspan="2">발이 잰걸음으로 빨리 갈 (때는) [종속절]</td><td colspan="3">따르는 모습이었다.</td><td>향례를 할 (때는) [시간절]</td></tr>
<tr><th colspan="2">有容色.</th><th>私覿,</th><th>愉愉</th><th>如</th><th>也.</th></tr>
<tr><td colspan="2">용모와 얼굴빛이 있다; 자태가 환하게 빛나다</td><td>비공무적으로 만나다[명→동]</td><td>화기애애하다</td><td>(조)상태기술. 형·부·동+如(3-23)</td><td>(어기)진술강조 (2-17)</td></tr>
<tr><td colspan="2">자태가 환하게 빛났다.</td><td>비공무적으로 만날 (때는) [시간절]</td><td colspan="3">화기애애한 모습이었다.</td></tr>
</table>

번역 규(圭)를 쥘 때는 공경하고 삼가는 모습이 감당할 수 없는 것 같았다. 규(圭)를 위로 올릴 때에는 공수하는 것 같았고, 규(圭)를 아래로 내릴 때에는 받는 것 같았다. 갑작스러울 때는 경외하는 모습이었고, 발이 잰걸음으로 갈 때는 따르는 모습이었다. 향례를 할 때는 자태가 환하게 빛났다. 비공무적으로 만날 때는 화기애애한 모습이었다.

語法과 語彙

執圭 (규(圭)를 쥐다)

(명사) 고대 제왕이나 제후가 '전례(典禮)/의식(儀式)'을 거행할 때 들던 옥을 세공한 물건으로 위는 둥글고(또는 '검'의 머리 모양이고) 아래는 사각형이다. (古代帝王或諸侯在舉行典禮時拿的一種玉器, 上圓 (或劍頭形) 下方) [규, guī]

如不勝 (감당할 수 없는 것 같다)

(동사) 감당할 수 없다. (無法承担；承受不了)

→ 刑人如恐不勝 『史記·項羽本紀』
형벌은 받는 사람이 두려워 감당할 수 없어 보이다.

勃, 如戰色 (갑작스러울 때는 경외하는 모습이다)

(명사) 경외(敬畏:공경하면서 두려워하는)의 '얼굴빛/안색/표정'. (敬畏的神色)

→ 戰色, 敬也 - 허안집해(何晏集解 <허안, 何晏:?-249>)가 정현(鄭玄<127—200>)을 인용하여 말하다(何晏集解引鄭玄曰) -

→ 戰色, 戰而色懼也 「朱熹集注」
전색(戰色)은 떨면서 안색은 두려워하는 것이다.

足蹜蹜, 如有循 (발이 잰걸음으로 갈 때는 따르는 모습이다)

(동) 잰걸음으로 빨리 가다. (形容小步快走) [축축, sùsù]

→ 執龜玉, 擧前曳踵, 蹜蹜如也 『禮記・玉藻』
거북이 껍데기와 귀중한 옥(龜玉:거북이 껍데기와 귀중한 옥으로 고대 국가의 귀중품으로 여겼다. 指龜甲和寶玉. 古代認爲是國家的重器)을 들고 뒤꿈치를 끌면서 앞으로 가는(擧前曳踵:拖着脚後跟向前邁步) 것이 잰걸음으로 빨리 가는 모습이다.

足蹜蹜, 如有循 (발이 잰걸음으로 갈 때는 따르는 모습이다)

(동사) 따르다. (遵循) [순, xún]

→ 執政任事之臣, 所以能循法令 『戰國策・燕策二』
국가의 정사를 맡(執政:掌管國家政事)고 일을 맡(任事:指承担事務或担負責任)은 신하는 이 때문에(所以) 법령을 따를 수 있다.

享禮, 有容色 (향례를 할 때 자태가 환하게 빛나다)

(명사) 사신이, 초빙한 국가의 군주를 마주보고 예물을 바치는 의식. (使臣向朝聘國君主進獻禮物的儀式)

→ 享禮而後歸, 是異於衆臣也 (漢・班固『白虎通・王者不臣』)
향례(享禮)를 한 다음 돌아가는데 이것이 '여러 신하 중에서 다르다(異於衆臣)'.

享禮, 有容色 (향례를 할 때 자태가 환하게 빛나다)

(명사) 용모와 '얼굴빛/안색'. (容貌神色)

→ 偶值三婦人行於道中, 中有白衣者, 容色姝麗 (唐・沈既濟『任氏傳』)
세 명의 부인이 도로 가운데에서 가는 걸 우연히(偶) '만났고(值)' 중간에 하얀 옷을 입은 사람이 있었는데 용모와 얼굴빛이 아름답다.

私覿, 愉愉如也 (비공무적으로 만날 때 화기애애한 모습이다)

(명사) 동료 사이의 비공무적인 만남. (同僚間的非公事相見) [사적, sīdí]

→ 惠基同在禮閣, 非公事不私覿焉 『南史・蕭惠基傳』
혜기(惠基)는 함께 상서성(禮閣:尙書省 관직명)에 있는데 비공식적 일이 아니면 사적으로 만나지 않는다.

私覿, 愉愉如也 (비공무적으로 만날 때 화기애애한 모습이다)

(형용사) 온순하다; 상냥하다, 화기애애하다. (和順貌 ; 和悅貌) [유유, yúyú]

→ 齊齊乎其敬也, 愉愉乎其忠也 『禮記·祭義』
공경하면서 엄숙하(齊齊<재재, zhāizhāi>)다! 그의 공경스러움은! 화기애애하다(=온화하고 화목한 분위기가 넘쳐흐르다)! 그의 속마음은(忠:內心)!

10-6. 君子不以紺緅飾, 紅紫不以爲褻服. 當暑, 袗絺綌, 必表而出之. 緇衣, 羔裘; 素衣, 麑裘;黃衣, 狐裘. 褻裘長, 短右袂. 必有寢衣, 長一身有半. 狐貉之厚以居. 去喪, 無所不佩. 非帷裳, 必殺之. 羔裘玄冠不以弔. 吉月, 必朝服而朝.

君子	不以…[A+동사(飾)]		紺	緅	飾,
(명)군자(君子)(11-1)	~로 ~하지 않는다 [以:(전)행위도구.'~로'(2-1)]		(명)진한 파랑색; 네이비	(명)검붉은색	장식하다; 테두리를 두르다
군자는 진한 파랑색과 검붉은색으로 테두리를 장식하지 않(고)					
紅紫	**不以(之)爲**	**褻服.**	**當**	**暑,**	**袗**
(명)붉은색과 자주색	여기지 않는다 (전+동)여기다(3-24)	(명)집에 있을 때 입던 평상복	(접)만약…하면	(형)무덥다	(동)홑겹으로 입다
붉은색과 자주색을 평상복으로 삼지 않았다.			만약 무더우면		
絺綌,		**必**	**表**	**而**	**出**
(명)갈포(葛布: 칡 섬유로 짠 베)		(부)꼭,반드시, 분명히(6-30)	(명)겉옷 [명→사동]	(접)부사어+而+서술어(1-4)	드러나다 [동→사동]
갈포를 홑겹으로 입(지만/고/…)		반드시 홑겹 갈포를 겉옷으로 하여 드러나게 했다.			
之.	**(衣)緇衣,**	**(衣)羔裘;**	**(衣)素衣,**	**(衣)麑裘;**	**(衣)黃衣,**
[之:(대)재지시. '그것….'(2-1)]	검은 옷	검은 양 가죽옷	흰 옷	어린 사슴 가죽으로 만든 흰옷	노란 옷
	검은 옷 (을 입을 때에는)	검은 양 가죽옷 (을 입고)	흰 옷 (을 입을 때에는)	어린 사슴 가죽옷 (을 입고)	노란 옷 (을 입을 때에는)
(衣)狐裘.	**褻裘**	**長,**	**短**	**右袂.**	**必有**
(명)여우 가죽으로 만든 겉옷	보통 집에 있을 때 입는 가죽 옷	(형)길다	(형)짧다 [형→사동]	오른 소매	꼭 있다
여우 가죽옷(을 입었다).	보통 집에 있을 때 입는 가죽옷은 길(고)		오른 소매는 짧게 했다.		
寢衣,	**長**	**一身**	**有**	**半.**	**狐貉**
(명)이불	(시간, 공간) 길이	(명)몸뚱이 하나, 신체 하나.	(접)그리고(2-4)	(명)반(half)	여우와 담비의 가죽
이불은 꼭 있었(는데)	길이는 신체 하나 반이었다.				여우와 담비 가죽…
之	**厚**	**以(之)**	**居.**	**去**	**喪,**
(조사)수식,종속관계.'~의' (3-2)	(형)두텁다 [형용사→명사]	[以:(전)행위도구. '~로'(2-1)]	(동)앉다	(동)떠나다	(명사)장례(식)
…의 두터움으로 앉았다.				장례식을 떠나(면) [시간조건절(1-1)]	
無	**所**	**不佩.**		**非**	**帷裳,**
(동)없다(9-2)	(조사)'~사람·것·사건·곳'(1-12)	옥 장식물을 옷에 매달지 않다. [명사→동사]		(부)부정표시.'명사 서술어앞'(5-1)	온폭으로 만드는 조정과 제사의 복장
옥 장식물을 옷에 매달지 않은 곳이 없었다.				온폭으로 만들어 조정과 제사에서 입는 옷이 아(닌 경우에는) [시간조건절]	

必殺之.		羔裘	玄冠	不	以(之)
꼭 그것을 줄이다.[必(부)꼭(6-30)][之:(대)재시시.'그것….'(2-1)]		검은 양 가죽옷	검은 '관/모자'	(부)동사술어앞. '~하지않다'(7-14)]	[以:(전)행위도구. '~로'(2-1)]
꼭 그것을(=옷을) 줄였다.		검은 양 가죽옷과 검은 관으로 조문하지 않았다.			
弔.	**吉月,**	**必**	**朝服**	**而**	**朝.**
(동)조문하다	(명)음력 매월 초하루	(부)꼭,반드시,분명히(6-30)	(명)조복 [명사→동사]	(접)동작의 선후. '~다음'(6-15)	(동)(황제를) 알현하다, 찾아뵙다
	매월 음력 초하루(에는) [종속절]	꼭 조복을 입고 황제를 찾아뵈었다.			

번역 군자는 진한 파랑색과 검붉은색으로 테두리를 장식하지 않고, 붉은색과 자주색을 평상복으로 삼지 않았다. 만약 무더우면 갈포를 홑겹으로 입지만 반드시 홑겹 갈포를 겉옷으로 하여 드러나게 했다. 검은 옷을 입을 때는 검은 양 가죽옷을 입고, 흰 옷을 입을 때는 어린 사슴 가죽옷을 입고, 노란 옷을 입을 때는 여우 가죽옷을 입었다. 보통 집에 있을 때 입는 가죽옷은 길고, 오른 소매는 짧게 했다. 이불은 꼭 있었는데 길이는 신체 하나 반이었다. 여우와 담비가죽의 두터움으로 앉았다. 장례식을 떠나면 옥 장식물을 옷에 매달지 않은 곳이 없었다. 온폭으로 만들어 조정과 제사에서 입는 옷이 아닌 경우에는 꼭 그것을(=옷을) 줄였다. 검은 양 가죽옷과 검은 관으로 조문하지 않았다. 매월 음력 초하루에는 꼭 조복을 입고 황제를 찾아뵈었다.

語法과 語彙

君子不以紺緅飾 (군자는 진한 파랑색과 검붉은색으로 테두리를 장식하지 않는다)

(명사) 약간 붉은색을 보이는 진한 파랑; 네이비(navy). (微呈紅色的深青色) [감, gàn]

君子不以紺緅飾 (군자는 진한 파랑색과 검붉은색으로 테두리를 장식하지 않는다)

(명사) 검은 색 가운에 붉은색을 띠는 색; 검붉은색. (黑中帶紅的顏色) [추, zōu]

紅紫不以爲褻服 (붉은색과 자주색을 평상복으로 삼지 않다)

(명사) 옛날 사람이 집에 있을 때 입던 평상복. (古人家居時穿的便服) [설복, xièfú]

→ 脫朝服, 衣褻服, 然後進御於君 (漢·劉向『列女傳·周宣姜后』)
조복(朝服:왕과 신하가 조회 때 입넌 예복)을 벗고 평상복을 입은 '다음(然後)' 왕에게(於君) 바치다(進御:進呈).

當暑, 袗絺綌, 必表而出之 (만약 무더우면 갈포를 홑겹으로 입지만 반드시 홑겹 갈포를 겉옷으로 하여 드러나게 한다)

(접속사) 가정의 복문에서 보통 앞의 단문에 놓여 가정을 보여 준다. '만약…하면' 등으로 번역된다. (如果, 假使)

→ 先祖當賢, 後子孫必顯 『荀子·君子』
선조가 만약 현명하면 뒤의 자손은 '반드시 빛난다(必顯)'.

→ 當與汝登高山, 履危石, 臨百仞之渊, 若能射乎? 『列子·黃帝』
만약 '너와 함께(與汝)' 높은 산에 올라 위험한 돌을 지나고 '백인의 연못(=깊은 연못, 百仞之渊)'을 마주한다면 너는(若) 맞힐 수 있는가?

當暑, 袗絺綌, 必表而出之 (만약 무더우면 갈포를 홑겹으로 입지만 반드시 홑겹 갈포를 겉옷으로 하여 드러나게 한다)

(형용사) 무덥다. (炎熱) [서, shǔ]
(명사) 날씨가 무더운(=찌는 듯한) 계절. (炎熱的季節)

當暑, 袗絺綌, 必表而出之 (만약 무더우면 갈포를 홑겹으로 입지만 반드시 홑겹 갈포를 겉옷으로 하여 드러나게 한다)

(동사) 홑겹의 옷을 입다. (穿單衣) [진, zhěn]

→ 袗却寒之裘, 以御郁隆之暑 『抱朴子・用刑』
차가운 가죽옷(寒之裘)을 한 겹 입고 그것으로 '대단한 더위(郁隆之暑)'를 막다.

當暑, 袗絺綌, 必表而出之 (만약 무더우면 갈포를 홑겹으로 입지만 반드시 홑겹 갈포를 겉옷으로 하여 드러나게 한다)

(명사) 갈포의 통칭. 갈(=칡)이 가는 것을 치(絺, chī)라 하고, 굵은 것을 격(綌, xì)이라 한다. 갈복(葛服)으로 파생되었다. (葛布的統稱. 葛之細者曰絺, 粗者曰綌. 引申為葛服)[치격, chīxì]

當暑, 袗絺綌, 必表而出之 (만약 무더우면 갈포를 홑겹으로 입지만 반드시 홑겹 갈포를 겉옷으로 하여 드러나게 한다)

(명사) 겉옷. (外衣)

→ 子貢乘大馬, 中紺而表素 『莊子・讓王』
자공이 큰 말을 탔는데 안의 옷은 진한 파랑이고 겉옷은 흰색이다.

緇衣, 羔裘 (검은 옷에는 검은 양 가죽옷)

(명사) 검은양(紫羔)으로 만든 가죽 옷. 고대에는 제후, 경, 대부의 조복(朝服)이었다. (用紫羔制的皮衣. 古時爲諸侯、卿、大夫的朝服)[고구, gāoqiú]

素衣, 麑裘 (흰 옷에는 어린 사슴 가죽옷)

(명사) 어린 사슴 가죽으로 만든 흰옷. (用幼鹿皮制成的白衣服)[예구, níqiú]

黃衣, 狐裘 (노란 옷에는 여우 가죽옷)

(명사) 여우 가죽으로 만든 겉옷. (用狐皮制的外衣)

褻裘長, 短右袂 (보통 집에 있을 때 입는 가죽옷은 길고, 오른 소매는 짧게 하다)

(명사) 집에 있을 때 보통 입는 가죽 옷. (家居常穿的皮衣)[설구, xièqiú]

褻裘長, 短右袂 (보통 집에 있을 때 입는 가죽옷은 길고, 오른 소매는 짧게 하다)

(명사) 소매. (衣袖, 袖口)[메, mèi]

必有寢衣, 長一身有半 (이불은 꼭 있고 길이는 신체 하나 반이다)

(명) 이불. (猶被子) [침의, qǐnyī]

→ 寢衣, 今之被也 「何晏集解」
침의(寢衣)는 지금의 이불이다.

必有寢衣, 長一身有半 (이불은 꼭 있고 길이는 신체 하나 반이다)

(명사) 몸뚱이 하나, 신체 하나. (一個軀幹)

狐貉之厚以居 (여우와 담비가죽의 두터움으로 앉다)

(동사) 앉다. (坐)

→ 居! 吾語汝 『論語·陽貨』
앉아라! 내가 너에게 말하겠다.

去喪, 無所不佩 (장례식을 떠나면 옥 장식물을 옷에 매달지 않은 곳이 없다)

(동사) 떠나다. (離開)

→ 小姐去三年, 待與招魂上九天 (明·湯顯祖『牡丹亭』)
아가씨(小姐)가 떠난 지 3년이 되(去三年)었을 때 혼을 불러 구천에 보내기를 기다린다.

(동사) 가다. (往)

→ 終與安社稷, 功成去五湖 (唐·李白『贈韋秘書子春』)
결국 사직(社稷)을 안정시키고 '공훈과 업적이 성취되(功成)'어 오호(五湖)에 가다.

— [보충]

왜 고대인들이 그토록 허리띠에 옥을 주렁주렁 달아서 차고 다녔는지 요즘 감각으로는 이해하기 어렵다. 하지만 요즘도 콧구멍이나 입술에 장신구를 달고 다니는 젊은이들이 있다. 장신구에 대한 인류의 열망은 동서고금 변함이 없다. 일정한 신분을 나타내는 여러 가지 상징성도 있지만 무엇보다도 걸을 때 소리가 난다는 것은 심미적일 수도 있고 신변보안의 문제와도 매우 밀접한 관계가 있을 것이다. 서로 비밀스러운 짓은 못한 것이고 패옥을 차면 걸음걸이나 모든 것이 질도가 있어야 하고 당당해져야 하는 것이다. 패옥의 다양한 형태가 있으며, 차는 방식도 허리띠에 국한되지 않는다. 상중에는 패옥할 수가 없다. (김용옥, 2008)

去喪, 無所不佩 (장례식을 떠나면 옥 장식물을 옷에 매달지 않은 곳이 없다)

(명사) 죽은 사람을 애도하고 장례지내는 예절과 의식. (哀葬死者的禮儀) [상, sāng]

去喪, 無所不佩 (장례식을 떠나면 옥 장식물을 옷에 매달지 않은 곳이 없다)

(명사) 고대 옷에 매달아 가지고 다니던 옥 장식품. (古代係在衣帶上的玉飾)

非帷裳, 必殺之 (온폭으로 만들어 조정과 제사에서 입는 옷이 아닌 경우 꼭 그것을(=옷을) 줄인다)

(명사) 고대 조정과 제사의 복장. 온폭의 천으로 만들고 절단하지 않는다. (古代朝祭的服裝. 用整幅布制成, 不加裁剪)

非帷裳, 必殺之 (온폭으로 만들어 조정과 제사에서 입는 옷이 아닌 경우 꼭 그것을(=옷을) 줄인다)

(동사) 줄이다, 내려가다, 떨어지다. (降等, 減少) [쇄, shài]

→ 詔王殺邦用 『周禮·廩人職』
소왕(詔王)이 나라의 비용을 줄이다.

吉月, 必朝服而朝 (매월 음력 초하루에 꼭 조복을 입고 황제를 찾아뵙다)

(명사) 음력 매월 초하루. (農曆每月初一)

吉月, 必朝服而朝 (매월 음력 초하루에 꼭 조복을 입고 황제를 찾아뵙다)

(동사) (황제를) 알현하다, 찾아뵙다(朝拜, 拜見). 고대에는 일반적으로 사람을 만나는 것을 모두 조(朝)라 불렀는데 특히 신하가 왕을 만나는 것, 아랫사람이 상관을 만나는 것, 후배가 선배를 만나는 것 등을 가리킨다. (古代凡是見人都可以稱朝, 也特指臣見君, 下屬見上官, 晚輩見長輩等)

→ 孔子沐浴而朝 『論語·憲問』
공자가 목욕을 하고(=제계하고) 알현하다.

10-7. 齊, 必有明衣, 布. 齊, 必變食, 居必遷坐.

齊,	必有	明衣,	布.	齊,
제계(齋戒)하다	꼭 있다 [必:(부)꼭 (6-30)]	고대 사람이 제계 기간 목욕한 다음 입던 깨끗한 내의(=속옷)	(명)베	(동)제계(齋戒)하다
제계할(때에는) [시간절(1-1)]	꼭 깨끗한 내의가 있었(고)		베(였다).	제계할 (때에는) [시간절(1-1)]

必變食,	居	必遷坐.
꼭 음식물을 바꾸다. [必:(부)꼭 (6-30)] [食:(명)음식물,양식(6-11)]	(명)사는 곳, 거처	꼭 일상 생활하는 장소를 바꾸다.
꼭 음식을 바꾸었(고)	사는 곳(은)	꼭 바꾸었다.

번역 제계(齋戒)할 때에는 꼭 깨끗한 내의가 있었고, 베였다. 제계할 때에는 꼭 음식을 바꾸었고, 사는 곳은 꼭 바꾸었다.

語法과 語彙

齊, 必有明衣 (제계(齋戒)할 때에는 꼭 깨끗한 내의가 있다)

(동사) (=齋) 고대 사람이 제사를 지내거나 의식을 거행하기 전에 마음을 맑게 하고 몸을 깨끗이 하여 정중하고 공손함을 보여주었다; 제계(齋戒)하다. [제, zhāi]

→ 齋而受璧 (明·王世貞『藺相如完璧歸論』)
제계하고 화씨벽(和氏璧 : 춘추시대 초나라 '변화<卞和>'가 발견한 보옥<寶玉>)을 받다.

→ 於是漢王齋戒, 設壇場, 拜信爲大將軍 『漢書·高帝紀上』
이 때문에 한(漢)나라 왕은 재계를 하고(齋戒) 단장(壇場:단으로 만든 넓은 무대)을 설치하고 한신(信:韓信)에게 '절을 하게 하고(배拜를 사역동사로 볼 경우) or 절을 하고(배拜를 타동사로 볼 경우)' 대장군(大將軍)으로 임명한다. [당시의 의식(儀式)에 근거해서 판단해야 하지만 통사적으로는 배拜를 사역동사로 하건 타동사로 처리하건 모두 문제는 없다]

齊, 必有明衣 (제계(齋戒)할 때에는 꼭 깨끗한 내의가 있다)

(명사) 고대 사람이 제계 기간 목욕한 다음 입던 깨끗한 내의(=속옷). (古人在齋戒期間沐浴後所穿的幹凈內衣)

→ 三代以來, 襲有明衣, 唐改用生絹單衣 (宋·高承·事物紀原『吉凶典制·明衣』)
삼대 동안 '덧입는 옷(襲:重衣)'에는 내의가 있고 당(唐) 시대에는 생견(生絹)으로 짠 홑겹 옷으로 바꾸어 사용하나.

齊, 必有明衣, 布 (제계(齋戒)할 때에는 꼭 깨끗한 내의가 있고, 베이다)

(명사) 베; 목화(棉), 마(麻) 및 목화 형태의 화학 단섬유가 방사(紡紗)를 거쳐 짜진 원단. (棉、麻及棉型化學短纖維經紡紗後的織成物)

<u>居</u>必遷坐 (사는 곳은 꼭 바꾸었다)

(명사) 사는 곳, 거처. (住所, 住處)

→ 一人之<u>居</u>以供十人已不足, 何以供百人乎? (清·洪亮吉『治平篇』)
한 사람이 사는 곳으로 열 사람에게 제공하면 이미 부족한데 '어떻게' 백 명에게 제공'할 수 있는가(何以:반문)'?

居必<u>遷坐</u> (사는 곳은 꼭 바꾸었다)

(동사) 평상시 일상 생활하는 장소를 바꾸다. (改換平時起居的場所)

→ 祭祀之齋, 居必<u>遷坐</u>, 必變服, 必變食 (宋·周密『齊東野語·齋不茹葷必變食』)
제사의 제계 동안 사는 곳은 꼭 바꾸고, 꼭 옷을 바꾸고, 꼭 먹는 음식을 바꾼다.

10-8. 食不厭精, 膾不厭細. 食饐而餲, 魚餒而肉敗, 不食. 色惡, 不食;臭惡, 不食;失飪, 不食;不時, 不食;割不正, 不食;不得其醬, 不食. 肉雖多, 不使勝食氣. 唯酒無量, 不及亂. 沽酒市脯, 不食. 不撤薑食, 不多食.

食	不厭	精,	膾	不厭	細.
(명)음식물,양식(6-11) [화제]	싫어하지 않다. [厭: (6-28)]	(형)세밀하다.가늘다 [형→명]	(명)가늘게 썬 물고기나 고기;회	싫어하지 않다. [厭: (6-28)]	(형)가늘다 [형용사→명사]
음식물[화제,topic(1-6)(16-14)]은 세밀한 것을 싫어하지 않(았고)			회[화제,topic]는 가는 것을 싫어하지 않았다.		
食	**饐**	**而**	**餲,**	**魚餒而肉敗,**	
(명)음식물,양식 (6-11)	(동)부패해서 고약한 냄새가 나다	(접)병렬. '그리고'(7-1)	(동)오래 되어 맛이 변하다	물고기가 썩어문드러지고 (동물의) 고기가 부패하다	
음식물이 부패해서 냄새가 나고 오래 되어 맛이 변하(고)				물고기가 썩어문드러지고 동물의 고기가 부패하(면) [여기까지가 조건절]	
不食.	**色惡, 不食;**		**臭惡, 不食;**		**失飪,**
먹지 않다[不: 7-14] [食:7-9]	색깔이 좋지 않으면 먹지 않다. [惡:(형)좋지 않다, 나쁘다(4-9)]		냄새가 좋지 않으면 먹지 않다		(동)조리가 덜 익고 부적합하다
먹지 않았다.	색깔이 좋지 않으면 먹지 않았(고);		냄새가 좋지 않으면 먹지 않았(고);		조리가 덜 익고 부적합하(면)
不食;	**不時, 不食;**		**割不正, 不食;**		**不得**
먹지 않다 [不: 7-14] [食:7-9]	때에 맞지 않으면 먹지 않다		자르는 것이 반듯하지 않으면 먹지 않다		얻지 못하다
먹지 않았(고);	때에 맞지 않으면 먹지 않았(고)		자르는 것이 반듯하지 않으면 먹지 않았(고)		
其醬,	**不食.**	**肉雖多,**	**不使勝**		**食氣.**
그것의 장(醬) [其:(대)(1-7)]	먹지 않다	고기가 비록 많지만[雖:(6-6)]	능가하지 못하게 하다.[使:~하게 하다(2-20)][勝:~을 능가하다(6-18)]		(명)주식(主食)
그것의 장(醬)을 얻지 못하(면)	먹지 않았다. [여기까지주절]	고기가 비록 많았지만[양보절]	주식(主食)을 능가하지 못하게 했다.		
唯	**酒**	**無量,**	**不及**	**亂.**	**沽酒**
(부)동작,상황제한. '오직,다만'(7-33)	(명)술	양이 없다	다다르지 않다, 도착하지 않다	(형)문란하다 [형용사→명사]	시장에서 사온 술
유독 술은 양이 없었(지만) [양보절]			문란한 상태에 이르지는 않았다.		시장에서 사온 술(과)
市脯,	**不食.**	**不撤**	**薑食,**	**不多食.**	
사온 고기	먹지 않다	물리지 않다 [撤 (3-2)]	생강이 든 음식물	많이 먹지 않다	
사온 고기(는) [주어]	먹지 않았다.	생강이 든 음식물을 물리지 않았(지만) [양보절]		많이 먹지는 않았다.	

번역 음식물은 세밀한 것을 싫어하지 않았고, 회는 가는 것을 싫어하지 않았다. 음식물이 부패해서 냄새가 나고 오래 되어 맛이 변하고, 물고기가 썩어문드러지고 동물의 고기가 부패하면 먹지 않았다. 색깔이 좋지 않으면 먹지 않았고, 냄새가 좋지 않으면 먹지 않았고, 조리가 덜 익고 부적합하면 먹지 않았고, 때에 맞지 않으면 먹지 않았고, 자르는 것이 반듯하지 않으면 먹지 않았고, 음식물에 맞는(=그것의) 장(醬)을 얻지 못하면 먹지 않았다. 고기가

비록 많았지만 주식(主食)을 능가하지 못하게 했다. 유독 술은 양이 없었지만 문란한 상태에 이르지는 않았다. 시장에서 사온 술과 사온 고기는 먹지 않았다. 생강이 든 음식물을 물리지 않았지만 많이 먹지는 않았다.

語法과 語彙

食不厭精 (음식물은 세밀한 것을 싫어하지 않다)

(형용사) 가늘다, 세밀하다; 음식물이 잘 빻아진. (精纖;粮食舂得精)

膾不厭細 (회는 가는 것을 싫어하지 않다)

(명사) 가늘게 썬 물고기나 고기. (纖切的魚、肉) [회, kuài]

食不厭精, 膾不厭細 (음식물은 세밀한 것을 싫어하지 않고, 회는 가는 것을 싫어하지 않다)

— [견해]

이 표현의 전체 문장은 '夫子不厭精食而細膾(선생님은 잘 빻아진 재료로 만든 음식물과 가늘게 썬 회를 싫어하지 않는다)'인데 목적어인 '음식물(食)'과 '회(膾)'를 강조하기 위해서 본래 단문이 복문으로 나뉘면서(夫子, 食不厭精, 膾不厭細 선생님은 음식물은 세밀한 것을 싫어하지 않고, 회는 가는 것을 싫어하지 않다) 문두에 위치시킨 것으로 볼 수 있다.

단문의 통사를 보면 '食不厭精(음식물은 세밀한 것을 싫어하지 않다)'는 본래 '夫子不厭食精(선생님은 음식물이 세밀한 것을 싫어하지 않다)'이고 '膾不厭細(회는 가는 것을 싫어하지 않다)'는 '夫子不厭膾細(선생님은 회가 가는 것을 싫어하지 않다)'가 된다. '夫子不厭食精', '夫子不厭膾細'는 각각 목적어(食<음식물>, 膾<회>)를 강조하기 위해 '화제'로 처리하고 '주어'가 생략되면서 '동사(不厭<싫어하지 않다>)와 목적 보어(精<세밀하다>, 細<가늘다>)'가 남았다고 보았다.

食饐而餲 (음식물이 부패해서 냄새가 나고 오래 되어 맛이 변하다)

(동사) (음식물이) 부패해서 고약한 냄새가 나다. ((食物)腐敗發臭) [의, yì]

食饐而餲 (음식물이 부패해서 냄새가 나고 오래 되어 맛이 변하다)

(동사) (음식물이) 오래 되어 맛이 변하다. ((食物)經久而變味) [애, ài]

魚餒而肉敗 (물고기가 썩어문드러지고 동물의 고기가 부패하면 먹지 않다)

(동사) 물고기가 썩어문드러지다. (魚腐爛) [뇌, něi]

失飪, 不食 (조리가 덜 익고 부적합하면 먹지 않다)

(동사) 조리가 덜 익고 부적합하다. (烹調生熟失宜) [실임, shīrèn]

不時, 不食 (때에 맞지 않으면 먹지 않다)

(형용사) 때에 맞지 않다; 시기적절하지 않다. (不及時)

→ 黃幡綽亦知音. 上嘗使人召之, 不時至, 上怒, 絡繹遣使尋捕 (唐·南卓『羯鼓錄』)
황번작(黃幡綽) 역시 '음악을 안다(知音)'. 왕은 일찍이 '사람을 파견하(使人)'여 그를 불렀는데 제때에 도착하지 못하여 '왕이 크게 화를 냈(上怒)'고, 끊임없이(絡繹) 사자를 파견하(遣使)여 수색하여 찾다(尋捕).

不得其醬, 不食 (음식물에 맞는(=그것의) 장(醬)을 얻지 못하면 먹지 않다)

(동사) 얻다. (獲得, 得到)

→ 不愿得地, 愿得張儀而甘心焉 『史記·屈原賈生列傳』
토지를 얻기를 원하지 않고 장의(張儀)를 얻고 만족하기를 원한다.

肉雖多, 不使勝食氣 (고기가 비록 많지만 주식(主食)을 능가하게 못하게 하다)

(명사) 식사의 재료, 주식으로 기(氣)는 희(餼)의 옛 글자이다. (飯料, 主食. 氣, 「餼<xì>」的古字)

唯酒無量, 不及亂 (유독 술은 양이 없지만 문란한 상태에 이르지는 않다)

(동사) 도착하다, 다다르다. (到, 到達)

→ 及里城, 亦然 『資治通鑑·唐紀·憲宗元和十二年』
내성(里城:內城)에 도착해서도 역시 그렇다.

唯酒無量, 不及亂 (유독 술은 양이 없지만 문란한 상태에 이르지는 않다)

(형용사) 질서가 없다, 문란하다. (紊亂, 沒有秩序)

→ 寺僧使小童持斧, 於亂石間擇其一二扣之 (宋·蘇轍『石仲山記』)
사찰의 승려가 작은 아이더러 도끼를 가져오라 하고 어지러운 돌 사이에서 돌멩이 한두 개를 골라 그것을 치라고 하다.

沽酒市脯, 不食 (시장에서 사온 술과 사온 고기는 먹지 않다)

(명사, 동사) 시장에서 사온 술; 술을 사다. (從市上買來的酒；買酒) [고주, gūjiǔ]

沽酒市脯, 不食 (시장에서 사온 술과 사온 고기는 먹지 않다)

(명사) 사온 고기 식품. (買來的肉食品) [시보, shìfǔ]

不撤薑食, 不多食 (생강이 든 음식물을 물리지 않지만 많이 먹지는 않다)

(명사) 다년생 초본식물(草本植物:지상부가 연하고 물기가 많아 목질을 이루지 않는 식물). 근경(根莖:뿌리처럼 보이는 줄기의 특수 형태)이 비대하고 불규칙한 덩어리 모양을 보이며 매운 맛이 있어 채소, 조미료 그리고 약용으로 쓰인다. (多年生草本植物. 根莖肥大, 呈不規則塊狀, 有辛辣味, 可作蔬菜、調料、並供藥用) [강, jiāng]

10-9. 祭於公, 不宿肉, 祭肉不出三日. 出三日, 不食之矣.

祭	於	公,	不宿肉,	祭肉
(동)제사지내다(3-12)	(전)발생장소 '~에서'(3-13)	(명)국가,단체	고기가 밤을 지내지 않게 하다.	(명사)제사 때 바치던 고기
나라에서 제사를 지(낼 때/지내면/…)[시간조건절(1-1)]			고기가 밤을 지내지 않게 했(고)	제사 고기는 [화제]
不出三日.		出三日,	不食之	矣.
3일이 넘지 않게 하다. [出:(동)넘다,초과하다(4-22)] [出:동사→사동]		3일이 넘다	그것을 먹지 않다. [食:(동)먹다(7-9)] [之:(대)재지시(2-1)]	(어기)'이미 그렇다' (3-24)
3일을 넘지 않게 했다.		3일이 넘(으면) [조건절]	그것을 먹지 않았다.	

번역 나라에서 제사를 지내면 고기가 밤을 지내지 않게 했고 제사 고기는 3일을 넘지 않게 했다. 3일이 넘으면 그것을 먹지 않았다.

語法과 語彙

祭於公 (나라에서 제사를 지내다)

(명사) 국가, 단체, 국가나 공공단체. (國家, 集體, 公家)

→ 公私之積, 猶可哀痛! (漢·賈誼『論積貯疏』)
국가와 개인(公私)의 축적이 여전히(猶) 슬퍼할만하다!

祭肉不出三日 (제사 고기가 3일을 넘지 않다)

(명사) 고대 제사지낼 때 바치던 고기. (古代祭祀時供奉之肉)

→ 非祭肉, 不拜 『論語·鄉黨』
제사 때 바치던 고기(祭肉)가 아니(非)면, 절하지 않다(不拜).

不宿肉 (고기가 밤을 지내지 않게 하다)

(동사) 격일로 고기를 준비하다; 고기가 밤을 지내게 하다. (隔日備肉; 留肉過夜)

10-10. 食, 不語;寢, 不言.

食,	不語;	寢,	不言.
(동)먹다(7-9)	말하지 않다 [語:(동)말하다(3-23)]	(동)자다	말하지 않다 [言:(동)말하다(7-17)]
먹(을 때) [시간절(1-1)]	말하지 않았(고)	잘 (때) [시간절(1-1)]	말하지 않았다.

번역 먹을 때 말하지 않았고, 잘 때 말하지 않았다.

語法과 語彙

寢, 不言 (잘 때 말하지 않다)

(동사) 잠자다, 자다. (睡覺) [침, qǐn]

→ 宰予晝寢 『論語·衛靈公』
재여(宰予<zǎiyú>)가 낮에 자다.

10-11. 雖疏食菜羹, 瓜祭, 必齊如也.

雖	疏食	菜羹,	瓜祭,	必
(접)비록~(하)지만(6-6)	(명)현미밥(7-15)	(명)야챗국	(동)음식을 올리고 제사지내다	(부)꼭,반드시,분명히(6-30)
비록 현미밥(=변변치 않은 음식)과 야챗국이라도 [통사 견해 아래 참조] [양보절(1-1)]			음식을 올리고 제사지냈(고)	꼭
齊如	**也.**			
(형)장중하고 공경스럽다	(어기)진술강조(2-17)			
장중하고 공경스러웠다.				

번역 비록 현미밥과 야챗국이라도 (먹기 전에) 음식을 올리고 제사지냈고 꼭 장중하고 공경스러웠다.

語法과 語彙

雖疏食<u>菜羹</u>, 瓜祭 (비록 현미밥과 야챗국이지만 음식을 올리고 제사지내다)

(명사) 야채로 끓인 국. (用蔬菜煮的羹) [채갱, càigēng]

→ 子卯, 稷食<u>菜羹</u> 『禮記·玉藻』
갑자와 을묘(子卯: 갑자와 을묘이고 옛날에는 꺼리는 날로 여겼다. 甲子和乙卯. 古以爲忌日)에는 '기장의 곡식을 밥으로 삼고(稷食:以稷谷爲飯)' 야챗국을 먹었다.

雖疏食菜羹, <u>瓜祭</u> (비록 현미밥과 야챗국이지만 음식을 올리고 제사지내다)

(동사) 박과 식물의 과실을 먹을 때 제물로 올리고 조상에게 반드시 제사를 지냈는데 근본을 잊지 말라는 의미였다; 식사하기 전에 조상에 대한 감사의 마음으로 음식을 올리고 제사를 지내는 것으로 볼 수 있다고 본다. (謂食瓜荐新, 必先祭祖, 示不忘本) [과제, guājì]

— [보충]

'瓜'를 '必'로 보아야 한다는 주장이 있다. 학자들은 다음과 같이 설명하고 있다.

- 『노론(魯論)』에서는 瓜를 必로 쓰고 있고, 이순(李惇)은 이 두 글자의 전자(篆字) 모양이 비슷해서 혼동된 것이라 하였다(『羣經識小』). 祭는 고수레, 따라서 반드시 고수레를 하였다는 뜻이다. 단 『禮記』 옥조(玉藻)의 글("瓜祭上環")을 근거로 과제(瓜祭)를 고수레로 보아도 통한다. (김학주, 2017)
- 우리나라 무당들이 굿을 할 때나, 들에서 음식을 먹을 때나, 남의 집에서 음식을 가져왔을 때, 그 음식의 일부를 조금씩 떼어 던지면서 "고수레!"하고 외친다. 또 그렇게 하는 행위를 '고수레(혹은 '고시레, 고시래' 방언에 따라 조금씩 발음이 다르다)'라고 한다. 전언에 따르면 단군 때 고시(高矢)라는 사람이 백성에게 농사짓는 법을 가르쳐주었기 때문에 그에게 감사의 표시로 음식의 일부를 바치는 것이라고 한다. 음식의 근원에 대한 감사는 인류의 공통된 제식의 테마였다. (김용옥, 2008)
- 옛날 사람들이 첫물의 오이를 먹기 전에 먼저 그것을 먹을 수 있게 해준 조상에게 드리는 감사의 제사. 일종의 고수

레라고 할 수 있다. 여기서는 그처럼 간단하게 감사의 제사를 드린다는 뜻의 동사로 쓰였다. (류종목, 2000)

- 陳曉芬(2016) 선생은 瓜祭를 必祭로 명기했고 다음과 같이 설명했다.
  고서의 다른 판본은 '瓜'로 보는데 마땅히 '必'이 맞다. '祭'는 여기서 고대 식사 전의 일종의 제사이다. 즉, 식탁에 있는 음식에서 각각 조금씩 덜어낸 것을 식기 사이에 놓고 이것으로 선대 음식을 발명한 사람에게 제사를 지내어 근본을 잊지 않겠다는 것을 나타낸다. (必：一本作"瓜", 當以"必"爲是. 祭：這里指古代飯前的一種祭禮, 即將席上食品各取少許, 置於食器之間, 用以祭先代發明飮食的人, 表示不忘本) (陳曉芬, 2016)
- 어떤 책들은 '必祭'로 보는데 '瓜'는 아무래도 틀린 글자 같다. 이것은 식사 전에 식탁 위의 각종 음식에서 소량을 가져와 식기 사이에 놓고 최초 음식을 발명한 사람에게 제사지내는 것으로 좌전(左傳)에는 '泛祭'라 했다. (有些本子作"必祭", "瓜"恐怕是錯字. 這是食前將席上各種食品拿出少許, 放在食器之間, 祭最初發明飮食的人, 《左傳》叫泛祭) (楊伯峻, 2006)

雖疏食菜羹, 瓜祭 (비록 현미밥과 야챗국이지만 음식을 올리고 제사지내다)

— [견해]

'疏食菜羹'은 양보절에서 서술어로 쓰이는데 이는 양보접속사(雖) 다음에, '疏食(변변치 않은 음식)', '菜羹(야챗국)' 두 명사구가 접속사와 그 다음에 보통 등장하는 주어, 동사, 형용사 없이 '명사 서술어(변변치 않은 음식과 야챗국이다)'로 쓰였다. 아니면 '雖(飯)疏食菜羹, 瓜祭(비록 현미밥과 야챗국을 먹더라도 (먹기 전에) 음식을 올리고 제사지내다)'으로 '먹다(飯)'가 생략되었다고 볼 수 있다.

必齊如也 (꼭 장중하고 공경스럽다)

(형용사구) 장중하고 공경스럽다. (莊重恭敬貌) [재여, zhāirú]

→ 齊, 嚴敬貌. 三物雖薄, 祭之必敬也 - 하안(何晏:?-249)이 집해할 때 공안국(孔安國:BC156~BC74)을 인용하여 말하다(何晏集解引孔安國曰)-
제(齊)는 엄숙하고 공경스러운 모습이다. 세 가지 물건이 비록 볼 것 없지만(=별거 아니지만) 제사지낼 때에는 반드시 공경으로 한다.

10-12. 席不正, 不坐.

席	不正,	不坐.
(명)자리, 좌석 [주어]	(형)단정하지 않다	(동)앉지 않다
자리가 단정하지 않(으면) [조건절]		앉지 않았다.

번역 자리가 단정하지 않으면 앉지 않았다.

語法과 語彙

席不正, 不坐 (자리가 단정하지 않으면 앉지 않다)

(명사) 자리, 좌석. (座席, 座位)

→ 魯君興, 避席擇言曰 『戰國策·魏策二』
노나라 왕은 일어나서(興) 자리를 떠나(避席) 말을 선택하(擇言)여 말하다.

席不正, 不坐 (자리가 단정하지 않으면 앉지 않다)

(형용사) 단정하다. (端正)

→ 梅以曲爲美, 直則無姿;以欹爲美, 正則無景 (淸·龔自珍『病梅館記』)
매화나무는 휘어져야 아름답다 여기고 '곧으면(直則)' 자태가 없다(無姿); 비스듬해야 아름답다 여기고 '단정하면(正則)' 경치가 없다.

10-13. 鄕人飮酒, 杖者出, 斯出矣.

(與)鄕人	飮酒,	杖者	出,	斯	出
(명)같은 마을 사람(들)	술을 마시다	(명)노인	(동)나가다	(접)유연한이어짐 '~면~하다'(4-7)	(동)나가다
같은 마을 사람들(과) 술을 마(실 때) [대상 전치사(與) 생략으로 본다][시간절]		노인이 나가···		···면 나갔다.	
矣.					
(어기)'이미 그렇다'(3-24)					

번역 같은 마을 사람과 술을 마실 때 노인이 나가면 나갔다.

語法과 語彙

(與)鄕人飮酒 (같은 마을 사람들과 술을 마시다)

(명사) 같은 마을 사람. (同鄕的人)

→ 故鄕人號之駝 (唐·柳宗元『種樹郭橐駝傳』)
그래서(故) 같은 마을 사람들(鄕人)은 '그것을 낙타라고 부른다(號之駝)'.

杖者出 (노인이 나가다)

(명사) 노인. (指老年人)

→ 杖者, 老人也 -허안(何晏:?-249)이 집해할 때 공안국(孔安國:BC156~BC74)을 인용하여 말하다(何晏集解引孔安國曰)-장자(杖者)는 노인이다.

10-14. 鄕人儺, 朝服而立於阼階.

鄕人	儺,	(夫子)朝服	而	立	於
(명)같은 마을 사람(들)	(동)구나(驅儺)하다	(동사)조복을 입다	(접)동작의 선후. '~다음'(6-15)	(동)서다	(전)발생장소,방향. '~에서'(3-13)
같은 마을 사람들이 구나(驅儺)를 할 (때) [시간절(1-1)]		(선생님은) 조복(朝服)을 입고 동쪽 섬돌에 서 (계셨다.)			
阼階.					
(명)동쪽 '섬돌/층계'					

번역 같은 마을 사람들이 구나(驅儺)를 할 때 (공자는/선생님은/...) 조복(朝服)을 입고 동쪽 섬돌에 서 계셨다.

語法과 語彙

鄕人儺 (같은 마을 사람들이 구나(驅儺)를 하다)

(동사) 신을 맞이하고 새회(賽會:옛날, 의장을 갖추고 풍물을 울리며 고을의 신상을 모시고 나와 동네를 돌던 마을 축제)를 할 때 음악과 춤으로 역귀(疫鬼:역병을 일으킨다는 귀신)를 몰아내다. (迎神賽會以樂舞驅逐疫鬼) [나,nuó]

(명사) 구나(驅儺:세말歲末이나 입춘立春에 행하는 악귀惡鬼 쫓는 의식)

朝服而立於阼階 (조복(朝服)을 입고 동쪽 섬돌에 서 있다)

(명사) 조복; 왕과 신하가 조정에서 모일 때 입던 예복. 성대한 예식을 거행할 때 역시 입었다. (君臣朝會時穿的禮服. 擧行隆重典禮時亦穿着)

(동사) 조복을 입(고 있)다. (穿(着)朝服)

→ 吉月, 必朝服而朝 『論語·鄕黨』
매월 음력 초하루(吉月)에 꼭 조복을 입고 황제를 찾아뵙다.

→ 朝服雖敝, 必加於上; 弁冕雖舊, 必加於首 『春秋穀梁傳·僖公八年』
조복(朝服: 조정에 나아가 임금에게 하례(賀禮)할 때 입던 옷)이 '비록 낡았지만(雖敝)' 반드시 몸에 걸쳐야 하고, 관(冠)이 비록 오래되었지만 반드시 머리에 써야 한다.

朝服而立於阼階 (조복(朝服)을 입고 동쪽 섬돌에 서 있다)

(명사) 동쪽 '섬돌/층계'. (東階) [조계,zuòjiē]

— [보충]

阼[조,zuò]:옛날 관청 앞 동쪽과 서쪽의 '섬돌/층계'. (大堂前東西的臺階)

→ 禮, 天子適諸侯之宮, 諸侯不敢自阼階 (漢·賈誼『新書·禮』)
예는 천자가 '제후의 관청에 갈(適諸侯之宮)' 때 제후는 '동쪽 섬돌에서 있(自(=在)阼階)'지 않는 것이다.

10-15. 問人於他邦, 再拜而送之.

問	人	於	他邦,	再拜
(동)안부를 묻다,위문하다(6-10) [동사→사동용법]	(명)사람	(전)발생장소,방향. '~에서'(3-13)	다른 나라	두 번 절하다
사람(=使者)더러 다른 나라에서 안부를 묻게 할 (때) [시간절(1-1)]				두 번 절한

而	送	之.
(접)동작의 선후. '~다음'(6-15)	(동)보내다	(대)그 사람 [之:(대)재지시. '그것, 그 사람, 그곳'(2-1)]
다음 그 사람을 보냈다.		

번역 사람(=使者)더러 다른 나라에서 안부를 묻게 할 때, 두 번 절한 다음 그 사람을 보냈다.

語法과 語彙

問人於他邦, 再拜而送之 (사람(=使者)더러 다른 나라에서 안부를 묻게 할 때, 두 번 절한 다음 그 사람을 보내다)

— [견해]

'문인(問人)'에서 '人'은 뒤의 단문에 나오는 재지시 '之'와 동일 인물로 다른 나라에 있는 사람이 아니라 '안부를 물으러 가는 사자(使者)' 로 본다.

10-16. 康子饋藥, 拜而受之. 曰: "丘未達, 不敢嘗."

康子	饋	藥,	(夫子)拜	而	受之.
(인명)계강자(2-20)	(동)증정하다	(명)약	(동)절하다	(접)동작의 선후. '~다음'(6-15)	그것(=약)을 받다 [之:재지시]
계강자가 성의 표시로 약을 주(었을 때/주자/…) [시간절(1-1)]			(공자는) 절을 하고 약을 받았다.		
曰:	**"丘**	**未(之)**	**達,**	**不敢**	**嘗(之)."**
(동)말하다	(인명)공자가 본인을 언급할 때 사용	(부)서술어앞.사실상태부정(5-19)	(동)알다,잘 알다	(동)배짱,용기가 없다(9-16)	(동)맛보다
말했다.	"나는 (그 약을) 잘 모르(기 때문에) [원인절(1-1)]			(그것을) 맛을 볼 용기가 없다."	

번역 계강자가 성의 표시로 약을 주었을 때 공자는 절을 하고 그것을 받았다. (그러고 나서) 말했다. "나는 그 약을 잘 모르기 때문에 맛볼 용기가 없다."

語法과 語彙

康子饋藥 (계강자가 성의 표시로 약을 주다)

(동사) 증정(贈呈)하다(=어떤 물건 따위를 성의 표시나 축하 인사로 주다) [궤, kuì]

→ 王饋兼金一百而不受 『孟子·公孫丑下』
왕이 좋은 금(兼金: 보통의 금보다 두 배 가치가 있는 좋은 금. 價値倍於常金的好金子) 백을 증정하지만 받지 않다.

丘未達 (나는 (그 약을) 잘 모른다)

(동사) 알다, 잘 알다. (明白, 通曉)

→ 俗儒不達時宜, 好是古非今 『漢書·元帝紀』
보통의 유생(俗儒)은 적절한 시기(時宜)를 잘 모르고 옛날을 좋아하고 '현재를 비난하다(非今)'.

丘未達, 不敢嘗 (나는 (그 약을) 잘 모르기 때문에 맛볼 용기가 없다)

(동사) 맛보다, 입으로 맛을 분별하다. (用口辨別滋味, 品嘗)

→ 未嘗君之羹 『左傳·隱公元年』
당신의 국(君之羹)을 맛보지 않았다.

→ 嘗一脟肉, 而知一鑊之味 『呂氏春秋·察今』
고기 한 덩어리(脟<열, liè>)를 맛보면 한 솥(一鑊<확, huò>)의 맛을 안다.

10-17. 廏焚, 子退朝曰: "傷人乎?" 不問馬.

(於)廏	焚,	子	退朝		曰:
(명)마구간	(동)불나다	(인명.명사)공자	(동)왕과 신하가 조정에서 만나고 예식이 끝나고 물러나다; 조정에서 나오다		(동)말하다
마구간(에서) 불이 났(을 때) [시간절(1-1)]		공자가 조정에서 나오(며/나온 다음) 말했다.			
"(火)傷人		乎?"	不問	馬.	
(동)사람을 다치게 하다		(어기)의문(2-7)	묻지 않다	(명)말	
"(불이) 사람을 다치게 했느냐?"			말에 대해선 묻지 않았다.		

번역 마구간에서 불이 났을 때, 공자가 조정에서 나오며 말했다. "사람이 다쳤느냐?(⇦ 불이 사람을 다치게 했느냐?) 말에 대해선 묻지 않았다."

語法과 語彙

廏焚 (마구간에서 불이 나다)

(명사) 마구간. (馬房, 馬棚) [구, jiù]

→ 館如公寢, 庫廏繕修 『左傳·襄公三十一年』
빈관(館:迎賓館:손님을 맞이하는 건물)은 '왕의 침실(公寢)' 같고 창고와 마구간은 '수리가 되다(繕修:修繕)'.

子退朝曰 (공자가 조정에서 나온 다음 말하다)

(동사) 고대 왕과 신하가 조정에서 만나고 예식이 끝나고 물러나다; 조정에서 나오다. (古代君臣朝見, 禮畢而退)

→ (魏子)退朝, 待於庭 『左傳·昭公二十八年』
위자(魏子)가 '조정에서 나와(退朝)' 뜰에서 기다리다.

傷人乎? (사람을 다치게 하는가?)

(동사) 사람을 다치게 하다. (傷害人)

→ 呂布乃虎狼之徒, 不可收留, 收則傷人矣! 『三國演義·第一三回』
여포(呂布)는 호랑이과 이리 무리 '같아(乃)' '받아들여 머물게 할(收留:接收容留)' 수 없으니 거두어들이면 사람을 다치게 한다.

10-18. 君賜食, 必正席先嘗之. 君賜腥, 必熟而薦之. 君賜生, 必畜之. 侍食於君, 君祭, 先飯.

君	賜	食,	必	正	席
(명)제왕.왕.임금 (15-38)	(동)주다,하사하다	(명)음식물,양식 (6-11)	(부)꼭,반드시, 분명히(6-30)	(동)바로잡다, 정돈하다(1-14)	(명)자리,좌석 (10-12)
왕이 먹을 것을 하사하(면) [시간조건절(1-1)]			꼭 자리를 바로 잡(고)		
先嘗之.		**君賜腥,**		**必熟**	**而**
먼저 그것을 맛보다 [嘗:(동)맛보다(10-16)][之:(대)재지시]		왕이 날고기를 하사하다		반드시 먹기 알맞게 '삶다/굽다'	(접)동작의 선후. '~다음'(6-15)
하사한 것을 먼저 맛보았다.		왕이 날고기를 하사하(면) [시간조건절(1-1)]		꼭 먹기 알맞게 삶거나 구운 다음	
薦之(祖先).		**君**	**賜**	**生,**	**必**
그것을 '바치다/진상하다'		(명)제왕.왕.임금 (15-38)	(동)주다,하사하다	살아 있는 것, 생명이 있는 것	(부)꼭,반드시, 분명히(6-30)
그것을 (조상께) 바치었다.		왕이 살아 있는 것을 하사하(면) [시간조건절(1-1)]			꼭
畜之.		**侍食**	**於**	**君,**	**君祭,**
그것을 기르다 [之:(대)재지시]		(동)곁에서 시중들 면서 식사하다	(전)발생장소. '~에서'(3-13)	(명)제왕.왕.임금 (15-38)	왕이 제사지내다
그것을 길렀다.		왕 곁에서 시중들면서 식사하(거나)			왕이 제사지낼 (때)
先飯.					
먼저 먹다. [飯:(동)먹다(7-15)]					
먼저 먹어 보았다.					

번역 왕이 먹을 것을 하사하면 꼭 자리를 바로 잡은 다음 그것을 먼저 맛보았다. 왕이 날고기를 하사하면 꼭 먹기 알맞게 삶거나 구운 다음 그것을 (조상께) 바치었다. 왕이 살아 있는 것을 하사하면 꼭 그것을 길렀다. 왕 곁에서 시중들면서 식사하거나 왕이 제사 지낼 때 (선생님이) 먼저 먹어 보았다.

語法과 語彙

君賜食 (왕이 먹을 것을 하사하다)

(동사) 주다, 윗사람이 아랫사람에게 주거나 또는 선배가 후배에게 주다. (給予. 指上給下或長輩給晚輩)

→ 公賜之食 『左傳·隱公元年』
정장공(鄭莊公)이 그에게 먹을 것을 주다.

君賜腥 (왕이 날고기를 하사하다)

(명사) 날고기, 생선 따위의 비린 것. (生肉) [성, xīng]

→ 腥, 生肉曰腥 『洪武正韵·庚韵』
성(腥, xīng), 날고기를 성(腥)이라 한다.

必熟而薦之 (꼭 먹기 알맞게 삶거나 구운 다음 그것을 바치다)

(동사) 알맞게 삶다; 먹을 것에 먹을 수 있을 정도로 열을 가하다. (煮熟; 食物加熱到可吃的程度)

→ 賓婚相召, 則豆羹白飯, 綦膾熟肉 (漢·桓寬『鹽鐵論·散不足』)
손님을 초대해 혼례를 거행할(賓婚) 때 서로 부르면(召) 콩국(豆羹), 흰쌀밥(白飯), 매우 얇게 썬 생선(綦膾), 알맞게 삶은 고기(熟肉)이다.

必熟而薦之 (꼭 먹기 알맞게 삶거나 구운 다음 그것을 바치다)

(동사)(=荐) 바치다, 진상하다, 제사를 지내 추모하다. (進獻, 祭奠) [천, jiàn]

→ 殷薦之上帝 『周易·豫』
은(殷)이 그것을 하느님께 바치다.

君賜生 (왕이 살아 있는 것을 하사하다)

(명사) 생명이 있는 것. (有生命的東西)

→ 挽强射生, 以給日用 『遼史·食貨志』
'강궁(强弓)을 당겨(挽强:拉引硬弓)' 살아 있는 것을 쏘아(射生) '평상시 먹는 음식(日用:日常飮食)'을 '공급하다(給:供給).'

君賜生, 必畜之 (왕이 살아 있는 것을 하사하면 꼭 그것을 기른다)

(동사) 기르다, 양육하다, 모으고 기르다. (蓄養, 養育)

→ 逐民所不田處畜牧 『漢書·趙充國傳』
백성을 농사지을 수 없는 곳으로 쫓아버려 기르고 방목하게 하다.

侍食於君 (윗 곁에서 시중들면서 식사하다)

(동사) 윗사람은 곁에서 '시중들면서/모시고' 식사하다. (陪侍尊長進食)

→ 侍食於長者, 主人親饋, 則拜而食 『禮記·曲禮上』
손윗사람(長者) 곁에서 시중들면서 식사를 할 때 주인이 친히(親) 증정하면 절을 하고 먹다.

10-19. 疾, 君視之, 東首, 加朝服, 拖紳.

(子)疾,	君	(去/臨/就/進/…)視	之,	(子)東首,	加
(동)병에 걸리다	(명)제왕.왕.임금(15-38)	(동)보다	공자 [之:(대)재지시]	(동)머리를 동쪽으로 하다	(동)(몸에,물건위에) 더하다(4-6)
(공자가) 병에 걸리(어)	1. 왕이 공자를 보러 (갔을 때) [시간절(1-1)] 2. 왕이 공자를 봤(을 때)			(공자는) 머리를 동쪽으로 하(고)	
朝服,	**拖紳.**				
(명)조복(10-14)	(동)큰 허리띠를 조복 위로 끌어당기다				
조복을 위에 더하(고)	큰 허리띠를 조복 위로 끌어당겼다.				

번역 공자가 병에 걸리어 왕이 공자를 보러 갔을 때, 공자는 머리를 동쪽으로 하고, 조복을 위에 더하고, 큰 허리띠를 조복 위로 끌어당겼다.

語法과 語彙

疾, 君視之 (병에 걸리어 왕이 그를 보다)

(동사) 병에 걸리다. (患病)

→ 疾數月而卒 『左傳·昭公二十年』
몇 달 병에 걸려 죽다.

東首, 加朝服 (머리를 동쪽으로 하고, 조복을 위에 더하다)

(동사) 머리를 동쪽으로 하다. (頭朝東)

→ 疾病…東首於北牖下 『禮記·喪大記』
큰 병에 걸리어 … '북쪽 창문 아래에서(於北牖下)' 머리를 동쪽으로 하다.

拖紳 (큰 허리띠를 조복 위로 끌어당기다)

(동사) 큰 허리띠를 조복 위로 끌어당기다. (引大帶於朝服之上) [tuōshēn]

→ 病臥不能著衣束帶, 又不可以褻服見君, 故加朝衣於身, 又引大帶於上也 「朱熹集注」
병이 나서 누우면 옷을 입지 못하고 허리띠를 차지 못하고 또 평상복을 입고(褻服) 왕을 알현하지 못하기 때문에 몸에 조복을 더하고 또 위에 큰 허리띠를 끌어당기다.

10-20. 君命召, 不俟駕行矣.

君	命	召(子),	(子)不俟	駕	行
(명)제왕.왕.임금 (15-38)	(동)알리다, 보고하다	(동)아랫사람을 불러 만나다(10-3)	(동)기다리지 않다	(동)마차를 말에 메우다	(동)가다, 운행하다(2-22)
왕이 (공자를) 불러 만나려고 알리(면) [시간조건절(1-1)]			(공자는) 마차를 말에 메우는 걸 기다리지 않고 갔다.		
矣.					
(어기)'이미 그렇다' (3-24)					

번역 왕이 공자를 불러 만나려고 알리면 공자는 마차를 말에 메우는 걸 기다리지 않고 갔다.

語法과 語彙

君命召 (왕이 불러 만나려고 알리다)

(동사) 알리다, 보고하다. (告, 報告)

→ 子顯以致命於穆公 『禮記·檀弓下』
자현(子顯)은 목공(穆公)에게 알려야 하는 결과를 초래하다.

(동사) 명령하다, 임명하다. (命令, 任命)

→ 以避天子之命吏 (唐·韓愈『祭鱷魚文』)
천자가(天子之) '임명한(=일정한 지위나 임무를 남에게 맡긴) 관리(命吏)'를 피하기 위해서이다.

不俟駕行矣 (마차를 말에 메우는 걸 기다리지 않고 가다)

(동사) 기다리다. (等待) [사, sì]

→ 静女其姝, 俟我於城隅 『詩·邶風·静女』
조용한 여자(静女:嫻静的女子) 그 미녀(姝:美女)는 성 모퉁이(城隅)에서 나를 기다린다.

不俟駕行矣 (마차를 말에 메우는 걸 기다리지 않고 가다)

(동사) 마차를 말에 메우다. (把車套在馬身上)

→ 君車將駕, 則仆執策立於馬前 『禮記·曲禮上』
왕의 차를 말에 메우려고 하면 하인(仆)이 채찍을 들고(執策) 말 앞에 선다.

10-21. 入太廟, 每事問.

(子)入	太廟,	每	事	問.
들어가다	태묘	(대)하나하나	일	(동)묻다(12-10)
(공자가) 태묘(에) 들어(가면/가서/간 다음/…) [시간조건절(1-1)]		하나하나(의) 일을 물었다. [목적어(每事) + 동사(問)]		

번역 공자가 태묘에 들어가면 하나하나의 일을 물었다.

語法과 語彙

팔일편(八佾篇) 15장 (3-15)에 출현.

入太廟 (태묘에 들어가다)

(명사) 제왕(=군주)이 조상에 제사하는 '사당/종묘'. (帝王祭祀祖先的廟堂)

→ 其祭儀祭器, 一如太廟之制 (清・昭槤『嘯亭雜錄・內務府定制』
그 '제사의식(祭儀:祭祀儀式)과 제사 그릇은 태묘의 제도와 '완전히 같다(一如:完全相同).'

10-22. 朋友死, 無所歸, 曰: "於我殯!"

朋友死,	(其)無	所	歸,	(子)曰:	"於
친구가 죽다	(동)없다(9-2)	(조사)'~사람·것·사건·곳'(1-12)	(동)몸을 의탁하다	(동)말하다	(전)동작도달장소 '~로,~에'(1-10)
친구가 죽(고)	(그의) 몸(=시체를)을 의탁할 곳이 없(자) [시간절]			(공자가) 말했다.	
我(室)	**殯!"**				
나(의 집)	(동)관을 안치하고 장례를 기다리다				
"나의 집에(←나에게) 관을 안치하고 장례를 기다려라."					

번역 친구가 죽고 그의 몸(=시체를)을 의탁할 곳이 없자 공자가 말했다. "나의 집에 관을 안치하고 장례를 기다려라!"

語法과 語彙

無所歸 (몸을 의탁할 곳이 없다)

(동사) 몸을 의탁하다(依託:어떤 것에 몸이나 마음을 의지하여 맡기다), 의탁할 곳을 찾아가다. (歸附, 投奔)

→ 君臣相顧, 不知所歸 (宋·歐陽修『五代史伶官傳序』)
왕과 신하가 '서로 마주보아도(相顧)' '의탁할 곳(所歸)'을 모르다.

於我(室)殯 (나의 집에 관을 안치하고 장례를 기다리다)

(동사) 영구(靈柩:시체를 담은 관)를 안치(安置)하고 장례를 기다리다. (停柩待葬) [빈, bìn]

→ 周人殯於西階之上 『禮記·檀弓上』
주나라 사람이 시체를 담은 관을 '사당의 서쪽 계단(西階:指堂西臺階)'의 위에 안치하고 장례를 기다리다.

於我(室)殯 (나의 집에 관을 안치하고 장례를 기다리다)

— [견해]

이 문장은 [전치사구(於我) + 동사(殯)] 인데 본문의 내용은 '나에게 안치하고 장례를 기다리다'로 한국어 표현과도 매우 닮아있다. 여기서 '나에게 안치해라'는 '내가 처리할 수 있는 공간에 안치해라'로 볼 수 있다. 즉 '나의 집에 안치해라' 정도가 될 수 있다. 여기서는 '집(室)'을 가리키는 중심어가 생략되었다고 보았다.

10-23. 朋友之饋, 雖車馬, 非祭肉, 不拜.

<table>
<tr><th>朋友</th><th>之</th><th>饋,</th><th>雖</th><th>車馬,</th><th>非</th></tr>
<tr><td>(명)친구</td><td>(접)주어+之+서술어(1-10)</td><td>(동)증정하다,성의로주다(10-16)</td><td>(접)비록~(하)지만(6-6)</td><td>(명)수레와 말</td><td>(부)부정표시.'명사서술어앞'(5-1)</td></tr>
<tr><td colspan="3">친구가 성의 표시로 물건을 줄 (때) [시간절(1-1)]
[주어+之+서술어'가 시간을 나타내는 종속절로 쓰임(1-10)]</td><td colspan="2">비록 마차와 말이라도 [양보절(1-1)]</td><td></td></tr>
<tr><th colspan="2">祭肉,</th><th>不拜.</th><td colspan="3" rowspan="3"></td></tr>
<tr><td colspan="2">(명사)제사 때 바치던 고기(10-9)</td><td>절하지 않다</td></tr>
<tr><td colspan="2">제사 때 바치던 고기가 아니(면)
[조건절(1-1)]</td><td>절하지 않았다.</td></tr>
</table>

번역 친구가 성의 표시로 물건을 줄 때 비록 수레와 말이라도 제사 때 바치던 고기가 아니면 절하지 않았다.

語法과 語彙

朋友之饋 (친구가 성의 표시로 물건을 주다)

— [견해]

'붕우지궤(朋友之饋)'에서 '궤(饋)'의 명사적 쓰임은 '먹을 것(食物)', '음식 쪽의 일(飲食方面的事情)' 정도의 의미항목이 있고 동사 의미에는 본문의 내용에 부합하는 '증정하다, 성의로 주다'의 의미 항목이 있다. 하지만 '궤(饋)'를 명사로 보기 힘들다고 생각하는데, 이유는 '증정하다, 성의로 주다'가 '행위'와 관련 있고 '사물'과는 거리가 있기 때문이다. 본문의 '궤(饋)'는 '동사'가 되고 이로 인해 '지(之)'는 '소유격 의미'가 아니라 '주어'를 이끄는 조사가 되고, 통사적으로도 문제가 없다.

朋友之饋, 雖車馬, 非祭肉, 不拜

— [견해]

이 문장은 '시간절+양보절+조건절' 세 개의 절이 종속절이 되어 주절을 수식하는 문장이다. 문장에서 보듯 이 세 개의 종속절에서 주절을 직접적으로 수식하는 절은 마지막의 '조건절'이 되며, 앞의 '시간절과 양보절'은 마지막의 '조건절'을 꾸며주는 역할을 하고 있다.

10-24. 寢, 不尸; 居, 不客.

(子)寢,	不	尸;	居,	不客.
(동)잠자다 (10-10)	(부)동사술어 앞. '~하지 않다'(7-14)	(동)쭉 펴다	(동)머물다(7-4)	손님으로 여기게 하지 않다. [명사→의동용법+사동용법]
잠잘 (때) [시간절(1-1)]	(몸을) 쭉 펴지 않으셨고		머무를 (때) [시간절(1-1)]	손님으로 여기게 하지 않았다.

번역 공자는 잠잘 때 몸을 쭉 펴지 않으셨고, 머무를 때 손님으로 여기게 하지 않았다.

語法과 語彙

寢, 不尸 (잠잘 때 몸을 쭉 펴지 않다)

(동사) (주름·구김살 따위를) 펴다. (舒展)[시,shī]

→ 尸其肌膚, 以達於夷途 (唐・柳宗元『貞符』)
그의 '구육과 피부(肌膚:肌肉與皮膚)'를 폈는데 외국(夷)의 길(途)에 도착했기 때문이다.

居, 不客 (머무를 때 손님으로 여기게 하지 않다)

— [견해]

명사(손님)가 '의동용법(3-20)'으로 활용된 후(손님으로 여기다) '사동용법'의 의미가 포함(손님으로 여기게 하다)되었다고 보았는데 '의동용법'에 '사동용법'이 가미된 용례가 더 있는지 살펴보아야 한다.

— [보충]

중국학자들은 '居, 不客'에서 마지막 글자를 모두 '객(客:손님)'으로 본 반면 한국학자들은 모두 '용(容:용태, 모습, 얼굴, 표정)'으로 보았다. 학자들의 풀이는 다음과 같다.

- "댁에 계실 적에는 엄숙한 얼굴을 짓지 않으셨다." (김학주, 2017)
- "집에 거처하실 때는 모양을 내지 않으셨다." (이기동, 2011)
- "사적으로 집에서 거하실 때는 일체 용태를 꾸미는 법이 없었다." (김용옥, 2008)
- "댁에 계실 때는 근엄한 표정을 짓지 않으셨다." (류종목, 2000)
- "평상시 집에서 지낼 때 손님이 되는 것처럼 혹은 손님을 대접하는 것처럼 그렇게 공경스러울 필요가 없다(平日居家不用像做客或待客那樣恭敬)." (陳曉芬, 2016)
- "집에서 지낼 때 스스로 억제하며 조심하여 엄숙한 용모와 장중한 태도가 손님 같지 않게 하다(不矜持威儀像一個客人)." (毛子水, 2009)
- "평상시 앉아 있을 때 손님을 접견하거나 스스로 손님이 되는 것처럼 하지 않다(平日坐着, 也不像接見客人或者自己做客人一樣)." (楊伯峻, 2006)

寢,_不尸;_居,_不客 (잠잘 때 몸을 쭉 펴지 않고, 머무를 때 손님으로 여기게 하지 않다)

— [견해]

고대중국어에서 '종속절+주절'의 통사일 때 현대 학자들은 종속절과 주절을 구별하기 위해서 문장부호 쉼표를 넣었다. '논어'에서 간혹 표시되지 않은 부분이 있는데 넣어서 구별하는 것이 더 낫다고 본다(발견한 부분은 이렇게 표시했다). 본문 역시 '종속절+주절' [종속절 (寢, 잘 때) + 주절(不尸, 쭉 펴지 않다) ; 종속절 (居, 머무를 때) + 주절(不客, 손님으로 여기게 하지 않다)]이 병렬된(세미콜론 표시) 통사이기 때문에 쉼표를 넣었다.

10-25. 見齊衰者, 雖狎, 必變. 見冕者與瞽者, 雖褻, 必以貌. 凶服者, 式之, 式負版者. 有盛饌, 必變色而作. 迅雷風烈, 必變.

見	齊衰	者,	雖	狎(者),	必
(동)보다, 만나다(3-24)	(명)자최(齊衰). 상복이름(9-10)	(조사)~한 사람, ~한 것(1-2)	(접)비록~지만(5-1)	(형)친하다	(부)꼭,반드시, 분명히(6-30)
자최(齊衰)를 입은 사람을 만나(면) [시간조건절(1-1)]			비록 친한 (사람이지만) [양보절]		꼭

變(色).	見冕者與瞽者,	雖	褻(者),
얼굴색을 바꾸다	면류관을 쓴 사람과 앞을 못 보는 사람을 만나다. [冕:(명)면류관(8-21)][與:(접)병렬.'~와'(4-5)][瞽:(명)장님(9-10)]	(접)비록~지만(5-1)	(형)익숙하다 (동)지주 만나다
얼굴색을 바꾸었다.	면류관을 쓴 사람과 앞을 못 보는 사람을 만나(면) [시간조건절(1-1)]	비록 익숙한 (사람이지만) [양보절]	

必	以(之)貌.	(見)凶服者,	式
(부)꼭,반드시, 분명히(6-30)	1. 그를 공경하다. 2. 그를 공경스럽게 여기다 [통사견해 아래 참조]	상복을 입은 사람(을 만나다)	(동)~을 향해 몸을 숙이다
꼭 그를 공경스럽게 여겼다.		상복을 입은 사람(을 만나면) [시간조건절(1-1)]	

之,	式負版者.	有	盛饌,	必
(대)재지시. '그것,그사람,그곳' (2-1)	손으로 도적(圖籍)을 들고 있는 사람에게 몸을 숙이다	(동)있다	(명)성대한 식사	(부)꼭,반드시, 분명히(6-30)
그를 향해 몸을 숙이(고)	손으로 도적(圖籍)을 들고 있는 사람에게(도) 몸을 숙였다.	성대한 식사가 있(으면)		꼭

變色	而	作.	迅雷	風烈,	必變(色).
(동)얼굴색을 바꾸다	(접)동작의 선후. '~다음'(6-15)	(동)일어서다(9-10)	(명)몹시 심한 번개 [명→동]	바람이 맹렬하다	꼭 얼굴색을 바꾸다
얼굴색을 바꾸고 일어섰다.			몹시 심한 번개가 치고 바람이 맹렬하(면) [시간조건절(1-1)]		꼭 얼굴색을 바꾸었다.

번역 (공자는) 자최(齊衰)를 입은 사람을 만나면 비록 친한 사람이지만 꼭 얼굴색을 바꾸었다. 면류관을 쓴 사람과 앞을 못 보는 사람을 만나면 비록 익숙한 사람이지만 꼭 그를 공경스럽게 여겼다. 상복을 입은 사람을 만나면 그를 향해 몸을 숙였고 손으로 도적(圖籍)을 들고 있는 사람에게도 몸을 숙였다. 성대한 식사가 있으면 꼭 얼굴색을 바꾸고 일어섰다. 몹시 심한 번개가 치고 바람이 맹렬하면 꼭 얼굴색을 바꾸었다.

語法과 語彙

雖狎, 必變 (비록 친하지만 꼭 얼굴색을 바꾸다)

(형용사, 동사) 친근하다, 친하다, 놀리다, 희롱하다. (親近, 戲弄)[압, xiá]

→ 宋華弱與樂轡少相狎 『左傳·襄公六年』
송(宋)의 화약(華弱)과 악비(樂轡<yuè>)는 어릴 적 서로 친했다.

雖狎, 必變 (비록 친하지만 꼭 얼굴색을 바꾸다)

(동사) 얼굴색을 바꾸다. 사람의 각종 심리적 활동(경외, 두려움, 슬픈 마음, 분노 등)의 반영이다. (改變臉色. 是人的各種內心活動(敬畏、恐懼、悲傷、憤怒等)的反映)

→ 舟人紛變色, 坐羨輕鷗矯 (宋‧蘇軾『與客游道場何山得鳥字』)
뱃사공(舟人:船夫) 기쁘게(紛:喜) 얼굴빛을 바꾼(變色) 다음, 가벼운 갈매기(輕鷗<구, ōu>)의 출중한 모양(矯<교, jiǎo>)을 앉아서 부러워하다.

雖褻, 必以(之)貌 (비록 익숙하지만 꼭 그를 공경스럽게 여기다)

(형용사) 익숙하다. (熟悉) [설, xiè]
(동사) 자주 만나다. (經常見面) [설, xiè]

雖褻, 必以貌 (비록 익숙하지만 꼭 그를 공경스럽게 여기다)

— [견해]

통사상 '이모(以貌)'는 서술어이고 바로 앞 '見齊衰者, 雖狎, 必變 (자최를 입은 사람을 보면 비록 친해도 꼭 얼굴빛을 바꾼다)'를 고려하면 '이모(以貌)'는 동사서술어에 가까운데 형용사 서술어이어도 관계가 없다. '이모(以貌)'의 통사는 두 가지로 볼 수 있고 모두 '以之貌(之:익숙한 사람 또는 자주 만나는 사람)'의 구조이지만 '以'의 용도를 다르게 볼 수 있다.

1. '以'를 '동작의 직접대상'을 나타내는 전치사('~를'(5-1))로 보는 경우인데 이때는 '익숙한 사람을 공경한다'로 보고 ' 貌'를 '형용사에서 동사'로 품사활용되었다고 볼 수 있다.

2. '以'를 동사 '여기다(→ 皆以美於徐公 『戰國策‧齊策一』 모두 (내가) 徐公보다 아름답다고 여긴다)'로 보는 경우이다. 이때는 '以之貌(之:익숙한 사람 또는 자주 만나는 사람)'가 [동사+목적어+목적격보어]가 되어 '익숙한 사람을 공경스럽게 여기다'의 의미를 갖는다. [동사+목적어+목적격보어]의 통사를 가진 용례는 다음과 같은 것이 있다.

→ 故天下之君子與謂之不祥者 『墨子‧天志中』
때문에 세상의 군자는 모두 '그를 '좋지 않은 사람(不祥者)이라 말한다. [동사(謂)+목적어(之)+목적격보어(不祥者)]

雖褻, 必以(之)貌 (비록 익숙하지만 꼭 그를 공경스럽게 여기다)

(형용사) 공경하는. (恭敬的樣子)

(見)凶服者, 式之 (상복을 입은 사람을 만나면 그를 향해 몸을 숙이다)

(명사) 상복. (喪服)

→ 僮無凶服 (唐‧柳宗元『唐故衡州刺史東平呂君誄』)
노예로 부리는 어린 아이(僮=童<동, tóng>:봉건시대 노역을 하는 미성년. 封建時代受奴役的未成年人)는 상복이 없다.

(見)凶服者, 式之 (상복을 입은 사람을 만나면 그를 향해 몸을 숙이다)

(동사) 수레에 올라 횡목에 의지하여 몸을 숙이다. (고대 하나의 예의로 오른 수레에 서서 몸을 숙이고 횡목에 의지

하는 것으로 존경의 마음을 나타내는 것이다. 古代的一種禮儀. 即立乘車上俯身扶軾, 表示敬意)

— [견해]

이 의미는 공구서들에선 언급되어 있지 않지만 '~을 향해 몸을 숙이다; ~을 향해 인사하다'로 파생될 수 있다고 본다.

→ 天子爲動, 改容試(=式)車 『漢書·周勃傳附周亞夫』
천자가 '움직이(爲動)'자 '용모를 고치(改容)'고 수레를 향하여 몸을 숙이다.

式負版者 (손으로 도적(圖籍)을 들고 있는 사람을 향해 몸을 숙이다)

(동사) 손으로 국가의 도적(圖籍: 지적도와 호적)을 들다. (手持國家圖籍)

有盛饌 (성대한 식사가 있다)

(명사) 성대한 식사. (豐盛的飯食) [성찬, shèngzhuàn]

→ 羊固拜臨海, 竟日皆美供, 雖晚至, 亦獲盛饌 (南朝·宋·劉義慶『世說新語·雅量』)
양고(羊固)는 임해(臨海)에게 인사하고 하루 종일(竟日:終日; 整天) 훌륭한 요리(美供:精美的菜肴)를 칭찬하여(皆:嘉) 비록 늦게 왔지만 성대한 식사를 했다.

迅雷風烈, 必變 (몹시 심한 번개가 시고 바림이 맹렬히면 꼭 얼굴색을 바꾸다)

(명사) 몹시 심한 번개; 질뢰(疾雷) [신뢰, xùnléi]

→ 君子之居恒當户, 寢恒東首, 若有疾風、迅雷、甚雨, 則必變 『禮記·玉藻』
군자의 거처는 항상 '집의 출입구(户)'로 하고 잘 때에는 항상 '머리를 동쪽으로 하(東首)'고 만약(若) 심한 바람, 심한 번개, 심한 비가 있으면 반드시 얼굴빛을 바꾼다.

10-26. 升車, 必正立執綏. 車中, 不內顧, 不疾言, 不親指.

(子)升	車,	必	正立	執	綏.
(동)오르다	(명)수레	(부)꼭,반드시, 분명히(6-30)	바르게 서다	(동)쥐다,잡다(6-10)	(명)수레 탑승용 밧줄
(공자는) 수레(에) 오를 (때) [시간절(1-1)]		꼭 바르게 서서 수레 탑승용 밧줄을 잡았다.			
車中,		**不內顧,**	**不疾言,**	**不親指.**	
수레 안		(동)뒤돌아보지 않다	(동)빠르게 얘기하지 않다	(동)손가락질하지 않다	
수레 안(에 있을 때에는/에서는…) [시간절(1-1)]		뒤돌아보지 않았(고)	빠르게 얘기하지 않았(고)	손가락질하지 않았다.	

번역 공자는 수레에 오를 때 꼭 바르게 서서 수레 탑승용 밧줄을 잡았다. 수레 안에 있을 때에는 뒤돌아보지 않았고, 빠르게 얘기하지 않았고, 손가락질하지 않았다.

語法과 語彙

升車 (수레에 오르다)

(동사) 오르다. (登上) [승, shēng]

→ 由也升堂矣, 未入於室也 『論語·衛靈公』
자로(由)는 대청에 올랐(升堂)지만 방에는 들어오지 못했다.

必正立執綏 (꼭 바르게 서서 수레 탑승용 밧줄을 잡다)

(명사) 수레에 오를 때 손을 끌어당기는데 사용되는 밧줄. (上車時挽手所用的繩索) [수, suí]

→ 張儀至秦, 詳失綏墮車, 不朝三月 『史記·張儀列傳』
장의(張儀)가 진(秦)에 도착하여 수레를 탈 때 잡고 오르는 밧줄을 '신중하(詳:謹愼, 愼重)'게 '꽉 잡지 않(失:没有把握住)'아 수레에서 떨어져(墮車) 3개월 동안 조정에 들어가 왕을 뵙지 못하다.

車中, 不內顧 (수레 안에 있을 때에는 뒤돌아보지 않다)

(동사) 뒤돌아 보다. (回頭看)

→ 夫君人者, 黈纊塞耳, 車中不內顧 (漢·張衡『東京賦』)
왕(=임금=군주:人君 ; 國君)은 노란 솜으로 만든 작고 둥근 물건(黈纊<주광, tǒukuàng>:노란 면으로 만든 작은 둥근 물건으로 관 위에 달아서 양쪽 귀 부근에 늘어뜨려 옳고 그름을 함부로 듣지 않겠다는 것을 보여 준다. 黃綿所製的小球. 懸於冠冕之上, 垂兩耳旁, 以示不欲妄聽是非)을 귀에 막고 수레 안에서는 돌아보지 않는다.

不疾言, 不親指 (빠르게 얘기하지 않고, 손가락질하지 않다)

(동사) 빠르게 얘기하다. (急遽地說話)

→ 疾言噴噴, 口沸目赤 『韓詩外傳·卷九』
말을 엄청 빠르게 하(噴噴<분분, pēnpēn>: 말을 매우 빠르게 하는 모습. 說話很快的樣子)고 감정이 격해지고 '목소리와 얼굴빛이 몹시 사납다(口沸目赤:침이 사방으로 튀고 눈이 빨개지는 것으로 사람의 감정이 격해지고 목소리와 얼굴빛이 모두 사나운 모습이다. 謂口沫橫飛, 眼睛發紅. 形容人情緒激動, 聲色俱厲的神態)'.

不疾言, 不親指 (빠르게 얘기하지 않고, 손가락질하지 않다)

(동사) 손가락질하다, 손가락으로 지적하다. (謂用手指指點點)

→ 恭儉仁恕, 未嘗疾言親指 (南朝·梁元帝『金樓子·后妃』)
공손하고 검소하고 자애롭고 너그럽고 빠르게 말하거나 손가락질한 적이 없다.

10-27. 色, 斯擧矣, 翔而後集. 曰: "山梁雌雉, 時哉時哉!" 子路共之, 三嗅而作.

色,	斯	擧	矣,	翔	而後
(동)안색이 변하다, 표정을 보여주다	(접)유연한이어짐 '~면~하다'(4-7)	(동)날다	(어기) '이미 그렇다'(3-24)	(동)빙글빙글 돌며 날다	(접)~한 다음 (비로소)(5-20)
안색이 변하(면) [시간조건]	날아가 버렸(고)			빙글빙글 돌며 난 후	
集.	**(子)曰:**	**"山梁**	**雌**	**雉,**	**時**
(동)머물다	말하다	(명)계곡을 흐르는 물 위의 다리	(명)암컷	(명)꿩	때에 맞는 [동사→형용사]
머물렀다.	(공자가) 말했다.	"계곡을 흐르는 물 위의 다리(에 있는) 암컷 꿩(은) [주어구]			
哉	**時哉!"**	**子路**	**共**	**之,**	**(子)三**
(어기)문미 감탄 (8-15)	때에 맞다!	중유(仲由)=유(由) (2-17)	1. (동)바치다 2. (동)공수하다	(대)재지시.'그것, 그사람,그곳'(2-1)	(부)세 번 (수사)셋
때를 만났구나! 때를 만났구나!"		자로가 그 암컷 꿩을 바치(니)			세 번
嗅			**而**	**作.**	
(동)냄새 맡다 (동)새가 두 날개를 펼치고 빙글빙글 돌며 날다.(=狊<격,jú>)			(접)동작의 선후. '~다음'(6-15)	(동)일어서다(9-10)	
냄새 맡은 다음 일어섰다."					

번역 안색이 변하면 날아가 버렸고, 빙글빙글 돌며 난 후 머물렀다. 공자가 말했다. "계곡을 흐르는 물 위의 다리에 있는 암컷 꿩은 때를 만났구나! 때를 만났구나!" 자로가 그 암컷 꿩을 바치니 공자는 세 번 냄새 맡은 다음 일어섰다.

語法과 語彙

色, 斯擧矣 (안색이 변하면 날아가 버렸다)

(동사) (화가 나서) 안색이 변하다, 사람에게 '표정/얼굴빛'을 보여주다. (作色, 給人臉色看)

→ 諺所謂'室於怒, 市於色'者, 楚之謂矣 『左傳·昭公十九年』
속담(諺:俗話)에 '집에서 화내(室於怒)고 사람이 많은 곳에서(市於) 그 화난 모습을 보여준다(色)'라는 말의 사람은 초나라 사람을 말한다. [전치사 以이외 '전치사의 목적어가 전치사 앞(室於동사, 市於동사)'에 있는 통사이다]

色, 斯擧矣 (안색이 변하면 날아가 버렸다)

(동사) 날다, (動, 飛動)

→ 知所兔起鳧擧死殙之地矣 『吕氏春秋·論威』
토끼가 뛰면 오리(鳧)가 날아 '혼란스러운(殙)' 곳에서 죽었다는 것을 안다.

翔而後集 (빙글빙글 돌며 난 후 머무르다)

(동사) 빙글빙글 돌며 날다. (回旋而飛) [상, xiáng]

→ 鳳凰翔於庭, 麒麟游於郊 『淮南子·覽冥訓』
봉황은 몸채 앞 마당에서 '하늘을 빙빙 돌며 날(翔<상, xiáng>)'고 '기린(麒麟. qílín)'은 교외에서 '걷는다(游:行走)'.

翔而後集 (빙글빙글 돌며 난 후 머무르다)

(동사) 머물다, (잠시) 거주하다. (栖止=栖身, 停留)

→ 沙鷗翔集 (宋·範仲淹『岳陽樓記』)
해안가 모래톱에 사는 '갈매기 따위의 물새(鷗<구, ōu>)'가 빙글빙글 돌며 날고 머문다.

山梁雌雉 (계곡을 흐르는 물 위의 다리에 있는 암컷 꿩)

(명사) 계곡을 흐르는 물 위의 다리. (山澗上的橋)

時哉時哉! (때를 만났구나! 때를 만났구나!)

(동사) '때/시기'에 맞다.

→ 孔子, 聖之時者也 『孟子·萬章下』
공자는 성인(聖人) 중 때에 맞는 사람이다.

子路共之, 三嗅而作 (자로가 그것(=암컷 꿩)을 바치니 세 번 냄새 맡은 다음 일어서다)

— [보충과 견해]

이 문장에 대해 毛子水(2009) 선생이 여러 설을 논거로 제시한 후 번역에 대해 공석을 만든 것 이외 학자들 사이에 이견이 존재하고 특히 이기동(2011)선생을 제외한 한국 학자들과 중국 학자들 사이의 견해가 다르다.

- "자로가 이를 잡아 삶아 바치니, 세 번 냄새만 맡으시고 일어나 가셨다." (김학주, 2017)
- "자로가 재촉하니 세 번 (봄) 내음을 맡고 일어나셨다." (이기동, 2011)
- "자로가 이 노래를 잘못 알아듣고 까투리를 잡아 요리를 하여 바쳤나. 공자께서 세 번 냄새만 맡으시고는 일어나시었다." (김용옥, 2008)
- "자로가 꿩을 잡아가지고 구워서 바쳤더니, 세 번 냄새를 맡고는 일어나 가버리셨다." (류종목, 2000)
- "자로가 새들한테 두 손으로 물건을 안을 듯이 새를 날아가게 하자 새들이 날개를 흔들며 또 날아갔다. (子路對它們拱拱手, 它們拍打着翔膀又飛去了) (陳曉芬, 2016)
- "자로는 새들을 향해 두 손으로 물건을 안을 듯이 새를 날아가게 하자 새들이 또 푸드득 푸드득(=振一振 떨쳐 일어나다) 날개 죽지를 펼치고 날아갔다. (子路向它們拱拱手, 它們又振一振翔膀飛去了) (楊伯峻, 2006)

중국학자들이 이렇게 해석하는 근거는 글자의 이체자(共=拱)와 오기(誤記)를 들었다(嗅→狊). 하지만 한 문장에서 두 개의 글자가 혼돈을 유발하는 것도 흔한 일이 아닌 것과, 공수(拱手)를 공공수(拱拱手)로 확대한 것 그리고 '作'의 의미에 '일어나다'는 분명한데 '날아가다'가 없는 점 등으로 한국학자들의 의견을 따랐다.

이 장은 글 뜻을 올바로 파악하기가 어렵다. 빠져 나가 없어져 버린 구절이 있는 듯하다. 억지로 번역과 설명을 늘어 놓았지만, 아무래도 다른 장의 내용과는 성격도 달아, 무엇을 뜻하는 말인지 정확히 알기가 어렵다. (김학주, 2017)

子路共之, 三嗅而作 (자로가 그것(=암컷 꿩)을 바치니 세 번 냄새 맡은 다음 일어서다)

(동사)1. 공급하다, 바치다. (供給) [공, gōng]
(동사)2. (=拱手) 공수하다;두 손을 마주 잡고 팔을 가슴 위로 올려 경의나 존중을 표시하다. → 두 손으로 물건을 안을 듯이 새를 날아가게 하다. (拱拱手) [공, gǒng]

子路共之, 三嗅而作 (자로가 그것(=암컷 꿩)을 바치니 세 번 냄새 맡은 다음 일어서다)

(수사) 셋. (三)
(부사) 여러 번 또는 다수. (表示多次或多數)

子路共之, 三嗅而作 (자로가 그것(=암컷 꿩)을 바치니 세 번 냄새 맡은 다음 일어서다)

(동사)1. 냄새 맡다; 코로 냄새를 구별하다. (聞, 用鼻子辨別氣味) [후, xiù]
(동사)2. (=狊) 새가 두 날개를 펼치고 빙글빙글 돌며 날다. (鳥展雙翅) [격, jú]

제 11 편

선진

言語 | 論語

11-1. 子曰: "先進於禮樂野人也; 後進於禮樂君子也. 如用之, 則吾從先進."

<table>
<tr><th>子曰:</th><th>"先進</th><th>於</th><th>禮樂</th><th>野人</th><th>也;</th></tr>
<tr><td>공자가 말하다</td><td>(명)선배</td><td>(전)~에 대해…
(6-8)</td><td>(명)예와 음악</td><td>(명사)일반 사람</td><td>(어기)진술강조
(2-17)</td></tr>
<tr><td colspan="6">공자가 말했다. "선배들은 예와 음악에 대해 일반 사람이었(고)</td></tr>
<tr><th>後進</th><th>於</th><th>禮樂</th><th>君子也.</th><th>如</th><th>用</th></tr>
<tr><td>(명)후배</td><td>(전)~에 대해…
(6-8)</td><td>(명)예와 음악</td><td>통치자,귀족[也:진술강조(2-17)]</td><td>(접)만약~하면
(7-11)</td><td>(동)임용하다,
임명하다(7-10)</td></tr>
<tr><td colspan="4">후배들은 예와 음악에 대해 귀족이다.</td><td colspan="2">만약 (내가) 임용한다면</td></tr>
<tr><th>之,</th><th>則</th><th>吾</th><th>從</th><th>先進."</th><td rowspan="3"></td></tr>
<tr><td>(대)형식적 쓰임
(2-17)</td><td>(접)조건+則+결과
(1-6)</td><td>(대)나,우리
'주어,한정어…'
(13-18)</td><td>(동)참여하다
[동→사동]</td><td>(명)선배</td></tr>
<tr><td></td><td colspan="4">나는 선배들을 참여시키겠다."</td></tr>
</table>

번역 공자가 말했다. "선배들은 예와 음악에 대해 일반 사람이었고, 후배들은 예와 음악에 대해 귀족이다. 만약 내가 임용한다면 나는 선배들을 참여시키겠다."

語法과 語彙

先進於禮樂野人也; 後進於禮樂君子也

— [보충과 견해]

이 문구에 등장하는 선진(先進)과 후진(後進)에 대한 주석은 세 가지 부류인데 하나는 '선배, 후배'의 개념으로 본 것이고(이기동, 김용옥) 하나는 '선대(先代), 후대(後代)'로 본 것이고(김학주), 하나는 '부사+동사(먼저 나아가다/ 뒤에 나아가다 또는 먼저 배우다/뒤에 배우다 등)'로 본 것이다(류종목, 陳曉芬, 毛子水, 楊伯峻).

『漢語大詞典』에는 '후배, 선배'로 기록하였고 여러 예문도 제시하였다(아래 참조). 통사구조로 보면 '동사구(먼저 예악으로 가면 야인이다/ 뒤에 예악으로 가면 군자다)'와 '명사(선배들은 예와 음악에 대해 일반 사람이다/ 후배들은 예와 음악에 대해 귀족이다)' 모두 무리가 없는 것 같으나, 문장 전체의 의미로 보면 '명사'가 더 적합하다고 생각한다.

先進於禮樂野人也 (선배들은 예와 음악에 대해 일반 사람이다)

(명사) 선배. (前輩)

→ 不以先進略後生, 不以上官卑下吏 (宋·王安石『謝王司封啟』)
선배(先進)이기 때문에 후배(後生)를 소홀하(略:忽略)지 않고 상관(上官)이기 때문에 하급 관리(下吏)를 무시하(卑)지 않다.

先進於禮樂野人也 (선배들은 예와 음악에 대해 일반 사람이다)

(명사) 서민, 백성; 일반사람. (庶人 ; 平民)

→ 出去爲朝客, 歸來是野人 (唐·白居易『訪陳二』詩)
나가면 조정의 관원(朝客:指朝中官員)이 되고 돌아오면 일반사람이다.

後進於禮樂君子也 (후배들은 예와 음악에 대해 귀족이다)

(명사) 후배. 또한 학식, 자격, 경력이 비교적 낮은 사람. (後輩. 亦指學識或資歷較淺的人)

→ 後進之中見此人 (唐·張繼『送顧況泗上覲叔父』詩)
후배 가운데에서 이러한 사람을 보다.

後進於禮樂君子也 (후배들은 예와 음악에 대해 귀족이다)

(명사) 통치자와 귀족 남자에 대한 통칭으로 보통 '소인(小人)'이나 '야인(野人)'과 대구를 이룬다. (對統治者和貴族男子的通稱. 常與「小人」或「野人」對擧)

如用之, 則吾從先進 (만약 임용한다면 나는 선배들을 참여시키겠다)

(동사) 참여하다, 종사하다. (參與, 從事)

→ 心煩慮亂, 不知所從 『戰國策·屈原·離騷』
마음이 답답하고 생각이 어지러워 할 것(or 종사할 곳 or 처리할 것)을 모르다.

→ 弟走從軍阿姨死 (唐·白居易『琵琶行』)
동생은 떠나서 군대에 참여하고 어머니(阿姨)는 죽다.

11-2. 子曰: "從我於陳蔡者, 皆不及門也."

<table>
<tr><th>子曰:</th><th>"從我</th><th>於</th><th>陳蔡</th><th>者,</th><th>皆</th></tr>
<tr><td>공자가 말하다</td><td>나를 따르다</td><td>(전)발생장소, 출현범위(1-14)</td><td>(지명)진(陳)나라와 채(蔡)나라</td><td>(조사)~한 사람, ~한 것(1-2)</td><td>(부사)모두</td></tr>
<tr><td colspan="5">공자가 말했다. "진(陳)나라와 채(蔡)나라에서 나를 따르던 사람(은) [주어]</td><td>모두</td></tr>
<tr><th colspan="2">不及門</th><th>也."</th><td colspan="3" rowspan="3">'從我於陳蔡者' 이 문장에서 '어(於)'를 동사 '~에 있다(4-5)'로 볼 경우 해석은 '나를 따라와 진채에 있던 사람'으로 '동사구+동사구'가 한정어가 되어 중심어인 조사 '者(사람)'를 수식하는 통사로 틀리지 않고, 오히려 이 분석이 전체적 의미에 더 부합하다고 볼 수 있다. (통사 견해 아래 참조)</td></tr>
<tr><td colspan="2">지금 문하에 없다</td><td>(어기)진술강조 (2-17)</td></tr>
<tr><td colspan="3">지금 문하에 없다."</td></tr>
</table>

번역 공자가 말했다. "진(陳)나라와 채(蔡)나라에서 나를 따르던 사람은 모두 지금 문하에 없다."

語法과 語彙

從我於陳蔡者 (진(陳)나라와 채(蔡)나라에서 나를 따르던 사람)

— [견해]

이 문장에서 단어 '어(於)'는 다음처럼 볼 수 있다.

1. (전치사) '동작의 발생 장소, 출현 범위'로 모든 학자가 이 용도라고 파악하고 있다.

→ 其意蓋將死我於囊而獨竊其利也 『中山狼傳』

그의 뜻은 아마도 자루에서 나를 죽이게 하고 혼자 그 이윤을 훔치려는 것일 게다. (死我=使我死, 내가 죽도록 하다)

→ 請君抉於斯二者 『孟子·梁惠王下』

왕께서 이 둘에서 고르십시오.

상기의 용도로 본다면 '從我於陳蔡者' 이 문장은 '從我…者(나를 따르는 사람)'과 '於陳蔡(진나라 채나라에서)' 두 문장의 결합으로 봐야 하고 이는 '從我於陳蔡(진채에서 나를 따르다)'가 조사 '者(사람)'을 수식하는 한정어로 볼 수 있다.

2. (동사) '~에 있다'이다.

→ 造次必於是, 顚沛必於是 『論語·里仁』

매우 바쁠 때에도 반드시 仁에 있고, 곤란하고 고통스러울 때에도 반드시 仁에 있다.

→ 義者軒冕在前, 非義弗受; 斧鉞於後, 義死不避 (劉向『說苑·立節』)

정의… 고관의 수레 타기와 예복(軒冕)은 앞에 있지만 정의롭지 않(으면) 받아들이지 않고, 형벌(斧鉞)은 뒤에 있지만 정의로움이 죽(으면) 회피하지 않는다.

'從我於陳蔡者' 이 문장은 '從我(나를 따르다)'와 '於陳蔡(진채에 있다)'와 조사 '者(사람)'의 결합인데, 해석은 '나를 따라와 진채에 있던 사람'으로 '동사구+동사구'가 한정어가 되어 중심어인 조사 '者(사람)'를 수식한다([[從我+於陳蔡]+者])고 보는 것이다. 통사적으로 문제는 없다고 생각한다.

3. (전치사) '동작의 도달 장소(~로, ~에…)'이다.

이 용도의 전치사로 볼 경우 이 문장은 '진(陳)나라와 채(蔡)나라로 나를 따라 간 사람'이 될 수 있다. 하지만 이 의미항목으로 사용된 용례들을 보면 본문처럼 '타동사+목적어+전치사(於)+전치사 목적어' 보다는 '자동사+전치사(於)+전치사 목적어' 형식을 띠고 있다(아래 예문 참조). 만약 본문의 '어(於)'가 '동작의 도달 장소 전치사'로 성립된다면 이 역시 틀리지 않은 문장이 될 수 있다고 생각한다(진(陳)나라와 채(蔡)나라로 나를 따라 간 사람). 이를 위해서는 [타동사+목적어+동작의 도달 장소 전치사(於)+전치사 목적어]의 용례를 제시해야 한다.

→ 知其說者之於天下也 『論語·八佾』
그 견해를 아는 것은 하늘 아래로 가는 것이다.

→ 夫子至於是邦也, 必聞其政 『論語·學而』
선생님이 모든 나라에 도착해서 반드시 그 나라의 정치를 듣다.

이 문장에 대한 학자들의 견해는 모두 '동작의 발생 장소, 출현 범위'로 풀이는 다음과 같다.

- "나를 따라 진나라와 채나라에서 고생했던 사람들" (김학주, 2017)
- "나를 진나라와 채나라에서 따르던 자들" (이기동, 2011)
- "진나라와 채나라에서 나의 고난에 동참했던 제자들" (김용옥, 2008)
- "진나라와 채나라에서 나를 따라다니며 고생하던 사람들" (류종목, 2000)
- "나를 따라 진나라와 채나라에 양국 사이에서 고생하던 학생(跟随我在陳、蔡兩國間受困的學生)" (陳曉芬, 2016)
- 번역하지 않고 공석으로 둠. (毛子水, 2009)
- "나를 따라서 진나라와 채나라 사이에서 굶주림을 참은 사람(跟着我在陳、蔡國之間忍饑受餓的人)" (楊伯峻, 2006)

皆不及門也 (모두 지금 문하에 없다)

(동사) 본래는 지금 문하에 없다는 것을 말했는데 나중에 수업을 받는 제자를 가리켰다. (本謂現時不在門下, 後以「及門」指受業弟子) → 지금 문하에 있다.

— [견해]

『漢語大詞典』에 급문(及門)의 정의를 상기와 같이 언급하였는데 잘못 기재했다고 봐야 한다. '本謂現時不在門下, 後以「及門」指受業弟子' 이 정의에서 '不'자를 생략해야 한다. 즉, '지금 문하에 있다'로 적어야 한다. 그리고 아래의 예문도 '장공은 문하 가운데에 있다'로 보는 것이 더 적합하게 보인다. 따라서 이 단어의 정의는 '지금 문하에 있다'로 보았다.

→ 而張公於及門中, 獨愛重公 (清·劉大櫆『翰林編修李公墓志銘』)
그러나 장공(張公)은 지금 문하에 있고 홀로 공(公)을 '좋아하고 중시하다(愛重:喜愛和看重).'

11-3. 德行, 顔淵、閔子騫、冉伯牛、仲弓. 言語, 宰我、子貢. 政事, 冉有、季路. 文學, 子游、子夏.

<table>
<tr><th>德行,</th><th>顔淵、</th><th>閔子騫、</th><th>冉伯牛、</th><th>仲弓.</th><th>言語,</th></tr>
<tr><td>덕행</td><td>안연</td><td>민자건</td><td>염백우</td><td>중궁(이다)</td><td>언어(는)</td></tr>
<tr><td>덕행은
[화제(1-6)(16-14)]</td><td colspan="4">안연, 민자건, 염백우, 중궁이다.</td><td>언어는
[화제(1-6)(16-14)]</td></tr>
<tr><th>宰我、</th><th>子貢.</th><th>政事,</th><th>冉有、</th><th>季路.</th><th>文學,</th></tr>
<tr><td>재아</td><td>자공(이다)</td><td>정사(는)</td><td>염유</td><td>계로(이다)</td><td>문학(은)</td></tr>
<tr><td colspan="2">재아, 자공이다.</td><td>정사는
[화제(1-6)(16-14)]</td><td colspan="2">염유, 계로이다.</td><td>문학은
[화제(1-6)(16-14)]</td></tr>
<tr><th>子游、</th><th>子夏.</th><td colspan="4" rowspan="3"></td></tr>
<tr><td>자유</td><td>자하(이다)</td></tr>
<tr><td colspan="2">자유, 자하이다.</td></tr>
</table>

번역 덕행은 안연, 민자건, 염백우, 중궁이다. 언어는 재아, 자공이다. 정사는 염유, 계로이다. 문학은 자유, 자공이다.

語法과 語彙

<u>德行</u>, … <u>言語</u>, … <u>政事</u>, … <u>文學</u>, …

— [보충]

아래는 사과(四科)에 대한 진효분(陳曉芬, 2016) 선생의 해석이다.

- 덕행(德行) : 덕행에 특출한 사람(德行突出的)
- 언어(言語) : 말 표현을 잘하는 사람(擅長言辭表達的)
- 정사(政事) : 정사를 잘하는 사람(善於政事的)
- 문학(文學) : 고대 문헌을 잘 아는 사람(熟悉古代文獻的)

다음은 사과(四科)에 대한 양백준(楊伯峻, 2006) 선생의 해석이다.

- 덕행(德行) : 덕행이 좋은 사람(德行好的)
- 언어(言語) : 말 잘하는 사람(會說話的)
- 정사(政事) : 정사를 잘 처리하는 사람(能辦理政事的)
- 문학(文學) : 고대 문헌을 잘 아는 사람(熟悉古代文獻的)

11-4. 子曰: "回也, 非助我者也. 於吾言無所不說."

子曰:	"回	也,	非	助我	者
공자가 말하다	안연(顔淵), 안회(顔回)(2-9)	(어기)주어+也. '멈춤,완만,제시' (1-2)	(부)부정표시. '동사,형용사앞' (5-1)	나를 돕다	(조사)~한 사람, ~한 것(1-2)
공자가 말했다. "안회는			나를 돕는 사람이 아니다.		
也.	**於**	**吾言**	**無**	**所**	**不說."**
(어기)진술강조 (2-17)	(전)~에 대해(6-8)	나의 말	(동)없다(9-2)	(조사)~사람·것·사건·곳(1-12)	좋아하지 않다 [說:(1-1)<yuè>]
	나의 말에 대해 좋아하지 않는 것이 없다."				

번역 공자가 말했다. "안회는 나를 돕는 사람이 아니다. 나의 말에 대하여 좋아하지 않는 것이 없다."

語法과 語彙

回也, 非助我者也 (안회는 나를 돕는 사람이 아니다)

— [보충과 견해]

문중어기사로 주어 다음에 쓰이는데 보통 어기사 '야(也)' 다음에 문장부호 쉼표를 둔다.

→ 其爲人也, 孝弟而好犯上者, 鮮矣 『論語·學而』

그의 사람 됨됨(其爲人)이 '부모에게 효도하고 형·선배를 공경하고 따르(孝弟)'면서 '윗사람에게 무례하게 대하는 것을 좋아하는 사람(好犯上者)'은 드물다.

→ 賜也, 始可與言詩已矣 『論語·學而』

사(賜)가 비로소(始) '시경'을 말하는데 참여할 수가 있구나!

→ 回也, 不愚 『論語·爲政』

안회는 어리석지 않다.

11-5. 子曰: “孝哉閔子騫! 人不間於其父母昆弟之言.”

子曰:	“孝	哉	閔子騫!	人	不間
공자가 말하다	(형)효성스럽다	(어기)감탄. ‘문중’(3-4)	(인명)민자건(6-9)	(명)타인, 다른사람(7-30)	(동)이간시키지 않다
공자가 말했다. “효성스럽다! 민자건은!				사람들이	
於	**其**	**父母**	**昆弟**	**之**	**言.”**
(대상.전)동작의 직접대상(1-10)	(대)그의, 그것의(1-7)	(명)부모	(명)형제	(조사)수식,종속관계.~의’(3-2)	(명)말
그의(=민자건의) 부모형제의 말을 이간시키지 않는다.”					

번역 공자가 말했다. “효성스럽다! 민자건(閔子騫)은! 사람들이 그의 부모형제의 말을 이간시키지 않는다.”

語法과 語彙

孝哉閔子騫! (효성스럽다! 민자건(閔子騫)은!)

— [보충]

감탄을 나타내는 문중어기사로 쓰여 ‘칭송, 비통, 분노, 놀라움, 의아함, 감개’ 등의 감정을 보여주고, 느낌표는 재(哉) 뒤가 아니라 보통 문장 끝에 붙인다.

→ 大哉問! 『論語·八佾』
크군요! 물음이!

→ 大哉乾元! 『易·乾』
크다! ‘乾元:하늘 덕의 큰 시작 → 천자의 도’ (天得之大始 → 天子之大德)

→ 美哉禹功, 明德遠矣! 『左傳·昭公元年』
훌륭하구나! 우(禹)의 공적이! 밝은 덕은 심오하다!

人不間於其父母昆弟之言 (사람들이 그의 부모형제의 말을 이간시키지 않는다)

(동사) 이간시키다, 분쟁을 일으키다. (離間, 挑撥<조발, tiǎobō>) [간,jiàn]

→ 雖無有質, 誰能間之? 『左傳·隱公三年』
비록 인질(質:人質)이 없지만(無有 : 没有) 누가 ‘그들(之)’을 이간할 수 있겠는가?

— [보충]

『論語·泰伯-21』에서 학자들이 같은 글자를 ‘비난하다’로 보았다(吾無間然矣 나는 분명 비난하지 않을 것이다). ‘비난하다’의 의미항목이 고대중국어 공구서에 없지만 문맥상 이 의미가 적합하여 여러 학자가 이렇게 기재했다. 만약 이 의미를 본문의 예문에 옮겨도 크게 틀리지는 않지만(사람들이 그의 부모형제의 말을 비난하지 않다) 상기한대로 ‘이간시키다’가 더 적합하다고 본다.

人不間於其父母<u>昆弟</u>之言 (사람들이 그의 부모형제의 말을 이간시키지 않는다)

(명사) 형제. (兄弟) [곤제, kūndì]

→ 我請<u>昆弟</u>仕焉 『左傳·僖公二十四年』
나는 형제에게 '관리를 하라고(仕:做官)' 부탁한다.

→ 叔父<u>昆弟</u>皆列位清貴, 爵爲通侯 (唐·陳鴻『長恨歌傳』)
숙부(叔父) 형제는 모두 '작위(列位:爵位)'가 '높은데(清貴)' 작위가 통후(通侯:작위명)이다.

11-6. 南容三復白圭, 孔子以其兄之子妻之.

南容	三	復	白圭,	孔子
(인명)남용(5-2)	(부)여러 번. 다수(10-27)	(동)반복하다, 중복하다(7-8)	백옥(白玉)으로 만든 예기(禮器). 여기서는 『시경(詩經)』의 시구	공자
남용(南容)이 『시경(詩經)•대아(大雅)•억(抑)』 가운데 백규(白圭)와 관련 있는 시구를 여러 번 반복하(자)				공자(는)

以	其兄之子	妻	之.
(전)동작직접대상. '~를'(5-1)	그의 형의 자식. [其:(대)그의,그것의(1-7)] [之:(조사)수식,종속관계.~의' (3-2)][子:(명)고대에는 '아들 딸' 지칭]	(동)남자에게 시집보내다(5-1)	남용(南容) [之:(대)재지시(2-1)]
그의 형의 자식을 남용(南容)에게 시집보냈다.			

번역 남용(南容)이 『시경(詩經)•대아(大雅)•억(抑)』 가운데 백규(白圭)와 관련 있는 시구를 여러 번 반복하자 공자는 그의 형의 자식을 남용(南容)에게 시집보냈다.

語法과 語彙

南容三復白圭 (남용(南容)이 『시경(詩經)•대아(大雅)•억(抑)』 가운데 백규(白圭)와 관련 있는 시구를 여러 번 반복하다)

(명사) 백옥(白玉)으로 만든 예기(禮器)이다. 여기서는 『시경(詩經)•대아(大雅)•억(抑)』 가운데 백규(白圭)와 관련 있는 시구를 가리킨다.

→ 白圭之玷, 尙可磨也;斯言之玷, 不可爲也
백규의 티(玷)는 여전히(尙) 갈아 없앨 수 있지만, 이(斯) 말의 티는 그럴 수가 없다.

11-7. 季康子問: “弟子孰爲好學?” 孔子對曰: “有顏回者好學, 不幸短命死矣, 今也則亡.”

季康子問:	“弟子	孰	爲	好學?”	孔子對曰:
계강자가 묻다. [계강자:(2-20)]	(명)제자	(의문대)누가, 무엇이(3-1)	(판단동사)~이다 (1-2)	배우기를 좋아하다	공자가 대구하여 말하다
계강자가 물었다.	“제자 누가 배우기를 좋아합니까?”				공자가 대구하여 말했다.
“有	顏回	者	好學,	不幸	短命
(조)有+고유명사. ‘해석안함’(6-3)	(인명)안연(顏淵) (2-9)	(어기)잠시멈춤 (3-2)	배우기를 좋아하다	(형)불행하다 [형용사→부사]	(명.동)단명(하다)
“안회(가)… 배우기를 좋아하(는데)				불행하(게) 단명하(여)	
死	矣,	今	也	則	亡.”
(동사)죽다	(어기)문미. ‘이미 그렇다’(3-24)	(명사.부사)지금	(어기사)멈춤, 완만(3-1)	(판단부사)(주어)+則+서술어’(4-21)	(동)부재하다, 없다(3-5)
이미 죽었(고)		지금은 없습니다.”			

번역 계강자가 물었다. “제가 누가 배우기를 좋아합니까?” 공자가 대구하여 말했다. “안회가 배우기를 좋아하는데 불행하게 단명하여 이미 죽었고, 지금은 없습니다.”

語法과 語彙

이 문장은 『論語•雍也-3』에 출현했고 질문의 주체가 계강자가 아니라 애공(哀公)이다.

季康子問 (계강자가 묻다)

대부 계씨가문의 7대 영주로 이름은 비(肥), 강(康)은 추증(追贈:나라에 공로가 있는 벼슬아치가 죽은 뒤에 품계가 높아지는 것)된 이름이다. 그의 아버지 6대 영주 계환자(季桓子)는 공자가 노나라 내각에 있을 때 공자의 동료였다. 계환자가 죽고 그 뒤를 이은 것이 애공 3년 가을로 BC 492년, 공자 나이 60세였다. 공자의 문인(門人) ‘염구(冉求), 자공(子貢), 자로(子路), 번지(樊遲)’ 등을 임용한 것도 바로 이 계강자였고, 염구의 주선으로 유랑에 송시부를 씻고 공사를 노나라에 돌아오게 만든 장본인도 바로 계장자였다. (김용옥, 2008)

哀公

『論語•爲政-19』에 출현한다. 애공(哀公)은 문자 그대로 슬픈 군주다. 공자의 생애, 공사의 조국 노나라 마지막 군주이다. 아버지 定公(정공)이 죽고 왕위를 계승한 해가 BC 494년(공자의 나이 58세)이었다. 이때 애공은 10세 전후의 어린아이였다. 그의 재위 16년에 공자는 세상을 떠났다. 이 대화가 이루어진 시기를 공자 말년으로 본다면 애공은 스물 갓 넘은 아직도 어린 군주였다. (김용옥, 2008)

哀公問曰: “何爲則民服?” 孔子對曰 : “擧直錯諸枉, 則民服, 擧枉錯諸直, 則民不服.”
애공이 물으며 말했다. “무엇을 하면 백성이 복종합니까?” 공자가 대답하며 말했다. “정직함을 들어 정직하지 않음에 놓으면 백성은 복종하고 정직하지 않음을 들어 정직함에 놓으면 백성은 복종하지 않습니다.”

11-8. 顔淵死, 顔路請子之車以爲之槨. 子曰: "才不才, 亦各言其子也. 鯉也死, 有棺而無槨.吾不徒行以爲之槨. 以吾從大夫之後, 不可徒行也."

<table>
<tr><th>顔淵死,</th><th>顔路</th><th>請</th><th>子之車</th><th>以</th><th>爲</th></tr>
<tr><td>안연이 죽다
[안연(顔淵)(2-9)]</td><td>(인명)
안로(안연의 아버지)</td><td>(동)바라다,
요청하다(6-4)</td><td>선생님의 수레</td><td>(전)행위도구.
'~로'(2-1)</td><td>(동)만들다(6-29)</td></tr>
<tr><td>안연(顔淵)이 죽었
(을 때)[시간절]</td><td colspan="5">안연의 아버지 안로(顔路)가 선생님의(=공자의) 수레로</td></tr>
<tr><th>之</th><th>槨.</th><th>子曰:</th><th colspan="2">"才(1)不才(2),</th><th>亦…(也)</th></tr>
<tr><td>안연
[之:(대)재지시(2-1)]</td><td>곽;
관 밖의 덧대는 관</td><td>공자가 말하다</td><td colspan="2">재능이 있고 재능이 없다.
[才1:동사][不(동)없다(1-8)][才2:명사]</td><td>(부)판단.
'단지~하다'(7-15)</td></tr>
<tr><td colspan="2">안연에게 덧널을 만들어주기를 요청했다.</td><td>공자가 말했다.</td><td colspan="2">"재능이 있(던지) 재능이 없(던지)</td><td></td></tr>
<tr><th>各</th><th>言</th><th>其子</th><th>(亦)…也.</th><th>鯉</th><th>也</th></tr>
<tr><td>(명,부사)각자 모두
(4-7)</td><td>(동)말하다(7-17)</td><td>그의 자식
[其:(대)그의(1-7)]</td><td>(어기)진술강조
(2-17)</td><td>(인명)
리(공자의 아들)</td><td>(어기)주어+也.
'멈춤,완만,제시'
(1-2)</td></tr>
<tr><td colspan="4">각자 그의 자식을 말한다.</td><td colspan="2">(내 아들) 리(鯉)가</td></tr>
<tr><th>死,</th><th>有棺</th><th>而</th><th>無槨.</th><th>吾</th><th>不</th></tr>
<tr><td>(동)죽다</td><td>관이 있다</td><td>(접)전환.
'그러나'(1-1)</td><td>곽이 없다</td><td>(대)나,우리 '주어,
한정어…'(13-18)</td><td>(부)동사앞.
과거경험부정(7-5)</td></tr>
<tr><td>죽었(을 때)
[시간절]</td><td colspan="3">관은 있었지만 덧널은 없었다.</td><td colspan="2">나는</td></tr>
<tr><th>徒行</th><th>以</th><th colspan="2">爲之槨.</th><th>以</th><th>吾</th></tr>
<tr><td>(동)걸어서 가다</td><td>(접)행위방식,상태
+以+행위(7-19)</td><td colspan="2">그(=리:鯉)에게 곽을 만들어주다</td><td>(인과접속사)
왜냐하면</td><td>(대)나,우리
'주어…'(13-18)</td></tr>
<tr><td colspan="4">걸어 다니면서 리(鯉)에게 곽을 만들어주지 않았다.</td><td colspan="2">왜냐하면 나는</td></tr>
<tr><th colspan="2">從大夫之後,</th><th>不可</th><th>徒行</th><th>也."</th><td rowspan="3"></td></tr>
<tr><td colspan="2">대부(大夫)의 뒤를 따라가다</td><td>(조동사)
~할 수 없다(4-21)</td><td>(동)걸어서 가다</td><td>(어기)진술강조
(2-17)</td></tr>
<tr><td colspan="2">대부(大夫)의 뒤를 따라갈(때)
[원인절 안에 시간절이 있다]</td><td colspan="3">걸어서 갈 수 없었기 때문이다."</td></tr>
</table>

번역 안연(顔淵)이 죽었을 때 안연의 아버지 안로(顔路)가 선생님의 수레로 안연에게 덧널을 만들어주기를 요청했다. 공자가 말했다. "재능이 있든지 재능이 없든지, 각자 그의(=자기의) 자식을 말한다. 내 아들 리(鯉)가 죽었을 때 관은 있었지만 덧널은 없었다. 나는 걸어 다니면서 리(鯉)에게 곽을 만들어주지 않았다. 왜냐하면 나는 대부(大夫)의 뒤를 따라갈 때 걸어서 갈 수 없었기 때문이다.

語法과 語彙

顔路請子之車以爲之槨 (안로(顔路)가 선생님의 수레로 안연에게 덧널을 만들어주기를 요청하다)

(명사) 고대 관 밖의 덧대는 관. (古指棺材外的套棺) [곽, guǒ]

→ 夫子制於中都, 四寸之棺, 五寸之椁 『禮記·檀弓上』
선생님(=공자)는 중도(中都)에서 정했는데 4촌(四寸)은 관(棺)이고 5촌(五寸)은 곽(椁)이다.

才不才, 亦各言其子也 (재능이 있던지 재능이 없던지, 각자 그의 자식을 말한다)

(동사) 재능이 있다. (有才能)

→ 季子弱而才 『公羊傳·襄公二十九年』
계자(季子)는 어리지(弱:年紀小)만 재능이 있다.

吾不徒行以爲之椁 (나는 걸어 다니면서 리(鯉)에게 곽을 만들어주지 않다)

(동사) 걸어서 가다, 도보로 가다. (步行)

→ 乃徒行出, 至曲江西杏園東 (唐·白行簡『李娃傳』)
'바로/그래서(乃:於是, 就)' 걸어 나가 '굽은 강의 서쪽(曲江西)'과 '살구나무정원 동쪽(杏園東)'에 다다르다.

吾不徒行以爲之椁 (나는 걸어 다니면서 리(鯉)에게 곽을 만들어주지 않다)

— [견해]

이 문장에서 '위지곽(爲之椁)'의 통사는 [타동사+간접목적어+직접목적어]이다. 고대중국어에서도 이 통사구조는 널리 쓰였다고 볼 수 있다(아래 예문 참조). 영어를 보자면 'make(만들다)'가 '수여동사' 역할을 하는 경우가 있다(The king made his people an amusement park. 왕은 그의 백성에게 놀이공원을 만들어주었다). 그리고 부정부사 '不'가 부정하는 것은 '徒行(걸어서 가다)'가 아니라 '爲(만들다)'이다.

→ 子語魯大師樂 『論語·八佾』
공자가 노나라 악관의 장에게 음악을 알려주다. [語 알려주다 + 魯大師 노나라 악관의 장 +樂 음악]
→ 項王曰: "壯士! 賜之卮酒." 則與之卮酒 『史記·項羽本記』
항왕이 말한다. "장사다! 그에게 술 한 잔을 하사하라" 그래서 그에게 술 한 잔을 준다. [賜 하사하다 + 之 그 + 卮酒 술잔] [與 주다 + 之 그 + 卮酒 술잔]

이 문장에 대한 학자들의 견해는 다음과 같다.

- "내가 걸어 다니면서까지 덧관을 장만하지 않았던 것은" (김학주, 2017)
- "내가 걸어 다니고서 그에게 곽을 만들어주지 아니하는 것은" (이기동, 2011)
- "그냥 도보로 걸어 다닐 생각을 하고서 내 아들에게 곽을 만들어줄 수 없었던 것이다" (김용옥, 2008)
- "나는 내가 걸어 다니면서까지 그에게 덧널을 만들어주지는 않았던 것이네" (류종목, 2000)
- "나는 수레를 팔아 걸어 다니면서 그를 위해 덧널을 설치할 수 없다(我不能賣了車徒步行走來爲他置椁)" (陳曉芬, 2016)
- "나는 결코 수레를 그를 위해 덧널을 만들지 않았다(我并没有把車給他做椁)" (毛子水, 2009)
- "나는 [수레를 팔아] 걸어 다니면서 그를 위해 덧널을 살 수 없다(我不能[賣掉車子]步行來替他買椁)" (楊伯峻, 2006)

以吾從大夫之後, 不可徒行也 (왜냐하면 나는 대부의 뒤를 따라 갈 때 걸어서 갈 수 없었기 때문이다)

(인과접속사) 복문에 출현하여 원인과 결과를 나타내는 단문을 연결시켜준다. 원인 단문 문두에 놓이고 '왜냐하면, ~때문에' 등으로 번역될 수 있다. (因爲, 由于)

→ 江海所以能爲百谷王者, 以其善下之, 故能爲百谷王 『老子・十六章』
강과 바다가 '많은 물(百谷:많은 계곡물)'의 왕이 될 수 있는 이유(所以)는 왜냐하면(以) 그것(其:강과 바다)이 아래로 가는 것을 잘하여 많은 물의 왕이 될 수 있기 때문이다.

→ 楚人既咎子蘭, 以勸懷王入秦而不返也 『史記・屈原賈生列傳』
초나라 사람이 자란(子蘭)을 이미 '나무랐는데(咎<구, jiù>)' 왜냐하면(以) 회왕(懷王)에게 진나라에 들어가기를 권고했는데 '돌아오지 않았(不返)'기 때문이다.

→ 吾所以爲此者, 以先國家之急而後私仇也 『史記・廉頗藺相如列傳』
내가 이것을 하는 이유(所以)는 왜냐하면(以) 국가의 위급함(國家之急)을 우선으로 하고 개인적인 복수(私仇)를 뒤로하기 때문이다.

11-9. 顔淵死, 子曰: "噫! 天喪予! 天喪予!"

顔淵	死,	子曰:	"噫!	天	喪
(인명)안연(顔淵) (2-9)	(동)죽다	공자가 말하다	(감탄)아!'중대한 슬픈 통곡…'	(명)하늘	(동)죽다 [동→사동]
안연이 죽었(을 때) [시간절(1-1)]		공자가 말했다.	아!	하늘이 나를 죽게 하는구나!	
予!	**天喪予!"**				
(대)나.저(6-28)	하늘이 나를 죽게 하다				
	하늘이 나를 죽게 하는구나!				

번역 안연이 죽었을 때 공자가 말했다. "아! 하늘이 나를 죽게 하는구나! 하늘이 나를 죽게 하는구나!"

語法과 語彙

噫! 天喪予! (아! 하늘이 나를 죽게 하는구나!)

(감탄사) 보통 단독으로 문장을 이룬다. '희(噫)' 다음 문장은 보통 '말하는 사람(=화자 話者)'이 감탄을 나타내는 원인을 이끈다. 이것이 나타내는 정서는 자주 다음 문장의 내용과 서로 긴밀하게 이루어지고 있고, 말하려는 내용을 부각시키는 역할을 한다. 상황을 참작하여 번역하면 된다. (唉<애, āi> 咳<해, hāi>) [희, yī] 용도는 다음과 같다.

1. 중대한 슬픈 통곡. (表示重大的悲慟)
2. 공감/동정과 탄식. (表示同情而嘆息)
3. 감개(感慨:감동, 느낌이 마음 깊은 곳에서 배어 나옴). (表示感慨)
4. 분개(憤慨:몹시 분함). (表示憤慨)
5. 기타 감정이 있어 나오는 탄식. (其他有感而發的嘆息)

→ 噫! 微斯人, 吾誰與歸! (宋·範仲淹『岳陽樓記』)
아! 이런 사람이(斯人) 없으니(微:無) 나는 누구와 함께(誰與) 돌아가는가!

天喪予! (나를 죽게 하는구나!)

(동사) 목숨을 잃다, 멸망하다. (喪亡, 滅亡) [상, sàng]

→ 六國互喪, 率賂秦耶? (宋·蘇洵『六國論』)
육국이 서로 멸망하니 모두(率:都, 皆) 진(秦)나라에 '뇌물을 준(賂:賄賂<회뢰, huìlù>)' 것이지(耶<야, yē> :반문, 의문어기사)?!

11-10. 顏淵死, 子哭之慟. 從者曰: "子慟矣!" 曰: "有慟乎? 非夫人之爲慟而誰爲?"

顏淵死,	子哭	之	慟.	從者	曰:
안연이 죽다 [顏淵:(2-9)]	(동)공자가 울다	(접)주어+之+서술어(1-10)	(명)통곡 [동사→명사]	(명)수행원(3-24)	말하다
안연이 죽었(을 때)	공자가 우는 것은 통곡이었다.			수행원이 말했다.	
"子慟	**矣!"**	**(子)曰:**	**"有**	**慟**	**乎?**
"선생님이 통곡하시다	(어기)'이미 그렇다'(3-24)	말하다	(조,접)음절조화. 어기강화(5-14)	(동)큰 소리를 내며 슬프게 울다	(어기)의문(2-7)
"선생님께서 통곡하셨습니다."		공자가 말했다. "큰 소리를 내며 슬프게 울었느냐(=통곡했느냐)?			
非	**夫人**	**之**	**爲**	**慟**	**而**
(부)부정표시. '동사,형용사앞'(5-1)	(지시대)이 사람	(조사)목적어 전치 표지 조사	(전)목적. '~을 위하여'(3-22)	(동)큰 소리를 내며 슬프게 울다	(접)동작+而+동작. '가정'(4-17)
이 사람을 위해서 통곡하지 않으면					
誰	**爲(慟)?"**				
(의.대)목적어. '누구를'(6-17)	(전)목적. '~을 위하여'(3-22)				
누구를 위해 (통곡하겠느냐)?"					

번역 안연이 죽었을 때 공자가 우는 것은 통곡이었다. 수행원이 말했다. "선생님께서 통곡하셨습니다." 공자가 말했다. "큰 소리를 내며 슬프게 울었느냐? 이 사람을 위해서 통곡하지 않으면 누구를 위해 통곡하겠느냐?"

語法과 語彙

子哭之慟 (공자가 우는 것은 통곡이다)

(동사) 흐느끼다, 울다. (哭泣)

→ 哭而送之 『左傳·僖公三十二年』
흐느끼며(울며) 그를 보내다.

子哭之慟 (공자가 우는 것은 통곡이다)

(조)주어+之+서술어

→ 天之放商久矣. 『左傳·子魚論戰』
하늘이 '상나라를 버린(放商)' 것이 오래되었다.

→ 孤有孔明, 猶魚之有水也 『三國志·蜀書·諸葛亮傳』
나(孤)에게 제갈공명(孔明)이 있는 것은 물고기가 물이 있는 것과 같다.

→ 吾妻之美我也者, 私我也 『戰國策·齊策一』
나의 아내가 '나를 아름답다고 여기는(美我)' 것은 '나를 편애하(私我)'는 것이다.

— [견해와 보충]

'지(之)'가 주어를 나타내는 접속사로 쓰일 때 '주어'를 담당하는 것은 거의 모두 1음절, 2음절, 3음절(주로 성명) 명사이거나 명사구(吾妻)이고(1-10참조), 본문처럼 '주어+동사' 형식의 명사절이 주어를 담당하는 예문은 찾지 못했다. 본문에서 무엇보다 '곡(哭)'로 인해 '공자가 통곡하다(子之慟)' 의미가 될 수 없다. '자곡(子哭)'을 '자지곡(子(之)哭, 공자의 울음)'으로 보는 경우 '공자의 울음은 통곡이었다'로 의미상, 통사상 문제가 없고, '자곡(子哭)'을 명사절(공자가 통곡하는 것)로 볼 때 통(慟) 역시 명사가 되어 '공자가 우는 것이 통곡이었다'가 되는데 역시 의미상, 통사상 문제가 없다. 다만 '곡(哭)'은 '동사'의 용례가 대부분이기 때문에 그리고 '소유의 표지 之'가 없어 동사로 보았다(고대중국어에서 명사와 명사의 관계를 소유로 나타낼 때 之의 생략은 가능하다).

고대중국어에서 '눈물'과 관련된 '곡(哭)'의 용도는 모두 두 가지로(1.흐느끼다<哭泣>, 2.조문하다<吊唁>) '동사'로 사용되고 있다. 나머지로는 '노래(歌)', '상심하여 하소연하다(傷心地訴說)' 등이 있다.

子哭之慟 (공자가 우는 것은 통곡이다)

(동사) 큰 소리를 내며 슬프게 울다. (大哭) [통, tòng]

→ 夫慟, 哀之至也 『論衡·問孔』
통(慟)은 슬픔이 가장 높다는(크다는) 것이다.

非夫人之爲慟而誰爲? (이 사람을 위해서 통곡하지 않으면 누구를 위해 통곡하겠는가?)

(지시대명사) 가까운 것이나 먼 것을 가리키며 보통 주어나 목적어가 되는 명사, 명사구 앞에 놓여 한정어(定語)가 된다. 이러한 명사는 대체로 '보통명사'이고 '부(夫)'는 가리키는 대상을 구체화시키고 또한 보통 앞 문장에 이미 출현한 사람이나 사물과 서로 들어맞는다. 동시에 수식하는 대상에 대한 강조 역할도 한다. ['이…', '이런…', '저…', '저런…' → 복수 포함] 등으로 번역될 수 있다.

→ 閔子騫曰: "仍舊貫, 如之何? 何必改作?" 子曰: "夫人不言, 言必有中" 『論語·先進』
민자건(閔子騫)이 말한다. "옛것(舊貫)을 따르(仍)는 게 어떻습니까? 왜 꼭 바꾸어(改作)야 합니까?" 공자가 말했다. "이 사람은 말은 잘 안 하는데 '말을 하면 꼭 적확하다(言必有中)'.

非夫人之爲慟而誰爲? (이 사람을 위해서 통곡하지 않으면 누구를 위해 통곡하겠는가?)

(조사) '전치사 목적어'를 강조하기 위해서 전치사는 우연히 역시 之를 빌려 목적어를 앞에 놓는다[전치사의 목적어 + 之 + 전치사]. (介詞偶然也借助"之"前置賓語)

→ 使謂成子曰: "大夫陳子, 陳之自出" 『左傳·哀公二十七年』
사람을 파견하여(使) 성자(成子)에게 말하다. "대부 진자(陳子)는 진(陳)나라에서 나왔다."

→ 昔吾先君固周室之不成子也, 故濱於東海之陂, 黿鼉魚鱉之與處, 而蛙黽之與同渚 『國語·越語下』
옛날 나의 선조(先君)는 본래(固) 주나라 왕실에서 이룬 사람이 아니었고, 동해 '물가(陂<피,bēi>)'에 '가까이 있어(濱<빈,bīn>)' '큰 자라, 악어(黿鼉:<원타,yuántuó>大鱉和猪婆龍)', 물고기, '자라(鱉<별,biē>)'와 함께 살고 '개구리(蛙黽<와민,wāmǐn>)'와 같은 '섬(渚<저,zhǔ>)'에 있었다.

11-11. 顔淵死, 門人欲厚葬之. 子曰: “不可.” 門人厚葬之. 子曰: “回也, 視予猶父也, 予不得視猶子也, 非我也, 夫二三子也.”

顔淵死,	門人	欲	厚葬	之.	子曰:
안연이 죽다 [顔淵:(2-9)]	(명)제자,학생. (7-28)	(동)원하다(4-5)	돈을 아끼지 않고 장례를 치르다	(대)재지시. ‘그것,그사람,그곳’ (2-1)	공자가 말하다
안연이 죽었(을 때)	제자들이 안연을 후하게 장례 치러주길 원했다. [‘제자들’ 복수표지 없음]				공자가 말했다.
“不可.”	**門人厚葬之.**		**子曰:**	**“回也,**	**視**
(조동사) ~할 수 없다(4-21)	제자들은 안연을 후하게 장례 치러주다		공자가 말하다	안연은 [也:멈춤,완만,제시(1-2)]	(동)대하다
“그럴 수 없다”	(하지만) 제자들은 안연을 후하게 장례 치러주었다.		공자가 말했다.	“안연은	
予	**猶**	**父**	**也,**	**予**	**不得視(之)**
(대)나.저(6-28)	동)~와 같다, 비슷하다(5-19) [동→전치사]	(명)아버지	(어기)진술강조 (2-17)	(대)나.저(6-28)	(안연을) 대할 수 없다
나를 아버지같이 대했(지만)				나는 안연을 대할 수 없다	
猶子	**也,**	**(爲是)非**	**我**	**也,**	**夫**
아들과 같이	(어기)진술강조 (2-17)	(부)부정표시.‘명사 서술어 앞,’(5-1)	(대)나	(어기)진술강조 (2-17)	(지시대)이,저… (11-10)
아들과 같이 → 나는 아들과 같이 (안연을) 대할 수 없(으니)		(이렇게 만든 것은) 내가 아니(라)			저
二三子	**也.”**				
(명)너희들, 여러분…(3-24)	(어기)진술강조 (2-17)				
너희들이다.” [의미적으로는 ‘저놈들이다’ 정도가 적합하다고 생각한다]					

번역 안연이 죽었을 때 제자들이 안연을 후하게 장례 치러주길 원했다. 공자가 말했다. “후하게 장례 치러줄 수 없다.” 하지만 제자들은 안연을 후하게 장례 치러주었다. 공자가 말했다. “안연은 나를 아버지같이 대했지만, 나는 아들과 같이 안연을 대할 수 없으니, 이렇게 만든 것은 내가 아니라, 저놈들이다.”

語法과 語彙

門人欲厚葬之 (제자들이 안연을 후하게 장례 치러주길 원하다)

(동사) 돈을 아끼지 않고 장례를 치르다. (謂不惜財力地經營喪葬) [후장, hòuzàng]

→ 居數年卒, 上厚葬之 (清·昭槤『嘯亭雜錄·張夫子』)
수 년 살다 죽어 왕(上)은 그(之)를 후하게 장례 치러준다.

視予猶父也 (나를 아버지와 같이 대하다)

(동사) 대하다, 다루다, 간주하다. (看待)

→ 觀老莊如糟粕, 視孔墨猶灰塵 『大唐王居士磚塔銘』
노자와 장자(老莊)를 술지게미(=재강<술을 거르고 남은 찌끼>에 물을 타서 모주<재강에 물을 타서 뿌옇게 걸러낸 탁주>를 짜내고 남은 찌꺼기=쓸모없는 것, 糟粕<조박, zāopò>)처럼 보고 '공자와 묵자(孔墨)'를 먼지(灰塵)처럼 대하다.

予不得視猶子也 (나는 아들과 같이 대할 수 없다)

(관용구, 부사어) 동사 앞에 놓여 부사어가 된다. '~할 수 없다, 허용되지 않는다' 등으로 번역될 수 있다. (不能, 不可能, 不允許, 不準許, 不要)

→ 昔者大王居邠, 狄人侵之, 事之以皮幣, 不得免焉 『孟子·梁惠王下』
옛날에 대왕이 빈(邠:<Bīn>)에 살 때 북방의 적(狄) 사람들이 대왕을 침범하였고 대왕은 그들을 가죽과 비단(皮幣)으로 섬겼지만 침범을 면할 수 없었다.

11-12. 季路問事鬼神. 子曰: “未能事人, 焉能事鬼?” 曰: “敢問死.” 曰: “未知生, 焉知死?”

<table>
<tr><th>季路</th><th>問</th><th colspan="2">事鬼神.</th><th>子曰:</th><th>“未</th></tr>
<tr><td>(인명)子路=季路=仲由(2-17)</td><td>(동)묻다</td><td colspan="2">사후영혼과 하느님을 섬기다
[事(동)(3-28)][鬼神(명):(6-22)]</td><td>공자가 말하다</td><td>(부)서술어앞.사실상태부정(5-19)</td></tr>
<tr><td colspan="4">계로(=자로)가 사후영혼과 하느님 섬김을 물었다.</td><td colspan="2">공자가 말했다.</td></tr>
<tr><th>能事人,</th><th>焉</th><th>能事鬼?”</th><th>(季路)曰:</th><th>“敢</th><th>問死.”</th></tr>
<tr><td>사람을 섬길 수 있다</td><td>(의문부사)반문. ‘어떻게’(2-10)</td><td>귀신을 섬길 수 있는가?</td><td>말하다</td><td>(조동)자기를 낮추고 정중함(5-9)</td><td>죽음을 묻다</td></tr>
<tr><td>“사람을 섬길 수 없는(데)</td><td colspan="2">어떻게 귀신을 섬길 수 있겠느냐?”</td><td>자로가 말했다.</td><td colspan="2">“죽음을 묻겠습니다.”</td></tr>
<tr><th>(子)曰:</th><th>“未知</th><th>生,</th><th>焉知死?”</th><td colspan="2" rowspan="3"></td></tr>
<tr><td>말하다</td><td>모르다[未:(부)사실상태부정(5-19)]</td><td>(명)생존</td><td>어떻게 사망을 알겠는가?</td></tr>
<tr><td>공자가 말했다.</td><td colspan="3">“생존(도) 모르(는데) 어떻게 사망(=죽음, 사후세계)을 알겠느냐?”</td></tr>
</table>

번역 계로(=자로)가 사후영혼과 하느님 섬김을 물었다. 공자가 말했다. “사람을 섬길 수 없는데 어떻게 귀신을 섬길 수 있겠느냐?” 자로가 말했다. “죽음을 묻겠습니다.” 공자가 말했다. “생존도 모르는데 어떻게 사망(=죽음, 사후세계)을 알겠느냐?”

語法과 語彙

季路問事鬼神 (계로(=자로)가 사후영혼과 하느님 섬김을 묻다)

(명사) ‘귀(鬼)’는 본시 인귀(人鬼)의 맥락에서 쓰이고, ‘신(神)’은 ‘천신(天神)’의 맥락에서 사용되었던 것이나(지신<地神>은 기<祇>라는 개념으로 나타냄), ‘귀신’하면 이미 초자연적 신의 세계를 총칭하는 막연한 개념으로 이미 춘추전국시대에 보편화되었던 것으로 보인다. (김용옥, 2008)

(명사) 맹목적으로 믿는 사람이 말하는 사후의 영혼(鬼:迷信的人所說的人死後的靈魂)과 종교에서 천지만물의 창조자나 통치자를 가리키는 것으로 맹목적으로 믿는 사람은 신선이나 능력, 덕행이 뛰어난 사람의 사후 정령(=도깨비)을 가리킨다(神:宗教指天地萬物的創造者和統治者, 迷信的人指神仙或能力、德行高超的人物死後的精靈)(鬼與神的合稱)『漢語大詞典』

→ 鬼神害盈而福謙, 人道惡盈而好謙 『易·謙』
사후영혼과 하느님은 넘치는 사람에게 수난을 받게 하고(害盈: 使驕傲自满者受禍害) 겸손한 사람에게는 복을 받게 하며, ‘사람 됨됨이의 법칙(人道)’은 넘치는 것을 싫어하고 겸손한 것을 좋아한다.

未知生, 焉知死? [生死] (생존도 모르는데 어떻게 사망(=죽음, 사후세계)을 알겠는가?)

(명사) 생존과 사망. (生存和死亡)

11-13. 閔子侍側, 誾誾如也;子路, 行行如也;冉有子貢, 侃侃如也. 子樂. “若由也, 不得其死然.”

<table>
<tr><th>閔子</th><th colspan="2">侍側(子),</th><th>誾誾</th><th>如</th><th>也;</th></tr>
<tr><td>(인명)민자건
(閔子騫)(6-9)</td><td colspan="2">(동)좌우 곁에서 시중들다</td><td>(형)말이 상냥하고
분명하다(10-2)</td><td>(조)상태기술.
형·부·동+如(3-23)</td><td>(어기)병렬(3-23)</td></tr>
<tr><td colspan="3">민자건이 (공자) 좌우 곁에서 시중들 (때) [시간절(1-1)]</td><td colspan="3">말이 상냥하고 분명한 모습이었(고)</td></tr>
<tr><th>子路,</th><th colspan="2">行行如也;</th><th colspan="2">冉有子貢,</th><th>侃侃如也.</th></tr>
<tr><td>(인명)子路=季路
=仲由(2-17)</td><td colspan="2">강직한 모습이다</td><td colspan="2">염유와 자공
[冉有=冉求=冉子=子有=求(3-6)]
[子貢=賜(1-10)]</td><td>화목하고 즐거운
모습이다(10-2)</td></tr>
<tr><td>자로(는)</td><td colspan="2">강직한 모습이었(고)</td><td colspan="2">염유와 자공(은)</td><td>화목하고 즐거운
모습이었다.</td></tr>
<tr><th>子樂(曰).</th><th>“若</th><th>由</th><th>也,</th><th>不</th><th>得</th></tr>
<tr><td>공자가 즐거워하다
[樂:(6-20)]</td><td>(대)‘이’ 근칭지시.
한정어(5-3)</td><td>(인명)子路=季路=
仲由(2-17)</td><td>(어기)주어+也.
‘멈춤,완만,제시’
(1-2)</td><td>(부)~할 수 없다</td><td>(동)얻다,
가지다 (10-8)</td></tr>
<tr><td>공자가 즐거워
(말했다)</td><td colspan="3">“이 사람 자로는</td><td colspan="2">가질 수 없다</td></tr>
<tr><th>其</th><th>(時)死</th><th>然.”</th><td colspan="3" rowspan="3"></td></tr>
<tr><td>(대)그의,
그것의(1-7)</td><td>(시기에 맞는) 죽음
[동사→명사]</td><td>(어기)문미 긍정
(8-21)</td></tr>
<tr><td colspan="3">그의 (시기에 맞는) 죽음을”</td></tr>
</table>

번역 민자건(閔子騫)이 공자 좌우 곁에서 시중들 때 말이 상냥하고 분명한 모습이었고, 자로는 강직한 모습이었고, 염유와 자공은 화목하고 즐거운 모습이었다. 공자가 즐거워하며 말했다. “이 사람 자로는 그의 시기에 맞는 죽음을 가질 수 없을 거다.”

語法과 語彙

閔子侍側, 誾誾如也 (민자건이 공자 좌우 곁에서 시중들 때 말이 상냥하고 분명한 모습이다)

(동사) 좌우 곁에서 시중들다. (陪侍左右)

→ 傾容幸而侍側 『楚辭·九嘆·思古』
머리를 숙이고 허리를 굽히고(傾容:低頭哈腰) 다행히도(幸而:幸虧) 좌우 곁에서 시중들다

子路, 行行如也 (자로는 강직한 모습이다)

(형용사) (성격, 의지가) 굳세다, 강직하다. (剛强貌) (항항, hàng hàng)

不得其死然 (그의 죽음을 가질 수 없다)

(동사) 생명을 잃다, 죽다; '살다'와 대립된다. (喪失生命, 與"生"相對)

→ 吾祖死於是, 吾父死於是 (唐・柳宗元『捕蛇者說』)
'나의 할아버지(吾祖)'는 '이것(是)' '때문에(於)' 돌아가셨고 나의 아버지는 '이것(是)' '때문에(於)' 돌아가셨다.

若由也, 不得其死然 (이 사람 자로는 그의 죽음을 가질 수 없다)

(부정부사) 어떤 동작, 행위를 할 수 없거나 할 필요가 없다는 것을 나타낸다. (表示不可能或用不着從事某種動作行爲)

→ 無欲速, 無見小利.欲速, 則不達, 見小利, 則大事不成 『論語・子路』
서두르려(欲速) 하지 말(無)고 작은 이익을 보려 하지 마라(無見小利). 서두르려 하면(欲速, 則) 뜻을 이루지 못하(不達)고 작은 이익을 보려고 하면(見小利, 則) 큰일(大事)을 이루지 못한다(不成).

11-14. 魯人爲長府, 閔子騫曰: "仍舊貫, 如之何? 何必改作?" 子曰: "夫人不言, 言必有中."

魯人	爲	長府,	閔子騫曰:	"仍	舊貫,
노나라 사람	(동)만들다(6-29)	장부(長府).춘추시대 노나라창고이름	민자건이 말하다 [閔子騫(6-9)]	(동)따르다, 좇다	(명)원래의 모양
노나라 사람이 창고 '장부(長府)'를 만들 (때) [시간절(1-1)]			민자건이 말했다.	"원래의 모양을 따르(지/면 될 텐데/…)	
如之何?	**何必**	**改作?"**	**子曰:**	**"夫人**	**不言,**
그것을 어떻게 하려고 하지?(3-3)	(관용)왜 꼭 ~해야 하는가?	(동)고치다, 변경하다	공자가 말하다	저 사람 [夫:이,저…(11-10)]	말하지 않다
그것을 어떻게 하려고 하지?	왜 꼭 고쳐야 하는 거지?"		공자가 말했다.	"저 친구는(저 사람은) 말을 하지는 않지만	
言必有中."					
말을 하면 꼭 요점(點子)을 말할 수 있다					
말을 하면 꼭 요점을 말한다." [조건가정긴축복문(緊縮復句) 아래 참조]					

번역 노나라 사람이 창고 '장부(長府)'를 만들 때 민자건이 말했다. "원래의 모양을 따르면 될 텐데, 그것을 어떻게 하려고 그러지? 왜 꼭 고쳐야 하는 거지?" 공자가 말했다. "저 친구는 말을 하지는 않지만 말을 하면 꼭 요점을 말한다."

語法과 語彙

魯人爲長府 (노나라 사람이 창고 '장부(長府)'를 만들다)

(명사) 춘추시대 노나라의 창고 이름. (春秋時魯國庫藏名)

仍舊貫, 如之何? (원래의 모양을 따르면 될 텐데, 그것을 어떻게 하려고 그러지?)

(동사) 따르다, 좇다. (依照, 沿襲)

→ 故與左丘明觀其史記, 據行事, 仍人道 『漢書·藝文志』
때문에 좌구명과 그 '사기'를 보았을 때 사업(行事)에 기반하고 인도를 따랐다.

仍舊貫, 如之何? (원래의 모양을 따르면 될 텐데, 그것을 어떻게 하려고 그러지?)

(명사)1. 원래의 모양. (原來的樣子)
(명사)2. 옛날 제도, 옛날 방법. (舊制度 ; 舊辦法)

何必改作? (왜 꼭 고쳐야 하는 건가?)

(관용구) 보통 동사 서술어 앞에 쓰여 부사어가 되고 반문을 보여주며 '필요 없다'의 의미를 갖는다. '왜 꼭 ~해야 하는가?', '~할 필요가 없다' 등으로 번역될 수 있다. (爲甚麼一定要, 不必)

→ 子路曰: "有民人焉, 有社稷焉, 何必讀書, 然後爲學?" 『論語·先進』
자로가 말했다. "백성이 있고 사직이 있는데 왜 꼭 책을 읽은 다음에야 공부가 되는가?"
→ 王亦曰仁義而已矣, 何必曰利? 『孟子·梁惠王上』
왕은 단지(亦) 인의(仁義)를 말할 뿐인데 왜 꼭 이익을 말해야 합니까?

何必改作? (왜 꼭 고쳐야 하는 건가?)

(동사) 고치다, 변경하다. (更改 ; 變更)

→ 君子之道, 樂因循而重改作 『漢書·外戚傳下·孝成許皇后』
군자의 도는 즐거움은 계승하고(因循:繼承, 沿襲) 다시 고치는 것이다.

夫人不言, 言必有中 (저 사람은 말을 하지는 않지만 말을 하면 꼭 요점을 말한다)

(동사) 말하지 않다. (不說)

夫人不言, 言必有中 (저 사람은 말을 하지는 않지만 말을 하면 꼭 요점을 말한다)

(동사) 말을 하면 요점(點子)을 말할 수 있다. (指一說話就能說到點子上)

보충

긴축복문 (緊縮複文;緊縮復句(中))

긴축복문이라는 것은 복문의 내용을 단문의 형식으로 표현하는 것으로 단문과 단문 사이에 음성의 휴지(語音停頓)가 없는 문장이다. 긴축복문이 사용하는 관련사(關聯詞語)는 두 종류가 있고 하나는 두 개의 관련사가 호응하여 사용하는 것이고(非…不, 非…則, 非…而, 不…不 등) 하나는 하나의 접속사를 사용하는 것이다(而, 則, 即 등).

긴축복문은 두 가지의 형태가 있다. 하나는 연합긴축복문(聯合緊縮復句)이고 하나는 수식·한정긴축복문(偏正緊縮復句)이다. 연합긴축복문(聯合緊縮復句)으로는 병렬긴축문(竝列緊縮句), 순접긴축문(=부드러운 이어짐, 順承緊縮句), 점층긴축문(進層緊縮句), 선택긴축문(選擇緊縮句) 등의 긴축복문이 있고, 수식·한정긴축복문(偏正緊縮復句)으로는 전환긴축문(轉換緊縮句), 조건긴축문(條件緊縮句), 가정긴축문(假設緊縮句), 인과긴축문(因果緊縮句), 목적긴축문(目的緊縮句) 등이 있다. 긴축복문 내의 단문은 종종 약간의 문장성분을 생략하기 때문에 생략된 부분을 보충해야만 비로소 의미가 통하고 분명해질 수 있다.

1. 연합긴축복문(联合緊縮復句)

1.1 병렬긴축문(竝列緊縮句)

→ 越明年, 政通人和, 百廢俱興 (宋·範仲淹『岳陽樓記』)
다음 년이 되어 정치는 순조롭고 백성은 화목하고 즐겁게 되어, 많은 폐단이 모두 일어난다.
→ 先事後得, 非崇德與? 『論語·顔淵』
그 일을 먼저하고 얻는 것을 나중으로 하는 것이 도덕을 가득 채우고 흥성하게 하는 것이 아니겠는가?

→ 彼竭我盈 『左傳·莊公十年』
저들은 힘을 다하고 우리는 충만하다.

1.2 연속긴축문(順承緊縮句;承接關係;continuity)

→ 生則天下歌, 死則天下哭 『荀子·解蔽二十一』
태어나자 천하가 칭송의 노래를 부르고 죽자 천하가 눈물을 흘리다.

→ 師興而雨 『左傳·僖公十九年』
군대가 일어나자 비가 오다.

1.3 점층긴축문(進層緊縮句)

→ 君子有酒, 旨且多 『詩·小雅·魚麗』
군자(=연회를 베푸는 주인)가 술이 있는데 맛있고 게다가 많다.

→ 敏而好學, 不恥下問 『論語·公冶長』
똑똑하고 게다가 배우는 것을 좋아하고 자신보다 지위가 낮은 사람에게 묻는 것을 부끄러워하지 않다.

1.4 선택긴축문(選擇緊縮句)

→ 非諸侯而何? 『論語·先進』
제후(→제후국이)가 아니면 무엇인가?

→ 主晉祀者, 非君而誰? 『左傳·僖公二十四年』
진(晉)나라 제사를 주관하는 사람이 왕이 아니면 누구입니까?

→ 先死者, 非父則母 『墨子·明鬼』
먼저(先) 죽은 사람(死者)은 아버지가 아니면(非父則) 어머니(母)이다.

---

2. 수식 • 한정긴축복문(偏正緊縮復句)

2.1 전환긴축문(轉換緊縮句)

→ 惑而不從師 (唐·韓愈『師說』)
모르지만 스승에게 가르침을 구하지 않다.

→ 學而不厭, 誨人不倦, 何有於我哉? 『論語·述而』
배우지만 싫증내지 않고 사람을 가치는데 게으르지 않는 것이 나에게 무슨 어려움이 있겠는가?

2.2 조건 • 가정긴축문(假設緊縮句)

→ 聞斯行諸? 『論語·先進』
들으면 그것을 실행합니까?

→ 言必有中 『論語·先進』
말을 하면 반드시 들어맞는 것이 있다.

→ 二人相憎而欲相賊也 『韓非子·內儲說右下』
두 사람이 '서로 증오하면(相憎而)' 서로 상처 입히길(or 죽이길, 賊) 원한다.

2.3 인과긴축문(因果緊縮句)

→ 維憂用老 『詩經·小雅·小弁』
생각(維)이 걱정하게 만드니(憂:發愁) 늙어지다.

2.4 시간긴축문(時間緊縮句)

→ 居之無倦, 行之以忠 『論語·顔淵』
머물 때 나태하지 않고 실행할 때 충성을 사용하다.

→ 居處恭, 執事敬, 與人忠 『論語·子路』
평상시 행동할 때는 겸손하고 예의가 있고, 일할 때에는 공손하고, 민심을 얻을 때에는 몸과 마음을 다하다.

2.5 양보긴축문(讓步緊縮句)

→ 雖賞之不竊 『論語·顔淵』
설령 그에게 상을 주어도 훔치지 않다.

→ 雖愚者亦明之矣 (淸·黃宗羲『原君』)
비록 어리석은 자도 그것을 알 것이다.

상기 긴축복문은 고대중국어 어법 책 여러 권에서 발췌하여 총합한 것인데 이외 다른 의미관계를 가진 긴축복문이 있을 수 있다.

11-15. 子曰: "由之瑟, 奚爲於丘之門?" 門人不敬子路. 子曰: "由也, 升堂矣, 未入於室也."

子曰:	"由	之	瑟,	奚爲	
공자가 말하다	(인명)子路=季路=仲由(2-17)	之:(조사)수식,종속 관계.~의' (3-2)	(명)고대악기 '슬'	(의문대명사)왜, 어떻게, 무엇을 근거로, 무엇을 이용하여…(2-21)	
공자가 말했다. "자로의 슬(瑟)(이)				왜	
於	**丘**	**之**	**門?"**	**門人**	**不敬**
(동)~에 있다(4-5)	니(=공자:본인을 지칭할 때)	之:(조사)수식,종속 관계.~의' (3-2)	(명)문 앞의 통로	(명)제자,학생(7-28)	(동)공경하지 않다. 무례하게 대하다
나의 문 앞 통로에 있지?"				제자들이 자로를 무례하게 대했다.	
子路.	**(子曰:)"由**	**也,**	**升堂**	**矣,**	**未**
(인명)子路=季路=仲由(2-17)	(인명)子路=季路=仲由(2-17)	(어기)주어+也.'멈춤,완만,제시'(1-2)	(동)학문, 기예가 이미 입문했다	(어기)'이미 그렇다' (3-24)	(부사)아직~하지 않다(3-25)
	(공자가 말했다) "자로는		학문과 기예가 이미 입문했(고)		아직
入於室		**也."**			
학문, 기능이 이미 심오한 경지에 이르렀다		(어기)판단			
심오한 경지에 이르지 못했을 뿐이다."					

번역 공자가 말했다. "자로의 슬(瑟)이 왜 나의 문 앞 통로에 있지?" 제자들이 자로를 무례하게 대했다. (공자가 말했다) "자로는 학문과 기예가 이미 입문했고 아직 심오한 경지에 이르지 못했을 뿐이다."

語法과 語彙

由之瑟 (자로의 슬(瑟))

(명사) 고대 악기로 보통 25현을 가지고 있고 다른 한 종류는 16개의 현을 갖고 있다. (古樂器) [슬, sè]

→ 趙王鼓瑟 『史記·廉頗藺相如列傳』
조나라 왕이 슬을 '켠다, 친다.'

由之瑟, 奚爲於丘之門? (자로의 슬(瑟)이 왜 나의 문 앞 통로에 있는가?)

(의문대명사) 보통 서술어 앞에 쓰여 목적어, 부사어, 한정어가 되며 서술어가 되지만 주어가 되는 것은 적게 보인다. 주로 사물, 장소, 상황, 원인, 방식 등을 묻는데 사용된다. 전치사의 목적어로 사용되는데 원인, 사물, 장소를 물으며 전치사 '自, 爲, 以'등의 앞에 놓인다.

원인, 사물을 묻거나 반문을 나타낼 때에는 전치사가 보통 '爲(~을 위하여), 以(~을 근거로…), 用(~로…)'으로 '奚爲, 奚以, 奚用' 구조를 만들며 동사 앞에 놓여 부사어가 된다. 상황을 참작하여 '왜, 무엇 때문에, 무엇을 근거로, 무엇으로, 무엇을 이용하여, 어떻게' 등으로 번역될 수 있다.

→ 仁人耳目亦猶人也, 奚爲獨不樂此也? 『新序·刺奢』
어진 사람의 귀나 눈 역시 보통사람과 같은데, 왜 혼자서 이것을 즐기지 못하는가?

→ 奚以知其然也? 『呂氏春秋·貴生』
무엇에 근거하여 그것이 그렇다는 걸 아는가?

→ 先生奚用相濟? 『後漢書·馬援列傳』
선생은 무엇으로 '서로 조절하(相濟:互相調濟<調濟=調劑 조제,tiáojì>)'는가?

奚爲於丘之門? (왜 나의 문 앞 통로에 있는가?)

(명사) 문 앞의 통로, 실마리, 단서. (門徑)

→ 喪亂死多門, 嗚呼泪如霰 (唐·杜甫『白馬』)
'사망, 재란(喪亂)' 때문에 많은(많이?) 문 앞의 통로에서 죽으니, 아~(嗚呼) '눈물이 싸라기 눈 같다(泪如'霰<산, xiàn>')'.

由也, 升堂矣, 未入於室也 (자로는 학문과 기예가 이미 입문했고 아직 심오한 경지에 이르지 못했을 뿐이다)

(동사) 학문, 기예가 이미 입문했다. (比喻學問技藝已入門)

由也, 升堂矣, 未入於室也 (자로는 학문과 기예가 이미 입문했고 아직 심오한 경지에 이르지 못했을 뿐이다)

(동사) 학문, 기능이 이미 심오한 경지에 이르렀다. (比喻學問或技能已達到深奧的境界)

→ 弟子韓幹早入室, 亦能畫馬窮殊相 (唐·杜甫『丹青引』)
제자 한간(韓幹)은 일찍이 '심오한 경지에 이르러(入室)' 말을 그리고 기이한 형상(殊相)의 극점에 도달했다.

由也, 升堂矣, 未入於室也 (자로는 학문과 기예가 이미 입문했고 아직 심오한 경지에 이르지 못했을 뿐이다)

(어기) 동사나 형용사 서술어 끝에 위치하여 주로 사람, 사건, 사물의 특징, 역할, 성질에 대한 판단 어기를 나타낸다.

→ 爲長者折枝, 語人曰: '我不能.' 是不爲也, 非不能也 『孟子·梁惠王上』
노인을 위하여(爲長者) 나뭇가지를 꺾(折枝)고 사람에게 말한다. "나는 할 수가 없다." 이것은(是) 하지 않는 것이지 할 수 없는 것이 아니다.

→ 子子孫孫無窮匱也 『列子·湯問』
자자손손 곤궁하고 '모자라(匱<궤,kuì>)'는 것이 없을 것이다.

11-16. 子貢問: "師與商也孰賢?" 子曰: "師也過, 商也不及." 曰: "然則師愈與?" 子曰: "過猶不及."

子貢問:	"師	與	商	也	孰
자공이 묻다 [子貢=賜(1-10)	子張=전손사 (顓孫師)(2-18)	(접)'~와' 병렬(4-5)	(인명)자하 (子夏)(1-7)	(어기)주어+也.'멈춤,완만,제시'(1-2)	(의문대)누가,무엇이.'의문,반문'(3-1)
자공이 물었다.	"자장과 자하(는) 누가				
賢?"	**子曰:**	**"師**	**也**	**過,**	**商**
(형)현명하다	공자가 말하다	子張=전손사 (顓孫師)(2-18)	(어기)주어+也.'멈춤,완만,제시'(1-2)	(동)지나치다, 과분하다	(인명)자하(1-7)
현명합니까?"	공자가 말했다. "자장은 지나치(고)				자하는
也	**不及."**	**(子貢)曰:**	**"然則**	**師**	**愈**
(어기)주어+也.'멈춤,완만,제시'(1-2)	(동)미치지 못하다	말하다	(접)그렇다면(3-22)	子張=전손사 (顓孫師)(2-18)	(동)~보다 낫다 (5-9)
미치지 못한다."		(자공이) 말했다.	"그럼 자장이 더 낫습니까?"		
與?"	**子曰:**	**"過**	**猶**	**不及."**	
(어기)문미의문 (8-6)	공자가 말하다	(동)지나치다, 과분하다	(동)~와 같다, 비슷하다(5-19)	(동)미치지 못하다	
	공자가 말했다. "지나친 건 미치지 못하는 것과 같다."				

번역 자공(子貢)이 물었다. "자장(子張)과 자하(子夏)…는 누가 현명합니까?" 공자가 말했다. "자장(子張)은 지나치고, 자하(子夏)는 미치지 못한다." 자공(子貢)이 말했다. "그럼 자장(子張)이 더 낫습니까?" 공자가 말했다. "지나친 건 미치지 못하는 것과 같다."

語法과 語彙

師也過, 商也不及 (자장(子張)은 지나치고, 자하(子夏)는 미치지 못하다)

(동사.형용사) 지나치다, 과분하다. (過分)

→ 昔日之所無, 今日有之不爲過 (明•劉基『司馬季主論卜』)
옛날'의 없던 것(之所無)'이 지금(今日) 그것이 생기면 지나친 것이라고 할 수 없다.

11-17. 季氏富於周公, 而求也爲之聚斂而附益之. 子曰: "非吾徒也. 小子鳴鼓而攻之, 可也."

季氏	富	於	周公,	而	求
(인명)계손씨 내 인물(3-1)	(형)부유하다	(전)~보다	(인명)주공(周公)	(접)전환. '그러나'(1-1)	冉求=冉有=冉子=子有(3-6)
계씨(季氏)가 주공(周公)보다 부유했(음에도) [양보절]				그러나 염구(冉求)는	
也	**爲**	**之**	**聚斂**	**而**	**附益**
(어기)주어+也.'멈춤,완만,제시'(1-2)	(전)목적. '~을 위하여'(3-22)	계손씨[(대)재지시. '그것'(2-1)]	세금을 거두다, 백성재산을 착취하다	(접)동작의 선후. '~다음'(6-15)	(동)늘려주다
계손씨를 위해서 세금을 거두어 계손씨(의 재산을) 늘려주었다.					
之.	**子曰:**	**"(求), 非**	**吾徒**		**也.**
계손씨[(대)재지시. '그것'(2-1)]	공자가 말하다	(부)부정표시.'명사 서술어 앞'(5-1)	나의 학생 [소유격표지 없음. '인칭대명사+(之)+명사']		(어기)진술강조(2-17)
	공자가 말했다. "(염구는) 나의 학생이 아니다.				
小子	**鳴鼓**	**而**	**攻之,**	**可也."**	
(명)학생(들), 후배(들)(5-22)	(동)북을 두드리다	(접)부사어+而+서술어(1-4)	그(염구)를 비난하다[之:(2-1)]	괜찮다.[可:(형)괜찮다(1-15)][也:(어기)판단(형용사서술어끝)(11-15)]	
너희들이 북을 두드려 그를 공격하는 것은				괜찮다."	

번역 계씨(季氏)가 주공(周公)보다 부유했지만 염구(冉求)는 계손씨를 위해서 세금을 거두어 계손씨의 재산을 늘려주었다. 공자가 말했다. "염구(冉求)는 나의 학생이 아니다. 너희들이 북을 두드려 그를 비난하는 것은 괜찮다."

語法과 語彙

季氏富於周公 (계씨(季氏)가 주공(周公)보다 부유하다)

(전치사) 비교의 대상을 이끌어 낸다. 문장에서 서술어는 보통 형용사이다. '~보다'로 해석될 수 있다. (比)

→ 青, 取之於藍, 而青於藍 『荀子·勸學』
푸른색은 그것을 남색에서 추출했지만 남색보다 파랗다

季氏富於周公 (계씨(季氏)가 주공(周公)보다 부유하다)

주공(周公)은 두 개의 설이 있는데 일설은 '주공단(周公旦)이라는 것이고 일설은 주나라 시대 경사(卿士:고관대작)를 맡았던 주공의 후대이다. (陳曉芬, 2016)

공자 당시 낙양에 있었던 천자 가로(家老)로서 주공단(周公旦)의 후예로서 세습되어 내려오는 어떤 직책의 사람이라고 보는 것이 고주·황소의 입장이다. 그러나 나는 주공단(周公旦)을 직접 가리킨다고 생각한다. 공자 시대에 낙양에 살고 있는 사람을 계씨와 비교할 만큼 그렇게 정보가 소통되었을 까닭이 없다. (김용옥, 2008)

求也爲之聚斂而附益之 (염구(冉求)는 계손씨를 위해서 세금을 거두어 계손씨의 재산을 늘려주다)

(동사) 급하게 세금(賦稅:옛날 농지세·조세 등 각종 세금의 총칭)을 거두다. (謂急於斂取賦稅) ; 백성의 재산을 착취하다. (搜刮民財) [취렴, jùliǎn]

→ 與其有聚斂之臣, 寧有盜臣 『禮記·大學』
세금을 걷는 신하가 있는 것보다는 오히려 도둑 신하가 있는 게 낫다.

求也爲之聚斂而附益之 (염구(冉求)는 계손씨를 위해서 세금을 거두어 계손씨의 재산을 늘려주다)

(동사) 늘리다, 증가하다, 더하다. (增加, 增益)

非吾徒也 (나의 학생이 아니다)

(명사) 문인, 학생. (門人, 學生) [도, tú]

→ 仲尼之徒, 無道桓文之事者 『孟子·梁惠王上』
공자(仲尼)의 제자 중에서 환공(桓公)과 문공(桓公)의 일'을 말한 사람(道…者)'이 없다.

小子鳴鼓而攻之 (너희들이 북을 두드려 그를 비난하는 것은 괜찮다)

(동사) 북을 두드리다. (擊鼓) [명고, mínggǔ]

→ 舟側欲傾, 人大恐懼, 即鳴鼓招衆 (宋·徐竟『高麗圖經·禮成港』)
배의 측면(舟側)이 기울려고 하자 사람들이 '크게 두려워하(大恐懼)'여 바로 북을 두드리고 '사람들을 부른다(招衆)'.

— [보충]
'명고이공(鳴鼓而攻)' 은 공개적으로 성토하는 것을 나타낸다. (指公開聲討)

小子鳴鼓而攻之 (너희들이 북을 두드려 그를 비난하는 것은 괜찮다)

(동사, 명사) 지적(하다), 비난(하다). (指責)

→ 攻其惡, 無攻人之惡 『論語·顏淵』
자신의 나쁜 점을 비난하고 타인의 나쁜 점을 비난하지 않다.

11-18. 柴也愚, 參也魯, 師也辟, 由也喭.

<table>
<tr><th>柴</th><th>也</th><th>愚,</th><th>參也</th><th>魯,</th><th>師也</th></tr>
<tr><td>柴(시)=자고(子羔) 외</td><td>(어기)주어+也.'멈춤,완만,제시'(1-2)</td><td>(형)어리석다</td><td>증삼(曾參)은(1-4)</td><td>(형)아둔하다</td><td>자장(子張)은(2-18)</td></tr>
<tr><td colspan="3">자고(子羔)는 어리석(고)</td><td colspan="2">증삼(曾參)은 아둔하(고)</td><td>자장(子張)은</td></tr>
<tr><th>辟,</th><th>由也</th><th>喭.</th><td colspan="3" rowspan="3"></td></tr>
<tr><td>(형)한쪽으로 치우쳐 있다</td><td>자로(子路)는 (2-17)</td><td>(형)거칠고 사납다</td></tr>
<tr><td>한쪽으로 치우쳐 있(고)</td><td colspan="2">자로(子路)는 거칠고 사납다.</td></tr>
</table>

번역 자고(子羔)는 어리석고, 증삼(曾參)은 아둔하고, 자장(子張)은 한쪽으로 치우쳐 있고, 자로(子路)는 거칠고 사납다.

語法과 語彙

柴也愚

(인명) 시(柴)는 공자의 제자이다. 성(姓)은 고(羔)요, 자(字)는 자고(子羔자고)이다. (朱熹集註)

자고(子皐), 자고(子睾), 자고(子高), 계고(季皐)로도 불린다. 위(衛)나라 사람, 제나라[가어], 정(鄭)나라 사람이라는 설도 있다. 나이 30세 연하[열전], 40세 연하[가어] 설이 있는데 40세 연하가 더 정확한 설일 것이다. 키가 5척도 안 되는 난장이였으며 추남이었다고 한다. 「가어제자해」에 의하면 제나라 사람이었지만 어려서부터 노나라에 살았다. 공자의 문하에서 이름을 날리어 노나라 사람들에게 많이 알려진 인물이었으면 무성재(武城宰)를 지냈다고 한다. 자로의 추천에 의해 비읍재(費邑宰)가 되었다(先進-25). (김용옥, 2008) [시, chái]

柴也愚 (자고(子羔)는 어리석다)

(형용사) 어리석다, 사리에 어둡다. (愚笨, 愚昧) [우, yú]

→ 非是, 是非, 謂之愚 『荀子·修身』
틀린 것을 맞다하고 맞은 것을 틀리다 하는 것, 그것을 어리석다고 말한다.

→ 故余雖愚, 卒獲有所聞 (明·宋濂『送東陽馬生序』)
그래서(故) 내가(余) 비록(雖) 어리석지만 마침내 '이름을 날릴 곳(所聞:出名)'을 얻다.

參也魯 (증삼(曾參)은 아둔하다)

(형용사) 아둔하다. (遲鈍) [로, lǔ]

→ 何爾魯鈍之甚也! 『晉書·皇甫謐傳』
어떻게(何) 너는(爾) 아둔하기가 심한지!

師也辟 (자장(子張)은 한쪽으로 치우쳐 있다)

(형용사) 편벽되다(偏僻되나: 한쪽으로 치우쳐 공평하지 못하다) [벽, pì(bì 아님)]

由也喭 (자로(子路)는 거칠고 사납다)

(형용사) 거칠고 사납다, 공손하지 못하다. (粗野, 不恭) [안, yàn]

→ 厥子乃不知稼穡之艰難, 乃逸乃諺 『尚書·無逸』
그(厥) 아들은 파종과 수확(=농사, 稼穡<가색, jiàsè>)의 큰 어려움을 '모르는 것 같고(乃:好像)' '무척 안일하고(乃逸;乃=盡)' 무척 '거칠고 사납다/공손하지 못하다'.

11-19. 子曰: "回也, 其庶乎, 屢空. 賜不受命而貨殖焉, 億則屢中."

子曰:	"回	也,	其	庶(聖道)	乎,
공자가 말하다	안연(顔淵), 안회(顔回)(2-9)	(어기사)멈춤, 완만(3-1)	그는[(대)주어(명사+之)(2-22)]	(성인의 도에) 가까이 있다	(어기)감탄,비분,찬송(3-7)
공자가 말했다. "안회(顔淵)…			그는 성인의 도에 가까이 있었지!		
(而)屢	**空.**	**賜**	**不**	**受命(爲賈)**	**而**
(부)여러 번 (5-5)	(형)가난하다, 빈궁하다	(인명)자공 (子貢)(1-10)	(부)동사술어 앞. '~하지 않다'(7-14)	(장사꾼이 되는) 명령을 받다	(접)전환. '그러나'(1-1)
(하지만) 여러 번 가난했다.		자공(子貢)은 (장사꾼이 되라는) 명령을 받지도 않았지만			
貨殖		**焉,**	**億**	**則**	**屢**
(동)장사하여 돈 벌다		(어기)멈춤, 문장제기(4-17)	(동)예측하다	(접)조건+則+결과 (1-6)	(부)여러 번 (5-5)
장사하여 돈을 벌었는데…			예측하면 여러 번 잘 들어맞았다."		
中."					
(동)부합하다, 잘 들어맞다					

번역 공자가 말했다. "안회(顔淵)... 그는 성인의 도(道)에 가까이 있었지! 하지만 여러 번 가난했다. 자공(子貢)은 장사꾼이 되라는 명령을 받지도 않았지만 장사하여 돈을 많이 벌었는데... 예측하면 여러 번 잘 들어맞았다."

語法과 語彙

回也其庶乎 (안회(顔淵)… 그는 성인의 도(道)에 가까이 있다)

(동사)거의 비슷하다, ~에 가깝다. (近似, 差不多) [서, shù]

→ 言回庶幾聖道 -하안(何晏:?-249)注(=註:주석(註釋)하다. 주해(註解)하다:낱말이나 문장의 뜻을 쉽게 풀이함. 또는 그런 글)-
'안회가 성인의 도(聖道)에 가까이 있다(庶幾)'라는 것을 말한다.

— [보충]
성도(聖道)는 본래 성자(聖者)의 도, 성인(聖人)의 도, 성현(聖賢)의 도를 가리킨다. (本意指聖者之道、聖人之道、聖賢之道)

回也其庶乎, 屢空 (안회(顔淵)… 그는 성인의 도(道)에 가까이 있었지! 하지만 여러 번 가난했다)

(형용사) 가난하다, 빈궁하다. (窮, 貧乏) [공, kòng]

→ 信道而不爲, 國家必空 『新書·大政下』
도(道)를 믿지만 실천하지 않으면 국가는 반드시 '가난해진다(형용사→동사)'.

賜不受命而貨殖焉 (자공(子貢)은 장사꾼이 되라는 명령을 받지도 않고 장사하여 돈을 많이 버는데…)

(동사) 명령이나 임무를 받다. (接受命令或任務的意思)

→ 齊景公曰: "旣不能令, 又不受命, 是絶物也" 『孟子·離婁上』
제나라 경공이 말했다. "명령을 내릴 수도 없고 또한 명령을 받지 않은 것, 이것은 관계를 끊는 것이다.

賜不受命而貨殖焉 (자공(子貢)은 장사꾼이 되라는 명령을 받지도 않고 장사하여 돈을 많이 버는데…)

(동사) 재화를 이용한 생산과 교환으로 상업 활동을 하여 그 가운데에서 재물을 만들고 이익을 찾다. (利用貨物的生産與交換, 進行商業活動, 從中生財求利); 장사하다. 재화를 사서 쟁여서 이익을 추구하다. (經商. 囤積財貨以營利) → 장사하여 돈 벌다.

億則屢中 (예측하면 여러 번 잘 들어맞다)

(동사) 예측하다, 추측하다, 짐작하다. (預料, 揣測) [억, yì]

→ 不可億度 『舊唐書·李道宗傳』
예측할(億度<억탁, yìduó> 수 없다.

億則屢中 (예측하면 여러 번 잘 들어맞다)

(동사) 부합하다, 잘 들어맞다. (符合, 恰好對上) [중, zhòng]

→ 莫不中音 『莊子·養生主』
'잘 들어맞지 않(不中)'은 음율이 없다.

→ 言必有中 『論語·先進』
말하면 꼭 잘 들어맞는 것이 있다.

11-20. 子張問善人之道. 子曰: “不踐迹, 亦不入於室.”

<table>
<tr><th colspan="2">子張問</th><th colspan="2">善人之道.</th><th>子曰:</th></tr>
<tr><td colspan="2">자장(子張)이 묻다.
[전손사(顓孫師)=사(師)(2-18)]</td><td colspan="2">도덕을 갖춘 사람의 도(道) [善人:(명)도덕을 갖춘 사람(7-25)]
[(조사)수식,종속관계.~의’ (3-2)]</td><td>공자가 말하다</td></tr>
<tr><td colspan="4">자장(子張)이 도덕을 갖춘 사람의 도(道)에 관하여 물었다.</td><td>공자가 말했다.</td></tr>
<tr><th>“不…(不)</th><th>踐迹,</th><th>亦</th><th>(不)…不入於室.”</th><td rowspan="3"></td></tr>
<tr><td>(고정형식)
‘조건/가정+결과’
(7-8)</td><td>(동)선배의 발자취를 밟다</td><td>(부)조건구비+결과
(1-12)</td><td>학문, 기능이 심오한 경지에 이르지 못하다(11-15)</td></tr>
<tr><td colspan="4">“선배의 발자취를 밟지 않으면 학문, 기능이 심오한 경지에 이르지 못한다.”</td></tr>
</table>

번역 자장(子張)이 도덕을 갖춘 사람의 도(道)에 관하여 물었다. 공자가 말했다. “선배의 발자취를 밟지 않으면 학문, 기능이 심오한 경지에 이르지 못한다.”

語法과 語彙

不<u>踐迹</u>, 亦不入於室 (선배의 발자취를 밟지 않으면 학문, 기능이 심오한 경지에 이르지 못한다)

(동사) 천적(踐‘<u>跡</u>’)으로도 쓴다. 앞 사람(=선인, 선배)의 발자취를 밟다. 답습(蹈襲)하다, 인습(因襲)하다(<과거의 방법·제도·법령 따위를> 그대로 좇다)와 같다. (亦作“踐跡”. 踩着前人的足迹. 猶蹈襲,因襲) [천적, jiànji]

11-21. 子曰: “論篤是與, 君子者乎? 色莊者乎?”

子曰:	“論篤		是	與,	君子
공자가 말하다	(명)정치나 일반 공적인 일에 대하여 의견이 충실한 사람		(조사)목적어 전치 표지(9-14)	(동)칭찬하다(7-28) [yǔ]	(형)군자답다
공자가 말했다.	“정치나 일반 공적인 일에 대하여 의견이 충실한 사람을 칭찬한(다면) [조건절(1-1)]				군자다운
者	**乎?**	**色**	**莊**	**者**	**乎?”**
(조사)~한 사람, ~한 것(1-2)	(어기)의문(2-7)	(명)안색,표정(2-8)	존경할만한 에너지가있고 무게가 있다	(조사)~한 사람, ~한 것(1-2)	(어기)의문(2-7)
사람인가?		표정(만) ‘존경할만한 에너지가 있고 무게가 있는(=장중한)’ 사람인가?”			

번역 공자가 말했다. “정치나 일반 공적인 일에 대하여 의견이 충실한 사람을 칭찬한다면, 군자다운 사람인가? 표정만 존경할만한 에너지가 있고 무게가 있는 사람인가?”

語法과 語彙

論篤是與 (정치나 일반 공적인 일에 대하여 의견이 충실한 사람을 칭찬하다)

(형용사) ‘정치나 일반 공적인 일에 대하여 개인(or 각자)의 의견(=言論:關於政治或一般公共事務的議論)’이 충실하다. (言論篤實) [논독, lùndǔ]

(명사) ‘정치나 일반 공적인 일에 대하여 개인(or 각자)의 의견(=言論:關於政治或一般公共事務的議論)’이 충실한 사람. (指言論篤實的人) [논독, lùndǔ]

論篤是與 (정치나 일반 공적인 일에 대하여 의견이 충실한 사람을 칭찬하다)

(조사) ‘목적어 + 之(是) + 타동사’ (목적어 전치, 9-14참조)

→ 惟怪之欲聞 (唐·韓愈『原道』)
다만 신기한 말을 듣고 싶다.

→ 公曰:”寡人其君是惡, 其民何罪?“ 『國語·晉語三』
秦나라 穆公이 말했다. “나는 그 나라(=晉나라)의 왕을 싫어하는 건데 그 나라의 백성은 무슨 죄인가?”

→ 鷄鳴而駕, 塞井夷竈, 唯余馬首是瞻 『左傳·襄公十四年』
닭이 울(鷄鳴)자 ‘마소에 수레를 메우(駕)’고 ‘우물을 메우(塞井)’고 ‘부뚜막을 헐어서 평평하게 했(夷竈<이조, yízào><灶, 간자체>)’는데 (당신들은) 내(余) 말의 머리만 본 것이다.

色莊者乎? (표정만 존경할만한 에너지가 있고 무게가 있는 사람인가?)

(형용사) 존경할만한 에너지가 있고 무게가 있다=장중하다. (莊重, 嚴肅) [장, zhuāng]

→ 季孫終身莊而遇賊 『韓非子·外儲說左下』
계손(季孫)은 평생(終身) 존경할만한 에너지가 있고 무게가 있었지만 해로움(賊)을 만났다.

11-22. 子路問: "聞斯行諸?" 子曰: "有父兄在, 如之何其聞斯行之?" 冉有問: "聞斯行諸?" 子曰: "聞斯行之." 公西華曰: "由也問聞斯行諸, 子曰 '有父兄在';求也問聞斯行諸, 子曰'聞斯行之'. 赤也惑, 敢問." 子曰: "求也退, 故進之;由也兼人, 故退之."

子路問:	"聞	斯	行	諸?"	子曰:
자로가 묻다[=季路=仲由(2-17)]	(동)듣다	(접)유연한이어짐 '~면~하다'(4-7)	(동)실행하다, 밀고나가다(5-14)	(겸사)'之+乎' '의문,반문'(6-6)	공자가 말하다
자로가 물었다.	"들으면 그것을 실행합니까?"				공자가 말했다.
"有	**父兄**	**在,**	**如之何**	**其**	**聞斯行之?"**
(접)가정. '만약'(5-14)	(명)부친과 형님	(동)존재하다, 생존하다(4-19)	(관용)그것을 어떻게… ?(2-20)	(조)수식어+其+서술어(부각)(5-18)	들으면 그것을 실행하다[之:재지시]
"만약 부친과 형님이 생존한다(면) [조건절]			어떻게 들으면 그것을 실행하겠느냐?"		
冉有問:	**"聞斯行諸?"**	**子曰:**	**"聞斯行之."**		**公西華曰:**
염구가 묻다 [=冉有 外(3-6)]	들으면 그것을 실행하는가?	공자가 말하다	들으면 그것을 실행하다		공서화가 말하다 [=公西赤(5-8)]
염구가 물었다.	"들으면 그것을 실행합니까?"	공자가 말했다.	"들으면 그것을 실행한다."		공서화가 말했다.
"由	**也**	**問聞斯行諸,**		**子曰'有父兄在';**	
(인명)자로	(어기)주어+也.'멈춤,완만,제시'(1-2)	들으면 그것을 실행하느냐고 묻다		공자가 '만약 부친과 형님이 있다면'이라고 말하다	
"자로가 '들으면 그것을 실행하느냐'고 물(었을 때) [시간조건절(1-1)]				선생님은 '만약 부친과 형님이 있다면'이라고 말씀하시(고);	
求也問聞斯行諸,		**子曰'聞斯行之'.**		**赤也**	**惑,**
염구가 들으면 그것을 실행하는가 묻다		공자가 '들으면 그것을 실행한다'고 말하다		저(=공서화)는…	(동)맞는지 틀리는지 잘 모르다(7-28)
염구가 '들으면 그것을 실행하느냐'고 물(었을 때) [시간조건절]		선생님은 '들으면 그것을 실행한다'고 말씀하셨습니다.		저(=공서화)는 무엇이 맞는지 모르기 (때문에/ 몰라) [원인절(1-1)]	
敢問."	**子曰:**	**"求也退,**		**故**	**進**
외람되게 묻다[敢(조동)(5-9)]	공자가 말하다	염구가 물러서다		(접)A,故B(A 때문에)(9-6)	나아가게 하다 [동사→사동]
주제넘게 여쭙니다."	공자가 말했다.	"염구는 물러서기		때문에 그를 나아가게 했(고)	
之;	**由也**	**兼人,**	**故**	**退**	**之."**
(대)염구 [재지시. (2-1)]	자로는	(동)다른 사람을 능가하다	(접)A,故B(A 때문에)(9-6)	(동)물러나다 [동사→사동]	(대)자로 [재지시 (2-1)]
	자로는 다른 사람을 능가하기		때문에 그를 물러나게 했다."		

번역 자로가 물었다. "들으면 그것을 실행합니까?" 공자가 말했다. "만약 부친과 형님이 생존한다면 어떻게 들으면 그것을 실행하겠느냐?" 염구가 물었다. "들으면 그것을 실행합니까?" 공자가 말했다. "들을 때 그것을 실행한다." 공서화가 말했다. "자로가 '들으면 그것을 실행하느냐'고 물었을 때, 선생님은 '만약 부친과 형님이 있다면'이라고 말씀하시고, 염구가 '들으면 그것을 실행하느냐'고 물었을 때 선생님은 '들으면 그것을 실행한다'고 말씀하셨습니다. 저(=공서화)는 무엇이 맞는지 모르기 때문에 주제넘게 여쭙겠습니다." 공자가 말했다. "염구는 물러서기 때문에 그를 나아가게 했고, 자로는 다른 사람을 능가하기 때문에 그를 물러서게 했다."

語法과 語彙

有父兄在 (만약 부친과 형님이 생존한다면)

(명사) 부친과 형님. (父親與兄長)

→ 兼仗父兄之烈 (宋‧司馬光『資治通鑑』)
부친과 형님의 '공훈과 업적(烈:功業)'에 더더욱(兼:倍, 加倍) 의지하다.

由也兼人 (자로가 다른 사람을 능가하다)

(동사) 다른 사람을 능가하다; 한 사람이 두 사람을 감당하다. (超過别人;一人頂兩人) [겸인, jiānrén]
(명사) 다른 사람을 능가하는 사람; 한 사람이 두 사람을 감당하는 사람. (超過别人;一人頂兩人) [겸인, jiānrén]

— [견해]

'겸인(兼人)'을 『漢語大詞典』 외 공구서에서 '동사'로 구분했는데 본문에서는 '명사'이어도 통사상 문제가 없다. 그리고 비록 현대중국어를 다루지만, 『고려대 중한 사전』이 지원하는 '네이버 중국어 사전'에서 동사와 명사 함께 기술했다('혼자서 두 사람 몫(의 일)을 하다. (능력이) 남보다 (배가) 뛰어나다. 또는 그런 사람'). 이것으로 미루어 보아 고대중국어에서도 명사 용도가 가능하다고 볼 수 있고 다만 동사가 더 빈번하게 쓰였을 뿐이다.

→ 受辱於跨下, 無兼人之勇, 不足畏也 『漢書‧卷三四‧韓信傳』
가랑이 아래에서(於跨下) 치욕을 보(受辱)지만 '다른 사람을 능가할 용기(兼人之勇)'가 없으니 두려워'할 가치가 없다(不足)'.

11-23. 子畏於匡, 顔淵後. 子曰: "吾以女爲死矣." 曰: "子在, 回何敢死?"

<table>
<tr><th colspan="2">子畏於匡,</th><th>顔淵</th><th>後.</th><th>子曰:</th><th>"吾</th></tr>
<tr><td colspan="2">공자가 광(匡)에서 두려워하다[(9-5)]</td><td>안연
[안회(顔回)(2-9)]</td><td>(동)뒤에 두다, 뒤에 남다(3-8)</td><td>공자가 말하다</td><td>(대)나,우리
'주어,한정어…'
(13-18)</td></tr>
<tr><td colspan="2">공자가 광(匡)에서 두려워했(을 때)
[시간절(1-1)]</td><td colspan="2">안연(顔淵)이 뒤에 남(게 되었다).</td><td>공자가 말했다.</td><td>"나는</td></tr>
<tr><th>以(A…爲B)</th><th>女</th><th>(以A)…爲B</th><th>死</th><th>矣."</th><th>(顔淵)曰:</th></tr>
<tr><td>A를/가 B라고 여기다)(7-23)</td><td>(대)너,너희들(3-6)
[rǔ]</td><td>A를/가 B라고 여기다)(7-23)</td><td>죽다</td><td>(어기)'이미 그렇다'(3-24)</td><td>말하다</td></tr>
<tr><td colspan="5">네가 죽었다고 생각했다."</td><td>(안연이) 말했다.</td></tr>
<tr><th>"子</th><th>在,</th><th>回</th><th>何敢死?"</th><td colspan="2" rowspan="3"></td></tr>
<tr><td>(인명.명사)공자</td><td>(동)존재하다,
생존하다(4-19)</td><td>저[=안연=안회(顔回)(2-9)]</td><td>어떻게 감히 죽겠는가?</td></tr>
<tr><td colspan="2">"선생님께서 살아계시(는데)</td><td colspan="2">제가 어떻게 감히 죽겠습니까?"</td></tr>
</table>

번역 공자가 광(匡)에서 두려워했을 때 안연(顔淵)이 뒤에 남게 되었다. 공자가 말했다. "나는 네가 죽었다고 생각했다." 안연이 말했다. "선생님께서 살아계시는데 제가 어떻게 감히 죽겠습니까?"

語法과 語彙

回何敢死? (제가 어떻게 감히 죽겠습니까?)

(관용구) 보통 동사 서술어 앞에서 부사어로 쓰여 반문을 나타낸다. '어떻게 감히~하는가?' 등으로 번역될 수 있다. (哪敢, 怎敢)

→ 以位, 則子君也;我臣也. 何敢與君友也? 『孟子·萬章下』
지위(位)로는 당신(子)은 왕이고 나는 신하이다. 어떻게 감히 '왕과 친구가 되(與君友)'는가?

→ 賜也何敢望回? 『論語·公冶長』
제가(賜:자공) 어떻게 주제넘게 안회를 마주하겠습니까?

11-24. 季子然問: "仲由冉求可謂大臣與?" 子曰: "吾以子爲異之問, 曾由與求之問. 所謂大臣者, 以道事君, 不可則止. 今由與求也, 可謂具臣矣." 曰: "然則從之者與?" 子曰: "弑父與君, 亦不從也."

季子然問:	"仲由	冉求	可謂	大臣	與?"
계자란이 묻다	자로(子路)=유(由)(2-17)	冉有=冉子=子有=求(3-6)	(동)그렇다고 말할 수 있다(1-11)	(명사)관직이 높고 귀한 신하	(어기)문미의문(8-6)
계자란(季子然)이 물었다.	"중유(仲由=子路)와 염구(冉求)는 대신(大臣)이라고 말할 수 있습니까?"				
子曰:	**"吾**	**以(A…爲B)**	**子**	**(以A)…爲B**	**異**
공자가 말하다	(대)나,우리 '주어,한정어…'(13-18)	A를/가 B라고 여기다)(7-23)	(대)당신,선생님	A를/가 B라고 여기다)(7-23)	(형)다르다 [형용사→명사]
공자가 말했다. "나는 선생께서					
之	**問,**	**曾**	**由與求**	**之**	**問.**
(조)목적어전치 표지(1-15)	(동)묻다	(어기부사)뜻밖에	자로와 염구	(조)목적어전치 표지(1-15)	묻다
다른 것을 물을 거라 생각했(는데)		뜻밖에도 자로와 염구를 묻는군요.			
所謂A…(者)	**大臣**	**者,**	**以**	**道**	**事君,**
A라는 것은 ~이다	(명)대신(大臣)	(어기)주어+者.진술.소개(12-17)	[以:(전)행위도구. '~로'(2-1)]	(명)도(道)	왕을 섬기다 [事:(동)섬기다(3-18)]
대신이라는 것(은)			道로써 왕을 섬기(고/지만/…)		
不可(以道事君)	**則**	**止.**	**今**	**由與求**	**也,**
(관용)~할 수 없다(8-6)	(접)조건+則+결과(1-6)	(동)멈추다, 그만두다(9-21)	(명)현재,지금(6-12)	자로와 염구	(어기)주어+也.'멈춤,완만,제시'(1-2)
(道로써 왕을 섬길) 수 없으면 그만두지요.			지금 자로와 염구는		
可謂	**具臣**	**矣."**	**(季子然)曰:**	**"然則**	**從**
(동)그렇다고 말할 수 있다(1-11)	자격 없이 자리만 차지하는 신하	(어기)'이미 그렇다'(3-24)	말하다	(접)그렇다면(3-22)	(동)따르다
자리만 차지하는 신하라고 말할 수 있습니다."			계자란(季子然)이 말했다.	"그렇다면	
之	**者**	**與?"**	**子曰:**	**"弑**	**父與君,**
(조)한정어표지(1-23)	(조사)~한 사람, ~한 것(1-2)	(어기)문미의문(8-6)	공자가 말하다	(동)(왕, 부모를) 죽이다(5-19)	부친과 왕
따르는 사람입니까?"			공자가 말했다.	"부친과 왕을 죽이(는 것은) [명사구 화제]	
亦	**不從**	**也."**			
(부)판단. '(단지)~하다'(7-15)	(동)따르지 않다	(어기)판단 (동사,형용사술어끝)(11-15)			
따르지 않습니다."					

번역 계자란(季子然)이 물었다. "중유(仲由)와 염구(冉求)는 대신(大臣)이라고 말할 수 있습니까?" 공자가 말했다. "나는 선생께서 다른 것을 물을 거라 생각했는데 뜻밖에도 자로와 염구를 묻는군요. 대신이라는 것은 道로서 왕을

섬기고 道로서 왕을 섬길 수 없으면 그만둡니다. 지금 자로와 염구는 자리만 차지하는 신하라고 말할 수 있습니다." 계자란(季子然)이 말했다. "그렇다면 따르는 사람입니까?" 공자가 말했다. "부친과 왕을 죽이는 것은 따르지 않습니다."

語法과 語彙

季子然問 (계자란(季子然)이 묻다)

(인명) 자연(子然)은 계씨의 자제이다. 그의 집안에서 공자의 제자인 중유(=자로)와 염구를 신하로 삼은 것을 스스로 자랑스럽게 여기어 이 질문을 던진 것이다. (朱熹集註)

노나라의 대부였고, 계평자의 아들이었다고 하는데 잘 모르겠다. 이 사람도 공자의 문인일 수도 있다는 설이 있으나 확실하지 않다. (김용옥, 2008)

仲由冉求可謂大臣與? (중유(仲由)와 염구(冉求)는 대신(大臣)이라고 말할 수 있는가?)

(명사) 관직이 높고 귀한 신하. (官職尊貴的臣)

→ 大臣强諫 『戰國策·趙策四』
관직이 높고 귀한 신하들(大臣)이 힘을 다해(强) 간언하다.

→ 大臣憂懼, 不知所出 (漢·司馬遷『報任少卿書』)
관직이 높고 귀한 신하들(大臣)이 걱정하고(憂) 두려워하(懼)며 '어디서 나와야 하는(=나갈 곳을. 所出:從何而出)'지 모르다.

吾以子爲異之問 (나는 선생께서 다른 것을 물을 거라 생각한다)

(대명사) 상대방을 공경하는 것을 나타내고 보통 남자를 가리킨다. (您)

→ 吾從北方聞子爲梯, 將以攻宋 『墨子·公輸』
나는 북방에서(從北方) 당신이(子) 높은 사다리를 만들었다(爲梯)고 들었는데 그것으로 송(宋)나라를 공격할 것이다.

曾由與求之問 (뜻밖에도 자로와 염구를 묻다)

(어기부사) 동사 서술어 앞에 쓰여 부사어가 되어 '뜻밖에'를 나타내거나 '강조되는 어기'를 보여 준다. '뜻밖에, 의외로, 설마~인가?', '어떻게~인가?' 등으로 번역될 수 있다. (竟, 竟然, 難道, 岂)

→ 誰謂河廣, 曾不容刀 『詩經·衛風·河廣』
누가 강이 넓다고 말하는 건가, 의외로 '작은 배(刀:小船)'도 수용하지 못하는걸.

所謂大臣者 (대신이라는 것은…)

(동사구) 말하는 것을 나타내고, 다시 말하거나 인증(가져와 증명하다)하는데 사용된다. '所謂(A)…(者)'의 형태로 'A라는 것은…이다, A를 말하는 것이다'등의 의미를 갖는다. (所說的, 用於復說、引證等)

→ 所謂天者誠難測 (唐·韓愈『祭十二郎文』)

하늘이란 것은 '정말로(誠)' '예측하기 어렵다(測)'.

→ 所謂六逆也　『左傳·隱公三年』

6명의 배신자(逆)를 말하는 것이다.

可謂具臣矣 (자리만 차지하는 신하라고 말할 수 있다)

(명사) 자격 없이 자리만 차지하는 신하. (備位充數之臣:자신이 자격 없이 자리만 차지한다고 겸손함을 이르는 말)

→ 具臣, 謂備臣數而已　「朱熹集注」

구신(具臣)은 신하의 숫자를 맞추는 것을 말한다.

然則從之者與? (그렇다면 따르는 사람인가?)

(구조조사) '지(之)' 앞은 수식을 보여주는 한정어이고 '형용사, 명사, 동사, 수량사' 등 많은 성분이 될 수 있다. '지(之)' 다음은 중심어로 대부분 명사나 명사성구이다. '지(之)'의 앞뒤는 수식과 피수식의 관계가 된다.

→ 據亿丈之城, 臨不測之渊, 以爲固　(漢·賈誼『過秦論』)

억장(億丈) 높이의 성에 기반하고 잴 수 없는 깊은 물(渊:深水)을 마주하여 공고하다고 여기다.

(대명사, 형식적 쓰임) 구체적 사물을 대신하여 가리키지 않는다. (虛用, 不指代具體事物)

→ 由! 誨女知之乎!　『論語·爲政』

자로야! 너에게 안다는 것을 가르쳐주마.

→ 久而久之　(清·李綠園『歧路燈』)

오랜 시일이 지나다. 오래오래 지속되다.

11-25. 子路使子羔爲費宰. 子曰: "賊夫人之子." 子路曰: "有民人焉, 有社稷焉. 何必讀書, 然後爲學?" 子曰: "是故惡夫佞者."

子路	使	子羔	爲	費	宰.
(인명)자로=중유(仲由)(2-17)	(사역동사)~하게 하다(2-20)	(인명)자고=柴(시)外(11-18)	(동)맡다,역임하다(2-10)	(지명)비읍(費邑)	(명)경대부의 가신(5-8)
자로(子路)가 자고(子羔)에게 비읍(費邑)의 가신을 맡으라고 했다.					
子曰:	**"賊**	**夫人**	**之**	**子."**	**子路曰:**
공자가 말하다	(동)다치게 하다, 상해하다	(명)남의 부인	(조사) 수식,종속관계. ~의' (3-2)	(명)아들 또는 딸	자로가 말하다
공자가 말했다.	"남의 부인 자식을 다치게 하는구나!"				자로가 말했다.
"有民人		**焉,**	**有社稷**		**焉.**
민초가 있다		(겸사)於+是/之(6-7)	사직(=토지신과 곡식 신)이 있다		(겸사)於+是/之(6-7)
"거기엔 민초가 있(고)			거기엔 사직(=토지신과 곡식 신)이 있습니다.		
何必		**讀書,**	**然後**	**爲**	**學?"**
(관용)반문. '왜 꼭~해야 하는가?'(11-14)		(동)서적을 읽다	(접)이와 같은 다음에(6-18)	(동)되다, 변하다(3-8)	(명)학식,학문
왜 꼭 서적을 읽은			다음에야 학식이 되는 겁니까?"		
子曰:	**"是故**	**(오)惡**	**夫**	**佞**	**者."**
공자가 말하다	(접)이 때문에	(동)싫어하다, 증오하다(4-3)[wù]	(지시대)이,저.(11-10)	(동사)말주변이 있다(5-5)	(조사)~한 사람, ~한 것(1-2)
공자가 말했다.	"이 때문에 (내가) 저 말 주변이 좋은 것들을 싫어한다."				

번역 자로(子路)가 자고(子羔)에게 비읍(費邑)의 가신(家臣)을 맡으라고 했다. 공자가 말했다. "남의 부인 자식을 다치게 하는구나!" 자로가 말했다. "거기엔 민초가 있고, 거기엔 사직(=토지신과 곡식 신)이 있습니다. 왜 꼭 서적을 읽은 다음에야 학식이 되는 겁니까?" 공자가 말했다. "이 때문에 내가 저 말 주변이 좋은 것들을 싫어한다."

語法과 語彙

賊夫人之子 (남의 부인 자식을 다치게 하다)

(동사) 살해하다, 다치게 하다, 상해하다. (殺害, 傷害) [적, zéi]

→ 二人相憎而欲相賊也 『韓非子·內儲說右下』
두 사람이 '서로 증오하면(相憎而)' 서로 상처입히길(or 죽이길) 원한다.

賊夫人之子 (남의 부인 자식을 다치게 하다)

(명사) 본인 혹은 다른 사람의 아내에 대한 존칭. (對自己或他人妻子的尊稱)

賊夫人之子 (남의 부인 자식을 다치게 하다)

(명사) 아들 또는 딸. (兒子或女兒)

→ 衛人嫁其子 『後漢書・說林上』
위(衛)나라 사람이 '그의 딸(其子)'을 시집보낸다.

→ 父子俱在軍中, 父歸 『史記・魏公子列傳』
아버지와 아들(父子) 모두(俱) 군대 안(軍中)에 있는데 아버지는 돌아간다.

有民人焉 (거기엔 민초가 있다)

(명사) 백성, 민초(民草: '백성'을 질긴 생명력을 가진 잡초에 비유하여 이르는 말), 인민. (人民)

→ 民人離落 『國語・吳語』
백성(=민초=인민)이 뿔뿔이 흩어지고(離) 살림이 기울어 떠돌아다니다(落).

有社稷焉 (거기엔 사직이 있다)

(명사) 고대 제왕, 제후가 제사지내던 토지신과 곡식 신(穀神). (古代帝王、諸侯所祭的土神和穀神) [사직, shèjì]

→ 君惠徼福於敝邑之社稷 『左傳・僖公四年』
왕께서 '나의 나라(敝邑)'의 사직에서 '복을 구하시다(徼福<요복, jiǎofú>).' (惠혜: 경어로 상대방이 자기를 대한 행동에 대해 사용한다. 敬辭, 用于對方對待自己的行動)

何必讀書, 然後爲學? (왜 꼭 서적을 읽은 다음에야 학식이 되는가?)

(동사) 서적을 읽다. (閱讀書籍)

→ 荊卿好讀書擊劍 『史記・卷八六・刺客傳・荊軻傳』
형가(荊軻<jīngkē>=형경<荊卿, jīngqīng>):~BC227)는 서적 읽기와 검술(擊劍<격검, jījiàn>)을 좋아한다.

何必讀書, 然後爲學? (왜 꼭 서적을 읽은 다음에야 학식이 되는가?)

(명사) 학식, 학문. (學識, 學文)

→ 士雖有學, 而行爲本焉 『墨子・修身』
비록(雖) 지시인(士)이 학식이 있어도(有學, 而) 행동을 할(行) 때엔 사물의 기본(근본)을 행한다(爲本焉).

是故惡夫佞者 (이 때문에 내가 저 말 주변이 좋은 것을 싫어한다)

(인과접속사) 2음절 허사로써, 인과를 나타내는 접속이다. 보통 인과 복문의 뒤의 단문에 쓰여서 앞뒤 사이가 인과로 이어지거나 추리의 관계임을 보여 준다. '~(이) 때문에', '그래서' 등으로 번역될 수 있다. (因此, 所以)

→ …, 是故財聚則民散, 財散則民聚 『禮記・大學』
이 때문에(是故) 재물이 모이면(財聚則) 백성이 흩어지(民散)고 재물이 흩어지면 백성이 모인다.

→ …, 是故弟子不必不如師, 師不必賢於弟子 (唐・韓愈『師說』)
이 때문에(是故) 제자(弟子)가 스승보다 반드시 못한 것이 아니(不必不如師)고 스승(師)이 반드시(必) 학생보다 현명한(賢於弟子) '것은 아니다(不必)'.

11-26. 子路、曾晳、冉有、公西華侍坐. 子曰: “以吾一日長乎爾, 毋吾以也, 居則曰: ‘不吾知也!’ 如或知爾, 則何以哉?” 子路率爾而對曰: “千乘之國, 攝乎大國之間, 加之以師旅, 因之以饑饉, 由也爲之, 比及三年, 可使有勇, 且知方也.” 夫子哂之. “求! 爾何如?” 對曰: “方六七十, 如五六十, 求也爲之, 比及三年, 可使足民. 如其禮樂, 以俟君子.” “赤! 爾何如?” 對曰: “非曰能之, 願學焉. 宗廟之事, 如會同, 端章甫, 願爲小相焉.” “點! 爾何如?” 鼓瑟希, 鏗爾, 舍瑟而作, 對曰: “異乎三子者之撰.” 子曰: “何傷乎? 亦各言其志也.” 曰: “莫春者, 春服旣成, 冠者五六人, 童子六七人, 浴乎沂, 風乎舞雩, 詠而歸.” 夫子喟然歎曰: “吾與點也!” 三子者出, 曾晳後, 曾晳曰: “夫三子者之言何如?” 子曰: “亦各言其志也已矣.” 曰: “夫子何哂由也?” 曰: “爲國以禮, 其言不讓, 是故哂之.” “唯求則非邦也與?” “安見方六七十如五六十而非邦也者?” “唯赤則非邦也與?” “宗廟會同, 非諸侯而何? 赤也爲之小, 孰能爲之大?”

<table>
<tr><th>子路、</th><th>曾晳、</th><th>冉有、</th><th>公西華</th><th>侍坐(於孔子).</th><th>子曰:</th></tr>
<tr><td>(인명)자로=중유(仲由)(2-17)</td><td>증석[증자(曾子)부친(1-4)]</td><td>염유[冉求=子有=求 외(3-6)]</td><td>공서화
[赤=公西赤(5-8)]</td><td>(동)곁에서 모시고 앉다</td><td>공자가 말하다</td></tr>
<tr><td colspan="5">자로, 증석, 염유, 공서화가 (공자를) 곁에서 모시고 앉았다.</td><td>공자가 말했다.</td></tr>
<tr><th>“以</th><th>吾</th><th>一日</th><th>長</th><th>乎</th><th>爾,</th></tr>
<tr><td>(접)원인.
‘~때문에’(11-8)</td><td>(대)나,우리
‘주어,한정어…’
(13-18)</td><td>(부)조금 더</td><td>(형)나이가 약간 많다</td><td>(전)비교대상.
‘~보다/~과’(1-10)</td><td>(대)너,너희들(5-12)</td></tr>
<tr><td colspan="6">“내가 너희들보다 나이가 조금 더 많기 때문에</td></tr>
<tr><th>毋</th><th colspan="2">吾以</th><th>也,</th><th>居</th><th>則</th></tr>
<tr><td>(대)아무도~않다
(nobody)</td><td colspan="2">나를 이용하지 않다 [‘부정대명사 + 목적어 + 동사’의 목적어 전치구조]</td><td>(어기사)멈춤,
완만(3-1)</td><td>(동)앉다(10-6)</td><td>(접)부드러운 이어짐</td></tr>
<tr><td colspan="4">아무도 나를 이용하지 않고…</td><td colspan="2">앉으면</td></tr>
<tr><th>曰:</th><th colspan="2">‘不吾知</th><th>也!’</th><th>如</th><th>或</th></tr>
<tr><td>말하다</td><td colspan="2">나를 몰라준다(⇦나를 모른다).[‘부정부사+목적어+타동사’인 목적어 전치구조]</td><td>(어기)감탄(3-17)</td><td>(접)만약~하면
(7-11)</td><td>(대)어떤사람(2-21)</td></tr>
<tr><td>말한다.</td><td colspan="3">‘나를 몰라주는구나!’</td><td colspan="2">만약 어떤 사람이</td></tr>
<tr><th>知爾,</th><th>則</th><th>何以…(哉)</th><th>(何以)…哉?”</th><th>子路</th><th>率</th></tr>
<tr><td>너희들을 알아주다(←너희들을 알다)</td><td>(접)조건+則+결과
(1-6)</td><td>(관용)어떻게(2-7)</td><td>(의문어기사)</td><td>자로=중유(仲由)
(2-17)</td><td>(부)가볍게,
세심하지 않게</td></tr>
<tr><td>너희들을 알아준다…</td><td colspan="3">…면 어떻겠느냐?”</td><td colspan="2">자로가 가볍게</td></tr>
</table>

爾	而	對曰:	"千乘之國,	攝	乎
(조사)형,부,동+爾. 부사어등(9-11)	(접)부사어+而+서술어(1-4)	대구하여 말하다	(명사)작은 제후국(5-8)	(동)끼어 있고 구속되다	(전)발생장소. '~에,~에서'(9-3)
대구하여 말했다.			"천승의 나라가(=작은 제후국이)	대국 사이에 끼어 있고 구속되(어 있고/어 있는데도/…)	
大國之間,	**加**	**之**	**以**	**師旅,**	**因**
대국 사이	(동)(압력,영향을) 가하다(5-12)	작은 제후국 [(대) (2-1)]	(전)행위도구. '~로'(2-1)	(명)사단과 여단	(동)좇다,따르다
	그 작은 제후국을 사단과 여단으로 압력을 가하(고)				
之	**以饑饉,**	**由**	**也**	**爲之,**	**比及**
작은 제후국 [(대) (2-1)]	흉년으로	저[자로=중유(仲由)(2-17)]	(어기)주어+也.'멈춤,완만,제시'(1-2)	작은 제후국을 다스리다	(접)~때에 이르다 [시간조건절]
작은 제후국을 흉년으로 좇고 (있을 때) [시간절]		제가 그 작은 제후국을 다스(린다면) [조건가정절]			3년에 이르면 (이를 때)
三年,	**可**	**使(之)有勇,**		**且**	**(使之)知方**
3년	(조동)가능. '~할 수 있다'(1-11)	(작은 제후국이) 용기를 갖게 하다		(접)점차적전진.'게다가,또한'(2-3)	법도를 알게 하다
	작은 제후국이 용기를 갖게 할 수 있(고)			게다가	(작은 제후국이) 법도를 알게
也."	**夫子**	**哂之.**	**"求!**	**爾**	**何如?"**
(어기)진술강조(2-17)	선생님(공자)	자로에게 미소짓다[之:(대)(2-1)]	염유[冉求=子有=求 외(3-6)]	너(염유)[(대)너,너희들(5-12)]	어떠한가?[상황,방법물음(5-4)]
할 수 있습니다."	선생님이 자로를 보고 미소를 지었다.		"염유야!	너는 어떠니?"	
對曰:	**"方**	**六七十,**	**如**	**五六十,**	**求也爲之,**
대구하여 말하다	(명)사방	60~70리	(접)혹은, 아니면	50~60리	제가(-염유) 그것을 다스리다
(염유가) 대구하여 말했다.	"사방 60-70리		아니면 50-60리(를) [목적어 전치]		제가 그것을 다스린다면 [조건가정절]
比及三年,	**可使足民.**	**如其**	**禮樂,**	**以**	**俟君子."**
3년에 이르러	백성을 풍족하게 할 수 있다	(접)만약~라면	예와 악(을 준비하다)	(범위부사) 단지, 다만, ~뿐이다…	군자를 기다리다 [俟:(10-20)]
3년에 이르면(이를 때) [시간조건절]	백성을 풍족하게 할 수 있습니다	만약 예(禮)와 악(樂)이라면		군자를 기다릴 뿐입니다."	
"赤!	**爾何如?"**	**對曰:**	**"非曰**	**能之,**	**(欲)學**
공서화. [赤=公西赤(5-8)]	너는 어떠니?	대구하여 말하다	말하는 것이 아니다[非(5-1)]	그것을 할 수 있다	배우(고 싶다)
"공서화야!	너는 어떠니?"	(공서화가) 대구하여 말했다.	"그것을(=작은 제후국을 다스리는 것을) 할 수 있다고 말하는 것이 아니(고/라/…)		그것을(=작은 제후국 다스리는 것을)
焉.	**宗廟之事,**	**如**	**會同,**		**端**
(대)3인칭.'그, 그것'(1-14)	종묘의 일[宗廟:(명)(10-1)]	(접)혹은, 아니면	(명) 회동;제후가 입궐하여 천자를 찾아뵙는 일		손으로 매우 편평히고 반듯하게 들다
배우고 싶습니다.	종묘의 일	아니면 회동(에서)			장보관을 손으로

章甫,	願爲	小相	焉."	"點!	爾何如?"
장보관(章甫冠:유학자의 예모)	맡길 원하다 [爲(동)(2-10)]	(명)의식의 사회자·진행자	(어기)진술 문미 멈춤(5-16)	증석(曾晳) [曾子 부친(1-4)]	너는 어떠니?
편평하고 반듯하게 들(고/면서/…)	의식의 진행자를 맡길 원합니다."			"증석아!	너는 어떠니?"
鼓瑟		**希,**	**鏗**	**爾,**	**舍瑟**
슬(瑟:거문고와 비슷한 고대 현악기)을 타다 (=치다=뜯다=튕기다)		적어지다(5-23) [형→동]	(의성어)댕그랑	(조사)형,부,동+爾. 부사어…(9-11)	슬(瑟)을 안전하게 두다
슬(瑟)을 타는 게 적어지(며)			댕그랑~하고		슬(瑟)을 안전하게 내려놓은
而	**作,**	**對曰:**	**"(吾)異**	**乎**	**三**
(접)동작의 선후. '~다음'(6-15)	(동)일어서다(9-10)	대구하여 말하다	(형)다르다	(전)비교대상. '~보다/~과'(1-10)	(수사)셋
다음 일어나서		대구하여 말했다.	"(저는) 다릅니다.		
子	**者**	**之**	**撰."**	**子曰:**	**"何傷**
(대)공경표현의 남자(11-24)	(접미사)용법강화(4-22)	(조사) 수식,종속관계. ~의' (3-2)	(동)선택하다 [동사→명] [선,xuǎn]	공자가 말하다	무슨 상관이 있겠는가?
세 남자의 선택과(→ 저는 세 남자의 선택과 다릅니다)"				공자가 말했다.	"무슨 상관이 있겠느냐?
乎?	**亦**	**各言**	**其志**	**也."**	**(點)曰:**
(어기)의문(2-7)	(부)판단.'(단지)~(하다)'(7-15)	각자 말하다 [各:(명)(4-7)]	그의 뜻[其:(대)그의,그것의(1-7)]	(어기)판단(동사,형용사술어끝)(11-15)	증석이 말했다.
	단지 각자 그의 뜻을 말하는 것뿐인데."				증석이 말했다.
"莫春	**者,**	**春服**	**旣**	**成,**	**(與)冠者**
(명)늦봄	(접미사)용법강화(4-22)	(명)봄에 입는 옷	(부)모두, 전부	(동)만들다, 완성하다	만20세의 성년 남자
"늦봄		봄에 입는 옷을 모두 완성(하여)			성년 남자
五六人,	**童子**	**六七人,**	**浴**	**乎**	**沂,**
대여섯 명	(명)아동, 미성년 남자	예닐곱 명	(동)목욕하다	(전)발생장소. '~에,~에서'(9-3)	(지명)기 (沂:강의 이름)
대여섯 명(과)	미성년 남자아이 예닐곱 명(과 함께)		기(沂)에서 목욕하(고)		
風	**乎**	**舞雩,**	**(然後)詠**	**而**	**歸."**
(동)바람 맞다 [명사→동사]	(전)발생장소. '~에,~에서'(9-3)	(명)무우(舞雩:기우식 장소)	목소리를 길게 뽑아 읊조리다	(접)부사어+而+서술어(1-4)	(동)돌아오다
무우(舞雩)에서 바람을 맞은 (다음)			목소리를 길게 뽑아 읊조리며 돌아오(겠습니다)."		
夫子	**喟然**	**歎曰:**	**"吾**	**與**	**點**
(명)선생님;공자(1-10)	(형)아~~	탄식하여 말하다	(대)나,우리 '주어,한정어…'(13-18)	(동)참여하다, 참가하다(3-12) [yù]	증석(曾晳) [曾子 부친(1-4)]
선생님이 아~~ 탄식하며 말했다.			"나는 증석에게 참여한다!"		
也!"	**三子者**	**出,**	**曾晳**	**後,**	**曾晳曰:**
(어기)감탄(3-17)	세 남자	(동)나가다	(인명)증석	(동)뒤에 두다, 뒤에 남다(3-8)	증석이 말하다
	세 남자가 나간 (다음/나가고/…)		증석이 뒤에 남았(고)		증석이 말했다.

“夫	三子者之言	何如?”	子曰:	“亦	各
夫:(지시대)이, 저…(11-10)	세 남자의 말	(관용)어떠한가?. 상황, 방법(5-4)	공자가 말하다	(부)판단. ‘((단지)~다)’(7-15)	(명,부사)각자, 하나하나(4-7)
“저 세 사람의 말이 어떠합니까?”			공자가 말했다.	“각자	
言	**其**	**志**	**也已矣.”**	**(曾晳)曰:**	**“夫子**
(동)말하다	(대)그의, 그것의(1-7)	(명)생각,포부(5-26)	따름이다(강한긍정,강한감탄)(8-1)	증석이 말하다	(명)선생님;공자(1-10)
그의 뜻을 말했을 뿐이다.”				증석이 말했다.	“선생님은
何	**哂**	**由**	**也?”**	**(子)曰:**	**“爲國**
(대)이유,원인. ‘왜’(3-24)	(동)비웃다, 미소 짓다	자로=중유(仲由)(2-17)	(어기)의문(2-5)	(공자가) 말하다	나라를 다스리다
왜 자로에게 미소를 지으셨나요?”				공자가 말했다.	“예로써 나라를
以禮,	**其言不讓,**		**是故**	**哂之.”**	**“唯**
‘예’로. (전)행위도구. ‘~로’(2-1)	그의 말이 겸양하지 않다.[其:(대)(1-7)] [讓:(동)겸양하다(4-13)]		(접)이 때문에(11-25)	그에게 미소 짓다 [之:(대)(2-1)]	(어기)문두(도움,보살핌,신경씀)(5-14)
다스리(는데/는 것임에도)	그의 말이 겸양하지 않았(다/않아서/…)		이 때문에 그에게 미소를 지었다.”		
求(所言)	**則**	**非邦**	**也與?”**	**“安**	**見**
염유(가 말한 것) [冉求:(3-6)]	(판단부사)(주어)+則+서술어(7-33)	나라가 아니다 [非(부):(5-1)]	(관용)문미(추측,의문)(9-27)	(의문.부)어떻게~이겠는가?(반문)	(동)드러나다(8-13)[현, xiàn]
“염유가 말한 것은 나라가 아닌가요?”				“어떻게	
方六七十	**如**	**五六十**	**而**	**非邦**	**也者?”**
사방 60-70(리)	(접)혹은, 아니면	50-60(리)	(접)전환.‘그러나,오히려’(5-17)	나라가 아니다	(조사)제시,의문,반문(1-2)
사방 60-70리 혹은 50-60리를 드러내는데 나라가 아니겠느냐?”					
“唯	**赤(所言)**	**則**	**非邦**	**也與?”**	**“宗廟會同,**
(어기)문두(도움,보살핌,신경씀)(5-14)	공서화. [赤=公西赤(5-8)]	(판단부사)(주어)+則+서술어(7-33)	나라가 아니다 [非(부):(5-1)]	(관용)문미(추측,의문)(9-27)	종묘에서의 회동
“공서화가 말한 것은 나라가 아닌가요?”					“종묘 회동(이)
非諸侯	**而**	**何?**	**赤**	**也**	**爲**
제후(국)가 아니다	(접)가정,조건. ‘만약~하면’	(의문대명사)무엇인가?(서술어)	공서화 [赤=公西赤(5-8)]	(어기)주어+也.‘멈춤,완만,제시’(1-2)	(동)만들다(6-29)
제후(국)가 아니라면 무엇이겠느냐? [‘한어대사전’에는 諸侯의 의미가 사람에 한정되지만, 여기서는 ‘나라’까지 보아야!]			공서화가		
之	**小,**	**孰**	**能**	**爲之大?”**	
제후국[(대) (2-1)]	(형)작다	(의문대)누가,무엇이.‘의문,반문’(3-1)	(조동사)~할 수 있다(1-7)	제후국을 크게 만들다	
제후국을 작게 만든다(면)		누가 제후국을 크게 만들 수 있겠느냐?” [위지대(爲之大)는 ‘타동사+목적어+목적격보어’로 쓰였다고 본다]			

번역 자로, 증석, 염유, 공서화가 공자를 곁에서 모시고 앉았다. 공자가 말했다. “내가 너희들보다 나이가 조금 더 많기 때문에 아무도 나를 이용하지 않고, 앉으면 ‘나를 몰라주는구나!’ 라고 말한다. 만약 어떤 사람이 너희들을 알아준다면 어떻겠느냐?”

자로가 가볍게 대구하여 말했다. "천승의 나라가(=작은 제후국이) 대국 사이에 끼어 있고 구속되어 있는데도 그 작은 제후국을 사단과 여단으로 압력을 가하고, 작은 제후국을 흉년으로 쫓고 있을 때, 제가 그 작은 제후국을 다스린다면 3년에 이르면 작은 제후국이 용기를 갖게 하고 게다가 법도를 알게 할 겁니다." 선생님이 자로에게 미소를 지었다.

"염유야! 너는 어떠니?" 염유가 대구하여 말했다. "사방 60-70리 아니면 50-60리를 제가 다스린다면 3년에 이르면 백성을 풍족하게 할 수 있습니다. 만약 예(禮)와 악(樂)이라면 군자를 기다릴 뿐입니다."

"공서화야! 너는 어떠니?" 공서화가 대구하여 말했다. "작은 제후국 다스리는 것을 할 수 있다고 말하는 것이 아니고 작은 제후국 다스리는 것을 배우고 싶습니다. 종묘의 일 혹은 회동에서 장보관을 손으로 편평하고 반듯하게 들고 의식의 진행자를 맡길 원합니다."

"증석아! 너는 어떠니?" 슬(瑟)을 타는 게 적어지며 댕그랑~하고 슬(瑟)을 안전하게 내려놓은 다음 일어나서 대구하여 말했다. "저는 세 사람의 선택과 다릅니다." 공자가 말했다. "무슨 상관이 있겠느냐? 단지 각자 그의 뜻을 말하는 것뿐인데." 증석이 말했다. "늦봄에 봄에 입는 옷을 모두 완성해서 성년남자 대여섯 명과 미성년 남자아이 예닐곱 명과 함께 기(沂)에서 목욕하고 무우(舞雩)에서 바람을 맞은 다음, 목소리를 길게 뽑아 읊조리며 돌아오겠습니다." 선생님이 아~탄식하며 말했다. "나는 증석에게 참여한다!"

세 남자가 나간 다음 증석이 뒤에 남았고 증석이 말했다. "저 세 사람의 말이 어떠합니까?" 공자가 말했다. "각자 그의 뜻을 말했을 뿐이다." 증석이 말했다. "선생님은 왜 자로에게 미소를 지으셨나요?" 공자가 말했다. "예로써 나라를 다스리는데 그의 말이 겸양하지 않았다. 이 때문에 그에게 미소를 지었다." "염유가 말한 것은 나라가 아닌가요?(증석)" "어떻게 사방 60-70리 혹은 50-60리를 드러내는데 나라가 아니겠느냐?(공자)" "공서화가 말한 것은 나라가 아닌가요?(증석)" "종묘회동이 제후국이 아니면 무엇이겠느냐? 공서화가 제후국을 작게 만든다면 누가 제후국을 크게 만들 수 있겠느냐?(공자)"

語法과 語彙

子路、曾晳、冉有、公西華侍坐(於孔子) (자로, 증석, 염유, 공서화가 곁에서 모시고 앉다)

(동사) 윗사람 가까운 곁에서 모시고 앉다. (在尊長近旁陪坐)

→ 侍坐於所尊 『禮記·曲禮上』
존경하는 사람 곁에서 모시고 앉다.

以吾一日長乎爾 (내가 너희들보다 나이가 조금 더 많기 때문에)

(부사) 짧게, 잠시. (短暫, 一時)

— [견해]

『漢語大詞典』에서 부사로 쓰일 때 '짧게, 잠시'의 의미로 쓰이는데 이 의미가 확장되어 '짧은 시간, 조금 더'의 의미로 '일일장(一日長)'은 '조금 더 나이가 많다'가 될 수 있다고 본다.

以吾一日長乎爾 (내가 너희들보다 나이가 조금 더 많기 때문에)

(형용사) 나이가 조금 많다. (年齡稍大)

→ 年長以倍, 則父事之;十年以長, 則兄事之 『禮記·曲禮上』
나이가 두 배로 많으면 '부모로써 그를 모시고(父事之)', 10년 많으면 형으로써 그를 모신다.

毋吾以也 (아무도 나를 이용하지 않다)

(무지시대명사, 無指代詞) 동사서술어 앞에 쓰이고 '아무도 · 어떠한 것도 ~않다 · 아니다'에 상응하지만 용례는 비교적 적다. ((没有甚麽)人、事、物)

→ 郡中毋聲, 毋敢夜行 『漢書·酷吏傳』
군(郡:고대행정구역) 안에는 소리가 없고 어느 누구도 감히 밤에 다니지 못하다.

毋吾以也 (아무도 나를 이용하지 않다)

(동사) 쓰다, 사용하다, 이용하다. 등용하다, 임용하다. (使用, 用)

→ 我辭禮矣, 彼則以之 『左傳·襄公十年』
나는 예에게 작별을 고하는데(=예를 받아들이지 않는데, 辭禮) 그는 그것을(=예를, 以之) 사용한다.

→ 忠不必用兮, 賢不必以 (屈原 『九章·涉江』)
충신이 '꼭 쓰이는 것도 아니(不必用)'고 현명한 사람이 '꼭 쓰이는 것도 아니다(不必以)'.

→ 君使臣以禮, 臣事君以忠 『論語·八佾』
왕이 신하를 부릴 때는 예를 사용하고 신하가 왕을 섬길 때는 충성을 사용한다.

如或知爾, 則何以哉? (만약 어떤 사람이 너희들을 알아준다면 어떻겠는가?)

(의문어기사) 특히 의문문의 문미에 쓰인다. 서술어 앞에 보통 의문사 '何、胡、曷、何如、何以'등과 문미에 '哉'가 서로 호응한다. (呀, 呢, 啊)

→ 子張問: "士何如斯可謂之達矣?" 子曰: "何哉?, 爾所謂達者?" 『論語·顔淵』
자장이 묻는다. "선비(士)는 어떠하면(何如斯) 그(之)를 통달했다(達)고 말할 수 있습니까?" 공자가 말한다. "무엇이냐? 네가 말하는 '통달한다'라는 것이?"

子路率爾而對曰 (자로가 가볍게 대구하여 말하다)

(부사) 가볍게, 세심하지 않게. (輕易地, 不精纖) [솔, shuài]

→ 今之好異輕進者率然而作, 無所取焉 (隋·王通『中說·天道』)
지금 다른 것을 좋아하여 '경솔하게 무모하게 돌진하는(輕進)' 사람은 가볍게 일어나니 거기서 취할 것이 없다.

— [견해]

부사어를 보여주는 장치는 많은 것으로 보인다. 이 문장 '솔이이(率爾而)'에서 '솔(率)'은 『漢語大字典』에서 이미 '부사'로 구분하여 이 예문을 제시하였고, '이이(爾而)'에서 '이(爾)'는 '조사'로 '부사+爾'의 구조로 '부사어'를 만드는 역할을 하며, '이(而)' 역시 접속사로써 '부사어+而+서술어' 구조를 만들어 부사어 기능을 도와주고 있다고 보았다.

攝乎大國之間 (대국 사이에 끼어 있다)

(동사) 끼어 있고 구속되다. (夾鉗) [섭, shè]

加之以師旅 (그것을 사단과 여단으로 압력을 가하다)

(명사) 사단과 여단으로 고대 군대 편제. (師、旅爲古代軍隊編制)

因之以饑饉 (그것을 흉년으로 좇다)

(동사) 따르다, 좇다. (順隨, 順着)

→ 和之以天倪, 因之以曼衍 『莊子·齊物論』
자연의 분계(天倪:自然的分界)로 그것을 조화롭게 하고 끊임이 없는(曼衍:綿延不絕) 것으로 그것을 좇다.

因之以饑饉 (그것을 흉년으로 좇다)

(명사) 흉년. 농작물의 수확이 매우 좋지 않거나 낱알 수확이 없다. (灾荒. 莊稼收成很差或顆粒無收) [기근, jījǐn]

由也爲之 (제가(=자로) 그것을 다스리다)

(동사) 다스리다, 통치하다. (治理)

→ 爲國者無使爲積威之所劫 (宋·蘇洵『六國論』)
나라를 통치하는 사람(爲國者)이 강대한 위세가 주는 겁(積威之所劫. 積威:强大的威勢 강대한 위세)을 사용하지 못하게 한다(無使爲).

比及三年, 可使有勇 (3년에 이르면 작은 제후국이 용기를 갖게 하다)

(접속사) ~때에 이르다. (比至, 等到)

→ 太公封於營丘, 比及五世, 皆反葬於周 『禮記·檀弓上』
태공(太公)이 영구(營丘)에 봉해졌는데(왕이 작위(爵位)나 작품(爵品)을 내리어 주다), 다섯 세대(150년)에 이르러 모두 돌아가 주에 묻혔다(葬於周).

可使有勇, 且知方也 (용기를 갖게 하고 게다가 법도를 알게 하다)

(명사) 법도, 준칙. (法度, 準則)

→ 萬邦之方, 下民之王 『詩經·大雅·黃矣』
모든 제후국(萬邦=모든 나라)의 법도는 백성(下民)이 왕이다.

夫子哂之 (선생님이 그에게 미소를 짓다)

(동사) 비웃다, 미소 짓다. (譏笑, 微笑) [신, shěn]

→ 夫子何哂由也? 『論語·先進』
선생님(=공자)께서는 왜 자로(由)에게 미소를 지으셨나요?

方六七十 (사방 60-70리)

(명사) 사방; 네 각이 모두 90도 직각인 네 개의 면 또는 여섯 개의 면이 모두 4각형인 입체. (四個角都是90度直角的四邊形或六個面都是方形的立體)

方六七十, 如五六十 (사방 60-70리 아니면 50-60리)

(접속사) 앞뒤 두 항의 사이에 쓰여 선택을 나타낸다. '혹은, 아니면' 등으로 번역된다. (或者)

→ 安見方六七十如五六十而非邦也者? 『論語·先進』
어떻게 사방 60~70리 혹은 50~60리를 드러내는데(見<xiàn>) 국가가 아닌가?

如其禮樂, 以俟君子 (만약 예와 악이라면 군자를 기다리다)

(접속사) 가정을 나타내는 접속사로 '여사(如使)' 용법과 같다. '만약 ~하면 ~하다'.

→ 如其自視欿然, 則過人遠矣 『孟子·盡心上』
만약(如其) 스스로(自) 자만하지 않(欿然:不自满)는 걸 본다면(視…, 則) 다른 사람을 훨씬 넘어(過人遠)설 것이다(矣).

如其禮樂, 以俟君子 (만약 예와 악이라면 군자를 기다릴 뿐이다)

(범위부사) 서술어 앞에 쓰여 부사이가 되며 어떤 범위에 한정된다는 것을 보여 준다. '단지. 다만. 겨우. ~만, ~뿐' 등으로 번역될 수 있다. (只, 僅僅)

→ 君家所寡有者, 以義耳! 『戰國策·齊策四』
그대 집에 적게 있는 것은 다만 의(義)일 뿐이다!

非曰能之 (할 수 있다고 말하는 것이 아니다)

(동사) 能 뒤에는 일반적으로 동사가 오지만 명사나 대명사를 목적어로 취할 수 있다.

— [참조]

조동사 쓰임은 (1-7) 참조.

→ 不能三年之喪 『孟子·盡心上』
삼년상(三年之喪)을 할 수 없다(不能).

→ 不賢而能之與? 『孟子·萬章上』
뛰어나지 않(不賢)은데 그것을 할 수 있(能之)있을까(與)?

宗廟之事, 如會同 (종묘의 일 아니면 회동)

(명사) 고대 제후가 입궐하여 천자를 찾아뵙는 것의 통칭. (古代諸侯朝見天子的統稱)

端章甫 (장보관을 손으로 편평하고 반듯하게 들다)

(동사) 손으로 매우 편평하고 반듯하게 들다. (用手很平正地拿)

端章甫 (장보관을 손으로 편평하고 반듯하게 들다)

(명사) 장보관(章甫冠)으로 유학자의 예모; 상나라 시대 모자. (商代的一種冠)

願爲小相焉 (의식의 진행자를 맡길 원하다)

(명사) 손님을 맞이하는 사람의 겸칭. 상(相)은 제후가 제사 지내거나 동맹을 맺을 때 진행을 맞는 사람. (儐相的兼稱. 相, 諸侯祭祀、盟會時的司儀官)

鼓瑟希, 鏗爾, 舍瑟而作 (슬(瑟)을 타는 게 적어지며 땡그랑~하고 슬(瑟)을 안전하게 내려놓은 다음 일어나다)

(동사) 슬(瑟:거문고와 비슷한 고대 현악기)을 치다. (彈瑟)

→ 使湘靈鼓瑟兮, 令海若舞馮夷　『楚辭·遠游』
상영(湘靈)에게 슬(瑟)을 타게(=치게=뜯게=튕기게)하고, 해약(海若)에게 빙이(馮夷)를 춤추게 하다.

鼓瑟希, 鏗爾, 舍瑟而作 (슬(瑟)을 타는 게 적어지며 땡그랑~하고 슬(瑟)을 안전하게 내려놓은 다음 일어나다)

(의성어) 땡그랑. 슬(瑟) 소리, 슬(瑟)을 던지는 소리. (象聲詞. 瑟聲) [갱, kēng]

→ 鏗爾者, 投瑟之聲也　- 하안(何晏:?-249)이 집해할 때 공안국(孔安國:BC156~BC74)을 인용하여 말하다(何晏集解引孔安國曰).
땡그랑 소리(鏗爾)는(者) 슬을 던지는(投瑟之) 소리다(聲也).

鼓瑟希, 鏗爾, 舍瑟而作 (슬(瑟)을 타는 게 적어지며 땡그랑~하고 슬(瑟)을 안전하게 내려놓은 다음 일어나다)

(동사) 안전하게 두다, 안치하다. (安置)

異乎三子者之撰 (세 사람의 선택과 다르다)

(동사) 고르다. (=選) [xuǎn]

→ 群吏撰車徒　『周禮·夏官·大司馬』
많은 관리(群吏)가 병사를 수송하는 차와 보병(車徒:兵車和步卒)을 고르다.

何傷乎? (무슨 상관이 있는가?)

(의문문) 무슨 상관이 있겠는가? 무슨 해로움이 있겠는가? (何妨, 何害)

→ 苟余心之端直兮, 雖僻遠其何傷?　『楚辭·屈原·九章·涉江』
만약(苟) 내 마음이 곧다면 비록 '외지고 멀어도(僻遠)' 무슨 상관이 있겠는가?

"莫春者 (늦봄)

(명사) 늦봄. (暮春, 晩春) [막춘, mòchūn]

春服既成 (봄에 입는 옷을 모두 완성하다)

(부사) 모두, 전부. (全, 都)

→ 楚人未既濟 『左傳·僖公二十二年』
초나라 사람이 모두 '건넌 것은 아니다/건너지는 못했다.'

冠者五六人 (성년남자 대여섯 명)

(명사) 만 20세의 성년 남자. (滿二十歲的成年男子)

童子六七人 (미성년 남자아이 예닐곱 명)

(명사) 아동, 미성년 남자. (兒童, 未成年的男子)

浴乎沂 (기(沂)에서 목욕하다)

(고유명사, 지명) 지금의 산동성 곡부의 남쪽의 물 이름. (水名. 在今山東曲阜南) [기, Yí]

風乎舞雩 (무우(舞雩)에서 바람을 맞다)

(고유명사, 지명) 무우(舞雩). 노나라가 비를 내려 달라고 하늘에 제사 지내던 장소로 곡부 동남쪽에 있다. (魯國祭天求雨的場所, 在曲阜東南) [무우, wǔyú]

風乎舞雩, 詠而歸 (무우(舞雩)에서 바람을 맞고 목소리를 길게 뽑아 읊조리며 돌아오다)

(동사) 노래 부르다, 목소리를 길게 뽑아 읊조리다. (歌唱, 曼聲長吟) [영, yǒng]

安見方六七十如五六十而非邦也者? (어떻게 사방 60-70리 혹은 50-60리를 드러내는데 나라가 아닌가?)

(의문부사) '동사+목적어'구조 앞에서 부사어가 되어 의문이나 반문을 보여 준다. '어떤가? 어떻게 ~인가?' 등으로 번역될 수 있다. (哪, 哪兒, 怎, 怎麼)

→ 燕雀安知鴻鵠之志哉? 『史記·陳涉世家』
'제비와 참새(燕雀<연작, yànquè>:작은 새)'가 어찌 '큰고니(鴻鵠<홍곡, hónghú>=큰새)'의 뜻을 알겠는가?

→ 君安與項伯有故? 『史記·項羽本紀』
선생은 어떻게 항백(項伯)과 인연이 있습니까?

非諸侯而何? (제후(→제후국이)가 아니면 무엇인가?)

(의문대명사) 문중에서 목적어, 한정어, 서술어, 주어가 될 수 있다. 여기서는 단독으로 서술어로 사용되었다. '무엇인가?'

제 12 편

안연

12-1. 顏淵問仁. 子曰: "克己復禮爲仁. 一日克己復禮, 天下歸仁焉. 爲仁由己, 而由人乎哉?" 顏淵曰: "請問其目." 子曰: "非禮勿視, 非禮勿聽, 非禮勿言, 非禮勿動." 顏淵曰: "回雖不敏, 請事斯語矣."

顏淵問仁.		子曰:	"克己	復禮	爲仁.
안연이 仁에 대하여 묻다 [안연(顏淵)=안회(顏回)(2-9)][問A:12-10]		공자가 말하다	자신을 극복하다 [己:(대)(1-16)]	예로 돌아가다 [復(동):(6-9)]	仁이다[爲:(판단동사)~이다(1-2)]
안연(顏淵)이 인(仁)을 물었다.		공자가 말했다.	"자신을 극복하고 예(禮)로 돌아가는 것이 仁이다.		
一日	**克己復禮,**	**天下**	**歸仁**	**焉.**	**爲仁**
어느 날	자신을 극복하고 예로 돌아가다	(명)천하,전국	어진 덕과 어진 정치로 귀순하다	(어기)진술 문미 멈춤(5-16)	仁을 행하다 [爲:행하다(2-1)]
어느 날 자신을 극복하고 예로 돌아가(면) [조건가정절(1-1)]		천하가 어진 덕과 어진 정치에 스스로 복종하고 순종한다.			仁을 행하(는 것이) [주어]
由	**己,**	**而**	**由人**	**乎哉?"**	**顏淵曰:**
(동)귀속되다, ~속하다	(대)자신(1-16)	(부)설마… [아래 견해]	다른 사람에게 귀속되다	(어기)의문, 반문(7-29)	안연이 묻다
자신에게 속하는 것(이지)		설마 다른 사람에게 귀속되겠느냐?"			안연이 물었다.
"請問(A)	**其**	**(禮之)目."**	**子曰:**	**"非(A)… (勿B)**	**禮**
(동)(A)에 대한 답을 묻겠습니다	(대)其+명사(이,저)(4-5)	(명)중요한 항목	공자가 말하다	A아니면 B않다	(명)예
"그 중요한 항목에 대해 답을 묻겠습니다."			공자가 말했다.	"禮가 아니면…	
(非A)… 勿(B)	**視,**	**非禮勿聽,**	**非禮勿言,**	**非禮勿動."**	**顏淵曰:**
A아니면 B않다	(동)보다	예가 아니면 듣지 않다	예가 아니면 말하지 않다	예가 아니면 움직이지 않다	안연이 말하다
보지 않(고)		예가 아니면 듣지 않(고)	예가 아니면 말하지 않(고)	예가 아니면 움직이지 않는다."	안연이 말했다.
"回	**雖**	**不敏,**	**請事**	**斯**	**語**
(인명)저(=안회)	(접)비록~지만(5-1)	(형)재능이 적다	(동)종사하다, 행동하다	(대)한정어. '이…'(6-10)	(명)말
"제가 비록 재능이 적지만			이 말을 실천할 것입니다."		
矣."					
(어기)미래상황에 대한 확신(1-7)					

번역 안연(顏淵)이 인(仁)을 물었다. 공자가 말했다. "자신을 극복하고 예(禮)로 돌아가는 것이 仁이다. 어느 날 자신을 극복하고 예로 돌아가면 천하가 어진 덕과 어진 정치에 스스로 복종하고 순종한다. 仁을 행하는 것이 자신에게 속하는 것이지, 설마 다른 사람에게 귀속되겠느냐?" 안연이 물었다. "그 중요한 항목에 대해 답을 묻겠습니다." 공자가 말했다. "예가 아니면 보지 않고, 예가 아니면 듣지 않고, 예가 아니면 말하지 않고, 예가 아니면 움직이지 않는다." 안연이 말했다. "제가 비록 재능이 적지만 이 말을 꼭 실천할 것입니다."

語法과 語彙

一日克己復禮 (어느 날 자신을 극복하고 예로 돌아가다)

(명사) 미래의 어느 날. (他日. 指將來的某一天)

→ 一日無仲, 則三子者可以彈冠相慶矣 (宋•蘇洵『管仲論』)
어느 날 관중(管仲)이 없으면 세 사람(=세 남자, 三子者)은 '서로 축하할 수 있을(彈冠相慶)' 것이다.

天下歸仁焉 (천하가 어진 덕과 어진 정치에 스스로 복종하고 순종하다)

(명사) 고대에는 보통 중국 범위 내에 있는 전국의 땅을 가리켰다; 전국. (古時多指中國範圍內的全部土地 ; 全國)

→ 伏惟聖朝以孝治天下 (晉•李密『陳情表』)
저는(伏惟:아랫사람의 윗사람에 대한 경어) 당대의 조정(聖朝)은 효도로 천하를 다스린다고 생각합니다.

天下歸仁焉 (천하가 어진 덕과 어진 정치에 스스로 복종하고 순종하다)

(동사) 어진 덕(仁德)과 어진 정치(仁政)에 '스스로 복종하고 순종한다(=귀순<歸順>하다).' (歸附仁德仁政)

→ 民之歸仁也, 猶水之就下、獸之走壙也 『孟子•離婁上』
백성이 어진 덕과 어진 정치에 귀순하는 것은 '물이 아래로 내려가(就下)'는 것, 짐승이 '넓은 곳으로 가(走壙)'는 것과 같다.

爲仁由己 (仁을 행하는 것은 자신에게 속하다)

(동사) 귀속하다, ~에 속하다. (歸屬)

→ 此事應由你處辦理 『漢語大字典』
이 일(此事)은 마땅히(應) 네가 처리하(你處辦理)도록 귀속되(由)어야 한다.

(전치사) 행위자를 소개하는 역할. (紹介主動者)

→ 政由羽出 『史記•項羽本紀』
정령(政:政令)는 항우(項羽)가 발표하다(出).

— [견해]

'위인유기(爲仁由己)'에서 '위인(爲仁:인을 행하다)'이 주어인 명사구가 되면(인을 행하는 것) '유(由)'가 전치사가 되지 못하고 동사가 되어야 한다. 따라서 의미는 '~에게 달려 있다' 정도가 되어야 한다. 『漢語大字典』에는 '귀속하다, ~에 속하다'의 의미인 '귀속(歸屬)'의 의미항목이 있고 "이 일은 마땅히 네가 처리하도록 귀속되어야 한다(此事應由你處辦理)"라는 예문을 들었는데(이 예문은 특이하게 출처를 명시하지 않았다) 예문의 '유(由)'는 '동사(~에 속하다, 귀속하다)'로도 가능하지만 오히려 '전치사'인 '행위자 소개'가 더 적절하게 보인다(이 일은 마땅히 네가 처리해야 한다). 동사의 의미로 보면 '위인유기(爲仁由己)'는 '인을 행하는 것은 자기에게 속한다'가 되고 크게 무리는 없다고 생각한다.

한편 전치사로 보는 경우 '위인유기(爲仁由己)'는 由己爲仁의 도치의 문형으로 보이고 의미는 '자신이 인을 행하다'가 된다. '동사+목적어(인을 행하다)'가 '전치사구' 앞에서 충분히 서술어가 될 수 있기 때문에(殺人 以挺 몽둥이로 사람을 죽이다.『孟子•梁惠王上』) 이러한 해석은 틀리지 않는다.

그럼 결국 남은 여지는 의미적 접근인데 뒤에 연이은 문장까지 감안하여 '爲仁由己, 而由人乎哉?' '인을 행하는 것은 자신에게 속한 것이지 다른 사람에게 속한 것이겠는가?'와 '자신이 인을 행하는 것이지 남이겠는가?' 두 가지 해석인데, 뒤에 나오는 '而由人乎哉?'에서 전치사 앞의 동목구조 爲仁(인을 행하다)이 생략되었다고 봐야 한다[而(爲仁)由人乎哉?]. 이것이 성립하려면 역시 복문 안 뒤의 단문에서 앞의 '동목'표현이 생략되고 전치사구로만 서술어가 되는 용례가 있는지 봐야 한다. 여기서는 '위인(爲仁)'을 명사구로 보고 유(由)를 '동사'로 보았다.

爲仁由己, 而由人乎哉? (仁을 행하는 것이 자신에게 속하는 것이지, 설마 다른 사람에게 귀속되겠는가?)

— [견해]

이 문장에서 이(而)는 '접속사' 또는 '부사'가 될 수 있다. 접속사로는 수식·한정관계(偏正關係)가 아닌 연합관계(聯合關係)가 되어야 하는데 고대중국어의 연합관계(병렬, 점층, 연속, 선택) 중에서 이 문장을 설명할 수 있는 항목이 없는 것 같다. '병렬' 중 '역접'이 그나마 의미상 가까운데 부족함이 있다(인을 행하는 것은 자신에게 속한 것이지 그러나 다른 사람에게 속한 것이겠는가?).

부사로 쓰이는 경우엔 고대중국어에 등장하는 의미항목이 역시 이 문장을 만족시키지 못하고 있다. 고대중국어에 등장하는 부사는 '표현 강조', '발생과 끝맺음이 늦음', '형태의 불변' 등을 나타내는 것으로 '비로소, 여전히'등으로 해석되어 이 역시 본문의 의미를 설명하지 못하고 있다고 생각한다.

본문의 이(而)는 '부정적인 추측을 강조'하는 '설마'로 설명되어야 한다. 하지만 고대중국어 공구서에는 이 의미항목이 없다. 여기서는 통사와 의미에 집중하여 '설마'로 번역한다. (같은 단어는 아니지만 유사한 통사 → 欲加之罪, 其無辭乎? 『左傳•僖公十年』 그에게 죄를 더하려고 해도 '어떻게/설마' '변명(辭:說辭)'이 없겠는가? <其:의문부사>)

請問其目 (그 중요한 항목에 대해 답을 묻겠습니다)

(동사) 경어로 상대방이 문제에 대해 해답해주길 부탁할 때 사용된다(敬辭. 用於請求對方解答問題). 이 문형은 '請問A'의 형식으로 'A에 대해 해답을 부탁하다'의 의미로 쓰인다.

→ 張青道: "請問都頭, 今得何罪? 配到何處去?" 『水滸傳•第二十七回』
장청(張青)이 말한다. "도두(都頭:직책)께 답을 부탁합니다. 지금 무슨 죄를 지었습니까? 어디로 보내려 합니까?"

請問其目 (그 중요한 항목에 대해 답을 묻겠습니다)

(명사) 항목, 중요한 항목. (要目, 項目)

回雖不敏, 請事斯語矣 (제가 비록 재능이 적지만 이 말을 꼭 실천할 것입니다)

(형용사, 겸사<謙辭>) 재능이 적다. (不才)

→ 小子不敏, 何足以知之! 『韓詩外傳』
제가(소자<小子>:자신을 낮춰 부르는 말 <舊時自稱謙詞>) 재능이 적어 어떻게 그것을 알겠습니까?

回雖不敏, 請事斯語矣 (제가 비록 재능이 적지만 이 말을 꼭 실천할 것입니다)

(동사) 종사하다, 처리하다, 행동하다… (從事)

→ 蓋克己復禮, 出門如見大賓, 惟顏淵 、仲弓乃能請事 『東塾讀書記·論語』
극기복례(克己復禮)는 문을 나서면 대빈(大賓)을 보는 것과 같은데 안연(顏淵)과 중궁(仲弓)만 행동할 수 있다.

回雖不敏, 請事斯語矣 (제가 비록 재능이 적지만 이 말을 꼭 실천할 것입니다)

(명사) 말. (話)

12-2. 仲弓問仁. 子曰: "出門如見大賓, 使民如承大祭. 己所不欲, 勿施於人. 在邦無怨, 在家無怨." 仲弓曰: "雍雖不敏, 請事斯語矣."

仲弓問仁.		子曰:	"出門	如	見大賓,
중궁(仲弓)이 仁에 대해 묻다 [중궁(仲弓):(인명)=옹(雍)=염옹(冉雍)]		공자가 말하다	(동)문을 나서다; 외출하다	(동)~와 같다 [동→의동(2-1)]	귀빈을 만나다
중궁(仲弓)이 仁에 대해 물었다.		공자가 말했다.	"문을 나서면 귀빈을 만나는 것 같이 여기(고) [조건가정긴축복문(11-14)][의동·동사는 품사활용참조(3-20)]		
使民	**如**	**承**	**大祭.**	**己**	**所**
백성을 부리다 [使:(동)(3-19)]	(동)~와 같다 [동→의동(2-1)]	(동)맡다, 담당하다	(명)중대 제사	(대)자신(1-16)	(조사)'~사람·것·사건·곳'(1-12)
백성을 부리면 중대 제사를 맡은 것처럼 여기(는 것이다). [조건가정긴축복문(11-14)]				자신(이) 원하지 않는 것(은) [화제절]	
不欲,	**勿**	**施**	**於**	**人.**	**在**
원하지 않다 [欲(동)(4-5)]	(부)동작행위부정 (6-6)	(동)행하다, 실행하다(2-21)	(대상.전)동작대상. '~에게'(2-5)	(명)타인, 다른 사람(7-30)	(전)~에서(7-13)
	다른 사람에게 행하지 않는 (것이다).				
邦	**無怨,**	**在家無怨."**		**仲弓曰:**	**"雍**
(명)제후의 나라	원망이 없다 [동사→사동]	집에 원망이 없다 [동사→사동·용법]		중궁이 말하다	(인명)저 [=중궁(仲弓)]
나라에서 원망이 없게 하(고)		집에서 원망이 없게 하는 것이다."		중궁이 말했다.	"제(가)
雖	**不敏,**	**請事**	**斯**	**語**	**矣."**
(접)비록~지만(5-1)	(형)재능이 적다	(동)종사하다, 행동하다	(대)한정어. '이…'(6-10)	(명)말	(어기)미래상황에 대한 확신(1-7)
비록 재능이 적지만 [양보절]		이 말을 실천할 것입니다."			

번역 중궁(仲弓)이 인(仁)을 물었다. 공자가 말했다. "문을 나서면 귀빈을 만나는 것 같이 여기고, 백성을 부리면 중대 제사를 맡은 것처럼 여기는 것이다. 자신이 원하지 않는 것을 다른 사람에게 행하지 않는 것이다. 나라에서 원망이 없게 하고, 집에서 원망이 없게 하는 것이다." 중궁이 말했다. "제가 비록 재능이 적지만 이 말을 실천할 것입니다."

語法과 語彙

出門如見大賓 (문을 나서면 귀빈을 만나는 것 같다)

(동사) 외출하다, 문밖에 나가다. (外出; 走出門外)

出門如見大賓 (문을 '나서면/나설 때' 귀빈을 만나는 것 같다)

(명사) 주나라 때 참배하러 오는 요복(要服: 오복<五服> 중 하나로 왕으로부터 1500리~2000리에 있는 제후가 입는 옷) 이내의 제후에 대한 존칭. (周王朝對來朝覲的要服以內的諸侯的尊稱); 귀빈.

→ 敬賢如大賓 (漢·路溫舒『尚德緩刑書』)

현인을 공경하는 것이 귀빈과 같다.

使民如承大祭 (백성을 부리면 중대 제사를 맡은 것 같다)

(동) 담당하다, 맡다. (承担)

→ 以是承君之官, 余懼穆伯之絶嗣也 『國語·魯語下』
이 때문에(以是) 왕(君)의 관리를 맡지만 나는 목백(穆伯)이 후사를 끊을까 걱정이다.

使民如承大祭 (백성을 '부리면/부릴 때' 중대 제사를 맡은 것 같다)

(명사) 고대 중대 제사의 명칭. (古代重大祭祀之稱)

在邦無怨 (나라에서 원망이 없다)

(명사) 고대 제후가 왕에게 받은 나라. (古代諸侯封國的稱呼)

12-3. 司馬牛問仁. 子曰: "仁者, 其言也訒." 曰: "其言也訒, 斯謂之仁已乎?" 子曰: "爲之難, 言之得無訒乎?"

司馬牛問仁.		子曰:	"仁者,	其	言
사마우(司馬牛)가 仁을 묻다		공자가 말하다	仁한 사람 [者:(조사)(1-2)]	(대)其+명사(이,저)(4-5)	(명)말, 언사, 한 마디(2-2)
사마우(司馬牛)가 仁을 물었다.		공자가 말했다.	"仁한 사람(은)	그 말이	
也	訒."	(司馬牛)曰:	"其言也訒,	斯	謂
(어기)주어+也.'멈춤,완만,제시'(1-2)	(형)말이 느리고 신중하다	(사마우가) 말하다	그 말이 느리고 신중하다	(접)유연한이어짐 '~면~하다'(4-7)	(동)~라고 말하다/부르다(5-15)
느리고 신중하다."		(사마우가) 말했다.	"그 말이 느리고 신중하…	…면 그를	
之	仁	已乎?"	子曰:	"爲之難,	
(대)사람,사물 '1,2,3인칭'(1-10)	(형)인(仁)하다	(어기)의문,감탄(4-6)	공자가 말하다	하는 게 어렵다[爲:하다(2-1)] [之:주어+之+서술어(1-10)]	
仁하다고 말합니까?"			공자가 말했다. "하는 게 어려(운데)		
言	之	得無A(乎?)		訒	(得無)A乎?"
(명)말, 언사, 한 마디(2-2)	(접)주어+之+서술어(1-10)	(2음절 허사)A하지 않을 수 있겠는가?		(형)말이 느리고 신중하다	(어기)반문(1-1)
말이 느리고 신중하지 않을 수 있겠느냐?"					

번역 사마우(司馬牛)가 인(仁)을 물었다. 공자가 말했다. "仁한 사람은 그 말이 느리고 신중하다." 사마우가 말했다. "그 말이 느리고 신중하면 그를 仁하다 말합니까?" 공자가 말했다. "하는 게 어려운데 말이 느리고 신중하지 않을 수 있겠느냐?"

語法과 語彙

司馬牛問仁 (사마우(司馬牛)가 인(仁)을 묻다)

(인명) 사마우(司馬牛)는 성(姓)이 사마(司馬 혹은 자마<子馬>)이고 이름이 경(耕), 자(字)가 자우(子牛)로 송나라 사람(宋人)이라고 일컬어진다. 공안국(孔安國:BC156~BC74)의 주(註)에 의하면 이 사람은 이름이 리(犁)이며 공자 주유시(周遊時) 송(宋)나라에서 공자를 때려죽이려고 했던 환퇴(桓魋)의 동생이라고 했다. 이 공안국의 주(註)로 인하여 온갖 환상이 생겨났는데 사마천의 「열전」에는 실제로 이에 대한 일체의 언급이 없다. 사마천이 실제로 「열전」에서 언급하고 있는 것은 "사마경, 자자우(司馬耕, 字子牛)"라는 짤막한 한마디일 뿐이다. 나머지는 『논어』 본 편의 언어에서 모두 가져온 것이다. 사마천이 "우다언이조(牛多言而躁)"라고 한 말에 기준하여 『논어』를 해석하고 있으나 거꾸로 사마천의 언급은 『논어』 본 장의 기사로부터 역으로 유추된 것일 수도 있다. 양백준(楊伯俊)은 공자의 학생인 사마우(司馬牛)와 환퇴의 동생인 사마우(司馬牛)는 별개의 인물이며, 공자의 학생인 사마우(司馬牛)는 이름이 경(耕)이고, 환퇴의 동생 사마우(司馬牛)는 이름이 리(犁)라고 논증했다(『논어역주 論語譯註』 12·5條). 나는 양백준의 논의에 전적으로 동의한다. 사마우(司馬牛)라는 인물도 단지 「안연」 편 3·4·5에 한 덩어리로 채록된 이 파편에만 등장하는 인물이며, 말년 학단에 있었을지는 모르나 여기에 등장하는 주인공으로서만 일차적 의미를 지니는 인물이다. (김용옥, 2008)

仁者, 其言也訒 (仁한 사람은 그 말이 느리고 신중하다)

(형용사) 말이 느리고 신중하다. (出言遲緩謹愼) [인, rèn]

→ 故名足以指實, 辭足以見極, 則舍之矣. 外是者謂之訒, 是君子之所棄, 而愚者拾以爲己寶 『荀子·正名』
그래서(故) 명칭(名)이 실제의 것(實)을 가리킬 수 있고 말이 '취지를 드러낼(見極)' 수 있으면 그것을 버릴 것이다. '이것을 위반하(外是)'는 것, 그것을 '느리고 조심스럽게 말한다(訒)'고 하는데 이것은 군자가 '버리는 것(所棄)'이고 어리석은 자는 주워 모아 '그것을 자신의 보배로 여긴다(以爲己寶)'.

言之得無訒乎? (말이 느리고 신중하지 않을 수 있겠는가?)

(2음절 허사)1. '得'은 조동사이고 '無'는 동사이고 無 뒤에는 목적어가 있다. 그리고 得은 동사 無를 수식해준다. '득무(得無)'는 추측의 부사가 아니고 '得'은 '~할 수 있다(能, 能够)'로 번역해야 한다. 이 문형을 '得無A'로 본다면 'A하지 않을 수 있다 or A이지 않을 수 있다'가 되고 뒤에 반문의 어조사 '乎'와 어울려(得無A乎?) 'A하지 않을 수 있겠는가? or A이지 않을 수 있겠는가?'로 번역할 수 있다.

→ 覽物之情 得無異乎? (宋·範仲淹『岳陽樓記』)
사물을 보는 기분이 다르지 않을 수 있겠는가?

(2음절 허사)2. 추측부사(推度副詞)이다.

→ 得無教我猎虫所耶? 『聊齋志畀·促織』
설마 나에게 벌레 잡는 곳을 주는 건 아니겠지?

12-4. 司馬牛問君子. 子曰: "君子不憂不懼." 曰: "不憂不懼, 斯謂之君子已乎?" 子曰: "內省不疚, 夫何憂何懼?"

司馬牛	**問君子.**	**子曰:**	**"君子**	**不憂**	**不懼."**
(인명)사마우(司馬牛)(12-3)	군자에 대해 묻다	공자가 말하다	(명)군자(君子)(11-1)	걱정하지 않다 [憂(동):(7-3)]	두려워하지 않다 [不,동사앞(7-14)]
사마우(司馬牛)가 군자에 대해 물었다.		공자가 말했다.	"군자는 걱정하지 않고 두려워하지 않는다."		
(司馬牛)曰:	**"不憂不懼,**	**斯**	**謂**	**之**	**君子**
(사마우가) 말하다	걱정하지 않고 두려워하지 않다	(접)유연한이어짐 '~면~하다'(4-7)	(동)~라고 말하다/부르다(5-15)	(대)사람,사물 '1,2,3인칭'(1-10)	(명)군자(君子)(11-1)
(사마우가) 말했다.	"걱정하지 않고 두려워하지 않으…	…면 그를 군자라고 말합니까?"			
已乎?"	**子曰:**	**"內省**	**不**	**疚,**	**夫**
(어기)의문,감탄(4-6)	공자가 말하다	(동)자신을 반성하고 살피다	(부)형용사앞.성질,상태의 부정(5-5)	(형)부끄럽다	(조사)복문중 뒤 단문 문두.'총결,추론'
	공자가 말했다.	"자신을 반성하고 살펴(서/살핀 다음/…) 부끄럽지 않다(면) [조건가정절(1-1)]			
何	**憂**	**何**	**懼?"**		
(의.대)동사목적어. '무엇'(2-19)	(동):걱정하다(7-3)	(의.대)동사목적어. '무엇'(2-19)	(동)두려워하다		
무엇을 걱정하고 무엇을 두려워하겠느냐?" [반문을 나타내는 어기사나 의문사가 보이지 않는다]					

번역 사마우(司馬牛)가 군자에 대해 물었다. 공자가 말했다. "군자는 걱정하지 않고 두려워하지 않는다." 사마우가 말했다. "걱정하지 않고 두려워하지 않으면 그를 군자라고 말합니까?" 공자가 말했다. "자신을 반성하고 살펴서 부끄럽지 않다면 무엇을 걱정하고 무엇을 두려워하겠느냐?"

語法과 語彙

內省不疚, 夫何憂何懼? (자신을 반성하고 살펴서 부끄럽지 않다면 무엇을 걱정하고 무엇을 두려워하겠는가?)

(동사) 속으로 자신의 생각과 행동을 반성하고 과실이 있는지 없는지 검사하다. (內心反省自己的思想和言行, 檢查有無過失)

→ 君子內省其身, 怒不亂德, 喜不亂義也 (晉・傅玄『傅子・仁論』)
군자는 속으로 '그 자신을 반성하고 살피(內省其身)'며 화가 나도 덕(德)을 어지럽게 하지 않고 기뻐도 의(義)를 어지럽게 하지 않는다.

內省不疚, 夫何憂何懼? (자신을 반성하고 살펴서 부끄럽지 않다면 무엇을 걱정하고 무엇을 두려워하겠는가?)

(형용사, 동사) 부끄럽다, 부끄러워하다. (慚愧) [구, jiù]

→ 不疚於天, 則天無不祐; 不愧(=媿<괴, kuì>)於人, 則人皆可'馭(어, yù)' (清・王夫之『讀通鑑論』)

하늘에 부끄럽(疚於天)지 않으면 하늘은 도와주지 못할 것이 없고, 사람에게 부끄럽(愧<=媿>於人)지 않으면 사람을 모두 부릴 수 있다(통제할 수 있다).

內省不疚, 夫何憂何懼? (자신을 반성하고 살펴서 부끄럽지 않다면 무엇을 걱정하고 무엇을 두려워하겠는가?)

(조사) 복문 중 마지막 단문 문두에 쓰이는데 이 단문은 보통 앞글에 대한 총결, 추론을 보여 준다. '夫'는 이 문장에 대해서 강조나 표지 역할을 하고 번역을 하지 않아도 된다.

→ 慮必先事而申之以敬, 愼終如始, 終始如一, 夫是之謂大吉 『荀子・議兵』
'고려/생각'은 반드시 '일에 앞서야 하(先事)'고 공경으로 그것을 '대해(申)'야 하니 끝은 처음처럼 '신중히 하(愼)'고 끝과 처음을 하나로 하니 이것을 대길(大吉)이라고 부른다.

12-5. 司馬牛憂曰: “人皆有兄弟, 我獨亡.” 子夏曰: “商聞之矣:死生有命, 富貴在天. 君子敬而無失, 與人恭而有禮, 四海之內, 皆兄弟也. 君子何患乎無兄弟也?”

<table>
<tr><th colspan="2">司馬牛憂曰:</th><th>“人</th><th>皆有</th><th>兄弟,</th><th>我</th></tr>
<tr><td colspan="2">사마우(司馬牛)가 걱정하며 말하다[司馬牛:(12-3)][憂(동):(7-3)]</td><td>사람</td><td>모두 있다</td><td>형과 동생</td><td>나</td></tr>
<tr><td colspan="2">사마우(司馬牛)가 걱정하며 말했다.</td><td colspan="3">“사람은 모두 형제가 있(는데)</td><td>저</td></tr>
<tr><th>獨</th><th>亡.”</th><th>子夏</th><th>曰:</th><th>“商</th><th>聞</th></tr>
<tr><td>(부)혼자 두드러지게</td><td>(동)없다(7-25)</td><td>(인명)자하(1-7)</td><td>말하다</td><td>나(=자하)</td><td>듣다</td></tr>
<tr><td colspan="2">혼자 없습니다.”</td><td colspan="2">자하가 말했다.</td><td colspan="2">“나는 이런 말을 들었다.</td></tr>
<tr><th>之</th><th>矣:</th><th>‘死生</th><th>有命,</th><th>富貴</th><th>在天.’</th></tr>
<tr><td>(대)다음문장제시. ‘속담,격언등’(6-4)</td><td>(어기)‘이미 그렇다’(3-24)</td><td>죽음과 삶</td><td>(동)운명이 주재하다</td><td>부유함과 가난함</td><td>하늘에 있다 [在:(동)(5-1)]</td></tr>
<tr><td colspan="2"></td><td colspan="2">‘삶과 죽음은 운명이 주재하(고)</td><td colspan="2">부유함과 가난함은 하늘에 있다.’ (란 말이다)</td></tr>
<tr><th>君子</th><th>敬</th><th>而</th><th>無失,</th><th>與</th><th>人</th></tr>
<tr><td>(명)군자(君子)(11-1)</td><td>(동)존경하다, 존중하다</td><td>(접)병렬. ‘그리고’(7-1)</td><td>(동)실수가 없다</td><td>(전)동작이 향하는 대상‘~에게’</td><td>사람</td></tr>
<tr><td colspan="4">군자가 존중하고 실수가 없(고)</td><td colspan="2">사람에게</td></tr>
<tr><th colspan="2">恭而有禮,</th><th colspan="2">四海之內,</th><th colspan="2">皆兄弟也.</th></tr>
<tr><td colspan="2">웃어른을 잘 섬기고 공경하고 예의가 있다 [恭:웃어른을 잘 섬기고 공경하다]</td><td colspan="2">사해(四海)의 안 [之:(조사)수식,종속관계.~의’ (3-2)]</td><td colspan="2">모두 형제다 [也:(어기)진술강조(2-17)]</td></tr>
<tr><td colspan="2">공경하고 예의가 있(으면) [조건절]</td><td colspan="2">사해(四海=천하=전국) 안(이)</td><td colspan="2">모두 형제이다.</td></tr>
<tr><th>君子</th><th>何</th><th>患</th><th>乎</th><th>無兄弟</th><th>也?”</th></tr>
<tr><td>(명)군자(君子)(11-1)</td><td>(대)이유,원인. ‘왜’(3-24)</td><td>걱정하다</td><td>(전)~에 대해(2-16)</td><td>형제가 없다</td><td>(어기)반문(3-1)</td></tr>
<tr><td colspan="6">군자가 왜 형제가 없는 것을 걱정하는가?”</td></tr>
</table>

번역 사마우(司馬牛)가 걱정하며 말했다. “사람은 모두 형제가 있는데 저 혼자 없습니다.” 자하가 말했다. “나는 이런 말을 들었다. ‘삶과 죽음은 운명이 주재하고 부유함과 가난함은 하늘에 있다.’ 란 말이다. 군자가 (사람을) 존중하고 실수가 없고, 사람에게 공경하고 예의가 있으면 사해(四海) 안이 모두 형제이다. 군자가 왜 형제가 없는 것을 걱정하는가?”

語法과 語彙

人皆有兄弟, 我獨亡 (사람은 모두 형제가 있는데 나 혼자 없다)

(부사1) 어떤 범위에 한정시키는 것을 나타낸다. ‘유독(唯獨:많은 것 가운데 혼자 두드러지게)’

(부사2) ‘단독’을 나타낸다. ‘혼자서, 홀로, 독자적으로’ (獨自)

→ 嘗獨立, 鯉趨而過庭　『論語·季氏』
일찍이 혼자 서있을 때 내가(리<鯉>:공자 아들) 종종걸음으로 마당을 지나갔다.

死生有命, 富貴在天 (삶과 죽음은 운명이 주재하고 부유함과 가난함은 하늘에 있다)

(동사) 운명이 주재하다. (由命運主宰)

→ 妾聞'死生有命, 富貴在天.' 修正尚未蒙福, 爲邪欲以何望?　『世說新語·班婕妤辯誣』
저(妾)는 "죽음과 삶은 운명이 주재하고 부귀는 하늘에 있다"고 들었습니다. 정도를 준수하여 나아가지만(修正:遵行正道) 아직 복을 입지 못하는데 '음란한 욕망(邪欲)'을 행한다면 무엇을 바랄 수 있겠습니까?

君子敬而無失 (군자가 (사람을) 존중하고 실수가 없다)

(동사) 실수가 없다. (沒有失誤)

→ 聖人無爲, 故無敗, 無執, 故無失　『老子·第六十四章』
성인(聖人)은 하지 않기 때문에 실패하지 않고 집착하지 않기 때문에 실수가 없다.

君子敬而無失 (군자가 (사람을) 존중하고 실수가 없다)

(동사) 존경하다, 손숭하다. (尊敬, 尊重)

→ 鄉人莫不加敬 (唐·韓愈『送楊少尹序』
마을 사람 중에 갑절로 존경하지 않는 사람이 없다.

與人恭而有禮 (사람에게 공경하고 예의가 있다)

(전치사) 행위자(施動者;주어)가 행위를 할 때 향하는 대상을 보여 준다. '~에게' 등으로 번역된다. (對, 跟, 向)

→ 齊人無以仁義與王言者　『孟子·公孫丑下』
제나라 사람 중엔 인의(仁義)를 왕에게 말하는 사람이 없다.

→ 這憂愁訴與誰?　『西厢記·第四本第三折』
이 걱정을 누구에게 말할까?

與人恭而有禮 (사람에게 공경하고 예의가 있다)

(동사) 웃어른을 잘 섬기고 공경하다. (敬, 孝敬)

→ 恭老恤幼　『孔子家語·弟子行』
노인을 잘 섬기고 공경하(恭老)고 아이를 '가엽게 여기다(恤<휼, xù>)'.

四海之內, 皆兄弟也 (사해(四海) 안이 모두 형제이다)

(명사1) 고대 중국의 네 변경을 둘러싸고 있는 바다가 있다고 여겼고 각각은 방위에 의해 '동해, 남해, 서해, 북해'였지만 시기에 따라 다르고 주장도 일치하지 않는다. (古以中國四境有海環繞, 各按方位爲"東海"、"南海"、"西海"和"北海", 但亦因時而異, 說法不一)

(명사2) 천하와 같고 전국 각지를 말한다. (猶言天下, 全國各處)

→ 四海之外奚有？　『列子·湯問』
천하 밖은 무엇을 갖고 있는가?

→ 故推恩足以保四海, 不推恩無以保妻子　『孟子·梁惠王上』
그러므로 은혜를 널리 확산하면(推:推廣) 천하를 보호할 수 있지만 은혜를 널리 확산하지 않으면 아내와 자식을 '보호할 방법이 없다/ 보호할 수 없다.'

12-6. 子張問明. 子曰: "浸潤之譖, 膚受之愬, 不行焉, 可謂明也已矣. 浸潤之譖, 膚受之愬, 不行焉, 可謂遠也已矣."

子張問明.		**子曰:**	**"浸潤**	**之**	**譖,**
자장이 안다는 것에 대해 묻다 [明:동사→명사]		공자가 말하다	(동)점차 침투하다	(조사)한정어+之+중심어(4-23)	(동)참언(譖言)하다 [동사→명사]
자장이 안다는 것에 대해 물었다.		공자가 말했다.	"점차 침투하는 참언(과)		
膚受	**之**	**愬,**	**不行**	**焉,**	**可謂**
표면적 부실;이득 손해가 절실함	(조사)한정어+之+중심어(4-23)	(동)참언(譖言)하다 [동사→명사]	(동)행하지 않다	(어기)멈춤, 문장제기(4-17)	(동)그렇다고 말할 수 있다(1-11)
이득과 손해가 절실한 참언(을) [목적어 전치]			행하지 않(으면…) [여기까지가 조건가정절(1-1)]		
明	**也已矣.**	**浸潤之譖,**	**膚受之愬,**	**不行焉,**	**可謂**
(동)알다, 이해하다	(관용구)강한 긍정, 강한 감탄(8-1)	점차 침투하는 참언	이해관계가 절실한 참언	행하지 않다…	(동)그렇다고 말할 수 있다(1-11)
안다고 말할 수 있다		점차 침투하는 참언(과)	이득과 손해가 절실한 참언(을)	행하지 않(으면…) [조건가정절]	
遠	**也已矣."**				
(형)매우 높고 깊다	강한 긍정, 강한 감탄(8-1)				
(사람의 자질이) 매우 높고 깊다고 말할 수 있다."					

번역 자장이 안다는 것에 대해 물었다. 공자가 말했다. "점차 침투하는 참언과 이득과 손실이 절실한 참언을 행하지 않으면 안다고 말할 수 있다. 점차 침투하는 참언과 이득과 손해가 절실한 참언을 행하지 않으면 (사람의 자질이) 매우 높고 깊다고 말할 수 있다."

語法과 語彙

子張問明 (자장이 안다는 것에 대해 묻다)

(동사) 알다, 이해하다. (知曉, 明白)

→ 雖愚者亦明之矣 (淸·黃宗羲『原君』)
비록 어리석은 자도 그것을 알 것이다.

(형용사, 동사) 통달하다. (明達, 通達)

→ 則知明而行無過矣 『荀子·勸學』
지혜는 통달하고 행동에는 과오가 없을 것이다.

— [견해]

자장문명(子張問明), 이 문장에서 명(明)을 설명할 수 있는 의미는 『漢語大字典』에 기재된 의미항목 중에서 상기한 두 가지가 가장 적절하다고 볼 수 있다. 그리고 이 의미는 '명사'로 품사 활용되었는데 뒤에 나오는 문맥을 고려하면 '통달하다' 의미보다는 '안다'의 의미가 더 적합하다고 본다.

浸潤之譖 (점차 침투하는 참언)

(동사) 점차 침투하다. 오래 쌓여 작용이 발생하는 것으로 파생되었다. (逐漸滲透. 引申爲積久而發生作用) [침윤, jìnrùn]

→ 譖人之言, 如水之浸潤, 漸以成之 - 何晏集解引鄭玄曰 -
사람을 헐뜯는 말은 물이 서서히 스며드는 것 같고 점차 그것을 이루어낸다. - 허안집해(何晏集解 <허안, 何晏:?-249>)가 정현(鄭玄<127—200>)을 인용하여 말하다(何晏集解引鄭玄曰) -

浸潤之譖 (점차 침투하는 참언)

(동사) 없는 사실을 꾸며 죄에 빠뜨리다; 참언하다(讒言하다:거짓으로 꾸며서 남을 헐뜯어 윗사람에게 고하여 바치다); 중상모략하다(中傷謀略하다: 근거 없는 말로 남을 헐뜯어 명예나 지위를 손상시키고, 사실을 왜곡하거나 속임수를 써 남을 해롭게 하다). [참, zèn]

→ 彼譖人者, 亦已大甚 (佚名=無名氏·『巷伯』)
저 사람을 모함하는 사람은 이미 너무 심하다.

膚受之愬 (이득과 손실이 절실한 참언)

(관용구) '참언'을 나타내는 것으로 부수(膚受)는 표면적으로 부실하거나 이득과 손해가 절실하다는 것을 말한다. (指讒言. 膚受, 謂浮泛不實, 或謂利害切身) [소, sù]

膚受之愬 (이득과 손실이 절실한 참언)

(관용구) 표면적으로 부실하거나 이득과 손해가 절실하다. (謂浮泛不實, 或謂利害切身) [부수, fūshòu]

膚受之愬 (이득과 손실이 절실한 참언)

(동사) 참언하다. (進讒言) [소, sù]

→ 公伯僚'愬(=訴)'子路於季孫 『論語·憲問』
공백료(公伯僚)가 계손씨(季孫)에게 자로를 참언하다.

不行焉, 可謂明也已矣 (행하지 않으면 안다고 말할 수 있다)

(동사) 행하다, 실시하다, 시행하다, 쓰다, 이용하다. (用; 施行)

→ 推而行之謂之通 『周易·係辭上傳』
추진하고 그것을 행하면 그것을 통(通)이라고 한다.

→ 秦行商君而富强 『韓非子·問田』
진(秦)나라는 상군(商君=商鞅상'앙(yāng)'. 약BC395—BC338)을 써서 부강해졌다.

可謂遠也已矣 (매우 높고 깊다고 말할 수 있다)

(형용사) 매우 높고 깊다, 원대하다. (高遠, 遠大)

12-7. 子貢問政. 子曰: “足食, 足兵, 民信之矣.” 子貢曰: “必不得已而去, 於斯三者何先?” 曰: “去兵.” 子貢曰: “必不得已而去, 於斯二者何先?” 曰: “去食. 自古皆有死, 民無信不立.”

子貢問政.	子曰:	“足	食,	足	兵,
자공이 정치에 대해 묻다	공자가 말하다	(형)충분하다 [형→사동]	(명)음식물,양식 (6-11)	(형)충분하다 [형→사동]	(명)병기, 무기
자공이 정치에 대해 물었다.	공자가 말했다.	“양식을 충분하게 해주(고)		무기를 충분하게 해주(고)	
民	**信**	**之**	**矣.”**	**子貢**	**曰:**
(명)서민·평민·백성·민중(15-25)	(동)믿다	(접사)동사강조·보충, 음절모으기(13-1)	(어기)긍정진술(1-9)	(인명)자공=사(賜) (1-10)	말하다
백성이 믿는 것이다.”				자공이 말했다.	
“必不得已		**而**	**去,**	**於**	**斯**
부득이하다, 만부득이하다, 어쩔 수 없다		(접)부사어+而+서술어(1-4)	(동)없애다, 버리다(3-17)	(전)발생장소, 출현범위(1-14)	(대)한정어.‘이…’ (6-10)
“부득이하게 없앤(다면) [조건가정절(1-1)]				이 세 가지 중에서	
三者	**何先?”**	**(子)曰:**	**“去兵.”**	**子貢曰:**	**“必不得已**
세 가지, 세 개의 것	무엇을 우선으로 하는가?[의문사+동사]	(공자가) 말하다	무기를 없애다	자공이 말하다	부득이하다, 어쩔 수 없다
무엇을 우선으로 합니까?”		공자가 말했다.	“무기를 없앤다.”	자공이 말했다.	“부득이하게
而	**去,**	**於斯二者何先?”**		**(子)曰:**	**“去食.**
(접)부사어+而+서술어(1-4)	(동)없애다, 버리다(3-17)	이 세 가지 중에 무엇을 우선으로 하는가?		(공자가) 말하다	양식을 없애다
없앤(다면) [조건가정절(1-1)]		이 두 가지 중에서 무엇을 우선으로 합니까?”		공자가 말했다.	“양식을 없앤다.
自古	**皆**	**有**		**死,**	**民**
(부)예로부터	(부)모두	(조,접)有+1음절‘형/명/동’‘음절조화,어기강화’(5-14)		(동)죽다	(명)서민·평민·백성·민중(15-25)
예로부터 모두 죽(지만)					백성이
無信	**不立.”**				
믿지 않다 [無:(부)(=不)(1-15)]	존재하지 못하다				
믿지 않으면 존재하지 못한다.” [긴축복문(11-14)]					

번역 자공(子貢)이 정치에 대해 물었다. 공자가 말했다. “양식을 충분하게 해주고, 무기를 충분하게 해주고, 백성이 믿는 것이다.” 자공이 말했다. “부득이하게 없앤다면, 이 세 가지 중에서 무엇을 우선으로 합니까?” 공자가 말했다. “무기를 없앤다.” 자공이 말했다. “부득이하게 없앤다면, 이 두 가지 중에서 무엇을 우선으로 합니까?” 공자가 말했다. “양식을 없앤다. 예로부터 모두 죽지만 백성이 믿지 않으면 존재하지 못한다.”

語法과 語彙

足食, 足兵 (양식을 충분하게 해주고, 무기를 충분하게 해주다)

(형용사) 충분하다. (充足, 足够)

→ 蓄積足而人樂其所矣 (漢·賈誼『論積貯疏』)
비축한 것이 충분하면 사람이 그의 위치를 좋아할 것이다.

足食, 足兵 (양식을 충분하게 해주고, 무기를 충분하게 해주다)

(명사) 병기, 무기. (兵器, 武器)

必不得已而去 (부득이하게 없애다)

(관용구) 부득이하다, 어쩔 수 없다. (萬不得已)

自古皆有死, 民無信不立 (예로부터 모두 죽지만 백성이 믿지 않으면 존재하지 못하다)

(부사) 예로부터, 자고로. (從古以來)

→ 文人相輕, 自古而然 『典論·論文』
문인(文人: 지식인 혹은 문학에 종사하는 사람. 讀書人或從事文學的人)은 서로 무시하는데 예로부터 그렇다.

自古皆有死, 民無信不立 (예로부터 모두 죽지만 백성이 믿지 않으면 존재하지 못하다)

(부사) 모두; 총괄을 나타낸다. (都, 俱. 表示統括)

→ 四海之內, 皆兄弟也 『論語·顔淵』
사해(四海) 안이 모두 형제이다.

民無信不立 (백성이 믿지 않으면 존재하지 못하다)

(동사) 존재하다, 생존하다. (存在, 生存)

→ 趙舉則韓亡, 韓亡則荊魏不能獨立 『韓非子·初見秦』
조(趙)나라가 흥기하(擧)면 한(韓)나라가 멸망하고 한(韓)나라가 멸망하면 형(荊)과 위(魏)는 홀로 존재할 수 없다.

12-8. 棘子成曰: “君子質而已矣, 何以文爲?” 子貢曰: “惜乎, 夫子之說君子也! 駟不及舌.文猶質也, 質猶文也. 虎豹之鞹猶犬羊之鞹.”

棘子成曰:	“君子	質	而已矣,	何以	(主,重,講)文
극자성이 말하다	(명)군자(君子) (11-1)	(명)본질 [명→형](6-18)	(어기)제한‘~할 뿐이다’(4-15)	(관용구)방법,원인‘어떻게,왜’(2-7)	(명)형식 [명→형](6-18)
극자성(棘子成)이 말했다.	“군자는 본질적일 뿐인(데)			왜 형식적인가요?” [(主,重,講…)文:왜 형식적인 것을 중시하나요?]	
爲?”	**子貢**	**曰:**	**“惜**	**乎,**	**夫子**
(어기)의문	(인명)지공=사(賜) (1-10)	말하다	(동)안타깝다, 가슴아프다(9-21)	(어기)감탄,비분,찬송(3-7)	(명)선생님;공자 (1-10)
	자공이 말했다.		“안타깝습니다!		선생님이
之	**說君子**	**也!**	**駟**	**不及**	**舌.**
(접)주어+之+서술어(1-10)	군자를 말하다	(어기)감탄(3-17)	(명)말 네 마리. 말넷이 모는 마차	따라잡지 못하다 [及(5-12)]	(명)혀
군자에 대해 말하는 것이요!			말 넷이 모는 마차가 혀를 따라잡지 못합니다.		
文	**猶**	**質**	**也,**	**質猶文也.**	
(명)형식적인 것 (6-18)	(동)~와 같다, 비슷하다(5-19)	(명)본질적인 것 (6-18)	[也:(어기)멈춤, 완만(3-1)]	본질적인 것은 형식적인 것과 같다 [也:(어기)진술강조(2-17)]	
형식적인 것은 본질적인 것과 같(고…)				본질적인 것은 형식적인 것과 같습니다.	
虎豹	**之**	**鞹**	**猶**	**犬羊之鞹.”**	
(명)범과 표범 [호표, hǔbào]	(조사) 수식,종속관계. ~의’ (3-2)	(명)털을 제거한 가죽	(동)~와 같다, 비슷하다(5-19)	개와 양의 털을 제거한 가죽	
범과 표범의 털을 제거한 가죽과 개와 양의 털을 제거한 가죽이 같습니다.”					

번역 극자성(棘子成)이 말했다. “군자는 본질적일 뿐인데, 왜 형식적인가요?” 자공이 말했다. “선생님이 군자에 대해 말하시는 것이 안타깝습니다! 말 넷이 모는 마차가 혀를 따라가지 못합니다. 형식적인 것은 본질적인 것과 같고, 본질적인 것은 형식적인 것과 같습니다. 범과 표범의 털을 제거한 가죽과 개와 양의 털을 제거한 가죽은 같습니다.”

語法과 語彙

棘子成曰 (극자성(棘子成)이 말하다)

(인명) 극자성(棘子成)은 위(衛)나라 대부로 알려져 있다. 그러나 그것만 알려졌을 뿐, 그에 대해 우리가 접할 수 있는 정보가 없다. 공자와 동시대 사람일 것이라고 추측하지만 그렇지 않을 수도 있다. 그는 어디까지나 자공의 상대이다. 당시 공문의 사람들이 지나치게 문(文)의 방향으로 치우치는 것을 강력히 비난한 사람이었을 것이다. (김용옥, 2008) [극자성, jízǐchéng]

君子質而已矣, 何以(主,重,講…)文爲? (군자는 본질적인 뿐인데, 왜 형식적인 것을 중시하나요?)

(의문어기사) 문미에 놓여 문장의 의미와 어울려 의문이나 반문의 어기를 보여 준다. 앞에는 보통 ‘하(何)’, ‘해(奚)’

등의 의문사가 있고 이것과 어울려서 '何…爲', '奚…爲' 등의 고정 구조를 만든다. (呢, 嗎)

→ 夫子何命焉爲? 『墨子·公輸』
선생님은 무엇을 '가르쳐 주시(命:教誨)'렵니까?

駟不及舌 (말 넷이 모는 마차가 혀를 따라가지 못하다)

(명사) 마차 한 대를 함께 모는 네 마리의 말 또는 네 마리 말이 함께 모는 마차. (謂同駕一車的四馬或由四馬同駕的車) [사, sì]

→ 齊景公有馬千駟 『論語·季氏』
제(齊)나라 경공(景公)은 말 4천 마리를 가지고 있다.

虎豹之鞹猶犬羊之鞹 (범과 표범의 털을 제거한 가죽과 개와 양의 털을 제거한 가죽은 같다)

(명사) 털을 제거한 털. [곽, kuò]

→ 鞹, 去毛皮也 『說文·革部』
곽(鞹)은 털을 제거한 가죽이다.

12-9. 哀公問於有若曰: "年饑, 用不足, 如之何?" 有若對曰: "盍徹乎?" 曰: "二, 吾猶不足, 如之何其徹也?" 對曰: "百姓足, 君孰與不足? 百姓不足, 君孰與足?"

哀公	問於	有若	曰:	"年饑,	用
(인명)애공(2-19)	~에게 묻다 問:(12-10)	(인명)유약=유자(有子)(1-2)	(동)말하다	(동)흉년이 들다	(동)비용(1-5)
애공(哀公)이 유약(有若)에게 물으며			말했다.	"흉년이 들어(서) [원인절(1-1)]	비용(이)
不足,	**如之何?"**	**有若**	**對曰:**	**"盍**	**徹**
(형)부족하다, 충분하지 않다	방법. '그것은 어떻게…?'(2-20)	(인명)유약=유자(有子)(1-2)	대구하여 말하다	=何不.'왜~하지 않는가?'(5-26)	주(周)나라 세금 제도로 10분1을 냄
부족(한데)	어찌해야 할까?"	유약이 대구하여 말했다.		"왜 철(徹:농사 소득에서 10분의 1을 세금으로 냄)하지 않으십니까?"	
乎?"	**(哀公)曰:**	**"(收)二,**	**吾猶不足,**		**如之何**
(어기)의문(2-7)	(애공이) 말하다	10분의 2(를 걷다)	나는 여전히 부족하다. [猶:(부)여전히(6-30)]		어떻게… [(관용)'(2-20)]
	(애공이) 말했다.	"10분의 2를 걷(어도)[양보절]	나는 여전히 부족한(데)		어떻게
其	**徹**	**也?"**	**(有若)對曰:**	**"百姓**	**足,**
(조)수식어+其+서술어(5-18)	(동)철(徹)하다, 철(徹)을 실시하다	(어기)반문(3-1)	(유약이) 대구하여 말하다	(명)서민·평민·백성·민중(15-25)	(형)충분하다(12-7)
10분의 1을 걷으라 하는가?"			(유약이) 대구하여 말했다.	"백성이 풍족(할 때) [시간절]	
君	**孰與(百姓)**	**不足?**	**百姓不足,**	**君孰與(百姓)足?"**	
(명)제왕.왕.임금(15-38)	(백성과) 비교하면 누가 더…	(형)부족하다	백성의 형편이 충분하지 않다	왕은 (백성과) 비교하면 누가 더 충분한가?	
왕과 백성과 비교하면 누가 부족한가요?			백성이 풍족하지 못(할 때)[시간절]	왕과 백성을 비교하면 누가 풍족한가요?"	

번역 애공(哀公)이 유약(有若)에게 물으며 말했다. "흉년이 들어서 비용이 부족한데 어찌해야 할까?" 유약이 대구하며 말했다. "왜 철(徹:농사 소득에서 10분의 1을 세금으로 냄)하지 않으십니까?" 애공이 말했다. "10분의 2를 걷어도 나는 여전히 부족한데 어떻게 10분의 1을 걷으라 하는가?" 유약이 대구하여 말했다. "백성이 풍족할 때 왕과 백성과 비교하면 누가 부족한가요? 백성이 풍족하지 못할 때 왕과 백성을 비교하면 누가 풍족한가요?"

語法과 語彙

年饑, 用不足, 如之何? (흉년이 들어서 비용이 부족한데 어찌해야 할까?)

(동사) 한 해 흉년이 들다. (年成荒歉) [연기, niánjī]

→ 時年饑兵興 『後漢書·孔融傳』

지금(時) 흉년이 들어(年饑) 군대가 일어나다(兵興).

盍徹乎? (왜 철(徹:농사 소득에서 10분의 1을 세금으로 냄)하지 않는가?)

(명사, 동사) 주나라 시대 세금으로 십분의 일을 세금으로 내는 것을 말한다. (周代賦稅. 甚一而稅稱徹)

→ 周人百亩而彻 『孟子·藤文公上』
주나라 사람은 백 묘(百'亩<mǔ>')면 '10분의 1의 세금을 낸다(彻)'.

百姓足, 君孰與(百姓)不足? (백성이 풍족할 때 왕과 백성과 비교하면 누가 부족한가?)

(관용구) '비교되는 앞뒤 두 대상(A,B)'의 가운데에 놓여 앞의 대상과 뒤의 대상을 비교하면 상황이 어떠한지 묻는 데 쓰인다. 비교의 내용(X)은 보통 앞뒤 두 대상의 다음에 있고(a, b) 때로는 두 대상의 앞에 있기도(c) 한다. 뒤의 것은 보통 형용사가 된다. '앞의 대상과 뒤의 대상을 비교하면 어떤 것(누가…)이 더 ~하는가?' 등으로 번역될 수 있다. 때로는 비교의 내용이 앞에 있고(c) 때로는 비교 되는 내용이 출현하지 않고 단지 두 대상을 또는 두 가지 일을 비교하면 어떠한지를 묻기만 한다(d). 문형이 'A孰與BX?', 'A, 孰與BX?', 'A, X孰與B?인 경우는 'A를 B와 비교하면 누가 X한가?'가로 번역될 수 있다. 'A孰與B'인 경우는 'A와 B를 비교하면 어떠한가?'로 번역될 수 있다.

→ a. 我孰與徐公美?
나와 서공(徐公)을 비교하면 누가 예쁜가? 『戰國策·齊策一』

→ b. 子觀我治秦也, 孰與五羚大夫賢? 『史記·商君列傳』
당신은 내가 진나라를 다스리는 걸 보는데 (나와) 오영(五羚<wǔlíng>) 대부와 비교하면 누가 잘하겠는가?

→ c. 陛下自察, 聖武孰與高帝? 『史記·曹相國世家』
폐하(陛下)께서 몸소 관찰하시는데 (폐하를) 고제(高帝)와 비교하면 누가 더 '비범하게 총명하고(聖:聖明)' 용맹스럽고 위세가 있(武:勇武)습니까?

→ d. 公之視廉將軍孰與秦王? 『史記·廉頗藺相如列傳』
그대들(公)이 보기에 염장군(廉將軍)과 진나라 왕을 비교하면 어떠한가?

12-10. 子張問崇德辨惑. 子曰: "主忠信, 徙義, 崇德也. 愛之欲其生, 惡之欲其死. 旣欲其生, 又欲其死, 是惑也. '誠不以富, 亦祗以異.'"

子張	問(A)	崇德	辨惑.	子曰:	"主
(인명)자장=전손사(顓孫師)(2-18)	(A)에 대하여 묻다	도덕을 가득 채우고 흥성시키다[동→명]	의혹을 분별하고 없애다[동→명]	공자가 말하다	(동)중시하다(1-8)
자장(子張)이 숭덕(崇德:도덕을 가득 채우고 흥성시키기)과 변혹(辨惑:의혹을 분별하고 없애기)에 대해 물었다.				공자가 말했다.	
忠信,	**徙義,**	**崇德**	**也.**	**愛**	**之**
충(忠)과 신(信)	(동)의로움을 보고 생각을 바꾸어 그것을 따르다	(동)도덕을 가득 채우고 흥성하시키다	(어기)판단(동사,형용사술어끝)(11-15)	(동)사랑하다	(접)동+동.조건·가정의 종속절
"충(忠)과 신(信)을 중시하(고) 의로움을 보고 생각을 바꾸어 그것을 따르(면) 숭덕(崇德)이다.				사랑하면	
欲	**其**	**生,**	**惡之欲其死.**		
(동)원하다(4-5)	(대)주어(명사+之)(4-6)	(동)살다	미워하면 그가 죽기를 원하다		
그가 살기를 원하(고)			미워하면 그가 죽기를 원한다.		
旣(A), …(又B)	**欲其生,**	**(旣A)…, 又(B)**	**欲其死,**	**是**	**惑**
A하고 또 B하다	그가 살기를 원하다	A하고 또 B하다	그가 죽기를 원하다	(대)새시시. '이것'(2-7)	(동)맞는지 틀리는지 잘 모르다(7-28)
그가 살기를 원하(고)		또 그가 죽기를 원한다(면) [조건가정절(1-1)]		이것이 혹(惑:맞는지 틀린지 잘 모르는 것)이다.	
也.	**'誠**	**不**	**以**	**富,**	**亦**
(어기)판단(동사,형용사 술어끝)(11-15)	(부)정말로, 확실히	(부)형용사앞.성질, 상태의 부정(5-5)	(전)원인. '~ 때문에'(4-21)	(형)부유하다	(부)판단. '(단지)~이다'(7-15)
	'정말로 (여자가) 부유하기 때문이 아니(라) ['여자'에 대해서는 아래 어법 어휘 참조]				
祗	**以**	**異.'"**			
(부)오직, 다만, 단지	(전)원인. '~ 때문에'(4-21)	(형)다르다			
단지 (여자가) 다르기 때문이다'."					

번역 자장(子張)이 숭덕(崇德:도덕을 가득 채우고 흥성시키기)과 변혹(辨惑:의혹을 분별하고 없애기)에 대해 물었다. 공자가 말했다. "충(忠)과 신(信)을 중시하(고) 의로움을 보고 생각을 바꾸어 그것을 따르면 숭덕(崇德)이다. 사랑하면 그가 살기를 원하고 미워하면 그가 죽기를 원한다. 그가 살기를 원하고 또 그가 죽기를 원한다면 이것이 혹(惑:맞는지 틀린지 잘 모르는 것)이다. '정말로 (여자가) 부유하기 때문이 아니라 단지 (여자가) 다르기 때문이다.'"

語法과 語彙

子張問崇德辨惑 (자장(子張)이 숭덕(崇德:도덕을 가득 채우고 흥성시키기)과 변혹(辨惑:의혹을 분별하고 없애기)에 대해 묻다)

— [견해]

고대중국에서 '묻다'의 '問' 용례를 보면 다음과 같은 규칙을 찾을 수 있다. 먼저 '問A'는 'A에 대해 묻다'로 쓰이고, '問A於B'는 'A에 대해 묻다 B에게'의 의미를 담고 있다. '問於A'는 'A에게 묻다'가 된다. (아래 예문)

→ 子張問明 『論語·顏淵』
자장이 안다는 것에 대해 묻다.

→ 子路問强. 子曰 : "南方之强與? 北方之强與? 抑而强與?" 『中庸』
자로가 강함에 대해 묻자 공자가 말했다. "남방의 강함(南方之强)이냐(與)? 북방의 강함(北方之强)이냐(與)? 아니면(抑) 너(而)의 강함(强)이냐(與)?"

→ 葉公問孔子於子路, 子路不對 『論語·述而』
葉公이 자로에게 공자를 물으나 자로는 대답하지 않다.

→ 哀公問於有若曰 『論語·顏淵』
애공이 유약에게 물으며 말하다

子張問崇德辨惑 (자장(子張)이 숭덕(崇德:도덕을 가득 채우고 흥성시키기)과 변혹(辨惑:의혹을 분별하고 없애기)에 대해 묻다)

(동사) 도덕을 가득 채우고 흥성하게 하다. (充盛道德)

→ 主忠信, 徙義, 崇德也 『論語·顏淵』
충(忠)과 신(信)을 중시하(고) 의로움을 보고 생각을 바꾸어 그것을 따르면 숭덕(崇德)이다.

子張問崇德辨惑 (자장(子張)이 숭덕(崇德:도덕을 가득 채우고 흥성시키기)과 변혹(辨惑:의혹을 분별하고 없애기)에 대해 묻다)

(동사) 의혹(의심)을 분별하다, 의혹(의심)을 없애다. (辨別疑惑, 解除疑惑)

→ 敢問崇德, 脩慝, 辨惑 『論語·顏淵』
덕을 가득 채우고 흥성하게 하고 잘못을 고치고 의혹을 분별하는 것을 묻습니다.

主忠信, 徙義, 崇德也 (충(忠)과 신(信)을 중시하(고) 의로움을 보고 생각을 바꾸어 그것을 따르면 숭덕(崇德)이다)

(동사) 의로움을 보고 생각을 바꾸고 그것을 따르다. (謂見義即改變意念而從之)[사이, xǐyì]

愛之欲其生, 惡之欲其死 (사랑하면 그가 살기를 원하고 미워하면 그가 죽기를 원한다)

(접속사) 동사(구)와 동사(구)를 연결시키고(동사(구)+之+동사(구)) 보통 조건과 시간을 나타내는 종속절을 보여주며 '긴축복문'의 형식을 갖고 있다.

→ 富有之謂大業, 日新之謂盛德, 生生之謂易 『易·繫辭』
완전하게 있으면 대업(大業)이라 하고, 나날이 새로워지면 성덕(盛德)이라 하고, 끊임없이 번식하고 퍼지는 것을 역(易)이라 한다.

→ 居之無倦, 行之以忠 『論語·顏淵』
머물 때 나태하지 않고 행할 때 충(忠)을 사용하다.

— [보충]

'주어+之+서술어'가 복문 안에서 단문이 되고 일반적으로 수식복문(1-1참조)에서 수식단문(=종속절)이 된다(1-10참조).

2.1. '주어+之+서술어'가 시간을 나타내는 종속절이 되고 문맥을 참작하여 번역하면 된다.

→ [宋殤公之即位]也, 公子馮出奔鄭　『左傳·隱公四年』
송상공(宋殤公<?-BC710年>)이(之) 즉위할 때(即位也) 공자풍(公子馮)이 정나라(鄭)로 도망가다(出奔).

2.2 '주어+之+서술어'가 조건 or 가정의 종속절이 된다.

→ [我之不德], 民將棄我, 岂唯鄭?　『左傳·襄公九年』
우리가(我) 부덕하면(不德) 백성이 '우리를 버릴(棄我)' 텐데 어찌(岂) 정(鄭)나라만이겠는가?

→ [皮之不存], 毛將焉附?　『左傳·僖公十四年』
가죽이 없으면 털이 어디에(焉) 붙겠(附)는가?

→ [日月之行], 則有冬有夏　『論衡·感虛』
날과 달(日月)이(之) 가면(行, 則) 겨울이 있(有冬)고 여름이 있다(有夏).

2.3 '주어+之+서술어'가 양보의 종속절이 된다.

→ 雖[我之死], 有子存焉　『列子·湯問』
비록(雖) 내(我)가(之) 죽어(死)도 아들(子)이 존재하다(存焉).

2.4 '주어+之+서술어'가 원인의 종속절이 된다.

→ [諸侯之見項王]遷逐義帝置江南　『史記·淮陰侯列傳』
제후(諸侯)가(之) 항왕을 만났(見項王)기 때문에 의제(義帝)를 배척하고 추방하(遷逐)여 강남에 놓았다(置江南).

既欲其生, 又欲其死 (그가 살기를 원하고 또 그가 죽기를 원하다)

(병렬접속사) 동사나 형용사 앞에 쓰일 수 있고 뒤의 단문의 '亦, 且, 又, 并, 復, 既, 終' 등과 서로 호응하여 '既 A 又(亦, 且, 并, 復, 既, 終) B'의 문장구조를 만들어 두 상황이 동시에 존재한다는 것을 나타낸다. 'A하고 B하다', 'A하고 또 B하다' 등으로 번역될 수 있다.

→ 誠既勇兮又以武　『楚辭·屈原·九歌·國殤』
정말로(誠) 용감하고 또 위풍당당하다.

誠不以富, 亦祇以異 (정말로 (여자가) 부유하기 때문이 아니라 단지 (여자가) 다르기 때문이다)

(부사) 정말로, 확실히, (真正, 确實)

→ 大赦令者, 將與天下更始, 誠欲令百姓改行絜己　『漢書·平帝紀』
사면 명령은 천하와 다시 시작할 것이니(更始) 정말로 백성이 행동을 고치고(改行) '자신을 단정하고 고상하게 할(絜己)' 것이다.

誠不以富, 亦祇以異 (정말로 (여자가) 부유하기 때문이 아니라 단지 (여자가) 다르기 때문이다)

(부사) 단지, 다만, 오직. (只, 僅)[지, zhī]

→ 多言寡誠, 祇令事敗　『煌煌京洛行』
말을 많이 하면 '성의를 부족하게 하(寡誠)여' 단지 일을 망치게 할 뿐이다.

誠不以富, 亦祇以異 (정말로 (여자가) 부유하기 때문이 아니라 단지 (여자가) 다르기 때문이다)

— [보충]

이 문장에 대한 학자들의 견해를 종합하여 다음과 같이 적을 수 있다. 이 문장은 『詩經·小雅·我行其夜』에 나오는 글로 네 구절 중 두 구절이다.

不思舊姻, 求爾新特, 誠不以富, 亦祇以異
옛 혼인 생각하지 않고, 당신은 새 여자를 찾으니, 정말로 여자가 부유해서가 아니라 단지 다르기 때문이다.

끝의 두 구절은 여인이 별다른 이유 없이 오직 새로운 여자를 찾아 떠난 남자를 원망하는 시이다. 정이(程頤=정이천程伊川=정자程子: 1033년~1107년(74세))은 논어의 이 구절을 착간(錯簡:책장冊張, 편篇, 장章 따위의 차례가 잘못됨. 또는 그런 책장이나 편, 장)으로 보았고 이 이 장에 들어갈 것이 아니라 『論語·季氏-12』 장의 앞머리에 들어가야 한다고 했다.

12-11. 齊景公問政於孔子. 孔子對曰: “君君, 臣臣, 父父, 子子.” 公曰: “善哉! 信如君不君, 臣不臣, 父不父, 子不子, 雖有粟, 吾得而食諸?”

<table>
<tr><th>齊景公</th><th colspan="2">問政於孔子.</th><th>孔子對曰:</th><th>“君</th><th>君,</th></tr>
<tr><td>제(齊)나라 경공</td><td colspan="2">공자에게 정치에 대하여 묻다
[問A於B:(12-10)]</td><td>공자가 대구하여 말하다</td><td>(명)제왕.왕.임금
(15-38)</td><td>왕
[명사→형용사]</td></tr>
<tr><td colspan="3">제(齊)나라 경공(景公)이 공자에게 정치에 대해 물었다.</td><td>공자가 대구하여 말했다.</td><td colspan="2">“왕은 왕 답(고),</td></tr>
<tr><th>臣</th><th>臣,</th><th>父</th><th>父,</th><th>子</th><th>子.”</th></tr>
<tr><td>(명)신하</td><td>신하
[명사→형용사]</td><td>(명)아버지</td><td>아버지
[명사→형용사]</td><td>(명)자식</td><td>자식
[명사→형용사]</td></tr>
<tr><td colspan="2">신하는 신하답(고),</td><td colspan="2">아버지는 아버지답(고)</td><td colspan="2">자식은 자식다운 것입니다.”</td></tr>
<tr><th>公曰:</th><th>“善</th><th>哉!</th><th>信</th><th>如</th><th>君不君,</th></tr>
<tr><td>경공이 말하다</td><td>(형)좋다</td><td>(어기)문미 감탄
(8-15)</td><td>(판단부사)확실히,
정말로</td><td>(접)만약~하면
(7-11)</td><td>왕이 왕답지 않다</td></tr>
<tr><td>경공이 말했다.</td><td colspan="2">“좋군요!</td><td colspan="3">만약 정말로 왕이 왕답지 않(고),</td></tr>
<tr><th>臣不臣,</th><th>父不父,</th><th>子不子,</th><th>雖</th><th>有粟,</th><th>吾</th></tr>
<tr><td>신하가 신하답지 않다</td><td>아버지가 아버지 답지 않다</td><td>자식이 자식답지 않다</td><td>(접)비록~지만(5-1)</td><td>양식이 있다
[粟:(명)(6-4)]</td><td>(대)나,우리‘주어,한정어…’(13-18)</td></tr>
<tr><td>신하가 신하답지 않(고),</td><td>아버지가 아버지 답지 않(고),</td><td>자식이 자식답지 않(으면)</td><td colspan="2">비록 양식이 있어도</td><td>내가</td></tr>
<tr><th>得而</th><th>食</th><th>諸?”</th><td colspan="3" rowspan="3"></td></tr>
<tr><td>(관용)~할 수 있다
(5-13)</td><td>(동)먹다(7-9)</td><td>(겸사)‘之+乎’‘의문,
반문’(6-6)</td></tr>
<tr><td colspan="3">그것을 먹을 수 있겠습니까?”</td></tr>
</table>

번역 제(齊)나라 경공(景公)이 공자에게 정치에 대해 물었다. 공자가 대구하여 말했다. “왕은 왕답고, 신하는 신하답고, 아버지는 아버지답고, 자식은 자식다운 것입니다.” 경공이 말했다. “좋군요! 만약 정말로 왕이 왕답지 않고, 신하가 신하답지 않고, 아버지가 아버지답지 않고, 자식이 자식답지 않으면 비록 양식이 있어도 내가 그것을 먹을 수 있겠습니까?”

語法과 語彙

齊景公問政於孔子 (제(齊)나라 경공(景公)이 공자에게 정치에 대해 묻다)

(고유명사) 제(齊)나라는 지금 산동성의 대부분을 차지하는 동방의 대국이었고 강태공의 나라였고 임치(臨淄)가 수도였다. BC547년부터 490년까지 58년 동안 군주를 한 사람이 바로 이 경공(景公)이었다. 경공은 우유부단했고 여유는 있었으나 사적인 물욕만 강한 인물이었다. 이 대화가 공자 35세의 젊은 나이에 이루어진 것으로 「세가」는 기록하고 있다. 그렇다면 경공의 재위 31년째 되는 해인 BC517년의 사건이 되지만 「세가」의 기록은 드라마적 요소가 많아 신빙성이 부족하다. 공자 생애 언제 이 대화가 이루어졌는지는 미지수이지만 패기에 찬 젊은 공자의 모습임에는 분명하다. (김용옥, 2008)

君君, 臣臣, 父父, 子子 (왕은 왕답고, 신하는 신하답고, 아버지는 아버지답고, 자식은 자식다운 것이다)

— [보충과 견해]

君君, 臣臣, 父父, 子子에서 앞의 글자는 모두 명사이며 주어 역할을 하고 뒤의 글자는 형용사로써 서술어 역할을 한다. 학자들 대부분은 뒤의 글자를 '~답다, ~다워야 한다'라고 번역하고 있고, 모자수(毛子水, 2009)선생만 '~의 도리를 다하다(盡~道)'로 설명했다. 뒤의 글자는 모두 명사에서 형용사로써 품사활용 되어 서술어 역할을 담당하고 있다고 본다.

善哉! (좋구나!)

(형용사) 좋다. (好)

→ 戰不善, 弊在賂秦 (宋·蘇洵『六國論』)
싸움이 좋지 못하니 폐단(弊:弊病)은 진(秦)나라에 '뇌물을 주는(賂<뢰, lù>)' 것에 있다.

信如君不君 (만약 정말로 왕이 왕답지 않다면…)

(판단부사) 형용사, 동사 서술어 앞에 쓰여 보통 행위, 사태에 대한 긍정적인 판단을 나타내고 더불어 정도가 심하다는 것을 보여 준다. 문맥에 따라 상황을 고려해서 '확실히, 정말, 정말로' 등으로 번역될 수 있다. (确實, 的确, 實在, 真正)

→ 子皙信美矣, 抑子南, 夫也 『左傳·昭公元年』
자석(子皙)은 정말로 아름답'지만(抑)' 자남(子南)은 남자답다(夫).

→ 信知生男惡, 反是生女好 (唐·杜甫『兵車行』)
남자를 낳는 것이 나쁘고 반대로 여자를 낳는 것이 좋다는 걸 알다.

12-12. 子曰: “片言可以折獄者, 其由也與? 子路無宿諾.”

子曰:	“(以)片言	可以	折獄	者,	其
공자가 말하다	(명)간단한 문자나 말	(조동사)~할 수 있다(2-10)	(동)소송 안건을 판결하다	(조사)~한 사람, ~한 것(1-2)	(대)주어(명사+之)(2-22)
공자가 말했다. “간단한 문자나 말로 소송 안건을 판결할 수 있는 사람,					그는
由	也與?	子路	無	宿諾.”	
중유(仲由)=자로(子路)(2-17)	(관용)문미(추측,의문)(9-27)	중유(仲由)=유(由)(2-17)	(부)동작미발생. ‘아직~않다’(8-1)	(동)동의한 말을 묵히다	
자로일까?		자로는 동의한 말을 묵힌 적이 없다.”			

번역 공자가 말했다. “간단한 문자나 말로 소송 안건을 판결할 수 있는 사람, 그는 자로일까? 자로는 동의한 말을 묵힌 적이 없다.”

語法과 語彙

片言可以折獄者 (간단한 문자나 말로 소송 안건을 판결할 수 있는 사람)

(명사) 간단한 문자나 말. (簡短的文字或語言)

→ 芳卿之情, 深於潭水, 非片言所能申謝 (清・蒲松齡『聊齋志異・寄生』)
이쁜이(芳卿<방경, fāngqīng>:옛날 여자에 대한 애칭. 舊時對女子的昵稱)의 정이 ‘깊은 연못의 물(潭水<담수, tánshuǐ>)’ 보다 깊으니 간단한 말로 ‘감사의 말을 표시할 곳이(申謝)’ 없다.

片言可以折獄者 (간단한 문자나 말로 소송 안건을 판결할 수 있는 사람)

(동사) 소송 안건을 판결하다. (判决訴訟案件)
(명사) 소송 안건의 판결.

→ 每紛綸於折獄 (南北朝・孔稚圭『北山移文』)
항상(每:常常) 소송 안건의 판결에 ‘매우 바쁘다(紛綸<불륜, fēnlún>:忙忙碌碌).’

子路無宿諾 (자로는 동의한 말을 묵힌 적이 없다)

(명사) 하룻밤이 지난 ‘승낙/동의’의 말. (隔夜的諾言)
(동사) 동의한 말을 묵히다. (停留諾)

→ 古人無宿諾, 玆道以爲難 (唐・高適『東平留贈狄司馬』詩)
옛날 사람은 동의한 말을 묵히지 않았는데 이 도(道)는 어렵다고 여겨진다.

子路無宿諾 (자로는 동의한 말을 묵힌 적이 없다)

— [견해]

무숙낙(無宿諾)의 숙낙(宿諾)은 명사 또는 동사로 볼 수 있고, 無의 품사(부사, 동사)와 더불어 세 가지 의미를 가질 수 있다.

1. (부정부사) 동사서술어 앞에 쓰여 부사어가 되어 어떤 동작, 행위가 아직 발생하지 않았음을 나타낸다. '아직~않다' 등으로 번역될 수 있다. (没, 没有)

→ 自直之箭、自圓之木, 百世無有一　『韓非子·顯學』
본래(自) 곧은 화살과 본래(自) 둥근 나무는 백 대 동안 하나도 없었다.

숙낙(宿諾)을 동사로 취급하고 '無'를 부정부사 중에서 동작, 행위 미발생으로 보는 경우, 의미는 '동의한 말을 묵힌 적이 없다'가 된다.

2. (부사) 동사, 형용사 술어 앞에 사용하여 진술하는 사실에 대한 부정을 나타낸다. 不과 통한다.

→ 無偏無黨, 王道蕩蕩　『尚書·洪範』
치우치지 않고 편애하지 않으면 왕도는 넓고 크다.

→ 民以此爲教, 則粟焉得無少, 而兵焉得無弱也?　『商君書·農戰』
백성을 이것으로 가르치면 식량이 어떻게 줄지 않고 병력이 어떻게 약해지지 않겠는가?

→ 寧信度, 無自信也　『韓非子·外儲說左上』
차라리 사이즈(度:尺码 : 치수의 길이, 크기. 指尺寸的長短大小)를 '믿지 자신을 믿지 않다(부정부사 無 + 목적어 自 + 동사 信)'.

숙낙(宿諾)을 동사로 보는 경우 '無'가 부정부사 중에서 단순 동작, 행위의 부정인 경우인데 이때는 의미가 '동의한 말을 묵히지 않는다'가 된다.

3. (동사) 없다. (没有)

→ 天都雖近而無路, 蓮花可登而路遥　『徐霞客游記·游黄山日記後』
천도봉(天都:天都峰)은 비록 가깝지만(雖近) 길이 없고 연화봉(蓮花:蓮花峰)은 오를 수 있(可登)지만 길이 멀다(路遥).

숙낙(宿諾)을 명사로 보는 경우 '無'는 동사가 되며(없다) 문장의 의미는 '하룻밤이 지난 동의의 말이 없다'. 즉 '동의한 말을 하룻밤을 넘기지 않는다.'가 된다.

子曰: "_片言可以折獄者, 其由也與?"_ 子路無宿諾

— [견해]

본 문구는 7명의 학자 모두 공자의 말을 제한하여 문장부호(인용)를 사용하였다. 그렇다면 '자로는 동의한 말을 묵힌 적이 없다' 이 말은 기록자들의 말인데, 그들의 의견이 논어에 반영되는 것은 논어라는 책을 만든 목적과 거리가 있는 것 같다. 있는 그대로의 문장을 놓고 본다면 모든 말을 공자가 했다고 보아도 전혀 문제가 되지 않는다고 본다.

→ 子曰: "_片言可以折獄者, 其由也與? 子路無宿諾."_
공자가 말했다. "간단한 문자나 말로 소송 안건을 판결할 수 있는 사람, 그는 자로일까? 자로는 동의한 말을 묵힌 적이 없다."

12-13. 子曰: "聽訟, 吾猶人也. 必也, 使無訟乎!"

<table>
<tr><th>子曰:</th><th colspan="2">"聽訟,</th><th>吾猶</th><th>人</th><th>也.</th></tr>
<tr><td>공자가 말하다</td><td colspan="2">(동)소송 안건을 듣고 심리하다. 심사하다</td><td>나는 같다.
[猶(동):(5-19)]</td><td>(명)타인,
다른사람(7-30)</td><td>(어기)판단(동사,형용사술어끝)(11-15)</td></tr>
<tr><td>공자가 말했다.</td><td colspan="2">"소송 안건을 듣고 심리하는 것은
[화제,topic(1-6)(16-14)]</td><td colspan="3">나는 다른 사람과 같다.</td></tr>
<tr><th>必</th><th>也,</th><th>使</th><th>無</th><th>訟</th><th>乎!"</th></tr>
<tr><td>(동)담보하다,
확보하다 [명사화]</td><td>(어기)주어+也.'멈춤,완만,제시'(1-2)</td><td>(사역동사)~하게 하다(2-20)</td><td>(동)없다(9-2)</td><td>(명)소송</td><td>(어기)감탄,비분,찬송(3-14)</td></tr>
<tr><td colspan="2">확보해야 하는 것은</td><td colspan="4">소송이 없게 하는 것이다!"</td></tr>
</table>

번역 공자가 말했다. "소송 안건을 듣고 심리하는 것은 나는 다른 사람과 같다. 확보해야 하는 것은 소송이 없게 하는 것이다!"

語法과 語彙

聽訟, 吾猶人也 (소송 안건을 듣고 심리하는 것은 나는 다른 사람과 같다)

(동사) 소송 안건을 듣고 심리하다, 심사하다. (聽理訴案; 審查)

→ 聽訟之術, 大略有三 『尚書大傳·劵四』
소송 안건 청취 심사 기술은 '대략(大略)' 셋이 있다.

必也, 使無訟乎! (확보해야 하는 것은 소송이 없게 하는 것이다!)

(동사) 담보하다, 확보하다. (擔保, 確保)

→ 能必其衆不犯約哉! 『漢書·匈奴傳』
그 무리(其衆)가 '공약·조약'(約)을 '위반하지 않는(不犯)' 것을 확보할 수 있다!

12-14. 子張問政. 子曰: “居之無倦, 行之以忠.”

<table>
<tr><th colspan="2">子張問政.</th><th>子曰:</th><th>“居</th><th>之</th><th>無倦,</th></tr>
<tr><td colspan="2">자장이 정치에 대해 묻다
[자장=전손사(顓孫師)(2-18)][問:(12-10)]</td><td>공자가 말하다</td><td>(동)머물다(7-4)</td><td>(접)~할 때.
시간의 종속절</td><td>(동)나태하지 않다</td></tr>
<tr><td colspan="2">자장(子張)이 정치에 대해 물었다.</td><td>공자가 말했다.</td><td colspan="3">“머물 때 나태하지 않(고) [시간긴축복문(11-14)]</td></tr>
<tr><th>行</th><th>之</th><th>以</th><th>忠.”</th><td colspan="2" rowspan="3"></td></tr>
<tr><td>(동)행하다,
시행하다(12-6)</td><td>(접)~할 때.
시간의 종속절</td><td>(동)사용하다,
쓰다(11-26)</td><td>(명)충(忠)</td></tr>
<tr><td colspan="4">행할 때 충(忠)을 사용한다.” [시간긴축복문(11-14)]</td></tr>
</table>

번역 자장(子張)이 정치에 대해 물었다. 공자가 말했다. “머물 때 나태하지 않(고) 행할 때 충(忠)을 사용한다.”

語法과 語彙

居之無倦 (머물 때 나태하지 않다)

(동사) 나태하지 않다, 귀찮게 생각하지 않다. (不懈怠, 不厭煩) [무권, wújuàn]

→ 忠信無倦, 而天下自來 『荀子·堯問』
충실하고 성실하며(忠信) 나태하지 않으면 천하는 스스로 온다.

居之無倦, 行之以忠 (머물 때 나태하지 않고 행할 때 충(忠)을 사용하다)

(접속사) 동사(구)와 동사(구)를 연결시키고(동사(구)+之+동사(구)) 보통 조건과 시간을 나타내는 종속절을 보여주며 ‘긴축복문’의 형식을 갖고 있다. 다른 수식·한정관계(편정구조<偏正構造>)가 있는지는 더 찾아봐야 한다.

→ 富有之謂大業, 日新之謂盛德, 生生之謂易 『易·繫辭』
완전하게 있으면 대업(大業)이라 하고, 나날이 새로워지면 성덕(盛德)이라 하고, 끊임없이 번식하고 퍼지는 것을 역(易)이라 한다.

→ 愛之欲其生, 惡之欲其死 『論語·顔淵』
사랑하면 그가 살기를 원하고 미워하면 그가 죽기를 원한다.

行之以忠 (행할 때 충(忠)을 사용하다)

(동사) 몸과 마음을 다하다, 정성을 다하고 사심이 없다. (盡心竭力, 忠誠無私)
(명사) 충성. 몸과 마음을 다함, 정성을 다하고 사심이 없음. (盡心竭力, 忠誠無私)
(형용사) 충성스럽다. (盡心竭力, 忠誠無私)

→ 爲人謀而不忠乎? 『論語·學而』
타인을 위해(爲人) 모색한 것이(謀而) 충성스럽지 않았(不忠)는가(乎)?

12-15. 子曰: “君子博學於文, 約之以禮, 亦可以弗畔矣夫!”

子曰:	“君子	博	學	於	文,
공자가 말하다	(명)군자(君子)(11-1)	(형)많다,풍부하다	(동)배우다	(전)동작의 직접대상(1-10)	(명)문헌,책,서적
공자가 말했다.	“군자는 문헌을 많이 배우(고)				
約	**之**	**以**	**禮,**	**亦**	**可以**
(동)제약하다, 절제하다(4-23)	(대)배운 것. 재지시(2-1)	(전)행위도구. ‘~로’(2-1)	(명)예(禮)	(부)~면·~상황에서 ~하다(1-12)	(조동사)~할 수 있다(2-10)
배운 것을 禮로 절제하···				···면	
弗	**畔(道···)**	**矣夫!”**			
(부)동작,행위의 부정(=不)(5-9)	(동)배반하다, 위배하다	(관용구)진술문에서 감탄(6-10)			
1. 위배되지 않을 수 있다!” 2. (道 등을) 위배하지 않을 수 있다!”					

번역 공자가 말했다. “군자는 문헌을 많이 배우고 배운 것을 禮로 절제하면 ‘위배되지 않을 수 있다!(위배하지 않을 수 있다!)”

語法과 語彙

『論語·雍也-27』과 같다.

12-16. 子曰: “君子成人之美, 不成人之惡. 小人反是.”

<table>
<tr><th>子曰:</th><th>“君子</th><th>成</th><th>人</th><th>之</th><th>美,</th></tr>
<tr><td>공자가 말하다</td><td>(명)군자(君子)(11-1)</td><td>(동)이루다
[동→사동]</td><td>(명)타인,
다른사람(7-30)</td><td>(조사)수식,종속관계.~의’(3-2)</td><td>(명)훌륭한 것</td></tr>
<tr><td>공자가 말했다.</td><td colspan="5">“군자(君子)는 타인의 훌륭한 것을 이루게 해주(고)</td></tr>
<tr><th colspan="3">不成人之惡.</th><th>小人</th><th>反</th><th>是.”</th></tr>
<tr><td colspan="3">다른 사람의 나쁜 것을 이루지 못하게 한다
[惡:(형)좋지 않다, 나쁘다(4-9)<악, è>]</td><td>(명)소인(小人)</td><td>(동)뒤바뀌다
[자동→타동]</td><td>(대)재지시.
‘이것’(2-7)</td></tr>
<tr><td colspan="3">타인의 나쁜 것을 이루지 못하게 한다.</td><td colspan="3">소인(小人)은 이것을 뒤바꾼다.”</td></tr>
</table>

번역 공자가 말했다. “군자(君子)는 타인의 훌륭한 것을 이루게 해주고, 타인의 나쁜 것을 이루지 못하게 한다. 소인(小人)은 이것을 뒤바꾼다.”

語法과 語彙

君子成人之美 (군자(君子)가 타인의 훌륭한 것을 이루게 해주다)

(명사) 좋은(훌륭한/고운/아름다운) 사람 또는 사물. (指美好的人或事物)

→ 察美惡, 審別良苦 『管子·宙合』
좋은 것과 나쁜 것을 살피고, ‘훌륭하고 열등한 것(良苦)’을 ‘심사하여 구별하다(審別).’

君子成人之美, 不成人之惡. 小人反是 (군자(君子)가 타인의 훌륭한 것을 이루게 해주고, 타인의 나쁜 것을 이루지 못하게 하다. 소인이 이것을 상반되게 하다)

(명사) 옛날 지위가 낮은 사람을 낮춰 부르는 호칭. 지금은 보통 품격이 낮은 사람을 가리킨다. (古時對地位低下的人的鄙稱. 今泛指品格卑下的人)

→ 子曰: “君子喻於義, 小人喻於利.” 『論語·里仁』
공자가 말했다. “군자는 의를 알고 소인은 이익을 안다.”

→ 君子求諸己, 小人求諸人 『論語·衛靈公』
군자는 그것을(之) 자신‘에게서(於)[諸=之於]’ 구하고, 소인은 그것을(之) 타인‘에게서(於)[諸=之於]’ 구한다.

小人反是 (소인이 이것을 뒤바꾼다)

(동사) 상반되다, 뒤바뀌다; 방향이 서로 ‘배치(背馳)되다(서로 반대로 되어 어그러지거나 어긋나게 되다)’. (顚倒;方向相背. 與“正”相對)

→ 陰在上, 乾在下, 故爲反生 (李鼎祚集解引宋衷曰 -이정조(李鼎祚)가 집해에서 송충(宋衷)을 인용하여 말하다)
음(陰)은 위에 있고 간(乾)은 아래에 있기 때문에 상반되어 자란다.

12-17. 季康子問政於孔子. 孔子對曰: "政者, 正也. 子帥以正, 孰敢不正?"

季康子	問政於孔子.		孔子對曰:	"政	者,
(인명)계강자(2-20)	공자에게 정치에 대해 묻다 [問A於B:A에 대해 묻다 B에게]		공자가 대구하여 말하다	정치	(어기)'주어+者' '판단,서술,묘사'
계강자(季康子)가 공자에게 정치에 대해 물었다.			공자가 대구하며 말했다.	"정치는	
正	**也.**	**子**	**帥**	**以**	**正,**
(동)바로잡다,바로잡아고치다(1-14)	(어기)판단(동사,형용사술어끝)(11-15)	계강자(대)공경표현의 남자(11-24)	(동)이끌다, 인도하다, 선도하다	(전)행위도구. '~로'(2-1)	(동)바로잡고 고치다[동사→명사]
바로잡는 것입니다.		계강자께서 바로잡고 고치는 것으로 이끈다(면) [조건절(1-1)]			
孰	**敢**	**不正?"**			
(의문대)누가,무엇이.'의문,반문'(3-1)	(조동)'敢A'(감히A하다)(6-15)	(형)순수하고 올바르지 않다			
누가 감히 순수하고 올바르지 않겠습니까?"					

번역 계강자(季康子)가 공자에게 정치에 대해 물었다. 공자가 대구하며 말했다. "정치는 바로잡는 것입니다. 계강자께서 정(正)으로(=바로잡고 고침으로) 이끈다면 누가 감히 순수하고 올바르지 않겠습니까?"

語法과 語彙

政<u>者</u>, 正也 (정치는 바로잡는 것이다)

(진술어기사) '者'는 주어 다음에 쓰여 보통 진술과 소개하는 의미를 갖는다. '者'가 나타내는 주어는 흔히 앞의 문장에서 언급하지 않은 것이고 관련 있는 환경에서 처음으로 출현하거나 처음 판단하거나 소개하는 것이다. 이 주어에 대한 것이 판단을 가하는지 서술이나 묘사를 주는지에 대해서는 뒤의 서술어의 몫이다. '者'를 꼭 구체적으로 번역할 필요는 없다. 판단문 주어 다음에 사용될 때에는 서술어는 보통 판단 어기사 '也'를 문미에 쓰고 따라서 우리가 자주 볼 수 있는 '…者, …也'의 판단문형을 만든다. 한편, 진술문 주어 다음에 쓰여서 서술어 문미에 어기사 '也'를 동반하지 않을 수도 있다.

→ 楚左尹項伯<u>者</u>, 項羽季父<u>也</u> 『史記·項羽本紀』
초(楚)나라 좌윤(左尹:관명) 항백(項伯)은 항우(項羽)의 숙부(季父)이다.

→ 師<u>者</u>, 所以傳道受業解惑<u>也</u> (唐·韓愈『師說』)
선생(스승)은 '도리(道)를 전하(傳道)'고 '학업을 주며(受業)' '의혹을 해소해주는(解惑)' '사람이다(=근거이다, 도구이다)'.

→ 北山愚公<u>者</u>, 年且九十 『列子·湯問』
북산(北山)의 우공(愚公)은 나이(年)가 곧 90에 가까워진다(且:將近).

政者, <u>正</u>也 (정치는 바로잡는 것이다)

(동사) 바로잡다, 바로잡아 고치다. (糾正, 匡正)

→ 就有道而正焉 『論語·學而』

도가 있는 곳(有道)에 나아가(就…而) 그것(焉=도 있음, 有道)을 바로잡다(正).

(동사) 단정하게 하다. (使端正)

→ 君子正其衣冠 『論語・堯曰』
군자(君子)가 그의(其) 의관(衣冠)을 단정하게 하다(正).

(동사) 통치하다. (治理)

— [견해]

'政者, 正也. 子帥以正, 孰敢不正?' 이 문장에서 '不正'의 正은 앞에 등장하는 正과 다르다고 보아야 한다. 즉 앞의 것은 '동사'이고 뒤의 것은 '형용사'이고 不正은 '순수하고 올바르지 않다(純正)'의 의미라고 생각한다(『漢語大詞典』 의미항목 참조). 그리고 앞의 正을 동사로 보았을 때 적합한 의미 항목은 상기한 세 개 정도가 될 수 있고, 가능한 해석은 '정치는 바로잡아 고치는 것이다…누가 감히 순수하고 올바르지 않겠는가?', '정치는 단정하게 하는 것이다…누가 감히 순수하고 올바르지 않겠는가?', '정치는 통치하는 것이다…누가 감히 순수하고 올바르지 않겠는가?' 세 가지인데, 이중 가장 자연스러운 의미는 '바로잡아 고치다'가 된다고 본다.

子帥以正 (그대(=계강자)가 바로잡고 고침으로 이끌다)

(동사) 이끌다, 인도하다, 선도하다. (引導, 帶頭) [수, shuài]

→ 我文公帥諸侯及秦圍鄭 『左傳・成公十三年』
우리(我) 문공(文公)은 제후를 이끌고 진(秦)나라는 정(鄭)나라를 포위하다.

孰敢不正? (누가 감히 순수하고 올바르지 않겠는가?)

(형용사) 순수하지 않다, 순수하고 올바르지 않다. (不純正)

→ 予以二酒相和, 味且不正 (明・郎瑛『七修類稿・辯證九・甜酒灰酒』)
나는 두 개의 술로 '서로 잘 조화를 이루고자 하는데(相和:諧調)' 맛이 '오히려(且:倒, 却)' 순수하지 않다.

12-18. 季康子患盜, 問於孔子. 孔子對曰: "苟子之不欲, 雖賞之不竊."

季康子	患盜,	問於孔子.	孔子對曰:	"苟	子
(인명)계강자(2-20)	도둑을 걱정하다	공자에게 묻다 [問於A:(12-10)]	공자가 대구하여 말하다	(접)만약.'가정,조건'(4-4)	계강자.(대)공경표현(11-24)
계강자(季康子)가 도둑이 걱정되(어)		공자에게 물었다.	공자가 대구하여 말했다.	"만약 계강자께서	
之	**不欲,**	**雖**	**賞之**	**不竊."**	
(접)주어+之+서술어(1-10)	(동)욕심내지 않다	(접)'설령~해도' (6 26)	그에게 상을 주다 [之:도둑(?-1)]	(동)훔치지 않다	
욕심을 내지 않으시(면) [조건절(1-1)]		설령 도둑에게 상을 주어도 훔치지 않을 것입니다." [양보긴축복문(11-14)]			

번역 계강자(季康子)가 도둑이 걱정되어 공자에게 물었다. 공자가 대구하여 말했다. "만약 계강자께서 욕심을 내지 않으시면 설령 도둑에게 상을 주어도 훔치지 않을 것입니다."

語法과 語彙

季康子患盜 (계강자(季康子)가 도둑을 걱정하다)

(명사) 재물을 훔치고(=절취<竊取>하고) 빼앗는(搶劫) 사람;도둑. (竊取和搶劫財物的人)[도, dào]

→ 譬諸小人, 其猶穿窬之盜也與? 『論語・陽貨』
그를 소인에게 비유할 수 있고 그(其)는 '벽을 뚫고 들어가는 도둑(穿窬之盜)' 같지 않을까?

苟子之不欲, 雖賞之不竊 (만약 그대가 욕심을 내지 않으면 설령 도둑에게 상을 주어도 훔치지 않다)

(동사) 욕망하다, 어떤 목적에 도달하거나 어떤 것을 얻기 원하다; 욕심내다. (欲望, 想要達到某種目的或得到某種東西)

→ 欲, 貪欲也 『說文・欠部』
욕(欲)은 탐욕(하다)이다.

雖賞之不竊 (설령 도둑에게 상을 주어도 훔치지 않다)

(동사) 훔치다, 도둑질하다. (偷盜) [절, qiè]

→ 今殷民乃攘竊神祇之犧牷牲 『書・微子』
지금(今) 은나라 백성(殷民)이 '하늘신과 땅신(神祇)'의 제사용 온전한 가축(犧牷牲)을 훔친다(攘竊).

12-19. 季康子問政於孔子曰: "如殺無道, 以就有道, 何如?" 孔子對曰: "子爲政, 焉用殺? 子欲善而民善矣. 君子之德風, 小人之德草. 草上之風, 必偃."

<table>
<tr><th>季康子</th><th colspan="2">問政於孔子曰:</th><th>"如</th><th>殺</th><th>無道,</th></tr>
<tr><td>(인명)계강자(2-20)</td><td colspan="2">공자에게 정치에 대해 물으며 말하다
[問A於B:A에 대해 묻다 B에게]</td><td>(접)만약~하면
(7-11)</td><td>죽이다</td><td>무도한 사람
[어휘 참조]</td></tr>
<tr><td>계강자(季康子)가</td><td colspan="2">공자에게 정치에 대해 물으며 말했다.</td><td colspan="3">"만약 정도를 행하지 않는 나쁜 사람을 죽이(고)</td></tr>
<tr><th>以(之)</th><th>就</th><th>有道,</th><th>何如?"</th><th>孔子對曰:</th><th>子</th></tr>
<tr><td>(전)以뒤 재지시之 생략(7-16)</td><td>(동)~로 가다</td><td>정치가 깨끗하다
[형→명(8-13)]</td><td>(관용)어떠한가?
상황,방법(5-4)</td><td>공자가 대구하여 말하다</td><td>계강자.공경표현의 남자(11-24)</td></tr>
<tr><td colspan="3">그것으로 맑고 깨끗한 정치로 간다면 [조건절]</td><td>어떠한가요?"</td><td>공자가 대구하며 말했다.</td><td>"계강자께서</td></tr>
<tr><th>爲政,</th><th>焉</th><th>用</th><th>殺?</th><th>子</th><th>欲</th></tr>
<tr><td>정치를 하다</td><td>(의문부사)반문.
'왜,어떻게'(5-5)</td><td>사용하다, 쓰다</td><td>살인하다
[동사→명사]</td><td>(대)계강자
(11-24)</td><td>(동)원하다(4-5)</td></tr>
<tr><td>정치를 하시(는데/할 때/…)[시간절]</td><td colspan="3">왜 살인을 사용하십니까?</td><td colspan="2">계강자께서</td></tr>
<tr><th>善</th><th>而</th><th>民善</th><th>矣.</th><th>君子之德</th><th>風,</th></tr>
<tr><td>온화하고 선량하다[형용사→명사]</td><td>(접)동작+而+동작:'조건,가정'(4-17)</td><td>백성이 온화하고 선량해지다
[형→동]</td><td>(어기)미래상황에 대한 확신(1-7)</td><td>군자의 덕
[之:수식'의' (3-2)]</td><td>바람</td></tr>
<tr><td colspan="4">온화하고 선량함을 원하시면 백성이 분명히 온화하고 선량해질 것입니다.</td><td colspan="2">군자의 덕은 바람(이고)</td></tr>
<tr><th>小人之德</th><th>草.</th><th>草</th><th>上</th><th>之</th><th>風,</th></tr>
<tr><td>소인의 덕</td><td>풀</td><td>풀</td><td>위</td><td>(조사)수식,종속관계.~의' (3-2)</td><td>바람</td></tr>
<tr><td colspan="2">소인의 덕은 풀입니다.</td><td colspan="4">풀 위의 바람(은)</td></tr>
<tr><th>必</th><th colspan="2">偃(草)."</th><td colspan="3" rowspan="3"></td></tr>
<tr><td>(부)꼭,반드시,분명히(6-30)</td><td colspan="2">(풀을) 쓰러뜨리다
[偃:비나 바람 따위에 쓰러지다]</td></tr>
<tr><td colspan="3">반드시 (풀을) 쓰러뜨립니다."</td></tr>
</table>

번역 계강자(季康子)가 공자에게 정치에 대해 물으며 말했다. "만약 정도를 행하지 않는 나쁜 사람을 죽이고 그것으로 맑고 깨끗한 정치로 간다면 어떠한가요?" 공자가 대구하며 말했다. "계강자께서 정치를 하시는데 왜 살인을 사용하십니까? 계강자께서 온화하고 선량함을 원하시면 백성이 분명히 온화하고 선량해질 겁니다. 군자의 덕은 바람이고 소인의 덕은 풀입니다. 풀 위의 바람은 반드시 풀을 쓰러뜨립니다."

語法과 語彙

如殺無道, 以就有道, 何如? (만약 정도를 행하지 않는 나쁜 사람을 죽이고 그것으로 맑고 깨끗한 정치로 간다면 어떠한가?)

(명사) 정도를 행하지 않는 나쁜 사람 또는 폭군; 무도한 사람. (指不行正道的壞人或暴君)

→ 誅滅無道, 一朞之間, 天下大定 『後漢書·馮衍傳上』
무도한 사람(=정도를 행하지 않는 나쁜 사람, 폭군)을 '죽여 없애니(誅滅)' '일시에(一朞:一時)' 천하가 크게 안정되다.

— [견해]

본 장에 등장하는 '무도(無道)'와 '유도(有道)'는 상반된 의미로 상응된다고 볼 수 있다. 이 문장은 '정치란 무엇인가?'를 묻는 것이기 때문에 '유도(有道)'의 의미는 '맑고 깨끗한 정치(8-13)'가 적합하다. 그럼 '무도(無道)'는 이에 상응하여 '폭압.학정(虐政, tyranny:가혹한 정치)', '불의(不義, injustice)'가 될 수 있다. 『漢語大詞典』에 기재된 의미항목 중에서 이 의미에 해당하는 것은 '사회와 정치의 분란, 어두움(指社會政治紛亂, 黑暗)' 정도가 될 수 있다. 하지만 뒤에 등장하는 '왜 살인을 사용하는가?(焉用殺?)' 문장을 고려하면 '학정(tyranny), 불의(injustice)'의 의미보다는 상기한 대로 '무도한 사람'이 더 적합하다고 본다.

如殺無道, 以就有道, 何如? (만약 정도를 행하지 않는 나쁜 사람을 죽이고 그것으로 맑고 깨끗한 정치로 간다면 어떠한가?)

(동사) ~로 향하다, ~로 기울어지다; ~로 가다. (趨向 ; 往…去)

→ 水流濕, 火就燥 『易·乾』
물은 습한 곳으로 흐르고 불은 건조한 곳으로 간다.

子欲善而民善矣 (그대가 온화하고 선량함을 원한다면 백성이 분명히 온화하고 선량해질 거다)

(형용사) 온화하고 선량하다, 자비롭다. (和善, 慈善)

→ 善氣迎人, 親如兄弟;惡氣迎人, 害於戈兵 『管子·心術下』
온화하고 선량한 기분(善氣)으로 사람을 맞이하(迎人)면 친밀함이 형제와 같다(親如兄弟) ; 나쁜 기분(惡氣)으로 사람을 맞이하(迎人)면 무기보다 해롭다(害於戈兵).

草上之風, 必偃 (풀 위의 바람은 반드시 풀을 쓰러지게 한다)

(동사) 비나 바람 따위에 쓰러지다(=도복<倒伏>하다) (倒伏) [언, yǎn]

→ 雨鳴樹偃 (明·袁宏道『徐文長傳』)
빗소리가 울면 나무가 눕는다.

12-20. 子張問: "士何如斯可謂之達矣?" 子曰: "何哉, 爾所謂達者?" 子張對曰: "在邦必聞, 在家必聞." 子曰: "是聞也, 非達也. 夫達也者, 質直而好義, 察言而觀色, 慮以下人.在邦必達, 在家必達. 夫聞也者, 色取仁而行違, 居之不疑. 在邦必聞, 在家必聞."

子張問:	"士	何如	斯	可謂	之
자장이 묻다 [子張:(2-18)]	(명)지식인.선비 (8-7)	(관용구)어떠한가? 상황,방법(5-4)	(접)유연한 이어짐'~면~하다'(4-7)	(동)그렇다고 말할 수 있다(1-11)	선비 [之:(대)재지시(2-1)]
자장(子張)이 물었다.	"선비는 어떠하면 '잘 안다'라고 말할 수 있는가요?"				
達	**矣?"**	**子曰:**	**"何**	**哉,**	**爾**
(동)잘 알다 (10-16)	(어기)의문어기사	공자가 말하다	(의문대명사) 무엇인가?	(의문어기사) (11-26)	(대)너.너희들.당신 (5-12)
		공자가 말했다.	"무엇이냐?		네가
所…(A者)	**謂達**	**(所A)…者?"**	**子張對曰:**	**"在**	**邦**
A라는 것	잘 안다고 말할 수 있다	A라는 것	자장이 대구하며 말하다	(전)~에서(7-13)	제후가 왕에게 받은 나라(12-2)
'잘 안다(=잘 아는 사람)'라고 말할 수 있는 것(은)?"			자장이 대구하며 말했다.	"제후의 나라에서	
必	**聞,**	**在家必聞."**		**子曰:**	**"是**
(부)꼭,반드시,분명히(6-30)	(동)이름을 날리다	(경대부의) 집에서 반드시 이름을 날리다		공자가 말하다	(대)재지시. '이것'(2-7)
반드시 이름을 날리는 것이(며)		경대부의 집에서 반드시 이름을 날리는 것입니다."		공자가 말했다.	"이것(은)
聞	**也,**	**非**	**達**	**也.**	**夫**
이름을 날리다	(어기)멈춤, 완만(3-1)	(부)부정표시.'동사,형용사앞'(5-1)	(동)잘 알다 (10-16)	(어기)판단(동사,형용사술어끝)(11-15)	(조)문두에서 판단, 의견토로(6-30)
이름을 날리는 것이(지)		잘 아는 것이 아니다.			
達也者,		**質直**	**而**	**好義,**	**察言**
잘 안다고 하는 것 [也者(조사)제시(1-2)]		(형)소박하고 정직하다	(접)점층.'게다가,또한'(1-14)	의(義)를 좋아하다	(동)말을 면밀히 살피다
잘 안다고 하는 것(은)		소박하고 정직하며 게다가 義를 좋아하(고),			말을 면밀히 살피(고)
觀色,	**慮**	**以(之)**	**下人.**		**(然則)在邦**
(동)안색을 자세히 살펴보다	(동)생각하다, 고려하다	이것으로[以:(전)행위도구(2-1)]	(동)다른 사람 아래에 있다; 타인에게 겸양하다		(이러하면) 제후의 나라에서
안색을 자세히 살피(어)	이러한 것들로 다른 사람 아래에 있다고 생각하는 것이다.				(이러하면) 제후의 나라에서
必達,	**在家必達.**		**夫聞也者,**	**色**	**取仁**
반드시 잘 알다	경대부의 집에서 반드시 잘 알다		이름을 날린다는 것	(명)안색,표정(2-8)	仁을 가지다
반드시 잘 알(고)	경대부의 집에서 반드시 잘 안다.		이름을 날린다는 것(은)	안색은 仁을 갖고 있지…	

而	行違,	居	之	不疑.	(然則)在邦
(접)전환. '그러나'(1-1)	(동)도리에 맞지 않다	(동)머물다(7-4)	(접)~할 때. 시간의 종속절(12-14)	의심하지 않다	(이러하면) 제후의 나라에서
…만 도리에 맞지 않(고)		머물 때(도) 의심하지 않는 것이다. [仁한 안색을 하고 도리에 맞지 않는 행위를 하더라도 잘못한 것을 모르는 것]			(이러하면) 제후의 나라에서
必聞,	**在家必聞."**				
반드시 이름을 날리다	경대부의 집에서 반드시 이름을 날리다				
반드시 이름을 날리(고)	경대부의 집에서 반드시 이름을 날린다." [부정적인 명성으로 보인다]				

번역 자장(子張)이 물었다. "선비는 어떠하면 '잘 안다(=잘 아는 사람)'라고 할 수 있는가요?" 공자가 말했다. "무엇이냐? 네가 '잘 안다(=잘 아는 사람)'라고 말할 수 있는 것은?" 자장이 대구하며 말했다. "제후의 나라에서 반드시 이름을 날리는 것이며 경대부의 집에서 반드시 이름을 날리는 것입니다." 공자가 말했다. "이것은 이름을 날리는 것이지 잘 아는 것이 아니다. 잘 안다고 하는 것은 소박하고 정직하며 게다가 義를 좋아하고 말을 면밀히 살피고 안색을 자세히 살피어 이러한 것들로 다른 사람 아래에 있다고 생각하는 것이다. 이러하면 제후의 나라에서 반드시 잘 알고 경대부의 집에서 반드시 잘 안다. 이름을 날린다는 것은 안색은 仁을 갖고 있지만 도리에 맞지 않고, 머물 때도 의심하지 않는 것이다. 이러하면 제후의 나라에서 반드시 이름을 날리고 경대부의 집에서 반드시 이름을 날린다."

語法과 語彙

士何如斯可謂之達矣? (선비는 어떠하면 '잘 안다(=잘 아는 사람)'라고 할 수 있는가?)

(의문어기사) 특히 의문문 문미에 쓰이고 서술어 앞에는 보통 의문사 '誰, 幾' 등이 있어 의문문의 주요 표지가 된다. (呀, 嗎, 啦)

→ 是必立, 非必廢, 有功必賞, 有罪必誅, 若是, 安治矣? 未也 『管子・七友』
옳으면(是) 반드시 채용되(必立)고 틀리면(非) 반드시 폐기되며(必廢) 공로가 있으면(有功) 반드시 상을 받고 죄가 있으면(有罪) 반드시 벌을 받는 것, '이와 같으면(若是)' (국가는) 잘 다스려졌을까? 그렇지 않았다.

→ 平原君曰: "先生處勝之門下幾年於此矣?" 毛遂曰: "三年於此矣" 『史記・平原君虞卿列傳』
평원군이 말하다. "선생은 나(處勝)의 문하에서 몇 년 여기에 있었지요?" 모수(毛遂)가 말하다. "3년 동안 여기에 있었습니다."

何哉, 爾所謂達者? (무엇인가? 네가 '잘 안다(=잘 아는 사람)'라고 말할 수 있는 것은?)

(의문대명사) 문중에서 서술어가 되며 보통 단독으로 의문문을 구성한다. 보통 원인이나 상황에 대한 의문을 나타내고 뒤에는 자주 어기사 '也, 者, 哉' 등과 어울리어 의문문의 어기를 강조한다. '무엇인가?, 왜인가?, 어떠한가?' 등으로 번역될 수 있다. (甚麼, 爲甚麼呢, 怎麼樣呢)

→ 走出門者何? 白馬也? 『韓非子・內儲說上』
문밖으로 나간 것이 무엇이지? 백마인가?

在邦必聞, 在家必聞 (제후의 나라에서 반드시 이름을 날리고 경대부의 집에서 반드시 이름을 날리다)

(동사) 유명해지다, 이름을 날리다. (聞名 出名)

→ 以勇氣聞於諸侯 『史記·廉頗藺相如列傳』
용기로 제후들에게 이름을 날리다(유명해지다).

質直而好義 (소박하고 정직하며 게다가 義를 좋아하다)

(형용사) 소박하고(성실함 포함) 정직하다. (朴實正值)

察言而觀色 (말을 면밀히 살피고 안색을 자세히 살피다)

(동사) 말을 면밀히 살피다. (審査言論)

察言而觀色 (말을 면밀히 살피고 안색을 자세히 살피다)

(동사) 안색을 자세히 살펴보다. (觀察顔色)

慮以下人 (이것으로 다른 사람 아래에 있다고 생각하다)

(동사) 생각하다, 고려하다, 숙고하다. (思考 ; 考慮) [려, lǜ]
(명사) 생각, 고려, 사고, 숙고. (思考 ; 考慮) [려, lǜ]

→ 人無遠慮必有近憂 『論語·衛靈公』
사람이 멀리 있는 생각이 없으면 반드시 가까이 있는 걱정이 있다.

慮以下人 (이것으로 다른 사람 아래에 있다고 생각하다)

(동사) 다른 사람 뒤에 있다; 다른 사람에게 '겸손한 태도로 사양하거나 양보하다(=겸양하다)'. (居於人之後;對人謙讓) 『漢語大詞典』
(동사) 다른 사람 아래에 있다. (處於別人之下) (陳曉芬, 2016)

→ 這四句詩, 奉勸世人虛己下人, 勿得自满 (宋·王安石『警世通言·王安石三難蘇學士』)
이 네 개의 시 구절은 세상 사람들에게 자신을 겸허하게 하고 '다른 사람 아래에 있기(下人)'를 '권고하여(奉勸)' 자만하면 안 된다는 것이다.

色取仁而行違 (안색은 仁을 갖고 있지만 도리에 맞지 않다)

(동사) (성격·언어·행동이) 도리에 맞지 않다. 비뚤어지다. (行爲乖戾)

→ 我之主翁行違多不循道理 (宋·王明清『投轄錄』)
나의 '주인(主翁)'은 도리에 맞지 않는 게 많고 '도리를 준수하지 않는다(不循)'.

12-21. 樊遲從遊於舞雩之下, 曰: “敢問崇德, 脩慝, 辨惑.” 子曰: “善哉問! 先事後得, 非崇德與? 攻其惡, 無攻人之惡, 非脩慝與? 一朝之忿忘其身以及其親, 非惑與?”

<table>
<tr><th>樊遲</th><th>從(子)</th><th>遊</th><th>於…(A之下)</th><th>舞雩</th><th>(於A)…之下,</th></tr>
<tr><td>(인명)번지(樊遲)
(2-5)</td><td>(동)따르다,
따라가다(3-23)</td><td>(동)유람하다</td><td>A아래에서
[於:(전)(3-13)]</td><td>(지명)무우(舞雩)
(11-26)</td><td>A아래에서
[於:(전)(3-13)]</td></tr>
<tr><td colspan="6">번지((樊遲)가 공자를 따라가 무우(舞雩) 아래에서 유람(할 때) [시간절(1-1)]</td></tr>
<tr><th>曰:</th><th>“敢</th><th>問</th><th colspan="2">崇德,</th><th>脩慝,</th></tr>
<tr><td>(동)말하다</td><td>(조동)외람되게~하다(5-9)</td><td>(명)묻다</td><td colspan="2">(동사)도덕을 가득 채우고 흥성하게 하다
(12-10)</td><td>(동)잘못을 바로잡다</td></tr>
<tr><td>말했다.</td><td colspan="4">“도덕을 가득 채우고 흥성하게 하는 것(=숭덕<崇德>),</td><td>잘못을 바로 잡는 것,</td></tr>
<tr><th colspan="2">辨惑.”</th><th>子曰:</th><th>“善</th><th>哉</th><th>問!</th></tr>
<tr><td colspan="2">(동)의혹·의심을 분별하다·없애다’
(12-10)</td><td>공자가 말하다</td><td>(형)뛰어나다,
훌륭하다(3-25)</td><td>(어기)감탄.‘문중’
(3-4)</td><td>(명)질문</td></tr>
<tr><td colspan="2">의혹을 분별하는 것을 묻겠습니다.”</td><td>공자가 말했다.</td><td colspan="3">“훌륭하구나! 질문이!”</td></tr>
<tr><th>先事</th><th>後得,</th><th>非…(A與)?</th><th colspan="2">崇德</th><th>(非A)…與?</th></tr>
<tr><td>일을 먼저 하다</td><td>얻는 것을 나중으로 하다</td><td>A가 아니겠는가?</td><td colspan="2">(동사)도덕을 가득 채우고 흥성하게 하다
(12-10)</td><td>A가 아니겠는가?
(어기)반문</td></tr>
<tr><td colspan="2">“일을 먼저하(고) 얻는 것을 나중으로 하(는 것이) [주어][병렬긴축문(11-14)]</td><td colspan="4">도덕을 가득 채우고 흥성하게 하는 것이 아니겠느냐?</td></tr>
<tr><th>攻</th><th>其</th><th>惡,</th><th>無攻</th><th>人之惡,</th><th>非脩慝與?</th></tr>
<tr><td>(동)지적하다,
비난하다(11-17)</td><td>(대)나의(1-7)</td><td>(형)나쁘다
[형→명](4-9)</td><td>비난하지 않다
[功(11-17)]</td><td>다른 사람의 나쁜 것[之: ‘의’(3-2)]</td><td>잘못을 바로 잡는 것이 아니겠는가?</td></tr>
<tr><td colspan="3">나의 나쁜 것을 비난하(고)</td><td colspan="2">다른 사람의 나쁜 것을 비난하지 않는
(것이)</td><td>잘못을 바로 잡는 것이 아니겠느냐?</td></tr>
<tr><th>一朝</th><th>之</th><th>忿</th><th>忘</th><th>其</th><th>身</th></tr>
<tr><td>(명)하루아침,
어느 아침</td><td>(조사)수식,종속관계.~의’ (3-2)</td><td>(명)분노, 원망</td><td>(동)잊다
[동→사동]</td><td>자기의
[(대)나의(1-7)]</td><td>(명)신분, 지위</td></tr>
<tr><td colspan="6">하루아침의 분노는 자신의 신분과…</td></tr>
<tr><th colspan="2">以及</th><th>其親,</th><th colspan="2">非惑與?”</th><td rowspan="3"></td></tr>
<tr><td colspan="2">(전)시간, 범위의 확대.
‘AB 以及C:AB 그리고 C까지‘</td><td>자기 부모</td><td colspan="2">의심스럽지 않겠는가?</td></tr>
<tr><td colspan="3">자신의 부모까지 잊게 하(니)</td><td colspan="2">의심스럽지 않겠느냐?”</td></tr>
</table>

번역 번지((樊遲)가 공자를 따라가 무우(舞雩) 아래에서 유람할 때 말했다. “도덕을 가득 채우고 흥성하게 하는 것, 잘못을 바로 잡는 것, 의혹을 분별하는 것을 묻겠습니다.” 공자가 말했다. “훌륭하구나! 질문이!” “일을 먼저하고 얻는 것을 나중으로 하는 것이 도덕을 가득 채우고 흥성하게 하는 것이 아니겠느냐? 나의 나쁜 것을 비난하고 다른 사람의 나쁜 것을 비난하지 않는 것이 잘못을 바로 잡는 것이 아니겠느냐? 하루아침의 분노로 자신의 신분과 자신의 부모까지 잊으니 의심스럽지 않겠느냐?

語法과 語彙

樊遲從遊於舞雩之下 (번지((樊遲)가 따라가 무우(舞雩) 아래에서 유람하다)

(명사) 돌아다니며 놀다, 유람하다. (游玩, 游覽)

→ 屈原既放, 遊於江潭 『楚辭·漁父』
굴원은 이미 추방되어 강변(江潭<강담, jiāngtán>:江邊)에서 유람한다.

敢問崇德, 脩慝, 辨惑 (도덕을 가득 채우고 흥성하게 하는 것, 잘못을 바로 잡는 것, 의혹을 분별하는 것을 묻겠습니다)

(동사) 잘못을 '고치다/바로잡다'. (謂改正過錯) [수특, xiūtè]

→ 劉基聞而喜其善脩慝也 (明·劉基『醒齋銘序』)
유기(劉基)는 그가 잘못을 바로잡기를 잘한다는 걸 듣고 좋아한다.

先事後得 (그 일을 먼저하고 얻는 것을 나중으로 하다)

(동사) 그 일을 먼저 하다. (謂先行其事)

非崇德與? (도덕을 가득 채우고 흥성하게 하는 것이 아니겠는가?)

(부사) 앞 문장의 의견이나 방법에 대한 부정을 나타내는 것으로 '非'는 단독으로 서술어가 될 수 있거나 단독으로 문장이 될 수 있다. 그리고 때로는 어기사 '也, 與' 등과 함께 연이어 쓰일 수 있다. '그렇지 않다' 등으로 번역될 수 있다.

→ 今曰: '性善', 然則彼皆非'歟(=與)'? 『孟子·告子上』
지금 '본성이 착하다고' 말하는데, 그럼 그들 모두 그렇지 않은가?

→ 田忌曰: "賞罰者, 兵之急者耶?" 孫子曰: "非" 『孫臏兵法·威王問』
전기(田忌)가 말하다. "상과 벌은 용병의 긴요한 것인가?" 손자가 말하다. "아니다."

— [견해]

본문의 통사구조를 '非A與?'로 볼 경우 'A가 아니겠는가?'로 번역할 수 있다.

非崇德與? (도덕을 가득 채우고 흥성하게 하는 것이 아니겠는가?)

(반문어기사) 반문 의문문 문미에 쓰여 문맥과 어울려 반문의 어기를 보여 준다. 문장에서 자주 '況', '豈', '唯' 등의 단어와 어울린다. (嗎, 呢)

→ 利害之際, 豈不甚明歟(=與)? (宋·蘇軾『教戰守策』)
이득과 손해의 경계가 설마 매우 분명하지 않겠는가?

一朝之忿 (하루아침의 분노)

(명사) 하루아침, 어느 아침. (一個早晨)

一朝之忿 (하루아침의 분노)

(동사, 명사) 분노(하다); 원망(하다). (忿怒 ; 恨) [분, fèn]

→ 各懲其忿, 以相宥也 『左傳·成公三年』
각자 자기의 분노를 '경계하여 멈추고(懲<징, chéng>:戒止)' 이것으로 서로 '이해하다(宥<유, yòu>).'

忘其身以及其親 (자신의 신분과 자신의 부모까지 잊다)

(명사) 신분, 지위. (身份 ; 地位)

一朝之忿忘其身以及其親, 非惑與? (하루아침의 분노가 자신의 신분과 자신의 부모까지 잊게 하니 의심스럽지 않겠는가?)

(접속사) 시간, 범위의 확대를 나타내고 '以至', '以至於'와 같다. (表示在時間、範圍上的延伸. 猶言以至, 以至於)

→ 愛始夫婦, 以及君臣 (晉·張華『女史箴』)
애정은 부부 그리고 군신까지 '관리한다(始)'.

(접속사) 병렬의 단어, 구, 단문을 연결한다. (連接并列的詞、詞組或短句)

→ 婚冠既畢, 僉令昆弟輩取六經子史, 以及稗官野乘, 皆以耳授 (清·周亮工『書影』卷三)
혼례와 관례(婚冠:婚禮和冠禮)이 이미 끝나고 형제(昆弟<곤제, kūndì>)가 있는 사람들(輩)에게 육경(六經)과 자와 사(子史)를 꺼내게(取:拿出) 하고 소관(稗官<패관, bàiguān>:小官 나중에 소설가로 칭함)은 '야사까지 들려주니(野乘<야승, yěchéng>:野史. 동사로 쓰인 것 같다)' 모두 귀로 주어 듣는다.

12-22. 樊遲問仁. 子曰: "愛人." 問知.子曰: "知人." 樊遲未達. 子曰: "擧直錯諸枉, 能使枉者直." 樊遲退, 見子夏曰: "鄉也吾見於夫子而問知, 子曰: '擧直錯諸枉, 能使枉者直', 何謂也?" 子夏曰: "富哉言乎! 舜有天下, 選於衆, 擧皐陶, 不仁者遠矣. 湯有天下, 選於衆, 擧伊尹, 不仁者遠矣."

樊遲	問仁.	子曰:	"愛人."	問知.	
(인명)번지(樊遲)(2-5)	인(仁)에 대하여 묻다[問:(12-10)]	공자가 말하다	사람을 사랑하다	안다는 것에 대해 묻다[지(知)는 뒤의 대답으로 명사 보다는 동명사가 더 적합]	
번지(樊遲)가 仁에 대하여 물었다.		공자가 말했다.	"사람을 사랑하는 것이다."	안다는 것에 대해 물었다.	
子曰:	**"知人."**	**樊遲**	**未**	**達.**	**子曰:**
공자가 말하다	사람을 알다	(인명)번지(樊遲)(2-5)	未:(부사)아직~않다(3-25)	(동)잘 알다(10-16)	공자가 말하다
공자가 말했다.	"사람을 아는 것이다."	번지가 잘 알지 못했다(=이해가 잘 가지 않았다)			공자가 말했다.
"擧	**直**	**錯**	**諸**	**枉,**	**能**
(동)들다	(형)정직하다(2-19)[형→명]	(동)놓다, 두다	(겸사)之와 於의 합음사	정직하지 않다(2-19)[형→명]	(조동사)~할 수 있다(1-7)
"정직한 사람을 들어 정직하지 않은 사람에게 놓(으면) [가정절(1-1)]					
使枉者直."		**樊遲**	**退,**	**見子夏曰:**	**"鄉**
정직하지 않은 사람을 정직하게 하다		(인명)번지(樊遲)(2-5)	(동)떠나다, 떠나게하다(2-9)	자하를 만나 말하다	(부)이전에,과거에
정직하지 않은 사람을 정직하게 할 수 있다."		번지가 떠난(뒤, 다음, 후…) [시간절]		자하를 만나서 말했다.	"이전에
也	**吾見於夫子**		**而**	**問知,**	**子曰:**
(어기)멈춤,완만(3-1)	내가 선생님(夫子)을 만나다 [於:(전)동작의 직접대상(1-10)]		(접)동작의 선후. '~다음'(6-15)	안다는 것을 묻다	공자가 말하다
… 내가 선생님을 만나 안다는 것에 대해 물었(을 때/물었는데/…) [번지는 공자 46세 연하, 자하는 44세 연하] [시간절]					선생님께서 말씀하셨다.
'擧直錯諸枉, 能使枉者直',			**何謂**	**也?"**	**子夏**
정직한 사람을 들어 정직하지 않은 사람에게 놓으면 정직하지 않은 사람을 정직하게 할 수 있다			(관용)'무슨 말인가?(2-5)	(어기)의문(2-5)	(인명)자하(1-7)
'정직한 사람을 들어 정직하지 않은 사람에게 놓으면 정직하지 않은 사람을 정직하게 할 수 있다'			무슨 말인가?"		자하가
曰:	**"富**	**哉**	**言**	**乎!**	**舜**
말하다	(형)모두 갖추다, 완전하다	(어기)감탄. '문중'(3-4)	(명)말	(어기)감탄,비분,찬송(3-14)	(인명)순임금(8-18)
말했다.	"완전하구나! 말씀이!				순임금(은)
有天下,	**選**	**於衆,**	**擧**	**皐陶,**	**不仁者**
천하를 손에 넣다	(동)고르다, 선택하다	무리에서 [於:(전) 출현 범위(1-14)]	(동)추천하다, 선발하다(2-20)	(인명)고요(순임금 신하)	仁하지 않은 사람
천하를 손에 넣(은 다음)	무리에서 고를 (때)[시간절(1-1)]		고요(皐陶)를 선발하(여)		仁하지 않은 사람이

遠	矣.	湯	有天下,	選於衆,	擧
(형)멀다 [형용사→동사]	(어기)'이미 그렇다' (3-24)	(인명)탕임금	천하를 손에 넣다	무리에서 고르다	(동)추천하다, 선발하다(2-20)
멀어졌다.		탕(湯)임금은 천하를 손에 넣(은 다음)		무리에서 고를 (때) [시간절]	

伊尹,	不仁者遠矣."
(인명)이윤;탕임금 때 재상	仁하지 않은 사람이 멀어졌다.
이윤(伊尹)을 선발하(여)	仁하지 않은 사람이 멀어졌다."

번역 번지(樊遲)가 인(仁)에 대하여 물었다. 공자가 말했다. "사람을 사랑하는 것이다." 안다는 것에 대해 물었다. 공자가 말했다. "사람을 아는 것이다." 번지가 잘 알지 못했다. 공자가 말했다. "정직한 사람을 들어 정직하지 않은 사람에게 놓으면 정직하지 않은 사람을 정직하게 할 수 있다." 번지가 떠난 뒤 자하를 만나서 말했다. "이전에 내가 선생님을 만나 안다는 것에 대해 물었을 때 선생님께서 말씀하셨다. '정직한 사람을 들어 정직하지 않은 사람에게 놓으면 정직하지 않은 사람을 정직하게 할 수 있다' 무슨 말인가?" 자하가 말했다. "완전하구나! 말씀이! 순임금은 천하를 손에 넣은 다음 무리에서 고를 때, 고요(皐陶<gāotáo>)를 선발하여 仁하지 않은 사람이 멀어졌다. 탕(湯)임금은 천하를 손에 넣은 다음 무리에서 고를 때, 이윤(伊尹<yīyǐn>)을 선발하여 仁하지 않은 사람이 멀어졌다."

語法과 語彙

鄕也吾見於夫子而問知 (이전에 내가 선생님을 만나 안다는 것에 대해 물었다)

(부사) 이전에, 과거에, 지난 날. (先時, 往日, 過去)

→ 臣鄕論蓋國家事 『宋史·範仲淹傳』
제가(臣) 이전에(鄕) 어떤(蓋:何) 국가의 일을 말했습니다.

富哉言乎! (완전하다! 말이!)

(형용사) 완비되어 있다, 모두 갖추다, 완전하다. (完備)

→ 富有之謂大業, 日新之謂盛德, 生生之謂易 『易·繫辭』
완전하게 있으면 대업(大業)이라 하고, 나날이 새로워지면 성덕(盛德)이라 하고, 끊임없이 번식하고 퍼지는 것을 역(易)이라 한다.

舜有天下 (순임금이 천하를 손에 넣다)

(동사) 가지다, 손에 넣다. (取, 獲得)

→ 昔者彌子瑕有寵於衛君 『韓非子·說難』
옛날에 미자하(彌子瑕<mízǐxiá>)가 위나라 왕에게 총애를 얻었다.

12-23. 子貢問友. 子曰: “忠告而善道之, 不可則止, 毋自辱焉.”

<table>
<tr><th>子貢</th><th>問友.</th><th>子曰:</th><th>“忠告</th><th>而</th></tr>
<tr><td>(인명)자공=사(賜)(1-10)</td><td>친구에 대해 묻다
[問A:A에 대해 묻다(12-10)]</td><td>공자가 말하다</td><td>(동)진실하게 권고하다;충고하다</td><td>(접)병렬.
‘그리고’(7-1)</td></tr>
<tr><td colspan="2">자공(子貢)이 친구에 대해 물었다.</td><td>공자가 말했다.</td><td colspan="2">“그(=친구)에게 진실하게 충고하고</td></tr>
<tr><th>善道</th><th>之,</th><th>不可</th><th>則</th><th>止,</th></tr>
<tr><td>(동)잘 ‘권유하다/이끌다’</td><td>(대)사람,사건,사물,1/2/3인칭(1-10)</td><td>(관용)~할 수 없다(8-6)</td><td>(접)조건+則+결과(1-6)</td><td>(동)멈추다,
그만두다(9-21)</td></tr>
<tr><td colspan="2">잘 권유(하지만)</td><td colspan="3">가능하지 않으면 그만두(고)</td></tr>
<tr><th colspan="3">毋自辱</th><th colspan="2">焉.”</th></tr>
<tr><td colspan="3">자신에게 모욕을 주지 마라 [毋:(부)금지,권고,부탁,격려(9-25)][辱:(동)모욕주다,치욕주다(4-26)][毋自辱:부정문 목적어 전치로 ‘부정부사+목적어+동사’ 통사]</td><td colspan="2">(겸사)於+是/之‘~에 의하여(6-7)</td></tr>
<tr><td colspan="5">친구에게 진실하게 권고하는 것으로 ‘자신에게 모욕을 주지마라(=자신을 욕보이지마라).”</td></tr>
</table>

번역 자공(子貢)이 친구에 대해 물었다. 공자가 말했다. “친구에게 진실하게 충고하고 잘 권유하지만 가능하지 않으면 그만두고 그렇게 하는 것(=친구에게 진실하게 권고하는 것)으로 자신에게 모욕을 주지마라.”

語法과 語彙

忠告而善道之 (그에게 진실하게 충고하고 잘 권유하다)

(동사) 진실하게 권고(=어떤 일을 하도록 권함)하다;충고하다. (真誠勸告)

→ 當竭盡智謀, 忠告善道 (明·方孝孺『豫讓論』)
마땅히(當) ‘지혜와 책략(智謀)’를 ‘다하고(竭盡)’ 진실하게 권고하(忠告)고 잘 이끌다.

忠告而善道之 (그에게 진실하고 충고하고 잘 권유하다)

(동사) 잘 ‘권유하다/이끌다’. (善加誘導)

→ “忠告而善道之, 不可則止.” 陸德明譯文 : “道, 導也.” 「陸德明譯文」
“그에게 진실하게 권고하고 잘 권유하지만 가능하지 않으면 그만두다.” 육덕명의 번역문 : “도(道)는 이끌다(導)이다.”

12-24. 曾子曰: "君子以文會友, 以友輔仁."

<table>
<tr><th>曾子曰:</th><th>"君子</th><th>以</th><th>文</th><th>會</th><th>友,</th></tr>
<tr><td>증자가 말하다[曾子:(1-4)]</td><td>(명)군자(君子)(11-1)</td><td>(전)행위도구. '~로'(2-1)</td><td>(명)문헌,책,서적(6-27)</td><td>(동)모으다</td><td>(명)친구</td></tr>
<tr><td>증자(曾子)가 말했다.</td><td colspan="5">"군자는 책으로 친구를 모으(고)</td></tr>
<tr><th colspan="2">以</th><th>友</th><th>輔仁."</th><td colspan="2" rowspan="3"></td></tr>
<tr><td colspan="2">(조)동작조건·근거·신분.'~에 의지하여,~의 신분으로써, ~에 따라'(8-5)</td><td>(명)친구</td><td>(동)인덕(仁德)을 배양하다</td></tr>
<tr><td colspan="4">친구에 의지하여 인덕(仁德)을 배양한다."</td></tr>
</table>

번역 증자(曾子)가 말했다. "군자는 책으로 친구를 모으고 친구에 의지하여 인덕(仁德)을 배양한다."

語法과 語彙

君子以文會友 (군자가 책으로 친구를 모으다)

(동사) 모이다, 모으다. (會合, 聚合)

→ 雷、夏既澤, 灉、沮會同 『書·禹貢』
뢰(雷)와 하(夏)는 못에 '이르고(既)' 옹(灉<yōng>)과 저(沮<jǔ>)는 모여서 합쳐지다.

以友輔仁 (친구에 의지하여 인덕(仁德)을 배양하다)

(동사) 인덕을 배양하다. (謂培養仁德)

→ 良友結則輔仁之道弘矣 (晉·葛洪『抱朴子』)
좋은 친구들이 합치면(良友結則) 보인(輔仁:인덕을 배양하다)의 도가 '컸었다(弘矣)'.

以友輔仁 (친구에 의지하여 인덕(仁德)을 배양하다)

(도구전치사) 동작, 행위가 의지하여 진행하는 조건이나 근거 또는 행위자가 동작을 할 때의 신분 등을 나타낸다. '~에 의지하여, ~의 신분으로써, ~에 따라, ~에 의거하여' 등으로 번역될 수 있다. (工具助辭:可譯爲'根據、用、按照、憑借或以身份'等)

→ 翌日, 以資政殿學士行 (宋·文天祥『指南錄·後序』)
다음 날(翌日<익일, yìrì>) 자정전학사(資政殿學士)로(=신분으로) 가다.

→ 有道之士, 貴以近求遠, 以今知古, 以所見知所不見 『吕氏春秋·察今』
일의 이치를 아는 사람(有道之士)은 귀중하게도 '가까운 것에 의거하여(以(=根據)近)' 먼 것을 알고 '지금에 의거하여(以今)' 옛것을 알고 '보이는 것에 의거하여(以所見)' 안 보이는 것을 안다.

→ 許子以釜甑爨, 以鐵耕乎? 『孟子·藤文公上』

허자(許子)는 솥과 시루(甑, 쪄서 먹는 용도의 그릇)로(以釜甑) 음식을 하고(爨) 철제 농기구로(以鐵) 밭을 가는가(耕乎)?

→ 以能問於不能 『論語·泰伯』

능력 있는 사람으로서 능력 없는 사람에게 묻다.

제 13 편

자로

言語 | 論語

13-1. 子路問政. 子曰: "先之勞之." 請益. 曰: "無倦."

<table>
<tr><th>子路</th><th colspan="2">問政.</th><th>子曰:</th><th>"先</th><th>之</th></tr>
<tr><td>자로=季路=仲由
(2-17)</td><td colspan="2">정치에 대해 묻다
[問A:A에 대해 묻다(12-10)]</td><td>공자가 말하다</td><td>(동)앞으로 나아가다</td><td>(접미조사,後綴助詞).
동사강조,보충</td></tr>
<tr><td colspan="3">자로(子路)가 정치에 대해 물었다.</td><td>공자가 말했다.</td><td colspan="2">"앞으로 나아가는 것이(고)</td></tr>
<tr><th>勞</th><th>之."</th><th>(子路)請益.</th><th>(子)曰:</th><th>"無倦."</th><th rowspan="3"></th></tr>
<tr><td>(동)수고하다</td><td>(접미조사)
동사강조,보충</td><td>한 번 더 말해주길 원하다</td><td>(공자가) 말하다</td><td>(동)나태하지 않다
(12-14)</td></tr>
<tr><td colspan="2">수고하는 것이다."</td><td>한 번 더 말해주길 원했다.</td><td>(공자가) 말했다.</td><td>"나태하지 않는 것이다."</td></tr>
</table>

번역 자로(子路)가 정치에 대해 물었다. 공자가 말했다. "앞으로 나아가는 것이고 수고하는 것이다." 자로가 한 번 더 말씀해주길 원했다. 공자가 말했다. "나태하지 않는 것이다."

語法과 語彙

子曰: "先之勞之" (공자가 말한다. "앞으로 나아가고 수고한다.")

(동사) 앞으로 가다. (前進)
(동사) 인도하다, 주장하고 부르짖어 이끌고 나아가다. (引導, 倡導)
(형용사) 시간이나 순서가 먼저이다. (時間或次序在前的)

子曰: "先之勞之" (공자가 말한다. "앞으로 나아가고 수고한다.")

(동사) 위로하다. (慰勞)
(동사) 걱정하다. (憂愁)
(동사) 수고하다. (勞苦, 煩勞)
(동사) 노동하다, 일하다. (勞動)

— **[견해]**

『漢語大字典』에 등장하는 '勞'의 의미 중 상기 네 가지 정도가 이 문장에 어울릴 수 있고 '수고하다', '노동하다·일하다'가 적절할 수 있다. 그리고 이 둘 중에서 솔선수범의 정치덕목을 고려하여 '수고하다'로 본다.

子曰: "先之勞之" (공자가 말한다. "앞으로 나아가고 수고한다.")

먼저 이 문장에 대한 학자들의 견해를 보면 다음과 같다.

- "백성에게 솔선수범하고 백성을 위해 일하라." (김학주, 2017)
- "먼저 하고 위로하는 것이다." (이기동, 2011)
- "백성들에 앞서 실천하는 솔선수범을 보여라. 그리고 백성들이 사는 수고로움을 잊게 하라." (김용옥, 2008)
- "백성들에게 시키기 전에 자신이 먼저 하고 나서 그들에게 일을 시켜라" (류종목, 2000)

- "자신이 백성들 앞에서 하고 그런 다음 백성들에게 열심히 노동하게 하라. (自己做在百姓之前, 然後使百姓努力勞作)" (陳曉芬, 2016)
- "네가 만일 인민이 착하게 행동하길 원하면 네가 먼저 하여 그들에게 보여주어라. 그들을 위한 일에 대해선 열심히 하기를 피하면 안 된다. (你要人民行善, 那你就先做給他們看.爲他們的事情, 你先須不避勤勞)" (毛子水, 2009)
- "자신이 백성을 위해서 앞장서고 그런 다음 그들이 열심히 일하게 하다. (自己給百姓帶頭, 然後讓他們勤勞工作)" (楊伯峻, 2006)

이기동 선생은 '之'의 쓰임을 백성으로 보지 않은 것 같고 다른 여섯 명의 학자는 모두 '백성'으로 보았다. 이 문장 앞에 백성에 대한 언급이 있다면 이런 해석이 가능할 수도 있고 아래에 본인이 기재한 용법도 가능하다고 본다. 하지만 논어 512장에 나오는 장면은 공자 사후 제자들이 공자와 관련된 스토리를 모으고 발췌한 것이고 논어에 기록되기 전에 온전한 문장으로 다듬었다는 것을 고려한다면 이 문장에 나오는 之를 재지시로 보기는 어렵다.

(접사;詞綴=語綴;affix) '之'는 어떤 자동사 다음에 있는데 이때 주목할 부분은 '之'가 동사의 목적어가 아니라 '접미조사(後綴助詞)'라는 것이다. 이것은 동사에 대해서 강조나 보충의 역할을 하고 언어의 수요에 의거해서 음절을 충분히 모으는 역할을 하기도 한다. 문맥에 위배되지 않는 전제에서 융통성 있게 번역하면 된다.

→ 永歌之不足, 不知手之舞<u>之</u>, 足之蹈<u>之</u>也 『毛詩序』
노래를 부른(永歌) 것이 불만족스러워 나도 모르게(不知) 손이 춤추고 발이 춤춘다.

→ 戰於長勺, 公將鼓<u>之</u> 『左傳·莊公十年』
장작(長勺<chángsháo>)에서 싸우니 노나라 장공(公:魯莊公)이 북을 울릴 것이다.

→ 民可使由<u>之</u>, 不可使知<u>之</u> 『論語·子路』
백성은 순순히 따르게 할 수는 있지만 알게 할 수는 없다.

→ 君子義以爲質, 禮以行<u>之</u>, 孫以出<u>之</u>, 信以成<u>之</u> 『論語·衛靈公』
군자가 올바른 길에 의지하여 사물의 주요한 부분을 만들고, 예(禮)에 의지하여 실행하고, 공손함에 의지하여 드러내고, 신의(信義)에 의지하여 실현한다.

→ 天油然作雲, 沛然下雨, 則苗浡然興<u>之</u>矣 『孟子·梁惠王上』
하늘이(天) 뭉게뭉게(油然) 구름을 만들고(作云), 세차게(沛然) 비가 내리면 묘종(苗)는 빠르고 세차게(浡然) 성장한다.

<u>請益</u> (한 번 더 말해주길 원하다)

(동사)1. 선생님께 한 번 더 말씀해달라고 요구하다. (要求老師再講一遍)

→ 請業則起, <u>請益</u>則起 『禮記·曲禮』
'선생님께 책 속의 문제를 가르쳐달라고 요구하면(請業則)' 일어나고, '선생님께 한 번 더 말씀해달고 요구하면(請益則)' 일어난다.

(동사)2. 증가를 요구하다. (請求增加)

→ 子華使於齊, 冉子爲其母請粟. 子曰: "與之釜." <u>請益</u> 『論語·雍也』
자화(子華)가 외교 사명을 받고 제(齊)나라에 갔을 때, 염자(冉子)가 자화(子華)의 어머니를 위해 양식을 요청했다. 공자가 말했다. "자화(子華) 어머니에게 부(釜)를 주어라." 염자(冉子)가 추가량을 요청했다.

— [견해]

청익(請益)은 『漢語大詞典』에서 언급한 상기 두 개의 의미항목 모두 가능하다고 볼 수 있고 대부분의 학자는 후자라고 본다(좀 더 말해주길 원했다)라고 보는데 정의가 갖고 있는 뉘앙스로 보면 전자가 더 어울린다고 생각한다(다시 한 번 말씀해주길 원했다). 자로가 "스승님, 다시 한 번 말씀해주십시오!"라고 말하니 스승은 같은 말을 반복하는 것이 아니라 첨언을 하여 정치에 필요한 덕목을 말하는 우아한 모습이 연상된다.

13-2. 仲弓爲季氏宰, 問政. 子曰: “先有司, 赦小過, 擧賢才.” 曰: “焉知賢才而擧之?” 曰: “擧爾所知. 爾所不知, 人其舍諸?”

仲弓	爲	季氏	宰,	問政.	子曰:
옹(雍)=염옹(冉雍)=중궁(仲弓)	(동)맡다, 역임하다(2-10)	(인명)계손씨 내 인물(3-1)	(명)경대부의 가신(5-8)	정치에 대해 묻다 [問A:(12-10)]	공자가 말하다
중궁(仲弓)이 계손씨(의) 가신을 맡았(을 때) [시간절(1-1)]				정치에 대해 물었다.	공자가 말했다.
“先	**有司,**	**赦**	**小過,**	**擧**	**賢才.”**
(동)이끌고 나가다	(명)관리	(동)죄를 용서하다	작은 잘못	(동)추천하다, 선발하다(2-20)	(명)재능과 지혜가 출중한 사람
“관리를 이끌어 나가(고)		작은 잘못은 용서하(고)		재능과 지혜가 출중한 사람을 선발하는 것이다.”	
(仲弓)曰:	**“焉**	**知賢才**	**而**	**擧之?”**	**(子)曰:**
중궁이 말하다	(의문부사)왜, 어떻게	현재(賢才)를 알다	(접)동작의 선후. ‘~다음’(6-15)	그를 선발하다	(공자가) 말하다
(중궁이) 말했다.	“어떻게 현재(賢才)를 알고 그를 선발합니까?”				(공자가) 말했다.
“擧	**爾**	**所知.**	**爾所不知,**		**人**
(동)추천하다, 선발하다(2-20)	(대)너,너희들(5-12)	아는 사람[所:(조사)~사람…(1-12)]	네가 모르는 사람 [所: (조사)‘~사람/~것/~사건/~곳’(1-12)]		(명)타인, 다른사람(7-30)
“네가 아는 사람을 선발(해라).			네가 모르는 사람(을) (=네가 모르는 賢才를)		다른 사람(들이) [복수가능]
其	**舍**	**諸?”**			
(의.부)의문, 반문(6-6)	(동)버리다, 포기하다(6-6)	(겸사)‘之+乎’‘의문, 반문’(6-6)			
버렸겠느냐?”					

번역 중궁(仲弓)이 계손씨의 가신을 맡았을 때 정치에 대해 물었다. 공자가 말했다. “관리를 이끌어 나가고, 작은 잘못은 용서하고, 재능과 지혜가 출중한 사람을 선발하는 것이다.” 중궁이 말했다. “어떻게 현재(賢才)를 알고 그를 선발합니까?” 공자가 말했다. “네가 아는 사람을 선발해라. 네가 모르는 현재(賢才)를 다른 사람들이 버렸겠느냐?”

語法과 語彙

先有司, 赦小過 (관리를 이끌어 나가고, 작은 잘못은 용서하다)

(동사) 인도하다, 앞장서서 이끌고 나가다. (倡導, 引導)

→ 明智禮, 足以教之, 上身服以先之 『管子·權修』
지혜와 예(禮)를 알면 그들을 충분히 가르칠 수 있으니 윗몸(上身:身體的上半部)에 옷을 입히어 그들을 ‘앞장서서 이끌고 나가다(先:倡導, 引導)’.

先有司, 赦小過 (관리를 이끌어 나가고, 작은 잘못은 용서하다)

(명사) 관리. 고대 관리를 두어 일을 나누었는데 각각 전문 책임자가 있었기 때문에 불렀다. (官吏. 古代設官分職, 各有專司, 故稱)

→ 諸生業患不能精, 無患有司之不明 (唐・韓愈『進學解』)
많은 제자들(諸生:衆弟子)이 이미(業:旣) 정통할 수 없는 것을 걱정하는데 관리가 '똑똑히 관찰하지 못하는(不明)' 것은 걱정하지마라.

→ 有司毒虐, 天下兵起, 中原之民, 久無所主 『朱元璋傳・第三章三』
관리(有司)가 잔인하고 포학하(毒虐:狠毒暴虐)여 천하 군대(天下兵)가 일어나(起)고 중원의 백성(中原之民)은 오랫동안(久) 살 곳이 없었다(無所主).

先有司, 赦小過 (관리를 이끌어 나가고, 작은 잘못은 용서하다)

(동사) 사람의 죄를 면제하다; 죄를 용서하다. (寬免人的罪過) [사, shè]

→ 赦之, 以勸事君者. 乃免之 『左傳・成公二年』
그를 사면하(赦之)면, 그 사면 받음으로(以) 왕을 섬기는데 힘(勸事君者)쓸 것이다. 그러니(乃) 그를 사면해(免之)줘라.

先有司, 赦小過, 擧賢才 (관리를 이끌어 나가고, 작은 잘못은 용서하고, 재능과 지혜가 출중한 사람을 선발하다)

(명사) (=賢材) 재능과 지혜가 출중한 사람. (才智出衆的人)

焉知賢才而擧之? (어떻게 현재(賢才)를 알고 그를 선발하는가?)

— [견해]

고대중국어 허사 사전에서 의문부사 '언(焉)'의 용법은 '반문' 밖에 없다(2-10, 5-5참조). 그런데 이 문장은 반문(어떻게 현재<賢才>를 알고 그를 선발합니까?=현재<賢才>를 알고 선발할 수 없다) 보다는 일반 의문문(어떻게 현재를 알고 그를 선발할까요?)이 더 적당하다고 생각한다. 따라서 여기서는 '반문의 의문부사'가 아니라 '일반 의문부사'로 본다.

13-3. 子路曰: "衛君待子而爲政, 子將奚先?" 子曰: "必也正名乎!" 子路曰: "有是哉, 子之迂也! 奚其正?" 子曰: "野哉, 由也! 君子於其所不知, 蓋闕如也. 名不正, 則言不順; 言不順, 則事不成; 事不成, 則禮樂不興; 禮樂不興, 則刑罰不中; 刑罰不中, 則民無所措手足. 故君子名之必可言也, 言之必可行也. 君子於其言, 無所苟而已矣."

子路曰:	**"衛君**	**待子**	**而**	**爲政,**	**子**
자로가 말하다 [子路(2-17)]	위(衛)나라 왕	공자를 기다리다	(접)동작의 선후. '~다음'(6-15)	정치하다	공자
자로가 말했다.	"위(衛)나라 왕께서 선생님을 기다려 정치를 한(다면)[가정절(1-1)]				선생님은
將	**奚**	**先?"**	**子曰:**	**"必**	**也**
(부사,능원동사)의도'~하겠다'(7-14)	(의문대명사)동사의 목적어.'무엇'	우선 [명사→동사]	공자가 말하다	(동)확보하다(3-7)	(어기)주어+也.'멈춤,완만,제시'(1-2)
무엇을 우선으로 하시겠습니까?"			공자가 말했다.	"확보해야 하는 것은	
正名	**乎!"**	**子路曰:**	**"有**		**是**
(동)이름과 명분을 바로 잡다.	(어기)감탄,비분,찬송(3-14)	자로가 말하다	(조,접)有+1음절'형/명/동''음절조화,어기강화'(5-14)		(대)이렇다 [재지시(2-7)] [대→형]
이름과 명분을 바로 잡는 것이다!"		자로가 말했다.	"이러하신군요! (=이 정도네요!)		
哉,	**子**	**之**	**迂**	**也!**	**奚其**
(어기)감탄.'문중'(3-4)	공자, 선생님	(접)주어+之+서술어(1-10)	(형)진부하다, 낡다	(어기)감탄(3-17)	(부사,복합허사)왜, 어떻게(2-21)
	선생님께서 진부하신게!				왜
正(名)?"	**子曰:**	**"野**	**哉,**	**由**	**也!**
(동)이름과 명분을 바로 잡다.	공자가 말하다	(형)저속하다, 거칠다(6-18)	(어기)감탄. '문중'(3-4)	자로(2-17)	(어기)감탄(3-17)
바로 잡으십니까?"	공자가 말했다.	"저속하구나!		자로야!"	
君子	**於**	**其**	**所**	**不知,**	**蓋闕**
(명)군자(君子)(11-1)	(전)~에 대해…(6-8)	(대)그가.주어(명사+之)(2-22)	(조사)'~사람 것 사건 곳'(1-12)	모르다	의문스러운 것을 당분간 보류하여 두다
군자는 그가 모르는 것에 대해					당분간 보류…
如	**也.**	**名**	**不正,**	**則**	**言**
(조)상태기술. 형 부 동+如(3-23)	(어기)진술강조(2-17)	(명)명분, 이름	도리(道理)에 맞지 않다	(접)조건+則+결과(1-6)	(명)말
…한다.		명분과 이름이 도리(道理)에 맞지 않으…		…면 말이	
不順;	**言不順, 則事不成;**		**事不成, 則禮樂不興;**		
(형)도리와 이치에 맞지 않다	말이 도리와 이치에 맞지 않으면 일이 이루어지지 않다		일이 이루어지지 않으면 예악(禮樂)이 번성하지 않다		
도리와 이치에 맞지 않(고)	말이 도리와 이치에 맞지 않으면 일이 이루어지지 않(고)		일이 이루어지지 않으면 예악(禮樂)이 번성하지 않(고)		

<table>
<tr><th colspan="3">禮樂不興, 則刑罰不中;</th><th colspan="3">刑罰不中, 則民無所措手足.</th></tr>
<tr><td colspan="3">예악이 번성하지 않으면 형벌이 부적절하다</td><td colspan="3">형벌이 부적절하면 백성은 손발을 둘 곳이 없다.</td></tr>
<tr><td colspan="3">예악이 번성하지 않으면 형벌이 부적절하(고)</td><td colspan="3">형벌이 부적절하면 백성은 손발을 둘 곳이 없다.</td></tr>
<tr><th>故</th><th>君子名</th><th>之</th><th colspan="2">必可言</th><th>也,</th></tr>
<tr><td>(접)A,故B.A때문에 그래서B(9-6)</td><td>군자의 명분 [소유 조사 생략]</td><td>(접)주어+之+서술어(1-10)</td><td colspan="2">반드시 말할 수 있다 [可:(조동사)가능.'~할 수 있다'(1-11)]</td><td>(어기)멈춤, 완만(3-1)</td></tr>
<tr><td colspan="6">그래서 군자의 명분은 반드시 말할 수 있어야 하(고)</td></tr>
<tr><th colspan="3">(君子)言之必可行也.</th><th>君子</th><th>於</th><th>其</th></tr>
<tr><td colspan="3">말은 반드시 행동할 수 있어야 한다.</td><td>(명)군자(君子)(11-1)</td><td>(전)~에 대해…(6-8)</td><td>(대)그의…'복수可'(1-7)</td></tr>
<tr><td colspan="3">(군자의) 말은 반드시 행동할 수 있어야 한다.</td><td colspan="3">군자는 그의 말에 대해서</td></tr>
<tr><th>言,</th><th>無</th><th>所</th><th>苟</th><th>而已矣."</th><td rowspan="3"></td></tr>
<tr><td>(명)말, 언사, 한 마디(2-2)</td><td>(동)없다(9-2)</td><td>(조사)'~사람 것 사건 곳'(1-12)</td><td>(동)소홀히 하다, 대강하다</td><td>(어기)제한'~할 뿐이다'(4-15)</td></tr>
<tr><td></td><td colspan="4">소홀히 하는 것이 없을 뿐이다."</td></tr>
</table>

번역 자로(子路)가 말했다. "위(衛)나라 왕께서 선생님을 기다려 정치를 한다면 선생님은 무엇을 우선으로 하시겠습니까?" 공자가 말했다. "단정하자면 이름과 명분을 바로 잡는 것이다!" 자로가 말했다. "이 정도네요! 선생님이 진부하신 게! 왜 바로 잡으십니까?" 공자가 말했다. "저속하구나! 자로야! 군자는 그가 모르는 것에 대해 당분간 보류한다. 명분·이름이 도리(道理)에 맞지 않으면 말이 도리·이치에 맞지 않고, 도리·이치에 맞지 않으면 일이 이루어지지 않고, 일이 이루어지지 않으면 예악(禮樂)이 번성하지 않고, 예악(禮樂)이 번성하지 않으면 형벌이 부적절하고, 형벌이 부적절하면 백성은 손발을 둘 곳이 없다. 그래서 군자의 명분은 반드시 말할 수 있어야 하고, 군자의 말은 반드시 행동할 수 있어야 한다. 군자는 그의 말에 대해서 소홀히 하는 것이 없을 뿐이다."

語法과 語彙

衛君待子而爲政 (위(衛)나라 왕께서 선생님을 기다려 정치를 하다)

(동사) 기다리다. (等, 等候)

→ 秦不能久, 請深壘固軍以待之 『左傳·文公十二年』
진(秦)은 오래 머물 수 없으니 '높은 벽을 쌓고(深壘:築高墻)' 군대를 공고히 하여 그들을 기다리기를 원하다(請).

子將奚先? (선생님은 무엇을 우선으로 하시겠습니까?)

(의문대명사) 보통 서술어 앞에 놓여 목적어, 부사어, 한정어가 되고 서술어, 주어가 되는 것은 드물게 보인다. 주로 사물, 장소, 상황, 원인이유(why), 방식(how) 등을 묻는데 사용된다. 동사나 전치사의 목적어가 될 때 보통 이것들 앞에 위치하여 의문이나 반문을 나타낸다.

1. 동사의 목적어

보통 사물이나 장소 등의 의문이나 반문을 나타낸다. '무엇(what), 어디(where)' 등으로 번역될 수 있다.

→ 四海之外奚有? 『列子·湯問』
천하 밖은 무엇을 갖고 있는가?

→ "許子冠乎?" 曰: "冠." 曰: "奚冠?"　『孟子·藤文公上』
허자(許子)는 모자를 쓰는가? 말한다: "쓴다" 말한다: "무엇을 쓰는가?"

2. 전치사의 목적어

원인, 사물을 묻거나 혹은 반문을 나타낼 때 전치사는 보통 '爲, 以, 用'으로 '奚爲, 奚以, 奚用' 등을 구성하여 동사 앞에 놓여 부사어가 된다. 문맥에 맞게 상황을 참작하여 '왜, 무엇에 근거하여, 무엇으로, 어떻게' 등으로 번역될 수 있다.

→ 仁人耳目亦猶人也, 奚爲獨不樂此也?　『新序·刺奢』
어진 사람의 귀나 눈 역시 보통사람과 같은데, 왜(奚爲) 혼자서 '이것을 즐기지 못하(不樂此)'는가?

→ 奚以知其然也?　『吕氏春秋·貴生』
무엇에 근거하여(奚以) '그것이 그렇다(其然)'는 걸 아는가?

→ 先生奚用相濟?　『後漢書·馬援列傳』
선생은 무엇으로 '서로 조절하(相濟:互相調濟<調濟=調劑 조제,tiáojì>)'는가?

3. 부사어

동사서술어 앞에 쓰여 부사어가 되어 원인에 대한 질문을 나타내거나 반문을 나타낸다. 원인을 물을 때에는 보통 부정사 '不' 등과 함께 쓰고, '왜' 등으로 번역하면 된다.

→ 子奚不爲政?　『論語·爲政』
선생님은 왜 정치를 하시지 않습니까?

→ 夫子奚不時來入觀乎?　『莊子·外篇·秋水』
선생은 왜 '자주(時)' 들어와서 보지 않는가?

→ 子奚哭之悲也?　『韓非子·和氏』
당신은 왜 우는 것이 슬픈가?

4. 한정어

명사나 명사구 앞에 쓰여 수식어가 되고 사물의 원인, 성질, 상태 등에 대한 의문을 나타내어 '무엇' 등으로 번역된다.

→ 奚物而謂石? 奚物而謂火?　『列子·皇帝』
어떤 물건(奚物)이 돌이라 불리는(謂石)가? 어떤 물건이 '불이라 불리는(謂火)'가?

→ 此奚疾哉? 奚方能已之乎?　『列子·仲尼』
이것은 '무슨 질병(奚疾)'인가? 무슨 약(奚方)이 '그것을 치료할 수 있(能已之)'는가?

5. 서술어

단독으로 쓰여 서술어가 될 수 있고 사물이나 원인에 대한 질문을 나타낸다. '무엇, 어떻게, 왜' 등으로 번역될 수 있다.

→ 國勝君出, 非禍而奚?　『說苑·善說』
국가는 승리했지만 왕은 밖에 있으니 재난이 아니고 무엇인가?

→ 予嘗爲女妄言之, 女亦以妄聽之, 奚?　『莊子·齊物論』
내가(予) 너에게(爲女) '그것을 편하게 말(妄言:随便說說)' '해볼테니(嘗:試)' 너도 '그것을 편하게 듣는(妄聽之)' 게 어떻겠는가?

6. 주어

사물 등에 대한 물음을 나타낸다. '무엇'으로 번역할 수 있다.

→ 奚謂輕法?　『商君書·外內』
무엇이 가벼운 법(輕法: 법령이 정한 상과 벌이 모두 가벼운 것. 謂法令所定的賞和罰都很輕微)이라 불리는가?

→ 奚謂小忠? 『韓非子·十過』
무엇이 작은 충심(小忠:小小的忠心)이라 불리는가?

必也正名乎! (확보해야 하는 것(必也)은 이름과 명분을 바로 잡는 것이다!)

(동사) 이름과 '명분(=어떤 일을 할 때 의지하는 자격)'을 따져서 바로 잡고 이름과 실제 서로 맞도록 하다. (辨正名稱、名分, 使名實相符) → 이름과 명분을 바로 잡다. 명실상부하게 하다.

→ 守愼正名, 僞詐自止 『管子·正第』
신중한 태도로 지키고(守愼) 이름과 명분을 바로 잡으면 속이는 것은(僞詐:欺詐) 스스로 그만두다.

子之迂也! (선생님은 진부하시다!)

(형) 언행 혹은 견해가 낡고 시기적절하지 않다; 진부하다. (言行或見解陳舊不合時宜) [우, yū]

→ 及至後世, 用迂儒之議 (宋·蘇軾『教戰守策』)
후세'에 이르러(及至)' '진부한 유생(迂儒)'의 '의론(議)'을 채택하다.

君子於其所不知, 蓋闕如也 (군자는 그가 모르는 것에 대해 당분간 보류한다)

(동사) 의문스러운 것을 당분간 보류하여 두다. (闕疑) [개궐, gàiquè]

→ 多聞蓋闕, 愼言其餘, 則寡尤 『論語·爲政』
많이 듣고 의문은 비워두고 그 나머지를 '확실히 말하(愼言)'면 '잘못을 줄일(寡尤)' 수 있다.

名不正, 則言不順 (명분·이름이 도리(道理)에 맞지 않으면 말이 도리·이치에 맞지 않다)

(명사) 명분, 이름. (名分, 名號, 名義)

→ 子路曰: "衛君待子而爲政, 子將奚先?" 子曰: "必也正名乎!" 『論語·子路』
자로가 말했다. "위(衛)나라 왕께서 선생님을 기다려 정치를 한다면 선생님은 무엇을 먼저 하시겠습니까?" 공자가 말했다. "확보해야 하는 것(必也)은 명분·이름을 바로 잡는 것이다!"

名不正, 則言不順 (명분·이름이 도리(道理)에 맞지 않으면 말이 도리·이치에 맞지 않다)

(형용사) 도리(道理)에 맞다 (合於道理的)

名不正, 則言不順 (명분·이름이 도리(道理)에 맞지 않으면 말이 도리·이치에 맞지 않다)

(형용사) 도리·이치에 맞지 않다. (不順理)

事不成, 則禮樂不興 (일이 이루어지지 않으면 예악(禮樂)이 번성하지 않다)

(동사) 번성하다. (昌盛, 繁盛) [흥, xīng]

→ 一言而可以興邦 『論語·子路』
말 한 마디가 나라를 번성하게 하다.

禮樂不興, 則刑罰不中 (예악(禮樂)이 번성하지 않으면 형벌이 부적절하다)

(형용사) 부적합하다, 부적절하다. (不適合, 不適當)

君子於其言, 無所苟而已矣

(동사, 형용사) 대강대강하다, 소홀히 하다. (苟且, 隨便)

→ 此亦有所長, 非苟而已也 『史記·游俠列傳序』
이것(此) 역시(亦) 좋은 점이 있으니 '소홀히 하지 않(非苟)'을 뿐이다(而已也)'.

13-4. 樊遲請學稼. 子曰: “吾不如老農.” 請學爲圃, 曰: “吾不如老圃.” 樊遲出, 子曰: “小人哉, 樊須也! 上好禮, 則民莫敢不敬;上好義, 則民莫敢不服;上好信, 則民莫敢不用情. 夫如是, 則四方之民襁負其子而至矣, 焉用稼?”

樊遲	請	學	稼.	子曰:	“吾
번지(樊遲)=번수(樊須)(2-5)	(동)바라다, 요청하다(6-4)	(동)배우다 [명사화(4-23)]	(동)오곡을 파종하다[명사화(4-23)]	공자가 말하다	(대)나,우리‘주어,한정어…’(13-18)
번지(樊遲)가 오곡 파종을 배우길 요청했다. [세 가지 동사를 사용한 연동구문]				공자가 말했다.	“나는
不如(A)	**老農.”**	**(樊遲)請學**	**爲**	**圃,**	**(子)曰:**
A만 못하다;A가 낫다(3-5)	늙은 농부	배우길 요청하다	(동)만들다→가꾸다(6-29)	(명)채소밭, 과수원	(공자가) 말하다
늙은 농부만 못하다.”		(번지가) 채소밭 가꾸기를 요청했다.			공자가 말했다.
“吾不如老圃.”		**樊遲出,**	**子曰:**	**“小人**	**哉,**
나는 늙은 채소 농사꾼만 못하다.		번지가 나가다	공자가 말하다	(명)소인;지위가 낮은사람(12-16)	(어기)감탄. ‘무중’(3-4)
“나는 늙은 채소 농사꾼만 못하다.”		번지가 나가(고)	공자가 말했다.	“소인이다!	
樊須	**也!**	**上**	**好禮,**	**則**	**民**
번지(樊遲)=번수(樊須)(2-5)	(어기)감탄(3-17)	(명)윗사람	禮를 좋아하다	(접)조건+則+결과(1-6)	(명)백성
번지(樊遲)는!		윗사람이 禮를 좋아하…		…면 백성 (중에)	
莫敢	**不敬;**	**上好義, 則民莫敢不服;**			**上好信,**
(무.지.대)아무도 대담하게 ~않다	(동)공경하지 않다	윗사람이 義를 좋아하면 백성 (중에) 누구도 감히 복종하지 않는 사람이 없다			윗사람이 신의를 좋아하…
누구도 감히 공경하지 않는 사람이 없(고)		윗사람이 義를 좋아하면 백성 (중에) 누구도 감히 복종하지 않는 사람이 없(고)			윗사람이 신의를 좋아하면
則民莫敢不用情.		**夫**	**如**	**是,**	**則**
…면 백성 (중에) 누구도 감히 진실한 감정으로 대하지 않는 사람이 없다.		(조)문두에서 판단, 의견토로(6-30)	(동)~와 같다(2-1)	(대)재지시. ‘이것’(2-7)	(접)조건+則+결과(1-6)
백성 (중에) 누구도 감히 진실한 감정으로 대하지 않는 사람이 없다.		이와 같으…			…면
四方之民	**襁負**	**其子**	**而**	**至**	**矣,**
사방의 백성	(동)포대기로 업다	그들의 자식 [其:그(들)의’(1-7)]	(접)동작의 선후. ‘~다음’(6-15)	(동)오다, 도착하다(3-24)	(어기)미래상황 확신(1-7)
사방의 백성이 분명히 포대기로 그들의 자식을 업고 올 것(인데)					
焉	**用**	**稼?”**			
(의문부사)반문. ‘왜,어떻게’(5-5)	(동)필요하다	(동)오곡을 파종하다			
오곡 파종이 왜 필요하겠느냐?”					

번역 번지(樊遲)가 오곡 파종을 배우길 요청했다. 공자가 말했다. “나는 늙은 농부만 못하다.” 번지가 채소밭 가꾸기를 요청했다. 공자가 말했다. “나는 늙은 채소 농사꾼만 못하다.” 번지가 나가고 공자가 말했다. “번지는 소인이다! 윗사람이 예(禮)를 좋아하면 백성 중에 누구도 감히 공경하지 않는 사람이 없고, 윗사람이 의(義)를 좋아하

면 백성 중에 누구도 감히 복종하지 않는 사람이 없고, 윗사람이 신의를 좋아하면 백성 중에 누구도 감히 진실한 감정으로 대하지 않는 사람이 없다. 이와 같으면 사방의 백성이 분명히 포대기로 그들의 자식을 엎고 올 것인데 오곡파종이 왜 필요하겠느냐?"

語法과 語彙

樊遲請學稼 (번지(樊遲)가 오곡 파종을 배우길 요청하다)

(동사) 오곡을 파종하다. (播種五穀) [가, jià]
(명사) 농작물. (莊稼)

→ 盘之土, 可以稼 (唐·韓愈『送李愿歸盘谷序』)
반(盘)'의 땅(之土)'은 오곡을 파종할 수 있다.

請學爲圃 (채소밭 가꾸기를 요청하다)

(명사) 채소, 과일을 심는 채소밭·과수원. (種植蔬菜瓜果的園子) [포, pǔ]

→ 中牟之人棄其田耘、賣宅圃 『韓非子·外儲說左上』
중모(中牟)의 사람들이 '그들 밭(其田)'을 '김매(耘<운, yún>)'는 걸 포기하고 집(宅)과 채소밭(圃)을 팔다.

吾不如老圃 (나는 늙은 채소 농사꾼만 못하다)

(명사) 채소, 과일을 심는 사람; 채소 농사꾼. (種植蔬菜瓜果的人) [포, pǔ]

上好禮, 則民莫敢不敬 (윗사람이 예(禮)를 좋아하면 백성 중에 누구도 감히 공경하지 않는 사람이 없다)

(명사) 군주;왕. (君子)
(명사) 손윗사람이나 윗사람. (指尊長或在上位的人)

— [견해]
여기서는 번지의 어리석은 질문을 나무라면서 '윗물이 맑으면 아랫물이 맑다'는 진리를 말하는 것이다(윗사람이 잘하면 아랫사람은 자연스레 잘하게 된다). 그리고 이 대화에서는 먼저 잘해야 하는 주체가 '왕 또는 윗사람'이고 대화의 주체는 '공자와 이 이야기를 들은 제자(들)'이다. 공자가 이 언사를 구사할 때 비록 번지가 자리에는 없었지만 번지가 있다는 전제하에서 이해해야 한다. 때문에 上은 '왕, 군주' 보다는 '일반적인 윗사람'으로 보는 것이 낫다고 본다.

上好禮, 則民莫敢不敬 (윗사람이 예(禮)를 좋아하면 백성 중에 누구도 감히 공경하지 않는 사람이 없다)

(대명사) 자주 무지시대명사로 쓰여 사람, 사물이 존재하는 것에 대한 부정을 나타내고 '아무도 ~않다(nobody), 어떤 것도 ~않다(nothing), 어디서도 ~않다(nowhere)'등으로 번역될 수 있다. 때때로 '莫' 앞에 선행사가 있어 주어가 되어 '주어+莫+동사'의 구조를 만들고 이때 莫은 '앞의 주어 중에 아무도 없다'라는 걸 나타낸다. (沒有誰, 沒有一個)

→ 當是時, 秦兵强, 常乘勝逐北, 諸將莫利先入關 『史記·高祖本紀』
이 때(當是時) '진나라 군대(秦兵)'는 강하여 보통 승리에 편승하여 북으로 좇아갔고 '많은 장군(諸將)' 중에서 어느 누구도 '먼저 관내에 들어가(先入關)'는 것이 '이득이라고 생각(利)'지 않았다.

→ 諸公莫敢復明言於上 『史記·魏其武安侯列傳』

많은 고관(諸公:衆公卿) 중에는 '왕에게 다시 분명히 대담하게 말할(敢復明言於上)' 사람이 없다.

上好信, 則民莫敢不用情 (윗사람이 신의를 좋아하면 백성 중에 누구도 감히 진실한 감정으로 대하지 않는 사람이 없다)

(동사) 진실된 감정으로 대하다. (以真實的感情相待)

→ 教民相愛, 上下用情, 禮之至也 『禮記·祭義』

백성을 가르쳐서 서로 사랑하고, 윗사람과 아랫사람이 진실한 감정으로 대하면 예는 지극하다.

四方之民襁負其子而至 (사방의 백성이 분명히 포대기로 그들의 자식을 업고 오다)

(동사) 포대기로 업다. (用襁褓背負) [강부, qiǎngfù]

焉用稼? (오곡파종이 왜 필요하겠는가?)

(동사) 필요하다. (需要)

→ 閑花不用多, 一株兩株膩 (明·袁宏道『题伯學齊居』)

들꽃(閑花:野花)이 많이 필요 없고 '한 송이(一株)' '두 송이(兩株)'라도 싫증난다(膩).

13-5. 子曰: "誦詩三百, 授之以政, 不達; 使於四方, 不能專對, 雖多, 亦奚以爲?"

子曰:	"誦	詩三百,	授	之	以
공자가 말하다	암송하다 [誦:(9-27)]	『시경詩經』의 시 300편(2-2)	(동)임명하다, 위임하다	그 사람 [(대)재지시(2-1)]	(접)동작 발생 선후
공자가 말했다.	"『시경詩經』의 시 300편을 암송하(여)		그를 임명하여		
政,	**不達;**	**使**	**於**	**四方,**	**不能**
(명)정사 [명→사동]	(동)잘 모르다	(동)외교사명으로 외국에 가다(6-4)	(전)동작의 도달장소.'~로'(1-10)	(명)사방에 있는 제후의 나라	할 수 없다
정사를 처리하게 했(을 때)[시간절]	잘 모르(고)	사방에 있는 제후의 나라에 가(서도)			독자적으로 응대할 수
專對,	**雖**	**多(誦),**	**亦**	**奚以**	**爲(政)?"**
(동)독자적으로 응대하다	(접)비록~지만(5-1)	많이 (암송하다)	(부)판단.'((단지)~이다)'(7-15)	(반문,의문)무엇에 근거해서(13-3)	정치하다(11-26)
없다(면) [가정절]	비록 많이 (암송하지만)		무엇에 근거해서 '정치하겠는가?(=정사를 처리할 수 있겠는가)?"' [위정(爲政)의 표현은 군주(=왕)에게만 국한 되지 않았을 수도 있다]		

번역 공자가 말했다. "『시경詩經』의 시 300편을 암송하여 그를 임명하여 정사를 처리하게 했을 때 잘 모르고, 사방에 있는 제후의 나라에 가서도 독자적으로 응대할 수 없다면 비록 많이 암송하지만 무엇에 근거해서 '정치하겠는가(=정사를 처리할 수 있겠는가)?'"

語法과 語彙

授之以政 (그를 임명하여 정사를 처리하게 하다)

(동사) 임명하다, 위임하다. (任命, 委任)

→ 擧賢而授能兮 『楚辭·離騷』
현명한 사람을 추천하고 능력 있는 사람을 임명하다.

授之以政 (그를 임명하여 정사를 처리하게 하다)

(접속사) 연결되는 앞뒤 두 항은 시간상 또는 발생 순서에서 선후 관계를 보여 준다. (就, 而)

→ 取寶玉、大弓以出 『左傳·定公八年』
보배로운 옥(寶玉)과 큰 활(大弓)을 가지고 나가다.

→ 不謂汝之先予以去 (清·袁枚『祭妹文』)
네가 나(予)를 앞서 가서(先:前進) 떠날 거라 '생각하지 않다(不謂:不認爲)'.

授之以政 (그를 임명하여 정사를 처리하게 하다)

(동사) 국사를 돌보다;나라를 다스리다. (治理國事)
(명사) 정치, 정사. (政治, 政事)

→ 夏桀爲虐政淫荒 『史記・殷本紀』
하(夏)나라 걸(桀)왕이 '가혹한 정치를 행하(爲虐政)'고 '안락함에 빠지다(淫荒<음황,yínhuāng>)'.

— [견해]
이 문장에서 '정(政)'은 앞의 '수지(授之)'와 접속사 '이(以)'로 인하여 동사가 되어야 한다. 『漢語大字典』에서 정치와 관련된 의미 항목은 위의 두 가지인데 하나는 동사이고 하나는 명사로 쓰인다. 동사로 쓰인 경우 주체는 '왕'이 되는데(국사를 돌보다) 본문에서 '시 300편을 외운 사람'이 나라를 다스리는 것이 아니고 '정사를 처리하다, 정치하다'로 보는 것이 더 적절하기에 '사역동사로 품사활용(정치, 정사→정치하게 하다, 정사를 처리하게 하다)' 되었다고 본다.

授之以政, 不達 (그를 임명하여 정사를 처리하게 할 때 잘 모르다)

(동사) 잘 모르다. (不明白, 不通達)

→ 俗儒不達時宜, 好是古非今 『漢書・元帝紀』
보통의 유생(俗儒)은 적절한 시기(時宜)를 잘 모르고 옛날을 좋아하고 '현재를 비난하다(非今)'.

使於四方 (사방에 있는 제후의 나라에 가다)

(명사) 사방에 있는 제후의 나라. (指四方諸侯之國)

使於四方, 不能專對 (사방에 있는 제후의 나라에 가서 독자적으로 응대할 수 없다)

(동사) 독자적으로 응대하다. (獨立應待)

→ 年六歲, 能應接諸公, 專對賓客 『後漢書・馬援傳』
나이(年) 여섯 살(六歲) 때 많은 고관(諸公:衆公卿)을 '맞이할 수 있었(能應接)'고 빈객(賓客:손님)을 독자적으로 응대할 수 있었다.

雖多, 亦奚以爲? (비록 많이 (암송)하지만 무엇에 근거해서 '정치하겠는가(=정사를 처리할 수 있겠는가)?')

(대명사+전치사:전치사의 목적어, 13-3참조) 원인, 사물을 묻거나 혹은 반문을 나타낼 때 전치사는 보통 '爲, 以, 用'으로 '奚爲, 奚以, 奚用' 등을 구성하여 동사 앞에 놓여 부사어가 된다. 문맥에 맞게 상황을 참작하여 '왜, 무엇에 근거하여, 무엇으로, 어떻게' 등으로 번역될 수 있다.

→ 仁人耳目亦猶人也, 奚爲獨不樂此也? 『新序・刺奢』
어진 사람의 귀나 눈 역시 보통사람과 같은데, 왜 혼자서 이것을 즐기지 못하는가?
→ 奚以知其然也? 『吕氏春秋・貴生』
무엇에 근거하여 그것이 그렇다는 걸 아는가?
→ 先生奚用相濟? 『後漢書・馬援列傳』
선생은 무엇으로 '서로 조절하(相濟:互相調濟<調濟=調劑 조제,tiáojì>)'는가?

13-6. 子曰: "其身正, 不令而行; 其身不正, 雖令不從."

子曰:	"其	身	正,	不令	而
공자가 말하다	(대)其+명사(이,저) (4-5)	(명)자신, 자기	(형)도리에 맞다 (13-3)	(동)명령하지 않다	(접)전환. '그러나'(1-1)
공자가 말했다.	"그 자신이(=통치자가) 도리에 맞으(면) [조건절] ['그 자신'은 보통 '위정자 즉 통치자'로 보고 있다]			명령하지 않아도	
行;	**其身不正,**		**雖**	**令**	**不從."**
(동)실행하다, 밀고나가다(5-14)	그 자신이 도리에 맞지 않다		(접)비록~지만(5-1)	(동)명령하다	(동)순종하다,남의 말을 듣다(4-18)
실행하(지만)	그 자신이 도리에 맞지 않(으면) [조건절(1-1)]		비록 명령해도 순종하지 않는다." [양보긴축문(讓步緊縮句)(11-14)]		

번역 공자가 말했다. "그 자신이(=통치자가) 도리에 맞으면 명령하지 않아도 실행하지만, 그 자신이(=통치자가) 도리에 맞지 않으면 비록 명령해도 순종하지 않는다."

語法과 語彙

其身正 (그 자신이 도리에 맞다)

(명사) 자신, 자기. (自身, 自己)

→ 吾誼先君而後身兮 『楚辭·九章·惜誦』
나의 도리·원칙(誼:분명한 도리; 합리적인 원칙. 正确的道理;合理的原则)은 '왕을 우선으로 하고(先君)' 자신을 그 다음으로 여기는 것이다.

13-7. 子曰: "魯衛之政, 兄弟也."

子曰:	"魯衛之政,	兄弟	也."
공자가 말하다	노(魯)나라와 위(衛)나라의 정치 [之:(조사)수식,종속관계.~의'(3-2)]	(명)형제	(어기)진술강조(2-17)
공자가 말했다.	"노(魯)나라와 위(衛)나라의 정치(는) [주어]	형제이다."	

번역 공자가 말했다. "노(魯)나라와 위(衛)나라의 정치는 형제이다."

語法과 語彙

魯衛之政, 兄弟也 (노(魯)나라와 위(衛)나라의 정치는 형제이다)

— [보충]

노(魯)나라는 주공(周公)의 단(旦)의 나라이고, 위나라는 주공의 동생인 강숙(康叔)의 나라이니까, 두 나라가 형제의 나라인 것은 분명하다. 본문의 '정(政)'은 현실정치를 의미할 뿐 아니라 '정체(政體)' 즉 political body(정치 조직)를 의미할 수도 있어 정체(政體)가 같은 근원에서 왔다는 것을 시사할 수도 있다. 따라서 이것이 어떠한 논리적 맥락에서 언급된 것인지는 잘 알 수가 없다. 신주(新註:송나라 때의 정주학파가 붙인 경서의 주석)는 공자 당대의 현실정치 상황이 위나라, 노나라 모두 쇠란(衰亂)된 것을 개탄하는 언사로 풀었고, 유보남(劉寶楠 1791~1855)은 노나라, 위나라 모두 잘만 하면 형제지방으로서 다 같이 道에 이를 수 있다는 희망을 표현한 것으로 보았다. 내 생각에는 공자가 위나라에 있을 때 위나라를 위로하기 위하여 말한 어떠한 맥락이 있었을 것 같다. (김용옥, 2008)

13-8. 子謂衛公子荊, "善居室. 始有, 曰: '苟合矣.' 少有, 曰: '苟完矣.' 富有, 曰: '苟美矣.'"

子	謂	衛公子荊,	"善	居	室.
공자	(동)평론하다(3-1)	위나라 공자 형(荊)	(부)잘. 훌륭하게(6-9)	(동)살다. 거주하다(5-18)	(명)집
공자가 위나라 공자(公子) 형(荊)을 평론했다.			"집에 잘 거주했다.		
始有(財), 曰:		**'苟**	**合**	**矣.'**	**少有(財),**
처음 (재산이) 있을 때 말하다. [始:(부사)처음(3-23)]		(부)대충·대강·그럭저럭	(형)적절하다. 알맞다	(어기)미래예측 통지(6-22)	(재산이) 조금 있다
처음 재산이 있을 때 (형<荊>이) 말했다.		'그럭저럭 적절할 것 같다.'			(재산이)조금 있(을 때)
曰:	**'苟完矣.'**		**富有(財),**		**曰:**
말하다	그럭저럭 충분할 것 같다		(재산이) 많이 있다		말하다
말했다.	'그럭저럭 충분할 것 같다.'		재산이 많이 있(자/을 때/…)		말했다.
'苟美矣.'"					
그런대로 완벽할 것 같다					
'그런대로 완벽할 것 같다'."					

번역 공자가 위(衛)나라 공자(公子) 형(荊)을 다음과 같이 평론했다. "집에 잘 거주했다. 처음 재산이 있을 때 형(荊)이 말했다. '그럭저럭 적절할 것 같다.' 재산이 조금 있을 때 말했다. '그럭저럭 충분할 것 같다.' 재산이 많이 있을 때 말했다. '그런대로 완벽할 것 같다.'"

語法과 語彙

子謂衛<u>公子</u>荊 (공자가 위(衛)나라 공자(公子) 형(荊)을 평론하다)

(명사1.) 고대 제후의 서자(庶子:고대 적자(嫡子) 이외의 아들)로 세자(世子:제후국에서, 임금의 자리를 이을 임금의 아들)와 구별되고 보통 제후의 자식을 호칭한다. (古代稱諸侯之庶子, 以別於世子, 亦泛稱諸侯之子)

(명사2.) 권세와 지위가 있는 사람에 대한 존칭 또는 부유하고 귀한 사람의 자식에 대한 호칭. (尊稱有權勢地位的人 ; 稱富貴人家的子弟)

善居<u>室</u> (집에 잘 거주하다)

(명사) 집. (房屋 ; 住宅)

→ 曩與吾祖居者, 今其<u>室</u>十無一焉 (唐·柳宗元『捕蛇者說』)
옛날(曩<낭, nǎng>) '나의 할아버지와(與吾祖)' 함께 '살던 사람(居者)' 중에서 지금 '그 집(其室)'이 열 채 중에서 한 채도 없다.

(명사) 방, 내실. (房間 ; 內室)

→ 嘗閑處一室, 而庭宇蕪穢 『後漢書·陳蕃傳』
일찍이(嘗) 방 하나(一室)에 한가롭게 거처했(閑處)었지만 뜰(庭宇:庭院)은 잡초가 무성하고(蕪<무, wú>) 더러웠다(穢<예, huì>).

苟合矣 (그럭저럭 적절할 것 같다)

(상태부사) 동사 서술어 앞에 쓰여서 부사어가 되고 동작행위의 상태를 나타낸다. 동작행위를 보여주는 것은 그럭저럭 되는대로, 대충, 대강의 태도나 정의로움을 생각하지 않거나 옳고 그름을 구별하지 않는 태도로 행해진다. '구(苟)'는 질타, 비방의 의미를 갖고 있다. 문장의 의미에 의거해서 '되는대로, 그럭저럭, 정의 구분 없이, 시비 구분 없이, 대충, 대강, ' 등으로 번역할 수 있다. (随便, 馬虎, 不顧正義, 不分是非)

→ 臨財毋苟得, 臨難毋苟免 『禮記·曲禮上』
재산·재화·재물·돈을 만나면(臨財) 그럭저럭·대강대강 얻으려(苟得)고 하지 말고 '어려움을 만나면(臨難)' 그럭저럭·대강대강 피하려(苟免)고 하지마라.

→ 非其義也, 餓不苟食, 死不苟生 『商君書·畫策』
그것이 올바르지 않다면 배가 고파도 대충대충·대강대강·되는대로 먹지 않고 죽어도 대충대충·대강대강· 되는대로 살지 않다.

— [견해]
『古代漢語虛詞詞典』(2006)에서 何樂士 선생이 '동사 서술어'를 명시하고 '형용사 서술어'는 언급하지 않았는데 본문의 '구(苟)'의 의미가 형용사 서술어와 함께 쓰인다(苟合矣 그럭저럭 적절할 것 같다). '구(苟)'는 '동사 서술어 앞'에 사용할 수 있을 뿐만 아니라 '형용사 서술어 앞'에서도 쓸 수 있다고 본다.

苟合矣 (그럭저럭 적절할 것 같다)

(형용사) 알맞다, 적절하다. (適合)

→ 括徒能讀其父書傳不知合變也 『史記·廉頗藺相如列傳』
괄도(括徒)는 그의 아버지의 '서적(書傳)을 읽을 수 있지만 '임기응변(合變:隨機應變; 변화에 적절하다)'을 모른다.

苟完矣 (그럭저럭 충분할 것 같다)

(형용사) 충분하다, 풍부하다, 충실하다. (充足, 充實)

→ 今天水完富, 士馬最強 『後漢書·隗囂傳』
지금 천수(天水, 지명)는 풍부하고 부유하고(完富) 병사와 말(士馬:군인과 말로 군대로 파생됨. 兵馬.引申指軍隊)이 최고 강하다.

苟美矣 (그런대로 완벽할 것 같다)

(형용사) 매우 훌륭하다, 완벽하다, 순박하고 선량하다. (完美; 淳良)

→ 夫美也者, 上下、內外、大小、遠近皆無害焉, 故曰美 『國語·楚語上』
완벽하다는 것은 상하, 내외, 대소, 원근 모두 그것에 '해로움이 없(無害)'기 때문에 완벽하다고 말한다.

13-9. 子適衛, 冉有僕.子曰: “庶矣哉!” 冉有曰: “既庶矣, 又何加焉?” 曰: “富之.” 曰: “既富矣, 又何加焉?” 曰: “教之.”

子	適衛,				冉有
공자	위(衛)나라에 가다 [適:(동)가다(6-4)] ['가다(適)+장소(衛)'의 형식인데 이 사이에 방향 전치사가 안 쓰였다. 고대중국어에선 흔히 이렇다]				冉求=冉子=子有=求(3-6)
공자(가)	위(衛)나라에 갔(을 때) [시간절]				염유(冉有)(가)
僕.	子曰:	“(民)庶	矣哉!”	冉有曰:	“既…(矣)
(명)마차를 모는 사람	공자가 말하다	(형)많다	(어기)문미 감탄(9-12)	염유가 말하다	(부)이미. ~후(9-5)
마부였다.	공자가 말했다. “(백성이) 많구나!”			염유가 말했다. “이미	
(民)庶	(既)…矣,	又	何加	焉?”	(子)曰:
(백성이,사람들이) 많다	(어기)'이미 그렇다'(3-24)	(부)점층.'또.게다가.더욱이'(7-14)	무엇을 더하다 [의문사+동사]	(겸사)於+是/之'거기에(6-7)	(공자가) 말하다
(사람들이) 많(으면) [가정절]		또 거기에 무엇을 더합니까?”			말했다.
“富	之.”		(冉有)曰:	“既(民)富矣,	又
(동)부유하게 하다 [형→사역]	그들(=백성들,사람들) [之:(대)재지시.'그것,그사람,그곳'(2-1)]		(염유가)말하다	이미 부유하다	(부)점층.'또.게다가.더욱이'(7-14)
“그들을 부유하게 한다.”			(염유가) 말했다.	“이미 (사람들이) 부유하면	또
何加	焉?”	(子)曰:	“教之.”		
무엇을 더하다 [의문사+동사]	(겸사)於+是/之'거기에(6-7)	(공자가) 말하다	그들을 가르치다 [之:(대)재지시.'그것,그사람,그곳'(2-1)]		
거기에 무엇을 더합니까?”		(공자가) 말했다. “그들을 가르친다.”			

번역 공자가 위(衛)나라에 갔을 때 염유(冉有)가 마부였다(=마부 역할을 했다). 공자가 말했다. “백성이 많구나!” 염유가 말했다. “사람들이 이미 많으면 또 거기에 무엇을 더합니까?” 공자가 말했다. “그들을 부유하게 한다.” 염유가 말했다. “이미 사람들이 부유하면 또 거기에 무엇을 더합니까?” 공자가 말했다. “그들을 가르친다.”

語法과 語彙

冉有僕 (염유(冉有)가 마부다)

(명사) 마차를 모는 사람. (駕車的人) [복, pú]

→ 魏絳戮其僕 『左傳·襄公三年』
위강(魏絳<Wèijiàng>)이 그의 마부(其僕)를 죽이다.

— [견해]

이 문장에 대해서 모든 학자들이 '염유가 (공자를 위해) 마차를 몰다'라고 주석했는데 동사(마차를 몰다)가 아니라 '명사(마부;마차를 모는 사람)'으로 보아야 하고(『漢語大字典』外) 이 경우 계사(繫辭, copular, 1-2 = 판단동사) '爲, 維'등이 생략되었다고 볼 수 있다. 현대중국어는 명사가 계사와 함께 쓰여 명사서술어가 될 수 있고(→ 這是書

이것은 책이다), 계사 없이 명사서술어가 될 수 있다(→ 他香港人 그는 홍콩사람이다 → 今天星期三 오늘은 수요일이다). 고대중국어도 마찬가지로 명사는 계사(=판단동사)와 함께 쓰여서 명사 서술어가 될 수 있고(→ 其爲仁之本與! 그것이 인의 기초이다. 『論語·學而』), 계사 없이 명사서술어가 될 수 있다(→ 是子也, 熊虎之狀, 而豺狼之聲 이것이 새끼인데 곰과 호랑이 모습이고 승냥이와 이리의 소리다. 『左傳·宣公四年』).

庶矣哉! (많구나!)

(형용사) 많다. (多, 衆多) [서, shù]

→ 舜明於庶物, 察於人倫 『孟子·離婁章下』
순임금은 많은 일을 이해했으며 사람과 사람 사이의 윤리 관계를 살폈다.

13-10. 子曰: “苟有用我者, 期月而已可也, 三年有成.”

子曰:	“苟	有…A(者)	用我		(有)A…者,
공자가 말하다	(접)만약. ‘가정,조건’(4-4)	A(동사구)하는 사람이 있다	나를 임용하다 [用:(동)임용하다,임명하다,파견하다(7-10)]		A(동사구)하는 사람이 있다
공자가 말했다. “만약 나를 임용하는 사람이 있다면 [조건가정절(1-1)]					
期月	**而**	**已**	**可**	**也,**	**三年**
(명)만 일 년	(접)가정,조건. ‘만약~하면’(5-17)	(부)매우.너무(8-10)	(형)괜찮다, 적절하다(1-15)	(어기)멈춤, 완만(3-1)	3년
만(滿) 일 년이면 매우 괜찮고…					3년…
(而)有成.”					
(…이면) 성공하다/효과가 있다/성취가 있다.					
…이면 성공한다.”					

번역 공자가 말했다. “만약 나를 임용하는 사람이 있다면, 만(滿) 일 년이면 매우 괜찮고, 3년이면 성공한다.”

語法과 語彙

期月而已可也 (만 일 년이면 매우 괜찮다)

(명사) 만 일 년. (一整年)

→ 觀政於亭傳, 責成於期月 『後漢書·左雄傳』
정전(亭傳:고대 여행객과 공문을 전달하는 사람이 도중에 쉬고 묶는 장소. 古代供旅客和傳遞公文的人途中歇宿的處所)에서 정치상황을 관찰하(觀政:察知政情)면 만 일 년에 임무가 완성되다.

三年(而)有成 (3년이면 성공한다)

(동사) 성공하다; 효과가 있다; 성취가 있다. (成功;有成效;有成就)

→ 次孫榮孫, 相貌英發, 聲音宏郎, 或可有成 (清·惲敬『與二小姐』)
둘째 손자 형손(榮孫)은 용모(相貌)가 두드러지고(英發) 목소리(聲音)가 카랑카랑한(宏<굉, hóng>) 남자(郎<랑, láng>)인데 아마도(或) 성취가 있을 것이다(可有成).

13-11. 子曰: "'善人爲邦百年, 亦可以勝殘去殺矣.' 誠哉, 是言也!"

子曰:	"'善人	爲	邦	百年,	亦
공자가 말하다	(명)도덕을 갖춘 사람(7-25)	(동)통치하다, 다스리다(11-26)	(명)제후의 나라(12-2)	100년	(부)판단.'((단지)~이다)'(7-15)
공자가 말했다. "'도덕을 갖춘 사람이 제후의 나라를 100년 통치한(다면) [가정절]					
可以	**勝殘**	**去殺**	**矣.'**	**誠**	**哉,**
(조동사)~할 수 있다(2-10)	(동)포악한 사람을 억제시키다	(동)사형을 사용하지 않다	(어기)미래상황에 대한 확신(1-7)	(형)진실하다, 사실이다	(어기)감탄. '문중'(3-4)
분명히 포악한 사람을 억제시키어 그가 악한 행동을 못하게 하고 시형을 사용하지 않을 수 있다.'				사실이다!	
是		**言**	**也!"**		
(대)재지시.'이'(2-7) [여기서는 한정어로 쓰였다(9-27)]		(명)말.언사. 한마디(2-2)	(어기)판단(동사,형용사술어끝)(11-15)		
이 말은!"					

번역 공자가 말했다. "'도덕을 갖춘 사람이 제후의 나라를 100년 통치한다면 분명히 포악한 사람을 억제시키어 악한 행동을 못하게 하고 사형을 사용하지 않을 수 있다.' 사실이다! 이 말은!"

語法과 語彙

亦可以勝殘去殺矣 (분명히 포악한 사람을 억제하고 사형을 사용하지 않을 수 있다)

(동사) 잔인하고 포악한 사람을 억제하여 그가 악한 행동을 못하게 하다. (遏制殘暴的人, 使之不能作惡) [승잔, shèngcán]

→ 睹勝殘於期月, 見成俗於浹辰 (南朝·梁·何遜『七召·治化』)
만 일 년 동안(於期月) '포악한 사람을 억제하는(勝殘)' 걸 목격하고 협진(浹辰, 고대 시간을 나타내는 단위) 동안 '좋은 풍속을 만드는(成俗)' 걸 보다.

亦可以勝殘去殺矣 (분명히 포악한 사람을 억제하고 사형을 사용하지 않을 수 있다)

(동사) 사형을 사용하지 않다. (不用死刑)

誠哉, 是言也! (사실이다! 이 말은!)

(형용사) 진실이다;사실이다;거짓이 없다. (眞實)

→ 堯舜不復生, 將誰使定儒、墨之誠乎?" 『韓非子·顯學』
요순(堯舜) 임금이 '다시 살아오지 못하(不復生)'니 장차 누가 '유교와 묵가의 진실함(儒、墨之誠)'을 바로잡게 하겠는가?

誠哉, 是言也! (사실이다! 이 말은!)

(명사) 말, 언사, 한 마디 (一句話爲一言)

→ 軍中無戲言 『三國演禮·第四六回』

군대 내(軍中)에는 웃기는 한 마디(戲言) 없다(無). (분위기가 엄중하고 무거워 부담이 되었다)

(명사) 견해, 의견, 언론. (言論 ; 見解 ; 意見)

→ 如何昊天, 辟言不信 『詩經·小雅·雨無正』

하늘(昊天:蒼天)은 어떠한지에 대해 '왕의 견해(辟言<벽언, bìyán>)'를 믿지 않다.

13-12. 子曰: "如有王者, 必世而後仁."

<table>
<tr><th>子曰:</th><th>"如</th><th>有</th><th>王者,</th><th>必</th><th>世</th></tr>
<tr><td>공자가 말하다</td><td>(접)설령~해도</td><td>있다</td><td>왕도로 천하를 다스리는 군주</td><td>(부)꼭.반드시. 분명히(6-30)</td><td>(명)30년(2-23)</td></tr>
<tr><td>공자가 말했다.</td><td colspan="3">"설령 왕도로 천하를 다스리는 군자가 있더라도 [양보절(1-1)]</td><td colspan="2">반드시 30년</td></tr>
<tr><th>而後</th><th>仁."</th><td colspan="4" rowspan="3"></td></tr>
<tr><td>(접)~한 다음 (비로소)(5-20)</td><td>仁하다.</td></tr>
<tr><td colspan="2">다음에야 비로소 仁하다."</td></tr>
</table>

번역 공자가 말했다. "설령 왕도로 천하를 다스리는 군자가 있더라도 반드시 30년 다음에야 비로소 仁하다."

語法과 語彙

如有王者 (설령 왕도로 천하를 다스리는 군자가 있더라도)

— **[견해]**

이 문구는 '과장된 가정·조건의 승인을 통해서 양보를 나타내는(설사/설령~하더라도) 접속사'로 쓰이는 것이 가장 적합하다. 하지만 모든 공구서에는 이에 해당되는 의미 항목이 없고 단지 '가정·조건(만약~하면)'을 나타내는 접속사 밖에 없다. 학자들도 류종목 선생 제외하고(설사 왕도로 다스리는 성왕이 있다고 할지라도…) 모두 '조건·가정'의 접속사로 보았다. 때문에 이 문구는 '조건·가정'과 '양보'가 섞여 있는 독특한 표현이 된다(만약 王者가 있다 하더라도…). 하지만 이러한 표현은 한국어에서도 쓰이지 않는 것 같고(만약 지금 그가 온다하더라도 나는 가야 한다) 영어에서도 이러한 표현이 없는 것 같다(Although if he comes right now, I have to go). 따라서 본문의 如는 '과장된 가정·조건의 승인의 양보절(설사/설령~하더라도)'이라고 본다.

如有王者 (설령 왕도로 천하를 다스리는 군자가 있더라도)

(명사) 왕도(王道)로 천하를 다스리는 군주. (謂以王道治天下之君主)

→ 當戰國之强, 諸侯無道, 然孟子亦以爲有王者起 (宋·蘇轍『新論中』)
전국시대(戰國)가 강성할 때 제후는 도(道)가 없어 맹자 역시 왕도로 천하를 다스리는 군주가 생길 거라고 여겼다.

13-13. 子曰: “苟正其身矣, 於從政乎何有? 不能正其身, 如正人何?”

子曰:	“苟	正	其	身	矣,
공자가 말하다	(접)만약. '가정,조건'(4-4)	(동)바로잡다,바로 잡아고치다(1-14)	(대)其+명사(이,저) (한정어)(4-5)	(명)자기,자신(13-6)	(접)어기멈춤, 고름(4-4)
공자가 말했다. “만약 그 자신을 바로 잡는다면… [조건가정절(1-1)]					
於	**從政**	**乎**	**何有?**		**不能正**
(전)~에 대해… (6-8)	(동)정사에 참여하다(6-8)	(어기)음성 늘림·멈춤, 강조·감탄	(관용구)반문. 무슨 어려움이 있겠는가?…'(4-13)		바로 잡을 수 없다
정사에 참여하는 것에 대해 무슨 어려움이 있겠는가?					바로 잡을 수 없다 (면)
其身,	**如…A…(何?)**		**正人**	**(如…A…)何?**	
그 자신	(관용)A는 어떻게 할 것인가?(3-3)		타인을 바로 잡다	(관용)A는 어떻게 할 것인가?(3-3)	
그 자신을 [조건가정절]	타인을 바로 잡는 걸 어떻게 할 것인가?” (=타인을 바로 잡는 걸 어떻게 할 수 있겠는가? = 타인을 바로 잡을 수가 없다)				

번역 공자가 말했다. “만약 그 자신을 바로 잡는다면 정사에 참여하는 것에 대해 무슨 어려움이 있겠는가? 그 자신을 바로 잡을 수 없다면 타인을 바로 잡는 걸 어떻게 할 것인가?”

語法과 語彙

於從政乎何有? (정사에 참여하는 것에 대해 무슨 어려움이 있겠는가?)

(감탄어기사) 문중의 어떤 성분 뒤에 쓰여 음성(語音)을 길게 늘려주거나 짧게 멈추는 것을 보여주고 또는 앞의 성분에 대한 강조 혹은 감탄의 어기를 보여 준다.

→ 心乎愛矣, 遐不謂矣? 『詩經·小雅·隰桑』
마음은… 사랑하는데 왜(遐<하, xiá>:胡, 何) 말을 하지 않는가?

→ 時哉不我與, 去乎若雲浮! (晉·劉琨『重贈卢諶』)
시간은… '나를 기다려주지 않(不我與)'고 가는 것이… '구름이 떠다니(雲浮)'는 것 같구나!

13-14. 冉子退朝. 子曰: "何晏也?" 對曰: "有政." 子曰: "其事也. 如有政, 雖不吾以, 吾其與聞之."

冉子	退朝.	子曰:	"何	晏	也?"
염자.冉求=冉有=子有=求(3-6)	(동)퇴청하다(10-17)	공자가 말하다	(대)이유,원인. '왜'(3-24)	(형)늦다	(어기)의문(2-5)
염자(冉子)가 퇴청했다.		공자가 말했다. "왜 늦었느냐?"			
(冉子)對曰:	"有政."	子曰:	"其	事	也.
(염자가) 대구하여 말하다	(동)정사(政事)가 있다	공자가 말하다	(대)其+명사(이,그,저)(4-5)	(명)일	(어기)추측
(염자가) 대구하여 말했다.	"정사가 있었습니다."	공자가 말했다.	"그 일이었겠지.		
如	有政,	雖	不吾以,		吾
(접)만약~하면(7-11)	(동)정사(政事)가 있다	(접)비록~지만(5-1)	나를 등용시키지 않다[以:(동)쓰다,등용하다(11-26)]['부정부사(不)+목적어(吾)+동사(以)']		(대)나,우리 '주어,한정어…'(13-18)
만약 정사가 있었다면, [조건가정절]		비록 나를 등용시키지 않았더라도 [양보절(1-1)]			나는
其		與	聞	之."	
1.(부)추측'아마도'(5-7) 2.(어기사) 멈춤		(동)참여하다(3-12) [yù]	(동)듣다	그 일 [(대)재지시(2-1)]	
아마도 참여하여 그것을 들었을 것이다" or 나는…참여하여 그것을 들었을 것이다."					

번역 염자(冉子)가 퇴청했다. 공자가 말했다. "왜 늦었느냐?" 염자가 대구하여 말했다. "정사(政事)가 있었습니다." 공자가 말했다. "그 일이었겠지. 만약 정사(政事)가 있었다면, 비록 나를 등용시키지 않았더라도 나는 참여하여 그 일을 들었을 것이다."

語法과 語彙

子曰: "何晏也?" (공자가 말하다. "왜 늦는가?")

(형용사) 늦다(晚, 遲) [안, yàn]

→ 二子待君日晏, 公不來至 『呂氏春秋·愼小』
두 자식(二子)이 선생(君)을 기다리다 날이 늦었는데 선생(公)은 오지 않았다.

對曰: "有政." (대구하여 말하다. "정사(政事)가 있다")

(동사) 정사가 있다. (有政事)

子曰: "其事也. 如有政, 雖不吾以, 吾其與聞之." (그 일이었겠지. 만약 정사(政事)가 있었다면, 비록 나를 등용하지는 않았지만 나는 참여하여 그 일을 들었을 것이다.")

— [견해]

먼저 학자들이 설명하려는 '也'를 포함하여 이 문장을 어떻게 주석하는지 보면 다음과 같다.

- "그의 집안일이겠지. 만약 정치에 관한 일이 있었다면, 비록 내가 임용되고 있지는 않으나, 나도 그것에 대하여 들었을 것이다."(김학주, 2017)
- "사무였겠지. 만약 정사가 있었다면 비록 나를 써주지 않았으나 내가 참여하여 들었을 것이다."(이기동, 2011)
- "사사로운 일이었을 것이다! 만약 중요한 정무였다면, 내가 비록 벼슬의 자리에는 있지 않으나, 나에게 반드시 상의했을 것이다."(김용옥, 2008)
- "정사가 아니라 그의 개인적인 일이다. 만약 정사가 있었다면 비록 그가 나를 등용하지는 않았지만 나도 참여하여 그것을 들었을 것이다."(류종목, 2000)
- "아마도 계씨네 집안일이겠지. 만약 정사가 있었다면 비록 나를 쓰지는 않았지만 나는 여전히 알 수 있었을 것이다(怕是季氏家事吧.如有政事, 雖然不用我了, 但我還是能知道的)"(陳曉芬, 2016)
- "아마도 일상사이었겠지! 만약 정무가 있었다면 비록 나의 의견을 쓸 수는 없었겠지만 분명히 나에게 알려주었을 것이다!(恐怕只是常事吧！ 如果有政, 雖然不能用我的意見, 但一定會告訴我的！)"(毛子水, 2009)
- "그건 단지 사무일 뿐이다. 만약 정무가 있었다면 비록 나를 쓰지는 않았지만 나도 알 수 있었을 것이다(那只是事務罢了.若是有政務, 雖然不用我了, 我也會知道的)"(楊伯峻, 2006)

논어이든 다른 고대 중국어 원전이든 텍스트 이외의 글을 동원할 필요가 거의 없다. 사건 배경과 인물 관계를 알면 물론 큰 도움이 되지만 그것들을 몰라도 텍스트 자체는 충분히 분명한 의미를 담고 있다. 때문에 본문 '其事也'는 [其(그) + 事(일) + 也(이다) → 그 일이다]가 된다. 하지만 문맥으로 보아 대부분의 학자가 그렇게 말했듯이 이 문장은 '추측'의 어기를 가져야 한다. 때문에 어조사 '也'는 '추측의 어기사'가 되어야 한다. 하지만 고대중국어에서 어기사 也는 '추측'으로 쓰이지 않는다. 혹은 학자들이 구분을 하지 않았을 수도 있다. 고대중국어 허사 사전 모두 추측의 의미를 기록하지 않았고 그것에 국한하여 분석한다면 어조사 也는 '판단의 어기사'일 수 있다(그 일이다). 즉 공자, 염유 그리고 기록한 사람들이 아는 그때 그 사건인 것이라고 볼 수 있다. 그것을 진소분(陳曉芬) 선생은 '계씨'의 집과 관련된 일로 보았다. 여기서는 '야(也)'를 '추측의 어기사'로 본다.

吾其與聞之 (나는 참여하여 그 일을 들었을 것이다)

— [견해]

이 문장에서의 '其'는 상기한 것처럼 '추측의 부사(아마도)'로 써도 되지만 '어기 멈춤'으로 쓰여도 '가능(possbile)'의 의미를 갖고 있기 때문에 분명하게 '추측'을 언급했다고 보는 것보다 더 격조가 있다고 생각한다.

13-15. 定公問: “一言而可以興邦, 有諸?” 孔子對曰: “言不可以若是其幾也. 人之言曰: ‘爲君難, 爲臣不易.’ 如知爲君之難也, 不幾乎一言而興邦乎?” 曰: “一言而喪邦, 有諸?” 孔子對曰: “言不可以若是其幾也. 人之言曰: ‘予無樂乎爲君, 唯其言而莫予違也.’ 如其善而莫之違也, 不亦善乎? 如不善而莫之違也, 不幾乎一言而喪邦乎?”

定公問:		“一言	而	可以	興
정공(定公)이 묻다 [정공(定公):노나라군주(3-19)]		(명)말.언사. 한 마디(2-2)	(접)주+而+술. ‘가정,강조…’(2-13)	(조동사) ~할 수 있다(2-10)	번성하게 하다 (13-3)[동→사동]
(노나라 왕) 정공(定公)이 물었다.		“말 한 마디가 제후의 나라를 번성하게 할 수 있다,			
邦,	**有諸?”**	**孔子對曰:**	**“言**	**不可以**	**若**
(명)제후의 나라 (12-2)	그런 것이 있는가? [諸:(6-6)]	공자가 대구하여 말하다	(명)말.언사. 한 마디(2-2)	~할 수 없다	(동)~와 같다 (8-5)
	그런 것이 있습니까?”	공자가 대구하여 말했다.	“말은 이러한		
是其		**幾**	**也.**	**人之言曰:**	
[是:(대)이.‘한정어’(9-27)][其:(조)是其]		(명)메커니즘 (mechanism)	(어기)판단 (동사,형용사술어끝) (11-15)	사람들의 말은 말하다 [之:(조사)수식,종속관계.~의’ (3-2)]	
메커니즘(=발전의 내부 규율)과 같을 수 없습니다.				사람들의 말은 말합니다. → 사람들은 말합니다.	
爲君		**難,**	**爲臣**	**不易.’**	**如**
왕을 맡다 [爲:(동)맡다, 역임하다(2-10)] [명사구 주어]		(형)어렵다	신하를 맡다 [명사구 주어]	(형)쉽지 않다	(접)만약~하면 (7-11)
‘왕을 맡(는 것은) 어렵(고)			신하를 맡(는 것은) 쉽지 않다.’		만약
知爲君之難	**也,**	**不**	**幾乎(A)**	**一言而興邦**	
왕을 맡는 것이 어렵다는 것을 알다	(어기)멈춤, 완만(3-1)	(부)동사술어 앞. ‘~하지 않다’(7-14)	(동)A에 가깝다	말 한 마디로 나라를 번성하게 하다	
왕을 맡는 것이 어렵다는 것을 안다면		말 한 마디가 나라를 번성하게 하는 것에 가깝지 않겠습니까?” = 말 한 마디가 나라를 번성하게 할 수 있다			
乎?”	**(定公)曰:**	**“一言而喪邦,**		**有諸?”**	**孔子對曰:**
(어기)반문(1-1)	정공이 말하다	말 한 마디가 나라를 잃게 하다 [喪:(동)잃다, 상실하다(3-24)]		그런 것이 있는가? [諸:(6-6)]	공자가 대구하여 말하다
	(정공이) 말했다.	“말 한 마디가 나라를 잃게 하다,		그런 것이 있습니까?”	공자가 대구하여 말했다.
“言不可以若是其幾也.		**人之言曰:**		**‘予**	**無**
말은 이러한 메커니즘(=발전의 내부 규율)과 같을 수 없다.		사람들의 말은 말하다 [之:(조사)수식,종속관계.~의’ (3-2)]		(대)나.저(6-28)	(동)없다(9-2)
말은 이러한 메커니즘과 같을 수 없습니다.		사람들의 말은 말합니다. → 사람들은 말합니다.		‘나는	

<table>
<tr><th>樂</th><th>乎</th><th>爲君,</th><th>唯</th><th>其</th><th>言</th></tr>
<tr><td>(명)즐거움(7-15)</td><td>(전)~에 대해
(2-16)</td><td>왕을 맡다
[명사구]</td><td>(부)상황제한.
'다만'(7-33)</td><td>(조)수식어+其+서술어.'부각…'(5-18)</td><td>(동)말하다(7-17)</td></tr>
<tr><td colspan="3">왕을 맡는 것에 대해 즐거움이 없(는데/지만/…) [양보절]</td><td colspan="3">다만 말을 하면 [조건가정절]</td></tr>
<tr><th>而</th><th colspan="4">莫予違</th><th>也.'</th></tr>
<tr><td>(접)동작+而+동작
'조건,가정'(4-17)</td><td colspan="4">아무도 나를 거역하지 않다 [(대)행위주체 없음.'아무도 ~않다'(4-14)]
[違:(동)거역하다,위배하다(2-5)] [무지시대명사(莫)+목적어(予)+동사(違)'의 통사]</td><td>(어기)진술강조
(2-17)</td></tr>
<tr><td colspan="6">아무도 나를 거역하지 않는다.'</td></tr>
<tr><th>如</th><th>其</th><th>善</th><th>而</th><th>莫之違</th><th>也,</th></tr>
<tr><td>(접)만약~하면
(7-11)</td><td>그 말이(대)
주어(명사+之)(4-6)</td><td>(형)올바르다,
옳다, 정확하다</td><td>(접)동작의 선후.
'~다음'(6-15)</td><td>아무도 그 말을 거역하지 않다</td><td>(어기)멈춤,
완만(3-1)</td></tr>
<tr><td colspan="6">만약 그 말이 올바르고 아무도 그 말을 거역하지 않는다면</td></tr>
<tr><th>不亦A(乎?)</th><th>善</th><th>(不亦)A乎?</th><th colspan="3">如不善而莫之違也,</th></tr>
<tr><td>반문.
'역시A아닌가?'(1-1)</td><td>(형)좋다(12-11)</td><td>반문.
'역시A아닌가?'(1-1)</td><td colspan="3">만약 그 말이 올바르지 않고 아무도 그 말을 거역하지 않는다면
[부정부사(莫)+목적어(之)+동사(違)'의 통사]</td></tr>
<tr><td colspan="3">역시 좋지 않겠습니까?</td><td colspan="3">만약 그 말이 올바르지 않고 아무도 그 말을 거역하지 않는다면</td></tr>
<tr><th colspan="4">不幾乎一言而喪邦乎?"</th><td colspan="2" rowspan="3"></td></tr>
<tr><td colspan="4">말 한 마디가 나라를 잃게 하는 것에 가깝지 않겠습니까?"</td></tr>
<tr><td colspan="4">말 한 마디가 나라를 잃게 하는 것에 가깝지 않겠습니까?"
= 말 한 마디가 나라를 잃게 할 수 있다"</td></tr>
</table>

번역 노(魯)나라 왕 정공(定公)이 물었다. "말 한 마디가 제후의 나라를 번성하게 할 수 있다, 그런 것이 있습니까?" 공자가 대구하여 말했다. "말은 이러한 메커니즘(=발전의 내부 규율)과 같을 수 없습니다. 사람들은 말합니다. '왕을 맡는 것은 어렵고, 신하를 맡는 것은 쉽지 않다.' 만약 왕을 맡는 것이 어렵다는 것을 안다면 '말 한 마디가 나라를 번성하게 하는 것에 가깝지 않겠습니까(=말 한 마디가 나라를 번성하게 할 수 있다)?'"

정공이 말했다. "말 한 마디가 나라를 잃게 하다, 그런 것이 있습니까?" 공자가 대구하여 말했다. "말은 이러한 메커니즘(=발전의 내부 규율)과 같을 수 없습니다. 사람들은 말합니다. '나는 왕을 맡는 것에 대해 즐거움이 없지만 다만 말을 하면 아무도 나를 거역하지 않는다.' 만약 그 말이 올바르고 아무도 그 말을 거역하지 않는다면 역지 좋지 않겠습니까? 만약 그 말이 올바르지 않고 아무도 그 말을 거역하지 않는다면 '말 한 마디가 나라를 잃게 하는 것에 가깝지 않겠습니까?(= 말 한 마디가 나라를 잃게 할 수 있다)'."

語法과 語彙

言不可以若是其幾也 (말은 이러한 메커니즘(=발전의 내부 규율)과 같을 수 없다)

(조사) 대명사 앞이나 대명사 뒤에 쓰여 '其誰, 其孰, 誰其, 此其, 彼其, 夫其, 是其, 何其, 曷其, 胡其' 등의 구조를 만들고 '其'는 번역을 하지 않아도 된다.

→ 而後知此其大夢也" 『莊子·齊物論』

그런 다음 이 큰 꿈을 알다.

→ 是其爲人也, 有粮者亦食, 無粮者亦食 『戰國策·齊策四』

이(是) (사람의) 사람됨(爲人)은(也) 양식이 있으면(有粮者) 역시(亦) 먹고(食), 양식이 없어면(無粮者) 역시(亦) 먹는다(食).

言不可以若是其幾也 (말은 이러한 메커니즘(=발전의 내부 규율)과 같을 수 없다)

(명사) 사물이 발전하는 내부 규율;메커니즘(mechanism). (事物發展的內部規律) [기, jī]

→ 寂感之蘊, 深究其所自來, 是曰通幾 (明•方以智『物理小識•自序』)
감정의 깊은 곳(感之蘊)을 고요하게 하고(寂), 그것이 오는 곳(其所自來)을 깊이 연구할 수 있는(深究) 것, 이것을 '사물이 발전하는 내부 규율에 통달했다(通幾)'고 말한다.

不幾乎一言而興邦乎? (말 한 마디가 나라를 번성하게 하는 것에 가깝지 않겠는가?)

(동사) ~에 가깝다. (接近於)

→ 易不可見, 則乾坤或幾乎息矣 『易•繫辭上』
역(易)이 보이지 않을 수 있으면 건괘(乾卦)와 곤괘(坤卦)는 아마도(或:也許) '멈추고 있는 것에 가까울(幾乎息)'것이다.

(부사) 거의; 보통 거의 발생하는 정도에 도달했지만 결과가 아직 발생하지 않음을 말한다. (差點兒. 多謂達到了即要發生而結果未發生的程度)

如其善而莫之違也 (만약 그것이 올바르고 아무도 그것을 거역하지 않는다면)

(형용사) 정확하다, 올바르다, 옳다. (正確)

→ 善政, 民畏之;善教, 民愛之 『孟子•盡心上』
올바른 정치(善政), 백성은 그것을 두려워하고(民畏之), 올바른 가르침(善教), 백성은 그것을 좋아한다(民愛之).

13-16. 葉公問政. 子曰: "近者說, 遠者來."

<table>
<tr><th colspan="2">葉公</th><th colspan="2">問政.</th><th>子曰:</th><th>"近</th></tr>
<tr><td colspan="2">(인명)섭공(葉公)=자고(子羔)=柴(시)(7-18)</td><td colspan="2">정치에 대해 묻다
[問A:A에 대해 묻다(12-10)]</td><td>공자가 말하다</td><td>(형)가깝다</td></tr>
<tr><td colspan="4">섭공(葉公)이 정치에 대해 물었다.</td><td colspan="2">공자가 말했다. "가까운</td></tr>
<tr><th>者</th><th colspan="2">說,</th><th>遠者</th><th colspan="2">來."</th></tr>
<tr><td>(조사)~한 사람,
~한 것(1-2)</td><td colspan="2">(형)기쁘다[(1-1)<yuè>][형→사동]</td><td>멀리 있는 사람</td><td colspan="2">(동)오다 [동→사역]</td></tr>
<tr><td colspan="3">사람을 기쁘게 하(고) [목적어(近者)+사역동사(說)]</td><td colspan="3">멀리 있는 사람을 오게 하(는 것입니다)"
[목적어(遠者)+사역동사(來)]</td></tr>
</table>

번역 섭공(葉公)이 정치에 대해 물었다. 공자가 말했다. "가까운 사람을 기쁘게 하고 멀리 있는 사람을 오게 하는 것입니다."

語法과 語彙

近者說, 遠者來 (가까운 사람을 기쁘게 하고 멀리 있는 사람을 오게 하다)

→ 天之將喪斯文也 『論語·子罕』
하늘이 이 예악제도를 잃게 하려 하다.

→ 譬如平地, 雖覆一簣, 進, 吾往也 『論語·子罕』
예를 들어 땅을 편평하게 할 때 비록 한 삼태기(簣<궤, kuì>)를 덮어서 나아갔다면 그건 내가 나아간 것이다.

→ 祭肉不出三日 『論語·鄕黨』
제사 고기는 3일을 넘지 않게 하다.

→ 子貢問政. 子曰: "足食, 足兵" 『論語·顔淵』
자공(子貢)이 정치에 대해 물었다. 공자가 말했다. "양식을 충분하게 해주고, 무기를 충분하게 해주는 것이다."

→ 君子成人之美, 不成人之惡 『論語·顔淵』
군자(君子)는 타인의 훌륭한 것을 이루게 해주고, 타인의 나쁜 것을 이루지 못하게 한다.

— **[견해]**

본문의 통사를 있는 그대로 '주어+동사'로 본다면 해석은 '가까운 사람이 기뻐하고, 멀리 있는 사람이 오는 것이 정치다'가 된다. 그리고 이 해석은 '정치가 무엇이다'라는 물음에 대한 충분한 대답이 될 수 있다. 문제는 '동사'를 '사역동사'로 보는 경우인데, 형용사나 동사가 사동용법으로 품사활용 될 때는 예문 다섯 개에서 보듯이 목적어는 사역동사 다음에 놓인다.

하지만 본문의 통사를 '목적어+사역동사'로 볼 경우 의미는 문제 없다(가까운 사람을 기쁘게 하고 멀리 있는 사람을 오게 하다). 다만 이러한 해석이 가능하기 위해선 [목적어+사역동사]로 쓰인 용례를 더 많이 제시해야 할 것 같다. 여기서는 여러 학자들의 주석처럼 그리고 또 하나의 통사구조(목적어+사역동사)가 가능한지에 대한 의문점을 제시하는 점에서 본문처럼 해석한다.

13-17. 子夏爲莒父宰, 問政. 子曰: "無欲速, 無見小利. 欲速, 則不達, 見小利, 則大事不成."

子夏	爲	莒父	宰,	問政.	子曰:
(인명)자하(1-7)	(동)맡다, 역임하다(2-10)	(지명)거보[jǔfù]	(명)경대부의 가신 (5-8)	정치에 대해 묻다 [問A:(12-10)]	공자가 말하다
자하(子夏)가 거보(莒父)의 가신을 맡았(을 때) [시간절(1-1)]				정치에 대해 물었다.	공자가 말했다.
"無	**欲速,**	**無**	**見**	**小利.**	**欲速,**
(부)금지,충고,명령 (6-13)	서두르려 하다 [欲:(2-4)]	(부)금지,충고,명령 (6-13)	(동)보다	작은 이익	서두르려 하다
"서두르려 하지 말(고)		작은 이익을 보지마라.			서두르려 하…
則	**不達,**	**見小利,**	**則**	**大事不成."**	
(접)조건+則+결과 (1-6)	(동)뜻을 이루지 못하다	작은 이익을 보다	(접)조건+則+결과 (1-6)	큰일을 이루지 못하다	
…면 뜻을 이루지 못하(고)		작은 이익을 보…	…면 큰일을 이루지 못한다."		

번역 자하(子夏)가 거보(莒父)의 가신을 맡았을 때 정치에 대해 물었다. 공자가 말했다. "서두르려 하지 말고 작은 이익을 보지마라. 서두르려 하면 뜻을 이루지 못하고 작은 이익을 보면 큰일을 이루지 못한다."

語法과 語彙

子夏爲莒父宰 (자하(子夏)가 거보(莒父)의 가신을 맡다)

(지명) 거보(莒父)는 노나라에 속한 중요한 도시로 오늘날 산동성 거현(莒縣)이고 곡부에서 동쪽으로 멀리 떨어져 있다. (김용옥, 2008) [거보, jǔfù]

欲速, 則不達 (서두르려 하면 뜻을 이루지 못하다)

(동사) 뜻을 이루지 못하다; 지위가 높고 귀하지 못하다. (不得志; 不顯貴)

→ 商容不達, 身祇辱焉 『史記·樂毅列傳』
상용(商容)은 뜻을 이루지 못해 자신(身)은 다만(祇) 그것에 대해 치욕스럽다고 여기다.

13-18. 葉公語孔子曰: “吾黨有直躬者, 其父攘羊, 而子證之.” 孔子曰: “吾黨之直者異於是, 父爲子隱, 子爲父隱. 直在其中矣.”

<table>
<tr><th>葉公</th><th>語</th><th>孔子</th><th>曰:</th><th>“吾</th><th>黨</th></tr>
<tr><td>섭공=자고(子羔)=柴(시)(7-18)</td><td>語A(사람):A에게 말하다(3-23)</td><td>공자</td><td>말하다</td><td>(대)나,우리 ‘주어,한정어…’(13-18)</td><td>(명)500가구 마을(5-22)</td></tr>
<tr><td colspan="4">섭공(葉公)이 공자에게 다음처럼 말했다. [A語B曰C:고대중국어의 특징으로 ‘A가B에게 C이하를 말하다’ 정도에 해당한다고 본다]</td><td colspan="2">“우리 마을(에는=은)</td></tr>
<tr><th>有</th><th>直躬</th><th>者,</th><th>其</th><th>父</th><th>攘羊,</th></tr>
<tr><td>(동)있다</td><td>정도(正道)로 생활하다</td><td>(조사)~한 사람, ~한 것(1-2)</td><td>(대)그의…‘복수可’(1-7)</td><td>(명)아버지</td><td>양(羊)을 훔치다</td></tr>
<tr><td colspan="3">정도(政道)로 생활하는 사람이 있(는데)</td><td colspan="3">그의 아버지가 양(羊)을 훔쳤지…</td></tr>
<tr><th>而</th><th>子證</th><th>之.”</th><th>孔子曰:</th><th>“吾黨</th><th>之</th></tr>
<tr><td>(접)전환. ‘그러나’(1-1)</td><td>자식이 고발하다</td><td>아버지. (대)재지시(2-1)</td><td>공자가 말하다</td><td>우리 마을</td><td>(조사)수식,종속관계.~의’ (3-2)</td></tr>
<tr><td colspan="3">…만 자식이 아버지를 고발했습니다.”</td><td colspan="3">공자가 말했다. “우리 마을의</td></tr>
<tr><th>直者</th><th>異</th><th>於</th><th>是,</th><th>父</th><th>爲</th></tr>
<tr><td>올바른 사람</td><td>(형)다르다</td><td>(전)발생장소, 출현범위(1-14)</td><td>(대)재지시. ‘이것’(2-7)</td><td>(명)아버지</td><td>(전)목적.‘~을 위하’(3-22)<wèi></td></tr>
<tr><td colspan="4">올바른 사람은 이것(=올바른 것)에 있어서 다른(데)</td><td colspan="2">아버지는 자식을 위하여</td></tr>
<tr><th>子</th><th>隱,</th><th>子爲父隱.</th><th>直</th><th>在</th><th>其</th></tr>
<tr><td>(명)자식</td><td>(동)숨다,숨기다(7-23)[은,yǐn]</td><td>자식은 아버지를 위해서 숨기다</td><td>(형)올바르다 [형용사→명사]</td><td>(동)~에 있다(5-1)</td><td>그것의 [(대)복수可(1-7)]</td></tr>
<tr><td colspan="2">숨기(고)</td><td>자식은 아버지를 위해서 숨깁니다.</td><td colspan="3">올바름은 분명 그 안에(=그것의 가운데에) 있을 겁니다.”</td></tr>
<tr><th>中</th><th>矣.”</th><td colspan="4" rowspan="3"></td></tr>
<tr><td>(명)중간</td><td>(어기)미래상황 확신(1-7)</td></tr>
<tr><td colspan="2"></td></tr>
</table>

번역 섭공(葉公)이 공자에게 다음처럼 말했다. “우리 마을에는 정도(政道)로 생활하는 사람이 있는데 그의 아버지가 양(羊)을 훔쳤지만 자식이 아버지를 고발했습니다.” 공자가 말했다. “우리 마을의 올바른 사람은 이것(=올바름)에 있어 다른데, 아버지는 자식을 위해서 숨기고 자식은 아버지를 위해서 숨깁니다. 올바름은 분명 그 안에 있을 겁니다.”

語法과 語彙

葉公語孔子曰 (섭공(葉公)이 공자에게 다음처럼 말하다)

— [견해]

고대중국어의 특징으로 통사를 ‘A語B曰C’로 볼 경우 ‘A가B에게 말했다. C이하를’ 정도에 해당한다고 본다.

吾黨有直躬者 (우리 마을에는 정도(政道)로 생활하는 사람이 있다)

(1인칭대명사) 1인칭대명사 '오(吾)'는 주로 선진(先秦)시기에 사용되어 주어, 한정어로 쓰였고 만약 목적어로 쓰이면 반드시 부정문에서 사용되었고 또한 동사 앞에 놓여야 했다. (康瑞琮, 2008)

고대중국어의 특징 중 하나는 인칭대명사의 단수와 복수가 동일하다는 것인데 이에 대한 용례를 고대중국어 문법서에 기록하지는 않았다. 단복수가 동형이라는 설명으로 다음의 것이 있다. "문언문의 특징에 따라 우리는 겸칭, 존칭, 인칭대명사의 단수와 복수의 동형을 토론할 것이다(根據文言文的特點, 我們還將討論謙稱、尊稱、人稱代詞的單數和復數同形)." 여기서는 '우리' 복수로 보기로 한다.

→ (주어) 吾何快於是? 將以求吾所大欲也 『孟子·梁惠王上』
내가 어찌 이것을 즐기겠는가? 장차 이것으로 내가 크게 욕망하는 것을 찾는다.

→ (한정어) 今雖死乎此, 比吾鄰之死, 則已後矣 (唐·柳宗元『捕蛇者說』)
지금 비록 '여기서 죽지(死乎此)'만 '나의 이웃의 죽음(吾鄰之死)'과 비교하면 '나는 이미 늦다(已後矣)'.

→ (목적어) 子皮曰: "愿, 吾愛之, 不吾叛也" 『左傳·襄公三十二年』
자피(子皮)가 말한다. "성실하여 나는 그를 좋아하고 나를 배반하지 않는다."

→ (복수) 吾之所長, 吾出而用之, 彼將不與吾校 (宋·蘇洵『心術』)
우리의 장점은 우리가 그것을 드러나게 하고 사용하니 너희는 우리와 비교 대결할 수 없다.

吾黨有直躬者 (우리 마을에는 정도(政道)로 생활하는 사람이 있다)

(동사) 정도(正道)로 생활하다. (以直道立身)

→ 直躬, 直身而行也 - 何晏集解引孔安國曰(하안何晏(?-249)이 집해할 때 공안국孔安國(BC156~BC74(82세))을 인용하여 말하다)
직궁(直躬)은 '올바른 道로 몸을 세워(直身:以直道立身)' 행동하는 것이다.

其父攘羊 (그의 아버지가 양(羊)을 훔치다)

(동사) (세력을 이용하여)빼앗다, 훔치다. (侵奪, 偷竊) [양, rǎng]

→ 今殷民乃攘竊神祇之犧牷牲 『書·微子』
지금(今) 은나라 백성(殷民)이 '하늘신과 땅신(神祇)'의 제사용 온전한 가축(犧牷牲<희전생, xīquánshēng>)을 훔친다(攘竊).

其父攘羊, 而子證之 (그의 아버지가 양(羊)을 훔쳤지만 자식이 아버지를 고발했다)

(동사) 고발하다. (告發)

→ 證, 告也 『說文·言部』
증(證)은 고(告:알리다, 고발하다)이다.

吾黨之直者異於是 (우리 마을의 올바른 사람은 이것(=올바름)에 있어 다르다)

(형용사) 올바르다, 정의에 부합하다. (正, 合乎正義的)

吾黨之直者異於是 (우리 마을의 올바른 사람은 이것(=올바름)에 있어 다르다)

— [견해]

이 문장의 '어(於)'에 대해서 모든 학자들이 '~와 다르다(與此不同, 和你們不同, 和這不同)'라고 주석하였는데 고대 중국어 조사 於에는 '동작주(주어)가 동작을 할 때 동작주와 대립되거나 서로 호응하는 대상을 이끄는(~와:跟, 和, 同) 대상전치사' 용법이 없다. 이 문장의 於는 '동작행위의 발생 장소, 출현의 범위, 향하는 방향을 보여주는 전치사'로 본다.

→ 敏於事而愼於言 『論語·學而』
일에 민첩하고 말에 신중하다.

→ 吾十有五而志於學 『論語·爲政』
나는 15살에 학문에 뜻을 두었다.

— [본문 내용에 대한 보충]

중국사상사를 통하여 항상 문제가 되는 유명한 장이다. 서양의 이성주의와 동양의 합리주의가 얼마나 성격이 다른가를 보여주는 공자의 언급이다. 비단 동양과 서양의 문제가 아니라 동방 자체의 전통 내에서도 이 장의 내용은 유가(儒家)와 법가(法家)를 가르는 기준이 되었다. 법가의 입장에서 보면 이 장의 공자의 말은 결코 수긍될 수 없다.

공자의 입장은 사회정의(social justice)라는 객관적 주제를 다루고 있는 것이 아니라, '올바름(直)'이라는 특별한 감정을 말하고 있다. 우선 아버지의 잘못을 숨겨주는 것이, 내 가슴속에서 있는 그대로 우러나오는 '올바른 감정'이라는 것이다.

법제적 합리성(legal rationality)은 항상 한계가 있다. 인간의 도덕성이라는 것은 상황성(situationality)과 시중성(temporality)이 있다. (김용옥, 2008)

13-19. 樊遲問仁. 子曰: "居處恭, 執事敬, 與人忠. 雖之夷狄, 不可棄也."

樊遲	問仁.	子曰:	"居處	恭,	執事
번지(樊遲)=번수(樊須)(2-5)	(동) 問A:A에 대해 묻다(12-10)	공자가 말하다	평일의 겉모습과 모든 행동[명→동]	(형)겸손하고 예의 있다(5-16)	(동)일하다, 일을 주관하다
번지(樊遲)가 인(仁)에 대해 물었다.		공자가 말했다.	"평상시 행동할 (때는) 겸손하고 예의가 있(고) [시간긴축복문(11-14)]		일할(때에는)
敬,	**與人**	**忠.**	**雖**	**之**	**夷狄,**
(형)공손하다, 정중하다(5-16)	(동)민심을 얻다	(동)몸과 마음을 다하다(12-14)	(접)비록~지만(5-1)	(동)가다(3-11)	(명)동쪽과 북쪽의 부족(3-5)
공손하(고) [시간긴축복문(11-14)]	민심을 얻을 (때에는) 몸과 마음을 다한다 [시간긴축복문(11-14)]		비록 동쪽과 북쪽의 부족에 가더라도 [양보절(1-1)]		
不可	**棄**	**也."**			
(관용)~할 수 없다(8-6)	(동)잊다. 잊어버리다	(어기)진술강조(2-17)			
잊어버릴 수 없다."					

번역 번지(樊遲)가 인(仁)에 대해 물었다. 공자가 말했다. "평상시 행동할 때는 겸손하고 예의가 있고, 일할 때에는 공손하고, 민심을 얻을 때에는 몸과 마음을 다한다. 비록 동쪽과 북쪽의 부족에 가더라도 '잊어버릴 수 없다(=잊어서는 안 된다)'."

語法과 語彙

居處恭, 執事敬, 與人忠 (평상시 행동할 때는 겸손하고 예의가 있고, 일할 때에는 공손하고, 민심을 얻을 때에는 몸과 마음을 다하다)

(명사) 평일의 겉모습과 하는 모든 행동. (指平日的儀容擧止)

→ 淮南厲王朝, 殺辟陽侯, 居處驕甚 『史記·袁盎晁錯列傳』
회남여왕(淮南厲王) 집권시기(朝) 벽양후(辟陽侯)를 살해했는데 겉모습과 모든 행동이 '교만하고 심했(驕甚)'기 때문이었다.

居處恭, 執事敬, 與人忠 (평상시 행동할 때는 겸손하고 예의가 있고, 일할 때에는 공손하고, 민심을 얻을 때에는 몸과 마음을 다하다)

(동사) 일하다, 그 일을 주관하다. (從事工作 ; 主管其事)

→ 九曰閒民, 無常職, 轉移執事 『周禮·天官·大宰』
아홉 명은 (그들이) 직업이 없는 사람(閒民)이고, 고유의 직무가 없(無常職)어 일하는 걸 바꾼다고(轉移) 말하다.

居處恭, 執事敬, 與人忠 (평상시 행동할 때는 겸손하고 예의가 있고, 일할 때에는 공손하고, 민심을 얻을 때에는 몸과 마음을 다하다)

(동사) 백성의 마음에 꼭 들어 인심을 얻다. (合乎民意取得人心)

→ 持盈者與天, 定傾者與人, 節事者與地 『國語·越語下』
지켜서 사업을 이룬 사람(持盈者)은 '하늘의 도움을 얻고(與天)', 기울어져 가는 국가를 바로 세운 사람(定傾者)은 인심을 얻고(與人), 일을 행할 때 절제하는 사람(節事者)은 땅의 이로움을 얻는다(與地).

居處恭, 執事敬, 與人忠 (평상시 행동할 때는 겸손하고 예의가 있고, 일할 때에는 공손하고, 민심을 얻을 때에는 몸과 마음을 다하다)

— [견해]

이 문구 통사에 대한 견해는 크게 두 가지인데 하나는 [명사구(A) + 서술어(B)]로 'A하는 것이 B하다'이고 하나는 '시간의 복합긴축문'으로 'A할 때, B하다'로 보는 것이다. '명사구+서술어'로 보는 경우 특히 마지막 문구 '與人忠'의 의미를 『漢語大辭典』의 의미항목에 맞춰 해석한다는 전제에서(仁은 무엇입니까? 仁은 "평상시 행동은 겸손하고 예의가 있고, 일하는 건 공손하고, 민심을 얻는 것은 충성스럽다"?) '명사구+서술어'보다는 두 개의 절의 구성(=긴축복문)으로 보는 것이 더 적합하기에(仁은 무엇입니까? 仁은 "평상시 행동할 때는 겸손하고 예의가 있고, 일할 때에는 공손하고, 민심을 얻을 때에는 몸과 마음을 다하는 것이다") '시간의 긴축복문'으로 본다.

雖之夷狄, 不可棄也 (비록 동쪽과 북쪽의 부족에 가더라도 잊어버릴 수 없다)

(동) 잊다, 잊어버리다. (遺忘)

→ 南蒯、子仲之憂其庸可棄乎? 『左傳·昭公十三年』
남괴(南蒯<nánkuǎi>)와 자중(子仲)의 걱정이 설마(庸<용, yōng>:難道) 잊을 수 있는 것이겠는가?

(동) 포기하다, 버리다 (舍去; 抛開)
(동) 폐지하다, 폐기하다. (廢除)

— [보충과 견해]

『漢語大字典』에 수록된 의미항목 중 상기한 세 가지가 있는데, 이 세 가지 의미 모두 틀리지 않다. 학자들은 대부분 '버리다'로 보았는데 완곡한 것이 더 강할 수 있다는 점에서 '잊어버리다, 잊다'로 보기로 한다.

13-20. 子貢問曰: "何如斯可謂之士矣?" 子曰: "行己有恥, 使於四方, 不辱君命, 可謂士矣." 曰: "敢問其次." 曰: "宗族稱孝焉, 鄉黨稱弟焉." 曰: "敢問其次." 曰: "言必信, 行必果, 硜硜然小人哉! 抑亦可以爲次矣." 曰: "今之從政者何如?" 子曰: "噫! 斗筲之人, 何足算也?"

子貢	問曰:	"何如	斯	可	謂之士
(인명)자공=사(賜)(1-10)	물으며 말하다	(관용구)어떠한가? 상황,방법(5-4)	(접)유연한이어짐 '~면~하다'(4-7)	(동)~할 수 있다(1-11)	그를 지식인·선비라 부르다[동+목+목보]
자공(子貢)이 물으며 말했다.		"어떠하면 그를 지식인·선비라 부를 수 있습니까?"			
	矣?"	子曰:	"行己	有恥,	使
[謂(5-15)][之(2-1)][士(8-7)]	(어기)의문. '문미'(12-20)	공자가 말하다	(동사)세상살이 하다	부끄러움이 있다	외교 사명을 받고 외국에 가다(6-4)
		공자가 말했다.	"세상살이 할 (때) 부끄러움이 있(고)		
於	四方,	不辱	君命,	可謂士	矣."
(전)동작 도달 장소 '~에'(1-10)	(명)사방 소재 제후나라(13-5)	욕되게 하지 않다 [辱:(4-26)]	왕의 명령	지식인·선비라고 말할 수 있다	(어기)미래상황에 대한 확신(1-7)
사방에 있는 제후의 나라에 사명을 받고 가(서/간 다음/…)		왕의 명령을 욕되게 하지 않(으면) [조건절]		분명히 지식인·선비라고 말할 수 있을 것이다."	
(子貢)曰:	"敢	問	其次."	(子)曰:	"宗族
(자공이) 말하다	(조동)자기를 낮추고 정중함 (5-9)	(동)묻다	(명사)다음으로 중요한 것	(공자가) 말하다	(명사)동성동본이고 동족의 사람
(자공이) 말했다.	"다음으로 중요한 것을 묻겠습니다."			(공자가) 말했다.	"동족의 사람들이
稱(之)孝		焉,	鄉黨稱(之)弟		
(그를) 효성스럽다 칭찬하다 [稱:(동)칭찬하다(8-1)]		(어기)멈춤, 문장제기(4-17)	같은 마을 사람들이 (그를) 선배를 공경하고 따른다고 칭찬하다		
(그가) 효성스럽다고 칭찬하(고)			같은 마을 사람들이 (그가) 선배를 공경하고 따른다고 칭찬하는		
焉."	(子貢)曰:	"敢問其次."	(子)曰:	"言	必
(어기)진술 문미 멈춤(5-16)	(자공이) 묻다	다음으로 중요한 것을 묻겠습니다	(공자가) 말하다	(명)말	(부)꼭,반드시, 분명히(6-30)
것이다."	(자공이) 물었다	"다음으로 중요한 것을 묻겠습니다."	(공자가) 말했다.	"말은 반드시 믿게 하(고)	
信,	行	必	果,	硜硜	然
(동)믿다 [동→사역]	(명)행동	(부)꼭,반드시, 분명히(6-30)	(명)결과 [명→사역]	(형)식견이 얕고 고집스럽다	(조,접미)형·동+然=(부사어) (9-11)
	행동은 반드시 결과 맺게 하는 것(이) [명사절]			식견이 얕고 고집스럽게	
小人	哉!	抑	亦	可以	爲
소인(12-16) [명→형]	(어기)문미 감탄(8-15)	(접)뒤 단문 문두. '그러나'(7-33)	(부)판단.'((단지)~이다)'(7-15)	(조동사)~할 수 있다(2-10)	(동)되다, 변하다(3-8)
소인스러운 것이다!		그러나(=소인스러운 것이지만) 분명히 그 다음의 것이 될 수 있다."			

<table>
<tr><th>次</th><th>矣.”</th><th>(子貢)曰:</th><th>今</th><th>之</th><th>從政</th></tr>
<tr><td>(명)그 다음의 것</td><td>(어기)미래상황에 대한 확신 (1-7)</td><td>자공이 말하다</td><td>(명)현재,지금(6-12)</td><td>(조사)수식,종속관계.~의' (3-2)</td><td>(동)정사에 참여하다(6-8)</td></tr>
<tr><td colspan="2"></td><td>(자공이) 말했다.</td><td colspan="3">“지금 정사에 참여하는</td></tr>
<tr><th>者</th><th>何如?”</th><th>子曰:</th><th>“噫!</th><th colspan="2">斗筲之人,</th></tr>
<tr><td>(조사)~한 사람, ~한 것(1-2)</td><td>(관용구)어떠한가? 상황,방법(5-4)</td><td>공자가 말하다</td><td>(감탄)보통 단독 문장(11-9)</td><td colspan="2">사람의 재능과 식견이 짧고 얕고 포용력이 좁은 사람[之:한정어+之(4-23)]</td></tr>
<tr><td colspan="2">사람은 어떻습니까?”</td><td>공자가 말했다.</td><td>“아!</td><td colspan="2">식견이 얕고 도량이 좁은 사람(을)
[목적어]</td></tr>
<tr><th>何足</th><th>算</th><th>也?”</th><td colspan="3" rowspan="3"></td></tr>
<tr><td>반문. 어떻게 ~할 수 있겠는가?</td><td>(동)고려하다, 따져보다</td><td>(어기)반문(3-1)</td></tr>
<tr><td colspan="3">어떻게 고려할 수 있겠느냐?” (=고려할 가치도 없다)</td></tr>
</table>

번역 자공(子貢)이 물으며 말했다. “어떠하면 그를 지식인·선비라 부를 수 있습니까?” 공자가 말했다. “세상살이 할 때 부끄러움이 있고, 사방에 있는 제후의 나라에 사명을 받고 가서 왕의 명령을 욕되게 하지 않으면 분명히 지식인·선비라 말할 수 있을 것이다.” 자공이 말했다. “다음으로 중요한 것을 묻겠습니다.” 공자가 말했다. “동족의 사람들이 그가 효성스럽다고 칭찬하고, 같은 마을 사람들이 그가 선배를 공경하고 따른다고 칭찬하는 것이다.” 자공이 물었다. “다음으로 중요한 것을 묻겠습니다.” 공자가 말했다. “말은 반드시 믿게 하고 행동은 반드시 결과 맺게 하는 것이 식견이 얕고 고집스럽게 소인스러운 것이다! 그러나(=소인스러운 것이지만) 분명의 그 다음의 것이 될 수 있다.” 자공이 말했다. “지금 정사에 참여하는 사람은 어떻습니까?” 공자가 말했다. “아! ‘식견이 얕고 도량이 좁은 사람을 어떻게 고려할 수 있겠느냐?(=식견이 얕고 도량이 좁은 사람은 고려할 가치도 없다).”

語法과 語彙

行己有恥 (세상살이 할 때 부끄러움이 있다)

(동사) (=立身處世) 세상살이 하다. (謂立身行事)

→ 其行己也恭 『論語·公冶長』
그는 세상살이 할 때 겸손하다.

敢問其次 (다음으로 중요한 것을 묻겠습니다)

(명사, 형용사) 순서가 비교적 뒤에 있는; 다음으로 중요한 (것). (次第較後的 ; 次要的)

→ 衣服、裘衾、車馬則必獻其上, 而後敢服用其次也 『禮記·內則』
의복, 가죽 이불(裘衾<구금, qiúqīn>), 마차와 말(車馬)은 그 왕에게 바쳐야 하고 그러고 나서 ‘다음 중요한 것(其次)’을 사용한다(服用).

宗族稱(之)孝焉 (동족의 사람들이 그가 효성스럽다고 칭찬하다)

(명사) 동성동본이고 동족의 사람. (謂同宗同族之人)

→ 以飮食之禮, 親宗族兄弟　『周禮·春官·大宗伯』
음식의 예(飮食之禮)로 종족(宗族)과 형제를 '친하게 하다(親).'

鄕黨稱(之)弟焉 (같은 마을 사람들이 그가 선배를 공경하고 따른다고 칭찬하다)

— [견해와 보충]

『論語•鄕黨』의 첫 장에 나오는 '孔子於鄕黨, 恂恂如也, 似不能言者(공자가 고향 마을에 있을 때에는 공손한 모습이 말할 수 없는 사람 같았다)'에서 향당(鄕黨)은 '장소'의 개념인 것은 맞는 것 같은데 본문에 등장하는 향당(鄕黨)은 칭찬하는 주체이기 때문에 장소가 아니라 사람이어야 한다. 때문에 「鄕黨」편의 의미와 구별되어야 한다. 『論語•鄕黨』편에 나오는 '향인(鄕人)의 의미를 '같은 마을 사람들'이라고 보았으니 '향(鄕)'은 '같은 마을'인 공간으로 보고, 『論語•里仁』에 나오는 '당(黨)'은 '같은 부류'의 의미이기 때문에 '사람들'의 의미로 풀 수 있다. 따라서 이 두 단어가 조합되면 향당(鄕黨)은 '같은 마을 부류;같은 마을 사람들'의 의미가 될 수 있다고 본다.

鄕黨稱(之)弟焉 (같은 마을 사람들이 그가 선배를 공경하고 따른다고 칭찬하다)

(동사, 형용사) 유교 윤리 도덕의 하나로 형·선배를 공경하고 따르는 것. (儒家倫理道德之一, 指敬順兄長) [제, tì]

→ 其爲人也, 孝弟而好犯上者, 鮮矣　『論語·學而』
그의 사람 됨됨(其爲人)이 '부모에게 효도하고 형·선배를 공경하고 따르(孝弟)'면서 '윗사람에게 무례하게 대하는 것을 좋아하는 사람(好犯上者)'은 드물다.

硜硜然小人哉! (식견이 얕고 고집스럽게 소인스럽다!)

(형용사) 식견이 얕고 고집스럽다. (形容淺陋固執) [갱갱, kēngkēng]

→ 春秋之時, 有以堅白鳴者, 此硜硜自好者也 (明·焦竑『焦氏筆乘·讀<論語>』)
춘추시대 때 '매우 확고하게(=견백(堅白)하게:매우 딱딱하고 순백한 것으로 마찰되어 손상시킬 수 없고 더럽힐 수 없는 真正堅硬、潔白的東西, 是無法磨損、染黑的)' '의견을 발표하는 사람(鳴者)'이 있었는데 이 사람은 식견이 얕고 고집스럽고 스스로 만족하는 사람이었다.

抑亦可以爲次矣 (그러나 분명의 그 다음의 것이 될 수 있다)

(명사) 자급(次級). 2등. 다음가는 등급. 퀄리티가 약간 낮음. (次等 ; 質量較差)
(형용사) 자급(次級)의. 2등의. 다음가는 등급의. 퀄리티가 약간 낮은. (次等的 ; 質量較差的)
(명사) 순서의 서술에 따라 앞의 항의 다음에 위치한 것을 '차(次)'라 부른다.; 그 다음의 것. (按順序敍事, 居於前項之後的稱次)

斗筲之人, 何足算也? (식견이 얕고 노량이 좁은 사람을 어떻게 고려할 수 있겠는가?)

(명사1) 두(斗)와 소(筲)로 두(斗)는 10리터(十昇)이고 소(筲)는 대나무 용기로 12리터(一斗二昇)로 모두 양이 적은 용기이다. (斗與筲. 斗容十昇 ; 筲, 竹器, 容一斗二昇, 皆量小的容器) [두소, dǒushāo]
(형용사) 사람의 재능과 식견이 짧고 얕고 포용력이 좁다. (喻人的才識短淺, 氣量狭窄)

→ 斗筲小人, 依憑世戚　『資治通鑑·漢靈帝光和元年』

식견이 얕고 도량이 좁은(斗筲) 소인은 '대대로 절친한 관계(世戚)'에 의지한다(依憑).

斗筲之人, 何足算也? (식견이 얕고 도량이 좁은 사람을 어떻게 고려할 수 있겠는가?)

(관용구) 보통 동사서술어 앞에서 부사어가 되고 반문을 나타낸다(동작행위에 대한 부정). '어떻게 ~할 수 있겠는가?' 등으로 번역될 수 있다. (怎麽能, 怎麽值得)

→ 臣亡國之臣, 何足問! 『史記・秦本紀』
신, 망한 나라의 신하가 어떻게 물을 수 있겠습니까?!

斗筲之人, 何足算也? (식견이 얕고 도량이 좁은 사람을 어떻게 고려할 수 있겠는가?)

(동사) 따져보다. 판단하다. 고려하다. (衡量, 稱數)

→ 或飮食無算, 或累日不食 (清・王士禛『隴蜀餘聞』)
어떤 사람(或)은 음식을 따져보지도 않(食無算)고 어떤 사람은 '여러 날(累日)' 먹지 않는다.

13-21. 子曰: "不得中行而與之, 必也狂狷乎! 狂者進取, 狷者有所不爲也."

<table>
<tr><th>子曰:</th><th>"不得</th><th>中行</th><th>而</th><th>與</th><th>之,</th></tr>
<tr><td>공자가 말하다</td><td>얻지 못하다</td><td>(명)행동이 중용의 도에 부합한 사람</td><td>(접)동작의 선후. '~다음'(6-15)</td><td>참여하다(3-12) [동사→사동][yù]</td><td>(대)재지시. '그것,그사람,그곳' (2-1)</td></tr>
<tr><td>공자가 말했다.</td><td colspan="5">"행동이 중용의 道에 부합한 사람을 얻어 그를 참여시키지 못한(다면) [가정·조건절]</td></tr>
<tr><th>必</th><th>也</th><th colspan="2">狂狷</th><th>乎!</th><th>狂者</th></tr>
<tr><td>(동)담보하다. 확보하다(3-7)</td><td>(어기)주어+也.'멈춤,완만,제시'(1-2)</td><td colspan="2">지향하는 바가 높고 심원한 사람과 고지식하게 자신을 보신하는 사람</td><td>(어기)감탄,비분,찬송(3-14)</td><td>지향하는 바가 높고 심원한 사람</td></tr>
<tr><td colspan="2">확보해야 하는 (것은=사람은) [명사화(4-23)된 명사구;주어]</td><td colspan="3">지향하는 바가 높고 심원한 사람과 고지식하게 자신을 보신하는 사람이다!</td><td>지향하는 바가 높고 심원한 사람은</td></tr>
<tr><th>進取,</th><th>狷者</th><th>有</th><th colspan="2">所不爲</th><th>也."</th></tr>
<tr><td>(동)노력해서 위로 나아가다</td><td>고지식하게 자신을 보신하는 사람</td><td>(동)있다</td><td colspan="2">하지 않는 것[所:(조)~사람/것…(1-12)] [爲:(동)하다,행하다(2-1)]</td><td>(어기)진술강조 (2-17)</td></tr>
<tr><td>노력해서 위로 나아가(고)</td><td colspan="5">고지식하게 자신을 보신하는 사람은 하지 않는 것이 있다."</td></tr>
</table>

번역 공자가 말했다. "행동이 중용의 道에 부합한 사람을 얻어 그를 참여시키지 못한다면 확보해야 하는 사람은 지향하는 바가 높고 심원한 사람과 고지식하게 자신을 보신하는 사람이다! 지향하는 바가 높고 심원한 사람은 노력해서 위로 나아가고 고지식하게 자신을 보신하는 사람은 하지 않는 것이 있다."

語法과 語彙

不得中行而與之 (행동이 중용의 道에 부합한 사람을 얻어 그를 참여시키지 못하다)

(명사) 행동이 중용의 도에 부합하는 사람. (行爲合乎中庸之道的人)

(명사) 중용의 도. (泛指中庸之道)

不得中行而與之, 必也狂狷乎! (행동이 중용의 道에 부합한 사람을 얻어 그를 참여시키지 못한다면 확보해야 하는 것(必也)은 지향하는 바가 높고 심원한 사람과 고지식하게 자신을 보신하는 사람이다!)

(명사) 지향하는 바가 높고 심원한 사람과 고지식하게 자신을 보신하는 사람. (指志向高遠的人與拘謹自守的人) [광견, kuángjuàn]

→ 狂者, 進取於善道. 狷者, 守節無爲 -何晏集解引包咸曰-
광자(狂者)는 선한 도로 나아가 얻는다. 견자(狷者)는 절제하며 하지 않는다. - 하안(何晏:?—249年)이 집해할 때 포함(包咸:BC7~AD65年)을 인용하여 말하다 -

狂者進取 (지향하는 바가 높고 심원한 사람이 노력해서 위로 나아가다)

(동사) 노력해서 위로 나아가다, 뜻을 세워 하는 것이 있다. (努力上進 ; 立志有所作為)

→ 雖道危時難進取, 到逢清世又如何? (唐·李咸用『秋日送岩湘侍御歸京』詩)
비록 '道가 위태로운 시기(道危時)'에는 '위로 나아가는 것이·뜻을 세워 하는 것이' 어려울 수 있지만 '태평시대(清世)' 만나면 또 어떠할 것인가?

13-22. 子曰: “南人有言曰: ‘人而無恒, 不可以作巫醫.’ 善夫!” “不恒其德, 或承之羞.” 子曰: “不占而已矣.”

子曰:	“南人	有言曰(A):	‘人	而	無恒,
공자가 말하다	(명)남쪽 사람 (南方人)	(A)처럼 말하는 ‘문구·문장’이 있다	(명)사람	(접)주어+而+서술어.‘가정…’ (2-13)	변함없는 마음이 없다
공자가 말했다.	“남쪽 사람들은 다음처럼 말하는 문구가 있다.		‘사람이 변함없는 마음이 없으면		
不可以	**作**	**巫醫.’**	**善**	**夫!”**	**“不恒**
~할 수 없다	(동)맡다, 담당하다	(명)무당과 의사	(형)옳다, 정확하다(13-15)	(어기)문미.감탄, 찬탄(7-10)	오래 지속하지 못하다
무당과 의사를 담당할 수 없다.’			옳다!”		
其	**德,**	**或**	**承**	**之**	**羞.”**
(대)其+명사(이,저) (4-5)	(명)덕(德)	(부)아마도	(동)받다,당하다 [동→사동]	그.(대)재지시. ‘그것,그사람..’ (2-1)	(명)치욕
“그 덕을 오래 지속하지 못하(면) [조건절]		아마도 그 사람에게 치욕을 받게 할 거다.”			
子曰:	**“不占**	**而已矣.”**			
공자가 말했다.	점치지 않다	(어기)제한‘~할 뿐이다’(4-15)			
공자가 말했다.	“점치지 않을 뿐이다.”				

번역 공자가 말했다. “남쪽 사람들은 다음처럼 말하는 문구가 있다. ‘사람이 변함없는 마음이 없으면 무당과 의사를 담당할 수 없다.’ 옳다! 그 덕을 오래 지속하지 못하면 아마도 그 사람에게 치욕을 받게 할 거다.” 공자가 말했다. “점치지 않을 뿐이다.”

語法과 語彙

南人有言 (남쪽 사람들은 문구가 있다)

(명사) 입말이나 글말 안의 문장. (口語或文章中的句子)

→ 子曰: “詩三百, 一言以蔽之, 曰: “思無邪.” 『論語·爲政』
공자가 말했다. “『시경』의 詩 삼백 편을 ‘한 마디·한 문장’으로 (그것을) 개괄하면 생각에 사악함이 없다.”

人而無恒, 不可以作巫醫 (사람이 변함없는 마음이 없으면 무당과 의사를 담당할 수 없다)

(명사) 변함없는 마음. (恒心) [항, héng]

人而無恒, 不可以作巫醫 (사람이 변함없는 마음이 없으면 무당과 의사를 담당할 수 없다)

(동사) 맡다, 담당하다. (担任 ; 充當 ; 當作)

→ 伯禹作司空 『書・舜典』
백우(伯禹)가 사공(司空:관리 이름)을 맡다.

人而無恒, 不可以作巫醫 (사람이 변함없는 마음이 없으면 무당과 의사를 담당할 수 없다)

(명사1) 무당과 의사. (巫師和醫師)
(명사2) 고대 기원을 주업으로 하고 약간의 약물을 사용하여 사람을 위해서 재앙을 없애고 병을 치료하는 사람. (古代以祝禱為主或兼用一些藥物來為人消災治病的人)

— [보충]
한국학자들은 모두 '무당과 의사'로 보았고 중국학자들은 '점으로 치료하는 의사'로 보았는데, 『漢語大詞典』은 '무당과 의사'로 명시하였다.

不恒其德 (그 덕을 오래 지속하지 못하다)

(동사, 형용사) 오래 지속되다, 오래 지속하다;장구하다, 고정불변하다. (長久 ; 固定不變)

或承之羞 (아마도 그에게 치욕을 받게 할 거다)

(부사) '아마도, 때로는, 언젠가' 등의 의미로 정확하지 않은 말을 나타낸다. (也許, 有時, 表示不定的詞)

→ 天其或者欲使衛討邢乎? 『左傳・僖公』
하늘은… 아마도(或者:或許, 也許) 위(衛)로 하여금 형(邢<Xíng>)을 토벌하게 만들고 싶은 거겠지?

或承之羞 (아마도 그에게 치욕을 받게 할 거다)

(동사) 받다, 당하다. (受 ; 蒙受)

→ 是謂承天之枯 『禮記・禮運』
이것을 하늘의 마름(天之枯)을 받는다고 말하다.

或承之羞 (아마도 그에게 치욕을 받게 할 거다)

(명사) 치욕. (耻辱) [수, xiū]

→ 羞, 辱也 『廣雅・釋詁三』
수(羞)는 치욕(辱)이다.

不占而已矣 (점치지 않을 뿐이다)

(동사) 점치다. (占卜) [점, zhān] [점, zhàn:점유하다…]

→ 凡卜簭, 君占體, 大夫占色, 史占墨 『周禮・春官・占人』
대체로(凡:大概) 점칠 때(卜簭<복서, bǔshì>) 왕은 '형체로 점을 쳐주고(占體)' 대부는 색깔로 점을 쳐주고 사(史)는 '거북 등의 갈라진 모양(墨)'으로 점을 쳐준다.

子曰: “不占而已矣.”

— [보충]

주희(朱熹)의 『논어집주(論語集注)』에서 말한 바와 같이 이 구절은 무슨 의미인지 분명하지 않아 해설이 구구하다. 문자대로 번역하면 ‘점을 치지 않을 따름이다’가 되지만 문맥에 잘 어울리지 않는다. ‘항심이 없는 사람은 점을 쳐도 일정한 점괘가 나오지 않으므로 점을 치지 않을 수밖에 없다’는 정도로 볼 수 있을 것 같다. (류종목, 2000)

13-23. 子曰: “君子和而不同, 小人同而不和.”

子曰:	“君子	和	而	不同,	小人
공자가 말하다	(명)군자(君子) (11-1)	(동,형)잘 어울리다, 조화롭다(1-12)	(접)전환. ‘그러나’(1-1)	같지 않다 [형용사→동사]	(명)소인;지위가 낮은 사람(12-16)
공자가 말했다. “군자는 조화롭게 지내지만 같아지지 않(고)					소인은

同	而	不和.”
(형)같다 [형용사→동사]	(접)전환. ‘그러나’(1-1)	조화롭게 지내지 못하다
같아지지만 조화롭게 지내지 못한다.”		

번역 공자가 말했다. “군자는 조화롭게 지내지만 같아지지 않고, 소인은 같아지지만 조화롭게 지내지 못한다.”
= 공자가 말했다. “군자는 마음을 합치고 조화를 이루고 각자 견해를 갖지만 사람에게 분별없이 맞장구치지는 않고, 소인은 사람에게 분별없이 맞장구치지만 마음을 합치지 못하고 조화를 이루지 못하고 각자의 견해를 갖지 못한다.”

語法과 語彙

君子和而不同 (군자는 조화롭게 지내지만 같아지지 않다)

(관용구) 마음을 합치고 조화를 이루고 각자 견해를 갖지만 사람에게 분별없이 맞장구치지는 않다. (謂和衷相濟, 而又各有所見, 不苟同於人)

君子和而不同 (군자는 조화롭게 지내지만 같아지지 않다)

(형용사) 같다, 동일하다. (相同 ; 一樣)

→ 人心之不同, 如其面焉 『左傳·襄公三十一年』
사람의 마음이 다른 것은 그들의 얼굴과 같다. (=마음이 다른 것은 얼굴이 다른 것과 같이 자연스럽다)

13-24. 子貢問曰: "鄉人皆好之, 何如?" 子曰: "未可也." "鄉人皆惡之, 何如?" 子曰: "未可也, 不如鄉人之善者好之, 其不善者惡之."

子貢問曰:	"鄉人	皆	好	之,	何如?"
자공이 물으며 말하다(=賜)(1-10))	(명)같은 마을 사람(10-13)	(부)모두(12-7)	(동)좋아하다(7-11) [hào]	(접사)동사강조·보충,음절모으기(13-1)	(관용구)어떠한가? 상황,방법(5-4)
자공이 물으며 말했다. "같은 마을 사람 모두 좋아하(면) [조건절]					어떻습니까?"
子曰:	**"未可**	**也."**	**"鄉人**	**皆**	**惡**
공자가 말하다	(동)안 되다	(어기)판단 (동사,형용사술어끝) (11-15)	(명)같은 마을 사람 (10-13)	(부)모두(12-7)	(동)싫어하다, 증오하다(4-3)[wù]
공자가 말했다. "안 된다."			"같은 마을 사람 모두 싫어하(면) [조건절]		
之,	**何如?"**	**子曰:**	**"未可也,**	**不如**	**鄉人**
(접사)자·타동+之. 동사강조·보충(13-1)	(관용구)어떠한가? 상황,방법(5-4)	공자가 말하다	(동)안 되다	(동)不如A 'A가 낫다'(3-5)	(명)같은 마을 사람 (10-13)
	어떻습니까?"	공자가 말했다. "안 된다."		같은 마을 사람…	
之	**善者**	**好**	**之,**	**其**	**不善者**
(조)'A之B'의 통사 'A中B'(15-10)	(명)착한 사람	(동)좋아하다(7-11) [hào]	(접사)자·타동+之. 동사강조·보충(13-1)	같은 마을 사람의 [其:(1-7)]	착하지 않은 사람
…중 착한 사람이 좋아하(고)				같은 마을 사람의 착하지 않은 사람이	
惡	**之."**				
(동)싫어하다, 증오하다(4-3)[wù]	(접사)자·타동+之. 동사강조·보충(13-1)				
싫어하는 것이 더 낫다."					

번역 자공이 물으며 말했다. "같은 마을 사람 모두 좋아하면 어떻습니까?" 공자가 말했다. "안 된다." (자공이 말했다) "같은 마을 사람 모두 싫어하면 어떻습니까?" 공자가 말했다. "안 된다. 같은 마을 사람 중(中) 착한 사람이 좋아하고, 같은 마을 사람의 착하지 않은 사람이 싫어하는 것이 더 낫다."

語法과 語彙

子曰: "未可也." (공자가 말했다. "안 된다.")

(동사) 안 된다, 불가하다. (不可)

→ 公將鼓之, 劌曰: "未可." 齊人三鼓, 劌曰: "可矣" 『左傳·莊公十年』
공(公)이 두드리려하자 귀(劌<guì>)가 말한다. "안 된다." 제나라 사람 세 번 두드릴 때 귀(劌<guì>)는 말한다. "된다."

— [본문 내용 보충과 견해]

한 인간이 한 사회에서 살아가면서 그 사회의 구성원들 전원에게 사랑을 받는다는 것은 위선이고, 또 전원에게 혐오나 증오의 대상이 된다는 것은 타락이다. 정의로운 자는 불의한 자들의 지탄을 받을 수밖에 없다. 미움이 존재하지 않는 사랑은 생명력이 없는 가식이다. (김용옥, 2008)

만약 한 지역에서 좋은 사람이 모두 그를 좋아하고 나쁜 사람이 모두 그를 싫어하면 그럼 이 사람은 분명 좋은 사람이다(如果一個地方的好人都喜歡他而壞人都厭惡他, 那麼, 這個人便應是好人了). (毛子水, 2009)

학자들의 견해 등에 따르면 세상 사람들의 구성은 '정의로운 사람 + 불의한 사람 + 그리고 다수의 중간 영역의 사람'이 있다. 따라서 '정의로운 사람과 불의한 사람'의 합이 전체가 아니라 부분이 된다. 그 분명한 가치를 가진 상반된 무리에서 '정의로운 자들이 좋아하는 사람'과 '불의한 자들이 싫어하는 사람'은 분명 '정의로운 사람'일 것임을 유추할 수 있다.

13-25. 子曰: “君子易事而難說也. 說之, 不以道, 不說也; 及其使人也, 器之. 小人難事而易說也.說之, 雖不以道, 說也; 及其使人也, 求備焉.”

子曰:	“君子	易事	而	難說也.
공자가 말하다	(명)군자(君子)(11-1)	섬기기 쉽다 [事:섬기다(3-28)]	(접)전환. '그러나'(1-1)	기쁘게 하기 어렵다 [說:기쁘다(1-1)[也: 진술강조(2-17)[형→사역]
공자가 말했다. “군자는 섬기기 쉽지만 기쁘게 하기는 어렵다. [여기서 '군자'는 화제, topic(1-6)]				

說	之,	不以道,	不說	也;
기쁘다[yuè][형용사→사역동사]	군자(대)재지시. '그 사람(2-1)	道를 사용하지 않다 [以:(동)사용하다,쓰다,등용하다(11-26)]	기쁘지 않다 [說:형→동[yuè]]	(어기)진술강조(2-17)
군자를 기쁘게 할 때 [시간절(1-1)]		道를 사용하지 않(으면) [조건가정절(1-1)]	(군자는) 기뻐하지 않…	

及	其	使	人	也,	器
(전환접속사) 그러나	군자(대)재지시 (2-1)[주어]	(동)부리다, 다루다(3-19)	(명)사람	(어기)멈춤, 완만(3-1)	(명)도량(3-22) [명→동]
…지만 군자가 사람을 부릴 때에는… [시간절(1-1)]					사람을 잰다.

之.	小人	難事	而	易說	也.
사람. (대)재지시. '그 사람(2-1)	(명)소인	섬기기 어렵다	(접)전환. '그러나'(1-1)	기쁘게 하기 쉽다	(어기)진술강조 (2-17)
(=사람의 도량을 잰다)	소인은 섬기기 어렵지만 기쁘게 하기는 쉽다.				

說之,	雖	不以道,	說	也;	及
그를 기쁘게 하다	(접)비록~지만(5-1)	道를 사용하지 않다	(동)기뻐하다	(어기)진술강조 (2-17)	(전환접속사) 그러나
소인을 기쁘게 할 (때)	비록 道를 사용하지 않(더라도) [양보절]		(소인은) 기뻐하…		…지만

其使人也,	求備	焉.”
그가(=소인이) 사람을 부리다	(동)완전하고 무결점을 요구하다	(겸사)於+是/之'그로부터'(6-7)
소인이 사람을 부릴 (때에는)	사람에게서 완전하고 무결점을 요구한다.”	

번역 공자가 말했다. “군자는 섬기기 쉽지만 기쁘게 하기는 어렵다. 군자를 기쁘게 할 때 道를 사용하지 않으면 기뻐하지 않지만 군자가 사람을 부릴 때에는 사람을 잰다. 소인은 섬기기 어렵지만 기쁘게 하기는 쉽다. 소인을 기쁘게 할 때 비록 道를 사용하지 않더라도 기뻐하지만 소인이 사람을 부릴 때에는 사람에게서 완전하고 무결점을 요구한다.”

語法과 語彙

及其使人也, 器之 (그러나 그가 사람을 부릴 때 사람을 잰다)

(전환접속사) 화제의 전환을 나타내고 앞에서 말한 뜻과 방향이 바뀐다는 것을 나타낸다. (“及”表示話題轉移, 與前面所說的意思相轉折. 可譯爲“至於”等) (至於)

→ 不通經術知古今之大體, 不可以爲三公; 及左右近臣少見之人, 如從管中窺天也 『史記·梁孝王世家』
경학(通經)을 통하지 않으면 고금의 윤곽(大體)을 알지 못하고 '삼공이 될(爲三公)' 수 없는데, 그러나 '좌우 가까운 신하(左右近臣)' 중 '견해가 좁은 사람(少見之人)'은 '관 안을 통해서(從管中)' '하늘을 보는(窺天) 것 같다'.

→ 老子之言道德, 吾有取焉耳; 及搥提仁義, 絶滅禮學, 吾無取焉耳 『法言·問道』
노자가 도덕을 말할(老子之言道德) 때 나는 '그것에서(焉)' 취하는 것이 있지만, 仁義를 '버리(搥提<추제, chuítí>)'고 '禮學을 없앨(絶滅禮學)' 때 나는 그것에서 취하는 것이 없다.

(전환접속사) 때로는 전환을 보여줄 뿐만 아니라 가정의 의미로 겸용한다. (至如)

→ 吾所以有大患者, 爲吾有身; 及吾無身, 吾有何患? 『老子·十三章』
내가 큰 걱정이 있는 이유는 내가 몸이 있기 때문인데 내가 몸이 없으면 내가 무슨 걱정이 있겠는가?

(시간전치사) '급(及)'은 목적어를 대동하여 동작행위와 관련 있는 시간을 나타내고, 대부분 동사 서술어(及+동사서술어) 혹은 '주어+서술어'(及+주어+서술어) 앞에 쓰인다. 오직 소수의 용례만이 '동사서술어 다음'에 위치한다(동사서술어+及).

'及+목적어'가 있는 문장은 대부분 '이 때가 되어서 또는 이 때에'의 동작행위의 상태나 변화를 나타낸다. '及'의 목적어 중 어떤 것은 '시간 명사, 시간구'를 나타내고 적지 않은 것이 '동사구, 절, 주어+之+서술어' 구조로 시간을 나타낸다. '及'의 목적어는 생략하는 일이 드물다. '及+목적어'는 보통 단독으로 끊어 읽기를 만들 수 있고(成讀), 동사서술어와의 구조적 연결이 그다지 긴밀하지 않다. 시간을 이끌 때 대부분은 동사서술어 앞에 위치하고, 장소, 대상 등을 이끌 때에는 대부분 동사서술어 뒤에 위치한다.

'이때가 되어서, 이때'를 나타내며 동작행위의 상태나 변화를 나타낸다. (到, 等到)

→ 及反, 市罢, 遂不得履 『韓非子·外儲說左上』
돌아왔을 때(及反) 시장이 파해(市罢)서(遂:於是) 신발을 살 수 없다(不得履).

→ 日初出, 大如車蓋, 及日中, 則如盘盂 『列子·湯問』
해가 처음 나올 때(日初出) '커다란 것이 마차 뚜껑 같고(大如車蓋)' '해가 (하늘) 중간에 있을 때(日中)'는 접시(盘盂<반우, pányú>) 같다.

(장소전치사) 동작행위와 관련 있는 장소, 범위를 이끈다. '及+목적어'는 보통 동사서술어 다음에 쓰이고 '~로, ~으로, ~에' 등으로 번역된다. (到達, 到)

→ 費人攻之, 弗克, 入及公側 『史記·孔子世家』
비(費)나라 사람이 그곳을(=魯나라) 공격했을 때 '이기지 못하(弗克)'여 공(公)의 옆(側)으로 들어간다.

(대상전치사) '及+목적어'가 동일한 동작행위에 참여하는 관련 대상을 나타낼 때 보통 동사서술어 앞에 위치하여 '~와, ~와 함께' 등으로 번역된다. (跟, 與, 和)

→ 秦大夫不詢與我寡君, 擅及鄭盟 『左傳·成公十三年』
진나라 대부(秦大夫)가 나의 왕에게(與我寡君) 묻지 않(不詢)고 제멋대로(擅) 정나라와(及鄭) 맹약을 맺다(盟)

及其使人也, 求備焉 (그가 사람을 부릴 때에 사람에게서 완전하고 무결점을 요구하다)

(동사) 일마다 완전하고 결점이 없게 하기를 요구하다. (事事要求做到完善無缺)

→ 故舊無大故, 則不棄也, 無求備於一人 『論語·微子』
오래된 친구(故舊)는 '큰 이유가 없으면(無大故, 則)' 버리지 않고 '한 사람에게(於一人)' 모든 것이 다 갖추어져 있기를 요구하지 않는다.

13-26. 子曰: “君子泰而不驕, 小人驕而不泰.”

<table>
<tr><th>子曰:</th><th>“君子</th><th>泰</th><th>而</th><th>不驕,</th><th>小人</th></tr>
<tr><td>공자가 말하다</td><td>(명)군자(君子)
(11-1)</td><td>(형)안정되다.
편안하다</td><td>(접)병렬.
‘그리고’(7-1)</td><td>오만하지 않다</td><td>(명)소인</td></tr>
<tr><td colspan="5">공자가 말했다. “군자는 안정되고 오만하지 않(고)</td><td>소인은</td></tr>
<tr><th>驕而不泰.”</th><td colspan="5"></td></tr>
<tr><td>오만하고 안정되지 못하다</td><td colspan="5"></td></tr>
<tr><td>오만하고 안정되어 있지 않다.”</td><td colspan="5"></td></tr>
</table>

번역 공자가 말했다. “군자는 안정되고 오만하지 않고, 소인은 오만하고 안정되어 있지 않다.”

語法과 語彙

君子泰而不驕 (군자는 안정되고 오만하지 않다)

(형용사) 안정되다, 편안하다, 침착하다, 점잖다. (安定, 安詳)

→ 推斯言之, 則泰日少, 亂日多, 政教漸頽, 欲國之無危, 不可得也 『晉書・劉頌傳』
이 말로로 미루어 보(推斯言之)면 편안한 날(泰日)은 적고 ‘혼란한 날(亂日)’은 많으며 ‘정치와 교화(政教)’는 ‘점점 약해지고(漸頽<점퇴, jiàntuí>)’ ‘나라가 위기를 없게 하고자 하(欲國之無危)’나 그럴 수 없다.

君子泰而不驕 (군자는 안정되고 오만하지 않다)

(형용사) 오만하다(=태도나 행동이 건방지거나 거만함). (傲慢) [교, jiāo]

→ 使驕且吝 『論語・泰伯』
오만함과 인색함을 행하다.

13-27. 子曰: "剛毅、木訥, 近仁."

子曰:	"剛毅、	木訥,
공자가 말하다	(형)(성격, 의지가) 강직하고 결단력 있다.	(형)소박하고 언변이 화려하지 않다
공자가 말했다.	"강직하고 결단력이 있(고)	소박하고 언변이 화려하지 않(으면) [조건절]
近仁."		
仁에 가깝다[고대중국어에서 '동사+장소' 구조에서는 전치사가 빈번하게 생략되는데 '형용사+장소' 역시 그렇게 보인다(9-30)]		
인(仁)에 가깝다(;仁에 가까이 있다)."		

번역 공자가 말했다. "강직하고 결단력이 있고, 소박하고 언변이 화려하지 않으면 仁에 가깝다."

語法과 語彙

<u>剛毅</u>、木訥, 近仁 (강직하고 결단력이 있고, 소박하고 언변이 화려하지 않으면 仁에 가깝다)

(형용사) (성격, 의지가) 강직하고 결단력 있다. (剛強果決) [강의, gāngyì]

→ 長子<u>剛毅</u>而武勇, 信人而奮士, 即位必用蒙恬為丞相 『史記·李斯列傳』
맏이(長子)는 강직하고 결단력 있으며(剛毅) 위풍당당하고 용맹하고(武勇) 성실한 사람이고(信人) 분발하는 사람이니(奮士) 즉위하면(即位) 반드시 몽염(蒙恬<méngtián>)을 기용하여 승상(丞相)이 되게 할 것이다.

剛毅、<u>木訥</u>, 近仁 (강직하고 결단력이 있고, 소박하고 언변이 화려하지 않으면 仁에 가깝다)

(형용사) (사람이) 소박하고 응대하는 말을 잘하지 못하다; 소박하고 말주변이 뛰어나지 않다; 소박하고 언변이 화려하지 않다. (指人質樸而不善辭令) [목눌, mùnè]

→ 珪居閒類<u>木訥</u>者. 及當大事, 毅然執持, 人不能奪 『明史·傅珪傳』
규(珪<규, guī>)는 평소 일이 없(居閒)고 소박하고 말주변이 뛰어나지 않은 사람이다. (그러나) 큰일을 맞이할 때(及當大事)는 강인하고 과감하고(毅然) 고집스러워(執持) 사람들이 '경쟁할(奪)' 수 없다.

子曰: "剛毅、木訥, 近仁."

– [보충]

이 문장에서 문장부호 표시를 학자들 사이에 차이가 있는데, 세 명의 중국학자와 김용옥 선생은 네 가지 항목으로 보고 '병렬점(=2014년 삭제된 '모점', 頓號)'을 넣은 반면(子曰: "剛、毅、木、訥, 近仁."), 류종목, 이기동 선생은 쉼표나 병렬점 없이 연이어 기재했다(子曰: "剛毅木訥, 近仁."). 『漢語大詞典』에서는 본문처럼 문장부호를 사용하였다(子曰: "剛毅、木訥, 近仁.").

13-28. 子路問曰: “何如斯可謂之士矣?” 子曰: “切切偲偲, 怡怡如也, 可謂士矣. 朋友切切偲偲, 兄弟怡怡.”

<table>
<tr><th colspan="2">子路問曰:</th><th>“何如</th><th>斯</th><th>可謂</th><th>之</th></tr>
<tr><td colspan="2">자로가 물으며 말하다
[자로=季路=仲由(2-17)]</td><td>(관용구)어떠한가?
상황,방법(5-4)</td><td>(접)유연한이어짐
‘~면~하다’(4-7)</td><td>(동)그렇다고 말할 수 있다(1-11)</td><td>(대)사람,사건,사물.
123인칭(1-10)</td></tr>
<tr><td colspan="2">자로가 물으며 말했다.</td><td colspan="4">“어떠하면 사람을</td></tr>
<tr><th>士</th><th>矣?”</th><th>子曰:</th><th colspan="2">“切切偲偲,</th><th>怡怡</th></tr>
<tr><td>(명)지식인.
선비(8-7)</td><td>(어기)의문.
‘문미’(12-20)</td><td>공자가 말하다</td><td colspan="2">서로 존중하고 토론하며 노력하는</td><td>(형)조용·편안·만족하다(10-4)</td></tr>
<tr><td colspan="2">지식인이라 말할 수 있습니까?”</td><td>공자가 말했다.</td><td colspan="2">“서로 존중하고 토론하고 노력하(며)</td><td>조용하고 편안하고 만족하는…</td></tr>
<tr><th>如</th><th>也,</th><th>可謂</th><th>士</th><th>矣.</th><th>朋友</th></tr>
<tr><td>(조)상태기술.
형·부·동+如(3-23)</td><td>(어기사)멈춤,
완만(3-1)</td><td>(동)그렇다고 말할 수 있다(1-11)</td><td>(명)지식인.
선비(8-7)</td><td>(어기)미래상황에 대한 확신(1-7)</td><td>(명)친구</td></tr>
<tr><td colspan="2">…모습이면…</td><td colspan="3">지식인이라고 말할 수 있을 것이다.</td><td>친구(는)</td></tr>
<tr><th>切切偲偲,</th><th>兄弟</th><th>怡怡.”</th><td rowspan="3" colspan="3"></td></tr>
<tr><td>서로 존중·토론·연구·노력·애쓰는</td><td>(명)형제</td><td>(형)조용·편안·만족하다(10-4)</td></tr>
<tr><td>서로 존중하고 토론하고 노력하(고)</td><td colspan="2">형제는 조용하고 편안하고 만족(해야 한다).”</td></tr>
</table>

번역 자로가 물으며 말했다. “어떠하면 사람을 지식인이라 말할 수 있습니까?” 공자가 말했다. “서로 존중하고 토론하고 노력하며, 조용하고 편안하고 만족하는 모습이면 지식인이라 말할 수 있을 것이다. 친구는 서로 존중하고 토론하고 노력하며, 형제는 조용하고 편안하고 만족해야 한다.”

語法과 語彙

切切偲偲, 怡怡如也 (서로 존중하고 토론하고 노력하며, 조용하고 편안하고 만족해하다)

(형용사) (=切切節節) 서로 존중하고 토론 연구하며 노력하고 애쓰는. (相互敬重切磋勉勵貌) [절절시시, qièqièsīsī]

→ 孔子雲與朋友切切偲偲 (元·秦簡夫『剪發待賓』第二摺)
공자는 친구와 서로 존중하고 토론하고 노력한다고 말하다.

13-29. 子曰: "善人教民七年, 亦可以卽戎矣."

子曰:	"善人	教民	七年,	(民)亦	可以
공자가 말하다	(명)도덕을 갖춘 사람(7-25)	백성을 가르치다	7년	(부)판단.'((단지)~이다)'(7-15)	(조동사)~할 수 있다(2-10)
공자가 말했다.	"도덕을 갖춘 사람이 백성을 7년 가르친(다면) [가정절]			(백성은)	
卽	戎	矣."			
(동사)가다. 접근하다	(동)정벌하다	(어기)미래상황에 대한 확신 (1-7)			
분명히 가서 정벌할 수 있을 것이다."					

번역 공자가 말했다. "도덕을 갖춘 사람이 백성을 7년 가르친다면 백성은 분명히 가서 정벌할 수 있을 것이다."

語法과 語彙

善人教民七年, 亦可以卽戎矣 (도덕을 갖춘 사람이 백성을 7년 가르친다면 분명히 가서 정벌할 수 있을 것이다)

(동사) 접근하다, 가까이 가다, 가다. (接近, 走向, 就)

→ 童自轉, 以縛卽爐燒絶之 (唐·柳宗元『童區寄傳』)
동(童)은 '스스로 (몸을) 굴려(自轉)' '묶인 채로(以缚)' '화로로 가서(卽爐)' 불태워 그것을 자르다(燒絶之).

善人教民七年, 亦可以卽戎矣 (도덕을 갖춘 사람이 백성을 7년 가르친다면 분명히 가서 정벌할 수 있을 것이다)

(동사) 정벌하다. (征伐) [융, róng]

→ 戎商必克 『書·泰誓』
상(商)나라를 정벌하면 '반드시 승리한다(必克)'.

13-30. 子曰: "以不教民戰, 是謂棄之."

<table>
<tr><th>子曰:</th><th>"以</th><th>不教民</th><th>戰,</th><th>是</th><th>謂</th></tr>
<tr><td>공자가 말하다</td><td>(접)만약~하면</td><td>백성을 가르치지 않다</td><td>(동)전쟁하다</td><td>(대)재지시.
'이것'(2-7)</td><td>(명)의미
[명사→동사]</td></tr>
<tr><td>공자가 말했다.</td><td colspan="3">"만약 백성을 가르치지 않고 전쟁하면
[조건가정절(1-1)]</td><td colspan="2">이것은</td></tr>
<tr><th>棄</th><th>之."</th><td colspan="4" rowspan="3"></td></tr>
<tr><td>(동)내버리다</td><td>백성.(대)재지시.그것,그사람…(2-1)</td></tr>
<tr><td colspan="2">백성을 버리는 것을 의미한다."</td></tr>
</table>

번역 공자가 말했다. "만약 백성을 가르치지 않고 전쟁하면 이것은 백성을 버리는 것을 의미한다."

語法과 語彙

以不教民戰, 是謂棄之 (만약 백성을 가르치지 않고 전쟁하면 이것은 백성을 버린다는 것을 의미한다)

(접속사) 가정을 나타낸다. '만약·만일~하면' 등으로 해석될 수 있다. (表示假設關係, 相當於"如果")

→ 五國以破秦, 必南圖楚 『戰國策·楚策一』
오국(五國)이 만약 '진나라를 물리치면(破秦=진나라와 싸워서 이기면)' 반드시 남쪽으로는 '초나라를 노려(圖楚)'야 한다.

→ 御曰: "此是螳螂也. 其爲蟲, 知進而不知退. 不量力而輕就敵." 莊公曰: "以爲人, 必爲天下之勇士矣!" 『韓詩外傳』
어(御)가 말한다. "'이것은 사마귀(此是螳螂)'인데 그것은 곤충이고 '나아가는 것을 알지만(知進)' '물러서는 것을 모르고(不知退)' '힘을 재지 않고(不量力)' 마음대로(輕) 적에게 간다(就敵). 장공(莊公)이 말한다. "만약 사람이라면 반드시 천하의 용사일 것이다."

以不教民戰, 是謂棄之 (만약 백성을 가르치지 않고 전쟁하면 이것은 백성을 버린다는 것을 의미한다)

(명사) 뜻, 의미. (意義, 意思)

→ 炮人呼天曰: "嗟乎! 臣有三罪, 死而不自知乎!" 平公曰: "何謂也?" 『韓非子·內儲說下』
요리사(炮人<포인, bāorén>)가 하늘에 대고 소리쳐(呼天) 말한다. "아! 저에게는 세 가지 죄가 있으니 죽어서도 자신을 알지 못하는 것입니다! 평공(平公)이 말한다. "무슨 의미인가?"

以不教民戰, 是謂棄之 (만약 백성을 가르치지 않고 전쟁하면 이것은 백성을 버린다는 것을 의미한다)

(동사) 버리고 돌보지 않다. 내버리다. (拋棄, 丢掉)

→ "舜視棄天下猶棄敝'蹝(=屣)'也." 『孟子·盡心上』
순(舜)임금은 '천하를 버리고 돌보지 않는(棄天下)' 것을 '해진 신발(敝蹝<폐사, bìxǐ>)'을 버리는 것으로 본다.

제 14 편

헌문

言 語 | 論 語

14-1. 憲問恥. 子曰: "邦有道, 穀; 邦無道, 穀, 恥也." "克伐怨欲不行焉, 可以爲仁矣?" 子曰: "可以爲難矣, 仁則吾不知也."

憲	問	恥.	子曰:	"邦有道,	
(인명)원헌(原憲)=원사(原思)	(동)問A:A에 대해 묻다(12-10)	(명)치욕. 치욕을 느끼는 일	공자가 말하다	나라가 道를 갖고 있다	
원헌(原憲)이 치욕에 대해 물었다.			공자가 말했다.	"나라가 道를 갖고 있을 (때) [시간절(1-1)]	
穀;		邦無道,	穀,	恥	也."
(명)봉록(俸祿=녹봉<祿俸>)(8-12) [명사→동사]		나라가 道가 없다	(동)녹봉 받다	(명)치욕. 치욕을 느끼는 일	(어기)판단(동사,형용사술어끝)(11-15)
녹봉을 받(고)		나라가 道를 갖고 있지 않을 (때)	녹봉을 받는 (것이) [여기까지 주어]	치욕이다."	
(原憲問曰) "克伐怨欲				不行	焉,
(원헌<原憲>이 물으며 말하다). "이기는 것을 좋아하고, 자신을 자랑하고(=교만하고), 원한을 품고(or 질투심이 강하고 냉정하고), 매우 탐욕스러움 [목적어]				실행하지 않다 [行:(5-14)]	(어기)멈춤. 문장제기(4-17)
(원헌<原憲>이 물으며 말하다). "이기는 것을 좋아하기, 자신을 자랑하기(=교만하기), 원한을 품기(or 질투심이 강하고 냉정하기), 매우 탐욕스럽기를 실행하지 않(으면)… [가정절]					
可以	爲	仁	矣?"	子曰:	"可以爲
(조동사)~할 수 있다(2-10)	(동)말하다(=謂) (2-17)	(형)仁하다	(어기)의문. '문미'(12-20)	공자가 말하다	말할 수 있다
인(仁)하다고 말할 수 있습니까?"				공자가 말했다.	"(그렇게 하는 것이)
難	矣,	仁	則	吾不知	也."
(형)어렵다	(어기)멈춤, 고름(4-4)	(형)인(仁)하다 [형→명사화]	(조사)노출된 명사구 대비 표지	나는 모른다	(어기)진술강조 (2-17)
어렵다고 말할 수 있(지만)…	…인(仁)한 것은 (=仁한 지는) 나는 모르겠다."				

번역 원헌(原憲)이 치욕을 느끼는 일을 물었다. 공자가 말했다. "나라가 道를 갖고 있을 때 녹봉을 받고, 나라가 道를 갖고 있지 않을 때 녹봉을 받는 것은 치욕이다. 원헌(原憲)이 물으며 말했다. "이기는 것을 좋아하기, 자신을 자랑하기(=교만하기), 원한을 품기(or 질투심이 강하고 냉정하기), 매우 탐욕스럽기를 실행하지 않으면 仁하다고 말할 수 있습니까?" 공자가 말했다. "그렇게 하는 것이 어렵다고 말할 수 있지만 仁한지는 나는 모르겠다."

語法과 語彙

憲問恥 (원헌(原憲)이 치욕을 느끼는 일을 묻다)

(인명)(=원사原思=원헌原憲) 공자의 제자 중에서 평생 청렴, 청빈하게 산 훌륭한 인물로서 기억되고 있다. 공자보다 36세 연하이고, 공자가 노나라에서 '사구' 벼슬을 하였을 때 그 밑에서 집사 노릇을 하였는데 아주 양심적이고 물욕이 없고 얌전한 사람이었다. (김용옥, 2008) [헌, xiàn]

憲問恥 (원헌(原憲)이 치욕을 느끼는 일을 묻다)

(명사) 치욕을 느끼는 일. 치욕. (感到耻辱的事)

→ 困辱不能死, 耻也 『鹽鐵論·大論』
곤궁하고 모욕을 당하는(困辱)데도 '죽을 수 없는(不能死)' 것은 치욕이다.

(명사) 부끄러운 마음. (羞愧之心)

→ 人不可以無耻 『孟子·盡心上』
사람은 부끄러운 마음이 없을 수 없다.

→ 民免而無耻辱 『史記·酷吏列傳』
백성은 면죄되지만 부끄러운 마음이 없다.

克伐怨欲不行焉, 可以爲仁矣? (이기는 것을 좋아하기, 자신을 자랑하기(=교만하기), 원한을 품기(or 질투심이 강하고 냉정하기), 매우 탐욕스럽기를 실행하지 않으면 仁하다고 말할 수 있는가?)

(관용구) 극발원욕(克伐怨欲: 이기는 것을 좋아하고, 자신을 자랑하고(=교만하고), 원한을 품고(or 질투심이 강하고 냉정하고), 매우 탐욕스러움; 네 가지 악덕(惡德).

→ 飮酒溫克, 則克爲良. 克伐怨欲, 則克爲狠 (元·李治『敬齋古今黈』卷二)
술이 취해서도 자기를 통제하할 수 있으며 온화함과 공경스러운 태도를 유지할 수 있으(飮酒溫克:喝醉了還能自加克制, 保持溫和恭敬態度)면 통제력(克:約束)이 좋은 것이고 이기는 것을 좋아하고, 자신을 자랑하고(=교만하고), 원한을 품고(or 질투심이 강하고 냉정하고), 매우 탐욕스러우면 통제력이 '나쁜(狠)' 것이다.

仁則吾不知也 (仁한지는 나는 모른다)

(조사) 노출된 명사구를 대비시키는 역할을 담당하는 표지로 사용할 수 있다.

→ 是則可憂也 『孟子·離婁下』
이것은 걱정할만하다.

→ 孔子曰, "聖人則吾不能" 『孟子·公孫丑上』
공자가 말했다 : "성인은 내가 할 수 없다."

14-2. 子曰: “士而懷居, 不足以爲士矣.”

<table>
<tr><th>子曰:</th><th>“士</th><th>而</th><th>懷居,</th><th>不</th><th>足以</th></tr>
<tr><td>공자가 말하다</td><td>(명)지식인.
선비(8-7)</td><td>(접)주어+而+서술어.‘가정…’(2-13)</td><td>(동)편안하고 한가로움을 그리워하다</td><td>(부)동사술어 앞.
‘~하지 않다’(7-14)</td><td>(조동)능력 구비.
‘~할 수 있다’(2-9)</td></tr>
<tr><td>공자가 말했다.</td><td colspan="3">“선비(=지식인)가 편안하고 한가로움을 그리워하면</td><td colspan="2">선비(=지식인)라고</td></tr>
<tr><th>爲</th><th>士</th><th colspan="2">矣.”</th><td colspan="2" rowspan="3"></td></tr>
<tr><td>(동)말하다(=謂)
(2-17)</td><td>(명)지식인.선비
(8-7)</td><td colspan="2">1.(어기)미래상황에 대한 확신(1-7)
2.(어기)이미 그렇다(3-24)</td></tr>
<tr><td colspan="4">1. 분명 말할 수 없을 것이다.” 2. 말할 수 없었다.”</td></tr>
</table>

번역 공자가 말했다. “지식인·선비가 편안하고 한가로움을 그리워하면 지식인·선비라고 [분명 말할 수 없을 것이다. / 말할 수 없었다.]”

語法과 語彙

士而懷居 (지식인·선비가 편안하고 한가로움을 그리워하다)14-2

(동사) 편안하고 한가로움을 그리워하다; 옛날 집을 그리워하다. (留戀安逸 ; 懷念故居)

→ 辟地者不懷居以害仁 (宋·張載『正蒙·有德』)
재난을 피하기 위해서 다른 곳으로 이전하는 사람(辟地者<벽지자, bìdìzhě>:舊謂遷地以避禍患)는 편안하고 한가로움을 그리워하지 않고 해로운 인(害仁)을 사용하지 않는다.

14-3. 子曰: "邦有道, 危言危行;邦無道, 危行言孫."

<table>
<tr><th>子曰:</th><th>"邦有道,</th><th>危言</th><th>危行;</th><th>邦無道,</th></tr>
<tr><td>공자가 말하다</td><td>나라에 道가 있다(5-12)
[시간조건절]</td><td>(동)정직하게 말하다</td><td>(동)정직하게
행동하다</td><td>나라에 道가 없다(5-12)
[시간조건절]</td></tr>
<tr><td>공자가 말했다.</td><td>"나라에 道가 있(을 때)</td><td colspan="2">정직하게 말하(고) 정직하게 행동하(지만)</td><td>나라에 道가 없(을 때는)</td></tr>
<tr><th>危行</th><th>言</th><th>孫."</th><td colspan="2" rowspan="3"></td></tr>
<tr><td>(동)정직하게 말하다</td><td>(명)말.언사.한 마디(2-2)</td><td>(형)공손하다</td></tr>
<tr><td colspan="3">정직하게 행동하고 말은 공손(해야 한다)"
[의무표시 '부사, 조동사 등' 표지 없음]</td></tr>
</table>

번역 공자가 말했다. "나라에 道가 '있을 때/있다면' 정직하게 말하고 정직하게 행동하지만, 나라에 道가 '없을 때/없다면' 정직하게 행동하고 말은 공손해야 한다."

語法과 語彙

危言危行 (정직하게 말하고 정직하게 행동하다)

(명사) 정직한 말. (直言) [위언, wēiyán]
(동사) 정직하게 말하다. (直言) [위언, wēiyán]

→ 草茅危言者, 折首而不悔 (宋·李覯『袁州州學記』)
초야에 있으(草茅)면서 정직하게 말하는 사람(危言者)은 머리가 잘려(折首)도 후회하지 않는다.

危言危行 (정직하게 말하고 정직하게 행동하다)

(명사) 정직한 행동. (正直的行爲)
(동사) 정직하게 행동하다.

→ 其在朝, 君語及之, 即危言;語不及之, 即危行 『史記·管晏列傳』
그가 집권할 때(其在朝) 왕의 말(君語)이 '그에게 미치면(及之, 即)' 정직하게 말하고 말이 '그에게 미치지 않으(不及之, 即)'면 정직하게 행동하다.

危行言孫 (정직하게 행동하고 말은 공손하다)

(형용사) (=遜<손, xùn>)공손하고 온순하다, 공손하다. (恭順) [손, xùn] [孫<손, sūn>:손자…]

→ 朕不孫 『史記·晉世家』
나는 공손하지 않다.

14-4. 子曰: “有德者必有言, 有言者不必有德;仁者必有勇, 勇者不必有仁.”

子曰:	“有德	者	必	有言,	有言者
공자가 말하다	덕(德)이 있다	(조사)~한 사람, ~한 것(1-2)	(부)꼭.반드시.분명히(6-30)	(동)명언이 있다. 좋은 말이 있다.	좋은 말이 있는 사람
공자가 말했다.	“덕(德)이 있는 사람은 꼭 좋은 말이 있(지만)				좋은 말이 있는 사람이
不必	**有德;**	**仁者**	**必**		**有勇,**
(부)꼭~는 아니다 [부분 부정]	덕(德)이 있다	어진 사람	(부)꼭.반드시.분명히(6-30)		용기가 있다
꼭 덕(德)이 있는 것이 아니(고)		어진 사람은 꼭 ‘용기가 있(지만)(=용감하고 존중할 만 하지만)’			
勇者		**不必**	**有仁.”**		
(명)용감하고 존중할 만한 사람		(부)꼭~는 아니다	仁이 있다		
용감하고 존중할 만한 사람이		꼭 仁이 있는 것은 아니다.”			

번역 공자가 말했다. “덕(德)이 있는 사람은 꼭 좋은 말이 있지만 좋은 말이 있는 사람이 꼭 덕(德)이 있는 것은 아니고, 어진 사람은 꼭 ‘용기가 있지만(=용감하고 존중할 만 하지만)’ 용감하고 존중할 만한 사람이 꼭 인(仁)이 있는 것은 아니다.”

語法과 語彙

有德者必有言 (덕(德)이 있는 사람은 꼭 좋은 말이 있다)14-4

(동사) 명언이 있다, 좋은 말이 있다. (有名言, 有善言)

→ 自暴者, 不可與有言也 ; 自棄者, 不可與有爲也 『孟子·離婁上』
자신을 경시하는(自暴) 사람은 명언이 있을 수 없고(不可與有言<‘與’는 ‘어기 멈춤’으로 봄>) 자신을 돌보지 않는(自棄)‘ 사람은 ‘행위가 있(有爲)’을 수 없다.

有言者不必有德 (좋은 말이 있는 사람이 꼭 덕(德)이 있는 것은 아니다)14-4

(부사)반드시 ~한 것은 아니다, 꼭~인 것은 아니다. (没有一定 ; 未必)

→ 善作者不必善成, 善始者不必善終 『史記·樂毅列傳』
잘하는 사람(善作者)이 꼭 ‘잘 이루(善成)’는 것은 아니고 ‘잘 시작한 사람(善始者)’이 꼭 ‘잘 끝내(善終)’는 것은 아니다.

勇者不必有仁 (용감하고 존중할 만 사람이 꼭 인(仁)이 있는 것은 아니다)14-4

(명사) 용감하고 존중할만한 사람. (勇敢而值得敬重的人)

14-5. 南宮适問於孔子曰: "羿善射, 奡盪舟, 俱不得其死然.禹稷躬稼而有天下." 夫子不答. 南宮适出, 子曰: "君子哉若人! 尙德哉若人!"

南宮适	問	於	孔子	曰:	"羿
(인명)남궁괄	(동)묻다	(대상.전)동작의 직접대상(1-10)	공자	말하다	(인명)예(羿)
남궁괄(南宮适)이 공자에게 묻고 말했다.					"예(羿)는
善	**射,**	**奡**	**盪(=蕩)舟,**	**俱**	**不得**
(부)잘, 훌륭하게(6-9)	(동)활 쏘다	(인명)오(奡)	손으로 배를 밀어 육지로 가게 하다	(부)모두	얻지 못하다
활을 잘 쏘았(고)		오(奡)는 손으로 배를 밀어 육지로 가게 하였(지만)		모두 얻지 못했(습니다)	
其	**死**	**然.**	**禹**	**稷**	**躬**
그들의[(대)그의… '복수可'(1-7)]	(명)죽음	(어기)문미 긍정(8-21)	(인명)우(禹);우임금	(인명)직(稷); 후직(后稷)	(부)친히,몸소,직접
그들의 (좋은) 죽음을.			우(禹)임금과 후직(后稷)은 몸소		
稼	**而**	**有天下."**	**夫子**	**不答.**	**南宮适出,**
(동)농사짓다	(접)동작의 선후. '~다음'(6-15)	(동)천하를 얻다·가지다(8-18)	(명)선생님;공자(1-10)	대답하지 않다	남궁괄이 나가다[시간절(1-1)]
농사를 짓고 천하를 얻었습니다."			선생님은 대답하지 않았다.		남궁괄이 나가(자)
子曰:	**"君子**	**哉**	**若**	**人!**	**尙**
공자가 말하다	(명)군자(君子)(11-1)	(어기)감탄. '문중'(3-4)	(대)'이'근칭지시. 한정어(5-3)	(명)사람	(동)숭상하다.존중하다.중시하다
공자가 말했다. "군자다! 이 사람은!					
德	**哉**	**若人!"**			
(명)덕(德)	(어기)감탄. '문중'(3-4)	이 사람			
덕을 중시한다! 이 사람은!"					

번역 남궁괄(南宮适)이 공자에게 묻고 말했다. "예(羿)는 활을 잘 쏘았고 오(奡)는 손으로 배를 밀어 육지로 가게 하였지만 모두 잘 죽지 못했습니다(=그들의 죽음을 얻지 못했습니다). 우(禹)임금과 후직(稷躬)은 몸소 농사를 짓고 천하를 얻었습니다." 선생님은 대답하지 않았다. 남궁괄(南宮适)이 나가자 공자가 말했다. "군자다! 이 사람은! 덕을 중시한다! 이 사람은!"

語法과 語彙

南宮适問於孔子曰 (남궁괄<南宮适>이 공자에게 묻고 말하다)

(인명) 고주 속의 공안국(孔安國:BC156~BC74)은 이 사람이 노나라의 가로(家老)로 공자와 같이 주나라에 유학한 맹씨집안의 남궁경숙(南宮敬叔)이라고 한다. 그러나 『사기』「열전」에는 이 사람의 자(字)가 자용(子容)이며 바로 공자가 자기 형의 딸을 시집보낸 남용(南容)이 동일 인물이라고 한다. 『가어』「제자해」에는 남궁도(南宮縚)로 나와 있고 자(字)가 자용(子容)이며 역시 공자 형의 딸을 시집보낸 사람이라고 한다. 그러나 남궁괄은 타문헌에 전

혀 언급되지 않은 새로운 덕인(德人)일 수도 있다. 사실 이러한 것은 문제가 되지 않는다. 그는 본문에서 질문자로서만 등장한 인물이기 때문이다. 그 질문의 내용이 이 사람에 대한 정보에 의하여 좌우되는 내용은 아니다. (김용옥, 2008)

羿善射, 奡盪舟 (예(羿)는 활을 잘 쏘았고 오(奡)는 손으로 배를 밀어 육지로 가게 한다)

(인명) 예(羿)와 오(奡)는 모두 폭력적 영웅들이다. 활을 잘 쏘았던 예(羿)는 하(夏)나라의 왕위를 찬탈하였지만 그는 한착(寒浞)이라는 부하에게 살해당했다. 한착(寒浞)의 일당들이 예(羿)를 삶아 그 고기를 먹었다. 한착(寒浞)은 죽은 예(羿)의 부인을 아내로 취하여 오(奡)를 낳았다. 오(奡)는 후에 하나라의 왕족으로서 난을 모면하고 살아남은 소강(小康)에 의하여 살해당한다. 이런 이야기는 『좌씨전』 양공 4년 위강(魏絳)의 말로 나오고 애공 원년에는 오원(伍員)의 말로 나온다. 폭력에 의하여 권력을 잡고 폭력에 의하여 불행한 죽음을 당한 사람들의 예(例)인 것이다. (김용옥, 2008) [예, yì] [오, ào]

羿善射, 奡盪舟 (예(羿)는 활을 잘 쏘았고 오(奡)는 손으로 배를 밀어 육지로 가게 한다)

(동사) 손으로 배를 밀어 육지로 가게 하다. (以手推舟, 行於陸地) [탕주, dàngzhōu]

俱不得其死然 (모두 그들의 좋은 죽음을 얻지 못하다)

(부사) 모두. (全, 都) [구, jù]

→ 父子俱在軍中, 父歸 『史記·魏公子列傳』
아버지와 아들(父子) 모두(俱) 군대 안(軍中)에 있는데 아버지는 돌아간다.

→ 越明年, 政通人和, 百廢俱興 (宋·範仲淹『岳陽樓記』)
다음 년이 되어(越明年) '정치는 순조롭고 백성은 화목하고 즐겁게 되(政通人和)'지만, '많은 폐단(百廢)'이 모두 일어난다(俱興).

俱不得其死然 (모두 그들의 좋은 죽음을 얻지 못하다)

(동사) 득사(得死): 좋은 죽음을 얻다 → 잘 죽다. (謂得善終)

禹稷躬稼而有天下 (우(禹)임금과 후직(稷躬)은 몸소 농사를 짓고 천하를 얻다)

(인명) 예(羿)와 오(奡)에 비하면 우(禹)는 하왕조의 창업자로서 왕위를 선양받은 사람이고, 직(稷)은 이름이 기(棄)인데 탁월한 농사꾼이었다. 그의 후손이 결국 주(周)나라를 세운 것이다. (김용옥, 2008) [우직, Yǔjì]

禹稷躬稼而有天下 (우(禹)임금과 후직(稷躬)은 몸소 농사를 짓고 천하를 얻다)

(부사) 친히, 몸소, 직접. (親自)

→ 亮躬耕隴亩 (三國蜀·蜀書『諸葛亮傳』)
제갈량(亮:葛亮傳)이 몸소 '밭이랑(隴亩<롱묘, lǒngmǔ>)'을 '갈다(耕)'.

禹稷躬稼而有天下 (우(禹)임금과 후직(稷躬)은 몸소 농사를 짓고 천하를 얻다)

(동사) 곡물을 재배하다; 농업활동을 하다 → 농사짓다. (種植谷物, 亦泛指農業勞動) [가, jià]

尚德哉若人! (덕을 중시한다! 이 사람은!)

(동사) 숭상하다, 존중하다, 중시하다. (崇尚, 尊重) [상, shàng]

→ 宣德間, 宮中尚促織之戲 (清・蒲松齡『聊齋志異・促織』

(명나라) 선덕(宣德) 기간 '황궁 안에서(宮中)'는 귀뚜라미(促織<촉직, cùzhī>) 놀이(戲)를 중시했다.

14-6. 子曰: “君子而不仁者有矣夫! 未有小人而仁者也.”

子曰:	“君子	而	不仁	者	有
공자가 말하다	(명)군자 [명사→형용사]	(접)전환. '그러나'(1-1)	(형)불인(不仁)하다. 仁하지 않다	(조사)~한 사람, ~한 것(1-2)	있다
공자가 말했다. “군자이지만 불인(不仁)한 사람은 있다!					
矣夫!	**未有**	**小人**	**而**	**仁**	**者**
(관용구) 진술문에서 감탄 (6-10)	(동)없었다	(명)소인 [명사→형용사]	(접)전환. '그러나'(1-1)	(형)仁하다	(조사)~한 사람, ~한 것(1-2)
	소인이지만 仁한 사람은 없었다.”				
也.”					
(어기)진술강조 (2-17)					

번역 공자가 말했다. “군자이지만 불인(不仁)한 사람은 있다! 소인(小人)이지만 인(仁)한 사람은 없었다.”

語法과 語彙

未有小人而仁者也 (소인(小人)이지만 인(仁)한 사람은 없었다)

(동사) 없었다. (沒有 ; 不曾有)

→ 未有義而後其君者也 『孟子·梁惠王上』
의로우면서 '그의 임금을 뒤로하(後其君)'는 사람(者)은 없었다(未有).

(동사) 아직 모양을 이루지 않다. 아직 형체를 갖추지 못하다. (謂尚未成形)

→ 從有, 謂萬物形質也. 未有, 謂天地未形也 (張守節正義)
종유(從有)는 '만물이 형태를 갖춘(萬物形質)' 것을 말한다. 미유(未有)는 '천지가 형태를 아직 갖추지 못한(天地未形)' 것을 말한다.

14-7. 子曰: "愛之能勿勞乎? 忠焉, 能勿誨乎?"

子曰:	"愛	之	能	勿	勞
공자가 말하다	(명)자애 [명사→형용사]	(접)조건·가정 종속절(12-10)	(조동사) ~할 수 있다(1-7)	(부)동작행위 부정 (6-6)	(동)일을 시키다
공자가 말했다. "자애롭다면 일을 시키지 않을 수 있겠는가?					
乎?	忠	焉,	能勿誨乎?"		
(어기)반문(1-1)	(동)충성하다 (12-14)[동→형]	(어기)진술강화, 문장 이끎(8-13)	가르치지 않을 수 있겠는가? [誨:(동)가르치다(2-17)]		
	충성스러(운데) [조건가정절(1-1)]		가르치지 않을 수 있겠는가?"		

번역 공자가 말했다. "자애롭다면 일을 시키지 않을 수 있겠는가? 충성스러운데 가르치지 않을 수 있겠는가?"

語法과 語彙

愛之能勿勞乎? (자애롭다면 일을 시키지 않을 수 있겠는가?)

(명사) 인애, 자애로움(=아랫사람에게 베푸는 사랑과 정이 도탑고 싶음). (仁惠, 惠)

→ 愛多者則法不立, 威寡者則下侵上 『韓非子·內儲說上七術』
자애로움이 많으면 '법은 세워지지 않(法不立)'고 위엄이 적으(威寡)면 아랫사람이 윗사람을 '업신여기고 모욕한다(侵:欺辱)'.

愛之能勿勞乎? (자애롭다면 일을 시키지 않을 수 있겠는가?)

(동사) 일을 시키다. 지치다. 피곤해지다. (役使, 勞累)

→ 弊兵勞衆, 不足以成名 『戰國策·秦策一』
병사를 피곤하(弊兵)게 하고 '군중에게 일을 시키(勞衆)'면 명성을 이룰 수가 없다.

愛之能勿勞乎? 忠焉, 能勿誨乎? (자애롭다면 일을 시키지 않을 수 있겠는가? 충성스러운데 가르치지 않을 수 있겠는가?)

이 문장에 대한 문장부호 표기 부분과 학자들의 주석을 보면 다음과 같다.

- [愛之能勿勞乎, 忠焉, 能勿誨乎?]
  그를 사랑한다고 해서, 수고롭지 않을 수 있겠느냐? 그가 충실하다고 해서, 그를 깨우쳐 주지 않을 수가 있겠느냐? (김하주, 2017)
- [愛之, 能勿勞乎? 忠焉, 能勿誨乎?]
  사랑한다면 수고롭게 하지 않을 수가 있겠는가? 진심으로 대한다면 깨우쳐주지 않을 수 있겠는가? (이기동, 2011)
- [愛之, 能勿勞乎? 忠焉, 能勿誨乎?]
  누구를 사랑할진대 그를 위하여 수고하지 않을 수가 있겠는가? 누구를 충심으로 대할진대 그에게 진실한 가르침을 베풀지 않을 수 있겠는가? (김용옥, 2008)
- [愛之, 能勿勞乎? 忠焉, 能勿誨乎?]

어떤 사람을 사랑하면서 그에게 일을 시키지 않을 수 있겠느냐? 어떤 사람에게 충성스러우면서 그에게 올바른 길을 알려주지 않을 수 있겠느냐? (류종목, 2000)

- [愛之, 能勿勞乎? 忠焉, 能勿誨乎?]
  그를 사랑하는데 그를 고생시키지 않을 수 있는가? 그에게 충성하는데 그를 가르쳐주지 않을 수 있는가? (愛他, 能不叫他辛勞嗎？ 忠於他, 能不教誨他嗎？) (陳曉芬, 2016)
- [愛之能勿勞乎? 忠焉能勿誨乎?]
  우리가 한 사람을 사랑한다면 그를 위해 걱정하지 않을 수 있겠는가? 우리가 한 사람에게 충성한다면 그를 가르쳐 주지 않을 수 있겠는가? (我們愛好一個人, 能不爲他憂心嗎！我們忠於一個人, 能不教誨他嗎?) (毛子水, 2009)
- [愛之, 能勿勞乎? 忠焉, 能勿誨乎?]
  그를 사랑하는데 그를 고생시키지 않을 수 있는가? 그에게 충성하는데 그를 가르쳐주지 않을 수 있는가? (愛他, 能不叫他勞苦嗎? 忠於他, 能够不教誨他嗎？) (楊伯峻, 2006)

먼저 문장 부호를 보면 두 문장을 단문 또는 복문으로 보고 있는데 첫 번째 문장(愛之能勿勞乎?)에서 '지(之)'가 '조건, 가정의 종속절'을 나타내는 '접속사'로 쓰였다고 생각한다. 이때 문장은 '수식·한정긴축복문(偏正緊縮復句)'이 되고 그중에서 이 문장은 '가정긴축문(假設緊縮句)'이 된다고 본다. 이 경우에는 쉼표를 두지 않는다(11-14). 그리고 두 번째 문장(忠焉, 能勿誨乎?)에서 '언(焉)'은 '진술을 강화하고 다음 문장을 이끄는 어기사' 역할을 하는 것으로 볼 수 있으므로(아래 예문 참조) 이 문장은 쉼표를 넣는다.

→ 邦有道, 貧且賤焉, 恥也 『論語·泰伯』
나라 정치가 맑고 깨끗하지 않을 때 가난하고 지위가 낮으면 부끄럽다.

→ 心不使焉, 則白黑在前而目不見, 雷鼓在側而耳不聞 『荀子·解蔽』
마음을 사용하지 않으면 흰색과 검은색이 앞에 있어도 눈은 보지 못하고 천둥소리(雷鼓)가 옆에 있어(在側)도 귀는 듣지 못한다.

→ 於其出焉, 使公子彭生送之.於其乘焉, 搚幹而殺之 『公羊傳·莊公元年』
그가 나갈 때 공자 팽성(彭生)에게 그를 배웅하게 하다. 그가 마차를 탈 때 그의 중요 부위(幹)를 절단하여(搚) 그를 죽이다.

다음으로 의미를 보면 모든 학자들이 '애(愛)'를 '사랑하다' 동사로 보고, '충(忠)'을 '충성스러운(형용사)', '충성하다(동사)'로 보았다. 본문의 두 문장은 '서로 호응되는 문장이기 때문에(parallelism)' '애(愛)'와 '충(忠)'을 같은 품사로 보는 것이 더 적합하다(형용사).

먼저 '애(愛)'와 '충(忠)'의 주체를 파악하는 것이 중요한데 학자들 중에서 주체를 명시한 사람은 모자수(毛子水) 선생으로 '우리'라고 보았다(우리가…사랑한다면, 우리가…충성한다면). 다음으로 뒤의 동사 '일을 시키다(勞)'와 '가르치다(誨)'의 대상을 파악하는 것인데, 그 대상은 결국 '애(愛)' 하는 사람을 '노(勞)'하는 것이고, '충(忠)'하는 사람을 '회(誨)'하는 것이다. '충성하는 사람'을 가르치는 것은 문제가 없지만 '(그가) 사랑하는 사람'을 일시키는 것은 문제가 될 수 있다. 때문에 이 문장은 '충성스러운 사람(忠)'을 '가르치고', '자애로운 사람(愛)'에게(=을) '일시키는' 것이 무난하다고 생각한다. 즉 '애(愛)'가 '사랑하다'의 동사가 아니라 일을 시킬 수 있는 '어떤 사람'이 되어야 하는 것이고 『漢語大字典』에 기재된 형용사 의미항목 중에서 '자애롭다'가 가장 적합하게 보인다. 이 해석이 맞는다면 '자애로운 사람에게 일시키는' 것은 철학적 해석이 필요하다고 본다.

14-8. 子曰: "爲命, 裨諶草創之, 世叔討論之, 行人子羽脩飾之, 東里子產潤色之."

子曰:	"爲	命,	裨諶	草創	之,
공자가 말하다	(동)만들다(6-29)	정부 문서 → 외교 사령(辭令)	(인명)비심 [bìchén]	(동)초안을 잡다	외교 사령[(대)재지시.'그것'(2-1)
공자가 말했다.	"외교 사령(辭令)을 만(들 때) [시간절(1-1)]		비심(裨諶)은 그것의 초안을 잡았(고)		
世叔	**討論**	**之,**	**行人**	**子羽**	**脩飾**
(인명)세숙	(동)토론하고 검토하다	외교 사령[(대)재지시.'그것'(2-1)	(벼슬이름)행인	(인명)자우	(동)글을 분명하고 생동감 있게 하다
세숙(世叔)은 그것을 토론하고 검토하였(고)			행인(行人) 자우(子羽)는 그것을 분명하고 생동감 있게 만들었(고)		
之,	**東里**	**子產**	**潤色**	**之."**	
외교 사령[(대)재지시.'그것'(2-1)	(지명)동리	(인명)자산(5-16)	(동)글자를 고쳐서 아름답게 하다	외교 사령[(대)재지시.'그것'(2-1)	
	동리(東里)의 자산(子產)은 그것의 글자를 고치고 아름답게 만들었다." [지명과 이름 사이 소유격 조사 없음]				

번역 공자가 말했다. "외교 사령(辭令)을 만들 때 비심(裨諶)은 그것의 초안을 잡았고, 세숙(世叔)은 그것을 토론하고 검토하였고, 행인(行人) 자우(子羽)는 그것을 분명하고 생동감 있게 만들었고, 동리(東里)의 자산(子產)은 그것의 글자를 고치고 아름답게 만들었다."

語法과 語彙

爲命, 裨諶草創之 (외교 사령(辭令)을 만들 때 비심(裨諶)이 그것의 초안을 잡다)

(명사) 고대 정부 문서의 한 종류. (古代政府的一種公文)

– [보충]

학사들은 '정(鄭)나라'가 다른 나라에 보내는 '외교 사령(辭令·응대의 말)'으로 적고 있다.

爲命, 裨諶草創之 (외교 사령(辭令)을 만들 때 비심(裨諶)이 그것의 초안을 잡다)

(동사) 초안을 잡다. (起稿=打稿)

→ 草創未就, 會遭此禍 (漢·司馬遷『報任安書』)

초안을 잡는(草創) 것이 '완성되지 않았(未就)'기 때문에 '이 재앙(此禍)'을 '때마침 만나다(會遭)'.

世叔討論之 (세숙(世叔)이 그것을 토론하고 검토하다)

(동사) 연구토론하고 검토하고 평론하다. (謂探討研究并加以評論)

→ 日與天下之英才, 討論其大經 (唐·柳宗元『梓人傳』)
매일(日) 천하의 영재와(與天下之英才) 그 일반적인 규정(其大經)을 토론하고 검토하다.

行人子羽脩飾之 (행인(行人) 자우(子羽)가 그것을 분명하고 생동감 있게 만들다)

(명사, 관명) 참배하고 사절을 보내는 일을 장관하는 관리. (官名. 掌管朝覲聘問的官)

行人子羽脩飾之 (행인(行人) 자우(子羽)가 그것을 분명하고 생동감 있게 만들다)

(동사) 고치고 윤색하다. 글을 분명하고 생동감 있게 만들다. (修改潤飾, 使語言文字明确生動)

東里子産潤色之 (동리(東里)의 자산(子産)이 그것의 글자를 고치고 아름답게 만들다)

(동사) 글자를 고쳐서 아름답게 하다; 윤색하다. (修飾文字, 使有文采)[윤색, rùnsè]

→ 討論潤色今爲美, 學問文章老更醇 (宋·王安石『西垣當直』)
토론하고 검토하고(討論) 윤색하(潤色)여 지금 아름답지만, '학문과 문장(學問文章)'은 옛날에(老) 더(更) 순수했다(醇<순, chún>:純粹).

14-9. 或問子産. 子曰: "惠人也." 問子西. 曰: "彼哉! 彼哉!" 問管仲. 曰: "人也. 奪伯氏駢邑三百, 飯疏食, 沒齒無怨言."

或	問子産.		子曰:	"惠人	也."
(대)어떤사람(2-21)	자산에 대해 묻다 [問A:A에 대해 묻다(12-10)][子産:(인명)자산(5-16)]		공자가 말하다	(명)인자한 사람	(어기)진술강조(2-17)
어떤 사람이	자산(子産)에 대해 물었다.		공자가 말했다. "인자한 사람이다."		
(或)問子西.	**(孔子)曰:**	**"彼**	**哉!"**	**彼哉!"**	**(或)問管仲.**
(누군가) 자서(子西)에 대해 묻다	(공자가) 말하다	그 (사람)	(어기)문미 감탄(8-15)	그 (사람)!	(누군가) 관중에 대해 묻다(3-22)
(누군가) 자서에 대해 물었다	(공자가) 말했다.	"그 (사람)!		그 (사람)!	(누군가) 관중에 대해 물었다.
(孔子)曰:	**"人**	**也.**	**奪**	**伯氏**	**駢邑**
(공자가) 말하다	(명) 인재	(어기)진술강조(2-17)	(동)빼앗다(9-26)	(인명) 백씨	(지명) 변읍
(공자가) 말했다.	"인재다.		(관중이) 백씨의 변읍 300호를 빼앗(아/빼앗았기 때문에/…)[소유격 조사 생략]		
三百,	**飯疏食,**		**沒齒**	**無怨言."**	
300(호)[단위명사 생략]	도정을 하지 않은(=변변치 못한) 식사를 하다(7-15)		(부,명)평생	원망하는 말이 없다	
	(백씨는) 변변치 못한 식사를 해(야 했지만)		평생 (관중에 대한) 원망의 말이 없었다."		

번역 어떤 사람이 자산(子産)에 대해 물었다. 공자가 말했다. "인자한 사람이다." 어떤 사람이 자서(子西)에 대해 물었다. 공자가 말했다. "그 사람! 그 사람!" 누군가 관중(管仲)에 대해 물었다. 공자가 말했다. "인재다. 관중이 백씨(伯氏)의 변읍(駢邑) 300호를 빼앗았기 때문에 백씨는 변변치 못한 식사를 해야 했지만 평생 관중에 대한 원망의 말이 없었다."

語法과 語彙

惠人也 (인자한 사람이다)

(명사) 타인에게 은혜를 베푸는 사람. 인자한 사람. (施恩惠於他人的人 ; 仁慈的人)

→ 或齎酒食, 請於惠人之前, 未出其泣, 惠人終不爲之隕涕 (漢·王充『論衡·明雩』)
어떤 사람이 '술과 음식을 품고(齎<재,jī>酒食)' 인자한 사람 앞에서 부탁할 때 '그의 눈물(其泣)'을 흘리지 않았고, 인자한 사람 역시 '결국(終)' 그를 위해서 '눈물을 흘리(隕涕<원제, yuántì>)'지 않나.

問子西 (자서(子西)에 대해 묻다)

(인명) 자서(子西)에 관해서 고주의 '마융'이 두 사람일 가능성을 제기했다. 하나는 정나라의 간공(簡公)의 집정이며, 정자산의 사촌이었던 공손하(公孫夏)라는 인물일 수 있다는 것이고, 하나는 초(楚)나라 영윤(令尹:초나라 수상) 자서(子西)를 지칭한다는 것이다. 대부분의 주석이 마융의 제 2설을 지지한다. 초나라는 호북성 강릉현(江陵縣)을 수

도로 하는 남방의 대국이었다. 자서의 실명은 공자신(公子申)이었고 초나라 소왕(昭王)의 동생이었다. 소왕은 신흥 세력인 오(吳)나라의 합려(闔閭)에게 국도(國都)를 점령당하는 곤욕을 치르기도 하지만 영윤 자서는 형 소왕을 잘 보필하여 난국을 타개한다. 형 소왕의 죽음에 임박하여 동생에게 왕위를 양보하려고 하지만 자서는 사양하고 형의 아들 혜왕(惠王)을 세우고 자신은 영윤으로써 끝까지 남아 초나라를 굳건하게 지켰다.

소왕이 죽은 것은 애공 6년으로 공자 나이 63세였는데, 그는 죽기 직전에 공자를 초빙하고자 했다. 그러나 소왕의 의지는 영윤 자서에 의해 좌절되고 말았다. 공자는 당시 '진·채의 난'을 극복하고 난 후, 제자들의 충성심이 확고하게 다져진 집단의 수장이었다. 이러한 집단을 초나라에 오게 하는 것은 초나라에게 화근이 될 수밖에 없다는 것이 자서의 판단이었고, 그것은 옳은 것이었다. 그러나 공자의 입장에서 본다면 마지막 그의 꿈을 좌절시킨 인물이 자서이다. 공자는 배신감을 느꼈겠지만 우리의 입장에서 본다면 자서야말로 오늘의 공자를 있도록 큰 공을 세운 사람이다. 자서가 없었다면 귀로 이후의 공자도 없을 것이다. (김용옥, 2008)

彼哉! 彼哉! (그 사람! 그 사람!)

(지시대명사) '피(彼)'는 보통 자주 '차(此)'와 대조를 이루는데, 이외 비교적 멀리 있는 사람, 일, 사물, 장소 등을 가리킨다. '그, 거기' 등으로 번역될 수 있다. (那, 那里)

→ 彼來者爲誰? 『史記·範雎蔡澤列傳』
저기(彼) 오는 사람(來者)은 '누구지(爲誰)'?

問管仲. 曰: "人也" (관중(管仲)에 대해 물었다. 말했다. "인재다")

(명사) 인재. (人才)

→ 子無謂秦無人 『左傳·文公十三年』
공자는 진나라에 '인재가 없다(無人)'고 말하지 않다(無謂)

奪伯氏駢邑三百 (백씨(伯氏)의 변읍(駢邑) 300호를 빼앗다)

(인명) 백씨(伯氏). 제나라의 대부로 죄를 지었고, 환공은 관중(管仲)의 말을 받아들여 백씨의 식읍을 빼앗았고 이로 인해 그는 매우 빈궁한 생활을 했다. (류종목, 2000)

奪伯氏駢邑三百 (백씨(伯氏)의 변읍(駢邑) 300호를 빼앗다)

(지명) 변읍(駢邑). 백씨의 식읍으로 지금의 산동성 임구(臨朐)에 있었다. (류종목, 2000) [변읍, piányì]

沒齒無怨言 (평생 원망의 말이 없다)

(부사, 명사) 평생. 평생토록. (終身) [몰치, mòchǐ]

14-10. 子曰: “貧而無怨難, 富而無驕易.”

子曰:	“貧	而	無怨	難,	富
공자가 말하다	(형)가난하다	(접)A而(부사어)+서 술어(1-4)	1.원망이 없다 2.원망하지 않다	(형)어렵다	(형)부유하다
공자가 말했다.	“가난하면서 원망이 없기는 어렵(고) / 가난하면서 원망하지 않기는 어렵(고) [이(而)가 전환접속사(그러나)가 되어도 문제가 없다고 본다(가난하지만 원망이 없기는 어렵다)]				부유하…

而	無驕	易.”
(접)A而(부사어)+서 술어(1-4)	1.교만이 없다 2.교만하지 않다	(형)쉽다
…면서 교만이 없기는 쉽다.” / 부유하면서 교만하지 않기는 쉽다.” [이(而)가 전환접속사(그러나)가 되어도 문제가 없다고 본다(부유하지만 교만이 없기는 어렵다)]		

번역 공자가 말했다. “가난하면서 (원망이 없기는 or 원망하지 않기는) 어렵고, 부유하면서 (교만이 없기는 or 교만하지 않기는) 쉽다.”

語法과 語彙

貧而無怨難, 富而無驕易 (가난하면서 원망하지 않기는 어렵고, 부유하면서 교만하지 않기는 쉽다)

(부사) 동사, 형용사 술어 앞에 사용하여 진술하는 사실에 대한 부정을 나타낸다. 不과 통한다.

→ 無偏無黨, 王道蕩蕩 『尚書·洪範』
치우치지 않고 편애하지 않으면 왕도는 넓고 크다.

→ 民以此爲教, 則粟焉得無少, 而兵焉得無弱也? 『商君書·農戰』
백성을 이것으로 가르치면 식량이 어떻게 줄지 않고 병력이 어떻게 약해지지 않겠는가?

→ 寧信度, 無自信也 『韓非子·外儲說左上』
차라리 사이즈(度:尺碼 : 치수의 길이, 크기. 指尺寸的長短大小)를 믿지 ‘자신을 믿지 않다’
[부정부사(無)+목적어(自)+동사(信)]

貧而無怨難, 富而無驕易 (가난하면서 원망하지 않기는 어렵고, 부유하면서 교만하지 않기는 쉽다)

(동사) 없다. (沒有)

→ 博學而無所成名 『論語·子罕』
넓게 배웠지만 명성을 세운 곳이 없다.

→ 天都雖近而無路, 蓮花可登而路遥 『徐霞客游記·游黃山日記後』
천도봉(天都:天都峰)은 비록 가깝지만(雖近) 길이 없고 연화봉(蓮花:蓮花峰)은 오를 수 있(可登)지만 길이 멀다(路遥).

14-11. 子曰: "孟公綽爲趙魏老則優, 不可以爲滕薛大夫."

子曰:	"孟公綽	爲	趙魏	老	則
공자가 말하다	(인명)맹공작(孟公綽)	(동)맡다, 역임하다(2-10)	(성.姓)조씨(趙氏), 위씨(魏氏)	(명)경대부의 대신	(접)조건+則+결과(1-6)
공자가 말했다.	"맹공작(孟公綽)이 '조씨와 위씨의 가신'을 맡으면 [趙魏老(조씨와 위씨의 가신):종속, 소유격 조사 생략]				
優,	不	可以	爲	滕薛	大夫."
(동)능히 감당하고 여력이 있다	(부)할 수 없다, 할 필요 없다(11-13)	(조동사) ~할 수 있다(2-10)	(동)맡다, 역임하다(2-10)	등(滕)나라와 설(薛)나라	(명)대부
능히 감당하고 여력이 있(지만)	[전환접속사 생략] 등(滕)나라와 설(薛)나라의 대부는 맡을 수 없다." [滕薛大夫(등나라 설나라의 대부):종속, 소유격 조사 생략]				

번역 공자가 말했다. "맹공작(孟公綽)이 '조씨(趙氏)와 위씨(魏氏)'의 가신(家臣)을 맡으면 능히 감당하고 여력이 있지만 등(滕)나라와 설(薛)나라의 대부는 맡을 수 없다."

語法과 語彙

孟公綽爲趙魏老則優 (맹공작(孟公綽)이 '조씨(趙氏)와 위씨(魏氏)'의 가신(家臣)을 맡으면 능히 감당하고 여력이 있다)

(인명) 맹공작(孟公綽)은 『左傳•襄公二十五年』에 잠깐 그 이름이 나오기는 하지만 자세한 것은 알 수 없다(제나라 최저<崔杼, cuīzhù>가 군사를 거느리어 노나라의 북쪽 변경을 쳤다. 맹효백의 군사가 제를 쳐들어갔던 것에 대한 보복이었다. 이 사건에 대하여 맹공작<孟公綽>은 최저<崔杼>가 곧 철군하게 될 것이라면서 섣불리 자극하지 말 것을 노나라 군주에게 충고한다). 사마천은 「열전」에서 공자가 존경하고 흠모하는 인물을 다음과 같이 기록하고 있다.

孔子之所嚴事:於周則老子;於衛, 蘧伯玉;於齊, 晏平仲;於楚, 老莱子;於鄭, 子産;於魯, 孟公綽 「仲尼弟子列傳」
공자가 스승으로 받든(嚴事:師事) 사람은 주(周)나라의 노자(老子), 위(衛)나라의 거백옥(蘧伯玉), 제(齊)나라의 안평중(晏平仲), 초(楚)나라의 노래자(老莱子), 정(鄭)나라의 자산(子産), 노(魯)나라의 맹공작(孟公綽)이다.

그렇다면 맹공작(孟公綽)은 공자가 존경한 모국(母國) 노나라 선배였다. 고주의 '공안국(孔安國:BC156~BC74)'은 맹공작의 성품이 과욕(過慾)하다는 것을 들고 있다. 욕심 없는 사람이 크고 넉넉한 나라에서는 훌륭한 지도자가 될 수 있겠지만 등(滕)나라와 설(薛)나라 같은 작은 나라의 지도자가 되면 곤란하다. 다시 말하면, 맹공작은 '서울시장'이 되면 잘하지만 작은 고을 '군수'가 되면 곤란한 것이다. (김용옥, 2008) [맹공작, mènggōngchāo]

孟公綽爲趙魏老則優 (맹공작(孟公綽)이 '조씨(趙氏)와 위씨(魏氏)'의 가신(家臣)을 맡으면 능히 감당하고 여력이 있다)

(인명) 진(晉)나라 대부로 당시 강대한 세력을 가진 조씨(趙氏), 위씨(魏氏). [조위, zhàowèi]

孟公綽爲趙魏老則優 (맹공작(孟公綽)이 '조씨(趙氏)와 위씨(魏氏)'의 가신(家臣)을 맡으면 능히 감당하고 여력이 있다)

(명사) 경대부의 가신. (卿大夫的家臣)

→ 單之老送叔向, 叔向告之曰 『國語•周語下』
단(單)의 가신이 숙향(叔向)에게 보내지고 숙향(叔向)이 그(단單의 가신)에게 알려주면 말하다.

孟公綽爲趙魏老則優 (맹공작(孟公綽)이 '조씨(趙氏)와 위씨(魏氏)'의 가신(家臣)을 맡으면 능히 감당하고 여력이 있다)

ㅡ [견해]

칙則을 '판단부사'로 주어와 서술어 사이에 놓여 부사어가 되어 서술어에 대한 판단을 나타내고 강조의 의미를 갖는다고 볼 수도 있다(맹공작이 趙, 魏의 가신이 되는 것은 능히 감당하고 여력이 있다). 하지만 이 용도로 쓰일 때 '칙則' 앞의 주어 역할은 대부분 '단순 명사'로 쓰이고 있다(아래 참조). 하지만 '절'이 있는 용례를 더 제시할 수 있다면 '판단부사'로 보아도 무방하다고 본다.

→ 士則玆不悅 『孟子·公孫丑下』
윤사(尹士)는 이것이 즐겁지 않다.

→ 是則可憂也 『孟子·離婁下』
이것은 걱정할만하다.

→ 孔子曰, "聖人則吾不能" 『孟子·公孫丑上』
공자가 말했다 : "성인은 내가 할 수 없다."

→ 鳥則擇木, 木岂能擇鳥 『左傳·哀公』
새가 나무를 택한다. 나무가 어떻게 새를 택하겠는가?

한편 '조건'과 '결과'를 연결시키는 '접속사'로 쓰이는 경우 '칙則' 앞의 성분은 단순 명사가 아닌 동사구 그리고 절까지 가능하다고 볼 수 있다(→(女)思則得之, (女)不思則不得也 (네가) 생각하면 그것을 얻고, (네가) 생각하지 않으면 얻지 못한다. 『孟子·告子』).

→ 學而不思則罔, 思而不學則殆 『論語·爲政』
배우지만 생각하지 않으면 맹목적이 되고, 생각하지만 배우지 않으면 위태롭다.

→ 思則得之, 不思則不得也 『孟子·告子』
생각하면 그것을 얻고 생각하지 않으면 얻지 못한다.

→ 是故財聚則民散, 財散則民聚 『禮記·大學』
이 때문에(是故) 재물이 모이면(財聚則) 백성이 흩어지(民散)고 재물이 흩어지면 백성이 모인다.

상기의 용도에 의거해서 본문의 '즉(則)'을 '접속사'로 본다.

孟公綽爲趙魏老則優 (맹공작(孟公綽)이 '조씨(趙氏)와 위씨(魏氏)'의 가신(家臣)을 맡으면 능히 감당하고 여력이 있다)

(동사) 능히 감당하고 여력이 있다; 정통하다. 뛰어나다. (勝任而有餘力；擅長)

→ 仕而優則學 『論語·子張』
벼슬을 한 다음 능히 감당하고 여력이 있으면 배운다.

不可以爲滕薛大夫 (등(滕)나라와 설(薛)나라의 대부는 맡을 수 없다)

(나라명) 등(滕)나라와 설(薛)나라는 각각 지금의 산동성 등현(등현)의 서남쪽과 동남쪽에 있었던 조그만 제후국이었다. (류종목, 2000) [등설, TéngXuē]

不可以爲滕薛大夫 (등(滕)나라와 설(薛)나라의 대부는 맡을 수 없다)

(명사) 고대 관직명으로 주(周)나라 시대에는 왕 아래 '경, 대부, 사' 세 등급이 있었고, 각 등급 안에서 또 '상, 중, 하' 세 계급으로 나뉘었다. 후에 이것을 이어 대부를 관직으로 맡은 사람을 일컬었다. (周代在國君之下有卿、大夫、士三等；各等中又分上、中、下三級. 後因以大夫爲任官職者之稱)

14-12. 子路問成人. 子曰: "若臧武仲之知, 公綽之不欲, 卞莊子之勇, 冉求之藝, 文之以禮樂, 亦可以爲成人矣." 曰: "今之成人者何必然? 見利思義, 見危授命, 久要不忘平生之言, 亦可以爲成人矣."

<table>
<tr><th>子路</th><th colspan="2">問成人.</th><th>子曰:</th><th>"若</th><th>臧</th></tr>
<tr><td>자로=季路=중유(仲由)(2-17)</td><td colspan="2">완벽한 사람에 대해 묻다
[問A:A에 대해 묻다(12-10)]</td><td>공자가 말하다</td><td>(접)만약</td><td>(동)모아서 가지고 있다</td></tr>
<tr><td colspan="3">자로(子路)가 완벽한 사람에 대해 물었다.</td><td colspan="3">공자가 말했다. "만약 가지고 있다면…</td></tr>
<tr><th>武仲</th><th>之</th><th>知,</th><th>公綽</th><th>之</th><th>不欲,</th></tr>
<tr><td>(인명)장무중(臧武仲)</td><td>(조사)수식,종속관계.'~의'(3-2)</td><td>(=智)지혜(智慧)
[지, zhì]</td><td>(인명)맹공작(孟公綽)(14-11)</td><td>(조사)수식,종속관계.'~의'(3-2)</td><td>(동)욕심이 없다(無慾)[동→명]</td></tr>
<tr><td colspan="3">장무중(臧武仲)의 지혜(와)</td><td colspan="3">맹공작(孟公綽)의 무욕(과)</td></tr>
<tr><th>卞莊子</th><th>之</th><th>勇,</th><th colspan="3">冉求之藝,</th></tr>
<tr><td>(인명)변장자</td><td>(조사)수식,종속관계.'~의'(3-2)</td><td>(형)용감하다
[형용사→명사]</td><td colspan="3">염구의 재능 [(인명)冉求=冉有=冉子=子有=求(3-6)]
[藝:(명)재능, 기예(9-7)]</td></tr>
<tr><td colspan="3">변장자(卞莊子)의 용감함(과)</td><td colspan="3">염구의 재능(을) → 만약 장무중의 지혜와 맹공작의 무욕과 변장자의 용감함과 염구의 재능을 가지고 있(고)</td></tr>
<tr><th>文</th><th>之</th><th>以</th><th>禮</th><th>樂,</th><th>亦</th></tr>
<tr><td>(동)꾸미다, 문식하다</td><td>그것들[복수]
(대)재지시(2-1)</td><td>(전)행위도구.
'~로'(2-1)</td><td>(명)고대중국의 사회,도덕규범 (9-3)</td><td>(명)악경(樂經)</td><td>(부)판단.
'(<단지>~이다)'(7-15)</td></tr>
<tr><td colspan="5">그것들을 예악(禮樂)으로 꾸민다면 [여기까지가 가정절]</td><td></td></tr>
<tr><th>可以</th><th>爲</th><th>成人</th><th>矣."</th><th>(子)曰:</th><th>"今之成人</th></tr>
<tr><td>(조동사)
~할 수 있다(2-10)</td><td>(동)되다,
변하다(3-8)</td><td>(명)완벽한 사람</td><td>(어기)미래상황에 대한 확신 (1-7)</td><td>(공자가) 말하다</td><td>오늘날(지금)의 완벽한 사람</td></tr>
<tr><td colspan="4">분명히 완벽한 사람이 될 수 있다."</td><td colspan="2">공자가 말했다.
"오늘날의(지금의) 완벽한 사람…</td></tr>
<tr><th>者</th><th>何必</th><th>然?</th><th colspan="2">見利</th><th>思義,</th></tr>
<tr><td>(진술어기사)주어+者(12-17)</td><td>반문.'왜 꼭~해야 하는가? (11-14)</td><td>(지시대)이러하다
(6-26)</td><td colspan="2">(그것은) 이익을 보다(만나다)
[見:(동)보다, 만나다(3-24)]</td><td>정의로움을 생각하다</td></tr>
<tr><td>…은</td><td colspan="2">왜 꼭 이래야 하겠는가?</td><td colspan="3">이익을 보(면) 정의로움을 생각하(고) [조건긴축복문(11-14)]</td></tr>
<tr><th>見危</th><th>授命,</th><th>久要,</th><th>不忘</th><th>平生之言,</th><th>亦</th></tr>
<tr><td>위기를 만나다</td><td>(동)목숨을 바치다</td><td>(명)오래전 약속
[명사→동사]</td><td>(동)잊지 않다</td><td>평소의 말</td><td>(부)판단.
'(<단지>~이다)'(7-15)</td></tr>
<tr><td colspan="2">위기를 만나면 목숨을 바치(고)
[조건긴축복문(11-14)]</td><td>오래전에 약속했(지만) [양보절]</td><td colspan="2">평소의 말을 잊지 않(으면) [조건가정절이 양보절을 안고 있다고 본다]</td><td></td></tr>
<tr><th>可以</th><th>爲</th><th>成人</th><th>矣."</th><td colspan="2" rowspan="3"></td></tr>
<tr><td>(조동사)
~할 수 있다(2-10)</td><td>(동)되다,변하다
(3-8)</td><td>(명)완벽한 사람</td><td>(어기)미래상황에 대한 확신 (1-7)</td></tr>
<tr><td colspan="4">분명히 완벽한 사람이 될 수 있을 것이다."</td></tr>
</table>

번역 자로(子路)가 완벽한 사람에 대해 물었다. "만약 장무중(臧武仲)의 지혜와 맹공작(孟公綽)의 무욕과 변장자(卞莊子)의 용감함과 염구의 재능을 가지고 있고, 그것들을 예악(禮樂)으로 꾸민다면 분명히 완벽한 사람이 될 수 있다." 공자가 말했다. "오늘날의 완벽한 사람은 왜 꼭 이래야 하겠는가? 그것은 이익을 보면 정의로움을 생각하고, 위기를 만나면 목숨을 바치고, 오래전에 약속했지만 평소의 말을 잊지 않으면 완벽한 사람이 될 수 있을 것이다."

語法과 語彙

子路問<u>成人</u> (자로(子路)가 완벽한 사람에 대해 묻다)

(명사) 덕과 재능을 겸비한 사람; 완벽한 사람. (德才兼備的人. 猶完人)

<u>若</u>臧武仲之知 (만약 장무중(臧武仲)의 지혜를 가지고 있다면)

(접속사) 보통 가정의 복문에서 앞의 단문에 쓰여 '가정'을 나타내고, 뒤의 단문은 '결과'를 나타낸다. '만약' 등으로 번역된다. (假如, 如果)

→ <u>若</u>伯夷, 叔齊, 可謂善人者非邪? 『史記·伯夷列傳』
만약 백이와 숙제를 '좋은 사람이라고 평론할 수 있다(可謂善人者)'면 틀린 것인가?

→ <u>若</u>屢爲之, 則殺人者皆不死 (宋·歐陽修·縱囚論』
만약 '여러 번(屢)' '그것을 하(爲之)'면 '사람을 죽인 사람 모두(殺人者皆)' '목숨으로 대가를 치르지 않을 것이다(=죽지 않을 것이다)'.

若<u>臧</u>武仲之知 (만약 장무중(臧武仲)의 지혜를 가지고 있다면)

(동사) 수집하다, 소장하다; 모아서 가지고 있다. (收藏) [장, cáng]

→ 春耕夏耘秋收冬<u>藏</u> 『漢書·食貨志下』
봄에 밭 갈고(春耕), 여름에 김매(夏耘)고, 가을에 수확하(秋收)고, 겨울에 가지고 있다(冬藏).

— [보충]

[장, zāng] : 좋다. (善, 好)
[장, zàng] : (=藏) 물건을 맡겨 보관하는 곳. (儲放東西的地方)

若臧<u>武仲</u>之知 (만약 장무중(臧武仲)의 지혜를 가지고 있다면)

(인명) 장무중(臧武仲)은 '14-14'에서는 부정적인 맥락에서 언급되는 인물이지만, 노나라의 대부로서 이름이 흘(紇)이고 보통 '장손흘(臧孫紇)'이라고 불리며 지혜로운 인물이었다. (김용옥, 2008)

若臧武仲之<u>知</u> (만약 장무중(臧武仲)의 지혜를 가지고 있다면)

(명사) (=智) 지혜. (智慧) [지, zhì]

公綽之<u>不欲</u> (맹공작(孟公綽)의 무욕)

— [견해]

통사상 명사가 되어야 함으로 '동사(욕심내지 않다)'에서 명사(무욕<無慾>)'로 품사활용된 것으로 본다.

<u>卞莊子</u>之勇 (변장자(卞莊子)의 용감함)

(인명) 변장자(卞莊子)는 변엄자(卞嚴子)라고도 불리는데 산동성 사수현(泗水縣) 동쪽에 있었던 변읍(卞邑)을 지배했던 노국(魯國)의 대부(大夫)로서 호랑이 두 마리 한 쌍을 단칼에 해치운 인물로서 유명하다. 『순자(荀子)』「대략(大略)」에는 제(齊)나라 사람들이 노나라를 치려고 해도 변장자(卞莊子)가 두려워 노나라를 지나가지 못했다는 이야기가 나온다. (김용옥, 2008) [변장자, biànzhuāngzi]

卞莊子之勇 (변장자(卞莊子)의 용감함)

(형용사) 배짱이 있다. 과감하다. 용감하다. (有膽量, 果敢, 勇敢)

文之以禮樂 (예악(禮樂)으로 꾸미다)

(동사) 무늬 장식하다. 꾸미다. 문식하다. (文飾)

(동사) 덮어 숨기다. (掩飾)

→ 身將隱, 焉用文之? 『左傳・僖公二十四年』
몸을 숨기려 하는(身將隱)데 '왜(焉)' 그것을 꾸밀 '필요(用)'가 있는가?

→ 以智文其過, 此君子之賊也 (宋・歐陽修『與高司諫書』)
지식으로(以智) 그의 잘못(其過)을 숨기려 하니 이것이 '군자의 적이다(君子之賊)'.

文之以禮樂 (예악(禮樂)으로 꾸미다)

(명사) 육경의 하나인 악경(樂經)으로 진나라 화재에서 잃어버렸다고 전해진다. (六經之一. 即樂經, 相傳亡於秦火)

見危授命 (위기를 만나면 목숨을 바치다)

(동사) 생명·목숨을 바치다. (獻出生命)

→ 徇名者不以授命爲難 (晉・葛洪『抱朴子・博喻』)
필사적으로(=희생하여) 명예를 추구하(徇名<순명, xùnmíng>:舍身以求名)는 사람은 목숨을 바치는 것을 어려워하지 않는다.

久要不忘平生之言 (오래전에 약속했지만 평소의 말을 잊지 않다)

(명사) 오래된 약속. (舊約)

→ 久要, 舊約也 (何晏集解引孔安國曰)
구요(久要)는 오래된 약속이다. (하안(何晏:?—249年)이 집해할 때 공안국(孔安國:BC156~BC74)을 인용하여 말하다)

久要不忘平生之言 (오래전에 약속했지만 평소의 말을 잊지 않다)

(명사) 평소, 평상시. (平素; 往常)

→ 出門搔白首, 若負平生志 (唐・杜甫『夢李白』詩)
밖에 나가 '흰 머리를 긁(搔<소, sāo>白首)'는 것이 '평소의 뜻(平生志)'을 '저버리(負:辜負<고부, gūfù>)'는 것 같다.

14-13. 子問公叔文子於公明賈曰: “信乎? 夫子不言、不笑、不取乎?” 公明賈對曰: “以告者過也. 夫子時然後言, 人不厭其言, 樂然後笑, 人不厭其笑, 義然後取, 人不厭其取.” 子曰: “其然? 豈其然乎?”

子問公叔文子於公明賈曰:			“信	乎?	夫子
공자가 공숙문자(公叔文子)에 대해 공명가(公明賈)에게 물으며 말하다 [問A於B:A에 대해 묻다 B에게(12-10)]			(형)진실하다 → 진짜다	(어기)의문(2-7)	(명)선생님;공자(1-10)
공자가 공숙문자(公叔文子)에 대해 공명가(公明賈)에게 물으며 말했다.			“진짜인가?		선생님은
不言、不笑、不取		**乎?”**	**公明賈對曰:**	**“以(之)**	**告**
말하지 않고, 웃지 않고, 취하지 않다		(어기)의문(2-7)	공명가가 대구하여 말하다	(전)동작의 직접대상.‘~를’(7-16)	(동)말해주다, 알려주다
말하지 않고, 웃지 않고, (돈을) 받지 않으시는가?”			공명가가 대구하여 말했다.	“(그것을) 말한	
者	**過**	**也.**	**夫子**	**時**	**然後**
(조사)~한 사람, ~한 것(1-2)	(동)지나치다. 과분하다(11-16)	(어기)판단(동사,형용사술어 끝) (11-15)	(명)선생님;공자(1-10)	(동)때·시기에 맞다(10-27)	(접)이와 같은 다음에(6-16)
사람은 지나칩니다.			선생님은 시기가 맞은 다음에		
言,	**人**	**不厭**	**其**	**言,**	**樂**
(동)말하다(7-17)	(명)타인(들). 다른 사람(들)(7-30)	싫어하지 않다 [厭:(동)(6-28)]	(대)주어(명사+之)(4-6)	(동)말하다(7-17)	(동)즐겁게 여기다.좋아하다(6-20)
말하(여) [원인절(1-1)]	사람들은 선생님이(=그가) 말하는 것을 싫어하지 않(고)				즐겁게 여긴
然後	**笑,**	**人不厭其笑,**		**義**	**然後**
(접)이와 같은 다음에(6-16)	(동)웃다	사람들은 그가 웃는 것을 싫어하지 않다		(동)정의롭다고 생각하다	(접)이와 같은 다음에(6-16)
다음에 웃(어) [원인절(1-1)]		사람들은 선생님이(=그가) 웃는 것을 싫어하지 않(고)		정의롭다고 생각한 다음에	
取,	**人不厭其取.”**		**子曰:**	**“其**	**然(乎)?**
(동)받다. 거두어들이다	사람들은 그가 받는 것을 싫어하지 않다		공자가 말하다	(대)주어(명사+之)(4-6)	(지시대)이러하다(6-26)
(돈…을)받(아) [원인절(1-1)]	사람들은 선생님이(=그가) 받는 것을 싫어하지 않습니다.”		공자가 말했다.	“선생님이(=그가) 이러하신가?	
豈…(乎?)	**其**	**然**	**(豈)…乎?”**		
(의.부)어떻게~이겠는가?(7-33)	(대)주어(명사+之)(4-6)	(지시대)이러하다(6-26)	(어기)반문(1-1)		
어떻게 선생님이(=그가) 이러하겠는가?”					

번역 공자가 공숙문자(公叔文子)에 대해 공명가(公明賈)에게 물으며 말했다. “진짜인가? 선생님은 말하지 않고, 웃지 않고, (돈 등을) 받지 않으시는가?” 공명가가 대구하며 말했다. “그것을 말한 사람이 지나칩니다. 선생님은 시기가 맞은 다음에 말하여 사람들은 선생님이 말씀하시는 걸 싫어하지 않고, 즐겁게 여긴 다음에 웃어 사람들은 선생님이 웃는 것을 싫어하지 않고, 정의롭다고 생각한 다음에 (돈 등을) 받아 사람들은 선생님이 받는 것을 싫어하지 않습니다.” 공자가 말했다. “선생님이 이러하신가? 어떻게 선생님이 이러하겠는가?”

語法과 語彙

子問公叔文子於公明賈曰 (공자가 공숙문자(公叔文子)에 대해 공명가(公明賈)에게 물으며 말하다)

(인명) 공숙문자(公叔文子)는 위나라 대부이고 헌공의 손자이자 위령공의 사촌이자 가로(家老)로서 당대 위나라 사람들에게 존경받던 인물이었던 것으로 보인다. 『좌전』 정공6년경에 위령공과 공숙문자의 문답이 보인다(양호陽虎의 무례한 행동에 대하여 관대히 대처할 것을 간하였다). 이때 공자 나아 48세였는데 그때 공숙문자를 묘사하는 말이 '공숙문자노의(公叔文子老矣)'로 되어 있으므로 공자보다는 나이가 비교적 많았다는 것을 알 수 있다. 이 문답이 이루어진 것은 그보다 뒤로 공자가 위나라에 체재하고 있을 때이므로 공숙문자는 이미 위나라 중신(重臣)으로서 무게가 있었던 사람이었을 것이다. 공자가 현재 살아 있는 인물로서 자기보다 한 세대 위의 사람에 관해 물어보는 장면이다. 그래서 부자(夫子)라고 한 것인데 이로 인해 '부자(夫子)'는 공자 제자의 전용어가 아니었음을 알 수 있다. 공숙문자에 관한 기사가 『예기』「단궁」에 실려 있다.

公叔文子升於瑕丘, 蘧伯玉從. 文子曰: "樂哉斯丘也, 死則我欲葬焉." 蘧伯玉曰: "吾子樂之, 則瑗請前."
공숙문자(公叔文子)가 하구(瑕丘:위나라 수도 근처에 있는 매우 좋은 언덕으로 현재 산동성 자양현서(滋養縣西)에 올랐다. 거백옥이 따라갔다. 문자(文子)가 말했다. "좋구나! 이 언덕! 죽으면 나는 여기에 묻히고 싶다." 거백옥이 말했다. "선생이 이 땅을 좋아하면 내가(=거백옥<蘧伯玉>=거원<蘧瑗, qúyuàn >) 먼저 하겠소!"

터가 좋다고 본인이 죽은 후에 남을 땅을 빼앗아 좋은 묏자리로 만들려는 공숙문자의 심보를 꾸짖는 거백옥(蘧伯玉)의 말이 기록되어 있다. 사회적으로 매우 신중하고 잘 웃지도 않고 함부로 뇌물도 안 받는 척하면서 좋은 묏자리나 탐내는 인물로 묘사했다. (김용옥, 2008)

子問公叔文子於公明賈曰 (공자가 공숙문자(公叔文子)에 대해 공명가(公明賈)에게 물으며 말하다)

(인명) 공명가(公明賈) 역시 위나라 사람으로 이 사람에 대해서는 아무런 정보가 없다. 그저 주변에 있던 인물이었을 것이다. 이 대화에서 공자가 위나라에 갔을 때 만나지는 못했지만 공숙문자(公叔文子)에 관해 들려오는 정중한 말을 듣고 그가 어떤 사람인지 알아보려고 했던 것이다. 그래서 액면 그대로 "(不言, 不笑, 不取:말하지 않고, 웃지 않고, 취하지 않다)"를 이야기했다. 그러니 공명가가 공자에게 "그 말을 한 사람이 몹시 지나치다(以告者過也)"고 말하면서 오히려 더 크게 공숙문자를 칭찬한다. 공자는 그의 옹호에 대해 의심한다(其然? 豈其然乎? : 그가 그럴까? 어찌 그가 그럴까?). (김용옥, 2008)

信乎? (진짜인가?)

(형용사) 진실하다. 성실하다. (眞實, 誠實)

→ 上思利民, 忠也 ; 祝史正辭, 信也 『左傳·宣公六年』
상사(上思:지명)가 백성을 이롭게 하는 것은 충성스럽고, 축사(祝史:관리 이름)의 정석적인 문장의 글(正辭:正式文辭)은 진실하다.

以告者過也 (그것을 말한 사람이 지나치다)

(동사) 다른 사람에게 말하다. 알려주다. (說給別人, 通知)

義然後取 (정의롭다고 생각한 다음에 받다)

(동사) 정의롭다고(=옳다고) 생각하다. (認爲正義)

→ 海內義之, 以爲美談 『三國志·吳志·孫鄰傳』
전국(海內:國境之內, 全國)은 그것을 정의롭다고 생각하고 '아름다운 이야기(美談)'로 여기다.

義然後取 (정의롭다고 생각한 다음에 받다)

(동사) (돈 등을) 받다. 거두어들이다. (收取)

→ 取天下之財, 以供天下之費 (宋·王安石『上仁宗皇帝言事書』)
천하의 재물(天下之財)을 거두어 그것을 '천하의 비용(天下之費)'으로 바치다.

— [보충]

供: [공, gòng](동사) 바치다. (奉獻)
供: [공, gōng](동사) 무엇을 준비하여 필요한 사람이 쓰도록 주다; 공급하다. (準備着東西給需要的人應用)

14-14. 子曰: "臧武仲以防求爲後於魯, 雖曰不要君, 吾不信也."

子曰:	"臧武仲	以		防
공자가 말하다	(인명)장무중(14-2)	(전치사)행위도구. '~로'(2-1)		(지명)방읍(防邑)
공자가 말했다.	"장무중(臧武仲)은 '방읍(防邑)으로(=본인이 점령한 방읍을 헌상하여)'			
求	**爲**	**後**	**於**	**魯,**
(동)부탁하다. 요구하다	1. (인명)장위(臧爲) 2. 만들다(3-8)	1. 계승하다 2. 후계자	1. ~에게(2-5) 2. ~에서(3-13)	노(魯)나라
1. 장위(臧爲)가 계승하(기를) 노(魯)나라에게 요구했다. 2. 노나라에서 후계자를 만들기를 요구했다.(?) [통사구조와 의미 분석 아래]				
雖	**(或)曰**	**不要**	**君,**	**吾**
(접)비록~지만(5-1)	(어떤 사람들은) 말하다	(동)협박하지 않다	(명)제왕.왕.임금(15-38)	(대)나,우리 '주어,한정어…' (13-18)
(어떤 사람들은) 왕을 협박하지 않았다고 말하(지만)				나는
不信	**也."**			
(동)믿지 않다	(어기)진술강조(2-17)			
믿지 않는다."				

번역 공자가 말했다. "장무중(臧武仲)은 '방읍(防邑)으로(=본인이 점령한 방읍을 헌상하여)' (장문중의 이복 형인) 장위(臧爲)가 계승하기를 노나라에게 요구했다. (어떤 사람들은) 왕을 협박하지 않았다고 말하지만 나는 믿지 않는다."

語法과 語彙

臧武仲以防求爲後於魯 (장무중(臧武仲)은 '방읍(防邑)으로(=본인이 점령한 방읍을 헌상하여)' 장위(臧爲)가 계승하기를 노나라에게 요구하다)

(인명) 장무중(臧武仲)은 노나라 대부로 노나라 가로들, 맹손씨와 계손씨의 알력 다툼에 희생되어 이웃 나라인 주(邾)나라로 망명했다. 원래 계씨는 장무중을 좋아했는데 맹씨의 음모에 의하여 계씨가 그를 공격한 것이다. 그런데 당시는 망명을 가게 되면 그 땅은 다시 국가로 환수되고 후사(後嗣:대(代)를 잇는 자식)가 끊기게 된다. 사당의 유지가 불가능하게 되는 것으로 당대로서는 큰 문제였다. 장무중은 주(邾)나라에게 다시 노나라로 돌아와 본인의 영지였던 방읍(防邑)을 점령하고 만약 후사를 세우도록 해주면 이 방읍을 헌상(獻上)하겠으나 그렇지 않으면 반란을 일으키겠다고 양공의 조정에 협박한 것이다. 결국 그의 이복형인 장위(臧爲)를 후사로 세우는 것으로 사태는 일단락되었고 장무중은 다시 달아난다. 이 사건은 『좌전』 양공 23년(BC550)경으로 기록되어 있으니 공자가 태어난 이듬해의 사건이었다. 공자는 속사정이 어찌되었든 군주를 협박한 장무중의 행동은 국가사회의 대의명분의 대원칙에 어긋나는 행동이라고 생각하여 폄하한 것이다. (김용옥, 2008) [Zāngwǔzhòng]

臧武仲以防求爲後於魯 (장무중(臧武仲)은 '방읍(防邑)으로(=본인이 점령한 방읍을 헌상하여)' 장위(臧爲)가 계승하기를 노나라에게 요구하다)

(동사) 부탁하다. 요청하다. 요구하다. (請求, 要求)

→ 其母曰: "蓋亦求之?" 『左傳·僖公二十四年』
그의 엄마(其母)가 말한다. "왜 '그것을 부탁하(求之)'지 않니?"

臧武仲以防求爲後於魯 (장무중(臧武仲)은 '방읍(防邑)으로(=본인이 점령한 방읍을 헌상하여)' 장위(臧爲)가 계승하기를 노나라에게 요구하다)

(동사) 물려받다. 계승하다. 상속하다. (繼承, 承續)

→ 將士絶無後者, 求其親戚以後之 『三國志·魏書·武帝紀』
군인(將士:본래는 장수와 병사였으나 나중에는 보통 모든 군인을 가리켰다. 本爲將帥士卒, 以後泛指全軍人員)이 전사하여(絶) 계승할 사람이 없어 '그들의 친지(其親戚)'에게 '그들을 계승해(後之)'달라고 부탁하다.

(명사) 후대. 후계자. (後代, 後繼)

→ 承先人後者, 在孫惟汝 (唐·韓愈『祭十二郎文』)
먼 윗대의 조상(先人:祖先:먼 윗대의 조상)을 계승한 후대는 손자에서 너만(惟汝) 있다.

臧武仲以防求+爲後+於魯 (장무중(臧武仲)은 '방읍(防邑)으로(=본인이 점령한 방읍을 헌상하여)' 장위(臧爲)가 계승하기를 노나라에게 요구하다)

— [견해]

먼저, '無求+備+於一夫(한 사람에게(於一夫) 완벽함을 요구하(求備)지 않다)' 이 문장은 [타동사(求) + 목적어(備:A) + 전치사구(於一夫:B) : 한 사람에게 완벽함을 요구하다]인데 이 문형을 '求AB'로 볼 경우 'A를 요구하다 B에게'로 볼 수 있다.

한편 '어(於)'가 동작이 발생하는 장소(~에서)로 볼 수 있는가? 에서는 다음의 예문 '救民於水火之中, 取其殘而已矣 『孟子·藤文公下』 백성을 물불의 가운데에서 구하고 그 흉포한 사람을 체포할 뿐이다)'을 참고할 수 있다. 이 예문은 [타동사(救) + 목적어(民:A) + 전치사구(於水火之中:B)]로 분석할 수 있고, 이 문형을 '救AB'로 볼 경우 'A를 구하다 B에서'로 볼 수 있다.

'求AB(요구하다, demand)'와 '救AB(구하다, save)'를 분석하면 'B(전치사구)'에 사용되는 전치사 의미는 결국 동사에 의해서 결정된다고 볼 수 있다. 즉 '求A於C(A를 요구하다<demand> C에게)'에서 '於'는 '~에게'를 나타내는 '동작의 대상'을 목적으로 하지만, '救A於C(A를 구하다<save> C에서)'에서 '於'는 '~로부터, ~에서'를 나타내는 '동작의 발생 장소'를 목적으로 가진다(A를 구하다, C에게(X)).

따라서 이 두 문장만으로 유추하자면 본문의 '於'는 '동작의 대상'을 나타내는 것으로 '장무중(臧武仲)'은 '방읍(防邑)으로(=장무중이 점령한 방읍을 헌상하여) 장위(臧爲)가 계승하(기를) 노(魯)나라에게 요구하다'로 본다.

이 문장에 나오는 '위(爲)'를 장문중의 이복 형인 '장위(臧爲)'로 보는 학자는 없고, 『漢語大字典』 역시 '인명'으로 보지 않았다.

雖曰不要君, 吾不信也 (비록 왕을 협박하지 않았다고 말하지만 나는 믿지 않는다)

(동사) 강요하다, 협박하다. (要挾<요협, yāoxié>)

14-15. 子曰: "晉文公譎而不正, 齊桓公正而不譎."

子曰:	"晉文公	譎	而	不正,
공자가 말하다	진(晉)나라 문공(文公)	(동)임기응변하다	(접)전화. '그러나'(1-1)	(동)경전의 뜻이나 일정한 법칙을 고수하지 못하다
공자가 말했다.	"진(晉)나라 문공(文公)은 임기응변했지만 경전의 뜻이나 일정한 법칙을 고수하지 못했(고)			
齊桓公	**正**		**而**	**不譎."**
제(齊)나라 환공(桓公)	(동)경전의 뜻이나 일정한 법칙을 고수하다		(접)전화. '그러나'(1-1)	(동)임기응변하지 못하다
제(齊)나라 환공(桓公)은 경전의 뜻이나 일정한 법칙을 고수했지만 임기응변하지 못했다."				

번역 공자가 말했다. "진(晉)나라 문공(文公)은 임기응변했지만 경전이나 일정한 법칙을 고수하지 못했고, 제(齊)나라 환공(桓公)은 경전의 뜻이나 일정한 법칙을 고수했지만 임기응변하지 못했다."

語法과 語彙

晉文公譎而不正 (진(晉)나라 문공(文公)이 임기응변하지만 경전이나 일정한 법칙을 고수하지 못하다)

(인명) 진(晉)나라의 왕(BC636-BC628, 8년 재위)으로 이름이 중이(重耳)이다. 진문공은 주나라 왕실이 내란을 평정하는 데 도움을 주고 초나라와의 전투에서 이기는 등 국력을 증강시켜 춘추시대의 두 번째 패자(霸者)가 되었다. (류종목, 2000)

晉文公譎而不正 (진(晉)나라 문공(文公)이 임기응변하지만 경전이나 일정한 법칙을 고수하지 못하다)

(동사) 임기응변하다. (權變) [휼, jué]

→ 劉寶楠正義: 譎, 權也. 正, 經也. 言晉文能行權, 不能守經, 齊桓能守經而不能行權, 各有長短
유보남(劉寶楠:1791-1855)이 정의했다. "휼(譎)은 임기응변하는 것이다(權也). 정(正)은 경전의 뜻 또는 일정한 법칙을 고수하는 것이다. 진나라 문공은 임기응변할 수 있었지만 '경전의 뜻이나 일정한 법칙을 고수하(守經:固守經義或常法)'지 못했고, 제나라 환공은 경전의 뜻이나 일정한 법칙을 고수할 수 있었지만 임기응변할 수 없었으니 각기 장점을 가지고 있다.
(동사) 속이다. (欺詐, 詭詐)

→ 譎詐成習 (孫中山<1866-1925>『討李檄文』)
속이는 것(譎詐)이 습관이 되다(成習).

齊桓公正而不譎 (제(齊)나라 환공(桓公)이 경전의 뜻이나 일정한 법칙을 고수하지만 임기응변하지 못하다)

(인명) 중국 춘추시대 제(齊)나라 왕(BC685-BC643, 42년 재위)으로 제나라 15대 임금. 춘추 오패의 하나. 성은 강(姜), 이름은 소백(小白)이다. 관중(管仲)을 재상으로 등용하여 정치를 개혁하고 여러 차례 이민족의 국경 침범을 물리치고 주나라 왕실을 안정시켜 춘추시대의 첫 번째 패자(霸者)가 되었다. (류종목, 2000)

14-16. 子路曰: "桓公殺公子糾, 召忽死之, 管仲不死." 曰: "未仁乎?" 子曰: "桓公九合諸侯, 不以兵車, 管仲之力也. 如其仁, 如其仁."

子路曰:	"桓公	殺	公子糾,	召忽	死
자로가 말하다 [자로=중유(仲由)(2-17)]	제(齊)나라 군주 환공(14-15)	(동)죽이다	공자(公子)규(糾)로 환공의 이복 형	규(糾)의 참모 소홀	(동)죽다
자로(子路)가 말했다.	"제(齊)나라 환공(桓公)이 공자(公子)규(糾)를 죽였(을 때) [시간절(1-1)]			소홀(召忽)은 죽(었지만/죽고/…)	
之,		**管仲**	**不死."**	**(子路)曰:**	**"(管仲)未仁**
(접사)자·타동+지. 동사강조·보충·음절모으기(13-1)		(인명)관중(3-22)	죽지 않다	(자로가) 말하다	仁하지 않다 [未:(부)(5-19)]
		관중(管仲)은 죽지 않았습니다."		(자로가) 말했다.	"(관중은) 仁하지
乎?"	**子曰:**	**"桓公**	**九合**	**諸侯,**	**不以**
(어기)의문(2-7)	공자가 말하다	(인명)제(齊)나라 군주 환공	여러 차례 제후들이 만나 맹약하다	(명)제후	사용하지 않다 [以:(11-26)]
않습니까?"	공자가 말했다.	"환공이 여러 차례 제후들을 만나 맹약(할 때) [시간절]			전차(戰車)를 사용…
兵車,	**管仲之力**	**也.**	**如**		**其**
(명)전차(戰車)	관중의 힘	(어기)판단(동사,형용사술어끝) (11-15)	1.(추측부사)'아마,마치 (~같다)' 2.(판단부사)당연히,마땅히 ~이다,하다'		관중[(대)수어(넝사+之)(4-6)]
…하지 않(은 것은) [여기까지 주어]	관중의 힘이었다.		당연히 관중이 仁하(지)		
仁,	**如其仁."**				
仁	당연히 관중이 仁이다				
	당연히 관중이 仁하지." [감탄 문미어기 없다]				

번역 자로(子路)가 말했다. "제(齊)나라 환공(桓公)은 공자(公子) 규(糾)를 죽였을 때 소홀(召忽)은 죽었지만 관중(管仲)은 죽지 않았습니다." (자로가) 말했다. "관중이 仁하지 않았습니까?" 공자가 말했다. "환공이 여러 차례 제후들을 만나 맹약할 때 전차(戰車)를 사용하지 않은 것은 관중의 힘이었다. 당연히 관중이 仁하지, 당연히 관중이 仁하지."

語法과 語彙

— 줄거리

규(糾)와 소백小白(=제환공齊桓公)은 모두 제나라 군주 양공(襄公)의 동생이었다. 양공은 성격파탄자였다. 양공 밑에서 위기를 감지한 두 동생은 각기 피신한다. 규와 소백은 어머니가 달랐다. 형 '규'는 엄마의 나라 노나라로 피신하였지만 동생 '소백'은 엄마가 위나라 여자였지만 제나라에서 멀지 않은 '거(莒)'라는 지방을 망명지로 택했다. 과거 대만의 장개석 시대에 '물망재거(勿忘在莒:우리가 지금 거나라에 있다는 것을 잊지 말라!)'라는 표어가 사방에 붙어 있었다. 언젠가 다시 대륙을 탈환하여 제환공과 같은 패자가 된다는 것을 암시한 표어이다. 이 소백이 훗날 '제환공'이 된다.

소백에게는 포숙아(鮑叔牙)라는 탁월한 가정교사가 있었다. 포숙아야말로 춘추오패의 첫 꿈을 실현시킨 장본인으로 '노자'와 같은 인물이다. 물 같이 흐르며 모든 것을 포용하고 자기 공을 내세우지 않고 타인의 장점을 부각시켜 주는 거대한 아량을 가진 인물이었다. 포숙아의 오랜 친구가 '관중(管仲)'이었고, 관중이 '규'의 참모가 된 것도 포숙아의 천거에 의한 것이었다. 어차피 제나라 군주는 '규'나 '소백' 둘 중 하나가 될 것이고, '규' 밑에 '관중'이 있고, '소백' 밑에 '포숙아'가 있게 되면 대권이 이 두 사람의 참모 밖으로 나갈 일은 없었으니 포숙아는 이 같이 대세의 판국을 읽고 있었다.

양공이 사촌형 '공손무지(公孫無知)' 일당에게 살해되고 공손무지는 얼마 지나지 않아 부하들에게 살해되고 만다. 제나라 권좌는 공석이 되었다. 노나라에 있던 '규'와 거(莒)에 있던 '소백'은 이미 상대가 되지 않았다. 거(莒)가 노나라보다 훨씬 가까웠기 때문이었다. 이 상황을 잘 알고 있던 관중은 소백이 제나라로 가는 길목을 지켰고 관중이 소백을 향해 활을 쏘았다. 명중했으나 화살이 소백의 혁대 걸쇠(鉤, 구)에 맞아 안전했다. 그 자리에 엎드린 소백은 일행에게 '곡(哭)'을 하라고 명령했고 관중은 자신의 승리를 확신했다. 이후 관중은 노나라 대군을 이끌고 제나라로 진군했지만 이미 소백은 막강한 제나라 군대를 손에 넣고 제나라 왕좌에 올라 있었다.

노군은 대패했고 '규(糾)'는 살해당하고 '소홀(召忽)'른 자결하게 된다. 제환공(=小白)은 자기에게 화살을 쏜 관중을 죽이려 했지만 포숙아는 다음과 같이 말한다. "주군께서 이 제나라 하나만을 다스리려 한다면 능히 소신이 재상직을 맡아 해나갈 수 있습니다. 하지만 중원 천지를 호령하고 싶으시면 반드시 저 관중을 재상으로 기용하십시오."

이렇게 해서 관중은 제나라의 재상이 된다. 관중은 개혁정치를 단행하고 부국강병의 실적을 올리고 내분을 억제하고 주변의 제후들은 굴복시킨다. 북적(北狄)의 남침과 강성해진 초(楚)나라의 북진을 막아 중원의 제후들을 보호하였다. BC651년 규구(葵丘)에서 제후들의 회맹으로 명실 공히 제환공을 춘추의 제1패자로 만든 것이다.

의리를 사랑하는 자로(子路)의 입장에서는 규(糾)와 더불어 죽지 않은 관중을 仁하다고 평가할 수 없는 것이다. 그러나 이에 대한 공자의 대답은 대인답게 당대의 역사적, 진취적 정황을 정확히 읽고 있다고 말할 수 있다. 관중의 등장은 이미 개인적 의리 차원에서 거론될 문제가 아닌 것이었다. (김용옥, 2008)

桓公九合諸侯 (환공이 여러 차례제후들을 만나 맹약하다)

(동사) 여러 차례 '회맹하다(=제후와 제후가 만나 '맹약=조약'을 맺다).' (多次會盟)

桓公九合諸侯, 不以兵車 (환공이 여러 차례제후들을 만나 맹약할 때 전차(戰車)를 사용하지 않다)

(명사) 전차. (戰車)

→ 其池塘竹樹, 兵車蹂踐, 廢而爲丘墟 (宋·李格非『書洛陽名園記後』
그 작고 얕은 못(其'池塘<지당, chítáng>')과 대나무와 나무(竹樹)는 전차(兵車)가 짓밟아(蹂踐<유천, róujiàn>) 망가져(廢而) 폐허가 되다(爲'丘墟<구허, qiūxū>').

桓公九合諸侯, 不以兵車, 管仲之力也. 如其仁, 如其仁 (환공이 여러 차례제후들을 만나 맹약할 때 전차(戰車)를 사용하지 않은 것은 관중의 힘이었다. 당연히 그는 仁하지, 당연히 그는 仁하지)

(추측부사, 推度副詞) 동사 서술어 앞에 쓰여 상황에 대해서 확실한 파악이 없다는 추측이나 대체적인 예측을 나타낸다. '아마·마치 (~같다)'로 해석될 수 있다. (似乎, 好像, 仿佛)

→ 丞相如有驕主色 『史記·袁盎晁錯列傳』
승상(丞相)은 아마도 '교만한 기색(驕主色)'이 있는 것 같다.

→ 夜久語聲絶, 如聞泣幽咽

밤이 깊어져(夜久) 소리(語聲)가 멈추고(絶) '울음소리를 낮게 삼키는 것(泣幽咽=낮게 우는 소리를)'을 들은 것 같다.

(판단부사) 동사 앞에 쓰여 정황상 '당연히 어떠해야 한다(本當如何)'는 것을 나타내고 '당연히,마땅히~이다,하다' 등으로 번역될 수 있다. (應當, 當)

→ 天欲殺之, 則如勿生 『左傳·僖公二十一年』
하늘이 '그들(之)'을 죽이려면 마땅히 '살아 있지 않게 해야(勿生)' 한다.

→ 今天下莫爲義, 則子如勸我者也, 何故止我? 『墨子·公孟』
지금 '천하에(天下)' '정의를 행하(爲義)'는 '사람이 한 명도 없다(莫)'면 당신이 '내게 권하는 사람(勸我者)'이어야 하는데 '왜(何故)' 나를 '막는(止我)'가?

14-17. 子貢曰: "管仲非仁者與? 桓公殺公子糾, 不能死, 又相之." 子曰: "管仲相桓公, 霸諸侯, 一匡天下, 民到於今受其賜. 微管仲, 吾其被髮左衽矣. 豈若匹夫匹婦之爲諒也, 自經於溝瀆而莫之知也?"

子貢曰:	"管仲	非	仁者	與?	桓公
자공이 말하다 [자공(1-10)]	(인명)관중(管仲) (3-22)	명사서술어 앞. 판단문서술어 앞(5-1)	(명)덕행이 있는 사람(6-23)	(어기)문미의문 (8-6)	(인명)제나라 왕 환공(14-16)
자공(子貢)이 말했다. "관중(管仲)은 덕행이 있는 사람이 아니었습니까?					환공(桓公)은
殺	**公子糾,**		**不能**	**死(管仲),**	**又**
(동)죽이다	(인명)공자(公子) 규(糾)로 환공의 이복 형(14-16)		~할 수 없다	(동)사형시키다, 사형당하다	(부)점층.'또.게다가.더욱이'(7-14)
공자(公子) 규(糾)를 죽였(지만) [전환표지 없음]			(관중을) 죽일 수 없었(고)		더욱이
相		**之."**			**子曰:**
1.재상 2.관중을 재상으로 만들다 [명사→동사]		1. (접사)자·타동 +지. 동사강조·보충·음절모으기(13-1) 2. 관중 [(대)재지시. '그것, 그 사람, 그곳'(2-1)]			공자가 말하다
1. (관중은) 재상이 되었습니다." 2.관중을 재상으로 만들었습니다." [이 문장은 계속해서 주어가 '환공'이기 때문에 '재상으로 만들다'가 맞는다고 본다]					공자가 말했다.
"管仲	**相桓公,**				
(인명)관중(管仲) (3-22)	환공의 재상을 맡다 [이 문장에서 '환공'은 '공간'의 개념을 나타낸다고 봐야 한다. 왜냐하면 '동사+공간'의 형식에서 '조사'가 생략되기 때문이다. 이 문장의 직역은 '환공이 지배하는 땅에서 재상을 맡다'로 본다]				
"관중이 환공의 재상을 맡았(고)					
霸	**諸侯,**	**一匡**	**天下,**	**民**	**到**
제후연맹의 우두머리[명→동]	(명)제후	(동)바로 잡히게 하다	(명)천하 [전국의 땅(12-1)]	(명)서민·평민·백성·민중(15-25)	(동)이르다. 도달하다. 도착하다(16-12)
제후 연맹의 우두머리가 되(어)		천하를 바로 잡(아/잡았기 때문에/…) [원인절(1-1)]		백성이	
於	**今**	**受**	**其**	**賜.**	**微管仲,**
(전)서술어앞. 시간표시(7-9)	(명)현재.지금(6-12)	(동)받다	(대)그의… '복수 可'(1-7)	(명)은혜.재물	관중이 없다 [조건가정절]
'(지금에 이르기까지 →) 지금까지' 그의 은혜를 받고 (있다).					관중이 없었다(면)
吾	**其**	**被**	**髮**	**左**	**衽**
(대)나,우리 '주어,한정어…' (13-18)	(부)추측. '아마도'(5-7)	(=披<피,pī>) 흩어지다	(명)머리카락	(명)왼쪽 [명사→부사]	(명)옷섶 [명사→동사]
우리는 아마도 이미 머리카락을 흩뜨리고 왼쪽으로 옷섶을 여몄을 것이다.					
矣.	**豈**	**若**	**匹夫匹婦**	**之**	**爲**
(어기)'이미 그렇다' (3-24)	(의.부)어떻게~하겠는가?(7-33)	(동)~와 같다 (8-5)	(명)일반인	(접)주어+之+서술어(1-10)	(전)원인.이유. '~ 때문에'(3-16)
	어떻게 일반인이				
諒	**也,**	**自**	**經**	**於**	**溝瀆**
(명)신용.신의	(어기)멈춤. 완만(3-1)	1.(부)몸소.직접 2.스스로[대→부사]	(동)목매달아 죽(이)다	(전)발생장소, 방향.'~에서'(3-13)	(명)논밭의 도랑, 수로
신의를 위해서…		…스스로 도랑에서 목매달아 죽은			

而	莫	之	知	也?”
(접)동작의 선후. '~다음'(6-15)	(대)행위주체 없음. '아무도~'(4-14)	그 사실.그 사건 (대)재지시(2-1)	(동)알다	(어기)반문(3-1)
다음 아무도 그 사실을 모르는 것과 같겠느냐?”				

번역 자공(子貢)이 말했다. “관중(管仲)은 덕행이 있는 사람이 아니었습니까? 환공(桓公)은 공자(公子) 규(糾)를 죽였지만 관중을 죽일 수 없었고, 더욱이 관중을 재상으로 만들었습니다.” 공자가 말했다. “관중이 환공의 재상을 맡았고 제후 연맹의 우두머리가 되어 천하를 바로 잡았기 때문에 백성이 지금까지 그의 은혜를 받고 있다. 관중이 없었다면 우리는 아마도 이미 머리카락을 흩뜨리고 왼쪽으로 옷섶을 여몄을 것이다. 어떻게 일반인이 신의를 위해서 스스로 도랑에서 목매달아 죽은 다음 아무도 그 사실을 모르는 것과 같겠느냐?”

語法과 語彙

桓公殺公子糾, 不能死, 又相之 (환공(桓公)이 공자(公子) 규(糾)를 죽이지만 (관중을) 죽일 수 없고, 더욱이 관중을 재상으로 만들다)

(명사) 사형. (死刑)

(동사) 사형시키나. 사형당하다. (死刑)

→ 母曰: “吾子犯小罪, 不當死, 而爲宰所殺. 殺人當死, 又何請乎? 『後漢書·劉盆子列傳』

모친이 말한다. “나의 아들은 작은 죄를 지어 사형을 당하지 말아야 하는데 재(宰:관직이름/가신의 우두머리)에 의해서 죽임을 당했다. 죽인 사람은 마땅히 죽어야 하는데 또 무엇을 요구하는가?”

桓公殺公子糾, 不能死, 又相之 (환공(桓公)이 공자(公子) 규(糾)를 죽이지만 (관중을) 죽일 수 없고, 더욱이 관중을 재상으로 만들다)

(명사) 고대 제왕을 보좌하던 대신, 중신. 나중에는 전적으로 재상을 가리켰다. (古代輔佐帝王的大臣. 後專指宰相) [상, xiàng]

→ 王侯將相寧有種乎? 『史記·陳涉世家』

왕후장상(제왕·제후·장수·재상)에 어찌 송사가 있겠는가?

→ 文帝度丞相已困通, 使使者持節召通 『史記·張丞相列傳』

문제(文帝)는 승상(丞相)이 이미 통(通)을 곤란하게 만들었다고 생각하(度)여 사자를 파견하(使使者)여 부절을 가지고(持節) 통(通)을 만나게 하려 한다.

管仲相桓公, 霸諸侯 (관중이 환공의 재상을 맡고 제후 연맹의 우두머리가 되다)

(명사) 고대 제후 연맹의 우두머리. (古代諸侯聯盟的首領) [패, bà]

一匡天下, 民到於今受其賜 (천하를 바로 잡아 백성이 지금까지 그의 은혜를 받고 있다)

(동사) 바로잡히게 하다. (使得到匡正) [일광, yīkuāng]

→ 伐罪弔民, 一匡靖亂 (南朝·(梁)·任方『百辟勸進今上箋』)
죄인을 벌하고(伐罪) 백성을 위문하여(弔民) 바로잡히게 하고(一匡) 혼란을 안정시키다(靖亂<정란, jìngluàn>).

民到於今受其賜 (백성이 지금까지 그의 은혜를 받고 있다)

(동사) 도달하다. 도착하다. 이르다. (到達, 達到)

→ 蒙到, 二郡皆服 『三國志·吳志·吳主傳』
몽(蒙)이 도착하지 두 개 군(二郡) 모두 복종하다.

(시간전치사) 목적을 수반하여 동사서술어 혹은 '주어+서술어' 구조 앞에서 부사어로 쓰이고, 때로는 동사서술어 뒤에서 보어로 쓰인다. 동작, 행위가 계속해서 전치사 목적어가 나타내는 시간까지 연속되는 것을 보여 준다.

→ 儒者傳學, 不妄一言, 先師古語, 到今具存 『論衡·定賢』
유학자들이(儒者) 학문을 전할(傳學) 때 '한 마디도 허투루 하지 않아(不妄一言)' 전대의 스승들(先師)의 옛 말들(古語)이 지금까지(到今) 모두 존재한다.

→ 春蠶到死絲方盡 (唐·李商隱『無題』)
봄누에(春蠶)는 죽을 때가 되어(到死)야 실(絲)이 비로소(方) 다 나온다.

民到於今受其賜 (백성이 지금까지 그의 은혜를 받고 있다)

(명사) 사람에게 주는 은혜. 재물. (謂給予人的恩惠或財物) [사, cì]

微管仲, 吾其被髮左衽矣 (관중이 없었다면 우리는 아마도 이미 머리카락을 흩뜨리고 왼쪽으로 옷섶을 여몄을 것이다)

(동사) 없다. (無, 沒有) [미, wēi]

→ 微趙君, 幾爲丞相所賣 『史記·李斯列傳』
조(趙) 선생(君)이 없으(微)면 거의(幾) 승상에게(=승상에 의해서, 爲丞相) 팔린다.

微管仲, 吾其被髮左衽矣 (관중이 없었다면 우리는 아마도 이미 머리카락을 흩뜨리고 왼쪽으로 옷섶을 여몄을 것이다)

(동사) (=披<피, pī>) 열다. 흩어지다. 분산하(되)다. (打開, 散開)

微管仲, 吾其被髮左衽矣 (관중이 없었다면 우리는 아마도 이미 머리카락을 흩뜨리고 왼쪽으로 옷섶을 여몄을 것이다)

(명사) 옷섶. (衣襟) [임, rèn]

豈若匹夫匹婦之爲諒也, 自經於溝瀆而莫之知也? (어떻게 일반인이 신의를 위해서 스스로 도랑에서 목매달아 죽은 다음 아무도 그 사실을 모르는 것과 같겠는가?)

(명사) 일반인. 평민. 보통의 남녀. (泛指平民, 一般人, 普通人) [필부필부, pǐfūpǐfù]

→ 不可以得匹夫匹婦之心 (宋·蘇軾『潮州韓文公廟碑』)
보통 사람들의 마음을 얻을 수 없다.

豈若匹夫匹婦之爲諒也, 自經於溝瀆而莫之知也? (어떻게 일반인이 신의를 위해서 스스로 도랑에서 목매달아 죽은 다음 아무도 그 사실을 모르는 것과 같겠는가?)

(명사) 1.성실 2.신용, 신의. (誠信) [양, liàng]

(동사) 신용을 지키다. (誠信)

→ 君子貞而不諒　『論語·衛靈公』

군자는 '지조가 굳(貞)'고 작은 신용·신의에 구속되지 않는다(不諒:謂不拘於小信).

自經於溝瀆而莫之知 (스스로 도랑에서 목매달아 죽은 다음 아무도 그 사실을 모르다)

— [견해]

'스스로'의 의미로 대명사(자기 자신, 自己)가 부사(스스로, 自己)로 품사활용된 것으로 본다.

(부사) 몸소. 친히. 직접. (親自)

→ 趙王及平原君自迎公子於界　『史記·魏公子列傳』

조(趙)나라 왕과 평원군(平原君)은 몸소·친히 변경(界)에서 공자(公子)를 맞이하다.

自經於溝瀆而莫之知 (스스로 도랑에서 목매달아 죽은 다음 아무도 그 사실을 모르다)

(동사) 목매어 죽다. 목매달아 죽이다. (缢死, 上吊)

→ 靈王經而死　『公羊傳·昭公十三年』

영왕(靈王)이 목매달아 죽다.

自經於溝瀆而莫之知 (스스로 도랑에서 목매달아 죽은 다음 아무도 그 사실을 모르다)

(명사) 논밭의 도랑, 수로. (溝洫) [구독, gōudú]

→ 坎爲水, 爲溝瀆　『易·說卦』

구덩이(坎)가 물을 만들(爲水)고 도랑을 만들다.

14-18. 公叔文子之臣大夫僎與文子同升諸公. 子聞之曰: "可以爲文矣."

公叔文子	之	臣	大夫	僎	與
(인명) 공숙문자(14-13)	(조사)수식,종속관계.'~의'(3-2)	(명)가신(家臣)(9-2)	(명)대부(14-11)	(인명)선(僎)	(전)동작대상. '~와'(5-8)
공숙문자(公叔文子)의 가신(家臣)인 대부 선(僎)과					
文子	**同**	**升**	**諸公.**	**子聞之曰:**	
(인명)공숙문자(14-13)	(부)함께	(동)오르다(10-26)	(명)여러 고관. 고관 작위들	공자가 그것을 듣고 말하다 [之:(대)재지시(2-1)]	
공숙문자는 함께 고관 작위들에 올랐다.				공자가 그것을 듣고 말했다.	
"可以	**爲**	**文**	**矣."**		
(조동)~가능하다. ~할 수 있다(2-10)	(동)말하다(=謂)(2-17)	(명)시호(諡號)'문(文)'(5-15)	(어기)'이미 그렇다'(3-24)		
"(시호를) 문(文)이라고 말할만하다."					

번역 공숙문자(公叔文子)의 가신(家臣)인 대부 선(僎)과 공숙문자는 함께 고관 작위들에 올랐다. 공자가 그것을 듣고 말했다. "(시호를) 문(文)이라고 말할만하다."

語法과 語彙

公叔文子之臣大夫僎與文子同升諸公 (공숙문자(公叔文子)의 가신(家臣)인 대부 선(僎)과 공숙문자는 함께 고관 작위들에 오르다)

(인명) 공숙문자의 신하 중 대부(大夫)인 사람으로 인물이었던 것 같다. 이 사람을 위나라 정부의 집정(執政)의 자리에 오르도록 천거했다.

洪氏曰: "家臣之賤而引之, 使與己并, 有三善焉. 知人, 一也;忘己, 二也;事君, 三也."
가신의 비천함을 가졌지만 그를 이끌어 그를 자기와 함께 나란히 있게 했으니 그것엔 세 가지 훌륭한 것이 있다. 사람을 알아본 것이 하나고, 자신을 잊은 것이 둘이고, 왕을 섬긴 것이 셋이다.

본문과 관련 있는 글이다. (김용옥, 2008) [선, zhuàn]

公叔文子之臣大夫僎與文子同升諸公 (공숙문자(公叔文子)의 가신(家臣)인 대부 선(僎)과 공숙문자는 함께 고관 작위들에 오르다)

(부사) 함께. (一同, 一起)

→ 今王與百姓同樂, 則王矣 『孟子·梁惠王下』
지금 '왕과 백성(王與百姓)'이 '함께 즐거우(同樂)'면 왕답다.

公叔文子之臣大夫僎與文子同升<u>諸公</u> (공숙문자(公叔文子)의 가신(家臣)인 대부 선(僎)과 공숙문자는 함께 고관 작위들에 오르다)

(명사) 여러 고관. (衆公卿)

— [견해]

여기서는 '고관 작위들(→ 작위)에 올랐다' 정도의 의미로 보면 될 것 같다.

→ <u>諸公六六</u>爲行, 諸侯<u>四四</u>爲行 (漢·班固『白虎通·禮樂』)
여러 고관은 육육으로 행동하고 제후는 사사로 행동하다.

— [보충]

六六과 四四는 부사어로 동사 서술어를 수식하는데 고대 관용어로 쓰인 것 같으나 공구서에서 六六은 '36'이라는 의미 항목이 있지만 여기에 해당하지는 않는 것 같고, 四四는 의미가 기재되지 않아 둘 다 마땅한 의미를 발견하지 못했다.

14-19. 子言'衛靈公之無道也', 康子曰: "夫如是, 奚而不喪?" 孔子曰: "仲叔圉治賓客, 祝鮀治宗廟, 王孫賈治軍旅. 夫如是, 奚其喪?"

子	言	'衛靈公	之	無道	也',
공자	(동)말하다	(인명)위(衛)나라 영공(靈公)	(접)주어+之+서술어(1-10)	(명)무도(無道)한 사람(12-19)	(어기)판단(동사,형용사술어끝)(11-15)
공자가 위령공(衛靈公)이 무도한 사람이라고 말했(을 때) [시간절(1-1)]					
康子	**曰:**	**"夫**	**如**	**是,**	**奚而**
(인명)계강자(2-20)	말하다	(조)문두에서 판단,의견토로(6-30)	(동)~와 같다(2-1)	(대)재지시. '이것'(2-7)	(부)원인 질문. '왜,어떻게'(2-21)
계강자(季康子)가 말했다.		"이와 같(다면/같은데/…) [조건절(1-1)]			왜
不	**喪?"**	**孔子曰:**	**"仲叔圉**	**治**	**賓客,**
(부)동사술어 앞. '~하지 않다'(7-14)	(동)멸망하다(11-9) [상,sàng]	공자가 말하다	(인명)중숙어	(동)책임지고 관리하다	(명)타국 파견 사자(使者)(5-8)
멸망하지 않습니까?"		공자가 말했다.	"중숙어(仲叔圉)가 타국에서 파견된 사자(使者)를 책임지고 관리하(고)		
祝鮀	**治**	**宗廟,**	**王孫賈**	**治**	**軍旅.**
(인명)축타(6-16)	(동)책임지고 관리하다	(명)종묘(10-1)	(인명)왕손가(3-13)	(동)책임지고 관리하다	(명)군사
축타(祝鮀)가 종묘(宗廟)를 책임지고 관리하(고)			왕손가(王孫賈)가 군사를 책임지고 관리합니다.		
夫	**如是,**	**奚其**	**喪?"**		
(조)문두에서 판단,의견토로(6-30)	이와 같다	(부사,복합허사) 왜.어떻게(2-21)	(동)멸망하다(11-9) [상,sàng]		
이와 같(은데)		어떻게 멸망하겠습니까?"			

번역 공자가 위령공(衛靈公)이 무도한 사람이라고 말했을 때 계강자(季康子)가 말했다. "이와 같다면 왜 멸망하지 않습니까?" 공자가 말했다. "중숙어(仲叔圉)가 타국에서 파견된 사자(使者)를 책임지고 관리하고, 축타(祝鮀)가 종묘(宗廟)를 책임지고 관리하고, 왕손가(王孫賈)가 군사를 책임지고 관리합니다. 이와 같(은데) 어떻게 멸망하겠습니까?"

語法과 語彙

子言衛靈公之無道 (공자가 위령공(衛靈公)이 무도한 사람이라고 말하다)

(인명) 생몰(生沒)은 BC540~BC493으로 성(姓)은 희(姬), 이름은 원(元)이다. 춘추시대 위나라 제28대 왕으로 재위기간은 BC534~BC493(41년)이었다. 시기심이 많고 성미가 거칠고 급하여 역사적으로는 좋지 않은 평가를 남겼다. 하지만 그는 사람을 보는 눈이 뛰어나 사람을 적재적소에 등용하였고, 그가 발굴한 세 명의 중신인 '공유(孔圉<kǒngyǔ>), 축타(祝鮀<zhùtuó>), 왕손가(王孫賈<wángsūnjiǎ>)'의 협력으로 위나라 국가 기관을 정상적으로 운행할 수 있었다. (衛靈公(前540-前493年), 姬姓, 名元. 是春秋時期衛國第二十八代國君, 前534年一前493年在位, 因多猜忌且脾氣暴躁留下不好的史學評價. 但他擅長識人, 知人善任, 也正是他用他提拔的三個大臣孔圉、祝鮀、王孫賈的合作, 才使衛國的國家機器運行正常)
(https://baike.baidu.com)

仲叔圉治賓客 (중숙어(仲叔圉)가 타국에서 파견된 사자(使者)를 책임지고 관리하다)

(동사) 주관하다: 어떤 일을 책임지고 맡아 관리하다. (主管)

→ 心居中虛, 以治五官, 夫是之謂天君 『荀子·天論』
마음이 빈 곳 '중간에 자리잡(居中虛)'고 이것으로 '오관(五官)'을 주관하면 이것을 '천군(天君)'이라 말할 수 있다.

王孫賈治軍旅 (왕손가(王孫賈)가 군사를 책임지고 관리하다)

1. 군사. (軍事)

→ 俎豆之事, 則嘗聞之矣; 軍旅之事, 未之學也 『論語·衛靈公』
제사(俎豆<조두, zǔdòu>:적대와 두로 제사를 말함. 祭祀, 奉祀)의 일은 일찍이 들은 적이 있고 군사의 일은 배운 적이 없다.

2. 부대. (部隊)
3. 작전 혹은 전쟁. (作戰或戰爭)

14-20. 子曰: "其言之不怍, 則爲之也難."

子曰:	"其	言	之	不	怍,
공자가 말하다	(대)其+명사(이,저) (한정어)(4-5)	(명)말.언사. 한 마디(2-2)	(접)주어+之+서술어(1-10)	(부)형용사앞.성질, 상태의 부정(5-5)	(형)부끄럽다
공자가 말했다. "그 말이 부끄럽지 않으…					
則	爲	之		也	難."
(접)조건+則+결과 (1-6)	(동)하다. 행하다(2-1)	(접사)자·타동+之. 동사강조·보충,음절모으기(13-1)		(어기)주어+也. '멈춤.완만.제시' (2-1)	(형)어렵다. 곤란하다(6-22)
…면 '행동하는 것(=실천하는 것)'은 어렵다."					

번역 그 말이 부끄럽지 않으면 행동하는 것(=실천하는 것)은 어렵다.

語法과 語彙

其言之不怍 (그 말이 부끄럽지 않다)

(동사) 부끄러워하다. (羞愧) [작, zuò]
(형용사) 부끄럽다. (慚愧)

→ 仰不愧於天, 俯不怍於人 『孟子·盡心上』
우러러(仰) 하늘에 부끄럽지 않(不愧於天)고 구부려(俯<부, fǔ>) 사람에게 부끄럽지 않다(不怍於人).

其言之不怍, 則爲之也難 (그 말이 부끄럽지 않으면 행동하는 것(=실천하는 것)은 어렵다)

학자들의 주석은 다음과 같다.

- 자기가 한 말은 부끄럽게 되지 않아야 하는데, 그것을 실천하기가 어렵기 때문이다. (김학주, 2017)
- 말하는 것을 부끄러워하지 않으면 실천하는 것이 어렵다. (이기동, 2011)
- 그 말을 부끄럼 없이 확실하게 하는 사람은, 그 말을 실천하는 것도 매우 어렵다는 것을 잘 알고 있다. (김용옥, 2008)
- 말해서 부끄럽지 않은 일이라면 행하기가 어렵다. (류종목, 2000)
- 사람이 말할 때 큰소리를 치고 조금도 부끄러워하지 않는다면 그럼 그 사람이 실행하려면 어렵다(一個人說起話來大言不慚, 那他要實行起來就難了)(陳曉芬, 2016)
- 사람이 자기의 일을 말하려 하는데 부끄러워할 줄 모르면 그럼 그의 '평소의 행동은 쉽지 않다(=평소 행동 역시 칭찬받을만한 수준이 아니다)'(一個人要講到自己的事情而不會慚愧, 那他平日的行爲便不會容易)(毛子水, 2009)
- 그 사람이 큰소리를 치고 조금도 부끄러워하지 않는다면 그가 실행하는 것은 쉽지 않다(那個人大言不慚, 他實行就不容易)(楊伯峻, 2006)

— [견해]

류종목 선생의 해석이 원문에 가장 가깝다고 본다.

14-21. 陳成子弑簡公. 孔子沐浴而朝, 告於哀公曰: “陳恒弑其君, 請討之.” 公曰: “告夫三子!” 孔子曰: “以吾從大夫之後, 不敢不告也. 君曰‘告夫三子者!’” 之三子告, 不可. 孔子曰: “以吾從大夫之後, 不敢不告也.”

陳成子	**弑**	**簡公.**	**孔子**	**沐浴**	**而**
(인명)진성자. 제(齊)나라 대부	(동)신하가 왕을 죽이다(5-19)[시,shì]	(인명)제(齊)나라 왕	공자	(동)목욕하다	(접)동작의 선후. ‘~다음’(6-15)
진성자(陳成子)가 간공(簡公)을 시해했다.			공자는 목욕을 한 다음		
朝	**告**	**於**	**哀公**	**曰:**	**“陳恒**
(동)(황제를) 찾아뵙다(10-6)	(동)알려주다. 말하다(14013)	(대상.전)동작의 직접대상(1-10)	(인명)애공(2-19)	말하다	(인명)진항 (=진성자<陳成子>)
황제를 찾아 뵙(고)	애공(哀公)에게 알려주며 말했다.				“진성자가
弑	**其**	**君,**	**請**	**討**	**之.”**
(동)신하가 왕을 죽이다(5-19)	(대)그의… ‘복수 可’(1-7)	(명)제왕.왕.임금(15-38)	(동)바라다. 요청하다(6-4)	(동)토벌하다. 정벌하다	진성자.(때)재지시. ‘그 사람’(2-10)
그의 왕을 시해(했으니)			진성자를 토벌하길 요청합니다.”		
公曰:	**“告**	**夫**	**三子!”**	**孔子曰:**	**“以**
애공이 말하다	(동)알려주다. 말하다(14-13)	(지시.대) 이.저…(11-10)	맹손,숙손,계손	공자가 말하다	(접)원인 ‘~때문에’(11-8)
애공이 말했다.	“저 삼환인 맹손씨(孟孫氏), 숙손씨(叔孫氏), 계손씨(季孫氏)에게 알려주세요!”			공자가 말했다.	“제가
吾	**從大夫之後,**		**不敢**	**不告**	**也.**
(대)나,우리‘주어,한정어…’(13-18)	대부의 뒤를 따르다		(동)배짱,용기가 없다(9-16)	알리지 않다	(어기)진술강조(2-17)
대부의 뒤를 따르기 때문에			알리지 않을 용기가 없습니다(=알릴 수밖에 없습니다).		
君曰	**‘告**	**夫三子**	**者!’”**	**(子)之**	**三子**
왕이 말하다	(동)알려주다. 말하다(14-13)	저 삼환(三桓)	(조사)수사+者 (者:언급된 명사)	(동)가다(3-11)	맹손,숙손,계손
왕께서 ‘저 삼환인 맹손씨(孟孫氏), 숙손씨(叔孫氏), 계손씨(季孫氏)에게 알리라고 말씀하십니다!’” [왕이 삼환에게 알리라는 현실에 대한 공자의 한탄]				(공자는)맹손, 숙손, 계손에게 가(서)[동사(가다)+대상(목적지)사이 전치사 없음]	
告,	**(三子曰)不可(討).**		**孔子曰:**	**“以吾從大夫之後,**	
(동)알려주다. 말하다(14-13)	(삼환은) 토벌할 수 없다(고 말하다) [(조동사)(1-21)]		공자가 말하다	내가 대부의 뒤를 따르기 때문에	
알렸(지만)	(삼환은) 토벌할 수 없다(고 말했다).		공자가 말했다.	“내가 대부의 뒤를 따르기 때문에	
不敢不告也.”					
알리지 않을 용기가 없다(=알리지 않을 수 없다)					
알리지 않을 용기가 없었다(=알릴 수밖에 없었다).”					

번역 진성자(陳成子)가 간공(簡公)을 시해했다. 공자는 목욕을 한 다음 황제를 찾아뵙고 애공(哀公)에게 알려주며 말했다. “진성자(陳成子)가 그의 왕을 시해했으니 진성자를 토벌하길 요청합니다.” 애공이 말했다. “저 삼환인 맹손씨(孟孫氏), 숙손씨(叔孫氏), 계손씨(季孫氏)에게 알려주세요!” 공자가 말했다. “제가 대부의 뒤를 따르기 때문에 알릴 수밖에 없습니다. 왕께서 ‘저 삼환에게 알리라고 말씀하십니다.’” 공자는 맹손, 숙손, 계손에게 가서 알렸지만 삼환은 토벌할 수 없다고 말했다. 공자가 말했다. “내가 대부의 뒤를 따르기 때문에 알릴 수밖에 없었다.”

語法과 語彙

— **사건 배경**

이 사건은 공자가 죽기 2년 전인 BC481년(애공 14년)에 일어났고 『춘추경』과 『좌씨전』에 상세히 기록되어 있다. 여기 공자의 이야기도 『좌전』에 매우 상세하게 기록되어 있다. 제나라는 산동의 대국(大國)으로 진(陳)씨는 하남성 회양에 도읍하고 있는 진(陳)나라의 왕족인 진경중(陳敬仲)이 제나라로 망명해 안착한 귀화인들이다. 진성자(陳成子)는 제나라 대부였는데 전성자(田成子)인 다른 성(姓)으로 불리기도 했다. 그의 이름은 항(恒)이었다. 진성자가 간공(簡公)을 시해한 사건은 결국 백년 후에 그의 증손자 전화(田和)가 제나라를 완전히 갈취하여 제나라의 임금이 되는 사건에까지 확대되는 계기를 마련하였다.

진성자(陳成子)가 간공(簡公)을 시해(弑害)한 사건은 그래도 문명의 질서를 유지하고 있었던 춘추시대가 살벌한 패도의 각축장인 전국시대로 넘어가게 되는 패러다임 변화의 주요 계기인 셈이다. 이 상징적인 사건을 대하는 공자의 태도는 매우 단호하다. 노나라의 실력으로 제나라를 친다는 것이 현실적으로 불가능하다는 것을 공자는 잘 알 수도 있었겠지만 공자는 대의명분을 중시했던 것이다. 공자는 노나라가 군대를 일으키면 제나라의 민심 이반으로 제나라 군민 반은 노군에 가담하리라는 구체적인 계산이 있었다(陳恒弑其君, 民之不與者半. 以魯之衆, 加齊之半, 可克也『좌씨전』). 공자는 거병(擧兵)만 할 수 있다면 본인이 군대를 데리고 가 싸울 셈이었던 것이다. 이때 자로도 아직 살아있던 때였다. 71세 노구(老軀)였지만 공자는 자신의 신념에 투철했고 실천력이 살아있었고, 판단력은 정확했다. (김용옥, 2008)

請<u>討</u>之 **(그를 토벌하길 요청하다)**

(동사) 토벌하다. 정벌하다. (討伐, 征伐) [토, tǎo]

→ 故托臣以<u>討</u>賊也 (三國蜀·諸葛亮『後出師表』)
그래서 '나에게 맡겼기 때문에(托臣以)' '적을 토벌하다(討賊)'.

告夫<u>三子</u> **(저 삼환에게 알리다)**

(대명사) 노나라 세 명의 대부로 맹손, 숙손, 계손으로 당시 이들이 실제적으로 노나라의 정권을 장악하고 있었다. (指魯國大夫孟孫、叔孫、季孫, 當時他們實際掌握了魯國政權)

告夫三子<u>者</u> **(저 삼환인 맹손씨(孟孫氏), 숙손씨(叔孫氏), 계손씨(季孫氏)에게 알리다)**

(조사) 정해지지 않은 수사(不定數詞) 다음에 쓰여 '수사+者' 명사구를 만든다. 보통 앞에서 언급된 사람, 사물, 사건을 나타낸다. 번역할 때는 문맥에 의거하고 상황을 고려하여 수사와 그것이 가리키는 대상에 상응하는 명사와 수량사를 더해준다.

→ 農、商、官三<u>者</u>. 國之常官也 『商君書·去强』
농경, 상무, 관원 이 세 가지 직업은 국가의 '정상적인 직업이다(常官:正常的職業).'

— **[견해]**

본문에서는 '三子者'로 '수사와 者' 사이에 '남자에 대한 호칭'을 나타내는 '子'를 사용하였는데, 이 단어는 이 문장에서 생략되어도 무방함으로(告夫三者:그 세 대부에게 알리다) 이 용법에 속한다고 본다.

14-22. 子路問事君. 子曰: "勿欺也, 而犯之."

子路	問	事	君.	子曰:	"勿
(인명)자로=季路=仲由(2-17)	(동)問A:A에 대해 묻다(12-10)	(동)섬기다(3-18)	(명)제왕.왕.임금(15-38)	공자가 말하다	(부)금지.충고. '~하지마라'(6-6)
자로(子路)가 왕을 섬기는 것에 대해 물었다.				공자가 말했다.	
欺	**也,**	**而**	**犯**	**之."**	
(동)속이다	(어기)멈춤. 완만(3-1)	(접)점층.'게다가.또한.거기에 더해'(1-14)	(동)상관의 안색에 개의치 않고 간쟁하다	(접사)자·타동+지. 동사강조·보충·음절모으기(13-1)	
"속이지 말고…		…게다가 왕의 안색에 개의치 않고 간쟁하(는 것이다)"			

번역 자로(子路)가 왕을 섬기는 것에 대해 물었다. 공자가 말했다. "속이지 말고 거기에 더해 왕의 안색에 개의치 않고 간쟁하는 것이다."

語法과 語彙

勿<u>欺</u>也, 而犯之 (속이지 말고 거기에 더해 왕의 안색에 개의치 않고 간쟁하다)

(동사) 속이다. (欺騙, 欺詐) [기, qī]

→ 吾誰欺? <u>欺</u>天乎? 『論語·子罕』
내가 누구를 속이겠는가? 하늘을 속이겠는가?

勿欺也, 而<u>犯</u>之 (속이지 말고 거기에 더해 왕의 안색에 개의치 않고 간쟁하다)

(동사) 정면으로 공격적으로 간쟁하다.

『예기』「단궁」상 앞머리에 이런 말이 있다. "부모를 섬기는 데는 숨기는 일이 있을 수 있어도 범하는 일은 없고, 임금을 섬기는 데는 범하는 일이 있어도 숨기는 일은 없다(事親有隱而無犯, 事君有犯而無隱). '범(犯)'이란 '정면으로 공격적으로 간쟁(諫爭:어른이나 임금에게 옳지 못하거나 잘못된 일을 고치도록 간절히 말함)'하는 것이다. (김용옥, 2008)

(동사) 상관의 안색에 개의치 않고 간쟁하다.

'범(犯)'이란 상관의 안색에 개의치 않고 간(간)하는 것이다. (指犯顔諫諍) (陳曉芬, 2016)

14-23. 子曰: "君子上達, 小人下達."

子曰:	"君子	上達,
공자가 말하다	(명)군자(君子)(11-1)	덕성(德性)을 수양하고 인의(仁義)에 통달하도록 힘쓰다
공자가 말했다.	"군자는 덕성(德性)을 수양하고 인의(仁義)에 통달하도록 힘쓰(고)	
小人	下達."	
소인	(동)재물과 이익을 추구하다	
소인은 재물과 이익을 추구한다."		

번역 공자가 말했다. "군자는 덕성(德性)을 수양하고 인의(仁義)에 통달하도록 힘쓰고 소인은 재물과 이익을 추구한다."

語法과 語彙

君子上達 (군자가 덕성(德性)을 수양하고 인의(仁義)에 통달하도록 힘쓰다)

(동사) 선비, 군자가 덕성(德性)을 수양하고 인의(仁義)에 통달하도록 힘쓰다. (古謂士君子修養德性, 務求通達於仁義)

→ 立法者將導人以上達, 則人争向上而爲義 (康有爲『大同書』丙部)
법을 만드는 사람(立法者)이 사람을 인도하여(導人以) 덕성을 수양하고 인의에 통달하도록 힘쓰면 '사람들이 앞 다투어(人争)' 향상하고(向上) 의로움을 행한다.

小人下達 (소인이 재물과 이익을 추구하다)

(동사) 재물과 이익을 추구하다. (追求財利)

→ 將抑人以下達, 則人争向下流而爲惡 (康有爲『大同書』丙部)
사람을 억제하여(抑人以) 재물과 이익을 추구하면(下達, 則) 사람들이 앞 다투어(人争) 아래로 타락하고(向下流) 악을 행한다(爲惡).

14-24. 子曰: “古之學者爲己, 今之學者爲人.”

子曰:	“古之學者	爲	己,
공자가 말하다	1. 옛날의 학자 2. 옛날의 공부는 [者:(진술어기사):주어+者(12-17)]	(전)~을 위하여 [전치사→동사]	(대)자신(1-16)
공자가 말했다.	“옛날의 공부는 자신을 위했(고/위했지만/…) [전환 표지 접속사 없음]		

今之學者	爲	人.”
1. 지금의 학자 2. 지금의 공부는 [者:(진술어기사):주어+者(12-17)]	(전)~을 위하여 [전치사→동사]	(명)타인(들), 다른 사람(들)(7-30)
지금의 공부는 타인을 위한다.”		

번역 공자가 말했다. “옛날의 공부는 자신을 위했지만 지금의 공부는 타인을 위한다.”

語法과 語彙

古之學者爲己, 今之學者爲人 (옛날의 공부는 자신을 위했지만 지금의 공부는 타인을 위한다)

— [보충과 견해]

‘학자(學者)’의 의미를 여섯 학자가 ‘학자(學者;scholar)’로 파악하였고, ‘공부하는 것(學習)’으로 본 학자는 陳曉芬(2016) 선생이 유일하다(고대인의 공부는 본인의 증진, 수양, 학식을 위한 것이고, 현재 사람의 공부는 다른 사람에게 보여주기 위한 것이다. 古代人的學習是爲了自己增進修養學識, 現在人的學習是爲了表現給人看). 본문의 ‘학자(學者)’는 주변어와 함께 의미적으로, 통사적으로 ‘학자, 공부’ 모두 문제가 없다. 여기서는 ‘공부’로 본다.

古之學者爲己, 今之學者爲人 (옛날의 공부는 자신을 위했지만 지금의 공부는 타인을 위한다)

(동사) ~을 위하다.

→ 天下熙熙, 皆爲利來; 天下攘攘, 皆爲利往 『史記·貨殖列傳』
세상이 어지러운(熙熙:紛紜) 것은 모두 이익을 위해서 오기 때문이고 세상이 ‘뒤섞여 어지러운(攘攘:紛亂)’ 것은 모두 이익을 위해서 온다

— [견해]

고대중국어 ‘위(爲)’의 동사 의미항목 중에서는 ‘~을 위하다’라는 의미가 없다. 목적어 의미를 갖는 것은 ‘전치사’에 유일한데(상기 예문 참조) 본문의 ‘위(爲)’는 ‘목적의미’를 나타내는 것이 자연스럽고, 명기는 하지 않았지만 대부분의 학자들도 ‘목적의미’를 갖는 동사로 취급하였다. 본문의 ‘위(爲)’를 ‘전치사’에서 ‘동사’로 품사활용된 것으로 본다.

14-25. 蘧伯玉使人於孔子. 孔子與之坐而問焉曰: "夫子何爲?" 對曰: "夫子欲寡其過而未能也." 使者出. 子曰: "使乎! 使乎!"

蘧伯玉	使	人	於	孔子.	孔子
(인명)거백옥	(동)파견하다, 명령하다(10-3)	(명)인간,사람(4-3)	(대상.전)동작대상 '~에게'(2-5)	공자	공자
거백옥(蘧伯玉)이 공자에게 사람을 파견했다.					공자는
與		之	坐	而	問
1. (전)동작대상.'~와'(5-8)[yú] 2. (동)주다(5-24)[yǔ]		그(=사자,使者). 재지시(2-10)	1. 안다 2. 방석	(접)동작의 선후. '~다음'(6-15)	(동)問A:A에 대해 묻다(12-10)
사자(使者)와 앉아 그(=거백옥)에 대해 물으며 말했다. [언(焉)은 '지(之)'에 대응되며 보통 동사 다음에 쓰여 목적어가 된다. 제 3인칭의 사람이나 사물을 가리킨다. '그', '그것' 등으로 번역된다. (他, 它)]					
焉	曰:	"夫子	何爲?"	(使者)對曰:	"夫子
거백옥.(대)동사+焉.'그,그것'(1-14)	말하다	(명)선생님. 공자(1-10)	무엇을 하는가?	대구하여 말하다	(명)선생님. 공자(1-10)
		"선생님(=거백옥)은 무엇을 하시는가?"		(使者가) 대구하며 말했다.	선생님(=거백옥)은
欲	寡	其	過	而	未
(동)~하려 하다(2-4)	(동)줄이다. 감소시키다(2-18)	(대)그의… '복수可'(1-7)	(명)잘못.실수(6-3)	(접)전환. '그러나'(1-1)	(부)상태미진전. '아직~않다'(3-25)
본인의 실수·잘못을 줄이려 하시지만					
能	也."	使者出.	子曰:	"使	
(동)~할 수 있다(11-26)	(어기)판단 (동사,형용사술어끝)(11-15)	사자(使者)가 나가다	공자가 말하다	사자(使者)[여기서는 사자를 칭찬하는 것으로 '참다운 使者다'의 의미]	
아직 그러지 못하십니다."		사자(使者)가 나갔다.	공자가 말했다.	"참다운 사자(使者)다!	
乎!	使乎!"				
(어기)감탄.비분.찬송(3-14)	사자(使者=참다운 使者)다				
	참다운 사자(使者)다!"				

번역 거백옥(蘧伯玉)이 공자에게 사람을 파견했다. 공자는 사자(使者)와 앉아 (공자가) 거백옥에 대해 물으며 말했다. "선생님(=거백옥)은 무엇을 하시는가? 사자(使者)가 대구하며 말했다. "선생님은 본인의 실수를 줄이려 하시지만 아직 그러지 못하십니다." 사자(使者)가 나갔다. 공자가 말했다. "참다운 사자(使者)다! 참다운 사자(使者)다!"

語法과 語彙

蘧伯玉使人於孔子 (거백옥(蘧伯玉)이 공자에게 사람을 파견하다)

(인명) 거백옥(蘧伯玉)은 위(衛)나라 대부로 실명은 거원(蘧瑗)이었고, 현자(賢者)로서 존경 받는 당대의 인물이었다. 공자가 존경하는 인물의 한 사람으로 사마천이 거백옥을 꼽았다. 공자가 위나라에 있을 때, 거백옥의 집에 머무

르며 신세를 졌다. 이 대화는 공자 귀로 후 안면이 있는 거백옥이 개인적으로 사신을 보냈을 때 일어났다. (김용옥, 2008) [거백옥, qúbóyù]

孔子與之坐而問焉曰 (공자가 사자(使者)와 함께 앉아 (공자가) 거백옥에 대해 물으며 말하다)

(동사) 고대인이 땅에 무릎을 꿇고 엉덩이를 발뒤꿈치 위에 대는 것으로, 이것이 기본적인 의미이고 나중에는 보통 엉덩이를 사물에 붙여 휴식하는 것을 가리켰다;앉다. (古人雙膝跪地, 把臀部靠在脚後跟上, 這是其本義, 後指以臀部着物而止息)

— [견해]

'앉다'의 의미로 간주하지 않은 학자들은 '방석(김용옥)', '자리(楊伯峻)'로 보았는데 일단 이러한 의미는 고대중국어 공구서에 등장하지 않는다. 김용옥 선생은 '사자(使者)와 공자가 마주 앉는 것이 예가 아니라고 했다'. '방석'이나 '자리' 정도라면 상용어에 속하는데 이에 대한 용례가 없다는 것은 단어 '좌(坐)'가 명사 의미로 활용되지 않았다는 것을 유추할 수 있다. 여기서는 동사 '앉다'로 본다.

夫子何爲? (선생님은 무엇을 하시는가?)

(관용구) '何' 뒤의 '爲'가 때로는 '전치사'가 아니라 '동사'인데 '하다'의 의미가 된다(무엇을 하는가?). '이유, 방법'을 묻는 '何爲(왜, 어떻게)'와 구별해야 한다.

→ 楚王謂平原君曰: "客何爲者也? 『史記·平原君虞卿列傳』
초나라 왕은 평원군(平原君)에게 말했다. "객(客)은 무엇 하는 사람인가?"

14-26. 子曰: "不在其位, 不謀其政."

子曰:	"不…(不)	在	其	位,	(不)…不
공자가 말하다	(고정형식)'조건/가정+결과'(7-8)	(동)~에 있다 (5-1)	(대)其+명사(이.저) (4-5)	(명)지위.직위	(고정형식)'조건/가정+결과'(7-8)
공자가 말했다	"그 직위에 있지 않으면				

謀	其	政."
(동)기획하다. 계획하다	(대)其+명사(이.저) (4-5)	(명)정부관련업무; 정사(2-3)
그 정사를 기획하지 않는다."		

번역 공자가 말했다. "그 직위에 있지 않으면 그 정사를 기획하지 않는다."

語法과 語彙

『論語・泰伯-14』에 출현.

14-27. 曾子曰: "君子思不出其位."

曾子	曰:	"君子思	不	出
(인명)증자=증삼(曾參) (1-4)	말하다	군자의 생각 [소유.종속표지 없음]	(부)동사술어앞. '~하지 않다'(7-14)	(동)넘다. 초과하다(4-22)
증자가 말했다.		"군자의 생각은 넘지 않는다…		
其	**位."**			
(대)그의…'복수 可'(1-7)	(명)지위.직위(8-14)			
… 그의 직위를."				

번역 증자가 말했다. "군자의 생각은 그의 직위를 넘지 않는다."

14-28. 子曰: “君子恥其言而過其行.”

子曰:	“君子	恥	其言	而
공자가 말하다	(명)군자(君子)(11-1)	(동)~을 부끄럽게 여기다	그의 말[其:(대)그의…'복수可(1-7)]	(접)주어+而+서술어. '가정.강조.전환'(2-13)
공자가 말했다.	“군자는 부끄럽게 여긴다… 그의 말이			
過	**其行.”**			
(동)앞서다.초과하다.추월하다(5-7)	그의 행동[其:(대)그의…'복수 可(1-7)]			
그의 행동을 앞서는 것을.”				

번역 공자가 말했다. “군자는 그의 말이 그의 행동을 앞서는 것을 부끄럽게 여긴다.”

語法과 語彙

君子恥其言而過其行 (군자가 그의 말이 그의 행동을 앞서는 것을 부끄럽게 여기다)

(동사) ~을 부끄럽게 여기다. (以…爲恥辱)

→ 耻功名不顯於天下也　『史記・管晏列傳』
공적과 이름(功名)이 '세상에 드러나지 않(不顯於天下)'는 것을 부끄럽게 여기다.

14-29. 子曰: "君子道者三, 我無能焉. 仁者不憂, 知者不惑, 勇者不懼." 子貢曰: "夫子自道也."

<table>
<tr><th>子曰:</th><th>"君子道</th><th>者</th><th>三,</th><th>我</th><th>無</th></tr>
<tr><td>공자가 말하다</td><td>군자의 道[소유,종 속 표지 없음]</td><td>(진술어기사) 주어+者(12-17)</td><td>세 가지 [명사서술어]</td><td>(대)나</td><td>(부)동작미발생 '아직~않다'(8-1)</td></tr>
<tr><td colspan="4">공자가 말했다. "군자의 도(道)는 세 가지(인데)</td><td colspan="2">나는 아직</td></tr>
<tr><th>能</th><th>焉.</th><th>(三者而)仁</th><th>者</th><th>不</th><th>憂,</th></tr>
<tr><td>(동)~할 수 있나</td><td>(어기)진술. 문미멈춤(5-16)</td><td>(세 가지는) [仁:(형)仁하다]</td><td>(조사)~한 사람, ~한 것(1-2)</td><td>(부)동사술어 앞. '~하지 않다'(7-14)</td><td>(동)걱정하다. 근심하다(7-3)</td></tr>
<tr><td colspan="2">할 수 없다.</td><td colspan="4">(세 가지는) 인(仁)한 사람은 걱정하지 않(고)</td></tr>
<tr><th>知者</th><th>不惑,</th><th>勇者</th><th>不懼."</th><th>子貢曰:</th><th>"夫子</th></tr>
<tr><td>지혜로운 사람 (14-12)[지, zhì]</td><td>(동)미혹되지 않다</td><td>(명)용감한 사람</td><td>(동)두려워하지 않다</td><td>자공이 말하다. 자공=사(賜)(1-10)</td><td>(명)선생님;공자 (1-10)</td></tr>
<tr><td colspan="2">지혜로운 사람은 미혹되지 않(으며)</td><td colspan="2">용감한 사람은 두려워하지 않는 (것이다)."</td><td>자공이 말했다.</td><td>"선생님께서</td></tr>
<tr><th colspan="3">自道</th><th>也."</th><td colspan="2" rowspan="3"></td></tr>
<tr><td colspan="3">1.스스로 말하다 2.자기 자신을 말하다</td><td>(어기)진술강조 (2-17)</td></tr>
<tr><td colspan="4">자기 자신을 말한 것이다."</td></tr>
</table>

번역 공자가 말했다. "군자의 도(道)는 세 가지인데 나는 아직 할 수 없다. 세 가지는 인(仁)한 사람은 걱정하지 않고, 지혜로운 사람은 미혹되지 않으며, 용감한 사람은 두려워하지 않는 것이다." 자공이 말했다. "선생님께서 자기 자신을 말한 것이다."

語法과 語彙

勇者不懼 (용감한 사람이 두려워하지 않다)

(명사) 두려움. (恐懼) [구, jù]

→ 一則以喜, 一則以懼 『論語・里仁』
하나는(一則) 기쁨 때문이(以喜)고, 하나는(一則) 두려움 때문이(以懼)다.

(동사) 두려워하다. (恐懼) [구, jù]

→ 內省不疚, 夫何憂何懼? 『論語・顔淵』
자신을 반성하고 살펴(內省)서 부끄럽지 않다(不疚<구, jiù>)면 무엇을 걱정하(何憂)고 무엇을 두려워하(何懼)겠는가?

14-30. 子貢方人. 子曰: "賜也賢乎哉! 夫我則不暇!"

子貢	方	人.	子曰:	"賜	也
(인명)자공=사(賜)(1-10)	(동)비방하다	(명)타인(들), 다른 사람(들)(7-30)	공자가 말하다	(인명)사(賜)=자공(1-10)	(어기)주어+也. '멈춤. 완만.제시'(1-2)
자공(子貢)이 다른 사람들을 비방하였다.			공자가 말했다. "자공은…		
賢	**乎哉!**	**夫**	**我**	**則**	**不**
(형)재능,덕행이 있다(6-11)	(어기)감탄(7-29)	(조)문두에서 판단. 의견토로(6-30)	나	(판단부사)(주어)+則+서술어(4-21)	(동)없다(1-8)
… 재능이 있구나! (→ 잘났구나!)		나는 틈이 없는데!"			
暇."					
(명)틈.짬					

번역 자공(子貢)이 다른 사람들을 비방하였다. 공자가 말했다. "자공은 잘났구나! 나는 틈이 없는데!"

語法과 語彙

子貢方人 (자공(子貢)이 다른 사람들을 비방하다)

(동사) 비방하다. 어기다. 어긋나다. 위배하다. (誹謗, 違背)

→ 方命虐民, 飮食若流 『孟子·梁惠王上』
천명을 위배하(方命)고 백성을 학대하(虐民)니 양식(飮食)이 '이렇게 낭비된다(若流)'.

夫我則不暇! (나는 틈이 없다!)

(명사) 틈. 짬. 일이 없는 시간. (空閑, 没有事的時候) [가, xiá]

→ 將不暇食與沐矣 (唐·韓愈『後廿九日復上宰相書』)
밥 먹고 목욕할(食與沐) '틈이 없을 것이다(將不暇)'.

14-31. 子曰: “不患人之不己知, 患其不能也!”

<table>
<tr><th>子曰:</th><th>“不</th><th>患</th><th>人</th><th>之</th></tr>
<tr><td>공자가 말하다</td><td>(부)금지.‘~하지마라’(1-16)</td><td>(동)걱정하다</td><td>(명)타인(들). 다른 사람(들)(7-30)</td><td>(접)주어+之+서술어(1-10)</td></tr>
<tr><td>공자가 말했다.</td><td colspan="4">“걱정하지마라! 다른 사람이…</td></tr>
<tr><th colspan="2">不己知,</th><th>患</th><th colspan="2">其</th></tr>
<tr><td colspan="2">자신을 모르다[之:(대)자신(1-16)]
[부정사(不)+목적어(己)+동사(知):(9-14)]</td><td>(동)걱정하다</td><td colspan="2">(대)그의.나의.너의…‘복수可(1-7)’.
(대)나의.너의(1-7)</td></tr>
<tr><td colspan="2">자신을 몰라주는 것을</td><td colspan="3">걱정해라! 나의… [명령문]</td></tr>
<tr><th>不</th><th>能</th><th>也.”</th><td colspan="2" rowspan="3"></td></tr>
<tr><td>(동)없다(1-8)</td><td>(명)재능.기능.능력</td><td>(어기)감탄(3-17)</td></tr>
<tr><td colspan="3">재능·능력 없음을! (=무능을!)</td></tr>
</table>

번역 공자가 말했다. “다른 사람이 자신을 몰라주는 것을 걱정하지 말고, 나의 재능·능력 없음을(=무능을) 걱정해라!”

語法과 語彙

不患人之不己知 (다른 사람이 자신을 몰라주는 것을 걱정하지 마라)

(동사) 걱정하다. (憂慮)

→ 患所以立 『論語·里仁』
성취할 수 있는 방법을 걱정하다.

患其不能也! (나의 재능·능력 없음을(=무능을) 걱정해라!)

— [보충과 견해]

이 문장의 ‘기(其)’에 대해 김학주 선생(자기의 무능함을 걱정하라)을 제외한 모든 학자는 ‘자기가 무능하다’인 ‘주어+명사서술어’로 파악하였다. 먼저 고대중국어에서 ‘其’는 ‘1인칭 주어’로 쓰는 용례를 찾을 수 없었나. 주어도 쓰는 경우는 ‘3인칭’에 한(限)하는 것으로 보인다(→ 人而無信, 不知其可也. 사람이 믿음이 없다면 그것이 적절한지 모르겠다. 『論語·爲政』). 이에 따르면 ‘주격’이 아니라 ‘소유격’으로 보아야 하고, 문맥상 ‘3인칭’이 아니라 ‘1인칭’이 되어야 한다. 그리고 其가 소유격으로 쓰일 때 대부분 ‘3인칭’이지만 ‘1인칭’으로 쓰이는 경우도 종종 있다(→ 事君, 敬其事而後其食 왕을 섬길 때 나의 섬김을 공손하게 하고 나의 봉록을 뒤로 하다 『論語·衛靈公』: 이 문장의 其를 ‘1인칭’으로 취급함).

‘불능(不能)’은 고대중국어에서 단어로 분류하는 경우 1.할 수 없다(不可以, 不能够), 2.미치지(=다다르지) 못하다(未及, 不及), 3.재능이 낮은 사람(才能底下者) 세 가지로 분류하고 있다.(『重編國語辭典』 中華民國教育部). 본문의 ‘불능(不能)’ ‘1음절’ 단어의 병렬인데(없다+재능·능력) 명사구가 되어야 함으로 ‘재능·능력이 없음’이 되고 축약하여 ‘무능(함)’ 정도로 볼 수 있다고 생각한다.

患其不<u>能</u>也! (나의 재능·능력 없음을(=무능을) 걱정해라!)

(명사) 재능. 기능. 능력. (才能, 技能)

→ 客果有<u>能</u>也 『戰國策·齊策』
손님(客)은 과연(果) 재능(=능력)이 있다.

14-32. 子曰: "不逆詐, 不億不信! 抑亦先覺者, 是賢乎!"

子曰:	"不	逆詐,		不	億
공자가 말하다	(부)금지. '~하지마라'(1-16)	일이 일어나기 전에 다른 사람이 속이려는 마음을 먹었다고 의심하다		(부)금지. '~하지마라'(1-16)	(동)예측하다. 짐작하다(11-19)
공자가 말했다.	"일이 일어나기 전에 다른 사람이 속이려는 마음을 먹었다고 의심하지 말(고)			짐작하지마라…	
不信!	**抑**	**亦**	**先覺**	**者,**	**是**
믿지 않다. 믿지 못하다	(접)뒤 단문 문두. '그러나'(7-33)	(부)판단. '(단지)~이다'(7-15)	사전에 인식하고 알아차리다	(조사)~한 사람, ~한 것(1-2)	(대)대칭재지시. '이것'(2-7)
믿지 못(한다고)! [명령문]	그러나 일이 일어나기 전에 인식하고 알아차리는 것				이것(은)
賢	**乎!"**				
(형)좋다. 훌륭하다	(어기)감탄.비분. 찬송(3-14)				
좋다!"					

번역 공자가 말했다. "일이 일어나기 전에 다른 사람이 속이려는 마음을 먹었다고 의심하지 말고, 믿지 못한다고 짐작하지 마라! 그러나 일이 일어나기 전에 인식하고 알아차리는 것, 이것은 좋다!"

語法과 語彙

不逆詐, 不億不信! (일이 일어나기 전에 다른 사람이 속이려는 마음을 먹었다고 의심하지 말고, 믿지 못한다고 짐작하지 마라!)

(동사) 일이 일어나기 전에 다른 사람이 속이려고 하는 마음을 먹었다고 의심하다. (謂事先即猜疑別人存心欺詐)

→ 今使王逆詐諸侯而蔑其卿, 苟興怨於魯 ,未必周之福也 (唐·柳宗元『非國語上』)
지금 왕이 '제후를 사전에 의심하(逆詐諸侯)'고 '그 경들(卿)을 얕잡아 보(蔑其卿)'게 하여 만약(苟) '노나라를 원망하는 것을 일으킨(怨於魯)'다면 꼭 '주나라의 이익(周之福)'은 아니다.

不逆詐, 不億不信! 抑亦先覺者, 是賢乎! (일이 일어나기 전에 다른 사람이 속이려는 마음을 먹었다고 의심하지 말고, 믿지 못한다고 짐작하지 마라! 그러나 일이 일어나기 전에 인식하고 알아차리는 것, 이것은 좋다!)

— [견해]

전환접속사(그러나)로 쓰이는 경우 보통 복문 중 뒤의 단문 문두에 놓이는데(→ 女自房觀之, 曰: "子晳信美矣, 抑子南夫也" 여자가 방에서 그들을 보고 말한다. "자석(子晳)은 정말로(信) 아름답지만 자남(子南)은 남자답다(夫)『左傳·昭公元年』)." 복문이 아닌 단문에서 문두에 놓여 사용되는 경우도 있다(→ 若聖與仁則吾豈敢? 抑爲之不厭, 誨人不倦則可謂云爾已矣 그러나 성인(聖人)과 인자(仁者)는 내가 어떻게 용감하게 나가서 얻겠느냐? 그러나 성인(聖人)과 인자(仁者)가 되는 것을 싫어하지 않고, 사람을 가르치는 것을 싫증내지 않는 것은 그렇다고 말할 수 있을 뿐이다『論語·述而』). 하지만 이 경우 단문이지만 의미는 앞 문장에서 시작하여 문맥은 여전히 이어지고 억(抑)을 기점으로 의미는 전환으로 바뀐다.

모든 학자들이 이 문장을 복문으로 보고 쉼표를 넣었는데 그렇게 되면 (不逆詐, 不億不信, 抑亦先覺者, 是賢乎! 속일 거라고 의심하지 않고, 믿지 못한다고 짐작하지 않지만 그러나 일이 일어나기 전에 인식하고 알아차리는 것, 이것은 좋다!) 등으로 해석되어야 한다. 이 문장도 틀리지 않다. 여기서는 앞의 두 단문(不逆詐, 不億不信)이 명령문으로 표현하는 것이 더 낫다고 보았다.

抑亦先覺者 (그러나 일이 일어나기 전에 인식하고 알아차리는 것)

(동사) 일이 일어나기 전에 인식하고 알아차리다. (事先認識覺察)

→ 張、蔡、曹、王曾無先覺, 潘、陸、顔、謝去之彌遠 『文選・沈約「宋書・謝靈運傳論」』

● 吕延濟注 : 言此數人曾不先覺天成之妙而去之遠也
장(張), 채(蔡), 조(曹), 왕(王)은 사전에 인식하지 못했고 번(潘), 육(陸), 안(顔), 사(謝)는 간 것이 까마득하다(去之彌遠).

● 어연제(吕延濟)의 주석 : 이것은 여러 사람이 자연에 부합한(天成:合於自然) 기묘함(or 훌륭한, 아름다움)을 사전에 인식하지 못하고 너무 멀리 간 것을 말한다.

抑亦先覺者, 是賢乎! (그러나 일이 일어나기 전에 인식하고 알아차리는 것, 이것은 좋다!)

(형용사) 좋다. 훌륭하다. (善, 好, 良)

→ 具二牲, 獻其賢者於宗子 『禮記・内則』
두 마리 제사용 가축을 준비하여 '그 중(其)' '좋은 것(賢者)'을 족장(宗子:指族長)에게 바치다.

— [보충]

고대중국어 '현(賢)'의 의미 분류에는 '현명하다'라는 형용사 용례가 없다. '현(賢)'은 보통 '현명하다'로 볼 수 있는데 이와 관련 된 것은 '덕행과 재능이 있는(→ 群臣孰賢? 『韓非子・外儲說左下』 많은 신하 중에서 누가 덕행과 재능이 있는가?)' 정도이고 '명사'로는 '재능. 덕행이 좋은 사람(→ 尙賢使能 『荀子·王制』 덕행이 좋은 사람을 존중하고 능력이 있는 사람을 '기용하다'가 있다.

14-33. 微生畝謂孔子曰: "丘何爲是栖栖者與? 無乃爲佞乎?" 孔子曰: "非敢爲佞也, 疾固也."

<table>
<tr><th>微生畝</th><th>謂</th><th>孔子</th><th>曰:</th><th>"丘</th><th>何爲</th></tr>
<tr><td>(인명)미생무</td><td>(동)'謂A曰B'A에게 B를 말하다(1-7)</td><td>공자</td><td>말하다</td><td>(인명)공자 이름</td><td>(의.부)의문,반문 '왜,어떻게'(6-26)</td></tr>
<tr><td colspan="4">미생무(微生畝)가 공자에게 말했다.</td><td colspan="2">구(丘=공자)는 왜</td></tr>
<tr><th>是</th><th>栖栖</th><th>者</th><th>與?</th><th colspan="2">無乃…(乎?")</th></tr>
<tr><td>(부)이렇게</td><td>(형)바쁘고 불안하다</td><td>(조사)~한 사람, ~한 것(1-2)</td><td>(어기)문미의문(8-6)</td><td colspan="2">(고정형식)추측,의논의 어기로 반문. '혹시~이 아닐까?','설마~는 아니겠지?'</td></tr>
<tr><td colspan="4">이렇게 바쁘고 불안한 사람일까?</td><td colspan="2">설마…</td></tr>
<tr><th>爲</th><th colspan="2">佞</th><th>乎?"</th><th>孔子曰:</th><th>"非</th></tr>
<tr><td>(동)만들다(6-29)</td><td colspan="2">말주변, 달변[동→명][(동사)말주변이 있다, 말을 매우 잘하다(5-5)]</td><td>(어기)반문(1-1)</td><td>공자가 말하다</td><td>(부)부정표시. '동사,형용사앞'(5-1)</td></tr>
<tr><td colspan="4">달변·말주변을 만드(는 건) 아니겠지?"</td><td colspan="2">공자가 말했다.</td></tr>
<tr><th>敢</th><th>爲佞</th><th>也,</th><th colspan="2">疾固</th><th>也."</th></tr>
<tr><td>(조동)'敢A'(감히A하다)(6-15)</td><td>말주변·달변을 만들다</td><td>(어기)멈춤, 완만(3-1)</td><td colspan="2">(동)세상이 꽉 막혀 있고 식견이 좁은 것을 싫어하[疾:몹시 싫어하다+固:완고하다]</td><td>(어기)진술강조(2-17)</td></tr>
<tr><td colspan="3">"감히 달변·말주변을 만들(려고) 하는 것이 아니라…</td><td colspan="3">세상이 꽉 막혀 있고 식견이 좁을 것을 싫어합니다."</td></tr>
</table>

번역 미생무(微生畝)가 공자에게 말했다. "구(丘)는 왜 이렇게 바쁘고 불안한 사람일까? 설마 달변·말주변을 만드는 건 아니겠지?" 공자가 말했다. "감히 달변·말주변을 만들려고 하는 것이 아니라 세상이 꽉 막혀 있고 식견이 좁은 것을 싫어합니다."

語法과 語彙

微生畝謂孔子曰 (미생무(微生畝)가 공자에게 말하다)

(인명) "미생무(微生畝)가 공자의 이름을 부르면서 하는 말이 매우 거만하니 아마도 나이도 있고 德도 있으면서 은둔하는 사람인 것 같다." -주희- (김용옥, 2008) [미생무, weishengmǔ]

微生畝謂孔子曰 (미생무(微生畝)가 공자에게 말하다)

(동사) ~에게 말하다. '謂A曰B'의 형태로 본다면 'A에게B를 말하다'로 볼 수 있다.

→ 子謂伯魚曰 『論語·陽貨』
공자가 '백어(=공자의 아들)에게 말하(謂伯魚)'며 말했다(曰).

丘何爲是栖栖者與? (구(丘)는 왜 이렇게 바쁘고 불안한 사람일까?)

— [견해]

이 문장에서 '시(是)'는 '부사어,한정어' 두 가지가 될 수 있는데, 한정어일 경우 '왜 '이/이러한' 바쁘고 불안한 사람인가?' 정도가 되고 부사어인 경우 '왜 이렇게 바쁘고 불안한 사람인가?' 정도가 되는데 후자가 더 잘 어울린다. 고대중국어 공구서에는 한정어 용법은 있지만(→ 誠哉, 是言也! 사실이다! 이 말은!『論語•子路』) '부사어' 용법은 없다. 여기서는 '부사어'로 본다.

丘何爲是<u>栖栖</u>者與? (구(丘)는 왜 이렇게 바쁘고 불안한 사람일까?)

(형용사) 바쁘고 불안하다. (忙碌不安貌) [서서, xīxī]

→ <u>栖栖</u>孔孟葬魯鄒, 後始卓犖稱軻丘 (宋•王安石『哭梅聖俞』詩)
바쁘고 불안한 '공자와 맹자는 노나라와 추나라에 묻히(孔孟葬魯鄒)'고 나중에 비로소 탁월하고 출중하여(卓犖<탁락, zhuóluò>:超絶出衆) 가(軻<kě>)와 구(丘<qiū>)로 불리다.

非敢爲佞也, <u>疾固</u>也 (감히 달변·말주변을 만들려고 하는 것이 아니라 세상이 꽉 막혀 있고 식견이 좁은 것을 싫어하다)

(동사) 세상이 꽉 막혀 있고 식견이 좁은 것을 싫어하다. (謂憎惡世俗固塞鄙陋)

14-34. 子曰: “驥不稱其力, 稱其德也.”

子曰:	“驥	不	稱	(於)其力,
공자가 말하다	(명)천리마	(부)동사술어 앞. ‘~하지 않다’(7-14)	(동)칭찬하다 [능동→피동](8-1)	그것의(=천리마의) 힘 (때문에) [其:(대)그의…‘복수可’(1-7)]
공자가 말했다. 천리마는 그것의 힘 때문에 칭찬되는(=칭찬받는) 것이 아니(라)				

稱	(於)其德	也.”
(동)칭찬하다 [능동→피동](8-1)	그것의(=천리마의) 德때문에	(어기)진술강조 (2-17)
그것의 덕(德) 때문에 칭찬받는다.”		

번역 공자가 말했다. “천리마는 그것의 힘 때문에 칭찬받는 것이 아니라 그것의 德 때문에 칭찬받는다.”

語法과 語彙

驥不稱其力 (천리마는 그것의 힘 때문에 칭찬받는 것이 아니다)

(명사) 천리마. (千里馬) [기, jì]

→ 驥, 千里馬也 『說文·馬部』
기(驥, jì)는 천리마이다.

驥不稱其力 (천리마는 그것의 힘 때문에 칭찬받는 것이 아니다)

— [견해]

여기서 기(驥, jì)는 ‘화제(topic)’로써 역할을 한다. 즉 ‘문장의 맨 앞에 위치하여 문장의 진술대상이 되는 성분으로 좁은 의미에서 비행위자 명사구 역할을 한다(→ 書已經買來了 책은 이미 사왔다)’(김종호, 2011). 진술 대상인 ‘천리마는 어떠하다’라는 문형이 되는 것으로 ‘천리마는, 힘, 칭찬하다’의 관계로 보면 ‘천리마는 힘 때문에 칭찬하다(X)’가 아니라 ‘천리마는 힘 때문에 칭찬 받는다’의 의미가 되어야 한다. ‘칭찬 받는다’는 ‘칭찬되다’의 유연한 번역이므로 문제가 되지 않고 ‘피동문’에는 ‘피동관계가 완전히 언어 환경과 상식에 의거해서 드러나고 언어 형식의 표지를 빌리지 않는 문형’이 있기 때문에 ‘수동의미’는 가능하다(아래 참조).

→ 昔者龍逢斬, 比幹剖, 萇弘胣, 子胥靡, 故四子之賢而身不免乎戮 『莊子·胠篋』
옛날에 용봉(龍逢)은 머리가 베이고(斬<참,zhǎn>), 비간(比幹)은 칼로 잘리고(剖<부,pōu>), 장홍(萇弘)은 배가 갈리고(胣<치,chǐ>), 자서(子胥)는 없어졌다(靡<미,mǐ>). 그러니 네 명이 현명하였지만 몸은 죽음을 모면할 수 없었다.

→ 事君數, 斯辱矣 『論語·里仁』
왕을 섬길 때 자주 간언하면 모욕을 당한다.

마지막으로 ‘칭찬받다’와 ‘그것의 힘’ 사이에는 ‘이유, 원인’의 대상을 나타내는 전치사(~ 때문에)‘가 생략되었다고 보아야 할 것 같다(아래 참조).

→ 於予與改是 『論語·公冶長』
재여 때문에 이것을 바꾸다.

→ 然後知<u>生於</u>憂患, 而<u>死於</u>安樂也 『孟子·告子下』

그러면(然後) 걱정 때문에 살(生於憂患)고 안락 때문에 죽는 다(死於安樂)는 걸 안다(知…也).

14-35. 或曰: "以德報怨, 何如?" 子曰: "何以報德? 以直報怨, 以德報德."

或	曰:	"以	德	報	怨,
(대)어떤 사람(2-21)	말하다	(전)행위도구. '~로'(2-1)	(명)덕(德)	(동)보복하다, 설욕하다	(명)원망, 원수의 집
어떤 사람이 말했다.		"덕(德)으로 원망 (또는 원수)에게 보복하는 것(은) ['원망'으로 볼 경우 '원망하는 사람'인 행위의 대상으로 보아야 할 것 같다]			
何如?"	**子曰:**	**"(然則)何**	**以**	**報**	**德?**
(관용구)어떠한가? 상황,방법(5-4)	공자가 말했다.	(의.대)무엇을,무슨, 무엇인가?(11-26)	(전)행위도구. '~로'(2-1)	(동)보답하다	(명)덕(德)
어떻습니까?"	공자가 말했다.	"(그럼) 무엇으로 덕(德)에 보답하겠는가?			
(善)以	**直**	**報怨,**	**以德報德."**		
(전)행위도구. '~로'(2-1)	(형)정직하다 [형→명](2-19)	원망에 보복하다	덕(德)으로 덕(德)에 보답하다		
정직으로 원망에 보복하고 덕(德)으로 덕(德)에 보답한다 (→ 보답하는 것이 '좋다<善>')."					

번역 어떤 사람이 말했다. "덕(德)으로 원망에 보복하는 것은 어떻습니까?" 공자가 말했다. "그럼 무엇으로 덕(德)에 보답하겠는가? 정직으로 원망에 보복하고 덕(德)으로 덕(德)에 보답하는 것이 좋다."

語法과 語彙

以德報怨 (덕(德)으로 원망에 보복하다)

(동사) 보복하다, 설욕하다. (報復)

→ 報先王之仇 『戰國策·燕策二』
선왕의 원수(先王之仇)에 보복하다.

以德報怨, 何如? (덕(德)으로 원망에 보복하는 것은 어떠한가?)

(명사) 원가(怨家–원수의 집), 원한(怨仇)

→ 儒有內稱不避親, 外擧不避怨 『禮記·儒行』
유가는 내부에서 선발할(稱:擧) 때 친척과 친구(親:親友)를 배제하지 않고 외부에서 선발할 때 원가(怨家:원수의 집)을 배제하지 않는다.

(명사) 원망과 분노. (怨憤)

→ 屈平之作離騷, 蓋自怨生也 『史記·屈原賈生列傳』
굴평(=굴원 屈原)이 이소(離騷)를 지은 것은 아마도(蓋) 스스로 원망과 분노가 생겨서이다.

何以報德? (무엇으로 덕(德)에 보답하는가?)

(동사) 보답하다. (報答, 回報)

→ 何以報我? 『左傳·成公十三年』
무엇으로(何以) 나에게 보답하는가?

— [견해]

비록 '보(報)'가 한 장(章)에서 두 번 나오지만 의미적으로 보면 보원(報怨)과 보덕(報德)의 '보(報)'는 달리 해석되어야 한다. 즉 '보원(報怨)'은 '보복하다, 설욕하다'의 의미가 되고(원수에게 보복하다), '보덕(報德)'은 '보답하다'가 되어야 한다(덕에 보답하다)고 본다.

14-36. 子曰: “莫我知也夫!” 子貢曰: “何爲其莫知子也?” 子曰: “不怨天, 不尤人, 下學而上達. 知我者其天乎!”

子曰:	“莫	我	知	也夫!“	子貢曰:
공자가 말하다	(대)행위주체 없음 (4-14)	(대)나	(동)모르다	(어기)긍정+ 추측+감탄	자공이 말하다 [=사(賜)(1-10)]
공자가 말했다.	“아무도 나를 몰라주는 것 같구나!”				자공이 말했다.
“何爲	**其**		**莫知子**	**也?”**	**子曰:**
(의.부)의문,반문 ‘왜,어떻게’(6-26)	(조)수식어+其+서술어. ‘부각, 1음절 성립조력’(9-31)		아무도 선생님을 모르다	(어기)의문(2-5)	공자가 말하다
“왜 아무도 선생님을 몰라줍니까?”					공자가 말했다.
“(吾)不怨天,	**不**	**尤**	**人,**	**下學而上達.**	
하늘을 원망하지 않다	(부)동사술어 앞. ‘~하지 않다’(7-14)	원망하다, 잘못을 남에게 돌리다	(명)타인, 다른사람(7-30)	사람의 마음과 사물의 이치를 배우고 더 나아가 자연의 법칙을 인식하다	
“(나는) 하늘을 원망하지 않(고)	타인을 원망하지 않(으며)			사람의 마음과 사물의 이치를 배우고 더 나아가 자연의 법칙을 인식했다.	
知我	**者**	**其**	**天**	**乎!”**	
나를 알다	(조사)~한 사람, ~한 것(1-2)	(부)추측‘아마도’ (5-7)	(명)하늘	(어기)감탄,비분, 찬송(3-14)	
나를 알아주는 것은 아마도 하늘인가 보다!”					

번역 공자가 말했다. “아무도 나를 몰라주는 것 같구나!” 자공이 말했다. “왜 아무도 선생님을 몰라줍니까?” 공자가 말했다. “나는 하늘을 원망하지 않고, 타인을 원망하지 않으며, 사람의 마음과 사물의 이치를 배우고 더 나아가 자연의 법칙을 인식했다. 나를 알아주는 것은 아마도 하늘인가 보다!”

語法과 語彙

莫我知也夫! (아무도 나를 몰라주는 것 같구나!)

(어기) 무미에 쓰여 비교적 긍정적인 판단이나 추측 어기를 나타내며 동시에 감탄도 겸하고 있다.

→ 然而至此極者, 命也夫! 『莊子』
그럼에도(然而) 이 지경에 이른(至此極) 것은 운명이다!

→ 王曰: “天敗楚也夫! 余不可以待.” 乃宵遁 『左傳·成公十二年』
왕이 말했다. “하늘이 초나라를 패하게 하려(天敗楚)‘나 보다!(也夫)’ 나는 기다릴 수 없다.” 그래서 밤새(宵) 도망간다(遁).

不怨天, 不尤人 (하늘을 원망하지 않고, 타인을 원망하지 않다)

(동사) 원망하다, 잘못을 남에게 돌리다. (怨恨, 歸咎) [우, yóu]

下學而上達 (사람의 마음과 사물의 이치를 배우고 더 나아가 자연의 법칙을 인식하다)

(관용구) 사람의 마음과 사물의 이치를 배우고 더 나아가 자연의 법칙을 인식하다. (謂學習人情事理, 進而認識自然的法則)

→ 蓋聞前哲首務, 務於下學上達, 佐國理民 『後漢書·張衡傳』
'이전 현인의 주요 임무(前哲首務)'를 듣고 사람의 마음과 사물의 이치를 배우고 더 나아가 자연의 법칙을 인식하고 '국가를 도와(佐國)' '백성을 다스리다(理民)'.

14-37. 公伯寮愬子路於季孫. 子服景伯以告曰: "夫子固有惑志於公伯寮. 吾力猶能肆諸市朝." 子曰: "道之將行也與? 命也; 道之將廢也與? 命也. 公伯寮, 其如命何?"

公伯寮	愬		子路	於	季孫.
(인명)공백료(公伯寮)	(동)거짓으로 꾸며서 헐뜯어 알려주다=참언하다(12-6)		자로=季路=중유(仲由)(2-17)	(대상.전)동작대상. '~에게'(2-5)	(인명)계손씨 내 인물(3-1)
공백료(公伯寮)가 자로에 대해 거짓으로 꾸미고 헐뜯어 계손씨에게 알려주었다.					
子服景伯	**以(之)告(子)曰:**		**"夫子**	**固**	**有**
자복경복(子服景伯)	(그것을 공자에게) 알려주며 말하다 [以:(전)동작직접대상.'~를'(5-1)]		계손씨[(명)선생님; 공자(1-10)]	(부)확실히(9-6)	(동)갖다,얻다
자복경백(子服景伯)이 (이것을) (공자에게) 알려주며 말했다.			"계손 선생이 확실히		
惑志	**於**	**公伯寮.**	**吾力**	**猶**	**能**
(명)혼란스런 마음, 미혹된 마음	(전)피동. '~에 의해서'(5-5)	(인명)공백료(公伯寮)	나의 힘 [소유,종속 조사 생략]	(부)여전히(6-30)	(조동사) ~할 수 있다(1-7)
공백료에 의해서 미혹된 마음을 갖게 되었습니다.			저의 힘은 여전히		
肆	**諸**	**市朝."**	**子曰:**	**"道**	**之**
사람을 죽인 후 사람들에게 보여주다	(겸사)'之+於' (목+선)(2-19)	(명)시장과 조정	공자가 말하다	(명)도(道)	(접)주어+之+서술어(1-10)
공백료를 죽인 후 시장과 조정에서 사람들에게 보여줄 수 있습니다."			공자가 말했다.	"도(道)가	
將	**行**	**也與?,**	**命**	**也;**	**道**
(부사)곧~하다(3-24)	(동)행하다 [동사→피동](12-6)	(관용)문미(추측,의문)(9-27)	(명)운명(9-1)	(어기)판단(동사,형용사술어끝)(11-15)	(명)도(道)
행해질 것인가(는) [주어명사절]			운명이(고)		道가
之	**將**	**廢**	**也與?,**	**(亦)命也.**	**公伯寮,**
(접)주어+之+서술어(1-10)	(부사)곧~하다(3-24)	버리고 돌봐지지 않다(6-12)	(관용)문미(추측,의문)(9-27)	운명이다	(인명)공백료(公伯寮)
버리고 돌봐지지 않을 것인가는 [주어명사절]				(역시) 운명이다	공백료
其	**如命何?"**				
ㄱ. (대)복문에서 앞 단문 주어(8-1)	(관용)如A何.A는 어떻게 할 것인가?, A는 어떻게 할 방법이 없다(3-3)				
그가 운명을 어떻게 하겠느냐?"					

번역 공백료(公伯寮)가 자로에 대해 거짓으로 꾸미고 헐뜯어 계손씨에게 알려주었다. 자복경백(子服景伯)이 이것을 공자에게 알려주며 말했다. "계손 선생이 공백료에 의해서 확실히 미혹된 마음을 갖게 되었습니다. 저의 힘은 여전히 공백료를 죽인 후 시장과 조정에서 사람들에게 보여줄 수 있습니다." 공자가 말했다. "道가 행해질 것인가는 운명이고, 道가 버리고 돌봐지지 않을 것인가 역시 운명이다. 공백료, 그가 운명을 어떻게 하겠느냐?"

語法과 語彙

公伯寮愬子路於季孫 (공백료(公伯寮)가 자로에 대해 거짓으로 꾸미고 헐뜯어 계손씨에게 알려주다)

(인물) 공백료(公伯寮)는 『가어』에서 공자의 72제자 중에는 없다. 「열전」에는 이름을 "료(繚)"라고 표기했고 자(字)를 자주(子周)라는 정보만 들어있다. 여하간 소인배 같다. 72제자에 들어가 있기 때문에 당나라 개원 때 "임백(任伯)"으로 봉하해졌고 송나라 때 "수장후(壽張侯)"로 봉해졌으나 명나라 가정(嘉靖) 9년에 공묘에서 파출시켜 지금은 제사 지내지 않는다. 의리 있는 자로를 비방하고 헐뜯었다. (김용옥, 2008) [공백료, gōngbóliáo]

子服景伯以告(子)曰 (자복경백(子服景伯)이 이것을 공자에게 알려주며 말하다)

(인명) 자로를 옹호하는 자복경백(子服景伯)은 고주에 노나라 대부 '자복하기(子服何忌)'라 했고 신주는 노나라 대부 '자복하(子服何)'라고 했다. '자복(子服)'이 성(姓)이고, '경(景)'이 시호이며 '백(伯)'은 자(字)라 했다.

자복하기와 자복하, 두 사람이 모두 『좌전』에 나타나는데 이 두 사람은 같은 인물이 아니고 다른 사람이다. 유보남의 고증에 의하면 신주의 해설이 맞는다고 한다. 자복하는 애공 3년부터 13년까지 『좌전』에 등장하고 있다. 이 이름은 「자장」편 23장에 다시 한 번 나온다. 거기서도 역시 공자와 공자 제자들에게 호의적인 노나라 중신으로 나온다. 『예기』「단궁」상 첫머리에 '자복백자(子服景子)'라는 인물이 등장하는데 정현의 주에 의하면 여기 '경백(景伯)'과 동일 인물이라고 한다. 거기서도 단궁, 자유와 이야기를 나누는데 내용이 격조가 있다. 공자의 학문에 경의를 품은 교양 있는 가로(家老)로 보인다. (김용옥, 2008)

夫子固有惑志於公伯寮 (선생이 공백료에 의해서 확실히 미혹된 마음을 갖게 되다)

(동사) 갖다, 얻다. (取, 獲)

→ 有, 得也, 取也 『玉篇·有部』
유(有)는 얻는 것이고, 갖는 것이다.

夫子固有惑志於公伯寮 (선생이 공백료에 의해서 확실히 미혹된 마음을 갖게 되다)

(명사) 혼란스러운 마음, 미혹된 마음. (惑亂之心)
(명사, 동사) 의심(하다). (疑心)

吾力猶能肆諸市朝 (나의 힘은 여전히 공백료를 죽인 후 시장과 조정에서 사람들에게 보여줄 수 있다)

(동사) 고대 사람이 처형된 다음 시체를 드러내어 대중에게 보여주는 것을 가리킨다. (古代指人處死刑後暴尸示衆) [사, sì]

→ 君之臣不免於罪, 則將肆諸市朝而妻妾執 『禮記·檀弓下』
왕의 신하(君之臣)가 '죄를 면하지 못하(不免於罪)'면 '그를 죽여 시장과 조정에서 사람들이 보게 할(肆諸市朝)' 것이고 처와 첩이 집행할 것이다.

吾力猶能肆諸市朝 (나의 힘은 여전히 공백료를 죽인 후 시장과 조정에서 사람들에게 보여줄 수 있다)

(명사) 시장과 조정. (市場和朝廷)

道之將行也與? 命也; 道之將廢也與? 命也 (道가 행해질 것인가?는 운명이고, 道가 버리고 돌봐지지 않을 것인가?는 운명이다)

— [견해]

이 문장에서 출현하는 관용구 '也與'의 용도로는 보통 세 가지인데, '의문, 반문, 감탄'이다. 여기서는 '의문'에 해당되는 것이고 '也與' 뒤에 출현하는 '명야(命也)'가 서술어가 된다. 따라서 '명야(命也)' 앞에 있는 문장은 '온전한 의문문'으로 주어 역할을 한다고 봐야 하고 문장부호 '물음표'도 있어야 한다고 본다. [道之將行也與?(주어) + 命也(서술어)]

14-38. 子曰: "賢者辟世, 其次辟地, 其次辟色, 其次辟言." 子曰: "作者七人矣."

<table>
<tr><th>子曰:</th><th>"賢者</th><th colspan="2">辟世,</th><th>其次</th><th>辟地,</th></tr>
<tr><td>공자가 말하다</td><td>(명)덕행을 모두 갖춘 사람</td><td colspan="2">(동)세상을 피하다; 난세를 떠나 은거하며 벼슬하지 않다</td><td>(명,형)다음으로 중요한 것(13-20)</td><td>재난화를 피하기 위해 장소를 옮기다</td></tr>
<tr><td>공자가 말했다.</td><td colspan="3">"덕행을 모두 갖춘 사람이 난세를 떠나 은거하며 벼슬하지 않(을 때) [시간조건절(1-1)]</td><td colspan="2">다음으로 중요한 것은 재난과 화를 피하기 위해 장소를 옮기는 것이(고)</td></tr>
<tr><th>其次</th><th colspan="2">辟色,</th><th>其次</th><th colspan="2">辟言."</th></tr>
<tr><td>(명,형)다음으로 중요한 것</td><td colspan="2">(동)예의가 공손하지 않은 사람을 피하다.</td><td>(명,형)다음으로 중요한 것</td><td colspan="2">(동)타인에게 악담을 퍼붓거나 입에서 나오는 것이 불손하면 그를 피하다.</td></tr>
<tr><td colspan="3">다음으로 중요한 것은 예의가 공손하지 않은 사람을 피하는 것이(고)</td><td colspan="3">다음으로 중요한 것은 타인이 악담을 퍼붓거나 입에서 나오는 것이 불손하면 피하는 것이다."</td></tr>
<tr><th>子曰:</th><th>"作者</th><th>七人</th><th>矣."</th><td colspan="2" rowspan="3"></td></tr>
<tr><td>공자가 말하다</td><td>이것을 한 선비;
은거한 선비</td><td>7명</td><td>(어기)'이미 그렇다'
(3-24)</td></tr>
<tr><td colspan="4">공자가 말했다. "이것을 한 선비는 7명이었다."</td></tr>
</table>

번역 공자가 말했다. "덕행을 모두 갖춘 사람이 난세를 떠나 은거하며 벼슬하지 않을 때, 다음으로 중요한 것은 재난과 화를 피하기 위해 장소를 옮기는 것이고, 다음으로 중요한 것은 예의가 공손하지 않은 사람을 피하는 것이고, 다음으로 중요한 것은 타인이 악담을 퍼붓거나 입에서 나오는 것이 불손하면 피하는 것이다." 공자가 말했다. "이것을 한 선비는 7명이었다."

語法과 語彙

賢者辟世 (덕행을 모두 갖춘 사람이 난세를 떠나 은거하며 벼슬하지 않다)

(명사) 어질고 너그러운 행실(=덕행)을 모두 갖춘 사람. (德行完備的人)

賢者辟世 (덕행을 모두 갖춘 사람이 난세를 떠나 은거하며 벼슬하지 않다)

(동사) (벽, 辟=피, 避)세상을 피하다; 난세를 떠나 은거하며 벼슬하지 않다. (=避世. 謂逃避浊世, 隱居不仕)[벽세, bìshì]

→ 辟世而隱居, 變易姓名 『隶釋·漢老子銘』
세상을 피하여 은거하고 '성과 이름(姓名)'을 '바꾸다(變易:變换)'.

其次辟地 (다음으로 중요한 것은 재난과 화를 피하기 위해 장소를 옮기는 것이다)

(동사) 재난·화를 피하기 위해 장소를 옮기다. (舊謂遷地以避禍患)

其次辟色 (다음으로 중요한 것은 예의가 공손하지 않은 사람을 피하는 것이다)

(동사) 예의가 공손하지 않은 사람을 피하다. (謂避開禮貌不恭者)

其次辟言 (다음으로 중요한 것은 타인이 악담을 퍼붓거나 입에서 나오는 것이 불손하면 피하는 것이다)

(동사) 타인이 악담을 퍼붓거나 입에서 나오는 것이 불손하면 그를 피하다. (謂他人惡言相加或口出不遜則走避之)

作者七人矣 (이것을 한 선비는 7명이었다)

(명사) 한(to have done) 사람

→ 邢昺疏 : "此章言自古隱逸賢者之行也…作, 為也, 言為此行者, 凡有七人" 後以稱隱逸之士.
邢昺 (형병, <Xíngbǐng> 932年-1010年) 주석했다. "이 장은 자고로 은거한 현자가 행한 것이고… '작(作)'은 '하다(to do)'이며 이것을 위해 행한 사람이 모두 7명이 있다는 말이다." 이후에 형병(邢昺)의 말로 인하여 '은거하는 선비'를 일컬었다.

(명사) 창시자, 처음 시작한 사람. (創始之人)
(명사) 학문, 기예 등에서 탁월한 성취가 있는 사람. (稱在藝業上有卓越成就的人)
(명사) 글이나 저술에 종사하거나 예술 창작을 하는 사람. (指從事文章撰述或藝術創作的人)

14-39. 子路宿於石門. 晨門曰: "奚自?" 子路曰: "自孔氏." 曰: "是知其不可而爲之者與?"

子路	宿	於	石門.	晨門	
자로=季路=중유(仲由)(2-17)	(동)묵다,숙박하다, 머무르다(7-26)	(전)발생장소. '~에서'(3-13)	(지명)춘추시대 노나라 성 외문	성문을 열고 닫는 일을 관장하는 사람	
자로(子路)가 석문(石門)에서 숙박을 하였다.				성문을 열고 닫는 일을 관장하는 사람이	
曰:	**"奚自?"**	**子路曰:**	**"自**	**孔氏."**	**(晨門)曰:**
말하다	어디에서 오는가?	자로가 말하다	(전)~에서, ~로부터(1-1)	공씨네=공자네	성문지기가 말하다
말했다.	"어디서 왔습니까?"	자로가 말했다.	"공자네에서 왔소."		성문지기가 말했다.
"是	**知**	**其**	**不可**	**而**	**爲**
(대)재지시. '이것,그 사람'(2-7)	(동)알다	그것을(목적어) (4-6)	(관용)~할 수 없다 (8-6)	(접)전환. '그러나'(1-1)	(동)하다, 행하다(2-1)
"그분은 그것을 할 수 없다는 것을 알지만					
之	**者**	**與?"**	기(其)는 'something, one thing'의 의미이고 지(之)는 그것을 다시 받는 재지시 'it'의 의미로 쓰였다고 볼 수 있을 것 같다		
(대)재지시.'그것, 그사람,그곳'(2-1)	(조사)~한 사람, ~한 것(1-2)	(어기)문미의문 (8-6)			
그것을 하는 사람인가요?"					

번역 자로(子路)가 석문(石門)에서 숙박을 하였다. 성문을 열고 닫는 일을 관장하는 사람이 말했다. "어디서 왔습니까?" 자로가 말했다. "공자네에서 왔소." 성문지기가 말했다. "그분은 그것을 할 수 없다는 것을 알지만 그것을 하는 사람인가요?"

語法과 語彙

子路宿於石門 (자로(子路)가 석문(石門)에서 숙박을 하다)

(지명) 춘추시대 노나라 성 외문. (春秋魯城外門)

晨門曰 (성문을 열고 닫는 일을 관장하는 사람이 말하다)

(명사) 성문을 열고 닫는 일을 관장하는 사람. (掌管城門開閉的人)

"奚自?" (어디에서 오는가?)

(의문문) 어디에서 오는가? (來自甚麼地方). 장소를 묻거나 반문을 나타낸다. 전치사는 보통 '自, 由'로 '해자(奚自)', '해유(奚由)'를 구성하고 동사 앞에 쓰여 부사어가 되며 '어디에서' 등으로 번역될 수 있다. '奚自'는 단독으로 문장이 될 수 있는데 번역할 때에는 문맥에 따라 뒤에 생략된 동사를 보충해낼 수 있다.

→ 丈人曰: "子奚自?" 曰: "自涸陰之鄉" 『晉書·王沈傳』
노인(丈人)이 말했다. 그대는 어디에서 오는가? 말했다. "극북지역(涸陰<학음, héyīn>:極北之地) 마을에서요."

14-40. 子擊磬於衛, 有荷蕢而過孔氏之門者, 曰: "有心哉, 擊磬乎!" 既而曰: "鄙哉, 硜硜乎! 莫己知也, 斯已而已矣. 深則厲, 淺則揭." 子曰: "果哉! 末之難矣."

子	擊	磬	於	衛,	有
공자	(동)두드리다. 치다	(명)타악기 경(磬)	(전)발생장소 '~에서'(3-13)	(지명)위(衛)나라	(동)있다
공자가 위(衛)나라에서 타악기 경(磬)을 두드(렸을 때) [시간절(1-1)]					
荷	**蕢**	**而**	**過**	**孔氏之門**	**者,**
(동)어깨에 메다, 지다	(명)풀,대나무로 엮은 광주리(9-19)	(접)A而(부사어)+서술어(1-4)	(동)지나가다	공씨(=공자집)의 문	(조사)~한 사람, ~한 것(1-2)
광주리를 어깨에 메고 공자집의 문을 지나가는 사람이 있었(는데)					
(其)曰:	**"有心**	**哉,**	**擊磬**	**乎!"**	**既而**
말하다	어떤 견해나 생각이 있다	(어기)감탄. '문중'(3-4)	타악기 경(磬)을 치다	(어기)감탄,비분,찬송(3-14)	(시간부사)머지않아, 곧
(그가) 말했다.	"생각이 있구나! 경(磬)을 치는 것이!"				얼마 지나지 않아
曰:	**"鄙**	**哉,**	**硜硜**	**乎!**	**莫**
말하다	(형)변변치 못하다, 저속하다	(어기)감탄. '문중'(3-4)	(의성어)쨍강쨍강 (경치는 소리)	(어기)감탄,비분,찬송(3-14)	(대)행위주체 없음(4-14)
말했다.	"변변치 못하다!		쨍강쨍강 경(磬) 치는 소리가!		아무도
己	**知**	**也,**	**斯**	**已**	**而已矣.**
(대)자신(1-16)	(동)알다	(어기)멈춤, 완만(3-1)	(접)유연한이어짐 '~면~하다'(4-7)	(동)멈추다, 그만두다	(어기)제한 '~할 뿐이다'(4-15)
자신을 알아주지 않으… [莫+목적어+타동사]			…면 그만둘 뿐이다.		
深	**則**	**厲,**	**淺**	**則**	**揭."**
(형)깊다	(접)조건+則+결과(1-6)	(동)깊은 물을 건너가다	(형)얕다	(접)조건+則+결과(1-6)	(동)높이 들다
깊으면 깊은 물을 건너가(고)			얕으면 (옷을) 든다."		
子曰:	**"果**	**哉!**	**末**	**之**	
공자가 말하다	(형)과감하다, 결단이 있다	(어기)감탄. '문중'(3-4)	(부)동사앞.~할 방법이 없다(9-11)	(대)재지시.'그것,그사람,그곳'(2-1) [末+목적어(之)+동사(難), 목적어 전치]	
공자가 말했다. "(말에) 결단이 있구나!			그에게 따져 물을 방법이 없을 것 같다."		
難	**矣."**				
(동)따져 묻다, 따져 비난하다	(어기)미래상황에 대한 확신(1-7)				

번역 공자가 위(衛)나라에서 타악기 경(磬)을 두드렸을 때, 광주리를 어깨에 메고 공자집의 문을 지나가는 사람이 있었는데 그가 말했다. "생각이 있구나! 경(磬)을 치는 것이!" 얼마 지나지 않아 말했다. "변변치 못하다! 쨍강쨍강 경(磬) 치는 소리가! 아무도 자신을 알아주지 않으면 그만둘 뿐이다. 깊으면 깊은 물을 건너가고 얕으면 옷을 든다." 공자가 말했다. "말에 결단이 있구나! 그에게 따져 물을 방법이 없을 것 같다."

語法과 語彙

子擊磬於衛 (공자가 위(衛)나라에서 타악기 경(磬)을 두드리다)

(동사) 치다, 두드리다. (打, 敲打) [격, jī]

子擊磬於衛 (공자가 위(衛)나라에서 타악기 경(磬)을 두드리다)

(명사) 고대 타악기로 모양은 곱자(=나무나 쇠를 이용하여 90도 각도로 만든 'ㄱ' 자 모양의 자)와 같고 옥, 돌로 만들어 걸 수 있었다. (古代打擊樂器, 形狀像曲尺, 用玉、石制成, 可懸挂) [경, qìng]

有荷蕢而過孔氏之門者 (광주리를 어깨에 메고 공자집의 문을 지나가는 사람이 있다)

(동사) 어깨에 메다, 지다. (扛;担) [하, hè]

→ 有人荷畚自閨而出者 『公羊傳·宣公六年』
삼태기를 메고(荷畚<하분, hèběn>) 내실에서(自閨) 나오는 사람이 있다.

有心哉, 擊磬乎! (생각이 있구나! 경(磬)을 치는 것이!)

(동사) 어떤 견해나 생각이 있다. (謂懷有某種意念或想法)

→ 他人有心, 予忖度之 『詩·小雅·巧言』
다른 사람(他人)이 견해나 생각이 있(有心)을 때, 나는(予) 그것을(之) 짐작하고 헤아린다(忖度<촌도, cǔnduó>).

既而曰 (얼마 지나지 않아 말하다)

(시간 부사) 동사 서술어 앞이나 문두에 놓여 부사어가 되고 앞의 사건이 끝난 다음 얼마 지나지 않아 뒤의 일이 발생하는 것을 보여 준다. '곧, 머지않아' 등으로 번역될 수 있다. (不久)

→ 遥聞深巷中犬吠, 便有婦人惊覺欠伸, 其夫囈語. 既而兒醒, 大啼 『清·林嗣環·口技』
멀리(遥) 골목 안에(巷中)서 개가 짖는(犬吠<견폐, quǎnfèi>) 소리 들리는데 '아내가 놀라 깨어(婦人惊覺)' 하품을 하고 기지개를 펴고(欠伸) 그 남편이 잠꼬대를 한다(其夫囈語<예어, yìyǔ>). 곧(既而) 아들이 깨어(兒醒) 크게 운다(大啼<제, tí>).

鄙哉, 硜硜乎! (변변치 못하다! 쨍강쨍강 경(磬) 치는 소리가!)

(형용사) 변변치 못하다, 저속(低俗)하다, 속(俗)되다. (庸俗, 鄙陋) [비, bǐ]

鄙哉, 硜硜乎! (변변치 못하다! 쨍강쨍강 경(磬) 치는 소리가!)

(의성어) 걷는 소리 → 여기서는 '경치는 소리(쨍강쨍강…)'로 본다. (象聲詞. 形容行走聲) [갱갱, kēngkēng]

莫己知也, 斯已而已矣 (아무도 자신을 알아주지 않으면 그만둘 뿐이다)

(동사) 멈추다, 그만두다. (停止)

→ 胡不已乎? 『墨子・公輸』
왜(胡) 그만두지 않는가?

→ 學不可以已 『荀子・勸學』
공부는 멈출 수 없다.

深則厲, 淺則揭 (깊으면 깊은 물을 건너가고 얕으면 옷을 든다)

(동사) '깊은 물을 건너다'로 보통 물을 건너는 것으로 나중에는 '濿(역, lì)'로 썼다. (涉深水; 也泛指涉水, 渡水. 後作濿) [려, lì]

深則厲, 淺則揭 (깊으면 깊은 물을 건너가고 얕으면 옷을 든다)

(동사) 높이 들다. (高擧) [게, jiē]
(동사) 위에 덮여 있던 물건을 들거나 들러붙어 있는 것을 떼어 내다. (把蓋在上面的東西拿起, 或把粘合着的東西分開)
(동사) 숨어 있는 사물을 드러내 보이다. (使隱瞞的事物顯露)

"果哉! 末之難矣" (말에 결단이 있구나! 그에게 따져 물을 방법이 없을 것 같다)

(형용사) 결단이 있다, 과감하다. (有決斷, 果敢)

→ 果, 果敢也 『玉篇・木部』
과(果)는 '과감하다'이다.

"果哉! 末之難矣" (말에 결단이 있구나! 그에게 따져 물을 방법이 없을 것 같다)

(동사) 따져 묻다, 따져 비난하다. (詰問, 責難)

14-41. 子張曰: “書云, ‘高宗諒陰, 三年不言.’ 何謂也?” 子曰: “何必高宗? 古之人皆然.君薨, 百官總己以聽於冢宰三年.”

子張	曰:	“書云,	‘高宗	諒陰,	三年
(인명)자장=전손사(顓孫師)(2-18)	말하다	『서경』에서 말하다(2-21)	고종 은(殷)중흥(中興) 영주(英主)	(명)상중에 있을 때 거처하는 방	3년
자장(子張)이 말했다.		“『서경』에서 말하(기를)	‘고종(高宗)이 상중에 거처하는 방(에서)		3년(동안)
不言.’	**何謂**	**也?”**	**子曰:**	**“何必**	**高宗?**
말하지 않다	(관용구)무슨 말인가?(2-5)	(어기)의문(2-5)	공자가 말하다	반문. ‘왜 꼭~인가?’(11-14)	고종 은(殷)중흥(中興) 영주(英主)
말하지 않았다.	무슨 말인가요?”		공자가 말했다.	“왜 꼭 고종(高宗)이겠냐?	
古之人	**皆**	**然.**	**君**	**薨,**	**百官**
옛날 사람	(부)모두(12-7)	(지시대)이러하다(6-26)	(명)제왕.왕.임금(15-38)	(동)죽다, 서거하다	공(公), 경(卿) 이하의 모든 관리
옛날 사람은 모두 이러했다.			왕이 서거하(면)		모든 관리는
總己		**以**	**聽**	**於**	**冢宰**
자기의 직무를 총괄적으로 돌보다		(접)행위방식,상태+以+행위(7-19)	(동)복종하다, 순종하다	(대상.전)동작의 직접대상(1-10)	태재(太宰). 육경(六卿)의 수장
자기의 직무를 총괄적으로 돌보면서 육경(六卿)의 우두머리인 태재(太宰)에게 3년 동안 복종했다.”					
三年.”					
3년					

번역 자장(子張)이 말했다. “『서경』에서 말하기를 ‘고종(高宗)이 상중 거처하는 방에서 3년 동안 말하지 않았다.’라고 하는데 무슨 말인가요?” 공자가 말했다. “왜 꼭 고종이겠느냐? 옛날 사람들은 모두 이러했다. 왕이 서거하면 모든 관리는 자기의 직무를 총괄적으로 돌보면서 육경(六卿)의 우두머리인 태재(太宰)에게 3년 동안 복종했다.”

語法과 語彙

<u>高宗</u>諒陰 (고종(高宗)이 상중 거처하는 방에 있다)

(인명) 고종(高宗)은 은(殷)나라 중흥(中興)의 영주(英主:뛰어나게 훌륭한 임금)인 무정(武丁)을 가리킨다.

高宗<u>諒陰</u> (고종(高宗)이 상중 거처하는 방에 있다)

(명사) (=諒闇<양암, liàngàn>). 상중에 있을 때 거처하는 방. (居喪時所居的房子) [양암, liàngàn]

君<u>薨</u> (왕이 서거하다)

(동사) 주(周)나라 때 제후가 죽는 것을 홍(薨)이라 불렀고, 당(唐)나라 때에는 2품 이상의 관원이 사망한 것을 홍(薨)이라 불렀다. (周期諸侯死稱薨, 唐朝二品以上官員死也稱薨) [훙, hōng]

→ 明年, 丞相薨 (唐·韓愈『祭十二郞文』)
두 번째 해(明年)에 승상(丞相)이 죽다.

百官總己以聽於冢宰三年 (모든 관리가 자기의 직무를 총괄적으로 돌보면서 육경(六卿)의 우두머리인 태재(太宰)에게 3년 동안 복종하다)

(명사) 고대 공(公), 경(卿) 이하의 모든 관리를 가리켰고 나중에는 보통 각급 관리를 가리켰다. (古指公卿以下的衆官. 後泛指各級官吏)

百官總己以聽於冢宰三年 (모든 관리가 자기의 직무를 총괄적으로 돌보면서 육경(六卿)의 우두머리인 태재(太宰)에게 3년 동안 복종하다)

(동사) 자기의 직무를 총괄적으로 돌보다. (謂總攝己職)

→ 百官總己以聽冢宰 『書·伊訓』
모든 관리가 자기의 직무를 총괄적으로 돌보면서 육경(六卿)의 우두머리인 태재(太宰)에게 복종하다.

百官總己以聽於冢宰三年 (모든 관리가 자기의 직무를 총괄적으로 돌보면서 육경(六卿)의 우두머리인 태재(太宰)에게 3년 동안 복종하다)

(동사) 복종하다, 순종하다. (服從, 順從)

→ 神是以寧, 民是以聽 『國語·周語下』
신은 '이 때문에(是以)' 안정되고 백성은 이 때문에 복종하다.

百官總己以聽於冢宰三年 (모든 관리가 자기의 직무를 총괄적으로 돌보면서 육경(六卿)의 우두머리인 태재(太宰)에게 3년 동안 복종하다)

(명사) 주(周)나라 관명. 육경(六卿)의 우두머리로 태재(太宰)라고도 불린다. (周官名. 爲六卿之首, 亦稱太宰) [총재, zhǒngzǎi]

14-42. 子曰: “上好禮, 則民易使也.”

<table>
<tr><th>子曰:</th><th>“上</th><th>好</th><th>禮,</th><th>則</th></tr>
<tr><td>공자가 말하다</td><td>(명)손윗사람,
윗사람(13-4)</td><td>(동)좋아하다(7-11)
<호,hào></td><td>(명)예(禮)</td><td>(접)조건+則+결과(1-6)</td></tr>
<tr><td>공자가 말했다.</td><td colspan="3">“윗사람이 예(禮)를 좋아…</td><td>…하면</td></tr>
<tr><th colspan="2">民</th><th>易</th><th>使</th><th>也.”</th></tr>
<tr><td colspan="2">(명)서민·평민·백성·민중(15-25)
[화제,topic(1-6)]</td><td>(형)쉽다
[형용사→부사]</td><td>(동)부리다,다루다(3-19)
[능동→피동]</td><td>(어기)미래상황에 대한 확신(1-7)</td></tr>
<tr><td colspan="5">백성은 분명히 쉽게 부려질 것이다.”</td></tr>
</table>

번역 공자가 말했다. “윗사람이 예(禮)를 좋아하면 백성은 분명히 쉽게 부려질 것이다.”

語法과 語彙

上好禮, 則民易使也 (윗사람이 예(禮)를 좋아하면 백성은 분명히 쉽게 부려질 것이다)

(형용사) 쉽다. (容易)

→ 爲之, 則難者亦易矣 (淸·彭端淑『爲學』)
하면(爲之, 則) 어려운 것(難者)은 ‘분명히 쉬워질 것이다(亦易矣)’.

14-43. 子路問君子. 子曰: "脩己以敬." 曰: "如斯而已乎?" 曰: "脩己以安人." 曰: "如斯而已乎?" 曰: "脩己以安百姓. 脩己以安百姓, 堯舜其猶病諸."

子路	問	君子.	子曰:	"脩	己
자로=季路=중유(仲由)(2-17)	(동)問A:A에 대해 묻다(12-10)	(명)군자(君子)(11-1)	공자가 말하다	(동)닦다,배양하다, 높이다(7-3)	(대)자신(1-16)
자로(子路)가 군자에 대해 물었다.			공자가 말했다. "자신을 배양하…		
以	**敬."**	**(子路)曰:**	**"如**	**斯**	**而已**
(접)행위방식,상태+以+행위(7-19)	공손하다,정중하다(5-16)[형→동]	(자로가) 말하다	(동)~와 같다(2-1)	(대)동사 목적어. '이것'(3-11)	(어기)문미.제한어기.~뿐이다(8-20)
…여 공손해지는 것이다."		(자로가) 말했다.	"이와 같을 뿐입니까?(=이렇게만 하면 되는 건가요?)"		
乎?"	**(子)曰:**	**"脩己以**	**安**	**人."**	**(子路)曰:**
(어기)의문(2-7)	(공자가) 말하다	자신을 배양하여	(형)편안하다 [형→사역]	(명)타인, 다른사람(7-30)	(자로가) 말하다
	공자가 말했다.	"자신을 배양하여 타인을 편안하게 하는 것이다."			(자로가) 말했다.
"如斯而已乎?"		**(子)曰:**	**"脩己以**	**安**	**百姓.**
이와 같을 뿐인가?(=이렇게만 하면 되는가?)		(공자가) 말하다	자신을 배양하여	(형)편안하다 [형→사역]	(명)백성
"이와 같을 뿐입니까?(=이렇게만 하면 되는 건가요?)"		공자가 말했다.	"자신을 배양하여 백성을 편안하게 한다.		
脩己以安百姓,		**堯**	**舜**	**其**	
자신을 배양하여 백성을 편안하게 하다		(인명)요임금(8-19)	(인명)순임금(8-18)	이들,그들. [(대칭재지시)그(들),이(들)…(8-1)]	
자신을 배양하여 백성을 편안하게 하(는 것은) [화제(1-6)]		요임금과 순임금, 그들(도)			
猶	**病**	**諸"**			
(부)똑같이(6-30)	(동)걱정하다(6-30)	(대)동사목적어. '그,그것..'(6-30)			
똑같이 그것을 걱정했다."					

번역 자로(子路)가 군자에 대하여 물었다. 공자가 말했다 "자신을 배양하여 공손해지는 것이다." 자로가 말했다. "이렇게만 하면 되는 겁니까?" 공자가 말했다. "자신을 배양하여 타인을 편안하게 하는 것이다." 자로가 말했다. "이렇게만 하면 되는 겁니까?" 공자가 말했다. "자신을 배양하여 백성을 편안하게 한다. 자신을 배양하여 백성을 편안하게 하는 것은 요임금, 순임금 그들도 똑같이 (그것을) 걱정했다."

語法과 語彙

堯舜<u>其</u>猶病諸? (요임금, 순임금 그들도 똑같이 (그것을) 걱정하다)

(대칭재지시) 문장 안의 주어, 한정어, 목적어 등 어떤 부분을 강조하거나 돌출시키기 위해서 그것을 문장의 앞부분에서 제시하여 그것의 본래의 위치에서 하나의 대명사를 이용하여 재지시한다. 통사구조를 간결하고 명쾌하게 해주

는 효과를 얻을 수 있다. (8-1참조)

→ 齊、晉、秦、楚, 其在成周微甚　『史記·二十諸侯年表』
齊, 晉, 秦, 楚 이들 나라는 '주나라가 강성한 시기에(在成周)' '세력이 매우 약(微甚)'했다.

→ 男女同姓, 其生不蕃　『左傳·僖公二十三』
남녀 같은 성(男女同姓)이면 그 자손(其生)은 번성하지 못한다(不蕃).

脩己以安百姓, 堯舜其猶病諸 (자신을 배양하여 백성을 편안하게 하는 것은 요임금, 순임금 그들도 똑같이 (그것을) 걱정한다)

(인칭대명사) 제3인칭 대명사 '之'에 상당하는데 문장에서 동사의 목적어 역할만 하고 대신하는 대상은 이미 앞의 문장에 출현한 것이다. 서술문에 쓰여 동사의 목적어가 되고 '동사+諸'의 구조를 구성한다. '그, 그것'으로 번역되거나 지시하는 것을 직접 번역하면 된다.

→ 人必其自愛也, 然後人愛諸; 人必其自敬也, 然後人敬諸　『法言·君子』
사람은 반드시 자신을 사랑한 다음 다른 사람이 그를(=자신을 사랑한 사람) 사랑한다; 사람은 반드시 자신을 존중해야 그 다음 다른 사람이 그를(=자신을 존중한 사람) 존중한다.

14-44. 原壤夷俟. 子曰: “幼而不孫弟, 長而無述焉, 老而不死, 是爲賊.” 以杖叩其脛.

原壤	夷俟.	子曰:	“幼	而	不
(인명)원양(原壤)	두 발을 벌리고 다리를 뻗고 앉다	공자가 말하다	(형)나이가 어리다	(접)A而(부사어)+서술어(1-4)	(부)동사앞. 과거경험부정(7-5)
원양(原壤)이 두 발을 벌리고 다리를 뻗고 앉(아 있었다).		공자가 말했다.	“나이가 어려서는		
孫	**弟,**		**長**	**而**	**無述**
(형)공손하고 온순하다(14-3)	(동)부모에게 효도하고 친구,선배를 존경하다(1-2)		(형)나이가 조금 많다(11-26)	(접)A而(부사어)+서술어(1-4)	(동)칭찬할만한 것이 없다
공손·온순하지 않고 부모에게 효도하지 않고 친구·선배를 존경한 적 없(고),			나이가 약간 들어서는 칭찬할만한 것이 없었(고),		
焉,	**老**	**而**	**不死,**	**是**	**爲**
(어기)멈춤, 문장제기(4-17)	(형)나이가 매우 많다. 늙었다	(접)A而(부사어)+서술어(1-4)	(동)죽지 않다	(대)재지시. ‘이것,그 사람’(2-7)	(판단동사)~이다(1-2)
	늙어서는 죽지도 않(으니)			이건(=이 놈은)	
賊.”	**以**	**杖**	**叩**	**其**	**脛.**
(명)나쁜 놈, 새끼	(전)행위도구. ‘~로’(2-1)	기대어·의지하여 길을 걷는 막대기	(동)치다, 두드리다	(대)그의…‘복수可’(1-7)	(명)무릎부터 발꿈치까지 부분
나쁜 놈이다.”	막대기로 원양(原壤)의 정강이를 쳤다.				

번역 원양(原壤)이 두 발을 벌리고 다리를 뻗고 앉아 있었다. 공자가 말했다. “나이가 어려서는 공손·온순하지 않고 부모에게 효도하지 않고 친구·선배를 존경한 적 없고, 나이가 약간 들어선 칭찬할만한 것이 없었고, 늙어서는 죽지도 않으니 이 놈은 나쁜 놈이다.” 막대기로 원양(原壤)의 정강이를 쳤다.

語法과 語彙

原壤夷俟 (원양(原壤)이 두 발을 벌리고 다리를 뻗고 앉아 있다)

(인명) 『예기』「난궁下」에 원양(原壤)이라는 인물에 대해 보다 자세한 묘사가 있다. 공자와 원양은 어려서부터 끊으려야 끊을 수 없는 친구지간으로서 묘사되어 있다. 원양은 본래 성품이 격식을 싫어하고 자유분방하여 질질맞고, 또 욕을 먹으면서도 개의치 않고 좀 어이없는 행동을 계속하는 인물이다. 그 어머니가 돌아가셔서 공자가 곽을 만들어 주었는데도 그 장면에서 어울리지 않는 노래를 계속 불렀다. 그래도 공자는 못 들은 척하고 곽을 계속 짜주었다. 참다못해 제자들이 “왜 이런 사람과 관계를 유지하십니까? 빨리 끊어버리십시오!” 하니 공자는 이렇게 말했다. “골육의 친족의 친한 관계를 끊을 수가 없듯이 옛 친구의 우정이란 아무리 싫다 해도 끊을 수가 없는 법이다(夫子曰: “丘聞之, 親者毋失其爲親也, 故者毋失其爲故也).” (김용옥, 2008) [원양, yuánrǎng]

原壤夷俟 (원양(原壤)이 두 발을 벌리고 다리를 뻗고 앉아 있다)

두 발을 벌리고 다리를 뻗고 앉다. 고대인들은 오만 불손하고 무례한 태도로 보았다. (伸兩足箕踞而坐. 古人視作倨

傲無禮之態) [이사, yísì]

→ 夷, 踞. 俟, 待也 (何晏集解引馬融曰)
이(夷<yí>)는 쭈그리고 앉는 것이고, 사(俟<sì>)는 기다리는 것이다. (하안(何晏:?—249年) 집해(集解)는 마융(馬融: 79年—166年)을 인용해 말하다)

幼而不孫弟 (나이가 어려서는 공손하고 온순하지 않고 부모에게 효도하고 친구, 선배를 존경한 적이 없다)

(형용사) 나이가 어리다, 갓 태어난. (年紀小, 初出生的)

長而無述焉 (나이가 약간 들어선 칭찬할만한 것이 없다)

(동사) 칭찬할만한 것이 없다, 칭찬하는 사람이 없다. (無可稱道 ; 無人稱道)

→ 溫故知新, 通達國體, 故謂之博士 ; 否則, 學者無述焉 『漢書·成帝紀』
옛것을 익히고 새 것을 알(溫故知新)고 국체에 통달해(通達國體)야 '그를 박사라 할 수 있는(謂之博士)'데, '그렇지 않으면(否則)' 배운 것은 칭찬할만한 것이 없다.

幼而不孫弟, 長而無述焉, 老而不死, 是爲賊 (나이가 어려서는 공손하고 온순하지 않고 부모에게 효도하고 친구, 선배를 존경한 적이 없고, 나이가 약간 들어선 칭찬할만한 것이 없었고, 늙어서는 죽지도 않으니 이 놈은 나쁜 놈이다)

(명사) 사람을 욕하는 말; 놈, 새끼. (罵人的話) [적, zéi]

→ 這賊種, 開口傷人 (明·湯顯祖『牡丹亭·仆偵』)
이 새끼들(這賊種)은 '입만 열(開口)'면 '사람을 다치게 한다(傷人)'.

以杖叩其脛 (막대기로 그의 정강이를 치다)

(명사) 기대어·의지하여 길을 걷는 막대기. (扶着走路的棍子) [장, zhàng]

以杖叩其脛 (막대기로 그의 정강이를 치다)

(동사) 치다, 두드리다. (敲打) [고, kòu]

以杖叩其脛 (막대기로 그의 정강이를 치다)

(명사) 무릎부터 발꿈치까지 부분. (從膝蓋到脚跟的部分) [경, jìng]

14-45. 闕黨童子將命. 或問之曰: "益者與?" 子曰: "吾見其居於位也, 見其與先生並行也. 非求益者也, 欲速成者也."

闕黨	童子	將命.	或	問	之
(지명)궐당(闕黨)	(명)아이	(동)명령을 전하다	(대)어떤 사람 (2-21)	(동)問A: A에 대해 묻다 (12-10)	그 아이. (대)재지시. '그사람'(2-1)
궐당(闕黨) 아이가 '명령을 전했다(손님과 주인의 말을 전달하였다)'.			어떤 사람이 그 아이에 대해 물으며		
曰:	**"益**	**者**	**與?"**	**子曰:**	**"吾**
말하다	(동)향상하다, 앞으로 나아가다	(조사)~한 사람, ~한 것(1-2)	(어기)문미의문 (8-6)	공자가 말하다	(대)나,우리 '주어,한정어…' (13-18)
말했다.	"향상하고자 하는 아이입니까?"			공자가 말했다. "나는	
見	**其**	**居**	**於**	**位**	**也,**
(동)보다	그 아이가 [주어(명사+之) (2-22)]	(동)앉다(10-6)	(전)발생장소 '~에서,~부터' (3-13)	(명)자리, 좌석	(어기)멈춤, 완만(3-1)
그 아이가 자리에 앉아 있는 것을 보았(고)…					
見	**其**	**與**	**先生**	**並行**	**也.**
(동)보다	그 아이가 [주어(명사+之) (2-22)]	(전)동작 대상. '~와'(5-8)	(명)연장자(2-8)	(동)나란히 걷다	(어기)진술강조 (2-17)
그 아이가 연장자와 나란히 걷는 것을 보았습니다.					
非	**求**	**益**	**者**	**也,**	**欲**
(부)부정표시. '동사,형용사앞' (5-1)	(동)추구하다, 찾다(7-11)	(동)향상하다, 앞으로 나아가다	(조사)~한 사람, ~한 것(1-2)	(어기)멈춤, 완만(3-1)	(동)원하다(4-5)
향상하는 것을 추구하는 아이가 아니라					
速成	**者**	**也."**			
(동)빨리 일의 성취를 이루다	(조사)~한 사람, ~한 것(1-2)	(어기)진술강조 (2-17)			
빨리 일의 성취를 이루기를 원하는 아이입니다."					

번역 궐당(闕黨) 아이가 손님과 주인의 말을 전달하였다. 어떤 사람이 그 아이에 대해 물으며 말했다. "향상하고자 하는 아이입니까?" 공자가 말했다. "나는 그 아이가 자리에 앉아 있는 것을 보았고, 그 아이가 연장자와 나란히 걷는 것을 보았습니다. 향상하는 것을 추구하는 아이가 아니라 빨리 일의 성취를 이루기를 원하는 아이입니다."

語法과 語彙

闕黨童子將命 (궐당(闕黨) 아이가 손님과 주인의 말을 전달하다)

(지명) (=궐리<闕里>). 공자가 거주하던 곳.

闕黨童子將命 (궐당(闕黨) 아이가 손님과 주인의 말을 전달하다)

(동사) 명령을 전하다. (傳命)

→ 將命, 謂傳賓主之言 「朱熹集注」
장명(將命)은 손님과 주인의 말을 전하는 것을 말한다.

益者與? (향상하고자 하는 사람인가?)

(동사) 향상하다, 진보하다, 앞으로 나아가다. (上進, 進去)

→ 益, 進也 『廣韵·昔韵』
익(益)은 '앞으로 나아가다, 향상하다'이다.

吾見其居於位也 (나는 그 아이가 자리에 앉아 있는 것을 본다)

(명사) 자리, 좌석. (座位)

→ 頃公乃與其右易位 『史記·晉世家』
경공(頃公)은 '그의 오른쪽 호위사護衛士(其右)'와 '자리(=좌석)를 바꾸다(易位)'.

見其與先生並行也 (그 아이가 연장자와 나란히 걷는 것을 보다)

(동사) 나란히 걷다. (並排行走) [병행, bìngxíng]

→ 兩兩犢並行, 陣陣鴉續下 (宋·陸游『督下麥雨中夜歸』詩)
쌍쌍(兩兩)의 송아지(犢<독, dú>)가 나란히 걷고(並行) 간간이(陣陣<진진, zhènzhèn>) 까마귀(鴉<아, yā>)가 연이어 내려오다.

欲速成者也 (빨리 일의 성취를 이루기를 원하는 사람이다)

(동사) 단기 내에 빨리 일의 성취를 이루다. (謂在短期内很快完成事功)

제 15 편

위령공

15-1. 衛靈公問陳於孔子. 孔子對曰: "俎豆之事, 則嘗聞之矣; 軍旅之事, 未之學也." 明日遂行.

衛靈公	問	陳	於孔子.		孔子對曰:
(인명)위(衛)나라 영공(靈公)	(동)問A:A에 대해 묻다(12-10)	부대가 작전을 할 때의 전투 대형	공자에게 묻다 [(동)問A於B:A에 대해 묻다 B에게(12-10)]		공자가 대구하여 말하다
위(衛)나라 영공(靈公)이 공자에게 부대의 전투 대형(=전쟁의 일)에 대해 물었다.					공자가 대구하여 말했다.
"(謂)俎豆	之	事,	則	嘗	聞
(명)제사	(조사)수식,종속관계.'~의'(3-2)	(명)일	(접)조건+則+결과(1-6)	(시간부사)일찍이, 이전에(8-5)	(동)듣다
"제사의 일(을 말한다…)			..면 일찍이 그것을 들은 적이 있습니다. [칙則이 '판단부사'일 수도 있다. 아래 참조]		
之	矣;	軍旅	之	事,	未
그것 [(대)재지시(2-1)]	(어기)'이미 그렇다'(3-24)	(명)전쟁,작전	(조사)수식,종속관계.'~의'(3-2)	(명)일	(부사)아직 ~하지 않다(3-25)
		전쟁의 일(은) [화제]			아직
之	學	也."	明日	遂	行.
전쟁,작전[(대)재지시.그것(2-1)]	(동)배우다	(어기)진술강조(2-17)	(명)다음 날	(시간부사) 결국	(동)가다, 운행하다(2-22)
배운 적이 없습니다." ['부정부사+목적어 전치+동사'구조]			다음 날 결국 가버렸다.		

번역 위(衛)나라 양공(靈公)이 공자에게 부대의 전투 대형(=전쟁의 일)에 대해 물었다. 공자가 대구하여 말했다. "제사의 일을 말한다면 일찍이 그것을 들은 적이 있습니다. 전쟁의 일은 아직 배운 적이 없습니다." 다음 날 결국 가버렸다.

語法과 語彙

衛靈公問陳於孔子 (위(衛)나라 양공(靈公)이 공자에게 부대의 전투 대형(=전쟁의 일)에 대해 묻다)

(명사) 진법으로 부대가 작전을 할 때의 전투 대형. (陣法, 部隊作戰時的戰鬪隊形) [진, zhèn]

→ 癸亥, 陳於商郊, 俟天休命 『尚書·武成』
계해년(癸亥<guǐhài>) 상(商)나라 교외에서 전투 대형을 만들고 '하늘과 천자의 뜻(天休命)'을 '기다리다(俟)'.

俎豆之事, 則嘗聞之矣 (제사의 일을 말한다면 일찍이 그것을 들은 적이 있다)

(명사) 제사. 제사(를 받들다). (謂祭祀, 奉祀) [조두, zǔdòu]
(명사) 적대(俎)와 두(豆). 고대 제사, 연회할 때 음식물을 담는 용도의 두 가지 제기로 보통 각종 제기를 가리킨다. (俎和豆. 古代祭祀、宴饗時盛食物用的兩種禮器. 亦泛指各種禮器)

俎豆之事, 則嘗聞之矣 (제사의 일을 말한다면 일찍이 그것을 들은 적이 있다)

— [견해]

이 문장의 칙則은 '조건과 결과'를 연결시키는 '접속사'로 볼 수도 있고, 칙則 앞이 주어임을 나타내는 '판단부사'로도 볼 수 있다.

접속사로 볼 경우 조건의 형식은 'A則B', 'A, 則B'인데 A는 구(Phrase)이상의 단위가 된다(아래 예문 참조).

→ 以五十步笑百步, 則何如? 『孟子·梁惠王上』
오십 보로 백 보를 비웃는다면 어떠한가?

→ 內河凶, 則移其民於河東 『孟子·梁惠王上』
하내(內河)지방에 흉년이 들면 그 백성을 하동(河東)지역으로 이사시킨다.

→ 學而不思則罔, 思而不學則殆 『論語·爲政』
배우지만 생각하지 않으면 맹목적이 되고, 생각하지만 배우지 않으면 위태롭다.

판단부사로 볼 경우 則 앞은 주어가 되는데 보통 '일반 명사'가 주류를 이루는 것으로 보인다. 물론 '구, 절'도 앞에 놓일 수 있는데 이는 용례를 제시해야 한다.

→ 士則玆不悅 『孟子·公孫丑下』
윤사(尹士)는 이것(玆<자, zī>)이 즐겁지 않다.

→ 是則可憂也 『孟子·離婁下』
이것은 걱정할만하다.

→ 孔子曰, "聖人則吾不能" 『孟子·公孫丑上』
공자가 말했다 : "성인은 내가 할 수 없다."

이 두 용도로만 보면 '접속사'에 더 가깝다고 볼 수 있고 대신 앞의 단문에서 '서술어'를 나타내는 단어 '말하다' 정도가 생략되었다고 볼 수 있다고 본다.

軍旅之事, 未之學也 (전쟁의 일은 아직 배운 적이 없다)

(명사) 작전 혹은 전쟁. (作戰或戰爭)

→ 然必曰出於詐僞者, 軍旅之計也 『韓非子·難一』
그래서 '가장하는 것에서 나오는 것(出於詐僞<사위, zhàwěi>者)'을 '작전의 계획(軍旅之計)'이라고 꼭 말하다.

(명사) 부대. (部隊)

(명사) 군사. (軍事)

明日遂行 (다음 날 결국 가버리다)

(명사) 내일, 오늘 다음 날. (明天 ; 今天的下一天)

→ 明日, 徐公來, 孰視之, 自以爲不如 『戰國策·齊策一』
다음날 서공(徐公)이 와서 그를 '주목하고 자세히 보고(孰視:注目纖看)' 자신이 그 사람만 못하다고 생각하다.

明日遂行 (다음 날 결국 가버리다)

(시간부사) 동사서술어 앞에 놓여 부사어가 되어 동작,행위의 최종 결과를 보여 준다. 문장의 문두나 복문의 앞 단문의 서술어 앞에 놓일 수 있고 또한 뒤 단문의 서술어 앞에 나타날 수도 있다. '결국' 등으로 번역될 수 있다. [수, suì]

→ 自衛將遂伐晉 『左傳·襄公二十三年』
위(衛)나라에서부터 결국 진(晉)나라를 정벌할 것이다.

15-2. 在陳絶糧, 從者病, 莫能興. 子路慍見曰: "君子亦有窮乎?" 子曰: "君子固窮, 小人窮, 斯濫矣."

(子)在	陳	絶糧,	從者	病,	莫
(동)~에 있다(5-1)	진(陳)나라	식량이 떨어지다	(명)수행원(들)	(동)병이 나다	(대)행위주체 없음 nobody(4-14)
(공자가) 진(陳)나라에 있을 때 식량이 떨어졌(고) [시간긴축복문(11-14)]			수행원들은 병이 나(서) [여기 까지 종속절인 원인절]		아무도
能	**興.**	**子路**	**慍**	**見(子)**	**曰:**
(조동사)~할 수 있다(1-7)	(동)일어나다, 발생하다(8-8)	자로=季路=중유(仲由)(2-17)	(동)화내다, 원망하다(5-19)	(공자를) 보다	말하다
일어날 수 없었다.		자로가 화를 내며 (공자를) 보고 말했다.			
"君子	**亦**	**有窮**	**乎?"**	**子曰:**	**"君子**
(명)군자(君子)(11-1)	(부사)역시(3-22)	(동)가난하여 비참함을 당하다	(어기)의문(2-7)	공자가 말하다	(명)군자
"군자도 가난하여 비참함을 당합니까?"				공자가 말했다. "군자는	
固窮,		**小人**	**窮,**	**斯**	**濫**
도의(道義)를 성실히 지키고 빈천과 곤궁에 편안해 하다		(명)소인	(형)가난하여 구차하다	(접)유연한이어짐 '~면~하다'(4-7)	(동)지나치다, 무절제하다
도의(道義)를 성실히 지키고 빈천과 곤궁에 편안해 하(지만)		소인은 가난하여 구차하…		…면 무절제하다."	
矣."					
(어기)'이미 그렇다'(3-24)					

번역 공자가 진(陳)나라에 있을 때 식량이 떨어졌고 수행원들은 병이 나서 아무도 일어날 수 없었다. 자로가 화를 내며 공자를 보고 말했다. "군자도 가난하여 비참함을 당합니까?" 공자가 말했다. "군자는 도의(道義)를 성실히 지키고 빈천과 곤궁에 편안해 하지만 소인은 가난하여 구차하면 무절제하다."

語法과 語彙

從者病, 莫能興 (수행원들이 병이 나서 아무도 일어날 수 없다)

(명사) 수행원(들);모시고 따라 다니는 사람. (隨從人員)

→ 許詢使問君之從者 (宋·呂祖謙『臥游錄』)
허순(許詢<xǔxún>)은 왕의 수행원에게 묻게 하다.

從者病, 莫能興 (수행원들이 병이 나서 아무도 일어날 수 없다)

(동사) 병이 나다. (生病)

→ 老臣病足　『戰國策·越策四』
저(臣)는 발에 병이 났습니다.

君子亦有窮乎? (군자도 가난하여 비참함을 당하는가?)

(동사) 곤궁을 만나다;(가난하여) 살림이 구차함을 당하다. (遭受困窮)

君子固窮 (군자가 도의(道義)를 성실히 지키고 빈천과 곤궁에 편안해 하다)

(동사) 도의(道義)를 성실히 지키고 빈천(=가난함과 천함)과 곤궁(=가난하여 구차함)에 편안해 하다. (信守道義, 安於貧賤窮困)

小人窮斯濫矣 (소인은 가난하여 구차하면 무절제하다)

(형용사) 곤궁하다(=가난하여 구차하다). (困窮)

→ 所識窮乏者得我歟?　『孟子·告子上』
알고 있는 곤궁한 사람(所識窮乏者)이 나의 득을 보는가?'

小人窮斯濫矣 (소인은 가난하여 구차하면 무절제하다)

(동사) 지나치다, 무절제하다. (過度, 無節制) [람, làn]

→ 罰所及, 則思無以怒而濫刑　(唐·魏徵『諫太宗十思疏』)
형벌이 주어지면(罰所及, 則) '화가 나(怒而)' 임으로 죄를 판단(濫刑:過量的刑罰 ; 任意判罪或施刑)할 방법이 없다고 생각하다.

15-3. 子曰: “賜也, 女以予爲多學而識之者與?” 對曰: “然, 非與?” 曰: “非也. 予一以貫之.”

<table>
<tr><th>子曰:</th><th>“賜</th><th>也,</th><th>女</th><th>以A…(爲B)…</th><th>予</th></tr>
<tr><td>공자가 말하다</td><td>(인명)자공=사(賜)(1-10)</td><td>(어기)감탄(3-17)</td><td>(대)너,너희들(3-6) [여,rǔ]</td><td>A를/가 B라고 여기다(7-23)</td><td>(대)나.저(6-28)</td></tr>
<tr><td>공자가 말했다.</td><td colspan="2">“사(賜=자공<子貢>)야… [호격조사 없이 감탄어기로 호격 처리(15-4)]</td><td colspan="3">너는 내가</td></tr>
<tr><th>(以A)…爲B…</th><th>多學</th><th>而</th><th>識</th><th>之</th><th>者</th></tr>
<tr><td>A를/가 B라고 여기다(7-23)</td><td>많이 배우다</td><td>(접)동작의 선후. ‘~다음’(6-15)</td><td>(동)알다,이해하다, 인식하다(7-2)</td><td>(접사)동사강조·보충,음절모으기(13-1)</td><td>(조사)~한 사람, ~한 것(1-2)</td></tr>
<tr><td colspan="6">많이 배워 이해하는 사람이라고 여기느냐?”</td></tr>
<tr><th>與?”</th><th>(賜)對曰:</th><th>“然,</th><th>非</th><th>與?”</th><th>(子)曰:</th></tr>
<tr><td>(어기)문미의문(8-6)</td><td>(자공이) 대구하여 말하다</td><td>(호응사)네, 맞다</td><td>(부)‘단독서술어,단독문장’(5-1)</td><td>(어기)문미의문(8-6)</td><td>(공자가) 말하다</td></tr>
<tr><td></td><td>(자공이) 대구하여 말했다.</td><td>“네 그렇습니다.</td><td colspan="2">아닙니까?”</td><td>(공자가) 말했다.</td></tr>
<tr><th>“非</th><th>也.</th><th>予</th><th colspan="2">一以貫之(云爾).”</th><td rowspan="3"></td></tr>
<tr><td>(부)‘단독서술어,단독문장’(5-1)</td><td>(어기)판단(동사,형용사술어끝)(11-15)</td><td>(대)나.저(6-28)</td><td colspan="2">(동)하나의 생각이 처음부터 끝까지 관통되다 [一以貫之:(4-15)]</td></tr>
<tr><td colspan="2">“아니다.</td><td colspan="3">나는 하나의 생각이나 이론이 처음부터 끝까지 관통(될 뿐이다).”</td></tr>
</table>

번역 공자가 말했다. “사(賜=자공<子貢>)야, 너는 내가 많이 배워 이해하는 사람이라고 생각하느냐?” 자공이 대구하여 말했다. “네 그렇습니다. 아닙니까?” 공자가 말했다. “아니다. 나는 하나의 생각이 처음부터 끝까지 관통될 뿐이다.”

語法과 語彙

對曰: “然, 非與?” (대구하여 말하다. “그렇다. 아닌가?”)

(호응사, 呼應詞) 대화의 주체 A, B에서 A의 말에 대한 B대답을 나타낸다. 이러한 대답은 일반적인 대답이 아니라 A 말에 대한 인정과 판단을 나타낸다. 보통 문두에 위치하고 단독으로 읽을 수 있고 절의 특성을 갖고 있고 의미는 ‘아니다(否)’와 상반된다. ‘네, 그렇습니다, 맞다’ 등으로 번역될 수 있다. (對, 對的, 是這樣)

→ “是魯孔丘之徒與?” 對曰: “然” 『論語 · 微子』
노나라 ‘공구의 제자(孔丘之徒)’인가? 대구하여 말하다. “맞소, 그렇소.”

15-4. 子曰: "由! 知德者鮮矣."

子曰:	"由!	知德	者
공자가 말하다	유=중유(仲由)=자로(子路)(2-17)	덕을 알다	(조사)~한 사람, ~한 것(1-2)
공자가 말했다.	유(由=자로)야! ['호격조사'와 '감탄어기'가 생략되었다]	덕(德)을 아는 사람(이)	

鮮	矣."
(형)적다(1-2)[xiǎn]	(어기)'이미 그렇다' (3-24)
적다." (=덕을 아는 사람이 적은 지가 오래다)	

번역 공자가 말했다. "유(由=자로)야! 덕(德)을 아는 사람이 적은 지가 오래다."

語法과 語彙

由! 知德者鮮矣

호격조사를 사용하지 않고 진술 내용에 대해 토로하는 대상을 등장시켰는데 고대중국어에서는 주로 '감탄 어기' 등이 호격조사 역할을 하거나, 주목을 요구하는 대상의 이름 등만을 등장시키는 것으로 보인다.

→ 參乎! 吾道一以貫之 『論語·里仁』
증자야! 나의 도는 충서가 모든 사물을 관통하는 것이다.

→ 賜也! 爾愛其羊 『論語·八佾』
자공아! 너는 그 양을 아끼는구나!

→ 賜也, 非爾所及也 『論語·公冶長』
자공아! 네가 따라잡을 수 있는 것이 아니다!

→ 由! 誨女知之乎! 『論語·爲政』
자로야! 너에게 안다는 것을 가르쳐주마.

현대중국어에는 다음과 같은 호격조사가 있다.

→ 鳥兒呦, 鳥兒呦, 青鳥呦
새야, 새야, 파랑새야.

15-5. 子曰: "無爲而治者其舜也與? 夫何爲哉? 恭己正南面而已矣."

<table>
<tr><th>子曰:</th><th colspan="2">"無爲</th><th>而</th><th>治</th><th>者</th></tr>
<tr><td>공자가 말하다</td><td colspan="2">능력 있는 사람을 선발하고 현명한 사람을 임용하여 타인을 덕으로 교화시키다</td><td>(접)A而(부사어)+서술어(1-4)</td><td>(동)통치하다, 다스리다</td><td>(조사)~한 사람, ~한 것(1-2)</td></tr>
<tr><td>공자가 말했다.</td><td colspan="5">"능력 있는 사람을 선발하고 현명한 사람을 임용하고 타인을 덕으로 교화시키어 통치한 사람은</td></tr>
<tr><th>其</th><th>舜</th><th>也與?</th><th>夫</th><th>何</th><th>爲</th></tr>
<tr><td>(부)추측'아마도'(5-7)</td><td>(인명)순임금(8-18)</td><td>(관용)문미(추측,의문)(9-27)</td><td>(인칭대명사)그</td><td>(의.대)동사목적어. '무엇'(2-19)</td><td>(동)하다,행하다(2-1)</td></tr>
<tr><td colspan="3">아마도 순임금일까?</td><td colspan="3">그는(=순임금은) 무엇을 했지?
[의문대명사(何)+동사(爲): 목적어 전치]</td></tr>
<tr><th>哉?</th><th>(其…)恭己</th><th>正</th><th colspan="2">南面</th><th>而已矣."</th></tr>
<tr><td>(어기)의문(11-26)</td><td>(동)정중하게 자기를 단속하다</td><td>(형)도리에 맞다(13-3) [형→부]</td><td colspan="2">(동)제왕, 제후, 경대부의 지위에 있다</td><td>(어기)제한'~할 뿐이다'(4-15)</td></tr>
<tr><td></td><td colspan="5">(그는) 정중하게 자기를 단속하고 도리에 맞게 통치자의 자리에 있었을 뿐이다."</td></tr>
</table>

번역 공자가 말했다. "능력 있는 사람을 선발하고, 현명한 사람을 임용하고, 타인을 덕으로 교화시키어 통치한 사람은 아마도 순임금일까? 그는 무엇을 했지? 그는 정중하게 자기를 단속하고 도리에 맞게 통치자의 자리에 있었을 뿐이다."

語法과 語彙

<u>無爲</u>而治者其舜也與? **(능력 있는 사람을 선발하고, 현명한 사람을 임용하고, 타인을 덕으로 교화시키어 통치한 사람은 아마도 순임금일까?)**

(동사) (유가의) 능력 있는 사람을 선발하고 현명한 사람을 임용하여 타인을 덕으로 교화시키다. (儒家主張選能任賢, 以德化人, 亦稱爲"無爲")

→ 聖人之學, <u>無爲</u>而成者也 (李贄『藏書·德業儒臣前論』)
성인(聖人)의 공부는 능력 있는 사람을 선발하고, 현명한 사람을 임용하여 타인을 덕으로 교화시켜 이루는 것이다.

(동사) (도가의) 고요하고 비어 있고 자연에 순응하다. (道家主張清靜虛無, 順應自然, 稱爲"無爲")

→ 道常<u>無爲</u>而無不爲 『老子·三十七章』
도(道)는 항상 고요하고 비어 있지만 하지 않는 것이 없다.

無爲而<u>治</u>者其舜也與? **(능력 있는 사람을 선발하고, 현명한 사람을 임용하고, 타인을 덕으로 교화시키어 통치한 사람은 아마도 순임금일까?)**

(동사) 통치하다, 다스리다. (治理, 統治)

→ 商君<u>治</u>秦, 法令至行 『戰國策·秦策一』
상군(商君)이 진(秦)나라를 통치할 때 법령(法令)이 가장 잘 시행되다.

夫何爲哉? (그는 무엇을 하는가?)

(인칭대명사) 주로 3인칭 대명사로 쓰여 문중에서 주어, 겸어가 된다. 이것이 나타내는 대상은 주로 앞의 문장에서 찾을 수 있다. '그' 등으로 번역될 수 있다. (他)

→ 公曰: "夫不惡女乎?" 『左傳·襄公二十六年』
공(公)이 말한다. "그는(夫) '너를 싫어하(惡女)'지 않지 않은가?"

恭己正南面而已矣 (정중하게 자기를 단속하고 도리에 맞게 통치자의 자리에 있을 뿐이다)

(동사) 정중하게 자기를 단속하다. (謂恭謹以律己)

→ 帝每恭己以聽 『明史·劉基傳』
왕은 매번 정중히 자기를 단속하여 듣다.

恭己正南面而已矣 (정중하게 자기를 단속하고 도리에 맞게 통치자의 자리에 있을 뿐이다)

(동사) 고대에는 북쪽에 앉아 남쪽을 향하는 것을 높은 자리라고 여겼고, 왕과 제후는 여러 신하를 볼 수 있었다. 혹은 경대부가 하급 관리를 볼 때 모두 남쪽을 향해 앉았다. 이에 의거하고 활용되어 제왕, 제후, 경대부의 지위에 있는 것을 가리킨다. (古代以坐北朝南爲尊位, 故帝王諸侯見群臣, 或卿大夫見僚屬, 皆面向南而坐, 因用以指居帝王或諸侯、卿大夫之位)

→ 子曰: '雍也可使南面 『論語·雍也』
공자가 말했다. "염옹(冉雍)은 '왕이 되게 할만하다(=남면하게 할만하다)."

15-6. 子張問行. 子曰: "言忠信, 行篤敬, 雖蠻貊之邦, 行矣. 言不忠信, 行不篤敬, 雖州里, 行乎哉? 立則見其參於前也, 在輿則見其倚於衡也, 夫然後行." 子張書諸紳.

子張	問	行.	子曰:	"言	忠信,
(인명)자장=전손사(顓孫師)(2-18)	(동)問A:A에 대해 묻다(12-10)	(동)일반적으로 통하다[동→명]	공자가 말하다	(명)말	(형)성실하고 신용이 있다
자장(子張)이 일반적으로 통하는 것에 대해 물었다.			공자가 말했다.	"말은 성실하고 신용이 있(고)	
行	**篤敬,**	**雖**	**蠻貊**	**之**	**邦,**
(명)행동	(형)인정이 두텁고 공손하다	(접)비록~지만(5-1)	남쪽과 북쪽의 낙후 부족	(조사)수식,종속관계.'~의'(3-2)	제후가 왕에게 받은 나라(12-2)
행동은 인정이 두텁고 공손하(면) [조건절]		비록 남쪽과 북쪽의 낙후 부족의 나라라도 [명사구가 서술어인 양보절. 주어와 동사를 보충해도 된다(雖(其在)蠻貊之邦. 비록 그가 남쪽과 북쪽의 낙후 부족 나라에 있더라도)]			
行	**矣.**	**言不忠信,**		**行不篤敬,**	
(동)일반적으로 통하다	(어기)'이미 그렇다'(3-24)	말이 성실하고 신용이 없(고)		행동이 인정이 두텁지 않고 공손하지 않으(면)	
일반적으로 통한다.		말은 성실하지 않고 신용이 없고		행동은 인정이 두텁지 않고 공손하지 않으면 [조건절]	
雖	**州里,**	**行**	**乎哉?**	**立**	**則**
(접)비록~지만(5-1)	(명)마을,고향	(동)일반적으로 통하다	(어기)의문,반문(7-29)	(동)서다	(접)조건+則+결과(1-6)
비록 마을이지만 [명사구가 서술어인 양보절]		통하겠느냐?		서면(if standing)	
見	**其**	**參**	**於**	**前**	**也,**
(동)보다	(대)그것'주어(명사+之)'(4-6)	(동)마주하다, 향하다	(전)동작의 도달장소'~로'(1-10)	(명)앞	(어기)병렬(3-23)
그것이(=行:일반적으로 통하는 것이) 앞으로 향하는 것을 보고					
在	**輿**	**則**	**見**	**其**	**倚**
(동)~에 있다(5-1)	(명)마차	(접)조건+則+결과(1-6)	(동)보다	(대)그것'주어(명사+之)'(4-6)	(동)기대다, 의지하다
마차에 있으면 그것이(=行:일반적으로 통하는 것이)					
於	**衡**	**也,**	**夫**	**然後**	**行."**
(전)동작의 도달장소'~로'(1-10)	(명)횡목, 가로 목	(어기)병렬(3-23)	(조)문두에서 판단, 의견토로(6-30)	(접)이와 같은 다음에(6-18)	(동)일반적으로 통하다
횡목에 의지하는 것을 보고			이와 같은 다음에 일반적으로 통한다."		
子張	**書**	**諸**	**紳.**		
(인명)자장=전손사(顓孫師)(2-18)	(동)쓰다, 적다	(겸사)'之+於'(목+전)(2-19)	(명)허리를 묶는 큰 띠		
자장은 그것을(=그 말을) 허리에 묶는 큰 띠에 적었다.					

번역 자장(子張)이 '일반적으로 통하는 것(=行)'에 대해 물었다. 공자가 말했다. "말은 성실하고 신용이 있고, 행동은 인정이 두텁고 공손하면 비록 남쪽과 북쪽의 낙후 부족의 나라라도 일반적으로 통한다. 말은 성실하지 않고 신

용이 없고, 행동은 인정이 두텁지 않고 공손하지 않으면 비록 마을이지만 통하겠느냐? 서면 그것이(=行:일반적으로 통하는 것이) 앞으로 향하는 것을 보고, 마차에 있으면 그것이(=行:일반적으로 통하는 것이) 횡목에 의지하는 것을 보고, 이와 같은 다음에 일반적으로 통한다." 자장은 그것을(=그 말을) 허리에 묶는 큰 띠에 적었다.

語法과 語彙

子張問行 (자장(子張)이 '일반적으로 통하는 것(=行)'에 대해 묻다)

(동사) 통용하다. 통용되다. 실행할 수 있다. 실행될 수 있다. (行得通)

— [보충과 견해]

'행(行)'에 대한 적합한 의미 항목이 고대중국어 공구서에 보이지 않고, 여러 주석서에서 언급한 대로 '통하다(行得通)'로 볼 수 있다. 그리고 이 말은 조금 더 확장하면 '같은 사건, 상황에 대해서 다른 사람도 받아들이다, 다른 곳에서도 효과가 있다' 등이 될 수 있으니 '일반적으로 받아들여지다, 일반적으로 통하다'로 보았다.

言忠信, 行篤敬 (말은 성실하고 신용이 있고, 행동은 인정이 두텁고 공손하다)

(형용사) 성실하고 신용이 있다. (忠誠信實)

→ 此四君者, 皆明知而忠信, 寬厚而愛人 『史記·秦始皇本紀』

이 네 명의 군자는 모두 '분명히 알고 있고(明知) 성실하고 신용이 있으며(忠信), 넓고 두텁고(寬厚) 사람을 사랑한다.

言忠信, 行篤敬 (말은 성실하고 신용이 있고, 행동은 인정이 두텁고 공손하다)

(형용사) 인정이 두텁고 공손하다. (篤厚敬肅) [독경, dǔjìng]

雖蠻貊之邦, 行矣 (비록 남쪽과 북쪽의 낙후 부족의 나라라도 일반적으로 통한다)

(명사) 고대 남쪽과 북쪽의 낙후 부족. 보통 사방의 낙후 부족을 가리킨다. (古代稱南方和北方落後部族. 亦泛指四方落後部族) [만맥, MánMò]

雖州里, 行乎哉? (비록 마을이지만 통하겠는가?)

(명사) 고대 2,500가구를 '주(州)'라 하고 25가구를 '리(里)'라 했다. 본래는 행정을 위해서 만들었지만 나중에는 보통 '마을'이나 '태어난 고향'을 가리켰다. (古代二千五百家爲州, 二十五家爲里. 本爲行政建制, 後泛指鄉里或本土)

立則見其參於前也 (서면 그것이(=行:일반적으로 통하는 것이) 앞으로 향하는 것을 보다)

(동사) 마주하다, 향하다. (直向, 對着) [참, cān]

→ 越人學遠射, 參天而發 『淮南子·說山訓』

월(越)나라 사람이 '멀리 활쏘기를 배울(學遠射)' 때 '하늘을 마주하고(參天)' 쏘다.

在<u>輿</u>則見其倚於衡也 (마차에 있으면 그것이(=行:일반적으로 통하는 것이) 횡목에 의지하는 것을 보다)

(명사) 마차, 찻간. (車, 車廂) [여, yú]

→ <u>輿</u>, 車乘也 『玉篇·車部』
여(輿)는 '타는 마차(車乘)'이다.

在輿則見其<u>倚</u>於衡也 (마차에 있으면 그것이(=行:일반적으로 통하는 것이) 횡목에 의지하는 것을 보다)

(동사) 물체나 사람의 몸에 기대다, 의지하다. (依靠在物體或人身上) [의, yǐ]

→ 手之所觸, 肩之所<u>倚</u>, 足之所履, 膝之所踦 『莊子·養生主』
손이(手之) 닿는 곳(所觸), 어깨가(肩之) 의지하는 곳(所倚), 발이(足之) 밟는 곳(所履), 무릎이(膝之) '지탱하(의, yǐ)'는 곳(所踦).

在輿則見其倚於<u>衡</u>也 (마차에 있으면 그것이(=行:일반적으로 통하는 것이) 횡목에 의지하는 것을 보다)

(명사) 고대에 사람이 부딪치는 것을 막기 위해 소의 뿔 위에 묶은 가로로 된 나무. (古代綁在牛角上以防觸人的橫木) [형, héng]

子張<u>書</u>諸紳 (자장이 그것을(=그 말을) 허리에 묶는 큰 띠에 적다)

(동사) 쓰다, 적다, 기재하다. (書寫, 記載)

→ 衆言同, 於是乎<u>書</u> (淸·方苞『獄中雜記』)
여러 사람들의 말(衆言)이 같아서 적다.

子張書諸<u>紳</u> (자장이 그것을(=그 말을) 허리에 묶는 큰 띠에 적다)

(명사) 고대 관원이 허리를 묶는 큰 띠로 한 쪽 끝이 아래로 떨어진다. (古代官員束腰的大帶, 一端下垂) [신, shēn]

→ 疾, 君視之, 東首, 加朝服, 拖<u>紳</u> 『論語·鄉黨』
병에 걸리어 왕이 공자를 보러 갔을 때, '머리를 동쪽으로 하(東首)'고, '조복을 위에 더하(加朝服)'고, '큰 허리띠를 조복 위로 끌어당기다(拖紳)'.

15-7. 子曰: "直哉, 史魚! 邦有道, 如矢, 邦無道, 如矢. 君子哉, 蘧伯玉! 邦有道, 則仕, 邦無道, 則可卷而懷之."

子曰:	"直	哉,	史魚!	邦	有道,
공자가 말하다	(형)정직하다, 곧다(2-19)	(어기)감탄. '문중'(3-4)	(인명)사어	고대 제후국, 나라(3-22)	道가 있다
공자가 말했다.	"곧다!		사어(史魚)(는)!	나라에 도가 있(을 때) (=나라가 도를 갖고 있다) [시간절]	
如	**矢,**	**邦無道,**	**如矢.**	**君子**	**哉,**
(동)~와 같다 (2-1)	(명)화살	나라가 道를 갖고 있지 않다	화살 같다	(형)군자답다	(어기)감탄. '문중'(3-4)
화살 같(았고) (=화살처럼 곧다)		나라에 道가 없(을 때)	화살 같았다.	군자답다!	
蘧伯玉!	**邦有道,**	**則**	**仕,**	**邦無道,**	**則**
(인명)거백옥 (14-25)	나라가 道를 갖고 있다	(접)조건+則+결과 (1-6)	(동)벼슬하다, 관리가 되다(5-6)	나라가 道를 갖고 있지 않다	(접)조건+則+결과 (1-6)
거백옥 (蘧伯玉)(은)!	나라에 道가 있으…	…면 벼슬을 했(고)		나라에 道가 없으…	…면
可	**卷**	**而**	**懷**	**之."**	
(조동)가능. '~할 수 있다'(1-11)	(동)거두어들이다, 숨기다,그만두다	(접)동작의 선후. '~다음'(6-15)	(동)가슴속에 감추다(5-26)	(대)123인칭, 원근 장소, 사물(3-24)	
자신을(之:3인치 재귀대명사 himself) 숨기어 감출 수 있었다."					

번역 공자가 말했다. "곧다! 사어(史魚)는! 나라에 道가 있을 때 화살 같았고, 나라에 道가 없을 때 화살 같았다. 군자답다! 거백옥(蘧伯玉)은! 나라에 道가 있으면 벼슬을 했고, 나라에 道가 없으면 자신을 숨기어 감출 수 있었다."

語法과 語彙

直哉史魚! (곧다! 사어(史魚)는!)

(인명) 사어(史魚)는 위(衛)나라의 충신으로 그의 사적에 대해선 한나라 초기 문헌 『한시외전 韓詩外傳』에 실려있는 삽화(揷話)가 있다. 그가 죽어가면서 군주인 영공에게 현신(賢臣)인 거백옥(蘧伯玉)을 발탁하실 것과 영신(佞臣)인 미자하(彌子瑕)를 방축할 것을 권고하면서 이것이 실현되지 않으면 빈소도 차리지 말고 장례도 지내지 말라고 유언을 남기고 죽었다. 나중에 영공이 이 사실을 알게 되었고 그의 권고대로 충신 거백옥은 발탁되었고, 간신 미자하는 방축되었다. 그런데 이 같은 이야기가 『공자가어』「곤서 困誓」편에도 실려 있다. 과거에는 「가어」를 위서로만 간주하였으나 『가어』의 고사가 『한시외전』보다는 더 오래된 기록으로 보인다. 『가어』에 실린 공자의 평어는 다음과 같다.

古之列諫之者, 死則已矣, 未有若史魚死而屍諫, 忠感其君者也. 可不謂直乎?
예로부터 많은 자들이 임금에게 간(諫)해왔지만 죽으면 그만이었다. 그런데 사어(史魚)와 같은 사람은 죽어 시체가 되어서까지 간(諫)하여 그 충심이 임금을 감동시켰다. 어찌 직(直)하다 말할 수 있지 않겠는가?

여기에도 직(直)이라는 표현이 사용되고 있다. 『가어』의 「곤서 困誓」편과 「위령공」편은 동시대에 성립한 문헌

일 가능성도 있다. (김용옥, 2008)

邦無道, 則可<u>卷</u>而懷之 (나라에 道가 없으면 자신을 숨기어 감출 수 있다)

(동사) 거두어들이다, 숨기다, 그만두다. (收起, 藏起) [권, juǎn]

→ 有司<u>卷</u>三牲之俎, 歸於賓館 『儀禮·公食大夫禮』
관리(有司)가 '세 가지 희생가축의 제사 용기(三牲之俎)'를 거두어 들여 '빈관으로 돌려보내다(歸於賓館)'.

15-8. 子曰: "可與言而不與之言, 失人; 不可與言而與之言, 失言. 知者不失人, 亦不失言."

子曰:	"可	與	言	而
공자가 말하다	1.~할 만하다 2.~할 수 있다	1.(동사) 참여하다(3-12) [여, yù] 2.(전치사) 동작 대상 '~와' [與(之)]	(동)말하다	(접)전환. '그러나'(1-1)
공자가 말했다.	1-1. 참여하여 말할 만한 하지만 1-2. 참여하여 말할 수 있지만 2-1. 그와 말할 만하지만 2-2. 그와 말할 수 있지만 [可:(조동사)가능.'~할 수 있다'(1-11) / (조동)~할 만하다. 마땅히~하다(7-11)]			

不	與	之
(부)동사술어 앞. '~하지 않다'(7-14)	1. (동사) 참여하다(3-12) 2. (전치사) 동작 대상 '~와'(5-8)	1. (접)동사(구)+之+동사(구). 시간조건(12-10) 2. (대)3인칭 대명사
1. 참여하여 말하지 않으면 [조건절] 2. 그와 말하지 않으면 [조건절]		

言,	失人;	不可與言而與之言,	失言.
(동)말하다	사람을 잃다	1-1. 참여하여 말할 만한 가치가 없는데 참여하여 말하(면) 1-2. 참여하여 말할 수 없는데 참여하여 말하(면) 2-1. 그와 말할 만한 가치가 없는데 그와 말하(면)[與(之)] 2-2. 그와 말할 수 없는데 그와 말하(면)[與(之)]	말을 잃다
	사람을 잃(고)		말을 잃는다.

知者	不失人,	亦	不失言."
(명)식견이 있는 사람(6-23)	사람을 잃지 않다	(부사)역시, 또한(3-22)	말을 잃지 않다
식견이 있는 사람은 사람을 잃지 않(고)		역시 말을 잃지 않는다."	

번역 공자가 말했다. "참여하여 말할 만하지만 참여하여 말하지 않으면 사람을 잃고, 참여하여 말할 만한 가치가 없는데 참여하여 말하면 말을 잃는다. 식견이 있는 사람은 사람을 잃지 않고, 역시 말을 잃지 않는다."

語法과 語彙

可與言而不與之言 (참여하여 말할 만한 하지만 참여하여 말하지 않다)

— [견해]

모든 학자가 이 문장의 여(與)를 '~와 함께'의 의미를 가진 '전치사 또는 부사'로 보고 있는데, 일단 '여(與)'가 부사로 쓰일 때 '함께'로 쓰이는 용례가 없다. 이 문장에서 '與'는 동사 '참여하다(3-12)[yù]'와 '대상의 전치사('~와', 5-8)' 두 가지로 볼 수 있는데, 의미적 측면에서 보면 '참여하다'가 더 적합하다.

학자들은 '지(之)'를 '3인칭대명사'인 '그 사람' 정도로 풀이하는데 '지(之)'가 재지시(123인칭)가 아닐 때 '비지정 명사'를 가리키는 경우는 '속담, 격언' 등을 제시하는 경우(→ 吾聞之, 一日縱敵, 數世之患也. 『左傳•僖公三十三年』 나는 그런 말을 들었다. 적을 하루 '내버려 두(縱:放縱)'는 건 여러 세대(世:30년)의 우환이다)가 있고, '동사 강조/보충, 음절을 모으는 역할'을 나타내는 경우(→ 永歌之不足, 不知手之舞之, 足之蹈之也『毛詩序』 노래를 부른(永歌) 것이 불만족스러워 나도 모르게(不知) 손이 춤추고 발이 춤춘다. → 天油然作雲, 沛然下雨, 則苗浡然興之矣『孟子•梁惠王上』 하늘이(天) 뭉게뭉게(油然) 구름을 만들고(作云), 세차게(沛然) 비가 내리면 묘종(苗)는 빠르고 세차게(浡然) 성장한다)이다.

이 문장의 '지(之)'는 전후 문맥을 살피면 '3인칭 대명사' 보다는 '조건, 시간을 나타내는 종속절 유도의 접속사로 보는 것이 더 적합하다고 생각한다.

15-9. 子曰: “志士仁人, 無求生以害仁, 有殺身以成仁.”

<table>
<tr><th>子曰:</th><th>“志士</th><th>仁人,</th><th>無</th><th>求生</th><th>以</th></tr>
<tr><td>공자가 말하다</td><td>(명)원대한 지향을 가진 사람</td><td>(명)덕행이 있는 사람</td><td>(동)없다</td><td>(동)살길을 모색하다[명사화]</td><td>(전)행위도구. ‘~로’(2-1)</td></tr>
<tr><td>공자가 말했다.</td><td colspan="2">“원대한 지향을 가진 사람과 덕행이 있는 사람(은) [두 개 나열된 단어가 주어]</td><td colspan="3">살길을 모색함으로</td></tr>
<tr><th>害仁,</th><th>有</th><th>殺身</th><th>以</th><th>成仁.”</th><td rowspan="3"></td></tr>
<tr><td>仁을 해치다</td><td>(동)있다</td><td>(동)목숨을 바치다[명사화]</td><td>(전)행위도구. ‘~로’(2-1)</td><td>仁을 이루다</td></tr>
<tr><td>仁을 해치는 것이 없고</td><td colspan="4">목숨을 바침으로 仁을 이루는 것은 있다.”</td></tr>
</table>

번역 공자가 말했다. “원대한 지향을 가진 사람과 덕행이 있는 사람은 살길을 모색함으로 仁을 해치는 것이 없고, 목숨을 바침으로 仁을 이루는 것은 있다.”

語法과 語彙

志士仁人 (원대한 지향을 가진 사람과 덕행이 있는 사람)

(명사) 원대한 지향을 가진 사람. (有遠大志向的人)

志士仁人 (원대한 지향을 가진 사람과 덕행이 있는 사람)

(명사) 덕행이 있는 사람. (有德行的人)

無求生以害仁 (살길을 모색함으로 仁을 해치는 것이 없다)

(동사) 살 방법을 강구하다, 살길을 모색하다. (設法活下去 ; 謀求生路)

→ 然恨父召我以求生而不往 『史記·伍子胥列傳』
그러나(然) 아버지가 나를 부르고 ‘살길을 모색하기 위해 가지 않(以求生而不往)’는 것을 원망하다.

有殺身以成仁 (목숨을 바침으로 仁을 이루는 것이 있다)

(동)목숨을 바치다, 목숨을 잃다. (舍生, 喪生)

→ 殺身以明君, 臣之願也 『史記·楚世家』
목숨을 바쳐 왕을 빛나게 하는 것이 신하의 바람이다.

15-10. 子貢問爲仁. 子曰: “工欲善其事, 必先利其器. 居是邦也, 事其大夫之賢者, 友其士之仁者.”

子貢	問	爲	仁.	子曰:	“工
(인명)자공=사(賜)(1-10)	(동)問A:A에 대해 묻다(12-10)	(동)하다, 행하다(2-1)	(명)인(仁)	공자가 말하다	(명)장인,노동자
자공(子貢)이 인(仁)을 행하는 것에 대해 물었다.				공자가 말했다. “장인(匠人)(이)	
欲	**善**	**其**	**事,**	**必**	**先**
(동)원하다(4-5)	(동)잘하다, 뛰어나다(5-17)	(대)그의…‘복수可’(1-7)	(명)일	(부)꼭,반드시,분명히(6-30)	(형)먼저이다 [형→부(13-1)]
그의 일을 잘하길 원하(면) [조건가정절(1-1)]				반드시 먼저	
利	**其**	**器.**	**居**	**是**	**邦**
(동)예리하게 하다	(대)그의…‘복수可’(1-7)	(명)기구, 용구	(동)머물다(7-4)	(대)모두(1-10) [한정어]	제후가 왕에게 받은 나라(12-2)
그의 기구를 예리하게 해야 한다.			모든 나라에 머무(를 때) [시간조건절(1-1)]		
也,	**事**	**其**	**大夫**	**之**	**賢者,**
(어기)멈춤. ‘완만,제시’(3-1)	(동)섬기다(3-18)	모든 나라(是邦) [한정어(4-5)]	(명)대부	(조사)A之B: A中B(A중B)	(명)어질고 덕행을 갖춘 사람(4-38)
	모든 나라 대부 중 어질고 덕행을 갖춘 사람을 섬기(고)				
友	**其**	**士**	**之**	**仁者.”**	
(동)친구하다, 친분맺다(1-8)	모든 나라(是邦) [한정어(4-5)]	(명)지식인. 선비(8-7)	(조사)A之B: A中B(A중B)	(명)덕행이 있는 사람(6-23)	
모든 나라 지식인 중 덕행이 있는 사람과 친분을 맺는다.”					

번역 자공(子貢)이 仁을 행하는 것에 대해 물었다. 공자가 말했다. “장인(匠人)이 그의 일을 잘하기 원하면 반드시 먼저 그의 기구를 예리하게 해야 한다. 모든 나라에 머무를 때 모든 나라 대부 중 어질고 덕행을 갖춘 사람을 섬기고, 모든 나라 지식인 중 덕행이 있는 사람과 친분을 맺는다.”

語法과 語彙

工欲善其事 (장인(匠人)이 그의 일을 잘하기 원하다)

(명사) 장인, 노동자. (工匠, 工人)

→ 銅崇朝而山積, 工不日而雲會 (唐·李白『化城寺大種銘』)
동(銅)이 아침나절(崇朝) 산처럼(山) 쌓이고(積) 일꾼은 ‘오래지 않아(不日)’ 구름처럼(雲) 모이다.

必先利其器 (반드시 먼저 그의 기구를 예리하게 해야 한다)

(동) ~을 예리하게 하다. (使…銳利)

必先利其器 (반드시 먼저 그의 기구를 예리하게 해야 한다)

(명사) 기구, 용구. (器具, 用具)

→ 具器械 『孫子·謀攻』
기구(器)와 병기(械<계, xiè>)를 갖추다.

事其大夫之賢者, 友其士之仁者 (모든 나라 대부 중 어질고 덕행을 갖춘 사람을 섬기고, 모든 나라 지식인 중 덕행이 있는 사람과 친분을 맺다)

(조사) 之의 앞뒤 성분의 범위 규모가 다른 것으로 앞의 성분이 크고 뒤의 성분이 작은 것으로 쓰인다. 뒤의 성분이 앞의 성분에서 차지하는 정도가 있음을 나타내며 'A之B'의 통사로 볼 경우, 'A中B(A 중 B)' 등으로 번역할 수 있다고 본다.

→ 未可也, 不如鄕人之善者好之, 其不善者惡之 『論語·子路』
안 된다. 같은 마을 사람 중(中) 착한 사람이 좋아하고, 같은 마을 사람의 착하지 않은 사람이 싫어하는 것이 더 낫다.

15-11. 顏淵問爲邦. 子曰: "行夏之時, 乘殷之輅, 服周之冕, 樂則韶舞. 放鄭聲, 遠佞人. 鄭聲淫, 佞人殆."

顏淵	問	爲	邦.	子曰:	"行
(인명)안연,안회(顏回)(2-9)	(동)問A:A에 대해 묻다(12-10)	(동)통치하다, 다스리다(11-26)	제후가 왕에게 받은 나라(12-2)	공자가 말하다	(동)쓰다, 사용하다(7-10)
안연(顏淵)이 나라를 통치하는 것에 대해 물었다.				공자가 말했다.	
夏	之	時,	乘	殷之	輅,
(지명)하(夏)나라	(조사)수식,종속관계.'~의'(3-2)	(명)역법(曆法)	(동)타다	은(殷)나라의	(명)차, 마차
"하(夏)나라의 역법(曆法)을 사용하(고)			은(殷)나라의 마차를 타(고)		
服	周之	冕,	樂	則	韶舞.
(동)몸에 걸치다, 착용하다	주(周)나라의	(명)면류관(8-21)	(명)음악[주어]	(판단부사)(주어)+則+서술어(7-33)	(명)'소무'(순임금 시대의 악무 이름)
주(周)나라의 면류관을 쓰(고) [여기까지 세 개의 동사구가 생략된 주어 '통치(하는 것)'에 대한 서술어 역할을 한다]			음악은 순임금 시대의 악무 '소무(韶舞)'이다.		
(善爲政者,)放	鄭	聲,	遠	佞	人.
(동)쫓아내다,몰아내다,추방하다	(지명)정(鄭)나라	(명)음악, 악곡	멀리하다 [형용사→동사]	(동사)말주변이 있다(5-5)	(명)사람
(정치를 잘하려면) 정(鄭)나라의 음악을 몰아내(고)			말주변 있는 사람을 멀리한다. [여기까지 좋은 정치 실현 조건]		
鄭聲	淫,	佞人	殆."		
정(鄭)나라의 음악	(동)문란하다 [동사→형용사]	(명)말주변이 있는 사람	(형)위험하다. 위태롭다(2-15)		
정(鄭)나라의 음악은 문란하(고) [여기부터 좋은 정치 실현 불가능 이유]		말주변이 있는 사람은 위험하다."			

번역 안연(顏淵)이 나라를 통치하는 것에 대해 물었다. 공자가 말했다. "하(夏)나라의 역법(曆法)을 사용하고, 은(殷)나라의 마차를 타고, 주(周)나라의 면류관을 쓰고, 음악은 순(舜)임금 시대의 악무 '소무(韶舞)'이다. (정치를 잘하려면) 정(鄭)나라의 음악을 몰아내고, 말주변 있는 사람을 멀리한다. 정(鄭)나라의 음악은 문란하고 말주변 있는 사람은 위험하다."

語法과 語彙

行夏之時 (하(夏)나라의 역법(曆法)을 사용하다)

(명사) 분기, 계절. (季度, 季節)

(명사) 시간을 나누는 단위. (計時單位)

— [보충과 견해]

『漢語大字典』에서 시간과 관련된 명사의 용례로 상기한 두 가지가 있고 '역법(曆法)'이라는 항목이 없다. 모든 학자가 '역법'으로 주석하고 있고 본문의 내용상 '역법'이 적절하다고 본다.

乘殷之輅 (은(殷)나라의 마차를 타다)

(명사) 차, 마차. (車子) [로, lù]

→ 輅, 大車 『玉篇·車部』

服周之冕 (주(周)나라의 면류관을 쓰다)

(동사) 몸에 걸치다, 착용하다, 패용하다. (穿戴, 佩帶)

→ 朝服衣冠 『戰國策·齊策一』
아침에 옷과 관을 착용하다(옷을 입고 관을 쓰다).

樂則韶舞 (음악은 순(舜)임금 시대의 악무 '소무(韶舞)'이다)

(명사) 순임금 시대의 악무 이름. (舜時樂舞名) [소무, sháowǔ]

→ 《韶》, 舜樂也. 盡善盡美, 故取之 (何晏集解)
→ 『韶』은 순(舜)임금 음악이다. 훌륭함과 아름다움을 다하여 그것을 채택하다.

放鄭聲 (정(鄭)나라의 음악을 몰아내다)

(동사) 쫓아내다, 추방하다. (放逐, 驅逐)

→ 衆人皆醉我獨醒, 是以見放 『史記·屈原賈生列傳』
많은 사람(衆人)이 모두 취했(皆醉)는데 나 혼자 깨어있어 '이 때문에(是以)' 쫓겨나다(見放).

放鄭聲 (정(鄭)나라의 음악을 몰아내다)

(명사) 악곡, 음악. (音樂, 樂曲)

→ 趙王竊聞秦王善爲秦聲 『史記·廉頗藺相如列傳』
조(趙)나라 왕은 진왕이 '진나라 악곡을 잘한다(善爲秦聲)'는 것을 '몰래/살짝(竊)' 들었다.

鄭聲淫, 佞人殆 (정(鄭)나라의 음악은 문란하고 말주변 있는 사람은 위험하다)

(동사) 문란하게 하다. 미혹시키다. 혼란시키다. (紊亂, 惑亂) [음, yín]

→ 遷而不淫 『左傳·襄公二十九年』
변하지만 문란하지 않다.
→ 然天不授命, 淫亂其心, 遂以自亡 (漢·路溫舒『尚德緩刑書』)
그러나(然) 하늘이 '사명(命)'을 주지 않고(不授) '그의 마음(其心)'을 혼란시키고 어지럽게 하여 '결국 이 때문에(遂以)' 스스로 멸망하다(自亡).

15-12. 子曰: "人無遠慮, 必有近憂."

子曰:	"人	無	遠慮,	必	有
공자가 말하다	사람	(동)없다(9-2)	(명)깊고 큰 책략	(부)꼭,반드시, 분명히(6-30)	(동)있다
공자가 말했다. "사람이 깊고 큰 책략이 없(으면) [가정조건절]				반드시 있다	
近	憂."				
(형)가깝다	(명)걱정,근심 (6-11)				
가까운 걱정(이)"					

번역 공자가 말했다. "사람이 깊고 큰 책략이 없으면 반드시 가까운 걱정이 있다." (→깊고 큰 책략이 없으면 가까운 시일 내에 걱정이 생긴다)

語法과 語彙

人無遠慮 (사람이 깊고 큰 책략이 없다)

(명사) 깊고 큰 '책략(=일을 꾸미고 이루어 나가는 교묘한 방법)'. (深遠的計慮) [원려, yuǎnlǜ]

(형용사) 책략(=일을 꾸미고 이루어 나가는 교묘한 방법)이 깊고 크다. (亦指計慮深遠) [원려, yuǎnlǜ]

→ 晁錯為國遠慮, 禍反近身 『史記·吳王濞列傳』

조착(晁錯, Cháocuò)이 '나라를 위해서 깊고 큰 방법을 강구하(為國遠慮)'지만 화는 오히려 '자신에게 가까이 있다(近身)'.

15-13. 子曰: "已矣乎! 吾未見好德如好色者也."

<table>
<tr><th>子曰:</th><th>"已</th><th>矣乎!</th><th>吾</th><th>未</th><th>見</th></tr>
<tr><td>공자가 말하다</td><td>(동)끝나다(5-27)</td><td>(어기)의문,감탄
(4-6)</td><td>(대)나,우리
'주어,한정어…'
(13-18)</td><td>(부사)아직~않다
(3-25)</td><td>(동)보다</td></tr>
<tr><td colspan="3">공자가 말했다. "끝났다!</td><td colspan="3">나는 아직 못 보았다</td></tr>
<tr><th>好德</th><th>如</th><th>好色</th><th>者</th><th>也."</th><td rowspan="3"></td></tr>
<tr><td>德을 좋아하다</td><td>(동)비교될 수 있다,
미치다(5-9)</td><td>(동)여색에
집착하다</td><td>(조사)~한 사람,
~한 것(1-2)</td><td>(어기)진술강조
(2-17)</td></tr>
<tr><td colspan="5">덕(德)을 좋아하는 것이 여색에 집착하는 것에 비교될 수 있는 사람(을)"</td></tr>
</table>

번역 공자가 말했다. "끝났다! 나는 덕(德)을 좋아하는 것이 여색에 집착하는 것에 비교될 수 있는 사람을 아직 못 보았다."

語法과 語彙

吾未見好德如好色者也 (나는 德을 좋아하는 것이 여색에 집착하는 것에 비교될 수 있는 사람을 아직 못 보았다)

(명사) 아름다운 용모. (美好的容顔 ; 美色) [호색, hàosè]

→ 君子之於善也, 如好好色 ; 其於不善也, 如惡惡臭 (宋·蘇軾『思堂記』)
군자는 '좋은 일(善)'에 대해선 아름다운 용모'와 같다고 여기(如)'고, 그가 '좋지 않은 일(不善)'에 대해서는 악취와 같다고 여기다.

(동사) 여색에 집착하다. (貪愛女色) [호색, hàosè]

→ 寡人有污行, 不幸而好色 『管子·小匡』
나(寡人:왕,제후가 본인을 지칭)는 '품위가 낮은 행동(污行)'이 있는데 불행하게도 여색에 집착한다.

(동사) 음탕한 욕심에 연연해하다. (引申爲迷戀淫欲) [호색, hàosè]

→ 一個好色的婦女 (明·『金瓶梅詞話·第一回』)
음탕한 욕심에 연연해하는 한 부인.

15-14. 子曰: "臧文仲其竊位者與! 知柳下惠之賢而不與立也."

子曰:	"臧文仲	其	竊位	者	與!
공자가 말하다	(인명)장문중(5-18) [화제]	(대칭재지시)그(들), 이(들)··· (8-1)	(동)명성과 지위를 훔치다	(조사)~한 사람, ~한 것(1-2)	(어기)감탄(1-2)
공자가 말했다. "장문중(臧文仲), 그는 명성과 지위를 훔친 사람이다!					
知	柳下惠	之		賢	
알다	(인명)유하혜	(접)주어+之+서술어(1-10)		(형)덕행과 재능이 있다(6-11)	
유하혜(柳下惠)가 덕행과 재능이 있는 것을 알았···					
而	不	與(之)	立	也."	
(접)전환. '그러나'(1-1)	(부)동사앞. 과거경험부정(7-5)	참여하다(3-12) [동→사역]	(동)성취하다(6-30)	(어기)진술강조 (2-17)	
..지만 (그가) 성취하도록 참여시키지 않았다."					

번역 공자가 말했다. "장문중(臧文仲), 그는 명성과 지위를 훔친 사람이다! 유하혜(柳下惠)가 덕행과 재능이 있는 것을 알았지만 성취하도록 참여시키지 않았다."

語法과 語彙

臧文仲其竊位者與! (장문중(臧文仲), 그는 명성과 지위를 훔친 사람이다!)

(대명사) 대칭재지시는 내용이 나타내는 것에서 문장 안의 주어, 한정어, 목적어 등 어떤 부분을 강조하거나 돌출시키기 위해서 그것을 문장의 앞부분에서 제시하여 그것의 본래의 위치에서 하나의 대명사를 이용하여 재지시한다. 통사구조를 간결하고 명쾌하게 해주는 효과를 얻을 수 있다. (2-1참조)

→ 泰伯其可謂至德也已矣 『論語·泰伯』
태백(泰伯), 그는 훌륭한 품덕의 인물이라고 말할 수 있다.

→ 齊、晉、秦、楚, 其在成周微甚 『史記·二十諸侯年表』
齊, 晉, 秦, 楚 이들 나라는 주나라가 강성한 시기에 세력이 매우 약했다.

→ 男女同姓, 其生不蕃 『左傳·僖公二十三』
남녀 같은 성(男女同姓)이면 그 자손(其生)은 번성하지 못한다(不蕃).

臧文仲其竊位者與! (장문중(臧文仲), 그는 명성과 지위를 훔친 사람이다!)

(동사) 재능과 덕이 감당할 수 없다, 명성과 지위를 훔치다. (謂才德不稱, 竊取名位) [절위, qièwèi]

→ 才不賢而託官位, 利上奉, 妨賢者處, 是竊位也 『史記·日者列傳』
재능이 없는데(不賢:無才能) 관리의 자리를 부탁하고, '상등의 봉록(上奉)'에 이익이 있게 하고, 현명한 이의 거처를 훼방 놓는 이것이 명성과 지위를 훔치는 것이다.

知柳下惠之賢而不與立也 (유하혜(柳下惠)가 덕행과 재능이 있는 것을 알았지만 성취하도록 참여시키지 않았다)

(인명) 성(姓)은 전(展)씨이며 이름은 획(獲)이고 자(字)는 금(禽)이다. 혜(惠)는 시호(諡號)이다. 보통 유하혜(柳下惠)라고 부르지만 그의 정식 명칭은 전금(展禽)이다. 장문중과 동시대의 노나라 대부이며 장문중이 집정할 때 형옥(刑獄)을 관리하는 사사(士師)였다. 『좌전』「희공(僖公)」26년 경에 제나라가 노나라 북쪽 변방을 쳤는데 전금(展禽) 즉 유하혜(柳下惠)의 지혜로운 말로써 퇴병(退兵)시키는 장면이 실려 있다. 맹자(孟子)도 「盡心下-15」에서 "성인은 백세의 스승이니, 백이와 유하혜가 바로 이런 사람이다(聖人, 百世之師也. 伯夷、柳下惠是也)"라고 하여 백세의 성인으로서 유하혜를 백이 급(級)으로 올려놓은 바 있다. (김용옥, 2008)

15-15. 子曰: "躬自厚而薄責於人, 則遠怨矣."

子曰:	"躬	自厚	而	薄責	於
공자가 말하다	(상태부사)몸소, 친히, 직접	(동)자책(自責)을 중요시하다	(접)전환. '그러나'(1-1)	(동)낮은 기준으로 요구하다	(대상.전)동작대상. '~에게'(2-5)
공자가 말했다. "몸소 자책(自責)을 중요시하지만 타인에게는 낮은 기준으로 요구하…					
人,	**則**	**遠**	**怨**	**矣."**	
(명)타인, 다른 사람(7-30)	(접)조건+則+결과(1-6)	(형)멀다 [형용사→동사]	(명)원망과 분노(14-35)	(어기)미래확신. '가정+결과'(7-15)	
	..면 분명 원망과 분노를 멀리할 수 있을 것이다."				

번역 공자가 말했다. "몸소 자책(自責)을 중요시하지만 타인에게는 낮은 기준으로 요구하면 분명 원망과 분노를 멀리할 수 있을 것이다."

語法과 語彙

<u>躬</u>自厚而薄責於人 (몸소 자책(自責)을 중요시하지만 타인에게 낮은 기준으로 요구하다)

(상태부사) 동사 서술어 앞에 쓰여 부사어가 되어 동작행위를 행위자가 직접 한다는 것을 강조한다. '몸소, 직접, 친히' 등으로 번역될 수 있다. (親自, 親身)

→ 禹稷<u>躬</u>稼而有天下 『論語·憲問』
우(禹)와 직(稷)이 몸소·친히 파종하고 천하를 얻다.

躬<u>自厚</u>而薄責於人 (몸소 자책(自責)을 중요시하지만 타인에게 낮은 기준으로 요구하다)

(동사) 자책을 중요시하다. (意謂重於自責)

→ 凡此六者, 以仁治人, 義治我, 躬<u>自厚</u>而薄責於外, 此之謂也 (漢·董仲舒『春秋繁露·仁義法』)
모두(凡) 이 여섯 가지로 仁으로 사람을 다스리고 정의(義)로 나를 다스리고 '몸소 자책을 중요시하(躬自厚)'지만 (而) '타인에게 낮은 기준으로 요구하(薄責於外)'는 것 이것을 말하다.

躬自厚而<u>薄責</u>於人 (몸소 자책(自責)을 중요시하지만 타인에게 낮은 기준으로 요구하다)

(동사) 낮은 기준으로 요구하다. (用低標準來要求) [박책, bózé]

15-16. 子曰: “不曰如之何如之何者, 吾末如之何也已矣.”

子曰:	“不曰	如之何	如之何	者,	吾
공자가 말하다	말하지 않다	(관용)방법·방식 질문(2-20)	(관용)방법·방식 질문(2-20)	(조사)~한 사람, ~한 것(1-2)	(대)나,우리 '주어,한정어…' (13-18)
공자가 말했다.	"어떡하지! 어떡하지! 말하지 않는 사람(은) [화제,topic(1-6)(16-14)]				나는

末	如之何	也已矣.”
(부)동사 앞. ~할 방법이 없다 (9-11)	(관용)방법·방식 질문(2-20)	(관용구)강한 긍정, 강한 감탄(8-1)
어떻게 할 수 있는 방법이 없다.”		

번역 공자가 말했다. “어떡하지! 어떡하지! 말하지 않는 사람은 나는 어떡해야 할 방법이 없다.”

語法과 語彙

吾末如之何也已矣 (나는 어떡해야 할 방법이 없다)

(부사) 동사 서술어 앞에 쓰여 어떤 동작, 행위를 할 수 있는 기반이 없다는 것을 나타낸다. '~할 방법이 없다' 등으로 번역된다. (没有辦法)

→ 雖欲從之, 末由也已 『論語・子罕』
설령 내가 선생님을 따라가려 해도 따라갈 방법이 없다.

→ 雖孔子末如之何矣 『法言・問神』
비록 공자라도(雖孔子) 어떡해야 할 방법이 없다.

(부사) 동사 서술어 앞에 쓰여 사실을 진술한 것에 대한 부정을 나타낸다. '~아니다, ~하지 않다, ~하지 못하다, ~하지 않았다' 등으로 번역될 수 있다. (不, 没有)

→ 四弟曰: “吾末予子酒矣 『墨子・公孟』
넷째 동생이 말한다. : “나는 당신(子)에게 술을 '주지(予)' 않았다.” [予:<여,yú>나(我) /<여,yǔ>주다(給與)]

15-17. 子曰: "羣居終日, 言不及義, 好行小慧, 難矣哉!"

子曰:	"羣居	終日,	言	不及	義,
공자가 말하다	(동)여러 사람이 함께 지내다	하루 종일 [명사→부사]	(명)말	(동)따라가지 못하다, 미치지 못하다	(명)의(義)
공자가 말하다	"하루 종일 여러 사람이 함께 지(낼 때) [시간절]		말이 의(義)를 따라가지 못하(고)		
好	**行**	**小慧,**	**難**	**矣哉!"**	
(동)좋아하다(7-11) [호,hào]	(동)행하다,쓰다, 이용하다(12-6)	(명)잔꾀.잔머리. 잔재주	(형)어렵다, 곤란하다(6-22)	(어기)문미 감탄 (9-12)	
잔꾀 쓰기를 좋아하(면) [조건절]			곤란하다!"		

번역 공자가 말했다. "하루 종일 여러 사람이 함께 지낼 때 말이 의(義)를 따라가지 못하고, 잔꾀 쓰기를 좋아하면 곤란하다!"

語法과 語彙

羣居終日 (하루 종일 여러 사람이 함께 지내다)

(동사) (=群居). 여러 사람이 함께 지내다. (衆人共處) [군거, qúnjū]

→ 羣居率以私喜怒軒輊人 (宋·周密『齊東野語·杭學游士聚散』)
여러 사람이 함께 지내면서(羣居) 가볍게(率以) 기쁨과 분노를 키우고(私喜怒) 사람의 우열을 가리다(軒輊人<헌지, xuānzhì>).

羣居終日 (하루 종일 여러 사람이 함께 지내다)

(명사) 하루 종일. (整天)

→ 君子終日乾乾 『易·乾』
군자는 종일 자강불식(乾乾:自强不息<건건, qiánqián>)한다 or 끊임없이 노력한다.

→ 吾與回言終日 『論語·爲政』
나는 안회와 하루 종일 말한다.

— [견해]
현대중국어에서 '종일(終日)'을 '명사'로 품사 분류했는데 문장 안에서 쓰이는 용도를 보면 '부사'로 쓰인다.

→ 他終日忙碌, 事情還是做不完
그는 하루 종일 바쁘게 움직였지만 일은 여전히 다 하지 못했다.

→ 她爲媽媽的病終日以泪洗面
그녀는 어머니의 병환으로 하루 종일 눈물로 얼굴을 씻는다.

→ 終日不停的凄凄纖雨
하루 종일 쉬지 않는 '구슬픈(凄凄<처처, qīqī>)' 가랑비

이 용례를 보면 현대중국어도 여전히 품사활용이 실행되고 있음을 볼 수 있다. 한편 영어에서는 이에 상응하는 용도의 단어인 '어제(yesterday), 오늘(today)' 등을 '부사'로 명기했으며, 한국어는 좀 더 구체적이고 분명하게 '명사'와 '부사'로 명기해놓고 있다(아래 참조).

→ 어제는 공휴일이었다. (명사)

→ 그 일은 어제 끝냈어야 했다. (부사)

→ What time does the bank close today? (부사)
은행 오늘 몇 시에 닫죠?

→ I was ill yesterday and don't feel any better today. (부사)
어제 나는 아팠는데 오늘 조금도 나아지지 않았다.

言不及義 (말이 의(義)를 따라가지 못하다)

(동사) 따라가지 못하다, 미치지 못하다, 도달하지 못하다. (赶不上 ; 來不及)

→ 師也過, 商也不及 『論語·先進』
자장(子張)은 지나치고, 자하(子夏)는 미치지 못하다.

→ 懷王悔, 追張儀, 不及 『史記·屈原賈生列傳』
회왕(懷王)은 후회하고 장의(張儀)를 쫓아갔지만 따라잡지 못한다.

好行小慧 (잔꾀 쓰기를 좋아하다)

(명사) 잔꾀. 잔머리. 잔재주. (小聰明) [소혜, xiǎohuì]

→ 小慧謂小小之才知 (何晏集解引鄭玄曰)
소혜(小慧)는 작은(小小) 재능과 지식(才知)을 말한다. [하안(何晏:?—249年) 집해(集解)할 때 정현(鄭玄:127年—200年)을 인용해 말하다]

15-18. 子曰: “君子義以爲質, 禮以行之, 孫以出之, 信以成之, 君子哉!”

子曰:	“君子	義	以		爲
공자가 말하다	(명)군자(君子)(11-1)	(명)올바른 길. 올바른 도리	(전)동작조건·근거·신분.‘~에 의지하여, ~에 의거하여,~의 신분으로써…’(8-5)		(동)만들다(6-29)
공자가 말했다.	“군자가 올바른 길에 의지하여 사물의 주요한 부분을 만들(고) [전치사 以의 목적어가 빈번하게 以 앞에 놓일 수 있다(보통 以 뒤에 놓인다). 시(是)는 전치사 以 앞에 놓일 수도 있고 뒤에 놓일 수도 있다]				
質,	**禮**	**以**	**行**	**之,**	
(명)사물의 주요한 부분	(명)예(禮)	(전)동작조건·근거·신분(8-5)	(동)실행하다, 밀고나가다(5-14)	(접사)자·타동+之. 동사강조·보충,음절 모으기(13-1)	
	예(禮)에 의지하여 실행하(고)				
孫	**以**	**出**	**之,**	**信**	**以**
(형)공손하다 [형→명](14-3)	(전)동작조건·근거·신분(8-5)	(동)드러내다	(접사)동사강조·보충, 음절모으기(13-1)	(명)신의(信義)	(전)동작조건·근거·신분(8-5)
공손함에 의지하여 드러내(고)				신의에 의지하여	
成	**之,**	**君子**	**哉!”**		
(동)완성하다,실현하다,이루다(7-10)	(접사)동사강조·보충, 음절모으기(13-1)	(형)군자답다	(어기)문미 감탄(8-15)		
실현하(니) [여기까지 조건절]		군자답다!”			

번역 공자가 말했다. “군자가 올바른 길에 의지하여 사물의 주요한 부분을 만들고, 예(禮)에 의지하여 실행하고, 공손함에 의지하여 드러내고, 신의(信義)에 의지하여 실현하니 군자답다!”

語法과 語彙

君子義以爲質 (군자가 올바른 길에 의지하여 사물의 주요한 부분을 만들다)

(명사) 올바른 길. 올바른 도리. (正道、正理)
(명사) 적합한 일. (合宜的事情)
(명사) 법칙. (法則)
(명사) 의미. (意思)
(형용사) 정의에 부합하는, 의로운. (合於正義的)

君子義以爲質 (군자가 올바른 길에 의지하여 사물의 주요한 부분을 만들다)

(명사) 사물의 주요 부분. (物類的本體)

→ 中正無邪, 禮之質也 『禮記·樂記』
치우치지 않고 올바르(中正)고 사악함이 없는(無邪) 것이 ‘예의 주요 부분(禮之質)’이다.

孫以出之 (공손함에 의지하여 드러내다)

(동사) 나타나다. 드러내다. 드러나다. (出現, 顯露)

→ 至言不出, 俗言勝也 『莊子·天地』
출중한 견해(至言)가 나타나지 않으면 민간에서 흘러 다니는 견해(俗言)가 이긴다.

君子義以爲質, 禮以行之, 孫以出之, 信以成之, 君子哉! (군자가 올바른 길에 의지하여 사물의 주요한 부분을 만들고, 예(禮)에 의지하여 실행하고, 공손함에 의지하여 드러내고, 신의(信義)에 의지하여 실현하니 군자답다!)

(전치사) 以의 목적어는 빈번하게 以 앞에 있는데 만약 以의 목적어가 의문대명사 '何', '曷', '胡', '誰' 등이거나 목적어가 대명사 '是'인 경우에는 많은 경우 以 앞에 놓이거나 뒤에 놓인다.

→ 楚战士無不一以當十 『史記·項羽本紀』
초나라 전사 중에 한 명으로 열 명을 당해내지 못하는 사람이 없다.

→ 曷以知舞之意? 『荀子·樂論』
무엇으로 춤의 뜻을 아는가?

→ 以是觀之, 人謂子産不仁, 吾不信也 『左傳·襄公三十一年』
이것에 근거하여 그것을 보아 사람들이 자산(子資)이 불인(不仁)하다고 말하는데 나는 못 믿겠다.

15-19. 子曰: "君子病無能焉, 不病人之不己知也."

子曰:	"君子	病	無能	焉,	不病
공자가 말하다	(명)군자(君子)(11-1)	(동)걱정하다(6-30)	(동)능력이 없다, 재능이 없다	(어기)문중.진술강화 문장을 이끎(8-13)	(동)걱정하지 않다
공자가 말했다.	"군자는 능력이 없는 것을 걱정하(지/고/…)				걱정하지 않는다…
人	之	不	己	知	也."
(명)타인, 다른사람(7-30)	(접)주어+之+서술어(1-10)	(부)동사술어 앞. '~하지 않다'(7-14)	(대)자신(1-16)	(동)이해하다, 알다(8-16)	(어기)진술강조(2-17)
다른 사람이 자신을 이해하지 않는 것을(or 알지 못하는 것을)." [不(부정부사)+己(목적어)+知(동사)의 통사구조]					

번역 공자가 말했다. "군자는 능력이 없는 것을 걱정하지, 다른 사람이 자신을 '이해하지 못하는 것을(=알아주지 않는 것을)' 걱정하지 않는다."

語法과 語彙

君子病無能焉 (군자는 능력이 없는 것을 걱정한다)

(동사) 재능이 없다. 능력이 없다. (*沒有才能;沒有能力*)

→ 無德不貴, 無能不官 『荀子·王制』
도덕이 없으면 귀중하지 않고 능력이 없으면 벼슬을 못한다.

15-20. 子曰: “君子疾沒世而名不稱焉.”

子曰:	“君子	疾	沒世	而	名
공자가 말하다	(명)군자(君子)(11-1)	(동)걱정하다(6-30)	(동)죽다	(접)동작의 선후. ‘~다음’(6-15)	(명)1.명성 2.이름
공자가 말했다. “군자는 죽은 다음 명성(or 이름)(이)					
不	**稱**	**焉.”**			
(부)동사술어 앞. ‘~하지 않다’(7-14)	(동)칭찬하다 [동→피동](8-1)	(어기)진술문 문미.멈춤(5-16)			
칭찬되지 않는 것을 걱정한다.”					

번역 공자가 말했다. “군자는 죽은 다음 명성(or 이름)이 ‘칭찬되지 않는 것을(=칭찬 받지 못하는 것을)’ 걱정한다.”

語法과 語彙

君子疾沒世而名不稱焉 (군자가 죽은 다음 명성(or 이름)이 ‘칭찬되지 않는 것을(=칭찬 받지 못하는 것을)’ 걱정하다)

(동사) 죽다. (死)

→ 順幸沒世, 可謂知意矣 『史記·蒙恬列傳』
왕의 뜻에 순종하여 총애를 받다(順幸:順從帝意而得寵幸) 죽으니 뜻을 안다고 말할 수 있다.

君子疾沒世而名不稱焉 (군자가 죽은 다음 명성(or 이름)이 ‘칭찬되지 않는 것을(=칭찬 받지 못하는 것을)’ 걱정하다)

(명사) 명성, 명예. (名聲, 聲譽)

→ 晏子長不滿六尺, 身相齊國, 名顯諸侯 『晏子春秋·內篇雜上』
안자(晏子)는 키가 ‘6척이 안 되고(不滿六尺)’ 몸체(身相)는 제나라 사람 같지만 명성은 제후에게 알려져 있다.

(명사) 명분, 이름. (名分, 名號, 名義)

→ 子路曰: “衛君待子而爲政, 子將奚先?” 子曰: “必也正名乎!” 『論語·子路』
자로가 말했다. “위(衛)나라 왕께서 선생님을 기다려 정치를 한다면 선생님은 무엇을 먼저 하시겠습까?” 공자가 말했다. “확보해야 하는 것(必也)은 명분·이름을 바로 잡는 것이다!”

15-21. 子曰: "君子求諸己, 小人求諸人."

子曰:	"君子	求	諸	己,
공자가 말하다	(명)군자(11-1)	(동)요구하다	(겸사)諸=之+於(=向)'~에게'(5-12)	(대)자신(1-16)
공자가 말했다. "군자는 자신에게 요구하고				
小人	**求**	**諸**	**人."**	
(명)소인	(동)요구하다	(겸사)諸=之+於(=向)'~에게'(5-12)	(명)타인, 다른사람(7-30)	
소인은 타인에게 요구한다."				

번역 공자가 말했다. "군자는 자신에게 요구하고, 소인은 타인에게 요구한다."

語法과 語彙

君子求諸己 (군자가 자신에게 요구하다)

(동사) 요구하다, 나무라고 찾다. (要求, 責求)

→ 百姓賤賣貨物以便上求 『鹽鐵論·本議』
높은 요구(上求)를 '쉽게 실현하기 위해서(以便:다음 나오는 문장의 목적을 쉽게 실현하기 위해서 사용된다. 表示使下文所說的目的容易實現)' 백성이 물건을 싸게 팔다(賤賣貨物以).

→ 人惟求舊, 物惟求新 『商書·盘庚』
사람은 오직 옛 사람을 요구하고 물건은 오직 새 것을 요구한다.

君子求諸己, 小人求諸人 (군자가 자신에게 요구하고, 소인이 타인에게 요구하다)

(겸사<兼詞>) 대명사 '之'와 전치사 '於'의 합음사(合音詞)이다. '제(諸)' 앞에는 반드시 동사가 오고, 뒤에는 반드시 명사나 명사성 성분이 와야 한다. 제(諸:之於)에서 '지(之)'는 앞의 동사의 목적어 되고, '어(於)'가 수반하는 뒤의 명사성 성분은 전치사의 목적어가 된다. '於+목적어'는 앞의 '동사+목적어'의 부사어가 되고 동작, 행위와 관련 있는 '장소, 인물' 등을 나타낸다. 대명사 '지(之)'가 대신하는 대상은 장소와 인물 크게 두 가지이다. 대상을 대신하는 것은 일반적으로 앞의 문장에서 이미 출현한 것이다.(2-19)

→ 投諸渤海之尾, 隱土之北 『列子·湯問』
발해(渤海)의 가(=주변)와 은토(隱土)의 북쪽에 (그것을) 던지다

→ 有諸內, 必形諸外 『孟子·告子下』
(그것이) 안에 있으면 반드시 (그것을) 밖으로 드러낸다.

(겸사<兼詞>)'제(諸:之於)' 다음의 명사가 사람을 보여주는 경우는 '동사+제(諸)+명사(인물)'을 이루고 '어(於)'는 '~에게(向)'로 번역될 수 있고, 지(之)'가 나타내는 것은 앞에 나온 구체적인 것이다. 그러나 설명하고 있는 위의 내용(君子求諸己, 小人求諸人, 군자가 자신에게 요구하고, 소인이 타인에게 요구하다)과 아래의 예문을 보면 之는 동사의 대상이 되는 일반적인 것일 수도 있다. (5-12)

→ 我不欲人之加諸我也 『論語·公冶長』
나는 타인이 저에게 압력을 가하는 것을 원하지 않는다.

15-22. 子曰: “君子矜而不爭, 羣而不黨.”

子曰:	“君子	矜	而	不爭,
공자가 말하다	(명)군자(君子)(11-1)	(형)단정하고 장중하다	(접)병렬. ‘그리고’(7-1)	(동)쟁탈하지 않다
공자가 말했다.	“군자는 단정하고 장중하고 쟁탈하지 않(으며)			
羣	而	不黨.”		
(동)단체를 결성하여 협력하다	(접)병렬. ‘그리고’(7-1)	(동)사적인 정에 치우치지 않다		
단체를 결성하여 협력하고 사적인 정에 치우치지 않는다.”				

번역 공자가 말했다. “군자는 단정하고 장중하고 쟁탈하지 않으며, 단체를 결성하여 협력하고 사적인 정에 치우치지 않는다.”

語法과 語彙

君子矜而不爭 (군자는 단정하고 장중하고 쟁탈하지 않는다)

(형용사) 단정하고 존경할만한 에너지가 있고 무게가 있다=단정하고 장중하다. 엄숙하다 (端莊, 嚴肅) [긍, jīn]

→ 士衡矜重, 故情繁而辭隱 『文心雕龍·體性』
사형(士衡, 인명)은 단정·장중하고 엄숙하여(矜重) 정이 많고(情繁) ‘말은 세심하고 깊다(辭隱)’.

君子矜而不爭 (군자는 단정하고 장중하고 쟁탈하지 않는다)

(동사) 쟁탈하지 않다, 싸워서 빼앗지 않다. (不爭奪) [부쟁, bùzhēng]

→ 賞誅之法不失其議, 故民不爭 『商君書·修權』
상과 벌(賞誅)의 법이 ‘그 의의(其議)’를 잃지 않아 백성이 싸워서 빼앗지 않다.

羣而不黨 (단체를 결성하여 협력하고 사적인 정에 치우치지 않다)

(동사)(=群) 단체를 결성하여 협력하다. (合群)

→ 人能群, 彼不能群 『荀子·王制』
사람은 단체를 결성하여 협력할 수 있지만 저것들은 단체를 결성하여 협력할 수 없다.

羣而不黨 (단체를 결성하여 협력하고 사적인 정에 치우치지 않다)

(동사) 아부하지 않다. 사적인 정에 치우치지 않다. (不阿附<아부, ēfù>, 不偏私<편사, piānsī>) [부당, bùdǎng]

→ 吾聞君子不黨 『論語·述而』
나는 군자는 사적인 정에 치우치지 않는다고 들었다.

15-23. 子曰: "君子不以言擧人, 不以人廢言."

子曰:	"君子	不	以	言	擧
공자가 말하다	(명)군자 (君子)(11-1)	(부)동사술어 앞. '~하지 않다'(7-14)	(전)원인 '~ 때문에'(3-8)	(명)말.언사. 한마디(2-2)	(동)추천하다, 선발하다(2-20)
공자가 말했다. "군자는 말 때문에 사람을 추천하지 않(고)					
人,	**不**	**以**	**人**	**廢**	**言."**
(명)타인, 다른 사람(7-30)	(부)동사술어 앞. '~하지 않다'(7-14)	(전)원인 '~ 때문에'(3-8)	(명)사람	(동)폐기하여 쓰지 않다(6-12)	(명)견해,의견,언론 (13-11)
	사람 때문에 견해·의견을 폐기하여 쓰지 않는다."				

번역 공자가 말했다. "군자는 말 때문에 사람을 추천하지 않고, 사람 때문에 '말 or 견해·의견'을 폐기하여 쓰지 않는다."

語法과 語彙

君子不以言擧人 (군자는 말 때문에 사람을 추천하지 않다)

(명사) 견해, 의견, 언론. (言論 ; 見解 ; 意見)(13-11)

→ 如何昊天, 辟言不信 『詩經·小雅·雨無正』
하늘(昊天:<호천, hàotiān>蒼天)은 어떠한지에 대해 '왕의 견해(辟言<벽언, bìyán>)'를 믿지 않다.

(명사) 말, 언사, 한 마디. (一句話爲一言)(2-2)

→ 法語之言, 能無從乎? 『論語·子罕』
예법에 맞는 말을 어떻게 따르지 않을 수 있는가?

15-24. 子貢問曰: "有一言而可以終身行之者乎?" 子曰: "其恕乎! 己所不欲, 勿施於人."

子貢	問曰:	"有	一言	而	可以
(인명)자공=사(賜)(1-10)	물으며 말하다	(동)있다	(명)말, 언사, 한 마디(2-2)	(접)주+而+술. '가정,강조…'(2-13)	(조동사)~할 수 있다(2-10)
자공이 물으며 말했다.		"한 마디가			
終身	**行**	**之**	**者**	**乎?"**	**子曰:**
(명)평생 [명사→부사]	(동)실행하다,밀고 나가다(5-14)	(조사)한정어+之+중심어(4-23)	(조사)~한 사람, ~한 것(1-2)	(어기)의문(2-7)	공자가 말하다
평생 나아갈 수 있는 것이 있습니까?" [→ 평생 밀고 나아가야 하는 한 마디가 있습니까?]					공자가 말했다.
"其	**恕**		**乎!**	**己**	**所**
(대)그것은.주어(명사+之)(2-22)	자기 마음으로 미루어 남을 헤아림 [동사→명사]		(어기)감탄,비분,찬송(3-14)	(대)자신(1-16)	(조사)'~사람·것·사건·곳'(1-12)
"그것은 서(恕)이다!				자신이	
不欲,	**勿**	**施**	**於**	**人."**	
원하지 않다 [欲(동)(4-5)]	(부)동작행위부정(6-6)	(동)행하다, 실행하다(2-21)	(대상.전)동작대상. '~에게'(2-5)	(명)타인, 다른 사람(7-30)	
원하지 않는 것(은)	다른 사람에게 행하지 않는다."				

번역 자공(子貢)이 물으며 말했다. "한 마디가 평생 나아갈 수 있는 것이 있습니까?" 공자가 말했다. "그것은 서(恕)이다! 자신이 원하지 않는 것을 다른 사람에게 행하지 않는다."

語法과 語彙

有一言而可以終身行之者乎? (한 마디가 평생 나아갈 수 있는 것이 있는가?)

(명사) 일생(=세상에 태어나서 죽을 때까지의 동안). (一生)

→ 終身誦之 『論語·子罕』
일생 동안(終身) 그것을 암송하다.

其恕乎! (그것은 서(恕)이다!)

(동사) 자기의 마음으로 미루어 남을 헤아리다, 입장을 바꾸어 생각하다. 인애(仁愛)(推己及人；仁愛). ([서, shù]

→ 以己量人謂之恕 『新書·道術』
자신에 근거해서(以己) '다른 사람을 헤아리(量人)'는 것을 서(恕)라고 하다.

15-25. 子曰: "吾之於人也, 誰毁誰譽? 如有所譽者, 其有所試矣. 斯民也, 三代之所以直道而行也."

子曰:	"吾	之	於	人	也,
공자가 말하다	(대)나,우리 '주어,한정어…' (13-18)	(접)주어+之+서술어(1-10)	(전)상황대상 '~에 대하여'(2-5)	(명)타인, 다른사람(7-30)	(어기)멈춤. '완만,제시'(3-1)
공자가 말했다. "내가 타인에 대해서…					
誰	**毁**	**誰**	**譽?**	**如**	**有**
(의.대)목적어. '누구를'(6-17)	(동)비방하다, 헐뜯다	(의.대)목적어. '누구를'(6-17)	(동)칭찬하다, 칭송하다	(접)만약~하면 (7-11)	(동)있다
누구를 비방하고 누구를 칭찬하는가? [의문대명사(誰,목적어)+타동사(毁,譽)의 병렬]				만약	
所…(者)	**譽**	**(所)…者,**	**其**	**有**	**所**
(구조조사)所+(전치사)+동사(8-4)	(동)칭찬하다, 칭송하다	(구조조사)所+(전치사)+동사(8-4)	(대)그가,그것은. 주어(명사+之)(2-22)	(동)있다	(조사)'~사람·것·사건·곳'(1-12)
칭찬하는 것이 있다면			그것은		
試	**矣.**	**(於)斯**	**民**	**也,**	**三代**
(동)검증하다. 검사하다	(어기)'이미 그렇다' (3-24)	(대)한정어. '이…'(6-10)	(명)백성.서민. 평민.민중	(어기)멈춤. '완만,제시'(3-1)	하(夏),은(殷), 주(周) 3대
검증된 것이 있다. [동사→수동·피동]		이 백성(에 대해서는)… [문두 '동작 발생 장소 전치사' 혹은 '범위 한정 전치사' 생략(1-3)]			하(夏), 은(殷), 주(周) 3대가
之所以		**直道而行**		**也."**	
'A之所以B' 구조로 보는 경우 'A가 B의 것·방법을 사용하다'로 본다		(동)올바른 道에 의거하여 일을 하다		(어기)진술강조 (2-17)	
직도이행(直道而行:올바른 道에 의거하여 일을 하다)의 방법을 사용했다."					

번역 공자가 말했다. "내가 타인에 대해서 누구를 비방하고 누구를 칭찬하는가? 만약 칭찬하는 것이 있다면 그것은 검증된 것이 있다. 이 백성에 대해서는 하(夏), 은(殷), 주(周) 3대가 직도이행(直道而行:올바른 道에 의거하여 일을 하다)의 방법을 사용했다."

語法과 語彙

誰毁誰譽? (누구를 비방하고 누구를 칭찬하는가?)

(동사) 비방하다, 헐뜯다. (詆毁, 誹謗) [훼, huǐ]

→ 故堯有不慈之毁, 舜有不孝之謗 (唐·皮日休『原謗』)
그래서 요임금은 '자애롭지 못하다는 비방(不慈之毁)'이 있고, 순임금은 '불효의 비방(不孝之謗)'이 있다.

誰毁誰譽? (누구를 비방하고 누구를 칭찬하는가?)

(동사) 훌륭하다고 칭찬하다. 칭송하다. (稱美, 贊美) [예, yù]

→ 好面譽人者, 亦好背而毁之 『莊子·盜跖』
면전에서(好) '사람 칭찬(칭송)하기 좋아하는 사람(譽人者)'은 또한 '뒤돌아서(背而)' '비난하(毁之)'는 걸 좋아한다.

如有所譽者, 其有所試矣 (만약 칭찬하는 것이 있다면 그것은 검증된 것이 있다)

(동사) 검증하다. 검사하다. (檢驗)

→ 操欲試曹丕、曹植之才幹 『三國演義·第七十二回』
조조(操)가 조비(曹丕)와 조식(曹植)의 재능(才幹)을 검증하길 원하다.

斯民也, 三代之所以直道而行也 (이 백성에 대해서 하(夏), 은(殷), 주(周) 3대가 직도이행(直道而行:올바른 道에 의거하여 일을 하다)의 방법을 사용하다)

(명사) 고대 보통 통치를 받는 서민·평민·백성·민중. 피지배자. (古代泛指被統治的庶人)

斯民也, 三代之所以直道而行也 (이 백성에 대해서 하(夏), 은(殷), 주(周) 3대가 직도이행(直道而行:올바른 道에 의거하여 일을 하다)의 방법을 사용하다)

1. '지(之)'는 구조조사가 되고, '소이(所以)'는 명사구가 되어 보통 '~한 이유·원인'의 뜻을 나타낸다. 之는 앞에서 예속을 나타내는 수식어와 명사구 '所以…'를 연결시켜 수식의 명사구를 만든다. 상황을 고려하여 번역하면 되는데 'A之所以B' 구조로 보는 경우 'A가 B한 이유'로 번역이 된다.

→ 强秦之所以不敢加兵於趙者, 徒以吾兩人在也 『史記·廉頗藺相如列傳』
강력한 진나라(强秦)가 감히 '조나라를 공격하(加兵於趙)'지 못한 이유는 단지 우리 두 사람이 있기 때문이다.

→ 聖人之所以爲聖, 愚人之所以爲愚, 其皆出於此乎! (唐·韓愈『師說』)
성인(聖人)이 성인이 되는 이유와 어리석은 사람(愚人)이 어리석은 사람이 되는 이유, '그것은 모두(其皆)' '여기에서 나온다(出於此)!'.

2. 때로는 '(之)所以…'는 '~한 것·방법을 사용하다'의 의미를 나타내고, 'A之所以B' 구조로 보는 경우 'A가 B의 것·방법을 사용하다'로 번역이 된다. 낸다. (用來…的東西(的方法))

→ 行一不義, 殺一無罪, 而得天下, 仁者不爲也;… 之所以爲布陳於國家刑法者, 則擧義法也
한 가지 불의(不義)를 행하고 한 가지 무죄한 사람을 죽여 천하를 얻는 것은 '인자한 사람은 하지 않는다(仁者不爲也)'. … (인자한 사람은) '국가의 형법을 널리 선포하여 알리(布陳於國家刑法)'면 '의로운 법을 실시(擧義法)'할 방법을 사용한다.

斯民也, 三代之所以直道而行也 (이 백성에 대해서 하(夏), 은(殷), 주(周) 3대가 직도이행(直道而行:올바른 道에 의거하여 일을 하다)의 방법을 사용하다)

(동사) 올바른 도에 의거하여 일을 하다. (按照正道行事)

→ 三代之所以直道而行者, 在其所以磨之故也 『後漢書·韋彪傳』
하(夏), 은(殷), 주(周) 3대가 직도이행(直道而行:올바른 道에 의거하여 일을 하다)의 방법을 사용한 것은 그들(其)이 그것(之)을 모(磨)한 이유에 있다.

15-26. 子曰: "吾猶及史之闕文也. 有馬者借人乘之, 今亡矣夫!"

子曰:	"吾	猶	及	史	之
공자가 말하다	(대)나,우리 '주어,한정어…' (13-18)	(부)여전히(6-30)	(동)계속하다, 잇다	사관(史官)	(조사)수식,종속관계.'~의'(3-2)
공자가 말했다.	"나는 여전히 사관(史官)의 궐문(闕文:의심이 있어 잠시 비워두는 글자)을 잇고 있다.				
闕文	也.	有馬者	借	人	乘
(명)의심이 있어 잠시 비워두는 글자	(어기)진술강조 (2-17)	말이 있는 사람	(동)의지하다. 도움을 빌리다	(명)타인, 다른사람(7-30)	(동)타다. 몰다
		말이 있는 사람이 다른 사람에게 도움을 빌리어 말을 탔(는데) ['말을 소유한 사람이 말을 탈 수 있는 기술이 없을 때 다른 이의 도움을 빌어서 비로소 탈 수 있었다'의 의미로 본다. '말을 빌려주어 타게 해주다' 또는 '말을 빌려주어 그에게 훈련시키도록 하다'로 주석하는 학자들이 많다]			
之,	今	亡	矣夫!"		
말.(대)사람,사물. 123인칭(1-10)	(명)현재, 지금(6-12)	(동)부재하다, 없다(3-5)	(관용구)진술문에서 감탄(6-10)		
	지금은 없다!"				

번역 공자가 말했다. "나는 여전히 사관(史官)의 궐문(闕文:의심이 있어 잠시 비워두는 글자)을 잇고 있다. 말이 있는 사람은 다른 사람에게 도움을 빌리어 말을 탔는데 지금은 없다!"

語法과 語彙

吾猶及史之闕文也 (나는 여전히 사관(史官)의 궐문(=의심이 있어 잠시 비워두는 글자)을 잇고 있다)

(동사) 계속하다, 잇다. (繼, 接續)

→ 周公屏成王而及武王以屬天下 『荀子·儒效』
주공(周公)이 성왕(成王)을 '가려서 막고(屏<병, píng>)' 무왕(武王)을 이어서 천하를 이어가다(屬天下).

吾猶及史之闕文也 (나는 여전히 사관(史官)의 궐문(=의심이 있어 잠시 비워두는 글자)을 잇고 있다)

(명사) 고대 역사적 일을 기재하는 것을 장관하던 관리; 사관. (古代掌管記載史事的官)

→ 史, 記事者也 『說文·史部』
사(史)는 일을 기록하는 사람이다.

吾猶及史之闕文也 (나는 여전히 사관(史官)의 궐문(=의심이 있어 잠시 비워두는 글자)을 잇고 있다)

(명사) 본래 의심이 있어 잠시 비워두는 글자를 가리켰다. 나중에 일부러 의문으로 남겨두고 쓰지 않은 문구를 가리켰다. (原指有疑暫缺的字. 後亦指有意存疑而未寫出的文句) [궐문, quēwén]

有馬者借人乘之 (말이 있는 사람은 다른 사람에게 도움을 빌리어 말을 타다)

(동사) 의지하다. 도움을 빌리다. ~를 통하다. (憑借, 借助, 依靠)

→ 愿借子殺之　『墨子·公輸』
그대의 도움을 빌리어 그를 죽이고 싶다.

有馬者借人乘之 (말이 있는 사람은 다른 사람에게 도움을 빌리어 말을 타다)

(동사) 타다. 몰다. (坐, 駕)

→ 公與之乘, 戰於長勺　『左傳·莊公十年』
공(장공<莊公>)과 그(之)가 (전차를) 타고 장작(長勺:Chángsháo)에서 싸움하다.

15-27. 子曰: "巧言亂德. 小不忍, 則亂大謀."

子曰:	"巧言	亂	德.	小	不忍,
공자가 말하다	(명)듣기 좋으나 위선적인 말	(동)혼란하게 하다. 어지럽히다	(명)덕(德)	(형)작다 [형용사→명사]	(동)참지 않다. 참지 못하다
공자가 말했다.	"표면적으로는 듣기 좋으나 실제로는 위선적인 말은 德을 어지럽게 한다.			작은 것을 참지 못하… [목적어(小)+타동사(不忍)]	
則	**亂**	**大謀."**			
(접)조건+則+결과 (1-6)	(동)혼란하게 하다. 어지럽히다	(명)큰 계획			
…면 큰 계획을 어지럽게 한다."					

번역 공자가 말했다. "표면적으로는 듣기 좋으나 실제로는 위선적인 말은 덕(德)을 어지럽게 한다. 작은 것을 참지 못하면 큰 계획을 어지럽게 한다."

語法과 語彙

巧言亂德 (표면적으로는 듣기 좋으나 실제로는 위선적인 말이 德을 어지럽게 하다)

(명사) 표면적으로는 듣기 좋으나 실제로는 위선적·거짓인 말. (表面上好聽而實際上虛僞的話)

→ 二人皆僞詐, 巧言利口以進其身 『漢書·東方朔傳』
두 사람 모두(二人皆) 속여(僞詐)서 표면적으로는 듣기 좋으나 실제로는 위선적인 말(巧言)과 달변(利口:能言善辯)으로 그의 사회적 지위를 높인다(進身:提高社會地位 ; 入仕做官).

巧言亂德 (표면적으로는 듣기 좋으나 실제로는 위선적인 말이 德을 어지럽게 하다)

(동사) 혼란하게 하다. 어지럽히다. (擾亂)

→ 不分好歹, 却又大亂天宮 『西遊記·第七回』
좋은 것과 나쁜 것(好歹<호대, hǎodǎi>)을 구별하지 않고(不分) 오히려 또 하느님·신선이 사는 궁전(天宮:指大帝、神仙居住的宮殿 ; 天上的宮廷)을 크게 어지럽히다.

小不忍, 則亂大謀 (작은 것을 참지 못하면 큰 계획을 어지럽게 한다)

(명사) 큰 계획. (猶大計)

→ 首定大謀, 排衆議 『新唐書·承天皇帝倓傳』
먼저(首) 큰 계획을 정하고 '다수의 의견(衆議)'을 배열하다.

15-28. 子曰: "衆惡之, 必察焉, 衆好之, 必察焉."

子曰:	"衆	惡	之,	必	察
공자가 말하다	(대)모두. 많은 사람	(동)싫어하다, 증오하다(4-3)[wù]	(접사)동사강조·보충,음절모으기(13-1)	(부)꼭,반드시, 분명히(6-30)	(동)심사하다. 자세히 살피다
공자가 말했다.	"많은 사람이 싫어하(면/싫어하더라도/싫어할 때/…) [시간·조건·양보절(1-1)]			반드시 그것을 자세히 살피(고)	
焉,	衆	好	之,	必察焉."	
(대)동사+焉.'그, 그것'(1-14)	(대)모두. 많은 사람	(동)좋아하다 (7-11)[hào]	(접사)동사강조·보충,음절모으기(13-1)	반드시 그것을 자세히 살피다	
	많은 사람이 좋아하(면/좋아하더라도/좋아할 때/…) [시간·조건·양보절(1-1)]			반드시 그것을 자세히 살핀다."	

번역 공자가 말했다. "모두 싫어하면 반드시 그것을 자세히 살피고, 모두 좋아하면 반드시 그것을 자세히 살핀다."

語法과 語彙

衆惡之, 必察焉 (모두 싫어하면 반드시 그것을 자세히 살피다)

(대명사) 모두. 많은 사람. (大家, 許多人) [중, zhòng]

→ 衆皆感奮 (清·徐珂『清稗類鈔·戰事類』)
모두(衆皆) 감동하고 '분발하여 일어나다(奮:분기<奮起>하다)'.

衆惡之, 必察焉 (모두 싫어하면 반드시 그것을 자세히 살피다)

(동사) 심사하다. 자세히 살피다. (考查, 考核)

→ 察其所安 『論語·爲政』
그가 편안해하는 것을 자세히 살피다.

衆惡之, 必察焉, 衆好之, 必察焉

— [보충과 견해]

네 명의 한국 학자 모두 이 문장을 양보절로 보았고(많은 사람들이 싫어해도 반드시 좋은 점이 없는지 살펴보아야 하고, 많은 사람들이 좋아해도 반드시 나쁜 점이 없는지 살펴보아야 한다<류종목, 2000> 外) 세 명의 중국학자 모두 주석에서 기능을 나타내는 종속절 표지를 적지 않았지만 의미상 시간조건절로 볼 수 있다(大家都厭惡他, 一定要進行審查; 大家都喜愛他, 也一定要進行審查. 모두가 모두 그를 싫어하면 반드시 살펴야 하고, 모두가 모두 그를 좋아하면 역시 반드시 살펴야 한다). 이 문장은 '조건절, 양보절, 시간절' 세 가지로 쓰일 수 있다고 본다.

— **[보충, 조건절과 가정절의 개념]**

언어학에서 가정의 종속절(hypothetical clause)의 동의어는 '조건의 종속절(conditional clause)' 또는 '전제의 종속절(protasis)'로 적고 있다. 영어에서는 if, unless 또는 유사한 의미의 접속사가 이끄는 부사 종속절을 가리킨다. 하나의 단문이 묘사하는 상태나 상황은 다른 단문이 묘사하는 가능성이나 일어날 일에 달려있다.

→ If it rains, I will go home.
만약 비가 오면 나는 집에 갈 거다.

→ John won't be able to drive unless he has a licence.
존은 면허가 없으면 운전할 수 없을 거다.

→ As long as we don't lose heart, we'll find a way to overcome the difficulty.
우리가 심장을 잃지 '않는 한(=않는다면)' 우리는 어려움을 극복할 방법을 찾을 거다.
『A new English-Chinese Dictionary of linguistics 新編英漢語言學詞典』

15-29. 子曰: “人能弘道, 非道弘人.”

子曰:	“人	能	弘	道,
공자가 말하다	(명)인간,사람(4-3)	(조동사)~할 수 있다 (1-7)	(동사)확대하다. 빛나고 성대하게 하다	(명)도덕,도의(6-24)
공자가 말했다.	“사람이 도(道)를 빛나고 성대하게 할 수 있(지)			
非	**道弘人.”**			
(부)부정표시. [절(clause)앞]	道가 사람을 빛나고 성대하게 하다			
도(道)가 사람을 빛나고 상대하게 할 수 없다.”				

번역 사람이 도(道)를 빛나고 성대하게 할 수 있지 도(道)가 사람을 빛나고 성대하게 할 수 없다.

語法과 語彙

人能<u>弘</u>道 (사람이 道를 빛나고 성대하게 할 수 있다)

(동사) 확대하다. 빛나고 성대하게 하다. (擴充, 光大)

→ 大論是<u>弘</u> (唐·韓愈『進學解』)
옳고 큰 의론과 이론(大論:正大的議論或理論)이 이것을 빛나고 성대하게 하다.

15-30. 子曰: "過而不改, 是謂過矣."

子曰:	"過	而	不改,	是
공자가 말하다	(명)잘못.실수(6-3) [명사→동사]	(접)전환. '그러나'(1-1)	고치지 않다	(대)재지시. '이것.이.그 사람'(2-7)
공자가 말했다.	"잘못을 하지만 고치지 않는 (것)			이것(은)
謂	**過**	**矣."**		
(명)의미(13-30) [명사→동사]	(명)잘못.실수(6-3) [명사→동사]	(어기)'이미 그렇다' (3-24)		
잘못하고 있다는 것을 의미한다." [재지시 '是'는 앞의 문장 모두(過而不改)를 받고 있음]				

번역 공자가 말했다. "잘못을 하지만 고치지 않는 것, 이것은 잘못하고 있다는 것을 의미한다."

語法과 語彙

過而不改 (잘못을 하지만 고치지 않다)

(동사) 고치다. (改正)

→ 人之有過, 貴在能改 (唐·高宗『誡滕王元嬰書』)
사람은 잘못이 '있을 때/있을 수 있지만/…' 귀중함은 '고칠 수 있는데 있다(在能改)'.

15-31. 子曰: “吾嘗終日不食, 終夜不寢, 以思無益, 不如學也.”

子曰:	“吾	嘗	終日	不食,	終夜
공자가 말하다	(대)나,우리 ‘주어,한정어…’ (13-18)	(시간부사)일찍이, 이전에(8-5)	하루 종일(15-17) [명→부]	먹지 않다 [食:(동)먹다(7-9)]	(명)밤새 [명사→부사]
공자가 말했다. “나는 이전에 하루 종일 먹지 않(고)					밤새도록
不寢,	**以(之)**		**思**	**無益,**	
자지 않다 [寢:(10-10)]	(전)행위도구.‘~로’(2-1)		(동)생각하다	(동사)좋은 점이 없다. 이익이 없다	
자지 않(고)	이것으로 (앞의 문장 전체를 생략된 之가 재지시함(7-16)) 생각(했지만) 좋은 점이 없었(으니) [전환긴축복문(11-14)]				
不如		**學**		**也.”**	
(동)不如A:‘A만 못하다;A가 낫다’(3-5)		(동사)배우다.공부하다.교육을 받다		(어기)판단(동사,형용사술어끝) (11-15)	
배우는 것이 낫다.”					

번역 공자가 말했다. “나는 이전에 하루 종일 먹지 않고, 밤새도록 자지 않고, 이것으로(=하루 종일 먹지 않고, 밤새도록 자지 않은 것) 생각했지만 좋은 점이 없었으니 배우는 것이 낫다.”

語法과 語彙

終夜不寢 (밤새도록 자지 않다)

(명사) 밤새. 온밤. 철야. (終夜, 通宵)

(동사) 온밤을 지새우다. 철야하다. 밤새 자지 않다. (終夜, 通宵)

→ 生平供憶想, 終夜不成眠 (陳毅『哭彭雪楓同志』詩)

평생토록(生平) 회상(憶想)을 제공하고 밤새도록(終夜) 잠을 이루지 못하다(不成眠).

吾嘗終日不食, 終夜不寢, 以思無益 (나는 이전에 하루 종일 먹지 않고, 밤새도록 자지 않고, 이것으로 생각했지만 좋은 점이 없었다)

(동사) 생각하다. (思考, 想)

→ 見得思義 『論語·季氏』

수확을 볼 때 정의에 부합한가를 생각하다.

吾嘗終日不食, 終夜不寢, 以思無益 (나는 이전에 하루 종일 먹지 않고, 밤새도록 자지 않고, 이것으로 생각했지만 좋은 점이 없었다)

(동사) 좋은 점이 없다. 이익이 없다. (沒有好處 ; 沒有裨益)

→ 吾老且賤, 自度終無益於張廷尉 『史記·張釋之馮唐列傳』

나는 ‘늙고 천해(老且賤) 스스로 평가해보니(自度:自己衡量) 결국(終) 장정위에게 도움이 되지 않는다(無益於張廷尉).

以思無益, 不如學也 (이것으로 생각했지만 좋은 점이 없다)

(동사) 배우다. 공부하다. 교육을 받다. (學習, 接受教育)

→ 家家養子學耕織 (宋·王安石『河北民』)
집집마다(家家) 자식을 기를(養子) 때, 경작(耕作)과 직조(織造)를 배우게 하다.

15-32. 子曰: "君子謀道不謀食. 耕也, 餒在其中矣, 學也, 祿在其中矣. 君子憂道不憂貧."

子曰:	"君子	謀	道	不	謀
공자가 말하다	(명)군자	(동)강구하다, 모색하다(7-10)	(명)도덕, 도의(6-24)	(부)동사술어 앞. '~하지 않다'(7-14)	(동)강구하다, 모색하다(7-10)
공자가 말했다. "군자는 道를 강구하(지) 먹을 것을 강구하지 않는다.					
食.	**耕**	**也,**	**餒**	**在**	**其**
(명)음식물, 양식(6-11)	(동)땅을 갈고 파종하다	(어기)부사구 (동.부.명..+也). 시간,조건,당위	굶주림.배고픔 [동사→명사]	(동)~에 있다 (5-1)	(대)其+명사(이,저) (한정어)(4-5)
	땅을 갈고 파종할 때 [시간절(1-1)]		배고픔이 그…		
中	**矣,**	**學**	**也,**	**祿**	**在其中矣.**
(명)내부.안	(어기)'이미 그렇다' (3-24)	(동)배우다. 공부하다(15-31)	(어기)부사구 (동.부.명..+也). 시간,조건,당위	(명사)봉급, 급여 (薪俸)	그 안에 있다
…안에 있(고)		배울 때 [시간절(1-1)]		봉급이 그 안에 있다.	
君子	**憂**	**道**	**不**	**憂**	**貧."**
(명)군자	(동)걱정하다, 근심하다(7-3)	(명)도덕,도의(6-24)	(부)동사술어 앞. '~하지 않다'(7-14)	(동)걱정하다, 근심하다(7-3)	(명)가난. 빈궁 [형용사→명사]
군자는 도(道)를 걱정하(지) 가난을 걱정하지 않는다."					

번역 공자가 말했다. "군자는 道를 강구하지 먹을 것을 강구하지 않는다. 땅을 갈고 파종할 때 배고픔이 그 안에 있고, 배울 때 봉급이 그 안에 있다. 군자는 道를 걱정하지 가난을 걱정하지 않는다."

語法과 語彙

耕也, 餒在其中矣 (땅을 갈고 파종할 때 배고픔이 그 안에 있다)

(동사) 땅을 갈고 파종하다. (耕種) [경, gēng]

→ 朕親耕 『漢書·景帝紀』
내가(朕) 직접(親) 땅을 갈고 파종하다.

耕也, 餒在其中矣, 學也, 祿在其中矣 (땅을 갈고 파종할 때 배고픔이 그 안에 있고, 배울 때 봉급이 그 안에 있다)

(어기사) 동사, 부사, 명사(구) 등 다음에 쓰여 시간, 조건, 당위 등을 나타내는 부사어가 된다.[어기사 也는 멈춤, 제시의 용도로 보아도 된다고 생각한다]

→ 1. 始也吾以爲至人也, 而今非也 『莊子·養生主』
처음에 나는 성인(至人)아라고 여겼는데 지금은 아니다.

→ 2. 是歲也, 鄭駟偃卒 『左傳·昭公十四年』
이 해에(是歲也) 정(鄭)나라 사언(駟偃)이 죽다.

→ 3. 其行己也恭, 其事上也敬, 其養民也惠, 其使民也義 『論語·公冶長』
그(其)는 세상살이할 때(行己也) 겸손하(恭)고, 그는 윗사람을 섬길 때(其事上也) 공손하(敬)며, 그는 백성을 먹여 살릴 때(其養民也) 인자하(惠)고, 그는 백성을 부릴 때(其使民也) 정의롭다(義).

耕也, 餒在其中矣 (땅을 갈고 파종할 때 배고픔이 그 안에 있다)

(동사) 굶주리다, 배고프다. (饑餓) [뇌, něi]

→ 今民餒而君逞欲 『左傳·宣公六年』
지금 백성은 굶주리는데 왕은 '욕심을 추구한다(逞欲)'.

耕也, 餒在其中矣 (땅을 갈고 파종할 때 배고픔이 그 안에 있다)

(명사) 내부. 안. (內部, 里面)

→ 城中皆不之覺 『資治通鑑·唐紀·憲宗元和十二年』
성안의 사람들 모두(城中皆) 그들을 알아차리지 못하다(不之覺).

祿在其中矣 (봉급이 그 안에 있다)

(명사) 관리의 봉급. 급여. (薪俸;官吏的俸給)

→ 夫有功者受重祿 『韓非子·人主』
공로가 있는 사람이 큰 봉급을 받다.

君子憂道不憂貧 (군자가 道를 걱정하고 가난을 걱정하지 않다)

(형용사) 가난하다. 빈궁하다. (貧窮)

→ 家貧, 無從致書以觀 (明·宋濂『送東陽馬生序』)
집이 가난하여(家貧) 책을 구해서(致書以) 볼 수 없다.

15-33. 子曰: "知及之, 仁不能守之, 雖得之, 必失之. 知及之, 仁能守之, 不莊以涖之, 則民不敬. 知及之, 仁能守之, 莊以涖之, 動之不以禮, 未善也."

子曰:	"知	及	之,	仁	不能
공자가 말하다	(명)(=智)지혜 (14-12)[지,zhì]	(동)따라잡다(5-12)	(접사)동사강조·보충, 음절모으기(13-1)	인(仁)	(동)할 수 없다(8-5)
공자가 말했다.	"지혜가 따라잡(았을 때)' [시간절(1-1)]			仁이 관리할 수 없(으면) [조건절]	
守	**之,**	**雖**	**得**	**之,**	**必**
(동)관리하다. 주관하다	(대)재지시.'그것, 그사람,그곳'(2-1)	(접)비록~지만(5-1)	(동)얻다(10-8)	(대)재지시.'그것, 그사람,그곳'(2-1)	(부)꼭,반드시, 분명히(6-30)
지혜가 따라잡은 것을 관리할 수 없(으면) [조건절]		비록 얻어도 [양보절]			반드시
失	**之.**	**知及之,**	**仁能守之,**	**不**	**莊**
(동)잃다	(대)재지시.'그것, 그사람,그곳'(2-1)	지혜가 따라잡다	仁이 관리할 수 있다	(부)동사술어 앞. '~하지 않다'(7-14)	장중함(11-21) [형용사→명사]
잃는다.		지혜가 따라잡(았을 때)[시간절]	仁이 관리할 수 있어도 [양보절]	장중함으로	
以	**涖**	**之,**	**則**	**民**	**不敬.**
(전)행위도구. '~로'(2-1)	(동)이르다. 마주하다.임하다	(대)재지시.'그것, 그사람,그곳'(2-1)	(접)조건+則+결과 (1-6)	(명)서민·평민·백성·민중(15-25)	(동)존경하지 않다
마주하지 않으…			…면 백성이 존경하지 않는다.		
知及之,	**仁能守之,**	**莊以涖之,**	**動**	**之**	**不**
지혜가 따라잡다	仁이 관리할 수 있다	장중함으로 마주하다	(동)움직이다. 행동하다	(접)시간의 종속절 (12-14)	(부)동사술어 앞. '~하지 않다'(7-14)
지혜가 따라잡(고)	仁이 관리할 수 있(고)	장중함으로 마주(하여도) [양보절]	행동할 때		
以	**禮,**	**未**	**善**	**也."**	
(동)사용하다, 쓰다(11-26)	예(禮)	(부)서술어앞.사실 상태부정(5-19)	(형)뛰어나다. 훌륭하다(3-25)	(어기)판단(동사,형용사술어끝)(11-15)	
禮를 사용하지 않(으면) [조건절]		훌륭하지 않다."			

번역 공자가 말했다. "지혜가 따라잡아도 仁이 지혜가 따라잡은 것을 관리할 수 없으면 비록 얻어도 반드시 잃는다. 지혜가 따라 잡고 仁이 관리할 수 있어도 장중함으로 마주하지 않으면 백성이 존경하지 않는다. 지혜가 따라잡고 仁이 관리할 수 있고 장중함으로 마주하여도 행동할 때 禮를 사용하지 않으면 훌륭하지 않다."

語法과 語彙

知及之, 仁不能守之 (지혜가 따라잡아도 仁이 관리할 수 없다)

(동사) 관리하다. 주관하다. (掌管)

→ 山林之木, 衡鹿守之 『左傳·昭公二十年』
산림 속의 나무(山林之木)는 형록(衡鹿:인명)이 관리한다.

(동사) 유지하다. 지키다. (保持)

→ 然仆觀其爲人, 自守其士 (漢·司馬遷『報任安書』)
그러나 그의 사람됨을 '면밀히 보(仆觀<pūguān, 부관>)'니 스스로 그의 직분(士:職事)을 유지(할만) 하다.

(동사) 수비하다. 막다. (防守, 守衛)

→ 宋莫能守 『墨子·公輸』
송(宋)나라가 수비할 수 없다.

雖得之, 必失之 (비록 얻어도 반드시 잃는다)

(동사) 잃다. (喪失, 失掉)

→ 賞誅之法不失其議, 故民不爭 『商君書·修權』
상과 벌(賞誅)의 법이 '그 의의(其議)'를 잃지 않아 백성이 싸워서 빼앗지 않다.

不莊以涖之 (장중함으로 마주하지 않다)

(동사)(涖=蒞=莅<리, lì>) 이르다. 도달하다. 마주하다. 임하다. (臨, 支)[리,lì]

→ 至於王使, 則皆官正蒞事 『國語·周語中』
왕이 사자(使者)를 파견하는 데에 이르면 '모든 관리(皆官)'가 올바르게 '일을 마주한다(蒞事)'.

動之不以禮 (행동할 때 禮를 사용하지 않다)

(동사) 움직이다. 행동하다. (行動, 動作)

→ 四支僵勁不能動 (明·宋濂『送東陽馬生序』)
사지(四支:四肢)가 굳어(僵勁<강경, jiāngjìng>:堅硬) 움직일 수 없다.

15-34. 子曰: "君子不可小知而可大受也, 小人不可大受而可小知也."

<table>
<tr><th>子曰:</th><th>"君子</th><th>不可</th><th>小知</th><th>而</th><th>可</th></tr>
<tr><td>공자가 말하다</td><td>(명)군자</td><td>(관용)~할 수 없다
(8-6)</td><td>(동)사소한 일로부
터 살펴서 알다</td><td>(접)전환.
'그러나'(1-1)</td><td>(조동)가능.
'~할 수 있다'(1-11)</td></tr>
<tr><td colspan="6">공자가 말했다. "군자는 사소한 일로부터 살펴서 알 수 없지만</td></tr>
<tr><th>大受</th><th>也,</th><th>小人</th><th>不可</th><th>大受</th><th>而</th></tr>
<tr><td>(동)중임을 맡다</td><td>(어기)진술강조
(2-17)</td><td>(명)소인</td><td>(관용)~할 수 없다
(8-6)</td><td>(동)중임을 맡다</td><td>(접)전환.
'그러나'(1-1)</td></tr>
<tr><td colspan="2">중임을 맡을 수 있(고)</td><td colspan="4">소인은 중임을 맡을 수 없지만</td></tr>
<tr><th>可</th><th>小知</th><th>也."</th><td colspan="3" rowspan="3"></td></tr>
<tr><td>(조동)가능.
'~할 수 있다'(1-11)</td><td>(동)사소한 일로부
터 살펴서 알다</td><td>(어기)진술강조
(2-17)</td></tr>
<tr><td colspan="3">사소한 일로부터 살펴서 알 수 있다."</td></tr>
</table>

번역 공자가 말했다. "군자는 사소한 일로부터 살펴서 알 수 없지만 중임을 맡을 수 있고, 소인은 중임을 맡을 수 없지만 사소한 일로부터 살펴서 알 수 있다."

語法과 語彙

君子不可小知而可大受也 (군자는 사소한 일로부터 살펴서 알 수 없지만 중임을 맡을 수 있다)

(동사) 사소한 일로부터 살펴서 알다. (從纖事上察知)

→ 孔子又曰: '君子不器.' 良以握原者可以制化, 大受者不可小知 (鄭觀應『盛世危言·道器』)
공자는 또 말했다. "군자는 불기(不器)이다." 훌륭하게 본래의 것을 파악하면 사물의 변화를 알(制化:掌握事物的變化)수 있고, 중임을 맡으면 사소한 일에서 살펴서 알지 못한다.

君子不可小知而可大受也 (군자는 사소한 일로부터 살펴서 알 수 없지만 중임을 맡을 수 있다)

(동사) 중임을 맡다. 중임을 위임받다. (承担重任 ; 委以重任)

→ 其器可以大受, 而退然似不能言 (宋·王安石『擧吕公着自代狀』)
그(의)(其) 그릇(其器)은 중임을 맡을 수 있(可以大受)지만 유약하여(退然:柔和 ; 柔弱) 말할 수 없는 것 같다(似不能言).

15-35. 子曰: “民之於仁也, 甚於水火. 水火吾見蹈而死者矣, 未見蹈仁而死者也.”

子曰:	“民	之	於	仁	也,
공자가 말하다	(명)백성.서민.평민.민중(15-25)	(접)주어+之+서술어(1-10)	(전)상황대상. ~에 대하여(2-5)	(명)인(仁)	(어기)멈춤. ‘완만,제시’(3-1)
공자가 말했다. “백성은 인(仁)에 ‘대하여…’					
(必)甚	於	水火.	水火	吾	見
(동사)이기다.넘다. 초월하다	(대상.전)동작의 직접대상(1-10)	(명)물과 불	(명)물과 불 [화제,topic(16-14)]	(대)나,우리‘주어,한정어…’(13-18)	(동)보다
물과 불을 이(겨야 한다).			물과 불은 나는		
蹈	而	死	者	矣,	未
(동)밟다.디디다	(접)동작의 선후. ‘~다음’(6-15)	(동)죽다	(조사)~한 사람, ~한 것(1-2)	(어기)‘이미 그렇다’ (3-24)	(부사)아직~않다 (3-25)
밟은 다음 죽은 사람을 보았지(만)					
見	蹈仁而死者	也.”			
(동)보다	仁을 밟아서 죽은 사람	(어기)진술강조 (2-17)			
인(仁)을 밟은 다음 죽은 사람을 본 적이 없다.”					

번역 공자가 말했다. “백성은 仁에 대하여 물과 불을 이겨야 한다. 물과 불은 나는 밟은 다음 죽은 사람을 보았지만, 仁을 밟은 다음 죽은 사람을 본 적이 없다.”

語法과 語彙

民之於仁也, 甚於水火 (백성이 仁에 대하여 물과 불을 이기다)

(동사) 이기다. 넘다. 초월하다. (勝. 超過)

→ 一日甚三秋. 愁來不自由 (宋·辛棄疾『菩薩蠻·送鄭守厚卿赴闕』)
하루(一日)가 9개월(三秋)을 넘는다(甚). 근심이 오니(愁來) ‘자유롭지 않다(不自由)’.

水火吾見蹈而死者矣 (물과 불은 나는 밟은 다음 죽은 사람을 본다)

— [견해]

화제(topic(16-14)를 나타내는 현상은 대체로 문두에 오지만 복문에서 뒤의 단문 문두에 오는 경우도 있다(→ 上好禮, 則民易使也 윗사람이 예(禮)를 좋아하면 백성은 쉽게 부릴 수 있을 것이다 『論語·憲問』). 그리고 논어에서 보면 문장부호 표기가 일정하지 않은데 대체로 분명한 화제는 쉼표를 넣어 다음 문장과 분리한 것을 볼 수 있는데 복문에서 뒤의 단문에 등장하는 것을 제외하면 단문이기 때문에 화제를 구별하기 위해서 쉼표를 넣는 것보다 넣지 않는 것이 더 적합하다고 본다.

→ 軍旅之事, 未之學也 『論語·衛靈公』

전쟁의 일은 아직 배운 적이 없습니다.

→ 民可使由之, 不可使知之 『論語·泰伯』

백성은 그것을 순순히 따르게 할 수는 있지만 그것을 알게 할 수는 없다.

→ 危邦不入, 亂邦不居 『論語·泰伯』

위험한 나라는 들어가지 않고 어지러운 나라는 거주하지 않는다.

[예문 견해] 이 예문은 문두에서 장소 앞 전치사가 빈번하게 생략되는 통사로 보아도 된다((於)危邦不入, (於)亂邦不居 위험한 나라로는 들어가지 않고 어지러운 나라에서는 거주하지 않는다).

→ 禹, 吾無間然矣 『論語·泰伯』

우임금은 나는 분명 비난하지 않을 것이다.

→ 喪事不敢不勉 『論語·子罕』

장례의 일은 최선을 다하지 않을 배짱이 없다.

→ 上好禮, 則民易使也 『論語·憲問』

윗사람이 예(禮)를 좋아하면 백성을 쉽게 부릴 수 있을 것이다.

吾見蹈而死者 (나는 밟은 다음 죽은 사람을 본다)

(동사) 밟다. 디디다. (踐踏, 踩) [도, dǎo]

→ 或擇地而蹈之 『史記·伯夷列傳』

어떤 이(或)가 땅을 고른(擇地) 후 그 땅을 밟다.

15-36. 子曰: “當仁, 不讓於師.”

<table>
<tr><th>子曰:</th><th>“當</th><th>仁,</th><th>不</th><th>讓</th></tr>
<tr><td>공자가 말하다</td><td>(접)가정복문 앞 단문.
만약~(10-6)</td><td>인(仁)</td><td>(부)동사술어 앞.
‘~하지 않다’(7-14)</td><td>(동)양보하다.
피하여 양보하다</td></tr>
<tr><td>공자가 말했다.</td><td colspan="2">“만약 인(仁)이라면
[가정표지 접속사가 있는 종속절]</td><td colspan="2">양보하지 않는다</td></tr>
<tr><th colspan="2">於</th><th>師.”</th><td colspan="2" rowspan="3"></td></tr>
<tr><td colspan="2">(대상.전)동작대상‘~에게,~에 대하여’(2-5)</td><td>(명)선생. 스승.</td></tr>
<tr><td colspan="3">스승에게.”</td></tr>
</table>

번역 만약 인(仁)이라면 스승에게(도) 양보하지 않는다.“

語法과 語彙

不讓於師 (스승에게 양보하지 않다)

(동사) 양보하다. 피하여 양보하다. (退讓, 避讓)

→ 威王曰: “敵衆我寡, 敵强我弱, 用之奈何?” 孫子曰: “命曰讓威” 『孫臏兵法·威王問』
위왕(威王)이 말했다. “적은 많고 우리는 적고, 적은 강하고 우리는 약하니 어떻게(奈何:怎麽樣;怎麽辨) 써야 하는가?” 손자(孫子)가 말했다. “적의 칼끝을 피하고 강력하게 맞서지 마라(讓威:謂避開敵人鋒芒, 不硬拼)(鋒芒<봉망,fēngmáng>, 硬拼<경병,yìngpīn>)

→ 讓, 退讓 『廣韵·漾韵』
양(讓)은 양보하다이다.

不讓於師 (스승에게 양보하지 않다)

(명사) 선생, 스승. (先生, 老師)

→ 可以爲師矣 『論語·爲政』
스승을 맡을 수 있다.

15-37. 子曰: “君子貞而不諒.”

子曰:	“君子	貞	而	不諒.”
공자가 말하다	(명)군자	(동)지조·절개가 있다	(접)병렬.‘그리고’ (7-1)	(동)작은 신의에 구애되지 않다[동→형]
공자가 말했다.	“군자는 지조·절개가 있고 작은 신의에 구애되지 않는다.”			

번역 공자가 말했다. “군자는 지조·절개가 있고 작은 신의에 구애되지 않는다.”

語法과 語彙

君子貞而不諒 (군자는 지조·절개가 있고 작은 신의에 구애되지 않는다)

(형용사) 꿋꿋하고 바르다. 지조·절개가 있다(堅貞, 有操守) [정, zhēn]

→ 此悉貞亮死節之臣也 (三國蜀·諸葛亮『前出師表』)
이들(此)은 모두(悉) 꿋꿋하고 바름이 분명하고(貞亮) 절개를 보존하기 위해 죽(死節)는 신하이다.

君子貞而不諒 (군자는 지조·절개가 있고 작은 신의에 구애되지 않는다)

(동사) 작은 신의에 구애되지 않다. (謂不拘於小信) [불양, búliàng]

→ 貞而不諒, 通而能固 (晉·袁宏『三國名臣序贊』)
지조가 있고 작은 신의에 구애되지 않으면 정통하고(通而) 견고해질 수 있다(能固).

15-38. 子曰: “事君, 敬其事而後其食.”

子曰:	“事	君,	敬(事)	其	(敬)事
공자가 말하다	(동)섬기다(3-18)	(명)왕	(동)공손하게 섬기다	(대)그의·너의·나의 (1-7)	(동)공손하게 섬기다[동→명]
공자가 말했다.	“왕을 섬(길 때/섬기면) [시간조건절]		‘나의·자신의·그의’ 섬김을 공손하게 하(고)		
而	後	其	食.”		
(접)병렬. ‘그리고’(7-1)	(동)뒤로 하다(3-8)	(대)그의·너의·나의 (1-7)	(명)봉록		
나의 봉록을 뒤로한다.”					

번역 공자가 말했다. “왕을 섬길 때 ‘나의·자신의·그의’ 섬김을 공손하게 하고 ‘나의·자신의·그의’ 봉록을 뒤로 한다.”

語法과 語彙

事君, 敬其事而後其食 (왕을 섬길 때 ‘나의·자신의·그의’ 섬김을 공손하게 하고 ‘나의·자신의·그의’ 봉록을 뒤로 한다)

(명사) 고대 대부 이상 토지를 갖고 있던 각급 통치자의 통칭. (古代大夫以上據有土地的各級統治者的通稱)

1. 제왕. 왕. 임금. (帝王)

2. 제후:고대 제왕이 분봉한 각국의 군주. 그 관할 구역 내에서는 대대로 군정과 대권을 장악하지만, 예의에 따라 왕의 명을 받들고, 정기적으로 제왕에게 공물을 바치고 중요업무를 보고하고, 군을 위해 징수하는 세금을 내고 복역의 의무가 있다. (諸侯:古代帝王所分封的各國君主. 在其統轄區域內, 世代掌握軍政大權, 但按禮要服從王命, 定期向帝王朝貢述職, 并有出軍賦和服役的義務)

3. 대부:고대 관직명으로 주(周)나라 시대에는 왕 아래 ‘경, 대부, 사’ 세 등급이 있었고, 각 등급 안에서 또 ‘상, 중, 하’ 세 계급으로 나뉘었다. 후에 이것을 이어 대부를 관직으로 맡은 사람을 일컬었다. (大夫:周代在國君之下有卿、大夫、士三等; 各等中又分上、中、下三級. 後因以大夫爲任官職者之稱)

敬其事而後其食 (‘나의·자신의·그의’ 섬김을 공손하게 하고 ‘나의·자신의·그의’ 봉록을 뒤로 한다)

(동사) 공손하게 섬기다. (恭敬奉事)

→ 以敬事上帝, 立民長伯 『書·立政』
왕을 공손하게 섬기는 것으로 백성과 ‘제후(長伯)’를 세우다.

敬其事而後其食 (‘나의·자신의·그의’ 섬김을 공손하게 하고 ‘나의·자신의·그의’ 봉록을 뒤로 한다)

(명사) 봉록. (俸祿)

→ 君子謀道不謀食 『論語·衛靈公』
군자는 道를 강구하고 봉록(食:俸祿)을 강구하지 않는다.

15-39. 子曰: "有教無類."

子曰:	"有	教	無類(學生)."
공자가 말하다	(접)가정.'만약'(5-14)	(동)가르치다.교육하다	(동)분류하지 않다
공자가 말했다.	"만약 가르치면 (배우는 사람을) 분류하지 않는다(=구별하지 않는다)." [긴축복문(11-14)]		

번역 공자가 말했다. "만약 가르치면 (배우는 사람을) 구별하지 않는다(← 분류하지 않는다)."

語法과 語彙

有<u>教</u>無類 **(만약 가르치면 구별하지 않는다)**

(동사) 가르치다. 교육하다. (教育, 訓誨) [교, jiào]

有教<u>無類</u> **(만약 가르치면 구별하지 않는다)**

(동사) 분류하지 않다. (不分類別)

15-40. 子曰: “道不同, 不相爲謀.”

子曰:	“道	不同,	不	相
공자가 말하다	(명)주장,학설(6-12)	(동)같지 않다. 다르다	(부)동사술어 앞. ‘~하지 않다’(7-14)	(부)서로.함께
공자가 말했다.	“주장이 다르면 [시간·조건걸]		서로	
爲	**謀.”**			
(동)강구하다.얻다	(동)강구하다, 모색하다(7-10)			
강구(講究)하지 않는다.”				

번역 공자가 말했다. “주장이 다르면 서로 강구(講究:좋은 대책과 방법을 궁리하여 찾아내거나 좋은 대책을 세움)하지 않는다.”

語法과 語彙

不相爲謀 (서로 강구하지 않다)

(부사) 함께. 서로. (共, 互相, 交互)

不相爲謀 (서로 강구하지 않다)

(동사) 얻다. 받아들이다. 취하다. 강구하다. (取 ; 謀求)

→ 鷄鳴而起, 孳孳爲善者, 舜之徒也 『孟子·盡心上』
닭이 울면 일어나(鷄鳴而起) 부지런히(孳孳<자자, zīzī>) 善을 강구하는(爲善) 사람은 순임금의 무리이다.

不相爲謀 (서로 강구하지 않다)

– [견해]

불상위모(不相爲謀) 문장에서 위모(爲謀)의 문구가 『漢語大詞典』에 기재되지 않았으니 단어처럼 활용된 용례가 매우 적었다는 것을 알 수 있다. 그럼 이 문구를 각각의 단어로 보아야 하는데(爲 | 謀) 이것은 ‘동사+명사’ 또는 ‘동사+동사’로 볼 수 있다.

먼저 ‘동사+명사’로 볼 경우 모(謀)를 동사에서 명사로 품사활용해야 한다. 그럼 ‘(도모를) 찾다/계획하다’ 정도의 의미가 되어야 하는데 『漢語大字典』 동사 爲 의미 항목에는 이러한 용례가 없다. 다음으로 ‘동사+동사’로 보는 경우 爲 의미항목에 ‘강구하다’라는 의미가 있으니 이 문구를 ‘강구하다+강구하다=강구하다’로 볼 수 있다고 본다.

15-41. 子曰: "辭達而已矣."

子曰:	"辭	達	而已矣."
공자가 말하다	(명)입말을 하거나 글을 쓰는데 사용되는 '어구·문구	(동)표현하다 [동사→피동(4-26)]	(어기)제한'~할 뿐이다'(4-15)
공자가 말했다.	"입말을 하거나 글을 쓰는데 사용되는 어구·문구는 표현될 뿐이다."		

번역 공자가 말했다. "입말을 하거나 글을 쓰는데 사용되는 '어구·문구(words and phrases)'는 표현될 뿐이다."

語法과 語彙

辭達而已矣 (입말을 하거나 글을 쓰는데 사용되는 어구·문구는 표현될 뿐이다)

(명사) 문장의 글귀. 입말을 하거나 글을 쓰는데 사용된 '어구·문구(words and phrases) (文辭, 言辭)

→ 晉國之使者, 其辭卑而幣重 『穀梁傳·僖公二年』
진나라의 사자(晉國之使者), '그의 말(其辭)'은 '겸허하고 예절바르(卑)'며 '화폐처럼 무겁다(or 선물처럼 귀중하다)(幣重).

辭達而已矣 (입말을 하거나 글을 쓰는데 사용되는 어구·문구는 표현될 뿐이다)

(동사) 표현하다. (表達)

→ 『詩』以達意 『史記·滑稽列傳』
『詩經』으로 '뜻을 표현하다(達意)'

15-42. 師冕見, 及階, 子曰: "階也." 及席, 子曰: "席也." 皆坐, 子告之曰: "某在斯, 某在斯." 師冕出, 子張問曰: "與師言之道與?" 子曰: "然, 固相師之道也."

師	冕	見,	及	階,	子曰:
(명)태사;악관의 우두머리(8-15)	(인명)면(冕)	(동)나타나다(8-13) [현, xiàn]	(동)도착하다. 다다르다(10-8)	(명)섬돌.층계	공자가 말하다
(앞을 못 보는 사람인) 악관의 우두머리인 태사(太師) 면(冕)이 나타나			섬돌에 다다랐(을 때) [여기까지 시간절(1-1)]		공자가 말했다.
"階	**也."**	**及**	**席,**	**子曰:**	**"席也."**
(명)섬돌.층계	(어기)판단(주어,서술어동일)(2-22)	(동)도착하다. 다다르다(10-8)	(명)자리,좌석 (10-12)	공자가 말하다	좌석이다
"섬돌입니다."		자리·좌석에 다다랐(을 때) [시간절]		공자가 말했다.	"자리·좌석입니다."
皆	**坐,**	**子**	**告**	**之**	**曰:**
(부)모두(12-7)	(동)앉다	(명)공자	(동)알려주다	태사(대)재지시. 그사람,그곳'(2-1)	(동)말하다
모두 앉(자/앉은 다음/앉았을 때/…)[시간절]		공자가 태사에게 알려주며 말했다.			
"某	**在**	**斯,**	**某在斯."**	**師冕出,**	**子張**
(대)누구.무엇.어디	(동)~에 있다(5-1)	(대)동사/전치사 목적어.여기(3-11)	누가 여기에 있다	태사(太師) 면(冕)이 나가다	(인명)자장=전손사(顓孫師)(2-18)
"아무개가 여기 있(고)			아무개가 여기 있습니다."	태사 면(冕)이 나가(고)	자장(子張)(이)
問曰:	**"與**	**師**	**言**	**之**	**道**
물으며 말하다	(전)동작 대상. '~와'(5-8)	(명)태사;악관의 우두머리(8-15)	(동)말하다(7-17)	(조사)한정어+之+중심어(4-23)	(명)규율,도리 (3-16)
물으며 말했다. "태사(太師)와 말하는 도리입니까?"					
與?"	**子曰:**	**"然,**	**固**	**相**	**師**
(어기)문미 의문 (8-6)	공자가 말하다	(호응사)그렇다. 맞다(15-3)	(부사)본래.원래	(동)돕다. 도와주다	(명)태사;악관의 우두머리(8-15)
	공자가 말했다. "그렇다. 본래 태사(太師)를 도와주는				
之	**道**	**也."**			
(조사)한정어+之+중심어(4-23)	(명)규율,도리(3-16)	(어기)진술강조 (2-17)			
도리이다."					

번역 악관의 우두머리인 태사(太師) 면(冕)이 나타나 섬돌에 다다랐을 때, 공자가 말했다. "섬돌입니다." 자리에 다다랐을 때 공자가 말했다. "자리입니다." 모두 앉자 공자가 태사에게 알려주며 말했다. "아무개가 여기 있고, 아무개가 여기 있습니다." 태사(太師) 면(冕)이 나가고 자장(子張)이 물으며 말했다. "태사(太師)와 말하는 도리입니까?" 공자가 말했다. "그렇다. 본래 태사(太師)를 도와주는 도리이다."

語法과 語彙

師冕見, 及階 (악관의 우두머리인 태사(太師) 면(冕)이 나타나 섬돌에 다다르다)

(명사) 섬돌(:집채의 앞뒤에 오르내릴 수 있게 놓은 돌층계). 층계. (臺階) [계, jiē]

→ 禮, 天子適諸侯之宮, 諸侯不敢自阼階 (漢·賈誼『新書·禮』)
예는 천자가 '제후의 관청에 갈(適諸侯之宮)' 때 제후는 '동쪽 섬돌에서 있(自(=在)阼階<조계, zuòjiē>)'지 않는 것이다.

子告之曰 (공자가 그에게 알려주며 말하다)

(동사) 알려주다. 말을 다른 사람이 듣도록 말해주다. (告訴 ; 把話說給別人聽)

某在斯 (아무개가 여기 있다)

(대명사) 어떤 사람, 장소, 사건, 물건을 가리키고 그 이름을 분명하게 말하지 않는다; 어떤 사람(누구), 어떤 장소(어디), 어떤 사건(무엇), 어떤 것(무엇) 등. (指一定的人、地、事、物, 不明言其名)

→ 某良士, 某良士 (唐·韓愈『原毀』)
누가 좋은 지식인이고 누가 좋은 지식인이다.

固相師之道也 (본래 태사(太師)를 도와주는 도리이다)

(부사) 본래. 원래. (本來, 原來)

→ 生乎吾前, 其聞道也固先乎吾 (唐·韓愈『師說』)
내 앞에 태어나(生乎吾前)면 '그 사람(其)'이 '어떤 도리를 이해하(聞道:領會某種道理)'는 것이 본래 '나보다 빠르다(先乎吾)'.

相師之道 (태사(太師)를 도와주는 도리)

(동사) 돕다. 도와주다. (輔佐, 扶助) [상, xiàng]

→ 欒桓子相趙文子 『左傳·昭公元年』
악환자(欒桓子, 인명)가 조문자(趙文子=趙武, 인명)를 돕다.

제 16 편

계씨

16-1. 季氏將伐顓臾. 冉有季路見於孔子曰: “季氏將有事於顓臾.” 孔子曰: “求! 無乃爾是過與? 夫顓臾, 昔者先王以爲東蒙主, 且在邦域之中矣, 是社稷之臣也. 何以伐爲?” 冉有曰: “夫子欲之, 吾二臣者皆不欲也.” 孔子曰: “求! 周任有言曰: ‘陳力就列, 不能者止.’ 危而不持, 顚而不扶, 則將焉用彼相矣? 且爾言過矣. 虎兕出於柙, 龜玉毁於櫝中, 是誰之過與?” 冉有曰: “今夫顓臾固而近於費. 今不取, 後世必爲子孫憂.” 孔子曰: “求! 君子疾夫舍曰欲之而必爲之辭. 丘也聞有國有家者, 不患寡而患不均, 不患貧而患不安.蓋均無貧, 和無寡, 安無傾. 夫如是, 故遠人不服, 則脩文德以來之.旣來之, 則安之. 今由與求也, 相夫子, 遠人不服, 而不能來也, 邦分崩離析, 而不能守也, 而謀動幹戈於邦內.吾恐季孫之憂, 不在顓臾, 而在蕭牆之內也.”

<table>
<tr><th>季氏</th><th>將</th><th>伐</th><th>顓臾.</th><th>冉有</th><th>季路</th></tr>
<tr><td>(인명)계손씨 내 인물(3-1)</td><td>(부,능원동사)의도. ~하려하다(7-14)</td><td>(동)토벌하다. 공격하다</td><td>(지명)전유(顓臾)</td><td>(인명)염유. 冉求=子有=求(3-6)</td><td>(인명)계로=子路=仲由(2-17)</td></tr>
<tr><td colspan="4">계손씨(季孫氏)가 전유(顓臾)를 토벌하려 했다.</td><td colspan="2">염유(=求)와 계로(=자로, 子路)는</td></tr>
<tr><th>見</th><th>於</th><th>孔子</th><th>曰:</th><th>“季氏</th><th>將</th></tr>
<tr><td>(동)보다. 만나다(3-24)</td><td>(대상.전)동작의 직접대상(1-10)</td><td>공자</td><td>말하다</td><td>(인명)계손씨 내 인물(3-1)</td><td>(부,능원동사)의도. ~하려하다(7-14)</td></tr>
<tr><td colspan="4">공자를 만나 말했다.</td><td colspan="2">“계손씨가</td></tr>
<tr><th>有事</th><th>於</th><th>顓臾.”</th><th colspan="2">孔子曰:</th><th>“求!</th></tr>
<tr><td>(동)일하다. 종사하다</td><td>(전)동작대상. ~에 대하여(2-5)</td><td>(지명)전유(顓臾)</td><td>공자</td><td>말하다</td><td>(인명)구=염유=冉求=子有(3-6)</td></tr>
<tr><td colspan="3">전유(顓臾)에 대해 ‘일을 꾸미려 합니다(⇦일하려고 합니다)’.”</td><td colspan="2">공자가 말했다.</td><td>구(=염유)야!</td></tr>
<tr><th colspan="3">無乃…(與?)</th><th>爾</th><th colspan="2">是</th></tr>
<tr><td colspan="3">(고정형식) 無乃…‘乎·與’? 추측.의논.반문. ‘혹시~이 아닐까?’(6-2)</td><td>(대)너,너희들(5-12)</td><td colspan="2">1.(대)이.‘한정어’(9-27) [(犯)是]
1.(부사어)이렇게(14-33)</td></tr>
<tr><td colspan="6">1. 네가 이 잘못을 (범한 것이) 아닐까? 2. 네가 이렇게 잘못한 것이 아닐까?</td></tr>
<tr><th colspan="2">過</th><th>(無乃)…與?</th><th>夫</th><th>顓臾,</th><th>昔</th></tr>
<tr><td colspan="2">1.(명)잘못. 실수(6-3)
2.(동)잘못하다. 실수하다[명→동]</td><td>추측.반문.‘혹시~이 아닐까?’(6-2)</td><td>(조)문두에서 판단, 의견토로(6-30)</td><td>(지명)전유(顓臾)</td><td>(명)이전,과거</td></tr>
<tr><td colspan="3"></td><td colspan="2">전유(顓臾)는</td><td>과거에</td></tr>
<tr><th>者</th><th>先王</th><th colspan="2">以爲</th><th>東蒙</th><th>主,</th></tr>
<tr><td>(조사,접미사) 시간부사+者(4-22)</td><td>(명)전대의 왕</td><td colspan="2">以A爲B:A를·가 B라고 여기다(7-23)</td><td>(지명)동몽산(東蒙山)</td><td>(동)주관하다 [동→명]</td></tr>
<tr><td colspan="6">전대(前代)의 왕이 동몽산(東蒙山)의 주관자로 여겼(고)</td></tr>
</table>

且	在	邦域	之	中	矣,
(접)점차적전진. '게다가,또한'(2-3)	(동사)~에 있다(5-1)	(명)국경.강토. 영토	(조사)수식,종속관계.'~의'(3-2)	(명)내부.안 (15-32)	(어기)'이미 그렇다' (3-24)
또한 국경의 내부에 있(으니/있기 때문에/…) [여기까지 원인·이유절(종속절)]					
是	**社稷**	**之**	**臣**	**也.**	**何以**
전유.(대)재지시. '이것.그…'(2-7)	(명)토지신과 곡식신;국가(11-25)	(조사)수식,종속관계.'~의'(3-2)	(명) 신하	(어기)판단(동사,형용사술어끝)(11-15)	(관용구)방법,원인 '어떻게,왜'(2-7)
전유(顓臾)는 국가의 신하이다. [결과절(주절)]					왜
伐	**爲?"**	**冉有**	**曰:**	**"夫子**	**欲**
(동)토벌하다. 공격하다	(어기)문미. 의문반문(12-8)	(인명)염유.冉求=子有=求(3-6)	말하다	계손씨[(명)선생님; 공자(1-10)]	(동)원하다(4-5)
토벌하는 것이냐?"		염유가 말했다.		"계손씨(=선생님)가 그것을 원하(지)	
之,	**吾二臣**			**者**	**皆**
(대)재지시. '그것,그사람,그곳' (2-1)	우리 두 신하 ['吾(복수대명사)+(二)수사+(臣)명사'의 구조로 현대중국어와 같다(→我們+倆+人)]			(어기)잠시멈춤(3-2)	(부)모두(12-7)
	우리 두 신하는… 모두				
不欲	**也."**	**孔子曰:**	**"求!**	**周任**	**有言**
(동)원하지 않다	(어기)진술강조 (2-17)	공자가 말하다	(인명)구=염유=冉求=子有(3-6)	(인명)주임; 훌륭한 사관	(동)명언이 있다. 좋은 말이 있다
원하지 않습니다."		공자가 말했다.	"구(求)야! (=염유야!)	옛날의 훌륭한 사관 주임(周任)은 명언이 있었다.	
曰(A):	**'陳力就列,**		**不能**	**者**	**止.'**
(A처럼·라고) 말하다	(동)맡은 직위에서 온 힘을 다해 직무를 수행하다.		(동)할 수 없다 [(동사)(11-26)]	(조)복문內앞문장문미.'가정'(2-23)	(동)멈추다, 그만두다(9-21)
(A처럼) 말하는	'맡은 직위에서 온 힘을 다해 직무를 수행하(고/다/…)		할 수 없으면 그만둔다.'		
危	**而**	**不持,**	**顚**	**而**	**不扶,**
(형)위험하다. 안전하지 않다	(접)전환. '그러나'(1-1)	돕지 않다[(동사)부축하다.돕다]	(동사)넘어지다. 떨어지다	(접)전환. '그러나'(1-1)	붙잡아주지 않다 [(동사)부축하다]
위험한데 돕지 않(고)			넘어지는데 붙잡아주지 않으…		
則	**將**	**焉**	**用**	**彼**	**相**
(전)조건+則+결과 (1-6)	(능원동사)의도. ~하려하다(7-14)	(의.부)반문.'어떻게.어디에'(5-5)	(동)사용하다. 쓰다	(대)그.거기(14-9) [안성어도 사용]	(동)보좌하다 [동사→명사]
…면 그 보좌인을 어디에 쓰려하겠느냐?					
矣?	**且**	**爾言**	**過**	**矣.**	**虎**
(어기)반문	(접)점차적전진. '게다가,또한'(2-3)	너의 말[소유종속 표지 없음]	(형)틀리다.맞지 않다.잘못되다	(어기) '이미 그렇다'(3-24)	(명)호랑이
	게다가 너의 말은 잘못됐다.				호랑이
兕	**出**	**於**	**柙,**	**龜**	**玉**
(명)코뿔소	(동)나가다.	(전)발생장소,방향. '~에서'(3-13)	(명)나무 우리	(명)귀갑. 거북 껍데기	(명) 옥
코뿔소가 나무 우리에서 나가(고)				거북 껍데기와 옥(이)	

<table>
<tr><th>毁</th><th>於…(中)</th><th>櫝</th><th>(於) A 中,</th><th>是</th><th>誰之過</th></tr>
<tr><td>(동)훼손되다
[수동·피동 의미]</td><td>(전)발생장소,
출현범위(1-14)</td><td>(명)수납장</td><td>A안에서</td><td>(대)재지시.
'이것.이.그사람'
(2-7)</td><td>누구의 잘못</td></tr>
<tr><td colspan="4">수납장 안에서 훼손되(었다면) [가정절]</td><td colspan="2">이것은 누구의 잘못이냐?"</td></tr>
<tr><th>與?"</th><th>冉有曰:</th><th>"今</th><th>夫</th><th>顓臾</th><th>固</th></tr>
<tr><td>(어기)문미의문
(8-6)</td><td>염유가 말하다</td><td>(명.부)현재,
지금(6-12)</td><td>(지시대명사)
이,저…(11-10)</td><td>(지명)전유(顓臾)</td><td>(형)견고하다</td></tr>
<tr><td></td><td colspan="5">염유가 말했다. "지금 저 전유(顓臾)는 견고하고</td></tr>
<tr><th>而</th><th>近</th><th>於</th><th>費.</th><th>今</th><th>不取,</th></tr>
<tr><td>(접)병렬.
'그리고'(7-1)</td><td>(형)가깝다</td><td>(전)장소와의 상태
(1-13)</td><td>(지명)비읍(費邑)</td><td>(명.부)현재,지금
(6-12)</td><td>(동)공격하여 함락
하지 않다</td></tr>
<tr><td colspan="4">비읍(費邑)에서 가깝습니다.</td><td colspan="2">지금 공격하여 함락하지 않으면
[가정절]</td></tr>
<tr><th>後世</th><th>必</th><th>爲</th><th colspan="3">子孫憂."</th></tr>
<tr><td>(명)후세
[명사·부사]</td><td>(부)꼭,반드시,
분명히(6-30)</td><td>(동)되다,
변하다(3-8)</td><td colspan="3">자손의 걱정 [憂:(명)걱정,근심(6-11)]
[수식종속 표지 없음]</td></tr>
<tr><td colspan="5">후세에 반드시 자손의 걱정이 될 것입니다."</td><td></td></tr>
<tr><th>孔子曰:</th><th>"求!</th><th>君子</th><th>疾</th><th>夫</th><th>舍</th></tr>
<tr><td>공자가 말하다</td><td>(인명)구=염유=冉
求=子有(3-6)</td><td>(명)군자(君子)(11-1)</td><td>(동)몹시 싫어하다.
증오하다(8-10)</td><td>(조)문두에서 판단,
의견토로(6-30)</td><td>(동)버리다,
포기하다(6-6)</td></tr>
<tr><td>공자가 말했다.</td><td>"염유야(=구)!</td><td colspan="4">군자는 몹시 싫어한다…</td></tr>
<tr><th>曰</th><th>欲</th><th>之</th><th>而</th><th>必</th><th>爲</th></tr>
<tr><td>(동사)말하다</td><td>(동)원하다(4-5)</td><td>(대)무엇
(something)</td><td>(접)전환.
'그러나'(1-1)</td><td>(부)꼭,반드시,
분명히(6-30)</td><td>(전)목적.
'~을 위하'(3-22)
<wèi></td></tr>
<tr><td colspan="6">무엇을 원한다고 '말하지 않고(舍曰=말하는 것을 포기하고)' 꼭</td></tr>
<tr><th>之</th><th>辭.</th><th>丘</th><th>也</th><th>聞</th><th>有國</th></tr>
<tr><td>(대)무엇
(something)</td><td>(동)핑계를 대다</td><td>(인명)공자</td><td>(어기)주어+也.'멈춤,완만,제시'(1-2)</td><td>(동)듣다</td><td>(명사)제후</td></tr>
<tr><td colspan="2">그것(=무엇)을 위해서 핑계를 대는 것을
(몹시 싫어한다.)</td><td colspan="4">나는 들었다… 제후(와)</td></tr>
<tr><th>有家</th><th>者,</th><th>不患</th><th>寡</th><th>而</th><th>患</th></tr>
<tr><td>(명)경대부</td><td>(어기)주어+者.
진술.소개(12-17)</td><td>(동)걱정하지 않다</td><td>(형)적다</td><td>(부)범위.'다만.오
직.유독 등'(6-10)</td><td>(동)걱정하다</td></tr>
<tr><td colspan="2">경대부는</td><td colspan="4">적은 것을 걱정하지 않고 오직 불공평한 것을 걱정하(고)</td></tr>
<tr><th>不均,</th><th colspan="2">不患貧而患不安.</th><th>蓋</th><th>均</th><th>無</th></tr>
<tr><td>(형)불공평하다.
불균등하다</td><td colspan="2">가난한 것을 걱정하지 않고 오직 편하지
않은 것을 걱정하다</td><td>(부)아마도,대체로,
대략(7-27)</td><td>(형)공평하다.
균등하다 [조건절]</td><td>(부)진술사실부정
(=不)(1-15)</td></tr>
<tr><td></td><td colspan="2">가난한 것을 걱정하지 않고 오직 편하지
않은 것을 걱정한다(고 들었다).</td><td colspan="3">대체로 공평하면 가난하지 않(고) [조건가정긴축복문]</td></tr>
<tr><th>貧,</th><th>和</th><th>(民)無寡,</th><th>安</th><th>無傾.</th><th>夫</th></tr>
<tr><td>(형)가난하다</td><td>(형)평화롭다
[가정절]</td><td>적지 않다</td><td>평안하다</td><td>(동)쓰러지지 않다.
무너지지 않다</td><td>(조)문두에서 판단,
의견토로(6-30)</td></tr>
<tr><td></td><td colspan="2">평화로우면 (백성이/인구가) 적지 않(고)
[조건가정긴축복문]</td><td colspan="2">평안하면 무너지지 않는다.
[조건가정긴축복문]</td><td></td></tr>
</table>

如	是,	故	遠人	不服,	則
(동)~와 같다(2-1)	(대)재지시. '이것,이,그 사람' (2-7)	(접)A,故B.A때문에 그래서B(9-6)	멀리 있는 사람들	(동)복종하지 않다	(접)조건+則+결과 (1-6)
이와 같기 때문에		그래서 멀리 있는 사람이 복종하지 않으…			…면
脩	**文德**	**以**	**來**	**之.**	
(동)닦다,배양하다,높이다(7-3)	(명)예악 교화	(전)행위도구. '~로'(2-1)	(동)오다 [동→사역]	멀리 있는 사람 [(대)재지시.'그것,그사람,그곳'(2-1)]	
예악 교화를 닦아 멀리 있는 사람을 오게 한다.					
旣	**來**	**之,**	**則**	**安**	**之.**
(부)이미, ~후(9-5)	(동)오다 [동→사역]	멀리 있는 사람들 [(대)재지시(2-1)]	(접)조건+則+결과 (1-6)	(형)편안하다 [형→사역]	멀리 있는 사람들. (대)재지시(2-1)
이미 멀리 있는 사람을 오게 했으…			…면 그들을 편안하게 해준다.		
今	**由**	**與**	**求**	**也,**	**相**
(명.부)현재,지금 (6-12)	(인명)유=계로=子路=仲由(2-17)	(접)병렬. '~와'(4-5)	(인명)구=염유=冉求=子有(3-6)	(어기)주어+也.'멈춤,완만,제시'(1-2)	(동)보좌하다
지금 자로(=유)와 염구(=염유=구)는…					
夫子,	**遠人不服**	**而**	**不能**	**來**	**也;**
계손씨[(명)선생님; 공자(1-10)]	멀리 있는 사람을 복종 못시키다	(접)점층. '게다가,또한'(1-14)	(동)할 수 없다(8-5)	(동)오다 [동→사역]	(어기)진술강조 (2-17)
계손씨를 보좌하(면서) 멀리 있는 사람들을 복종 못시키고, 오게 할 수도 없(고) [遠人(목적어 전치)+不服(동사→사역동사)]					
邦	**分崩離析**	**而**	**不能**	**守**	**也;**
(명)제후가 왕에게 받은나라(12-2)	(동)국가,집단이 분열하고 와해되다	(접)점층. '게다가,또한'(1-14)	(동)할 수 없다(8-5)	(동)유지하다. 지키다(15-33)	(어기)진술강조 (2-17)
나라가 분열되고 와해되고 지킬 수도 없(고)					
而	**謀**	**動**	**干戈**	**於**	**邦內.**
(접)전환.'그러나,오히려'(5-17)	(동)기획하다. 계획하다(8-14)	(동)사용하다. 운용하다	(명)병사. 무력	(전)발생장소,방향.'~에서'(3-13)	(명)나라 안
오히려 나라 안에서 무력 사용을 계획하는구나.					
吾	**恐**	**季孫之憂,**	**不在(A而在B)**		**顓臾,**
(대)나,우리'주어,한정어…'(13-18)	(동)두려워하다	계손씨의 걱정	있지 않다(A에 있지 않고 B에 있다)		(지명)전유
나는 두렵다…계손씨의 걱정이…			전유(顓臾)에 있지 않고		
而在(B)	**蕭牆**	**之**	**內**	**也."**	
(B)에 있다	(명)내부	(조사)수식,종속관계.'~의'(3-2)	(명)안. 속	(어기)진술강조 (2-17)	
내부(⇦내부 안)에 있(는 것이 두렵다)."					

번역 계손씨(季孫氏)가 전유(顓臾)를 토벌하려 했다. 염유(冉有)와 자로(子路)는 공자를 만나 말했다. "계손씨가 전유에 대해 일을 꾸미려 합니다." 공자가 말했다. "구(=염유)야! 네가 이 잘못을 범한 것이 아닐까? 전유는 과거에 전대(前代)의 왕이 동몽산(東蒙山)의 주관자로 여겼고 또한 국경의 내부에 있으니 전유는 국가의 신하이다. 왜 토벌하려는 것이냐?" 염유가 말했다. "계손씨가 그것을 원하지 우리 두 신하는 모두 원하지 않습니다." 공자가 말했다. "구(=염유)야! 옛날의 훌륭한 사관 주임(周任)은 '맡은 직위에서 온 힘을 다해 직무를 수행하고 할 수 없으면 그만둔다'라고 말하는 명언이 있었다. 위험한데 돕지 않고, 넘어지는데 붙잡아주지 않으면 그 보좌인을 어디에 쓰려 하겠느냐? 게다가 너의 말은 잘못됐다. 호랑이, 코뿔소가 나무 우리에서 나가고 거북 껍데기와 옥이 수납

장 안에서 훼손되었다면 이것은 누구의 잘못이냐?” 염유가 말했다. “지금 저 전유는 견고하고 비읍(費邑)에 가깝습니다. 지금 공격하여 함락하지 않으면 후세에 반드시 자손의 걱정이 될 것입니다.” 공자가 말했다. “구(=염유)야! 군자는 무엇을 원한다고 말하지 않고, 그것을 위해서 꼭 핑계를 대는 것을 몹시 싫어한다. 나는 제후와 경대부는 (백성이) 적을 것을 걱정하지 않고 오직 불공평한 것을 걱정하고, 가난한 것을 걱정하지 않고 오직 편하지 않은 것을 걱정한다고 들었다. 대체로 공평하면 가난하지 않고, 평화로우면 (백성이) 적지 않고, 평안하면 무너지지 않는다. 이와 같기 때문에 멀리 있는 사람이 복종하지 않으면 예악 교화를 닦아 멀리 있는 사람을 오게 한다. 이미 멀리 있는 사람을 오게 했으면 그들을 편안하게 해준다. 지금 자로와 염구는 계손씨를 보좌하면서 멀리 있는 사람들을 복종 못시키고, 오게 할 수도 없고, 나라가 분열되고 와해되고 지킬 수도 없고, 오히려 나라 안에서 무력 사용을 계획하는구나. 나는 계손씨의 걱정이 전유에 있지 않고 내부에 있는 것이 두렵다.”

語法과 語彙

季氏將伐顓臾 (계씨(季氏)가 전유(顓臾)를 토벌하려 하다)

(동사) 토벌하다. 공격하다. (討伐, 攻打)

→ 民未知信, 盍伐原以示之信? 『國語·晉語四』
백성들은 믿음(信)을 모르는데 왜 원(原)나라를 토벌하여 그들에게(백성들에게) 믿음을 보여주지 않는가?

季氏將伐顓臾 (계씨(季氏)가 전유(顓臾)를 토벌하려 하다)

(지명) 산동성 비현(費縣)의 서북쪽에 위치한 노나라의 속국으로 복희씨(伏羲氏)의 후예로 주공이 노나라에 봉해지기 이전부터 몽산(蒙山) 일대에서 작은 나라를 이루고 있었다. (류종목, 2000) [전유, Zhuānyú]

여기 공자는 노나라 공실의 중앙집권적 질서체계를 옹호하고 있다. 따라서 부용국(附庸國:노나라에서 어느 정도 독립되어 있는 나라이지만 기본적으로 종속성을 가지고 있는 나라로 식읍<食邑> 개념보다는 큰 독립국)인 전유(顓臾)는 공실에 속해있는 노나라 전체 질서 속의 일환이다. 이 전유(顓臾)를 대부인 계씨가 친다는 것은 공실에 대한 삼환의 세력팽창을 의미하는 것이며 이것은 공자의 입장에서 보면 참월<僭越> 행위인 것이다. (김용옥, 2008)

季氏將有事於顓臾 (계씨가 전유에 대해 일을 꾸미려하다)

(동사) 종사하다. 일하다. (猶從事)

— [보충과 견해]

공구서의 의미항목과 원문에 충실하면 ‘전유에 대해 종사하다·일하다’의 의미가 되는데 결국 ‘종사하다, 일하다’의 의미는 ‘공격하다, 토벌하다’가 된다. 따라서 ‘일을 꾸미다. 일을 만들다. 일을 도모하다’ 등의 의미가 되어야 한다고 본다.

학자들은 ●전유에 대하여 사단을 일으키다(김학주, 2017), ●전유에서 일을 일으키다(이기동, 2011), ●전유에서 일을 벌이다(김용옥, 2008), ●전유에서 사변을 일으키다(류종목, 2000) ●전유에 대하여 군사를 부리다(對顓臾用兵)(陳曉芬, 2016) ●전유에 대하여 군사를 부리다(對顓臾用兵)(毛子水, 2009) ●전유에 대하여 병력을 사용하다(對顓臾使用兵力)(楊伯峻, 2006)으로 보았는데 모두 ‘공격하다, 토벌하다’의 의미로 보았다고 말할 수 있다.

昔者先王以爲東蒙主 (과거에 전대(前代)의 왕이 동몽산(東蒙山)의 주관자로 여기다)

(명사) 전대의 왕. (前代君王)

(명사) 옛날 현명한 왕. (指上古賢明君王)

昔者先王以爲東蒙主 (과거에 전대(前代)의 왕이 동몽산(東蒙山)의 주관자로 여기다)

(동사) 관리하다. 맡아보다. 책임지고 집행하다. 주관하다. 장관하다. (掌管, 主持)

且在邦域之中矣 (또한 국경의 내부에 있다)

(명사) 강토. 영토. 국경. 지역. (疆土 ; 國境 ; 區域)

周任有言 (주임(周任)이 명언이 있다)

(명사) 주나라 시대 대부로 일설(一說)에는 옛날 훌륭한 사관이라고 한다. 그 사람은 정직하고 사심이 없으며 나쁜 것을 싫어하고 노력했다. (周時大夫. 一說為古之良史. 其人正直無私, 疾惡務去)

周任有言 (주임(周任)이 명언이 있다)

(동사) 명언이 있다. 좋은 말이 있다. (有名言, 有善言)

→ 有德者必有言, 有言者不必有德 『論語・憲問』
덕이 있는 사람(有德者)은 반드시 좋은 말이 있(必有言)고, 좋은 말이 있는 사람은 반드시 덕이 있는 것은 아니다.

陳力就列, 不能者止 (맡은 직위에서 온 힘을 다해 직무를 수행하고 할 수 없으면 그만 두다)

(동사) 맡은 직위에서 온 힘을 다해 직무를 수행하다. (指在所任職位上能恪盡職守)

→ 陳力就列, 以義建功 (漢・陸賈『新語・道基』)
맡은 직위에서 온 힘을 다해 직무를 수행하고 의(義)로써 공을 세우다.

陳力就列, 不能者止 (맡은 직위에서 온 힘을 다해 직무를 수행하고 할 수 없으면 그만 두다)

– [보충과 견해]

'者'는 소사도 주도 복문에서 앞의 단문 문미에 쓰여 앞뒤 두 문장이 가정의 관계가 있나는 것을 보여 준다. 본문은 '가정조건의 긴축문'이지만 복문으로 구성되어 있고 문장 속의 '者' 역시 가정을 나타내는 조사로 사용되었다고 본다. 다음 문장은 '단문+단문'을 보여주는 용례이다.

→ 民衆而不用者, 與無民同 『商君書・算地』
백성이 많아도 이용하지 않으면 쓸 만한 백성이 없다.

→ 使其主有大失于上, 臣有大罪于下, 索國之不亡者, 不可得也
그 군주가 하늘로부터 큰 과오를 갖게 하고 신하가 백성으로부터 큰 죄가 있을 때 나라가 망하지 않은 경우를 찾으면 찾을 수 없다.

→ 其或繼周者, 雖百世, 可知也 『論語・爲政』
아마도 주나라를 계승한다면 비록 3,000년 이후라도 알 수 있을 것이다.

그리고 본문의 글은 '단문+단문(긴축복문)'으로 쓰였다고 보아야 한다.

→ 陳力就列, 不能者止 『論語·季氏』
맡은 직위에서 온 힘을 다해 직무를 수행하고 할 수 없으면 그만두다.

危而不持 (위험한데 돕지 않다)

(형용사) 위험하다. 안전하지 않다. (危險, 不安全)

→ 危邦不入, 亂邦不居 『論語·泰伯』
위험한 나라는 들어가지 않고 어지러운 나라는 거주하지 않는다.

危而不持 (위험한데 돕지 않다)

(동사) 부축하다. 돕다. 보살피다. (扶持)

→ 君親持之 (唐·李朝威『柳毅傳』)
동정군(君:洞庭君)이 몸소 그를 부축하다.

顚而不扶 (넘어지는데 붙잡아주지 않다)

(동사) 넘어지다. 떨어지다. (跌倒, 墜落) [전, diān]

顚而不扶 (넘어지는데 붙잡아주지 않다)

(동사) 부축하다. 붙잡아주다. (支持, 攙扶)

→ 蓬生麻中, 不扶而立 『荀子·勸學』
삼밭 속에(麻中) 흔들리어 안정되지 않게 자라(蓬生)면 붙잡아주지 않아도(不扶) 일어난다.

危而不持, 顚而不扶, 則將焉用彼相矣? (위험한데 돕지 않고, 넘어지는데 붙잡아주지 않으면 그 보좌인을 어디에 쓰겠는가?)

— [보충]

(7-14참조) '장(將)' 같은 이러한 용도의 단어를 중국 고대중국어 학계에선 '능원동사(能願動詞)'라고 한다. 능원동사는 일종의 보조동사로 동사나 형용사 앞에 놓여 가능, 필요, 의도 등을 나타낸다. 고대중국어의 능원동사은 가능(可能: 能, 得, 可, 可以, 可得, 得, 足, 足以…), 의도(意願: 欲, 忍, 將, 肯, 敢, 願…), 당연(應當:當, 任, 合, 應, 宜, 如…), 피동(被動:見, 被, 爲…) 네 가지로 나눌 수 있다. (張鈺金, 2010)

→ 天之將喪斯文也 『論語·子罕』
하늘이 이 예악제도를 잃게 하려 하다.

→ 季氏將伐顓臾. 冉有季路見於孔子曰: "季氏將有事於顓臾." 『論語·季氏』
계씨가 전유(顓臾)를 '정벌하려 해(將伐)'서 염유(冉有)와 계로(季路)는 '공자를 만나(見於孔子)' 말한다. "계씨가 전유(顓臾)에서 '일을 일으킬 것입(將有事)'니다."

將焉用彼相矣? (그 보좌인을 어디에 쓰겠는가?)

(동사) 사용하다. 운용하다. (使用, 運用)

(동사) 임용하다, 임명하다, 파견하다. (任用, 差遣)

→ 表惡其能而不能用也 『資治通鑑·漢紀·獻帝建安十三年』
유표(表:劉表)는 그의 재능(其能)을 미워하여(惡) 임용할 수 없다(不能用也).

(동사) 채용하다. (採用)

將焉用彼相矣? (그 보좌인을 어디에 쓰겠는가?)

(동사) 보좌하다. 도와주다. (輔佐 ; 扶助) [상, xiàng]

→ 相, 扶也 『廣韻·漾韻』
상(相)은 '돕다'이다.

將焉用彼相矣? (그 보좌인을 어디에 쓰겠는가?)

(어기사) 문미에 놓여 문맥에 따라 반문의 어기를 나타낸다. 서술어 앞에 보통 의문대명사 '언(焉), 안(安), 갈(曷), 기(豈)' 등이 있고 반문의 중요 표지가 된다.

→ 今知而弗言, 則人主尚安假借矣? 『韓非子·定法』
지금 (신하들이) 알고 있으면서 '말하지 않으면(弗言, 則)' 왕(人主)이 어디서(安) 도움을 빌리(假借)겠는가?

且爾言過矣 (게다가 너의 말은 잘못됐다)

(형용사) 틀리다. 맞지 않다. 잘못되다. (錯, 不對)

→ 過言不再 『孔子家語·儒行解』
틀린 말을 두 번하지 않다.

虎兕出於柙 (호랑이, 코뿔소가 나무 우리에서 나가다)

(명사) 고대 코뿔소 종류의 짐승 이름으로 일설에는 암코뿔소이다. 가죽이 두꺼워 갑옷을 만들 수 있었다. (古代犀牛類的獸名; 一說即雌犀. 皮厚, 可以制甲) [시, sì]

虎兕出於柙 (호랑이, 코뿔소가 나무 우리에서 나가다)

(동사) 안에서 밖으로 가다. 나가다. (從里到外)

虎兕出於柙 (호랑이, 코뿔소가 나무 우리에서 나가다)

(명사) 짐승을 가두는 나무 우리. (關獸的木籠) [합, xiá]

龜玉毁於櫝中 (거북 껍데기와 옥이 수납장 안에서 훼손되다)

(명사) 귀갑. 거북 껍데기. (龜甲) [귀, guī]

(명사) 고대 화폐로 쓰임. 고대 화폐. (古代用作貨幣)

(명사) 고대 점복(=점치는 일)으로 쓰였는데 점차 점복의 명칭이 됨. 점복. (古代用作占卜, 遂爲占卜之稱)

龜玉毁於櫝中 (거북 껍데기와 옥이 수납장 안에서 훼손되다)

(명사) 함, 궤짝 같은 수납 도구. 수납장. (函匣、柜一類的收藏用具) [궤, dú]

→ 韞匵(=櫝)而藏諸? 『論語·子罕』

수납장에 보관(韞櫝<운궤, yùndú>)하여 '그것을 숨기(藏諸)'는가?

今夫顓臾固而近於費 (지금 저 전유는 견고하고 비읍(費邑)에 가깝다)

(형용사) 견고하다. 확고하다. (堅固, 牢固)

→ 兵勁城固 『荀子·王霸』

군대는 강대하고(兵勁) 성(城)은 견고하다.

今夫顓臾固而近於費 (지금 저 전유는 견고하고 비읍(費邑)에 가깝다)

— [견해]

이 문장에서 설명하려는 근어비(近於費)는 '전유근어비(顓臾近於費)'의 의미다. 근어비(近於費)는 '가깝다+於+비읍(장소)'의 구조로 '비읍'에서(from)' 가깝다'의 의미가 된다. 보통 '於+장소'의 구조는 '於'앞에 동작이 출현하여 서술어 뒤에서 보어가 되어 동작, 행위가 발생하는 장소(at, in, on…), 동작의 방향을 나타낸다.

→ 且予縱不得大葬, 予死於道路乎?" 『論語·子罕』

또 내가 비록 큰 장례식을 얻지는 못하겠지만 내가 도로에서 죽겠는가?

→ 王坐於堂上, 有牽牛而過堂下者 『孟子·梁惠王上』

왕이 대청 위에 앉아 있을 때 소를 끌고 대청 아래를 지나가는 사람이 있다.

또는 동작행위의 발생 장소, 출현의 범위, 향하는 방향을 보여주고 서술어 앞이나 서술어 뒤에 쓰인다.

→ 吾十有五而志於學 『論語·爲政』

나는 15살에 학문에 뜻을 두었다.

→ 吾黨之直者異於是 『論語·子路』

우리 마을의 올바른 사람은 이것(=올바름)에 있어 다르다.

예문에서 '학문(學), 이것(是)'이 '뜻을 두다(志), 다르다(異)'의 '발생 장소, 출현 범위, 지향점'이 된다. 구체적으로 구별을 하면 '志於學'에서 學은 '뜻을 두는 지향점'이 된다고 볼 수 있고, '異於是'는 '다른 범위'가 될 수 있다. 하지만 이 분류에서 말하는 장소는 물리적 장소가 아니라 추상적 장소라는 점에서 앞의 것과 다르다.

근어비(近於費)는 '비읍으로부터 가깝다'의 의미가 가장 적합하다고 생각하기 때문에 이 용례는 동작과는 관계가 없고 '장소와의 상태'를 나타내는 전치사 용례로 보는 것이 적절하다고 본다. '~로부터, ~에서, ~와/과' 등으로 번역될 수 있다.

→ 信近於義 『論語·學而』

신용이 의로움'과/에서/으로부터' 가깝다.

今不取, 後世必爲子孫憂 (지금 공격하여 함락하지 않으면 후세에 반드시 자손의 걱정이 된다)

(동사) 공격하여 함락하다. 무력으로 빼앗다. 탈취하다. (攻下, 奪取)

→ 雖然, 公輸盘爲我爲雲梯, 必取宋 『墨子·公輸』
비록 그렇지만 공수반(公輸盘)이 나를 위해(爲我) 높은 사다리(雲梯)를 만들었으니 반드시 송(宋)나라를 공격하여 함락해야 한다.

今不取, 後世必爲子孫憂 (지금 공격하여 함락하지 않으면 후세에 반드시 자손의 걱정이 된다)

(명사) 어떤 시대 이후의 시대. 후세. (某一時代以後的時代)

→ 君子疾夫舍曰欲之而必爲之辭 (군자는 무엇을 원한다고 말하지 않고, 그것을 위해서 꼭 핑계를 대는 것을 몹시 싫어한다)

— [견해]

앞의 之와 뒤의 之가 각각 나뉘어 있을 때는 다른 기능과 용법을 갖고 있다고 볼 수 있지만, 이처럼 같은 문장에 쓰일 때는 같은 기능, 의미를 수행하는 단어로 보아야 한다. 그렇다면 재지사가 되어야 하는데 재지시를 나타내주는 단어, 구, 절이 출현하지 않았다. 이러한 경우 '일반적인 사람, 사실, 사물' 등으로 처리하기도 하는데 대명사로 '그것, 무엇(something)' 등의 의미를 가진 단어로 보는 것이 낫다고 본다.

君子疾夫舍曰欲之而必爲之辭 (군자는 무엇을 원한다고 말하지 않고, 그것을 위해서 꼭 핑계를 대는 것을 몹시 싫어한다)

(동사) 핑계를 대다. (借口)
(명사) 핑계. 구실. (口實)

有國有家者 (제후와 경대부)

(명사) 경대부를 가리키며 유(有)는 접두사이다. (指卿大夫. 有, 詞頭)

→ 卿大夫稱家 -孔傳-
경대부를 가(家)라 부른다.

不患寡而患不均 (적은 것을 걱정하지 않고 오직 불공평한 것을 걱정하다)

(형용사) 적다. 모자라다. (少, 缺少) [과, guǎ]

→ 賦稅齊等, 無輕重之殊; 力役同科, 無衆寡之別 『魏書·食貨志』
세금은 모두 같고 경중의 특별함이 없고; 노역은 같아서 많고 적음의 차이가 없다.

不患寡而患不均 (적은 것을 걱정하지 않고 오직 불공평한 것을 걱정하다)

(형용사) 불공평하다. 불균등하다. (不公平; 不均匀)

→ 人主不德, 布政不均 『漢書·文帝紀』
군주(人主)가 부덕하(不德)면 정치하는 것이(布政:施政) 불공평하다(不均).

安無傾 (평안하면 무너지지 않는다)

(동사) 쓰러지다. 무너지다. 전복하다. 전복되다. (傾覆, 倒塌) [경, qīng]

→ 檣傾楫摧 (宋·範仲淹『岳陽樓記』)
돛대(檣<장, qiáng>)가 쓰러지고 노(楫<즙, jí>)가 꺾이다(摧<최, cuī>).

脩文德以來之 (예악 교화를 닦아 그들을 오게 하다)

(동사) '예악으로 교화하다'란 의미로 '무공'과는 반대의 개념이다. (指禮樂教化. 與「武功」相對)
(명사) 예악 교화.

邦分崩離析而不能守也 (나라가 분열되고 와해되고 지킬 수도 없다)

(동사) 국가, 집단, 조직이 분열하고 와해되다. (形容國家、集團或組織分裂瓦解)

→ 四方分崩離析, 形埶可見 『後漢書·鄧禹傳』
사방이 분열되고 와해되니 형세(形埶<형세, xíngshì>=形勢)는 볼만하다.

謀動幹戈於邦內 (나라 안에서 무력 사용을 계획하다)

(동사) 사용하다. 운용하다. (使用, 運用)

→ 不肯一動其心以蓄其妻子 (唐·韓愈『圬者王承福傳』)
조금이라도(一) 그의 마음을 운용하여(動其心以) 그의 처와 자식(其妻子)을 먹여 살리려 하지 않다(不肯…蓄).

謀動幹戈於邦內 (나라 안에서 무력 사용을 계획하다)

(명사) 병사. 무력. (指兵士, 武力)
(명사) 전쟁. (指戰爭) [간과, gāngē]

→ 賦斂中原困, 幹戈四海愁 (宋·王安石『何處難忘酒』詩之一)
세금 징수(賦斂:征收賦稅)로 인해 중원(中原)이 힘들고 전쟁으로 인해(幹戈) '사해가(=천하가) 근심스럽다(四海愁)'.

(명사) 간(幹:방패)과 과(戈:창)는 고대 상용 병기이기 때문에 '간과(幹戈)'로 병기의 통칭으로 삼았다. (幹和戈是古代常用武器, 因以「幹戈」用作兵器的通稱)
(명사) 고대 무무(武舞:martial art). (古代武舞)

吾恐季孫之憂, 不在顓臾, 而在蕭牆之內也 (나는 계손씨의 걱정이 전유에 있지 않고 내부에 있는 것이 두렵다)

(동사) 두려워하다. (害怕, 畏懼)

→ 舟側欲傾, 人大恐懼, 即鳴鼓招衆 (宋·徐竟『高麗圖經·禮成港』)
배의 측면(舟側)이 기울려고 하자 사람들이 '크게 두려워하(大恐懼)'여 바로 북을 두드리고 '사람들을 부른다(招衆)'.

吾恐季孫之憂, 不在顓臾, 而在蕭牆之內也 (나는 계손씨의 걱정이 전유에 있지 않고 내부에 있는 것이 두렵다)

(명사) 고대 가옥/집 내에서 가림막으로 쓰던 낮은 담. (古代宮室內作為屏障的矮墻) [소장, xiāoqiáng]

(명사) 내부. (借指內部)

吾恐季孫之憂, 不在顓臾, 而在蕭牆之內也 (나는 계손씨의 걱정이 전유에 있지 않고 내부에 있는 것이 두렵다)

(명사) 안. 속. (里面. 里頭)

→ 四海之內, 皆兄弟也, 君子何患乎無兄弟也? 『論語·顏淵』
사해 안(四海之內)이 모두 형제인데(皆兄弟也) 군자가 왜(何) 형제가 없는 것에 대해 걱정하(患乎無兄弟)겠는가?

16-2. 孔子曰: "天下有道, 則禮樂征伐自天子出;天下無道, 則禮樂征伐自諸侯出. 自諸侯出, 蓋十世希不失矣;自大夫出, 五世希不失矣;陪臣執國命, 三世希不失矣. 天下有道, 則政不在大夫; 天下有道, 則庶人不議."

孔子曰:	"天下	有道,	則	禮樂	征伐
공자가 말하다	(명)천하.세상	(형)정치가 맑고 깨끗하다(8-13)	(접)조건+則+결과 (1-6)	예(禮)와 악(樂)	(동)토벌하다 [동사→명사]
공자가 말했다. "세상이 맑고 깨끗하…			…면 예악(禮樂)과 토벌(討伐)이		
自天子	**出;**	**天下**	**無道,**	**則**	**禮樂征伐**
(명)제왕으로부터 [自:(1-1)]	(동)나오다	(명)천하. 세상	(형)사회,정치가 혼잡하고 어둡다	(접)조건+則+결과 (1-6)	예악(禮樂)과 토벌(討伐)
제왕으로부터 나오(고)		세상이 혼잡하고 어두우…		…면 예악(禮樂)과 토벌(討伐)이	
自諸侯出.	**自諸侯出,**		**蓋**	**(及)十世**	**希**
제후로부터 나오다	(예악<禮樂>과 토벌<討伐>이) 제후로부터 나오다		(부)아마도,대체로, 대략(7-27)	300년 (2-23) [及(10-8)]	(형)보기 드물다, 적다(5-23)
제후로부터 나온다.	예악(禮樂)과 토벌(討伐)이 제후로부터 나오(면) [조건가정절]		대체로 300년(이 됐을 때) [及(10-8)]		
不	**失**	**矣;**	**自大夫出,**	**(及)五世希不失矣;**	
(부)동사술어 앞. '~하지 않다'(7-14)	(동)소실되다. 없어지다. 소멸되다	(어기)'이미 그렇다' (3-24)	대부(大夫)로부터 나오다	150년(이 됐을 때) 없어지지 않는 것을 보는 건 드물다	
없어지지 않는 것을 보는 건 드물(고)			(예악(禮樂)과 토벌(討伐)이) 대부(大夫)로부터 나오(면) 150년이 됐을 때 없어지지 않는 것을 보는 건 드물(고)		
陪臣	**執**	**國命,**	**(及)三世希不失矣.**		**天下有道,**
(명)가신(家臣)	(동)쥐다,잡다(6-10)	(명)국가의 정권	90년(이 됐을 때) 없어지지 않는 것을 보는 건 드물다		세상이 맑고 깨끗하다
가신(家臣)이 국가의 정권을 '쥐었을 때/쥔다면/…' [시간·가정·조건절]			90년이 됐을 때 없어지지 않는 것을 보는 건 드물다		세상이 맑고 깨끗하…
則	**政**	**不**	**在**	**大夫;**	**天下有道,**
(접)조건+則+결과 (1-6)	(명)정치권력	(부)'~하지 않다' (7-14)	(동사)~에 있다 (5-1)	(명)대부	세상이 맑고 깨끗하다
…면 정치권력은 대부에게 있지 않(고)					세상이 맑고 깨끗하…
則	**庶人**	**不**	**議."**		
(접)조건+則+결과 (1-6)	(명)백성. 평민	(부)~하지 않다 (7-14)	(동)지적하다. 비난하다		
…면 백성은 비난하지 않는다."					

번역 공자가 말했다. "세상이 맑고 깨끗하면 예악(禮樂)과 토벌(討伐)이 제왕으로부터 나오고, 세상이 혼잡하고 어두우면 예악과 토벌이 제후로부터 나온다. 예악과 토벌이 제후로부터 나오면 대체로 300년이 됐을 때 없어지지 않은 것을 보는 건 드물고, (예악과 토벌이) 대부로부터 나오면 150년이 됐을 때 없어지지 않는 것을 보는 건 드물고, 가신(家臣)이 국가의 정권을 쥔다면 90년이 됐을 때 없어지지 않은 것을 보는 건 드물다. 세상이 맑고 깨끗하면 정치권력은 대부에게 있지 않고, 세상이 맑고 깨끗하면 백성은 비난하지 않는다."

語法과 語彙

天下有道, 則禮樂征伐自天子出 (세상이 맑고 깨끗하면 예악(禮樂)과 토벌(討伐)이 제왕으로부터 나온다)

(동사) 토벌하다. (討伐)

→ 武皇重征伐, 戰士輕生死 (唐·邵謁『戰城南』詩)
무황(武皇)이 다시 토벌하(征伐)자 전쟁에 참가한 사병(戰士)은 '삶과 죽음을 가볍게 여긴다(輕生死)'.

天下有道, 則禮樂征伐自天子出 (세상이 맑고 깨끗하면 예악(禮樂)과 토벌(討伐)이 제왕으로부터 나온다)

(명사) 고대에는 왕의 권한을 신(神)이 주었다고 생각했기 때문에 제왕(帝王)을 천자(天子)라 불렀다. (古以君權為神所授, 故稱帝王為天子)

天下無道, 則禮樂征伐自諸侯出 (세상이 혼잡하고 어두우면 예악과 토벌이 제후로부터 나온다)

(형용사) 사회, 정치가 혼잡하고 어수선하고 어둡다. (指社會政治紛亂, 黑暗)

→ 天下之無道也久矣 『論語·八佾』
세상이 '혼잡하고 어수선하고 어두운 것(無道<무도>)'이 오래 되었다.

蓋十世希不失矣 (대체로 300년이 됐을 때 없어지지 않은 것을 보는 건 드물다)

(동사) 보이지 않다. 소실되다. 없어지다. 소멸되다. (不見, 消失, 消滅)

→ 饑人忽夢飯甑溢, 夢中一飽百憂失 (宋·蘇軾『次韵孔毅甫久旱已而甚雨三首』)
배고픈 사람(饑人)이 갑자기(忽) 밥 짓는 토기(飯甑<반증, fànzèng>)에서 증기가 넘치는(溢<일, yì>) 꿈을 꾸고, '꿈속에서 한 번 배부르니(夢中一飽)' 백 가지 걱정이 없어진다(百憂失).

陪臣執國命 (가신(家臣)이 국가의 정권을 쥐다)

(명사) 가신(家臣); 고대 천자는 제후를 신하로 여기고, 제후는 대부를 신하로 여기고, 대부 자신은 가신이 있었다. 이 때문에 대부는 천자에 대해, 대부의 가신은 제후에 대해 모두 한 단계를 건너는 신하이다. 그래서 '중신(重臣)'이라 말하고 이 때문에 모두 '배신(陪臣)'이라 불렀다. (古代天子以諸侯爲臣, 諸侯以大夫爲臣, 大夫又自有家臣. 因之大夫對於天子, 大夫之家臣對於諸侯, 都是隔了一層的臣, 即所謂「重臣」, 因之都稱爲「陪臣」)

→ 及後陪臣執政, 季氏旅於泰山, 仲尼譏之 『史記·封禪書』
나중 가신(陪臣:家臣)이 국가의 일을 맡아보고 계씨(季氏)가 '태산에서 제사를 지냈(旅於泰山)'을 때 공자가 '이것을 비난하다(譏之<기, jī>)'.

陪臣執國命 (가신(家臣)이 국가의 정권을 쥐다)

(명사) 국가의 정권. (國家的政權)

政不在大夫 (정치권력은 대부에게 있지 않다)

(명사) 정치권력. (政治權力)

庶人不議 (백성이 비난하지 않다)

(명사) 평민. 백성. (平民, 百姓) [서인, shùrén]

→ 禮不下庶人, 刑不上大夫 『禮記·曲禮上』
예절과 의식(禮:禮儀)이 일반 백성(庶人)에게 '적용되지 않고(=내려가지 않고)' 형벌이 귀족 계급(大夫)에게 '적용되지 않다(=올라가지 않는다)'.

庶人不議 (백성이 비난하지 않다)

(동사) 지적하다. 비난하다. 비방하여 논하다. (非議 ; 指責)

→ 恐天下之議我也 『商君書·更法』
세상이 나를 비난할까 두렵다.

16-3. 孔子曰: “祿之去公室五世矣, 政逮於大夫四世矣, 故夫三桓之子孫微矣.”

孔子曰:	“祿	之	去	公室	五世
공자가 말하다	국가정권 [(명)봉급.급여 (15-32)]	(접)주어+之+서술어(1-10)	(동)떠나다(10-6)	(명)군주의 집. 왕실	(명)노나라의 5대
공자가 말했다. “국가정권이 왕실을 떠난 (지가) 5대가 되었(고)					
矣,	**政**	**逮**	**於**	**大夫**	**四世**
(어기)‘이미 그렇다’ (3-24)	(명)정치.정사 (13-5)	(동)미치다. 다다르다(4-22) [태,dài]	(전)동작도달장소 ‘~로.~에’(1-10)	(명)대부(14-11)	(명)노나라 계씨 4대
	정치가 대부에 다다른 (지가) 계씨 4대가 되었기 때문에				
矣,	**故**	**夫**	**三桓**	**之**	**子孫**
(어기)‘이미 그렇다’ (3-24)	(접)A故B.A때문에 그래서B(9-6)	(지시대)한정어. 이,저…(11-10)	(명)맹손,숙손,계손	(조사)수식,종속관계.‘~의’(3-2)	(명)자손
	그래서 저 삼환(三桓)의 자손이				
微	**矣.”**				
(동)몰락하다. 힘이 약해지다. 기울다	(어기)이미 그렇다 (3-24)				
몰락한 것이다.”					

번역 공자가 말했다. “국가의 권한이 왕실을 떠난 지가 5대가 되었고, 정치가 대부에 다다른 지가 계씨 4대가 되었기 때문에 그래서 저 삼환(三桓)의 자손이 몰락한 것이다.”

語法과 語彙

祿之去公室五世矣 (국가정권이 왕실을 떠난 지가 5대가 되었다)

— [보충]

봉록을 집행하는 권한을 나타내는 것으로 ‘국가정권’을 가리킨다. (指實行爵祿的權力, 即國家政權) (陳曉芬, 2016)

祿之去公室五世矣 (국가정권이 왕실을 떠난 지가 5대가 되었다)

(명사) 군주의 집. 왕실. (指君主之家；王室)

→ 天下之財, 不使之偏歸於公室, 亦不使之偏入於私家 (宋·秦觀『財用上』)

천하의 재물, ‘그것을 왕실에 치우쳐 귀속시키(使之偏歸於公室)’지 않게 하고 또한 그것을 ‘대부 이하의 집(私家)’에 치우쳐 들어가게 않게 하다.

祿之去公室<u>五世</u>矣 (국가정권이 왕실을 떠난 지가 5대가 되었다)

(명사) 노나라의 선공(宣公), 성공(成公), 양공(襄公), 소공(昭公), 정공(定公)을 가리킨다.

政逮於大夫<u>四世</u>矣 (정치가 대부에 다다른 지가 계씨 4대가 되었다)

(명사) 노나라 국정 이후를 좌지우지한 계씨 4대로 문자(文子), 무자(武子), 평자(平子), 환자(桓子)이다.

夫<u>三桓</u>之子孫微矣 (저 삼환(三桓)의 자손이 몰락했다)

(명사) 춘추시대 노나라 대부 맹손, 숙손, 계손 모두 노나라 환공의 후대이기 때문에 '삼환'이라고 불렀다. 문공이 죽은 다음 삼환의 세력은 날로 커졌고 각각 군대를 거느리고 있었고 실질적으로 노나라 정권을 장악했다. (春秋時魯國大夫孟孫(仲孫)、叔孫、季孫都是魯桓公的後代, 故稱「三桓」. 文公死後, 三桓勢力日强, 分領三軍, 實際掌握了魯國的政權)

夫三桓之子孫<u>微</u>矣 (저 삼환(三桓)의 자손이 몰락했다)

(동사)몰락하다. 기울다. 힘이 약해지다. (衰敗, 衰落)

→ 天下分裂, 而唐室固以<u>微</u>矣 (宋·蘇軾『教戰守策』)
천하가 분열되고 '당(當) 왕실의 견고함(唐室固)'도 이 때문에 쇠락해졌다.

16-4. 孔子曰: “益者三友, 損者三友. 友直, 友諒, 友多聞, 益矣. 友便辟, 友善柔, 友便佞, 損矣.”

孔子曰:	“益	者	三友,	損
공자가 말하다	(명)이익 [명사→동사]	(조)~한 사람, ~한 것(1-2)	세 가지 종류의 친구 [수사와 명사 사이에 단위명사 생략. 三(種)友][명사 서술어가 된다]	(동)손해를 가져오다
공자가 말했다.	“이익이 되는 사람은 세 가지 종류의 친구이(고)			손해를 가져오는

者	三友.	友	直(者),	友諒(者),
(조)~한 사람, ~한 것(1-2)	세 가지 종류의 친구	(동)친구하다, 친분맺다(1-8)	정직한 (사람)	신용을 지키는 사람과 친구하다 [(동)신용을 지키다(14-17)]
사람은 세 가지 종류의 친구다.		정직한 사람과 친구하(고)		신용을 지키는 사람과 친구하(고)

友多聞(者),	益	矣.	友便辟(者),
견문이 해박한 사람과 친구하다	(동)이익이 되다	(어기)미래상황에 대한 확신(1-7)	아첨하는 사람과 친구하다
견문이 해박한 사람과 친구하(면) [여기까지 조건·가정절]	분명히 이익이 된다.		아첨하는 사람과 친구하(고)

友善柔(者),	友便佞(者),	損	矣.”
아부하고 비위를 잘 맞추는 사람과 친구하다	교묘하게 말을 잘하고 아첨하고 영합하는 사람과 친구하다	(동)손해를 가져오다	(어기)미래상황에 대한 확신(1-7)
아부하고 비위를 잘 맞추는 사람과 친구하(고)	교묘하게 말을 잘하고 아첨하고 영합하는 사람과 친구하(면) [조건가정절]	손해를 가져온다.”	

번역 공자가 말했다. “이익이 되는 사람은 세 가지 종류의 친구이고, 손해를 가져오는 사람은 세 가지 종류의 친구다. 정직한 사람과 친구하고, 신용을 지키는 사람과 친구하고, 견문이 해박한 사람과 친구하면 분명히 이익이 된다. 아첨하는 사람과 친구하고, 아부하고 비위를 잘 맞추는 사람과 친구하고, 교묘하게 말을 잘하고 아첨하고 영합하는 사람과 친구하면 손해를 가져온다.”

語法과 語彙

益者三友 (이익이 되는 사람은 세 가지 종류의 친구이다)

(명사) 좋은 점. 이익. (好處, 利益)

→ 《書》曰: “滿招損, 謙得益” 『新五代史·伶官傳序』
『尙書(상서)』에서 말했다. “자만하면 손해를 가져오고, 겸손하면 이익을 얻는다.”

損者三友 (손해를 가져오는 사람은 세 가지 종류의 친구다)

(동사) 손해보다. 손해를 가져오다. (損害) [손, sǔn]

→ 《書》曰: “滿招損, 謙得益.” 『新五代史·伶官傳序』
『尙書(상서)』에서 말했다. “자만하면 손해를 가져오고, 겸손하면 이익을 얻는다.”

友多聞 (견문이 해박한 사람과 친구하다)

(형용사) 견문이 해박하다. (見聞廣博)

→ 故將廣智, 必先多聞 『文選·何晏·景福殿賦』
그래서 크게(廣:大) 지혜로우려면 반드시 먼저 견문이 해박해야 한다.

友便辟 (아첨하는 사람과 친구하다)

(동사) 아첨하다. (諂媚逢迎) [편벽, piánpì]

→ 王晏性甚便僻, 漸見親侍 『南史·王晏傳』
왕안(王晏)은 '성격이 매우(性甚)' 아첨을 잘하여 점점 '몸소 시중을 드는 모습을 드러낸다(見親侍)'.

友善柔 (아부하고 비위를 잘 맞추는 사람과 친구하다)

(명사) 아부하고 비위를 잘 맞추는 사람. (阿諛奉承的人) [선유, shànróu]

→ 放遠善柔, 親近賢達 (宋·蘇軾『御試制科策』)
아부하고 비위를 잘 맞추는 사람을 '쫓아내고 멀리하고(放遠)' 현명하고 통달한 사람(賢達)과 '친하게 지내고 가까이하다(親近)'.

(동사) 아부하고 비위를 잘 맞추다. (阿諛奉承)

→ 便佞者, 善柔者, 皆我之損, 不敢親也 (明·李贄『答李如真』)
말 잘하는 사람과 아부하고 비위를 잘 맞추는 사람 모두 나의 손해이니 친하게 지낼 수 없다.

友便佞 (교묘하게 말을 잘하고 아첨하고 영합하는 사람과 친구하다)

(동사) 교묘하게 말을 잘하고 아첨하고 영합하다. (巧言善辯, 阿諛逢迎) [편녕, piánnìng]

→ 今多姦諛以取媚, 撓法以便佞 (漢·王符『潛夫論·務本』)
지금 많은 나쁜 사람이(今多姦) 아첨으로(諛以) 비위를 맞추고(取媚<취미, qǔmèi>:討好) 법을 왜곡하여(以'撓法<뇨법, náofǎ>':枉法) 교묘하게 말을 잘하고 아첨하고 영합한다.

16-5. 孔子曰: "益者三樂, 損者三樂. 樂節禮樂, 樂道人之善, 樂多賢友, 益矣. 樂驕樂, 樂佚遊, 樂宴樂, 損矣."

孔子曰:	"益	者	三樂,
공자가 말하다	(명)이익 [명사→동사]	(조)~한 사람, ~한 것(1-2)	세 가지 종류의 즐거움[(명)즐거움(7-15)<락, lè>][수사와 명사 사이에 단위명사 생략. 三(種)樂][명사 서술어가 된다]
공자가 말했다. "이익이 되는 것이 세 가지 종류의 즐거움(이고)			

損	者	三樂.	樂	節禮	樂,
(동)손해를 가져오다	(조)~한 사람, ~한 것(1-2)	세 가지 종류의 즐거움	(동)즐겁게 여기다, 좋아하다(6-20)	(명)절조와 예의	(명)즐거움(7-15) [락, lè]
손해를 가져오는 것이 세 가지 종류의 즐거움이다.			절조와 예의의 즐거움을 [수식·종속표지 없음] 즐겁게 여기(고)		

樂	道人	之	善,
(동)즐겁게 여기다, 좋아하다(6-20)	1. 도인(道人):(명) 매우 높은 도덕을 가진 사람 2. 道:(동)말하다.진술하다+人:(명)타인,다른사람(7-30)	(조사)수식,종속관계.'~의'(3-2)	(형)훌륭하다(3-25) [형→명]
1. 매우 높은 도덕을 가진 사람의 훌륭함을 즐겁게 여기(며) 2. 타인의 훌륭한 것을 말하는 걸 즐겁게 여기(며)			

樂	多賢友,	益	矣.	樂
(동)즐겁게 여기다, 좋아하다(6-20)	1. 많은 현명한 친구 2. 현명한 친구를 많이 가지고 있다 [多(有)賢友]	(동)이익이 되다	(어기)미래상황에 대한 확신(1-7)	(동)즐겁게 여기다, 좋아하다(6-20)
1. 많은 현명한 친구를 즐겁게 여기면 [조건가정절] 2. 현명한 친구를 많이 (가지고 있는 것을) 즐겁게 여기면		분명히 이익이 된다.		

驕	樂,	樂佚遊,	樂宴樂,
(형)오만하다(13-26)	(명)즐거움(7-15) [락, lè]	방종하고 무절제함을 즐겁게 여기다	함께 모여 술과 음식 먹는 즐거움을 즐겁게 여기다 [(동) 술과 음식으로 손님을 접대하거나 함께 모여 술과 음식을 먹다]
오만한 즐거움을 즐겁게 여기(고)		방종하고 무절제함을 즐겁게 여기(고)	함께 모여 술과 음식 먹는 즐거움을 즐겁게 여기면 [조건가정절]

損	矣."
(동)손해를 가져오다	(어기)미래상황에 대한 확신(1-7)
분명히 손해를 가져온다."	

번역 공자가 말했다. "이익이 되는 것이 세 가지 종류의 즐거움이고, 손해를 가져오는 것이 세 가지 종류의 즐거움이다. 절조와 예의의 즐거움을 즐겁게 여기고, [매우 높은 도덕을 가진 사람의 훌륭함을 즐겁게 여기며 or 타인의 훌륭한 것을 말하는 것을 즐겁게 여기며] [많은 현명한 친구를 즐겁게 여기면 or 현명한 친구를 많이 가지고 있는 것을 즐겁게 여기면] 분명히 이익이 된다. 오만한 즐거움을 즐겁게 여기고, 방종(放縱:제멋대로 행동하여 거리낌이 없음)하고 무절제함을 즐겁게 여기고, 함께 모여 술과 음식 먹는 즐거움을 즐겁게 여기면 분명히 손해를 가져온다."

語法과 語彙

樂節禮樂 (절조와 예의의 즐거움을 즐겁게 여기다)

(명사) 절조와 예의. (節操禮義)

→ 廉恥節禮以治君子 『漢書·賈誼傳』
청렴하고 부끄러움을 알고(廉恥:廉潔知恥) 절조와 예의로 군자를 관리하다.

樂道人之善 (매우 높은 도덕을 가진 사람의 훌륭함을 즐겁게 여기다 or 타인의 훌륭한 것을 말하는 것을 즐겁게 여기다)

(명사) 매우 높은 도덕을 가진 사람. (有極高道德的人)

→ 道人不聞, 至德不得 『莊子·秋水』
매우 높은 도덕을 가진 사람도 듣지 않으면 지극한 덕을 얻지 못한다.

樂道人之善 (매우 높은 도덕을 가진 사람의 훌륭함을 즐겁게 여기다 or 타인의 훌륭한 것을 말하는 것을 즐겁게 여기다)

(동사) 말하다. 진술하다. (說, 講述)

→ 此中人語云: "不足爲外人道也" (晉·陶淵明『桃花源記』)
이 안에 있는 사람(此中人)이 다음처럼 말했다(語云). "외부인에게(外人) 말하지 마라(不足…道)."

樂佚遊 (방종하고 무절제함을 즐겁게 여기다)

(형용사) 방종하고 무절제하다. (放縱游蕩而無節制) [일유, yìyóu]

→ 防奢泰, 去佚遊 『漢書·杜欽傳』
사치(奢泰:奢侈)를 막고 방종(放縱:제멋대로 행동하여 거리낌이 없음)과 무절제를 없애다.

樂宴樂 (술과 음식으로 손님을 접대하거나 함께 모여 술과 음식을 먹는 것을 즐기다)

(동사) 술과 음식으로 손님을 접대하거나 함께 모여 술과 음식을 먹다. (以酒飯款待賓客或聚會在一起吃酒飯) [연, yàn]

→ 公宴其僚 (宋·蘇洵『張益州畫像記』)
공(公)이 그의 관리(其'僚<료, liáo>')를 술과 음식으로 접대하다.

— [참조]
본문의 '연(宴)'字를 안(晏)으로 보는 학자들이 있는데(김용옥, 陳曉芬) 뜻풀이는 본문처럼 '함께 모여 술과 음식을 먹다'로 하였다.

16-6. 孔子曰: “侍於君子有三愆. 言未及之而言謂之躁;言及之而不言謂之隱;未見顏色而言謂之瞽.”

<table>
<tr><th>孔子曰:</th><th>“侍</th><th>於</th><th>君子</th><th colspan="2">有三愆.</th></tr>
<tr><td>공자가 말하다</td><td>(동)윗사람 몸 옆에서 모시다</td><td>(대상.전)동작의 직접대상(1-10)</td><td>(명)군자(君子)(11-1)</td><td colspan="2">세 가지 잘못이 있다
[수사三+(단위명사생략)+명사愆]</td></tr>
<tr><td colspan="6">공자가 말했다. “군자를 옆에서 모실 때 세 가지 잘못이 있다.</td></tr>
<tr><th>言</th><th>未</th><th>及</th><th colspan="2">之</th><th>而</th></tr>
<tr><td>말할 차례
[(동)말하다(7-17)]</td><td>(부)아직~않다
(3-25)</td><td>(동)도착하다.
다다르다(10-8)</td><td colspan="2">(접사)자·타동+之.
동사강조·보충,음절모으기(13-1)</td><td>(접)전환.
‘그러나’(1-1)</td></tr>
<tr><td colspan="6">말할 차례가 아직 다다르지 않았는데</td></tr>
<tr><th>言</th><th>謂</th><th>之</th><th>躁;</th><th>言</th><th>及</th></tr>
<tr><td>(동)말하다(7-17)</td><td>謂AB. ‘A를 B라고 부르다’(5-15)</td><td>(대)재지시.‘그것, 그사람,그곳’(2-1)</td><td>(형)성격이 급하다. 냉정하지 못하다</td><td>말할 차례[(동)말하다(7-17)]</td><td>(동)도착하다. 다다르다(10-8)</td></tr>
<tr><td colspan="4">말하는 것, 그것을 ‘성격이 급하다’ 라고 하(고)</td><td colspan="2">말할 차례가 다다랐는데</td></tr>
<tr><th>之</th><th>而</th><th>不言</th><th colspan="2">謂之隱;</th><th>未</th></tr>
<tr><td>(접사)자·타동+之.
동사강조… (13-1)</td><td>(접)전환.
‘그러나’(1-1)</td><td>(동)말하지 않다</td><td colspan="2">그것을 숨긴다 라고 부르다
[隱:(동)숨다,숨기다(7-23)]</td><td>(부)서술어앞.
사실상태부정
(5-19)</td></tr>
<tr><td colspan="5">말하지 않는 것, 그것을 ‘숨긴다’ 라고 하(고)</td><td></td></tr>
<tr><th>見</th><th>顏色</th><th>而</th><th>言</th><th colspan="2">謂之瞽.”</th></tr>
<tr><td>(동)보다</td><td>(명)얼굴.용모. 안색</td><td>(접)A而(부사어)+서술어(1-4)</td><td>(동)말하다(7-17)</td><td colspan="2">그것을 식견·생각이 없다고 부르다</td></tr>
<tr><td colspan="6">얼굴을 보지 않고 말하는 것, 그것을 ‘식견·생각이 없다’ 라고 한다.”</td></tr>
</table>

번역 자가 말했다. “군자를 옆에서 모실 때 세 가지 잘못이 있다. 말할 차례가 아직 다다르지 않았는데 말하는 것, 그것을 ‘성격이 급하다’ 라고 하고, 말할 차례가 다다랐는데 말하지 않는 것, 그것을 ‘숨긴다’ 라고 하고, 얼굴을 보지 않고 말하는 것, 그것을 ‘식견·생각이 없다’ 라고 한다.”

語法과 語彙

侍於君子有三愆 (군자를 옆에서 모실 때 세 가지 잘못이 있다)

(동사) 윗사람 몸 옆에서 모시다·수행하다. (配從尊長身旁)

- 子路、曾晳、冉有、公西華侍坐 『論語·先進』
  자로, 증석, 염유, 공서화가 곁에서 모시고 앉다.

侍於君子有三愆 (군자를 옆에서 모실 때 세 가지 잘못이 있다)

(명사) 죄과. 과실. (罪過, 過失) [건, qiān]

→ 愆, 過也 『說文·心部』

건(愆)은 과실·잘못이다.

言未及之而言謂之躁 (말할 차례가 아직 다다르지 않았는데 말하는 것, 그것을 '성격이 급하다' 라고 한다)

(형용사) 성격이 급하다. 냉정하지 못하다. (性情急, 不冷靜) [조, zào]

未見顔色而言謂之瞽 (얼굴을 보지 않고 말하는 것, 그것을 '식견·생각이 없다' 라고 한다)

(명사) 얼굴. 용모. 안색. (面容, 臉色) [안색, yánsè]

→ 顔色憔悴, 形容枯槁 『史記·屈原賈生列傳』
얼굴이 '초췌하(憔悴<초췌, qiáocuì>)'고 '모습이 파리하다(形容'枯槁<고고, kūgǎo>')'.
[초췌하다 : 병, 근심, 고생 따위로 얼굴이나 몸이 여위고 핏기가 전혀 없다][파리하다 : 몸이 마르고 낯빛이나 살색이 핏기가 전혀 없다]

未見顔色而言謂之瞽 (얼굴을 보지 않고 말하는 것, 그것을 '식견·생각이 없다' 라고 한다)

(동사) 사리에 맞지 않다. 식견·생각·견문·지식이 없다. (不達事理 ; 没有見識) [고, gǔ]

→ 不觀氣色而言謂之瞽 『荀子·勸學』
기색을 보지 않고 말하는 것, 그것을 생각·식견이 없다고 한다.

16-7. 孔子曰: "君子有三戒. 少之時, 血氣未定, 戒之在色;及其壯也, 血氣方剛, 戒之在鬪;及其老也, 血氣既衰, 戒之在得."

孔子曰:	"君子	有	三戒.		少
공자가 말하다	(명)군자(君子)(11-1)	(동)있다. 가지고 있다	세 가지 하지 말아야 할 일 [수사三+(단위명사생략)+명사戒]		(형)나이가 어리다 (9-10)[소,shào]
공자가 말했다. "군자는 세 가지 하지 말아야 할 일이 있다.					나이가 어릴
之	**時,**	**血氣**	**未定,**	**戒**	**之**
(조사)한정어+之+중심어(4-23)	(명사)시간.때	(명)혈기	(형)안정되지 않다	(명)계율.하지 말아야 할 일	(접)주어+之+서술어(1-10)
때(에는)		혈기가 안정되지 않(기 때문에) [원인절]		하지 말아야 할 일은	
在	**色;**	**及**	**其**	**壯**	**也,**
(동)~에 있다 (5-1)	(명)미색.보통 여자의 아름다운 용모	(시간접속사) ~할 때(13-25)	(대)그가, 그것은. 주어(명사+之)(2-22)	(명사)장년	(어기)멈춤. '완만,제시'(3-1)
미색에 있(고)		그가 장년일 때(는)			
血氣	**方剛,**	**戒之在鬪;**			**及**
(명)혈기	(형)체력, 정신이 왕성하다	하지 말아야 할 것은 싸움하는 것에 있다 [鬪:(동)싸우다. 싸우게 하다][동→명]			(시간접속사) ~할 때(13-25)
혈기가 왕성하(니/왕성하기 때문에) [원인절]		하지 말아야 할 것은 싸움하는 것에 있(고)			
其	**老**	**也,**	**血氣**	**既**	**衰,**
(대)그가,그것은. 주어(명사+之)(2-22)	(명)노년. 만년 (7-18)	(어기)멈춤. '완만,제시'(3-1)	(명)혈기	(부)이미, ~후(9-5)	(형)노쇠하다. 쇠약하다(7-5)
그가 노년일 때(는)			혈기가 이미 쇠약하(니/쇠약하기 때문에) [원인절]		
戒之在得."					
하지 말아야 할 것은 탐내어 구하는 것에 있다.					
하지 말아야 할 것은 탐내어 구하는 것에 있다."					

번역 공자가 말했다. "군자는 세 가지 하지 말아야 할 일이 있다. 나이가 어릴 때에는 혈기가 안정되지 않기 때문에 하지 말아야 할 일은 미색에 있고, 그가 장년일 때는 혈기가 왕성하기 때문에 하지 말아야 할 것은 싸움하는 것에 있고, 그가 노년일 때는 혈기가 이미 쇠약하기 때문에 하지 말아야 할 것은 탐내어 구하는 것에 있다."

語法과 語彙

君子有三戒 (군자는 세 가지 하지 말아야 할 일이 있다)

(명사) 계율. 하지 말아야 할 일. (戒律, 禁止做的事)

→ 佛教以五戒爲教 『晉書·會稽王道子傳』
불교는 '다섯 개의 계율(以五戒)'을 가르침으로 삼는다(爲教).

(동사) 경계하다. 경계심을 갖다. (警惕, 警戒)

少之時, 血氣未定 (나이가 어릴 때에는 혈기가 안정되지 않다)

(명사) 시간. 때. (時間, 時候)

→ 我以日始出時去人近, 而日中時遠也 『列子·湯問』
나(我)는 해가 막 나올 때(日始出時) 사람에게 가는(去人) 것이 가깝지만(近, 而) 해가 중간에 있을 때(日中時) (사람에게 가는 것이) 멀다(遠)고 생각한다(以…也)

戒之在色 (하지 말아야 할 일은 미색에 있다)

(명사) 미색. 보통 여자의 아름다운 용모. (美色. 多指女子的美貌)

→ 後世必有以色亡其國者 『戰國策·魏二』
후세 '미색 때문에(以色=아름다운 여자 때문에=아름다운 여자를 좋아하는 것 때문에)' 그의 나라를 망하게 하는(亡其國) 사람이 '반드시 있을 것이다(必有)'.

及其壯也, 血氣方剛 (그가 장년일 때는 혈기가 왕성하다)

(명사) 장년. 고대인은 30세 이상이 장년이었다. (壯年. 古人三十歲以上爲壯年)

→ 臣之壯也, 猶不如人; 今老矣, 無能爲也已 『左傳·僖公三十年』
제가 장년이(臣之壯)었을 때 다른 사람만 못한(不如人) 것 같았고 '지금은 이미 늙어(今老矣)' '할 수가 없(無能爲)'습니다.

及其壯也, 血氣方剛 (그가 장년일 때는 혈기가 왕성하다)

(형용사) 사람이 장년일 때 체력, 정신이 바야흐로 왕성함에 이르는 것을 말한다.; 체력,정신이 왕성하다. (謂人在壯年時體力、精神正當旺盛) [방강, fānggāng]

戒之在鬪 (하지 말아야 할 것은 싸움하는 것에 있다)

(동사) 싸우다. 투쟁하다. 싸우게 하다. (爭鬪, 使…爭鬪) [투, dòu]

→ 今兩虎共鬪, 其勢不俱生 『史記·廉頗藺相如列傳』
지금 '두 마리의 호랑이(兩虎)'가 함께 싸우면 '그 힘(其勢)'이 함께 생기지 않는다.

戒之在得 (하지 말아야 할 것은 탐내어 구하는 것에 있다)

(동사) 탐구하다. 탐내어 구하다. 탐하다. (探求)

→ 顧惟陛下哀臣朽老, 戒之在得 『後漢書·陳蕃傳』
단지 폐하께서(惟陛下) 저의 노쇠함(臣'朽老<후로, xiǔlǎo>')을 가엽게 여기(哀)길 바라(顧)며 하지 말아야 할 것은 탐하는 것에 있습니다.

16-8. 孔子曰: “君子有三畏, 畏天命, 畏大人, 畏聖人之言. 小人不知天命而不畏也, 狎大人, 侮聖人之言.”

<table>
<tr><th>孔子曰:</th><th>“君子</th><th>有</th><th colspan="3">三畏,</th></tr>
<tr><td>공자가 말하다</td><td>(명)군자(君子)
(11-1)</td><td>(동)있다.
가지고 있다</td><td colspan="3">세 가지 두려워하는 것
[수사三+(단위명사생략)+명사 畏][畏:동사→명사]</td></tr>
<tr><td colspan="6">공자가 말했다. “군자는 두려워하는 세 가지를 가지고 있다.</td></tr>
<tr><th>畏</th><th>天命,</th><th colspan="2">畏大人,</th><th colspan="2">畏聖人之言.</th></tr>
<tr><td>(동)두려워하다.
무서워하다</td><td>(명)하늘의 의도·의향·의지(2-4)</td><td colspan="2">덕행이 고상하고 지향이 높고 깊은 사람을 두려워하다</td><td colspan="2">성인(聖人)의 말을 두려워하다</td></tr>
<tr><td colspan="2">하늘의 의도·의향·의지를 두려워하(고)</td><td colspan="2">덕행이 고상하고 지향이 높고 깊은 사람을 두려워하(고)</td><td colspan="2">성인(聖人)의 말을 두려워한다.</td></tr>
<tr><th colspan="2">小人不知天命</th><th>而</th><th>不畏</th><th>也,</th><th>狎</th></tr>
<tr><td colspan="2">소인(小人)은 하늘의 의도·의향·의지를 모른다</td><td>(접)점층.
‘게다가,또한’(1-14)</td><td>(동)두려워하지 않다</td><td>(어기)진술강조
(2-17)</td><td>(동)업신여기다.
깔보다</td></tr>
<tr><td colspan="5">소인(小人)은 하늘의 의도·의향·의지를 모르고 게다가 두려워하지도 않(고)</td><td></td></tr>
<tr><th colspan="2">大人,</th><th>侮</th><th colspan="2">聖人之言.”</th><td rowspan="3"></td></tr>
<tr><td colspan="2">(명)덕행이 고상하고 지향이 높고 깊은 사람</td><td>(동)모욕하다.
업신여기다</td><td colspan="2">성인(聖人)의 말</td></tr>
<tr><td colspan="2">덕행이 고상하고 지향이 높고 깊은 사람을 업신여기(고)</td><td colspan="3">성인(聖人)의 말을 모욕한다·업신여긴다.”</td></tr>
</table>

번역 공자가 말했다. “군자는 두려워하는 세 가지를 가지고 있다. 하늘의 의도·의향·의지를 두려워하고, 덕행이 고상하고 지향이 높고 깊은 사람을 두려워하고, 성인(聖人)의 말을 두려워한다. 소인(小人)은 하늘의 의도·의향·의지를 모르고 게다가 두려워하지도 않고, 덕행이 고상하고 지향이 높고 깊은 사람을 업신여기고, 성인(聖人)의 말을 업신여긴다.”

語法과 語彙

君子有三畏 (군자는 세 가지 두려워하는 것을 가지고 있다)

(동사) 두려워하다. 무서워하다. (害怕, 恐懼) [외, wèi]

→ 民不畏死, 奈何以死懼之? 『老子・七十四章』
백성이 ‘죽음을 두려워하(畏死)’지 않는다면 ‘어떻게 죽음으로(奈何以死)’ 그들을(=백성을) 두렵게 하겠(懼之)는가?

畏大人 (덕행이 고상하고 지향이 높고 깊은 사람을 두려워하다)

(명사) 덕행이 고상하고 지향이 높고 깊은 사람. (指德行高尙、志趣高遠的人)

→ 大人之學也爲道, 小人之學也爲利 (漢・揚雄『法言・學行』)
덕행이 고상하고 지향이 높고 깊은 사람의 배움은 道이고 소인의 배움은 이익이다.

狎大人 (덕행이 고상하고 지향이 높고 깊은 사람을 업신여기다)

(동사) 업신여기다. 깔보다. (輕侮 ; 侮慢) [압, xiá]

→ 水懦弱, 民狎而玩之 『左傳·昭公二十年』
물이 '약하(懦弱<나약, nuòruò>)'여 백성이 그것을 업신여기고 가지고 논다.

侮聖人之言 (성인(聖人)의 말을 모욕하다·업신여기다)

(동사) 업신여기다. 모욕하다. 소홀히 하다. (怠慢, 輕慢, 欺負, 侮辱) [모, wǔ]

→ 刑當罪則威, 不當罪則侮 『荀子·君子』
형량이 타당하(刑當)면 '죄를 다스려 벌을 주는 것(罪:治罪)'이 '권위를 갖고(威)', 형량이 타당하지 않으면(不當) 죄를 다스려 벌을 주는 것은 모욕을 당한다.

→ 北方有侮臣者, 願借子殺之 『墨子·公輸』
북방에(北方) 나를 모욕하는 사람(侮臣者)이 있는데 당신을 빌려(借子) 그를 죽이고 싶다(願…殺之).

16-9. 孔子曰: "生而知之者上也, 學而知之者次也; 困而學之又其次也; 困而不學, 民斯爲下矣."

孔子曰:	"生	而	知	之	者
공자가 말하다	(동)태어나다	(접)A而(부사어)+서술어(1-4)	(동)알다	(조사)한정어+之+중심어(4-23)	(조)~한 사람, ~한 것(1-2)
공자가 말했다. "태어나면서 아는 것은					
上	**也,**	**學而知之者**	**次**	**也;**	**困**
(명)최상의 것(6-21)	(어기)진술강조(2-17)	배워서 아는 것	(명)그 다음의 것(13-20)	(어기)진술강조(2-17)	(형)(입장이)딱하다. 난처하다
최상의 것이(고)		배워서 아는 것은 그 다음의 것이(고)			형편이 좋지 않…
而	**學**	**之**	**又**	**其**	**次**
(접)전환. '그러나'(1-1)	(동)배우다	(접)주어+之+서술어(1-10)	(부)동시존재/행동. '또,또한'(3-25)	(대)其+명사(이,저)(한정어)(4-5)	(명)그 다음의 것(13-20)
…지만 배우는 것은 또 그 다음의 것이다.					
也;	**困而不學,**		**民**	**斯**	**爲**
(어기)진술강조(2-17)	형편이 좋지 않은데다 배우지도 않다 [而:(접)점층.'게다가,또한'(1-14)]		(명)서민·평민·백성·민중(15-25)	(접)주+斯+술어. 그럼.바로..그래서	(동)되다, 변하다(3-8)
	형편이 좋지 않은데다 배우지도 않(으면) [조건가정절(1-1)]		백성은 그럼		
下	**矣."**	순위, 우열, 중요성 등을 상위부터 순차적으로 기재할 때 'A上也, B次也, C又其次也'로 적었다. (번역은 'A는 1st이고, B는 2nd이고, C는 3rd이다'로 된다)			
(명)지위가 아래인 것	(어기)미래상황에 대한 확신(1-7)				
가장 낮은 지위가 될 것이다."					

번역 공자가 말했다. "태어나면서 아는 것은 최상의 것이고, 배워서 아는 것은 그 다음의 것이고, 좋지 않은 형편에서 배우는 것은 또 그 다음의 것이다. 형편이 좋지 않지만 배우는 것은 또 그 다음의 것이다. 형편이 좋지 않은데다 배우지도 않으면 백성은 그럼 가장 낮은 지위가 될 것이다."

語法과 語彙

困而學之 (형편이 좋지 않지만 배우나)

(형용사) (입장이) 딱하다. 난처하다. (생활이) 곤궁하다. (窘迫, 困窘)

→ 不救楚, 楚大困 『左傳·襄公二十九年』
초나라를 구하(救楚)지 않으면 초나라는 '매우 난처할(大困)' 것이다.

困而不學, 民斯爲下矣 (형편이 좋지 않은데다 배우지도 않으면 백성은 그럼 가장 낮은 지위가 될 것이다)

(순접<順承:부드럽게 이어짐>접속사) 보통 복문에서 '뒤의 단문의 앞'이나 '주어와 서술어 사이'에 쓰여서 앞과 뒤가 사건의 이치에서 부드럽게 이어짐을 나타낸다. '바로, 그럼…바로, 그래서' 등으로 번역될 수 있다. (就, 那麼…就…, 於是)

→ 我欲仁, 斯仁至矣 『論語·述而』
내가 仁을 원하면 그럼 仁이 바로 온다.

→ 受賞者耻, 則立功者怠, 國斯弱矣 (唐·柳宗元『非「國語」下』)
상을 타는 사람(受賞者)이 부끄럽게 느끼면(耻, 則) 공을 세운 사람(立功者)은 태만해지고 국가는 그럼 바로 약해질 것이다.

民斯爲下矣 (백성은 그럼 바로 분명히 지위가 가장 아래의 것이 될 것이다)

(명사) 지위, 등급이 아래에 있는 것. 아래의 것. (地位、等級在下的)

→ 且相如素賤人, 吾羞, 不忍爲之下 『史記·廉頗藺相如列傳』
게다가(且) 상여(相如)는 비천한 사람(賤人)이어서 나는 부끄럽고(吾羞) 그의 아랫 사람(之下)이 되는 것을 참을 수 없다.

困而不學, 民斯爲下矣 (형편이 좋지 않은데다 배우지도 않으면 백성은 그럼 가장 낮은 지위가 될 것이다)

— [견해]

먼저 학자들의 견해를 보면 다음과 같다.

- 곤경에 처하여도 배우지 않으면 사람들 중에서도 하급이 될 것이다. (김학주, 2017)
- 어려움을 겪으면서 배우지 아니하면 그런 백성은 곧 최하가 된다. (이기동, 2011)
- 곤요로운데도 배우지 아니 하는 자는 인간으로서 최하의 인간이 된다. (김용옥, 2008)
- 곤경에 처해도 배우지 않으면 사람이 하급이 된다. (류종목, 2000)
- 곤란함을 만나도 여전히 배우지 않으면 평민백성은 이런 최하등급이 된다. (遇到困難還不學習, 平民百姓就是這種最下等的了) (陳曉芬, 2016)
- 우매한데 부지런히 지식을 탐구할 수 없는 평범한 사람들이 바로 최하가 된다. (愚昧而不能勤苦求知的'凡民', 則是最下的了) (毛子水, 2009)
- 곤란함을 만나도 배우지 않으면 백성은 이런 최하등급이 된다. (遇見困難而不學, 老百姓就是這種最下等的了) (楊伯峻, 2006)

학자들의 해석은 '평범한 사람들이 어려울 때 배우지 않으면 가장 형편없는 사람이 된다'라는 것에 초점이 맞춰져 있다. 문법적으로는 복문에서 앞의 단문이 '조건절'이 되고 뒤의 단문이 '조건에 대한 결과절'이 된다. 그리고 이 문장 파악에서 중요한 지점은 '주어와 서술어'를 연결시켜주는 접속사 '사(斯)'의 파악에 있다고 볼 수 있다. 이런 점에서 보자면 '이기동, 류종목, 陳曉芬, 楊伯峻(사실 陳曉芬선생의 주석은 책 전체에서 楊伯峻선생의 주석과 차이가 크지 않다)'의 해석이 적절하다고 본다.

16-10. 孔子曰: "君子有九思, 視思明, 聽思聰, 色思溫, 貌思恭, 言思忠, 事思敬, 疑思問, 忿思難, 見得思義."

孔子曰:	"君子	有	九思,		視
공자가 말하다	(명)군자	(동)있다. 가지고 있다	아홉 가지의 생각 [수사 九+(단위명사생략)+명사 思]		(동)보다
공자가 말했다. "군자는 아홉 가지 생각이 있(는데)					볼 (때)
思	**明,**	**聽**	**思**	**聰,**	**色**
(동)생각하다	(형)분명하다	(동)듣다	(동)생각하다	(동)듣고 是非, 眞假를 알 수 있다	(동)얼굴빛을 보여주다(10-27)
분명한가를 생각하(고) [시간긴축복문(11-14)]		들(을 때) 옳고 그름, 참과 거짓을 살피는 것을 생각하(고) [시간긴축복문(11-14)]			얼굴빛을 보여(줄 때)
思	**溫,**	**貌**	**思**	**恭,**	**言**
(동)생각하다	(형)부드럽다(7-37)	(동)밖으로 드러내다[명→동]	(동)생각하다	(형)겸손하고 예의 있다(5-16)	(동)말하다
부드러운지를 생각하(고) [시간긴축복문(11-14)]		밖으로 드러(낼 때) 겸손하고 예의 있는지를 생각하(고) [시간긴축복문(11-14)]			말(할 때)
思	**忠,**	**事**	**思**	**敬,**	**疑**
(동)생각하다	(형)정직하다	(동)일하다	(동)생각하다	(형)공손하다, 정중하다(5-16)	(동)잘 알지 못하다
정직한가를 생각하(고) [시간긴축복문(11-14)]		일(할 때) 공손한가를 생각하(고) [시간긴축복문(11-14)]			잘 알지 못(할 때)
思	**問,**	**忿**	**思**	**難,**	**見**
(동)생각하다	(동)묻다	(동)분노하다. 원망하다(12-21)	(동)생각하다	(형)어렵다, 곤란하다(6-22)	(동)보다. 만나다(3-24)
묻는 것을 생각하(고) [시간긴축복문(11-14)]		분노(할 때) 곤란해지는 것을 생각하(고) [시간긴축복문(11-14)] [亂:형용사→동사]			
得	**思**	**義."**			
(명)수확	(동)생각하다	(형)정의에 부합하는,의로운(15-18)			
수확을 볼 (때) 정의에 부합한가를 생각한다." [시간긴축복문(11-14)]					

번역 공자가 말했다. "군자는 아홉 가지 생각이 있는데, 볼 때 분명한가를 생각하고, 들을 때 옳고 그름, 참과 거짓을 살피는 것을 생각하고, 얼굴빛을 보여줄 때 부드러운지를 생각하고, 밖으로 드러낼 때 겸손하고 예의 있는지를 생각하고, 말할 때 정직한가를 생각하고, 일할 때 공손한가를 생각하고, 잘 알지 못할 때 묻는 것을 생각하고, 분노할 때 곤란해지는 것을 생각하고, 수확을 볼 때 정의에 부합한가를 생각한다."

語法과 語彙

視思明 (볼 때 분명한가를 생각하다)

(형용사) 분명하다. 명확하다. (清楚, 明顯)

→ 是非之形不明 『荀子·正名』
옳고 그름의 모습(是非之形)은 분명하지 않다.

聽思聰 (들을 때 옳고 그름, 참과 거짓을 살피는 것을 생각하다)

(동사) 듣고 옳고 그름, 참과 거짓을 살필 수 있다. (聽而能審查是非真假) [총, cōng]

→ 聰, 查也 『說文·耳部』
총(聰)은 살피는 것이다.

貌思恭 (밖으로 드러낼 때 겸손하고 예의 있는지를 생각하다)

(명사) 겉모습. (外表, 外觀) [모, mào]

→ 禮節者, 仁之貌也 『禮記·儒行』
예절(禮節)은 仁의 겉모습이다.

言思忠 (말할 때 정직한가를 생각하다)

(형용사) 정직하다. (正直)

→ 忠, 直也 『玉篇·心部』
충(忠)은 '정직하다'이다.

疑思問 (잘 알지 못할 때 묻는 것을 생각하다)

(동사) 아리송하다. 잘 알지 못하다. (迷惑, 不明白)

見得思義 (수확을 볼 때 정의에 부합한가를 생각하다)

(명사) 수확. (收穫)

→ 亡農夫之苦, 有阡陌之得 (漢·晁錯『論貴粟疏』)
농부의 고생(農夫之苦)이 없고(亡) 논의 수확(阡陌<천맥, qiānmò>之得)이 있다.

16-11. 孔子曰: "'見善如不及, 見不善如探湯.', 吾見其人矣, 吾聞其語矣. '隱居以求其志, 行義以達其道.' 吾聞其語矣, 未見其人也."

孔子曰:	"'見	善	如	不及,	見
공자가 말하다	(동)보다. 만나다(3-24)	(형)올바르다 (13-15)[형→명]	(동)~와 같다(2-1) [동→의동]	(동)따라가지 못하다(15-17)	(동)보다. 만나다(3-24)
공자가 말했다.	"'올바름을 보면 따라가지 못하는 것처럼 여기(고) [조건가정 긴축복문(11-14)]				
不善	**如**	**探湯.',**	**吾**	**見**	**其**
(명)나쁜 일(7-3) [형→명]	(동)~와 같다(2-1) [동→의동]	(동)경계하고 두려워하다	(대)나,우리 '주어,한정어…' (13-18)	(동)보다. 만나다(3-24)	(대)其+명사(이,저) (한정어)(4-5)
나쁜 일을 보면 경계하고 두려워하는 것처럼 여긴다.'			나는 그(런) 사람을		
人	**矣,**	**吾聞其語矣.**		**'隱居**	
(명)인간,사람(4-3)	(어기)'이미 그렇다' (3-24)	나는 그 말을 이미 듣다		(동)물러나 초야에 살고 벼슬을 하러 나가지 않다. 은거하다.	
보았(고)		나는 그(런) 말을 들었다.		'물러나 초야에 살고 벼슬을 하러 나가지 않음으로써	
以	**求**	**其**	**志,**	**行**	**義**
(조)동작조건·근거·신분'(8-5)	(동)추구하다, 찾다(7-11)	(대)그의…'복수可' (1-7)	(명)생각, 포부(5-26)	(동)행하다,시행하다,쓰다(12-6)	(명)올바른 길. 올바른 도리(15-18)
그의 생각을 추구하(고)				올바른 도리를 행함으로써	
以	**達**	**其**	**道.'**	**吾聞其語矣,**	
(조)동작조건·근거·신분'(8-5)	(동)뜻을 이루다 (6-30)	(대)그의…'복수可' (1-7)	(명)도덕, 도의(6-24)	나는 그 말을 이미 듣다	
그의 도덕·도의를 이룬다.'				나는 그(런) 말을 들어 보았(지만)	
未	**見其人**	**也."**			
(부사)아직~않다 (3-25)	그 사람을 보다	(어기)진술강조 (2-17)			
그(런) 사람은 아직 보지 못했다."					

번역 공자가 말했다. "'올바름을 보면 따라가지 못하는 것처럼 여기고, 나쁜 일을 보면 경계하고 두려워하는 것처럼 여긴다.' 나는 그런 사람을 보았고 나는 그런 말을 들어 보았다. '물러나 초야에 살고 벼슬을 하러 나가지 않음으로써 그의 생각을 추구하고 올바른 도리를 행함으로써 그의 도덕도의를 이룬다.' 나는 그런 말을 들어 보았지만 그런 사람을 아직 보지 못했다."

語法과 語彙

見不善如探湯 (나쁜 일을 보면 경계하고 두려워하는 것처럼 여기다)

(동) '끓는 물을 시험 삼아 찾아보다'의 의미로 '경계하고 두려워하다'의 의미이다. (探試沸水. 形容戒懼) [탐탕, tàntāng]

→ 秋胡見此婦, 惕然懷探湯 (晉·傅玄『和班氏詩』)
추호(秋胡)가 이 부인(此婦)을 보고 '놀라고 두려워(惕然<척연, tìrán>)' '경계하고 두려운 마음을 갖다(懷探湯)'.

隱居以求其志 (물러나 초야에 살고 벼슬을 하러 나가지 않음으로써 그의 생각을 추구하다)

(동사) 물러나 초야에 살고 벼슬을 하러 나가지 않다. 은거하다. (退居鄉野, 不出來做官) [은거, yǐnjū]

→ 子知隱居之樂乎? (宋·蘇軾『放鶴亭記』)
선생은 '초야에 살면서 벼슬을 하러 나가지 않는(=은거<隱居>의)' 즐거움을 아십니까?

16-12. 齊景公有馬千駟, 死之日, 民無德而稱焉. 伯夷叔齊餓于首陽之下, 民到于今稱之. 其斯之謂與?

齊景公	有	馬	千駟,		死
(고유명사)제나라 경공(12-11)	(동)있다.소유하다	(명)말	4,000마리 [駟:(명)네 마리 말.네 마리 말이 모는 마차(12-8)]		(동)죽다
제(齊)나라 경공(景公)은 말 4,000마리를 가지고 있었(지만) [양보절(1-1)]					죽는
之	**日,**	**民**	**無**	**德**	**而**
(조사)한정어+之+중심어(4-23)	(명)날	(명)서민·평민·백성·민중(15-25)	(부)진술사실부정(=不)(1-15)	(동)감사하다. 은혜에 감사하다	(접)병렬. '그리고'(7-1)
날		백성은 그에게 감사하지 않고			
稱	**焉.**	**伯夷叔齊**		**餓**	**于**
(동)칭찬하다(8-1)	(대)동사+焉.'그, 그것'(1-14)	(인명)백이(伯夷)와 숙제(叔齊)(5-23) [백이+(접속표지 없음)+숙제]		(동)심각하게 굶주리다	(전)동작행위의 발생 장소.~에서
그를 칭찬하지 않았다.		백이, 숙제가 심각하게 굶주리다			
首陽	**之**	**下,**	**民**	**到**	**于**
(지명)수양산	(조사)수식,종속관계.'~의'(3-2)	(명)아래	(명)서민·평민·백성·민중(15-25)	(동)도달하다. 도착하다.이르다	(전)동작행위의 발생,연속,종결 시간
수양산 아래에서 [→ 수양산 아래에서 심각하게 굶주렸(지만)] [양보절(1-1)]			민중은		
今	**稱**	**之.**	**其**	**斯之謂**	
(명)현재,지금(6-12)	(동)칭찬하다(8-1)	(대)재지시. '그것,그사람,그곳'(2-1)	(대)그것은.'주어(명사+之)'(4-6)	이것을 말하다[斯:(대)목적어(3-11)] [목적어(斯)+지(之)+동사(謂)]	
지금에 이르기까지 그들을(之:백이, 숙제) 칭찬한다.			그것은 이것을 말하는 것이 아닐까?		
與?					
(어기)문미 추측(9-6) [말하는 사람이 확신할 수 없는 의문어기를 사용하여 완곡하게 자신의 견해를 보여 준다]					

번역 제(齊)나라 경공(景公)은 말 4,000마리를 가지고 있었지만 죽는 날 백성은 그에게 감사하지 않고 그를 칭찬하지 않았다. 백이, 숙제가 수양산 아래에서 심각하게 굶주렸지만 민중은 지금에 이르기까지 그들을 칭찬한다. 그것은 이것을 말하는 것이 아닐까?

語法과 語彙

民無德而稱焉 (백성은 그에게 감사하지 않고 그를 칭찬하지 않다)

(동사) 감사하다. 은혜에 감사하다. (感恩, 感激)

→ 以功受賞, 臣不德君 『韓非子·外儲說左下』
공로 때문에(以功) 상을 받아(受賞)도 저는 '왕에게 감사하지 않는다(不德君)'.

伯夷叔齊餓于首陽之下 (백이, 숙제가 수양산 아래에서 심각하게 굶주리다)

(동사) 심각하게 굶주리다. (嚴重的饑餓)

→ 采薇而食之, 及餓且死, 作歌 『史記·伯夷列傳』
고사리를 캐어서(采薇) 그걸 먹고(食之) 심각하게 굶주려 죽을 때 '노래를 짓다(作歌)'.

伯夷叔齊餓于首陽之下 (백이, 숙제가 수양산 아래에서 심각하게 굶주리다)

(장소전치사) '于+목적어'의 구조로 동사서술어 뒤에 쓰여 보어가 되어 동작행위의 발생 장소 혹은 존재 장소를 나타낸다. '~에서' 등으로 번역된다. (在⋯, 于⋯)

→ 黃鳥黃鳥, 無集于桑 『詩經·小雅·黃鳴』
꾀꼬리야 꾀꼬리야(黃鳥:黃鸝<황리, huánglí>) '뽕나무에 모이(集于桑)'지마라.

→ 五月丙午, 晉侯及鄭伯盟于衡雍 『左傳·僖公二十八年』
5월 9일(丙午) 진후(晉侯)와 정백(鄭伯)이 형옹(衡雍)에서 맹약하다.

→ 龐涓死于此樹之下 『史記·孫子吳起列傳』
방연(龐涓<pángjuān>)이 이 나무 아래에서 죽다.

民到于今稱之 (민중이 지금에 이르기까지 그들을 칭찬하다)

(동사) 도달하다. 도착하다. 이르다. (到達, 達到)

→ 蒙到, 二郡皆服 『三國志·吳志·吳主傳』
몽(蒙)이 도착하자 두 개 군(二郡) 모두 복종하다.

民到于今稱之 (민중이 지금에 이르기까지 그들을 칭찬하다)

(시간전치사) '于+목적어'의 구조로 동작행위의 발생, 연속, 종결의 시간을 이끈다. '~까지' 등으로 번역될 수 있다. (在, 到)

→ 自我不見, 于今三年 『詩經·豳風·東山』
내가 '보지 못한 이후로(自不見)' 지금까지 3년이다.

→ 齊桓公城穀而寘管仲焉, 至于今賴之 『左傳·昭公十一年』
제(齊)나라 환공(桓公) 곡(穀)에 성을 만들어 관중을 거기에 배치하(寘'=置<치, zhì>'管仲焉)여 지금에 이르기까지(至于今) 그 성에 의지하다(賴之).

16-13. 陳亢問於伯魚曰: "子亦有異聞乎?" 對曰: "未也. 嘗獨立, 鯉趨而過庭, 曰: '學詩乎?' 對曰: '未也.' '不學詩, 無以言.' 鯉退而學詩. 他日又獨立, 鯉趨而過庭, 曰: '學禮乎?' 對曰: '未也.' '不學禮, 無以立.' 鯉退而學禮. 聞斯二者." 陳亢退而喜曰: "問一得三. 聞詩, 聞禮, 又聞君子之遠其子也."

陳亢	問	於	伯魚	曰:	"子
(인명)진항=자금(子禽)(1-10)	(동)묻다	(대상.전)동작의 직접대상(1-10)	(인명)백어. 공자 아들	(동)말하다	(대)공경표현의 남자.선생님(11-24)
진항(陳亢)이 백어에게 물으며 말했다. [問+於+묻는 대상(A)+曰:A에게 물으며 말하다]					"선생님은
亦	**有**	**異聞**	**乎?"**	**對曰:**	**"未(有)**
(부)역시,또한(3-22)	(동)있다	(명)달리 들은 것	(어기)추측	대구하여 말하다	(부)서술어앞. 사실상태부정(5-19)
역시 달리 들으신 것이 있으시겠죠?"				(백어가)대구하여 말했다.	"없다.
也.	**(父)嘗**	**獨**	**立,**	**鯉**	**趨**
(어기)진술강조(2-17)	(시간부사)일찍이, 이전에(8-5)	(부)혼자서.홀로. 독자적으로(12-5)	(동)서다.서 있다	(인명)나 (I)	(동)잰걸음으로 빨리가다(9-10)
	이전에 (아버님께서) 혼자 서계시(고)			내가 잰걸음으로 빨리	
而	**過庭,**			**曰:**	**'學詩**
(접)A而(부사어)+서술어(1-4)	몸채 앞의 뜰을 지나가다 [過:(동)(9-10)][過동사+(전치사생략)+庭목적어]			(동)말하다	『시경』을 공부하다
몸채 앞뜰을 지나(갈 때) [여기까지가 시간절] 다음처럼 말씀하셨지.					'『詩經시경』을 공부하느냐?'
乎?'	**(鯉)對曰:**	**'未(學)也.'**	**'不學詩,**	**無以**	**言.'**
(어기)의문(2-7)	대구하여 말하다	공부하지 않다	'시경'을 공부하지 않다	無以A:A할 방법이 없다…(4-6)	(동)말하다
	(내가) 대구하여 말했다.	'공부하지 않습니다.'	'시경을 공부하지 않(으면) [가정절]	말할 수 있는 방법이 없다.'	
鯉	**退**	**而**	**學詩.**	**他日**	**又**
(대)나(백어)	(동)물러나다	(접)동작의 선후. '~다음'(6-15)	'시경'을 공부하다	이후 어느 날. 이후 언제	(시간부사)또
나는 물러난 다음 '시경'을 공부했다.				이후 어느 날 또	
(父)獨立, 鯉趨而過庭, 曰:			**'學禮**	**乎?'**	**對曰:**
(아버님께서) 혼자 서계시고 내가 잰걸음으로 빨리 몸채 앞뜰을 지나(갈 때) [시간절] 다음처럼 말하다			'예(禮)'를 공부하다	(어기)의문(2-7)	대구하여 말하다
(아버님께서) 혼자 서계시고 내가 잰걸음으로 빨리 몸채 앞뜰을 지나길 때 다음처럼 말씀하셨다.			'예(禮)를 공부하느냐?'		(내가)대구하여 말했다
'未(學)也.'	**'不學禮, 無以立.'**			**鯉退而學禮.**	
공부하지 않다	'예(禮)를 공부하지 않으면 성취할 수 있는 방법이 없다.' [立:(동)성취하다(4-14)/(동)존재하다.생존하다(12-7)]			리(=나)는 물러난 다음 '예(禮)'를 공부하다	
'공부하지 않습니다.'	'예(禮)를 공부하지 않으면 성취할 수 있는 방법이 없다.'			나는 물러난 다음 '예(禮)'를 공부했다.	

聞	斯	二	者."	陳亢	退
(동)듣다	(대)한정어. '이…'(6-10)	(수사)셋	(조)수사+者. 언급된 人·物·件 (14-21)	(인명)진항=자금 (子禽)(1-10)	(동)물러나다
이 두 가지를 들었다."				진항(陳亢)이 물러난 다음	
而	**喜曰:**	**"問一得三.**	**聞詩,**	**聞禮,**	**又**
(접)동작의 선후. '~다음'(6-15)	기뻐서 말하다	하나를 묻고 세 가지를 얻다	'詩經(시경)'을 듣다	'예(禮)'를 듣다	(시간부사) 또
기뻐서 말했다.		"하나를 묻고 세 가지를 얻었다.	'시경'을 듣(고),	'예(禮)'를 듣(고)	또
聞	**君子**	**之**	**遠**	**其**	**子**
(동)듣다	(명)군자(君子) (11-1)	(접)주어+之+서술어(1-10)	(동)멀리하다 (→편애하지 않다)	(대)그의…'복수 可'(1-7)	(명)아들.딸 (11-25)
군자가 그의 자식을 편애하지 않는다는 것을 들었다."					
也."					
(어기)진술강조 (2-17)					

번역 진항(陳亢)이 백어에게 물으며 말했다. 선생님은 역시 달리 들으신 것이 있으시겠죠? 백어가 대구하여 말했다. "없다. 이전에 아버님께서 혼자 서계시고, 내가 잰걸음으로 빨리 몸채 앞뜰을 지나갈 때 다음처럼 말씀하셨다. '시경(詩經)을 공부하느냐?' 내가 대구하여 말했다. '공부하지 않습니다.' '시경을 공부하지 않으면 말할 수 있는 방법이 없다.' 나는 물러난 다음 '시경'을 공부했다. 이후 어느 날 또 아버님께서 혼자 서계시고, 내가 잰걸음으로 빨리 몸채 앞뜰을 지나갈 때 다음처럼 말씀하셨다. '예(禮)'를 공부하느냐?' 내가 대구하여 말했다. '공부하지 않습니다.' '예(禮)를 공부하지 않으면 성취할 수 있는 방법이 없다.' 나는 물러난 다음 예(禮)를 공부했다. 이 두 가지를 들었다." 진항(陳亢)이 물러난 다음 기뻐서 말했다. "하나를 묻고 세 가지를 얻었다. '시경'을 듣고, '예(禮)'를 듣고, 또 군자가 그의 자식을 편애하지 않는다는 것을 들었다."

語法과 語彙

陳亢問於伯魚曰 (진항(陳亢)이 백어에게 물으며 말하다)

(인명) 백어(伯魚)는 성이 공(孔)이고, 이름은 리(鯉), 백어는 자(字)이다. 공자가 결혼한 다음해 20살 때 태어났다. 공자가 귀로한 다음해에 50세의 나이로 세상을 떠났다. 이 대화는 그가 죽기 직전에 이루어진 소중한 단편이다. 백어(伯魚)는 불행하게도 학문을 이루지 못하고 죽었지만 그의 아들 자사(子思)를 남기었다. 그 자사(子思)가 대성하여 『중용 中庸』이라는 만고불후(萬古不朽)의 명작을 남기었다. (김용옥, 2008)

子亦有異聞乎? (선생님은 역시 달리 들으신 것이 있으시겠죠?)

(동사) 들은 것이 달리 있다. 달리 들은 것이 있다. (別有所聞)
(명사) 달리 들은 것. (所聞不同)

子亦有異聞乎? (선생님은 역시 달리 들으신 것이 있으시겠죠?)

(추측어기사) 추측 의문문의 문미에 쓰여서 추측의문어기를 돕고 의문문 안에서 일반적으로 추측을 도와주는 부사인 '得無, 得微, 得非, 得毋, 無乃, 其, 其唯, 殆' 등과 호응한다.

→ 居簡而行簡, 無乃大簡乎? 『論語·雍也』
관대하고 까다롭지 않게 처신하고 게다가 간단하고 쉽게 일처리 한다면 지나치게 세심하지 않은 것 아닐까요?

嘗獨立, 鯉趨而過庭 (이전에 아버님께서 혼자 서계시고, 내가 잰걸음으로 빨리 몸채 앞뜰을 지나갔다)

(명사) 몸채(여러 채로 된 살림집에서 主가 되는 집채 = 정방<正房>) 앞의 땅. 마당. (堂前之地, 院子)

→ 鳳凰翔于庭, 麒麟游于郊 『淮南子·覽冥訓』
봉황은 몸채 앞 마당에서 '하늘을 빙빙 돌며 날(翔<상, xiáng>)'고 '기린(麒麟. qílín)'은 교외에서 '걷는다(游:行走)'.

鯉退而學詩 (나는 물러난 다음 '시경'을 공부한다)

(동사) 물러나다. 퇴각하다. (退却, 後退)

→ 攻一時, 敵退 (清·徐珂『清稗類鈔·戰事類』)
한 번 공격하니(攻一時) 적이 퇴각하다.

他日, 又獨立 (이후 어느 날 또 혼자 서있다)

(시간부사) 동사 서술어, 형용사 서술어 앞에 놓여 부사어가 된다. 같은 행위자의 동작, 행위의 중복 출현을 나타내어 보통 이미 발생한 일을 나타내거나 빈번하게 중복 발생한 일을 나타낸다. '또, 또 다시' 등으로 번역될 수 있다. (再, 再次, 又)

→ 孟武伯問"子路仁乎?" 子曰: "不知也." 又問 『論語·公冶長』
맹무백이 물었다. "자로는 仁한가요?" 공자가 말했다. "모릅니다." 맹무백이 또 물었다.

→ 野火燒不盡, 春風吹又生 (唐·白居易『賦得古原草送別』)
들불(野火)이 타오르(燒)고 다 꺼지지 않았(不盡)는데 '봄바람이 불어(春風吹)' 또 불이 생기다(又生).

他日, 又獨立 (이후 어느 날 또 혼자 서있다)

(부사구) 며칠 지나서. 미래의 어느 날에. 미래의 어느 시점에. 이후 언제. 이후 어느 날. (過些天；日後；將來的某一天或某一時期)

→ 他日又求見孟子 『孟子·滕文公上』
이후 어느 날 또 맹자를 보기 원하다.

16-14. 邦君之妻, 君稱之曰夫人, 夫人自稱曰小童, 邦人稱之曰君夫人, 稱諸異邦曰寡小君, 異邦人稱之亦曰君夫人.

<table>
<tr><th>邦</th><th>君</th><th>之</th><th>妻,</th><th>君</th><th>稱(A曰B)</th></tr>
<tr><td>(명)제후의 나라(12-2)</td><td>(명)제왕.왕.임금(15-38)</td><td>(조사)수식,종속관계.'~의'(3-2)</td><td>(명)아내</td><td>(명)제왕.왕.임금(15-38)</td><td>A를 B로 부르다</td></tr>
<tr><td colspan="4">제후의 나라 왕의 아내는, [화제,topic]</td><td colspan="2">왕은 그녀를</td></tr>
<tr><th>之</th><th>(稱A)曰B</th><th>夫人,</th><th>夫人</th><th>自稱</th><th>曰(A)</th></tr>
<tr><td>(대)재지시.'그것, 그사람,그곳'(2-1)</td><td>A를 B로 부르다</td><td>(명)부인(夫人)</td><td>(명)부인</td><td>(동)자신이 자신을 부르다</td><td>(A라고) 부르다</td></tr>
<tr><td colspan="3">부인(夫人)이라고 부르(고)</td><td colspan="3">부인은 자신을 소동(小童)이라고 부르(고)</td></tr>
<tr><th>小童,</th><th>邦人</th><th colspan="2">稱之曰君夫人,</th><th>稱</th><th>諸</th></tr>
<tr><td>소동.(명)왕(國君)의 부인의 자칭</td><td>(명)백성</td><td colspan="2">그녀(之)를 군부인(君夫人)이라고 부르다</td><td>(동)부르다</td><td>(겸사)'之+於'(목+전)(2-19)</td></tr>
<tr><td></td><td colspan="3">백성은 그녀를 군부인(君夫人)이라고 부르(고)</td><td colspan="2">그녀를 다른 나라에서</td></tr>
<tr><th>異邦</th><th>曰寡小君,</th><th>異邦人稱之</th><th>亦</th><th>曰君夫人.</th><td rowspan="3"></td></tr>
<tr><td>(명)다른 나라</td><td>과소군(寡小君)이라고 부르다</td><td>다른 나라 사람들은 그녀를 부르다</td><td>(부사)역시,또한(3-22)</td><td>군부인(君夫人)이라고 부르다</td></tr>
<tr><td colspan="2">과소군(寡小君)이라고 부르(고)</td><td colspan="3">다른 나라 사람들은 그녀를 역시 군부인(君夫人)이라고 부른다.</td></tr>
</table>

번역 제후의 나라 왕의 아내는 왕은 그녀를 부인(夫人)이라고 부르고, 부인은 자신을 소동(小童)이라고 부르고, 백성은 그녀를 군부인(君夫人)이라고 부르고, 그녀를 다른 나라에서는 과소군(寡小君)이라고 부르고, 다른 나라 사람들은 그녀를 역시 군부인(君夫人)이라고 부른다.

語法과 語彙

邦君之妻, 君稱之曰夫人

— [견해]

먼저 현대중국어에서 '화제(topic)'가 되는 조건을 보면 의미적 특성과 형식적 특성으로 나뉜다. 의미적 특성은 두 가지로 화제는 문장이 진술하는 대상으로서 그 뒤의 진술에 대해 시공간상의 틀을 설정하며, 한정적이거나 총칭적이어야 한다. 형식적인 특징으로는 화제는 항상 문두에 오고(앞의 문장과 연결시켜주는 접속사가 그 앞에 오지 않을 경우), 화제 다음에는 종종 휴지(休止)를 두거나 '啊, 嘛, 呢, 吧' 등의 휴지사(pause particle)를 사용함으로써 문장의 다른 부분과 구별한다.(Charles N.Li, Sandra A. Tompson 저술. 박정구 등 옮김, 2011)

진술대상인 '邦君之妻'는 의미적 특성 두 가지와 형식적 특성 두 가지 모두 충족시키어 '화제(topic)'가 된다. 문제는 대다수의 화제 구문에서는 화제가 진술문에 다시 출현하는 경우가 거의 없다는데 있다. 하지만 설명되는 문장은 '邦君之妻'를 재지시 '之'로 받아 재출현시켰다는 점에서 일반적인 화제 구문과 다르다. 이 문장의 일반적 화제 구문 표현은 '邦君之妻, 君曰夫人(제후의 나라 왕의 아내는 왕은 부인이라고 부른다)'이다. 이렇게 재지시 '之' 등으로 화제가 재출현되는 것이 어느 정도 빈번한지 그리고 이 점이 고대중국어와 현대중국어 화제구문의 차이인지 더 찾아봐야 한다.

— [화제(話題 ; topic)]

1. 문장의 맨 앞에 위치하며, 그 문장이 진술하는 대상으로서, 그 뒤의 진술 부분에 대하여 공간적, 시간적 또는 그 밖의 특정한 틀을 설정하는 기능을 한다. 다음 예문에서 밑줄 친 부분이 화제이다.

→ '영희는' 수미에게 인형을 주었다.
→ '수미(에게)는' 영희가 인형을 주었다.
→ '動物', 老虎最害怕 (동물은 호랑이가 제일 사납다).
→ '蔬菜', 黃瓜和茄子比較便宜 (야채는 오이와 가지가 비교적 싸다)
(박종한 외(2012), 『중국어의 비밀』)

2. 화제(話題, topic)란 문장의 맨 앞에 위치하여 문장의 진술대상이 되는 성분으로 좁은 의미에서 비행위자 명사구를 지칭한다.

→ '書'已經買來了 (책은 이미 사왔다)
→ '這本書'大學生們都很歡迎 (이 책은 대학생들이 모두 환영한다)
(김종호, 2011)

3. 현대중국어에서 '화제(topic)'가 되는 조건을 보면 의미적 특성과 형식적 특성으로 나뉜다. 의미적 특성은 두 가지로 화제는 문장이 진술하는 대상으로서 그 뒤의 진술에 대해 시공간상의 틀을 설정하며, 한정적이거나 총칭적이어야 한다. 형식적인 특징으로는 화제는 항상 문두에 오고(앞의 문장과 연결시켜주는 접속사가 그 앞에 오지 않을 경우), 화제 다음에는 종종 휴지(休止)를 두거나 '啊, 嘛, 呢, 吧' 등의 휴지사(pause particle)를 사용함으로써 문장의 다른 부분과 구별한다.
(Charles N.Li, Sandra A. Tompson 저술. 박정구 등 옮김, 2011)

이 세 가지 책의 견해를 종합하면 화제(topic)는 진술대상으로 항상 문장의 맨 앞에 놓여 화제 뒤의 진술문이 서술하는 공간, 시간 등의 범위를 한정시켜주는 기능을 한다. 화제는 문법적으로

a. 진술문 서술어의 목적어인 경우가 있고(간접목적어 포함)(→ '書'已經買來了. → '這本書'大學生們都很歡迎. → '수미는' 영희가 인형을 주었다),
b. 주어인 경우도 있고(→ '영희는' 수미에게 인형을 주었다),
c. 범위를 한정하는 부사구인 경우도 있다(→ '動物', 老虎最害怕 동물은 호랑이가 제일 사납다 → '蔬菜', 黃瓜和茄子比較便宜 야채는 오이와 가지가 비교적 싸다).

夫人<u>自稱</u>曰小童 (부인이 자신을 소동(小童)이라고 부르다)

(동사) 자신이 자신을 부르다. (自己稱呼自己)

→ 諸侯見天子曰臣某、侯某, 其與民言, <u>自稱</u>曰寡人 『禮記·曲禮下』
제후가 천자를 만나면(諸侯見天子) 신(臣=저) 누구는, 후(侯=저) 누구는…이라고 말하고 '그가 백성과 말하(其與民言)면' 자신이 자신을 '과인(寡人)'이라고 부른다.

夫人自稱曰<u>小童</u> (부인이 자신을 소동(小童)이라고 부르다)

(명사) 고대 왕(國君)의 부인의 자칭. (古代國君夫人的自稱)
(명사) 아이. 어린이. (幼童, 小孩)
(명사) 어린 남자 하인. (=小僮)(年幼的男仆)

邦人稱之曰君夫人 (백성이 그녀를 군부인(君夫人)이라고 부르다)

(명사) 나라 사람들. 백성. (國人 ; 百姓)

제 17 편

양화

17-1. 陽貨欲見孔子, 孔子不見, 歸孔子豚. 孔子時其亡也, 而往拜之, 遇諸塗. 謂孔子曰: "來! 予與爾言." 曰: "懷其寶而迷其邦, 可謂仁乎?" 曰: "不可." "好從事而亟失時, 可謂知乎?" 曰: "不可." "日月逝矣, 歲不我與." 孔子曰: "諾, 吾將仕矣."

陽貨	欲	見孔子,	孔子不見,		歸
(인명)양화	(동)원하다(4-5)	공자를 만나다 [見:(동)(3-24)]	공자는 보기가 쉽지 않다 [孔子는 화제(topic)]		(동)주다.증정하다. 선사하다 [귀,kuì]
양화(陽貨)가 공자를 만나길 원했(지만) [양보절]			공자는 보기가 쉽지 않(아) [원인·이유절]		
孔子	**豚.**	**孔子**	**時**	**其**	**亡**
공자	(명)새끼 돼지	공자	(동)기다리다. 시중들다	(대)그가,그은.주어 (명사+之)(2-22)	(동)부재하다, 없다(3-5)
공자에게 새끼 돼지를 선물로 주었다.		공자는 그(陽貨)가 부재하기를 기다리고…			
也,	**而**	**往**	**拜**	**之,**	**遇**
(어기)멈춤. '완만,제시'(3-1)	(접)동작의 선후. '~다음'(6-15)	(동)가다	(동)찾아뵙다. 알현하다	(대)재지시. '그것,그사람,그곳' (2-1)	(동)마주치다. 맞닥뜨리다
	그런 다음 양화를 찾아뵈러 가다				
諸	**塗.**	**(陽貨)謂孔子曰:**		**"來!**	**予**
(겸사)'之+於' (목+전)(2-19)	(명)도로.길	(양화가) 공자에게 다음과 같이 말하다 [(동)'謂A曰B'A에게B를 말하다(1-7)]		(동)오다	(대)나.저(6-28)
양화를 길에서 마주쳤다.		(양화가) 공자에게 다음과 같이 말했다.		"(이리) 오세요!	내가
與	**爾**	**言."**	**(陽貨)曰:**	**"懷**	**其**
(전)행위대상. ~에게(12-5)	(대)너.너희들.당신 (5-12)	(동)말하다(7-17)	(양화가) 말하다	(동)(마음속에)품다. 가슴에 간직하다	(대)그의…'복수可' (1-7)
당신에게 말씀드리죠."			(양화가) 말했다.	"그의 보물을 가슴에 간직한 채	
寶	**而**	**迷**	**其**	**邦,**	**可謂**
(명)보물. 진귀한 물건	(접)A而(부사어)+서술어(1-4)	(동)미혹하다. 미혹되다	(대)그의…'복수可' (1-7)	(명)제후의 나라 (12-2)	(동)~라고 말할 수 있다(1-11)
그의 나라를 갈팡질팡 헤매게 하(면) [조건가정절]					
仁	**乎?"**	**(孔子)曰:**	**"不可(謂仁)."**		**"好**
(형)仁하다	(어기)의문(2-7)	(공자가) 말하다	(仁하다고) 말할 수 없다 [不可:(조동사)~할 수 없다(4-21)]		(동)좋아하다(7-11) [hào]
仁하다고 말할 수 있습니까?"		(공자가) 말했다.	"(仁하다고) 말할 수 없습니다."		
從事	**而**	**亟**	**失**	**時,**	**可謂**
(동)일을 처리하다	(접)전환. '그러나'(1-1)	(부)누차. 여러 차례	(동)잃다(15-33)	(명)시기	(동)~라고 말할 수 있다(1-11)
"일 처리하기를 좋아하지만 누차 시기를 잃(으면) [조건가정절]					
知	**乎?"**	**(孔子)曰:**	**"不可(謂知)."**		**"日月**
(형)지혜롭다 [지,zhì]	(어기)의문(2-7)	(공자가) 말하다	(지혜롭다고) 말할 수 없다 [不可:(조동사)~할 수 없다(4-21)]		(명)시간. 세월. 절기
지혜롭다고 말할 수 있습니까?"		(공자가) 말했다.	"(지혜롭다고) 말할 수 없습니다."		"시간은

逝	矣,	歲	不我與."		孔子曰:
(동)가다. 지나가다(6-26)	(어기)미래상황에 대한 확신(1-7)	(명)시간.세월	나를 기다리지 않다 [與:(동)기다리다] [부정부사(不)+목적어(我)+타동사(與)]		공자가 말하다
분명히 지나갈 것이(고)		시간은 나를 기다려주지 않습니다."			공자가 말했다.
"諾,	吾	將	仕	矣."	
(호응사)대답. '네,알겠소…'(7-14)	(대)나,우리 '주어,한정어…' (13-18)	(능원동사)의도 '~하겠다…' (7-14)	(동)벼슬하다, 관리가되다(5-6)	(어기)미래상황에 대한 확신(1-7)	
"알겠습니다.	내가 분명히 벼슬을 할 것입니다."				

번역 양화(陽貨)가 공자를 만나길 원했지만 공자는 보기가 쉽지 않아 공자에게 새끼 돼지를 선물로 주었다. 공자는 그(陽貨)가 부재하기를 기다리고 그런 다음 양화를 찾아뵈러 가다 양화를 길에서 마주쳤다. 양화가 공자에게 다음과 같이 말했다. "이리 오세요! 내가 당신에게 말씀드리죠." 양화가 말했다. "그의 보물을 가슴에 간직한 채 그의 나라를 갈팡질팡 헤매게 하면 仁하다고 말할 수 있습니까?" 공자가 말했다. "仁하다고 말할 수 없습니다." "일 처리하기를 좋아하지만 누차 시기를 잃으면 지혜롭다고 말할 수 있습니까?" 공자가 말했다. "지혜롭다고 말할 수 없습니다." "시간은 분명히 지나갈 것이고 시간은 나를 기다려주지 않습니다." 공자가 말했다. "알겠습니다. 내가 분명히 벼슬을 할 것입니다."

語法과 語彙

陽貨欲見孔子 (양화(陽貨)가 공자를 만나길 원하다)

(인명) 양화(陽貨)는 노나라의 대부였다고도 하나, 그보다는 계씨의 가신으로서 노나라의 전권을 장악하기에 이른 전문적 정치인이었을 것이다. 그가 세력을 잡기 시작한 것은 정공 원년(BC 509), 공자 43세 때였다. BC505년에는 계환자(季桓子)를 감금시키고 다른 가신인 중량회(仲梁懷) 등의 세력을 축출하고 노나라의 독재자가 되었다(공자 나이 47세). 그리고 정공 8년(BC 502), 그는 실각하여 노나라의 제후 군위(君位)의 상징인 보옥(寶玉)과 대궁(大弓)을 훔쳐 제나라로 망명한다. 이 사건은 『춘추경』에 기록될 만큼 중대한 사건이었다. 결국 그는 제나라에서 견딜 수가 없었다. 제나라는 노나라와의 관계를 개선하기 위해서 양호(=양화)를 그대로 둘 수가 없었다. 양호는 송(宋)나라로 다시 도망갔다가 진(晉)나라로 가서 결국 조간자(趙簡子)의 심복이 된다. 공자는 결국 양호가 떠나면서 노나라에서 대사구가 되었고, 대사구가 된 후에도 결국 양호와 똑같은 전철을 밟고 망명길에 오른다. 가는 곳마다 공자는 양호(=양화)로 오인되거나 그의 환영을 만난다. 그리고 공자가 소산사(趙簡子)를 만나려고 했을 때에도 조간자 곁에는 양호가 있었던 것이다. (김용옥, 2008)

孔子不見 (공자는 보기가 쉽지 않다)

(동사) 보기가 쉽지 않다. (謂不易看到)

→ 一人三失, 怨豈在明, 不見是圖 『左傳·成公十六年』
한 사람이 '여러 번 실수하고(三失)' 원한(怨)이 하물며(豈) 밝은 곳에 있(在明)지만 이 의도를 보기가 쉽지 않다.

歸孔子豚 (공자에게 새끼 돼지를 선물로 주다)

(동사) 주다. 증정하다(贈呈하다 : 어떤 물건 따위를 성의 표시나 축하 인사로 주다). 선사하다(膳賜하다 : 존경, 친

근, 애정의 뜻을 나타내기 위하여 남에게 선물을 주다). [귀, kuì]

→ 有能增損一字者, 歸千金　『吕氏春秋·論威』
한 글자(一字)를 '가감할 수 있는 사람이 있다(有能增損…者)'면 천금을 주겠다.

歸孔子豚 (공자에게 새끼 돼지를 선물로 주다)

(명사) 새끼 돼지. 일반적으로 '돼지'를 가리킨다. (小猪, 亦泛指猪) [돈, tún]

→ 豚, 小豕也　『說文·豚部』
돈(豚)은 새끼 돼지이다.

孔子時其亡也, 而往拜之 (공자가 그(陽貨)가 부재하기를 기다리고 그런 다음 양화를 찾아뵈러 가다)

(동사) 기다리다. 시중들다. 보살피다. (伺候, 等待)

→ 時, 伺也　『廣雅·釋言』[伺:사, cì]

孔子時其亡也, 而往拜之 (공자가 그(陽貨)가 부재하기를 기다리고 그런 다음 양화를 찾아뵈러 가다)

(동사) 가자. ~로 가다. (去. 到…去)

→ 公子聞之, 往請, 欲厚遺之, 不肯受　『史記·魏公子列傳』
공자(公子)는 그것을 듣(聞之)고 가서 '그에게 후하게 선물을 선사하고 싶다(欲厚遺之)'고 청했지만 (그는) '받으려 하지 않다(不肯受)'.

孔子時其亡也, 而往拜之 (공자가 그(陽貨)가 부재하기를 기다리고 그런 다음 양화를 찾아뵈러 가다)

(동사) 찾아뵙다. 알현하다. (拜見, 謁見)

往拜之, 遇諸塗 (그를 찾아뵈러 가다 그를 길에서 마주치다)

(동사) 마주치다. 맞닥뜨리다. (遇到, 碰到) [우, yù]

→ 幸矣! 子之先生遇我也　『莊子·應帝王』
다행이다! 너의 스승이 나를 만난 건!

往拜之, 遇諸塗 (그를 찾아뵈러 가다 그를 길에서 마주치다)

(명사) 도로. 길. (道路. 也作"途") [도, tú]

→ 涂, 路也　『廣韻·模韵』
도(涂)는 길이다.

懷其寶而迷其邦 (그의 보물을 가슴에 간직한 채로 그의 나라를 갈팡질팡 헤매게 하다)

(동사) (마음속에) 품다. 가슴에 간직하다. (胸懷 ; 懷抱)

→ 乃知鴻鵠懷, 燕雀安能伴? (清·顧炎武『贈於副將元凱』詩)
백조(鴻鵠<홍곡,hónghú>)가 마음속에 품은 것을 안다면 '제비와 참새(燕雀<연작,yànquè>)'가 '어떻게 동반할 수 있겠는가(安能伴)'?

懷其寶而迷其邦 (그의 보물을 가슴에 간직한 채로 그의 나라를 갈팡질팡 헤매게 하다)

(명사) 보물. 진귀한 물건. (寶物, 珍貴的東西) [보, bǎo]

懷其寶而迷其邦 (그의 보물을 가슴에 간직한 채로 그의 나라를 갈팡질팡 헤매게 하다)

(동사) 미혹되다(=무엇에 홀려 정신이 차려지지 못하다 = 정신이 헷갈리어 갈팡질팡 헤매게 되다). 미혹하다. 미혹시키다. (迷惑) [미, mí]

→ 迷于言, 惑于語 『戰國策·秦策一』
말(言)에 미혹되고 '말(語)'에 미혹된다.

好從事而亟失時 (일 처리하기를 좋아하지만 누차 시기를 잃다)

(동사) 일을 처리하다. 사무보다. (行事；辦事)

→ 伏見熙寧中, 天下以新法從事 (宋·蘇軾『應詔論四事狀』)
제 소견으로(伏見<복견,fújiàn>:古代在下者對己見的謙詞, 고대 아랫사람의 자기 견해에 대한 겸어) 희령(熙寧)을 보면 천하는 '새로운 법으로(以新法)' 일을 처리합니다.

好從事而亟失時, 屢謂知乎? (일 처리하기를 좋아하지만 누차 시기를 잃으면 지혜롭다고 말할 수 있는가?)

(부사) 누차. 여러 차례. (表示多次發生. 屢次, 多次) [기, qì]

→ 亟求余作『滄浪亭記』 (明·歸有光『滄浪亭記』)
누차 내가 『滄浪亭記 창랑정기<cānglàngtíngjì>』를 짓도록 요구하다.

好從事而亟失時, 可謂知乎? (일 처리하기를 좋아하지만 누차 시기를 잃으면 지혜롭다고 말할 수 있는가?)

(형용사) 지혜롭다. (智慧, 聰明) [지, zhì]

→ 知者見于未萌 『商君書·更法』
지혜로운 사람은 아직 틔우지 않은 싹을 본다.

好從事而亟失時, 可謂知乎? (일 처리하기를 좋아하지만 누차 시기를 잃으면 지혜롭다고 말할 수 있는가?)

(명사) 시기. (時機)

日月逝矣, 歲不我與 (시간은 분명히 지나갈 것이고 시간은 나를 기다려주지 않는다)

(명사) 시간. 세월. 절기. (時令；時光)

→ 仆自少至今, 從事于往還朋友間, 一十七年矣, 日月不爲不久 (唐·韓愈『與崔群書』)
제가(仆<복,pú>) 어릴 때부터 지금까지(自少至今) 친구들과 교제하(往還朋友間)는 것'에 열중(從事于)'한 지가 이미 17년이 되었는데 '세월(歲)'이 '오래 되었(不爲不久)'습니다.

日月逝矣, 歲不我與 (시간은 분명히 지나갈 것이고 시간은 나를 기다려주지 않는다)

(명사) 시간. 세월. (時光)

日月逝矣, 歲不我與 (시간은 분명히 지나갈 것이고 시간은 나를 기다려주지 않는다)

(동사) 기다리다. (等待) [여, yǔ]

→ 恐年歲之不吾與 (屈原『離騷』)
시간이 나를 기다려주지 않을까 두렵다.

17-2. 子曰: "性相近也, 習相遠也."

子曰:	"性	相	近	也,	習
공자가 말하다	(명)사람의 본성	(부)서로.함께 (15-40)	(형)가깝다	(어기)진술강조 (2-17)	(명)습관. 나쁜 습관
공자가 말했다. "사람의 본성은 서로 가깝(고)					(나쁜) 습관이
相	**遠**	**也."**			
(부)서로.함께 (15-40)	멀어지게 하다 [형→사역]	(어기)진술강조 (2-17)			
서로 멀어지게 한다."					

번역 공자가 말했다. "사람의 본성은 서로 가깝고 나쁜 습관이 서로 멀어지게 한다."

語法과 語彙

性相近也, 習相遠也 (사람의 본성은 서로 가깝고 나쁜 습관이 서로 멀어지게 하다)

(명사) 사람의 본성. (人的本性)

→ 性也者, 與生俱生也 (唐·韓愈『原性』)
성(性)은 출생과 함께(與生) 모두(俱) 생긴다(生也).

性相近也, 習相遠也 (사람의 본성은 서로 가깝고 나쁜 습관이 서로 멀어지게 하다)

(명사) 습관. 나쁜 습관. (習慣, 習染)

→ 習善而爲善, 習惡而爲惡 『論衡·本性』
습관이 좋으면(習善) 선을 만들(爲善)고 습관이 나쁘(習惡)면 악을 만든다(爲惡).

17-3. 子曰: “唯上知與下愚不移.”

子曰:	“唯	上知	與	下愚	不移.”
공자가 말하다	(부사)오직~만 (=惟)(2-6)	(명)성인과 현인	(접)병렬.‘~와’(4-5)	(명)가장 어리석은 사람	(동)이동하지 않다
공자가 말했다. “오직 성인·현인과 가장 어리석은 사람만 이동하지 않는다.”					

번역 공자가 말했다. “오직 성인·현인과 가장 어리석은 사람만 이동하지 않는다.”

語法과 語彙

唯上知與下愚不移 (오직 성인·현인과 가장 어리석은 사람만 이동하지 않는다)

(명사) 지력이 보통 사람을 넘는 사람. 보통 성인과 현인. (智力超凡的人, 多指聖哲) [상지, shàngzhì]

唯上知與下愚不移 (오직 성인·현인과 가장 어리석은 사람만 이동하지 않는다)

(명사) 가장 어리석은 사람. (極愚蠢的人) [하우, xiàyú]

→ 固狂夫下愚, 不達大體 『後漢書·李固傳』
본래(固) 무지하고 멋대로 행동하는 사람(狂夫<광부,kuángfū>:無知妄為的人)과 가장 어리석은 사람(下愚)이 대세와 관련된 도리(大體:有關大局的道理)를 알지 못한다(不達:不明白 ; 不通達).

唯上知與下愚不移 (오직 성인·현인과 가장 어리석은 사람만 이동하지 않는다)

(동사) 옮기지 않다. 이동하지 않다. (不遷徙)

17-4. 子之武城, 聞弦歌之聲. 夫子莞爾而笑曰: "割雞焉用牛刀?" 子游對曰: "昔者偃也聞諸夫子曰: '君子學道則愛人, 小人學道則易使也.'" 子曰: "二三者! 偃之言是也. 前言戲之耳."

子	之	武城,	聞	弦歌	之
공자	(동)가다(3-11)	(지명)무성	(동)듣다	(명)예악 교화	(조사)수식,종속관계.'~의'(3-2)
공자가 무성(武城)에 갔(을 때) [시간절(1-1)]			예악 교화의 소리를 들었다.		
聲.	**夫子**	**莞爾**	**而**	**笑曰:**	**"割雞**
(명)소리	(명)선생님; 공자(1-10)	(동)미소 짓다	(접)A而(부사어)+서술어(1-4)	웃으며 말하다	(동사)닭을 죽이다
	선생님(=공자)은 미소 지으며 웃으며 말했다.				"닭을 죽이(는데)
焉	**用**	**牛刀?"**	**子游**	**對曰:**	**"昔**
(의.부)반문. '어떻게.왜'(2-10)	(동)사용하다. 운용하다(16-1)	(명)소 잡는 칼	(인명)자유(子游)(2-7)	(동)대구하여 말하다	(명)이전, 과거
왜 소 잡는 칼을 사용하느냐?" [이 작은 지역을 다스리는데 교육이 무슨 필요가 있냐는 말이다. (楊伯峻, 2006)]			자유(子游)가 대구하여 말했다.		
者	**偃**	**也**	**聞**	**諸**	**夫子曰:**
(조사,접미사) 시간부사+者(4-22)	(인명)언(偃)=자유(子游)	(어기)주어+也.'멈춤,완만,제시'(1-2)	(동)듣다	(겸사)'之+於'(목+전)(2-19)	선생님이 말하다
"이전에 저(=자유)는 그것을 선생님께서 (다음처럼) 말씀하시는 것으로부터 들었습니다.					
'君子學道	**則**	**愛人,**	**小人學道則**	**易**	**使**
군자가 도를 배우다	(접)조건+則+결과(1-6)	사람을 사랑하다	소인이 道를 배우면	(형)쉽다(14-42) [형→부]	(동)부리다,다루다(3-19)[동→피동]
'군자가 道를 배우면 사람을 사랑하(고) [군자가 '사람을 사랑하는 것'이다]			소인이 道를 배우면 쉽게 부려진다'." [소인이 '쉽게 부리는 것'이 아니라' '소인이 쉽게 부려지는 것'으로 본다. 하지만 앞 문장과 호응(parallelism)되지 않는다]		
也.'"	**子曰:**	**"二三**	**者!**	**偃之言**	**是**
(어기)진술강조(2-17)	공자가 말하다	(명)대략의 적은 숫자	(조)수사+者.언급된 人·物·件(14-21)	자유(子游)의 말	(형)맞다
	공자가 말했다.	"얘들아! · 제자들아! [10명 이하 소수]		자유(子游)의 말이 맞(고)	
也	**前言**	**戲**	**之**		**耳."**
(어기)판단(동사,형용사술어끝)(11-15)	(명)전에 했던 말	(동)농담하다	(접사)자·타동+之. 농사강조·보충,음절모으기(13-1)		(진술어기사) 판단.긍정
	방금했던 말은 농담한 것이다."				

번역 공자가 무성(武城)에 갔을 때 예악 교화의 소리를 들었다. 선생님(=공자)은 미소 지으며 웃으며 말했다. "닭을 죽이는데 왜 소 잡는 칼을 사용하느냐?" 자유(子游)가 대구하여 말했다. "이전에 저는 그것을(=다음을) 선생님께서 말씀하시는 것으로부터 들었습니다. '군자가 道를 배우면 사람을 사랑하고, 소인이 道를 배우면 쉽게 부려진다(=부리기 쉽다)'." 공자가 말했다. "얘들아!·제자들아! 자유(子游)의 말이 맞고 방금했던 말은 농담한 것이다."

語法과 語彙

子之武城 (공자가 무성(武城)에 가다)

(지명) 노나라의 읍으로 자유(子游)가 이 읍의 수장이었다. (子游爲武城宰. 자유(子游)가 노(魯)나라 무성읍(武城邑)의 가신을 맡았다(6-4))

聞弦歌之聲 (예악 교화의 소리를 듣다)

(명사) 예악 교화. (指禮樂教化) [현가, xiángē]

→ 弦歌以和其心, 誦讀以探其義 (清·劉大櫆『問政書院記』)
예악 교화로(弦歌以) 그 마음(其心)을 평화롭게 하고 숙독으로(誦讀以. 誦讀:熟讀) 그 뜻을 탐색하다.

夫子莞爾而笑曰 (선생님(=공자가)이 미소 지으며 웃고 말하다)

(동사) 미소 짓다. (微笑貌) [완이, wǎn'ěr]

割雞焉用牛刀? (닭을 죽이는데 왜 소 잡는 칼을 사용하는가?)

(동사) 닭을 죽이다. (殺雞) [할계, gējī]
(동사) 보통 작은 일을 처리하다. (常以比喻處理小事)

割雞焉用牛刀? (닭을 죽이는데 왜 소 잡는 칼을 사용하는가?)

(명사) '소를 잡는 칼'로 논어에 나온 이후 나중에는 보통 큰 인재, 큰 재능을 비유한다. (宰牛的刀, 後常以喻大材器)

→ 譬割鷄之政, 亦有牛刀 (南宋·謝靈運『與諸道人辨宗論』)
비유하자면 작은 정치에(割鷄 ⇦닭을 죽이는데) 여전히 '큰 조치를 취한다(有牛刀 ⇦소를 죽이는 칼을 사용한다)'.

二三者! 偃之言是也 (애들아!·제자들아! 자유(子游)의 말이 맞다)

(명사) 대략의 수. 정해지지 않은 수. 비교적 적은 숫자. (約數, 不定數. 表示較少的數目)

偃之言是也 (자유(子游)의 말이 맞다)

(형용사) '맞다'로 '非(틀리다)'와 대응된다. (對, 正确, 與"非"相對)

→ 覺今是而昨非 (晉·陶渊明『歸去來兮辭』)
지금은 맞(今是)고 이전은 틀렸다(昨非)고 여기다.

前言戲之耳 (방금했던 말은 농담한 것이다)

(명사) 전에 했던 말. (以前說過的話)

前言戲之耳 (방금했던 말은 농담한 것이다)

(동사) 농담하다. 놀리다. 희롱하다. (開玩笑, 戲弄) [희, xì]

→ 天子不可戲 (唐·柳宗元『桐葉封弟辨』)
황제는 농담할 수 없다.

前言戲之耳 (방금했던 말은 농담한 것이다)

(진술어기사) 진술문 문미에 쓰여 문맥과 어울려 긍정 또는 판단의 어기를 나타낸다. (啊, 呢)

→ 且壯士不死即已, 死即舉大名耳 『史記·陳涉世家』
하물며(且) 대장부(壯士)는 죽지 않으면 그만두고 죽으면 '좋은 명성을 날린(舉大名)'다.

→ 而翁歸, 自與汝復算耳! 『聊齋志異·促織』
너의 아버지(而翁)가 돌아오면 '내가 너와(自與汝)' 다시 결판을 낸다.

17-5. 公山弗擾以費畔, 召, 子欲往. 子路不說曰: "末之也已, 何必公山氏之之也?" 子曰: "夫召我者而豈徒哉? 如有用我者, 吾其爲東周乎!"

公山弗擾	以		費	畔,	召(子),
(인명)공산불요	(조)동작조건·근거·신분.'~에 의지하여, ~에 의거하여,~의 신분으로써…'(8-5)		(지명)비읍(費邑)	(동)배반하다.위배하다(6-27)=叛	(동)불러 만나다(10-3)
공산불요(公山弗擾)가 비읍(費邑)에 의지하여 배반을 한 (다음)					(공자를) 불러 만나(려 했을 때)
子	**欲**	**往.**	**子路**	**不說**	
공자	(동)원하다(4-5)	(동)가다. ~로 가다(17-1)	(인명)자로=季路=중유(2-17)	기뻐하지 않다 [(형)좋다,기쁘다(1-1)<열,yuè>]	
공자는 가길 원했다.			자로가 기뻐하지 않으며		
曰:	**"末**	**之**	**也**	**已,**	**何必**
(동)말하다	(부)동사앞.~할 방법이 없다(9-11)	(동)가다(3-11)	(어기)멈춤. '완만,제시'(3-1)	(동)멈추다. 그만두다(14-40)	(관용)반문.'왜 꼭 인가?'(11-14)
말했다.	"갈 방법이 없으면… 그만두(지/그만두는 거지/…) [조건가정 긴축복문]				왜 꼭
公山氏	**之**	**之**	**也?"**	**子曰:**	**"夫**
(인명)공산불요	(조)목적어전치 표지(1-15)	(동)가다(3-11)	(어기)의문(2-5)	공자가 말하다	(조)문두에서 판단, 의견토로(6-30)
공산불요에게 가십니까?" [목적어+之+타동사. '之(가다)'를 타동사로 본다]				공자가 말했다.	
召我者		**而**		**豈**	
나를 부르는 사람 [者:(조사)~한 사람, ~한 것(1-2)]		(접)주어+而+서술어. '가정,강조,전환'(2-13)		(의.부)반문.'왜·어떻게~하겠는가?'(7-33)	
"나를 부르는 사람이 왜					
徒(召我)		**哉?**	**如**	**有(A者)**	**用**
(나를) 헛되이·대가 없이 (부르다)[(부사) 헛되이. 대가 없이. 보람 없이. 공짜로]		(어기)반문(2-10)	(접)만약~하면(7-11)	(A하는 사람·것이) 있다.者:(1-2)	(동)임용하다, 임명하다…(7-10)
헛되이 (나를 부르겠느냐)? (⇦왜 헛되겠느냐?)			만약에 나를 임용하는		
我	**(有A)者**	**吾**	**其**	**爲**	**東周**
(대)나	(A하는 사람·것이) 있다	(대)나,우리'주어,한정어…'(13-18)	(부) 곧~할 거다(3-23)	(동)만들다(6-29)	(왕조)동주(東周)
사람이 있다면		나는 동주(東周)를 만들 것이다!"			
乎!"					
(어기)감탄,비분,찬송(3-14)					

번역 공산불요(公山弗擾)가 비읍(費邑)에 의지하여 배반을 한 다음 공자를 불러 만나려 했을 때, 공자는 가길 원했다. 자로가 기뻐하지 않으며 말했다. "갈 방법이 없으면 그만두시지 왜 꼭 공산불요에게 가려고 하십니까?" 공자가 말했다. "나를 부르는 사람이 왜 헛되이 나를 부르겠느냐? 만약에 나를 임용하는 사람이 있다면 나는 동주(東周)를 만들 것이다!"

語法과 語彙

公山弗擾以費畔 (공산불요(公山弗擾)가 비읍(費邑)에 의지하여 배반하다)

(인명) 공산불요(公山弗擾)는 성(姓)이 공산(公山)이고 이름이 불요(弗擾)이다. 이름을 불뉴(弗狃)라고도 한다. 자(字)는 자설(子洩)이다. 노나라의 대부이며 계씨의 가신이었고, 비읍(費邑)의 읍재(邑宰)였으며, 양호의 동조세력이었다. 양호가 실각하고 망명하자 그를 뒤이어 반란을 일으킨다. 정공 8년 공자 50세 때의 사건이었다. 공자가 벼슬하기 직전의 사건이므로, 당시 공자는 노나라에서 누구든지 정치적으로 탐내는 사람이 되어 있었다는 것을 의미한다. (김용옥, 2008)

夫召我者而豈徒哉? (나를 부르는 사람이 왜 헛되이 나를 부르겠느냐?)

(부사) 헛되이. 대가 없이. 보람 없이. 공짜로. (白白, 空) [도, tú]

→ 度不中而輕發, 徒靡彈藥, 無益吾事 (清・徐珂『清稗類鈔・馮婉貞勝英人於謝莊』)
겨누어도(度) 맞지 않는데(不中) 되는대로 발사하(輕發)면 '헛되이 탄약만 낭비하(徒靡<미,mí>彈藥)'는 것으로 '나의 일(吾事)'에 도움이 안 된다.

吾其爲東周乎! (나는 동주(東周)를 만들 것이다!)

(고유명사) 기원전 770년 주(周)나라 평왕(平王)이 수도를 호경(鎬京)에서 동쪽의 낙읍(洛邑;낙양)으로 옮긴 이후 기원전 256년 진나라에 멸망되어 멈출 때까지의 왕조이다. 그 사이 전국시대가 있었고 중앙정권으로써의 동주(東周) 왕조는 이미 유명무실했다.(朝代名. 從公元前770年周平王把國都從鎬京東遷至洛邑起, 至公元前256年被秦所滅為止. 其間戰國時代, 作為中央政權的東周王朝, 已名存實亡)

춘추시대(BC770~BC453)와 전국시대(BC453~BC221)를 나누는 기점은 대체로 진(晉)나라의 대부였던 한(韓)·위(魏)·조(趙)씨가 진(晉)의 땅을 분할하여 각각 한(韓)·위(魏)·조(趙)의 삼국을 세워 독립한 시기인 기원전 453년으로 본다.

17-6. 子張問仁於孔子. 孔子曰: “能行五者, 於天下爲仁矣.” “請問之.” 曰: “恭寬信敏惠. 恭則不侮, 寬則得衆, 信則人任焉, 敏則有功, 惠則足以使人.”

子張	問		仁	(問)…於孔子.	
(인명)자장=전손사(顓孫師)(2-18)	(동)問A於B:A에 대해 묻다 B에게(12-10)		(명)仁	공자에게 (묻다)	
자장(子張)이 인(仁)에 대해서 공자에게 물었다.					
孔子曰:	**“能**	**行**	**五**	**者,**	**於天下**
공자가 말하다	(동사)할 수 있다(11-26)	(동)실행하다, 밀고나가다(5-14)	(수사)다섯. 오	(조)수사+者.언급된 人·物·件(14-21)	천하에서 [於:(전)(3-13)]
공자가 말했다. “다섯 가지를 실행할 수 있(으면) [조건가정절(1-1)]					천하에서
爲	**仁**	**矣.”**	**(子張曰)“請問**		**之.”**
(동)되다, 변하다(3-8)	(형)仁하다	(어기)미래상황에 대한 확신(1-7)	(동)請問A'. ‘A에 대해 해답을부탁하다’(12-1)		(대)재지시.‘그것, 그사람,그곳’(2-1)
분명히 인(仁)하게 될 것이다.”			(자장이 말했다) “그것에 대해 해답을 부탁드립니다.”		
(子)曰:	**“恭**	**寬**	**信**	**敏**	**惠.**
(공자가) 말하다	겸손하고 예의 있다(5-16)[형→명]	(형)관대하다 [형→명]	(명)신용	민첩하다(1-14) [형→명]	인자하다(5-16) [형→명]
(공자가) 말했다. “겸손하고 예의 있음, 관대함, 신용, 민첩함, 인자함(이다).					
恭	**則**	**不侮,**		**寬則**	**得**
(형)겸손하고 예의 있다	(접)조건+則+결과(1-6)	(동)모욕당하지 않다. 업신여겨지지 않다 [侮(동):업신여기다.모욕하다(16-8)]		관대하면	(동)얻다(10-8)
겸손하고 예의가 있으면 모욕당하지 않(고)				관대하면 많은 사람을 얻(고)	
衆,	**信**	**則**	**人**	**任**	**焉,**
(대)모두. 많은 사람(15-28)	(형)미더움. 신용 [명→형]	(접)조건+則+결과(1-6)	(명)타인, 다른사람(7-30)	(동)신임하다	(대)동사+焉. ‘그, 그것’(1-14)
	미더우면 다른 사람이 그를 신임하(고)				
敏則	**有功,**	**惠則**	**足以**		**使人.”**
민첩하면	(동)공로·공적이 있다	인자하면	(조동)조건,능력구비.‘~할 수 있다’(2-9)		사람을 부리다 [使:(동)(3-19)]
민첩하면 공로·공적이 있(고)		인자하면 사람을 부릴 수 있다.”			

번역 자장(子張)이 仁에 대하여 공자에게 물었다. 공자가 말했다. “다섯 가지를 실행할 수 있으면 천하에서 분명히 仁하게 될 것이다.” 자장이 말했다. “그것에 대해 해답을 부탁드립니다.” 공자가 말했다. “겸손하고 예의 있음, 관대함, 신용, 민첩함, 인자함이다. 겸손하고 예의가 있으면 모욕당하지 않고, 관대하면 많은 사람을 얻고, 미더우면 다른 사람이 그를 신임하고, 민첩하면 공로·공적이 있고, 인자하면 사람을 부릴 수 있다.”

語法과 語彙

恭寬信敏惠 (겸손하고 예의 있음, 관대함, 신용, 민첩함, 인자함)

(형용사) 관대하다. (寬大)

→ 政寬則民慢 『左傳·昭公二十年』
정치가 관대하면 백성이 오만불손해지다.

→ 責人貴寬 (宋·蘇軾『刑賞忠厚之至論』)
사람을 비난할 때 '귀중한 것은 관대함이다 or 귀중한 것은 관대함에 있다'.

恭寬信敏惠 (겸손하고 예의 있음, 관대함, 신용, 민첩함, 인자함)

(명사) 신용. (信用)

→ 信近於義, 言可復也 『論語·學而』
신용(信)이 의로움에서 가까(近於義)우면 말(言)은 실행될 수 있다(可復也).

信則人任焉 (미더우면 다른 사람이 그를 신임한다)

(동사) 채용하다. 임용하다. (採用, 任用)

→ 簡能而任之 (唐·魏徵『諫太宗十思疏』)
재능을 심사하(簡能:考核才能)한 다음 '그를 임용하다(任之)'.

(동사) 신임하다. (信任)

→ 王甚任之 『史記·屈原賈生列傳』
왕은 그를 매우 신임한다.

敏則有功 (민첩하면 공로·공적이 있다)

(동사) 공로가 있다. 공적이 있다. (有功勞, 有功績)

→ 是必立, 非必廢, 有功必賞, 有罪必誅, 若是, 安治矣? 未也 『管子·七友』
옳으면(是) 반드시 채용되(必立)고 틀리면(非) 반드시 폐기되며(必廢) 공로가 있으면(有功) 반드시 상을 받고 죄가 있으면(有罪) 반드시 벌을 받는 것, '이와 같으면(若是)' (국가는) 잘 다스려졌을까? 그렇지 않았다.

→ 夫有功者受重祿 『韓非子·人主』
공로가 있는 사람이 큰 봉급을 받나.

17-7. 佛肹召, 子欲往. 子路曰: "昔者由也聞諸夫子曰: '親於其身爲不善者, 君子不入也.' 佛肹以中牟畔, 子之往也, 如之何?" 子曰: "然, 有是言也. 不曰'堅乎! 磨而不磷', 不曰 '白乎! 涅而不緇.' 吾豈匏瓜也哉? 焉能繫而不食?"

佛肹	召(子),	子	欲	往.	子路
(인명)필힐(佛肹<bìxī>)	(동)불러 만나다(10-3)	공자	(동)원하다(4-5)	(동)가다. ~로 가다(17-1)	(인명)자로=季路=중유(2-17)
필힐(佛肹)이 (공자를) 불러 만나(려 할 때) [시간절(1-1)]		공자는 가길 원했다.			자로가
曰:	**"昔**	**者**	**由**	**也**	**聞**
(동)말하다	(명)이전, 과거	(조사,접미사) 시간부사+者(4-22)	(인명)유=자로=季路=중유(2-17)	(어기)주어+也.'멈춤,완만,제시'(1-2)	(동)듣다
말했다.	"이전에 저는(=자로=유)…				
諸	**夫子**	**曰:**	**'親**	**於**	**其**
(겸사)'之+於'(목+전)(2-19)	(명)선생님;공자(1-10)	(동)말하다	(동)사랑하다	(대상.전)동작의 직접대상(1-10)	(대)其+명사(이,저)(한정어)(4-5)
그것을(=다음을) 선생님께서 말하시는 것으로부터 들었습니다.			'그 자신을 사랑하(면서)		
身	**爲**	**不善**	**者,**	**君子不入(是)也.'**	
(명사.대명사)자기 자신. 자신. 본인	(동)하다,행하다(2-1)	(명)나쁜 일(7-3)	(조사)~한 사람, ~한 것(1-2)	군자는 받아들이지 않는다. [入:수용하다][也:(어기)진술강조(2-17)]	
나쁜 일을 하는 것/사람				군자는 (이것을) 받아들이지 않는다.'	
佛肹	**以**		**中牟**	**畔,**	**子**
(인명)필힐(佛肹<bìxī>)	(조)동작조건·근거·신분.'~에 의지하여, ~에 의거하여,~의 신분으로써…'(8-5)		(지명)중모	(동)배반하다. 위배하다(6-27)=叛	공자. 선생님
필힐(佛肹)이 중모(中牟)지역에 의지하여 배반(함에도 불구하고)					
之	**往**	**也,**	**如之何?"**		**子曰:**
(접)주어+之+서술어(1-10)	(동)가다. ~로 가다(17-1)	(어기)멈춤. '완만,제시'(3-1)	그것을 어떻게 해야 하는가?[(관용)방법·방식 질문.'어떻게 하지?'(2-20)]		공자가 말하다
선생님께서 가신(다니)…			그것을 어찌해야 합니까?"		공자가 말했다.
"然,	**有**	**是**	**言**	**也.**	**不曰…(乎?)**
(호응사)그렇다. 맞다(15-3)	(동)있다	(대)이.'한정어'(9-27)	(명)말, 언사, 한 마디(2-2)	(어기)진술강조(2-17)	말하지 않(던가?)
"그렇다.	이런 말이 있었다.				말하지 않(더냐?)
'堅	**乎!**		**磨**	**而**	**不**
(형)견고하다. 굳다.단단하다.	(감탄어기)문중.강조,음성장단조력(13-13)		(동)연마재로 물체를 갈다	(접)전환. '그러나'(1-1)	(부)동사술어 앞. '~하지 않다'(7-14)
견고하다!			'연마재로 갈아도 얇아지지 않는다.'		
磷'(乎?),	**不曰(乎?)**	**'白**	**乎!**	**涅**	**而**
(형)얇다 [형용사→동사]	말하지 않(던가?)	(형)희다	(감탄어기)문중. 강조(13-13)	(동)검은색으로 물들이다	(접)전환. '그러나'(1-1)
	말하지 않(더냐?)	'희다!		검은색으로 물들여도	

不	緇'	吾	豈	匏瓜	也哉?
(부)'~하지 않다' (7-14)	(동사) 더럽히다. 오염되다	(대)나,우리'주어,한정어…'(13-18)	(의.부)반문.'왜~이겠는가?…'(7-33)	(식물)박	(관용)판단에 기반을 둔 의문, 반문…
오염되지 않는다.'		내가 왜 박이겠느냐? (→나는 박이 아니다)			
焉	**能**	**繫**	**而**	**不食?"**	
(의문부사)반문. '어떻게'(2-10)	(동사)할 수 있다 (11-26)	(동)묶다.매다 [동사→피동]	(접)A而(부사어)+서술어(1-4)	(동)먹지 않다 [食:동사→피동]	
어떻게 묶여 있어 먹히지 않을 수 있겠느냐?" (→나는 움직여서 쓰여야 한다)					

번역 필힐(佛肹)이 공자를 불러 만나려 할 때, 공자는 가길 원했다. 자로가 말했다. "이전에 저는 선생님께서 다음처럼 말하시는 것으로부터 들었습니다. '그 자신을 사랑하면서 나쁜 일을 하는 것/사람, 군자는 이것을 받아들이지 않는다.' 필힐(佛肹)이 중모(中牟)지역에 의지하여 배반함에도 불구하고 선생님께서 가신다니 그것을 어찌해야 합니까?" 공자가 말했다. "그렇다. 이런 말이 있었다. 말하지 않더냐? '견고하다! 연마재로 갈아도 얇아지지 않는다.' 말하지 않더냐? '희다! 검은색으로 물들여도 오염되지 않는다.' 내가 왜 박이겠느냐? 어떻게 묶여 있어 먹히지 않을 수 있겠느냐?"

語法과 語彙

佛肹召 (필힐(佛肹)이 공자를 불러 만나다)

(인명) 필힐(佛肹)은 진나라 대부로서 조간자(趙簡子)의 영역 속에 있는 중모(中牟) 땅의 읍재(邑宰)였고 조간자의 전횡에 항거하여 반란을 일으켰다고 한다. 청나라 학자들은 『좌전』의 기사에 의거하여(애공 5년, 공자 62세), 필힐이 조간자의 신하가 아니라 조간자와 필적하는 가로(家老), 범씨(範氏)·중행씨(中行氏)의 가신이었는데 조간자가 이들 범씨·중행씨를 토벌하는 상황에 이르자, 중모의 읍재였던 필힐은 진(晉)으로부터 독립하여 중모읍을 위(衛)나라에 귀속시키고 조간자에게 항거하였다고 한다. 그러니 필힐의 행동은 단순한 모반이 아니라 조간자의 전횡에 항거하는 어떤 독립적 행동이었다는 것이다.

여기서 자로의 비판에 공자가 구구한 변명을 늘어놓는 좀 옹색한 입장이 되었지만, 사실은 공자로서는 자로가 이해하지 못하는 상황판단이 있었을 것이다. 아무도 그를 초청하지 않는 상황에서 기존의 세력과 신흥세력의 역사적 시비를 논하기 어려운 상황에서 공자는 본인의 정치적 실현에 헌신하는 만큼 어떤 소신이 있었을 것이다. 그러나 외면적으로 옹색한 변명을 해야만 했던 공자의 행동은 비판의 여지가 있음에도 불구하고 『논어』에 그 생생한 사료로서 올려놓은 편집자들의 위대한 결단이 대단하다. 끊임없이 도전하고 고뇌하는 공자의 모습을 우리는 지켜볼 수 있는 것이다.

이 사건을 「세가」는 애공 2년(BC 493)경에 배열해 놓았는데, 실제로 언제 일어난 사건인지는 정확히 확성시을 길이 없다. (김용옥, 2008) [필힐, bìxī]

親於其身爲不善 (그 자신을 사랑하면서 나쁜 일을 하다)

(동사) 사랑하다. 좋아하다. (愛, 愛護)

→ 起曰: "治百官. 親萬民. 實府庫. 子孰與起? 『史記·孫子吳起列傳』
기(起)가 말하다. "모든 관리를 다스리(治百官)고, 많은 백성(萬民:廣大百姓)을 사랑하고, 관청 재물 보관 창고(府庫)를 풍부하게 하(實)는 것은 선생(子)은 나(起)와 비교해서 어떻습니까? ['A孰與B'인 경우는 'A와 B를 비교하면 어떠한가?'로 번역될 수 있다(12-9)]

親於其身爲不善 (그 자신을 사랑하면서 나쁜 일을 하다)

(명사. 대명사) 자기 자신. 자신. 본인. (自身, 自己)

→ 就師學問無方, 心志不通, 身之罪也 『穀梁傳·昭公十九年』
스승에게 가서(就師) 배우고 묻는 것(學問)에는 방향과 장소의 제한이 없(無方:没有方向、處所的限制)으니 마음(心志)이 막혀 있으면(不通) 자신의 잘못이다(身之罪也).

君子不入也 (군자는 이것을 받아들이지 않는다)

(동사) 받아들이다. 수용하다. (接納, 采納)

→ 諫而不入, 則莫之繼也 『左傳·宣公二年』
간언하여도(諫而) '받아들여지지 않으면(不入, 則)' '어느 누구도 그것을 계속하지 않(莫之繼)'는다.

堅乎! 磨而不磷 (견고하다! 연마재로 갈아도 얇아지지 않다)

(형용사) 견고하다. 굳다. 단단하다. (堅硬, 堅固)

→ 鑽之彌堅 『論語·子罕』
그것을 연구하면 더욱 더 견고해진다.

堅乎! 磨而不磷 (견고하다! 연마재로 갈아도 얇아지지 않다)

(동사) 연마재로 물체를 갈아서 매끌매끌하고 예리하게 하다. (用磨料打磨物體使光滑、鋒利)

→ 白圭之玷, 尚可磨也; 斯言之玷, 不可爲也 『시경(詩經)·대아(大雅)·억(抑)』
백규의 티(玷)는 여전히(尚) 갈아 없앨 수 있지만, 이(斯) 말의 티는 그럴 수가 없다.

堅乎! 磨而不磷 (견고하다! 연마재로 갈아도 얇아지지 않다)

(형용사) 얇다. (薄) [린, lìn]
(명사) 얇은 돌. (薄石)

涅而不緇 (검은색으로 물들여도 오염되지 않다)

(동사) 검정색으로 칠하다. 검은색으로 물들이다. (染黑, 用黑色染) [녈, niè]

→ 涅其面 『新唐書·劉仁恭傳』
그의 얼굴을 검정색으로 칠하다.

涅而不緇 (검은색으로 물들여도 오염되지 않다)

(명사) 검은색. (黑色) [치, zī]
(동사) 더럽히다. 오염되다. (沾污, 染污)

→ 緇衣, 羔裘 『論語·鄕黨』

검은 옷에는 '검은 양 가죽옷<고구, gāoqiú>'

吾豈匏瓜也哉? (내가 왜 박이겠는가?)

(명사) 박; 일년생 초본 식물로, 열매가 조롱박보다 커, 매우 숙성된 후에는 잘라서 기구를 만들 수 있다. 또한 이런 종류의 식물의 열매를 가리킨다. (一年生草本植物, 果實比葫芦大, 老熟後可剖制成器具. 亦指這種植物的果實) [포과, páoguā]

吾豈匏瓜也哉? (내가 왜 박이겠는가?)

(관용구) 문미에 쓰여 판단에 기반을 둔 의문, 반문 또는 감탄어기를 나타낸다.

→ 子綦曰: '此何木也哉? 『莊子·人間世』
자기(子綦)가 말한다. "이것(此)은 무슨 나무(何木)인가?"

→ 豈非命也哉? 『史記·外戚世家序』
어찌 운명이 아니겠는가?

焉能繫而不食? (어떻게 묶여 있어 먹히지 않을 수 있겠는가?)

(농사) (줄, 끈, 새끼 등으로) 묶다. 메디. (捆, 綁) [게, jì]

→ 俛首繫頸 『過秦論』
머리를 숙여(俛<부,fǔ>首) 목을 묶다(繫頸).

17-8. 子曰: “由也! 女聞六言六蔽矣乎?” 對曰: “未也.” “居! 吾語女. 好仁不好學, 其蔽也愚;好知不好學, 其蔽也蕩;好信不好學, 其蔽也賊;好直不好學, 其蔽也絞;好勇不好學, 其蔽也亂;好剛不好學, 其蔽也狂.”

子曰:	“由	也!	女	聞	六言
공자가 말하다	(인명)유=자로=季路=중유(2-17)	(어기)감탄(3-17)	(대)너,너희들(3-6) [여,rǔ]	(동)듣다	(명)여섯 가지 미덕(아래참조)
공자가 말했다. “자로야!			너는 여섯 가지 미덕(과)		
六蔽	**矣**	**乎?”**	**(子路)對曰:**	**“未(聞)**	**也.”**
(명)여섯 가지 폐단(아래참조)	(어기)‘이미 그렇다’(3-24)	(어기)의문(2-7)	대구하여 말하다	(부사)아직~않다(3-25)	(어기)진술강조(2-17)
여섯 가지 폐단을 들어보았느냐?” [동작경험을 나타낼 때 어기사 ‘矣’를 동원했다고 본다]			(자로가) 대구하여 말했다.	“아직 (듣지) 못했습니다.”	
“居!	**吾**	**語**	**女.**	**好仁不好學,**	
(동)앉다(10-6)	(대)나,우리 ‘주어,한정어…’(13-18)	(동)語A:A에게 알려주다(3-23)	(대)너,너희들(3-6) [rǔ]	인덕(仁德)을 좋아하지만 배우는 것을 좋아하지 않다 [전환접속사 없음]	
“앉아라!	내가 너에게 알려주겠다.			인덕(仁德)을 좋아하지만 배우는 것을 좋아하지 않(으면) [조건가정절(1-1)]	
其	**蔽**	**也**	**愚;**	**好知不好學,**	
(대)그것의…복수可’(1-7)	(명)결점.결함.나쁜 것.폐단	(어기)주어+也. ‘멈춤,완만,제시’(1-2)	어리석다(11-18)[형→동]	총명함(知)을 좋아하지만 배우는 것을 좋아하지 않다	
그것의 폐단은 어리석어지는 것이(고)				총명함(知)을 좋아하지만 배우는 것을 좋아하지 않(으면) [조건가정절(1-1)]	
其蔽也	**蕩;**	**好信不好學,**		**其蔽也**	**賊;**
그것의 폐단은	방탕하다.제멋대로이다[형→동]	성실·신용을 좋아하지만 배우는 것을 좋아하지 않다		그것의 폐단은	다치게 하다(11-25)[타→자]
그것의 폐단은 방탕해지는 것이(고)		성실·신용을 좋아하지만 배우는 것을 좋아하지 않(으면) [조건가정절(1-1)]		그것의 폐단은 다치는 것이(고)	
好直不好學,		**其蔽也**	**絞;**	**好勇不好學,**	
솔직함을 좋아하지만 배우는 것을 좋아하지 않다		그것의 폐단은	과격하다.극단적이다[형→동]	용감함을 좋아하지만 배우는 것을 좋아하지 않다	
솔직함을 좋아하지만 배우는 것을 좋아하지 않(으면) [조건가정절(1-1)]		그것의 폐단은 과격해지는 것이(고)		용감함을 좋아하지만 배우는 것을 좋아하지 않(으면) [조건가정절(1-1)]	
其蔽也	**亂**	**好剛不好學,**		**其蔽也**	**狂.”**
그것의 폐단은	혼란하게 하다(15-27)[타→자]	강인함을 좋아하지만 배우는 것을 좋아하지 않다		그것의 폐단은	분별없고 오만하다(8-16)[형→동]
그것의 폐단은 혼란하게 되는 것이(고)		강인함을 좋아하지만 배우는 것을 좋아하지 않(으면) [조건가정절(1-1)]		그것의 폐단은 분별이 없어지고 오만해지는 것이다.”	

번역 공자가 말했다. “자로야! 너는 여섯 가지 미덕과 여섯 가지 폐단을 들어보았느냐?” (자로가) 대구하여 말했다. “아직 듣지 못했습니다.” (공자가 말했다.) “앉아라! 내가 너에게 알려주겠다. 인덕(仁德)을 좋아하지만 배우는 것을

좋아하지 않으면 그것의 폐단은 어리석어지는 것이고, 총명함을 좋아하지만 배우는 것을 좋아하지 않으면 그것의 폐단은 방탕해지는 것이고, 성실·신용을 좋아하지만 배우는 것을 좋아하지 않으면 그것의 폐단은 다치는 것이고, 솔직함을 좋아하지만 배우는 것을 좋아하지 않으면 그것의 폐단은 과격해지는 것이고, 용감함을 좋아하지만 배우는 것을 좋아하지 않으면 그것의 폐단은 혼란하게 되는 것이고, 강인함을 좋아하지만 배우는 것을 좋아하지 않으면 그것의 폐단은 분별이 없어지고 오만해지는 것이다."

語法과 語彙

由也! 女聞六言六蔽矣乎? (자로야! 너는 여섯 가지 미덕과 여섯 가지 여섯 가지 폐단을 들어보았는가?)

[참조] 호격조사에 관해서는 '15-4' 참조

女聞六言六蔽矣乎? (너는 여섯 가지 미덕과 여섯 가지 여섯 가지 폐단을 들어보았는가?)

(명사) 여섯 가지 미덕으로 인덕(仁), 총명함(知), 성실·신용(信), 솔직함(直), 용감함(勇), 강인함(剛) 여섯 가지이다. (六種美德 : 仁、知、信、直、勇、剛)

女聞六言六蔽矣乎? (너는 여섯 가지 미덕과 여섯 가지 여섯 가지 폐단을 들어보았는가?)

(명사) '六弊'와 같고 공부하는 것을 좋아하지 않아 만들어지는 여섯 가지 폐단. (亦作「六弊」. 謂因不好學而造成的六種弊端)

其蔽也愚 (그것의 폐단은 어리석어지는 것이다)

(명사) 결점. 결함. 나쁜 것. 폐단(:어떤 일이나 행동에서 나타나는 옳지 못한 경향이나 해로운 현상). (毛病) [폐, bì]

→ 此學者之弊也 『隨書·經籍志』
이것이 배우는 사람의 폐단이다.

其蔽也蕩 (그것의 폐단은 방탕해지는 것이다)

(형용사) 법규를 지키지 않고 제멋대로다. 예의에 어긋나다. 방탕하다. (放縱, 放蕩) [탕, dàng]

→ 古之狂也肆, 今之狂也蕩 『論語·陽貨』
옛날의 광자는(古之狂也) 멋대로 하(肆<사,sì>) 고 '지금의 광자는(今之狂也)' 방탕하고 구속받지 않는다.

其蔽也絞 (그것의 폐단은 과격해지는 것이다)

(형용사) 몹시 절박하다. 절실하다, (생각·주장 따위가) 과격하다. 극단적이다. (急切, 偏激) [교, jiǎo]

17-9. 子曰: "小子何莫學夫詩? 詩, 可以興, 可以觀, 可以羣, 可以怨. 邇之事父, 遠之事君, 多識於鳥獸草木之名."

子曰:	"小子	何	莫	學	夫
공자가 말하다	(명)학생(들). 후배(들)(5-22)	(대)이유,원인. '왜'(3-24)	(부정부사)동사서술어 앞 일반부정	(동)배우다. 공부하다	(지시대)한정어. 이,저…(11-10)
공자가 말했다. "너희들(=제제들)은 왜 이 『詩經 시경』을 공부하지 않느냐?					
詩?	**詩,**	**可**	**以(之)**	**興,**	**可以(之)**
『詩經』	『詩經』	(조동)가능. '~할 수 있다'(1-11)	(전)以뒤 재지시之 생략(7-16)	(동)번성하다(13-3)	(그것=시경)으로 ~할 수 있다
	『詩經(시경)』(은)	(그것으로) 번성할 수 있(고)			(그것으로)
觀,	**可以(之)羣,**		**可以(之)**	**怨.**	**邇**
(동)관찰하다(3-26)	그것으로 단체를 결성하여 협력할 수 있다 [羣:(동)(15-22)]		(그것=시경)으로 ~할 수 있다	(동)원망하다. 불평하다	(형)(거리나 시간이) 가깝다
관찰할 수 있(고)	(그것으로) 단체를 결성하여 협력할 수 있(고)		(그것으로) 불평할 수 있다.		가까우면
之	**事父,**	**遠**	**之**	**事君,**	**(可)多識**
(접)조건,가정 종속절(12-10)	노인을 섬기다	(형)멀다	(접)조건,가정 종속절(12-10)	왕을 섬기다	(동)많이 배우고 많이 기억하다
노인을 섬기(고)		멀면 왕을 섬기(고)			
於	**鳥獸**	**草木**	**之**	**名."**	
(대상.전)동작의 직접대상(1-10)	(명)날짐승과 길짐승	(명)초본식물과 목본식물	(조사)수식,종속관계.'~의'(3-2)	(명)이름	
날짐승과 길짐승 (그리고. 병렬·등위 접속사 생략) 초본식물과 목본식물의 이름을 많이 배우고 많이 기억(할 수 있다)."					

번역 공자가 말했다. "너희들은 왜 이 『詩經 시경』을 공부하지 않느냐? 『詩經 시경』은 그것으로 번성할 수 있고, 그것으로 관찰할 수 있고, 그것으로 단체를 결성하여 협력할 수 있고, 그것으로 불평할 수 있다. 가까우면 노인을 섬기고, 멀면 왕을 섬기고, 날짐승과 길짐승 그리고 초본식물과 목본식물의 이름을 많이 배우고 많이 기억할 수 있다."

語法과 語彙

小子何莫學夫詩? (제자들은 왜 이 『詩經 시경』을 공부하지 않는가?)

(부정부사) 동사 서술어 앞에 쓰이고 부사어가 된다. 일반적인 부정을 보여주며 '~하지 않다, ~할 수 없다'등으로 번역된다. (不, 不能)

→ 諸將皆莫信 『史記·淮陰侯列傳』
많은 지도자들(諸將)이 모두(皆) 믿지 않다(莫信).

可以怨 (불평할 수 있다)

(동사) 원망하다. 불평하다. 꾸짖다. (埋怨 ; 責備)

→ 怨人者窮, 怨天者無識 『荀子·法行』
타인을 원망하는 사람(怨人者)은 결함이 있(窮:缺陷, 不足)고, 하늘을 원망하는 사람(怨天者)은 식견이 없다(無識).

邇之事父 (가까우면 노인을 섬긴다)

(형용사) (거리나 시간이) 가깝다. (距離或時間近) [이, ěr]

→ 道雖邇, 不行不至; 事雖小, 不爲不成 『荀子·修身』
길이 비록 가깝지만 가지 않으면 도달할 수 없고, 일이 비록 작지만 하지 않으면 이룰 수 없다.

邇之事父 (가까우면 노인을 섬긴다)

(명사) 노인에 대한 존칭. 노인. (對老人的尊稱) [부, fǔ]
(명사) 남자 연장자에 대한 존칭. (對男性長輩的通稱) [부, fù]
(명사) 아버지. (父親) [부, fù]

— [보충]
『漢語大字典』 내에는 '부모'라는 의미항목이 없다.

→ 其鄰人之父亦云 『韓非子·說難』
그의 이웃 사람들 중(其鄰人之) 한 노인(父) 역시 그렇게 말하다.

多識於鳥獸草木之名 (날짐승과 길짐승 그리고 초본식물과 목본식물의 이름을 많이 배우고 많이 기억하다)

(동사) (=多志) 많이 배우고 많이 기억하다. (博學廣記)

→ 君子以多識前言往行, 以畜其德 『易·大畜』
군자는 '전대 성현의 언행(前言:指前代聖賢的言行)'을 '많이 배우고 많이 기억하(多識)'여 '가서 행하(往行)'고 그것으로(以) '그의 덕을 쌓는다(畜其德)'.

多識於鳥獸草木之名 (날짐승과 길짐승 그리고 초본식물과 목본식물의 이름을 많이 배우고 많이 기억하다)

(명사) 보통 날짐승과 길짐승. (泛指飛禽走獸)

多識於鳥獸草木之名 (날짐승과 길짐승 그리고 초본식물과 목본식물의 이름을 많이 배우고 많이 기억하다)

(명사) 초본식물과 목본식물. (指草本植物和木本植物)

17-10. 子謂伯魚曰: “女爲周南、召南矣乎? 人而不爲周南、召南, 其猶正牆面而立也與!”

<table>
<tr><th>子</th><th colspan="2">謂</th><th>伯魚</th><th>曰:</th></tr>
<tr><td>공자</td><td colspan="2">(동)謂A曰B: A에게 B를 말하다(1-7)</td><td>(인명)백어=공리
(孔鯉);공자의 아들(16-13)</td><td>(동)말하다</td></tr>
<tr><td colspan="5">공자가 아들 백어(伯魚)에게 (다음을) 말했다.</td></tr>
<tr><th>“女</th><th>爲</th><th>周南、召南</th><th>矣</th><th>乎?</th></tr>
<tr><td>(대)너,너희들
(3-6)[rǔ]</td><td>(동)공부하다.
연구하다</td><td>「周南 주남」「召南 소남」;
『詩經•國風』의 편명</td><td>(어기)‘이미 그렇다’
(3-24)</td><td>(어기)의문(2-7)</td></tr>
<tr><td colspan="5">“너는 「周南 주남」「召南 소남」을 배웠느냐?</td></tr>
<tr><th>人</th><th>而</th><th>不爲周南、召南,</th><th>其</th><th>猶</th></tr>
<tr><td>(명)인간,사람
(4-3)</td><td>(접)주어+而+서술어.
‘가정…’(2-13)</td><td>「周南 주남」「召南 소남」을 공부하지
않다</td><td>(대칭재지시)그(들),
이(들)…(8-1)</td><td>(동)~와 같다,
비슷하다(5-19)</td></tr>
<tr><td colspan="3">사람이 「周南 주남」「召南 소남」을 배우지 않(으면) [조건가정절]</td><td colspan="2">그것은</td></tr>
<tr><th>正</th><th>牆面</th><th>而</th><th>立</th><th>也與!”</th></tr>
<tr><td>(부)바로.마침
(7-33)</td><td>(동사)벽을 마주하여 눈에 보이는 것이 없다</td><td>(접)A而(부사어)+서
술어(1-4)</td><td>(동)서다</td><td>(어기)판단 속 감탄
(9-20)</td></tr>
<tr><td colspan="5">바로 벽을 마주하여 서는 것과 같다!”</td></tr>
</table>

번역 공자가 아들 백어(伯魚)에게 말했다. “너는 「周南 주남」「召南 소남」을 배웠느냐? 사람이 「周南 주남」「召南 소남」을 배우지 않으면 그것은 바로 벽을 마주하여 서는 것과 같다!”

語法과 語彙

女爲周南、召南矣乎? (너는 「周南 주남」「召南 소남」을 배웠는가?)

(동사) 공부하다. 연구하다. (學習, 研究)

其猶正牆面而立也與 (그것은 바로 벽을 마주하여 서는 것과 같다!)

(동사) (=墻面). 벽을 마주하여 눈에 보이는 것이 없다; 배우지 않아 재주가 없거나 아는 것이 하나도 없다. (謂面對墻壁, 目無所見. 比喻不學無術或一無所知) [장면,qiángmiàn]

→ 吾少好讀書, 幸免牆面 『舊唐書·阎立本傳』
내가 어릴(吾少) 때 공부하는 것을 좋아해(好讀書)서 다행히(幸) 일자무식을 면했다(免面墻).

其猶正牆面而立也與 (그것은 바로 벽을 마주하여 서는 것과 같다!)

(동사) 서다. (站)

→ 提刀而立 『莊子·養生主』
칼을 들고 서다.

17-11. 子曰: “禮云禮云, 玉帛云乎哉? 樂云樂云, 鐘鼓云乎哉?”

子曰:	“禮	云	“禮	云,
공자가 말하다	예(禮)	(어조사)문중. 감정 이어받고 강화	예(禮)	(어조사)문중. 감정 이어받고 강화
공자가 말했다.	“예(禮)~~ 예(禮)~~			
玉帛			云	乎哉?
(명사)두 가지 귀중한 옥으로 만든 예품(禮品)과 속백(束帛:비단 다섯 필을 한데 묶은 것으로 예폐(禮幣)			(어조사)문중. 감정 이어받고 강화	(어기)의문,반문(7-29)
두 가지 귀중한 옥으로 만든 예품(禮品)과 속백(束帛:비단 다섯 필을 한데 묶은 것으로 예폐(禮幣))~~ 이겠느냐?				
樂	云	樂	云,	鐘鼓
(명)음악	(어조사)문중. 감정 이어받고 강화	(명)음악	(어조사)문중. 감정 이어받고 강화	(명)종과 북. 고대 예악기(禮樂器)
음악~~ 음악~~				종과 북
云	乎哉?”			
(어조사)문중. 감정 이어받고 강화	(어기)의문,반문(7-29)			
~~이겠느냐?”				

번역 공자가 말했다. “예(禮)~~ 예(禮)~~ 두 가지 귀중한 옥으로 만든 예품(禮品)과 속백(束帛)~~ 이겠느냐? 음악(樂)~~ 음악(樂)~~ 종과 북~~이겠느냐?”

語法과 語彙

禮云禮云, 玉帛云乎哉? (예(禮)~~ 예(禮)~~ 두 가지 귀중한 옥으로 만든 예품(禮品)과 속백(束帛:비단 다섯 필을 한데 묶은 것으로 예폐(禮幣)~~ 이겠는가?)

(어조사) 문중에 쓰여서 ‘감정을 이어받고 강화하는 역할을 나타낸다(表示承接和加强感情色彩的作用)’. 그중에서 일부는 의문대명사 ‘曷, 誰’ 등이 있는 반문이나 의문문 가운데 출현한다.

→ 内外無親, 其誰云救之? 『國語・晉語二』
인팎(内外)으로 ‘가까운 사람이 없(無親)’으니 ‘누가 (誰云)’ ‘그를 돕(救之)’겠는가?

禮云禮云, 玉帛云乎哉? (예(禮)~~ 예(禮)~~ 두 가지 귀중한 옥으로 만든 예품(禮品)과 속백(束帛:비단 다섯 필을 한데 묶은 것으로 예폐(禮幣)~~ 이겠는가?)

(명사) 두 가지 귀중한 옥으로 만든 예품(圭璋:兩種貴重的玉制禮器)과 속백(束帛:비단 다섯 필을 한데 묶은 것으로 예폐(禮幣)로 쓰였음)으로 고대 제사, 회맹 또는 제후(諸侯)가 정기적으로 천자나 맹주(盟主)를 알현할 때 모두 이것을 사용하였다. (圭璋和束帛. 古代祭祀、會盟、朝聘等均用之) [옥백, yùbó]

樂云樂云, 鐘鼓云乎哉? (음악(樂)~~ 음악(樂)~~ 종과 북~~이겠는가?”)

(명사) 음악. (音樂)

→ 樂, 五聲八音總聲 『說文·木部』
악(樂)은 오음(五聲:五音으로 궁<宮>·상<商>·각<角>·치<徵>·우<羽>)과 팔음(八音:여덟 가지 악기 또는 그 소리. 곧, '金<금>, 石<석>, 絲<사>, 竹<죽>, 匏<포>, 土<토>, 革<혁>, 木<목>')이 합쳐진 소리(總聲)이다.

樂云樂云, 鐘鼓云乎哉? (음악(樂)~~ 음악(樂)~~ 종과 북~~이겠는가?")

(명사) 종과 북으로 고대 예악기. (鐘和鼓. 古代禮樂器) [종고, zhōnggǔ]

17-12. 子曰: “色厲而內荏, 譬諸小人, 其猶穿窬之盜也與!”

子曰:	“色	厲	而	內荏,	譬
공자가 말하다	(명)안색,표정(2-8)	(형)매섭다. 호되다(7-37)	(접)전환. ‘그러나’(1-1)	(형)마음이 겁이 많고 나약하다	(동)비유하다(2-1)
공자가 말했다.	“표정은 매섭지만 마음이 겁이 많고 나약(한 것), [화제,topic(16-14)참조]				
諸	**小人,**	**其**	**猶**	**穿窬**	
(겸사)之+向. ‘~에게’(5-12)	(명)소인;지위가 낮은 사람(12-16)	(대칭재지시)그(들), 이(들)…(8-1)	(동)~와 같다, 비슷하다(5-19)	(동)벽에 구멍을 파고 담 위를 오르다. 절도행위를 가리킨다	
그것을 소인에게 비유하(자면) [조건·가정절]		그것은 벽에 구멍을 파고 담 위를 오르는			
之	**盜**	**也與!”**			
(조)한정어표지 (4-23)	(명)도둑(12-18)	(어기)판단 속 감탄 (9-20)			
도둑 같다!”					

번역 공자가 말했다. “표정은 매섭지만 마음이 겁이 많고 나약한 것, 그것을 소인에게 비유하자면 그것은 벽에 구멍을 파고 담 위를 오르는 도둑 같다.”

語法과 語彙

色厲而<u>內荏</u> (표정은 매섭지만 마음이 겁이 많고 나약하다)

(형용사) 마음이 겁이 많고 나약하다. (內心怯懦) [내임, nèirěn]

→ 末俗偷巧, <u>內荏</u>外剛 (唐・元稹『戒勵風俗德音』)
습속이 저급하(末俗:말세의 습속 또는 저급한 습속. 謂末世的習俗, 低下的習俗)고 교활하(偷巧:澆薄巧詐)며 안으로는 겁 많고 나약하며 ‘밖으로는 강인하다(外剛)’.

其猶<u>穿窬</u>之盜也與! (그것은 벽에 구멍을 파고 담 위를 오르는 도둑 같다)

(동사) 벽에 구멍을 파고 담 위를 오르다. 절도행위를 가리킨다. (挖墻洞和爬墻頭. 指偷竊行爲) [천유, chuānyú]

→ 人能充無<u>穿逾</u>之心 『孟子・盡心下』
사람들이 ‘벽에 구멍을 파고 담 위를 오르면 안 된다(無穿逾)’는 ‘마음을 채울 수 있다(能充…心)’.

17-13. 子曰: "鄕愿, 德之賊也."

子曰:	"鄕愿,			
공자가 말하다	(명)마을 안에서 외관은 중후하지만 실제로는 옳고 그름이 없이 못된 놈들과 한 패거리가 되어 나쁜 짓을 하는 사람			
공자가 말했다.	"마을 안에서 외관은 중후하지만 실제로는 옳고 그름이 없이 못된 놈들과 한 패거리가 되어 나쁜 짓을 하는 사람은			
德	**之**	**賊**	**也."**	
(명)덕(德)	(조사)수식,종속관계. '~의'(3-2)	(명)도둑	(어기)판단(동사,형용사 술어끝)(11-15)	
'德의 도둑이다 or 德을 파괴한다.'" ['德之賊'를 '도덕의 파괴자(陳曉芬)', '도덕을 파괴하는 소인(楊伯峻)', '덕을 해치는 사람(류종목, 김학주)', '德의 적(賊)(김용옥)' 등으로 '之'를 모두 '수식·종속의 조사'로 보았다. 다른 한 가지 가능한 통사는 '목적어(德)+목적어 전치조사(之)+타동사(賊:파괴하다<아래 의미항 참조>)'로 보는 것이고 해석은 '향원은 덕을 파괴한다'가 된다. 아래 류종목 선생이 원문을 설명하면서 제시한 저서 '맹자'의 대목을 보면 '덕을 해치는 사람'이라고 풀이했는데 이는 '덕의 도둑'의 의미도 가능하고 '덕을 파괴한다'의 의미도 가능하다. 따라서 '德之賊也'는 '덕의 도둑이다' 또는 '덕을 파괴한다' 두 가지 번역 모두 가능하다고 생각한다]				

번역 공자가 말했다. "마을 안에서 외관은 중후하지만 실제로는 옳고 그름이 없이 못된 놈들과 한 패거리가 되어 나쁜 짓을 하는 사람은(=향원<鄕原>은) '德의 도둑이다 or 德을 파괴한다.'"

語法과 語彙

鄕愿, 德之賊也 (마을 안에서 외관은 중후하지만 실제로는 옳고 그름이 없이 못된 놈들과 한 패거리가 되어 나쁜 짓을 하는 사람은(=향원<鄕原>은) '德의 도둑이다 or 德을 파괴한다')

- '향(鄕)'이란 문자 그대로 '동네', 즉 어떤 '커뮤니티'를 단위로 하는 인간 공동체를 의미한다. '원(原)'이란 글자는 본래 상형자로서 갑골문에는 나오지 않으나 금문에는 보인다. 바위 밑으로 샘이 흐르는 모습이며 물의 근원, 즉 수원(水原)을 의미한다. 원시(原始), 원본(原本), 원인(原因), 근원(根源) 등의 용례가 지시하는 바대로다. 어느 동네를 가던지 그 동네에서 자기가 근원이라고 생각하는 자들이 있다. 자기만이 주류이며, 자기가 다 통솔하며, 자기의 뿌리가 제일 깊으며, 자기가 예의범절을 가장 잘 알며, 모든 전통을 독식하고 있다고 생각하는 사람들이 꼭 있다. 대부분 이들이야말로 그 동네의 상층부를 차지하며 변화를 거부하며 지배적 에토스를 고수하려고 하며, 점잖은 체는 혼자 다하는 사람들이다. 이들이야말로 덕(德)의 적(賊)이라고 공자는 외치고 있다. (김용옥, 2008)

- 매사에 옳고 그름을 분명하게 따지지 않고 시속에 맞추어 두루뭉술하게 삶으로써 온 고을 사람들의 칭송을 받는 사람. 뚜렷한 가치관이 없고 삶의 태도가 진지하지 않아 위선적인 사람이라는 의미를 내포하고 있다. 향원(鄕原)에 관하여 여러 가지 해석이 있으나 맹자의 해석이 가장 설득력을 갖는다. (류종목, 2000)

  萬子曰: 一鄕皆稱原人焉, 無所往而不為原人, 孔子以為德之賊, 何哉? 曰: 非之無擧也, 刺之無刺也; 同乎流俗, 合乎汙世; 居之似忠信, 行之似廉潔; 衆皆悅之, 自以為是, 而不可與入堯舜之道, 故曰德之賊也.

  만자(萬子)가 "한 고을 사람들이 모두 어진 사람이라고 부른다면 어디를 가더라도 어진 사람이 될 터인데 공자께서 덕을 해치는 사람이라고 여긴 것은 무엇 때문입니까?"라고 하자, 맹자가 말하기를 "비난하려고 들면 들어서 말할 것이 없고, 풍자하려고 들면 풍자할 것이 없으며, 흘러가는 시속에 동화되고 더러운 세상에 부합하며, 위인은 충직한 듯하고 행동은 청렴결백한 듯하여 여러 사람들이 다 그를 좋아하고, 자신도 옳다고 여기지만 요순의 도에는 들어갈 수 없기 때문에 '덕을 해치는 사람'이라고 하신 것이다." 『孟子•盡心下』

- 마을 안에서 외관은 중후하지만 실제로는 옳고 그름이 없이 못된 놈들과 한 패거리가 되어 나쁜 짓을 하는 사람. (鄕里貌似忠厚, 實則没有是非同流合污的人) (陳曉芬, 2016)

鄕原, 德之<u>賊</u>也 **(마을 안에서 외관은 중후하지만 실제로는 옳고 그름이 없이 못된 놈들과 한 패거리가 되어 나쁜 짓을 하는 사람은(=향원<鄕原>은) '德의 도둑이다 or 德을 파괴한다')**

(동사) 파괴하다. (破壞)

(동사) 상처주다. 상해하다. 다치다. 다치게 하다. (害, 傷害)

(명사) 재물을 강탈하거나 훔치는 사람. 도둑. (搶劫或偷竊財物的人)

(명사) 난을 일으키거나 나라를 배반하거나 인민을 위협하는 사람. (作亂叛國危害人民的人)

17-14. 子曰: "道聽而塗說, 德之棄也."

子曰:	"道		聽	而	塗
공자가 말하다	(명)길.도로 [문두에서 장소를 나타내는 장소전치사 생략]		(동)듣다	(접)동작의 선후. '~다음'(6-15)	(명)도로.길 (17-1)
공자가 말했다.	"길에서 들은 다음 길에서 말하(는 것은)[화제,topic(1-6)(16-14)][道聽而塗說는 道聽와 塗說를 병렬한 문장으로 문두에서 장소전치사가 생략되었기 때문에 접속사 '而' 다음의 동일 구조도 장소전치사가 생략되었다고 본다]				
說,	**德**	**之**		**棄**	
(동)말하다	(명)덕(德)	1.(조)목적어전치 표지(1-15) 2.(조)수식,종속관계.'~의'(3-2)		1.(동)버리고 돌보지 않다(13-30) 2.(명)포기(13-30)	
也."	1. 덕을 버리고 돌보지 않는 것이다. 2. 德의 포기이다. [두 가지 모두 가능하다. 한국학자들은 모두 '1'번으로 해석한 반면, 중국학자들은 '도덕이 버려지는 것이다(道德所摒棄的)', '유덕자가 미워하고 싫어하는 일이다(有德的人所唾棄的事情)' 등으로 풀었기 때문에 비교적 큰 의역을 하였다]				
(어기)판단 (동사,형용사술어끝) (11-15)					

번역 공자가 말했다. "길에서 들은 다음 길에서 말하는 것은 '덕을 버리고 돌보지 않는 것이다 or 德의 포기이다.'"

語法과 語彙

道聽而塗說, 德之棄也 (길에서 들은 다음 길에서 말하는 것은 '덕을 버리고 돌보지 않는 것이다 or 德의 포기이다)

(명사) 도로. 길. (道路)

道聽塗說 (길에서 듣고 길에서 말을 전하다)

(동사) 길에서 듣고 길에서 말을 전하다. 보통 근거 없이 '전해지는 말/풍문'을 가리킨다. (從道路上聽到, 在道路上傳說. 泛指沒有根據的傳聞) [도청도설, dàotīngtúshuō]

→ 道聽塗說者之所造也 『漢書·藝文志』
근거 없이 전해지는 말/풍문이(⇦ 길에서 듣고 길에서 말을 전하는 사람이(道聽塗說者之)) 만든 것이다(所造也).

17-15. 子曰: “鄙夫可與事君也與哉? 其未得之也, 患得之; 旣得之, 患失之. 苟患失之, 無所不至矣.”

子曰:	“鄙夫	可	與	事	君
공자가 말하다	(명)천하고 식견이 낮은 사람(9-8)	(조동)가능. ‘~할 수 있다’(1-11)	(동)참여하다,참가하다(3-12)[여,yù]	(동)섬기다(3-18)	(명)제왕.왕.임금(15-38)
공자가 말했다. “천하고 식견이 낮은 사람이 왕을 섬기는 일에 참여할 수…					
也與	**哉?**	**其**	**未**	**得**	**之**
(관용)문미(추측,의문)(9-27)	(어기)의문(11-26)	(대)그가,그것은. 주어(명사+之)(2-22)	(부사)아직~않다(3-25)	(동)얻다(10-8)	(대)something. ‘그것.무엇’(16-1)
…있을까?		그가 무언가를 아직 얻지 못했(을 때엔/못했다면/…)… [시간조건절(1-1)]			
也,	**患**	**得**	**之;**	**旣**	**得**
(어기)멈춤. ‘완만,제시’(3-1)	(동)걱정하다(14-31)	(동)얻다(10-8)	(대)something. ‘그것.무엇’	(부)이미, ~후(9-5)	(동)얻다(10-8)
	그것 얻는 것을 걱정하(고)			이미 무언가를 얻었(을 때에는/얻었다면/…) [시간조건절]	
之,	**患**	**失**	**之.**	**苟**	**患**
(대)something. ‘그것.무엇’	(동)걱정하다(14-31)	(동)잃다(15-33)	(대)something. ‘그것.무엇’	(접)만약. ‘가정,조건’(4-4)	(동)걱정하다(14-31)
	그것 잃는 것을 걱정한다.			만약	
失	**之,**	**無**	**所**	**不**	**至**
(동)잃다(15-33)	(대)something. ‘그것.무엇’	(동)없다(9-2)	(조사)‘~사람·것·사건·곳’(1-12)	(부)‘~하지 않다’(7-14)	(동)다하다. 힘닿는 대로 하다
무엇을 잃을 것을 걱정하면		분명히 힘닿는 대로 하지 않는 것이 없을 것이다.”			
矣.”					
(어기)미래확신.‘가정+결과’(7-15)					

번역 공자가 말했다. “천하고 식견이 낮은 사람이 왕을 섬기는 일에 참여할 수 있을까? 그가 무언가를 아직 얻지 못했을 때엔 그것 얻는 것을 걱정하고, 이미 무언가를 얻었을 때에는 그것 잃는 것을 걱정한다. 만약 무엇을 잃을 것을 걱정하면 분명히 힘닿는 대로 하지 않는 것이 없을 것이니.”

語法과 語彙

苟患失之, 無所不至矣 (만약 무엇을 잃을 것을 걱정하면 분명히 힘닿는 대로 하지 않는 것이 없을 것이다)

(동사) 다하다. 힘닿는 대로 하다. (窮盡, 盡) [지, zhì]

→ 選則不遍, 教則不至, 道則無遺者矣 『莊子·天下』

선택하면(選則) 두루 미치지 못하고(不遍) 부족하(教:差 ; 欠缺)면(則) 다하지 못하(不至)니, 道는(道則) 누락이나 남는 것이 없는(無遺:沒有脫漏或餘留) 것이다.

17-16. 子曰: "古者民有三疾, 今也或是之亡也. 古之狂也肆, 今之狂也蕩; 古之矜也廉, 今之矜也忿戾; 古之愚也直, 今之愚也詐而已矣."

子曰:	古	者	民	有	三
공자가 말하다	(명)옛날 [명→부]	(조사,접미사) 시간부사+者(4-22)	(명)서민·평민·백성·민중(15-25)	(동)있다	(수사)셋(three)
공자가 말했다. "옛날 보통 사람은 세 가지 절박한 것이 있었(는데)					
疾,	**今**	**也**	**或**	**是**	**之**
(형)절박하다 [형용사→명사]	(명)지금	(어기사)멈춤, 완만(3-1)	(부)아마도. 언젠가(13-22)	(대)재지시.'이것. 이.그 사람'(2-7)	(조)목적어전치 표지(1-15)
	지금은… 아마도 이것이 없는 것 같다. ['是之亡'은 '목적어(是)+목적어전치 조사(之)+타동사(亡)'의 통사로 본다]				
亡	**也.**	**古**	**之**	**狂**	**也**
(동)없다(7-25)	(어기)추측(13-14)	(명)옛날	(조)수식,종속관계. '~의'(3-2)	(명)지향하는 바가 높고 심원한 사람	(어기)주어+也.'멈춤,완만,제시'(1-2)
		옛날 지향하는 바가 높고 심원한 사람은			
肆,	**今之狂也**		**蕩;**	**古**	**之**
(동)부지런히 일하다. 전심전력하다	지금 지향하는 바가 높고 심원한 사람은…		(형)제멋대로이다(17-8)	(명)옛날	(조)수식,종속관계. '~의'(3-2)
전심전력했(지만)	지금 지향하는 바가 높고 심원한 사람은 제멋대로이(고),			옛날	
矜		**也**	**廉,**	**今之矜也**	**忿戾;**
(형)단정하고 장중하다(15-22) [형용사→명사] [긍, jīn]		(어기)주어+也.'멈춤,완만,제시'(1-2)	(동)(언행을 각별히) 신중하게 하다	지금의 단정하고 장중한 사람은…	(동)무지막지하고 툭하면 화를 내다
단정하고 장중한 사람은 언행을 각별히 신중하게 했(지만)				지금 단정하고 장중한 사람은 무지막지하고 툭하면 화를 내(고)	
古	**之**	**愚**	**也**	**直,**	**今之愚也**
(명)옛날	(조)수식,종속관계. '~의'(3-2)	(형)어리석다(11-18) [형→명]	(어기)주어+也.'멈춤,완만,제시'(1-2)	(형)정직하다, 곧다(2-19)	지금의 어리석은 사람은…
옛날의 어리석은 사람은 정직했(지만)					지금의 어리석은 사람은…
詐	**而已矣."**				
(동)속이다	(어기)제한'~할 뿐이다'(4-15)				
속일뿐이다."					

번역 공자가 말했다. "옛날 보통 사람은 세 가지 절박한 것이 있었는데 지금은 아마도 이것이 없는 것 같다. 옛날 지향하는 바가 높고 심원한 사람은 전심전력했지만 지금 지향하는 바가 높고 심원한 사람은 제멋대로이고, 옛날 단정하고 장중한 사람은 언행을 각별히 신중하게 했지만 지금 단정하고 장중한 사람은 무지막지하고 툭하면 화를 내고, 옛날 어리석은 사람은 정직했지만 지금 어리석은 사람은 속일뿐이다."

語法과 語彙

古者民有三疾 (옛날 보통 사람은 세 가지 절박한 것이 있었다)

(명사) 과거 오래 전의 시대. 옛날. (過去已久的年代；往昔)

古者民有三疾 (옛날 보통 사람은 세 가지 절박한 것이 있었다)

(동사) 힘을 다하다. (盡力)

(형용사) 절실하다. 절박하다. 촉박하다. (亟) [극, jí]

→ 凡使民尚同者, 愛民不疾, 民無可使 『墨子·尚同下』
대체로(凡) '백성을 통치할(使民:統治人民, 使其服從自己)' 때 상동(尚同:묵자의 사상)하면 백성을 사랑하는 것이 절실하지 않아(愛民不疾) 백성(民)은 부릴 수 없다(無可使).

(명사) 결점. 결함. 단점. (缺點；毛病)

→ 寡人有疾, 寡人好勇 『孟子·梁惠王下』
나(寡人)에겐 결점이 있(有疾)으니 나(寡人)는 용감함을 좋아한다(好勇).

古者民有三疾, 今也或是之亡也 (옛날 보통 사람은 세 가지 절박한 것이 있었는데 지금은 아마도 이것이 없는 것 같다)

— [견해]

모든 학자가 이 문장의 '질(疾)'을 '단점, 결점, 결함' 등의 '부족한 것, 나쁜 것'으로 주석하였다. 이 문장 뒤에 나오는 문구들은 옛날의 것인 '전심전력하다/ 언행을 각별히 신중하게 하다/ 정직하다'가 지금은 '제멋대로이다/ 무지막지하고 툭하면 화를 낸다/ 속인다'로 각각 바뀌었다는 공자의 의견이다. 다시 말하면 옛날의 백성이 지금의 백성보다 더 나은 덕목을 가지고 있다는 말이다.

일곱 학자 모두 '질(疾)'을 '결점' 등 부정적인 것으로 주석하였기 때문에 뒤의 문장 '今也或是之亡也'을 '지금은 이것(=과거의 나쁜 점)조차 없어졌다'로 부득불 주석하였다고 생각한다. 하지만 '이것(=결점 등 나쁜 것)'과 뒤에 나열하는 옛날의 것(전심전력하다/ 언행을 각별히 신중하게 하다/ 정직하다)과는 의미가 상충되기 때문에 맞지 않는다. 따라서 '질(疾)'은 '긍정의 의미'를 가져야 한다. 이 책에선 '절실하다'의 품사활용인 '절실한 것'으로 보았다.

古之狂也肆 (옛날의 지향하는 바가 높고 심원한 사람이 전심전력하다)

(명사) 광자(狂者). 지향하는 바가 높고 심원한 사람. (狂者:志向高遠, 勇于進取的人)

→ 狂者進取 『論語·子路』
지향하는 바가 높고 심원한 사람이 '노력해서 위로 나아가다(進取)'.

古之狂也肆 (옛날의 지향하는 바가 높고 심원한 사람이 전심전력하다)

(동사) 부지런히 일하다. 전심전력하다. (勤勞, 賣力) [사, sì]

→ 瞻仰二祖, 厥庸孔肆 (漢·張衡『東京賦』)
머리를 들어 두 할아버지를 바라보(瞻仰二祖)니 그들의(厥) 공로(庸)는 매우(孔) 힘을 다했다.

古之矜也廉 (옛날의 단정하고 장중한 사람이 언행을 각별히 신중하게 하다)

(동사) (언행을 각별히) 삼가다. 신중하게 하다. 조심하다. '구속하다. 어색하다. 거북하다' 등으로 파생되었다. (收斂. 引申爲拘束) [렴, lián]

→ 可進而進焉, 不必廉於自進也 (唐・韓愈『上宰相書』)
나아갈 수 있으면(可進而) 나아가야지 '스스로 나아가는 데에 조심할(廉於自進)' 필요는 없다.

今之矜也忿戾 (지금의 단정하고 장중한 사람이 무지막지하고 툭하면 화를 내다)

(동사) 무지막지하고 툭하면 화를 내다. (蠻橫無理, 動輒發怒) [분려, fènlì]

→ 肆忿戾以害物 『梁書・敬帝紀』
제멋대로 툭하면 화를 내서(肆忿戾以) 외부환경을 망치다(害物).

今之愚也詐而已矣 (지금의 어리석은 사람은 속일뿐이다)

(동사) 기만하다. 속이다. (欺騙)

→ 議者不達農殖之本, 多言鑄冶之便, 或欲因緣行詐 『後漢書・劉陶傳』
의논을 하는 사람(議者)은 농사를 짓(農殖)는 근본을 '잘 모르고(不達)' '용해와 주조(鑄冶:冶煉與鑄造)'의 편리함을 많이 말하고 어떤 사람은 인연으로 인해 사기를 치려고 한다.

17-17. 子曰: "巧言令色鮮矣仁!"

子曰:	"巧言令色	鮮
공자가 말하다	교언영색하는 '행위·모습/사람/…' (듣기 좋게 꾸민 교묘한 말과 아양을 떠는 모습과 거짓 감정으로 타인을 현혹시키고 타인의 환심을 사다)	(형)적다 (1-2)[xiǎn]
공자가 말했다.	"듣기 좋게 꾸민 교묘한 말과 아양을 떠는 모습과 거짓 감정으로 타인을 현혹시키고 타인의 환심을 사는 '행위·모습(에는)/사람(에게는)/…'	적다!
矣	**仁!"**	본래 '(於)巧言令色'의 내용인데 문두의 '동작 발생 장소 전치사' 혹은 '범위 한정 전치사'는 빈번하게 생략된다(17-14)고 보았다. 1-3에서는 '巧言令色'을 주어로 보았고, 여기서는 전치사구로 보았다.
(어기)감탄(1-3)	(명)인(仁)	
	인(仁)이."	

번역 공자가 말했다. "듣기 좋게 꾸민 교묘한 말과 아양을 떠는 모습과 거짓 감정으로 타인을 현혹시키고 타인의 환심을 사는 '행위·모습(에는)/사람(에게는)/..' 仁이 적다!"

語法과 語彙

巧言令色, 鮮矣仁! **(듣기 좋게 꾸민 교묘한 말과 아양을 떠는 모습과 거짓 감정으로 타인을 현혹시키고 타인의 환심을 사는 '행위·모습(에는)/사람(에게는)/..' 仁이 적다!)**

(동사) 듣기 좋게 꾸민 교묘한 말과 아양을 떠는 모습과 거짓 감정으로 타인을 현혹시키고 타인의 환심을 사다. (指用花言巧語和媚態僞情來迷惑、取悅他人)

→ 何畏乎巧言令色孔壬? 『書·皐陶謨』
왜(何) 듣기 좋게 꾸민 교묘한 말과 아양을 떠는 모습과 거짓 감정으로 타인을 현혹시키고 타인의 환심을 사고(=교언영색하고) 크게 아첨하(孔壬<공임,kǒngrén>)는 것을 두려워하겠는가?

17-18. 子曰: "惡紫之奪朱也, 惡鄭聲之亂雅樂也, 惡利口之覆邦家者."

子曰:	"惡	紫	之	奪	朱
공자가 말하다	(동)싫어하다, 증오하다(4-3)[wù]	(명)자주색	(접)주어+之+서술어(1-10)	(동)빼앗다(9-26)	(명)진한 빨간색
공자가 말했다. "자주색이(주어) '진한 빨간색'을 빼앗는 것을 싫어하고					
也,	**惡**	**鄭聲**	**之**	**亂**	**雅樂**
(어기)멈춤, 상호병렬(3-23)	(동)싫어하다, 증오하다(4-3)[wù]	(명)정(鄭)나라 음악	(접)주어+之+서술어(1-10)	(동)어지럽히다(15-27)	(명)주나라 시대 조정의 음악과 가곡
	정(鄭)나라 음악이(주어) 주(周)나라 시대 조정의 음악과 가곡을 어지럽히는 것을 싫어하고				
也,	**惡**	**利口**		**之**	**覆**
(어기)멈춤, 상호병렬(3-23)	(동)싫어하다(4-3)[오,wù]	언변이 좋은 사람[利口:(동)말솜씨가 뛰어나다. 언변이 좋다][동→명]		(접)주어+之+서술어(1-10)	(동)전복하다. 멸망시키다
	언변이 좋은 사람이(주어) 국가를 멸망시키는 것을 싫어한다."				
邦家	**者."**				
(명)국가	(조사)~한 사람, ~한 것(1-2)				

번역 공자가 말했다. "자주색이 '진한 빨간색'을 빼앗는 것을 싫어하고, 정(鄭)나라 음악이 주(周)나라 음악과 가곡을 어지럽히는 것을 싫어하고, 언변이 좋은 사람이 국가를 멸망시키는 것을 싫어한다."

語法과 語彙

惡紫之奪朱也 (자주색이 진한 빨간색을 빼앗는 것을 싫어하다)

(명사) 빨간색과 파란색이 합쳐진 색. 자주색. (紅和藍合成的顏色) [자, zǐ]

惡紫之奪朱也 (자주색이 진한 빨간색을 빼앗는 것을 싫어하다)

(명사) 진한 빨간색. 고대 '정색(正色)'으로 불렸다. (大紅色. 古代稱爲正色) [주, zhū]

惡鄭聲之亂雅樂也 (정(鄭)나라 음악이 주(周)나라 음악과 가곡을 어지럽히는 것을 싫어하다)

(명사) 본래 춘추전국시대 정나라(鄭國)의 음악을 가리킨다. 공자와 그 밖의 사람들이 제창한 아악과 같지 않았기 때문에 유가의 배척을 받았다. 이후 보통 아악과 다른 음악, 심지어 일반적인 민간 음악에서 모두 '雅'를 숭상하고 '俗'을 배척하는 사람은 '정성(鄭聲)'이라 하여 물리쳤다. (原指春秋·戰國時鄭國的音樂. 因與孔子等提倡的雅樂不同, 故受儒家排斥. 此後, 凡與雅樂相背的音樂, 甚至一般的民間音樂, 均為崇「雅」黜「俗」者斥為「鄭聲」) [정성, zhèngshēng]

→ 放鄭聲, 遠佞人 『論語·衛靈公』
정(鄭)나라의 음악을 몰아내고, 말주변 있는 사람을 멀리한다.

惡鄭聲之亂雅樂也 (정(鄭)나라 음악이 주(周)나라 음악과 가곡을 어지럽히는 것을 싫어하다)

(명사) 중국 주나라 시대 조정의 음악과 가곡. (中國周代朝庭上的樂歌) [아악, yǎyuè]

惡利口之覆邦家者 (언변이 좋은 사람이 국가를 멸망시키는 것을 싫어하다)

(동사) 말솜씨가 뛰어나다. 말주변이 뛰어나다. 말이 청산유수이다. 언변이 좋다. 달변이다. (能言善辯)

→ 二人皆僞詐, 巧言利口以進其身 『漢書·東方朔傳』
두 사람 모두(二人皆) 속여(僞詐)서 표면적으로는 듣기 좋으나 실제로는 위선적인 말(巧言)과 달변(利口:能言善辯)으로 그의 사회적 지위를 높인다(進身:提高社會地位 ; 入仕做官).

惡利口之覆邦家者 (언변이 좋은 사람이 국가를 멸망시키는 것을 싫어하다)

(동사) 전복하다. 멸망시키다. (顚覆 ; 滅亡) [복, fù]

→ 傳曰: "君者舟也, 庶人者水也, 水則載舟, 水則覆舟." 此之謂也 『荀子·王制』
전기(傳記 [zhuàn]에서 말했다. "왕은 배이고 백성은 물이다. 물은 배를 나르지만 물은 배를 뒤집는다." 이것을 말하는 것이다.

惡利口之覆邦家者 (언변이 좋은 사람이 국가를 멸망시키는 것을 싫어하다)

(명사) 국가. (國家)

→ 故能功成於戎狄, 身全於邦家也 『後漢書·皇甫規傳論』
때문에(故) 서방과 북방 오랑캐에서(於戎狄<융적,róngdí>) 공훈이 만들어질 수 있고, '생명은/자신은(身)' '국가에서 온전해질(全於邦家)' 수 있다.

17-19. 子曰: "予欲無言." 子貢曰: "子如不言, 則小子何述焉?" 子曰: "天何言哉? 四時行焉, 百物生焉, 天何言哉?"

子曰:	"予	欲	無	言."	子貢曰:
공자가 말하다	(대)나.저(6-28)	(동)원하다(4-5)	(부)진술사실부정 (=不)(1-15)	(동)말하다(7-17)	자공이 말하다 [=사(賜)(1-10)]
공자가 말했다.	"나는 말을 하고 싶지 않다."				자공이 말했다.
"子	**如**	**不言,**	**則**	**小子**	**何**
(대)공경표현의 남자.선생님(11-24)	(접)만약~하면 (7-11)	(동)말하지 않다	(접)조건+則+결과 (1-6)	(명)학생(들). 후배(들)(5-22)	(의.대)동사목적어. '무엇'(2-19)
"선생님께서 만약 말하지 않으시…			…면 저희들은 무엇을		
述	**焉?"**	**子曰:**	**"天**	**何**	**言**
(동)명백히 논술하다.말하다(7-1)	(어기)의문	공자가 말하다	(명)하늘	(의.대)동사목적어. '무엇'(2-19)	(동)말하다(7-17)
분명히 말합니까(→말해야 합니까)?"		공자가 말했다.	"하늘이 무엇을 말하더냐?		
哉?	**四時**	**行**	**焉,**	**百物**	**生**
(어기)반문(2-10)	(명)사계절	운행하다(2-22) [동→피동]	(어기)문중.멈춤,문장제기(4-17)	(명)만물. 각종 물품	(동)성장하다, 자라나다
	사계절이 운행되(고)…			만물이 자라나(는데)…	
焉,	**天何言哉?"**				
(어기)문중.멈춤,문장제기(4-17)	하늘이 무엇을 말하던가?				
	하늘이 무엇을 말하더냐?"				

번역 공자가 말했다. "나는 말을 하고 싶지 않다." 자공이 말했다. "선생님께서 만약 말하지 않으시면 저희들은 무엇을 말해야 합니까?" 공자가 말했다. "하늘이 무엇을 말하더냐? 사계절이 운행되고 만물이 자라는데 하늘이 무엇을 말하더냐?"

語法과 語彙

子如不言, 則小子何述焉? (선생님께서 만약 말하지 않으시면 저희들은 무엇을 말해야 합니까?)

(어기사) 문미에 쓰인다. 문중에는 보통 의문을 나타내는 허사가 있고, '焉'은 그것과 함께 쓰여 의문어기나 반문어기를 나타낸다.

→ 子聞寡人之聲聞亦何如焉? 『韓非子·內儲說上』
당신은(子) 나의 명성(寡人之聲聞)을 듣고 어떻습니까?

→ 桀伐蒙山, 何所得焉? 『戰國策·屈原·天問』
걸(桀)은 몽산(蒙山)을 토벌하(伐)고 무엇을 얻(何所得)는가?

四時行焉 (사계절이 운행되다)

(명사) 사계절. (四季)

→ 天有四時, 春秋冬夏 『禮記·孔子閑居』
하늘은 사계절이 있고 봄, 가을, 겨울, 여름이다.

四時行焉, 百物生焉 (사계절이 운행되고 만물이 자라다)

(명사) '만물'과 같다. 각종 물품. (猶萬物. 亦指各種貨物)

四時行焉, 百物生焉 (사계절이 운행되고 만물이 자라다)

(동사) 성장하다. 자라나다. (長出, 生長)

→ 生, 生長也 『廣韻·庚韵』
생(生)은 '성장하다·자라다'이다.

17-20. 孺悲欲見孔子, 孔子辭以疾. 將命者出戶, 取瑟而歌, 使之聞之.

孺悲	欲	見	孔子,	孔子	辭
(인명)유비	(동)원하다(4-5)	(동)보다. 만나다(3-24)	공자	공자	(동)거절하다. 사양하다(6-9)
유비(孺悲)가 공자를 만나길 원했(을 때) [시간절]				공자는	
以	**疾.**	**將命**	**者**	**出戶,**	**(孔子)取**
(동)의지하다. 핑계대다	(명)질병(8-3)	(동)명령을 전하다(14-45)	(조사)~한 사람, ~한 것(1-2)	(동)문을 나가다	(동)쥐다.꺼내다
질병을 핑계 삼아 거절했다.		명령을 전하는 사람이 문을 나(갈 때/나가고/나갔을 때/…) [시간절(1-1)]			
瑟	**而**	**歌,**	**使**	**之**	**聞**
(명)보통25현악기 슬(11-15)	(접)동작의 선후. '~다음'(6-15)	(동)노래하다. 읊다(7-9)	(사역동사) ~하게 하다(2-20)	유비 [(대)재지시. '그사람'(2-1)]	(동)듣다
(공자는) 슬(瑟)을 '꺼내어/쥐고/…' 노래하(여)			유비에게 그것을(=노래하는 것을) 듣게 했다. [재지시 之가 '유비'가 될 수도 있고, '명령을 전하는 사람'도 될 수 있다고 본다]		
之.					
노래하는 것 [(대)재지시.'그것,그사람,그곳'(2-1)]					

번역 유비(孺悲)가 공자를 만나길 원했을 때 공자는 질병을 핑계 삼아 거절했다. 명령을 전하는 사람이 문을 나갈 때 공자는 슬을 꺼내어 노래하여 '유비에게 or 명령을 전하는 사람에게' 그것을 듣게 했다.

語法과 語彙

孺悲欲見孔子 (유비(孺悲)가 공자를 만나길 원하다)

(인명) 유비(孺悲)라는 사람은 노나라 사람인데 「열전」에는 그 이름이 나오지 않는다. 『가어』에도 나오지 않는다. 그러나 『예기』「잡기」하에는 다음과 같은 정보가 수록되어 있다.

恤由之喪, 哀公使孺悲之孔子學士喪禮. 士喪禮於是乎書

휼유(恤由)의 상례를 거행할 때에 애공(哀公)은 유비(孺悲)가 공자에게 가서 사상례(士喪禮)를 배우게 하였다. 이로 인하여 사상례(士喪禮)가 다시 기록되어 보존되기에 이르렀다.

하여간 유비는 공자에게 예(禮)를 배운 사람 같다. 그러나 여기 장면을 보면 유비는 공자에게 무언가 크게 잘못을 저지른 것처럼 보인다. 공자는 찾아온 그를 만나주지 않았다. 병중이라고 말했지만 사실 공자는 병중에 있지 않았다. 공자는 슬을 뜯으며 내가 그대를 의도적으로 만나지 않는 것이며 잘못은 그대에게 있다고 간접적으로 선언하는 것이다. (김용옥, 2008) [유비, rúbēi]

孔子辭以疾 (공자는 질병을 핑계 삼아 거절하다)

(동사) 의지하다. 의존하다. ~을 기반으로 하다. 핑계 대다. 빙자하다. 구실로 삼다. (憑借; 仗恃)

→ 富國以農 『韓非子·五蠹』
나라를 부유하게 하(富國)려면 농사에 의지한다(以農).

將命者出戶 (명령을 전하는 사람이 문을 나가다)

(동사) 문을 나가다. (出門) [출호, chūhù]

→ 不出戶而知天下兮 『文選·張衡·思玄賦』
문을 나가지 않아도 천하를 알다.

取瑟而歌 (슬을 꺼내어 노래하다)

(동사) 쥐다. 꺼내다. (拿; 拿出)

→ 青, 取之於藍, 而青於藍 『荀子·勸學』
푸른색은 그것을 남색에서 추출했지만 남색보다 파랗다.

17-21. 宰我問: "三年之喪, 期已久矣. 君子三年不爲禮, 禮必壞; 三年不爲樂, 樂必崩. 舊穀旣沒, 新穀旣升, 鑽燧改火, 期可已矣." 子曰: "食夫稻, 衣夫錦, 於女安乎?" 曰: "安." "女安則爲之! 夫君子之居喪, 食旨不甘, 聞樂不樂, 居處不安, 故不爲也. 今女安則爲之!" 宰我出. 子曰: "予之不仁也! 子生三年, 然後免於父母之懷. 夫三年之喪, 天下之通喪也, 予也有三年之愛於其父母乎?"

宰我	問:	"三年	之	喪,	期
(인명)재아=재여(宰予)(3-21)	(동)묻다	3년	(조사)수식,종속관계.'~의'(3-2)	(명)상(喪). 장의(葬儀)(10-6)	(명)일정한 기간. 기한[기, qī]
재아(宰我)가 물었다.		"3년 상(喪)(은) [화제,topic(1-6)(16-14)]			기간이
已	**久**	**矣.**	**君子**	**三年**	**不**
(부)매우,너무(8-10)	(형)오래되다. 시간이 길다(5-17)	(어기)'이미 그렇다'(3-24)	(명)군자(君子)(11-1)	3년 [부사로 활용]	(부)동사술어 앞. '~하지 않다'(7-14)
너무 깁니다.			군자가 3년간		
爲	**禮,**	**禮**	**必**	**壞;**	**三年不爲**
(동)공부하다. 연구하다(17-10)	(명)예(禮)	(명)예(禮)	(부)꼭,반드시, 분명히(6-30)	(동)붕괴하다. 훼손되다	3년 동안 공부·연구하지 않다
예(禮)를 공부·연구하지 않(으면) [조건가정절(1-1)]		예(禮)는 분명히 붕괴되(고)			3년 동안
樂,	**樂**	**必**	**崩.**	**舊**	**穀**
(명)악경(14-12)	(명)악경(14-12)	(부)꼭,반드시, 분명히(6-30)	(동)무너지다. 붕괴하다	(형)낡은.오래된	(명)농작물.양식
악경을 공부·연구하지 않(으면)	악경은 분명히 무너집니다.			오래된 농작물은	
旣	**沒,**		**新穀**	**旣**	**升,**
(부)이미,~후(9-5)	(동)사라져 보이지 않다.사라지다		새로운 농작물	(부)이미,후(9-5)	(동)성숙하다
이미 사라져 보이지 않(고)			새로운 농작물은 이미 성숙하(고)		
鑽燧改火,			**期**	**可**	**已**
(동) 나무를 문질러 불을 얻다 [鑽燧:부싯돌을 돌려 뚫다 + 改火:목재를 바꾸다]			(명)1주년. 만 1년[기, jī]	(조동)~할 만하다(7-11)	(동)끝나다(5-27)
나무를 문질러 불을 얻(는 것은) [명사구]			1주년이면 분명히 끝날 것입니다."		
矣."	**子曰:**	**"食**	**夫**	**稻,**	**衣**
(어기)미래상황에 대한 확신(1-7)	공자가 말하다	(동)먹다(7-9)	(지시대)한정어. 이,저…(11-10)	(명)쌀.쌀밥	(동사)입다(5-26)
	공자가 말했다. "그 쌀밥을 먹(고)				
夫	**錦,**	**於**	**女**	**安**	**乎?"**
(지시대)한정어. 이,저…(11-10)	(명)비단옷	(전)발생장소, 출현범위(1-14)	(대)너,너희들(3-6) [rǔ]	(형)편안하다	(어기)의문(2-7)
그 비단옷을 입(는 것이)[여기까지 주어]		너에게 편안하느냐?"			

(宰我)曰:	"安."	"女安	則	爲	之!
(재아가) 말하다	(형)편안하다	당신이 편하다	(접)조건+則+결과(1-6)	(동)하다,행하다(2-1)	(대)재지시.'그것, 그사람,그곳'(2-1)
(재아가) 말했다.	"편안합니다."	(공자가 말했다.) "네가 편하면 그것을 해라!			
夫	**君子**	**之**	**居喪,**	**食**	**旨**
(조)문두에서 판단, 의견토로(6-30)	(명)군자(君子)(11-1)	(접)주어+之+서술어(1-10)	(동)직계 존속의 상중에 있다	(동)먹다(7-9)	(형)맛있다 [형용사→명사]
군자가 직계 존속의 상중에 있(을 때) [조건시간절]				맛있는 음식을 먹어도	
不甘,	**聞樂**	**不樂,**	**居處**	**不安,**	**故**
맛있지 않다	음악을 듣다 [악, yuè]	즐겁지 않다 [락, lè]	(명)일상생활 [명사→동사]	편안하지 않다	(접)A故B.A때문에 그래서B(9-6)
맛있지 않(고) [양보긴축복문]	음악을 들어도 즐겁지 않(고) [양보긴축복문(11-14)]		일생생활을 해도 편하지 않… [양보긴축복문(11-14)]		…기 때문에 그래서
不爲	**也.**	**今**	**女安則爲之!"**		
하지 않다	(어기)진술강조(2-17)	(명.부)현재,지금(6-12)	네가 편하면 그것을 하다.(=맛있는 음식을 먹으려 하지 않고, 음악을 들으려 하지 않는 것 → 3년 상을 지내지 않는 것)		
하지 않는다(=맛있는 음식을 먹으려 하지 않고, 음악을 들으려 하지 않는 것).		지금 네가 편하면 그렇게 해라!"			
宰我出.	**子曰:**	**"予**	**之**	**不仁**	**也!**
재아가 나가다	공자가 말하다	(인명)여=재아=재여(宰予)	(접)주어+之+서술어(1-10)	仁하지 않다	(어기)판단(동사,형용사술어끝)(11-15)
재아(宰我)가 나갔다.	공자가 말했다.	"재아(宰我)는 仁하지 않다!			
子	**生**	**三年,**	**然後**	**免**	**於**
(명)아들.딸.자식(11-25)	(동)태어나다	3년	(접)이와 같은 다음에(6-18)	(동)떠나다	(전)발생장소,방향.'~부터'(3-13)
자식이 태어난 지 3년이 된…			…다음에		
父母	**之**	**懷.**	**夫**	**三年之喪,**	**天下**
(명)부모	(조사)수식,종속관계.'~의'(3-2)	(명)품 안. 앞가슴	(조)문두에서 판단, 의견토로(6-30)	3년 상(喪)	(명)천하
부모의 품안에서 떠난다.			3년 상(喪)(은)		천하…
之	**通喪**		**也,**	**予**	**也**
(조사)수식,종속관계 '~의'(3-2)	(명사)윗사람도 아랫사람 모두 통용되는 장사(葬事)의 예의.		(어기)멈춤. '완만,제시'(3-1)	(인명)여=재아=재여(宰予)	(어기)주어+也.'멈춤,완만,세시'(1-2)
…의 통용되는 장사인데…				재아(宰我)는	
有	**三年之愛**	**於**	**其**	**父母**	**乎?"**
(동)있다	3년의 사랑. 3년간의 사랑	(전)발생장소,방향.'~부터'(3-13)	(대)그의…'복수可'(1-7)	(명)부모	(어기)추측(16-13)
그의 부모로부터의 3년 사랑이 있었을까?" ['三年之愛於其父母'에서 뒤의 '於其父母(그의 부모로부터)'이 앞 문장의 '三年之愛(3년간의 사랑)'을 수식해주는 것으로 보았는데 이런 통사가 가능한지에 대해 더 많은 근거 제시가 필요하다]					

번역 재아(宰我)가 물었다. "3년 상(喪)은 기간이 너무 깁니다. 군자가 3년간 예(禮)를 공부하지 않으면 禮는 분명히 붕괴되고, 3년 동안 악경을 공부하지 않으면 악경(樂經)은 분명히 무너집니다. 오래된 농작물은 이미 사라져 보이지 않고, 새로운 농작물은 이미 성숙하고, 나무를 문질러 불을 얻는 것은 1주년이면 분명히 끝날 것입니다." 공자가 말했다. "그 쌀밥을 먹고, 그 비단옷을 입는 것이 너에게 편안하느냐?" 재아(宰我)가 말했다. "편안합니다." (공자가 말했다.) "네가 편하면 그것을 해라! 군자가 직계 존속의 상중(喪中)에 있을 때 맛있는 음식을 먹어도 맛있

지 않고, 음악을 들어도 즐겁지 않고, 일상생활을 해도 편하지 않기 때문에 그래서 '하지 않는다(=맛있는 음식을 먹으려 하지 않고, 음악을 들으려 하지 않는 것)'. 지금 네가 편하면 그렇게 해라!(3년 상을 지내지 않는 것)" 재아(宰我)가 나갔다. 공자가 말했다. "재아는 仁하지 않다! 자식이 태어난 지 3년이 된 다음에 부모의 품 안에서 떠난다. 3년 상(喪)은 천하의 통용되는 장사(葬事)인데 재아는 그의 부모로부터의 3년 사랑이 있었을까?"

語法과 語彙

三年之喪, 期已久矣 (3년 상(喪)은 기간이 너무 길다)

(명사) 일정한 기간. 기한. (一定的時日；期限) [기, qī]

→ 及期, 命於武宮 『國語·周語上』
기한이 되어(及期:到時侯) 무궁(武宮)에게 명령하다.

君子三年不爲禮, 禮必壞 (군자가 3년간 예(禮)를 공부하지 않으면 禮는 분명히 붕괴된다)

(동사) 무너지다. 붕괴하다. (倒塌) [괴, huài]
(동사) 부수다. 훼손하다. 훼손되다. 쇠미해지다. (毁壞, 衰敗)

— [견해]
두 번째 동사로 '예가 훼손되다 / 예가 쇠미해지다' 역시 가능하다.

三年不爲樂, 樂必崩 (3년 동안 악경을 공부하지 않으면 악경(樂經)은 분명히 무너진다)

(동사) 무너지다. 붕괴하다. (倒塌) [붕, bēng]

舊穀既沒 (오래된 농작물이 이미 사라져 보이지 않다)

(형용사) 오래되다. 낡다. (古老的；陳舊的)

→ 人惟求舊, 物惟求新 『商書·盘庚』
사람은 오직 옛 사람을 요구하고 물건은 오직 새 것을 요구한다.

舊穀既沒 (오래된 농작물이 이미 사라져 보이지 않다)

(명사) 농작물과 양식의 총칭. (壯稼和粮食的總稱)

→ 其子曰柱, 能植百穀百蔬 『國語·魯語上』
그의 아들(其子)은 주(柱)라고 하는데 각종 곡물(百谷)과 각종 채소(百蔬)를 재배할 수 있다(能植).

舊穀既沒 (오래된 농작물이 이미 사라져 보이지 않다)

(동사) 사라지다. 사라져 보이지 않다. (隱沒；消失不見)
(동사) 다하다. 끝나다. (盡；終)

新穀既升 (새로운 농작물이 이미 성숙하다)

(동사) 성숙하다. (成熟)

→ 五谷不升爲大饑 『穀梁傳·襄公二十四年』
오곡이 성숙하지 않은 것이 대기근이다.

鑽燧改火, 期可已矣 (나무를 문질러 불을 얻는 것은 1주년이면 분명히 끝날 것이다)

(동사) 나무를 문질러 불을 얻다; 고대 나무를 문질러 불을 얻는 것으로 계절이 다르면 사용하는 목재도 달랐다. (古時鑽木取火, 因季節不同而用不同的木材) [찬수개화, zuānsuìgǎihuǒ]

— [보충]
燧[수, suì]는 불을 얻는 나무이다. 봄에는 푸른색인 느릅나무와 버드나무, 여름에는 붉은색인 대추나무와 살구나무, 늦여름에는 노란색인 뽕나무와 산뽕나무, 가을에는 흰색인 떡갈나무와 졸참나무, 겨울에는 검은색인 홰나무와 박달나무를 써서 오행에 맞추었다. (류종목, 2000)

鑽燧改火, 期可已矣 (나무를 문질러 불을 얻는 것은 1주년이면 분명히 끝날 것이다)

(동사) 부싯돌을 돌려 뚫다; 나무를 문질러 불을 얻다. 불을 얻는 원시 방법이다. 燧[수, suì]는 불을 얻는 도구로 금수(金燧)와 목수(木燧) 두 종류가 있다. (鑽燧取火. 原始的取火法. 燧為取火的工具, 有金燧 (陽燧) 、木燧兩種)

鑽燧改火, 期可已矣 (나무를 문질러 불을 얻는 것은 1주년이면 분명히 끝날 것이다)

(동사) 목재를 바꾸다; 고대 나무를 문질러 불을 얻는 것으로 사계절 다른 목재를 바꿔서 썼기 때문에 '개화(改火)'라 불렀고 또 '개목(改木)'이라고도 불렀다. 또 시절이 바뀌는 것을 비유하는 것으로 사용한다. (古代鑽木取火, 四季換用不同木材, 稱爲「改火」, 又稱木. 亦用以比喻時節改易)

鑽燧改火, 期可已矣 (나무를 문질러 불을 얻는 것은 1주년이면 분명히 끝날 것이다)

(명사) 주기(周期)로 1주년이나 한 달을 가리키다. (周期. 指一周年, 一整月) [기, jī]

→ 期, 三百有六旬有六日 『尚書·共典』
기(期)는 366일이다.

食夫稻, 衣夫錦 (그 쌀밥을 먹고, 그 비단옷을 입다)

(명사) 1년생 초목식물로 낟알을 '벼'라고 하고 껍질을 제거하면 '쌀'이라고 한다. 논벼와 밭벼의 구분이 있고 보통은 '논벼'를 가리킨다. (一年生草本植物, 子實稱"稻谷", 去殼後稱"大米". 有水稻、旱稻之分. 通常指水稻) [도, dào]

食夫稻, 衣夫錦 (그 쌀밥을 먹고, 그 비단옷을 입다)

(명사) 색채 경위사로 각종 도안과 무늬를 짠 견직물. (用色彩經緯絲織出各種圖案花紋的絲織品) [금, jǐn]

君子之<u>居喪</u> (자가 직계 존속의 상중(喪中)에 있다)

(동사) 부모의 상(喪)을 당하다. 직계 존속(尊屬=웃어른)의 상중에 있다. (猶守孝. 處在直係尊親的喪期中)

食<u>旨</u>不甘 (맛있는 음식을 먹어도 맛있지 않다)

(형용사) 맛있다. (味美) [지, zhǐ]

→ 饑之於食, 不待甘<u>旨</u> (漢·晁錯『論貴粟疏』)
배가 고플 때는 '음식에 대하여(於食)' '달콤하고 맛있는 것(甘旨)'을 '기대하지 않는다(不待)'.

食旨不<u>甘</u> (맛있는 음식을 먹어도 맛있지 않다)

(형용사) 향기롭고 달다. 맛있다. (香甜) [감, gān]

<u>居處</u>不安 (일상생활이 편하지 않다 → 일상생활을 해도 편하지 않다)

(명사) 일상생활. (指日常生活)

— [견해]

앞의 두 문장이 양보긴축복문으로 쓰여서 호응(parallelism)을 고려하여 명사에서 동사로(일상생활을 하다) 품사 활용되었다고 보았다.

<u>免</u>於父母之懷 (부모의 품안에서 떠나다)

(동사) 떠나다. (離開)

免於父母之<u>懷</u> (부모의 품안에서 떠나다)

(명사) 품 안. 앞가슴. (懷里；胸前) [회, huái]

→ 當共言咏, 以寫其<u>懷</u> 『世說新語·文學』
함께(共) '말로 읊(言咏:言談吟咏)'을 때 읊는 것을 '그의 가슴 속에 쓰다(寫其懷)'.

天下之<u>通喪</u>也 (천하의 통용되는 장사(葬事)이다)

(명사) 윗사람, 아랫사람 모두 통용되는 장사(葬事)의 예의. (上下通行的喪禮)

17-22. 子曰: "飽食, 終日無所用心, 難矣哉! 不有博奕者乎? 爲之猶賢乎已!"

子曰:	"飽食,	終日	無	所	用心,
공자가 말하다	(동)배불리 먹다	하루 종일(15-17) [명→부]	(동)없다(9-2)	(조사)'~사람·것·사건·곳'(1-12)	마음과 힘을 쓰다. 전념하다
공자가 말했다.	"배불리 먹(고)	하루 종일 마음과 힘을 쓸 곳이 없다면 [조건가정절(1-1)][모든 학자들이 '飽食終日, 無所用心'로 보고 '하루 종일 배불리 먹고 마음 쓸 곳이 없다'로 주석하였는데, 이 문장은 복문으로 '배불리 먹다'와 '하루 종일 마음과 힘 쓸 곳이 없다' 두 개의 단문으로 형성되었다고 보았다. 그리고 부사가 동사 뒤에 오는 통사는 없는 것 같은데 더 찾아봐야 한다]			
難	**矣哉!**	**不有(A乎)?**	**博奕**		**者**
(형)어렵다, 곤란하다(6-22)	(어기)문미 감탄(9-12)	A가 있지 않은가?	(명)'주사위 던지기, 장기/바둑 두기'와 같은 놀이 [명사→동사]		(조사)~한 사람, ~한 것(1-2)
곤란하다!		주사위 던지기나 장기·바둑 두기와 같은 놀이하는 것이 있지 않은가?			
(不有A)乎?	**爲**	**之**			**猶**
(어기)반문(1-1)	(동)하다,행하다(2-1)	그것='주사위 던지기, 장기/바둑 두기'와 같은 놀이 [(대)재지시.'그것, 그 사람, 그곳'(2-1)]			(정도부사) 매우.더욱.더
	그것을 하는 것이 '더/매우/…'				
賢	**乎**	**已!"**			
(형)좋다.훌륭하다(14-32)	(어기)감탄,비분,찬송(3-14)	(어기)문미 감탄			
좋다!"					

번역 공자가 말했다. "배불리 먹고 하루 종일 마음과 힘을 쓸 곳이 없다면 곤란하다! 주사위 던지기나 장기/바둑 두기와 같은 놀이가 있지 않은가? 그것을 하는 것이 매우 좋다!"

語法과 語彙

飽食, 終日無所用心 (배불리 먹고 하루 종일 마음과 힘을 쓸 곳이 없다)

(동사) 배불리 먹다. (吃飽)

→ 飽食而遨遊 『莊子·列禦寇』
배불리 먹(飽食)고 '즐겁게 논다(遨遊<오유, áoyóu>:游樂; 嬉游)'.

無所用心 (마음과 힘을 쓸 곳이 없다)

(동사) 마음과 힘을 쓰다. 몰두하다. 전념하다. (使用心力; 專心)

不有博奕者乎? (주사위 던지기나 장기/바둑 두기와 같은 놀이가 있지 않은가?)

(명사) '주사위 던지기, 장기/바둑 두기'와 같은 놀이. (擲骰子、下棋等遊戲) [박혁, bóyì]

爲之猶賢乎已! (그것을 하는 것이 매우 좋다!)

(정도부사) 형용사, 동사 서술어 앞에 쓰여 부사어가 되며 상태, 동작행위의 정도가 비교적 높음을 나타낸다. '매우, 더욱, 더' 등으로 번역된다. (還, 很, 更)

→ 平子曰: "子服回之言猶信. 子服氏有子哉!" 『左傳·昭公十六年』
평자(平子)가 말한다. "자복회(子服回)의 '말이 매우 믿을 만하다(言猶信). 자복씨(子服氏)는 아들이 있다!"

→ 爲善而不獲福猶多, 爲惡而不得禍猶少 『中論·本篇』
선을 행(爲善)해서 복을 얻지 못하는 것(不獲福)은 매우 많지만, 악을 행(爲惡)해서 '화를 얻지 않는 것(不得禍)'은 매우 적다.

爲之猶賢乎已! (그것을 하는 것이 매우 좋다!)

(감탄어기사) 문미에 쓰여 문장 의미와 어울려 감탄 어기를 나타낸다.

→ 以有涯隨無涯, 殆已! 『莊子·養生主』
한계가 있는 것으로(以有涯<애,yá>) 한계가 없는 것을 쫓(隨無涯)는 것은 위태롭다!

→ 士之處此世而望名譽之光, 道德之行, 難已! (唐·韓愈『原毀』)
지식인이(士之) 이 시대에 있을 때(處此世, 而) '명성과 영예의 영광을 바라(望名譽之光)'면 도덕이 행해지는 건 어렵다!

17-23. 子路曰: "君子尙勇乎?" 子曰: "君子義以爲上. 君子有勇而無義爲亂, 小人有勇而無義爲盜."

子路曰:	"君子	尙	勇	乎?"	子曰:
자로가 말하다 [자로:(2-17)]	(명)군자(君子) (11-1)	(동)숭상하다. 중시하다. 존중하다(14-5)	(명)용기	(어기)의문(2-7)	공자가 말하다
자로(子路)가 말했다.	"군자는 용기를 숭상합니까?"				공자가 말했다.
"君子	**義**	**以**	**爲**	**上.**	**君子**
(명)군자(君子) (11-1)	(명)의(義)	(전)동작직접대상. '~를'(5-1)	(동)받아들이다. 강구하다(15-40)	(명)최상의 것 (6-21)	(명)군자(君子) (11-1)
"군자는 의(義)를 최상의 것으로 받아들인다. / 군자는 의(義)로 최상의 것을 모색한다. [동작행위의 직접대상을 이끌 때에는 보통 '以+목적어' 형태로 동사 앞, 또는 뒤에 출현한다. 하지만 여기서는 '목적어(義) 뒤'에 출현하는데 흔하지 않은 경우 같다. 이 문장의 以를 '행위,도구'의 전치사로 볼 수도 있다. 그러면 오히려 더 고대중국어 통사에 적합하다고 볼 수 있고 이 문장은 '군자는 義로 최상의 것을 모색한다'가 된다]					군자가
有勇	**而**	**無義**	**爲**	**亂,**	**小人**
용기가 있다	(접)전환. '그러나'(1-1)	義가 없다	(동)만들다(6-29)	(명)재난(災難)과 변란(變亂:	(명)소인
용기가 있지만 의(義)가 없으면 재난과 변란을 반들(고) [조건긴축복문(11 14)]					소인이
有勇而無義	**爲**	**盜."**			
용기가 있지만 義가 없다	(동)되다, 변하다(3-8)	(명)도둑(12-18)			
용기가 있지만 의(義)가 없으면 도둑이 된다." [조건긴축복문(11-14)]					

번역 자로(子路)가 말했다. "군자는 용기를 숭상합니까?" 공자가 말했다. "'군자는 義를 최상의 것으로 받아들인다 or 군자는 義로 최상의 것을 모색한다.' 군자가 용기가 있지만 義가 없으면 재난과 변란을 만들고, 소인이 용기가 있지만 義가 없으면 도둑이 된다."

語法과 語彙

君子尙勇乎? (군자는 용기를 숭상하는가?)

(명사) 용기. (勇氣)

- 争先鼓勇 (宋·周密『觀潮』)
  앞다투(争先)어 용기를 북돋다(鼓勇).

君子有勇而無義爲亂 (군자가 용기가 있지만 義가 없으면 재난과 변란을 만든다)

(명사) 재난(災難:뜻밖에 일어난 재앙과 고난)과 변란(變亂:사변이 일어나 세상이 어지러움. 또는 그런 소란). (禍亂)

17-24. 子貢曰: "君子亦有惡乎?" 子曰: "有惡. 惡稱人之惡者, 惡居下流而訕上者, 惡勇而無禮者, 惡果敢而窒者." 曰: "賜也亦有惡乎?" "惡徼以爲知者, 惡不孫以爲勇者, 惡訐以爲直者."

子貢曰:	"君子	亦	有	惡	乎?"
자공이 말하다 [=사(賜)(1-10)]	(명)군자(君子)(11-1)	(부사)역시, 또한(3-22)	(동)있다	싫어하다(4-3) [오,wù][명사화]	(어기)의문(2-7)
자공이 말했다.	"군자 또한 싫어하는 것이 있습니까?" ['有惡'에서 '惡'는 '有'의 목적어로 명사 역할을 하는데 이때 명사의 의미는 '증오, 싫어함'이 아니라 '싫어하는 것'으로 본다]				
子曰:	**"有惡.**	**惡**	**稱**	**人**	**之**
공자가 말하다	싫어하는 것이 있다	(동)싫어하다, 증오하다(4-3)[wù]	(동)말하다. 공언하다	(명)타인, 다른사람(7-30)	(조사)수식,종속관계.'~의'(3-2)
공자가 말했다.	"싫어하는 것이 있다.	(말하는 것을 싫어한다… 타인의			
惡		**者,**	**惡**		**居**
(형)좋지 않다. 나쁘다(4-9)[악,è]		(조사)~한 사람, ~한 것(1-2)	(동)싫어하다,증오하다(4-3)[wù]		(동)살다, 거주하다(5-18)
나쁜 점을) → 타인의 나쁜 점을 말하는 것을 싫어하(고)			(싫어한다…		
下流				**而**	**訕**
1.(형)미천하다.하찮다 2.(명)지위가 하찮은 사람 [居 때문에 下流를 장소로 봐야 하고 (하류에서 살다), '居下流'가 관용적 표현이 된다고 본다(하찮게 살다. 하찮은 사람으로 살다)]				(접)전환. '그러나'(1-1)	(동)비방하다. 헐뜯다
하찮게 '살면서(⇦살지만)' 윗사람을 비방하는 것) → 하찮게 살면서 윗사람을 비방하는 것을 싫어하(고)					
上	**者,**	**惡**	**勇**	**而**	**無禮**
(명)손윗사람, 윗사람(13-4)	(조사)~한 사람, ~한 것(1-2)	(동)싫어하다, 증오하다(4-3)[wù]	(형)용감하다. 과감하다(14-12)	(접)전환. '그러나'(1-1)	禮가 없다
		용감하지만 禮가 없는 것을 싫어하(고)			
者,	**惡**	**果敢**	**而**	**窒**	**者."**
(조사)~한 사람, ~한 것(1-2)	(동)싫어하다, 증오하다(4-3)[wù]	(형)결단력이 있고 용감하다	(접)전환. '그러나'(1-1)	(동)막히다.막다. 통하지 않다	(조사)~한 사람, ~한 것(1-2)
	결단력이 있고 용감하지만 막힌 사람을 싫어한다."				
(子)曰:	**"賜**	**也**	**亦**	**有**	**惡**
(공자가) 말하다	사[=자공(1-10)]	(어기)주어+也.'멈춤,완만,제시'(1-2)	(부사)역시, 또한(3-22)	(동)있다	싫어하는 것[싫어하다(4-3)[wù]
공자가 말했다. "'사(賜)도 [⇦사(賜=자공)는 역시]' 싫어하는 것이 있느냐?"					
乎?"	**(子貢曰:)"惡**	**徼**	**以(之)**	**爲**	**知**
(어기)의문(2-7)	(동)싫어하다, 증오하다(4-3)[wù]	(동)표절하다. 훔치다	(전)以뒤 재지시之 생략(7-16)	(동)~하고 여기다. ~라고 생각하다	(명)지식,견해,안다는 것(2-17)
	(자공이 말했다) "표절을 하고 표절한 것을 지식이라고 여기는 것을 싫어하(고)				
者,	**惡**	**不孫**	**以(之)爲勇者,**		**惡**
(조사)~한 사람, ~한 것(1-2)	(동)싫어하다, 증오하다(4-3)[wù]	(형)교만하다. 공경스럽지못하다(7-35)	그것(=교만한 것)을 용감하다고 여기는 것		(동)싫어하다, 증오하다(4-3)[wù]
	교만한데 교만한 것을 용감하다고 여기는 것을 싫어하(고)				

訐	以(之)爲直者.”
(동)타인의 결점/단점을 공격하고 들추어내다	그것(=타인의 결점·단점을 공격하고 들추어내는 것)을 (형)정직하다, 곧다(2-19)
타인의 결점·단점을 공격하고 들추어내고 그것을 정직하다고 여기는 것을 싫어합니다.”	

번역 자공(子貢)이 말했다. “군자 또한 싫어하는 것이 있습니까?” 공자가 말했다. “싫어하는 것이 있다. 타인의 나쁜 점을 말하는 것을 싫어하고, 하찮게 살면서 윗사람을 비방하는 것을 싫어하고, 용감하지만 禮가 없는 것을 싫어하고, 결단력이 있고 용감하지만 막힌 사람을 싫어한다.” 공자가 말했다. “사(賜=자공)도 싫어하는 것이 있느냐?” (자공이 말했다.) “표절을 하고 표절한 것을 지식이라고 여기는 것을 싫어하고, 교만한데 그것을 용감하다고 여기는 것을 싫어하고, 타인의 결점을 공격하고 들추어내고 그것을 정직하다고 여기는 것을 싫어합니다.”

語法과 語彙

惡稱人之惡者 (타인의 나쁜 점을 말하는 것을 싫어하다)

(동사) 말하다. 진술하다. 공언하다(公言:여러 사람 앞에 명백하게 공개하여 말하다). (述說 聲言)

惡居下流而訕上者 (하찮게 살면서 윗사람을 비방하는 것을 싫어하다)

(형용사) 미천하다. 하찮다. (微賤)

→ 爵服下流 『管子·立政』
작위에 상응하는 복식(爵服:爵位及其相應服飾)이 하찮다.

(명사) 지위가 미천한 사람. (指地位微賤的人)

惡居下流而訕上者 (하찮게 살면서 윗사람을 비방하는 것을 싫어하다)

(동사) 비방하다. 헐뜯다. (詆毁) [산, shàn]

→ 與其妾訕其良人而相泣於中庭 『孟子·離婁下』
그의 첩과 함께(與其妾) 그들의 남편을 비방하(訕其良人)면서 서로 ‘마당 가운데에서 울다(泣於中庭).’

惡果敢而窒者 (결단력이 있고 용감하지만 막힌 사람을 싫어하다)

(형용사) 결단력이 있고 용감하다. (果决勇敢)

惡果敢而窒者 (결단력이 있고 용감하지만 막힌 사람을 싫어하다)

(동사) 막다. 막히다. 통하지 않다. (阻塞, 不通) [질, zhì]

惡徼以爲知者 (표절을 하고 표절한 것을 지식이라고 여기는 것을 싫어하다)

(동사) 표절하다. 도작(盜作)하다. 훔치다. (竊取；抄襲) [요, jiāo]

→ 徼, 抄也. 抄人之意以爲己有 -何晏集解引孔安國曰-
요(徼)는 베끼는 것이다. 다른 사람의 생각을 베껴서(抄人之意) 그것을 자기에게 있는 것으로 만든다(以爲己有).
-하안(何晏:?-249)이 집해할 때 공안국을 인용하여 말하다-

惡徼以爲知者 (표절을 하고 표절한 것을 지식이라고 여기는 것을 싫어하다)

(동사) ~하고 여기다. ~라고 생각하다. (以爲, 認爲)

→ 竊爲大王不取也 『史記·項羽本紀』
개인적으로(竊) 대왕이(大王) 가질 수 없다(不取)고 여긴다.

→ 無不惊爲生人者 (清·薛福成『觀巴黎油畫記』)
놀라지 않고(不惊) 산 사람(生人)이라고 여긴 사람(爲…者)이 없다.

惡訐以爲直者 (타인의 결점을 공격하고 들추어내고 그것을 정직하다고 여기는 것을 싫어)

(동사) 타인의 결점·단점을 공격하고 들추어내다. (攻擊或揭發別人的短處) [알, jié]

→ 周官之人, 知而訐之上者, 自免於罪, 無貴賤 『商君書·賞刑』
주의 관직을 맡은 사람(周官之人)은 안 다음(知而) '그것을 윗사람에게 폭로하(訐之上者)'여 스스로(自) 죄를 면하(免於罪)는데 귀함과 천함이 없다.

17-25. 子曰: "唯女子與小人爲難養也. 近之則不孫, 遠之則怨."

子曰:	"唯	女子	與	小人	爲
공자가 말하다	(부사)오직~만(=惟) (2-6)	(명)여자	(접)병렬. '~와'(4-5)	(명)소인	(판단동사) ~이다(1-2)
공자가 말했다. "오직 여자와 소인만					
難	**養**	**也.**	**近**	**之**	
(형)어렵다, 곤란하다(6-22)	(동)이끌어주다	(어기)판단(동사,형용사술어끝)(11-15)	(동)가깝게 지내다. 총애하다	그들:여자와 소인 [(대)재지시.'그것,그사람,그곳'(2-1)]	
이끌어주기 어렵다.			그들을 가까이 하면		
則	**不孫,**	**遠**	**之**	**則**	**怨."**
(접)조건+則+결과 (1-6)	(형)교만하다. 공경스럽지못하다 (7-35)	(동)소원하게 되다. 멀리 떨어지다	그들:여자와 소인 [재지시(2-1)]	(접)조건+則+결과 (1-6)	(동)원망하다. 불평하다(17-9)
교만해지(고) [조건긴축복문(11-14)]	그들을 멀리하면(=그들과 소원하게 지내면) 원망한다." [조건긴축복문(11-14)]				

번역 공자가 말했다. "오직 여자와 소인만 이끌어주기 어렵다. 그들을 가까이 하면 교만해지고, 그들을 멀리하면(=그들과 소원하게 지내면) 원망한다."

語法과 語彙

唯女子與小人爲難養也 (오직 여자와 소인만 이끌어주기 어렵다)

(동사) 교육하다. 가르치다. 잘 가르치고 베풀어 좋은 쪽으로 나아가게 하다. 이끌어주다. (教育, 熏陶)

→ 中也養不中, 才也養不才, 故人樂有賢父兄也 『孟子·離婁下』
바른 사람이(中也) 바르지 못한 사람(不中)을 이끌어주고 '재주 있는 사람이(才也)' '재주 없는 사람(不才)'을 이끌어주기 '때문에 그래서(故)' 사람들은 '현명한 아버지와 형이 있는(有賢父兄)' 것을 좋아한다.
(동사) 재배하다. 가꾸다. (인재 등을) 양성하다. (培植)

近之則不孫 (그들을 가까이 하면 교만해진다)

(동사) 가깝게 지내다. 총애하다. (親近, 寵幸)

→ 襄子必近幸子 『戰國策·越策一』
양자(襄子)는 분명히(必) 너(子)를 총애한다(近幸:寵愛).

遠之則怨 (그들을 멀리하면(=그들과 소원하게 지내면) 원망한다)

(형용사) 소원하게 되다. 멀리 떨어지다. (疏遠, 遠離)

→ 親賢臣, 遠小人 (三國蜀·諸葛亮『前出師表』)
현명한 신하(賢臣)를 가까이 하(親)고 소인을 멀리하다.

참고

공자의 말일 수 없다. 공자의 시대에 여자에 대한 편견이 없었다고는 말할 수 없지만 이런 사소한 문제를 구태여 어록자료로 남길 필요는 없었을 것이다. 후대의 번쇄한 윤리체계나 경직화된 학단의 권위주의적 hierarchy(사회나 조직 내의 계급/계층)에서 발생한 파편임에 틀림없다. 「자한」 편의 마지막을 보면 "진실로 사랑한다 한번 말해보지도 아니하고 어찌 멀리 있다고만 하는가?(未之思也, 夫何遠之有)"라는 구절이 있는가 하면, 호색(好色)하듯이 호덕(好德)하는 자를 보지 못했다고 계속 탄식하는 공자의 모습에는 인간의 연애감정이나 여성이라는 존재에 대한 편견 없는 이해가 들어있다. 여성을 사랑하듯이 내가 원하기만 하면 仁은 당장이라도 달려온다(我欲仁, 斯仁至矣)고 말하는 공자가 여기 이러한 규범화된 이야기를 했을 리 만무하다.

그러나 이 장이 '논어'에 편집된 이상 계속 회자되지 않을 수 없는 자료이고 보면 그 많은 '논어'의 파편 중에서 현대사회에 적용될 수 없는 드문 사례에 속한다. 과거 사회에 있어서 여성에 대한 편견을 나타내는 하나의 사례로서 꼽히지 않을 수 없다. 그러나 이것이 여성에 한정되었다는 것 外로 '가깝게 해주면 기어오르고 멀리하면 원망한다'는 이야기는 인간관계에서 일반적으로 논의될 수 있는 감정의 미묘한 사태에 속하는 것이다. 이것은 우리가 체험하는 보편적 현상이며 그러한 인간 유형을 잘 다루는 것은 삶의 지혜에 속하는 일이다. 여자에게 한정하여 말하였다는 것이 잘못되었을 뿐 그 외로는 단순한 인간의 감정의 미묘한 문제를 다루었을 뿐이다.

이에 반하여 '신약성서'에는 너무나 노골적으로 여자를 비하시키는 발언이 많다. 그것이 이 장에 말하는 것과 같이 감정의 미묘한 차원에서 그치는 것이 아니라, 남자에 비해 근원적으로 인간의 영역에 속하기 어려운 별종인 것처럼 본질적으로 여성을 비하시키고 있다.

남자는 하나님의 형상과 영광이니 그 머리에 마땅히 쓰지 않거니와 여자는 남자의 영광이니라. 남자가 여자에게서 난 것이 아니요 여자가 남자에게서 났으며, 또 남자가 여자를 위하여 지음(making; creating)을 받지 아니 하고 여자가 남자를 위하여 지음을 받은 것이니, 이러므로 여자는 천사들이 위에서 지켜보고 있으니 남편의 권위를 인정하는 표시로서 면사포로 머리를 가릴지니라(고전 11:7~10).

과거의 여성에 대한 편견은 동서를 가릴 필요가 없겠으나 중동사막문명권에서의 여성에 대한 잔혹함은 이루 형언하기 어려운 사례들이 많다. 따라서 이러한 '논어'의 파편 때문에 여성에 대한 편견이 유독 동방의 전유물인 것처럼 왜곡하는 사태는 없으면 한다. 사실 오늘날 페미니즘이 주장하는 문제의 대부분은 본질적으로 서양전통의 문제이며, 그것을 동방전통에 덮어씌워 말하는 오류는 범하지 말아야 한다. 그러나 여성의 지위의 향상을 위하여 지적되어야 할 문제는 동서고금을 가리지 말아야 한다.

기독교나 유교전통에 비한다면 '도가사상'에는 여성에 대한 편견이 전혀 비치지 않는다. 여성성(femininity)에 대한 우주론적 예찬이 그 철학의 골간을 이루고 있으며 여성을 비하하는 말은 그림자도 비치지 않는다. 그런 의미에서 노자(Lao Zi)야말로 인류 최초의 페미니스트(Feminist) 사상가라고 일컬을만하다. (김용옥, 2008)

17-26. 子曰: "年四十而見惡焉, 其終也已!"

子曰:	"年	四十	而	見	惡
공자가 말하다	(명)나이	(수사)사십. 마흔.40	(접)전환. '그러나'(1-1)	피동표지 (아래 참조)(4-26)	(동)싫어하다, 증오하다(4-3) [오,wù]
공자가 말했다. "나이가 40인데 미움을 받는다(면) [조건가정절(1-1)]					
焉,	其	終	也已!"		
(어기)문중.진술강화 문장이끎(8-13)	그는[(대)그가,그것은.'주어'](2-22)	(동)끝나다. 마치다. 종료하다. 정지하다	(어기)긍정,감탄 (1-14)		
	그는 끝난 것이다!"				

번역 공자가 말했다. "나이가 사십인데 미움을 받는다면 그는 끝난 것이다!"

語法과 語彙

年四十而見惡焉 (나이가 사십인데 미움을 받는다)

(명사) 나이. (年齡)

→ 北山愚公者, 年且九十, 面山而居 『列子·湯問』
북산(北山)의 우공(愚公)이란 사람은 나이가 곧(且:將要) 90세가 되고 '산을 마주보고(面山而)' 산다.

年四十而見惡焉 (나이가 사십인데 미움을 받는다)

피동관계가 언어형식의 표지에 의거해서 나타나는데 이러한 언어형식의 표지는 주로 6가지 종류가 있다(4-26참조). 여기서는 본문에 해당되는 '見'과 '爲'를 피동표지로 갖는 예문을 적었다.

→ 盆成括仕於齊, 孟子曰: "死矣盆成括!" 盆成括見殺 『孟子·盡心下』
분성괄(盆成括)이 제나라에서 관리를 할 때 맹자가 말했다. "죽을 것이다, 분성괄(盆成括)은!" 분성괄(盆成括)은 살해당했다.

→ 衆人皆醉我獨醒, 是以見放 『史記·屈原賈生列傳』
많은 사람(衆人)이 모두 취했(皆醉)는데 나 혼자 깨어있어 '이 때문에(是以)' 쫓겨나다(見放).

→ 不聽諫言, 身死, 妻子爲戮 『國語·越語』
말을 듣지 않아 몸은 자신은 죽고 아내와 자식은 '죽임을 당하다(爲戮<위륙,wéilù>)'.

其終也已! (그는 끝난 것이다!)

(동사) 끝나다. 마치다. 종결하다. 종료하다. 정지하다. (結束, 終止)

→ 學惡乎始, 惡乎終? 『荀子·勸學』
배움(學)은 어디서(惡乎:何所) 시작하고 어디서 끝나는가?

제 18 편

미자

18-1. 微子去之, 箕子爲之奴, 比幹諫而死. 孔子曰: "殷有三仁焉!"

微子	去	之,	箕子	爲	之
(인명)미자. 주(紂)의 형	(동)떠나다(10-6)	그=주(紂) [(대)재지시(2-1)]	(인명)기자. 주(紂)의 숙부	(전)원인,이유.'~때문에'(3-16)[위,wèi]	그=주(紂) [(대)재지시(2-1)]
미자(微子)는 그(=주<紂>)를 떠났(고) [之를 주(紂)의 재지시로 보았다. 보통 재지시 대상은 한 문단 안에서 앞에 등장함]			기자(箕子)는 주(紂)때문에		
奴,	**比幹**	**諫(於紂)**	**而**	**死.**	**孔子曰:**
(명)노비 [명사→동사]	(인명)비간. 주(紂)의 숙부	(동)솔직하게 충고하다/권고하다	(접)동작의 선후. '~다음'(6-15)	(동)사형시키다. 사형당하다(14-17)	공자가 말하다
노비가 되었(고)	비간(比幹)은 (주<紂>에게) 솔직하게 충고하고 사형 당했다.				공자가 말했다.
"殷	**有**	**三**	**仁**	**焉!"**	
은(殷)나라	(동)있다	(수사)셋;three	(명)仁德을 갖춘 사람	(어기)감탄(8-18)	
"은(殷)나라에는 세 명의 인덕(仁德)을 갖춘 사람이 있었다!" [수사(三) + (단위명사생략) + 명사(仁)]					

번역 미자(微子)는 주(紂)를 떠났고, 기자(箕子)는 주(紂)때문에 노비가 되었고, 비간(比幹) 주(紂)에게 솔직하게 충고하여 사형을 당했다. 공자가 말했다. "은나라에는 세 명의 인덕(仁德)을 갖춘 사람이 있었다!"

語法과 語彙

微子去之, 箕子爲之奴, 比幹諫而死 (미자(微子)는 주(紂)를 떠나고, 기자(箕子)는 주(紂)때문에 노비가 되고, 비간(比幹) 주(紂)에게 솔직하게 충고하여 사형을 당하다)

(인명) 미자(微子)는 은나라 최후의 왕인 주(紂)의 형이고 나중에 송(宋)나라에 분봉되었다. 기자(箕子)는 주(紂)의 숙부(叔父)이며 나중에 『서경』의 「홍범」을 전수한 후 조선(朝鮮)에 분봉되었다. 비간(比幹) 역시 주(紂)의 숙부(叔父)이다. 이들에 관해서는 『상서』와 『사기』에 잘 나와 있다. 당시 『사기』는 없었으니 이 장은 『상서』의 지식에 기초했을 것이다. 모두 주(紂)의 폭정에 항거한 현명한 신하들인데 그들의 항거 방식이 달랐다는 점이 중요하다. 한 명은 아예 떠나버리고, 한 명은 대원군처럼 미친 척 노예가 되어 위장했고, 한 명은 목숨을 걸었다. 이 세 명의 공통점은 仁하다는 것이다. 仁한 자가 난세를 대처하는 방식이 다양하다는 것을 암시한다. 다양성에 대한 존중은 『논어』 전체의 기조(基調)이다. (김용옥, 2008)

箕子爲之奴 (기자(箕子)는 주(紂)때문에 노비가 되다)

— [견해]

'기자는 종이 되었다(김용옥, 김학주, 毛子水)', '기자는 그의 노예가 되었다(류종목, 楊伯峻)', '기자는 주왕의 노예가 되었다(陳曉芬)'로 주석을 하였다. 즉 모든 학자가 '위爲'를 '~되다(to become)'의 의미로 보았다. '지之'가 3인칭대명사로 쓰일 때 '소유격(his)'으로 쓰이지는 않는 것 같다. '그의 노예가 되었다'로 표현했더라면 '爲其奴'로 썼을 것이다. 여기서는 爲를 '이유, 원인'을 나타내는 전치사로 보았다.

箕子爲之<u>奴</u> (기자(箕子)는 주(紂)때문에 노비가 되다)

(명사) 노예; 계급 사회 안에서 억압, 착취, 노역을 받았던 신체상에 자유가 없었던 사람. (階級社會中受壓迫、剥削、役使的没有人身自由的人) [노, nú]

比幹<u>諫</u>而死 (비간(比幹) 주(紂)에게 솔직하게 충고하여 사형을 당하다)

(동사) 숨기지 않고 솔직하게 '충고하다/권고하다/타이르다'. (直言規勸) [간, jiàn]

→ 事父母幾諫 『論語·里仁』
부모를 섬길(事父母) 때 완곡하게(or 은미하게, 幾) 잘못을 고치도록 말하다.

殷有三<u>仁</u>焉 (은나라에는 세 명의 인덕(仁德)을 갖춘 사람이 있다!)

(명사) 옛날 인덕(仁德)을 갖춘 사람; 인자(仁者). (舊指具有仁德的人)

18-2. 柳下惠爲士師, 三黜. 人曰: "子未可以去乎?" 曰: "直道而事人, 焉往而不三黜? 枉道而事人, 何必去父母之邦?"

柳下惠	爲	士師,	三	黜.	人
(인명)유하혜 (15-14)	(동)맡다,역임하다 (2-10)	(관리명) 사사(士師)	(수사)셋;three	(동)파면하다. 파면되다	(명)어떤 사람
유하혜(柳下惠)는 금지명령, 형벌과 감옥을 관장하던 '사사(士師)'를 역임(했을 때) [시간절]			세 번 파면되었다.		어떤 사람이
曰:	**"子**	**未**	**可以**	**去**	**乎?"**
말하다	(대)공경표현의 남자.선생님(11-24)	(부)아직~않다 (3-25)	(조동사)~할 수 있다(2-10)	(동)떠나다(10-6)	(어기)의문(2-7)
말했다.	"선생님은 아직까지 떠날 수 없었습니까?"				
(柳下惠)曰:	**"直**	**道**	**而**	**事人,**	**焉**
(유하혜가) 말하다	(형)곧다(2-19)] [형→사동]	(명)도(道)	(접)A而(부사어)+서술어(1-4)	(동)사람을 모시다	(의문부사)반문. '왜.어디에'(5-5)
(유하혜가) 말했다.	"道를 곧게 하여 사람을 모(신다면) [조건가정절]				어디를
往	**而**	**(焉)…不三黜?**		**枉道**	**而**
(동)가다. ~로 가다(17-1)	(접)동작,상태+而+구체적'특징/동작'	세 번 파면되지 않(겠는가?) ['부정부사(不)+수사(三)+동사(黜)'구조]		(동)정도(正道)를 위배하다	(접)A而(부사어)+서술어(1-4)
가서 세 번 파면되지 않겠는가?				정도(正道)를 위배해서	
事人,		**何必**		**去**	**父母之邦?"**
(동)사람을 모시다		(관용)반문.'왜 꼭 인가?'(11-14)		(동)떠나다(10-6)	부모의 나라
사람을 모(신다면)[조건가정절]		왜 꼭 부모의 나라를 떠나야 하겠는가?"			

번역 유하혜(柳下惠)는 금지명령, 형벌과 감옥을 관장하던 '사사(士師)'를 역임했을 때 세 번 파면되었다. 어떤 사람이 말했다. "선생님은 아직까지 떠날 수 없었습니까?" 유하혜가 말했다. "道를 곧게 하여 사람을 모신다면 어디를 가서 세 번 파면되지 않겠는가? 정도(正道)를 위배해서 사람을 모신다면 왜 꼭 부모의 나라를 떠나야 하겠는가?"

語法과 語彙

柳下惠爲士師 (유하혜(柳下惠)가 '사사(士師)'를 역임하다)

(명사) 사사(士史)와 같다. 고대 금지 명령, 형벌과 감옥을 관장하던 관리의 이름. (亦作「士史」. 古代執掌禁令刑獄的官名)

→ 季羔為衛之士師, 刖人之足 『孔子家語·致思』
계고(季羔<jìgāo>)가 위(衛)나라의 '사사를 맡았(爲…士師)'을 때 사람의 발(人之足)을 자르는 형벌을 내리다(刖<월,yuè>).

柳下惠爲士師, 三黜 (유하혜(柳下惠)가 사사(士師)'를 역임했을 때 세 번 파면되다)

(동사) 파면하다. (罷退, 罷免) [출, chù]

→ 有罪得以黜, 有能得以賞 (唐·柳宗元『封建論』)

죄가 있(有罪)으면 '파면될 수 있(得以黜)'고 능력이 있으면 상 받을 수 있다.

人曰: "子未可以去乎?" (어떤 사람이 말했다. "선생님은 아직까지 떠날 수 없었습니까?")

(명사) 어떤 사람. 어떤 종류의 사람 또는 어떤 사람들. (指某人、某種人或某些人)

直道而事人 (道를 곧게 하여 사람을 모시다)

(동사) 사람을 섬기다. 사람을 모시다. (事奉人 ; 服侍人)

→ 未能事人, 焉能事鬼? 『論語·先進』
사람을 섬길 수 없는데 어떻게 귀신을 섬길 수 있겠는가?

焉往而不三黜? (어디를 가서 세 번 파면되지 않겠는가?)

(접속사) 而 앞부분은 동사, 형용사가 되어 어떤 동작행위, 상태를 나타내고, 뒷부분은 앞부분에 대한 구체적 특징(or 구체적 동작)의 설명을 보여 준다. (就. 而又)

→ 老而無妻曰鰥, 老而無夫曰寡, 老而無子曰獨, 幼而無父曰孤 『孟子·梁惠王上』
늙어[상태] 아내가 없는[구체적 특징 설명] 것을 '환(鰥<guān>)'라 하고, 늙어 남편이 없는 것을 '과(寡)'라 하고, 늙어 자식이 없는 것을 '독(獨)'이라 하고, 어려서 아비가 없는 것을 '고(孤)'라 한다.

→ 鍥而舍之, 朽木不折; 鍥而不舍, 金石可鏤 『荀子·勸學』
새기[동작행위]다가(鍥<계,qiè>) 멈추면(舍之)[구체적 특징;구체적 동작] 썩은 나무(朽木)라도 자르지 못하고, 새기다가(鍥而) 멈추지 않(不舍)으면 금속, 돌(金石)이라도 새길 수(可鏤<루,lòu>) 있다.

枉道而事人 (정도(正道)를 위배해서 사람을 모시다)

(동사) 정도(正道)를 위배하다. (違背正道) [왕도, wǎngdào]
(명사) 정도(正道) 위배. 옳지 않은 도.

→ 柳下惠不枉道以事人, 故三黜而不去 (漢·應劭『風俗通·十反·安定太守汝南胡伊』)
유하혜(柳下惠)가 옳지 않은 道로(枉道以) 사람을 섬기지 않았(不…事人)기 때문에 그래서(故) 세 번 파면되었(三黜)지만 그만두지 않았다(不去).

枉道而事人, 何必去父母之邦? (정도(正道)를 위배해서 사람을 모신다면 왜 꼭 부모의 나라를 떠나야하겠는가?)

— [견해]

이 문구에 대한 해석은 대체로 상기한 번역에서 벗어나지 않는다. '도를 굽혀서 남을 섬길 양이면 어찌 부모의 나라를 떠날 필요가 있겠소?(류종목)', '삐뚤어진 도리로 남을 섬긴다면야, 어찌 반드시 부모의 나라를 떠나야 하게 되겠소?(김학주)', '도를 구부리어 사람에게 아첨하고 살 것이라면 어찌 굳이 부모의 나라를 떠날 필요가 있겠는가?(김용옥)' 등이다. 그리고 이 문구에 대해 첨언한 설명은 없는데 사실 언뜻 보면 이해가 금방 되지 않는다. 이 말은 우선 뒤의 '何必去父母之邦?'가 '왜 꼭 부모의 나라를 떠나야하겠는가?'임으로 '부모의 나라를 떠나지 않겠다'라는 의미이다. 그리고 앞의 문장 '枉道而事人'은 '정도를 위배해서 사람을 모신다'로 '사람을 잘못 모신다'의 의미이다. 그러므로 전체 문장은 '사람을 잘못 모실 거라면 나라를 떠나지 않겠다'라는 의미이고 환언하면 '부모의 나라이자 나의 조국이 나라에서 잘 모시겠다'라는 의미를 갖는다고 본다.

18-3. 齊景公待孔子曰: “若季氏, 則吾不能, 以季孟之間待之.” 曰: “吾老矣, 不能用也.” 孔子行.

<table>
<tr><th>齊景公</th><th>待</th><th>孔子</th><th>曰:</th><th>“若</th><th>季氏,</th></tr>
<tr><td>제(齊)나라 경공(景公)</td><td>(동)접대하다. 대우하다</td><td>공자</td><td>말하다</td><td>(접)가정+결과. ‘만약’(14-12)</td><td>(인명)계씨. 계손씨 내 인물(3-1)</td></tr>
<tr><td colspan="4">제(齊)나라 경공(景公)이 공자를 접대하며 말했다 / 제(齊)나라 경공(景公)이 공자를 접대했을 때 말했다. [동시 동작인 경우에는 병렬사용(子張對曰, 자장이 대구하여 말하다)이 빈번하다. 이 문장은 ‘시간긴축복문(11-14)로 본다]</td><td colspan="2">“만약 계손씨라면 [조건가정절(1-1)]</td></tr>
<tr><th>則</th><th>吾</th><th>不能,</th><th>以</th><th>季孟</th><th>之</th></tr>
<tr><td>(접)조건+則+결과(1-6)</td><td>(대)나,우리‘주어,한정어…’(13-18)</td><td>(동)할 수 없다(8-5)</td><td>(전)행위도구. ‘~로’(2-1)</td><td>(인명) 계손씨와 맹손씨</td><td>(조사)수식,종속관계.‘~의’(3-2)</td></tr>
<tr><td colspan="3">나는 할 수 없(없기 때문에/없으니…)
(→ 계손씨 급으로 대우해줄 수 없다는 말) [원인절]</td><td colspan="3">계손씨와 맹손씨의 중간으로</td></tr>
<tr><th>間</th><th>待</th><th colspan="2">之.”</th><th>(齊景公)曰:</th><th>“吾</th></tr>
<tr><td>(명)사이.중간. 가운데</td><td>(동)접대하다. 대우하다</td><td colspan="2">당신. 그대. you.
[(대)123인칭,사람.사물.장소(3-24)]</td><td>(제나라 경공이) 말하다</td><td>(대)나,우리. ‘주어…’(13-18)</td></tr>
<tr><td colspan="4">그대(=공자)를 대우하겠소.”</td><td colspan="2">(제나라 경공이) 말했다. “나는</td></tr>
<tr><th>老</th><th>矣,</th><th>不能</th><th>用</th><th>也.”</th><th>孔子行.</th></tr>
<tr><td>(명)노년. 만년(7-18)</td><td>(어기)‘이미 그렇다’(3-24)</td><td>(동)할 수 없다(8-5)</td><td>(동)임용하다. 파견하다(7-10)</td><td>(어기)판단(동사,형용사술어끝)(11-15)</td><td>공자가 떠나다</td></tr>
<tr><td colspan="2">이미 노년(이기 때문에) [원인이유절]</td><td colspan="3">임용할 수가 없겠소.”</td><td>공자가 떠났다.</td></tr>
</table>

번역 제(齊)나라 경공(景公)이 공자를 접대했을 때 말했다. “만약 계손씨라면 나는 할 수 없기 때문에 계손씨와 맹손씨의 중간으로 그대를 대우하겠소.” (나중에) 경공이 말했다. “나는 이미 노년이기 때문에 임용할 수가 없겠소.” 공자가 떠났다.

語法과 語彙

齊景公待孔子曰 (제(齊)나라 경공(景公)이 공자를 접대할 때 말하다)

(인명) 제(齊)나라의 경공(景公)은 BC547부터 BC490년까지 무려 58년간 재위한 인물이다. 그 아버지 영공(靈公)이 노나라로부터 부인을 취한 것이 BC575년, 제(齊) 경공(景公)을 낳은 것이 BC574년 혹은 BC573년이다. 즉위 당시는 27세였다. 「세가」의 기록대로라면 공자가 노나라의 소공(昭公)과 함께 제나라에 간 것은 BC517년이고, 그가 노나라로 돌아온 것은 BC515년으로 추정된다. 이 설을 따르면 공자가 경공을 만났을 때 경공의 나이는 59세 아니면 60세 정도 되었을 것이다. (김용옥, 2008)

齊景公待孔子曰 (제(齊)나라 경공(景公)이 공자를 접대할 때 말하다)

(동사) 접대하다. 대우하다. 환대하다. (對待 招待)

→ 待以忠愛, 而民可使親 『管子·五輔』

'충실/충성'과 인애(仁愛)로(以忠愛) 대우하면 백성은 '가까이 할 수 있다(可使親)'.

以季孟之間待之 (계손씨와 맹손씨의 중간으로 그대를 대우하다)

(명사) 사이. 중간. 가운데. (間)

→ 君子無終食之間違仁 『論語·里仁』
군자(君子)는 밥 먹기를 끝내는 사이(終食之間)에도 인을 어기지 않는다(無…違仁)

孔子行 (공자가 떠나다)

(동사) 가버리다. 떠나다. (去, 離開)

→ 李白乘舟將欲行 (唐·李白『贈汪倫』)
이백이 '배를 타(乘舟)'고 떠나(行)'려 하다(將欲:將要；打算)'.

18-4. 齊人歸女樂, 季桓子受之, 三日不朝, 孔子行.

<table>
<tr><th>齊人</th><th>歸</th><th>女樂,</th><th colspan="2">季桓子</th><th>受</th></tr>
<tr><td>제(齊)나라 사람</td><td>(동)주다.
증정하다(17-1)</td><td>(명)가무 기생</td><td colspan="2">(인명)계환자.계강자(2-20)의 아버지</td><td>(동)받다</td></tr>
<tr><td colspan="3">제(齊)나라 사람이 가무 기생을 선물로 주었(을 때) [시간절(1-1)]</td><td colspan="3">계환자(季桓子)는 그것을 받(고)</td></tr>
<tr><th>之,</th><th>三日</th><th>不朝,</th><th>孔子</th><th>行.</th><td rowspan="3">[시간의 종속절+주절]+[원인이유절+주절]인 복문의 나열</td></tr>
<tr><td>(대)재지시.
'그것,그사람,그곳'
(2-1)</td><td>3일 동안
[명사→부사]</td><td>(동)조정에서 정무를 보지 않다</td><td>공자</td><td>(동)가버리다.
떠나다(18-3)</td></tr>
<tr><td></td><td colspan="2">3일 동안 조정에서 정무를 보지 않았(기 때문에/않아서/…) [원인이유절]</td><td colspan="2">공자는 가버렸다.</td></tr>
</table>

번역 제(齊)나라 사람이 가무 기생을 선물로 주었을 때 계환자(季桓子)는 그것을 받고 3일 동안 조정에서 정무를 보지 않았기 때문에 공자는 가버렸다.

語法과 語彙

齊人歸女樂 (제(齊)나라 사람이 가무 기생을 선물로 주다)

(명사) 가무 기생; 노래를 하고 춤을 추는 기생. (歌舞伎) [여악, nǚyuè]

→ 肴羞未通, 女樂羅些 『楚辭·招魂』
맛있는 요리(肴羞<효수,yáoxiū>:美味的菜肴)를 잘 알지 못하(未通)지만 여자 가무 기생(女樂)이 '약간 분포되어 있다(羅些)'.

季桓子受之 (계환자(季桓子)가 그것을 받다)

(동사) 받다. (接受)

三日不朝 (3일 동안 조정에서 정무를 보지 않다)

(동사) 신하가 정사를 의논하기 위해 조정에 나가 임금을 뵙지 않다. (不上朝)
(동사) 임금이 조정에서 정무(政務)를 보지 않다. (不上朝)

18-5. 楚狂接輿歌而過孔子曰: “鳳兮鳳兮! 何德之衰? 往者不可諫, 來者猶可追. 已而已而! 今之從政者殆而!” 孔子下, 欲與之言, 趨而辟之, 不得與之言.

<table>
<tr><th>楚</th><th colspan="2">狂</th><th colspan="2">接輿</th><th>歌</th></tr>
<tr><td>초나라</td><td colspan="2">(명)광자(狂者).지향하는 바가 높고 심원한 사람(17-16)</td><td colspan="2">(인명)초나라 은사(隱士) 접여(接輿)</td><td>(동)노래하다. 읊다(7-9)</td></tr>
<tr><td colspan="6">초(楚)나라 광자(狂者) 접여(接輿)가 노래를 하며</td></tr>
<tr><th>而</th><th colspan="4">過孔子曰:</th><th>“鳳</th></tr>
<tr><td>(접)A而(부사어)+서술어(1-4)</td><td colspan="4">공자를 지나가며 말하다 [‘지나가다(過)+장소’의 통사에서는 이 사이에 전치사가 없다. 현대중국어도 같다.(過馬路 길을 건너다/過崗 고개를 넘어가다]</td><td>(명)봉황</td></tr>
<tr><td colspan="5">공자를(=공자 앞 or 옆을) 지나가며 말했다.</td><td>“봉황아!</td></tr>
<tr><th>兮</th><th>鳳</th><th>兮!</th><th colspan="3">何德之衰?</th></tr>
<tr><td>(어기)어기완만. 감정토로(3-8)</td><td>(명)봉황</td><td>(어기)어기완만. 감정토로(3-8)</td><td colspan="3">왜 德을 감퇴시키는가? / 어떤·무슨 德을 감퇴시키는가? [衰:자동사→사역동사][통사 설명 아래 참조]</td></tr>
<tr><td colspan="3">봉황아!</td><td colspan="3">왜 덕(德)을 감퇴시키는가?</td></tr>
<tr><th>往者</th><th>不可</th><th>諫,</th><th>來者</th><th>猶</th><th>可</th></tr>
<tr><td>(명)과거의 일</td><td>(관용)~할 수 없다(8-6)</td><td>(동)바로잡다. 만회하다</td><td>(명)장래의 일</td><td>(부)여전히(6-30)</td><td>(조동)가능.‘~할 수 있다’(1-11)</td></tr>
<tr><td colspan="3">과거의 일은 만회할 수 없(지만)</td><td colspan="3">장래의 일은 여전히 좇아갈 수 있다.</td></tr>
<tr><th>追.</th><th>已</th><th>而</th><th>已而!</th><th>今</th><th>之</th></tr>
<tr><td>(동)좇아가다. 따라잡다</td><td>(동)끝나다(5-27)</td><td>(어기)주로 문미 감탄(9-31)</td><td>끝나다</td><td>(명.부)현재, 지금(6-12)</td><td>(조사)한정어+之+중심어(4-23)</td></tr>
<tr><td></td><td colspan="3">끝났다! 끝났다!</td><td colspan="2">지금</td></tr>
<tr><th>從政</th><th>者</th><th>殆</th><th>而!”</th><th>孔子</th><th>下(車),</th></tr>
<tr><td>(동)정사에 참여하다(6-8)</td><td>(조사)~한 사람, ~한 것(1-2)</td><td>(형)위험하다. 위태롭다(2-15)</td><td>(어기)주로 문미 감탄(9-31)</td><td>공자</td><td>(동)(마차에서) 내리다</td></tr>
<tr><td colspan="4">정사에 참여하는 사람은 위태롭다!” [之는 ‘수식어 역할(지금의 정치하는 사람)’ 보다는 ‘한정어 역할(지금 정치하는 사람)’이 더 맞는다고 본다]</td><td colspan="2">공자는 (마차에서) 내려</td></tr>
<tr><th>欲</th><th>與</th><th>之</th><th>言,</th><th>(接輿)趨</th><th>而</th></tr>
<tr><td>(동)원하다(4-5)</td><td>(전)동작 대상. ‘~와’(5-8)</td><td>접여.(대)재지시. 그 사람…’(2-1)</td><td>(동)말하다(7-17)</td><td>(동)잰걸음으로 빨리가다(9-10)</td><td>(접)A而(부사어)+서술어(1-4)</td></tr>
<tr><td colspan="4">그와(=접여(接輿)와) 말하길 원했(지만)</td><td colspan="2">(접여(接輿)는) 잰걸음으로 빨리 걸어</td></tr>
<tr><th>辟</th><th>之,</th><th>不得</th><th>與之言.</th><td colspan="2" rowspan="3"></td></tr>
<tr><td>(동)피하다</td><td>공자. (대)재지시(2-1)</td><td>(부사어)~할 수 없다(11-11)</td><td>접여(接輿)와 말하다</td></tr>
<tr><td colspan="2">공자를 피(했기 때문에) [원인절]</td><td colspan="2">그와 말할 수 없었다.</td></tr>
</table>

번역 초(楚)나라 광자(狂者) 접여(接輿)가 노래를 하며 공자를 지나가며 말했다. “봉황아! 봉황아! 왜 德을 감퇴시키는가? 과거의 일은 만회할 수 없지만, 장래의 일은 여전히 좇아갈 수 있다. 끝났다! 끝났다! 지금 정사에 참여하는 사람은 위태롭다!” 공자는 마차에서 내려 그와 말하길 원했지만 접여는 잰걸음으로 빨리 걸어 공자를 피했기 때문에 그와 말할 수 없었다.

語法과 語彙

楚狂接輿歌而過孔子曰 (초(楚)나라 광자(狂者) 접여(接輿)가 노래를 하며 공자를 지나가며 말하다)

(명사) 춘추시대, 초나라 은사(隱士:벼슬하지 아니하고 숨어 살던 선비)로 미친 사람인 척하고 벼슬을 하지 않았다. 또한 이를 빌려 은사(隱士)를 대신하여 가리킨다. (春秋·楚隱士, 佯狂不仕. 亦以代指隱士) [접여, jiēyú]

何德之衰? (왜 德을 감퇴시키는가?)

(동사) 감퇴하다. 약해지다. 낮아지다. (減退) [쇠, shuāi]

→ 日食飮得無衰乎? 『戰國策·越策四』
매일(日) 먹고 마시(食飮)는데 약해지지 '않을 수 있(得無:能不)'는가?

何德之衰? (왜 德을 감퇴시키는가?)

— [견해]

이 문장을 전형적인 'A:의문관형어+중심어(何德)+之(是)+타동사(衰)'로 볼 것인지(무슨·어떤 德을 감퇴시키는가? / 예문은 아래와 9-14 참조) 아니면 'B:의문부사(何)+목적어(德)+之+타동사(衰)'로 볼 것인지(왜 덕을 감퇴시키는가?)에서 먼저 학자들의 주석을 보면 다음과 같다.

- 어찌하여 그리 덕이 쇠하였나? (김학주, 2017)
- 무슨 덕이 저리 쇠약한가? (이기동, 2011)
- 나타나지 않아야 할 세상에 나타나서 돌아다니는 네 모습이 초라하다. (김용옥, 2008)
- 어찌하여 그대의 덕을 쇠퇴하게 만드는가? (류종목, 2000)
- 왜 너의 덕행이 이렇게 쇠미해졌는가? (爲甚麼你的德行這樣的衰微?) (陳曉芬, 2016)
- 너의 운명은 왜 이렇게 못쓰게 되었는가? (你的命運爲甚麼這樣壞?) (毛子水, 2009)
- 왜 이렇게 볼썽사나운가? (爲甚麼這麼倒霉?) (楊伯峻, 2006)

이기동 선생만 A로 보았고, 김학주, 류종목, 陳曉芬, 毛子水, 楊伯峻 선생이 B로 보았다. 하지만 이기동 선생은 '何德(무슨 덕)'을 주어로 보았다는 점에서 다르고, 김학주, 陳曉芬, 毛子水, 楊伯峻(주석에 주어를 드러내지는 않았지만) 선생은 '德'을 주어로 보았고, 류종목 선생은 '德'을 목적어로 보았다.

'鳳兮鳳兮!…往者不可諫, 來者猶可追' 이 문장은 '봉황이여!……지나간 것은 어쩔 수 없지만 앞으로 올 것은 만회가 가능하다'라는 의미이니 '何德之衰?'의 해석을 'C. 왜 덕이 감퇴하는가? / D. 왜 덕을 감퇴시키는가?' 두 가지로만 본다면 D의 의미가 더 적절하다고 볼 수 있다(봉황이여!……지나간 것은 어쩔 수 없지만 앞으로 올 것은 만회가 가능한데 왜 덕을 감퇴시키는가?).

D와 고대중국어 통사 중 목적어 전치에 등장한 'A:의문관형어+중심어(何德)+之(是)+타동사(衰)'(봉황이여!……지나간 것은 어쩔 수 없지만 앞으로 올 것은 만회가 가능한데 무슨·어떤 德을 감퇴시키는가?)를 비교하면 여전히 D가 더 적절하다고 본다. 하지만 이 문장의 타당성을 위해서 더 많은 용례를 제시해야 한다.

→ 姜氏何厭之有! 『左傳·隱公元年』
강씨가 '무슨 만족(何厭)'이 있겠는가!

→ 孟子曰: "王何卿之問也?" 『孟子·萬章下』
맹자가 물었다. "왕께서는 '어떤 고관(何卿)'을 물으시는 것인지요?"

→ 子貢曰: "然則夫子何方之依?" 『莊子·大宗師』
자공이 물었다. "그러면(然則) 선생님(夫子)은 '어떤 준칙(何方)'을 따르시(依)는 건가요?"

往者不可諫, 來者猶可追 (과거의 일은 만회할 수 없지만, 장래의 일은 여전히 쫓아갈 수 있다)

(명사) 과거의 일. (過去的事)

→ 往者可知, 來者不可知 『墨子·魯問』
과거의 일(往者)을 '알 수 있(可知)'지만 '장래의 일(來者)'을 '알 수가 없다(不可知)'.

往者不可諫, 來者猶可追 (과거의 일은 만회할 수 없지만, 장래의 일은 여전히 쫓아갈 수 있다)

(동사) 바로잡다. 교정하다. 만회하다. 돌이키다. (糾正 ; 挽回) [간, jiàn]

往者不可諫, 來者猶可追 (과거의 일은 만회할 수 없지만, 장래의 일은 여전히 쫓아갈 수 있다)

(명사) 장래의 일. (將來的事)

→ 往者可知, 來者不可知 『墨子·魯問』
과거의 일(往者)을 '알 수 있(可知)'지만 '장래의 일(來者)'을 '알 수가 없다(不可知)'.

往者不可諫, 來者猶可追 (과거의 일은 만회할 수 없지만, 장래의 일은 여전히 쫓아갈 수 있다)

(동사) 쫓아가다. 따라잡다. (追赶)

孔子下, 欲與之言 (공자가 마차에서 내려 그와 말하길 원하다)

(동사) 높은 곳에서 낮은 곳으로 가다. 내려가다. 떨어지다. 낙하하다. (從高處到低處 ; 降落)

→ 揖讓而升, 下而飮 『論語·八佾』
주인과 손님이 서로 보며 예절을 취(揖讓<읍양,yīràng>)한 다음 오르고, 내려온 다음 마신다.

趨而辟之 (잰걸음으로 빨리 걸어 공자를 피했기 때문에 그와 말할 수 없다)

(동사) '피(避)'와 같다. 피하다. 피하는 방법을 강구하다. (古同"避", 躱, 設法躱開) [벽, bì]

→ 辟世而隱居, 變易姓名 『隶釋·漢老子銘』
세상을 피하여 은거하고 '성과 이름(姓名)'을 '바꾸다(變易:變換)'.

18-6. 長沮桀溺耦而耕, 孔子過之, 使子路問津焉. 長沮曰: “夫執輿者爲誰?” 子路曰: “爲孔丘.” 曰: “是魯孔丘與?” 曰: “是也.” 曰: “是知津矣.” 問於桀溺. 桀溺曰: “子爲誰?” 曰: “爲仲由.” 曰: “是魯孔丘之徒與?” 對曰: “然.” 曰: “滔滔者天下皆是也, 而誰以易之? 且而與其從辟人之士也, 豈若從辟世之士哉?” 耰而不輟. 子路行以告. 夫子憮然曰: “鳥獸不可與同羣, 吾非斯人之徒與而誰與? 天下有道, 丘不與易也.”

<table>
<tr><th>長沮</th><th>桀溺</th><th colspan="2">耦</th><th>而</th><th>耕,</th></tr>
<tr><td>(인명)장저</td><td>(인명)걸닉</td><td colspan="2">(명)고대 두 사람이 한 조가 되어 경작하던 방법 [명사→동사]</td><td>(접)A而(부사어)+서술어(1-4)</td><td>(동)땅 갈고 파종하다(15-32)</td></tr>
<tr><td colspan="6">장저(長沮)와 걸닉(桀溺)이 한 조가 되어 땅을 갈고 파종을 하(고 있었고)</td></tr>
<tr><th colspan="3">孔子過之,</th><th>使</th><th colspan="2">子路</th></tr>
<tr><td colspan="3">공자가 그들을 지나가다 [지나가다(過)+(전치사없음)+장소(18-5)]
[之:(대)재지시.‘그것,그사람,그곳’(2-1)]</td><td>(사역동사)
~하게 하다(2-20)</td><td colspan="2">(인명)자로=계로(季路)=중유(仲由)(2-17)</td></tr>
<tr><td colspan="3">공자가 그들을 지나갈 때 [여기까지 시간절]</td><td colspan="3">자로더러</td></tr>
<tr><th colspan="2">問</th><th>津</th><th colspan="2">焉.</th><th>長沮曰:</th></tr>
<tr><td colspan="2">(동)問A於B:A에 대해 묻다 B에게(12-10)</td><td>(명)나루터</td><td colspan="2">(겸사)(=於之)~에게.~에 대해서 등(4-17)
[통사설명 아래 참조]</td><td>장저(長沮)가 말하다</td></tr>
<tr><td colspan="5">그들에게 나루터에 대해 묻게 했다.</td><td>장저(長沮)가 말했다</td></tr>
<tr><th>“夫</th><th>執</th><th>輿</th><th>者</th><th>爲</th><th>誰?”</th></tr>
<tr><td>(지시대)한정어.
이,저…(11-10)</td><td>(동)쥐다,잡다(6-10)</td><td>(명)마차.
찻간(15-6)[여, yú]</td><td>(조사)~한 사람,
~한 것(1-2)</td><td>(판단동사)~이다
(1-2)</td><td>(의.대)서술어.
누구인가?(6-17)</td></tr>
<tr><td colspan="6">“저 마차를 쥐고 있는 사람은 누구인가요?”</td></tr>
<tr><th>子路曰:</th><th>“爲</th><th>孔丘.”</th><th>(長沮)曰:</th><th>“是</th><th>魯孔丘</th></tr>
<tr><td>자로가 말하다</td><td>(판단동사)
~이다(1-2)</td><td>공구=공자</td><td>말하다</td><td>(대)이.그.저.
‘한정어’(9-27)</td><td>노(魯)나라 공자</td></tr>
<tr><td>자로가 말했다.</td><td colspan="2">“공구(孔丘)=공자(孔子)입니다.”</td><td>(장저<長沮>가)
말했다.</td><td colspan="2">“그 노나라 공자입니까?”</td></tr>
<tr><th>與?”</th><th>(子路)曰:</th><th>“是</th><th>也.”</th><th>(長沮)曰:</th><th>“是</th></tr>
<tr><td>(어기)문미의문
(8-6)</td><td>말하다</td><td>(형)맞다(17-4)</td><td>(어기)진술강조
(2-17)</td><td>말하다</td><td>(대)재지시.
주어(2-7)</td></tr>
<tr><td></td><td>(자로가) 말했다.</td><td colspan="2">“맞습니다.”</td><td>(장저<長沮>가)
말했다.</td><td>“그가</td></tr>
<tr><th>知津</th><th>矣.”</th><th colspan="2">(子路)問於桀溺.</th><th>桀溺曰:</th><th>“子</th></tr>
<tr><td>나루터를 알다</td><td>(어기)‘이미 그렇다’
(3-24)</td><td colspan="2">걸닉(桀溺)에게 묻다
[(대상.전)동작의 직접대상(1-10)]</td><td>걸닉(桀溺)이 말하다</td><td>(대)공경표현의 남자. 선생님(11-24)</td></tr>
<tr><td colspan="2">나루터를 알겁니다.”</td><td colspan="2">(자로가) 걸닉(桀溺)에게 물었다.</td><td>걸닉(桀溺)이 말했다.</td><td>“그대는</td></tr>
</table>

爲	誰?”	(子路)曰:	“爲	仲由.”	(桀溺)曰:
(판단동사) ~이다(1-2)	(의.대)서술어. 누구인가?(6-17)	말하다	(판단동사)~이다(1-2)	중유(仲由)=자로=계로(2-17)	말하다
누구시오?”		(자로가) 말했다.	“중유(=자로)입니다.”		(걸닉<桀溺>이) 말했다.
“是魯孔丘	之	徒	與?”	(子路)對曰:	“然.”
그 노나라 공구 [위 참조]	(조사)수식,종속관계.‘~의’(3-2)	(명)문인.학생.제자(11-17)	(어기)문미의문(8-6)	대구하여 말하다	(호응사)그렇다.맞다(15-3)
“그 노나라 공구(=공자)의 제자인가요?”				(자로가) 대구하여 말했다.	“그렇습니다.”
(桀溺)曰:	“滔滔	者	天下	皆	是
말하다	(형.동)큰물이 세차게 흐르는 모양	(조사)~한 사람, ~한 것(1-2)	(명)전국. 천하(12-1)	(부)모두(12-7)	이러하다(대)재지시.서술어(2-7)
(걸닉이) 말했다.	“큰물이 세차게 흐르는 것이 [화제] 세상이 모두 이러한데…				
也,	而	誰	以	易	之?
(어기)멈춤. ‘완만,제시’(3-1)	(대)당신.그대.너.너희들.당신들	(의.대)목적어. ‘누구를’(6-17)	(조)동작조건·근거. ~에의지하여(8-5)	(동)바꾸다	(대)재지시.‘그것, 그사람,그곳’(2-1)
	그대는 누구에 의지하여 그것을 바꾸시나요?				
且	而	與其(A豈若B)	從	辟	人
(접)점차적전진. ‘게다가,또한’(2-3)	(대)당신.그대.너.너희들.당신들	A가 어떻게 B와 같겠는가?	(동)따르다. 뒤따르다(3-23)	(동)피하다(18-5)	(명)인간,사람(4-3)
게다가 그대가 사람을 피하는					
之	士	也,	(與其A)豈若B	從辟世之士	哉?”
(조사)한정어+之+중심어(4-23)	(명)지식인. 선비(8-7)	(어기)멈춤. ‘완만,제시’(3-1)	A가 어떻게 B와 같겠는가?	세상을 피하는 지식인을 따르다	(어기)반문(2-10)
지식인을 따르는 것이…			어떻게 세상을 피하는 지식인을 따르는 것과 같겠습니까?”		
(其)耰		而	不輟.	子路	行
(동)파종한 다음 곰방메로 흙을 편평하게 하거나 종자를 덮다		(접)병렬. ‘그리고’(7-1)	(동)그만두지 않다. 멈추지 않다	자로=중유(仲由)=계로(2-17)	(동)가다, 운행하다(2-22)
(그들은) 파종한 다음 곰방메로 종자를 덮고 멈추지 않았다.				자로가 가서	
以(之)	告(子).	夫子	憮然	曰:	“鳥獸
(전)以뒤 재지시之 생략(7-16)	공자에게 알리다	(명)선생님;공자(1-10)	(형)실망하고 뜻을 이루지 못한 모습	(동)말하다	(명)날짐승과 길짐승(17-9)
(그 말을 공자에게) 알렸다.		선생님은 실망하여 말했다.			“날짐승과 길짐승은
不可	與	同羣,	吾	非	斯
(조동사)~할 수 없다(4-21)	(동)참여하다,참가하다(3-12)[yù]	(동)공존하다	(대)나,우리‘주어,한정어…’(13-18)	(부)부정표시.‘동사,형용사앞’(5-1)	(대)한정어. ‘이…’(6-10)
공존에 참여할 수 없(는데)			내가		
人	之	徒	與	而	誰
(명)인간,사람(4-3)	(조사)수식,종속관계.‘~의’(3-2)	(명)패거리.제자들.동일부류 사람들	(동)참여하다(3-12)[여,yù]	(접)동작+而+동작‘조건,가정’(4-17)	(의.대)목적어. ‘누구를’(6-17)
이 동일한 부류의 사람들(←사람들의 패거리)에 참여하지 않는다면 누구에게 참여하겠는가?” [이 문장은 ‘목적어 전치’ 통사인데(吾非斯人之徒+與 / 誰+與) 보통 ‘참여의 대상’이 동사 다음에 있지만(吾不與+祭 내가 제사지내기에 참여하지 않다 『論語』 / 蹇叔之子與+師 건숙(蹇叔)의 아들이 군대에 참가하다. 『左傳』), 이 문장은 ‘부정부사(非)+목적어(斯人之徒)+타동사(與)’와 ‘의문대명사(誰)+타동사(與)’의 통사로 전형적인 ‘목적어 전치(9-14)’ 구조이기 때문에 ‘참여의 대상’이 동사 앞으로 왔다고 본다.					

與?	天下有道,	丘	不與	易(天下)	也.”
(동)참여하다 (3-12)[yù]	세상이 道가 있다	나; 공자가 본인 지칭한다	(동)참여하지 않다 (3-12)[yù]	(동)바꾸다	(어기)진술강조 (2-17)
	세상이 道를 갖고 있(다면)[가정절]	나는 (세상을) 바꾸는 것에 참여하지 않을 것이다.”			

번역 장저(長沮)와 걸닉(桀溺)이 한 조(組)가 되어 땅을 갈고 파종을 하고 있었고, 공자가 그들을 지나갈 때 자로(子路)더러 그들에게 나루터에 대해 묻게 했다. 장저(長沮)가 말했다. “저 마차를 쥐고 있는 사람은 누구인가요?” 자로가 말했다. “공구(孔丘=공자)입니다.” 장저가 말했다. “그 노나라 공자입니까?” 자로가 말했다. “맞습니다.” 장저가 말했다. “그가 나루터를 알겁니다.” 자로가 걸닉(桀溺)에게 물었다. 걸닉이 말했다. “그대는 누구시오?” 자로가 말했다. “중유(=자로)입니다.” 걸닉이 말했다. “그 노나라 공구의 제자인가요?” 자로가 대구하여 말했다. “그렇습니다.” 걸닉이 말했다. “큰물이 세차게 흐르는 것이 세상이 모두 이러한데 그대는 누구에 의지하여 그것을 바꾸시나요? 게다가 그대가 사람을 피하는 지식인을 따르는 것이 어떻게 세상을 피하는 지식인을 따르는 것과 같겠습니까?” 그들은 파종한 다음 곰방메로 종자를 덮고 멈추지 않았다. 자로가 가서 그 말을 공자에게 알렸다. 선생님은 실망하여 말했다. “날짐승과 길짐승은 공존에 참여할 수 없는데, 내가 이 동일한 부류의 사람들에 참여하지 않으면 누구에게 참여하겠는가? 세상이 道를 갖고 있다면 나는 세상을 바꾸는 일에 참여하지 않을 것이다.”

語法과 語彙

長沮桀溺耦而耕 (장저(長沮)와 걸닉(桀溺)이 한 조(組)가 되어 땅을 갈고 파종을 하다)

(인명) 장저(長沮)와 걸닉(桀溺)은 당시의 은자(隱者)였다. (장저걸닉, chángjǔjiénì)

長沮桀溺耦而耕 (장저(長沮)와 걸닉(桀溺)이 한 조(組)가 되어 땅을 갈고 파종을 하다)

(명사) 고대 두 사람이 한 조가 되어 경작하던 방법. (古代二人一組的耕作方法) [우, ǒu]

使子路問津焉 (자로(子路)더러 그들에게 나루터에 대해 묻게 하다)

(명사) 나루터. (渡口) [진, jīn]

→ 繕關津, 據險要 『史記·秦始皇本紀』
‘왕래 시 반드시 거치는 要道와 나루터(關津)’를 ‘수리 건축하고(繕)’ ‘위험지대와 요도(險要)를 지키다(據)’.

使子路問津焉 (자로(子路)더러 그들에게 나루터에 대해 묻게 하다)

— [견해]

이 문장의 焉의 쓰임에 따라 의미가 달라지기 때문에 설명이 필요하다.

1. 문미에 사용되는 진술문 어기사(5-16)
이 문장은 진술문이고 焉은 문미에 쓰였기 때문에 이 쓰임이 가능하다. (자로더러 나루터를 묻게 했다)

2. 겸사로 쓰이는 경우(6-7)

겸사로 쓰이는 경우는 보통 네 가지(6-7) 언급하였는데 간략하게 나열하면 ㄱ. 於(at, from)+是/之(여기·저기에서,~로, 그로부터,여기·저기로부터), ㄴ. 於(by)+是/之(~에 의하여), ㄷ. 於(than)+是/之(~보다), ㄹ. 於(to, at)+是/之(~로, ~에게)이다.

용도를 파악하기 전에 선행되어야 하는 점은 '問'의 용도인데 '問'이 '於'와 함께 쓰이는 경우(12-10)는 보통 두 가지로 a. 問於A(A에게 묻다), b. 問A於B(A에 대해 묻다 B에게) 이다. 겸사(焉=於+之)에서 '之'를 '그들'의 대명사로 볼 경우 이 문장은 'b'에 해당되어 '그들에게 나루터에 대해 묻다'가 된다.

滔滔者天下皆是也 (큰물이 세차게 흐르는 것이 세상이 모두 이러하다)

(형용사,동사) 큰물이 세차게 흐르는 모양. (大水奔流貌) [도도, tāotāo]

→ 汶水滔滔, 行人儦儦 『詩齊·齊風·載驅』
문수(汶水)는 세차게 흐르(滔滔)고 출정하는 사람(行人:出行的人 ; 出征的人)은 매우 많다(儦儦<표표,biāobiāo> :衆多的樣子)

而誰以易之? (당신은 누구에 의지하여 그것을 바꾸는가?)

(대명사) 대칭을 나타낸다. 너.당신.너희들.당신들. (表示對稱, 相當于'你, 你們')

→ 吾冀而朝夕修我 『國語·魯語上』
나는(吾) 그대(而)가 아침 저녁(朝夕)으로 나를 깨우쳐주길(修我) 바란다(冀<기,Jì>)

→ 叱嗟, 而母婢也! 『戰國策·趙策三』
아~/후~(叱嗟<질차,chìjiē>) 너의 어머니(爾母)는 하녀(婢<비,bì>이다!

而誰以易之? (당신은 누구에 의지하여 그것을 바꾸는가?)

(동사) 바꾸다. (改變)

→ 易, 變易也, 改也 『廣韻·昔韵』
역(易)은 '바뀌다. 바꾸다'이다.

而與其從辟人之士也, 豈若從辟世之士哉? (그대가 사람은 피하는 지식인을 따르는 것이 어떻게 세상을 피하는 지식인을 따르는 것과 같겠는가?)

(선택접속사) 주로 단어와 단어, 구와 구, 문장과 문장을 연결시켜 선택 관계를 나타낸다. 여기서는 단문과 단문을 연결시키고 기타 허사와 어울려 선택의 복문을 만든다. 이러한 형식으로는 [與…無寧…] [與…不如..] [與…寧…] [與其…不如…] [與其…無寧/毋寧…] [與其…孰若…] [與其…豈若…] 등이다. 이러한 형식의 공통점은 이것들이 모두 비교성의 선택 관계를 나타낸다는 것이고 두 개 중에서 하나를 선택하는 것이다. 일반적으로 모두 앞의 것을 버리고 뒤의 것을 선택하게 된다.

여기서는 '與其A孰若B(A가 어떻게 B와 같겠는가?)' 형식의 확장으로 보면 되고, 與其A豈若B 문형 역시 'A가 어떻게 B와 같겠는가?'로 해석하면 된다고 본다.

→ 與其坐而待亡, 孰若起而拯之? (清·徐珂『清稗類鈔·馮婉貞勝英人於謝莊』)
앉아서 죽기만 기다리(坐而待亡)는 것이 어찌 '일어나 그것을 구제하(起而拯<증,zhěng>之)'는 것과 같겠는가?

櫌而不輟 **(파종한 다음 곰방메로 종자를 덮는 것을 그만두지 않다)**

(동사) 파종한 다음 곰방메로 흙을 편평하게 하거나 종자를 덮다. (播種後用櫌平土、覆蓋種子) [우, yōu]

櫌而不輟 **(파종한 다음 곰방메로 종자를 덮는 것을 그만두지 않다)**

(동사) 정지하다. 중지하다. 그만두다. (止, 停止) [철, chuò]

→ 不中道而輟足 『三國志·吳書·陸遜傳』
중도(中道)에서 '발을 멈추지 않다(不…輟足)'.

夫子憮然曰 **(선생님이 실망하여 말하다)**

(형용사) 실망하고 뜻을 이루지 못한 모습. (悵然失意貌) [무연, wǔrán]

鳥獸不可與同羣 **(날짐승과 길짐승은 공존에 참여할 수 없다)**

(동사) 공존하다. (共處)

吾非斯人之徒與而誰與? **(내가 이 동일한 부류의 사람들에 참여하지 않으면 누구에게 참여하겠는가?)**

(명사) 패거리. 제자(들). 문하생(들). 동일한 부류 또는 동일한 파별의 사람들. (徒党, 門徒, 党羽; 同一類或同一派別的人) [도, tú]

18-7. 子路從而後, 遇丈人, 以杖荷蓧. 子路問曰: “子見夫子乎?” 丈人曰: “四體不勤, 五穀不分, 孰爲夫子?” 植其杖而芸. 子路拱而立. 止子路宿, 殺雞爲黍而食之, 見其二子焉. 明日, 子路行以告. 子曰: “隱者也.” 使子路反見之, 至, 則行矣. 子路曰: “不仕無義. 長幼之節, 不可廢也; 君臣之義, 如之何其廢之? 欲絜其身, 而亂大倫. 君子之仕也, 行其義也. 道之不行, 已知之矣.”

子路	從	而	後,	遇	丈人,
자로=중유(仲由)=계로(2-17)	(동)따라가다, 뒤따르다(3-23)	(접)A而(부사어)+서술어(1-4)	(동)뒤에 두다, 뒤에 남다(3-8)	(동)마주치다. 맞닥뜨리다(17-1)	(명)노인 존칭
자로(子路)가 뒤따르다 뒤에 남겨(졌고)				노인을 마주쳤(을 때) [시간절]	
(丈人)以	**杖**	**荷**	**蓧.**	**子路問曰:**	**“子**
(전)행위도구. ‘~로’(2-1)	(명)지팡이	(동)어깨에 메다. 지다(14-40)	(명)대나무로 만든 제초용 농기구	자로가 물으며 말하다	(대)공경표현의 남자.선생님(11-24)
(노인은) 지팡이로 제초용 농기구를 어깨에 메고 있었다.				자로가 물으며 말했다.	“선생님은
見	**夫子**	**乎?”**	**丈人曰:**	**“四體**	**不勤,**
(동)보다. 만나다(3-24)	(명)선생님;공자(1-10)	(어기)의문(2-7)	노인이 말하다	(명)사지. 팔다리	(동)일하지 않다. 고생하지 않다.
우리 선생님(⇦공자)을 보셨습니까?”			노인이 말했다.	“팔다리를 쓰지 않(고)	
五穀	**不分,**	**孰**	**爲**	**夫子?”**	**(丈人)植**
(명)오곡. 다섯 종류의 곡물	(동)구별하지 못하다	(의문대)누가,무엇이.‘의문,반문’(3-1)	(판단동사)~이다(1-2)	(명)선생님;공자(1-10)	(동)기대다
오곡을 구별하지 못하(는데) [五穀(목적어)+不分(동사). 목적어 전치]		누가 선생님이지요?”[의문사와 판단동사가 함께 출현할 때 ‘子爲誰?당신은 누구시오?(論語)’처럼 ‘주어+동사+의문사(목적어)’와 여기서처럼 ‘의문사(주어)+동사+목적어’가 있다]			
其	**杖**	**而**	**芸.**	**子路**	**拱**
(대)그의…‘복수可’(1-7)	(명)의지하여 걷는 막대기(14-44)	(접)A而(부사어)+서술어(1-4)	(동)제초하다	자로=중유(仲由)=계로(2-17)	(동)두 손을 가슴 앞에 모으다
(노인은) 그의 막대기에 기대어 풀을 제거했다.				자로는 두 손을 가슴 앞에 모으고	
而	**立.**	**(丈人)止**	**子路**	**宿,**	**殺雞**
(접)A而(부사어)+서술어(1-4)	(동)서다	(동)머무르다 [동사→사동(9-21)]	자로=중유(仲由)=계로(2-17)	(동)숙박하다, 머무르다(7-26)	닭을 죽이다
서 있었다.		(노인은) 자로를 머무르게 한 다음 숙박시키(고)			닭을 죽이고
爲	**黍**	**而**	**食**	**之,**	**見**
(동)만들다(6-29)	기장으로 만든 밥 [‘기장’파생으로 봄]	(접)동작의 선후. ‘~다음’(6-15)	(동)먹다 [동→사동(7-9)]	자로.(대)재지시. 그(2-1)	(동)만나다 [동→사동(3-24)]
기장으로 만든 밥을 만들어 자로에게 먹게 하(고)					

其	二子	焉.	明日,	子路	行
(대)그의…'복수可'(1-7)	두 아들	자로(대)동사+焉. '그,그것'(1-14)	(명)내일. 오늘 다음날(15-1)	자로=중유(仲由)=계로(2-17)	(동)가다, 운행하다(2-22)
그의 두 아들에게 자로를 만나게 했다.			다음 날	자로는 가서	
'殺雞爲黍而食之, 見其二子焉'에서 3인칭대명사를 달리 썼는데(之, 焉) 이에 대한 더 많은 용례 제시로 문법적 특징을 찾아야 한다. 이 문장에서 見을 수여동사로 보고, 焉을 겸사(於<to,~에게>之)로 보아 '見其二子焉'을 '그의 두 아들을 자로에게 보여주다'가 가능하다고 본다. 이 경우 見의 수여동사 용례를 더 찾아봐야 한다.					
以(之)	**告(子).**	**子曰:**	**"隱者**	**也."**	**使**
(전)以뒤 재지시 之생략(7-16)	(동)알려주다(15-42)	공자가 말하다	(명)은거하는 사람	(어기)판단(주어,서술어동일)(2-22)	(사역동사) ~하게 하다(2-20)
(그것을=있었던 일을) (공자에게) 알렸다.		공자가 말했다.	"은거하는 사람이다."		
子路	**反**	**見**	**之,**	**至,**	**則**
자로=중유(仲由)=계로(2-17)	(동)돌아오다,돌아가다.돌다(7-31)	만나다(3-24)	그 노인.(대)재지시. 그.그것(2-1)	(동)오다, 도착하다(3-24)	(접)전환관계.'그러나,오히려'(1-8)
자로더러 돌아가서 그 노인을 만나라고 했(고)				도착(했을 때) [시간절]	그러나
行	**矣.**	**子路曰:**	**"不仕**	**無義.**	**長幼**
(동)가버리다. 떠나다(18-3)	(어기)'이미 그렇다'(3-24)	자로가 말하다	벼슬하지 않다 [(5-6)]	(동)올바른 도리와 바른 이치가 없다	(명)항렬의 높고 낮음
가버렸다.		자로가 말했다.	"벼슬하지 않으면 올바른 도리와 바른 이치가 없습니다. [조건가정긴축문(11-14)]		항렬의 높고 낮음의
之	**節,**	**不可**	**廢**	**也;**	**君臣之義,**
(조사)수식,종속관계.'~의'(3-2)	(명)예절	(관용)~할 수 없다(8-6)	(동)폐기하여 쓰지 않다(6-12)	(어기)진술강조(2-17)	왕과 신하의 義
예절은 [화제,topic(1-6)(16-14)]		폐기하여 쓰지 않을 수 없(고)			왕과 신하의 義는 [화제]
如之何	**其**	**廢**	**之?**	**欲**	**絜**
(관용)방법,방식 질문(2-20)	(조)수식어+其+서술어(5-18)	(동)폐기하여 쓰지 않다(6-12)	그것. (대)재지시 (2-1)	(동)~하려 하다(2-4)	(동)깨끗하게 하다(7-28)
어떻게 그것을 폐기하여 쓰지 않겠습니까?				자신의 몸을	
其	**身,**	**而**	**亂**	**大倫.**	**君子**
(대)나의. 자기의(1-7)	(명)몸 전체	(접)전환.'그러나,오히려'(5-17)	(동)어지럽히다(15-27)	(명)기본 윤리와 도덕	(명)군자(君子)(11-1)
깨끗하게 하려		하지만 사회의 기본 윤리와 도덕을(=大倫을) 어지럽힙니다.			군자가
之	**仕**	**也,**	**行**	**其**	**義**
(접)주어+之+서술어(1-10)	(동)벼슬하다 (5-6)	(어기)멈춤. '완만,제시'(3-1)	(동)실행하다, 밀고나가다(5-14)	(대)그의(1-7)	(명)올바른 길. 올바른 도리(15-18)
벼슬을 하는 것은			그의 도리를 실행하는 것입니다.		
也.	**道**	**之**	**不行,**	**已**	**知**
(어기)진술강조(2-17)	(명)도(道)	(접)주어+之+서술어(1-10)	실행되지 않다(5-14)	(부)이미	(동)알다
	道가 실행되지 않(는 것은) [화제,topic(1-6)(16-14)]			이미	
之	**矣."**				
그것. (대)재지시 (2-1)	(어기)'이미 그렇다'(3-24)				
그것을 알고 있습니다."					

번역 자로(子路)가 뒤따르다 뒤에 남겨졌고 노인을 마주쳤을 때, 노인은 지팡이로 제초용 농기구를 어깨에 메고 있었다. 자로가 물으며 말했다. "선생님은 우리 선생님(=공자)을 보셨습니까?" 노인이 말했다. "팔다리를 쓰지 않고, 오곡을 구별하지 못하는데 누가 선생님이지요?" 노인은 그의 막대기에 기대어 풀을 제거했다. 자로는 두 손을 가슴 앞에 모으고 서 있었다. 노인은 자로를 머무르게 한 다음 숙박시키고, 닭을 죽이고 기장으로 밥을 만들어 자로에게 먹게 하고, 그의 두 아들에게 자로를 만나게 했다. 다음 날 자로는 가서 있었던 일을 공자에게 알렸다. 공자가 말했다. "은거하는 사람이다." 자로더러 돌아가서 그 노인을 만나라고 했고, 도착했을 때는 그러나 가버렸다. 자로가 말했다. "벼슬하지 않으면 올바른 도리와 바른 이치가 없습니다. 항렬의 높고 낮음의 예절은 폐기하여 쓰지 않을 수 없고, 왕과 신하의 義는 어떻게 그것을 폐기하여 쓰지 않겠습니까? 자신의 몸을 깨끗하게 하려 하지만 사회의 기본 윤리와 도덕을(=대륜을) 어지럽힙니다. 군자가 벼슬을 하는 것은 그의 도리를 실행하는 것입니다. 道가 실행되지 않는 것은 이미 (그것을) 알고 있습니다."

語法과 語彙

遇丈人 (노인을 만나다)

(명사) 고대 노인에 대한 존칭. (古時對老人的尊稱) [장인, zhàngrén]

→ 丈人曰: "子奚自?" 曰: "自泗陰之鄕" 『晉書·王沈傳』
노인(丈人)이 말했다. 그대는 '어디에서 오는가(奚白:來自甚麼地方)?' 지로가 말했다. "극북시억(泗陰<학음,héyīn>:極北之地) 마을에서요."

以杖荷蓧 (지팡이로 제초용 농기구를 어깨에 메다)

(명사) 지팡이. (手杖, 拐棍) [장, zhàng]

→ 以杖叩其脛 『論語·憲問』
막대기로 그의 정강이를 치다.

以杖荷蓧 (지팡이로 제초용 농기구를 어깨에 메다)

(명사) 대나무로 짠 농기구로 제초에 사용되었다; 대나무로 만든 제초용 농기구. (竹編農具, 用以除草) [조, diào]

四體不勤 (팔다리를 쓰지 않다)

(명사) 사지, 팔다리 (四肢)

四體不勤 (팔다리를 쓰지 않다)

(동사) 일하지 않다. 고생하지 않다. (不勤勞, 不勞苦)

→ 有土之君不勤於兵, 不忌於辱 『管子·大匡』
토지가 있는 군주(有土之君)가 '병사에 대해 일하지 않고(不勤於兵)' '모욕에 대해 꺼리지 않(不忌於辱)'다.

五穀不分 (오곡을 구별하지 못하다)

(명사) 다섯 종류의 곡물. (五種穀物)

→ 五穀, 麻、稷、麥、豆、黍也 - 鄭玄注 -
오곡은 마, (메)기장(일설에는 '조'), 보리, 콩, 기장이다.

→ 五穀, 麻、稷、麥、豆、稻也 - 王逸注 -
오곡은 마, (메)기장(일설에는 '조'), 보리, 콩, 벼이다.

→ 五穀謂稻、黍、稷、麥、菽也 - 趙歧注 -
오곡은 벼, 기장, (메)기장(일설에는 '조'), 보리, 두류(豆類)를 말한다.

五穀不分 (오곡을 구별하지 못하다)

(동사) 구별하다. (區別)

植其杖而芸 (그의 막대기에 기대어 풀을 제거하다)

(동사) 기대다. (지팡이 따위로) 몸을 지탱하다. (倚 ; 拄)

→ 或植杖而耘耔 (晉·陶渊明『歸去來兮辭』)
누군가(或) 지팡이에 몸을 기대어(執杖而) 논밭일을 하다(耘耔<운자,yúnzǐ>:泛指從事田間勞動 보통 논밭일에 종사하는 것을 가리킨다).

植其杖而芸 (그의 막대기에 기대어 풀을 제거하다)

(동사) '耘(운, yún)'와 같다. 제초하다. (除草)

子路拱而立 (자로가 두 손을 가슴 앞에 모으고 서다)

(동사) 읍(揖)하다; 두 손을 가슴 앞에 모으다. (抱拳 ; 或兩手胸前相合, 表示敬意) [공, gǒng]

殺雞爲黍而食之 (닭을 죽이고 기장으로 밥을 만들어 그에게 먹이다)

(명사) 기장류의 낟알로 서자(黍子, shǔzi)의 약칭이다. (黍類的子實, 即黍子的簡稱) [서, shǔ]

(명사) 고대 하나의 낟알로 '기장'이라고 불리던 1년생 초목 식물이다. 그 낟알은 알맞게 삶아지면 점성이 생겨서 술을 담거나 떡을 만들 수 있다. (古代專指一種子實叫黍子的一年生草木植物. 其子實煮熟後有黏性, 可以醸酒、作糕等)

→ 飯黍毋以箸 『禮記·曲禮上』
기장(黍)을 먹을 때 젓가락(箸)을 '사용하(以)지마라/사용하지 않다(毋:不要/不)'.

隱者也 (은거하는 사람이다)

(명사) 은거하는 사람(들). (隱居的人) [은자, yǐnzhě]

不仕無義 (벼슬하지 않으면 올바른 도리와 바른 이치가 없다)

(동사) 올바른 도리와 바른 이치가 없다; 정의를 말하지 않다. (沒有公理正道；不講正義)

→ 君子有勇而無義爲亂 『論語·陽貨』
군자가 용기가 있(君子有勇)지만 올바른 도리와 바른 이치가 없(無義)으면 재난과 변란을 만든다.

長幼之節 (항렬의 높고 낮음의 예절)

(명사) 항렬의 높고 낮음. (指輩份的高低) [장유, zhǎngyòu]
(명사) 나이의 많고 적음; 손위와 손아래. (指年長與年幼)

長幼之節 (항렬의 높고 낮음의 예절)

(명사) 예절. (禮節)

欲絜其身 (자신의 몸을 깨끗하게 하려 하다)

(명사) 몸 전체. (指整個身體)

欲絜其身, 而亂大倫 (자신의 몸을 깨끗하게 하려 하지만 사회의 기본 윤리와 도덕을(=대륜을) 어지럽히다)

(명사) 봉건시대 사회의 기본 윤리와 도덕. (指封建社會的基本倫理道德) [대륜, dàlún]

道之不行, 已知之矣 (道가 실행되지 않는 것은 이미 (그것을) 알고 있다)

(부사) 동작, 변화가 도달한 정도를 나타내고 '이미'에 해당된다. (表示動作、變化達到的程度, 相當於"已經")

→ 兩岸猿聲啼不住, 輕舟已過萬重山 (唐·李白『早發白帝城』)
물이 흐르는 양방의 육지(兩岸)의 원숭이 우는 소리가 멈추지 않(猿聲啼不住)고 가벼운 배(輕舟)는 이미(已) 만 겹의 산(萬重山)을 지나가다(過).

18-8. 逸民, 伯夷、叔齊、虞仲、夷逸、朱張、柳下惠、少連. 子曰: “不降其志, 不辱其身, 伯夷、叔齊與! 謂柳下惠、少連, 降志辱身矣, 言中倫, 行中慮, 其斯而已矣. 謂虞仲、夷逸, 隱居放言, 身中淸, 廢中權. 我則異於是, 無可無不可.”

<table>
<tr><th>逸民,</th><th>伯夷、</th><th>叔齊、</th><th>虞仲、</th><th>夷逸、</th><th>朱張、</th></tr>
<tr><td>(명)세상을 피해 은거한 사람</td><td>(인명)백이(伯夷)
(5-23)</td><td>(인명)숙제(叔齊)
(5-23)</td><td>(인명)우중</td><td>(인명)이일</td><td>(인명)주장</td></tr>
<tr><td>세상을 피해 은거한 사람은 [주어]</td><td colspan="5">백이(伯夷), 숙제(叔齊), 우중(虞仲), 이일(夷逸), 주장(朱張),</td></tr>
<tr><th>柳下惠、</th><th>少連.</th><th>子曰:</th><th>“不降</th><th>其</th><th>志,</th></tr>
<tr><td>(인명)유하혜(15-14)</td><td>(인명)소련</td><td>공자가 말하다</td><td>(동)낮추지 않다</td><td>(대)나의.
자기의(1-7)</td><td>(명)생각,
포부(5-26)</td></tr>
<tr><td colspan="2">유하혜(柳下惠), 소련(少連)이었다.
[명사서술어]</td><td>공자가 말했다.</td><td colspan="3">“자기의 생각을 낮추지 않고,</td></tr>
<tr><th colspan="2">不辱</th><th>其</th><th>身(者),</th><th>伯夷、叔齊</th><th>與!</th></tr>
<tr><td colspan="2">모욕·치욕 주지 않다[辱:(4-26)]</td><td>(대)나의.
자기의(1-7)</td><td>(명)신분.
지위(12-21)</td><td>백이와 숙제</td><td>(어기)감탄(1-2)</td></tr>
<tr><td colspan="4">자기의 지위에 모욕주지 않(은 사람은) [이렇게 ‘주어(단어, 구, 절)’를 명사서술어와 분리하여 구두점을 표시하는 경우는 빈번하다. 앞의 문장도 이와 같다]</td><td colspan="2">백이와 숙제였다</td></tr>
<tr><th>謂</th><th>柳下惠、</th><th>少連,</th><th>降志辱身</th><th>矣,</th><th>言</th></tr>
<tr><td>(동)평론하다
(3-1)</td><td>(인명)유하혜
(15-14)</td><td>(인명)소련</td><td>생각을 낮추고 지위에 모욕을 주다</td><td>(어기)멈춤,
고름(4-4)</td><td>(명)말, 언사,
한 마디(2-2)</td></tr>
<tr><td colspan="3">유하혜와 소련을 평론하(자면) [조건절(1-1)]</td><td colspan="2">생각을 낮추고 지위에 모욕을 주었(지만)
[양보절(1-1)]</td><td>말은</td></tr>
<tr><th>中倫,</th><th>行</th><th>中</th><th>慮,</th><th colspan="2">其</th></tr>
<tr><td>(동)준칙에 부합하다</td><td>(명)행위</td><td>(동)부합하다.잘 들어맞다(11-19)</td><td>(명)생각.고려,사고,숙고(12-20)</td><td colspan="2">그들은[(대)그것은.그는.그들은…‘주어(명사+之)’(4-6)]</td></tr>
<tr><td>준칙에 부합하(고)</td><td colspan="3">행위는 생각에 부합하였(으니)</td><td colspan="2">그들은</td></tr>
<tr><th colspan="3">斯</th><th>而已矣.</th><th colspan="2">謂虞仲、夷逸,</th></tr>
<tr><td colspan="3">이러하다 [斯는 대명사로 주어,목적어,한정어를 나타내는데 여기서는 서술어로 쓰였다고 본다(1-12)]</td><td>(어기)제한‘~할 뿐이다’(4-15)</td><td colspan="2">우중(虞仲)과 이일(夷逸)을 평론하다</td></tr>
<tr><td colspan="4">이러했을 뿐이다.</td><td colspan="2">우중(虞仲)과 이일(夷逸)을 평론하(자면)
[조건절]</td></tr>
<tr><th>隱居</th><th>放言,</th><th>身</th><th>中</th><th>淸,</th><th>廢</th></tr>
<tr><td>(동)은거하다</td><td>(동)세상일을 말하지 않다</td><td>(명.대)자기자신.
자신.본인(17-7)</td><td>(동)부합하다.
잘 들어맞다(11-19)</td><td>(형)청렴하다(5-19)
[형→명]</td><td>지위에서 쫓아내다(5-2)[동→피동]</td></tr>
<tr><td colspan="2">은거하고 세상일을 말하지 않았(지만)
[양보절]</td><td colspan="3">자신은 청렴에 부합했(고)</td><td>지위에서 쫓겨난 것은</td></tr>
<tr><th>中權.</th><th>我</th><th>則</th><th>異</th><th>於</th><th>是,</th></tr>
<tr><td>(동)시의 혹은 정세에 부합하다</td><td>(대)나</td><td>(조)노출된 명사구 대비(14-1)</td><td>(형)다르다</td><td>(전)비교대상 이끎.
‘~와/과’</td><td>(대)재지시.
이것.이(들)(2-7)</td></tr>
<tr><td>정세에 부합했다.</td><td colspan="5">나는 이들과 다르(고)</td></tr>
</table>

無可無不可."	
(동)아무래도 좋다. 어느 쪽이라도 상관없다	
어느 쪽이라도 상관없다; 아무래도 좋다."	

번역 세상을 피해 은거한 사람은 백이(伯夷), 숙제(叔齊), 우중(虞仲), 이일(夷逸), 주장(朱張), 유하혜(柳下惠), 소련(少連)이었다. 공자가 말했다. "자기의 생각을 낮추지 않고 자기의 지위에 모욕주지 않은 사람은 백이와 숙제였다! 유하혜를 평론하자면 생각을 낮추고 지위에 모욕을 주었지만 말은 준칙에 부합하고, 행위는 생각에 부합하였으니 그들은 이러했을 뿐이다. 우중(虞仲)과 이일(夷逸)을 평론하자면 은거하고 세상일을 말하지 않았지만 자신은 청렴에 부합했고 지위에서 쫓겨난 것은 정세에 부합했다. 나는 이들과 다르고 '어느 쪽이라도 상관없다 or 아무래도 좋다'."

語法과 語彙

逸民, 伯夷、叔齊、虞仲、夷逸、朱張、柳下惠、少連 (세상을 피해 은거한 사람은 백이(伯夷), 숙제(叔齊), 우중(虞仲), 이일(夷逸), 주장(朱張), 유하혜(柳下惠), 소련(少連)이다)

(명사) 세상을 피해서 은거하는 사람. (指遁世隱居的人) [일민, yìmín]

→ 逸民者, 節行超逸也 -何晏集解-
일민(逸民)은 품행을 조절하(節行:節操品行)고 고상하다/세속과 다르다(超逸:高超 ; 不同凡俗).

逸民, 伯夷、叔齊、虞仲、夷逸、朱張、柳下惠、少連 (세상을 피해 은거한 사람은 백이(伯夷), 숙제(叔齊), 우중(虞仲), 이일(夷逸), 주장(朱張), 유하혜(柳下惠), 소련(少連)이다)

(인명) 우중(虞仲)은 「태백」편 제1장에 소개된 오태백(吳泰伯)의 동생 중옹(仲雍)이다. 동생 계력(季歷)에게 왕위를 물려주기 위해 형만(荊蠻) 지방으로 은거한 인물이다. 오태백의 뒤를 이어 오나라의 왕위에 오른 훌륭한 인물이다. (김용옥, 2008) [우중, yúzhòng]

逸民, 伯夷、叔齊、虞仲、夷逸、朱張、柳下惠、少連 (세상을 피해 은거한 사람은 백이(伯夷), 숙제(叔齊), 우중(虞仲), 이일(夷逸), 주장(朱張), 유하혜(柳下惠), 소련(少連)이다)

(인명) 소련(少連)에 대해서는 알려진 사적이 없지만 『예기』「잡기」하편에 '소련(少連)'과 '대련(大連)'이라는 이름이 보인다. 거상(居喪)을 잘했는데 사흘 동안 게으름이 없었고, 석 달 동안 해이함이 없었으며, 일 년 동안 비애로 왔고, 삼 년 동안 근심 속에서 살았다고 했다. (김용옥, 2008)

不降其志 (자기의 생각을 낮추지 않다)

(동사) 내리다. 내려가다. 인하하다. 낮아지다. 낮게 평가하다. 얕잡아 보다. (貶低 ; 降低)

→ 降霍叔於庶人 『書·蔡仲之命』
확숙(霍叔<huòshū>)을 서인(庶人)으로 강등시키다.

言中倫 (말이 준칙에 부합하다)

(동사) 준칙에 부합하다·맞다. (合乎準則)

言中倫, 行中慮 (말은 준칙에 부합하고, 행위는 생각에 부합하다)

(명사) 행위. 행동. (行爲)

→ 言行, 君子之樞機 『易·係辭上』
말과 행동(言行)은 군자의 '가장 중요한 부분(樞機<추기,shūjī>: 문지도리와 쇠뇌(=쇠로 된 발사 장치가 달린 활)의 발사장치로 사물에서 가장 중요한 부분을 비유한다. 樞與機. 比喻事物的關鍵部分)'이다.

隱居放言 (은거하고 세상일을 말하지 않다)

(동사) 세상일을 말하지 않다. (謂不談世事)
일설에는 '함부로 그의 말을 하다'라고 하는데 청나라 유보남의 정의를 참고할 수 있다. (一說爲放縱其言. 參閱清劉寶楠正義)

→ 放, 置也; 不復言世務 -何晏集解引包咸曰-
방은 '그만두다이다(置也)'. 세상일(世務)을 다시 말하지 않다(不復言)이다.

身中淸, 廢中權 (자신은 청렴에 부합하고 지위에서 쫓겨난 것은 정세에 부합하다)

(동사) 시의(=시기적절) 혹은 정세에 부합하다. (合乎時宜或情勢)

我則異於是 (나는 이들과 다르다)

(전치사) 서술어 다음에 쓰여 보어가 되며 비교 대상, 비유 대상을 끌어들인다. '~와', '~와 비교하여' 등으로 번역된다. (跟, 與, 比)

→ 吴, 周之胄裔也, 而棄在海濱, 不與姬通. 今而始大, 比於諸華 『左傳·昭公三十年』
오(吴)나라는 주나라의(周之) 후대이지만(胄裔也而) 해변에 버려져(棄在海濱) 희씨 성씨의 각국과(與姬) 왕래하지 못했(不…通)다. 지금(今而) 커지기 시작하(始大)여 중원의 각국과(於諸華) 비교된다(比).

我則異於是, 無可無不可 (나는 이들과 다르고 '어느 쪽이라도 상관없다;아무래도 좋다')

(동사) 아무래도 좋다. 어느 쪽이라도 상관없다. (無可無不可)

→ 高談闊論, 無可無不可 (宋·朱敦儒『驀山溪』詞)
마음껏 의론을 발산하는 것은(or 끝없이 넓게 말하는 것은. 高談闊論<활론,kuòlùn>: 大發議論; 漫無邊際地談論) '어느 쪽이라도 상관없다;아무래도 좋다'.

18-9. 大師摯適齊, 亞飯幹適楚, 三飯繚適蔡, 四飯缺適秦, 鼓方叔入於河, 播鼗武入於漢, 少師陽、擊磬襄入於海.

大師	摯	適齊,			亞飯
(명)악관의 우두머리	(인명)지(摯)	제(齊)나라에 가다[適:(동)가다(6-4)]['동사+장소'에서 장소 앞 전치사(지향,발생…)는 빈번히 생략(9-30)]			(명)아반(亞飯) [내용 아래]
악관의 우두머리 지(摯)는 제(齊)나라에 갔(고)					아반(亞飯)
幹	**適楚,**	**三飯**	**繚**	**適蔡,**	**四飯**
(인명)간(幹)	초(楚)나라에 가다	(명)삼반(三飯)	(인명)요(繚)	채(蔡)나라에 가다	(명)사반(四飯)
간(幹)은 초(楚)나라에 갔(고) ['동사+(동작 도달 장소 전치사)+장소'의 구조로 동작 도달장소 전치사 생략]		삼반(三飯) 요(繚)는 채(蔡)나라에 갔(고) [동작 도달장소 전치사 생략]			사반(四飯)
缺	**適秦,**	**鼓**	**方叔**	**入**	**於**
결(缺)	진(秦)나라에 가다	(동)북을 치다. 북을 두드리다	(인명)방숙(方叔)	(동)들어가다	(전)동작도달장소. '~로'(1-10)
결(缺)은 진(秦)나라에 갔(고) [동작 도달장소 전치사 생략]		북을 치는 방숙(方叔)은 황하 지역(⇦황하)로 들어갔(고)['동사+동작 도달 장소 전치사+장소'의 구조로 앞이 '전치사 생략'과 대조되는 동사이다]			
河,	**播**	**鼗**	**武**	**入**	**於**
(지명)황하(黃河)	(동)흔들다	(악기명)땡땡이	(인명)무(武)	(동)들어가다	(전)동작도달장소. '~로'(1-10)
	땡땡이를 흔들던 무(武)는 한수(漢水)로 들어갔(고)				
漢,	**少師**	**陽、**	**擊**	**磬**	**襄**
(명)물 이름 '한수(漢水)'	(관명)악관(樂官)	(인명)양(陽)	(동)치다. 두드리다(14-40)	(명)타악기 경(磬)(14-40)	(인명)양(襄)
	악관(樂官) 소사(少師)와 타악기 경(磬)을 치던 양(襄)은				
入	**於**	**海.**			
(동)들어가다	(전)동작도달장소. '~로'(1-10)	(명)해안 지역 [고대중국어 여러 사전에는 이러한 의미가 없지만 앞의 문장을 고려하면 물이 있는 해안 지역으로 보아야 할 것 같다]			
해안지역으로 들어갔다.					

번역 악관(樂官)의 우두머리 지(摯)는 제(齊)나라에 갔고, 아반(亞飯) 간(幹)은 초(楚)나라에 갔고, 삼반(三飯) 요(繚)는 채(蔡)나라에 갔고, 사반(四飯) 결(缺)은 진(秦)나라에 갔고, 북을 치는 방숙(方叔)은 황하지역으로 들어갔고, 땡땡이를 흔들던 무(武)는 한수(漢水)로 들어갔고, 악관(樂官) 소사(少師)와 타악기 경(磬)을 치던 양(襄)은 해안지역으로 들어갔다.

語法과 語彙

大師摯適齊 (악관(樂官)의 우두머리 지(摯)가 제(齊)나라에 가다)

(명사) 고대 악관의 우두머리. (古代樂官之長)

→ 大師, 樂官之長. 大讀太 -'楊倞(唐나라 시대 인물)'注-
대사(大師)는 악관의 우두머리(樂官之長)이고 대(大)는 태(太)로 읽는다.

亞飯幹適楚 (아반(亞飯) 간(幹)이 초(楚)나라에 가다)

(명사) 고대 천자, 제후가 두 번째 식사를 할 때 음악을 연주하면서 음식을 권유한 악사. (古代天子、諸侯第二次進食時奏樂侑食的樂師)

三飯繚適蔡 (삼반(三飯) 요(繚)가 채(蔡)나라에 가다)

(명사) 고대 음악으로 식사를 보좌하던 악사. (古時以樂佐食之樂師)

四飯缺適秦 (사반(四飯) 결(缺)이 진(秦)나라에 가다)

(명사) 천자가 식사를 할 때 음악을 연주하던 악관 이름. (天子進食時奏樂的樂官名)

鼓方叔入於河 (북을 치는 방숙(方叔)이 황하지역으로 들어가다)

(동사) 북을 치다. 북을 두드리다. (擊鼓)

播鼗武入於漢 (땡땡이를 흔들던 무(武)가 한수(漢水)로 들어가다)

(동사) 흔들다. 흔들어 움직이게 하다. 넉가래질하다(=티끌이나 쭉정이 따위를 바람에 날리기 위하여 넉가래로 곡식을 떠서 공중에 치뿌리는 것). (搖動；簸揚) [파, bǒ][파, bō:파종하다…]

→ 播, 搖也 『集韻·果韻』
파(播)는 '흔들다'이다.

播鼗武入於漢 (땡땡이를 흔들던 무(武)가 한수(漢水)로 들어가다)

(명사) 악기 이름이다. 지금은 긴 손잡이를 가진 흔들어 치는 북으로 속칭 땡땡이 혹은 황아장수(=집집을 찾아다니며 끈목, 담배쌈지, 바늘, 실 따위의 자질구레한 일용 잡화를 파는 사람)가 치고 다니는 북이다. (樂器名. 今爲長柄的搖鼓, 俗稱撥浪鼓或貨郎鼓) [도, táo]

播鼗武入於漢 (땡땡이를 흔들던 무(武)가 한수(漢水)로 들어가다)

(명사) 물 이름 '한수(漢水)'. (水名.漢水)

少師陽、擊磬襄入於海 (악관(樂官) 소사(少師)와 타악기 경(磬)을 치던 양(襄)이 해안지역으로 들어가다)

(명사) 고대 관명으로 악관. (古代官名. 樂官)

— [본문 내용 관련 배경 보충]

공자의 삶이 얼마나 음악과 밀착되어 있는지 그리고 그가 음악의 전파 경로나 계보에 얼마나 구체적 관심이 있었는가를 보여주는 위대한 파편이라고 할 것이다. 이것은 분명 공자의 진술일 것이다. 위대한 예술가들이 시대를 잘못 만나 이합집산의 경로를 거치는 것은 문화이동의 중요한 루트를 형성한다. (김용옥, 2008)

노(魯)나라 애공(哀公) 때 나라의 정치가 어지러워지자 예악(禮樂)이 무너져 여러 악관들이 국외로 가는 모양을 얘기한 것이다. 공자의 말인지 또는 다른 사람의 말인지 알 수 없다. (김학주, 2017)

18-10. 周公謂魯公曰: "君子不施其親, 不使大臣怨乎不以. 故舊無大故, 則不棄也, 無求備於一人!"

周公	謂…(曰)		魯公	曰:	"君子
(인명)주공(周公). 주공단(周公旦)	(동)'謂A曰B'A에게B를 말하다(1-7)		노공(魯公). 주공(周公)의 아들	(동)말하다	(명)군자(君子)(11-1)
주공(周公)이 노공(魯公)에게 다음과 같이 말했다.					"군자는
不	**施**	**其**	**親,**	**不**	**使**
(부)동사술어 앞. '~하지 않다'(7-14)	(동)잊어버리다. 내버리다	(대)그의…'복수可'(1-7)	(명)가까운 사람(8-2)	(부)'~하지 않다'(7-14)	(사역동사) ~하게 하다(2-20)
그의 가까운 사람을 잊지 않(고)					
大臣	**怨**	**乎**	**不**	**以.**	**故舊**
(명)관직이 높고 귀한 신하(11-24)	(동)원망하다. 불평하다(17-9)	(전) ~에 대해(2-16)	(부)'~하지 않다'(7-14)	등용하다(11-26) [동→피동]	(명)오랜 친구. 오랜 사귐(8-2)
관직이 높고 귀한 신하가 등용되지 않는 것에 대해 (그가=관직이 높고 귀한 신하가) 원망하게 하지 않는다.					오래된 친구는
無	**大故,**	**則**	**不**	**棄**	**也,**
(동)없다(9-2)	(명)큰 잘못이나 죄	(접)조건+則+결과(1-6)	(부)'~하지 않다'(7-14)	(동)버리다 (13-30)	(어기)판단(동사,형용사술어끝)(11-15)
큰 잘못이나 죄가 없으…		…면 버리지 않(고)			
無	**求備**	**於**		**一人!"**	
(부)진술사실부정(=不)(1-15)	(동)완전무결을 요구하다(13-25)	(대상.전)동작대상'~에게, ~에 대하여'(2-5)		(명)한 사람	
한 사람에 대해 완전무결을 요구하지 않는다!"					

번역 주공(周公)이 노공(魯公)에게 다음과 같이 말했다. "군자는 그의 가까운 사람을 잊지 않고 관직이 높고 귀한 신하가 본인이 등용되지 않는 것에 대해 원망하게 하지 않는다. 오래된 친구는 큰 잘못이나 죄가 없으면 버리지 않고, 한 사람에 대해 완전무결을 요구하지 않는다."

語法과 語彙

周公謂魯公曰 (주공(周公)이 노공(魯公)에게 다음과 같이 말하다)

(인명) 주공(周公). 주공단(周公旦)으로 공자 마음속의 성인(聖人)이다. (周公, 周公旦, 孔子心目中的聖人) (楊伯峻, 2006)

君子不施其親 (군자가 그의 가까운 사람을 잊지 않다)

(동사) 내버리다. (보호할 의무가 있는 가족 등을) 포기하다. 잊어버리다. (遺棄, 忘却) [시, shǐ]

故舊無大故, 則不棄也 (오래된 친구는 큰 잘못이나 죄가 없으면 버리지 않는다)

(명사) 큰 잘못이나 죄. (指嚴重的過失或罪惡)

→ 大故, 謂惡逆之事 -何晏集解引孔安國曰 하안(何晏:?-249)이 집해할 때 공안국(孔安國:BC156~BC74)을 인용하여 말하다 -
큰 잘못이나 죄(大故)는 '친족 등을 죽이(惡逆)'는 일을 말한다.

無求備於一人! (한 사람에 대해 완전무결을 요구하지 않다)

(명사) 한 사람. (一個人)

→ 然則今日之是非, 謂予李卓吾一人之是非, 可也 (明·李贄『藏書世紀列傳總目前論』)
그렇다면(然則) 지금의 옳고 그름(今日之是非)을 나(予) 이탁오(李卓吾) 한 사람의 옳고 그름(一人之是非)이라고 말해도 괜찮다.

18-11. 周有八士, 伯達, 伯适, 仲突, 仲忽, 叔夜, 叔夏, 季隨, 季騧.

周	有	八士,	伯達,	伯适,	仲突,
주(周)나라	(동)있다	8명의 인재	(인명)백달	(인명)백괄	(인명)중돌
주(周)나라에 8명의 인재가 있었(고)			백달(伯達), 백괄(伯适), 중돌(仲突)		
仲忽,	**叔夜,**	**叔夏,**	**季隨,**	**季騧.**	
(인명)중홀	(인명)숙야	(인명)숙하	(인명)계수	(인명)계와	
중홀(仲忽), 숙야(叔夜), 숙하(叔夏), 계수(季隨), 계와(季騧)이다.					

번역 주(周)나라에 8명의 인재가 있었고, (그들은) 백달(伯達), 백괄(伯适), 중돌(仲突), 중홀(仲忽), 숙야(叔夜), 숙하(叔夏), 계수(季隨), 계와(季騧)이다.

語法과 語彙

周有八士 (주(周)나라에 8명의 인재가 있다)

(명사) 주(周)나라 시대 재능이 있었다고 전해지는 여덟 명의 사람. (相傳周代八個有才能的人)

— [참조]

누가 한 말인지도 알 수 없고, 여기 보이는 여덟 사람에 관하여도 어떤 사람들인지 알 수 없다. 다만 이름으로 보아 네 형제이거나 네 쌍둥이(皇侃『義疏』)들인 듯하다. (김학주, 2017)

백(伯)·중(仲)·숙(叔)·계(季)는 형제간의 장유(長幼)를 나타내므로 여덟 사람은 한 어머니가 네 번 쌍둥이를 낳은 것이라고 하는 설이 있으나 확인할 길이 없다. 혹자는 성왕(成王) 때 사람이라고 하고 혹자는 선왕(宣王) 때 사람이라고 하나 역시 확인할 길이 없다. 이 장은 전장(前章)과 마찬가지로 '논어'를 편찬한 자가 첨가한 메모로 보인다. (이기동, 2011)

여기 백(伯)·중(仲)·숙(叔)·계(季)라는 이름의 돌림 때문에 여러 가지 추측이 난무하다. 한 어머니가 네 번 쌍둥이를 출산하여 여덟 아들을 낳은 것이라고 한다. 그러니 한 어머니의 배에서 나온 쌍둥이 아들 여덟 명이 모두 훌륭하게 되었기 때문에 특이할 만한 사건이라는 것이다. '신주'에 따르면 주나라 성왕(成王) 때 혹은 선왕(宣王) 때 사람들이라고 한다. 쌍둥이 여부는 알 길이 없으나 한 집안에서 여덟 명이 훈륭한 선비가 나온 것은 예사로운 일이 아니다. 주나라의 발흥기의 덕이 성(盛)한 것을 상징하는 사건으로서 사람들에게 회자되었던 전설적인 이야기가 여기에 기록되어진 것으로 보인다. (김용옥, 2008)

제 19 편

자장

19-1. 子張曰: "士見危致命, 見得思義, 祭思敬, 喪思哀, 其可已矣."

子張	曰:	"士	見危	致命,	見
(인명)자장=전손사(顓孫師)(2-18)	(동)말하다	(명)지식인. 선비(8-7)	(동)위험한 상황을 만나다	(동)목숨을 바치다	(동)보다. 만나다(3-24)
자장(子張)이 말했다.		"지식인이 위험한 상황을 만나(면) 목숨을 바치(고) [조건가정긴축복문(11-14)]			
得	**思**	**義,**	**祭**	**思**	**敬,**
(명)수확(16-10)	(동)생각하다(15-31)	(형)정의에 부합하는, 의로운(15-18)	(동)제사지내다(3-12)	(동)생각하다(15-31)	(형)공손하다, 정중하다(5-16)
수확을 볼 때 정의에 부합하는지 생각하(고) [시간긴축복문]			제사지낼 때 공손한가를 생각하(고) [시간긴축복문]		
喪	**思**	**哀,**	**其**	**可**	**已矣."**
(명)장례(10-6) [명→동]	(동)생각하다(15-31)	(형)몹시 슬프다	(대)그가,그은. 주어(명사+之)(2-22)	(형)괜찮다, 적절하다(1-15)	(어기)서술,감탄(1-15)
장례를 지낼 때 슬픈지를 생각한(다면) [시간긴축복문][여기까지가 한 문장으로 조건절]			그는(=그 지식인) 적절하다."		

번역 자장(子張)이 말했다. "지식인이 위험한 상황을 만나면 목숨을 바치고, 수확을 볼 때 정의에 부합하는지 생각하고, 제사지낼 때 공손한가를 생각하고, 장례를 지낼 때 슬픈지를 생각한다면, 그는 적절하다."

語法과 語彙

士見危致命 (지식인이 위험한 상황을 만나면 목숨을 바치다)

(동사) 위험한 상황·지대·곳을 만나다. (面臨險境)

士見危致命 (지식인이 위험한 상황을 만나면 목숨을 바치다)

(동사) 목숨을 바치다. (捐軀)

→ 君子以致命遂志 『易·困』
군자는 '목숨을 바쳐서(以致命)' 희망을 실현한(遂志:實現志愿 ; 满足愿望)다.

喪思哀 (장례 지낼 때 슬픈지를 생각하다)

(형용사) 몹시 슬프다. (悲傷 ; 悲痛)
(동사) 몹시 슬퍼하다. (悲傷 ; 悲痛)

→ 舍正路不由, 哀哉! 『孟子·離婁上』
정도(=바른 길)을 버리고 가지 않으니, 슬프구나!

19-2. 子張曰: "執德不弘, 信道不篤, 焉能爲有, 焉能爲亡?"

子張	曰:	"執德	不弘,	信道	不
(인명)자장=전손사(顓孫師)(2-18)	(동)말하다	(명)仁과 德의 고수하다[동사→명사]	(동)넓히지 못하다	(동)올바른 道를 신봉하다[동→명]	(부)동사술어 앞. '~하지 않다'(7-14)
자장(子張)이 말했다.		"仁과 德의 고수(固守)를 넓히지 못하(고)[목적어 전치;목적어+타동사]		올바른 道 신봉을 충성스럽게 하지 못하(면)[목적어 전치][여기까지가 조건절]	
篤,	**焉**	**能**	**爲**	**有(道德),**	**爲**
(형)충성스럽다[형용사→동사]	(의문부사)반문. '어떻게'(2-10)	(동사)할 수 있다(11-26)	(동)말하다(=謂)(2-17)	(동)있다	(동)말하다(=謂)(2-17)
	어떻게 (道와 德이) 있다고 말할 수 있(고)				(道와 德이) 없다고
亡(道德)?"					
(동)부재하다,없다(3-5)					
말할 수 있겠는가?"					

번역 자장(子張)이 말했다. "仁과 德의 고수를 넓히지 못하고, 올바른 道 신봉을 충성스럽게 하지 못하면 어떻게 (道와 德이) 있다고 말할 수 있고, 어떻게 (道와 德이) 없다고 말할 수 있겠는가?"

語法과 語彙

執德不弘 (仁과 德의 고수를 넓히지 못하다)

(동사) 인과 덕을 고수(固守)하다; 도덕 규칙을 준수하다. (固守仁德 ; 遵守道德規範)

→ 朕執德不固 『漢書·成帝紀』
나(朕)는 '인과 덕을 고수하(執德)'는 것이 '안정되고 견고하지 않다(不固:不稳固)'.

執德不弘 (仁과 德의 고수를 넓히지 못하다)

(동사) 확대하다. 넓히다. 더욱 빛나고 성대하게 하다. (擴大;光大) [홍, hóng]

信道不篤 (올바른 道 신봉을 충성스럽게 하지 못하다)

(동사) 올바른 道를 신봉하다. (信奉正道)

→ 篤行信道, 自强不息. 『孔子家語·五儀解』
올바른 道 신봉(信道)을 성실히 신행하(篤行)고 '스스로 노력하여 항상하고 멈추지 않다(自强不息 : 謂自己努力向上, 永不停息).'

信道不篤 (올바른 道 신봉을 충성스럽게 하지 못하다)

(형용사) 한결같다. 충성스럽다. (專一 ; 忠誠) [독, dǔ]

19-3. 子夏之門人問交於子張. 子張曰: "子夏云何?" 對曰: "子夏曰: '可者與之, 其不可者拒之.'" 子張曰: "異乎吾所聞. 君子尊賢而容衆, 嘉善而矜不能. 我之大賢與, 於人何所不容? 我之不賢與, 人將拒我, 如之何其拒人也?"

子夏	之	門人	問(A於B)	交	(問A)於(B)
(인명)자하(1-7)	(조사)수식,종속관계.'~의'(3-2)	(명)제자, 학생(7-28)	A에 대해 묻다 B에게(12-10)	(동)사귀다. 교제하다(5-17)	A에 대해 묻다 B에게(12-10)
자하(子夏)의 제자가 자장(子張)에게 '교제하는 것(=인간관계를 맺는 것)'에 대해 물었다.					
子張.	**子張曰:**	**"子夏**	**云何?"**		**(門人)對曰:**
(인명)자장=전손사(顓孫師)(2-18)	자장이 말하다	(인명)자하(1-7)	1. 어떻게 하는가? 2. 무엇을 말하는가?(2-19 참조)		대구하여 말하다
	자장이 말했다.	1. "자하는 어떻게 하는가?" 2. "자하는 무엇을 말하던가?"			(제자가) 대구하여 말했다.
"子夏曰:	**'可**	**者**	**與**	**之,**	**其**
자하가 말하다	(형)괜찮다,적절하다,적합하다(1-15)	(접)긴축복문內 가정(16-1)	참여하다[동→사동](3-12)[yù]	(접사)동사강조·보충,음절모으기(13-1)	(대)그가,그것은. 주어(명사+之)(2-22)
"선생님(=자하)께서 말했습니다.	'적합하면 (인간관계에) 참여시키(고)				그가
不可	**者**	**拒**	**之.'"**	**子張曰:**	**"異**
(형)적절·적합하지 않다(1-15)	(접)긴축복문內 가정(16-1)	(동)거부하다. 거절하다	(접사)동사강조·보충,음절모으기(13-1)	자장이 말하다	(형)다르다
적합하지 않으면 거부한다.'"				자장이 말했다.	
乎	**吾**	**所**	**聞.**	**君子**	**尊賢**
(전)비교대상. '~보다/~과'(1-10)	(대)나,우리'주어,한정어…'(13-18)	(조사)'~사람·것·사건·곳'(1-12)	(동)듣다	(명)군자(君子)(11-1)	(동)현명한 사람을 존경하다
"내가 들은 것과 다르다.				군자는 현명한 사람을 존경하고	
而	**容**	**衆,**	**嘉善**	**而**	**矜**
(접)점층. '게다가,또한'(1-14)	(동)포용하다	(형)일반적이다(9-3)[형→명]	(동)자애로운 사람을 칭송하다	(접)점층. '게다가,또한'(1-14)	(동)불쌍히 여기다. 동정하다
게다가 일반적인 사람도 포용하(며)			자애로운 사람을 칭송하고 게다가 능력이 없는 사람도 불쌍히 여긴다.		
不能.	**我**	**之**	**大賢**	**與,**	**於**
(명)능력이 없는 사람(8-5)	(대)나	(접)주어+之+서술어(1-10)	(명)재능과 德이 뛰어난 사람	(어기)멈춤.다음문장유도(5-10)	(전)동작대상 '~에 대하여'(2-5)
	내가 재능과 德이 뛰어난 사람이라면… [與가 문중에서 '어기 멈춤과 다음 문장 제시'로 사용되는 경우 '조건가정'의 의미를 담는 경우가 있다(5-10참조)]				
人	**何所**	**不**	**容?**	**我之不賢與,**	
(명)타인, 다른사람(7-30)	(관용구)어디. 어느 곳	(부)행위 불가능·불필요(11-13)	(동)포용하다	내가 재능과 德이 없는 사람이라면…	
다른 사람에 대하여 어느 곳을 포용하지 못하겠느냐? [반문어기 없다]				내가 재능과 德이 없는 사람이라면	

人	將	拒	我,	如之何
(명)타인, 다른 사람(7-30)	(부,능원동사)의도 '~하려하다'(7-14)	(동)거부하다. 거절하다	(대)나	(관용)방법과 방식 질문. '어떻게…?'(2-20)
다른 사람이 나를 거부하려 (할텐데)				어떻게
其	**(我)拒人**	**也?"**		
(어기)멈춤(13-14)	사람을 거부하다	(어기)반문(3-1)		
… (내가) 타인을 거부하겠느냐?"				

번역 자하(子夏)의 제자가 자장(子張)에게 '교제하는 것(=인간관계를 맺는 것)'에 대해 물었다. 자장이 말했다. "자하는 어떻게 하는가? / 자하는 무엇을 말하던가?" 제자가 대구하여 말했다. "'적합하면 인간관계에 참여시키고, 그가 적합하지 않으면 거부한다.'고 하셨습니다." 자장이 말했다. "내가 들은 것과 다르다. 군자는 현명한 사람을 존경하고 게다가 일반적인 사람도 포용하며, 자애로운 사람을 칭송하고 게다가 능력이 없는 사람도 불쌍하게 여긴다. 내가 재능과 德이 뛰어난 사람이라면 다른 사람에 대해여 어느 곳을 포용하지 못하겠느냐? 내가 재능과 德이 없는 사람이라면 다른 사람이 나를 거부하려 할 텐데 어떻게 내가 타인을 거부하겠느냐?"

語法과 語彙

子夏云何? (자하는 어떻게 하는가?)

(의문대명사) 어떠한가(如何 ; 怎麼樣) [운하, yúnhé]
(동사) 어떻게 하는가(怎麼辦)

→ 利害云何? 『後漢書·班勇傳』
이익과 손해(利害:利益與損害)는 어떠한가?

其不可者拒之 (그가 적합하지 않으면 그를 거부하다)

(동사) 거부하다. 거절하다. 받아들이지 않다. (拒絶, 不接受)

君子尊賢而容衆 (군자는 현명한 사람을 존경하고 게다가 일반적인 사람도 포용한다)

(동사) 현명한 사람을 존경하다. (尊敬賢者)

→ 尊賢之朝, 雖有佞人, 化為直臣 (清·唐甄『潛書·抑尊』)
현명한 사람을 존경하는 조정(尊賢之朝)은 비록(雖) '감언이설과 아첨에 능한 사람(佞人)'이 있어도 '바뀌어(化)' '직언으로 간언하는 신하(直臣:直言諫諍之臣)'가 '된다(為)'.

君子尊賢而容衆 (군자는 현명한 사람을 존경하고 게다가 일반적인 사람도 포용한다)

(동사) 너그럽게 받아들이다. 포용하다. (寬容, 包容)

嘉善而矜不能 (자애로운 사람을 칭송하고 게다가 능력이 없는 사람도 불쌍하게 여기다)

(동사) 자애로운 사람·착한 사람을 칭송하다. (謂贊美善人) [가선, Jiāshàn]

→ 嘉善而矜愚, 大聖亦同然 (三國魏曹植『當欲游南山行』)
자애로운 사람을 칭송하고(嘉善) 게다가(而) 어리석은 사람을 가엽게 생각하(矜愚)는 것은 왕(大聖:稱帝王)도 역시 이와 같다(同然:相同).

嘉善而矜不能 (자애로운 사람을 칭송하고 게다가 능력이 없는 사람도 불쌍하게 여기다)

(동사) 불쌍히 여기다. 동정하다. (怜憫；同情) [긍, jīn]

→ 君子見人之厄則矜之 『公羊傳·宣公十五年』
군자는 다른 사람의 '재난(厄)'을 '보면(見…則)' 불쌍히 여긴다(矜之).

我之大賢與, 於人何所不容? (내가 재능과 德이 뛰어난 사람이라면 다른 사람에 대해여 어느 곳을 포용하지 못하겠는가?)

(명사) 재능과 덕이 뛰어난 사람. (才德超群的人)

於人何所不容? (다른 사람에 대해여 어느 곳을 포용하지 못하겠는가?)

(관용구) 의문대명사 '何'와 명사 '所'로 구성된 수식구(偏正詞組)이고, 장소를 묻는데 사용되며, '주어, 서술어, 동사목적어, 간접목적어(동사와 그것의 목적어 뒤 <하지만 '간접목적어'는 '직접목적어' 앞에 출현하여 '타동사+간접목적어+직접목적어'의 형식을 갖기 때문에 '何所'를 '간접목적어'라고 이름 붙이기에는 어색한 면이 있고, 마치 '처소보어'처럼 쓰이는 것 같다 → '동사+목적어+何所'의 형식>), 전치사 목적어(일반적으로 전치사 뒤 그리고 가끔씩 전치사 앞), 부사어(동사와 바로 연이어서 또는 동사 사이에 접속사 '而'가 있다)' 등으로 쓰인다. '어디' 등으로 번역된다. (甚麼地方, 哪里)

→ 宇宙雖廣, 自容何所? 『晉書·王羲之傳』
천하(宇宙:天下)가 비록 넓(雖廣)지만 스스로(自) 어느 곳(何所)을 수용하는가?

→ 鬼問: "欲至何所?" 『搜神記·宋定伯』
귀신이 묻는다. "어디를 가고 싶은가?"

→ 中官有子, 將置之何所? 『元史·脫脫傳』
중관(中官:고대 관명. 古官名)은 아들이 있(有子)는데 그(之)를 어디에(何所) 배치할 건가?(將置)?

19-4. 子夏曰: “雖小道, 必有可觀者焉, 致遠恐泥, 是以君子不爲也.”

<table>
<tr><th>子夏曰:</th><th>“雖</th><th colspan="2">小道,</th><th>必有</th><th>可</th></tr>
<tr><td>자하가 말하다
(1-7)</td><td>(접)비록~지만
(5-1)</td><td colspan="2">(명사)예(禮), 악(樂), 정치(政), 교화(敎) 이외의 학설. 기예</td><td>반드시 있다</td><td>(조동)~할 만하다
(7-11)</td></tr>
<tr><td>자하(子夏)가 말했다.</td><td colspan="3">“비록 예(禮), 악(樂), 정치(政), 교화(敎) 이외의 학설(or 기예)이더라도 [양보절 표지 ‘수(雖)’가 보인다]</td><td colspan="2">반드시 볼만 한…</td></tr>
<tr><th>觀</th><th>者</th><th colspan="2">焉,</th><th colspan="2">致遠</th></tr>
<tr><td>(동)자세히 보다. 관찰하다(19-4)</td><td>(조사)~한 사람,
~한 것(1-2)</td><td colspan="2">(어기)문중.멈춤,문장제기(4-17)</td><td colspan="2">(동)멀리 가다. 후세에 영향을 미칠 수 있다. 멀리 오래 보급하다</td></tr>
<tr><td colspan="4">…것이 있(지만) [여기까지 양보절이 이어졌다]</td><td colspan="2">멀리 갈(때 or 후세에 영향을 주려고 할 때)</td></tr>
<tr><th>恐</th><th>泥,</th><th>是以</th><th>君子</th><th colspan="2">不爲(小道)</th></tr>
<tr><td>(동)두려워하다
(16-1)</td><td>(동)함정에 빠지다</td><td>(접)그래서.
이 때문에(5-15)</td><td>(명)군자(君子)
(11-1)</td><td colspan="2">(동)취하지 않다.강구하지 않다(15-40)</td></tr>
<tr><td colspan="2">함정에 빠지는 것을 두려워하(여)</td><td colspan="4">이 때문에 군자는 (소도<小道>를) 강구하지 않는다.”</td></tr>
<tr><th>也.”</th><td colspan="5" rowspan="3"></td></tr>
<tr><td>(어기)진술강조
(2-17)</td></tr>
<tr><td></td></tr>
</table>

번역 자하(子夏)가 말했다. “비록 예(禮), 악(樂), 정치(政), 교화(敎) 이외의 학설(or 기예)이더라도 반드시 볼만 한 것이 있지만, 멀리 갈 때(or 후세에 영향을 주려고 할 때) 함정에 빠지는 것을 두려워하여, 이 때문에 군자는 소도(小道)를 강구하지 않는다.”

語法과 語彙

雖小道, 必有可觀者焉 (비록 예(禮), 악(樂), 정치(政), 교화(敎) 이외의 학설(or 기예)이더라도 반드시 볼만 한 것이 있다)

(명사) 예(禮), 악(樂), 정치(政), 교화(敎) 이외의 학설. 기예. (禮樂政教以外的學說；技藝)

→ 小道謂異端 -何晏(?—249年)集解-
소도(小道)는 이단(異端:유가 外 학설과 학파)을 말한다.

致遠恐泥 (멀리 갈 때<or 후세에 영향을 주려고 할 때> 함정에 빠지는 것을 두려워하다)

(동사) 멀리 가다. 후세에 영향을 미칠 수 있다. 멀리 오래 보급하다. (到達遠方. 指能影響後世, 推行久遠)

→ 服牛乘馬, 引重致遠, 以利天下 『易經·繫辭下』
소를 사용하(服:使用)고 말을 타(乘馬)면 무거운 물건을 실어나르(引重:載運重物)고 멀리 갈 수 있(致遠)어 그것으로(以) 천하를 이롭게 한다(利天下).

致遠恐泥 (멀리 갈 때<or 후세에 영향을 주려고 할 때> 함정에 빠지는 것을 두려워하다)

(동사) 함정에 빠지다. 끈적끈적하게 둘둘 감다. (陷住 胶纏) [니, nì] [ní:진흙…]

→ 泥, 滞陷不通 『廣韻·霽韵』
니(泥)는 막히고(滞) 빠지고(陷) 통하지 않(不通)는 것이다.

19-5. 子夏曰: "日知其所亡, 月無忘其所能, 可謂好學也已矣."

<table>
<tr><th>子夏曰:</th><th>"日</th><th>知</th><th>其</th><th>所</th><th>亡,</th></tr>
<tr><td>자하(子夏)가 말하다(1-7)</td><td>(부)매일. 하루하루</td><td>(동)알다</td><td>(대)그가,그것은. 주어(명사+之)(2-22)</td><td>(조사)'~사람·것·사건·곳'(1-12)</td><td>(동)없다(7-25) [망, wú]</td></tr>
<tr><td colspan="6">자하가 말했다. "매일 그가(=행위자) 없는 것을 알(고) [→ 알지 못하는 것/부족한 것/…]</td></tr>
<tr><th>月</th><th>無</th><th>忘</th><th>其</th><th>所</th><th>能,</th></tr>
<tr><td>(부)매월</td><td>(부)진술사실부정 (=不)(1-15)</td><td>(동)잊다. 기억하지 못하다</td><td>(대)그가,그것은. 주어(명사+之)(2-22)</td><td>(조사)'~사람·것·사건·곳'(1-12)</td><td>(동)할 수 있다 (11-26)</td></tr>
<tr><td colspan="6">매월 그가(=행위사) 할 수 있는 것을 잊시 않(으면) [조건가정절]</td></tr>
<tr><th>可謂</th><th>好</th><th>學</th><th>也已矣."</th><td colspan="2" rowspan="3"></td></tr>
<tr><td>(동)~라고 말할 수 있다(1-11)</td><td>(동)좋아하다 (7-11)[호,hào]</td><td>(동)배우다</td><td>(관용구)강한 긍정, 강한 감탄(8-1)</td></tr>
<tr><td colspan="4">분명 배우기를 좋아한다고 말할 수 있다."</td></tr>
</table>

번역 자하(子夏)가 말했다. "매일 그가(=행위자 본인이) 없는 것을 알고, 매월 그가(=행위자 본인이) 할 수 있는 것을 잊지 않으면 분명 배우기를 좋아한다고 말할 수 있다."

語法과 語彙

日知其所亡 (매일 그가 없는 것을 알다)

(부사) 매일. 하루하루. (每天; 一天天地)

— [보충]

대부분의 학자가 '소망(所亡)'을 '모르는 것'으로 주석했는데 고대중국어 공구서에는 '망(亡)'에 그러한 의미가 없다.

月無忘其所能 (매월 그가 할 수 있는 것을 잊지 않다)

(부사. 명사)매월. (每月)

→ 月攘一雞, 以待來年, 然後已 『孟子·藤文公下』

매월 '닭 한 마리를 훔쳐(攘<양,rǎng>一雞)'서 그것으로(以) 내년을 기다린(待來年) 다음(然後) 그만두다(已).

月無忘其所能 (매월 그가 할 수 있는 것을 잊지 않다)

(동사) 기억하지 못하다. 잊다. (不記得; 忘記)

→ 前事之不忘, 後事之師 『戰國策·趙策一』

과거의 일을 잊지 않는 것이 미래의 일(=後事)의 거울이다.

19-6. 子夏曰: "博學而篤志, 切問而近思, 仁在其中矣."

<table>
<tr><th>子夏曰:</th><th>"博學</th><th>而</th><th>篤志,</th><th>切問</th><th>而</th></tr>
<tr><td>자하(子夏)가 말하다(1-7)</td><td>(동)많이·풍부하게 배우다(6-27)</td><td>(접)병렬. '그리고'(7-1)</td><td>(동)온 마음을 다 기울이다</td><td>(동)간절하게 가르침을 구하다</td><td>(접)병렬. '그리고'(7-1)</td></tr>
<tr><td>자하(子夏)가 말했다.</td><td colspan="3">"풍부하게 배우고 온 마음을 다 기울이(며)</td><td colspan="2">간절하게 가르침을 구하고</td></tr>
<tr><th colspan="2">近思,</th><th>仁</th><th>在</th><th>其</th><th>中</th></tr>
<tr><td colspan="2">(동)배워서 알고 '보기 쉬운 것(=알기 쉬운 것)'에 대해서 생각하다</td><td>(명)仁</td><td>(동)~에 있다(5-1)</td><td>(대)其+명사(이,저)(한정어)(4-5)</td><td>(명)내부.안(15-32)</td></tr>
<tr><td colspan="2">배워서 알 수 있고 보기 쉬운 것에 대해서 생각하(면) [여기까지 조건가정절]</td><td colspan="4">仁은 분명 그 안에 있을 것이다."</td></tr>
<tr><th>矣."</th><td colspan="5"></td></tr>
<tr><td>(어기)미래확신. '가정+결과'(7-15)</td><td colspan="5"></td></tr>
<tr><td></td><td colspan="5"></td></tr>
</table>

번역 자하(子夏)가 말했다. "풍부하게 배우고 온 마음을 다 기울이며, 간절하게 가르침을 구하고 배워서 알 수 있고 보기 쉬운 것에 대해서 생각하면 仁은 분명 그 안에 있을 것이다."

語法과 語彙

博學而篤志 (풍부하게 배우고 온 마음을 다 기울이다)

(동사) 온 마음을 다 기울이다. 전심전력으로 몰두하다; 뜻을 세우고 변하지 않다. (專心一志=專心致志; 立志不變) [독지, dǔzhì]

→ 師徒們出洞來, 攀鞍上馬, 找大路, 篤志向西 (『西游記』第四三回)
사부와 제자들(師徒們)이 동굴에서 나와(出洞來) 안장에 기어올라(攀鞍<반안,pān ān>) 말을 타(上馬)고 길을 찾아(找大路) 전심전력으로(篤志) 서쪽으로 간다(向西).

切問而近思 (간절하게 가르침을 구하고 배워서 알 수 있고 보기 쉬운 것에 대해서 생각하다)

(동사) 간절하게 가르침을 구하다. (謂懇切求教)

切問而近思 (간절하게 가르침을 구하고 배워서 알 수 있고 보기 쉬운 것을 생각하다)

(동사) 배워서 알고 '보기 쉬운 것(=알기 쉬운 것)'에 대해서 생각하다. (謂就習知易見者思之)

→ 近思者, 近思己所能及之事 (何晏集解)
근사(近思)에서 근사(近思)는 자신(己)이 '미칠 수(to reach) 있(能及)'는 일이다.

— [보충]

학자들은 보통 '근사(近思)'를 '가까운데서 생각하다. 비근(卑近:주위에서 보고 들을 수 있을 만큼 알기 쉽고 실생활에 가깝다)'하게 생각하다. 가까운 일을 생각하다(思考近前的事)' 등으로 주석하고 있다.

절실한 문제의식을 갖고 항상 의문을 품고 그것을 해결해나가는 삶의 태도, 그것이 仁이다. 절실한 문제의식이 있을 때만 탐구가 이루어진다. 생각은 항상 비근(卑近)한 데서 해야 한다. 아무리 형이상학적 우주론을 완성했다 할지라도 우리의 삶의 문제는 끊임없이 비근(卑近)한 데서 주어진다. (김용옥, 2008)

19-7. 子夏曰: “百工居肆以成其事, 君子學以致其道.”

子夏曰:	“百工	居	肆	以	成
자하(子夏)가 말하다(1-7)	(명)각종 공예가(工藝家)	(동)머물다(7-4)	(명)수공예 작업장	(전)以뒤 재지시之 생략(7-16)	(동)완성하다, 실현하다(7-10)
자하(子夏)가 말했다.	“각종 공예가는 작업장에 머물며 그것으로 [居肆(작업장에 머물며)는 [‘居(동사<머물다>+(동작 발생 전치사)+肆(장소 명사)’에서 동작 발생 전치사 생략되었다]				
其	**事,**	**君子**	**學**	**以**	**致**
(대)그의…‘복수可’(1-7)	(명)직업	(명)군자(君子)(11-1)	(동)배우다.공부하다(15-31)	(전)以뒤 재지시之 생략(7-16)	(동)도달하다. 다다르다
그의 직업을 실현하(고)		군자는 배워서 그것으로 그의 도리(道理)에 도달한다.”			
其	**道.”**	[‘학이(學以)’에서 ‘以’는 ‘以 뒤의 재지시 之생략의 전치사’가 아니라 ‘수단·도구를 나타내는 전치사(2-1)’로 보아도 틀리지 않는다. 여기서는 parallelism(호응, 유사성)에 기반하여 ‘재지시 之의 생략으로 본다]			
(대)그의…‘복수可’(1-7)	(명)규율,도리(3-16)				

번역 자하(子夏)가 말했다. “각종 공예가는 작업장에 머물며 그것으로 그의 직업을 실현하고, 군자는 배워서 그것으로 그의 도리(道理)에 도달한다.”

語法과 語彙

百工居肆以成其事 (각종 공예가가 작업장에 머물며 그것으로 그의 직업을 실현하다)

(명사) 각종 공예가(工藝家). 각종 공인(工人). (各種工匠)

百工居肆以成其事 (각종 공예가가 작업장에 머물며 그것으로 그의 직업을 실현하다)

(명사) 수공예 작업장. (手工業作坊) [사, sì]

→ 農安於亩, 工安於肆, 商安於旅 (清·王夫之『宋論·太祖』)
농부(農)는 토지에서 편안하(安於‘亩<묘,mǔ>’)고, 공인(工)은 수공예 작업장에서 편안하(安於肆)고, 상인(商)은 길(旅:道路)‘에서 편안하다(安於)’.

百工居肆以成其事 (각종 공예가가 작업장에 머물며 그것으로 그의 직업을 실현하다)

(명사) 직업. (職業)

→ 陶氏、田氏, 事之氏姓也 『論衡·詰術』
도씨(陶氏:도자기 종사자)와 전씨(田氏:농사꾼)는 직업의(事之) 성씨(氏姓:指姓)이다.

君子學以致其道 (군자가 배워서 그것으로 그의 도리(道理)에 도달하다)

(동사) 도달하다. 다다르다. (達到) [치, zhì]

→ 故聖人者, 人之所積而致也 『荀子·性惡』
때문에(故) 聖人이란 것은(聖人者) 사람이(人之) 쌓고 도달하는 곳(所積而致)이다.

19-8. 子夏曰: “小人之過也, 必文.”

子夏曰:	“小人	之	過	也,	必
자하(子夏)가 말하다(1-7)	(명)소인(小人)	(접)주어+之+서술어(1-10)	(명)잘못.실수(6-3)[명→동]	(어기)멈춤. ‘완만,제시’(3-1)	(부)꼭,반드시, 분명히(6-30)
자하(子夏)가 말했다. “소인(小人)은 잘못을 하면… [시간조건절(1-1)]					반드시
文.”					
(동)덮어 숨기다(14-12)					
덮어 숨긴다.”					

번역 자하(子夏)가 말했다. “소인(小人)은 잘못을 하면 반드시 덮어 숨긴다.”

語法과 語彙

小人之過也, 必文 (소인(小人)은 잘못을 하면 반드시 덮어 숨긴다)

— [견해]

‘야(也)’가 문중 어기사로 복문 중 앞 문장의 끝에 쓰여서 ‘어기 멈춤, 제시’를 나타내는 동시에 어기를 강조하는 역할을 할 때 앞의 단문이 ‘조건가정’의 의미를 갖는 경우가 빈번하다. 다음 편에 나오는(19-9) 문장의 ‘야(也)’ 역시 이러한 쓰임이다.

→ 聽其言也, 可以知其所好矣 『孟子·離婁下』
그의 말을 들(聽其言)으면 ‘그의 좋은 점(其所好)’을 알 수 있다.

→ 是可忍也, 孰不可忍也? 『論語·八佾』
이것(是)이 용인된다(可忍)면 무엇(孰)이 용인되지 않겠(不可忍)는가?

[그렇지 않은 경우]

→ 當是時也, 禹八年於外, 三過其門而不入 『孟子·藤文公上』
이때(當是時) 禹는 ‘8년 동안 밖에 있었(八年於外)’고 ‘세 번 그의 집 문을 지나갔(三過其門)’지만 ‘들어가지 않(不入)’았다.

19-9. 子夏曰: "君子有三變. 望之儼然 ; 卽之也, 溫 ; 聽其言也, 厲."

子夏曰:	"君子	有	三	變.	望
자하(子夏)가 말하다(1-7)	(명)군자(君子)(11-1)	(동)있다. 가지고 있다	(수사)셋(10-27)	(명)모양 변화	(동)먼 곳에서 보다
자하(子夏)가 말했다.	"군자는 세 가지 모양 변화가 있다. [三(수사)와 變(명사) 사이 단위명사 생략]				먼 곳에서 그를 보(면)
之	**儼然;**	**卽**	**之**	**也,**	**溫;**
군자.(대)재지시. '그것,그사람'(2-1)	(형)엄숙하고 장중하다	(동)가까이 가다. 접근하다(13-29)	군자.(대)재지시. '그것,그사람'(2-1)	(어기)멈춤.완만.제시.강조(3-1)	(형)부드럽다(7-37)
엄숙하고 장중하(고); [조건가정긴축문(假設緊縮句)(11-14)]		그에게 가까이 가면 [조건가정절(1-1)]			부드럽(고);
聽	**其**	**言**	**也,**	**厲."**	
(동)듣다	(대)그의…'복수可'(1-7)	(명)말, 언사, 한 마디(2-2)	(어기)멈춤. '완만,제시'(3-1)	(형)매섭다. 호되다(7-37)	
그의 말을 들(으면) [조건가정절(1-1)]				매섭다."	

번역 자하(子夏)가 말했다. "군자는 세 가지 모양 변화가 있다. 먼 곳에서 그를 보면 엄숙하고 장중하고, 그에게 가까이 가면 부드럽고, 그의 말을 들으면 매섭다."

語法과 語彙

君子有三變 (군자는 세 가지 모양 변화가 있다)

(명사. 동사) (내용은 불변하고) 형태를 바꾸다. 새로운 모양으로 바꾸다. 변형. 변용. 변한 모양. 다른 형태. 변한 형태. 변문[變文:당대(唐代) 설창 문학(說唱文學)의 일종. 산문과 운문을 섞어 불경 고사, 민간 전설, 역사 고사 등을 기술하였음]. (變相或變文的簡稱)

望之儼然 (먼 곳에서 그를 보면 엄숙하고 장중하다)

(동사) 높은 곳이나 먼 곳을 보다; 높은 곳이나 먼 곳에서 보다. (向高處、遠處看) [망, wàng]

→ 望, 遠視也 『玉篇·亡部』
망(望)은 멀리서 보다(遠視)이다.

望之儼然 (먼 곳에서 그를 보면 엄숙하고 장중하다)

(형용사) 엄숙하고 장중하다. (嚴肅莊重的樣子) [엄연, yǎnrán]

→ 君子正其衣冠, 尊其瞻視, 儼然人望而畏之 『論語·堯曰』
군자는 '자신의(其)' 의관(衣冠)을 단정히 하(正)고 자신의(其) 바라봄(瞻視)을 존엄하게 하며, 엄숙하고 장중하게(儼然) 사람들이 '그(之)'를 '바라보게 하고 두려워하게 한다(望而畏)'.

19-10. 子夏曰: "君子信而後勞其民, 未信, 則以爲厲己也. 信而後諫, 未信, 則以爲謗己也."

子夏曰:	"君子	信	而後	勞	其
자하(子夏)가 말하다(1-7)	(명)군자(君子)(11-1)	(동)신임하다 [동사→피동]	(접)~한 다음(비로소)(5-20)	(동)일을 시키다. 피곤해지다(14-7)	(대)그의…'복수可'(1-7)
자하(子夏)가 말했다. "군자는 신임 받은 다음 그의 백성에게 일을 시키(고)					
民,	**未信(勞),**		**則**	**以(之)**	**爲**
(명)서민·평민·백성·민중(15-25)	아직 신임을 받지 못하다 [未:(부사)아직~않다(3-25)]		(접)조건+則+결과(1-6)	(전)以뒤 재지시之 생략(7-16)	(동)~라고 여기다(17-24)
	아직 신임을 받지 못했는데 (일을 시키…) / 아직 신임을 받지 못했다…		…면 (그것을)		
厲	**己**	**也.**	**(君子)信**	**而後**	**諫,**
(동)잔인하게 박해하다	(대)자신(1-16)	(어기)판단(동사,형용사술어끝)(11-15)	(동)신임하다 [동사→피동]	(접)~한 다음(비로소)(5-20)	(동)솔직하게 권고하다(18-1)
자신을 박해한다고 여긴다.			(군자는) 신임을 받은 다음 솔직하게 권고하(고)		
未信(諫),		**則**	**(人)以(之)**	**爲**	**謗**
아직 신임을 받지 못하다		(접)조건+則+결과(1-6)	(전)以뒤 재지시之 생략(7-16)	(동)~라고 여기다(17-24)	(동)비방하다. 헐뜯다
아직 신임을 받지 못했는데 (권고하..) / 아직 신임을 받지 못했다…		…면 (사람들은 그것을) 자신을 비방한다고 여긴다."			
己	**也."**				
(대)자신(1-16)	(어기)판단(동사,형용사술어끝)(11-15)				

번역 자하(子夏)가 말했다. "군자는 신임을 받은 다음 그의 백성에게 일을 시키고, 아직 신임을 받지 못했는데 일을 시키면 그것을 자신을 박해한다고 여긴다. 군자는 신임을 받은 다음 솔직하게 권고하고, 아직 신임을 받지 못했는데 권고하면 사람들은 그것을 자신을 비방한다고 여긴다."

語法과 語彙

君子信而後勞其民 (군자가 신임을 받은 다음 그의 백성에게 일을 시키다)

(동사) 믿다. 신임하다. (相信 ; 信任)

→ 信, 不疑也 『字彙·人部』
신(信)은 의심하지 않는 것이다.

未信, 則以爲厲己也 (아직 신임을 받지 못했다면 자신을 박해한다고 여긴다)

(동사) (주로 정치적으로) 잔인하게 박해하다. (虐害) [려, lì]

未信, 則以爲謗己也 (아직 신임을 받지 못했다면 자신을 비방한다고 여긴다)

(동사) 비방하다. 헐뜯다. (毁謗) [방, bàng]

→ 故堯有不慈之毁, 舜有不孝之謗 (唐•皮日休『原謗』)
그래서 요임금은 '자애롭지 못하다는 비방(不慈之毁)'이 있고, 순임금은 '불효의 비방(不孝之謗)'이 있다.

19-11. 子夏曰: "大德不踰閑, 小德出入可也."

子夏曰:	"大德	不	踰閑,	小德
자하(子夏)가 말하다(1-7)	(명)일의 핵심	(부)동사술어 앞. '~하지 않다'(7-14)	(동)예법을 지키지 않다. 규범을 넘다	(명)작은 덕행과 도덕규범
자하(子夏)가 말했다.	"일의 핵심이 규범을 넘지 않(으면) [가정조건절(1-1)]			작은 덕행과 도덕규범이
出入	**可**	**也."**		
(동)나가고 들어오다 [명사화]	(형)괜찮다,적절하다,적합하다(1-15)	(어기)판단(동사,형용사술어끝)(11-15)		
나가고 들어오는 것은 괜찮다." [출입(出入)은 동사의 명사화(4-23)로 쓰였는데 여기서는 전형적인 '동명사' 용도로 쓰였다]				

번역 자하(子夏)가 말했다. "일의 핵심이 규범을 넘지 않으면 작은 덕행과 도덕규범이 나가고 들어오는 것은 괜찮다."

語法과 語彙

大德不踰閑 (일의 핵심이 규범을 넘지 않다)

(명사) 일의 핵심. 일의 관건. (大節=大節目)
(명사) 큰 공덕. 큰 은혜. (大功德 ; 大恩)
(명사) 덕행이 고상한 사람. (指德行高尚的人)
(형용사) 인품과 덕성이 고상하다. (謂品德高尚)

→ 大德小德, 猶言大節小節 -朱熹注-
대덕과 소덕(大德小德)은 대절과 소절(大節小節)을 말하는 것과 같다(猶言).

大德不踰閑 (일의 핵심이 규범을 넘지 않다)

(동사) 규범을 넘다. (越過規範;踰:越過, 閑:規範)
(동사) 예법을 지키지 않다. (不守禮法) [유한, yúxián]

小德出入可也 (작은 덕행과 도덕규범이 나가고 들어오는 것은 괜찮다)

(명사) 덕행과 절조가 작은 것; 작은 덕행과 '도덕규범(=절조:high moral principle)'. (德行節操之小者)

→ 小德川流, 大德敦化 『禮記·中庸』
소덕(小德)이 거듭 나타나서 성행하여 쇠퇴하지 않으(川流:喻層見疊出, 盛行不衰)면 대덕(大德)이 인애를 두텁게 하고 만물을 생기게 한다(敦化:謂仁愛敦厚, 化生萬物).

小德出入可也 (작은 덕행과 도덕규범이 나가고 들어오는 것은 괜찮다)

(동사) 나가고 들어오다. (出進)

大德不踰閑, 小德出入可也 (일의 핵심이 규범을 넘지 않으면 작은 덕행과 도덕규범이 나가고 들어오는 것은 괜찮다)

— [보충과 견해]

이 문장을 '조건가정절+주절의 복문인 수식복문(비대등 접속문)'과 '단문+단문의 복문인 연합복문(이어진 문장)'로 보는 견해 두 가지가 있다. 먼저 중국학자는 모두 '연합복문(이어진 문장)'으로 보았는데 다음과 같이 주석하였다.

- 큰 덕행은 한계를 넘을 수 없고, 작은 덕행은 어느 정도 출입이 가능하다. (大的德行不可逾越界限, 小的德行有些出入是可以的)(陳曉芬, 2016)
- 한 사람이 큰 규범에서는 규칙을 넘어서는 안 되고, 소절에서는 꼭 구애받지 않아도 된다. (一個人在大節上不可逾越規矩, 在小節上可以不必太拘泥)(毛子水, 2009)
- 사람의 중대 절조는 한계를 넘을 수 없고, 태도·기풍상 소절이 약간 느슨한 것은 괜찮다. (人的重大節操不能逾越界限, 作風上的小節稍稍放松一點是可以的)(楊伯峻, 2006)

한국학자 中 '연합복문(이어진 문장)'으로 본 학자는 '류종목' 선생이고 '종속절(조건가정)과 주절'의 '수식복문(비대등 접속문)'으로 본 학자는 '김학주, 이기동, 김용옥' 선생이다.

- 큰 덕에 있어 그 한계를 넘지 않는다면, 작은 덕에 있어서는 더하고 덜한 게 있어도 괜찮은 것이다. (김학주, 2017)
- 큰 덕이 한계를 넘지 않으면, 작은 덕은 왔다갔다 해도 괜찮다. (이기동, 2011)
- 큰 도덕의 울타리를 넘어가지만 않는다면, 작은 도덕의 소절(小節)은 출입(出入)이 있어도 크게 문제되지 않는다. (김용옥, 2008)
- 중대한 덕목은 그 규범의 경계를 넘지 않지만 사소한 덕목은 그 경계를 좀 드나들어도 괜찮다. (류종목, 2000)

1. "일의 핵심은 규범을 넘지 않고, 작은 덕행과 도덕규범은 나가고 들어오는 것은 괜찮다"
2. "일의 핵심이 규범을 넘지 않으면, 작은 덕행과 도덕규범이 나가고 들어오는 것은 괜찮다"

'1'은 당위의 나열이라고 볼 수 있으며 앞의 단문은 전혀 문제가 없지만, 뒤 단문의 호응은 자연스럽지 못하다. 뒤의 단문은 '작은 덕행과 도덕규범은 ~해야 한다/~이어야 한다'로 정의되어야 할 것 같다. '2'는 '전제와 전제 내(內)의 운용 범위'를 보여주는 것이기에 문제가 없다고 본다.

19-12. 子游曰: "子夏之門人小子, 當灑掃應對進退, 則可矣, 抑末也. 本之則無, 如之何?" 子夏聞之曰: "噫! 言游過矣! 君子之道, 孰先傳焉? 孰後倦焉? 譬諸草木, 區以別矣.君子之道, 焉可誣也? 有始有卒者, 其唯聖人乎!"

子游	曰:	"子夏	之	門人	小子,
자유(子游)=언유(言游)(2-7)	(동)말하다	(인명)자하(1-7)	(조사)수식,종속관계.'~의'(3-2)	(명)제자, 학생(7-28)	(명)학생(들). 후배(들)(5-22)
자유(子游)가 말했다.		"자하(子夏)의 제자들은 [문인(門人), 소자(小子)는 모두 '학생,제자'의 의미로 정의되었는데 이 둘이 합쳐져 '제자들+제자들→제자들'이라고 본다]			
當	**灑掃**	**應對**	**進退,**	**則**	**可**
(접)가정복문 앞단문.만약~(10-6)	(동)청소하다	(동)응대하다	(명)행동거지 [명사→동사]	(접)조건+則+결과(1-6)	(형)괜찮다,적절하다,적합하다(1-15)
만약 청소하고, 응대하고, 몸을 움직여 하는 것이… [灑掃, 應對, 進退는 명사화(4-23)(동명사)로 본다]				…라면 괜찮지…	
矣,	**抑**	**末**	**也.**	**本**	**之**
(어기)'이미 그렇다'(3-24)	(접)뒤 단문 문두. '그러나'(7-33)	(형)비근본적이다. 부차적이다	(어기)판단(동사,형용사술어끝)(11-15)	(명)사물의 근원. 중심이 되는 것	(접)주어+之+서술어(1-10)
	…만 그러나 비근본적이다.			중심이 되는 것이	
則	**無,**	**如之何?"**		**子夏聞**	**之**
(판단부사)(주어)+則+서술어(7-33)	(동)없다(9-2)	(관용)방법·방식질문. '그것을 어떻게 할 것인가?'(2-20)(3-3)		자하다 듣다	(대)재지시.'그것, 그사람,그곳'(2-1)
없는 것은		어떻게 할 것인가?"		자하(子夏)가 그것을 듣고	
曰:	**"噫!**	**言游**	**過**	**矣!**	**君子之道,**
(동)말하다	(감탄)보통 단독 문장(11-9)	언유(言游)=자유(子游)(2-7)	(동.형)지나치다. 과분하다(11-16)	(어기)감탄(1-3)	군자의 道
말했다.	"아!	자유(=언유)가 지나치다!			군자의 道는 [화제(16-14)]
孰	**先**	**傳**	**焉?**	**孰**	**後**
(의.대)목적어.누구, 무엇.'의문'(3-1)	(형)먼저이다 (13-1)[형→부]	(동)전수하다. 가르치다	(어기)문미. 의문,반문(17-19)	(의.대)목적어.누구, 무엇.'의문'(3-1)	(동)뒤에 두다 (3-8)[동→부]
무엇을 먼저 가르치는가? ['목적어(孰)+부사(先)+타동사(傳)'로 의문대명사의 '동사 앞 전치' 통사이다] [선(先)을 명사에서 품사활용되었다고 보아도 전혀 문제 없다(순서나 시간에서 앞에 있음(次序或時間在前). 여기서는 논어에 출현한(13-1) 용례에서 활용되었다고 적었을 뿐이다. 뒤의 '후(後)' 역시 마찬가지이다]				무엇을 나중으로	
倦	**焉?**	**譬**	**諸**	**草木,**	**區**
(형)게으르다 (7-2)[형→동]	(어기)문미.의문,반문(17-19)	(동)비유하다 (2-1)	(겸사)之+向. '~에게'(5-12)	(명)초목. 풀과 나무	(동)구별하다. 구분하다. 나누다.
게을리 하는가?		그것을 풀과 나무에 비유하(면) [조건가정절]			분명 나누고
以	**別**	**矣.**	**君子之道,**	**焉**	**可**
(접)병렬성분연결 (2-20)	(동)구분하다. 명백히 구별하다	(어기)미래확신. '가정+결과'(7-15)	군자의 道	(의문부사)반문. '어떻게.왜'(2-10)	(조동)가능. '~할 수 있다'(1-11)
구별할 수 있을 것이다.			군자의 道는 [화제(1-6)]	어떻게	

<table>
<tr><th colspan="2">誣</th><th>也?</th><th>有</th><th>始</th><th>有</th></tr>
<tr><td colspan="2">(동)비방하다.헐뜯다</td><td>(어기)반문(3-1)</td><td>(동)있다</td><td>(명)처음.시작</td><td>(동)있다</td></tr>
<tr><td colspan="3">비방할 수 있겠는가? [반문의 경우에는 이처럼 반문 '의문부사(焉)…반문어기(也)'구조가 빈번하다]</td><td colspan="3">처음이 있고</td></tr>
<tr><th>卒</th><th>者,</th><th>其</th><th>唯</th><th>聖人</th><th>乎!"</th></tr>
<tr><td>(명)끝.종료
[동사→명사]</td><td>(조사)~한 사람,
~한 것(1-2)</td><td>(대)그것은.그는
'주어(명사+之)'(4-6)</td><td>(부사)오직~만
(=惟)(2-6)</td><td>(명)성인(聖人)</td><td>(어기)감탄,비분,찬송(3-14)</td></tr>
<tr><td colspan="2">끝이 있는 것은 [화제(1-6)(16-14)]</td><td colspan="4">그것은 오직 성인(聖人)뿐이다!"</td></tr>
</table>

번역 자유(子游)가 말했다. "자하(子夏)의 제자들은 만약 청소하고, 응대하고, 몸을 움직여 하는 것이라면 괜찮지만 그러나 비근본적이다. 중심이 되는 것이 없는 것은 어떻게 할 것인가?" 자하(子夏)가 그것을 듣고 말했다. "아! 자유(=言游<언유>)가 지나치다! 군자의 道는 무엇을 먼저 가르치는가? 무엇을 나중으로 게을리 하는가? 그것을 풀과 나무에 비유하면 분명 나누고 구별할 수 있을 것이다. 군자의 道는 어떻게 비방할 수 있겠는가? 처음이 있고 끝이 있는 것은 그것은 오직 성인(聖人)뿐이다!"

語法과 語彙

當灑掃應對進退, 則可矣 (만약 청소하고, 응대하고, 몸을 움직여 하는 것이라면 괜찮디)

(동사) 물 뿌리고 땅을 쓸다. 청소하다. (灑水掃地 ; 清除) [쇄소, sǎsǎo]

當洒掃應對進退, 則可矣 (만약 청소하고, 응대하고, 몸을 움직여 하는 것이라면 괜찮다)

(동사) 응대하다. 대답하다. (酬對 ; 對答)

→ 應對不窮, 人皆悅之 (唐·蘇鶚『蘇氏演義』卷下)
응대가 '다함이 없으(不窮)니' 사람들이 모두(人皆) 그것을 좋아한다(悅之).

當洒掃應對進退, 則可矣 (만약 청소하고, 응대하고, 몸을 움직여 하는 것이라면 괜찮다)

(명사) 행동거지(行動擧止:몸을 움직여 하는 모든 짓). (擧止行動)

抑末也 (그러나 비근본적이다)

(형용사) 비근본적이다. 부차적이다. (非根本的一面, 事物次要的)

→ 言治者不反諸本而治其末 (清·王夫之『讀通鑑論·漢桓帝』
통치자를 말하(言治者)자면 모든 근본적인 것(諸本)을 원래의 곳으로 되돌리지 않(不反:不返回)고 그 비근본적인 것인 것(其末)을 다스린다.

本之則無, 如之何? (중심이 되는 것이 없는 것은 어떻게 할 것인가?)

(명사) 사물의 시작. 사물의 근원. 중요한 것. 중심이 되는 것. (事物的起始、根源, 中心的, 主要的)

孰先傳焉? (무엇을 먼저 가르치는가?)

(동사) 전수하다. 가르치다. (傳授)

→ 傳, 授也. 『字彙·人部』
전(傳)은 전수하다(授)이다.

區以別矣 (분명 나누고 구별할 수 있을 것이다)

(동사) 구별하다. 구분하다. 나누다. (劃分 ; 分別)

區以別矣 (분명 나누고 구별할 수 있을 것이다)

(동사) 구분하다. 명백히 구별하다. (明辨 ; 區分)

→ 不敬, 何以別乎?" 『論語·爲政』
공경이 없다(不敬)면 어떻게(何以) 구별되겠는가(別乎)?

君子之道, 焉可誣也? (군자의 道는 어떻게 비방할 수 있겠는가?)

(동사) 비방하다. 헐뜯다. 모략하다. (誣蔑;毁謗) [무, wū]

→ 其可以罪過誣者, 以公法而誅之 『韓非子·孤憤』
그가(其) 죄과를 갖고(以罪過) 비방할 수 있다면(可…誣者), 국법을 사용하여(以'公法:國法'而) 그를 죽인다(誅之).

(동사) 속이다. (欺騙)

→ 非愚則誣也 『韓非子·顯學』
어리석지 않(非愚)'으나(則:전환접속사로 본다)' 속인다(誣也).

有始有卒者 (처음이 있고 끝이 있는 것)

(명사, 동사) 처음. 시작. 시작하다. (初, 開始)

有始有卒者 (처음이 있고 끝이 있는 것) [졸, zú]

(동사) 끝나다. 끝내다. 마감하다. 종료하다. (終, 完畢) [졸, zú]

19-13. 子夏曰: "仕而優則學, 學而優則仕."

子夏曰:	"仕	而	優	則	學,
자하(子夏)가 말하다(1-7)	(동)벼슬하다, 관리가되다(5-6)	(접)동작의 선후. '~다음'(6-15)	(동)감당하고 여력이 있다(14-11)	(접)조건+則+결과(1-6)	(동)배우다. 공부하다(15-31)
자하(子夏)가 말했다. "벼슬을 한 다음 능히 감당하고 여력이 있으면 배우(고)					
學	而	優	則	仕."	
(동)배우다. 공부하다(15-31)	(접)동작의 선후. '~다음'	(동)감당하고 여력이 있다	(접)조건+則+결과(1-6)	(동)벼슬하다, 관리가되다(5-6)	
배운 다음 능히 감당하고 여력이 있으면 벼슬을 한다."					

번역 자하(子夏)가 말했다. "벼슬을 한 다음 능히 감당하고 여력이 있으면 배우고, 배운 다음 능히 감당하고 여력이 있으면 벼슬을 한다."

語法과 語彙

ㅡ [본문 내용 보충]

벼슬하는 일과 공부하는 일의 관계를 자하가 말하고 있다. 벼슬을 하고 남는 힘이 있으면 공부를 한다는 말은 받아들이기 쉽지 않다. (김학주, 2017)

학문을 닦아 실생활에 적용하는 것은 필요한 일이며, 따라서 일에 나아가기 전에 학문을 닦음은 물론 일에 종사하는 동안에도 틈틈이 학문을 닦아야 한다. (류종목, 2000)

『천자문』에는 여기 『논어·자장』에 나온 말로 '학우등사(學優登仕)'라는 네 글자 구문이 들어가 있어 조선 유학자들에게 큰 영향을 주었다. 여기서는 사실 벼슬과 학문의 상호교섭을 말한 느슨한 언급일 뿐이나, 이 말 때문에 단장취의(斷章取義:남이 쓴 문장이나 시의 한 부분을 그 문장이나 시가 가진 전체적인 뜻을 고려하지 아니하고 인용하는 일. 또는 그 인용으로 자기의 주장이나 생각을 합리화하는 일)'하여 많은 사람이 학문을 하고 벼슬길로 나아가는 것을 당연한 도리로 여겼다. 하지만 과거에는 학문과 벼슬이 분리되기 어려운 사(士)라는 계급의 특수성이 있었다. 이 사(士)는 문사(文士)일 뿐만 아니라 국토를 방위할 수 있는 능력을 지닌 무인(武人)을 동시에 의미했다. 그래서 "목숨을 바친다(致命)'라는 표현이 계속 나오고 있는 것이다. 요즘처럼 벼슬해서 안전하게 부귀만을 향유하는 그런 사(士)가 아니었다. 지금은 학문이 학문 나름대로 독자적 영역을 가지고 있고, 학문을 통해서 정치적 영향력을 발휘할 수도 있기 때문에 '학우등사(學優登仕)'이 필연성은 없다. 그러나 제대로 된 학문의 배경을 가진 관리들의 필요성은 모든 시대의 당위이므로 본 장의 메시지는 지금도 유효하다. (김용옥, 2008)

19-14. 子游曰: "喪致乎哀而止."

子游	曰:	"喪		致
자유(子游)=언유(言游)(2-7)	(동)말하다	1. (명)상(喪).장의(葬儀)(10-6) 2. (동)장례지내다(10-6)[명→동]		(동)힘을 다하다(1-7)
자유(子游)가 말했다.		"1. 장의(葬儀)는 [화제,topic(1-6)(16-14)] 2. 장례지(낼 때에는)		
乎	哀	而	止."	
(전)~에 대해(2-16)	(동)몹시 슬퍼하다(19-1)	(접) 동작의 선후. '~다음'(6-15)	(동)멈추다, 그만두다(9-21)	
몹시 슬퍼하는 것에 대해 힘을 다한 다음 멈춘다."				

번역 자유(子游)가 말했다. '장의(葬儀)는 or 장례지낼 때는' 몹시 슬퍼하는 것에 대해 힘을 다한 다음 멈춘다.

語法과 語彙

喪致乎哀而止 ('장의(葬儀)는 or 장례지낼 때는' 몹시 슬퍼하는 것에 대해 힘을 다한 다음 멈춘다)

— [견해]

이 문장의 '상(喪)'을 '명사'로 볼 때는 화제가 되어 진술의 대상이 되며 틀리지 않고, '동사'로 쓰일 때는 '시간긴축복문(11-14)'으로 쓰인다고 볼 수 있고 역시 틀리지 않는 문장이 된다. 두 가지 모두 맞는다고 보았다.

19-15. 子游曰: "吾友張也爲難能也, 然而未仁."

子游	曰:	"吾友	張	也
자유(子游)=언유(言游)(2-7)	(동)말하다	나의 친구[吾:(대)나,우리'주어,목적어,한정어(나의)'(13-18)]	(인명)자장=전손사(顓孫師)(2-18)	(어기)주어+也. '멈춤,완만,제시'(1-2)
자유(子游)가 말했다.		"내 친구 자장(子張)은		
爲	**難能**	**也,**	**然而**	**未**
(동)하다, 행하다(2-1)	(동)하기 쉽지 않다.할 수 없다 [동사→명사]	(어기)멈춤. '완민,제시'(3-1)	(접)그러나	(부사)아직~않다(3-25)
하기 쉽지 않은 것을 하…			…지만 아직 仁하지 않다."	
仁."				
(형)仁하다				

번역 자유(子游)가 말했다. "내 친구 자장(子張)은 하기 쉽지 않은 것을 하지만 아직 仁하지 않다."

語法과 語彙

吾友張也爲難能也 (내 친구 자장(子張)은 하기 쉽지 않은 것을 한다)

(동사) 하기 쉽지 않다. 할 수 없다. (不易做到 ; 做不到)

→ 恬於所守, 人之難能 (宋·王安石『賀運使學士轉官啟』)
지키는 것에 대해(於所守) 태연하(恬<념,tián>)는 것은 사람이 '하기 쉽지 않다(難能)'.

吾友張也爲難能也, 然而未仁 (내 친구 자장(子張)은 하기 쉽지 않은 것을 하지만 아직 仁하지 않다)

(전환접속사, 轉折連詞) 보통 뒤의 단문 문두에 쓰이고 앞 문장의 이어받지만 전환을 나타낼 때 쓰인다. '이렇지만…', '(비록) 이렇지만, 그러나…', '그러나' 등으로 번역된다. ('這樣卻還…', '(雖然)如此…', '但是', '可是')

→ 去聖人之世, 若此其未遠也 ; 近聖人之居, 若此其甚也, 然而無有乎爾, 則亦無有乎爾! 『孟子·盡心下』
성인의 시대(聖人之世)에서 떨어진(去) 것이 이렇게(若此其) 멀지 않고, 성인의 집(聖人之居)에 가까운(近) 것이 이렇게(若此其) 대단한데(甚也) 하지만(然而) (계승하는 사람이) 없으면(無有乎爾, 則) 또한(亦) (계승하는 사람이) 없다(無有乎爾!)

(순접접속사, 順承連詞) 많은 경우 뒤의 단문 문두에 쓰이고 앞 문장을 이어받아 순접을 나타낸다 '이래서…', '이왕 이렇게 되어서, 그러면…' 등으로 번역된다. ('這樣…就…', '(既然)這樣…那麼…)

→ 士大夫務節死制, 然而兵勁 『荀子·王霸』
사대부가 '절개에 힘쓰(務節)'고 국가 규정의 예법을 견지(死制)해서(然而) 병력이 강하다(兵勁).

→ 樂以天下, 憂以天下, 然而不王者, 未之有也 『孟子·梁惠王下』
세상 사람들 때문에(以天下) 즐거워하(樂)고, 세상 사람들 때문에(以天下) 걱정하(憂)는데 그렇게 해서(然而) 세상을 통치하지 못하는 사람(不王者)은 아직 없었다(未之有也)

19-16. 曾子曰: “堂堂乎張也! 難與並爲仁矣.”

曾子	曰:	“堂堂	乎	張	也!
증자=증삼(曾參)=삼(參)(1-4)	(동)말하다	(형)용모가 웅장하다	(어기)감탄,비분,찬송(3-14)	(인명)자장=전손사(顓孫師)(2-18)	(어기)감탄(3-17)
증자(曾子)가 말했다.		“용모가 웅장하다! 자장은! (하지만)			
難	與	並	爲仁	矣.”	
(형)어렵다, 곤란하다(6-22)	(동)참여하다(3-12)[yù]	(부)함께. 동시에	仁을 행하다[爲:행하다(2-1)]	(어기)미래예측통지(6-22)	
참여하여 함께 인(仁)을 행하기는 어려울 것이다.”					

번역 증자(曾子)가 말했다. “용모가 웅장하다! 자장(子張)은! 하지만 참여하여 함께 인(仁)을 행하기는 어려울 것이다.”

語法과 語彙

堂堂乎張也! (용모가 웅장하다! 자장(子張)은!)

(형용사) 용모가 웅장하다. (形容容貌壯偉) [당당, tángtáng]

→ 湛容貌堂堂, 國之光輝 『後漢書·伏湛傳』
복잠(湛:伏湛<fúzhàn. ?—37年>)은 용모가 웅장하(容貌堂堂)니 나라의 빛(國之光輝)이다.

難與並爲仁矣 (참여하여 함께 仁을 행하기는 어려울 것이다)

(부사) 동시에. 함께. (同時;一起) [병, bìng]

→ 是以其民饑寒並至 『墨子·辭過』
이 때문에(是以) 그(其) 백성들(民)이 배고프고 추워(饑寒) 함께(並) 오다(至).

19-17. 曾子曰: "吾聞諸夫子. '人未有自致者也, 必也親喪乎!'"

曾子	曰:	"吾	聞	諸	夫子.
증자=증삼(曾參)=삼(參)(1-4)	(동)말하다	(대)나,우리 '주어,한정어…' (13-18)	(동)듣다	(겸사)'之+於(from)'(2-19)	(명)선생님;공자(1-10)
증자(曾子)가 말했다.		"나는 그것을(→다음을) 선생님으로부터 들었다.			
'人	未	有	自致	者	也,
(명)인간,사람(4-3)	(부)서술어앞. 사실상태부정(5-19)	(동)있다	(동)자신의 마음과 힘을 다하다	(조사)~한 사람, ~한 것(1-2)	(어기)멈춤.'완만,제시'(3-1)
'사람은 자신의 마음과 힘을 다하는 것이 없는데…					
必	也	親	喪	乎!'"	
(동)확보하다(3-7)	(어기)주어+也.'멈춤,완만,제시'(1-2)	(명)부모	(명)상(喪). 장의(葬儀)(10-6)	(어기)감탄,비분,찬송(3-14)	
확보해야 하는 것은 부모의 장의(葬儀)이다!'"					

번역 증자(曾子)가 말했다. "나는 다음을 선생님으로부터 들었다. '사람은 자신의 마음과 힘을 다하는 것이 없는데 꼭 있다면 부모의 장의(葬儀)이다!'"

語法과 語彙

人未有自致者也 (사람은 자신의 마음과 힘을 다하는 것이 없다)

(동사) 자신의 마음과 힘을 다하다. (竭盡自己的心力)

必也親喪乎! (확보해야 하는 것(必也)은 부모의 장의(葬儀)이다!)

(명사) 부모. 부친 또는 모친 한 쪽. (父母. 也單指父親或母親)

→ 親, 父母者, 情之最至者也, 故謂之親 『說文解字注·見部』
친(親)은 부모(父母者)로 情의(情之) 정점이(最至者也)어서(故) 그를 친(親)이라고 부른다(謂之親)

19-18. 曾子曰: "吾聞諸夫子. '孟莊子之孝也, 其他可能也, 其不改父之臣與父之政, 是難能也.'"

曾子	曰:	"吾	聞	諸	夫子.
증자=증삼(曾參)=삼(參)(1-4)	(동)말하다	(대)나,우리 '주어,한정어…'(13-18)	(동)듣다	(겸사)'之+於(from)'(2-19)	(명)선생님;공자(1-10)
증자(曾子)가 말했다.		"나는 그것을(→다음을) 선생님으로부터 들었다.			
'孟莊子	之	孝	也,	其他	可
(인명)맹장자	(조사)수식,종속관계.'~의'(3-2)	(명)효도	(어기)주어+也.'멈춤,완만,제시'(1-2)	(명)다른 것	(조동)가능.'~할 수 있다'(1-11)
'맹장자(孟莊子)의 효도는 [화제,topic(1-6)(16-14)]				다른 것은	
能	也,	其	不	改	父之臣
(동사)할 수 있다(11-26)	(어기)멈춤.'완만,제시'(3-1)	(대)그가,그것은.주어(명사+之)(2-22)	(부)동사술어 앞.'~하지 않다'(7-14)	(동)바꾸다.변경하다	아버지의 신하
할 수 있(는데)…		그가 아버지의 신하와			
與	父之政,	是	難能	也.'"	
(접)병렬.'~와'(4-5)	아버지의 정치	이것.(대)재지시.주어(2-7)	(동)하기 쉽지 않다(19-15)	(어기)진술강조(2-17)	
아버지의 정치를 바꾸지 않(은 것) [여기까지 명사절로 주어]		이것은 하기 쉽지 않다'."			

번역 증자(曾子)가 말했다. "나는 다음을 선생님으로부터 들었다. '맹장자(孟莊子)의 효도는 다른 것은 할 수 있는데 그가 아버지의 신하와 아버지의 정치를 바꾸지 않은 것, 이것은 하기 쉽지 않다'."

語法과 語彙

孟莊子之孝 (맹장자(孟莊子)의 효도)

(인명) 맹장자(孟莊子)는 노나라 대부로서 중손속(仲孫速)이라는 사람이다. 아버지 맹헌자(孟獻子:仲孫蔑)를 계승하였고 효행으로 이름이 높았다. 이들은 공자가 태어날 때쯤의 사람들이었다. 공자는 양공 22년에 태어났는데, 이들의 기사는 양공 16년, 19년에 나오고 있다. 맹헌자는 양공 19년에 죽었다. (김용옥, 2008)

孟莊子之孝 (맹장자(孟莊子)의 효도)

(명사) 효도; 부모를 잘 모시는 것으로 옛날에는 부모를 진심으로 봉양하고 절대적으로 복종하는 것을 孝라고 여겼다. (孝順. 善事父母, 舊時以盡心奉養和絶對服從父母爲孝)

其他可能也 (다른 것은 할 수 있다)

(명사) 기타(其佗<qítuō>)와 같다. 다른 것. (亦作「其佗」. 別的)

→ 民生安樂, 誰知其他? 『國語·晉語四』

민중의 생계와 생활(民生:民衆的生計、生活)이 편안한(安樂:安逸, 快樂) 것 외 누가(誰) 다른 것을 아는(知其他)가?

其不<u>改</u>父之臣與父之政 (그가 아버지의 신하와 아버지의 정치를 바꾸지 않다)

(동사) 바꾸다. 변경하다. (變更; 更易)

19-19. 孟氏使陽膚爲士師, 問於曾子. 曾子曰: "上失其道, 民散久矣. 如得其情, 則哀矜而勿喜!"

<table>
<tr><th>孟氏</th><th>使</th><th>陽膚</th><th>爲</th><th colspan="2">士師,</th></tr>
<tr><td>맹씨(孟氏)</td><td>(사역동사)~하게 하다(2-20)</td><td>(인명)양부.
증자의 제자</td><td>(동)맡다,
역임하다(2-10)</td><td colspan="2">(명)(=사관<士史>)형벌과 감옥을 관장하던 관리(18-2)</td></tr>
<tr><td colspan="6">맹씨(孟氏)가 양부(陽膚)에게 형벌과 감옥을 관장하는 사사(士師)를 맡게 했(을 때) [시간절]</td></tr>
<tr><th>(陽膚)問</th><th>於</th><th>曾子.</th><th>曾子曰:</th><th>"上</th><th>失</th></tr>
<tr><td>(동)묻다</td><td>(대상.전)동작의 직접대상(1-10)</td><td>증자=증삼(曾參)=삼(參)(1-4)</td><td>증자가 말했다.</td><td>(명)군주.왕(13-4)</td><td>(동)잃다(15-33)</td></tr>
<tr><td colspan="3">(양부가) 증자(曾子)에게 물었다.</td><td colspan="3">증자가 말했다. "군주가</td></tr>
<tr><th>其</th><th>道,</th><th>民</th><th>散</th><th>久</th><th>矣.</th></tr>
<tr><td>(대)그의…'복수可'(1-7)</td><td>(명)도덕,도의(6-24)</td><td>(명)서민·평민·백성·민중(15-25)</td><td>(동)분산하다.
흩어지다.</td><td>(형)오래되다.
시간이길다(5-17)</td><td>(어기)'이미 그렇다'(3-24)</td></tr>
<tr><td colspan="2">그의 도의(道義)를 잃어(서/잃었기 때문에/…) [원인절(1-1)]</td><td colspan="4">백성이 흩어진지가 이미 오래되었다. ['民散'이 주어이다]</td></tr>
<tr><th>如</th><th>得</th><th>其</th><th>情,</th><th>則</th><th>哀矜</th></tr>
<tr><td>(접)만약~하면(7-11)</td><td>(동)분명히 알다.
이해하다</td><td>(대)그의.그것의.
복수可(1-7)</td><td>(명)실제 사정</td><td>(접)조건+則+결과(1-6)</td><td>(동)불쌍히 여기다.
동정하다</td></tr>
<tr><td colspan="4">만약 그 사람의 실제 사정을 알…
[조건가정을 알려주는 접속사 표지 있음. '如…, 則…'의 구조]</td><td colspan="2">…면</td></tr>
<tr><th>而</th><th>勿</th><th>喜!"</th><td colspan="3" rowspan="3"></td></tr>
<tr><td>(접)병렬.
'그리고'(7-1)</td><td>(부)금지,
충고 후 단념(6-6)</td><td>(동)기뻐하다.
즐거워하다</td></tr>
<tr><td colspan="3">불쌍히 여기고 기뻐하지 마라!"</td></tr>
</table>

번역 맹씨(孟氏)가 양부(陽膚)에게 형벌과 감옥을 관장하는 사사(士師)를 맡게 했을 때 양부가 증자에게 물었다. 증자가 말했다. "군주가 그의 도의(道義)를 잃어서 백성이 흩어진지가 이미 오래되었다. 만약 그 사람의 실제 사정을 알면 불쌍히 여기고 기뻐하지 마라!"

語法과 語彙

孟氏使陽膚爲士師 (맹씨(孟氏)가 양부(陽膚)에게 형벌과 감옥을 관장하는 사사(士師)를 맡게 하다)

(인명) 맹손씨(孟孫氏). 노나라의 대부로서 삼환(三桓) 중의 하나임. (이기동, 2011)

유보남(劉寶楠, 1791~1855, 청나라 고증학자)은 『예기』 소(疏)에 인용된 정현(鄭玄, 127-200, 東漢 경학가) 주(註) 단편에 의거하여 맹의자(孟懿子)라고 이야기했지만 연대기적으로 정당화될 수 없다. 맹의자는 애공 14년(BC 481)에 죽는다. 따라서 애공 14년 이전에 맹의자가 어린 증삼과 만났을 가능성은 전무하다. 여기 '맹씨'는 맹의자의 아들 맹무백(孟武伯)이거나 맹무백의 아들 '맹경자(孟敬子)' 둘 중 하나이다. (김용옥, 2008)

맹손씨로 보는 견해가 많으나 확실하지 않다. (류종목, 2000)

民散久矣 (백성이 흩어진지가 이미 오래되다)

(동사) 분산하다. 분산시키다. 흩어지다. 분리하다. 이별하다. (分離 ; 分散) [산,sàn: 잡고기(雜肉), 흩어지다(分離 ; 分散)…][산,sǎn:(짜임새가) 성기다. 느슨하다(不自檢束 ; 松散)…]

→ 是故財聚則民散, 財散則民聚 『禮記·大學』
이 때문에(是故) 재물이 모이면(財聚則) 백성이 흩어지(民散)고 재물이 흩어지면 백성이 모인다.

如得其情, 則哀矜而勿喜! (만약 그 사람의 실제 사정을 알면 불쌍히 여기고 기뻐하지 마라!)

(동사) 분명히 알다. 이해하다. (曉悟 ; 了解)

→ 臣昔者不知所以治鄴, 今臣得矣 『韓非子·外儲說左下』
제가(臣) 옛날에는(昔者) '업(鄴<Yè>)을 다스리는 방법(所以治鄴)'을 몰랐는데 지금은(今) 제가 분명히 압니다(臣得矣).

如得其情, 則哀矜而勿喜! (만약 그 사람의 실제 사정을 알면 불쌍히 여기고 기뻐하지 마라!)

(명사) 실제 사정. 일의 상황. (實情 ; 情形)

→ 魯有名而無情 『左傳·哀公八年』
노(魯)나라는 이름만 있지(有名) 실제에 부합하지 못하다(無情)

如得其情, 則哀矜而勿喜! (만약 그 사람의 실제 사정을 알면 불쌍히 여기고 기뻐하지 마라!)

(동사) 불쌍히 여기다. 동정하다. (哀憐 ; 憐憫) [애긍, āijīn]

→ 皇帝哀矜庶戮之不辜 『書·呂刑』
황제(皇帝)는 '죄 없이 죽은 많은 사람(庶戮之'不辜<불고, bùgū>'<庶戮<서륙, shùlù>:衆被戮者>)'을 불쌍히 여긴다.

如得其情, 則哀矜而勿喜! (만약 그 사람의 실제 사정을 알면 불쌍히 여기고 기뻐하지 마라!)

(동사) 기뻐하다. 즐거워하다. (快樂 ; 喜悅)
(형용사) 기쁘다. 즐겁다. (快樂 ; 喜悅)

19-20. 子貢曰: “紂之不善, 不如是之甚也, 是以君子惡居下流. 天下之惡皆歸焉.”

<table>
<tr><th>子貢</th><th>曰:</th><th>“紂</th><th>之</th><th>不善,</th><th>不如</th></tr>
<tr><td>(인명)자공=사(賜)(1-10)</td><td>(동)말하다</td><td>(인명)주왕(紂王)</td><td>(조사)수식,종속관계.‘~의’(3-2)</td><td>(명)결점</td><td>(동)~와 같지 않다. 일치하지 않다</td></tr>
<tr><td colspan="2">자공(子貢)이 말했다.</td><td colspan="3">“주왕(紂王)의 결점이 [주어구]</td><td></td></tr>
<tr><th>是</th><th>之</th><th>甚</th><th>也,</th><th>是以</th><th>君子</th></tr>
<tr><td>(대)재지시. 한정어(2-7)</td><td>(조사)한정어+之+중심어(4-23)</td><td>(형)지나치다. 심하다(7-5) [형→명]</td><td>(어기)판단(동사,형용사술어끝)(11-15)</td><td>(접)그래서. 이 때문에(5-15)</td><td>(명)군자(君子)(11-1)</td></tr>
<tr><td colspan="4">이러한 지나침과 일치하지 않기… [은(殷)나라 마지막 왕인 주왕(紂王)의 불선(不善)이 세평(世評)처럼 그토록 심하지는 않았을 것이다 (김용옥,2008)]</td><td colspan="2">… 때문에 군자는 [접속사 시이(是以)는 복문에서 뒤의 단문 문두에 쓰인다(5-15). 보통 ‘A, 是以B’구조로 ‘A 때문에 B하다’ 등의 의미로 쓰인다]</td></tr>
<tr><th>惡</th><th>居</th><th colspan="4">下流.</th></tr>
<tr><td>(동)싫어하다,증오하다(4-3)[오,wù]</td><td>(동)살다, 거주하다(5-18)</td><td colspan="4">1.(형)미천하다.하찮다 2.(명)지위가 하찮은 사람 [居 때문에 下流를 장소로 봐야 하고(하류에서 살다)]</td></tr>
<tr><td colspan="6">하류에서 사는 것을 싫어한다. [이 말은 언뜻 논리적으로 모순되어 보인다(주왕이 그렇게 엉터리는 아니었기 때문에 군자는 밑바닥에 사는 것을 싫어한다). 이 언사는 주왕의 경우가 ‘반면교사’로 활용되었다는 역사적 사실을 보여 준다고 생각한다. 즉 주왕이 하류에서 살지 않았지만 결과적으로 하류에서 살았다고 인식되기 때문에 군자 등은 하류에서 살지 않으려고 노력하고 하류에서 사는 것을 싫어한다고 해석할 수 있다고 본다]</td></tr>
<tr><th>天下</th><th>之</th><th colspan="2">惡</th><th>皆</th><th>歸</th></tr>
<tr><td>(명)천하.세상</td><td>(조사)수식,종속관계.‘~의’(3-2)</td><td colspan="2">(형)나쁘다(4-9)[형→명][악,è]</td><td>(부)모두(12-7)</td><td>(동)찾아가다. 의탁하다</td></tr>
<tr><td colspan="6">세상의 악이 모두 여기로(=하류로) 찾아온다.”</td></tr>
<tr><th colspan="3">焉.”</th><td colspan="3" rowspan="3"></td></tr>
<tr><td colspan="3">(겸사)於+是/之‘여기·저기에서,~로,그로부터,여기·저기로부터…’(6-7)</td></tr>
<tr><td colspan="3"></td></tr>
</table>

번역 자공(子貢)이 말했다. “주왕(紂王)의 결점이 이러한 지나침과 일치하지 않기 때문에 군자는 하류에서 사는 것을(=하찮게 살다. 하찮은 사람으로 살다) 싫어하고 세상의 惡이 모두 여기(=하류)로 찾아온다.”

語法과 語彙

紂之不善 (주왕(紂王)의 결점)

(인명) 주왕紂王. 은殷나라(=상商나라) 마지막 군주로 하夏 나라의 걸왕桀王과 더불어 대표적인 폭군으로 일컬어진다. [주, zhòu]

紂之不善 (주왕(紂王)의 결점)

(명사) 결점. (指缺點)

→ 言人之不善 『孟子·離婁下』
사람의 결점을(人之不善)을 말하다(言).

紂之不善, 不如是之甚也 (주왕(紂王)의 결점이 이러한 지나침과 일치하지 않다)

(동사) ~와 같지 않다. 일치하지 않다. (不像；不符)

→ 不如臣言, 伏虛妄之罪 『後漢書·逸民傳·周党』
저의 말(臣言)과 같지 않(不如)고 터무니 없(虛妄:荒誕無稽)는(之) 죄(罪)를 없앱니다(伏).

天下之惡皆歸焉 (세상의 惡이 모두 여기(=하류)로 찾아오다)

(동사) (의탁할 곳을) 찾아가다. (몸을) 의탁하다. 귀순하다. (歸附, 投奔)

→ 江表英豪咸歸附之 『資治通鑑·漢紀·獻帝建安十三年』
강남(江表:옛날 양쯔강 이남)의 영웅호걸(英豪)이 모두(咸<함,xián>) 그를 찾아가 몸을 의탁한다(歸附之).

19-21. 子貢曰: "君子之過也, 如日月之食焉, 過也, 人皆見之, 更也, 人皆仰之."

子貢	曰:	"君子	之	過	也,
(인명)자공=사(賜)(1-10)	(동)말하다	(명)군자(君子)(11-1)	(조사)수식,종속관계.'~의'(3-2)	(명)잘못.실수(6-3)	(어기)주어+也.'멈춤,완만,제시'(1-2)
자공(子貢)이 말했다.		"군자의 잘못은 [주어]			
如	**日月之食**	**焉,**	**過**	**也,**	**人皆見**
(동)~와 같다(2-1)	날의 일식과 달의 월식→일식과월식	(어기)문중.멈춤,문장제기(4-17)	(동)잘못하다. 실수하다(6-3) [명→동]	(어기)멈춤. '완만,제시'(3-1)	사람들이 모두 보다
일식과 월식과 같(아서) [원인절(1-1)]			잘못하면 [조건가정절(1-1)]		사람들이 모두 잘못한 것을 보(고)
之,	**更**	**也,**	**人**	**皆**	**仰**
잘못한 것. (대)재지시. 그것(2-1)	(동)고치다. 바로잡다	(어기)멈춤. '완만,제시'(3-1)	(명)인간,사람(4-3)	(부)모두(12-7)	(동)우러러보다. 머리를 들다(9-11)
	바로잡으면 [조건가정절(1-1)]		사람들은 모두 바로잡은 것을 우러러 본다."		
之."					
바로잡은 것 (대)재지시. 그것(2-1)					

번역 자공(子貢)이 말했다. "군자의 잘못은 일식과 월식과 같아서, 잘못하면 사람들이 모두 잘못한 것을 보고, 바로잡으면 사람들은 모두 바로잡은 것을 우러러 본다."

語法과 語彙

更也, 人皆仰之 (바로잡으면 사람들은 모두 바로잡은 것을 우러러 본다)

(동사) (틀린 것을) 바로잡다. 고치다. 수정하다. 정정(訂正)하다. 바꾸다. 변경하다. (改變 ; 改) [갱,gēng][갱,gèng:다시, 또…]

→ 更, 改也 -何晏(?—249年)注-
갱(更)은 '고치다(改)'이다(也).

19-22. 衛公孫朝問於子貢曰: "仲尼焉學?" 子貢曰: "文武之道, 未墜於地, 在人. 賢者識其大者, 不賢者識其小者, 莫不有文武之道焉, 夫子焉不學而亦何常師之有?"

衛	公孫朝	問	於	子貢	曰:
(위)나라	(인명)공손조	(동)묻다	(대상.전)동작의 직접대상(1-10)	(인명)자공=사(賜)(1-10)	(동)말하다
위(衛)나라 공손조(公孫朝)가 자공(子貢)에게 묻고 말했다.					
"仲尼	**焉**	**學?"**	**子貢曰:**	**"文**	**武**
(명)공자의 자(字)	(의.대)누구/무엇	(동)배우다. 공부하다(15-31)	자공이 말하다	(인명)문왕(9-5)	(인명)무왕(3-25)
"중니(仲尼=공자)께서는 누구를 배웠나요?" ['주어+焉(목적어)+타동사'의 목적어 전치의 통사]			자공이 말했다.	"문왕(文王)과 무왕(武王)…	
之	**道,**	**未**	**墜**	**於**	**地,**
(조사)수식,종속관계.'~의'(3-2)	(명)도(道)	(부사)아직~않다(3-25)	(동)떨어지다	(전)동작도달장소 '~로,~에'(1-10)	(명)땅
…의 道가 [주어구]		아직 땅에 떨어지지 않(고)			
在	**人.**	**賢者**	**識**	**其**	**大者,**
(동)~에 있다(5-1)	(명)인간,사람(4-3)	(명)어질고 덕행을 갖춘 사람(4-38)	(동)알다,이해하다, 인식하다(7-2)	(인.대)그 중	큰 것
사람에 있었습니다.		어질고 덕행을 갖춘 사람은 그 중 큰 것을 이해하(고)			
不賢者識其小者,		**莫**	**不有**	**文武之道**	**焉,**
어질지 못하고 덕행을 갖추지 못한 사람이 그 중 작은 것을 이해하다		(대)행위주체 없음 nobody(4-14)	(동)없다	문왕과 무왕의 道	(어기)문중.멈춤,문장제기(4-17)
어질지 못하고 덕행을 갖추지 못한 사람이 그 중 작은 것을 이해하(여)		문왕과 무왕의 道가 없는 사람이 없(었으니)…(= 모두가 문왕과 무왕의 道를 가지고 있었(으니)…) [배경상황설명복문(1-1)]			
夫子	**焉**	**不學**	**而**	**亦**	**何**
(명)선생님; 공자(1-10)	(의.대)누구/무엇	(동)배우지 않다	(접)병렬. '그리고'(7-1)	(부사)역시, 또한(3-22)	(의.대)한정어. '어떤,무슨…'(5-4)
선생님(=공자)께서 누구를 배우지 않았을 것이고 또 무슨					
常師	**之**	**有?"**			
(명)고정적인 선생	(조)목적어전치 표지(1-15)	(동)있다			
고정적인 선생이 있었겠습니까?" [의문대명사 '언(焉)'에 '반문'의 어기가 남아있다고 본다]					

번역 위(衛)나라 공손조(公孫朝)가 자공(子貢)에게 묻고 말했다. "중니(仲尼=공자)께서는 누구를 배웠나요?" 자공이 말했다. "문왕(文王)과 무왕(武王)의 道가 아직 땅에 떨어지지 않고 사람에 있었습니다. 어질고 덕행을 갖춘 사람은 그 중 큰 것을 이해하고, 어질지 못하고 덕행을 갖추지 못한 사람은 그 중 작은 것을 이해하여, 문왕과 무왕의 道가 없는 사람이 없었으니(= 모두가 문왕과 무왕의 道를 가지고 있었으니), 선생님께서 누구를 배우지 않았을 것이고 또 무슨 고정적인 선생님이 있었겠습니까?"

語法과 語彙

衛公孫朝問於子貢曰 (위(衛)나라 공손조(公孫朝)가 자공(子貢)에게 묻고 말하다)

(인명) 공손조(公孫朝)는 고주(古註·古注) '마융'에 의하면 위(衛)나라 대부이다. 자공은 공자 사후 여러 나라를 주유(周遊)하면서 공자의 가르침이 선양(宣揚:명성이나 권위 따위를 널리 떨치게 함)되는 것을 사명으로 삼고 운동도 하고 자금도 지원했다. 그 과정에서 만난 어떤 인물이었을 것이다. (김용옥, 2008)

위나라의 대부. 노나라와 초나라에도 공손조가 있었기 때문에 위공손조(衛公孫朝)라고 했다. (류종목, 2000)

仲尼焉學? (중니(仲尼=공자)는 누구를 배우나요?)

(명사) 공자의 자(字). 공자의 이름은 구(丘)이고 춘추 노나라 사람이다. (孔子的字. 孔子名丘, 春秋魯國人)

→ 伯夷辭之以爲名, 仲尼語之以爲博 『莊子·秋水』
백이(伯夷)는 사양하는 것을 '명예라 여기(爲名)'고 공자(仲尼)는 말하는 것을 '박식하다고 여긴다(爲博)'.

仲尼焉學? (중니(仲尼=공자)는 누구를 배우나요?)

(의문대명사) 사람을 대신하는 것으로 일반적으로 목적어가 되며 '누구'로 번역된다. (誰)

→ 焉請哉? 請乎應上公 『穀梁傳·定公元年』
누구에게(焉) '부탁하지?/묻지?(請哉?)' 응상공에게(乎應上公) '부탁하다/묻다/물어라/…(請)'.

— [예문에 대한 견해]

'請乎應上公'에서 '청(請)'을 '부탁하다/묻다'로 보았고, '호(乎)'를 '동작대상'을 나타내는 전치사로 보았기 때문에 '응상공(應上公)'은 '대상'이 된다. 하지만 이것이 가능한지는 다른 용례를 제시해야 한다. 『漢語大詞典』에는 기록되지 않았다.

(의문대명사) 동사 앞에 놓여 목적어가 된다. '무엇'으로 번역된다. (甚麽)

→ 擇可勞而勞之, 又誰怨? 欲仁而得仁, 又焉貪? 『論語·堯曰』
할 수 있는 노동을 골라(擇可勞而) 일을 시키(勞之)면 또(又) 누구를 원망하겠는가(誰怨)? 仁을 원한 다음(欲仁而) 仁을 얻는다면 또(又) 무엇을 탐내겠는가(焉貪)?

— [견해]

의문대명사 '언(焉)'이 쓰이는 용도로는 크게 '누구(whom)', '무엇(what)', '어디(where)', '장소의 의미가 허화되어 정도를 묻는 것으로 '어느 정도/어디까지(…到甚麽程度)" 등이 있다. 그리고 '장소(where)'의 의미로 쓰일 때에는 '동사 앞'에 놓여 '焉+타동사'의 형식으로 동사의 목적어로 쓰인다(아래 예문 참조). 또한 '누구(whom)'라는 의미의 의문대명사로 쓰일 때 역시 '焉+타동사'의 형식으로 동사의 목적어로 쓰인다(아래 예문 참조). 따라서 '언(焉)+學'은 '어디서 배웠는가?', '누구에게서 배웠는가?'로 주석될 수 없으며, '무엇을 배웠는가?' 혹은 '누구를 배웠는가?'로 주석되어야 한다고 본다.

→ 文侯將出, 左右曰: "今日飮酒了, 天又雨, 公將焉之?" 『戰國策·魏策一』
문후(文侯)가 나가려 할(將出) 때 좌우에 있는 사람들(左右)이 말한다. "오늘(今日) 술을 마시고(飮酒了) 하늘에선 또 비가 내리(天又雨)는데 공(公)은 어디를 가려 하는가?

未墜於地 (아직 땅에 떨어지지 않았다)

(동사) 떨어지다. (落下) [추, zhuì]

→ 其劍自舟中墜於水 『呂氏春秋·察今』
그의 검(其劍)이 배 가운데에서(自舟中) 물 속으로(於水) 떨어지다(墜).

賢者識其大者 (어질고 덕행을 갖춘 사람은 그 중 큰 것을 이해하다)

(인칭대명사) 수사 혹은 수량사(數量詞:수사+단위명사)에 쓰이거나 수사를 명사 앞에 더해 한정어가 되어 소유의 수량을 나타낸다. '그 중, 그 중의' 등으로 번역된다. (其中之, 其中的)

→ 用其二三十萬爲河伯娶婦 『史記·滑稽列傳』
'그 중(其)' '이삼십만으로(用…二三十萬)' '하백을 위하여(爲河伯)' '장가를 들이다(娶婦=아내를 얻다)'.

莫不有文武之道焉 (문왕과 무왕의 道가 없는 사람이 없다)

– [보충]

보통 '막불(莫不)'은 '무지시대명사+부정부사'로써 이 통사를 '莫不+A'로 볼 경우, 'A 아닌 것이 없다'인 '無不A ; 沒有一個不A'로 번역된다.

→ 夫人情莫不愛其子, 今弗愛其子, 安能愛君? 『韓非子·亂一』
사람의 정(人情)은 자신의 자식(其子)을 사랑하지 않는 사람이 없(莫不愛)는데 지금(今) 그의 아들을 사랑하지 않(弗愛其子)으니 어떻게(安) 왕을 사랑할 수 있(能愛君)겠는가?

→ 鄉人莫不加敬 (唐·韓愈『送楊少尹序』
마을 사람 중에(鄉人) 갑절로 존경하(加敬)지 않는 사람이 없다.

夫子焉不學而亦何常師之有? (선생님께서 누구를 배우지 않고 또 무슨 고정적인 선생님이 있겠습니까?)

(명사) 고정적인 선생. (固定的老師)

→ 聖人無常師 (唐·韓愈『師說』)
성인(聖人)은 고정적인 선생(常師)이 없다.

19-23. 叔孫武叔語大夫於朝曰: "子貢賢於仲尼." 子服景伯以告子貢.子貢曰: "譬之宮牆, 賜之牆也及肩, 闚見室家之好. 夫子之牆數仞, 不得其門而入, 不見宗廟之美、百官之富.得其門者或寡矣. 夫子之云, 不亦宜乎?"

叔孫武叔	語	大夫	於	朝	曰:
(인명)숙손무숙. 노나라 대부	語A(人):A에게 알려주다(3-23)	(명)대부(14-11)	(전)동작발생장소(3-13)	(명)조정(朝廷)(5-8)	(동)말하다
숙손무숙(叔孫武叔)이 조정(朝廷)에서 대부에게 알려주며 말했다. [동작 발생장소의 전치사구(於朝, 조정에서)가 동작(語大夫, 대부에게 알려주다) 뒤에 쓰였는데 이러한 통사의 대부분에서는 '전치사구(발생장소)+동작'이 된다(3-13)]					
"子貢	**賢**	**於**	**仲尼."**	**子服景伯**	**以(之)**
(인명)자공=사(賜)(1-10)	(형)덕행과 재능이 있는(6-11)	(전)비교대상 이끎. ~보다(11-17)	(인명)공자의 자(字)(19-22)	(인명)자복경복. 노나라 대부	(전)동작직접대상. '~를'(5-1)
"자공(子貢)이 중니(=공자)보다 덕행과 재능이 있습니다."				자복경복(子服景伯)은 (그것을)	
告	**子貢.**	**子貢曰:**	**"譬**	**之**	
(동)알려주다(15-42)	(인명)자공=사(賜)(1-10)	자공이 말하다	(동)비유하다(2-1)	(접사)자·타동+之. 동사강조·보충,음절모으기(13-1)	
자공에게 알려주었다.		자공이 말했다.	"주택을 둘러싼 담을 비유로 들(면) [조건가정절][선행되는 문구 등장이 없으므로 之를 '재지시'로 보기에는 무리가 있다고 본다]		
宮牆,	**賜之牆**	**也**	**及**	**肩,**	**闚**
(명)주택을 둘러싼 담	나(=사<賜>=자공)의 담	(어기)주어+也.'멈춤,완만,제시'(1-2)	(동)도착하다. 다다르다(10-8)	(명)어깨	(동)보다
	저의 담은 어깨에 다다(라서) [이유절(1-1)]				
見	**室家**	**之**	**好.**	**夫子之牆**	**數**
(동)보다. 만나다(3-24)	(명)주택.가옥	(접)주어+之+서술어(1-10)	(형)쉽다	선생님의 담	(수)수(數).몇(7-16)
가옥을 보는 것은 쉽습니다.				선생님(=공자)의 담은	
仞,	**不**	**得**	**其**	**門**	**而**
(단위명사)인(仞).길	(부)동사술어 앞. '~하지 않다'(7-14)	(동)이르다.다다르다.도착하다	(대)그의…'복수可'(1-7)	(명)문	(접)전환. '그러나'(1-1)
몇 길(이어서) [이유절(1-1)]	선생님의 문에 이르러도 들어가지 못하(고)				
入,	**不**	**見**	**宗廟**	**之**	**美、**
(동)들어가다	(부)'~하지 않다'(7-14)	(동)보다. 만나다(3-24)	(명)종묘(10-1)	(조사)수식,종속관계.'~의'(3-2)	(형)아름답다 [형용사→명사]
	종묘의 아름다움(과)				
百官	**之**	**富.**	**得其門**		**者**
(명)公,卿 이하의 모든 관리(14-41)	(조사)수식,종속관계.'~의'(3-2)	(형)완비되어 있다(12-22)[형→명]	선생님의 문 안으로 들어가다 (아래 견해 참조)		(조사)~한 사람, ~한 것(1-2)
공경(公,卿) 이하의 모든 관리의 완비(→모든 관리가 갖추어져 있는 모습)를 보지 못합니다.			선생님의 문 안으로 들어간 사람은		

或	寡	矣.	夫子	之	云(之),
(부)아마도.언젠가(13-22)	(형)적다. 모자라다(16-1)	(어기)'이미 그렇다'(3-24)	손숙무숙(叔孫武叔).선생님(1-10)	(접)주어+之+서술어(1-10)	(동)말하다(2-21)
아마도 적었을 것입니다.			손숙무숙(叔孫武叔)께서 (그렇게) 말하시는 것이 [주어절]		
不亦…(乎)?"	宜	(不亦)…乎?"			
(고정형식)반문.'역시~아닌가?'(1-1)	(동)~하는 것이 당연하다[동→형]	(고정형식)반문.'역시~아닌가?'(1-1)			
당연하지 않겠습니까?"					

번역 숙손무숙(叔孫武叔)이 조정(朝廷)에서 대부에게 알려주며 말했다. "자공(子貢)이 중니(=공자)보다 덕행과 재능이 있습니다." 자복경복(子服景伯)은 그것을 자공에게 알려주었다. 자공이 말했다. "주택을 둘러싼 담을 비유로 들면 저의 담은 어깨에 다다라서 가옥을 보는 것은 쉽습니다. 선생님(=공자)의 담은 몇 길이어서 선생님의 문에 이르러도 들어가지 못하고 종묘의 아름다움과 公,卿 이하의 모든 관리의 완비를 보지 못합니다. 선생님의 문 안으로 들어간 사람은 아마도 적었을 것입니다. 손숙무숙(叔孫武叔)께서 그렇게 말씀하시는 것이 당연하지 않겠습니까?"

語法과 語彙

叔孫武叔語大夫於朝曰 (숙손무숙(叔孫武叔)이 조정(朝廷)에서 대부에게 알려주며 말하다)

(인명) 숙손무숙(叔孫武叔). 노나라의 대부로 숙손씨(叔孫氏)이고 이름은 주구(州仇), 자는 숙(叔), 시호가 무(武)이다.

子服景伯以告子貢 (자복경복(子服景伯)은 그것을 자공에게 알려주다)

(인명) 자복경복(子服景伯). 노나라의 대부로 이름은 하(何), 자복씨(子服氏)로 자(字)가 백(伯), 시호가 경(景)이다.

譬之宮牆 (주택을 둘러싼 담을 비유로 들다)

(명사) 주택을 둘러 싼 담. (住宅的圍墻) [궁장, gōngqiáng]

→ 宮牆重仞, 允得其門 (漢・蔡邕『郭有道太原郭林宗碑』)
집 담(宮牆)이 몇 길(重仞)이고 그 문(其門) '들어가는 것을 허가 받다(允得)'.

賜之牆也及肩 (사(賜=자공)의 담이 어깨에 다다르다)

(명사) 어깨; 사람의 목 아래와 양쪽 팔을 연결시키는 부분. (人的頸下與兩臂相連部分) [견, jiān]

→ 手之所觸, 肩之所倚, 足之所履, 膝之所踦 『莊子・養生主』
손이(手之) 닿는 곳(所觸), 어깨가(肩之) 의지하는 곳(所倚), 발이(足之) 밟는 곳(所履), 무릎이(膝之) '지탱하(의, yǐ)'는 곳(所踦).

闚見室家之好 (가옥을 보는 것은 쉽다)

(동사) 보다. (望 ; 看) [규, kuī]

→ 闚, 相視也 『玉篇·門部』
규(闚)는 서로 보는(相視) 것이다.

(동사) 집안에서 몰래 보다. (從門中偷看)
(동사) 엿보아 추측하다. (기회를) 엿보다. (窺測 窺伺)

闚見室家之好 (가옥을 보는 것은 쉽다)

(명사) 가옥. 주택. 가운데 뜰을 가진 저택. (房舍 ; 宅院)

闚見室家之好 (가옥을 보는 것은 쉽다)

(형용사) 쉽다. (容易)
(형용사) 우수하다. 훌륭하다. (美, 優良)

夫子之牆數仞 (선생님(=공자)의 담은 몇 길이다)

(단위명사) 인(仞). 길;고대 길이의 단위. 8척이 1인이다. 일설에는 7척이 1인이다. 또 5척 6촌이 1인이나 4척이 1인인 것도 있다. (古代長度單位. 八尺爲一仞. 一說七尺爲一仞. 也有以五尺六寸或四尺爲一仞的) [인, rèn]

不得其門而入 (그의 문에 다다라도 들어가지 못하다)

(동사) 이르다. 다다르다. 도착하다. (到; 及)

→ 禹以下六世, 而得帝少康 『吳越春秋·越王無余外傳』
우(禹)왕 이후로(以下) 6世(六世)가 된 다음 '제왕에 이른(得帝)' 사람이 '소강(少康)'이다.

得其門者或寡矣 (그의 문 안으로 들어간 사람은 아마도 적었을 것이다)

— **[견해]**

먼저 '논어' 편집 당시 '득문(得門)'이 단어처럼 쓰이지는 않은 것으로 보인다(『漢語大詞典』에 미등재). 앞에 출현한 '不得其門而入' 표현에서 '득(得)'은 기재한 것처럼 '다다르다. 이르다'가 적당해 보인다. 뒤에 나오는 '得其門者或寡矣'의 '得其門者' 역시 같은 맥락처럼 보이지만 그 의미는 '그 문에 들어간 사람'이 되어야 하기 때문에 '다다르다. 이르다'와 의미가 충돌된다. 여기서는 같은 글자이지만 의미를 다르게 보았다. 앞의 것(不得其門而入)은 '그 문에 다다랐지만 들어가지 못하다'로 보고, 뒤의 것(得其門者)은 '그 문에 들어가다'로 본다. 이때 이 의미는 『漢語大字典』의 의미항에 수록되지 않았지만, 최대한 가까운 의미로는 '얻다. 획득하다'가 될 수 있다고 본다.

夫子之云, 不亦宜乎?" (선생께서 그렇게 말씀하시는 것이 당연하지 않겠습니까?)

(동사) 응당~해야 한다. 응당 ~할 것이다. (~하는 것이) 당연하다. (應當, 應該) [의, yí]

→ 酒宜節飮, 財宜節用 『元史·王利用傳』
술(酒)은 당연히 절제해서 마셔야 하(宜節飮)고 돈(財)은 당연히 절제해서 써야 한다(宜節用).

19-24. 叔孫武叔毁仲尼. 子貢曰: "無以爲也! 仲尼不可毁也. 他人之賢者, 丘陵也, 猶可踰也; 仲尼, 日月也, 無得而踰焉. 人雖欲自絶, 其何傷於日月乎? 多見其不知量也."

叔孫武叔	毁	仲尼.	子貢	曰:	"無以爲
(인명)숙손무숙. 노나라 대부	(동)비방하다. 헐뜯다(15-25)	(인명)공자의 자(字)(19-22)	(인명)자공=사(賜)(1-10)	(동)말하다	(동)소용이 없다
숙손무숙(叔孫武叔)이 중니(仲尼=공자)를 비방했다.			자공(子貢)이 말했다.		"소용이 없다!
也!	**仲尼**	**不可**	**毁**	**也.**	**他人**
(어기)감탄(3-17)	(인명)공자의 자(字)(19-22)	(관용)~할 수 없다(8-6)	(동)비방하다. 헐뜯다(15-25)	(어기)진술강조(2-17)	(명)다른 사람
	선생님(=공자=중니)은 비방할 수가 없다. [仲尼는 진술대상으로 화제,topic(1-6)(16-14)]				다른 사람…
之	**賢**	**者,**	**丘陵**	**也,**	**猶**
(조사)수식,종속관계.'~의'(3-2)	덕행과 재능 있다(6-11)[형→명]	(조사)~한 사람, ~한 것(1-2)	(명)산언덕	(어기)멈춤. '완만,제시'(3-1)	(부)정도가 높음. '매우…'(17-22)
…의 덕행과 재능이란 것(은) [주어구]			산언덕(으로)…		
可踰	**也;**	**仲尼,**	**日月**	**也,**	**無**
극복할 수 있다[可:(1-11)]	(어기)판단(동사,형용사술어끝)(11-15)	(인명)공자의(字)(19-22)	(명)태양과 달	(어기)멈춤. '완만,제시'(3-1)	(부)진술사실부정(=不)(1-15)
극복할 수 있다. [유(猶)의 의미로 '극복할 수 있는 가능성이 높다'가 된다]		중니(仲尼)는 [화제]	태양과 달(로)		
得而	**踰**	**焉.**	**人**	**雖**	**欲**
(관용)~할 수 있다(5-13)	(동)뛰어넘다. 극복하다	(대)동사+焉. '그, 그것'(1-14)	(명)인간,사람(4-3)	(접)과장된 가정. 설령~해도(6-26)	(동)~하려 하다(2-4)
그를 뛰어넘을 수가 없다.			사람이 설령 스스로 단절하려 해도 [태양과 달과의 관계를 끊으려 해도]		
自絶,	**其**	**何…(乎)**		**傷**	**於**
(동)스스로 단절하다	그.(대)재지시(2-1)	(의문부사)반문.'어떻게~하겠는가?' '何+동사서술어'(5-9)		(동)해치다. 상처 입히다	(대상.전)동작의 직접대상(1-10)
	그가 어떻게 '태양과 달에(=공자에게)'				
日月	**(何)…乎?**	**多**	**見**		**其**
(명)태양과 달	(어기)반문(1-1)	(형)지나치다 [형용사→부사]	(동)드러나다,나타나다(8-13)[현,xiàn]		(대)그가,그것은. 주어(명사+之)(2-22)
상처를 입히겠는가?		그가 자신을 과대평가하는 것을			
不知量		**也."**			
(동)자신을 과대평가하다. 지나치게 자신을 평가하다		(어기)진술강조(2-17)			
지나치게 드러낸 것이다."					

번역 숙손무숙(叔孫武叔)이 중니(仲尼=공자)를 비방했다. 자공(子貢)이 말했다. "소용이 없다! 선생님(=공자=중니)은 비방할 수가 없다. 다른 사람의 덕행과 지능이라는 것은 산언덕으로 충분히 극복할 수가 있다. 중니(仲尼=공자)는 태양과 달로 그를 뛰어넘을 수가 없다. 사람이 설령 '스스로 단절하려 해도(=태양과 달과의 관계를 끊으려 해도)' 그가 어떻게 '태양과 달에(=공자에게)' 상처를 입히겠는가? 그가 자신을 과대평가하는 것을 지나치게 드러낸 것이다."

語法과 語彙

無以爲也! (소용이 없다!)

(동사) 소용이 없다. (猶無用, 沒用)

→ 為, 猶用也 -顔師古(581年—645年)注-
위(為)는 용(用)'과 같다(猶…也)'.

他人之賢者 (다른 사람의 덕행과 지능이라는 것)

(명사) 다른 사람. (別人)

→ 他人有心, 予忖度之 『詩・小雅・巧言』
다른 사람(他人)이 견해나 생각이 있(有心)을 때, 나는(予) 그것을(之) 짐작하고 헤아린다(忖度<촌도, cǔnduó>).

他人之賢者, 丘陵也 (다른 사람의 덕행과 지능이라는 것은 산언덕이다)

(명사) 끊이지 않고 이어진 산언덕. (連綿不斷的山丘) [구릉, qiūlíng]

他人之賢者, 丘陵也, 猶可踰也 (다른 사람의 덕행과 지능이라는 것은 산언덕으로 충분히 극복할 수가 있다)

(동사) 극복하다. 넘어서다. 뛰어넘다. (超越) [유, yú]

→ 謙尊而光, 卑而不可踰, 君子之終也 『易・謙』
존경받는 사람은 겸허하지만 그의 빛과 미덕을 드러내(謙尊而光:尊者謙虛而顯示其光明美德)고 비루해도(卑而) 넘어갈 수 없(不可踰)으니 군자의 마침이다(君子之終也).

人雖欲自絶 (사람이 설령 '스스로 단절하려 해도(=태양과 달과의 관계를 끊으려 해도))

(동사) 스스로 단절하다. (自行斷絶)

其何傷於日月乎? (그가 어떻게 태양과 달에 상처를 입히겠는가?)

(동사) 상해하다. 해치다. 상처 입히다. (傷害, 使受傷)

多見其不知量也 (그가 자신을 과대평가하는 것을 지나치게 드러낸 것이다)

(동사.형용사) 지나치다. ~할 필요가 없다. (過多; 不必要)

→ 多貨則傷於德 『儀禮・聘禮』
지나친 재물(多貨)은(則) 덕에 해로움을 준다(傷於德).

多見其<u>不知量</u>也 (그가 자신을 과대평가하는 것을 지나치게 드러낸 것이다)

(동사) 자신을 과대평가하다. 지나치게 자신을 평가하다. (猶不自量. 過高地估計自己)

→ 自陷<u>不知量</u>之罪乎? (宋·司馬光『諭若訥』)
스스로(自) 자신을 과대평가하는 잘못(不知量之罪)에 '빠진 것이 아닌가(陷…乎)'?

19-25. 陳子禽謂子貢曰: “子爲恭也, 仲尼豈賢於子乎?” 子貢曰: “君子一言以爲知, 一言以爲不知, 言不可不愼也. 夫子之不可及也, 猶天之不可階而升也. 夫子之得邦家者, 所謂立之斯立, 道之斯行, 綏之斯來, 動之斯和. 其生也榮, 其死也哀, 如之何其可及也?”

<table>
<tr><th>陳子禽</th><th>謂A(曰B)</th><th>子貢</th><th>(謂A)曰B:</th><th>“子</th><th>爲</th></tr>
<tr><td>(인명)진자금</td><td>(동)A에게B를 말하다(1-7)</td><td>(인명)자공=사(賜)(1-10)</td><td>(동)A에게B를 말하다(1-7)</td><td>(대)공경표현의 남자.선생님(11-24)</td><td>(판단동사)~이다(1-2)</td></tr>
<tr><td colspan="4">진자금(陳子禽)이 자공(子貢)에게 다음을 말했다.</td><td colspan="2">“선생님(=자공)께서는</td></tr>
<tr><th>恭</th><th>也,</th><th>仲尼</th><th>豈…(乎)?”</th><th>賢</th><th>於</th></tr>
<tr><td>(형)겸손하고 예의 있다(5-16)</td><td>(어기)멈춤. ‘완만,제시’(3-1)</td><td>(인명)공자의 자(字)(19-22)</td><td>(의.부)반문 ‘어떻게…?’(7-33)</td><td>(형)덕행과 재능이 있는(6-11)</td><td>(전)비교대상 이끎. ~보다(11-17)</td></tr>
<tr><td colspan="2">겸손하고 예의 있으신데…</td><td colspan="4">중니(=공자)께서 어떻게 선생님(=자공)보다</td></tr>
<tr><th>子</th><th>(豈)…乎?”</th><th>子貢曰:</th><th>“君子</th><th>一言</th><th>以</th></tr>
<tr><td>(대)공경표현의 남자.선생님(11-24)</td><td>(어기)반문(1-1)</td><td>자공이 말하다</td><td>(명)군자(君子)(11-1)</td><td>(명)말, 언사, 한 마디(2-2)</td><td>(전)원인. ~ 때문에(3-8)</td></tr>
<tr><td colspan="2">덕행과 재능이 있겠습니까?”</td><td>자공이 말했다.</td><td colspan="3">“군자는 한 마디 때문에</td></tr>
<tr><th>爲</th><th>知,</th><th colspan="2">一言以爲不知,</th><th>言</th><th>不可</th></tr>
<tr><td>생각하다(17-24) [동사→피동사]</td><td>(형)지혜롭다(17-1)</td><td colspan="2">한 마디 때문에 지혜롭지 않다고 생각되다</td><td>(명)말, 언사, 한 마디(2-2)</td><td>(관용)~할 수 없다(8-6)</td></tr>
<tr><td colspan="2">지혜롭다고 생각되(고)</td><td colspan="2">한 마디 때문에 지혜롭지 않다고 생각되(기 때문에) [원인이유절(1-1)]</td><td colspan="2">말이</td></tr>
<tr><th>不</th><th>愼</th><th>也.</th><th>夫子</th><th>之</th><th>不可</th></tr>
<tr><td>(부)형용사앞.성질·상태의 부정(5-5)</td><td>(형.동)신중하다. 조심하다(7-12)</td><td>(어기)판단(동사,형용사술어끝)(11-15)</td><td>(명)선생님;공자(1-10)</td><td>(조)목적어전치 표지(1-15)</td><td>(관용)~할 수 없다(8-6)</td></tr>
<tr><td colspan="3">신중하지 않을 수 없다.</td><td colspan="3">선생님(=공자)을</td></tr>
<tr><th>及</th><th>也,</th><th>猶</th><th>天</th><th>之</th><th>不可</th></tr>
<tr><td>(동)따라잡다(5-12)</td><td>(어기)주어+也.‘멈춤,완만,제시’(1-2)</td><td>(동)~와 같다, 비슷하다(5-19)</td><td>(명)하늘</td><td>(조)목적어전치 표지(1-15)</td><td>(관용)~할 수 없다(8-6)</td></tr>
<tr><td colspan="2">따라잡을 수 없는 것은 [주어절]</td><td colspan="4">하늘에 도달하여</td></tr>
<tr><th>階</th><th>而</th><th>升</th><th>也.</th><th>夫子</th><th>之</th></tr>
<tr><td>(동)도달하다. 위로가다</td><td>(접)동작의 선후. ‘~다음’(6-15)</td><td>(동)오르다(10-26)</td><td>(어기)판단(동사,형용사술어끝)(11-15)</td><td>(명)선생님;공자(1-10)</td><td>(접)주어+之+서술어(1-10)</td></tr>
<tr><td colspan="4">오를 수 없는 것과 같다. [=하늘에 도달하지 못하고 오르지 못함]</td><td colspan="2">선생님께서</td></tr>
<tr><th>得</th><th>邦家</th><th>者,</th><th>所謂</th><th>立</th><th>之</th></tr>
<tr><td>(동)얻다(10-8)</td><td>(명)국가(17-18)</td><td>(조)복문內앞문장 문미.‘가정’(2-23)</td><td>(동사구)말하는 것 나타냄(11-24)</td><td>서다(17-10) [자동→타동사]</td><td>(접사)동사강조·보충,음절모으기(13-1)</td></tr>
<tr><td colspan="3">국가를 얻으면 [조건가정절(1-1)]</td><td colspan="3">세우…</td></tr>
<tr><th>斯</th><th>立,</th><th>道</th><th>之</th><th>斯</th><th>行,</th></tr>
<tr><td>(접)유연한이어짐 ‘~면~하다’(4-7)</td><td>(동)서다(17-10)</td><td>(동)안내하다, 인도하다(2-3)</td><td>(접사)동사강조·보충,음절모으기(13-1)</td><td>(접)유연한이어짐 ‘~면~하다’(4-7)</td><td>(동)가다, 운행하다(2-22)</td></tr>
<tr><td colspan="2">…면 서(고) [조건가정긴축문(11-14)]</td><td colspan="4">인도하면 가(고) [조건가정긴축문(11-14)]</td></tr>
</table>

<table>
<tr><th>綏</th><th>之</th><th>斯</th><th>來,</th><th>動</th><th>之</th></tr>
<tr><td>(동)위안하다. 안정시키다</td><td>(접사)동사강조·보충,음절모으기(13-1)</td><td>(접)유연한이어짐 '~면~하다'(4-7)</td><td>(동)오다</td><td>(동)이루기 위해서 활동하다</td><td>(접사)동사강조·보충,음절모으기(13-1)</td></tr>
<tr><td colspan="4">위안하면 오(고) [조건가정긴축문(11-14)]</td><td colspan="2">이루기 위해 활동하…</td></tr>
<tr><th>斯</th><th>和.</th><th>其</th><th>生</th><th>也</th><th>榮,</th></tr>
<tr><td>(접)유연한이어짐 '~면~하다'(4-7)</td><td>(동)협조하다. 조화하다(1-12)</td><td>(대)그의… '복수可'(1-7)</td><td>(명)일생.한 평생</td><td>(어기)주어+也.'멈춤,완만,제시'(1-2)</td><td>(형)영광스럽다</td></tr>
<tr><td colspan="2">…면 협조했을 것이다. [미실현되었기 때문에 과거 추측으로 봄][조건가정긴축문]</td><td colspan="4">그의 일생은 영광스러(웠고)</td></tr>
<tr><th>其</th><th>死</th><th>也</th><th>哀,</th><th>(吾)如之何</th><th>其</th></tr>
<tr><td>(대)그의…'복수可'(1-7)</td><td>(명)죽음</td><td>(어기)주어+也. '멈춤,완만,제시'</td><td>(형)몹시 슬프다(19-1)</td><td>(관용)방법, 방식 질문(2-20)</td><td>(조)수식이+其+서술어(5-18)</td></tr>
<tr><td colspan="4">그의 죽음은 몹시 슬펐(으니)</td><td colspan="2">(내가) 어떻게</td></tr>
<tr><th>可</th><th>及(之)</th><th>也?"</th><td></td><td></td><td></td></tr>
<tr><td>(조동)가능. '~할 수 있다'(1-11)</td><td>(동)따라잡다(5-12)</td><td>(어기)반문(3-1)</td><td></td><td></td><td></td></tr>
<tr><td colspan="3">(그를=선생님을) 따라잡을 수 있겠느냐?"</td><td></td><td></td><td></td></tr>
</table>

번역 진자금(陳子禽)이 자공(子貢)에게 다음을 말했다. "선생님(=자공)께서는 겸손하고 예의 있으신데, 중니(=공자)께서 어떻게 선생님(=자공)보다 덕행과 재능이 있겠습니까?" 자공이 말했다. "군자는 한 마디 때문에 지혜롭다고 생각되고, 한 마디 때문에 지혜롭지 않다고 생각되기 때문에 말이 신중하지 않을 수 없다. 선생님(=공자)을 따라잡을 수 없는 것은 하늘에 도달하여 오를 수 없는 것과 같다. 선생님께서 국가를 얻으면, 세우면 서고, 인도하면 가고, 위안하면 오고, 이루기 위해서 활동하면 분명히 협조했을 것이다. 그의 일생은 영광스러웠고, 그의 죽음은 몹시 슬펐으니 내가 어떻게 선생님을 따라잡을 수 있겠느냐?"

語法과 語彙

陳子禽謂子貢 (진자금(陳子禽)이 자공(子貢)에게 말하다)

진자금(陳子禽) : 앞 「학이(學而)」 편 10장과 「계씨(季氏)」 편 13장에 이름이 항(亢)인 공자의 제자가 보였다. 그러니 공자를 '중니(仲尼)'라 부르고 있으니, 앞에 나온 공자의 제자와는 동명이인(同名異人)일 것이다(皇侃『義疏』). (김학주, 2017)

자금(子禽)은 1-10, 16-13에 나왔던 인물로 염탐하는 모습이 있고 매사에 삐딱하게 비판석으로 보는 사람이다. 그런데 여기서 공자를 '중니(仲尼)'라고 부르고 있으므로 공자의 직전제자라고 볼 수 없다. 진자금은 역시 자공(子貢)의 제자로 보아야 한다. 1-10에서도 자공과 대화를 나누었다. 그래서 자공을 부르는 '자(子)'를 '그대'로 번역하지 않고 선생님에 해당되는 '자(子, Master)'로 번역했다. (김용옥, 2008)

진자금(陳子禽) : 진(陳)나라 사람으로 공자의 제자인 진항(陳亢). 자공보다 아홉 살 아래였다. (류종목, 2000)

猶天之不可階而升也 (하늘에 도달하여 오를 수 없는 것과 같다)

(동사) 위로 가다. 발달하다. 도달하다. (上達 ; 達到) [계, jiē]

→ 階是等, 故人升階, 必上進, 故以階爲上進 -孔颖達(574~648)疏-
계(階)는 오르는 것으(是等)로 그래서(故) 사람이 '계(階)를 오르(升階)'면 반드시 위로 가야 하(必上進)기 때문에(故) 계(階)를(以) 위로 간다고 여긴다(爲上進).

綏之斯來 (위안하면 오다)

(동사) 위안하다. 안정시키다. (安 ; 安撫) [수, suí]

→ 綏, 安也 『爾雅·釋詁下』
수(綏)는 '편안하다(安)'이다(也).

→ 綏, 撫也 『廣雅·釋言』
수(綏)는 '위로하다(撫<무,fǔ>)'이다(也).

動之斯和 (활동하면 협조하다)

(동사) 행동하다. 어떤 의도를 이루기 위해서 활동하다. (行動 ; 爲實現某種意圖而進行活動)

→ 開春始雷, 則蟄虫動矣 『吕氏春秋·開春』
봄이 시작 되(開春:春天開始)고 천둥이 시작되면(始雷, 則) 겨울잠을 자는 곤충(蟄<칩,zhé>虫)이 활동할 것이다(動矣).

其生也榮 (그의 일생은 영광스럽다)

(명사) 일생. 한 평생. (一生 ; 一輩子)

→ 窮予生之光陰以疗梅也哉! (清·龔自珍『病梅館記』)
나의 일생의 시간(予生之光陰)을 다하여(窮…以) 매(梅)를 치료하는구나(疗…也哉!)!

其生也榮 (그의 일생은 영광스럽다)

(형용사) 영광스럽다. (光榮 ; 美譽)
(명사) 명성과 명예. (光榮 ; 美譽)

→ 死有遺業, 生有榮名 『淮南子·修務訓』
죽어(死)선 후세에 전하여 주는 불후의 업적이 있(有遺業:有傳予後人的不朽事業)고 살아(生)선 영광스런 이름이 있다(有榮名).

其死也哀 (그의 죽음은 몹시 슬프다)

(명사) 생명 종결. 죽음. (生命終結)
(동사) 생명이 종결되다. 죽다. (生命終結)

제 20 편

요일

20-1. 堯曰: "咨! 爾舜! 天之歷數在爾躬, 允執其中. 四海困窮, 天祿永終." 舜亦以命禹曰: "予小子履敢用玄牡, 敢昭告于皇皇后帝, 有罪不敢赦. 帝臣不蔽, 簡在帝心. 朕躬有罪, 無以萬方, 萬方有罪, 罪在朕躬." 周有大賚, 善人是富."雖有周親, 不如仁人;百姓有過, 在予一人." 謹權量, 審法度, 脩廢官, 四方之政行焉. 興滅國, 繼絶世, 擧逸民, 天下之民歸心焉. 所重, 民食喪祭. 寬, 則得重;信, 則民任焉;敏, 則有功;公, 則說.

堯	曰:	"咨!	爾	舜!	天
(인명)요임금(8-19)	(동)말하다	(감탄사)칭찬과 높은 평가. '아!'	(대)너.너희들. 당신(5-12)	(인명)순임금 (8-18)	(명)하늘
요(堯)임금이 말했다.		"아!	당신, 순(舜)임금!		하늘…
之	**歷數**	**在**	**爾**		**躬,**
(조사)수식,종속관계.'~의'(3-2)	(명)제왕 계승 순서	(동)~에 있다(5-1)	1. 2인칭 한정어(너) 2. 2인칭 소유대명사(너의)		(명)자신,본인, 신체,몸(4-22)
…의 제왕 계승 순서가 '당신 자신에게 있(으니) or 당신의 몸에 있(으니)' [이유원인절(1-1)]					
(必)允執其中.		**四海**	**困窮,**	**天祿**	**永終."**
(동)말과 행동이 어느 한쪽으로 치우치지 않도록 적절하게 하다		(명)천하. 전국 각지(12-5)	(형)곤궁하다; 가난하여 구차하다	(명)하늘이 준 '복록(=번영. 융성)'	(동)영원히 끝나다
말과 행동이 어느 한쪽으로 치우치지 않도록 적절하게 (해야 합니다).		천하가 곤궁하(면) [조건가정절(1-1)]		하늘이 준 번영은 영원히 끝납니다."	
舜	**亦**	**以(之)**	**命**	**禹**	**曰:**
(인명)순임금(8-18)	(부사)역시, 또한(3-22)	(전)동작직접대상. '~를'(5-1)	(동)알리다. 보고하다(10-20)	(인명)우임금(8-18)	(동)말하다
순(舜)임금 역시 (그것)을 우(禹)임금에게 알려주며 말했다.					
"予	**小子**	**履**	**敢**	**用**	**玄牡,**
(대)나.저(6-28)	(명)겸손한 자칭(自稱). '저'	(인)탕왕(湯王)의 이름. [리, lǚ]	(조동)'敢A' (감히A하다)(6-15)	(동)사용하다. 운용하다(16-1)	(명)제사용 검은색 수소
"저 탕왕(湯王) 리(履)는 감히 제사용 검은색 수소를 사용하(여) ['予+小子+履'에서 '予+小子'는 리(履)를 수식하는 한정어로 쓰이는데 동격이다. 혹은 '小子'는 '予'를 부가 설명해주는 당시의 관용표현이 될 수 있다고 본다]					
敢	**昭告**	**于**	**皇皇后帝,**	**有罪**	**不**
(조동)'敢A' (감히A하다)(6-15)	(동)분명히 알리다	(전)동작행위의 직접대상(2-21)	(명)하늘.하느님	죄가 있다	(부)동사술어 앞. '~하지 않다'(7-14)
감히 하느님께 분명히 알리(니)				죄가 있(으면)	
敢	**赦.**	**帝**	**臣**	**不蔽,**	**簡**
(조동)'敢A' (감히A하다)(6-15)	(동)죄를 용서하다 (13-2)	(명)하느님	(명)신하	(동)감추거나 가리어 숨기지 않다	(명)선택
감히 죄를 용서하지 않겠습니다. [조건가정긴축복문(11-14)]		하느님의 신하는 감추거나 숨기지 않(으며)			(신하의) 선택은
在	**帝心.**	**朕躬**	**有罪,**	**無以**	
(동)~에 있다(5-1)	(명)하느님의 마음	(대)나.내 몸	죄가 있다	어떡할 수 없다. 나무랄 수가 없다(4-6)	
하느님의 마음에 있습니다. [신하를 선택하는 것은 하느님의 마음에 있다]		내가/내게… 죄가 있다(면) [조건가정절]		모든 나라는 어떡할 수가 없(지만) → 어느 곳도 나무랄 수 없지만	

萬方,	萬方	有罪,	罪	在	朕躬."
1. 모든 나라 2. 전국 각지	1. 모든 나라 2. 전국 각지	죄가 있다	(명)죄	(동)~에 있다(5-1)	(대)나.내 몸
	모든 나라(에/가/…) 죄가 있다(면) [조건가정절]		죄는 나에게 있습니다."		
周有	**大賚,**	**善人**	**是**		**富.**
주(周)나라는 갖고 있다	(명)큰 포상	(명)도덕을 갖춘 사람(7-25)	(어조사)단음절형용사 앞, 동사서술어 앞. '강조.어기 무겁게 함'(9-31)		(형)많다
주(周)나라에는 큰 포상이 있었(으니)		도덕을 갖춘 사람이 많았다.			
"雖	**有**	**周親,**	**不如(A)**	**仁人;**	**百姓**
(접)비록~지만(5-1)	(동)있다	(명)육친(肉親)	(동)'A만못하다; A가낫다'(3-5)	(명)덕행이 있는 사람(15-9)	(명)백성
"비록 육친(肉親)이 있지만			덕행이 있는 사람만 못하다.		백성이
有	**過,**	**(過)在**	**予**	**一人."**	
(동)있다	(명)잘못. 실수(6-3)	(잘못이)~에 있다(5-1)	(대)나.저(6-28)	(명)한 사람	
잘못이 있다(면) [조건가정절]		(잘못은) 나 한 사람에게 있다." [予一人(나 한 사람)의 표현 방식은 현대중국어와 동일하다(剩下我一個人:나 혼자 남다)]			
謹	**權量,**	**審**	**法度,**	**脩**	
(동)재다.측량하다(絜<혈,xié>)	(명)저울추와 저울대	(동)고정시키다. 안정시키다	(명)도량형 제도	(동)고치다. 손질하다	
저울추와 저울대를 측량하(고)		도량형 제도를 안정시키(고)		발관(發官) 즉, 직책은 있지만 관리가 없거나,	
廢官,		**四方**	**之**	**政**	**行**
(명)직책은 있지만 관리가 없거나, 관리는 있지만 그 직책을 부르지 않는 것		(명)사방 소재 제후나라(13-5)	(조사)수식,종속관계.'~의'(3-2)	(명)정치.정사(13-5)	(동)통용하다. 실행될 수 있다(15-6)
관리는 있지만 그 직책을 부르지 않는 것을 손질하(여) [이유·시간(after)절]		사방 소재 제후나라의 정치가 실행될 수 있었다.			
焉.	**興**	**滅國,**	**繼**	**絕世,**	**擧**
(어기)진술문 문미.멈춤(5-16)	(동)일으키다. 흥기하다(8-2)	(명)이미 망한 나라	(동)계속하다. 지속하다.이어주다	(명)봉록과 작위가 끊긴 세가(世家)	(동)추천하다, 선발하다(2-20)
	이미 망한 나라를 일으켜주(고)		봉록과 작위가 끊긴 세가(世家)를 이어주(고)		
逸民,		**天下之民**	**歸心**	**焉.**	**所**
(명)세상을 피해 은거하는 사람(18-8)		천하의 백성	(동)진심으로 귀순하다·따르다	(어기)진술문 문미.멈춤(5-16)	(조사)'~사람·것·사건·곳'(1-12)
세상을 피해 은거하는 사람을 선발하(니) [이유·시간(after)절]		천하의 백성이 진심으로 따랐다.			중요한…
重,	**民**	**食**	**喪**	**祭.**	**寬,**
(형)중요하다	(명)서민·평민·백성·민중(15-25)	(명)음식물,양식. 먹을 것(6-11)	(명)상(喪). 장의(葬儀)(10-6)	(명)제사. 추모의식	(형)관대하나(17-6)
… 것(은) [주어]	백성, 식량, 장의(葬儀:장례 의식), 제사이다. [명사서술어]				관대하…
則	**得**	**重;**		**信,**	**則**
(접)조건+則+결과(1-6)	(동)얻다(10-8)	(명)권력.권세 ['득중(得重)'에 대한 설명 아래 참조]		(형)진실하다. 성실하다(14-13)	(접)조건+則+결과(1-6)
…면 권세를 얻(고)				진실하…	…면

<table>
<tr><th>民</th><th>任</th><th colspan="2">焉;</th><th>敏</th><th>則</th></tr>
<tr><td>(명)서민·평민·백성·민중(15-25)</td><td>(동)신임하다
(17-6)</td><td colspan="2">(대)동사+焉.'그, 그것'(1-14)</td><td>(형)민첩하다(1-14)</td><td>(접)조건+則+결과
(1-6)</td></tr>
<tr><td colspan="4">백성은 그를 신임하(고) [양백준(楊伯峻, 2006) 선생은 이 다섯 글자가 연문(衍文:필사, 판각, 조판이 잘못되어 더 들어간 글자나 글귀)이라고 주장한다]</td><td>민첩하…</td><td>…면</td></tr>
<tr><th>有功;</th><th>公</th><th>則</th><th colspan="2">說.</th><th></th></tr>
<tr><td>(동)공로.
공적이 있다(17-6)</td><td>(형)공정하다.
공평하고 타당하다</td><td>(접)조건+則+결과
(1-6)</td><td colspan="2">(동)좋아하다(1-1)[열,yuè=悅]</td><td></td></tr>
<tr><td>공로·공적이 있(고)</td><td>공평하고 타당하…</td><td colspan="3">…면 좋아한다.</td><td></td></tr>
</table>

번역 요(堯)임금이 말했다. "아! 당신, 순(舜)임금! 하늘의 제왕 계승 순서가 당신 자신에게 있으니 말과 행동이 어느 한쪽으로 치우치지 않도록 적절하게 해야 합니다. 천하가 곤궁하면 하늘이 준 번영은 영원히 끝납니다." 순임금 역시 그것을 우(禹)임금에게 알려주며 말했다. "저 탕왕(湯王) 리(履)는 감히 제사용 검은색 수소를 사용하여 감히 하느님께 분명히 알리니, 죄가 있으면 감히 죄를 용서하지 않겠습니다. 하느님의 신하는 감추거나 숨기지 않으며 신하의 선택은 하느님 마음에 있습니다. 내게 죄가 있다면 어느 곳도 나무랄 수 없지만, 모든 나라에 죄가 있다면 죄는 나에게 있습니다." 주(周)나라에는 큰 포상이 있었으니 도덕을 갖춘 사람이 많았다. "비록 육친(肉親)이 있지만 덕행이 있는 사람만 못하다. 백성이 잘못이 있다면 잘못은 나 한 사람에게 있다." 저울추와 저울대를 측량하고, 도량형 제도를 안정시키고, 발관(發官) 즉 직책은 있지만 관리가 없거나 관리는 있지만 그 직책을 부르지 않는 것을 손질하여 사방 소재 제후나라의 정치가 실행될 수 있었다. 이미 망한 나라를 일으켜주고, 봉록과 작위가 끊긴 세가(世家)를 이어주고, 세상을 피해 은거하는 사람을 선발하니 천하의 백성이 진심으로 따랐다. 중요한 것은 백성, 식량, 장의(葬儀), 제사이다. 관대하면 권세를 얻고, 진실하면 백성은 그를 신임하고, 민첩하면 공적이 있고, 공평하고 타당하면 좋아한다.

語法과 語彙

咨! 爾舜! (아! 당신, 순(舜)임금!)

(감탄사, 嘆詞) 칭찬하여 높이 평가하는 것을 나타낸다. 책(嘖<zé>)과 같다. (表示贊賞 相當於'嘖') [자,zī]

→ 咨, 嗟也 『玉篇·口部』
자(咨<zī>)는 탄식하다(아~ <차,jiē>)이다.

天之歷數在爾躬 (하늘의 제왕 계승 순서가 당신 자신에게 있다)

(명사) 제왕이 계승되는 순서. 고대의 미신적인 의견으로 제위(帝位)의 계승과 천문 현상의 순서가 서로 어울려 돌아간다고 여겼다. (指帝王繼承的次序. 古代迷信說法, 認爲帝位相承和天象運行次序相應)

天之歷數在爾躬, 允執其中 (하늘의 제왕 계승 순서가 당신 자신에게 있으니 말과 행동이 어느 한쪽으로 치우치지 않도록 적절하게 하다)

(명사) 말과 행동이 어느 한쪽으로 치우치지 않는 올바른 道. (謂言行符合不偏不倚的中正之道) [윤집기중, yǔnzhíqízhōng]

(동사) 말과 행동이 어느 한쪽으로 치우치지 않도록 적절하게 하다. (謂言行符合不偏不倚的中正之道)

→ 聖人之道, 中而已矣, 堯、舜、禹三聖人為萬世法, 一'允執厥中'也 (明•方孝孺『夷齊』)
성인의 도(聖人之道)는 중(中)일 따름이(而已矣)니, 요임금(堯), 순임금(舜), 우임금(禹) 세 명 성인(三聖人)은 만세의 법(萬世法)이 되었(為)으니 항상(一) '말과 행동이 어느 한쪽으로 치우치지 않게 적절하게 했다('允執厥中'也).

天祿永終 (하늘이 준 번영이 영원히 끝나다)

(명사) 하늘이 준 '복록(=번영. 융성)'. (天賜的福祿)

→ 帝王之量, 未肅而成；天祿之期, 不謀已至 『周書•宣帝紀』
군주의 도량(帝王之量)은 아직 근엄한 모습으로 형성되지 않았(未肅而成)고, 하늘이 준 복록(天祿)'의 기한(之期)'이 이미(已) 도달했다(至)고 생각하지 않는다(不謀).

天祿永終 (하늘이 준 번영이 영원히 끝나다)

(동사) 영원히 끝나다. (永遠終止)

予小子履敢用玄牡 (저 탕왕(湯王) 리(履)는 감히 제사용 검은색 수소를 사용합니다)

(명사) 옛날 '자기 자신'을 부르는 겸손한 말. '저'. (舊時自稱謙詞)

→ 小子久聞大山招賢納士 『水滸傳•第十九回』
저(小子)는 태산(大山:泰山)이 현명한 선비를 끌어들이고 받아들인다(招賢納士:招引接納賢士)고 오랫동안 들어왔습니다(久聞).

予小子履敢用玄牡 (저 탕왕(湯王) 리(履)는 감히 제사용 검은색 수소를 사용합니다)

(인명) 상(商=은<殷>)나라를 세운 탕왕(湯王)의 이름. [리, lǚ]

予小子履敢用玄牡 (저 탕왕(湯王) 리(履)는 감히 제사용 검은색 수소를 사용합니다)

(명사) 고대 하늘과 땅에 제사지낼 때 쓰던 검은 색 수소. (指古代祭天地用的黑色公牛) [현모, xuánmǔ]

敢昭告于皇皇后帝 (감히 하느님께 분명히 알리다)

(동사) 분명하게 알리다. (明白地告知) [소고, zhāogào]

→ 昭告昊天上帝、秦三公、楚三王 『左傳•成公十三年』
하늘(昊天:蒼天)에 계신 하느님(上帝:天帝)과 진나라 세 공(秦三公)과 초나라 세 왕(楚三王)에게 분명히 알리다.

敢昭告于皇皇后帝 (감히 하느님께 분명히 알리다)

(명사) 하늘. 하느님. (天；天帝)

→ 皇皇后帝, 皇祖后稷 『詩•魯頌『閟宮』)

하느님(皇皇后帝)과 왕의 할아버지(皇祖:君主的祖父或遠祖) 후직(后稷)

帝臣不蔽, 簡在帝心 (하느님의 신하는 감추거나 숨기지 않으며 신하의 선택은 하느님 마음에 있다)

(명사) 천신. 하느님; 고대인이나 종교인들은 우주의 창조자와 주재자가 제(帝)라고 말했다. (天神. 古人或宗教徒稱宇宙的創造者和主宰者爲帝)

帝臣不蔽, 簡在帝心 (하느님의 신하는 감추거나 숨기지 않으며 신하의 선택은 하느님 마음에 있다)

(동사) 은폐(隱蔽)하다(=덮어 감추거나 가리어 숨기다). (隱蔽) [폐, bì]

(동사) 저지하다. 막다. 못하게 하다. (攔住)

帝臣不蔽, 簡在帝心 (하느님의 신하는 감추거나 숨기지 않으며 신하의 선택은 하느님 마음에 있다)

(동사. 명사) 간(柬, jiǎn)과 같다. 선택(하다). (通"柬". 選擇)

→ 簡, 叚(=假)借爲柬 『說文通訓定聲·乾部』
간(簡)은 가차('叚=假'借:육서<六書>의 하나. 한자의 구성에서 같은 음의 글자를 빌어 딴 뜻에 쓰는 법)하여 선택하다(柬)이다(爲).

— [보충]

簡在帝心
(명사) 황제가 알고 중시하는 사람. (為皇帝所知曉、賞識者) 『臺湾重編國語辭典』

→ 他老大人官聲甚好, 早已簡在帝心 『官場現形記·第二四回』
그의(他) 부친(老大人:尊稱對方的父親)은 관직의 명예(官聲:為官的聲譽)가 매우 좋아(甚好) 이미(早已) 황제가 아시고 중시하는 사람(簡在帝心)이다.

朕躬有罪 (내게 죄가 있다)

(대명사로 봄) '나. 내 몸'으로 보통 천자가 자신을 칭할 때 쓰인다. (我, 我身. 多用于天子自稱)

→ 罪當朕躬, 弗敢自赦 『書·湯誥』
죄(罪)는 나를 향하고 있으(當朕躬)니 감히(敢) 스스로 용서하지 않다(弗…自赦).

朕躬有罪, 無以萬方, 萬方有罪, 罪在朕躬 (내게 죄가 있다면 죄가 모든 나라에 있지 않지만, 모든 나라에 죄가 있다면 죄는 나에게 있다)

(동사) '無以'는 관용적으로 쓰이고 동사 서술어 앞에 등장하여(4-6참조) '행위를 실행할 근거, 구실, 의지, 가능' 등이 없음을 나타내며, '방법이 없다', '사용하지 않았다', '~할 수 없다' 등으로 번역된다. 하지만 여기서는 '無以' 다음에 동사 서술어가 등장하지 않고 '명사'가 등장한다. 설명하는 문장 의미는 '내가 죄가 있으면 죄가 모든 나라에 있지 않지만, 모든 나라에 죄가 있으면 그 죄는 나에게 있다'이므로 '無以'는 동사로 '어떡할 수가 없다' 즉 '나무랄 수가 없다'의 의미가 된다고 보았다.

朕躬有罪, 無以萬方, 萬方有罪, 罪在朕躬 (내게 죄가 있다면 죄가 모든 나라에 있지 않지만, 모든 나라에 죄가 있다면 죄는 나에게 있다)

(명사) 만방. 모든 나라. 곳곳에 있는 제후. (萬邦 ; 各方諸侯)
(명사) 파생하여 '천하 각지'. '전국 각지'. (引申指天下各地 ; 全國各地)

周有大賚, 善人是富 (주(周)나라에는 큰 포상이 있으니 도덕을 갖춘 사람이 많다)

(명사) 큰 포상. (猶重賞) [대뢰·대래,dàlài]

→ 敢忘大賚, 以勞衆工 (宋·王安石『余靖改工部尚書制』)
큰 포상(大賚)을 감히 잊고(敢忘) 큰 포상으로(以) 많은 공인(衆工)을 일하게 하다(勞).

周有大賚, 善人是富 (주(周)나라에는 큰 포상이 있으니 도덕을 갖춘 사람이 많다)

(형용사) 많다. (정도가) 심하다. 흥성하다 등. (盛. 多)

雖有周親, 不如仁人 (비록 육친(肉親)이 있지만 덕행이 있는 사람만 못하다)

(명사) 육친(肉親:조부모, 부모, 형제 등과 같이 혈족 관계가 있는 사람). (至親)

→ 周, 至也. 言紂至親雖多, 不如周家之少仁人 -孔傳-
주(周)는 지극하다(very close<매우 가깝다>, 至)이다(也). 주(紂, 인명)와 매우 가까운 친족(至親)이 비록 많지만(雖多) 주나라 집안의(周家之) 적은 仁한 사람(少仁人)보다 못하다(不如)라는 것을 말한다(言).

百姓有過, 在予一人 (백성이 잘못이 있다면 잘못은 나 한 사람에게 있다)

(명사) 한 사람. (一個人)

→ 然則今日之是非, 謂予李卓吾一人之是非, 可也 (明·李贄『藏書世紀列傳總目前論』)
그러나(然則) 지금의 잘잘못(今日之是非)이 나(予) 이탁오(李卓吾) 한 사람의(一人之)의 잘잘못(是非)을 말하(謂)는 것이면 괜찮다(可也).
(명사) 고대 천자를 부르는 말이고 천자의 '자칭(自稱)'이기도 하다. (古代稱天子, 亦為天子自稱)

謹權量 (저울추와 저울대를 측량하다)

(동사) 재다. 측량하다. [絜, (혈, xié)(결, jié:청결하다. 깨끗하게 하다)] [근, jǐn]

→ 謹, 絜也 『廣韵·隱部』
근(謹)은 측량하(絜<혈, xié>)는 것이다(也).

謹權量 (저울추와 저울대를 측량하다)

(명사) 저울추와 저울대. 물체의 크기와 중량을 재는 기구. (權與量. 測定物體大小、輕重的器具)

→ 權量以知輕重多少 -鄭玄注-

저울추와 저울로(權量以) 가벼움과 무거움(輕重), 많음과 적음(多少)을 알다(知).

審法度 (도량형 제도를 안정시키다)

(동사) 고정시키다. 안정시키다. (固定 ; 安定) [심, shěn]

→ 凡舉事必先審民心, 然後可舉 『呂氏春秋·順民』
대체로(凡) 거사하(舉事)기 위해서는 꼭(必) 먼저 민심을 안심시(先審民心)킨 다음에(然後) 거사할 수 있다(可舉).

審法度 (도량형 제도를 안정시키다)

(명사) 도량형 제도. (特指度量衡制度)

→ 法度, 丈尺也 -顏師古(581年—645年)注-
법도(法度)는 장(丈)과 척(尺)이다(也).
(명사) 법령과 제도. (法令制度)

修廢官 (발관(發官) 즉 직책은 있지만 관리가 없거나 관리는 있지만 그 직책을 부르지 않는 것을 손질하다)

(동사) 수리하다. 손질하다. 고치다. (修理 ; 維修)

→ 此屋不修且壞 (唐·韓愈『新修滕王閣記』)
이 집(此屋)은 수리되지 않(不修)고 오히려(且) 부서졌다(壞).

修廢官 (발관(發官) 즉 직책은 있지만 관리가 없거나 관리는 있지만 그 직책을 부르지 않는 것을 손질하다)

(명사) 직책은 있지만 그 벼슬아치가 없거나, 벼슬아치는 있지만 그 직책을 부르지 않는 것. (謂有職而無其官, 或有官而不稱其職)

興滅國 (이미 망한 나라를 일으켜주다)

(명사) 이미 멸망한 국가. (已滅亡的國家)

繼絶世 (봉록과 작위가 끊긴 세가(世家)를 이어주다)

(동사) 계속하다. 지속하다. (繼續 ; 延續)

→ 繼, 續也 『說文·糸部』
계(繼)는 계속하다(續)이다(也).

繼絶世 (봉록과 작위가 끊긴 세가(世家)를 이어주다)

(명사) 봉록과 작위가 끊긴 세가(世家:여러 대에 걸쳐 국가의 요직에 있거나 특권을 누리는 집안). (斷絶祿位的世家)

天下之民歸心焉 (천하의 백성이 진심으로 따르다)

(동사) 진심으로 귀순하다·따르다. (誠心歸附)

→ 由是天下之人歸心焉 (唐·劉餗『隋唐嘉話』)
이 때문에(由是) 세상 사람들(天下之人)이 진심으로 귀순한다(歸心焉).

所重, 民食喪祭 (중요한 것은 백성, 식량, 장의(葬儀), 제사이다)

(명사) 제사. 추모의식. (祭祀 ; 祭奠)

寬則得重 (관대하면 권세를 얻는다)

(명사) 권력. 권세. (權力, 權勢)

→ 然則人主無威, 而重在左右矣 『韓非子·三守』
그러면(然則) 군주(人主:人君, 君主)는 권위가 없어지고(無威) 권력(重)은 가까운 신하(左右:近臣)에게 있다(在).

— [보충]

학자 거의 모두 이 문장에 등장하는 '득중(得重)'의 의미를 유사하게 주석하였다.

- 관대하면 민중의 지지를 얻게 되고 (김학주, 2017)
- 너그러우면 대중의 마음을 얻고 (이기동, 2011)
- 너그러우면 대중을 얻고 (김용옥, 2008)
- 관대하면 민중의 지지를 얻을 것이고 (류종목, 2000)
- 너그럽고 후하면 민심을 얻고 (寬厚就得民心) (陳曉芬, 2016)
- 너그럽고 후하면 민중의 지지를 얻을 수 있고 (寬厚就會得到民衆的拥護) (楊伯峻, 2006)

『漢語大詞典』에는 이 단어가 등장하지 않는다. 이 정도면 상용구로 볼 수 있다고 생각하는데 등장하지 않았다. 품사활용 등을 고려하면 적용되는 항목이 다수가 되고(형용사→명사), 통사구조상 본래의 용도로 쓰여야 하는 명사가 가장 적절하고, 『漢語大詞典』에 한하여 의미를 찾으면 '권력, 권세'가 가장 적합하다고 본다.

公則說 (공평하고 타당하면 좋아한다)

(형용사) 공정하다. 공평하고 타당하다. 사심이 없다. (公正, 平允, 無私)

20-2. 子張問於孔子曰: "何如斯可以從政矣?" 子曰: "尊五美, 屛四惡, 斯可以從政矣." 子張曰: "何謂五美?" 子曰: "君子惠而不費, 勞而不怨, 欲而不貪, 泰而不驕, 威而不猛." 子張曰: "何謂惠而不費?" 子曰: "因民之所利而利之, 斯不亦惠而不費乎? 擇可勞而勞之, 又誰怨? 欲仁而得仁, 又焉貪? 君子無衆寡無小大, 無敢慢, 斯不亦泰而不驕乎? 君子正其衣冠, 尊其瞻視, 儼然, 人望而畏之, 斯不亦威而不猛乎?" 子張曰: "何謂四惡?" 子曰: "不教而殺謂之虐;不戒視成謂之暴;慢令致期謂之賊;猶之與人也, 出納之吝謂之有司."

子張	問於	孔子	曰:	"何如	斯
(인명)자장=전손사(顓孫師)(2-18)	(동)問於A:A에게 묻다(12-10)	(인명) 공자	(동)말하다	(관용구)어떠한가? 상황,방법(5-4)	(접)유연한이어짐 '~면~하다'(4-7)
자장(子張)이 공자(孔子)에게 물으며 말했다.				"어떻게 하면	
可以	**從政**	**矣?"**	**子曰:**	**"尊**	**五美,**
(조동사)~할 수 있다(2-10)	(동)정사에 참여하다(6-8)	(어기)의문. '문미'(12-20)	공자가 말하다	(동)중시하다	(명)다섯 가지 미덕
정사에 참여할 수 있습니까?"			공자가 말했다.	"다섯 가지 미덕을 중시하(고)	
屛	**四惡,**	**斯**	**可以從政**	**矣."**	**子張曰:**
(동)없애다. 제거하다. 배제하다	(명)네 가지 나쁜 일	(접)유연한이어짐 '~면~하다'(4-7)	정사에 참여할 수 있다	(어기)미래상황에 대한 확신(1-7)	자장(子張)이 말하다
네 가지 나쁜 일을 없애…		…면 분명히 정사에 참여할 수 있을 것이다."			자장(子張)이 말했다.
"何		**謂**	**五美?"**	**子曰:**	**"君子**
(의.대)무엇을,무슨,무엇인가?(11-26)		(동)말하다(1-7)	(명)다섯 가지 미덕	공자가 말하다	(명)군자(君子)(11-1)
"무엇을 다섯 가지 미덕이라고 말합니까?" ['何(목적어)+謂(타동사)+五美(목적보어)'로 본다]				공자가 말했다.	"군자가
惠而不費,		**勞(民)**	**而**	**(民)不怨,**	**欲**
(동)사람에게 은혜를 베풀지만 낭비하는 것이 없다		(동)일을 시키다. 피곤해지다(14-7)	(접)전환. '그러나'(1-1)	원망하지 않다 [怨:(17-9)]	(동)욕망하다.매우 바라다(12-18)
사람에게 은혜를 베풀지만 낭비하는 것이 없(고)		(백성에게) 일을 시키지만 (백성이) 원망하지 않(으며)			매우 바라지…
而	**不貪,**		**泰**		**而**
(접)전환. '그러나'(1-1)	수단을 가리지 않고 재물을 원하지 않다		(형)(재물 사용에) 인색하지 않다. 시원하다. (언행이) 거침없다(7-25)		(접)전환. '그러나'(1-1)
…만 수단을 가리지 않으면서 재물을 원하지 않(고)			재물 사용에 인색하지 않지만		
不驕,	**威**	**而**	**不猛."**	**子張曰:**	**"何**
오만하지 않다 [驕(13-26)]	(형)위엄 있는. 존엄 있는(1-8)	(접)전환. '그러나'(1-1)	무섭지 않다.	자장(子張)이 말하다	(의.대)무엇을,무슨, 무엇인가?(11-26)
오만하지 않(으며)	위엄이 있지만 무섭지는 않다(이다)"			자장(子張)이 말했다.	"무엇을

謂	惠而不費?"		子曰:	"因	民
(동)말하다(1-7)	(동)사람에게 은혜를 베풀지만 낭비하는 것이 없다		공자가 말하다	(동)따르다. 좇다(11-26)	(명)서민·평민·백성·민중(15-25)
'사람에게 은혜를 베풀지만 낭비하는 것이 없다'라고 말합니까?"			공자가 말했다.	"백성이	
之	**所**	**利**		**而**	**利**
(접)주어+之+서술어(1-10)	(조사)'~사람·것·사건·곳'(1-12)	(동)이익을 얻다.이익이 있다 [동사→의동용법]		(접)동작의 선후. '~다음'(6-15)	(동)이익이 있다 [동→사동]
이익이 있다고 생각하는 것을 좇아서 백성을 이롭게 하…					
之,	**斯**	**不亦…(乎)?**	**惠而不費**		**(不亦…)乎?**
백성. (대)재지시(2-1)	(접)유연한이어짐 '~면~하다'(4-7)	(고정형식)반문. '역시~아닌가?'(1-1)	(동)사람에게 은혜를 베풀지만 낭비하는 것이 없다		(고정형식)반문. '역시~아닌가?'
	…면 사람에게 은혜를 베풀지만 낭비하는 것이 없는 것 아니겠느냐?				
擇	**可**	**勞**	**而**	**勞**	**之,**
(동)선택하다. 고르다(7-21)	할 수 있다(1-15) [동사→형용사]	(명)노동(2-8)	(접)동작의 선후. '~다음'(6-15)	(동)일을 시키다. 피곤해지다(14-7)	(접사)동사강조·보충,음절모으기(13-1)
할 수 있는 노동을 선택하여 일을 시키(면) [시간조건절]					
又	**誰**	**怨?**	**欲仁**	**而**	**得仁,**
(정도부사)반문어기 강화.'설마.어떻게'	(의.대)주어. '누가, 왜'(6-17)	(동)원망하다 (17-9)	仁을 매우 바라다	(접)동작의 선후. '~다음'(6-15)	仁을 얻다 [得:(동)얻다(10-8)]
설마 누가 원망하겠느냐?			仁을 매우 바란 다음 仁을 얻(으면) [시간조건절]		
又	**焉**	**貪?**	**君子**	**無**	**衆寡**
(정도부사)반문어기 강화.'설마.어떻게'	(의문대명사) 무엇(19-22)	(동)수단을 가리지 않고 재물을 원하다	(명)군자(君子) (11-1)	(접)~에 관계없이	많고 적다
설마 무엇을 수단을 가리지 않고 원하겠느냐?			군자가 많고 적음에 관계없고		
無小大,	**無敢**	**慢,**	**斯**	**不亦…(乎)?**	
작고 큰 것에 관계 없이	(부사)감히 ~하지 못하다	(형)교만하다	(접)유연한이어짐 '~면~하다'(4-7)	(고정형식)반문.'역시~아닌가?'(1-1)	
작고 큰 것에 관계 없(이)	감히 교만하지 않으…		…면		
泰而不驕		**(不亦…)乎?**	**君子**	**正**	**其**
재물 사용에 인색하지 않지만 오만하지 않다		(고정형식)반문. '역시~아닌가?'(1-1)	(명)군자(君子) (11-1)	(동)단정하게 하다 (1-14)	(대)그의…'복수可' (1-7)
역시 재물 사용에 인색하지 않지만 오만하지 않은 것 아니겠느냐?			군자가 그의 옷과 갓을 단정하게 하(고)		
衣冠,	**尊**	**其**	**瞻視,**	**儼然,**	**人**
(명)옷과 갓	(형)고상하다 [형→사동]	(대)그의…'복수可' (1-7)	(명)외관.겉모습	(형)엄숙하고 장중하다(19-9)	(명)타인, 다른사람(7-30)
	그의 외관을 고상하게 하(여)			엄숙하고 장중했을 때 [시간절]	타인이
望	**而**	**畏**	**之,**	**斯**	**不亦…(乎)?**
(동)높은 곳이나 먼 곳을 보다(19-9)	(접)동작의 선후. '~다음'(6-15)	(동)두려워하다 (16-8)	군자. (대)재지시 (2-1)	(접)유연한이어짐 '~면~하다'(4-7)	(고정형식)반문. '역시~아닌가?'(1-1)
군자를 보고 두려워하…				…면 [조건절]	

威而不猛	(不亦…)乎?”	子張曰:	“何	謂	四惡?”
위엄이 있지만 무섭지는 않다	(고정형식)반문. '역시~아닌가?'(1-1)	자장이 말하다	(의.대)무엇을,무슨, 무엇인가?(11-26)	(동)말하다(1-7)	(명)네 가지 나쁜 일
위엄이 있지만 무섭지 않은 것 아니겠느냐?”		자장이 말했다.	“무엇을 네 가지 나쁜 일이라고 말합니까?” ['何(목적어전치)+謂(타동사)+四惡(목적보어)'로 본다]		
子曰:	**“不教**	**而**	**殺**	**謂**	**之**
공자가 말하다	가르치지 않다	(접)A而(부사어)+서술어(1-4)	(동)죽이다. 죽음에 이르다	(동)말하다(1-7)	不教而殺 [(대)재지시 (2-1)]
공자가 말했다.	“가르치지 않고 죽이는 것[화제], 그것을 '잔인하고 포악하다(虐)'라고 말하(고)				
虐;	**不**	**戒**	**視成**	**謂**	**之**
(형)잔인하고 포악하다	(부)동사술어 앞. '~하지 않다'(7-14)	(동)미리 알리다. 알리다	(동)성공을 따지다	(동)말하다(1-7)	不戒視成 [(대)재지시 (2-1)]
	미리 알려주지 않고 성공을 따지는 것[화제,topic(1-6)(16-14)], 그것을 '포악하다(暴)'라고 말하(며)				
暴;	**慢令**		**致**	**期**	**謂**
(형)포악하다	(동)느리게 집행해도 되는 명령을 내리다		(동)제어하다. 통제하다	(명)일정한 기간. 기한(17-21)	(동)말하다(1-7)
	느리게 집행해도 되는 명령을 내리(고) 기한을 통제하는 것[화제,topic(1-6)(16-14)], 그것을 잔인하다(賊)라고 하(며)				
之	**賊;**	**猶之**	**與**	**人**	**也,**
'慢令致期' [(대)재지시 (2-1)]	(형)잔인하다. 악랄하다	(동)균등하게 하다. 같게 하다	(전)동작 대상. '~와'(5-8)	(명)타인, 다른사람(7-30)	(어기)멈춤. '완만,제시'(3-1)
		타인과 균등하게 '할 때/하는데/…' … [시간절]			
出納	**之**	**吝**	**謂**	**之**	**有司.”**
(명)재물의 지출과 수입	(접)주어+之+서술어(1-10)	(형)인색하다	(동)말하다(1-7)	出納之吝 [(대)재지시 (2-1)]	(명)관리(13-2)
지출과 수입이 인색한 것 [화제] 그것을 유사(有司:관리)라고 말한다.”					

번역 자장(子張)이 공자에게 물으며 말했다. “어떻게 하면 정사(政事)에 참여할 수 있습니까?” 공자가 말했다. “다섯 가지 미덕을 중시하고, 네 가지 나쁜 일을 없애면 분명히 정사에 참여할 수 있을 것이다.” 자장이 말했다. “무엇을 다섯 가지 미덕이라고 말합니까?” 공자가 말했다. “군자가 사람에게 은혜를 베풀지만 낭비하는 것이 없고, 백성에게 일을 시키지만 백성이 원망하지 않으며, 매우 바라지만 수단을 가리지 않으면서 재물을 원하지 않고, 재물 사용에 인색하지 않지만 오만하지 않으며, 위엄이 있지만 무섭지는 않다(이다).” 자장이 말했다. “무엇을 '사람에게 은혜를 베풀지만 낭비하는 것이 없다'라고 말합니까?” 공자가 말했다. “백성이 이익이 있다고 생각하는 것을 좇아서 백성을 이롭게 하면 사람에게 은혜를 베풀지만 낭비하는 것이 없는 것 아니겠느냐? 할 수 있는 노동을 선택하여 일을 시키면 설마 누가 원망하겠느냐? 仁을 매우 바란 다음 仁을 얻으면 설마 무엇을 수단을 가리지 않고 원하겠느냐? 군자가 많고 적음에 관계없고, 작고 큰 것에 관계없이 감히 교만하지 않으면 역시 재물 사용에 인색하지 않지만 오만하지 않은 것 아니겠느냐? 군자가 그의 옷과 갓을 단정하게 하고, 그의 외관을 고상하게 하여 엄숙하고 장중했을 때 타인이 군자를 보고 두려워하면 위엄이 있지만 무섭지 않은 것 아니겠느냐?” 자장이 말했다. “무엇을 네 가지 나쁜 일이라고 말합니까?” 공자가 말했다. “가르치지 않고 죽이는 것, 그것을 '잔인하고 포악하다'라고 말하고, 미리 알려주지 않고 성공을 따지는 것, 그것을 '포악하다'라고 말하며, 느리게 집행해도 되는 명령을 내리고 기한을 통제하는 것, 그것을 '잔인하다'라고 말하며, 타인과 균등하게 할 때 지출과 수입이 인색한 것, 그것을 '유사(有司:관리)'라고 말한다.”

語法과 語彙

尊五美, 屛四惡 (다섯 가지 미덕을 중시하고, 네 가지 나쁜 일을 없애다)

(동사) 중시하다. (重視)

→ 尊, 重也　『玉篇·寸部』
존(尊)은 중시하다(重)이다(也).

尊五美, 屛四惡 (다섯 가지 미덕을 중시하고, 네 가지 나쁜 일을 없애다)

(명사) 다섯 가지 미덕. (五種美德)

尊五美, 屛四惡 (다섯 가지 미덕을 중시하고, 네 가지 나쁜 일을 없애다)

(동사) 없애다. 제거하다. 배제하다. (除去, 排除) [bǐng][병, píng:병풍…]

→ 屛黜奸讒以厚風俗 (三國蜀·諸葛亮『自表後主』)
중상모략하는 간신(奸讒<간참,jiānchán>:進讒言的奸臣)을 배제하여(屛黜<병출,bǐngchù>) 그것으로(以) 풍속(風俗)을 풍성하게 하다(厚:豊厚).

尊五美, 屛四惡 (다섯 가지 미덕을 중시하고, 네 가지 나쁜 일을 없애다)

(명사) 학(虐), 폭(暴), 적(賊), 요사(有司)인 네 가지 나쁜 일. (指虐、暴、賊、有司四種惡事)

惠而不費 (사람에게 은혜를 베풀지만 낭비하는 것이 없다)

(동사) 사람에게 은혜를 베풀지만 낭비하는 것이 없다. (施惠於人而無所耗費)

→ 因而利之, 惠而不費　『隋書·循吏傳序』
그래서(因而: 접속사로 다음 문장이 앞의 문장의 결과라는 것을 나타낸다. 表示下文是上文的結果) 그들을 이롭게 하(利之)고, 은혜를 베풀지만 낭비하는 것이 없다(惠而不費).

欲而不貪 (매우 바라지만 수단을 가리지 않으면서 재물을 원하지 않다)

(동사) 재물을 좋아하다. 수단을 가리지 않고 재물을 원하다(愛財, 不擇手段地求取財物). [탄, tān]

威而不猛 (위엄이 있지만 무섭지는 않다)

(형용사) 호되다. 무섭다. (嚴厲) [맹, měng]
(명사) 호됨. 무서움. (嚴厲)

→ 政寬則民慢, 慢則糾之以猛　『左傳·昭公二十年』
정치가 관대하면(政寬則) 백성이 나타해지(民慢)며 나태하면(慢則) 무서움으로(以猛) 그들을 바로잡는다(糾之).

因民之所利而利之, 斯不亦惠而不費乎? (백성이 이익이 있다고 생각하는 것을 쫓아서 백성을 이롭게 하면 사람에게 은혜를 베풀지만 낭비하는 것이 없는 것 아니겠느냐?)

(동사) 이익을 얻다. 이익이 있다. (得益, 有利)

擇可勞而勞之, 又誰怨? (할 수 있는 노동을 선택하여 일을 시키면 설마 누가 원망하겠느냐?)

(정도부사) 반문, 의문문, 부정문 안에 쓰여 반문어기를 강화하거나 부정의 정도를 강화한다. 문맥에 따라 참작하여 번역하면 된다.

→ 我將亡, 夫子存我, 德莫大焉, 又可攻乎? 『左傳·襄公二十七年』
내가(我) 멸망하려 할(將亡) 때 선생님(夫子)이 나를 살게 해주셨(存我)으니 덕(德)이 막대한(莫大焉)데 어떻게/설마(又) 공격할 수 있겠는가(可攻乎)?

君子無衆寡, 無小大, 無敢慢 (군자가 많고 적음과 작고 큰 것에 관계없이 감히 교만하지 않다)

(접속사) 조건 관계를 나타내고 '~에 관계없이/~하던/…'의 의미에 상당한다. (表示条件關係, 相當于'無論, 不論)

→ 無小無大, 從公於邁 『詩·.魯頌·泮水』
작든지 크든지 관계없이(無小無大) 공무를 처리하(從公:辦理公務)러 나아가다(於邁:猶於征)

(접속사) 가정의 관계를 나타내고 '설사~해도'의 의미에 상당한다. (表示假設關係, 相當於"即使")

→ 國無小, 不可易也 -臧文仲曰-
나라(國)가 설사 작더라도(無小) 바꿀 수는 없다(不可易也).

君子無衆寡, 無小大, 無敢慢 (군자가 많고 적음과 작고 큰 것에 관계없이 감히 교만하지 않다)

(부사로 본다) 감히 ~하지 못하다. (不敢)

→ 棄物道上, 人無敢取 『宋史·忠義傳一·趙師旦』
버려진 물건(棄物)이 길 위에 있으(道上)면 사람들(人)은 감히 가지지 못는다(無敢取).

君子無衆寡, 無小大, 無敢慢 (군자가 많고 적음과 작고 큰 것에 관계없이 감히 교만하지 않다)

(형용사) 교만하다. 거만하다. (驕傲；驕慢)

→ 小人居上位必驕慢, 而在下必暴虐 『易·繫辭上』
소인은 높은 자리에 있(居上位)을 때 꼭 교만하(必驕慢)고(而) 낮은 자리에 있(在下)을 때는 꼭 포악하다(必暴虐).

(형용사) 나태하다. (怠惰；懈怠)

→ 政寬則民慢, 慢則糾之以猛 『左傳·昭公二十年』
정치가 관대하면(政寬則) 백성이 나타해지(民慢)며 나태하면(慢則) 무서움으로(以猛) 그들을 바로잡는다(糾之).

君子正其衣冠 (군자가 그의 옷과 갓을 단정하게 하다)

(명사) 옷과 갓으로 고대에는 사(士) 이상의 사람이 관을 썼기 때문에 사(士) 이상의 복장을 가리킨다. (衣和冠. 古代

士以上戴冠, 因用以指士以上的服裝)

→ 言辭信, 動作莊, 衣冠正, 則臣下肅 『管子·形勢』
말(言辭)이 믿음이 있(信)고, 동작(動作)이 장중(莊)하고 의관(衣冠)이 바르면(正, 則) 신하(臣下)는 공경한다(肅).

尊其瞻視 (그의 외관을 고상하게 하다)

(형용사) 존귀하다. 고귀하다. 고상하다. (尊貴 ; 高貴)

尊其瞻視 (그의 외관을 고상하게 하다)

(명사) 외관. 겉모습. (觀瞻. 指外觀) [첨시, zhānshì]

→ 恍其瞻視, 忽其辭令 (漢·徐幹『中論·法象』)
그의 외관(其瞻視)을 모호하게 하(恍<황,huǎng>)게 하고, 그의 말(其辭令)을 분명치 않게 하다(忽).

不敎而殺謂之虐 (가르치지 않고 죽이는 것, 그것을 '잔인하고 포악하다'라고 말한다)

(동사) 죽이다. 죽게 하다. 죽음에 이르다. (殺死 ; 致死)

不敎而殺謂之虐 (가르치지 않고 죽이는 것, 그것을 '잔인하고 포악하다'라고 말한다)

(형용사) 잔인하고 포악하다. (殘暴) [학, nüè]

→ 夏桀爲虐政淫荒 『史記·殷本紀』
하(夏)나라 걸(桀)왕이 '가혹한 정치를 행하(爲虐政)'고 '안락함에 빠지다(淫荒<음황,yínhuāng>)'.

不戒視成謂之暴 (미리 알려주지 않고 성공을 따지는 것, 그것을 '포악하다'라고 말한다)

(동사) 알리다. 미리 알리다. (告訴 ; 預告)

→ 先期戒事 『文選·張衡·東京賦』
일이 발생하기 전에(先期:約定日期之前 약정한 날짜 전 ; 在事情發生或進行之前 일이 발생하기 전이나 진행되기 전) 일을 알리다(戒事)

不戒視成謂之暴 (미리 알려주지 않고 성공을 따지는 것, 그것을 '포악하다'라고 말한다)

(동사) 그 성공을 따지다. (謂責其成功)

→ 言上於民, 當先告戒之, 而後責成功也 -이 문장에 대한 劉寶楠正義(유보남의 정의)-
윗사람이 백성에게(上於民) 응당(當) 먼저(先) 타이르고 깨우치게 한(告戒之) 다음(而後) 성공을 따져야 하(責成功)는 것을 말한다(言).

不戒視成謂之暴 (미리 알려주지 않고 성공을 따지는 것, 그것을 '포악하다'라고 말한다)

(형용사) 포학하다. 흉악하고 잔인하다. (凶殘 ; 暴虐)

慢令致期謂之賊 (느리게 집행해도 되는 명령을 내리고 기한을 통제하는 것, 그것을 '잔인하다'라고 말한다)

(동사) 느리게 집행해도 되는 명령을 내리다. (謂下達可緩慢執行的命令)

→ 慢令謹誅, 賊也 『孔子家語·始誅』
느리게 집행해도 되는 명령을 내리(慢令)고 신중하게 벌을 내리(謹誅:謹慎誅罰)는 것은 적이다(賊也).

慢令致期謂之賊 (느리게 집행해도 되는 명령을 내리고 기한을 통제하는 것, 그것을 '잔인하다'라고 말한다)

(동사) 제어하다. 통제하다. (制, 控制)

→ 故善戰者, 致人而不致於人 『孫子兵法·虛實』
그러므로(故) 작전을 잘하(善戰:善于作戰)는 사람은 '사람을 통제하지(致人而) 사람에게 통제당하지 않는다(不致於人).

慢令致期謂之賊 (느리게 집행해도 되는 명령을 내리고 기한을 통제하는 것, 그것을 '잔인하다'라고 말한다)

(형용사) 잔인하고 포악하다. 잔인하다. 악랄하다. (殘暴 ; 狠毒)

→ 李義府狀貌溫恭, 與人語, 必嬉怡微笑, 而褊忌陰賊 『太平廣記·李義府』
이의부(李義府)의 풍채(狀貌)는 온화하고 공경스러(溫恭:溫和恭敬)우며 다른 사람과 말할(與人語) 때에는 반드시(必) 기쁘게(嬉怡<희이,xīyí>) 미소짓(微笑)지만(而) 편협하고 질투심이 많고 야박하(褊忌<편기,biǎnjì>:좁고 작고 질투심이 많고 야박하다, 褊狹忌刻)고 잔인하고 포악하다(陰賊<음적,yīnzéi>).

猶之與人也 (타인과 균등하게 하다)

(동사) 균등하게 하다. 같게 하다. (猶言均之、等之) [유지, yóuzhī]

出納之吝謂之有司 (지출과 수입이 인색한 것, 그것을 '유사(有司:관리)'라고 말한다)

(명사) 재물의 지출과 수입. (財物的支出和收入) [출납, chūnà]

→ 出納百貨以收倍稱之息 (宋·秦觀『安都』)
각종 물품의 출납으로(出納百貨以) 두 배를 거두(收倍)는 것, 그것을 이자라 칭한다(稱之息).

出納之吝謂之有司 (지출과 수입이 인색한 것, 그것을 '유사(有司:관리)'라고 말한다)

(형용사. 명사. 동사) 인색하다. 인색. 연연해하다. (吝嗇 ; 貪戀) [린, lìn]

→ 然則不吝其力之所及, 德施於人而身忘其憂, 足以稱善人矣夫 (宋·葉适適『葉君宗儒墓志銘』)
그러나(然則) 그의 힘이(其力之) 미치는 것(所及)에 '인색하지 않고(不吝)' 덕은 '타인에게 베풀지(施於人)'만(而) 자신(身)은 자신의 걱정을 잊(忘其憂)으면 도덕을 갖춘 사람(善人)이라고 부를 수 있다(足以稱…矣夫).

20-3. 孔子曰: "不知命, 無以爲君子也;不知禮, 無以立也;不知言, 無以知人也."

孔子曰:	"不知	命,			無以
공자가 말하다	(동)모르다	(동)운명에 맡기다. 위임하다 [동사가 명사(맡겨진 운명, 위임받는 것)로 품사활용된 것으로 봄]			(관용)~할 방법이 없다(4-6)
공자가 말했다. "'맡겨진 운명/위임받은 것'을 모르(면) [조건가정절]					
爲	君子	也;	不知禮,	無以	立
(동)되다, 변하다(3-8)	(명)군자(君子) (11-1)	(어기)멈춤. '완만,제시'(3-1)	예(禮)를 모르다 [조건가정절]	(관용)~할 방법이 없다(4-6)	(동)성취하다 (6-30)
군자가 될 방법이 없(고)			예(禮)를 모르(면)	성취할 방법이 없(고)	
也;	不知	(人之)言,	無以	知人	也."
(어기)멈춤. '완만,제시'(3-1)	(동)모르다	(명)견해,의견, 언론(13-11)	(관용)~할 방법이 없다(4-6)	(동)인간사 변화 이치를 알다	(어기)판단(동사,형용사술어끝)(11-15)
	(타인의) 견해를 모르(면) [조건가정절]		인간사 변화 이치를 알 방법이 없다." [知人을 '사람을 알다'라고 보아도 된다]		

번역 공자가 말했다. "'맡겨진 운명 or 위임받은 것'을 모르면 군자가 될 방법이 없고, 예(禮)를 모르면 성취할 방법이 없고, 타인의 견해를 모르면 '인간사 변화 이치를 알 방법이 없다 or 사람을 알 방법이 없다."

語法과 語彙

不知命, 無以爲君子也 ('맡겨진 운명 or 위임받은 것'을 모르면 군자가 될 방법이 없다)

(동사) 운명에 맡기다. 위임하다. (任命 ; 委任)

→ 出軍命將太重, 邊地任守太尊 『韓非子·亡徵』
출병할(出軍) 때 장군에게 위임한(命將) 것이 너무 중하(太重)고, 변경(邊地)에서 수(守:직책)에게 맡긴 것이 너무 중요하다(太尊).

不知言, 無以知人也 (견해를 모르면 인간사 변화 이치를 알 방법이 없다)

(동사) 인간의 일(=인간사<人間事>)에 대한 변화의 이치를 알다. (謂懂得人事變化之道)

→ 知天、知人, 謂知其道也 -鄭玄(127—200)注-
하늘을 알(知天)고 인간사 변화 이치를 아는(知人) 것을 그 이치를 안다(知其道)라고 말한다(謂…也).

참고문헌

參考文獻

구본관, 박재연, 이선웅, 이진호(2016), 『한국어 문법 총론 Ⅰ,Ⅱ』, 집문당
학이사(學而思)(2016) 譯, 『고대중국어』, 역락
김남미(2016), 『친절한 국어 문법』, 나무철학
엄정호(2014), 『국어학개론』, 동아대학교 출판부
김학주(2013), 『맹자』, 서울대학교출판문화원
許威漢 지음, 최영준 옮김(2013), 『중국고대어법』, 어문학사
박종한, 양세욱, 김석영(2012), 『중국어의 비밀』, 궁리
김종호(2011), 『현대중국어 10문형 50구문』, HUFS BOOKS
김종호(2011), 『중국어 쉬운 문법』, 다락원
이기동(2011), 『논어강설』, 성균관대학교 출판부
Charles N. Li, Sandra A. Tompson 저술. 박정구·박종한·백은희·오문의·최영하 옮김(2011), 『표준중국어문법』, 한울
김용옥(2008), 『논어 한글역주』, 통나무
정윤철(2008), 『현대중국 언어학 개론』, 소통
김종호(2007), 『도표로 보는 정통중국어 문법』, HUFS BOOKS
이희자, 김현숙, 양인영, 김은주, 우재숙, 이승헌, 기영학(2007), 『선생님을 위한 문법책 1』, 커뮤니케이션북스
Edwin Pulleyblank 지음(1995), 양세욱 옮김(2005), 『고전 중국어 문법 강의』, 궁리
류종목(2000), 『논어의 문법적 이해』, 문학과지성사
이정민, 배영남(1993), 『언어학사전』, 박영사

陳曉芬(2016), 『論語』, 中華書局
楊啓國(2016), 『古代漢語語法』, 經濟科學出版社
徐　楓(2015), 『道德經全集』, 煤炭工業出版社
夏華等(2014), 『道德經』, 萬卷出版公司
遲雙明(2014), 『莊子』, 中國紡織出版社
中国古典文章基本叢書(2014), 『楚辭校釋』, 中華書局
周嘯天(2012), 『楚辭鑑賞辭典』, 商務印書館
劉建生(2012), 『詩經精解』, 海潮出版社
張鈺金(2010), 『古代漢語語法學』, 廣東高等教育出版社
楊劍橋(2010), 『古漢語語法講義』, 復旦大學出版社
毛子水(2009), 『論語今注今譯』, 重慶出版集團重慶出版社
丁崇明(2009), 『現代漢語語法教程』, 北京大學出版社
楊劍橋(2008), 『實用古漢語漢語知識寶典』, 復旦大學出版社
康瑞琮(2008), 『古代漢語語法』, 上海古籍出版社
楊伯峻(2006), 『論語譯註』, 中華書局

P. H. MATTHEWS(2014), Third edition, 『Oxford concise dictionary of Linguistics』 new digital edition.
『古代漢語詞典』 第2版(2014), 北京, 商務印書館
『古代漢語詞典』 第1版(2012), 北京, 商務印書館 國際有限公司
『古漢語常用字字典』 第1版(2011), 北京, 外文出版社
『新編文言文詞典』(2010), 時代文藝出版社
楊劍橋(2008), 『實用古漢語知識寶典』, 復旦大學出版社
何樂士(2006), 『古代漢語虛詞詞典』 語文出版社
『Longman Dictionary of Language Teaching and Applied Linguistics 朗文語言教學與應用語言學詞典』(2005), 第3版英漢雙解, 外語教學與研究出版社.
『A new English-Chinese Dictionary of linguistics 新編英漢語言學詞典』(2005), 上海外語教育出版社第3版英漢雙解, 外語教學與研究出版社.
『Longman Dictionary of Language Teaching and Applied Linguistics 朗文語言教學與應用語言學詞典』, 第3版英漢雙解, 外語教學與研究出版社, 2005.
『A new English-Chinese Dictionary of linguistics 新編英漢語言學詞典』, 上海外語教育出版社第3版英漢雙解, 外語教學與研究出版社, 2005.
勞允棟(2004), 『An English-Chinese Dictionary of Linguistics 英漢語言學詞典』, 商務印書館
『實用現代漢語語法』第1版(2001), 商務印書館
『OXFORD Advanced Learner's Dictionary』, Oxford University Press, 2000.
『王力古漢語字典』第1版(2000), 北京, 中華書局.
『古代漢語虛詞詞典』 第1版(1999), 北京, 商務印書館.
『辭海 : 1999年縮印本(音序)2』
『古代漢語詞典』 第1版(1998), 北京, 商務印書館.
『Collins COBUILD Advanced Learner's English Dictionary』 new digital edition.
『漢語大字典』
『漢語大詞典』
『現代漢語詞典』

https://baike.baidu.com
https://ctext.org
http://www.zdic.net
http://www.vividict.com
http://search.cidianwang.com
https://www.baidu.com
https://hanyu.baidu.com
http://www.guoxuedashi.com
https://zh.dict.naver.com/#/main
https://ko.dict.naver.com
https://hanja.dict.naver.com
https://endic.naver.com

어휘 찾아보기

ㄱ

ㄴ

ㄷ

ㄹ

ㅁ

ㅂ

ㅅ

ㅇ

ㅈ

ㅊ

ㅌ

ㅍ

ㅎ

언어 논어

초판 인쇄 2020년 3월 2일
초판 발행 2020년 3월 9일

지은이 공자
역해 김형주
발행인 김인철
총괄·기획 윤성우 Director, University Knowledge Press
편집장 신선호 Executive Knowledge Contents Creator
기획·물류 이현진 Planning Expert
사전·도서편집 정준희 Contents Creator
전자책·도서편집 장혜린 Contents Creator
도서편집 이병철 Contents Creator
이근영 Contents Creator
재무관리 하누리 Managing Creator
발행처 한국외국어대학교 지식출판콘텐츠원
02450 서울특별시 동대문구 이문로 107
전화 02)2173-2493~7
팩스 02)2173-3363
홈페이지 http://press.hufs.ac.kr
전자우편 press@hufs.ac.kr
출판등록 제6-6호(1969. 4. 30)
디자인·편집 (주)피플커뮤니케이션 02)733-9008
인쇄·제본 (주)피플커뮤니케이션 02)733-9008

ISBN 979-11-5901-682-0 03150 정가 45,000원

*잘못된 책은 교환하여 드립니다.

HUINE 은 한국외국어대학교 지식출판원의 어학도서, 사회과학도서, 지역학 도서 Sub Brand이다. 한국외대의 영문명인 HUFS, 현명한 국제전문가 양성(International +Intelligent)의 의미를 담고 있으며, 휴인(携引)의 뜻인 '이끌다, 끌고 나가다'라는 의미처럼 출판계를 이끄는 리더로서, 혁신의 이미지를 담고 있다.